中国（上海）自由贸易试验区保税区域积极打造中国自由贸易试验区探索实践的制度高地，率先在投资、贸易、金融和事中事后监管等领域形成了300余项制度创新成果，一批中国首创性项目陆续落地，被国际权威杂志评为亚太“最佳自由贸易区”。积极打造全球资源配置的功能高地，区域不仅是外资破冰中国的起点，也是中资出海全球的桥头堡。2020年底，上海自贸区全球营运商计划（GOP）在保税区域率先实施，通过“一企一档一专班”的个性化服务机制，助力企业提高资源配置效率，成为高能级全球功能总部，已有两批100余家跨国公司签约成为GOP培育企业。2021年7月，保税区域在区内同时挂牌国内铜和国际铜指定交割库，叠加应用货物状态分类监管模式，首次在同一库区实现了铜品种国内国际、期货现货四个市场的全流通，大宗商品期现联动取得突破性进展。10月，保税区域正式启动“离岸通”平台，这是全国首个直接整合境外数据用以支持贸易真实性审核的辅助信息平台，有效解决了制约离岸贸易发展的瓶颈问题。未来，保税区域将以企业需求为制度创新的源点，推出更多促进全球要素流动和资源配置的创新举措，支持企业叠加采购销售、投资管理、资金结算等战略功能，向亚太和全球拓展业务。积极打造活力竞相迸发的创新高地，区域新业态新模式不断涌现，保税研发助推生物医药产业跨过千亿门槛，融资租赁、保税维修带动租赁服务业和技术服务业双双迈上百亿台阶。跨境电商迅猛发展，即便是客户“一片两片芯片”的需求，也能从保税区域发货全球、快递到家。文化消费新地标正在崛起，区内的上海国际艺术品保税服务中心是目前全球面积较大的艺术品保税综合服务体。

下一步，保税区域将坚持以新发展理念引领发展实践，聚焦上海“五型经济”和浦东引领区建设，坚持对标高标准、高水平，坚持制度创新、系统集成，坚持功能拓展、能级提升，坚持优化环境、擦亮品牌，全力打造“贸易能级高端、全球总部集聚、制度创新领先、新型业态迸发、营商环境一流”的具有国际竞争力影响力的自由贸易园区。

中国自由贸易试验区年鉴

2022

《中国自由贸易试验区年鉴》编辑委员会　编著

图书在版编目(CIP)数据

中国自由贸易试验区年鉴. 2022/《中国自由贸易试验区年鉴》编辑委员会编著. —北京:中国商务出版社, 2022.12

ISBN 978-7-5103-4463-3

Ⅰ.①中… Ⅱ.①中… Ⅲ.①自由贸易区-中国-2022-年鉴 Ⅳ.①F752-54

中国版本图书馆CIP数据核字(2022)第187172号

中国自由贸易试验区年鉴(2022)

ZHONGGUO ZIYOU MAOYI SHIYANQU NIANJIAN (2022)

《中国自由贸易试验区年鉴》编辑委员会 编著

主　　办 / 商务部国际贸易经济合作研究院
出　　版 / 中国商务出版社
编　　辑 /《中国自由贸易试验区年鉴》编辑部

总 编 辑 / 沈炳兴
副总编辑 / 刘　玮
责任编辑 / 张高平
文字编辑 / 刘　玮　张　舒
总 发 行 / 中国商务出版社发行部
地　　址 / 北京市东城区安外东后巷28号
邮　　编 / 100710
联系电话 / 010-64515074　64515150

印　　刷 / 北京印匠彩色印刷有限公司
开　　本 / 889毫米×1194毫米　大16开
印　　张 / 45.5　彩插46P

字　　数 / 1200千字
版　　次 / 2022年12月第1版
印　　次 / 2022年12月第1次印刷
定　　价 / 390.00元

ISBN 978-7-5103-4463-3

《中国自由贸易试验区年鉴》编辑委员会 

陈　烨　国家市场监督管理总局登记注册局副局长（正局级）

陈华荣　湖北省商务厅党组成员、副厅长

易继勇　交通运输部水运局副局长

胡真舫　浙江省商务厅党组成员、副厅长，中国（浙江）自由贸易试验区建设领导小组办公室副主任

俞子荣　商务部国际贸易经济合作研究院副院长（正司级）

莫万贵　中国人民银行金融研究所副所长

黄河明　福建省商务厅党组书记、厅长，福建省口岸工作办公室主任，中国（福建）自由贸易试验区工作领导小组办公室主任

崔卫杰　商务部国际贸易经济合作研究院副院长

康翰卿　黑龙江省商务厅党组书记、厅长，中国（黑龙江）自由贸易试验区工作办公室主任

章勇武　重庆市商务委员会党组书记、主任，中国（重庆）自由贸易试验区工作领导小组办公室主任

傅　靖　国家税务总局政策法规司副司长

曾　卿　四川省商务厅党组书记、厅长，中国（四川）自由贸易试验区工作办公室常务副主任

綦树利　中共海南省委副秘书长，省委全面深化改革委员会办公室、省委自由贸易港工作委员会办公室常务副主任

魏　彬　中国（天津）自由贸易试验区管理委员会办公室主任

委　　员（按姓氏笔画为序）

马　力　中国（天津）自由贸易试验区管理委员会办公室统计评价室主任

王　丹　国家市场监督管理总局登记注册局注册指导处处长

王正颐　自然资源部自然资源开发利用司综合处处长

王常和　福建省商务厅自贸试验区宣传推广处处长

尹二磊　广东省商务厅自贸区协调指导处四级调研员

叶占波　中共海南省委自由贸易港工作委员会办公室宣传处处长

朱新华　广西壮族自治区商务厅自贸区制度创新处副处长

刘　旭　国家外汇管理局外汇研究中心研究二部处长

刘文舒　中国人民银行研究局区域金融与金融法律研究处

杜　磊　北京市商务局综合协调处处长

李　佳　云南省商务厅综合信息处副处长

李　智　山东省商务厅制度创新处三级主任科员

李永斌　国家税务总局政策法规司世贸税收办公室主任

杨　威　浙江省商务厅自由贸易区处处长

杨小宝　陕西省商务厅自贸综合信息处处长

杨常见　河南省商务厅自贸区建设发展处处长

何　枫　国家移民管理局外国人管理司签证旅行管理处处长

汪建根　文化和旅游部政策法规司改革指导处处长

宏　业　海关总署自贸区和特殊区域发展司副处长

张　丹　商务部国际贸易经济合作研究院产业国际化战略研究所(自贸区港建设研究中心)所长(主任)

张　葵　重庆市商务委员会自贸试验区统筹指导处处长

郑海鳌　中国（上海）自由贸易试验区管理委员会政策研究局副局长

吴群峰　中国（上海）自由贸易试验区临港新片区管理委员会制度创新和风险防范处处长

郑颖亨　四川省商务厅综合信息处处长

赵童童　中国民用航空局政策法规司政策处处长

高海云　交通运输部水运局国际航运管理处处长

郭　苑　生态环境部综合司一级主任科员

郭　猛　辽宁省商务厅自贸区综合指导处副处长

黄文华　湖北省商务厅综合信息处处长

韩东安　黑龙江省商务厅自贸区协调指导处处长

《中国自由贸易试验区年鉴》特约撰稿人 

张　星　自然资源部
程翠云　生态环境部
金　明　交通运输部
杨　剑　商务部
高　源　文化和旅游部
赵　亮　海关总署
王　珺　国家税务总局
李　皓　国家市场监督管理总局
雷　昕　国家移民管理局
刘晶晶　中国民用航空局
尚昕昕　国家外汇管理局
江天诚　中国（上海）自由贸易试验区管理委员会
林　鹤　中国（上海）自由贸易试验区临港新片区管理委员会
张艳妮　广东省商务厅
赵建光　中国（天津）自由贸易试验区管理委员会
苏克往　福建省商务厅
赵　坤　辽宁省商务厅
马伟峰　浙江省商务厅
周禄松　浙江省商务研究院自贸区研究中心
邢　新　河南省商务厅
张亚飞　湖北省商务厅
叶　炜　重庆市商务委员会
闵帆乐　四川省商务厅
骆晓玮　陕西省商务厅
肖　潇　中共海南省委自由贸易港工作委员会办公室
李　智　山东省商务厅
徐　琅　江苏省商务厅
李天齐　广西壮族自治区商务厅
宋丰男　黑龙江省商务厅
孙思睿　北京市商务局

编辑说明

一、《中国自由贸易试验区年鉴》由商务部国际贸易经济合作研究院主持编纂，国家有关部委、各自由贸易试验区相关领导担任编辑委员会成员。

二、本年鉴内容全面，资料翔实，是一部具有权威性、指导性和实用性的大型工具书，是海内外各界人士了解研究中国自由贸易试验区建设发展情况的史料性参考书。

三、本期《年鉴》全面系统地记述了2021年中国自由贸易试验区建设发展的基本情况。全书共设5个栏目，分别是"文献""专文""自贸试验区""法规""附录"。

四、本年鉴所涉及的全国性统计数据，除特殊注明外，均未包括香港特别行政区、澳门特别行政区和台湾省数据。根据中华人民共和国《香港特别行政区基本法》和《澳门特别行政区基本法》的有关原则，香港、澳门与内地是相对独立的统计区域，依据各自不同的统计制度和法律规定，独立进行统计工作。

五、本年鉴所涉及的单位名称、编委会成员和撰稿人职务均以截稿日期为准。

六、本年鉴承蒙国家机关各部门、各自贸试验区、各地商务厅（委、局）和广大作者的积极支持和帮助，在此谨表示衷心的感谢！希望各界继续给予关心和支持，对本年鉴的不足之处提出批评和改进意见，以使《中国自由贸易试验区年鉴》日臻完善。

通信地址：北京市安定门外东后巷28号 商务部国际贸易经济合作研究院
邮政编码：100710　联系电话：010—64515074　网址：www.caitec.org.cn

《中国自由贸易试验区年鉴》编辑部

2022年11月于北京

2021 年中国 21 家自由贸易试验区主要经济指标 

<table>
<tr><th rowspan="2">序号</th><th rowspan="2">自贸试验区</th><th colspan="3">投资情况</th></tr>
<tr><th>新设企业总数（家）</th><th>其中：外商投资企业数（家）</th><th>实际利用外资（亿美元）</th></tr>
<tr><td>1</td><td>中国（上海）自由贸易试验区</td><td>6 042</td><td>592</td><td>92.9</td></tr>
<tr><td></td><td>中国（上海）自由贸易试验区临港新片区</td><td>28 135</td><td>828</td><td>11.4</td></tr>
<tr><td>2</td><td>中国（广东）自由贸易试验区</td><td>26 375</td><td>2 925</td><td>82.4</td></tr>
<tr><td>3</td><td>中国（天津）自由贸易试验区</td><td>12 792
（市场主体）</td><td>256</td><td>21.4</td></tr>
<tr><td>4</td><td>中国（福建）自由贸易试验区</td><td>11 899</td><td>289（外资企业）
181（台资企业）</td><td>3.7（实际外资）
5.2（合同台资）</td></tr>
<tr><td>5</td><td>中国（辽宁）自由贸易试验区</td><td>12 235</td><td>212</td><td>9.1</td></tr>
<tr><td>6</td><td>中国（浙江）自由贸易试验区</td><td></td><td></td><td></td></tr>
<tr><td>7</td><td>中国（河南）自由贸易试验区</td><td>20 734</td><td>80</td><td>19.8</td></tr>
<tr><td>8</td><td>中国（湖北）自由贸易试验区</td><td>18 721</td><td>88</td><td>17.6</td></tr>
<tr><td>9</td><td>中国（重庆）自由贸易试验区</td><td>14 246</td><td>99</td><td>29.8</td></tr>
<tr><td>10</td><td>中国（四川）自由贸易试验区</td><td>55 635</td><td>396</td><td>15.1</td></tr>
<tr><td>11</td><td>中国（陕西）自由贸易试验区</td><td>17 825</td><td>190</td><td>48.9</td></tr>
<tr><td>12</td><td>海南自由贸易港</td><td>175 300</td><td>1 936</td><td>35.2</td></tr>
<tr><td>13</td><td>中国（山东）自由贸易试验区</td><td>23 314</td><td>314</td><td>25.6</td></tr>
<tr><td>14</td><td>中国（江苏）自由贸易试验区</td><td>26 400</td><td>468</td><td>24.1</td></tr>
<tr><td>15</td><td>中国（广西）自由贸易试验区</td><td>39 297</td><td>330</td><td>7.4</td></tr>
<tr><td>16</td><td>中国（河北）自由贸易试验区</td><td></td><td></td><td></td></tr>
<tr><td>17</td><td>中国（云南）自由贸易试验区</td><td>19 268</td><td>59</td><td>12.1</td></tr>
<tr><td>18</td><td>中国（黑龙江）自由贸易试验区</td><td>6 467</td><td>24</td><td>1.9</td></tr>
<tr><td>19</td><td>中国（北京）自由贸易试验区</td><td>17 658</td><td>514</td><td>19.1</td></tr>
<tr><td>20</td><td>中国（湖南）自由贸易试验区</td><td></td><td></td><td></td></tr>
<tr><td>21</td><td>中国（安徽）自由贸易试验区</td><td>12 842</td><td>51</td><td>8.7</td></tr>
<tr><td colspan="2">合　计</td><td colspan="3">通过持续不断的扩大开放和制度创新，自贸试验区、自由贸易港营造
2 130 亿元，实现进出口总额 6.8 万亿元，分别比上年增长 19.0% 和 29.5%，</td></tr>
</table>

★：截至 2021 年累计数据。

数据来源：各自贸试验区，海关，商务部。

	贸易情况			金融情况		
	货物进出口总额（亿元）	货物出口总额（亿元）	货物进口总额（亿元）	新增金融机构（家）	其中：新增持牌金融机构（家）	跨境人民币结算金额（亿元）
	23 886.1					
	1 760.0	970.0	790.0	188	14	7 109.9
	3 968.0	1 973.6	1 994.4	785	36	3 535.7
				8 490★	163★	5 820.0★
	1 337.1	703.6	633.5	15	1	8.9
	5 314.5	2 246.7	3 067.8			
	580.3	309.1	271.2	25	15	133.6
	1 512.6	845.4	667.2	12	0	298.7
	5 857.9	3 763.8	2 094.1	17		1 105.0
	906.8	513.1	393.7	249	248	337.3
	3 375.3	1 836.8	1 538.5	5	1	37.9
	1476.8					74.8 亿美元（新型离岸国际贸易收支）
	3 843.3	1 546.4	2 297.0			634.7
	6 056.4	3 067.4	2 989.0			
	2 061.0			175	25	357.0
	1 064.2	858.4	205.8			
	269.3	77.7	191.7	11	9	84.8
	3 691.3	1 232.7	2 458.5	17	14	5 353.6
	1 540.7	996.8	543.9	88	79	355.4

了高度自由便利的营商环境，有效激发了市场活力，为稳外贸、稳外资作出了积极贡献。2021 年，21 家自贸试验区实际使用外资以占全国不到千分之四的国土面积贡献了全国 18.5% 的外商投资和 17.3% 的进出口总额。

中国（浙江）自由贸易试验区

ZHONGGUO (ZHEJIANG) ZIYOU MAOYI SHIYANQU

中国（浙江）自由贸易试验区于2017年4月1日正式挂牌成立，实施范围119.95平方公里，全域设在舟山。2020年8月30日实现扩区，扩区后实施范围扩展至239.45平方公里，涵盖舟山、宁波、杭州、金义四个片区，并聚焦“五大功能定位”，即打造以油气为核心的大宗商品资源配置基地、新型国际贸易中心、国际航运和物流枢纽、数字经济发展示范区和先进制造业集聚区。

浙江自贸试验区持续深化改革创新，五年来，累计形成制度创新成果335项，全国复制推广31项。2021年新增制度创新成果174项、全国首创36项。2021年，以1/400的全省国土面积贡献了全省7.6%的新增注册企业、8.1%的税收收入、18.6%的进出口额、13.8%的实际利用外资，成为全省经济的重要增长极。

四个片区坚持差别化发展，形成了各具特色的发展优势。舟山片区围绕“131”发展目标打造油气全产业链，建设了名列全国前茅的石化基地和能源保障基地，形成了4000万吨/年炼油能力和3400万方的油气储存能力；2021年，保税油年供应量达552万吨，跃升全球第六大加油港。宁波片区着力锻造港口“硬核力量”，2021年宁波舟山港完成年货物吞吐量12.24亿吨，连续13年位居全球前茅；规上数字经济核心制造业增加值达608.6亿元，占全省近20%。杭州片区依托“全国数字经济第一城”优势，重点建设数字自贸区；2021年数字服务贸易额达到1667.6亿元，跨境电商进出口额788.5亿元，占全省的84.4%和23.9%。金义片区着力打造“世界小商品贸易之都”，2021年片区快递业务量116.4亿件，占全省51.1%；“义新欧”中欧班列年度开行1900余列，联通亚欧大陆50个国家和160多个地区。

北京自贸试验区
国际商务服务片区

2020年9月28日，作为北京自贸区三片区之一的北京自贸试验区国际商务服务片区正式挂牌，朝阳区纳入范围约7.92平方公里，包括北京CBD中心区和金盏国际合作服务区。

朝阳区聚焦“商务、金融、科技”三大重点领域，全面推进“政策、项目、空间”清单化管理，不断创新体制机制，全力推动重点领域实现突破，加快构筑首都改革开放新高地。

跨境贸易投资“更加便利”。在全市率先推出跨境贸易投资综合服务平台，为500余家外经贸企业涉外投资提供风险管理、法律咨询等服务。创新京津两地政企协作模式，推动天津港服务窗口进驻朝阳政务服务中心，为朝阳区及周边地区企业提供更加便捷的港口物流直通服务渠道。朝阳区探索建立全球化的招商引资与服务体系，设立北京CBD全球联络站上海、香港、新加坡等5个分站。

总部经济优势“更加突显”。2021年新增跨国公司地区总部9家，我区跨国公司地区总部增至138家，占全市70%。

外向型经济发展“更加迅猛”。2021年，朝阳区新设外资企业721家，同比增长45.7%，占全市37.5%；实际利用外资51.1亿美元，同比增长10.5%，占全市32.8%；吸引合同外资184.4亿美元，同比增长200.6%。2021年全区累计完成货物进出口总额14536.9亿元，同比增长31.9%，占全市总量的47.8%。

消费品市场“更加繁荣”。实现社会消费品零售总额3554.2亿元，占全市比重为23.9%，同比增长10.3%。拥有三里屯太古里、蓝色港湾、望京小街等时尚街区，国贸、SKP、侨福芳草地等时尚购物中心，全市首批新消费品牌孵化基地之一首创郎园Station，以及全市半数以上的“夜京城”地标和商圈。

北京CBD：打造以国际金融为龙头、高端商务为主导、文化传媒相聚集的发展模式，拥有全市90%的国际金融机构、70%跨国地区总部、聚集了4000余家外资企业，成为首都对外开放的前沿阵地。2020年在全球21个顶级商务区中排名第7、亚洲第2，蝉联全国首位。

金盏国际合作服务区：重点发展数字贸易、跨境金融、专业服务、文化贸易、跨境消费、国际教育、医疗健康七大主导产业。

目　录

CONTENTS

文　献

专　文

CONTENTS

自贸试验区

法　　规

CONTENTS

附　录

文　献

DOCUMENTS

让开放的春风温暖世界
——在第四届中国国际进口博览会开幕式上的主旨演讲

中华人民共和国主席　习近平

（2021年11月4日）

尊敬的各位国家元首、政府首脑，
尊敬的各位国际组织负责人，
尊敬的各代表团团长，
各位来宾，
女士们，先生们，朋友们：

大家好！很高兴在第四届中国国际进口博览会开幕之际，同大家“云端”相聚。首先，我谨代表中国政府和中国人民，并以我个人的名义，向各位嘉宾，表示热烈的欢迎！向各位新老朋友，表示诚挚的问候和美好的祝愿！

中国历来言必信、行必果。我在第三届进博会上宣布的扩大开放举措已经基本落实。海南自由贸易港跨境服务贸易负面清单已经出台，自由贸易试验区改革创新不断推进，外资准入持续放宽，营商环境继续改善，中欧投资协定谈判业已完成，区域全面经济伙伴关系协定国内核准率先完成。中国克服新冠肺炎疫情影响，推动对外贸易创新发展，是去年全球唯一实现货物贸易正增长的主要经济体，为保障全球产业链供应链稳定、推动世界经济复苏作出了重要贡献。

女士们、先生们、朋友们！

当前，世界百年变局和世纪疫情交织，单边主义、保护主义抬头，经济全球化遭遇逆流。有关研究表明，10年来“世界开放指数”不断下滑，全球开放共识弱化，这值得高度关注。逆水行舟，不进则退。我们要把握经济全球化发展大势，支持世界各国扩大开放，反对单边主义、保护主义，推动人类走向更加美好的未来。

开放是当代中国的鲜明标识。今年是中国加入世界贸易组织20周年。20年来，中国全面履行入世承诺，中国关税总水平由15.3%降至7.4%，低于9.8%的入世承诺；中国中央政府清理法律法规2 300多件，地方政府清理19万多件，激发了市场和社会活力。新冠肺炎疫情发生以来，中国向国际社会提供了约3 500亿只口罩、超过40亿件防护服、超过60亿人份检测试剂、超过16亿剂疫苗，积极推动国际抗疫合作，支持向发展中国家豁免疫苗知识产权，用实际行动践行承诺、展现担当。

20年来，中国经济总量从世界第六位上升到第二位，货物贸易从世界第六位上升到第一位，服务贸易从世界第十一位上升到第二位，利用外资稳居发展中国家首位，对外直接投资从世界第二十六位上升到第一位。这20年，是中国深化改革、全面开放的20年，是中国把握机遇、迎接挑战的20年，是中国主动担责、造福世界的20年。

加入世界贸易组织以来，中国不断扩大开放，激活了中国发展的澎湃春潮，也激活了世界经济的一池春水。

加入世界贸易组织20年来中国的发展进步，是中国人民在中国共产党坚强领导下埋头苦干、顽强奋斗取得的，也是中国主动加强国际合作、践行互利共赢的结果。

在此，我愿对所有参与和见证这一历史进程、支持中国开放发展的海内外各界人士，表示衷心的感谢！

女士们、先生们、朋友们！

“见出以知入，观往以知来。”一个国家、一个民族要振兴，就必须在历史前进的逻辑中前进、在时代发展的潮流中发展。中国扩大高水平开放的决心不会变，同世界分享发展机遇的决心不会变，推动经济全球化朝着更加开放、包容、普惠、平衡、共赢方向发展的决心不会变。

第一，中国将坚定不移维护真正的多边主义。以世界贸易组织为核心的多边贸易体制，是国际贸易的基石。当前，多边贸易体制面临诸多挑战。中国支持世界贸易组织改革朝着正确方向发展，支持多边贸易体制包容性发展，支持发展中成员合法权益。中国将以积极开放态度参与数字经济、贸易和环境、产业补贴、国有企业等议题谈判，维护多边贸易体制国际规则制定的主渠道地位，维护全球产业链、供应链稳定。

第二，中国将坚定不移同世界共享市场机遇。中国有14亿多人口和4亿以上中等收入群体，每年进口商品和服务约2.5万亿美元，市场规模巨大。中国将更加注重扩大进口，促进贸易平衡发展。中国将增设进口贸易促进创新示范区，优化跨境电商零售进口商品清单，推进边民互市贸易进口商品落地加工，增加自周边国家进口。中国将推进内外贸一体化，加快建设国际消费中心城市，发展“丝路电商”，构建现代物流体系，提升跨境物流能力。

第三，中国将坚定不移推动高水平开放。中国将进一步缩减外资准入负面清单，有序扩大电信、医疗等服务业领域开放。中国将修订扩大《鼓励外商投资产业目录》，引导更多外资投向先进制造业、现代服务业、高新技术、节能环保等领域，投向中国中西部和东北地区。中国将在自由贸易试验区和海南自由贸易港做好高水平开放压力测试，出台自由贸易试验区跨境服务贸易负面清单。中国将深度参与绿色低碳、数字经济等国际合作，积极推进加入《全面与进步跨太平洋伙伴关系协定》、《数字经济伙伴关系协定》。

第四，中国将坚定不移维护世界共同利益。中国将积极参与联合国、世界贸易组织、二十国集团、亚太经合组织、上海合作组织等机制合作，推动加强贸易和投资、数字经济、绿色低碳等领域议题探讨。中国将支持疫苗等关键医疗物资在全球范围内公平分配和贸易畅通。中国将推动高质量共建“一带一路”，使更多国家和人民获得发展机遇和实惠。中国将积极参与应对气候变化、维护全球粮食安全和能源安全，在南南合作框架内继续向其他发展中国家提供更多援助。

女士们、先生们、朋友们！

“孤举者难起，众行者易趋。”新冠肺炎疫情阴霾未散，世界经济复苏前路坎坷，各国人民更需要同舟共济、共克时艰。中国愿同各国一道，共建开放型世界经济，让开放的春风温暖世界！

谢谢大家。

（新华社北京2021年11月4日电）

在第130届中国进出口商品交易会暨珠江国际贸易论坛开幕式上的主旨演讲

中华人民共和国国务院总理 李克强

（2021年10月14日，广州）

尊敬的各位来宾，

女士们，先生们，朋友们：

很高兴同大家相聚在美丽的羊城，出席第130届中国进出口商品交易会暨珠江国际贸易论坛。习近平主席为此次广交会发来贺信，表明了中国始终坚持扩大开放、促进自由贸易的坚定决心。我谨代表中国政府，对出席本届交易会和论坛的各位嘉宾表示热烈欢迎，对长期以来关心和支持中国外贸和对外开放事业的各界朋友表示诚挚感谢！

广交会秉持“广交世界、互利天下”的理念，创立65年来历经风雨却从未间断，取得了令人瞩目的成绩。年成交额从创办之初的8 700万美元，增长到疫情前的590亿美元，增长了近680倍。今年，广交会在历史上首次采取线上线下融合办展，这是特殊时期的创新举措。广交会开广大之门办会，诚邀五大洲的朋友乘兴而来，满载而归。可以说，一部广交会的历史，就是中国不断扩大对外开放、融入世界经济的历史，也是各国企业共享中国发展机遇、实现互利共赢的历史！

“富民之本，在于食货。”国际经贸往来既是各国优势互补、互通有无的需要，也是推动世界经济增长和促进人类发展进步的重要引擎。回顾世界历史，贸易快速增长的时期往往也是世界经济大发展大繁荣的时期。当前，新冠肺炎疫情仍在全球起伏反复，国际形势继续复杂深刻变化。世界各国同处一个“地球村”，安危与共、休戚相关。面对各种困难和挑战，我们应当展现出团结的意志、包容的胸怀、开放的决心、合作的诚意。

——要坚持生命至上，携手抗击疫情。阻遏疫情，维护人民生命安全和身体健康仍是当前国际社会优先任务。我们应当弘扬科学精神，遵循科学规律，加强疫苗和药物国际合作，反对疫苗民族主义，弥合“免疫鸿沟”，中国将尽己所能向国际社会提供防疫物资和疫苗出口，携手努力战胜新冠病毒这一人类的共同敌人。

——要坚持开放合作，共促经济复苏。各国走向开放融合是客观趋势。我们应当充分利用一切机遇，合作应对一切挑战，坚持自由贸易、公平贸易，加强政策协调，增加大宗商品、关键零部件生产供应，提升重要商品供给能力，推动国际物流畅通，维护全球产业链供应链稳定顺畅运转。

——要坚持包容普惠，推动共同发展。各国人民都有追求美好生活的权利，人类社会的发展也离不开各国的共同进步。我们应当发挥各自优势，共同做大全球市场的蛋糕、做活全球合作的方式、做实全球共享的机制，推动经济全球化朝着更加开放、包容、普惠、平衡、共赢的方向发展。

女士们、先生们、朋友们！

今年以来，面对复杂严峻的国际环境和疫情、洪涝灾害等多重冲击，中国在做好疫情常态化防控的同时，积极克服困难和挑战，经济持续稳定恢复，主要宏观指标运行在合理区间。今年前9个月，日均新注册市场主体超过7.8万户，微观活力进一步显现。就业形势向好，城镇新增就业人数超过1 000万。经济效益继续改善，工业企业利润、财政收入和居民收入均较快增长。三季度经济由于多种原因有所回落，但中国经济发展呈现出强劲韧性和巨大活力，有能力、有信心实现全年目标任务。

同时我们也注意到，中国经济恢复仍然不稳固、不平衡，保持经济平稳运行的挑战增多。外部环境存在较多不稳定不确定因素，受大宗商品价格高企、物流费用大幅上涨等因素影响，中下游行业和中小微企业经营成本持续上升，能源供应遇到新的挑战。疫情散发导致消费市场、生活服务业等恢复受限，部分市场主体经营困难加大，市场预期比较脆弱。

发展是解决中国一切问题的基础和关键。我们将按照立足新发展阶段、贯彻新发展理念、构建新发展格局、推动高质量发展的要求，着力办好自己的事，确保经济运行在合理区间，推动中国经济行稳致远。

——依托产业和市场优势，深化对外经贸合作。中国既是出口大国，也是进口大国，中国产业体系是全球产业链的重要组成部分。近年来，中国进口平均增速高于出口，去年进口占全球份额提高到11.5%。我们将保持外贸政策连续性稳定性，继续扩大优质产品和服务进口。加快推动外贸创新发展，年底前增设一批跨境电商综合试验区，在广东等地实现全省覆盖。加快发展海外仓等新业态，推动建设海外智慧物流平台。加强贸易数字化国际合作，在粤港澳大湾区等区域打造一批全球贸易数字化领航区。我们还将促进对外贸易更加畅通，推动贸易伙伴口岸间单证联网核查等合作，降低进出口合规成本。

——持续打造市场化法治化国际化营商环境，让中国始终成为外商投资的“沃土”。中国人力人才资源丰富、产业配套体系完善，随着产业加快转型升级，将创造出大量投资需求。我们将进一步压缩外资准入负面清单，实现自贸试验区负面清单制造业条目清零，持续放宽服务业准入。高标准落实外资准入后国民待遇，确保外资企业在要素获取、资质许可、经营运行、标准制定、政府采购等方面享受平等待遇。支持外资加大中高端制造、现代服务等领域和中西部地区投资，在用地、环评等方面一视同仁审批支持。鼓励外资企业承接委托研发业务，承担中国国家科技计划项目。我们将继续实施好外商投资法及配套法规，依法强化反垄断与反不正当竞争，严厉打击侵犯知识产权行为，营造内外资企业一视同仁、公平竞争的市场环境。

——积极参与完善国际经贸规则，推进贸易投资自由化便利化。以规则为基础、以世贸组织为核心的多边贸易体制，是经济全球化和自由贸易的基石，也是促进世界经济稳定增长的重要保障。今年适逢中国加入世贸组织20周年，我们切实履行了入世承诺。目前关税总水平已经降至7.4%，在世界上处于较低水平。中国支持对世贸组织进行必要改革，但必须坚持其基本原则和核心价值，充分照顾各方利益关切，有利于缩小南北差距。中国对符合世贸组织原则的区域自由贸易安排，都持开放态度并乐见其成。我们将同有关各方共同推动区域全面经济伙伴关系协定（RCEP）尽早生效实施，进一步降低关税水平，进一步提高通关便利。积极推动加入全面与进步跨太平洋伙伴关系协定（CPTPP）进程，商签更多高标准自由贸易协定，在全球数字、绿色治理等新兴领域加强合作。更好发挥自由贸易港、自贸试验区先行先试作用，制定实施对接高标准经贸规则、推进制度型开放的政策，推动海关特殊监管区域与自贸试验区统筹发展。

女士们、先生们、朋友们！

改革开放是中国的基本国策，也是今后推动中国发展的根本动力。中国的发展将始终在改革中推进、在开放中前行。我们愿与世界各国共享发展机遇、共绘美好蓝图，实现更好发展。

今天适逢中国传统节日重阳节，是一个登高的日子。广东是改革开放的高地，希望继续步步高，走在全国的前列。中国也将继续攀登新的高峰。

现在，我宣布，第130届中国进出口商品交易会开幕！

（新华社广州2021年10月14日电）

国务院新闻办公室举行海南自由贸易港跨境服务贸易负面清单发布会

【国务院新闻办公室于2021年7月26日（星期一）上午10时举行新闻发布会，请商务部副部长兼国际贸易谈判副代表王受文和海南省政府副省长、秘书长，省委自贸港工委办主任倪强，商务部自贸区港司司长唐文弘，海南省商务厅厅长陈希介绍海南自由贸易港跨境服务贸易负面清单有关情况，并答记者问。】

【国务院新闻办新闻局副局长、新闻发言人邢慧娜】

各位媒体朋友们，大家上午好。欢迎出席国务院新闻办新闻发布会。今天《海南自由贸易港跨境服务贸易特别管理措施（负面清单）（2021年版）》正式公布，为了帮助大家更好地了解到相关情况，我们邀请到商务部副部长兼国际贸易谈判副代表王受文先生，海南省政府副省长、秘书长、省委自贸港工委办主任倪强先生，商务部自贸区港司司长唐文弘先生，海南省商务厅厅长陈希先生，请他们为大家介绍有关情况，并回答媒体关心的问题。

首先，有请王受文先生作简要的情况介绍。

【商务部副部长兼国际贸易谈判副代表王受文】

记者朋友们，大家上午好。今天非常高兴有机会和海南省和部里的同事一起向大家介绍《海南自由贸易港跨境服务贸易特别管理措施（负面清单）（2021年版）》（以下简称《海南跨境服贸负面清单》）的有关情况。

经党中央、国务院同意，7月23日，商务部印发第3号令，发布《海南跨境服贸负面清单》。出台该清单是党中央、国务院作出的重要部署。习近平总书记在第三届中国国际进口博览会开幕式主旨演讲中强调，中国将有效发挥自贸试验区、自由贸易港引领作用，出台跨境服务贸易负面清单。李克强总理在政府工作报告中提出，出台跨境服务贸易负面清单。

为做好贯彻落实工作，商务部会同海南省人民政府和45个相关部门，全面梳理国际国内跨境服务贸易开放水平，研究参照高标准国际经贸规则，深入开展实地调研，前后历时一年多，制定出台了《海南跨境服贸负面清单》。

当前，面对严峻复杂的国内国际形势，中国坚持深化改革、扩大开放的方向不变、决心不变，不断提升贸易投资自由化水平。比如说在货物贸易方面，多次自主降低关税总水平，取消或简化非关税措施，货物贸易自由化程度持续提高。又比如在投资方面，出台并且持续压减外商投资准入负面清单，清单之外的领域，按照内外资一致原则实施管理，自由化水平不断提升。但是在跨境服务贸易方面，目前在签署的自贸协定中作出的开放安排还是比较有限的，只是在部分领域。总体跨境服务贸易开放水平和我国加入世贸组织承诺水平相比，进展不是非常大。

大家可能注意到，除了去年之外，近十年来，全球跨境服务贸易年均增速是货物贸易平均年增速的两倍，这说明未来的趋势。随着技术进步，服务贸易特别是跨境服务贸易的发展潜力将得到进一步激发。我们认为，未来的跨境服务贸易将成为全球贸易的关键驱动因素。《海南跨境服务贸易负面清单》是国家在跨境服务贸易领域公布的第一张负面清单。和过去在某一些具体行业、比较零碎地作出一些服务业的开放安排不相同的是，《海南跨境服贸负面清单》明确列出针对境外服务提供者的11个门类70项特别管理措施，把这些作为负面的管理措施列出来。凡是在清单之外的领域，在海南自由贸易港内，对境内外服务提供者在跨境服务贸易方面一视同仁、平等准入，可以说开放度、透明度、可预见度都大大提高。这个清单可以说是对服务贸易管理模式的重大突破，是一项制度型开放安排，有助于推动服务贸易自由化，提升我国整体开放水平，它将会很好地服务于构建新发展格局。

在制定《海南跨境服贸负面清单》一年多的过程中，以下四点是我们一直考虑的内容：

一是对接高标准国际经贸规则。负面清单模式是国际高标准自贸协定在跨境服务贸易领域作出开放安排的一个主要模式。在此之前，自贸协定对服务贸易的规定，包括 WTO 对服务贸易的规定都是正面清单，但是今天高标准的自贸协定采取的主要方式是负面清单。目前，我国加入世贸组织相关的减让表，以及我们国家签署的自贸协定，在跨境服务贸易领域采取的都是正面清单方式作出承诺，去年签署的《区域全面经济伙伴关系协定》（RCEP 协定）之中，我们也是采用正面清单，但是成员们承诺，要在 RCEP 生效之后 6 年之内把正面清单转为负面清单。

今天我们介绍的《海南跨境服贸负面清单》，对接国际高水平的经贸规则，以负面清单的方式对跨境服务贸易开放作出安排，可以说是对现有服务贸易管理模式的一项重要改革，也是中国政府推进“放管服”改革的一项具体实践。

二是在编制过程中，始终考虑作出主动开放安排。《海南跨境服贸负面清单》放宽了服务贸易领域内的准入限制，在专业服务、交通服务、金融等领域作出了水平较高的开放安排。这个开放度不是双边协议的要求，而是我们自己主动而为，它超过了我们入世的承诺，也高于目前我们已经生效的主要自贸协定相应领域的开放水平。

三是制定负面清单时，体现了海南的特点。旅游业、现代服务业、高新技术产业是海南的三大主导产业，《海南跨境服贸负面清单》立足新发展阶段、贯彻新发展理念，围绕更好地发挥海南自由贸易港在构建新发展格局中的重要作用，作出了放开外籍游艇进出海南自由贸易港申请引航限制等一系列开放措施，这将有助于加快培育具有海南特色的合作竞争新优势，促进海南自由贸易港高质量发展。

四是统筹发展和安全。贯彻落实总体国家安全观，坚持底线思维，强化风险意识，实施高水平开放的同时，《海南跨境服贸负面清单》保留了必要的特别管理措施。清单出台以后，海南省将切实承担主体责任，加快建立健全配套的管理制度，加强跨境服贸统计监测预警，将会牢牢守住不发生区域性、系统性风险的底线，各有关行业主管部门以及商务部将加强支持指导，根据职责做好各自领域内的监管工作。

下一步，商务部、海南省和有关部门将积极推进《海南跨境服贸负面清单》的落地实施，及时总结评估经验做法，为在下一步自贸试验区以及后续全国实施跨境服贸清单管理制度探索路径、积累经验。

我的介绍就到这里，谢谢。

【邢慧娜】

谢谢王受文副部长的介绍。下面进入答问环节，各位媒体朋友提问前请通报所在的新闻机构。

【中央广播电视总台央视记者】

作为继外商投资准入负面清单之后的又一项重大的制度型开放举措，发布《海南自由贸易港跨境服贸负面清单》对我国新发展格局下全面扩大开放将会有哪些重大的意义？又会起到哪些关键的作用？谢谢。

【王受文】

谢谢，我来回答这个问题。出台《海南跨境服贸负面清单》是在新发展格局下，我们国家主动推动高水平制度型开放的一项重要举措，对于推动海南自由贸易港高质量发展，对于我们国家在更大范围内扩大开放进行压力测试，以及对于我们国家建设更高水平开放型经济都具有重要的意义。就推动海南自贸港高质量发展这个方面来说，它是一项重要的措施。

大家知道，服务业是海南的一个主导产业，在海南省 GDP 中，服务业占到 60%以上的比重。最近的统计表明，服务业发展对海南经济的增长贡献率达到 95.8%。所以《海南跨境服贸负面清单》的实施将推动海南服务业的开放发展，如在现代服务业方面，这些清单应该说将会起到很重要的作用。《海南跨境服贸负面清单》在现代服务业里面的航运、金融这些方面作出了多项开放安排，我的同事已经把文件给大家带来了，大家可以看到。它会有助于海南引进新的服务理念和服务模式，丰富服务供给，提升现代服务业的发展水平和竞争力。同时，《海南跨境服贸负面清单》在法律服务、市场调查等商业服务领域内也做了提升，并且在教育文化配套领域也提升了开放水平，所以说在现代服务业、商业服务领域内，在一些配套的服务领域内，服务贸易的负面清单都作出了进一步开放的安排，这会有利于海南打造法治化、国际化、便利化的营商环境，集聚全球创新要素资源，提升自由贸易港的建设质量。

《海南跨境服贸负面清单》还有助于我们国家在更大范围内开展对外开放的压力测试。海南自由贸易港作为我们国家主动开放的重要平台，推出全国首张跨境服贸负面清单，它属于我们自主决定的国内管理规定，有助于以风险防控为底线，加大开放压力测试的力度，发挥先行先试的示范作用。我们下一步还要在自贸试验区以及后续要在全国范围内实施跨境服贸负面清单的探索，海南的做法会为下一步更大范围的开放探索路径、积累经验，也为我们国家参与或者影响国际经贸规则打下坚实的基础。

第三个意义体现在是我们国家建设更高水平开放型经济的重要抓手。刚刚我已经介绍到，在全球层面，除了去年，在过去的十年中，跨境服务贸易增长速度是货物贸易增长速度的两倍，现在全球货物出口大概是 18 万亿美元，而服务贸易的出口大概是 5 万亿美元，服务贸易的增长速度是货物贸易增长速度的 2 倍。特别是信息技术的进步、数字经济的发展，使得今天还不能够进行贸易的一些服务业，在未来就变成了可以进行贸易的服务领域，它就会打破一些今天空间方面的局限，未来就不需要在国外设立商业存在，就可以进行跨境的服务交易。去年尽管受到疫情很大的影响，我们国家的跨境服务贸易进出口额达到了 6 617 亿美元，这个金额名列全球第二，和全球第一还是有相当大的差距。

所以，海南自由贸易港实施跨境服贸负面清单，有利于提高我们国家总体服务业的对外开放水平，而且通过引进境外的高水平服务提供者来参与国内的竞争，可以提升国内的大循环效率。另外一方面，我们也可以利用强大的国内市场，联通集聚全球的高端人才、先进技术、数据等一些优质生产要素资源，推动国内国际双循环的相互促进，服务构建新发展格局这个大的目标。所以海南跨境服贸清单今天的意义和未来的意义都是十分重要的。

谢谢。

【凤凰卫视记者】

《海南跨境服务贸易负面清单》涉及跨境交付等多种模式的开放，可能会产生一定的风险。请问对于开放后的风险监管是否有进一步的考虑和安排？谢谢。

【王受文】

这个问题想请海南倪强副省长回答。

【海南省政府副省长、秘书长、省委自贸港工委办主任倪强】

谢谢这位记者的提问。国家要求越是开放，越要重视安全，统筹好发展和安全两件大事，增强自身竞争能力、开放监管能力、风险防控能力。因此，为了保障开放举措的安全实施，稳步推进海南自由贸易港建设，我们将按照要求，重点做好监管和风险防控两方面的工作。

监管方面。清单明确了海南自由贸易港跨境服务贸易的不符措施，也就是准入准营门槛。对于清单内的事项，按照现行管理办法进行管理即可。对于清单外事项，按照内外一致的原则实施管理。对涉及文化、金融、电信、教育等敏感领域的事项，需要严格管理。因此，需要建立管理制度，明确责任。对于清单外新作出的开放举措，我们将安排省级相关行业主管部门制定管理办法。我们将在商务部和有关行业主管部门的支持指导下，尽快制定出台相关的管理制度。

风险防控方面。为切实防范海南自由贸易港建设中可能存在的风险，确保各类风险“管得住”。去年，我省设立了 13 个风险防控专项工作组，今年又增加了 2 个，增加到 15 个，负责统筹协调各专项领域重大风险防控工作，其中就包括服务贸易风险防控专项工作组。一年多来，专项工作组制定了工作方案，建立了会商机制，从服务贸易中的人员、资金、信息三个要素出发梳理风险点，并相应制定了防控措施。另外，我们注重用科技手段提升风险防控能力。我省特有的海南社会管理信息化平台整体进入了实战化运行，对人流、物流、资金流实行 24 小时监控，构建起近海、岸线、岛内的三道防控圈。到目前为止，海南全省未发生和出现系统性重大风险。

下一步，我们将进一步发挥服务贸易风险防控专项工作组的作用，坚持底线思维，切实防范服务贸易领域的重大风险。同时将做好统计监测工作，及时监测分析我省跨境服务贸易运行情况，评估清单的实施效果。

谢谢。

【澎湃新闻记者】

《海南跨境服务贸易负面清单》具有较高的开放水平，能否具体介绍一下这方面的情况？谢谢。

【王受文】

谢谢你的提问，我来回答这个问题。刚刚已经介绍，《海南跨境服贸负面清单》透明度比较高，开放度比较大，它是对现有服务贸易管理模式的重要改革，有助于提高服务业对外开放。你刚刚问到它体现在什么方面，我们可以比较一下。

第一方面，我们把《海南跨境服贸负面清单》和我们加入世贸组织的时候，在服务业方面的承诺进行对比。刚刚说了我们入世的时候，服务业承诺是采用正面清单的方式，大家也可以在网上查中国在哪些方面作了承诺。世贸组织对服务业作了他们自己的分类，一共有 160 个分部门，在 160 个分部门里面，《海南跨境服贸负面清单》在 120 个左右的分部门，开放的水平都超过了 WTO 的承诺。所以大家可以看一看，160 个分部门，海南有约 120 个超过了我们入世的承诺。具体来说，我们入世的时候，160 个分部门中，中国在 100 个分部门里作了承诺，说我们要开放，还有 60 个分部门我们没有承诺说要开放。在 100 个作了承诺我们要开放的分部门里面，《海南跨境服贸负面清单》有 70 多个分部门开放度超过当时我们的承诺。

举几个例子，在法律服务分部门里，我们在入世承诺里不包括中国的法律服务，外国的服务提供者不能提供中国法律方面的服务。而《海南跨境服贸负面清单》明确说了，境外律师事务所驻海南的代表机构，可以从事部分涉及海南的商事非诉讼法律事务，大家可以看出开放度是高于我们入世承诺的。在教育服务领域内，我们国家入世的承诺是境外个人教育服务提供者要到中国境内提供教育服务必须具有学士或者以上学位，而且还要有相应的专业职称或者证书，并且要具有两年专业工作经验。在《海南跨境服贸负面清单》里，我们取消了个人教育服务提供者需要有两年专业工作经验的限制。

在入世承诺的时候，我们有 60 个分部门没有作出承诺，我们没有说要开放，但是在《海南跨境服贸负面清单》中，有 40 多个分部门我们做了开放。举几个例子，在市场调研服务分部门里面，入世的时候没有承诺，但是《海南跨境服贸负面清单》里面就规定了，境外服务提供者经过资格认定取得涉外调查许可证之后，就可以进行市场调查。再一个例子，在兽医服务分部门里，入世时我们也没有作出承诺，但是《海南跨境服贸负面清单》取消了境外个人不得申请参加兽医资格考试的限制。这是和我们加入世贸时的承诺进行比较，可以看出《海南跨境服贸负面清单》开放的领域更宽。

我们再比一比自贸协定，大家知道我们已经和26个国家、地区或者经济体签署了19个自贸协定，可以说《海南跨境服贸负面清单》超过了绝大部分我们签署的自贸协定在服务贸易方面的开放水平。比如说以RCEP为例，160个分部门中，《海南跨境服贸负面清单》在110多个分部门里面，开放水平超过了RCEP里中国所作出的承诺。比如在空运支持服务分部门里，中国在RCEP协定里没有作出承诺，中国在入世时也没有作出承诺，但是在《海南跨境服贸负面清单》里取消了境外服务提供者不得从事航空气象服务的限制。还比如说，在城市规划分部门里，中国在RCEP里，对于其中的自然人移动模式没有作出承诺，但是《海南跨境服贸负面清单》取消了境外个人不得申请参加注册城乡规划师资格考试的限制。这也可以看出来，即便和RCEP相比，《海南跨境服贸负面清单》的开放水平都要高，因为这是我们主动开放的一个行为。

谢谢你的提问。

【中央广播电视总台国广记者】

我们想知道，这份清单对于海南自贸港建设，特别是服务贸易发展方面起到什么样的作用？另外，会给企业和行业带来哪些利好？谢谢。

【王受文】

请海南的陈希厅长回答。

【海南省商务厅厅长陈希】

谢谢你的提问。从去年6月份《海南自由贸易港建设总体方案》发布以来，已经有140多项政策陆续出台。海南自由贸易港的建设取得了早期收获，企业也享受到了自贸港的政策红利。这次在全国又率先发布《海南跨境服务贸易负面清单》，是海南自由贸易港政策体系和制度创新的又一重要举措，将加快海南贸易自由化、便利化进程。与其他已经出台的自贸港政策一起，可以形成叠加效应，推动海南自贸港形成服务贸易发展的新优势，对行业和企业的发展都将产生积极的推动和促进作用。企业会在海南寻找到更多的商业机会，海南也会有更多的机会向境内外提供相关服务。

举几个例子，比如在报关方面，原来规定只有在中国境内设立的法人方可从事报关业务，现在在海南自贸港取消设立法人的要求，也就是说，境外的报关企业现在不需要在海南注册法人实体，就可以直接开展报关业务。这样既提高了境外报关企业进入海南的自由度，也能有效降低企业的运营成本，同时，也有利于海南本地的外贸企业更加便捷地利用境外的优质服务，提升自身的国际竞争力。

又比如在船舶检验方面，原来规定外国船舶检验机构如果没有在中国设立验船公司，不得雇员或派员在中国开展船舶检验活动。这次在海南自贸港取消了设立验船公司的限制，外国船舶检验机构现在不需要在海南自贸港设立独立法人资格的验船公司，就可以直接派员或者派雇员在海南开展船舶检验业务。这也提升了运输往来的自由便利水平，有利于海南自贸港船舶运输企业获得更多更好的国际服务，同时也可以降低经营成本，为国际航运业企业的集聚发展提供新的便利条件。

再比如，这次的清单当中取消了境外个人参加注册计量师、勘察设计注册工程师、资产评估师等资格考试限制。以前境外自然人不能在国内从事的行业，如今在海南自贸港内可以从业了，这也有助于吸引更多的外籍专业人士来海南就业，提升海南的国际化服务水平。如果这些人才作为引进人才，还可以享受到自贸港个人所得税优惠等一系列政策的叠加效应。

我们相信，随着清单的深入实施，海南自由贸易港的消费就业环境等会大幅度改善，跨境服务贸易也将会迎来大的发展机遇。欢迎企业到海南来投资兴业，欢迎大家到海南来开展各类跨境服务贸易。

谢谢。

【封面新闻记者】

请问此次为何在海南率先推出跨境服务贸易负面清单“第一单”呢？谢谢。

【王受文】

谢谢你的提问，我来回答一下。这次国家发布的首张跨境服贸负面清单选择在海南进行实施，主要有几个考虑：

第一，从海南建设自由贸易港的实践需要看，习近平总书记指出，要对接国际高水平经贸规则，促进生产要素自由便利流动，高质量高标准建设自由贸易港。服务贸易的自由化、便利化是国际高水平自由贸易港的基本特征。在海南实施跨境服务贸易负面清单，将会推动以服务为载体的技术、资本、数据等生产要素资源自由便利的流动，对于推动建设具有较强国际影响力的高水平自由贸易港来说是非常重要的。

第二，从试点条件上来看，大家知道，海南是我们国家最大的经济特区，它在实施全面深化改革和试验高水平开放方面具有独特的地理优势、区域优势。率先实施跨境服务贸易负面清单模式，开放度高、灵活度大，有利于发挥开放压力的测试作用。刚刚也提到了，我们在制定负面清单的时候要考虑安全的问题，刚刚有记者也问到了一个问题，涉及到海南怎么防范风险。其实在海南做这样的测试，它作为相对独立的地理单元，便于我们加强监管、加强统计，统筹发展和安全。可以说，我们通过在海南积累经验、控制好风险，能为下一步在更广泛的区域内实施负面清单积累经验，探索路径。所以它的试点条件是比较独特的。

第三，制定海南跨境服务贸易负面清单，也是《海南自由贸易港建设总体方案》中提出来的一个明确要求。《海南自由贸易港建设总体方案》里就明确讲了要实施跨境服务贸易负面清单制度，通过破除在跨境交付、境外消费、自然人移动等服务贸易模式下存在的各种壁垒，在负面清单之外给予境外服务提供者更大的市场准入和国民待遇，这会对我们推进海南自由贸易港服务贸易自由化、便利化有非常大的好处，这也是落实《海南自由贸易港建设总体方案》的一个要求。

谢谢你的提问。

【国际商报记者】

请问《海南跨境服贸负面清单》和前两个负面清单是怎么样的关系？下一步如何做好向海南之外更大范围的拓展，为服务业扩大开放提供更强的动力？谢谢。

【王受文】

这个问题请商务部自贸区港司唐文弘司长回答。

【商务部自贸区港司司长唐文弘】

谢谢这位记者。关于你提的第一个问题，《海南跨境服贸负面清单》与市场准入负面清单、外商投资准入负面清单有定位上、功能上的不同之处。市场准入负面清单适用对象是境内外市场主体，包括内资企业、外商投资企业等各类市场主体市场准入管理的统一要求，只针对境外市场主体的特别管理措施，不纳入市场准入负面清单。外商投资准入负面清单和《海南跨境服贸负面清单》仅仅列出对境外市场主体或者个人的特别管理措施。在这个方面简单介绍一下。

按照世贸组织《服务贸易总协定》的有关定义，服务贸易分为 4 种提供模式，分别是跨境交付模式、境外消费模式、商业存在模式和自然人移动模式。其中，商业存在模式属于投资，其他 3

种模式统称为跨境服务贸易。外商投资准入负面清单列出了农业、制造业和服务业等各个行业在外商投资方面的特别管理措施，其中商业存在模式的服务提供也纳入了外商投资准入负面清单。而《海南跨境服贸负面清单》列出了境外服务提供者通过跨境交付模式、境外消费模式、自然人移动模式等其他3种模式向海南自由贸易港提供服务的特别管理措施，在这个清单之外的领域，在海南自由贸易港内，对境内外的服务及服务提供者都是一视同仁。

关于第二个问题，刚才王部长也介绍了，《海南跨境服贸负面清单》是跨境服务贸易领域国家发布的第一张负面清单，这一模式在更大范围实施需要把握好节奏和进度，坚持稳中求进工作总基调，稳扎稳打、分步推进。实际上，我们国家在实施外商投资准入负面清单的过程中，首先是2013年在上海自贸试验区率先试点，之后逐步扩大到广东、天津、福建自贸试验区，试点取得经验，模式运行比较成熟之后，经党中央、国务院批准，于2017年出台了首张全国版的外商投资准入负面清单。

下一步，我们将积极发挥海南自由贸易港先行先试的作用，及时总结评估《海南跨境服贸负面清单》运行的情况，在此基础上，研究制定自贸试验区跨境服贸负面清单，通过更大范围的试点推动更高水平的制度型开放，为在全国实施跨境服贸负面清单管理制度探好路、打好基础。

谢谢。

【每日经济新闻记者】

跨境服务贸易负面清单即将在海南实施，请问当前海南推进跨境服务贸易发展的总体情况如何？有哪些特色和亮点？谢谢。

【倪强】

谢谢这位记者的提问。近年来在国家部委的大力支持下，海南积极贯彻落实国家的部署，采取了一系列促进跨境服务贸易发展的举措。比如，在跨境交付方面，中国人民银行、银保监会、证监会、外汇局发布了《关于金融支持海南全面改革开放的意见》，明确提升人民币可兑换水平，支持跨境贸易投资自由化、便利化举措。我省印发实施《智慧海南总体方案（2020—2025年）》，海南自由贸易港国际互联网专用通道正式开通。在自然人移动方面，我省制定出台海南自由贸易港外籍“高精尖缺”人才认定标准，开展国际人才服务管理改革试点，发布自贸港境外人员执业管理办法和境外人员参加职业资格考试管理办法、目录清单，开放境外人员参加职业资格考试38项，单项认可境外职业资格219项。在境外消费方面，我省在全国率先启动入境游客移动支付服务便利化试点，推动琼港澳游艇自由行等等。

在上述举措的推动下，海南跨境服务贸易呈现良好发展势头。除去年受疫情影响增速下降外，2018年、2019年分别增长16.8%和20.3%，今年上半年更是增长了81.2%。

海南跨境服务贸易主要呈现以下特点：一是市场关注度大幅提升。2018—2020年，全省注册服务贸易市场主体增加了2.1倍。二是服务贸易结构不断优化。以知识密集和技术密集为特征的新型服务贸易在去年、今年上半年分别增长了1.1倍和1.9倍，占服务贸易比重已提高到66.5%。其中电信、计算机和信息服务已成为增长最快、规模最大的板块。三是特色服务集聚发展效应明显。海南生态软件园、三亚市中医院分别被认定为国家首批数字服务出口基地、中医药服务出口基地。四是形成了可复制、可推广的经验。“优化事业单位对外籍人员的服务和管理”、“将服务贸易管理事项纳入国际贸易‘单一窗口’”入选全国深化服务贸易创新发展最佳实践案例。五是实施服务贸易出口先导性行动计划。2019年海南跨境服务贸易首次实现顺差。六是将跨境服务贸易纳入我省高质量发展考核指标体系。

谢谢。

【新华社记者】

能否为我们介绍一下《海南跨境服贸负面清

单》在领域和范围上有哪些值得关注的亮点？谢谢。

【王受文】

谢谢，我来回答这个问题。其实《海南跨境服贸负面清单》有不少亮点，刚刚倪强副省长已经介绍了其中的一些，我们就从这几个方面作些简单介绍。

第一，在人才政策方面，跨境服贸负面清单实行了更加开放的政策。举几个例子，比如取消境外个人参加注册计量师、勘察设计注册工程师、注册消防工程师等 10 多项职业资格考试方面的限制，为优秀的境外人才来参与海南自贸港的建设方面提供了便利。

第二，在提升运输自由便利化方面，负面清单实施了更加开放的船舶运输政策和航空运输政策，在推动建设西部陆海新通道国际航运枢纽和航空枢纽方面，也将发挥重要作用。比如说《海南跨境服贸负面清单》取消了境外船舶检验机构没有在中国设立验船公司，不得派员或者雇员在中国境内开展船舶检验活动的限制。刚刚陈希厅长也作了这方面的介绍。《海南跨境服贸负面清单》还取消了外国服务提供者从事航空气象服务的限制等。

第三，在扩大专业服务业对外开放方面，也有一些具体举措。比如允许境外律师事务所驻海南代表机构从事部分涉海南的商事非诉讼法律事务，允许海南律师事务所聘请外籍律师担任外国法律顾问和港澳律师担任法律顾问，取消外国服务提供者从事报关业务的限制等。

第四，在扩大金融业对外开放方面，《海南跨境服贸负面清单》一方面坚持金融服务实体经济，有序推进金融改革创新，另外一方面，也进一步扩大对外开放。比如说，允许境外个人申请开立证券账户或者期货账户，并且可以申请证券投资咨询从业资格和期货投资咨询的从业资格等。

这四方面都可以说是海南跨服负面清单的一些亮点，谢谢。

【三沙卫视记者】

请问除了《海南跨境服贸负面清单》之外，商务部还有哪些支持海南服务业发展的具体措施？谢谢。

【王受文】

谢谢你的提问，我来回答一下。习近平总书记指出，海南要以发展旅游业、现代服务业、高新技术产业为主导，大力发展海南省的经济。大力发展服务业，可以说是贯彻习近平总书记重要指示的必然要求。所以除了今天我们讲到的通过实施《海南跨境服贸负面清单》来支持海南省服务业的发展，在此之前商务部也公布了一系列的措施来支持海南服务业发展。刚刚大家也听到了海南省倪强副省长的介绍，海南服务业包括服务贸易方面所取得的一些进展。

我给大家介绍一下，商务部在支持海南服务业发展方面也采取了一系列的措施。比如说，今年 4 月份，经国务院同意，商务部印发了《海南省服务业扩大开放综合试点方案》，全国只有北京、上海、天津和重庆，海南是和它们一起来实施试点的；去年 8 月份，经国务院同意，在海南省开展了全面深化服务贸易创新发展试点；今年 4 月份，经国务院同意，商务部会同 20 多个部门印发了《关于推进海南自由贸易港贸易自由化便利化若干措施的通知》，这里面的措施有 15 项涉及到服务贸易发展；今年 5 月份，可能很多媒体都报道过，商务部、海南省共同举办了首届中国国际消费品博览会，这也是服务业的重要内容；第五个方面，我们继续支持指导海南建设国家中医药服务出口基地和数字服务出口基地等。我给大家举了这五个方面的例子。

我们采取这些措施，支持海南服务业的发展，主要可以概括为三个方面：

第一方面，优化海南服务业发展的体制机制，完善规则体系，深入推进“放管服”改革。比如说，下放了中资邮轮国际运输相关业务的许可权限，探索取消设立拍卖企业审核许可和商业特许经营备案等，允许举办涉外经济技术展，允许外资银行参与进出口环节税款缴纳和保函业务等。在体制机制方面为海南提供更好的支持。

第二方面，提升海南服务业发展的便利水平和要素保障。比如说，允许境外专业人士按照有关要求取得国内执业资格和特定的开放领域的就业机会，探索允许符合条件的境外人员担任法定机构、事业单位、国有企业的法定代表人等。境外优秀人才、专业人才可以到海南来从事特定的职业。

第三方面，探索创新发展模式，推进区域集聚发展，拓展新业态、新模式，推动传统领域转型。比如说，鼓励建设特色服务出口基地，大力发展数字贸易，优化数字贸易的包容审慎监管等。服务业是海南的重点主导产业，商务部将会同海南省以及相关部门，按照党中央、国务院的统一部署，加快推动各项政策举措的落地见效，促进海南自由贸易港高质量的发展。

谢谢。

【邢慧娜】

今天的新闻发布会就到这里，感谢四位发布人，也感谢各位媒体朋友们，大家再见。

（来源：商务部网站）

商务部召开“北京、湖南、安徽自贸试验区和浙江自贸试验区扩展区域建设一周年”专题新闻发布会

【商务部于2021年9月28日（星期二）上午10时召开“北京、湖南、安徽自贸试验区和浙江自贸试验区扩展区域建设一周年”专题新闻发布会，介绍北京、湖南、安徽自贸试验区和浙江自贸试验区扩展区域建设一周年相关情况。商务部自贸区港司副司长陈洪，安徽省商务厅党组书记、厅长、安徽省自贸办主任张箭，浙江省商务厅党组书记、厅长、浙江省自贸办主任盛秋平，湖南省商务厅党组书记、湖南省自贸办常务副主任沈裕谋，北京市自贸办专职副主任刘梅英出席发布会，并回答记者提问。商务部财务司副司长、新闻发言人束珏婷主持本次会议。】

【商务部财务司副司长、新闻发言人束珏婷】

各位记者朋友，大家上午好。欢迎参加今天的专题新闻发布会。去年9月，国务院发布了北京、湖南、安徽自贸试验区总体方案和浙江自贸试验区扩展区域方案。一年来，上述地方认真落实党中央、国务院决策部署，积极推进各项建设工作。今天我们非常高兴地邀请到了商务部自贸区港司副司长陈洪先生，安徽省商务厅党组书记、厅长、安徽省自贸办主任张箭先生，浙江省商务厅党组书记、厅长、浙江省自贸办主任盛秋平先生，湖南省商务厅党组书记、湖南省自贸办常务副主任沈裕谋先生，北京市自贸办专职副主任刘梅英女士，请他们向大家介绍一下北京、湖南、安徽自贸试验区和浙江自贸试验区拓展区域建设一周年相关的情况。我是今天发布会的主持人，商务部财务司副司长、新闻发言人束珏婷。

今天首先请陈洪先生向大家介绍一下总体情况，接下来五位发布人将会回答记者朋友们提出的问题。那么下面先请陈洪先生做介绍。

【商务部自贸区港司副司长陈洪】

各位记者朋友，大家好！感谢大家长期以来对自贸试验区工作的支持和关心。今天很高兴和北京、湖南、安徽和浙江自贸试验区的同事一道，向大家介绍一年来的建设情况。首先，我就总体情况作简要介绍。

2020年9月，北京、湖南、安徽3个自贸试验区和浙江自贸试验区扩展区域设立运行。一年来，各自贸试验区深入贯彻落实党中央、国务院部署，扎实推进总体方案及扩区方案的试点任务，立足区位特色优势，不断加大制度创新力度，建设取得显著成效。

截至目前，北京、湖南、安徽3个自贸试验区和浙江自贸试验区扩展区域总体方案确定的423项改革试点任务已实施363项，总体实施率超85%，通过在更大范围、更广领域、更深层次进行改革探索，激发了高质量发展的内生动力，开放水平不断提升，示范引领作用逐步发挥。具体来看，有以下几方面亮点：

一是服务国家发展战略各显其能。各自贸试验区立足战略定位和区位优势，主动融入和服务国家发展战略，助力推动形成全方位、多层次、多元化的开放合作格局。

例如，北京自贸试验区围绕京津冀协同发展需要，建设京津冀国家技术创新中心，打造京津冀联动的全球化协同创新服务模式。与天津自贸试验区、河北自贸试验区签署《京津冀自贸试验区三方战略合作框架协议》，为京津冀协同发展新路径提供机制保障。湖南自贸试验区立足中部崛起战略，着力打造联通长江经济带和粤港澳大湾区的国际投资贸易走廊，发展湘港澳直通物流链，打造郴州国际内陆港和粤港澳大湾区保税货物中西部集散第一站。安徽自贸试验区积极服务“一带一路”建设，合肥中欧国际货运开行路线增至60条，覆盖欧洲14个国家，51个国际节点城市。在“一带一路”沿线国家布局投资项目，通过核心技术和成套生物设备输出，带动国际产能合作。浙江自贸试验区推进长三角一体化发展，积极参与组建长三角自贸试验区联盟，实现浙沪跨港区供油、助推海事服务一体化，发布中国舟山低硫燃料油保税船供报价，推动期现联动合作构建一体化油气交易市场。

二是科技创新助推新发展动能持续发力。各自贸试验区围绕阻碍科技创新的难点，在知识产权保护、科技成果转化等方面深入开展创新，激发市场主体活力，助力催生新发展动能。

例如，北京自贸试验区深入开展知识产权保险试点工作，2021年以来，北京自贸试验区内50余家企业近600件专利参保。成立知识产权保护分中心、服务中心，提供高效便捷的知识产权综合服务。安徽自贸试验区实施科创成果转化与应用等试点举措，挂牌设立14家国际科技合作基地，向产业创业者开放共享相关重大科技基础设施。建设完成省市县三级联动、线上线下互动的全省统一科技大市场，并在片区设立窗口展开技术交易，上半年完成技术合同登记金额近40亿元。

三是金融领域开放创新有序推进。各自贸试验区在加强风险防控的前提下，按照部署在金融开放创新领域进行有益探索，进一步促进跨境投融资便利，增强金融服务实体功能。

例如，北京自贸试验区开展跨国公司本外币一体化资金池试点、本外币账户合一试点，落地外商独资货币经纪公司、外资全资控股持牌支付公司、外商独资保险资管公司等一批标志性项目。湖南自贸试验区完善跨境电商收付汇制度，允许跨境电商海外仓出口企业根据实际销售情况回款，按规定报告出口与收汇差额。

四是引领产业高质量发展能力不断增强。各自贸试验区聚焦特色优势产业开放发展，集聚优质市场主体，努力提升产业链供应链先进性、稳定性和竞争力，引领产业转型升级和高质量发展。

例如，湖南自贸试验区重点打造工程机械、轨道交通、航空航天装备国际级先进制造业集群，中小航空发动机国内市场占有率达到75%，先进材料企业数量超过800家。浙江自贸试验区舟山、宁波片区聚焦以油气为核心的大宗商品资源，打造国家大宗商品资源配置基地。目前油品储备能力达4 543万吨、炼油能力达5 100万吨/年。杭州片区聚焦数字经济，加快打造全球数字贸易中心，构建跨境电商行业数字化信用监管场景，推动数字赋能跨境电商创新发展。

下一步，商务部将继续会同有关部门，加大指导和支持力度，推动北京、湖南、安徽自贸试验区和浙江自贸试验区扩展区域落实好改革试点任务，形成更多可复制推广的制度创新成果，在构建新发展格局中发挥更大作用。

我先介绍到这里。谢谢。

【每日经济新闻记者】

请问湖南、安徽自贸办负责人，做为内陆型自贸试验区，你们在融入和服务国家战略、提升开放型经济发展水平等方面取得了哪些成绩？发挥了怎样的作用？

【湖南省商务厅党组书记、湖南省自贸办常务副主任沈裕谋】

首先我要感谢商务部等国家部委对湖南自贸试验区的关心和支持，感谢各位媒体记者对湖南自贸试验区的关注和宣传！

一年来，湖南自贸试验区全面落实中央关于建设制造强国、实施中部崛起战略等要求，加快打造世界级先进制造业集群、联通长江经济带和粤港澳大湾区的国际投资贸易走廊、中非经贸深度合作先行区。

1. 改革试点任务加快落实。总体方案121项试点任务实施97项，实施方案321项落实举措实施266项。初步形成进口转关货物内河运费不计入完税价格、“一码集成”规范涉企检查等10余项全国首创制度创新成果。省市出台配套政策文件80多个，首批下放省级经济管理权限97项，自贸试验区条例即将出台。

2. 先进制造业集群持续壮大。以自贸试验区为引领，着力构建“3+3+2”先进制造业集群，打造20条优势产业链，创建全国首个省级“5G+工业互联网”先导区，实施区块链赋能知识产权保护等制度创新，发布100条惠企“政策包”，工程机械行业规模继续稳居全国首位，中小航空发动机国内市场占有率达到75%，先进材料企业数量超过800家。

3. 湘粤浙港澳以及长江经济带合作更加紧密。积极承接大湾区产业升级转移，加快湘粤港澳服务业联动发展，成功举办湖南—粤港澳大湾区投资贸易洽谈周，签约省级项目261个，投资总额2 424.3亿元。加强与上海、太仓等沿江港口合作，释放长江黄金水道效能，加快发展岳阳至香港、日韩、东盟江海航线，今年1—8月，岳阳城陵矶口岸国际集装箱吞吐量41.3万标箱，同比增长40.2%。同时，长沙四小时航空经济圈、中欧班列、西部陆海新通道正在加速建设。

4. 对非经贸深度合作全面推进。加快建设中非跨境人民币中心，开通六个非洲国家币种对公即期结售汇。持续扩大非洲干辣椒、咖啡、鲜花等大宗进口，非洲在华非资源性产品集散交易中心初现雏形。中非易货贸易取得突破，中国建材小商品换南非西柚试单成功。开通湘粤非铁海联运班列，长沙至内罗毕国际航线稳定运营，加快构建对非国际物流体系。第二届中非经贸博览会举办各类活动23场，展览展示面积6.4万平米，发布《中非经贸关系报告》《中非经贸合作案例方案集》。今年1—8月，湖南对非洲进出口248.7亿元，同比增长43.7%。

谢谢。

【安徽省商务厅党组书记、厅长，安徽省自贸办主任张箭】

首先，非常感谢媒体朋友对安徽自贸试验区的关心支持！安徽自贸试验区建设一年来，认真学习贯彻习近平总书记关于自贸试验区重要论述和考察安徽重要讲话指示精神，在省委、省政府的坚强领导下，在商务部等国家部委的指导支持下，牢记“为国家试制度、为地方谋发展”的使命，坚持开局就发力、起步就冲刺，推动方案落地实施，112项试点任务已实施105项、落地见效73项，探索形成38项试点经验，自贸试验区建设取得阶段性成效。主要体现在三个方面：

第一，着力打造市场化、法治化、国际化营商环境，深化改革的“试验田”作用逐步彰显。省委、省政府出台《关于以中国（安徽）自由贸易试验区建设为先导打造具有重要影响力改革开放新高地的意见》，制订自贸试验区专项推进行动计划方案，配套出台20多个文件、近300项具体措施。我们起草《中国（安徽）自由贸易试验区条例（草案）》，昨天省人大常委会进行一审审议；建立自贸试验区特别清单212项，推进实施“自贸一单通”，保障片区改革创新自主权；创新上线“7×24”政务服务地图，实现268项“热门”政务服务事项的24小时自助办理。一年来，自贸试验区累计新增注册企业9 927家，签约入驻项目769个、协议引资额4 425亿元。

第二，着力推进贸易投资便利化改革，对外开放的“排头兵”作用逐步彰显。安徽作为自贸“新成员”，在复制推广试点经验基础上，强化改革创新、积极争取首创。我们率先开展长三角特殊货物检查作业一体化改革试点；实施“联动接卸、视同一港”整体监管；率先实现内河港口集装箱区块链提货单模式。我们积极建立外商投资全流程服务体系，吸引一批外资项目落户，包括大众江淮等高端制造业项目、蔚来科技等总部项目、中德双元制职业培训等服务业项目。

第三，着力服务国家重大战略，链接长三角和中部地区的“重要枢纽”作用初步彰显。加快提升开放平台能级，世界制造业大会已成功举办3届，今年11月将在合肥举办2021世界制造业大会；市场采购贸易试点、跨境电商进口零售试点、服务贸易创新发展试点等成效初显。加快提升开放通道效率，芜湖（京东）国际货运超级港建设加快推进；合肥中欧国际货运开行线路已覆盖欧洲14个国家、52个国际节点城市。加快提升区域开放合作水平，与沪苏浙共同组建长三角自贸试验区联盟，多个创新事项入选长三角自贸试验区十大制度创新案例。

下一步，我们将根据国家工作部署，对标国际高标准经贸规则，深入推进总体方案深化实施，贡献更多安徽经验。

谢谢。

【封面新闻记者】

请问北京和浙江自贸办负责人，一年来北京在科技创新、服务业开放及数字经济等方面进行了哪些制度创新？浙江去年新增了三个片区，扩展区域建设有哪些亮点，是否实现了当初扩区的目的？

【北京市自贸办专职副主任刘梅英】

一年来，在商务部的指导下，北京市全面贯彻落实习近平总书记在服贸会上的致辞精神，举全市之力加快推进建设以科技创新、服务业开放、数字经济为主要特征的自贸试验区，截至目前，总体方案中的112项试点任务已实施94项。一年来，自贸试验区累计新设外商投资企业474家，实际利用外资金额17.8亿美元，以千分之七的面积贡献了全市近三成的外资企业增量，自贸试验区建设成效初步显现。

一是围绕科技创新全链条开放，不断优化创新创业生态。制定发布知识产权、科技金融、管理举措等一系列政策、方案、措施共计20余项。激发研发创新活力，对跨国公司设立研发中心实施告知承诺制，鼓励开展“反向创新”。打破科技创新成果转化瓶颈，深入推进实施科研人员职务科技成果所有权或长期使用权试点。加速聚集高端人才要素，率先实施 82 项境外职业资格过往资历认可，向境外开放首批 35 项职业资格考试，搭建人才一站式服务载体，实施工作许可、工作居留许可“两证联办”。构建知识产权大保护格局，拓展知识产权金融服务，成立知识产权交易中心。

二是聚力服务业深层次开放，持续提升产业竞争力。依托科技、金融、教育、健康医疗等 9 大服务业优势领域，形成一批产业准入拓宽成果。新设 68 家国内外金融机构。首家国际研究型医院主体结构封顶、已先期开展临床研究；加快“互联网+医疗”创新发展，建立覆盖诊前、诊中、诊后的线上线下一体化医疗服务模式。23 所新布局国际学校开工，支持北京高校与世界知名高校在急需紧缺专业举办中外合作办学机构和项目。加快推进专利代理开放试点、允许跨国公司设立外商独资财务公司等。

三是推进数字经济多维度开放，对标国际打造标杆。建设新型数字基础设施，发布首个自主可控的区块链软硬件技术体系“长安链”，并推出京津冀国际贸易“单一窗口”数据协同、供应链金融、碳交易等一批应用场景。加快与国际接轨，成立北京国际大数据交易所，建立数据交易服务体系，着力打造数据跨境交易枢纽。丰富应用场景，加快“金科新区”核心区建设，数字人民币试点覆盖领域渐次扩大，设立全球首个网联云控式高级别自动驾驶示范区，适度超前构建支持智能网联汽车道路测试、示范应用、商业运营服务的政策体系。

以上是北京的回答。谢谢。

【浙江省商务厅党组书记、厅长，浙江省自贸办主任盛秋平】

去年浙江自贸试验区扩区，开启了自贸试验区建设新征程。一年来，我们围绕中央赋予的“五大功能定位”，实施更大范围、更宽领域、更深层次对外开放，在服务构建新发展格局、助力经济高质量发展等方面取得显著成效。应该说，浙江自贸试验区扩区建设迈好了第一步，实现良好开局。

一是立足战略定位，为国家试制度能力显著提升。我们始终坚持将自贸试验区建设与构建新发展格局相衔接，主动服务和融入国家战略，在“国之大者”下实现自身发展。扩区这一年来，我们积极承接更多国家战略任务，根据克强总理 5 月在浙江考察时提出“浙江不仅要做小商品集散地、还要做大宗商品战略中转基地”讲话精神，加快推动舟山、宁波片区共同建设大宗商品资源配置基地，积极推进金义片区大宗商品交易中心建设；大力推动电商快递制度突破，今年 1—8 月，金华快递业务量达 71.7 亿件，同比增长 39.4%，位居全国第一；推动义乌建设全国首批进口贸易促进创新示范区，打造“世界小商品贸易之都”。围绕服务长三角一体化发展，成立长三角自贸试验区联盟，推动实现浙沪跨港区供油、长三角油气交易市场期现联动一体化。发挥自贸试验区和中东欧国家经贸合作示范区的政策叠加效应，成功举办中东欧博览会，深入推进与中东欧国家的开放合作。特别值得一提的是，作为扩区建设成果，2021 首届全球数字贸易博览会将于 12 月 6 日至 9 日在杭州举办。我们将以此为契机，着力构建数字贸易的产业、平台、生态、制度、监管“5 个体系”，打造以数字贸易为核心的自由贸易试验区。

二是强化首创性、特色化制度创新，为全国自贸试验区贡献“浙江经验”。我们围绕战略定位，立足产业发展，加强首创性、差别化探索，形成一批“人无我有、人有我优”的制度创新成果。宁波片区探索建立抵港外籍船舶“港口国监督远程复查”机制，成为国际海事规则；杭州片区跨境电商模式引领全国，首个全球退货中心仓落地运营，“知识产权集成服务改革”实现知识产权事务“最多跑一次”；金义片区创设“外籍商友卡”推进外国人来华工作、居留许可“一件事办理”，为外国人管理服务提供了“浙江经验”。自贸试验区的制度创新有力促进了营商环境优化和产业集聚发展，前不久，宁波舟山港获得了中国质量奖，今年宁波舟山首次跻身全球航运中心城市前十强，杭州集聚医药企业 1 300 余家，推动构建生物医药创新高地，金义“义新欧”中欧班列今年累计开行 1 459 列，正式踏入全国中欧品牌前三甲。

三是开放型经济动能强劲，为稳外贸稳外资作出突出贡献。一年来，我们紧抓扩区机遇，结合浙江产业基础，加快推动外向型经济和特色优势产业集聚，签约引进了巴西淡水河谷、开市客、美国 GE、瑞士 ABB、德国采埃孚等世界 500 强项目 16 个，总投资近 600 亿元，全力打造区域经济发展新增长级。今年 1—6 月，浙江自贸试验区新增市场主体近 2. 5 万家；实现进出口 3 758 亿元，实际使用外资 12. 1 亿美元；以 1/400 的面积贡献了全省 8. 6%的新增市场主体、19. 6%的外贸和 11. 4%的外资，为全省稳外贸稳外资走在全国前列、连续三年获国务院督查激励作出重要贡献。

谢谢。

【上海证券报记者】

请问北京自贸办的刘主任，刚刚您介绍了北京自贸试验区今年以来在发展数字经济、加快服务业开放等成绩斐然，请问接下来还将有哪些举措？

【刘梅英】

感谢您用“成绩斐然”来形容北京自贸试验区一年来取得的成效。“虽比高飞雁，犹未及青云”，我们将继续保持“更上一层楼”的信念，推动自贸试验区在数字经济、服务业开放等方面形成更多的北京方案、北京经验。与此同时，在前不久闭幕的 2021 年服贸会上，习近平总书记再次通过视频发表致辞，进一步为北京自贸试验区建设指引了方向、明确了路径、赋予了新内涵。下一步，我们将深入落实习近平总书记两次服贸会致辞精神，着力打造三个示范。

一是打造国际高水平自由贸易协定规则对接先行合作示范区。深入落实总书记致辞精神，立足北京“四个中心”建设和优势产业定位，在商务部指导下，以我国签署 RCEP、申请加入 CPTPP 为契机，充分发挥自贸试验区的先行先试优势，从边境上到边境内，从要素供给到规则制度等层面，努力探索与国际接轨的开放发展环境。

二是打造数字贸易示范区。立足打造全球数字经济标杆城市，与数字贸易港建设统筹联动，进一步用好国际大数据交易所，深化海淀、朝阳、大兴等数字贸易试验区功能定位，培育产业集群、加大国际合作、探索规则对标，力争在贸易数字化和数字贸易化方面形成示范。

三是打造体制机制创新示范区。持续深入谋划体制机制改革创新，进一步提升自贸试验区各组团功能，赋予各组团更大改革自主权，推动有条件组团探索优化管理模式，实施市场化运作机制和激励考核机制，充分激发各组团的创新活力和动力。

谢谢。

【澎湃新闻记者】

打造全球高端装备制造业基地是湖南自贸试验区的特色战略任务之一，请问有关建设进展如何？

【沈裕谋】

湖南在高端装备制造领域基础实力雄厚，拥有三一重工、中联重科、山河智能、铁建重工4家全球工程机械行业50强企业，全球每下线10台混凝土机械就有8台产自湖南。

一年来，湖南自贸试验区积极打造国际先进制造业集群，全球高端装备制造业基地建设迈出坚实步伐。

一是聚力8个行业，打造产业集群矩阵。组织编制《国际级先进制造业集群专项规划》，推进《先进制造业条例》地方立法，建立健全“3+3+2”先进制造业集群梯次培育发展机制，实施技术创新和组织变革双轮驱动，重点建设工程机械、轨道交通装备、中小航空发动机及航空航天装备三个世界级产业集群，电子信息、新材料、新能源与节能三个国家级产业集群，大力发展传统的经典产业和新兴的未来产业。

二是围绕20条产业链，培育集群发展主体。选取碳基材料、人工智能、5G应用、动力电池等20条新兴优势产业链，“一条产业链、一名省领导、一套工作机制”，实施精准招商、加快补链延链强链、推进集聚发展。省政府出台《支持先进制造业供应链配套发展的若干政策措施》，支持培育招引重点配套生产企业。长沙、岳阳、郴州三片区成功引进杭叉集团、中创空天、正威新材料等一批先进制造业项目，三一科学城、智联重卡、国际先进制造业总部经济中心等重点项目加快建设。铁建重工、五新隧装、可孚医疗成功挂牌上市。

三是突破“卡脖子”技术，抢占价值链高端。时速600公里以上高速磁浮交通系统、铁建重工主轴承和地下工程装备等一批关键技术实现突破。山河智能积极突破进口件“卡脖子”问题，旋挖钻机和挖掘机高性能液压元件实现批量化生产与应用。蓝思科技在原有主打视窗防护面板基础上，持续研发新材料，打造新增长点。长沙片区经开区块引进上海诺玛、常州凯鹏和凯恩利等核心关键零部件企业。

四是对接“一带一路”，提升产业外向度。加快建设面向“一带一路”沿线国家和地区的国际营销和服务体系，推动三一、中联重科、铁建、山河智能等装备制造业产品加快走向全球，四家龙头企业今年出口总额增速均超过50%，山河智能在欧洲高端市场营销增长150%。探索工程机械二手设备出口，破解二手设备闲置难题。成功举办了国际工程机械展、通用航空博览会、世界计算大会和中国民营500强峰会。

谢谢。

【红星新闻记者】

推动科技创新和实体经济发展深度融合是安徽自贸试验区的定位和特色，请问张厅长能否简要介绍一下这方面的进展及成果？

【张箭】

一年来，安徽自贸试验区围绕国家赋予的战略定位，充分发挥安徽“科创+产业”优势，坚持以制度创新为核心，推动创新链与产业链融合发展，积极为科技创新策源地、新兴产业集聚地筑势赋能。主要开展三个方面工作：

一是推出一批科创成果转化新模式。我们积极构建科技成果转化“政产学研用金”六位一体机制，率先开展产业化经费股权投资改革试点，实施科创资源“全链条、多节点”科技成果转化、全流程知识产权服务模式，落地知识产权证券化试点。我们聚焦新一代信息技术、新能源汽车、人工智能、新材料等新兴产业，推动人才流动互认、产品通关进出口、产业链协同配套、知识产权服务体系等领域的集成改革，目前已挂牌国际科技合作基地14家、实现跨国科技成果转化2项，新认定高新技术企业近1 300家。

二是推出一批人才招引新模式。我们创新建立“一网通”国际人才一站式服务体系，入选国家服务贸易创新案例，累计服务外国专家超5千人次，今年新认定人才超过千人，吸引一批战新产业高层次人才落户。我们加快打造长三角高能级海归留学人才枢纽，创设面向海归留学人员的区域性创新创业中心，累计招引留学人员项目25个，储备留学人才项目100多个，吸引高层次人才超千人。

三是推出一批金融开放新模式。多项国家外汇政策试点及跨境金融政策在自贸试验区率先落地。创新推出科技中小微企业“自贸贷”、中国声谷信用贷、科技云贷等金融产品，搭建了一站式“金融超市”线上自选平台。建立“股权投资+政府基金+社会资本+风险投资+专项基金”五位一体的多元化科技投融资体系，累计投资孵化企业超过160家，引入外部投资超15亿元，获得各类知识产权授权900余项，金融服务实体经济水平进一步提升。

下一步，安徽自贸试验区将立足战略定位，加强首创性、差异化、集成性创新，着力打造“科创+产业”制度创新的“高原”“高峰”，形成更多制度创新成果。

谢谢。

【经济日报记者】

建设以油气为核心的大宗商品资源配置基地是浙江自贸试验区一直以来的重要功能定位，去年国务院又针对浙江自贸试验区专门出台了推动油气全产业链深化改革开放的若干措施，请问盛厅长，一年来浙江自贸试验区油气全产业链建设又取得了哪些新进展？

【盛秋平】

去年3月，国务院出台《关于支持中国（浙江）自由贸易试验区油气全产业链开放发展的若干措施》（以下简称《若干措施》），这是十九大以来国家支持自贸试验区特色产业开放发展的第一份政策文件。总体来看，《若干措施》落地成效明显，11方面26项措施已100%启动实施，257项重点任务有效实施率达96%，有力推动了油气全产业链新一轮的高质量发展。下面，我想介绍五方面的亮点成效：

一是石化炼化产业进一步升级。浙石化4 000万吨项目将于年底投产，成为全国单体规模最大的炼化一体化基地，年工业总产值将达2 500亿元。此外，德荣化工、浙石化—霍尼韦尔催化剂等一批项目加快建设，下游精深加工产业链不断延伸。

二是油品贸易自由化进一步推进。《若干措施》发布以来，新招引落地韩国SK、中化能源、中船燃等国内外知名企业，四年累计集聚8 000余家油气贸易企业。其中，浙石化成为全国首家获得成品油出口资质和配额的民营炼化企业，浙石油新获原油非国营贸易牌照。上半年，油气贸易额超 3 900 亿元，为国家油品市场化改革积累了实践经验。

三是大宗商品期现市场进一步联动。上海期货交易所战略入股浙江国际油气交易中心，共建长三角期现一体化交易市场；正式发布“中国舟山·低硫燃料油保税船供报价”，率先形成以国内期货市场价格为定价基础，采用人民币报价的价格机制，有望逐步形成燃料油等油品领域的中国价格指数。

四是燃料油加注领域进一步集成创新。率先落地低硫船用燃料油出口退税业务，《若干措施》发布以来本地企业实现退税总额 1.6 亿元；与上海合作，实现浙沪跨港区供油。在制度创新集成效益下，舟山港域加注和结算量分别约占全国的 1/3 及 1/2，进一步巩固全国第一、全球前八大加油港的地位。

五是油气全产业链进一步完善。发布全国首部保税 LNG 加注行业管理规范，推进建设 LNG 接收中心，新奥 500 万吨 LNG 接收站项目全面投产，船用 LNG 加注试点工作稳步推进，为国家清洁能源供给和“气化长江”战略作出积极贡献。

谢谢。

【央广经济之声记者】

请问自贸区港司陈司长，近年来自贸试验区在推动各领域开放发展方面取得了积极成效，请问今后将如何更好发挥自贸试验区改革开放排头兵的示范引领作用?

【陈洪】

习近平总书记在主持召开中央全面深化改革委员会第二十次会议时强调，要围绕实行高水平对外开放，充分运用国际国内两个市场、两种资源，对标高标准国际经贸规则，积极推动制度创新，以更大力度谋划和推进自由贸易试验区高质量发展。我们将坚决贯彻落实习近平总书记关于自贸试验区建设的重要指示精神，在提升开放水平、推进制度创新、推动高质量发展、服务国家战略等方面持续发力，促进国内国际市场相通、产业相融、创新相促、规则相联，努力建设具有国际影响力和竞争力的自由贸易园区，发挥好改革开放排头兵的示范引领作用，打造国内国际双循环相互促进的重要枢纽。

在持续提升开放水平方面。将进一步加大开放压力测试力度，深入推进制度型开放。继续压减自贸试验区外资准入负面清单，集聚更多国内外人才、资本、技术和数据要素，推动外向型产业集聚。在实施好海南自由贸易港跨境服务贸易负面清单基础上，根据部署研究制定自贸试验区跨境服务贸易负面清单，在更大范围推动服务贸易自由化，提升我国整体开放水平。

在深入推进制度创新方面。推动落实好国务院《关于推进自由贸易试验区贸易投资便利化改革创新的若干措施》，聚焦重点领域、关键环节、基础性制度开展深层次改革试点，破除体制机制障碍，推动形成更多高质量制度创新成果。持续推动向自贸试验区下放更多省级经济管理权限，做好相关配套，确保下得去、接得住、用得好。

在推动高质量发展方面。推动自贸试验区立足资源禀赋，培育特色主导产业，壮大战略性新兴产业和现代服务业，形成更多增长点、增长极。围绕产业链核心环节和前沿领域，推动各类创新资源、高端要素加快聚集，打造科技创新策源地。通过开放发展，不断提高产业链、供应链先进性、稳定性和竞争力，引领产业高质量发展。

在服务国家重大战略方面。围绕总体方案明确的战略定位和试点任务，深入开展差别化探索，在服务和融入“一带一路”建设、粤港澳大湾区建设、京津冀协同发展、长三角区域一体化发展等重大战略方面发挥重要支点作用。

谢谢。

【束珏婷】

今天的发布会到此结束。谢谢几位发布人，也谢谢各位记者朋友，谢谢大家！

（来源：商务部网站）

海南自由贸易港建设白皮书（2021.06—2022.05）

中共海南省委自由贸易港工作委员会办公室 编

前 言

2021年6月以来，在习近平总书记亲自关怀和党中央、国务院正确领导下，在推进海南全面深化改革开放领导小组统筹协调、中央和国家各部门鼎力支持、社会各界关心帮助下，海南省委、省政府牢记习近平总书记殷切嘱托，以胜利召开省第八次党代会为契机，全面落实“一本三基四梁八柱”战略框架和“八个自由贸易港”具体举措，带领全省广大干部群众，解放思想、开拓创新，团结奋斗、攻坚克难，推动海南自由贸易港建设进展明显，整体推进蹄疾步稳、有力有序。2022年4月，习近平总书记再次亲临海南考察并发表重要讲话，对海南发展给予充分肯定，要求加快建设具有世界影响力的中国特色自由贸易港，让海南成为新时代中国改革开放的示范，把海南自由贸易港打造成为展示中国风范的靓丽名片，为海南工作进一步指明了方向、提供了遵循、鼓舞了干劲。

为全面展示一年来海南推进中国特色自由贸易港建设的丰富实践和丰硕成果，特发布本白皮书。

目 录

一、中央关怀与部门支持

2021年6月以来，海南自由贸易港建设进展明显，整体推进蹄疾步稳、有力有序，这是习近平总书记亲切关怀、掌舵领航的结果，是党中央、国务院高度重视和国家有关部门大力支持的结果。

（一）习近平总书记再次亲临海南考察指导，赋予海南新的使命，提出更高要求，为海南在新的历史起点上高质量发展提供了根本遵循和行动指南。

2022年4月10日至13日，习近平总书记先后来到三亚、五指山、儋州等地，深入科研单位、国家公园、黎族村寨、港口码头等进行调研。习近平总书记在参观海南全面深化改革开放和中国特色自由贸易港建设成果展后，听取了海南省委和省政府工作汇报，对海南各项工作取得的成绩给予肯定。

习近平总书记强调要坚决贯彻党中央决策部署，坚持稳中求进工作总基调，完整、准确、全面贯彻新发展理念，全面深化改革开放，坚持创新驱动发展，统筹疫情防控和经济社会发展，统筹发展和安全，解放思想、开拓创新，团结奋斗、攻坚克难，加快建设具有世界影响力的中国特色自由贸易港，让海南成为新时代中国改革开放的示范，以实际行动迎接党的二十大胜利召开。希望海南以“功成不必在我”的精神境界和“功成必定有我”的历史担当，把海南自由贸易港打造成展示中国风范的靓丽名片。

习近平总书记指出，推进自由贸易港建设是一个复杂的系统工程，要做好长期奋斗的思想准备和工作准备。要继续抓好海南自由贸易港建设总体方案和海南自由贸易港法贯彻落实，把制度集成创新摆在突出位置，强化“中央统筹、部门支持、省抓落实”的工作推进机制，确保海南自由贸易港如期顺利封关运作。要坚持党的领导不动摇，自觉站在党和国家大局上想问题、办事情，始终坚持正确政治方向。要坚持中国特色社会主义制度不动摇，牢牢把握中国特色社会主义这个定性。要坚持维护国家安全不动摇，加强重大风险识别和防范，统筹改革发展稳定，坚持先立后破、不立不破。

习近平总书记还在其他重要会议、重大场合多次提到海南，强调建设海南自由贸易港的重大意义。2021 年 10 月 12 日，习近平总书记在《生物多样性公约》第十五次缔约方大会领导人峰会上宣告，“中国正式设立三江源、大熊猫、东北虎豹、海南热带雨林、武夷山等第一批国家公园”，坚定了海南坚持生态立省不动摇，把生态文明建设作为重中之重的信心和决心。2021 年 11 月 4 日，习近平总书记在第四届中国国际进口博览会开幕式主旨演讲中两次提到海南，指出“海南自由贸易港跨境服务贸易负面清单已经出台”，并向全世界宣示“中国将在自由贸易试验区和海南自由贸易港做好高水平开放压力测试”。2022 年 4 月 21 日，习近平总书记在博鳌亚洲论坛 2022 年年会开幕式上以视频方式发表题为《携手迎接挑战，合作开创未来》的主旨演讲，指出“中国将扎实推进自由贸易试验区、海南自由贸易港建设，对接国际高标准经贸规则，推动制度型开放”。

（二）在党和国家领导人的高度重视下，海南自由贸易港建设生机蓬勃。

中央政治局常委、国务院总理李克强在 2022 年《政府工作报告》中提到“新增 4 个服务业扩大开放综合试点，推出海南自由贸易港开放新举措”，充分肯定了海南成绩，同时作出“扎实推进自贸试验区、海南自由贸易港建设”的部署。中央政治局常委、全国人大委员长栗战书指导推动海南自由贸易港法出台和贯彻实施，确保自由贸易港建设在法治轨道上行稳致远。中央政治局常委、全国政协主席汪洋部署全国政协聚焦海南自由贸易港建设开展协商座谈和专题调研，为海南改革发展凝聚共识、汇聚力量。中央政治局常委、中央全面深化改革领导小组办公室主任王沪宁关心关注海南自由贸易港建设，推动在重点领域和关键环节出台重大改革举措。中央政治局常委、中央纪委书记赵乐际重视指导清廉自贸港建设，为海南自由贸易港营造良好纪法环境。

中央政治局常委、国务院副总理、推进海南全面深化改革开放领导小组组长韩正靠前指挥、统筹协调推动海南自由贸易港建设，2022 年 4 月 21 日出席博鳌亚洲论坛 2022 年年会开幕式，2021 年 8 月 25 日、12 月 10 日先后主持召开推进海南全面深化改革开放领导小组专题会议、全体会议，中央政治局委员、国务院副总理、领导小组副组长胡春华和全国政协副主席、领导小组副组长、国家发展改革委主任何立峰出席。会议牢牢抓住制度集成创新这个根本着力点，围绕全岛封关运作、高水平开放压力测试、口岸规划建设、生态环境保护和重大风险防控等方面作出部署，高质量高标准推动海南自由贸易港建设不断取得新进展。

中央政治局委员、广东省委书记李希与海南省党政代表团座谈研讨，共商新发展阶段深化粤琼合作事宜，推动两地在加强贸易自由化便利化等方面改革互鉴、开放协同。中央政治局委员、上海市委书记李强与海南省党政代表团举行经济社会发展情况交流座谈会，共推沪琼合作交流再深化再拓展。全国人大常委会副委员长武维华赴琼围绕加强种质资源保护和育种创新情况开展专题调研。国务委员王勇赴琼就发挥海南自由贸易港先行先试作用，加快完善与建设国内统一市场、构建新发展格局相适应的现代化市场监管体系开展专题调研。全国政协副主席、中国科学技术协会主席万钢在第三届世界新能源汽车大会作主旨演讲，展望海南高质量发展新动能的美好未来。全国政协副主席梁振英赴琼调研海南经济社会发展情况，对促进琼港经济合作提出希望。全国政协副主席、九三学社中央常务副主席邵鸿赴琼调研，推动九三学社围绕海南自由贸易港建设中心大局开展议政建言。

由推进海南全面深化改革开放领导小组办公室（以下简称“海南办”）牵头国家有关部委成立的推进海南自由贸易港建设工作专班，2021 年 6 月至 2022 年 5 月，先后 12 批次赴琼现场调研、召开线上或线下座谈会 49 次，指导海南工作，协调解决自由贸易港建设中涉及中央事权的制度性政策性问题，以及跨地区、跨部门、跨行业、跨领域的事项，有效支持海南诉求，推动海南自由贸易港各项政策落实落地。

（三）在中央和国家有关部门及各省市的全力支持下，海南自由贸易港建设成效明显。

2021 年 6 月以来，中央和国家有关部门聚焦主责、突出重点，紧盯“1+N”政策制度体系和早期安排，扎实推进海南自由贸易港建设。国家发展改革委牵头会同各有关部委抓实抓细全岛封关运作准备工作，聚焦全岛封关运作准备工作任务、封关运作项目建设方案、封关运作前压力测试方案，强化顶层设计，落实要素保障，加强跟踪督查，推进口岸基础设施规划和建设，不断打牢封关运作软件硬件基础。在贸易领域，商务部、财政部、自然资源部、工业和信息化部、交通运输部、海关总署、税务总局、市场监管总局、邮政局、外汇管理局等扎实推进海南自由贸易港口岸布局，国际高标准经贸规则海南先行先试，“一线”放开、“二线”管住进出口管理制度试点扩区，海口空港综合保税区、三亚保税物流中心（B 型）通过验收等重点工作。在投资领域，国家发展改革委、商务部、国务院国资委等制订出台海南自由贸易港建设重大项目实施方案、支持中央企业在推进海南自由贸易港建设中发挥更大作用若干措施等重要政策，持续推进海南自由贸易港外商投资准入特别管理措施、放宽市场准入若干特别措施等重点工作。在财税领域，财政部、工业和信息化部、交通运输部、海关总署、税务总局、邮政局等扎实推进启运港退税、进出岛国内航班加注保税航油、内外贸同船运输境内船舶加注保税油、原辅料“零关税”政策调整、自用生产设备“零关税”政策调整、高端紧缺人才清单管理办法修订完善、离岛免税购物政策优化等重要工作。在人才领域，中央组织部连续四年从中央有关单位和省市引进 415 名优秀干部来琼挂职、支持海南选派 5 批 677 名年轻干部走出去跟班学习，支持海南“西部之光”访问学者到东部地区重点院校等访问研修，同时人力资源社会保障部支持成立海南自由贸易港人才发展研究院，建设中国（海南）人力资源服务产业园、中国海口留学人员创业园，会同公安部等推动便利外籍人才停居留政策措施、外国人工作许可特别管理措施、开放境外人员参加职业资格考试等工作。在金融领域，中国人民银行、中国银保监会、中国证监会、外汇管理局等指导推进优质企业贸易外汇收支便利化业务、全域数字人民币试点、跨境资产转让、跨境资产管理、海南自由贸易港建设投资基金、在洋浦经济开发区开展跨境贸易投资高水平开放外汇管理改革试点、境外证券基金期货人才注册执业等工作。在运输领域，国家发展改革委、交通运输部、自然资源部、海关总署、海事局、民航局、邮政局、移民管理局等扎实推动海南自由贸易港海事特区建设、海南现代综合交通运输体系规划、发展通用航空事业、琼州海峡港航一体化、“中国洋浦港”船籍港建设、洋浦区域国际集装箱枢纽港扩建、外籍邮轮开展多点挂靠业务、简化国际航行船舶边检手续、向海南下放国际快递许可审批权限等重点工作。在产业发展领域，中央军民融合办、中央宣传部、国家发展改革委、自然资源部、农业农村部、工业和信息化部、住房和城乡建设部、科技部、税务总局、市场监管总局、知识产权局、国防科工局、航天局等持续推进鼓励类产业目录、科技成果转化、世界新能源汽车大会、国家对外文化贸易基地建设、国家海洋综合试验场（深海）、国际知识产权交易所先行先试专利开放许可试点、游艇产业创新实验区、南繁硅谷建设、崖州湾种子实验室、文昌国际航天城建设、住房保障体系建设等重大工作。国家卫生健康委、药品监管局、中医药管理局等大力推动博鳌乐城国际医疗旅游先行区、区域医疗中心建设、真实世界数据研究应用、中医药在海南自由贸易港传承创新发展等工作。文化和旅游部支持海南设立中国海南国际文化艺术品交易中心。在数据流动领域，中央网信办、国家发展改革委、工业和信息化部等持续推进海南创建国家区块链试验区、智慧海南建设和数字化转型、国际互联网数据交互和数据跨境安全管理试点、域名根服务器镜像和国家顶级域名节点建设、国际互联网数据专用通道、工业领域数据安全管理试点、国际海底光缆项目等重要工作。在法治建设领域，全国人大常委会法工委、最高人民法院、最高人民检察院、外交部、司法部等推动海南自由贸易港法出台、调法调规、法治政府建设、涉外法治体系建设、海事审判“三合一”改革等重大工作。此外，自然资源部、生态环境部、住房和城乡建设部、工业和信息化部、农业农村部、科技部、民政部、国家林草局等在国家生态文明试验区、耕地占补指标国家统筹、国家农业现代化示范园、国家热带农业科学中心建设、林业生态建设、海南热带雨林国家公园、国土空间智慧治理、耕地保护“田长制”、清洁能源岛建设、赋予部分行业组织自主权试点等方面给予大力支持。中央宣传部持续组织中央媒体单位推出系列深度报道，全方位宣传海南、展示海南。中央外办、外交部、中联部指导做好博鳌亚洲论坛年会服务保障、国际组织驻华代表访琼等工作。教育部打造海南国际教育创新岛，推动陵水黎安国际教育创新试验区建设。农业农村部支持海南成功设立全国首个农业植物新品种审查协作中心。

各省市和自贸试验区积极参与海南自由贸易港建设，主动加强重大国家战略对接，在产业、人才、物流、金融、科技、医疗、教育、文化等领域给予海南全力支持和帮助、持续深化与海南的合作交流，形成了各兄弟省市和海南自由贸易港联动发展、互利共赢的良好局面。

（四）在专家智库的资政建言下，海南自由贸易港建设稳步前行。

2021年6月21日、12月20日—25日，国务院发展研究中心评估组会同海南自由贸易港建设专家咨询委员会，来琼开展自由贸易港建设一周年评估和2021年年度评估，充分肯定海南自由贸易港建设取得的阶段性成就，深入了解重点任务推进情况、取得成效以及面临的困难问题，研究提出了一系列对策建议。

海南自由贸易港建设专家咨询委员会的多名专家学者受邀出席海南自贸港大讲堂担任主讲嘉宾，在各类会议论坛、各大传媒阵地上发声助力，积极为推进海南全面深化改革开放和中国特色自由贸易港建设建言献策。

二、海南的探索与实践

2021年6月以来，海南省牢记党中央和习近平总书记殷切嘱托，稳步推进海南全面深化改革开放和自由贸易港建设，经济社会发展取得历史性成就。2021年，我省主要经济指标增速历史性走在全国前列，全省地区生产总值增速全国第二，两年平均增速全国第一；地方一般公共预算收入增速全国第七；固定资产投资增速全国第七；社会消费品零售总额增速全国第一；货物进出口总值增速全国第三；居民消费价格指数涨幅由多年来位居全国前列降为全国最低的三个省份之一。2022年1—5月，货物进出口总额增长61.4%，实际利用外资增长80.6%，全省产业投资增长21%，制造业投资增长89.6%，科学研究和技术服务业投资增长102.7%。主要开展了以下工作。

（一）深入学习领会习近平总书记考察海南重要讲话精神，凝聚起协同推进自由贸易港建设的强大合力。将深入学习贯彻习近平总书记重要讲话精神作为当前和今后一个时期的重大政治任务，牢记嘱托、创新实干，以实际行动增强“四个意识”、坚定“四个自信”、做到“两个维护”。一是召开省委常委会扩大会议，第一时间传达学习习近平总书记考察海南时的重要讲话精神。2022 年 4 月 14 日，省委常委会召开扩大会议，传达学习习近平总书记考察海南时的重要讲话精神，从组织学习宣传、坚持全面深化改革开放不动摇等九个方面作出部署，迅速掀起新一轮推进全面深化改革开放的热潮。二是召开省委七届十二次全会，作出关于学习贯彻落实习近平总书记考察海南重要讲话精神的决定。2022 年 4 月 23 日，省委召开七届十二次全会，审议通过了《中共海南省委关于学习贯彻落实习近平总书记考察海南重要讲话精神的决定》，提出九个方面 34 条具体举措，凝聚全省力量坚决把习近平总书记考察海南重要讲话精神不折不扣落到实处。三是在省第八次党代会上，对加快建设具有世界影响力的中国特色自由贸易港作出具体安排。2022 年 4 月 25 日—29 日，省委召开第八次党代会，将习近平总书记关于海南工作的系列重要讲话和指示批示精神作为根本遵循贯穿始终，鲜明提出“一本三基四梁八柱”战略框架和“八个自由贸易港”具体举措，确定了今后五年全省发展的总体要求、奋斗目标和重点任务。

（二）全面落实“一本三基四梁八柱”战略框架，引领自由贸易港建设进入不可逆转的发展轨道。在推进海南全面深化改革开放和中国特色自由贸易港建设的实践中，清晰形成了“一本三基四梁八柱”战略框架。所谓“一本”，指的是习近平总书记关于海南工作的系列重要讲话和指示批示。党的十九大以来，习近平总书记先后四次亲临海南并发表重要讲话，还多次作出重要指示批示。这些重要讲话和指示批示，为海南发展指明了方向，是任何时候都必须牢记和实践的根本遵循。所谓“三基”，指的是《中共中央国务院关于支持海南全面深化改革开放的指导意见》《海南自由贸易港建设总体方案》《中华人民共和国海南自由贸易港法》。这些重要文件浇筑起海南全面深化改革开放和中国特色自由贸易港建设的制度基础，为各类市场主体和社会各界参与自由贸易港建设提供了稳定预期。所谓“四梁”，指的是全面深化改革开放试验区、国家生态文明试验区、国际旅游消费中心、国家重大战略服务保障区。这四个明确的战略定位横贯海南全面深化改革开放和中国特色自由贸易港建设的全过程，必须长期坚持、深入落实。所谓“八柱”，指的是政策环境、法治环境、营商环境、生态环境、经济发展体系、社会治理体系、风险防控体系、组织领导体系。这四个环境、四个体系都具有明显的保障作用，成为稳固支撑海南高质量发展的重要支柱。2022 年 5 月 5 日，市县、省直单位党政正职学习贯彻习近平总书记考察海南重要讲话和省第八次党代会精神专题研讨班召开，系统研讨“一本三基四梁八柱”战略框架，进一步明确贯彻落实习近平总书记重要讲话精神的思想方法和工作方法。

（三）把全岛封关运作作为自由贸易港建设的“一号工程”，系统推进软硬件基础设施建设。锚定“2023 年底前具备硬件条件、2024 年底前完成封关各项准备、2025 年适时启动全岛封关运作”总体目标，举全省之力开展封关运作准备工作大会战。一是全面落实工作任务清单。成立省推进全岛封关准备工作专班领导小组，全面落实海南办印发的全岛封关运作准备工作任务清单。64 项任务中，海南省单独牵头 37 项，与部委共同牵头 3 项。截至目前，已完成 1 项（完善非设关地综合执法点布局方案），其余按时序进度推进。二是扎实推进封关项目建设。积极谋划全岛封关运作项目清单报送海南办，经海南办评估，围绕重点建设任务，聚焦基础性、关键性工作，筛选确定一批看得准、有共识的控制性工程作为建设项目，加快前期工作、抓紧启动实施。三是深入研究压力测试清单。深入开展压力测试事项研究，提出压力测试清单建议、封关前后政策实施的时序和节奏、防范风险的举措，配合海南办做好《海南自由贸易港全岛封关运作前压力测试实施方案》初步研究和征求意见等相关工作，确保封关前后政策落差可控。

（四）完整准确全面贯彻新发展理念，经济高质量发展成效初显。以发展动能转换、产业结构调整为重点，推动经济转型发展。一是产业结构不断优化。以壮士断腕的决心摆脱“房地产依赖症”，破除了长期以来房地产一业独大的局面，非房地产业成为经济发展和投资、税收的主力军，与此同时，全省城市房价保持基本稳定。旅游业、现代服务业、高新技术产业、热带特色高效农业四大主导产业已经成为高质量发展的最主要支柱。环岛旅游公路、热带雨林国家公园、美丽乡村正成为旅游新亮点，2021 年旅游收入比疫情前的 2019 年增长 31%。第三产业对经济增长贡献率提高到 82.5%；高新技术企业数年均增长 45.8%、营业总收入年均增长 19.3%，数字经济、石化新材料、现代生物医药三大优势产业快速发展，南繁、深海、航天“陆海空”三大未来产业培育初见成效，清洁能源、节能环保等战略性新兴产业提质升级；热带特色高效农业以质取胜，大力引进培育热带果蔬新品种，“南繁硅谷”集聚中外知名种业企业 30 余家，汇聚全国最有实力的种业研究机构和团队，启动种业“卡脖子”重大联合攻关项目，为打好种业翻身仗、守护国家粮食安全扛起海南担当。二是发展动能逐步转换。消费成为拉动经济增长的主引擎，投资结构呈现不断优化态势。做好购物、教育、医疗“三篇境外消费回流文章”，离岛免税店销售额最近两年翻两番，陵水黎安国际教育创新试验区引进 21 所国内外知名高校独立或合作办学，博鳌乐城国际医疗旅游先行区成为国际先进药械进入中国的最主要通道。三是经济外向度显著提升。成功举办博鳌亚洲论坛年会、世界新能源汽车大会。琼港经济合作发展咨询委员会正式设立，成为香港工商界支持海南发展的常设机制。2021 年，货物进出口总额同比增长 57.7%，服务进出口总额同比增长 55.5%；经济外向度达 27.3%、同比提升 7.1 个百分点；FT 账户收支同比增长 7.3 倍；新型离岸国际贸易收支增长 4 倍。实际利用外资年均增长 52.6%，新设外资企业数年均增长 139%。四是区域协调发展加速推进。统筹构建“三极一带一区”区域发展新格局，特别是下决心推动儋州洋浦一体化，实现“一套班子、一张蓝图”，解决“儋州有城无产、洋浦有产无城”的突出问题，努力打造海南高质量发展“第三极”。

（五）把制度集成创新摆在突出位置，发展活力不断释放。始终站在改革开放最前沿，深化体制机制改革，为自由贸易港建设汇聚强大动力。一是提升制度集成创新能级。评选表彰第二届海南省改革和制度创新奖，累计发布制度创新案例 13 批 123 项，其中 5 项获中央领导批示肯定；6 项面向全国复制推广，4 项入选国务院自由贸易试验区第六批改革试点经验、1 项入选国务院自由贸易试验区港部际联席会议办公室第四批“最佳实践案例”、1 项入选国务院服务贸易发展部际联席会议办公室第二批“最佳实践案例”；还有 6 项得到国务院大督查通报表扬。二是以制度集成创新引领营商环境建设。出台《海南自由贸易港优化营商环境条例》，落实《海南自由贸易港制度集成创新行动方案（2020—2022 年）》《创一流营商环境行动计划（2020—2021 年）》，制定实施《海南自由贸易港进一步优化提升营商环境行动方案》《海南省 2022 年营商环境改革创新重点工作任务》。建立营商环境体验员、企业首席服务专员制度，设立营商环境问题受理平台，及时发现存在的营商环境问题，定期通报正面和反面典型案例。出台《海南自由贸易港企业破产程序条例》，设立海口破产法庭。出台建立“土地超市”制度的实施意见，搭建“土地超市”平台并上线运行，破解“项目等土地”问题。三是将市场主体的感受作为衡量制度集成创新效果的重要标准。推动政务事项“一件事一次办”“跨省通办”，“一枚印章管审批”改革实现市县区全覆盖，“极简审批”“单一窗口”等改革举措广受市场主体欢迎。海南自由贸易港官方公众号被中央网信办评为“走好网上群众路线”百个突出成绩账号。

（六）建立健全更具吸引力的引才、用才、留才机制，人才集聚态势加快形成。坚持五湖四海广揽人才，深化人才发展体制机制改革，不断汇聚自由贸易港建设需要的各类人才。一是加强干部和人才队伍建设。出台高质量推进海南自由贸易港干部队伍建设的若干意见，制定推进海南自由贸易港乡村人才振兴十条措施，建立本土人才创新创业项目征集推荐工作机制，选拔“南海系列”培养对象977人。在中组部大力支持下，2021年从中央单位和发达省份选派130名优秀干部抵琼挂职。二是强化人才政策创新。开展省级人才政策系统集成，完成第一批23项原有政策优化整合。在相对落后地区探索基层教育卫生人才激励机制改革集成创新。三是提升人才服务效率。首创外国人工作、居留许可联审联检一体化服务平台，实现对在琼外国人申请工作许可、居留证件“一次提交、一网联审、一窗办理”。设立目标规模达10亿元的省专业人才培养专项基金，首期2.1亿元已通过市场化方式正式运作。

（七）扎实推进国家生态文明试验区建设，生态环境质量持续改善。牢记“国之大者”，坚持生态立省不动摇，确保生态环境只能更好、不能变差，努力建设生态一流、绿色低碳的自由贸易港。一是加强生态文明制度建设。实施“三线一单”生态环境分区管控，开展赤田水库流域生态补偿机制创新试点，建立流域上下游生态保护横向补偿制度，开展全国首批温室气体环评试点工作。扎实做好碳达峰、碳中和工作，争当“双碳”工作优等生。二是实施重大标志性工程。热带雨林国家公园入选首批国家公园，本已濒临灭绝的海南长臂猿数量稳步增加；清洁能源装机占比达70%、新能源汽车保有量占比达8%，大幅高于全国平均水平，实施全国首部“禁塑”地方法规，装配式建筑面积连续四年翻番，依托“六水共治”攻坚水环境治理。三是全面落实中央环保督察整改。首轮中央环保督察整改任务全部清零，第二轮中央环保督察和国家海洋督察整改任务完成率分别为98.6%、95.6%。实现全岛生活垃圾全焚烧，空气、水质、土壤环境质量总体良好，生态环境稳中有进、保持全国一流。

（八）统筹发展和安全，风险防控务实有效。牢牢把握“管得住”才能“放得开”这一原则，深刻汲取“大起大落”历史教训，把重大风险防控摆在自由贸易港建设全局极为重要、十分关键的位置。一是持续深化对风险防控的认识。全省上下深刻认识到，做好风险防控工作是增强“四个意识”、做到“两个维护”的必然要求，是事关海南自由贸易港建设成败的最关键变量，是对全省干部能力素质的重大考验。省委七届十一次全会将风险防控作为关键任务作出系统部署，推动自由贸易港建设进入不可逆转的轨道。二是完善风险防控工作机制。在省委自贸港工委框架下成立15个由分管省级领导牵头的风险防控专项工作组，高位统筹各专项领域重大风险防控；省委自贸港工委每半年听取一次各领域专项风险防控汇报。实施自由贸易港建设重大风险防控三年行动方案，分11个领域列出36项风险防控工作任务，风险防控工作机制和体系基本成型。三是切实化解存量风险及苗头隐患。按红、橙、黄、蓝精准梳理、动态确定100多个重要领域风险点，明确应对举措。社会管理信息化平台整体进入实战化运行。以“零容忍”态度严厉打击离岛免税套代购行为，启动实施离岛免税商品溯源管理，实现来源可查询、去向可追溯、责任可追究。疫情防控形势总体平稳，疫苗接种率位居全国前列。统筹做好税收、影视、贸易、金融、意识形态等领域风险防控工作，未发生重大或系统性风险。

（九）坚持以人民为中心的发展思想，人民群众获得感稳步增强。坚持尽力而为、量力而行，用心用情用力解决好人民群众的急难愁盼问题，让改革发展成果及时惠及全体人民。一是巩固拓展脱贫攻坚成果同乡村全面振兴有效衔接。脱贫攻坚成效在国家考核中连续三年获评优秀等次，5个贫困县全部摘帽，65万名建档立卡贫困群众全部脱贫。选派精兵强将，组成2 756支乡村振兴工作队扎根基层，全力推进乡村全面振兴。推动集体经营性建设用地入市在全省铺开，17个市县累计入市集体经营性建设用地面积94.3公顷。出台农垦经营性建设用地入市办法，探索将农村土地改革拓展到垦区。二是民生保障水平显著提升。超额完成城镇新增就业和农村劳动力转移就业任务，城乡居民收入差距逐步缩小。严格落实“双减”部署，推行“特色印记”阳光教育，群众对省级政府履行教育职责的满意度位列全国第一。“1小时三级医院服务圈”全省覆盖。引进一批国内优质教育、医疗资源，“家门口上好学”和“小病不进城、大病不出岛”正成为现实。着力补齐城乡公共文化设施短板，加快推进省会城市十大公共文化设施项目，建成覆盖省、市县、乡镇、村四级公共文化设施网络。推动海南省专属普惠型医疗保险产品“惠琼保”创新升级，累计参保人数超91万人。三是推进以人为核心的新型城镇化。开展新一轮户籍制度改革，创造条件为城乡结合部居民落户提供便利。去年常住人口城镇化率提高至61.1%，全省进城务工随迁人员子女在公办学校就读比例提升至93%。四是社会治理持续向好。扫黑除恶专项斗争真抓实打，按照十万人口占比计算抓获涉黑人员排全国第一，全省吸毒人数占比降至1.4‰，治安形势处于建省以来最好水平。

（十）全面落实《中华人民共和国海南自由贸易港法》，法治保障坚强有力。2021年6月10日，《中华人民共和国海南自由贸易港法》颁布后，6月17日省委召开七届十次全会围绕学习贯彻海南自由贸易港法、推动高质量发展进行系统部署，不断提升依法推进自由贸易港建设的能力和水平。积极谋划构建自由贸易港法规体系，认真梳理自由贸易港建设涉及的法规事项，初步研究确定105个立法项目。设立海南自由贸易港知识产权法院和崖州湾科技城知识产权审判庭。颁布实施《法治海南建设规划（2021—2025年）》《海南省法治政府建设实施方案（2021—2025年）》《海南省法治社会建设实施方案（2021—2025年）》。开展海南自由贸易港法专题普法工作。持续优化公共法律服务，群众总体满意率98.15%。

三、《海南自由贸易港建设总体方案》落实情况

2021年6月以来，海南全省干部和群众牢记嘱托，在海南省委的坚强领导下，把握新发展阶段、贯彻新发展理念、融入新发展格局，攻坚克难、创新实干推动《总体方案》落实，一批关键核心政策落地实施，海南自由贸易港建设取得了明显成效。

（一）贸易自由便利

加强重点功能平台建设。在洋浦保税港区先行先试“一线”放开、“二线”管住进出口管理制度并扩大试点至海口综合保税区、海口空港综合保税区。海南自由贸易港自用生产设备“零关税”负面清单、交通工具及游艇“零关税”正面清单、原辅料“零关税”正面清单等政策持续生效，截至2022年5月，“零关税”政策项下进口货值达98.9亿元，享受加工增值内销免关税货值17.5亿元。推动海口空港综合保税区获批设立并通过验收，完成三亚保税物流中心（B型）验收。海南自由贸易港海口—巴黎首条定期洲际货运航线正式开通。畅通博鳌乐城国际医疗旅游先行区特许药械供应链，优化入境检疫监管流程，先行区进口特许药械品种首例达226例。服务种业振兴重大战略，全球动植物种质资源引进中转基地起步区月亮岛上的国家（三亚）隔检中心（一期）项目已完成总工程量的六成，已有3批次、246个品种的植物种质资源成功引进，用于科研育种并产生成果。

推动国际贸易便利化。完善国际贸易“单一窗口”功能，新增17项海南特色应用模块，简化监管证件和流程。2022年5月，海南口岸进口通关时间35.15小时，相比全国同期减少21.28小时；出口通关时间为0.57小时，相比全国同期减少0.74小时。2021年12月，商务部等6单位联合发布

《关于在海南自由贸易港试点放宽部分进出口货物管理措施的通知》，明确海南自由贸易港部分医疗器械可在试行“一线”放开、“二线”管住进出口管理制度的海关特殊监管区域内开展保税维修业务、放宽进口船龄限制、进口符合条件的药品无须办理《进口药品通关单》等政策，进一步推进海南自由贸易港贸易自由便利。

优化货物贸易结构。落实内外贸一体化政策，推进“海南自贸港禁止、限制进出口货物、物品清单”以“放宽部分进出口货物管理措施”形式出台，二手车出口政策落地实施。实施出口产品内外销“同线同标同质”工程，引导传统出口企业内销转型。大力提升机电产品、高新技术产品等出口比重。创新金融支持贸易政策，鼓励和支持出口信保公司和金融机构，开发内销信用支付保险新产品，研究支持外贸企业开展汇率避险，帮助内销企业规避各类风险。2021 年货物贸易进出口 1 476. 8 亿元，同比增长 57. 7%，高于全国平均增速 36. 3 个百分点。2022 年 1—5 月，全省货物进出口 745. 7 亿元，同比增长 61. 4%。

加快发展新兴服务贸易。《推进海南自由贸易港贸易自由化便利化若干措施》《海南自由贸易港跨境服务贸易特别管理措施》和《海南省服务业扩大开放综合试点总体方案》出台，其中跨境服务贸易负面清单为全国首张。推动海南生态软件园加速建设国家数字服务出口基地，复兴城互联网信息产业园被认定为第二批国家文化出口基地。计算机、知识产权、商业服务等新兴服务贸易保持增长势头。2021 年，全省服务进出口 287. 79 亿元，同比增长 55. 5%。2022 年 1—5 月，全省服务进出口 124. 83 亿元，同比增长 15%。

（二）投资自由便利

推动投资便利化平台建设。继续优化海南国际投资“单一窗口”功能，完善线上线下融合、推动跨部门联合服务，完善覆盖投资事前事中事后全流程的“单窗通办”服务体系。项目审批环节由 70 个减至 4 个，审批时间缩短至 57 个工作日，审批环节和时限缩减 80%，项目从立项到开工可提速 80%以上。企业设立、发票申领、公积金和社保登记、印章刻制等业务 1 天办结。海南生态软件园、博鳌乐城国际医疗旅游先行区、海口美安科技新城等多个园区开展特别极简审批，有效助力审批服务提速增效。

保护知识产权和市场公平竞争。《海南自由贸易港知识产权保护条例》出台，助力打通知识产权创造、运用、保护、管理和服务全链条。中国（三亚）知识产权保护中心通过国家知识产权局验收，正式投入运营，建立以现代化农业和海洋产业专利为主的快速审查、授权、维权通道，大幅缩短企业技术专利审批授权时间。2021 年，全省专利授权量为 13 632 件，同比增长 58. 9%，高于全国增长率。2022 年第一季度，全省商标核准注册 13 795 件，同比增长 53. 3%。出台《海南自由贸易港公平竞争条例》，优化公平竞争议事协调工作机制，成立全国境内首个公平竞争委员会。公平竞争审查制度体系建设加速推进，出台公平竞争审查制度实施办法及第三方评估、举报处理、抽查等制度。公平竞争审查刚性约束更加凸显，实现第三方定量评估全省覆盖。开展滥用行政权力排除、限制竞争执法专项行动，着力打破行政垄断，维护市场公平竞争。

受利好政策吸引，市场主体来琼投资意愿不断增强。截至 2022 年 5 月，全省新设市场主体 108. 78 万户，其中新设企业 40. 17 万户，全省市场主体总数达到 191. 62 万户。2021 年，实际利用外资 35. 2 亿美元，增长 16. 2%，其中九成以上聚焦现代服务业。2022 年 1—5 月，实际利用外资 14. 42 亿美元，同比增长 80. 6%；海南企业累计新增境外投资备案项目 77 个，同比增长 100%。

（三）跨境资金流动自由便利

金融开放政策陆续出台。2021 年 8 月，人民银行海口中心支行、海南省地方金融监管局、中国银保监会海南监管局、中国证监会海南监管局、国家外汇管理局海南省分局联合发布《关于贯彻落实金融支持海南全面深化改革开放意见的实施方案》，从七个部分提出 89 条落实措施，全面支持海南自由贸易港金融开放。2022 年 1 月，经国务院批准，国家外汇管理局在海南自由贸易港洋浦经济开发区开展跨境贸易投资高水平开放外汇管理改革试点。国家外汇管理局海南省分局发布试点实施细则，推动试点落地生效。

海南交易场所进一步国际化。海南国际能源交易中心、海南国际文化艺术品交易中心、海南国际商品交易中心等 9 家交易场所开业运营。海南国际知识产权交易中心升级为海南国际知识产权交易所，海南国际碳排放权交易中心获设立批复，海南国际清算所正式揭牌成立。

跨境资金进出自由化便利化持续提高。截至 2022 年 5 月，贸易外汇收支便利化试点银行为全省优质企业办理相关业务累计金额达 2.8 亿美元。国家外汇管理局海南分局为港内企业办理一次性外债登记金额累计 94.19 亿美元。在洋浦经济开发区开展贸易投资高水平开放试点。67 支 QFLP 股权投资基金和 19 家 QFLP 基金管理企业落地海南，注册资本共计 74.79 亿美元，累计跨境流入 11.03 亿美元；QDLP 试点已有 3 家企业完成外汇登记，登记金额 4.9 亿美元，累计跨境流出 1.57 亿美元。2021 年全省离岸转手买卖业务收支合计 74.80 亿美元。2022 年 1—5 月，全省离岸转手买卖业务收支合计 71.07 亿美元，同比增长 1.4 倍。

海南自由贸易账户体系运行平稳。2021 年，海南自由贸易（FT）账户余额 50.24 亿元，发生资金收支 1 557.6 亿元，为客户办理外汇兑换金额 120.33 亿元，办理各项本外币融资 104.76 亿元，发生资金收支、为客户办理外汇兑换金额同比分别增长 310%、580%。

（四）人员进出自由便利

百万人才进海南行动计划初见成效。累计引进各类人才 43.2 万人，全省认定高层次人才 2.6 万人次，省外户籍落户 48.2 万人，人才工作取得阶段性突破，完成海南省委《百万人才进海南行动计划（2018—2025 年）》第一阶段吸引 20 万人才的目标。扎实推进中国（海南）人力资源服务产业园建设，致力于满足企业及个人一站式人力资源服务需求。人力资源社会保障部、海南省人民政府共同启动“聚四方之才　共建自贸港”2021 年海南自由贸易港招才引智活动，面向人才密集地区招揽人才，上线海南自贸港招聘网（www.ihnhr.com），举办重点园区、重点院校、医疗卫生机构、国有企业、民营企业等系列专场招聘活动。

构建开放便利的移民与出入境引才引智政策体系。大力实施国际人才集聚工程，引进科技领军人才、创新团队、优秀青年人才、外籍高端人才。创新外国人工作许可证、居留许可证审批流程新模式，研究制定《海南自由贸易港外国人工作许可特别管理措施（负面清单）》和《海南自由贸易港外国人工作许可负面清单管理办法（试行）》并向社会公开征求意见。截至 2022 年 5 月，全省共签发工作类居留许可 4 915 枚。开放境外人员参加职业资格考试 38 项、单项认可境外职业资格 219 项。

人才服务全面提升。我省职称信息登记系统与人力资源社会保障部职称评审信息系统完成对接，实现专业技术人才职称评审信息跨省份、跨地区可查询。2021 年，全省共认定及备案高层次人才近 1.2 万人次，同比增长 19.7%，共发放天涯英才卡 1.1 万余张。海南省首届高层次人才服务联络员技能大赛成功举办，高层次人才服务联络员数量超 600 人。获批 3 个国家级专家服务基地以及 5 个专家服务基层项目。开通海南自由贸易港人才服务热线 4009-513-513，目前已实现中英日韩多国语言 7×24 小时服务。

（五）运输来往自由便利

扎实推进“中国洋浦港”国际船籍港建设。洋浦港开通 39 条集装箱班轮航线，打通 7 条内外贸同船运输通道，覆盖国内沿海主要港口，连通东南亚主要国家和地区，远洋辐射至巴布亚新几内亚、澳大利亚等地。截至 2022 年 5 月，“中国洋浦港”船籍港登记的国际船舶已有 33 艘，总载重吨超过 516 万吨，海南国际船舶总吨位历史性跃居全国第二。全球首艘LNG双燃料动力超大型原油轮和首艘外贸国际船舶入籍“中国洋浦港”。2021年洋浦港集装箱吞吐量突破131.83万标箱，同比增长29.3%，增速在百万标箱级以上港口中排名全国第一。2022年1—5月，洋浦港集装箱吞吐量完成67.06万标箱，同比增长48.7%。

航权对外开放水平进一步提升。开通海口往返阿姆斯特丹等全货机航线。海口—莫斯科、海口—巴黎、海口—哈恩、三亚—达尔文—维拉港等13条境外货运航线开通。中州航空主运营基地迁入海口。2021年，美兰机场二期投入运营，全省主要机场旅客吞吐量3 488.89万人次，同比增长7.4%，货邮吞吐量25.4万吨，同比增长17.9%。2022年1—5月，全省主要机场旅客吞吐量1 054.26万人次，货物运输10.09万吨。

加快推进琼州海峡港航一体化。琼州海峡两岸一体化航运主体组建完成、港口功能布局不断完善、航线航班增加优化，琼州海峡淡季航班间隔由原来的1.5小时加密至1小时，旺季航班间隔由原来的45分钟加密至30分钟，旅客进港登船时间、整体过海时间大幅缩短。2021年，琼州海峡进出岛旅客1 257万人次，进出岛车辆375万辆次。2022年春运期间，车辆、旅客同比增长86%的情况下，港口保持顺畅。

通用航空健康发展。建成全国首个低空空域空管服务保障示范区和全国首个省级无人机综合监管试验平台。2021年海南省空中游览起降架次、小时数和载客量分别达到9.62万架次、0.74万小时、25.91万人次，分别占全国的63.6%、38%和70%，处于全国领先地位。

（六）数据安全有序流动

海南自由贸易港国际互联网数据专用通道正式开通，至东南亚方向的平均时延降低44%。海口区域性国际通信业务出入口局建成并投入运营。中国移动海南文昌—香港春坎角海缆系统完成设备调试和业务开通，实现海南、香港、珠海三地互联互通。截至2021年，海南省增值电信企业共有3 631家，其中，持跨地区增值电信业务经营许可证企业总共121家，外商投资增值电信业务经营许可证企业6家。2021年，海南省互联网信息服务备案总数32 797个，同比增长15.6%。新增备案主体8 983个，同比增长68.8%。

（七）现代产业体系

旅游业。建立省级全域旅游示范区创建机制，评定琼海市、万宁市、定安县、海口市秀英区、三亚市海棠区5个省级全域旅游示范区。三亚海昌梦幻海洋不夜城获评国家级夜间文化和旅游消费集聚区，海口骑楼老街获评首批国家级旅游休闲街区。琼海市博鳌镇留客村等5个村被纳入第三批全国乡村旅游重点村名录，琼海市博鳌镇等3个镇被纳入第一批全国乡村旅游重点镇名录。目前全省共有6家5A级景区、评定国家旅游度假区1家。成功举办海南国际旅游岛欢乐节、世界休闲旅游博览会、国际旅游美食博览会和国际旅游装备博览会等活动。邮轮、游艇旅游呈现较好发展势头，推动第一艘中国籍豪华邮轮“招商伊敦”号，开通深圳—三亚邮轮航线，2021年全省游艇出海累计达16.9万艘次，接待出海游客113万人次，分别同比增长49.74%和49.87%。

2021年，海南接待游客总人数8 100.43万人次，实现旅游总收入1 384.34亿元，旅游业增加值占GDP比重达9.1%、旅游业对全省GDP的综合贡献率33.89%，成为全国旅游恢复情况最好地区之一。2022年一季度，全省接待国内外游客2 233.73万人次，实现旅游总收入423.74亿元。旅游总收入增速高于游客总人数增速3个百分点，国内来琼过夜游客人均每天消费达1 244元。

现代服务业。境外游艇进出、开立证券账户、提供教育服务和法律顾问等多个领域有序开放。2022年2月，洋浦经济开发区跨境贸易投资高水平开放外汇管理改革试点首批业务落地。首创非居民参与交易制度，推进境外非居民按照规定参与特定品种的交易和资金结算。2021年，海南现代服务业实际使用外资32.2亿美元，占全部外资比重达91%。

高新技术产业。2021年，全省高新技术企业总数1 203家，增长43.6%；高新技术产业实现营收3 432.6亿元，同比增长32.8%，实现增加值961.96亿元，占全省GDP的比重为14.9%。2022年一季度，高新技术产业实现营业收入926.8亿元，同比增长8.2%。印发《海南省高新技术企业“精英行动”实施方案》《海南省科技计划体系优化改革方案》，培育我省高新技术企业的“精英梯队”。聚焦种业、深海、航天三大未来产业，建立“省实验室+领域首席科学家+项目精英团队+外部协作单位”的技术创新体系。印发《海南省创建国家区块链试验区实施方案》，推动区块链技术应用于政务数据共享、码上办事等领域，海南生态软件园和海口复兴城两个重点园区入驻区块链企业超160家。石化新材料建链、强链、延链、补链，百万吨乙烯项目顺利推进，环氧乙烷、碳三、碳四等烯烃产业链项目开工建设。

热带特色高效农业。以培育和发展农业全产业链为抓手，推动特色化、规模化、品牌化、绿色化发展，做足“季节差、名特优、绿色有机”三篇文章，种好橡胶、椰子、槟榔、花梨、沉香、油茶“六棵树”，引进和培育世界同纬度优质果蔬，在产业生态化和生态产业化上下功夫，累计创建文昌、万宁、三亚崖州区、陵水、儋州5家国家现代农业产业园，天然橡胶、文昌鸡、芒果3个国家优势特色产业集群和8个国家产业强镇，农业产业结构进一步优化。2022年一季度，全省冬季瓜菜出岛量和出岛产值分别增长39.3%和34.1%；南繁育种产量和产值同比增长44.74%、44.92%；热带水果产量同比增长9.2%；生猪存栏、出栏分别增长13.9%、37.9%，休闲农业接待游客310.69万人次、营业收入6.58亿元。

自由贸易港重点园区蓬勃发展。2021年11个自由贸易港重点园区主要经济指标好于预期目标，远超全省水平。营收实现翻番，11个重点园区实现营业收入13 555.5亿元，同比增长134%。其中，洋浦经济开发区营业收入突破5 000亿元大关。海口江东新区、海南生态软件园、海口复兴城互联网信息产业园、海口综合保税区进入“营收千亿元俱乐部”。税收进入增长“超车道”，11个重点园区税收收入585.63亿元，同比增长47.73%，以不到全省2%的土地面积贡献40.1%的税收。亩均税收为30.55万元，接近国家级经开区平均水平。洋浦经济开发区税收超过200亿元，海南生态软件园近150亿元。有效投资和对外开放水平迈上新台阶。11个重点园区500万元（含）以上项目914个，完成固定资产投资1 173.38亿元，同比增长73.6%；实际利用外资32.04亿美元。

（八）税收制度

零关税。“零关税”政策初见成效，离岛免税购物新政落地实施。截至2022年5月，海口海关监管“零关税”原辅料进口货值47.6亿元。截至2022年5月，海口海关监管“零关税”交通工具及游艇进口128艘（辆），货值34.8亿元。截至2022年5月，海口海关监管“零关税”生产设备进口货值16.6亿元。截至2022年5月，海口海关监管离岛免税购物金额875亿元、购物件数1.2亿件、购物旅客1 187万人次。

低税率。两个15%所得税政策持续发力。企业所得税方面，截至2022年5月，2022年享受自贸港15%企业所得税优惠税率的企业674户。《海南自由贸易港所得税优惠政策事项管理工作规程（试行）》出台，进一步强化事中事后管理，确保税收优惠应享尽享，税收风险可防可控。个人所得税方面，截至2022年5月，2021年所属期已有8 460人享受个人所得税15%减免优惠。出口退税政策进展明显，截至2022年5月，登记“中国洋浦港”船籍港的33艘国际船舶中，有7艘符合政策的船舶向税务机关申请办理退税，退税额合计3.59亿元。截至2022年5月，全省内外贸同船运输境内船舶加注不含税油（退税油），共计6 131.94吨。

简税制。目前，我省积极配合相关国家部委，把握封关运作时间节点，扎实推进以销售税为主的

"简税制"改革工作，已起草销售税改革方案（初稿），力求加强顶层制度设计，建立与贸易投资自由便利相适应的税收制度安排。

（九）社会治理

推动政府职能转变。打造"海易办""海政通"平台，推进"证照分离"改革，告知承诺事项数量全国第一。工程建设项目审批制度改革三年行动顺利推进，全面推行建设工程规划许可机器赋码和电子证照，在全国率先实现工程建设项目审批100%电子证书，审批便利度全国排名明显提升。加快推进"互联网+监管"系统建设，加强事中事后监管，实行"一支队伍管执法"，深化"双随机、一公开"的市场监管体制。国办"互联网+监管"评估报告显示，2021 年我省"监管行为准确率""监管数据准确率"等 6 项指标均排名全国第一。

加强社会治理。加快完善社会管理信息化平台，创新大社区综合服务模式，深化"一核两委一会"实践（"一核"是村党组织，"两委"是村委会和村务监督委员会，"一会"是村务协商会），扎实推进 5 个全国村级议事协商创新试点工作，深入开展民主法治示范村（社区）创建，推动"五社联动"（指社区、社会工作者、社区社会组织、社区志愿者和社会慈善资源联动），着力构建与自贸港相适应的基层治理体系和治理能力。2021 年全省刑事案件立案数为近 11 年来最低，八类严重暴力犯罪案件立案数为近 20 年来最低，现行命案立案数为建省以来最低。

创新生态文明体制机制。国务院批复正式设立海南热带雨林国家公园。完善生态建设与环境保护长效机制，统筹推进自然资源产权制度和有偿使用、国土空间规划体系建设、自然生态空间用途管制试点、自然资源统一调查评价和确权登记工作，探索生态产品价值实现机制。出台国土空间生态修复指导意见，已清理海岸线 95 公里、整治及修复海岸带 3.3 公里，新造和修复红树林湿地面积352.17 公顷。出台闲置土地处置、建设用地使用权转让、出租、抵押二级市场、因公共利益收回闲置土地补偿标准等政策，全国首创对"低效地"征收闲置费和建立因公共利益收回闲置土地补偿标准，印发闲置土地处置方案，2021 年共处置批而未供土地和闲置土地分别为 1 649 公顷、1 401 公顷。修订《海南省生态保护红线管理规定》，印发垦区土地综合整治通知，截至 2021 年，完成矿山生态修复面积 659.64 公顷，建成省级绿色矿 5 个。

（十）法治建设

扎实推进法治建设。加强对海南自贸港法规体系研究，对封关前的立法任务进行初步安排。制定公平竞争条例、企业破产程序条例、市场主体注销条例、征收征用条例、反走私条例、免税购物严重失信行为联合惩戒规定等法规，落实海南自由贸易港建设总体方案明确的立法任务，确保中央重大决策部署落地。制定优化营商环境条例、知识产权保护条例、社会信用条例、反消费欺诈规定等法规，持续优化法治化、国际化、便利化营商环境。制定海南热带雨林国家公园条例（试行）、海南热带雨林国家公园特许经营管理办法、生态保护补偿条例等法规，推动绿色发展。

积极开展调法调规。2021 年 6 月，第二批调法调规事项允许境外机构在海南自由贸易港境内设立理工农医类学校涉及调整《中华人民共和国中外合作办学条例》有关规定，通过在《中华人民共和国海南自由贸易港法》作出规定直接落地。第三批调法调规事项取消在海南自由贸易港登记的仅从事岛内航行、作业的船舶登记主体外资股比限制涉及《中华人民共和国船舶登记条例》有关规定，2022 年 5 月已经国务院同意在海南自由贸易港暂时调整实施。

完善多元化商事纠纷解决机制。落实《海南省多元化解纠纷条例》，打造"一站式"多元化纠纷解决机制。出台《海南省高级人民法院关于审理申请确认仲裁协议效力案件的裁判指引（试行）及典型案例》《海南省高级人民法院民商事纠纷引导、委派、委托调解工作规程》，发布《海南第一涉外民商事法庭协议管辖示范条款》中英文版本，成立海南涉外民商事法庭专家委员会，并出台海南涉外民商事法庭专家委员会工作规则（试行），成功举办 2021 年国际调解高峰论坛。

（十一）风险防控体系

省委召开七届十一次全会专题部署风险防控工作，强调风险防控是事关海南自由贸易港建设成败的最关键变量。贯彻落实《海南自由贸易港建设重大风险防控行动方案（2020—2022 年）》，抓实各领域风险防控，有效防控政治风险和意识形态风险，安全生产形势总体稳定向好，牢牢守住了不发生系统性风险的底线。

贸易风险防控。积极推进口岸规划建设工作。《海南自由贸易港缉私司法协作机制》印发实施。64 个非设关地综合执法点挂牌设立，建立琼粤桂反走私联防联控机制，《海南自由贸易港免税购物失信惩戒若干规定》出台实施，严厉打击免税“套代购”等违法犯罪行为。

投资风险防控。聚焦已出台的《海南自由贸易港外商投资准入特别管理措施（负面清单）》和《关于支持海南自由贸易港建设放宽市场准入若干特别措施的意见》等投资政策，对可能存在的风险进行评估，加强过程监管。建立以信用监管为基础，事前环节重点开展信用查验，事中环节重点开展差异化监管，事后环节重点开展联合惩戒。实施好外商投资安全审查，有效防范国家安全风险。

金融风险防控。建立健全跨境资金流动监测和风险防控体系，强化对重大风险的识别和系统性金融风险的防范。积极开展海南省金融科技创新监管工具实施工作，运用金融科技创新监管工具实现对金融科技创新行为全生命周期的包容审慎监管。海南省智慧金融综合服务平台成功上线，建立和完善具有风险识别和分析功能的海南省金融风控系统。对银行信贷风险、地方法人银行风险、房地产金融风险、资本市场风险、非法集资等依法进行妥善处置，稳步有序推进海南省农信社改革。

税收风险防控。研究构建实质性运营风险分析指标模型，利用税收大数据对利用“空壳企业”套用海南自由贸易港企业所得税、个人所得税税收优惠政策及虚开增值税发票开展常态化风险分析，通过风险提醒、评估核查、税务稽查等差异化方式开展风险应对。加强实质性运营监管，强化对偷税漏税风险识别，防范税基侵蚀和利润转移。加强企业所得税、个人所得税年度汇算清缴申报享受自贸港优惠政策的重点企业、人群的政策辅导和核查，防范违规享受税收优惠。

房地产市场风险防控。召开进一步做好全省房地产市场平稳健康发展工作会议，高位推进房地产风险防控工作。依托省房地产联席会议制度，加强对房地产市场监测、风险研判、联动处置，有效防范和化解各类房地产风险。加强重点城市房地产市场调控，全面开展房地产市场专项整治，全力防范化解重点房地产企业风险。大力开展安居房建设，2021 年全省开工建设安居房 39 114 套，超额完成 3. 5 万套年度计划任务，促进解决本地居民和引进人才住房问题，同时发挥稳地价、稳房价、稳预期的作用。

公共卫生风险防控。制定《海南自由贸易港公共卫生安全风险防控专项工作组工作机制》《海南自由贸易港公共卫生安全风险防控工作方案》，建立公共卫生风险发现机制。完善公共卫生突发事件应急处置预案，坚持早发现、早报告、早治疗，建立“属地处置、区域协作、高效联动”的应急处置机制和社区疫情防控工作体系，建立省、市（县）两级联防联控机制。不断完善公共卫生预防、救治、保障和应急“四大体系”，设立海南热带病研究中心，大力加强核酸检测能力建设，加强流动人员管理。建立全球传染病疫情采集、分析等监测机制，及时全面收集各国重点传染病疫情信息，提升疫情预警能力。

生态环境风险防控。全力推进中央环保督察和国家海洋督察整改，按月对大气污染防治工作进行调度，近岸海域水质总体稳定保持优级。统筹推进国家生态文明试验区建设，碳达峰行动方案形成阶段性成果，扎实开展禁塑专项整治。开展全省生态环境安全风险排查，对于发现的风险隐患均已完成整改。

数据流动风险防控。制定《海南自由贸易港数据跨境流动风险防控机制》《海南省数据流动风险防控应急预案》，切实做好数据领域重大风险防控工作。对各行业关键信息基础设施和信息系统进行安全隐患排查，全面加强我省网络安全防护水平。

四、结语

一切辉煌成就都是接续奋斗的结果，一切伟大事业都要在继往开来中推进。下一步，海南将深入学习贯彻习近平总书记关于海南工作的系列重要讲话和指示批示精神，以“一本三基四梁八柱”战略框架为引领，全力推进全岛封关运作“一号工程”，积极推动政策落地见效、高水平压力测试、招商引才引智、制度集成创新、重大风险防控、政策宣传解读等重点工作，以“功成不必在我”的精神境界和“功成必定有我”的历史担当，奋力推动中国特色自由贸易港建设进入不可逆转的发展轨道。

改革开放新高地，琼州潮涌展宏图。希望社会各界一如既往关心、支持海南，与海南自由贸易港携手同心共前进，一起向未来！

专　文

SPECIAL ARTICLES

2021年中国自贸试验区建设发展情况综述

商务部国际贸易经济合作研究院
产业国际化战略研究所（自贸区港建设研究中心）

2021年，面对纷繁复杂的国内国际形势和各种风险挑战，各自由贸易试验区（以下简称自贸试验区）深入学习领会习近平总书记关于自贸试验区建设的重要指示精神，贯彻落实党中央、国务院部署，在积极推动各项工作落实、引领高质量发展、探索制度创新、加快培育和打造世界级产业集群等方面取得良好成效，充分发挥了改革开放排头兵的示范引领作用。

一、推动各项任务落实呈现了三大亮点

2021年，各自贸试验区深入学习领会贯彻习近平总书记最新指示精神，进一步健全各项政策制度体系，加快推动各项改革试点任务实施推广，建设发展不断提质增效。

（一）高位推动，贯彻习近平总书记最新指示精神

习近平总书记高度重视自贸试验区建设，亲自谋划、亲自部署、亲自推动，为新时代推进自贸试验区建设指明了前进方向，明确了重点任务，为新阶段、新起点上做好自贸试验区建设工作提供了根本遵循。

一方面，联席会议办公室加强协调推进有关工作。商务部作为国务院自由贸易试验区工作部际联席会议（以下简称联席会议）办公室，认真贯彻落实习近平总书记重要指示精神，按照党中央、国务院部署，会同有关地方和部门推出了一系列深化改革、扩大开放的新举措。例如，出台了《关于推进自由贸易试验区贸易投资便利化改革创新的若干措施》（以下简称《若干措施》）、《自由贸易试验区外商投资准入特别管理措施（负面清单）（2021年版）》（以下简称《外资准入负面清单》）以及《海南自由贸易港跨境服务贸易特别管理措施（负面清单）（2021年版）》（以下简称《跨服负面清单》），改革开放红利持续释放。

另一方面，联席会议成员单位积极协调配合。联席会议成员单位深入贯彻落实决策部署，协调解决自贸试验区建设过程中遇到的困难及问题，形成合力推进自贸试验区改革创新建设。例如，生态环境部、商务部等8部门为加强自贸试验区生态环境保护，联合印发《关于加强自由贸易试验区生态环境保护推动高质量发展的指导意见》；商务部、海关总署等8部门联合印发《关于推动海关特殊监管区域与自贸试验区统筹发展若干措施的通知》（以下简称《通知》），统筹两类区域发展，融入构建新发展格局。

（二）统筹设计，进一步健全各项政策制度体系

各自贸试验区明确“十四五”期间整体规划安排，强化改革开放的政策制度配套，完善自贸试验区建设发展需要的政策制度，形成发展规划与专项政策相结合框架体系。

一是明确“十四五”期间整体规划安排。国家“十四五”规划提出“完善自由贸易试验区布局，赋予其更大改革自主权，深化首创性、集成化、差别化改革探索，积极复制推广制度创新成果”。《“十四五”商务发展规划》及外资、外贸、内贸、电子商务等多个商务领域重点专项规划均对“十四五”期间自贸试验区的建设做出了规划安排，提出强化开放平台功能，助力自贸试验区开放发展。同时，国家相关部门印发海关发展、知识产权保护和应用、数字经济发展等领域“十四五”规划，提出发挥自贸试验区体制机制优势，优先将相关领域改

革创新事项在自贸试验区内先行先试。

二是强化改革开放的政策制度配套。为进一步提升自贸试验区开放水平，商务部发布《跨服负面清单》和《外资准入负面清单》，旨在扩大服务贸易开放和外资准入。为赋予自贸试验区更大改革自主权，国务院印发《若干措施》，有针对性地提出19项改革创新措施，涵盖了提升贸易、投资、国际物流、金融服务实体经济便利度和探索司法对贸易投资便利的保障功能等五个方面。

三是完善各地建设发展需要的政策制度。各自贸试验区立足自身发展实际和建设需要，不断优化完善推进高质量发展的政策制度。在贯彻落实国家政策制度的基础上，结合发展诉求和差异化特色，进一步强化自主设计任务实施。例如，江苏省自贸办、江苏省科技厅等17部门联合印发《省有关部门协力支持江苏自贸试验区生物医药全产业链开放创新发展政策措施》，聚焦三大片区生物医药共性优势产业，支持全产业链开放创新发展。

（三）加紧落实，推动改革试点任务实施推广

各自贸试验区加快落实改革试点任务，优化复制推广工作，不但形成了众多创新性强、特色鲜明、市场主体反应好的制度创新成果，而且推动制度创新成果落地见效，充分发挥了先行先试的示范引领作用。

一方面，加快落实国家和地方出台的试点任务。各自贸试验区围绕国务院印发的总体方案加快落实相关任务，成为当地高质量发展的示范者和引领者。例如，安徽自贸试验区围绕总体方案任务，实施“9+3+N”专项推进行动计划，截至2021年底，总体方案涉及的112项试点任务启动建设105项，实施率达94%，其中48项地方事权已全部实施。同时，河南、湖北、浙江、陕西等自贸试验区在落实好总体方案改革试点任务的基础上，进一步深化改革开放。例如，陕西省人民政府印发《中国（陕西）自由贸易试验区进一步深化改革开放方案》，明确了4大类119项深化改革任务，其中106项已取得明显成效。

另一方面，复制推广工作取得实效。商务部印发了自贸试验区第四批18个“最佳实践案例”，形成了18项全国层面可复制推广的制度创新成果。这些案例的复制推广对提升贸易投资便利化水平、提升金融服务实体经济质效、推动事中事后监管不断优化、引导优势产业加快聚集发挥了重要作用。同时，各地持续优化复制推广制度创新成果的路径模式，不仅已设立自贸试验区的省份加强省内外协调联动，未设立自贸试验区的省份也注重强化与自贸试验区的协作对接，确保制度创新成果的红利充分释放，发挥自贸试验区的辐射效应和示范引领作用。例如，山西省和深圳前海蛇口片区建立长效联络机制，自主复制推广前海蛇口片区的制度创新经验，截至2021年底，已成功复制推广深圳前海蛇口片区两批共141项制度创新经验。

二、引领高质量发展彰显了五大作用

各自贸试验区通过促进开放型经济发展、率先推进制度型开放、与国家级平台联动发展、对标高标准国际经贸规则、服务和融入国家重大战略等方面，以更大力度谋划和推进高质量发展。

（一）促进开放型经济发展

2021年，面临较为复杂的外部环境变化和严峻的风险挑战，自贸试验区作为改革开放的新高地，充分发挥了稳外贸外资基本盘的作用，引领中国更高水平开放型经济发展。

一是推动外资外贸实现逆势增长。2021年，全国21家自贸试验区实际利用外资2 130亿元，进出口总额达6.8万亿元，分别比上年增长19%和29.5%，分别高出全国4.1个和8.1个百分点，以占全国不到千分之四的国土面积贡献了全国18.5%的外商投资和17.3%的进出口总额。

二是着力提升利用外资质量。自贸试验区围绕区内主导产业，加大吸引外资力度，提升外商投资服务水平，通过利用外资促进当地产业发展。例如，江苏自贸试验区南京片区围绕基因之城、芯片之城和新金融中心建设开展重大招商活动，推动多

个亿级生物医药、集成电路产业链项目落地，2021年高新技术产业实际利用外资占比达40%，实现了更好地利用外资补链、固链、强链、扩链。

三是加快培育外贸新业态新模式。自贸试验区持续推动跨境电商、保税维修等外贸新业态新模式发展，促进外贸提质升级。例如，天津自贸试验区创新高端制造保税维修业务，成立保税维修企业联盟，2021年，实现保税维修进出口货值158.9亿元，比上年增长73.8%，维修产值超21.8亿元，维修收入超2.2亿元。

四是国际经贸合作水平进一步提升。自贸试验区不断优化贸易和双向投资合作体系，推动贸易更加畅通、双向投资合作更加密切、平台机制功能更加完善。例如，广西自贸试验区钦州港片区扎实推进中马“两国双园”建设，加快打造化工新材料、电子信息、新能源汽车、生物医药、特色产品加工等跨境产业链，持续推动与马来西亚国际产能合作升级。

（二）率先推进制度型开放

2021年，自贸试验区加大开放压力测试，推动外资、服务贸易、金融等领域开放创新，进一步完善出入境、海关、外汇、税收等环节管理服务，深入推进制度型开放。

一是健全外商投资准入前国民待遇加负面清单管理制度。2021年，中国将自贸试验区外资准入负面清单中的特别管理措施进一步压减至27条，实现了制造业条目清零，服务业外资准入进一步放宽。

二是推进实施跨境服务贸易负面清单管理制度。2021年商务部公布《跨服负面清单》，包括11个门类70项特别管理措施，清单之外对国内外服务提供者一视同仁。作为中国首张国家层面跨境服务贸易负面清单，其开放度不仅超过中国入世时的承诺，也高于目前《区域全面经济伙伴关系协定》（RCEP）等已生效实施的自贸协定中中国在相关领域的开放水平，体现了中国主动推进制度型开放的坚定决心。

三是推动金融领域开放创新。自贸试验区以金融服务实体经济、逐步推进跨境资金流动自由化便利化为出发点，深化金融领域的开放创新。例如，浙江自贸试验区通过推动上海期货交易所战略入股浙江国际油气交易中心，共建长三角期现一体化交易市场，正式发布了“中国舟山低硫燃料油保税船供报价”，率先形成了以国内期货市场价格为基础，采用人民币报价的价格机制。

四是完善出入境、海关、外汇、税收等环节管理服务。在优化出入境服务方面，福建自贸试验区福州片区实施境外人员就近办证，通过建立企业办证联络员制度、设立境外人员管理服务站等措施，为境外人员出入境提供更加优质的服务。在优化外汇服务方面，湖南自贸试验区完善跨境电商收付汇制度，允许跨境电商海外仓出口企业根据实际销售情况回款，按规定报告出口与收汇差额。

（三）与各类开放平台联动发展

自贸试验区积极推进与海关特殊监管区域、国家自主创新示范区、服务业扩大开放综合示范试点等国家级平台联动发展，呈现出联动发展总体设计加快完善、合作机制更加健全、合作内容不断拓展的特点。

一是联动发展总体设计加快完善。国家层面，商务部等8部门印发了《通知》，从统筹两类区域的布局、管理、政策、产业发展、改革创新等方面提出了20项措施，为推动海关特殊监管区域与自贸试验区统筹发展提供了有力的政策支撑。地方层面，各自贸试验区围绕联动发展积极探索完善政策体系，在与海关特殊监管区域、国家自主创新示范区联动发展方面推出相关文件。例如，安徽自贸试验区、河北自贸试验区分别印发了《推动海关特殊监管区域与中国（安徽）自由贸易试验区统筹发展若干措施》《关于推动海关特殊监管区域与中国（河北）自由贸易试验区统筹发展若干措施的通知》，积极推动两类区域优势互补、协同发展。

二是联动发展合作机制更加健全。自贸试验区围绕政策互补、利益共享等方面共建合作机制，充分发挥不同平台的政策叠加优势，形成“1+1>2”的效果。例如，北京市立足“两区”建设，明确数字经济领域在自贸试验区和服务业扩大开放综合示范区内的政策重点分别是“率先实现自贸区固移双千兆覆盖”和“加快数字经济示范场景建设”；黑龙江自贸试验区明确深圳（哈尔滨）产业园 1.53 平方公里核心启动区内，新引进企业的地方留存税收部分，双方按照 5:5 的比例分配，得益于园区良好的利益分配机制，2021 年深哈对口合作项目达到 35 个，总投资超千亿元。

三是联动发展合作内容不断拓展。自贸试验区结合其他平台载体功能，在推动制度创新协同、产业发展协同、科技创新协同、资源要素共享等方面发力。以科技创新协同为例，自贸试验区会同国家自主创新示范区等平台，加速开放政策与科技创新功能深度叠加。湖北自贸试验区武汉片区围绕“双自联动”深入推进科技金融制度创新，积极推动制定符合科技创新需要的标准化风险控制体系，建立科技保险创新容错免责机制，降低企业和科研人员创新风险。

（四）对标高标准国际经贸规则

2021 年，正处于 RCEP 正式生效实施前的关键一年，也是中国正式申请加入《全面与进步跨太平洋伙伴关系协定》（CPTPP）与《数字经济伙伴关系协定》（DEPA）的重要一年。自贸试验区充分发挥先行先试的作用，对标高标准国际经贸规则工作更加积极深入，方式更加灵活多样，成果更加丰富。

一是对标工作更加积极深入。商务部与各自贸试验区加强对标高标准国际经贸规则的研究工作，成果显著。例如，商务部会同相关部门认真梳理 RCEP 中涉及海关程序简化、产品标准等领域的 701 条约束性义务，涉及部门均已做好履约准备。山东自贸试验区成立国内首家聚焦 RCEP 经贸合作的综合性企业服务平台——RCEP 青岛企业服务中心，落地全国首个由海关和地方政府共建的原产地证书审签中心，为 RCEP 落地生效提供先行先试的样板。

二是对标方式更加灵活多样。自贸试验区以更加灵活的方式对标国际经贸规则，总体上呈现出接轨规则与创新探索并进，多元拓展与深化探索并重的趋势。在接轨规则与创新探索方面，自贸试验区在尚未达成共识的前沿领域大胆试大胆闯，为提升中国话语权积累经验。例如，上海自贸试验区成立上海数据交易所，在全国首发数据交易配套制度，先行探索了数据交易、数据确权等领域的重要规则。在多元拓展与深化探索并重方面，自贸试验区在未探索领域开拓创新，研究新议题的规则与标准。例如，重庆自贸试验区从主题、行业两个维度对公共数据进行分类，从公开数据、受限数据、敏感数据、涉密数据定级，率先建立起地方数据分级分类标准。

三是对接成果更加丰富。自贸试验区积极对标 RCEP、CPTPP、DEPA 等规则条款，在推动制度型开放、提升产业发展能级、助力企业享受更多政策制度红利、集聚高端资源要素等方面取得了丰富的对接成果。以提升产业发展能级为例，通过形成新产业、完善新业态新模式、探索产业发展新方式等，壮大产业规模。广东自贸试验区南沙片区对标 DEPA 中提高跨境物流效率的软性义务，创新推出“跨境电商出口退货‘一站式’监管服务模式”，解决了跨境电商出口退货的难点、痛点，提升了跨境电商的运行效率。

（五）服务和融入国家重大战略

各自贸试验区立足国家赋予的战略定位及自身发展优势，强化服务国家战略的任务保障，创新服务国家战略的方式方法，在积极服务和融入国家重大战略中发挥了显著的支撑带动作用。

一方面，强化服务国家重大战略的任务保障。自贸试验区通过出台深化方案、出台专项文件、加强法律法规保障等方式，新增了一批服务国家重大战略的试点任务，支持相关工作开展。例如，陕西自贸试验区依托深化方案，围绕打造“一带一路”经济合作和人文交流重要支点，提出深化国际产能合作、加强现代农业国际交流、科技教育、文化旅游、医疗卫生等领域合作；北京自贸试验区依托《中国（北京）自由贸易试验区条例》，支持北京大兴国际机场临空经济区内的自贸试验区联动发展，落实京津冀协同发展战略。

另一方面，创新服务国家重大战略的方式方法。自贸试验区通过提高区域合作水平、利用新一代信息技术、完善开放通道等方式服务国家重大战略。例如，在利用新一代信息技术方面，河北自贸试验区雄安片区搭建了国内集水文、水质、气象、空气质量等多种生态数据综合监测为一体的“超级自动站”和生态环境机动监测体系，提升以“无人机/船+遥感”“无人机/船+传感器”“无人机/船+VR”为载体的灵活机动监测能力，为京津冀湖区、淀区生态治理探索路径。在完善开放通道方面，海南自贸试验区首次实现与西部陆海新通道的“铁海联运+内外贸同船”模式，打通海南与重庆之间的双向运输通道，对推动西部大开发具有重要意义。

三、制度创新成果体现了四大特征

2021年，自贸试验区深入贯彻落实习近平总书记关于自贸试验区建设的重要指示精神和党中央、国务院部署，继续在投资、贸易、金融、事中事后监管等领域深化改革探索，形成了一批高质量的制度创新成果。这些制度创新成果呈现以下四方面特征：

（一）各项流程持续简化

自贸试验区通过推动权限下放、合并取消流程、精简手续材料等手段，在制度创新上实现了新突破。

一是推动权限下放。自贸试验区进一步承接省市权限下放，结合权限下放优化审批流程，激发改革创新活力。例如，河南省将兽药省级权限的经营许可下放到河南自贸试验区，河南自贸试验区洛阳片区利用承接的省级权限，将兽药省级权限的经营许可与县（区）级权限的经营许可“两证合一”办理，由洛阳片区综合服务中心统一核发兽药经营许可证，在正本的经营范围中明确为兽药（含生物制品），在副本中列明经营兽用生物制品的厂家及品种规格，实现了不同层级权限许可事项合一办理。

二是合并取消流程。自贸试验区通过将原有流程进一步合并或取消，提高企业办事效率，在工程建设领域尤为明显。例如，广东自贸试验区“为企业提供插电式服务实现拿地即开工”和辽宁自贸试验区的“‘易办电’供电服务改革”，将用电规划和相关手续进一步前置，通过政企信息共享，供电企业结合网架和项目需求，形成区域电网规划方案，提前开展电网管廊建设、网架完善、线路迁改、开关房（站）布点、项目临电及永电接入点配置，在土地平整阶段（一级开发）提前设置临时用电“插口”，实现企业开发阶段（二级开发）即可从周边临电变压器就近接入，精准服务项目全生命周期用电需求。

三是精简手续材料。自贸试验区通过取消提交材料要求，推动商事登记流程更加优化。例如，过去市场主体办理许可证延续或换证时，需要提供工商营业执照副本复印件、公司续期年度财务会计报告等材料。黑龙江自贸试验区实施企业许可“无感续证”主动办理，通过建立大数据信息数据库，对符合条件企业，自动填充表单并向企业推送，经企业确认后无需再“主动申请、提交材料、来回跑腿”，审批部门按程序完成审批，使企业在“无感”体验中完成许可证延续或换证。

（二）系统集成更加深化

自贸试验区加快探索系统集成创新，从跨部门、产业链、全周期等方面探索出一批制度创新成果。

一是跨部门集成。制度创新是一项综合性的工作，存在着大量需要跨部门协作的工作。自贸试验区通过加强跨部门协作，形成了一批制度创新成果。例如，福建自贸试验区探索跨部门涉案财物集中管理新模式，在政法委的统筹协调下，公安部门联合财政、商务、自贸片区管委会、工信、检察院、法院、司法局共同研发启用涉案财物管理平台，打通公、检、法、财政、金融、鉴定机构数据壁垒，集成一个系统运行，建设统一的涉案财物数据库，对所有涉案财物实行编码管理，拓展案件暂扣款、保证金全渠道缴款和支付方式，实现对涉案财物实时、动态、全流程信息化监管。

二是产业链集成。自贸试验区更加注重产业链上下游环节探索系统集成制度创新，做好全产业链构建服务保障。例如，江苏自贸试验区围绕生物医药全产业链出台政策制度，研究编制《中国（江苏）自由贸易试验区生物医药全产业链开放创新发展试点工作方案》，提出 6 个方面 26 项重点任务，并细化形成 73 项重点政策举措。此方案特点是基于生物医药的“研发—创造—流通—使用—保障—安全”全产业链开放创新的思路，针对原辅料、装备、试剂、试验动物等上下游产业链供应链，聚焦企业发展的痛点难点堵点，实施全产业链改革创新，增强产业链上下游配套能力和自主可控能力。截至 2021 年底，江苏自贸试验区生物医药产值占全省比重超 50%，年均增速长期保持在 20% 以上，产业规模、百强榜企业、创新药物数量等多项指标位居全国第一。

三是全周期集成。自贸试验区积极推进“放管服”改革，围绕企业发展的全生命周期，推出覆盖企业开办到注销全套环节的政策制度。例如，广西自贸试验区钦州港片区制定《中国（广西）自由贸易试验区钦州港片区企业全生命周期服务办法》，针对企服务、协调机制、评价和投诉机制等作出具体规定，创新企业全生命周期服务体制机制；福建自贸试验区厦门片区推出“企业全生命周期”服务，从企业开办到注销所涉及的审批事项均可通过“企业全生命周期”服务模块进行网上办，营造了投资便利、行政高效、服务规范、法治完善的一流营商服务环境。

（三）技术应用逐渐细化

自贸试验区深度应用区块链、5G、大数据等新兴信息技术，通过技术应用推动政府管理方式创新。

一是运用区块链技术探索知识产权保护创新。区块链具有“分布式”“不可篡改”“可溯源、可验证”“多方协同”等技术特点，自贸试验区将区块链技术应用于知识产权保护，形成了较好的制度创新。例如，湖南自贸试验区探索知识产权“前置保护”新模式，通过区块链技术将企业构思、讨论、研发、实验到投产的过程中产生的电子文档生成数字指纹并上链登记存证，实行差异化分级管理管控知识产权的知悉范围，构建了知识产权全流程存证新模式。同时，湖南自贸试验区通过存证编码与国内互联网法院的直接对接即可实现证据验证，打造知识产权司法验证新模式，改变传统商业秘密保护被动储藏、仅靠合同约束的局面，通过分级管理开展商业秘密全面保护，使用定向披露功能为商业秘密价值转化提供基础支撑。

二是运用 5G 技术探索跨境调解机制创新。5G 技术拥有更快的网络速度，自贸试验区通过 5G 技术在纠纷解决机制领域的应用，优化调解流程，创新调解机制。例如，广东自贸试验区前海法院依托互联网与 5G 技术，以深圳融平台为基础，对全部调解案件实行云管理，为在册特邀调解员开通融平台账号，港澳地区调解员无须前往法院，可以在境外通过个人电脑登录平台进行远程案件接受和管理。港澳地区调解员根据不同地区当事人不同通讯习惯，积极活用电子邮件、微信、WhatsApp 等域内外各类社交软件开展线上调解工作。建设以 5G 技术为支撑的远程视频调解室，对当事人在调解员主持下确认且符合法律规定的调解协议，实现法院、当事人、特邀调解员同时在线司法确认。

三是大数据技术创新自贸试验区统计监测服务。大数据技术旨在分析，处理和提取来自极其复杂的大型数据集的信息，自贸试验区通过大数据技术在自贸试验区统计监测工作中的应用，创新统计监测服务模式。例如，北京自贸试验区创新自贸试验区统计监测服务工作模式，运用大数据技术解决了自贸试验区片区“四至范围”与统计上最小行政区划单位（社区或村居委会）无法完全对应，不好统计的问题，将规划地图转化为北京自贸试验区“四至范围”电子地图，将法人单位经营地址信息转化为经纬度数据并在电子地图中进行标注，形成自贸试验区区域“全景图”和经营主体“全画像”，精准提取出属于北京自贸试验区的法人单位。并基于此构建了统计监测指标体系，包括开放发展、创新发展、市场活力、综合质效 4 个一级指标，双向投资等 12 个二级指标，新设外资企业等 28 个三级指标，全方位反映以高水平开放促高质量发展政策效果。

（四）区域协同不断强化

自贸试验区加快推动区域协同发展，通过与其他地区合作，共同提高制度创新水平。

一是在政务服务跨区域通办上形成协同创新。自贸试验区通过统一标准、相互授权、异地受理、远程办理等手段，推动政务服务跨省通办。例如，四川和重庆自贸试验区依托税务总局云平台打造跨区域税务数据交换通道和政府数据交换专线，实现基础登记信息、实名认证信息、异常企业信息、高风险纳税人等涉税数据高速互传；统一税务违法违章行为行政处罚裁量基准，做到跨区域税收政策“一把尺子”，税收执法“一个口径”；推进办税服务同质、推动纳税咨询通答，加快建设、推广、应用电子税务局通办功能模块，探索构建线下“跨省业务通办”。

二是在产业链跨区域合作上形成协同创新。自贸试验区通过优化承接产业转移的环境、搭建承接产业转移平台等，承接其他地区产业转移，为当地产业发展积蓄动力。例如，湖南自贸试验区郴州片区针对承接粤港澳产业转移存在的问题，积极破解企业“开工难”，率先在全省推行“交地交证即开工”制度创新改革试点，积极推行“标准地+承诺制”供地、弹性供地方式，创新提出“交地交证即开工”极限审批模式。破解企业“用工难”，开展“劳务协作站”建设改革试点，通过市场化运作、标准化管理及实用化导向，推动片区劳务协作向基层下沉延伸，已经建成 54 个劳务协作站。破解企业“办事难”，大力推行极简审批、全程代办、保姆服务，片区事务区内办结，出台了 37 项“一件事一次办”目录清单，实现了企业办事过程中各流程、各部门线上线下无缝耦合。2021 年，郴州片区承接粤港澳大湾区投资额 64.9 亿元，承接项目涉及信息产业、有色金属新材料产业、现代智慧物流产业等，为当地相关产业发展注入新动能。

三是在创新资源跨区域共享上形成协同创新。自贸试验区积极探索体制机制创新，促进各类创新资源在区域间共享。例如，安徽自贸试验区推动开展长三角双创示范基地“双创券”通用通兑试点，建立“双创券”管理运营机制，搭建“一券通”平台，入驻企业每年可享受一定支持额度，用于跨区域采购中介服务机构提供的知识产权、技术研发、检验检测、技术转移、科技金融、人才培训等服务项目。试点区域分别划拨财政预算，建立虚拟资金池。“双创券”的资金兑现分别由企业、服务机构所在区域的财政部门支持，减少企业购买科技中介服务成本，相关交易流程均在平台上实现，满足企业对于跨区域高端中介服务的需求，减少了企业的时间、资金成本，促进了长三角区域科技资源共享与产业协同创新。

四、培育世界级产业集群取得了三大成效

自贸试验区结合当地产业优势和特色，从明确战略导向、探索培育路径、优化发展环境等方面探索形成了培育世界级产业集群的系统化成效经验，涌现出一批现代物流、生物医药、新材料、光电信息等产业集群，为中国加快构建现代化经济体系作出重大贡献。

（一）更加强调培育世界级产业集群战略导向

培育世界级产业集群需要有明确的战略导向。中国自贸试验区重点围绕服务构建新发展格局、塑造中国创新驱动发展新优势、对标引领国际经贸规则三方面，加快培育世界级产业集群。

一是以加快构建新发展格局为导向打造世界级

产业集群。中国自贸试验区围绕服务构建新发展格局，将畅通国内大循环、促进国内国际双循环、加快培育完整的内需体系作为培育世界级产业集群的重要战略导向。例如，流通作为连接生产和消费的中间环节，对促进国内大循环具有重要作用。四川自贸试验区川南临港片区充分发挥综合物流枢纽优势，推动泸州港开通每周30余班内支线班轮、3条近洋航线、11条铁水联运班列，与全国46个物流节点城市建立了开放合作关系，构建起泸酒北上、北粮南下的贸易新通道。2021年，四川自贸试验区已经带动四川省大幅提高国内流通效率，社会物流总费用与GDP比率为13%，比全国同期低1.6个百分点。

二是以塑造创新驱动新优势为导向打造世界级产业集群。中国自贸试验区面向世界科技前沿、面向经济主战场、面向国家重大需求等布局发展一批世界级产业集群，推动中国发展动力向创新驱动转化。例如，塑造创新驱动新优势需要在产业领域关键技术和产品上形成创新，抢占产业创新发展的制高点。安徽自贸试验区蚌埠片区积极构建生物基领域“龙头企业—产业链条—产业集群—产业生态”的现代产业体系，截至2021年底，已经攻克“高光学纯L-乳酸单体工业化制备”“可控高分子量聚L-乳酸工业化高效制备”等11项核心技术，成功研发了发泡塑料、薄膜制品、注塑制品、片材制品、日化用品、家纺用品、母婴用品、环保板材等聚乳酸下游应用新产品200余种。

三是以对标国际经贸新规则为导向打造世界级产业集群。中国自贸试验区围绕国际经贸新规则培育促进产业集群发展，助力中国不断提高国际规则话语权。例如，河北自贸试验区大兴机场片区将物联网产业作为重要发展产业，2021年建设并启用了“智慧物联感知实验室”，自揭牌以来共完成74项标准规范编制，包括：物联网建设导则35项和物联网实施细则10项、城市信息模型（CIM）平台技术标准2项和建筑信息模型（BIM）数据技术标准5项、数据中台技术规范2项和管理规范2项、AI中台模型接入规范1项、应用中台接入规范7项。

（二）更加突出培育世界级产业集群路径探索

自贸试验区从制度创新、技术赋能、区域联动、国际合作等方面，探索出若干培育和打造世界级产业集群的新路径。

一是以制度创新培育具有国际影响力的市场主体和产业集群。自贸试验区探索出通过制度创新培育世界级产业集群的路径。例如，河南自贸试验区洛阳片区推动资金、创新、产业、政策“四链”制度集成，有针对性地制定50余项涵盖体制机制改革等政策，有效吸引金融投资，带动资金链；开展针对境内外500强、行业50强、高端研发机构的精准招商，以资金链促进创新链；积极引进培育清华大学高端装备研究院等313个研发平台，加速科技创新成果产业化，以创新链引领产业链；随着产业链不断延伸升级，倒逼管理机制改革，实现以产业链助推政策链的“四链闭环”。截至2021年底，洛阳市初步形成了先进装备制造、机器人及智能装备、新材料3个千亿级产业集群和10家超百亿工业企业。

二是以技术赋能促进传统企业数字化转型升级。中国自贸试验区以数字赋能为手段，通过搭建平台、探索场景、优化服务等方式，推动传统企业转型升级。例如，广西自贸试验区南宁片区通过搭建工业互联网平台，立足制糖企业的生产经营管理的数字化改造需求，提供“建设+服务+运营+维护”的场景化解决方案，形成采购管理、原料溯源、仓储物流调度以及库存管理等一体化运营能力，加快推动制糖业数字化转型。2021年，为某制糖企业降低采购成本近2 000万元，提升经济效益超5 000万元，实现制糖企业在不投入或者少投入的情况下得到数字化服务应用，收益、效率大幅提升。

三是以区域合作形成活跃的产业跨区域协同发展网络。中国自贸试验区积极推动区内外产业协同发展，在更大范围内推动产业链形成优势互补的合理布局。例如，山东自贸试验区济南片区探索鲁粤澳中医药协同出海发展模式，支持山东药学科学院与横琴粤澳中医药产业园合作建立成果转化平台，实现济南片区研究成果在横琴新区片区落地。共同推动中药注册分类管理、院内制剂转化应用等方面政策创新攻关。建立中医药人才联合培养共同体，实现三地高校、科研院所、企业人才培养与交流。与澳门药监机构协同推动中药创新药、保健品在海外注册，开拓中医药出海新路径。2021 年，山东宏济堂、福胶集团等 6 家中医药企业在横琴、澳门成功注册，取得境外药品上市许可 29 种，产品销往莫桑比克等 14 个国家和地区，销售额超过 7 000 万元。

四是以国际合作深度参与全球产业链价值链分工。自贸试验区通过提高国际合作水平，积极推动产业链价值链融入全球分工，助力世界级产业集群建设。例如，天津自贸试验区吸引跨国企业入驻，2021 年 1 月，凯莱英与苏州瑞博生物联合，在天津自贸试验区内经开区西区建设小核酸原料药公斤级生物基地；同年 4 月，位于天津经开区西区的康希诺新冠疫苗三期生产基地的国内目前获批上市唯一采用单针免疫的重组新型冠状病毒疫苗正式下线。截至 2021 年底，天津自贸试验区内的经开区已聚集细胞产业相关企业 50 余家，具备细胞提取制备、细胞存储、研发生产、成果转化等全链条能力，预计 2022 年天津自贸试验区内经开区细胞与基因产业规模达 100 亿元。

（三）更加注重培育世界级产业集群环境保障

自贸试验区不断强化产业发展所需的资源要素保障，优化产业发展营商环境，为培育和打造世界级产业集群营造良好环境。

一方面，强化资源要素保障。自贸试验区积极探索体制机制创新，不断强化人才资源、土地资源、资金资源、创新资源等要素保障。以资金资源为例，陕西自贸试验区杨凌片区创新农业生物资产动态估值浮动抵押贷款，与杨凌农商行、中国人保、西北农林科技大学等机构合作，通过生物资产动态估值技术，动态评估生长中的活体动物和植物作为抵押物的价值变化。还贷过程中，引入耳标、芯片、电子围栏、GPS 定位追踪系统等，保全农业生物资产抵押物的价值，突破了生物资产过去不能成为合格抵押物的技术瓶颈。截至 2021 年底，累计投放试点生猪、奶肉牛动态估值浮动抵押贷款 19 户，涵盖企业、合作社、职业农民等多种主体，授信总额 8 145 万元，有效满足农牧业融资需求。

另一方面，强化营商环境保障。自贸试验区聚焦产业全周期等，优化有利于促进产业发展的营商环境，为世界级产业集群建设提供了有力保障。例如，云南自贸试验区昆明片区从企业“初期投资—中期发展壮大—后期提质增效”的全生命周期角度优化营商环境。在企业的发展初期，通过租金补贴、产业贷款等方式帮助解决企业启动资金紧缺的问题，帮助企业“站稳脚跟”，在企业发展中期，组建专业的服务团队，为企业提供一整套连续、优质、高效的政府服务，包括帮助企业进行市场宣传、拓宽客源等。在企业发展后期，昆明片区还依托自身优势资源，给予企业政策扶持，助推企业上市，携手企业迈向新高度。截至 2021 年底，昆明片区累积新增市场主体 4.4 万户，上市公司总市值约近 400 亿元，占昆明市上市公司总市值的 5%左右。

2021 年自然资源部支持自贸试验区建设主要情况

自然资源部自然资源开发利用司

一、政策措施

2021 年，自然资源部支持和促进自由贸易试验区建设的政策措施主要体现在：

（一）提高土地资源配置效率

积极落实《国务院印发关于推进自由贸易试验区贸易投资便利化改革创新的若干措施的通知》（国发〔2021〕12 号）要求，指导各地实践探索产业链供地的有关政策，优先保障自由贸易试验区建设合理用地需求，明确土地计划配置规则，按照“依据规划生成项目、土地要素跟着项目走”的原则，以真实有效的项目落地作为配置计划的依据。其中，对国家重大项目以及符合要求的省政府重大项目的用地，实行计划指标重点保障，对未纳入重点保障的项目用地，按照当年处置存量土地规模的一定比例核定计划，由各省（区、市）统筹安排。

（二）提升不动产登记营商环境水平

继续巩固深化《国务院办公厅关于压缩不动产登记办理时间的通知》（国办发〔2019〕8 号）改革成果，指导各地进一步落实 26 种流程优化图，全面实施不动产登记、交易和缴税“一窗受理、并行办理”等便民利民举措。会同北京、上海对标世界银行营商环境评估方法论，认真落实《2021—2023 年度对标国际先进优化营商环境改革任务台账》，推动出台相关政策文件，督促参评城市做好政策宣传。在 6 个城市开展营商环境创新示范试点工作。大力推进“互联网+不动产登记”和部门信息共享，持续做好网上不动产登记资料查询、抵押登记、预告登记等 3 项业务“跨省通办”。

二、成效综述

（一）全面支持海南自由贸易港建设

1. 推进海南自然资源改革事项。指导制定《海南省自然资源统一调查监测评价管理办法》《海南省第三次国土调查主要数据公报》《关于不动产登记历史遗留问题处理意见的通知》《海南省自然资源资产产权制度改革实施方案》《海南省城镇开发边界内控制性详细规划编制技术规定（试行）》及数据库成果标准。指导海南省编制海南省国土空间规划成果，形成 1 627 个村庄规划成果。督促指导海南省及时出台海南省的征收农用地区片价标准、成片开发标准等相关配套文件规定，切实做好土地征收的审批、实施工作，维护好农村集体经济组织和农民的合法权益。

2. 强化自然资源要素保障。指导制定《海南省自然生态空间用途管制试点工作方案》《关于在洋浦经济开发区等重点园区实施国土空间用途转用和规划审批制度改革试点的意见》《海南省建设占用永久基本农田调整补划管理办法》《海南省土地征收成片开发标准实施细则（试行）》《关于保障和规范农村一二三产业融合发展用地的实施意见》等 10 多项政策规定，支持海南省环岛旅游公路项目建设，开展三亚新机场项目前期调研，指导海南省做好项目用海前期论证工作。报请国务院批准海南昌江核电厂 3、4 号机组项目用海，海南—香港海缆项目用海项目。

3. 促进节约集约创新发展。指导出台《海南省关于完善建设用地使用权转让、出租、抵押二级市场的实施意见》《海南省闲置土地处置工作方案》《海南自由贸易港闲置土地处置若干规定》《海南省因公共利益收回闲置土地补偿标准（试行）》，扎实推进批而未供和闲置土地处置，截至 2021 年 9 月底，处置批而未供和闲置土地 620.72 公顷、1 006.9 公顷，处置率分别为 6.6%、25.7%。指导海南省落实落细先租后让、弹性年期、混合用地、标准地等用地政策制度，已有 1 500 多宗项目用地采取上述政策落地，节约用地成本 9.17 亿元。

4. 支持国土空间生态保护修复。指导编制《海南省人民政府办公厅关于开展全域土地综合整治试点的意见》《海南省国土空间生态修复规划（2021—2035 年）》《关于加强国土空间生态修复的指导意见》，依据《协作推进关闭矿山生态修复实施办法（试行）》指导推进海南省生态保护修复工作。配合财政部下达中央财政资金 2 亿元，支持海南省儋州市、万宁市实施海洋生态保护修复项目。积极推进海口、三亚、儋州、文昌、万宁市的海洋生态保护修复项目，清理修复海岸线 95 公里，新造和修复红树林湿地面积 4 026.75 亩。

5. 提供林草便利化服务。继续执行国家林草局、国家濒危物种进出口管理办公室联合印发的 2019 年第 2 号公告事项，实行“一站式”受理审批，对符合条件的企业办理有关动植物进出口审批和允许进出口证明书核发 2 项行政许可事项，可直接向国家林草局广州专员办（国家濒管办广州办事处）提出申请，核发进出口审批文件和允许进出口证明书。实行放宽许可条件，除存在疑问或国家濒管办要求的情况外，国家林草局广州专员办（国家濒管办广州办事处）不再就境外 CITES（濒危野生动植物种国际贸易公约）许可证或证明书进行核实确认。

（二）推动其他自由贸易试验区建设

1. 支持河南自由贸易试验区发展。为落实“简化整合投资项目报建手续，探索建立先建后验新模式”的要求，重点开展以下工作：一是指导河南省将省级权限的长期使用林地审核和临时使用林地审批委托或授权至郑州市、洛阳市和郑州航空港区实施，进一步优化办事流程，提高审批效率。二是对河南自由贸易试验区建设项目使用林地予以大力支持，已批复郑州市贾鲁河治理、郑州机场至许昌市域铁路工程郑州段和比亚迪新能源乘用车及零部件产业园等重点项目使用林地约 460 公顷，促进河南自由贸易试验区经济高质量发展。

2. 积极推进粤港澳服务贸易自由化。一是为进一步提高人才资源配置效率，充分发挥三地人才政策的互补效能，指导广东省自然资源厅出台《关于港澳籍注册城市规划专业人士在广东省执业备案有关事项的通知》《关于港澳地区城市规划专业企业在广东省执业备案管理的通告》。截至 2021 年 11 月，已有 29 名香港籍注册规划师在深圳前海执业备案，3 家香港企业在广东省自然资源厅备案，可在广东省内提供规划专业服务。二是组织国际标准化组织船舶与海洋技术委员会海洋技术分委会（ISO/TC8/SC13）秘书处（海洋二所），推动中国船舶科学研究中心等涉海企业参与 ISO/AWI5411《潜水器术语》标准计划项目的研制。

3. 推进海洋经济试点示范工作。积极指导山东、海南、天津、福建等地围绕主要任务推进海洋经济发展示范区建设，组织开展自评估，总结发展成效、梳理体制机制和模式创新等方面的经验。指导青岛、烟台、威海、海口、天津滨海新区、福州、厦门等推动海洋经济创新发展示范城市建设，推动产业链协同创新和产业孵化聚集创新，促进示范城市海洋经济高质量发展。

2021年生态环境部支持自贸试验区建设主要情况

生态环境部综合司

一、加强自由贸易试验区生态环保政策引导

（一）做好生态环境保护顶层设计

2021年5月，生态环境部、商务部、国家发展和改革委员会、住房和城乡建设部、中国人民银行、海关总署、国家能源局、国家林业和草原局联合印发《关于加强自由贸易试验区生态环境保护推动高质量发展的指导意见》，引导自由贸易试验区优化经济结构和开发格局，强化生态环境治理体系和治理能力现代化建设，以自由贸易试验区生态环境高水平保护推动高质量发展。

（二）建立部省生态环保合作机制

2021年4月，生态环境部与海南省人民政府签署战略合作协议，把海南自由贸易港纳入生态环境部“美丽海湾”建设试点，支持海南开展生态环境状况定期遥感调查评估与监管，实行严格的进出境环境安全准入管理制度，支持海南在重点领域/区域/流域/海域建立政府主导、形式多元、绩效导向的生态补偿机制，共同推进国家生态文明试验区建设。

二、推动自由贸易试验区生态环境改革试点

（一）支持“证照分离”改革

生态环境部组织制定《全国一体化在线政务服务平台电子证照排污许可证》，指导上海、河南、湖北等自由贸易试验区落实“证照分离”改革全覆盖试点。截至目前，自贸试验区内涉及生态环境领域的18项涉企经营许可事项中，“放射性污染监测机构资质认定（省级权限）”的改革方式为“直接取消审批”，其余17项的改革方式为“优化审批服务”。

（二）支持开展保税维修业务

2021年12月，生态环境部联合商务部、海关总署印发《关于发布综合保税区维修产品增列目录的公告》，在第一批55类综合保税区维修产品目录基础上，新增15类产品，支持自由贸易试验区内企业参照综合保税区维修产品目录开展“两头在外”保税维修业务，明确固体废物监管等工作的生态环境保护要求。

三、强化自由贸易试验区生态环境监督管理

（一）科学开展规划环评审查

在环评审查中，要求各自由贸易试验区认真落实生态环境分区管控要求，优先避让各类生态环境敏感区，以区域环境质量改善为目标，优化规划产业发展的规模、布局等，提出环境影响减缓措施。2021年，生态环境部组织审查了成都高新技术产业开发区分区规划、海口国家高新技术产业开发区园区规划环评。

（二）深入推进排污许可管理

为支持自由贸易试验区推进排污许可“一证式”管理，生态环境部采取自愿申请、建立制度、强化帮扶等方式，指导陕西、河北自由贸易试验区将涉VOCs排放限值企业纳入排污许可管理；指导江苏、广东自由贸易试验区组织开展排污许可制与环境影响评价制度有机衔接；指导重庆自由贸易试验区开展温室气体环境管理与排污许可制度衔接；指导上海自由贸易试验区开展基于排污许可证的监管、监测、监督联动。

2021年交通运输部支持自贸试验区建设主要情况

交通运输部水运局

2021年，交通运输部认真贯彻落实党中央、国务院关于推进自由贸易试验区建设的决策部署，积极支持自由贸易试验区建设，出台了一系列政策和措施，推动自由贸易试验区交通运输领域制度创新，取得了一系列成效。

一、发挥自贸区试验田作用，积极探索政策制度创新

（一）推动自由贸易试验区海事制度创新

一是签署《中华人民共和国与新加坡共和国关于推广、接受和使用船员和船舶电子证书的谅解备忘录》，推动全球首个海事电子证书跨国应用项目实船测试在广州南沙港和新加坡港落地，拉开了中国与境外海运口岸政务信息系统互联互通的帷幕。截至2021年底，共有190余艘次中新船舶通过项目在广州南沙自贸区完成进出口岸查验，有效提升口岸通关效率。

二是上海海事局印发《中国（上海）自由贸易试验区临港新片区国际船舶登记管理规定》，实行“一次申请、多证齐出”的多证联办模式，形成了高效、便捷的国际船舶登记办理程序。相关举措入选国务院服务贸易发展部际联席会议办公室全面深化服务贸易创新发展试点第二批“最佳实践案例”。截至2021年底，以“中国洋山港”为船籍港的船舶共计17艘、75.8万总吨。

三是天津、福建、深圳海事局等大力推动服务创新，优化营商环境，通过推动行政执法事权下放、预约服务、容缺受理等海事政务集约化办理服务举措，扩大船舶“多证合一”试点改革、优化专用航标设置审批、压缩海员外派机构资质审批流程，显著提高审批效率，降低企业和船舶成本。

（二）开展境外国际集装箱班轮公司非五星旗国际航行船舶沿海捎带业务试点

为推动上海国际航运中心和上海自贸试验区临港新片区建设，2021年11月，国务院批复同意上海市及有关部委关于在中国（上海）自由贸易试验区临港新片区内暂时调整实施有关行政法规规定的请示，12月交通运输部发布《关于开展境外国际集装箱班轮公司非五星旗国际航行船舶沿海捎带业务试点的公告》，在对等原则下允许境外国际集装箱班轮公司的非五星旗国际航行船舶开展大连港、天津港、青岛港与上海港洋山港区之间，以上海港洋山港区为国际中转港的外贸集装箱沿海捎带业务试点。该政策的出台受到境外集装箱班轮公司的欢迎，已有多家公司获批开展沿海捎带业务试点。

（三）积极支持自由贸易试验区试点多式联运“一单制”创新

2021年，为贯彻落实《国务院印发关于推进自由贸易试验区贸易投资便利化改革创新若干措施的通知》，交通运输部组织开展了《推进多式联运“一单制”关键问题研究》，依托多式联运示范工程，积极支持自由贸易试验区试点多式联运“一单制”改革，鼓励自由贸易试验区制定并推行标准化多式联运运单等单证。

二、全力支持海南自由贸易港建设，打造改革开放新高地

（一）加快推进琼州海峡港航一体化

一是积极打造适应琼州海峡港航一体化发展的统一运营主体。指导中远海运集团和海南省、广东省交通运输厅加快推进琼州海峡港航一体化工作。2021年12月9日，成立两岸统一的航运资源运营管理平台公司。二是指导海南省海上搜救中心、广东省海上搜救中心，建立完善海上搜救应急协调机制。

三是积极推进琼州海峡锚地建设规划编制，推动海南省将防台锚地水域规划纳入海南省国土空间规划海上交通功能用海。四是指导开展琼州海峡安全生产专项整治三年行动。提升海峡两岸共同应对海上危险货物运输突发事件应对能力，探索构建与海南自由贸易港相适应的海上应急管理体系和能力。推动建立琼州海峡两岸客滚运输通航会商机制，为琼州海峡港航一体化发展提供了有力安全支撑。

（二）加快推进西部陆海新通道区域集装箱枢纽港建设

一是在《水运“十四五”发展规划》编制过程中，将琼州海峡中水道航道疏浚工程、洋浦港洋浦港区航道改扩建工程等项目作为重点建设项目纳入项目库。二是推动航运要素聚集，指导海南省加快知名航运企业引进；积极培育国际航线，洋浦港新增3条洲际集装箱班轮航线，着力建设国际集装箱枢纽港。

（三）推动海南自由贸易港海事特区建设

一是印发《中共交通运输部海事局党组关于印发支持海南自由贸易港建设工作方案的通知》，按照《海南自由贸易港建设总体方案》《交通运输部贯彻落实〈海南自由贸易港建设总体方案〉实施方案》等文件工作部署，就建设“中国洋浦港”国际船舶登记船籍港、建立开放的国际船舶登记与检验制度、构建船旗国特殊监管政策、推动船舶联合登临检查、支持邮轮游艇产业发展等方面提出19项细化工作任务和分工安排，确保各项改革举措落地见效。

二是印发《交通运输部海事局关于建设海南自由贸易港海事特区的意见》，以坚持依法推进、立足海南定位、突出改革创新、吸收先进经验为基本原则，在制定特色地方性法规和标准、创新海事管理制度、优化营商环境等九个方面开创海事现代化发展新格局。

三是会同海南省政府制定《海南自由贸易港国际船舶条例》，在船舶登记和检验、船舶营运、船员权益保障、口岸进出境、税费和海运服务等方面推出国际船舶登记综合配套改革政策，标志着法治化、国际化、便利化的海南自由贸易港国际船舶登记制度体系形成，有效促进海南自由贸易港航运业的快速发展。截至2021年底，以“中国洋浦港”为船籍港的船舶共计30艘、261.3万总吨；办理“零关税”进口船舶登记31艘，其中运输船舶21艘、游艇10艘。

（四）配合推动相关财税优惠政策出台实施

一是推动将航运业相关业务纳入海南自由贸易港鼓励类产业目录，享受减按15%征收企业所得税。二是积极配合落实对“中国洋浦港”登记并从事国际运输业务的境内建造船舶实施增值税退税政策。三是配合财政部等印发《关于海南自由贸易港内外贸同船运输境内船舶加注保税油和本地生产燃料油政策的通知》，对以洋浦港作为中转港从事内外贸同船运输的境内船舶，允许在洋浦港加注本航次所需保税油或对加注本地生产燃料油实行出口退税。

（五）支持海南邮轮游艇业发展

一是指导海南省政府制定出台《海南邮轮港口中资方便旗邮轮海上游航线试点管理办法》，明确自2021年8月1日至2024年12月31日在海南邮轮港口开展中资方便旗邮轮海上游航线试点。二是支持海南开展邮轮游艇安全监管相关立法工作，指导海南海事局制定《海南邮轮海上游安全管理特别措施》《海南自由贸易港游艇操作人员培训、考试和发证办法》《海南自由贸易港游艇操作人员培训机构评价管理实施办法》《海南自由贸易港特定水域船舶最低安全配员管理办法》，促进海南自由贸易港邮轮游艇经济安全健康发展。三是指导海南省交通运输厅开展邮轮海上游新冠肺炎疫情风险及运营安全评估，稳慎推进海南邮轮港口海上游航线试点工作，制定出台《海南邮轮港口中资方便旗邮轮海上游常态化疫情防控工作指南（第一版）》。

（六）加强海上救助能力建设

交通运输部南海救助局完成三亚水上救助综合训练基地码头及配套工程建设，该项目有效解决中国现代化海上救生训练设施缺乏问题，对于提升专业救助人员能力水平，更好服务自贸港运行具有重要意义。

2021 年文化和旅游部支持自贸试验区建设主要情况

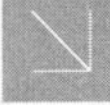

文化和旅游部政策法规司

2021 年，文化和旅游部坚持以习近平新时代中国特色社会主义思想为指导，全面贯彻落实党的十九大和十九届历次全会精神，贯彻落实党中央、国务院关于自由贸易试验区建设的决策部署，有序推进涉文化和旅游领域各项任务落地落实。

一、持续提升自由贸易试验区文化和旅游领域对外开放水平

文化和旅游部参与制定《关于支持海南自由贸易港建设放宽市场准入若干特别措施的意见》《关于推进海南自由贸易港贸易投资自由化便利化若干举措的通知》《海南自由贸易港跨境服务贸易特别管理措施（负面清单）》和自由贸易试验区跨境服务贸易特别管理措施（负面清单）等政策文件，持续提升文化和旅游领域对外开放水平。文化和旅游部还会同相关部门印发《关于营造更好发展环境支持民营文艺表演团体改革发展的实施意见》，允许在自由贸易试验区设立中方控股的外资文艺表演团体。按照《旅行社条例》及自由贸易试验区建设方案等相关文件要求，文化和旅游部支持在天津等 14 个自由贸易试验区以及海南自由贸易港内注册的，并且符合条件的外资旅行社从事除中国台湾地区以外的出境旅游业务。

二、依托自由贸易试验区进一步加大文化和旅游领域改革创新力度

在自由贸易试验区进一步加大旅行社设立许可改革试点力度。根据《关于推进自由贸易试验区贸易投资便利化改革创新的若干措施》，在《内地与香港关于建立更加紧密经贸关系的安排》《内地与澳门关于建立更加紧密经贸关系的安排》框架下，将港澳服务提供者在自由贸易试验区投资设立旅行社的审批权，由省级文化和旅游部门下放至自由贸易试验区。为自由贸易试验区港澳资旅行社的设立开辟绿色通道，在全国旅游监管服务平台为自由贸易试验区设立专用审批账号，全部实现在线办理。进一步加大审批权限下放力度，允许海南省将港澳投资文艺表演团体、台湾投资演出经纪机构和演出场所经营单位的设立审批权，由省级文化和旅游部门下放至省级重点园区。持续优化审批服务，推行不见面审批。按照国务院关于上海市浦东新区开展“一业一证”改革试点相关要求，在上海浦东新区将“经营性互联网文化单位设立审批”“互联网上网服务营业场所经营单位设立审批”“娱乐场所设立审批”“旅行社设立许可”“外商投资旅行社业务许可”五项行政许可，以及“设立艺术品经营单位的备案”纳入首批“一业一证”试点改革。

三、支持自由贸易试验区文化和旅游产业高质量发展

文化和旅游部支持国家对外文化贸易基地建设，指导海南自由贸易港研究制定国家对外文化贸易基地建设工作方案。聚焦国际旅游消费中心建设，积极支持海南自由贸易港加快发展数字文化产业，创建全域旅游示范区、高等级景区、全国乡村旅游重点村，大力发展体育旅游、中医药健康旅游、科技旅游等，推动文化产业和旅游产业提质增效，提升产业竞争力。认定海南省海口市龙华区骑楼建筑历史文化街区为首批国家级旅游休闲街区；认定海南省琼海市博鳌镇、海南省文昌市龙楼镇、海南省海口市秀英区石山镇为全国乡村旅游重点镇；认定海南省琼海市博鳌镇留客村、海南省万宁市兴隆华侨农场 57 队、海南省儋州市中和镇七里村、海南省昌江黎族自治县王下乡浪论村、海南省

文昌市潭牛镇大庙村为全国乡村旅游重点村。

四、支持自由贸易试验区加强对外和对港澳台文化和旅游交流

文化和旅游部支持海南举办2021年（第二十二届）海南国际旅游岛欢乐节，立足海南开放政策优势，充分展示海南省独具特色的旅游文化资源，以节带展、以展促节，推动海南旅游、文化、体育实现高水准融合发展；与广西壮族自治区人民政府共同主办2021中国—东盟博览会旅游展，召开以“数字文旅　畅行未来”为主题的高峰论坛，服务中国—东盟自贸区升级版建设；与福建省人民政府联合主办第七届“海上丝绸之路”（福州）国际旅游节，进一步深化福建海上丝绸之路核心区建设，推进福建自由贸易试验区更高水平开放；与河北省人民政府共同主办2021“一带一路”·长城国际民间文化艺术节，推动河北积极融入“一带一路”倡议，助力河北自由贸易试验区对外开放水平再上新台阶。

金融支持自贸试验区建设取得新成效

中国人民银行金融研究所

2021 年，中国人民银行认真贯彻落实党中央、国务院关于自由贸易实验区建设的决策部署，把握新发展阶段，贯彻新发展理念，主动作为，锐意创新，着力克服新冠肺炎疫情带来的影响，积极探索各项有效措施，推动区域金融改革开放先行先试，金融支持自贸试验区建设工作进一步取得积极成效。

一、积极应对疫情影响，持续加强政策指导，显著提升小微企业金融服务覆盖面和可获得性

一是巩固提升两项直达货币政策工具执行效果。将普惠小微企业贷款延期支持工具、信用贷款支持计划延续实施至 2021 年底，支持小微企业和民营企业融资。截至 2021 年底，累计对 16 万亿元贷款本息实施延期，累计发放普惠小微信用贷款 10.3 万亿元。

二是深入开展中小微企业金融服务能力提升工程。督促银行落实普惠金融考核权重不低于 10%、大型银行内部转移定价优惠力度不低于 50 个基点等政策安排，加快推进“敢贷、愿贷、能贷、会贷”长效机制建设。截至 2021 年底，普惠小微贷款余额 19.2 万亿元，同比增长 27.3%，支持小微经营主体 4 456 万户。

三是加强多层次政银企对接。强化与发改、工信等部门协调联动，推进信用信息共享应用，通过线下主动走访、线上服务平台推送等，畅通银企对接渠道。2021 年，共建立全国包括自贸试验区在内的 51.5 万家受疫情影响行业企业和供应链核心企业名录库，累计发放贷款 8.3 万亿元。

四是积极推动金融机构加大对自贸试验区的金融资源投放力度，服务自贸试验区产业转型及重点项目建设，支持区内企业有效应对疫情带来的不利影响。如指导山东自贸试验区金融机构根据涉海企业自身特点，依托当地海洋资源优势，为涉海企业制定专项金融产品。引导金融机构推出海域使用权抵押、渔船抵押贷款、水域滩涂养殖权抵押贷款、涉海企业股权抵押融资等金融创新产品，扩大海洋产业贷款规模。又比如根据 2021 年 3 月发布的《关于做好部分地区金融支持工作的通知》，增加辽宁再贷款额度 240 亿元，扩大对涉农、小微和民营企业信贷投放。按照商业可持续原则，指导相关银行建立快速反应、快速决策、手续简化、投放迅速的金融服务“绿色通道”，组织协调三个片区初选融资需求企业名单，截至 2021 年底，共发放再贷款 1.3 亿元，有效解决了企业疫情之困、燃眉之急。

二、出台相关政策措施，进一步促进跨境贸易投融资便利化

2021 年，出台《关于在上海自由贸易试验区临港新片区等部分区域开展跨境贸易投资高水平开放试点的通知》，从推进跨境投融资体制改革创新、落实“放管服”改革和放宽资本项下汇兑限制三大方面着手，进一步促进跨境贸易投融资便利化。

在推进跨境投融资体制改革创新，拓宽企业投融资渠道方面，一是开展非金融企业外债便利化试点。放开企业借用外债限制，允许符合一定条件的非金融企业（房地产企业和地方融资平台除外）在一定额度内根据实际经营需求自主借用外债。二是支持股权投资基金跨境投资。开展合格境外有限合伙人（QFLP）和合格境内有限合伙人（QDLP）试点。三是放宽跨境资产转让业务限制。扩大对外资产转让的主体范围和业务种类；允许金融机构受让符合条件的境外金融机构资产。四是开展跨国公司

本外币一体化资金池业务。进一步简化试点区域跨国公司相关业务手续，放松资金使用和汇兑限制，支持地区总部经济发展。

在贯彻落实“放管服”改革，促进贸易投融资便利化方面，一是便利经常项目资金收付。在尽职调查基础上，管理规范的银行可根据客户指令为优质企业办理所有经常项目外汇业务。同时放宽经常项目轧差净额结算，企业与境外交易对手开展业务时，银行可采取轧差净额结算。二是支持贸易创新发展。管理规范的银行可自主办理试点区域企业真实合规的新型国际贸易外汇收支业务。三是取消货物贸易特殊退汇登记，取消外商投资企业境内再投资（不含房地产投资）登记。四是资本项目外汇登记由银行办理。符合条件的非金融企业境外放款、外债、跨境担保、境外上市、员工股权激励计划、境外套期保值等外汇业务登记由银行办理。

在放宽资本项目汇兑限制，支持企业自主灵活经营方面，一是缩减资本项目收入使用负面清单。非金融企业资本金、外债、境外上市募集资金等资本项下收入可在企业经营范围内自主运用，取消“资本项目结汇待支付账户”，结汇资金可直接划转至企业人民币账户。二是放宽跨境投融资币种匹配要求。允许企业自主选择合同签约、流入和流出各环节币种。三是将非金融企业（房地产企业和地方融资平台除外）境外放款规模上限由其所有者权益的0.5倍提高到0.8倍。

自贸试验区跨境人民币业务稳步推进。2021年，自贸试验区所在省份办理跨境人民币业务收付金额约36.2万亿元，同比增长29%。其中，货物贸易跨境人民币收付金额约5.6万亿元，同比增长20%；服务贸易跨境人民币收付金额约1.1万亿元，同比增长18%；直接投资跨境人民币收付金额约5.7万亿元，同比增长52%。

三、支持金融业开放相关政策在自贸试验区先行先试，积极推动金融业对外开放

一是2021年7月26日，人民银行会同国家外汇管理局在广东自贸试验区南沙片区和深圳前海蛇口片区、福建自贸试验区福州片区和平潭片区、浙江自贸试验区杭州片区等启动本外币合一银行结算账户体系试点。试点实现了人民币银行结算账户和外汇账户管理原则的基本统一，支持企业通过本外币合一银行账户对多币种资金进行收付结算和集中管理，不仅节约企业财务成本和管理成本，而且提高企业跨境贸易结算效率。2021年，自贸试验区内试点银行共为3 869家企业提供本外币合一银行账户服务。二是2021年9月，在大湾区建立“跨境理财通”机制，指导该试点业务在广东自贸试验区率先落地。三是指导江苏自贸试验区开展自贸试验区版跨境人民币双向资金池业务，支持符合条件的跨国企业集团设立跨境人民币资金池，通过政策宣讲、银企联动、多部门合作等方式，积极推动已实施的跨境人民币创新试点。截至2021年底，自贸试验区创新试点业务共发生1 065亿元，惠及大量自贸试验区内企业和金融机构。四是指导上海自贸试验区有序推进境内外贸易融资资产跨境转让业务。通过对接国际市场拓宽商业渠道的资金支持来源，支持基于境内真实贸易的融资资产对接国际市场的低成本资金，有效连通国内外市场，引入更多人民币资金进入国际贸易领域，提升跨境贸易融资市场活跃度，降低外贸企业融资成本。

四、指导建立自由贸易账户，支持实体经济发展

一是指导上海金融学会跨境金融服务专业委员会发布《自由贸易账户业务同业操作指引（第二版）》，进一步便利了自由贸易账户跨“一线”结算。二是支持产业转型升级，依托自由贸易账户为企业开展离岸经贸等新兴国际贸易业态提供高效便利的跨境服务，2021年，上海市通过自由贸易账户开展离岸经贸业务结算量折合人民币200亿元，同比增长72%，参与企业数同比增加了37%。三是支持保险公司依托自由贸易账户开展跨境保险业务创新，实现自贸试验区分账核算单元银行、证券、保险全覆盖。四是持续推进自

由贸易账户复制推广工作。自由贸易账户已复制推广到海南、天津、广东、深圳等地，截至2021年底，各类主体共开设26.6万个自由贸易账户。2021年，自由贸易账户项下各类本外币跨境结算折合人民币33.3万亿元，同比增长约30%。

已有63家上海市金融机构提供自由贸易账户相关金融服务，其中中外资银行49家、财务公司4家、证券公司3家、保险公司3家、市场基础设施机构4家。广东自贸试验区当前试点银行已拓展至4家，开户主体已拓展至符合条件的科创类企业。截至2021年底，广东自贸试验区广州南沙片区、珠海横琴新区片区累计为区内及境外企业开立账户7 651个，办理资金划转、结售汇、对区内企业发放贷款、开立信用证和保函等业务24 426笔，金额折人民币7 527.80亿元。

五、创新金融服务方式，提升金融服务水平，营造自贸试验区良好金融生态

各地分支机构结合自身实际，加强对自贸试验区经济运行情况的调查研究，探索出一系列行之有效的金融服务方式。一是推动数字化服务试点落地。福建省外汇局突破省内资本项目线上便利化业务受众仅为台资企业的限制，允许所有符合条件的自贸试验区非金融企业使用招行企业网银平台办理资本项目线上试点业务。2021年10月27日，招行福建自贸试验区福州片区分行通过线上成功为福建植护网络科技有限公司办理资本金支付便利化业务2笔。二是新开展跨境人民币缴税、社保和购房业务。2021年3月，人民银行广州分行与广东省税务局联合将跨境人民币银联电子缴税入库业务在广东辖区全面推广。2021年4月在横琴成功试点跨境人民币全程电子缴纳社保费，让港澳居民足不出户便可缴纳境内社保费。2021年10月，推动港澳居民个人购买境内商品房网签及结汇流程优化试点方案顺利落地。三是依托跨境人民币贸易融资转让平台开展转让业务。2021年，上海自贸试验区内银行办理境内贸易融资资产跨境转让人民币结算额128亿元，其中跨境人民币贸易融资转让服务平台共计达成交易75笔，合计金额83.28亿元，新增接入机构174家，覆盖全球15个国家和地区。四是西安中心支行联合西安自贸试验区对国际铁路联运提单融资进行深入探索，指导银行为货运企业办理全国首笔国际铁路联运提单项下融资，指导银行基于中欧班列运费大数据向企业发放了全国首笔线上纯信用运费贷。五是优化服务外贸新业态，探索跨境电商收款新模式。人民银行天津分行聚焦海外电商交易平台结算方式，指导银行为境内出口电商办理快捷、安全的跨境电商人民币集中收款业务，打破了以往只能通过境内第三方支付机构完成跨境收款清分的业务模式，为境内出口电商搭建了一条快捷、安全、低廉的线上收款通道。自2020年6月末业务落地至2021年末，服务小微电商企业超400家，累计办理业务近16万笔、金额超45亿元。

六、完善金融合作机制，推进区域协同发展

一是完善粤港澳金融合作政策。截至2021年底，港澳居民通过代理见证方式开立内地个人银行账户共18.4万户，账户累计发生交易839.7万笔、金额59.5亿元。微信（香港）钱包、港澳版云闪付、支付宝（香港）钱包、澳门通手机应用程序、澳门中银手机银行手机应用程序等5个跨境移动支付产品进入广东自贸试验区应用。在珠海等地布设自主创新的个人信用报告自助查询设备，支持港澳台居民使用来往内地通行证、护照等个人证件自主查询、打印本人信用报告，查询时间和交通成本大大缩减。二是加强琴澳金融纠纷调解合作。指导设立横琴（珠澳）金融纠纷调解室，专责调解涉珠澳金融纠纷案件，为琴澳居民提供金融纠纷调解“一站式”快速便捷服务。

七、强化金融监管，有效防范和化解自贸试验区金融系统性风险

一是统筹金融监管协调，落实在金融监管、风

险处置、信息共享和消费者权益保护等方面的协作机制。江苏印发“关于加强自贸试验区反洗钱反恐怖融资监管实施意见”，指导自贸试验区银行制定出台自由贸易试验区反洗钱和反恐怖融资内控制度。二是强化风险预判，通过地方法人风险监测、金融机构评级等监测手段，对包括自贸试验区在内的法人金融机构金融风险实施动态监测。石家庄中心支行实施跨境本外币全口径统计分析和双向监测分析，对异常资金流动进行监测、预警；加强自贸试验区法人金融机构风险状况监测，截至 2021 年底，区内中小银行央行评级均在 7 级以上，经营较为稳健。三是完善金融领域市场信用惩戒机制，强化事中事后监管。指导印发《关于进一步规范湖北辖内金融领域信用约束的通知》，加强湖北省金融领域失信联合惩戒系统（已更名为“湖北省严重失信主体共享平台”）应用，实时共享全国信用信息共享平台归集的严重失信主体信息。四是破解产业发展融资瓶颈，推进产业链高质量发展。山东自贸试验区烟台片区、青岛片区加大各知识产权保护，建立知识产权运营服务体系，成立了知识产权人民调解委员会、山东省首家知识产权巡回法庭，扎实推进知识产权维权援助。

下一步，人民银行将继续认真贯彻落实党中央、国务院重大决策部署，在全国一盘棋的总体框架下进行区域金融改革探索，不断优化自贸试验区金融创新开放各项政策，结合各地区发展阶段和特点规律，因地制宜、有序推进金融开放创新和复制推广，为全面深化金融改革、更好地推进自贸试验区高质量发展提供有力支持。

2021年海关总署支持自贸试验区建设主要情况

海关总署自贸区和特殊区域发展司

建设自由贸易试验区是中国在新时期加快政府职能转变、积极探索管理模式创新、促进贸易和投资便利化，为全面深化改革和扩大开放探索新路径、积累新经验而推进的战略举措。自2013年自贸试验区工作启动以来，我国自贸试验区的建设布局逐步完善，在投资贸易自由化和便利化、金融服务实体经济、政府职能转变等领域进行了大胆探索，取得了显著成效。截至目前，我国已有21个自贸试验区。

从布局来看，我国的自贸试验区初步形成既有沿海，又有中西部，既有东北，又有沿边的东中西协调、陆海统筹的“1+3+7+1+6+3”发展格局；从战略需要来看，自贸试验区既服务于“一带一路”倡议、京津冀协同发展、长江经济带发展三大战略，又服务于西部大开发、振兴东北老工业基地、中部崛起、东部地区率先发展、兴边富民五大板块的区域发展战略，与国家新一轮改革开放的总体战略布局相一致。我国自贸试验区建设初步形成以制度创新为核心，全面对接高标准国际经贸规则，在更广领域、更大范围形成各具特色、各有侧重的开放型新格局，推动我国开放型经济不断发展。

一、基本情况

海关总署坚决贯彻落实习近平总书记关于自贸试验区建设的重要讲话和重要指示批示精神，按照以制度创新为核心，以可复制可推广为基本要求的原则，大力开展海关监管制度创新，持续优化营商环境，支持全国自贸试验区高质量发展。各自贸试验区海关在海关总署支持下，以可复制可推广为前提，大胆试、大胆闯、自主改，积极探索、勇于创新，使得海关整体支持自贸试验区建设工作取得突出成效。在国务院发布的全国范围复制推广的六批138项改革试点经验中，海关贡献了61项改革试点经验，占总数的44.2%。2021年，全国21个自贸试验区实现进出口总值6.8万亿元，约占同期全国外贸进出口总值的17.4%。

按照2021年《政府工作报告》提出的，“推动海关特殊监管区域与自贸试验区统筹发展”的要求，海关总署会同商务部认真研究推动两区统筹发展问题，充分发挥两区各自功能优势，形成两区统筹的若干政策措施。

2021年以来，海关总署积极指导各自贸试验区海关因地制宜开展监管制度创新，并向商务部提出5项拟在全国复制推广的制度创新成果。同时，积极指导京津冀、长三角、成渝及沿边等地区自贸试验区海关加强协同创新、集成创新和差异化创新。此外，配合商务部出台《海南自由贸易港跨境服务贸易特别管理措施（负面清单）（2021年版）》《商务部等20部门关于推进海南自由贸易港贸易自由化便利化若干措施的通知》《关于推进自由贸易试验区贸易投资便利化改革创新的若干措施》等。

二、积极发挥自贸试验区作用

一是围绕服务京津冀协同发展、长三角一体化发展等国家发展战略，积极组织京津冀、长三角、成渝及沿边等地区自贸试验区海关加强协同创新、集成创新和差异化创新。例如，川渝自贸试验区协同创新的备案举措“‘关银一KEY通’川渝一体化模式”，为企业节约了大量时间、业务成本，进一步优化口岸营商环境，提升两地互联互通水平。

二是积极研究开展《区域全面经济伙伴关系协定》（RCEP）和《全面与进步跨太平洋伙伴关系协定》（CPTPP）有关规则在自贸试验区的先行先

试工作，在 RCEP 正式生效前，已在我国 4 个自贸试验区内的 12 个综合保税区开展部分 RCEP 举措先行先试。

三、支持各自贸试验区以差异化特色创新提升监管服务效能

海关总署认真落实国务院自贸试验区总体方案要求，支持各自贸试验区海关探索特色发展路径，积极指导各自贸试验区海关因地制宜探索开展制度创新工作，不断提升自贸试验区海关监管制度创新“含金量”。例如，厦门海关试点的“企业集团加工贸易监管模式”，为企业减免保金保函约 1 亿元，节省企业物流、报关等费用超过 100 万元，有效促进了生产要素在企业间的自由流动，该举措已经以海关总署名义全面推广。青岛海关探索开展“保税原油混兑调和业务”创新举措，以对标俄罗斯石油的混兑品为例，企业采购成本可节省约 2 美元/桶，有效降低企业成本，激活了山东现有的地炼、港口资源。

海关总署通过指导各自贸试验区海关通过监管方式、监管手段等的制度创新，既注重政府和企业诉求，也聚焦疫情防控输入和国门安全监管，更注重保障国际贸易供应链稳定畅通和提升贸易便利化水平，有效实现“管得住”和“放得开”。

四、全力支持海南自由贸易港建设

海关总署认真学习贯彻落实习近平总书记对海南自由贸易港建设的一系列重要指示批示精神，将其作为海关的重点工作。一是配合做好《中华人民共和国海南自由贸易港法》的研究出台，研究制定海南自由贸易港海关监管框架方案，发布《海南自由贸易港进口“零关税”原辅料海关监管办法（试行）》《海南自由贸易港交通工具及游艇“零关税”政策海关实施办法（试行）》《海南自由贸易港自用生产设备“零关税”政策海关实施办法（试行）》三个海关监管办法，有力推进“零关税”政策落地实施。二是发布《海南离岛旅客免税购物邮寄送达和返岛提取提货方式监管要求》，进一步提升海南岛免税商品监管服务效能。三是支持设立海口空港综合保税区。四是发布《海关总署关于洋浦保税港区“一线放开、二线管住”进出口管理政策制度扩大试点的函》，规定自 2021 年 12 月 1 日起，将洋浦保税港区“一线放开、二线管住”进出口管理政策制度扩大到海口综合保税区、海口空港综合保税区试点。

下一步，海关总署将继续认真学习贯彻习近平总书记有关自贸试验区、海南自由贸易港的重要指示批示精神，结合海关实际，对标国际最高水平经贸规则，指导各自贸试验区海关加快探索形成更高水平的海关监管制度体系，提升贸易自由化和便利化水平，强化监管优化服务，更好地促进自贸试验区开放发展。积极与商务部等有关部委加强联系沟通，协同推进制度创新和方案任务落实。认真做好海南自由贸易港全岛封关运作相关工作。围绕服务上海自贸试验区临港新片区建设和长三角一体化发展、粤港澳大湾区建设等国家发展战略，指导相关海关做好协同创新、集成创新。

2021 年海关支持中国（上海）自贸试验区建设主要情况

一、中国（上海）自由贸易试验区基本情况

2013 年 9 月 18 日，国务院印发《中国（上海）自由贸易试验区总体方案》（国发〔2013〕38 号），同意设立中国首个自由贸易试验区——中国（上海）自由贸易试验区（以下简称上海自贸试验区）。2013 年 9 月 29 日，上海自贸试验区正式挂牌运作；2014 年 12 月 28 日，全国人大常务委员会授权国务院扩展上海自贸试验区区域。2015 年 4 月，上海自贸试验区正式扩区，同月，国务院印发《进一步深化中国（上海）自由贸易试验区改革开放方案的通知》（国发〔2015〕21 号）。2017 年 3 月，国务院印发《全面深化中国（上海）自由贸易试验区改革开放方案的通知》（国发〔2017〕23 号）。2019 年 7 月，国务院印发《中国（上海）自由贸易试验区临港新片区总体方案的通知》（国发〔2019〕15 号）。2019 年 12 月，海关总署印发《中华人民共和国海关对洋山特殊综合保税区监管办法》（海关总署公告〔2019〕170 号）。2020 年 6 月，海关总署批复《中华人民共和国海关对洋山特殊综合保税区监管实施方案（试行）》（署贸函〔2020〕178 号）。

（一）区域范围

上海自贸试验区总面积已由设立时的 28.78 平方公里扩大至 226.06 平方公里。上海自贸试验区实施范围包括：四个海关特殊监管区域，即上海外高桥保税区、上海外高桥港综合保税区、洋山特殊综合保税区和上海浦东机场综合保税区；扩区后新增的四个片区，即陆家嘴金融片区、金桥开发区片区、张江高科技片区、世博片区，以及 2019 年设立的临港新片区（先行启动的区域面积为 119.5 平方公里，包括原洋山保税港区）。

（二）功能划分

上海外高桥保税区是我国第一个保税区，于 1990 年 6 月经国务院批准设立。现在是国内经济规模最大、业务功能最丰富的海关特殊监管区域，也是全国第一个国家进口贸易促进创新示范区。外高桥保税区建立了酒类、钟表、汽车、工程机械、机床、医疗器械、生物医药、健康产品、化妆品、文化产品十大专业贸易平台，其中文化贸易平台被文化和旅游部（原文化部）授予全国首个国家对外文化贸易基地。

上海外高桥港综合保税区前身是外高桥保税物流园区，2003 年 12 月经国务院批准设立，是我国第一个保税物流园区。作为全国首个实施“区港联动”的试点区域，外高桥保税物流园区可同时享受保税区、出口加工区相关政策和上海港的港航资源。依托“区区联动”“进区退税”等政策功能优势，保税物流园区与外高桥保税区相辅相成、联动发展，是现代国际物流发展的重要基地。2020 年 8 月，国务院正式批复同意外高桥保税物流园区整合优化为外高桥港综合保税区。2021 年 1 月 18 日，完成上海外高桥港综合保税区封关验收。

洋山特殊综合保税区于 2020 年 1 月经国务院批准设立，是在原洋山保税港区的基础上，按照党中央、国务院决策部署，立足国家战略，进一步推进制度创新和功能拓展。原洋山保税港区是我国第一个保税港区，由小洋山港口区域、陆域部分和连接小洋山岛与陆地的东海大桥组成，是上海国际航运发展综合试验区的核心载体，聚集了包括通信及电子产品、汽车及零部件、高档食品、品牌服装等行业的分拨配送中心，基本形成面向欧美的分拨配送基地、大宗商品产业基地，以及面向国内的进口

贸易基地和航运龙头企业基地。2020年1月，国务院正式批复同意设立洋山特殊综合保税区，规划面积25.31平方公里。洋山特殊综合保税区是我国唯一的特殊综合保税区，包括芦潮港区域、小洋山岛区域、浦东机场南部区域（覆盖原洋山保税港区，洋山特殊综合保税区批准设立后，不再保留洋山保税港区）。2021年1月20日，完成洋山特殊综合保税区（二期）封关验收，洋山特殊综合保税区围网面积为22.36平方公里。

上海浦东机场综合保税区于2009年7月经国务院批准设立。浦东机场综合保税区实行保税物流区域与机场西货运区一体化运作，具有浦东机场亚太航空复合枢纽优势，是上海临空服务产业发展的先导区。目前已引进包括电子产品、医疗器械、高档消费品等领域的全球知名跨国公司的空运分拨中心及融资租赁项目，吸引全球大型快件公司入区发展，一批重点功能型项目已启动运作，逐步形成空运亚太分拨中心、融资租赁、快件转运中心、高端消费品保税展销等临空功能服务产业链。

陆家嘴金融片区包含陆家嘴金融贸易区和世博前滩地区，是上海国际金融中心的核心区域、上海国际航运中心的高端服务区、上海国际贸易中心的现代商贸集聚区。陆家嘴金融片区将探索建立与国际通行规则相衔接的金融制度体系，与总部经济等现代服务业发展相适应的制度安排，持续推进投资便利化、贸易自由化、金融国际化和监管制度创新，加快形成更加国际化、市场化、法制化的营商环境。

金桥开发区片区成立于1990年，是上海重要的先进制造业核心功能区，集聚了大量生产性服务业和新兴产业、生态工业。这一区域以创新政府管理和金融制度、打造贸易便利化营商环境、培育能代表国家参与国际竞争的战略性新兴产业为重点，不断提升经济发展活力和创新能力。

张江高科技片区是上海贯彻落实创新型国家战略的核心基地，是上海发展科技创新的中心和公共服务平台。张江高科技片区重点在国际科学中心、发展“四新”经济、科技创新公共服务平台、科技金融、人才高地和综合环境优化等领域开展探索创新。

世博地区是上海新一轮发展的重点区域，正在打造总部经济、航运金融、高端服务业集聚区。世博地区包括世博园区浦东地块、耀华地块、前滩地块。世博园区浦东地块以世博后续效应为契机，围绕顶级国际交流核心功能，形成文化博览创意、总部商务、高端会展、旅游休闲和生态人居为一体的标志性公共活动中心。耀华地块规划以商业、商务和现代居住为主，综合娱乐文化、旅游休闲和生态建设等功能为一体的滨水综合功能区。前滩地块重点发展总部商务、文体传媒、运动休闲功能，成为上海体育传媒文化集聚区、非金融类跨国总部与“跳变型”企业总部集聚区，与世博园区地块一起成为世界级的中央活动区。

中国（上海）自由贸易试验区临港新片区（以下简称临港新片区）先行启动区于2019年由国务院批准设立，包括临港地区南部区域、小洋山岛区域、浦东国际机场南侧区域三个区域五个区块。临港新片区对标国际上公认的竞争力最强的自由贸易园区，在适用自由贸易试验区各项开放创新措施的基础上，实施具有较强国际市场竞争力的开放政策和制度，加大开放型经济的风险压力测试，实现新片区与境外之间的投资经营便利、货物自由进出、资金流动便利、运输高度开放、人员自由执业、信息快捷联通。其发展目标为：到2025年，建立比较成熟的投资贸易自由化便利化制度体系，打造一批更高开放度的功能型平台，集聚一批世界一流企业，区域创造力和竞争力显著增强，经济实力和经济总量大幅跃升；到2035年，建成具有较强国际市场影响力和竞争力的特殊经济功能区，形成更加成熟定型的制度成果，打造全球高端资源要素配置的核心功能，成为我国深度融入经济全球化的重要载体。

（三）发展情况

上海自贸试验区自2013年9月挂牌以来，坚持以制度创新为核心，聚焦投资、贸易、金融和事中事后监管等领域，形成了一批基础性制度和核心制度创新，一百余项制度在全国复制推广。

八年来，上海海关按照海关总署统一部署和要求，全面贯彻落实上海自贸试验区总体方案、深改方案、全面深改方案及临港新片区总体方案各项工作任务，全力推动上海自贸试验区高水平开放、高质量发展，累计推出66项创新制度，其中33项在全国复制推广。

二、海关支持上海自贸试验区发展情况

2021年，在海关总署党委的坚强领导下，上海海关认真贯彻落实党中央、国务院重大决策部署，以制度创新为重要抓手，立足于可复制可推广，大胆试、大胆闯、自主改，推进自贸试验区各项改革任务，有效发挥改革创新试验田作用。2021年，上海自贸试验区实现进出口总值18 894亿元人民币，比上年增长17.1%，占同期上海市进出口总值的46.5%。其中，出口5 750.2亿元人民币，增长23.60%；进口13 143.8亿元人民币，增长14.5%。截至2021年底，上海自贸试验区累计海关注册企业35 278家。

（一）发挥自贸试验区开放平台作用，助力浦东引领区建设

立足浦东新区先发优势和战略地位，充分发挥上海自贸试验区优势，持续强化监管、优化服务，全力支持浦东引领区建设。以提升总部经济能级为切入点，参与推进全球营运商计划（GOP），切实提升企业获得感，优化营商环境。将服务科创中心建设紧密融入支持浦东引领区建设的工作中，推动张江跨境科创监管服务中心更有效发挥“直通+保税”功能，成立科创企业知识产权海关保护中心，创新服务科创人才及其物品通关便利化工作，推动地方管理机构建设科创一体化信息平台。助力浦东打造全球分拨中心，洋山特殊综合保税区新设立多家世界知名企业的全球分拨中心，上海浦东机场综合保税区、外高桥保税区也分别迁入国际分拨业务。2021年，上海外高桥港综合保税区完成封关验收，并获海关总署批复正式运作。

（二）深化业务功能拓展，支持新兴业态高质量发展

通过强化政策指导、优化监管服务，支持保税维修、融资租赁、跨境电商、期货保税交割等新兴业态实现常态化运转。加强飞机保税维修配套化监管服务，服务国产飞行模拟机研发生产，优化大飞机试飞管理，助力航空产业发展。深化应用飞机融资租赁异地监管新模式，租赁飞机一线进口异地监管、退租出口异地监管等多种全新操作模式先后落地。促进跨境电商创新发展，积极探索跨境电商出口模式，洋山特殊综合保税区内成功开展出口海外仓零售模式试点。发挥期货保税交割功能，加快推动保税期货品种向国际化、多品种化方向发展，完成国际铜期货首次交割和全国首票国际铜期货保税标准仓单质押审批。目前，上海关区已开展原油、20号胶、低硫燃料油和国际铜4种国际化期货品种保税交割业务，上海期货交易所的原油期货成为全球第三大原油期货品种。

（三）持续推动改革创新，促进贸易便利化水平提升

发挥上海自贸试验区各项政策和创新制度效应，加快与“一带一路”倡议、长三角高质量一体化发展等重要战略协同联动创新。会同南京、杭州、宁波、合肥海关制定形成《长三角区域自贸试验区海关监管协同创新工作机制》，推动长三角区域自贸试验区海关监管改革协同创新工作。组织开展政策宣贯解读，指导企业充分享受优惠政策，积极推动RCEP试点政策在上海自贸试验区先行先试。释放自贸试验区政策红利，提升艺术品进出口贸易便利化水平，支持上海国际艺术品保税服务中心建设。持续推动创新改革试点工作，深化集成电路产业监管改革，有序推进企业集团加工贸易监管改革试点，开展“第三方采信”及“合格保证+符合性评估”检验监管新模式试点，缩短通关时长，提高进出口贸易便利化程度。

（四）对标最高标准、最高水平，加快洋山特殊综合保税区建设

以信息化系统建设为依托，以安全管理为底线，充分运用大数据理念，构建数字化、智能化全新管理模式。会同地方政府搭建一体化信息管理服务平台，构建洋山特殊综合保税区基础数据池。开发建设洋山特殊综合保税区海关监管服务系统。围绕洋山特殊综合保税区全新制度体系下，新业态、新模式、新场景对海关风险管理的新要求，探索构建跨境贸易大数据平台（临港新片区），为洋山特殊综合保税区创新制度应用实践提供大数据智能化监管保障。2021 年，洋山特殊综合保税区实现进出口总值 1 294.91 亿元，比上年增长 28.5%。2021 年 1 月 20 日完成洋山特殊综合保税区（二期）封关验收，启动三期扩区工作。

（五）提升战略性新兴产业能级，支持打造更具国际市场影响力和竞争力的特殊经济功能区

以服务国产大飞机项目为抓手，支持区内外两个基地同步运作、无缝对接，服务国家战略产业发展，全力打造民用航空产业集聚区，助力提高我国自主创新能力，增强国家核心竞争力。同时，聚焦集成电路、人工智能、生物医药、航空航天、新能源汽车、装备制造、绿色再制造七大产业领域，从优化海关监管与服务的高度，支持以关键核心技术为突破口的世界级前沿产业集群落地临港新片区。以落实海关总署支持临港新片区重点产业创新发展若干措施为抓手，全力推进临港新片区打造国家扩大开放的战略空间，深度融入经济全球化的重要载体，以及更具国际市场影响力、竞争力的特殊经济功能区建设。

（六）营造一流跨境贸易营商环境，提升临港新片区集聚效应

支持地方政府研究推进《中国（上海）自由贸易试验区临港新片区发展“十四五”规划》《中国（上海）自由贸易试验区临港新片区促进离岸贸易高质量发展的若干措施》等的制定工作，为打造更具国际市场影响力和竞争力的特殊经济功能区提供相应制度保障。开展新一轮贸易便利化专项行动，不断优化海关监管服务，积极开展企业需求和产业情况的摸底调研，安排专人为企业开展政策指导，积极落实海关支持企业复工复产的相关支持政策。开展税则税政调研，针对战略性新兴产业发展提出建议、反映诉求、做好评估，适时提供商品归类、规范申报等专业指导。跨境贸易营商环境的持续优化，助力临港新片区提升整体产业能级，临港新片区目前已初步形成集成电路、生物医药、人工智能、航空航天、新能源汽车、高端装备、氢能源和绿色再制造的“4+2+2”产业格局，产业集聚态势初步形成。

2021 年海关支持中国（广东）自贸试验区建设主要情况

一、中国（广东）自由贸易试验区基本情况

2015 年 4 月 8 日，国务院印发《中国（广东）自由贸易试验区总体方案》，同年 4 月 21 日，中国（广东）自由贸易试验区（以下简称广东自贸试验区）正式挂牌。2018 年，国务院印发《关于印发进一步深化中国（广东）自由贸易试验区改革开放方案的通知》（国发〔2018〕38 号）。2021 年 9 月 5 日，中共中央、国务院印发《横琴粤澳深度合作区建设总体方案》。2021 年 9 月 6 日，中共中央、国务院印发《全面深化前海深港现代服务业合作区

改革开放方案》，进一步深化广东自贸试验区改革开放。

（一）区域范围

广东自贸试验区实施范围为116.2平方公里，共涵盖三个片区：广州南沙新区片区（60平方公里，含广州南沙综合保税区4.99平方公里）、深圳前海蛇口片区（28.2平方公里，含深圳前海综合保税区2.9平方公里）、珠海横琴新区片区（28平方公里）。

广东自贸试验区包含两个海关特殊监管区域：广州南沙综合保税区和深圳前海综合保税区。

（二）功能划分

2015年4月21日，广东自贸试验区正式挂牌成立，规划面积为116.2平方公里，约占广东区域面积的7.5%，包括三个片区：

广州南沙新区片区重点发展航运物流、特殊金融、国际商贸、高端制造等产业，建设以生产性服务业为主导的现代产业新高地和具有世界先进水平的综合服务枢纽。

深圳前海蛇口片区重点发展金融、现代物流、信息服务、科技服务等战略性新兴服务业，建设中国金融业对外开放试验示范窗口、世界服务贸易重要基地和国际性枢纽港。

珠海横琴新区片区重点发展旅游休闲健康、商务金融服务、文化科教和高新技术等产业，建设文化教育开放先导区和国际商务服务休闲旅游基地，打造促进澳门经济适度多元发展新载体。

（三）发展情况

六年多来，广东省内海关按照海关总署统一部署和要求，全面贯彻落实广东自贸试验区总体方案、深改方案，以及前海深港现代服务业合作区、横琴粤澳深度合作区建设总体方案各项工作任务，全力推动广东自贸试验区高水平开放、高质量发展。海关注册企业从2015年初的2 000多家，增长到2021年底的1.6万家，增长约7倍。

二、海关支持广东自贸试验区发展情况

2021年，在海关总署党委的坚强领导下，广东自贸试验区内广州、深圳、拱北海关结合粤港澳大湾区、深圳中国特色社会主义先行示范区建设要求，坚持以制度创新为核心，立足可复制可推广，围绕实行高水平对外开放，以更大力度支持促进广东自贸试验区高质量发展。2021年，广东自贸试验区实现进出口总值3 968.01亿元，比上年增长19.8%。

（一）创新监管模式，进一步增强港口群国际竞争力

广州海关积极推进以南沙港为枢纽港的物流模式改革，通过水路运输，实现货物在南沙枢纽港和珠江流域内河码头间快速流转，先后在10个珠江沿江港口码头试点推广，业务量超2.4万标准箱，满足企业24小时运输调拨需求。支持建设粤港澳大湾区机场共享国际货运中心，将南沙自贸区产业及临港优势与白云机场发达空运网络相结合，对接区内跨境电商、生物医药等产业空运需求，联动打造粤港澳大湾区共享国际货运中心。

深圳海关推行“提前申报”“两步申报”“两段准入”等重大改革举措，推进进口“船边直提”、出口“抵港直装”常态化；2021年深圳宝安机场前海货站、广州白云物流机场前海空服中心先后开展运作，提升粤港澳大湾区机场群综合竞争力；通过跨直属海关协同监管，支持粤港澳大湾区沿海沿江分属不同关区的港口，共享港口代码一体化运营。推进合成管控中心升级，接入码头数据，发挥海关智慧管控新效能。

（二）聚焦功能拓展，进一步推动贸易新业态聚集发展

广州海关支持全球人道主义应急仓库和枢纽项目在南沙综合保税区落地运作，2021年以保税仓储后出口的人道主义援助物资1 089票，输往厄瓜多尔、乌兹别克斯坦、哥伦比亚、哈萨克斯坦、玻利维亚等180多个国家和地区。

深圳海关深化全球中心仓建设，以综合保税区二期封关运作为契机，推进西部物流等二期仓库开展保税、非保税双向兼营业务，满足企业保税和非

保兼营需求；充分整合西部港区“粮港”和前海园区“粮仓”的优势，打造“保税储备粮仓”模式，为深圳市粮食安全提供保障；打造信息与通信技术（ICT）产业链服务中心，吸引行业龙头入驻深圳前海综合保税区。

拱北海关继续优化“进境暂存中转澳门食品检验检疫监管创新”，实现暂存横琴货物24小时内送达澳门消费者，截至2021年12月，暂存中转货物进出口额累计1.3亿元人民币。支持横琴跨境电商出口业务发展，提供“优先查验、预约通关、快速验放”等便利措施，推广简化申报、清单核放、汇总统计等惠企措施，2021年在横琴申报的跨境电商一般出口货值24.2亿元，比上年增长217.1%。与澳门开展输内地澳门制造食品安全监管合作，对符合要求的输内地澳门制造食品给予优先查验、抽样后直接放行等通关便利措施，截至2021年12月，共有81.5吨、货值1 121万元的澳门制造食品通过《关于输内地澳门制造食品安全监管合作安排》框架便利通关措施输入内地。

（三）优化口岸监管服务，进一步提升通关便利化水平

广州海关深入推进“智慧海关”改革项目，应用AR、AI、5G等前沿技术，深化“智慧海关”改革。在17类海关监管业务中开展远程监管，在线实施日常巡查、单证审核、后续处置等工作，检查时间从4小时压缩至1小时内，进口货物通关更快、入市更快。进一步优化完善关港作业信息化交互机制，将报关单、舱单相关数据推送至广州国际贸易“单一窗口”，推动实现海运设备交接单、提货单无纸化功能，提升港口物流运转效率。同时，通过“单一窗口”向企业推送海关查验信息，以及报关单、舱单运抵报告状态等订阅信息，企业可实时掌握申报数据及物流动态信息，减少物流运转时间。

深圳海关将“三智”的理念融入妈湾智慧港建设，实现妈湾智慧港口建设与海关科技应用融合衔接、与海关监管服务协同创新。支持港口泊位口岸开放验收，推进妈湾智慧港3、4号泊位通过口岸开放验收并投入使用，成为首个由传统散货码头升级改造的智慧港；实现海运出口集装箱货物在进闸卡口自动提示查验信息，码头实现进闸货物快速分流，避免查验货物二次调柜；试点查验吊柜指令自动分拨，建设“查验指令智能分拨吊柜系统”，查验等待时间平均可压缩8~9个小时。

拱北海关深化横琴粤澳深度合作区监管模式研究，积极配合海关总署研究制定监管办法；积极参与横琴粤澳深度合作区条例立法研究工作，配合地方部门开展合作区基础设施及信息化建设规划研究，并提出11项支持横琴口岸通关便利化监管措施。深化横琴新口岸查验机制创新，实施卫生检疫“合作查验、一次放行”通关模式；创新实施“智慧旅检”模式，提升旅客通关体验。2021年，横琴口岸进出境旅客804.4万人次，比上年增长132.3%；进出境车辆107.1万辆次，同比增长75.8%。

（四）筑牢疫情防控屏障，进一步落实暖企惠企工作

广州海关持续加强口岸卫生检疫，对南沙口岸的货运航线进行重点国家和地区风险摸查，建立“一船一方案”评估机制，综合分析研判、前移风险。加快进境检疫审批，对符合要求的肉类、乳品、水产品申请“随报随审，随审随批”，严格做好冷链进口食品预防性消毒和核酸检测，在严防风险基础上提升监管效能。实行进口设备减免税办理“当天受理、当天过审”，对高新技术产品及设备实施远程监管，实现“即到即放即安装”，推行“分批安装、整体查验”和“随到随检”等灵活监管模式，支持生产机器人、大型数控机床等高科技企业生产设备、高端科研医疗设备进口。

深圳海关启用远程5G智能检疫系统，货运船舶无须海关关员登临，即可远程开展健康申明卡收验、体温监测、流行病学调查，有效降低疫情传播风险，提高入境检疫作业效率。应用“互联网+行政处罚”移动办案新模式，开发移动端“零接触”

送达功能，推动海关内部作业系统互联互通，案件平均办理时间压缩30%。

拱北海关坚持科技赋能，开发“泛在式体温监测拦截系统”“健康申报掌上验核系统”“健康申报辅助核验系统”三大工具。2021年投入使用以来，成功拦截高温旅客77例。加强关企线上沟通，对疫情期间企业进出口业务注意事项、海关通关监管调整等做到及时告知，推行“非接触式”通关服务，帮助企业减少人力成本，并降低交叉感染风险。建立常态化沟通机制，动态摸排区内企业复工复产需求，依法减免进出口企业疫情期间误工产生的滞报金，合理延长企业账册核销周期、保金保函有效期，切实推动惠企措施落地。

2021年海关支持中国（天津）自贸试验区建设主要情况

一、中国（天津）自由贸易试验区基本情况

2014年12月12日，国务院作出增设广东、天津、福建三个自由贸易试验区的重大决定。2015年3月24日，中共中央政治局审议通过《中国（天津）自由贸易试验区总体方案》，同年4月21日，中国（天津）自由贸易试验区（以下简称天津自贸试验区）正式挂牌，是中国北方第一个自贸试验区。

（一）区域范围

天津自贸试验区实施范围为119.9平方公里（包括17.559平方公里的海关特殊监管区），约占天津区域面积的1%，涵盖三个片区：天津港东疆片区（30平方公里，含东疆综合保税区10.29平方公里）、天津机场片区（43.1平方公里，含天津港综合保税区1.3平方公里和滨海新区综合保税区1.599平方公里）、滨海新区中心商务片区（46.8平方公里，含天津港综合保税区4.37平方公里）。

天津自贸试验区包含三个海关特殊监管区域：天津东疆综合保税区、天津港综合保税区、天津滨海新区综合保税区。

（二）功能划分

天津港东疆片区是中国北方国际航运中心和国际物流中心的核心功能区。这一区域将依托港口优势，重点发展航运物流、国际贸易、融资租赁等现代服务业，打造国家进口贸易促进创新示范区和国家租赁创新示范区。

滨海新区中心商务片区是天津金融改革创新集聚区、滨海新区城市核心区，区内聚集的各类市场主体达2.2万户，金融服务机构超过1 400家，海河两岸各类商务楼宇面积超过450万平方米，目前已有28栋高端商务楼宇投入使用。以滨海高铁站为中心，实现京津冀“一小时交通圈”，与北京核心区实现1小时通达。这一区域将依托完善的城市功能、优越的商务环境，重点发展金融创新、总部经济、跨境电子商务、科技信息服务、文化传媒创意等现代服务业，努力打造中国北方金融创新中心。

天津机场片区是天津先进制造业和研发转化的重要集聚区，民用航空、装备制造、电子信息、生物医药等先进制造业产业已然形成优势，是中国华北地区重要的航空货运中心。这一区域将依托雄厚的产业基础和空港优势，重点发展航空航天、装备制造、新一代信息技术等高端制造业，以及研发设计、航空物流等生产性服务业，打造亚洲飞机制造维修中心和中国北方航空物流中心。

（三）发展情况

天津自贸试验区挂牌成立以来，天津海关深入贯彻习近平总书记重要指示批示和重要讲话精神，坚持改革引领、创新驱动，全力服务自贸试验区高水平开放、高质量发展。

二、海关支持天津自贸试验区发展情况

2021 年，天津海关主要围绕以下四个方面开展天津自贸试验区创新工作：

（一）制定规范性文件，提升创新质量

一是制定《天津海关关于加强自贸试验区海关监管制度创新的指导意见》和《天津自贸试验区海关监管创新举措备案与评审工作指引》，对天津自贸试验区创新备案和评审工作实施全流程管理，提升创新质量。二是从创新举措的提出、培育、备案到复制推广进行全流程规范管理，做好创新举措的跟进评估和修订完善工作。三是大力开展自贸试验区创新。“保税租赁海关监管新模式”入选国务院自由贸易试验区工作部际联席会议办公室印发的第四批“最佳实践案例”。

（二）联合天津自贸试验区管委会开展党建活动

一是制定《关于开展“党建引领激发创新”的活动方案》，坚持天津自贸试验区创新与党建工作统筹规划，将天津自贸试验区创新工作纳入庆祝中国共产党成立 100 周年、“我为群众办实事”等天津海关党建活动。二是围绕自贸试验区营商环境、贸易监管制度创新评价、企业在自贸试验区未来发展规划、问题和建议五个方面共同设计企业调查问卷，并根据收集的问卷反馈情况开展研究分析。三是确定 15 个课题联合开展调研，激发全体党员的创新热情，提升党员创新能力。

（三）牵头开展京津冀自贸试验区海关制度创新

组织成立推动京津冀自贸试验区海关监管协同创新领导小组，制发了《北京海关、天津海关、石家庄海关开展自贸试验区海关监管协同创新工作方案》，三方围绕交流自贸试验区制度创新情况、确定协同创新意向项目、推出协同创新举措、联合报请总署复制推广、报送重要成果等五个方面，联合开展自贸试验区海关监管制度创新探索研究。

三、海关在天津自贸试验区开展海关监管制度创新情况

2021 年，“保税租赁海关监管新模式”入选国务院自由贸易试验区工作部际联席会议办公室印发的第四批“最佳实践案例”。

一是进口租赁飞机、船舶、大型海洋工程结构物等大型设备实行异地委托监管。注册在天津自贸试验区海关特殊监管区域内的融资租赁企业，进出口飞机、船舶和海洋工程结构物等大型设备，因无法移动、运输限制等原因难以实际运至海关特殊监管区域，天津海关在执行现行相关税收政策前提下，根据物流实际需要，对其实行海关异地委托监管。通过海关间的联系配合，实现租赁标的由境外直接运输至实际使用地，大幅降低企业成本。

二是开展租赁资产交易业务。租赁资产交易是指，租赁合同执行过程中，承租企业不发生变化，租赁企业发生变更的一种业务模式。改革前，飞机租赁企业开展业务时，飞机等租赁标的物必须实际出境再回到国内。天津海关经过充分调研，创新性地提出，通过申报保税核注清单方式，完成租赁企业间、租赁企业与境外租赁企业间发生租赁资产交易的海关监管流程，解决了企业收付汇和后续租赁合同变更的问题。

三是完善监管模式，提供制度保障。2019 年 2 月，天津海关发布《天津海关关于中国（天津）自由贸易试验区内海关特殊监管区域开展保税租赁业务相关管理规定的公告》（天津海关公告 2019 年第 1 号）。同年 10 月，海关总署下发《海关总署关于综合保税区内开展保税货物租赁和期货保税交割业务的公告》（海关总署公告 2019 年第 158 号）。文件规范了异地委托监管、租赁资产交易等多项海关创新监管模式，有力促进了融资租赁产业的健康发展。

2021年海关支持中国（福建）自贸试验区建设主要情况

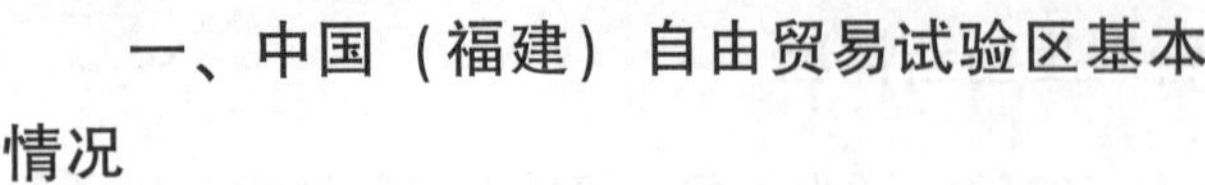

一、中国（福建）自由贸易试验区基本情况

2015年4月8日，国务院印发《中国（福建）自由贸易试验区总体方案》，同年4月21日，中国（福建）自由贸易试验区（以下简称福建自贸试验区）正式挂牌。2018年，国务院印发《国务院关于印发进一步深化中国（福建）自由贸易试验区改革开放方案的通知》（国发〔2018〕15号），进一步深化福建自贸试验区改革开放。

（一）区域范围

福建自贸试验区的实施范围为118.04平方公里，涵盖三个片区：平潭片区43平方公里、厦门片区43.78平方公里（含厦门象屿保税区0.6平方公里、厦门象屿综合保税区0.19平方公里、厦门海沧港综合保税区6.27平方公里）、福州片区31.26平方公里（含福州保税区0.6平方公里、福州综合保税区0.659平方公里、福州江阴港综合保税区2.64平方公里）。

福建自贸试验区包含六个海关特殊监管区域：福州保税区、福州综合保税区、福州江阴港综合保税区、厦门象屿保税区、厦门象屿综合保税区和厦门海沧港综合保税区。

（二）功能划分

平潭片区重点建设两岸共同家园和国际旅游岛，在投资贸易和资金人员往来方面实施更加自由便利的措施。

厦门片区重点建设两岸新兴产业和现代服务业合作示范区、东南国际航运中心、两岸区域性金融服务中心和两岸贸易中心。

福州片区重点建设先进制造业基地、21世纪海上丝绸之路沿线国家和地区交流合作的重要平台、两岸服务贸易与金融创新合作示范区。

（三）发展情况

福建自贸试验区自挂牌成立以来，福建省内海关（福州海关、厦门海关）坚决贯彻落实习近平总书记对福建自贸试验区批示精神，践行“马上就办、真抓实干”精神，始终靠前站位，主动作为，不断创新思维，大胆先行先试，全力推进自贸试验区建设工作。

六年多来，福建省内海关以制度创新为核心，全面贯彻落实福建自贸试验区总体方案、深改方案，积极服务福建自贸试验区平潭、厦门、福州片区建设。海关注册企业从2015年初的3 000多家，增长到2021年底的1万余家，增长约2.4倍。

二、海关支持福建自贸试验区发展情况

（一）福州海关支持自贸试验区发展情况

2021年，福州海关深入学习贯彻党的十九届六中全会和习近平总书记来闽考察重要讲话精神，坚决贯彻落实习近平总书记对福建自贸试验区的重要批示精神，在海关总署的坚强领导下，积极发挥海关职责作用，着力服务福建自贸试验区高质量发展。

福州海关贯彻落实海关总署相关要求，不断优化全关区自贸创新和业务改革项目推进机制，广泛收集改革创新思路，精选一批原创性、创新性显著的项目进行重点培育。同时，立足地方经济特色，积极参与福建自贸试验区创新实践。

1. 落实中央要求，推动福建自贸试验区高质量发展

积极推动自贸试验区和海关特殊监管区域统筹发展。聚力福建自贸试验区福州片区海关特殊监管区域整合优化，福州综合保税区、福州江阴港综合保税区已顺利通过验收，正积极推进福州保税区整

合优化为福州长乐国际机场综合保税区。助力福建省全面对接 RCEP，联合福建省商务厅、福建省进出口品牌商会，开展 RCEP 关税减让和原产地规则宣讲，培训企业约 900 家次，线上线下受众超过 2 000 人。经海关总署授权，在福州综合保税区、福州江阴港综合保税区先行试点 RCEP 相关措施。2022 年 1 月 1 日，福州海关正式签发福建省首份 RCEP 原产地证书。

2. 坚持系统观念，精准对接产业发展需求

贯彻新发展理念，立足福建自贸试验区实际，以需求为导向，积极协同各部门共同推进产业高质量发展。一是福厦两关联动促进自贸区内外直通。推进福厦两关全业务领域一体化改革，实现三明陆地港至厦门口岸转关自动核销，有效减少人工干预，每票可节省时间 8 小时以上，每箱可节约物流成本 300 元—500 元。二是支持新业态发展。充分发挥邮政企业“邮路”优势，进一步拓宽跨境出口物流运输通道。支持市场采购贸易实现省内通关一体化方式出口，加强与省商务部门及市场采购集聚地海关间联系配合。三是支持福州国际深水大港建设。立足江阴港长期以来内外贸货物同港作业的客观实际，首创推出“港区货物海关智慧监管模式”，与地方政府共同打造“全封闭作业、全链条监管、全方位监控、全天候预警”的江阴港智慧监管信息系统，实现海关严密监管和港口高效运作的有机结合。推出进口货物“船边直提”，出口大宗货物“运抵直装”，外贸集装箱“水水转运”等创新举措，深化物流运输与通关流程的并联作业程度，进一步压缩企业通关碎片时间。四是支持高新技术产业集群发展。针对高新技术行业进出口产品小批量、多批次、快速交货等特点，为产业集群量身定制海关监管方案。已有 3 家试点高科技企业通过 AEO 高级认证，企业获得感强。

3. 落实“放管服”改革，促进高质量对外开放

福州海关始终以抓铁有痕、踏石留印的决心，将落实“放管服”改革作为促进贸易便利化的重要工作内容。一是扎实推进海关总署改革部署。对报关单位全面实施备案管理，取消报关企业注册登记有关事项的行政审批。二是出台优化口岸营商环境措施 3.0 版。贯彻落实海关总署等 10 部委联合出台的《关于进一步深化跨境贸易便利化改革优化口岸营商环境的通知》，结合实际推出 18 条措施，进一步促进关区跨境贸易便利化。截至 2021 年 12 月，福州关区进出口整体通关时间分别为 15.66 小时和 0.76 小时，分别较 2017 年压缩 85.99% 和 93.38%，连续 4 年实现新突破。三是倾听诉求持续提升服务效能。推出“通关全流程状态可视化服务”，整合通关全流程数据，及时疏通堵点，帮助企业及时了解报关单当前所在业务环节及海关对口业务科室，让企业第一时间准确“找到岗、办对事”。

（二）厦门海关支持自贸试验区发展情况

2021 年，厦门海关以习近平总书记对福建、厦门一系列重要指示批示精神为根本遵循，坚持对标国际最高标准，全面落实好福建自贸试验区改革任务，圆满完成总体方案、深改方案中涉及厦门关牵头的各项任务。

1. 落实习近平总书记福建考察精神，支持福建高水平开放

一是落实落细海关总署与福建省政府签署的《合作备忘录》，完成国务院 58 项复制推广任务，年内推出 19 项试验任务，厦门关区企业集团加工贸易监管模式在全国范围复制推广。二是加强和地方部门联系配合，研究出台 10 项措施，积极推动自贸试验区和海关特殊监管区域统筹发展。进一步完善关区保税布局，持续推动特殊区域整合升级，支持申建厦门空港综合保税区，厦门象屿综合保税区于 2021 年 3 月 6 日验收合格、开关运作，厦门海沧港综合保税区于 2021 年 5 月 12 日通过联合验收，福建泉州石湖港保税物流中心（B 型）2 月 3 日通过现场联合验收并于 7 月 8 日顺利封关运营。三是积极推进革命老区加工贸易

承接地建设。四是落实金砖创新基地建设重点任务，将位于厦门关区的海关系统首个中非海关监管智能化关际合作项目打造成为金砖国家海关智能化合作示范项目。

2. 持续做好系统集成创新，助力新兴业态落地集聚

一是持续贯彻落实《国务院关于促进综合保税区高水平开放高质量发展的若干意见》（国发〔2019〕3号），13项政策措施已落地实施，其余8项政策已经具备实施条件，可根据业务需求随时开展。二是发挥保税政策优势，构建以“综保区为中心、保税仓库为节点”的航材保障保税物流体系，全年监管各类保税航材进出境金额达191亿元，同比增长28.4%，吸引大型航空公司入区建设“保税航材整备保障中心”。三是出台促进跨境电商高质量发展的12条措施，全年监管跨境电商3 886.37万票，同比增长1.45倍。四是支持隶属海关试行市场采购贸易通关一体化模式，全年监管市场采购贸易额572.11亿元，同比增长64.12%。

3. 深化“放管服”改革，持续优化营商环境

一是把优化营商环境作为关区工作的重中之重，推动建设数字监管平台，实施进口原油、矿产品便利化措施，惠及超千亿元进口大宗商品。会同自贸委共同推动“内外贸集装箱同港业务”“区内货物分类监管”“一般纳税人”3个应用场景首批上线“保税领域数字监管服务平台”，解决海沧港综合保税区280万内贸集装箱业务入区、区内企业非保税货物二线便捷进出、一般纳税人政策落地等问题。二是企业集团加工贸易监管模式入选全国深化“放管服”改革措施，并在全国范围复制推广。三是为省内重点企业、重点项目制定快速通关方案，推动福厦两关全业务领域一体化改革，出台30项具体措施。优化进口食品检疫审批，深化进出口货物“两步申报”“两段准入”通关模式改革，进出口整体通关时间同比压缩15.01%和24.4%。

2021年海关支持中国（辽宁）自贸试验区建设主要情况

一、中国（辽宁）自由贸易试验区基本情况

2017年3月15日，国务院批复同意设立中国（辽宁）自由贸易试验区（以下简称辽宁自贸试验区）。同日，《国务院关于印发中国（辽宁）自由贸易试验区总体方案的通知》（国发〔2017〕15号）出台，中国（辽宁）自由贸易试验区成为党中央、国务院批准设立的第三批7个自贸试验区之一。

（一）区域范围

辽宁自贸试验区的实施范围为119.89平方公里，涵盖三个片区：大连片区（59.96平方公里）、沈阳片区（29.97平方公里）和营口片区（29.96平方公里）。

大连片区包含三个海关特殊监管区域：大连湾里综合保税区、大连大窑湾综合保税区、大连保税区。

沈阳片区包含一个海关特殊监管区域：沈阳综合保税区（桃仙片区）。

营口片区包含一个海关特殊监管区域：营口综合保税区。

（二）功能划分

大连片区重点发展港航物流、金融商贸、先

进装备制造、高新技术、循环经济、航运服务等产业，推动东北亚国际航运中心、国际物流中心建设进程，形成面向东北亚开放合作的战略高地。

沈阳片区重点发展装备制造、汽车及零部件、航空装备等先进制造业，以及金融、科技、物流等现代服务业，提高国家新型工业化示范城市、东北地区科技创新中心发展水平，建设具有国际竞争力的先进装备制造业基地。

营口片区重点发展商贸物流、跨境电商、金融等现代服务业，以及新一代信息技术、高端装备制造等战略性新兴产业，建设区域性国际物流中心和高端装备制造、高新技术产业基地，构建国际海铁联运大通道的重要枢纽。

（三）发展情况

辽宁自贸试验区挂牌成立以来，辽宁省内海关深入贯彻习近平总书记重要指示批示和视察辽宁重要讲话精神，坚持改革引领、创新驱动，全力服务辽宁自贸试验区高水平开放、高质量发展。

大连、沈阳海关按照习近平总书记提出的“大胆试、大胆闯、自主改”的要求，紧紧围绕国务院关于辽宁自贸试验区“加快市场取向体制机制改革、积极推动结构调整，努力将自贸试验区建设成为提升东北老工业基地发展整体竞争力和对外开放水平的新引擎”这一战略定位，全面落实《中国（辽宁）自贸试验区总体方案》，着力提升贸易便利化水平，营造一流营商环境，促进产业升级，激发产业新动能，深入推进辽宁自贸试验区的发展。大连海关3项自贸创新举措纳入国务院自贸试验区改革试点经验，在全国复制推广。沈阳海关2项创新措施纳入国务院自贸试验区第六批改革试点经验，在全国范围内复制推广。截至2021年底，自贸试验区大连、沈阳、营口片区在海关注册企业分别为2 461家、465家、1 532家。

二、海关支持辽宁自贸试验区发展情况

2021年，大连、沈阳海关严格落实海关总署部署，结合辽宁自贸试验区建设要求，坚持改革引领、创新驱动，着力激发自贸试验区内生动力，全力支持辽宁自贸试验区高水平开放、高质量发展。

（一）持续优化营商环境，着力促进高水平对外开放

大连海关出台促进跨境贸易便利化18条措施，开展口岸营商环境质量提升行动，在中国营商环境评价中，大连跨境贸易指标连续两年成为全国标杆；实施“提速保畅助产”压缩通关时间2021行动，通关时效显著提升；加大简政放权改革力度，取消报关企业注册登记和出口食品生产企业备案行政许可，全面实施备案管理；13项涉企经营许可事项实现“证照分离”改革全覆盖；深化“百人千企”对口帮扶机制，解决各类困难和问题601项。沈阳海关结合沈阳片区实际，积极打造5项创新，实现企业降本增效，切实提升企业获得感，激发市场主体活力，助推辽沈地区外贸经济发展；巩固压缩整体通关时间成效，进出口整体通关时间较2017年压缩比均超过85%。

（二）聚焦制度创新，不断推出多层级创新成果

大连、沈阳海关全面落实海关总署自贸创新“1+2”制度体系要求，有序开展自贸创新工作。2021年，大连海关精心培育推出多项创新，圆满完成世界银行子项目研究任务，形成《推进自由贸易港（自贸试验区）建设的海关检验检疫政策和监管模式研究》总报告，并正式出版。沈阳海关发挥自贸试验区政策试验田作用，累计推出26项海关监管创新。

（三）发挥国内国际双循环“交汇枢纽”作用，促进外贸量稳质升

大连海关深入推进海关特殊监管区域优化升级，完成对大连湾里综合保税区、大窑湾综合保税区联合验收工作，并得到海关总署批复同意，标志着大连正式进入“双综保区时代”；积极参与大连市自贸区建设“新50条”工作，支持中日（大连）地方发展合作示范区建设、大连金普新区进口贸易

促进创新示范区建设；完成保税船用油直供监管作业流程优化，解决企业多次往返受油地和供油地海关等手续繁杂的问题，降低企业供油成本。沈阳海关推动海关特殊监管区域与自贸试验区统筹发展，促成东北地区首笔艺术品保税展示业务落地；自主开发应用疫情防控信息追溯监管新模式，实现进口冷链食品、高风险非冷链集装箱货物监管全覆盖、流程可追溯。

2021 年海关支持中国（浙江）自贸试验区建设主要情况

一、中国（浙江）自由贸易试验区基本情况

2017 年 3 月 15 日，《国务院关于印发中国（浙江）自由贸易试验区总体方案的通知》（国发〔2017〕16 号），同意设立中国（浙江）自由贸易试验区（以下简称浙江自贸试验区）。同年 4 月 1 日，浙江自贸试验区正式挂牌运作。2020 年 3 月 26 日，国务院批复同意《关于支持中国（浙江）自由贸易试验区油气全产业链开放发展的若干措施》；同年 8 月 30 日，国务院印发《中国（浙江）自由贸易试验区扩展区域方案》。

（一）区域范围

浙江自贸试验区总面积已由设立时的 119.95 平方公里扩展至 239.45 平方公里，由陆域和相关海洋锚地组成，是目前唯一拥有海洋锚地的自贸试验区。浙江自贸试验区共涵盖六个片区，包括扩展区域前的舟山片区，实施范围 119.95 平方公里，涵盖三个片区：舟山离岛片区（78.98 平方公里，含舟山港综合保税区区块二 3.02 平方公里）、舟山岛北部片区（15.62 平方公里，含舟山港综合保税区区块一 2.83 平方公里）、舟山岛南部片区（25.35 平方公里），以及扩展区域后新增的三个片区：宁波片区（46 平方公里，含宁波梅山综合保税区 5.69 平方公里、宁波北仑港综合保税区 2.99 平方公里、宁波保税区 2.3 平方公里）、杭州片区（37.51 平方公里，含杭州综合保税区 2.01 平方公里）、金义片区（35.99 平方公里，含义乌综合保税区 1.34 平方公里、金义综合保税区 1.26 平方公里）。

（二）功能划分

舟山离岛片区的鱼山岛重点建设国际一流的绿色石化基地，鼠浪湖岛、黄泽山岛、双子山岛、衢山岛、小衢山岛、马迹山岛重点发展油品等大宗商品储存、中转、贸易产业，海洋锚地重点发展保税燃料油供应服务。

舟山岛北部片区重点发展油品等大宗商品贸易、保税燃料油供应，以及石油石化产业配套装备保税物流、仓储、制造等产业。

舟山岛南部片区重点发展大宗商品贸易、航空制造、零部件物流、研发设计及相关配套产业，建设舟山航空产业园，着力发展水产品贸易、海洋旅游、海水利用、现代商贸、金融服务、航运、信息咨询、高新技术等产业。

宁波片区建设联接内外、多式联运、辐射力强、成链集群的国际航运枢纽，打造具有国际影响力的油气资源配置中心、国际供应链创新中心、全球新材料科创中心、智能制造高质量发展示范区。

杭州片区打造全国领先的新一代人工智能创新发展试验区、国家金融科技创新发展试验区和全球一流的跨境电商示范中心，建设数字经济高质量发展示范区。

金义片区打造世界“小商品之都”，建设国际小商品自由贸易中心、数字贸易创新中心、内陆国际物流枢纽港、制造创新示范地和“一带一路”开放合作重要平台。

（三）发展情况

自设立以来，浙江自贸试验区深入贯彻落实习近平总书记重要指示精神，大胆试、大胆闯、自主改，按照党中央、国务院赋予的战略定位，聚焦大宗商品资源配置、国际航运和物流枢纽、数字经济发展等领域，深入开展差异化改革探索，搭建重要的开放新平台，闯出了一条独具特色的发展之路。

四年多来，杭州海关、宁波海关按照海关总署统一部署和要求，全面贯彻落实浙江自贸试验区总体方案、扩展区域方案各项工作任务，全力推动浙江自贸试验区高水平开放、高质量发展，6 项创新制度被国务院列入自贸试验区改革试点经验，在全国复制推广。

二、海关支持浙江自贸试验区发展情况

2021 年，在海关总署党委的坚强领导下，杭州海关、宁波海关认真贯彻落实党中央、国务院重大决策部署，聚焦聚力浙江自贸试验区高水平开放、高质量发展，主动融入、积极作为、强化监管、优化服务，支持各片区特色发展。2021 年，浙江自贸试验区实现进出口总值 5 314. 5 亿元人民币，比上年增长 42. 6%，占同期浙江省外贸进出口总值的 12. 8%。其中，出口总值 2 246. 7 亿元人民币，增长 35. 0%；进口总值 3 067. 8 亿元人民币，增长 48. 7%。截至 2021 年底，浙江自贸试验区海关注册企业 8 289 家。

（一）聚焦大宗贸易便利化，支持战略储运基地建设

一是优化保税油气仓库布局。按需设立油品保税仓库和出口监管仓库，助力国产低硫燃料油供船业务；支持设立浙江首家液化天然气保税仓库。二是助推保税供油业务做大做强。燃料油加注平台“一口受理”，实现全流程无纸化作业、企业办理“一次都不用跑”，2021 年保税供油 526. 6 万吨，继续领跑全国，居全球第六位；探索“保税+期货”业务创新，在全国率先开展国产出口退税低硫燃料油期货交割业务，支持上期所开展燃料油期货“境内交割+境外提货”，打造保税船用燃料油定价中心。三是保障铁矿石储运高效畅通。提高“无人机智能水尺判读技术系统”应用水平，在“无人机+水尺计重”查验监管设备中增加无人机夜间作业功能，提高铁矿石口岸周转效率；优化在线取制样检验流程，建立“机械手”在现场进行铁矿水分、力度和制样操作，提升现场检验检测水平；支持保税混矿业务发展，2021 年实现保税混矿 1 750. 2 万吨。

（二）建设双循环物流节点，完善口岸枢纽营商环境

一是支持“一带一路”倡议。支持中欧班列枢纽站点建设，全面实施通关自动化，推广中欧班列提前申报模式，推进中欧班列回程货物“保税+仓储+分拨”业务，畅通“中欧班列+综保区+海铁联运”国际中转业务，全年“义新欧”中欧班列累计开行 1 904 列。二是助推宁波舟山港“硬核”力量。持续优化杭甬两关出口转关监管模式，实现宁波至舟山出口转关货物自动核销，有效提升进出口货物通关效率，优化转关监管模式；推进甬舟码头等宁波舟山港域各集装箱码头指定监管场地资源共享；在宁波舟山港落地国际中转集拼业务。2021 年，宁波舟山港货物吞吐量首破 12 亿吨，连续 13 年位居全球首位。三是助力义乌国际陆港建设。推进海关物流监控系统与宁波舟山港“第六港区”联网平台互联互通，出口货物进入“第六港区”视同进入宁波舟山港；在全国首创一般贸易与市场采购拼箱转关模式，促进一般贸易转关业务发展。

（三）专注集成创新改革，探索监管数字化场景应用

一是支持跨境电商业务发展。实现进出口各类跨境电商业务全覆盖，宁波市成为全国首个跨境电

商零售进口千亿级城市；支持跨境电商进出口退换货中心仓建设，推动跨境电商海关特殊监管区域出口海外仓业务发展；探索将成品加工环节从境外引至自贸试验区内；以跨境电商支持扩大中东欧国家商品进口规模，2021 年宁波口岸通过跨境电商渠道进口中东欧国家商品 4.7 亿元，同比增长 44.1%。二是助力机场空港“数字化”建设。上线新一代“电子放行”系统，实现网上“一次申报、智能审核、自主查询、无忧通行”；开发“无感卡口”应用，实现车辆进出“实时预约、一次抬杆、自动验核、区港联动”，空港口岸通关时间同比压缩超过 60%。三是探索化工行业加工贸易物料信息化管理。

（四）稳步推进业务改革，助力特色产业提质发展

一是争取扩大第三方检验结果采信，在进口汽车基础上对进口摩托车安全性能及排放项目采信第三方检验检测结果，支持车辆进口产业发展。二是试点市场采购贸易方式出口预包装食品。探索建立“三单一码六制度”的市场采购贸易方式出口预包装食品监管体系，提升市场采购贸易方式便利化水平。

三、海关在浙江自贸试验区开展海关监管制度创新情况

2021 年，“优化国际航行船舶进出境监管改革创新”入选国务院第四批“最佳实践案例”。

进出境国际航行船舶在境内港口续驶时，船舶申报人通过国际贸易“单一窗口”运输工具（船舶）申报系统，在一次申报办理境内续驶进出港申报业务时，通过船舶运营方授权的方式，直接调取复用上一港申报数据，船舶申报人核对复用数据，对相关字段进行补充调整，确认后完成申报。该制度是在“国际航行船舶进出境通关全流程‘一单多报’”（国务院第五批自贸试验区改革试点经验，由浙江自贸试验区贡献）的基础上，进一步优化国际贸易“单一窗口”系统功能，实现上下港船舶监管数据共享和协同调用。据统计，船舶进港申报录入的数据项较之前可简化 2/3 以上，有效解决企业提出的减少上下港口之间数据重复申报的诉求，进一步提升口岸通关效率，推动口岸部门形成监管合力，不断优化口岸营商环境。

2021 年海关支持中国（河南）自贸试验区建设主要情况

一、中国（河南）自由贸易试验区基本情况

2016 年 8 月 31 日，党中央、国务院决定设立中国（河南）自由贸易试验区（以下简称河南自贸试验区）；2017 年 3 月 15 日，国务院印发《国务院关于印发中国（河南）自由贸易试验区总体方案的通知》（国发〔2017〕17 号）；2017 年 4 月 1 日，河南自贸试验区正式挂牌成立。

（一）区域范围

河南自贸试验区的实施范围为 119.77 平方公里，涵盖三个片区：郑州片区（73.17 平方公里，含郑州经开综合保税区 1.435 平方公里）、开封片区（19.94 平方公里，含开封综合保税区 1.78 平方公里）、洛阳片区（26.66 平方公里，含洛阳综合保税区 1.37 平方公里）。

河南自贸试验区包含三个海关特殊监管区域：郑州经开综合保税区、开封综合保税区和洛阳综合

保税区。

（二）功能划分

郑州片区重点发展智能终端、高端装备及汽车制造、生物医药等先进制造业，以及现代物流、国际商贸、跨境电商、现代金融服务、服务外包、创意设计、商务会展、动漫游戏等现代服务业，在促进交通物流融合发展和投资贸易便利化方面推进体制机制创新，打造多式联运国际物流中心，发挥服务“一带一路”倡议的现代综合交通枢纽作用。

开封片区重点发展服务外包、医疗旅游、创意设计、文化传媒、文化金融、艺术品交易、现代物流等服务业，提升装备制造、农副产品加工国际合作及贸易能力，构建国际文化贸易和人文旅游合作平台，打造服务贸易创新发展区和文创产业对外开放先行区，促进国际文化旅游融合发展。

洛阳片区重点发展装备制造、机器人、新材料等高端制造业，以及研发设计、电子商务、服务外包、国际文化旅游、文化创意、文化贸易、文化展示等现代服务业，提升装备制造业转型升级能力和国际产能合作能力，打造国际智能制造合作示范区，推进华夏历史文明传承创新区建设。

（三）发展情况

河南自贸试验区挂牌成立以来，郑州海关坚决贯彻党中央、国务院关于自贸试验区建设的决策部署，坚决落实海关总署关于自贸试验区工作要求，立足中原，积极打造内陆开放新高地，积极发挥海关职能作用，不断完善自贸试验区监管服务体系，持续提升监管效能和服务质量，以自贸试验区建设带动河南省开放型经济发展。

五年来，郑州海关结合河南自贸试验区特色，围绕“两体系、一枢纽”战略定位，着力通过制度机制创新，积极服务河南自贸试验区郑州、开封、洛阳片区建设。本着“统筹协调、共同推进，成熟先做、逐步完善，需求导向、因地制宜”的原则，分步分类复制推广自贸试验区海关监管创新制度。

二、海关支持河南自贸试验区发展情况

2021 年，在海关总署党委的坚强领导下，郑州海关认真贯彻落实党中央、国务院重大决策部署，结合河南省实际，持续深化改革创新和复制推广，积极发挥海关职能作用，以创新应对国际经济新形势，将自贸试验区作为监管制度改革创新的第一阵地，所有海关改革创新事项第一时间优先在自贸试验区落地。郑州海关不断提高监管质量和服务效能，推进自贸试验区建设，全力支持河南自贸试验区高水平开放、高质量发展。2021 年，河南自贸试验区实现进出口总值 596.6 亿元人民币，比上年增长 140.4%，占同期河南省进出口总值的 7.3%。其中，出口总值 317.5 亿元人民币，增长 63.5%；进口总值 279.1 亿元人民币，增长 416.8%。截至 2021 年底，河南自贸试验区累计海关注册企业 3 900 余家。

（一）高水平建设河南自贸试验区 2.0 版

根据职责分工，郑州海关牵头河南自贸试验区监管服务体系升级建设。2021 年，制定完善《中国（河南）自由贸易试验区监管服务体系 2.0 版建设专项方案》，从总体要求、重点任务、实施保障 3 个方面进行研究，构筑高效便利的快捷通关服务体系。同时，郑州海关认真落实两区统筹发展要求，结合河南省实际情况，研究推动海关特殊监管区域与自贸试验区统筹发展的思路和举措，不断提升河南自贸试验区监管服务体系效能。

（二）促外贸、稳增长

陆续出台实施稳外贸、稳外资、服务“空中丝绸之路”建设、服务“陆上丝绸之路”建设等专项工作方案，服务河南自贸试验区发展。落实“六稳”“六保”部署，开展“万人助万企”活动，积极促进外贸稳增长，2021 年，为 61 家企业进口货物减免税款 1.82 亿元。制定服务 RCEP 实施专项方案，培育新增 AEO 企业 12 家。

（三）口岸营商环境持续优化

深化“放管服”改革，分类推进 12 项行政审批制度改革，落实“双随机、一公开”监管要求，支持国际贸易“单一窗口”建设，在全国率先上线“技贸通”特色模块。“两步申报”“提前申报”

“两段准入”稳步推进，“互联网+预约通关”系统全面启用，持续压缩货物整体通关时间，进出口货物整体通关时间分别较 2017 年压缩 77.6% 和 93.8%，圆满完成国务院确定的目标任务，分别比全国多压缩 11.5 和 3.8 个百分点。持续推行“四自一简”监管改革，实现 90%以上单证自动审核通过，建立企业自查自纠容错机制，对符合条件的货物实施便捷进出区管理，缩减货物进出区时间 2/3；助力企业开拓国际国内两个市场。截至 2021 年底，河南省共有 18 家企业参与增值税一般纳税人资格试点，预计每年可为企业减轻税负 1 亿元以上。

（四）服务高水平开放、高质量发展

服务“一带一路”倡议，支持郑州建设国际航空货运枢纽。2021 年，监管进出境货运航班 9 952 架次、货邮量 54.5 万吨，分别比上年增长 19.5% 和 20.8%，规模连续五年居全国第五位。支持中欧班列集结中心示范工程及关铁“大监管区”建设、“铁路快通”落地实施，2021 年监管班列 1 406 班，货运量 93.9 万吨，货值 390.6 亿元，同比增幅均超 30%。不断开展业务创新，培育新兴业态发展。完善退货中心仓模式，率先在全国探索建立跨境电商零售进口药品监管制度，促进 B2B 扩大出口，验放跨境电商进出口货值约 400 亿元，同比增长约 30%；组合运用“批次进出、集中申报”“一次申报、多次使用”“仓储货物按状态分类监管”等监管创新；积极推进成品手机及零组件维修业务，包括国外机维修后返境外、内销机维修后返境外、港澳机维修后返境外等 11 种维修模式，依托口岸作业区将企业海外维修仓内移至综合保税区内，物流时效由 22 天缩短至 15 天内。2021 年，保税维修手机及零部件 6.3 万台，比上年增长 32.8%。稳步促进租赁业务发展，自 2017 年以来，累计注册飞机租赁 SPV 公司 34 家，落地 5 单飞机经营性保税租赁业务，3 单飞机资产包业务，1 单航空发动机租赁业务及 2 单飞机融资租赁业务。积极推广企业集团加工贸易监管模式，平行进口汽车保税仓储业务测试成功。

2021 年海关支持中国（湖北）自贸试验区建设主要情况

一、中国（湖北）自由贸易试验区基本情况

2017 年 3 月 31 日，国务院印发《中国（湖北）自由贸易试验区总体方案》；同年 4 月 1 日，中国（湖北）自由贸易试验区（以下简称湖北自贸试验区）正式挂牌。

（一）区域范围

湖北自贸试验区的实施范围为 119.96 平方公里，涵盖三个片区：武汉片区（70 平方公里，含武汉东湖综合保税区 5.41 平方公里）、襄阳片区（21.99 平方公里，含襄阳综合保税区 2 平方公里）、宜昌片区（27.97 平方公里，含宜昌综合保税区 1.39 平方公里）。

湖北自贸试验区包含三个海关特殊监管区域：武汉东湖综合保税区、宜昌综合保税区、襄阳综合保税区。

（二）功能划分

武汉片区重点发展新一代信息技术、生命健康、智能制造等战略性新兴产业，以及国际商贸、金融服务、现代物流、检验检测、研发设计、信息服务、专业服务等现代服务业。

襄阳片区重点发展高端装备制造、新能源汽

车、大数据、云计算、商贸物流、检验检测等产业。

宜昌片区重点发展先进制造、生物医药、电子信息、新材料等高新产业，以及研发设计、总部经济、电子商务等现代服务业。

按海关监管方式划分，自贸试验区内的海关特殊监管区域重点探索以贸易便利化为主要内容的制度创新，主要开展保税加工、保税物流、保税服务等业务；非海关特殊监管区域重点探索投资体制改革，完善事中事后监管，推动金融制度创新，积极发展现代服务业和高端制造业。

（三）发展情况

湖北自贸试验区挂牌成立以来，武汉海关深入贯彻习近平总书记重要指示批示精神，不断优化口岸营商环境，推进稳外贸、稳外资，推动湖北自贸试验区和综合保税区联动发展，在夺取“双胜利”、形成“双循环”中发挥创新高地和开放窗口作用，助推湖北对外开放新格局再上新台阶。

截至2021年底，湖北自贸试验区内海关注册企业总数2 656家；实现进出口总值1 512.6亿元，比上年增长39.2%，以湖北省0.06%的面积（119.96平方公里）实现全省28.1%的进出口。

二、海关支持湖北自贸试验区发展情况

2021年以来，武汉海关深入贯彻党中央、国务院决策部署，按照海关总署及湖北省政府相关要求，以“强监管、优服务、争第一、创一流”为目标，坚持创新之路和复制之路“双路并进”，全力支持湖北自贸试验区建设发展。武汉海关将自贸试验区创新纳入优化口岸营商环境大局一体推进，围绕支持湖北省高水平开放、高质量发展，研究制定《武汉海关统筹做好支持湖北省高水平开放高质量发展工作措施清单》。

（一）坚持双路并进，深化改革创新

一是坚持创新之路。武汉海关通过广泛调研、收集需求、充分评估后，根据不同情况因地制宜、分类施策，结合市场主体自身特色开展创新，对于有市场主体但暂时无需求的，建立健全制度，先“修好路”；对于无市场主体的，根据产业发展情况，向地方政府提出培育、引进市场主体的建议。支持湖北自贸试验区“光芯屏端网”产业发展，实施出口原产地证签证自主打印、自动审核、自主签发、简化对外贸易经营者备案和原产地企业备案“三自一简”改革。二是坚持复制之路。全面推行“快件作业无纸化”，实现快件监管全程无纸、数据智能比对，申报单量提升9倍，查验效率提升100%；推广“综保区保税物流货物触发申报新模式”，在湖北国际贸易“单一窗口”上线系统模块，手续简化率85%。借鉴复制其他自贸试验区先进经验，试点“ERP联网申报+减免税快速审核”，审核时间由1个工作日缩短至1分钟；指导企业在进口申报时，将中欧班列运费中的国际段运费及国内段运费分列，减轻企业税负约1.5万元；启动水运进口货物境内段运输及其相关费用扣除试点，为25家企业74票货物减免关税及增值税约24.4万元。

（二）支持开放平台建设，提升开放水平

支持湖北自贸试验区宜昌、襄阳片区新设综合保税区，宜昌综合保税区2020年1月获批成为全国首个视频验收的综合保税区；襄阳综合保税区2021年1月获批，11月通过预验收；整合自贸试验区和综合保税区海关管理机构，将武汉、襄阳、宜昌三个片区与各片区内综合保税区的监管职责合并，成立各隶属海关的自贸区和综保区监管科；支持襄阳刘集机场列入国家口岸开放“十四五”规划，支持花山港验收；支持宜昌设立跨境电商综合试验区，支持襄阳适用跨境电商零售进口政策；支持宜昌开展市场采购贸易，试点以来至2021年底，累计出口794票，出口货值3.79亿元。

（三）提高通关效率，畅通物流通道

一是畅通对外通道，创新监管模式，助力宜昌片区活鲟鱼“首航”哈萨克斯坦；帮助疏通宜昌柑橘南下通道，从云南瑞丽口岸出口至缅甸，依托转口贸易打开东南亚市场。二是畅通“港—区”通道，开发武汉海关物流信息化系统，实现口岸、自

贸试验区、综合保税区间的联动；为进口肉类实施港区直通查验模式，年均节省企业转运、仓储成本800余万元。三是畅通中欧班列通道，利用襄阳保税物流中心（B型）场所探索支持新造集装箱本地出口结关，就地交付使用，实行“新箱+货物”组货出口崭新模式，集装箱和出口货物办理报关及出区手续后，出口货物装入新造集装箱“组货”出口，搭乘中欧班列运往欧洲。2021年，累计出口集装箱7 130个，出口货值2.83亿元，其中“组货”出口集装箱150个，“箱货”总值5 536万元，初步估算为企业节省费用860万元。四是畅通进出区通道，打造综合保税区非保税货物便捷进出区登记平台。五是畅通申报通道，“两步申报+提前申报”“两步申报+汇总征税”“两步申报+先理货后报关”“综保区保税物流货物触发申报新模式”等多种申报方式供企业选择，不断提升通关效率。2021年，湖北进口、出口整体通关时间分别为48.8小时和1.1小时，较2017年分别压缩83.07%和96.46%。

2021年海关支持中国（重庆）自贸试验区建设主要情况

一、中国（重庆）自由贸易试验区基本情况

2017年3月15日，国务院正式印发《中国（重庆）自由贸易试验区总体方案》，同意设立中国（重庆）自由贸易试验区（以下简称重庆自贸试验区），同年4月1日，重庆自贸试验区正式挂牌。

（一）区域范围

重庆自贸试验区的实施范围为119.98平方公里，涵盖三个片区：两江片区66.29平方公里（含重庆两路果园港综合保税区空港功能区5.71平方公里）、西永片区22.81平方公里（含重庆西永综合保税区7.58平方公里、重庆铁路保税物流中心0.15平方公里）、果园港片区30.88平方公里（含重庆两路果园港综合保税区水港功能区0.78平方公里）。

重庆自贸试验区包含两个海关特殊监管区域：重庆两路果园港综合保税区、西永综合保税区。

（二）功能划分

重庆自贸试验区在具体区域选择上，突出了三条功能轴线：一是突出海关特殊监管区域和保税监管场所核心功能，二是突出重庆综合交通枢纽和开放口岸功能，三是突出服务贸易产业聚集和开放创新。

两江片区着力打造高端产业与高端要素集聚区，重点发展高端装备、电子核心部件、云计算、生物医药等新兴产业，以及总部贸易、服务贸易、电子商务、展示交易、仓储分拨、专业服务、融资租赁、研发设计等现代服务业，推进金融业开放创新，加快实施创新驱动发展战略，增强物流、技术、资本、人才等要素资源的集聚辐射能力。

西永片区着力打造加工贸易转型升级示范区，重点发展电子信息、智能装备等制造业，以及保税物流中转分拨等生产性服务业，优化加工贸易发展模式。

果园港片区着力打造多式联运物流转运中心，重点发展国际中转、集拼分拨等服务业，探索先进制造业创新发展。

（三）发展情况

重庆自贸试验区挂牌成立以来，重庆海关坚持以习近平新时代中国特色社会主义思想为指导，紧密围绕习近平总书记对重庆提出的“两点”定位、“两地”“两高”目标和发挥“三个作用”的重要指示要求，全面贯彻落实党中央、国务院关于自贸试验区的重大决策部署和海关总署的工作安排，以制度创新为核心，以可复制可推广为基本要求，不断探索转变职能、去繁就简、促进便利，最大程度释放海关监管制度创新红利，持续优化营商环境，助推重庆自贸试验区高水平开放、高质量发展。

五年来，重庆海关充分发挥自贸试验区改革开放试验田先行先试作用，发挥基层首创精神，深化系统集成，累计推出 4 批 76 项海关创新支持措施，提炼 8 项海关监管创新，总结形成 8 个创新案例，其中 2 项在全国范围内复制推广，最大程度释放海关监管制度创新红利，优化营商环境，促进贸易便利化，取得良好的监管效应。2021 年，重庆自贸试验区新增注册企业 14 246 户，新设外资企业占全市总数的 20%，外商直接投资占全市的比重达 35.5%，集聚了全市超过 25%的进出口企业，贡献了重庆市近 70%的进出口贸易总额。

二、海关支持重庆自贸试验区发展情况

2021 年，重庆海关深入贯彻习近平总书记关于自贸试验区重要指示批示精神，落实党中央、国务院重大决策部署，按照海关总署部署要求，强化监管、优化服务，围绕国家发展战略，因地制宜开展差异化改革创新，全力推进川渝自贸试验区协同开放示范区建设，并取得积极成效。

（一）强化区域协作，自贸协同创新取得突破

深入贯彻落实习近平总书记关于建设成渝地区双城经济圈的重要指示批示精神，牢固树立一体化发展理念，全力助推川渝自贸试验区协同开放示范区建设发展。落实“五个一”协同创新工作思路，联合发布促进跨境贸易便利化、助推外贸稳增长的公告，出台全面推广应用进出口“提前申报”等 15 项具体举措，并协助海关总署于 2021 年 11 月出台支持成渝地区双城经济圈建设 12 条措施；参与起草《川渝自由贸易试验区协同开放示范区总体方案》，牵头制定《联合开展川渝自贸试验区海关监管制度协同创新工作方案》。联合成都海关及两地建设银行研究推出“‘关银一 KEY 通’川渝一体化模式”创新举措，覆盖川渝两地有跨区域进出口业务办理需求的 2 000 余家企业，可为企业单次业务办理节约近 1 000 元人民币，业务办理时间压缩 2/3 以上。该项创新是全国范围内率先探索开展的自贸试验区海关监管协同创新，为川渝两地跨区域外贸企业带来了智慧便捷的全新体验，也为全国自贸试验区海关监管制度协同创新提供了具有成渝特色的协同创新经验。

（二）聚焦贯彻落实，因地制宜推动重大决策部署落地生效

紧密围绕落实党中央、国务院关于自贸试验区建设的重大决策部署，推动相关任务项目落地落实。一是推动《中国（重庆）自由贸易试验区总体方案》中涉及重庆海关的 48 项任务全部落地，力促全球维修、保税文化艺术品展示交易、飞机融资租赁、区外保税维修等一批新业态在重庆自贸试验区顺利落地发展。二是推动《国务院关于支持自由贸易试验区深化改革创新若干措施的通知》中涉及重庆海关事权的 9 项支持措施中的 8 项顺利落地生效，实施比例达 89%。三是结合重庆自贸试验区发展实际，因地制宜推动自贸试验区改革试点经验在重庆关区复制推广，持续优化海关监管作业流程，促进贸易便利化，提升重庆外向型经济发展竞争力。

（三）对标高标准规则，形成制度创新整体合力

加强对 RCEP、CPTPP 等国际高标准经贸规则的研究，密切关注发展趋势，积极研究和争取相关规则在重庆自贸试验区先行先试。结合重庆关区自贸试验区工作实际，修订形成《重庆自由贸易试验区海关监管制度创新工作指引（试行）》，厘清职责分工，完善考核指标，强化绩效管理，激发基层监管创新动能，形成统筹关区上下、联动内外的自贸试验区海关监管制度创新合力。

2021年海关支持中国（四川）自贸试验区建设主要情况

一、中国（四川）自由贸易试验区基本情况

2017年3月31日，国务院印发《中国（四川）自由贸易试验区总体方案》，同意设立中国（四川）自由贸易试验区（以下简称四川自贸试验区）。同年4月1日，四川自贸试验区正式挂牌运作。

（一）区域范围

四川自贸试验区实施范围为119.99平方公里，涵盖三个片区：成都天府新区片区90.32平方公里（含成都高新综合保税区〔双流园区〕4平方公里、成都空港保税物流中心〔B型〕0.09平方公里）、成都青白江铁路港片区9.68平方公里（含成都国际铁路港综合保税区0.298平方公里）、川南临港片区19.99平方公里（含泸州综合保税区1平方公里）。

（二）功能划分

成都天府新区片区重点发展现代服务、高端制造、高新技术、临空经济、口岸服务等产业，建设国家重要的现代高端产业集聚区、创新驱动发展引领区、开放型金融产业创新高地、商贸物流中心和国际性航空枢纽，打造西部地区门户城市开放高地。

成都青白江铁路港片区重点发展国际商品集散转运、分拨展示、保税物流仓储、国际货代、整车进口、特色金融等口岸服务业，以及信息服务、科技服务、会展服务等现代服务业，打造内陆地区联通丝绸之路经济带的西向国际贸易大通道的重要支点。

川南临港片区重点发展航运物流、港口贸易、教育医疗等现代服务业，以及装备制造、现代医药、食品饮料、融资租赁等先进制造和特色优势产业，建设成为重要的区域性综合交通枢纽和成渝城市群南向开放、辐射滇黔的重要门户。

（三）发展情况

四川自贸试验区挂牌以来，四川省内海关坚持以制度创新为核心，开展了一系列创新探索，先后推出50项支持措施和25项自贸创新成果。其中，中欧班列集拼集运、冰鲜水产品两段准入监管模式2项海关监管创新举措入选国务院自贸试验区改革试点经验；“中欧班列运费分段结算估价管理改革”入选全国第四批自贸试验区“最佳实践案例”。2021年，四川自贸试验区实现进出口总值985.7亿元，比上年增长55.6%；区内累计新增企业55 635家，其中在海关备案的进出口企业3 701家。

二、海关支持四川自贸试验区发展情况

2021年，在海关总署党委的坚强领导下，成都海关深入贯彻习近平总书记重要指示批示精神，坚持创新驱动，全力服务四川自贸试验区高质量发展。截至目前，四川自贸试验区总体方案中涉及海关的40项改革试验任务已全部推进实施。四川自贸试验区内，新增成都国际铁路港综合保税区和泸州综合保税区，现已封关运作。

（一）持续深化“放管服”改革，优化监管模式

支持开展飞机融资租赁，开展保税融资租赁飞机业务累计货值约16亿元，整体通关时间压缩6小时，通关成本节约30%。创新进口特殊物品关地协同监管新模式，园区企业进口中低风险特殊物品的审批时间由平均2—3周，大幅压缩至3—5天，企业新药研发效率显著提升。实施包装材料循环便捷进出综合保税区模式，对符合条件的包装材料实

施便捷进出区管理模式，包装材料在途流转时间缩短2天，每年可为企业节约成本约3 000万元，助力企业提升生产、制造环节效率，降低生产环节的碳排放。有序推进26项海关行政执法“双随机、一公开”工作，2021年成都海关共采用“双随机”方式实施进出口货物监管查验2.9万余次，监管进出境运输工具约2 700架次，核查定期管理类企业600余次，完成地方部门联合抽查任务29项。

（二）持续优化营商环境，促进贸易便利化

实施“智能审图+先期机检”的“智慧旅检”工程，优化旅客通关模式，在全面掌握入境人员的境外活动及健康信息的同时，提升旅客通关体验，空港口岸卫生检疫整体效率提升50%以上。全力服务“客改货”业务，优化装卸流程，实现全流程“货物等飞机”，确保“即到即装即飞”。开展成都国际铁路港“进口直提”试点，实现首票中欧班列进境货物“铁路快通+车边直提”；支持泸州港开展“船边直提”“抵港直装”试点，支持“泸渝直达快线”开行，试点江海联运进口转关“离港确认”监管模式，压减口岸作业时间3天。支持跨境电商综合试验区建设，扩大跨境电商B2B出口试点，支持保税模式跨境电商业务。2021年，四川首个“前店后仓+快速配送”跨境电商新模式在成都空港保税物流中心（B型）落地。

（三）围绕国家战略部署，开展差异化创新

助推成渝地区双城经济圈建设，协同重庆海关起草《联合开展川渝自贸试验区海关监管制度协同创新工作方案》，成立领导小组和专项协同创新工作小组，建立定期交流机制，开展联合调研，共同选取协同创新项目重点推进。成渝两地海关联合中国建设银行四川省分行、重庆市分行共同推出“关银一KEY通”川渝一体化创新举措，在全国首次实现“电子口岸卡”业务跨关区办理，可为企业单次业务办理节约近1 000元人民币，业务办理时间压缩2/3以上。该项创新举措已被海关总署纳入支持成渝地区双城经济圈建设重点措施。落实减税降费，持续探索中欧班列运费分段结算估价管理改革创新，通过科学解析国际铁路运输成本，合理分摊境外、境内段运费，实现班列境内段运费不计入完税价格，为企业节约2%的税负成本。2021年，对2 445票货物实现境内运费扣减，为企业减征税款154.32万元。

（四）支持自贸试验区开放平台建设

2021年，四川自贸试验区内新增成都国际铁路港综合保税区、泸州综合保税区，已正式封关运作。成都天府国际空港综合保税区申建工作有序推进。深化增值税一般纳税人资格试点，指导园区管委会建设“数智综保”系统，开发“一般纳税人”系统模块，推动6家企业顺利完成一般纳税人资格切换，累计为企业办理出口退税2.17亿元，为节省企业成本2.11亿元。创新监管模式，积极推动区内企业“自产药品内销”，在全国综合保税区率先实现综保区药品内销零的突破。创新“同企跨片”改革，有效解决区内企业货物跨片区流转问题，试点企业相关费用降低90%，全流程通关时长缩短80%，仓储资源利用率提高至100%。2021年，成都高新综合保税区实现进出口总值5 819亿元，进出口值居全国综合保税区第一位。

三、海关在四川自贸试验区开展海关监管制度创新情况

2021年，“中欧班列运费分段结算估价管理改革”入选国务院自由贸易试验区工作部际联席会议办公室印发的自贸试验区第四批“最佳实践案例”。

成都海关贯彻落实国家“一带一路”倡议，探索推行中欧班列运费分段结算估价管理改革，通过科学解析中欧班列运输成本构成、完善单证格式、规范贸易术语等系列措施，合理分摊境外、境内段运费，在合法合规原则下，实现中欧班列境内段运费不计入完税价格，为企业降本增效，为中欧班列发展注入新动能。2021年5月以来，成都海关以汽车零部件作为参与改革的主推对象，将改革适用范围从青白江海关（铁路口岸）扩大至汽车零部件的主要申报进口地天府新区海关，进一步便利了汽配

企业。2021 年 7 月，中欧班列运费分段结算估价管理改革入选国务院自由贸易试验区工作部际联席会议办公室印发的自贸试验区第四批“最佳实践案例”，是四川自贸试验区唯一入选案例。2021 年，四川自贸试验区共有 2 445 票班列回程进口货物实现境内运费扣减，货值 13.1 亿元，为企业减征税款 154.32 万元。受益商品范围从汽车整车扩大到进口肉类、红酒、矿石产品，线路从荷兰蒂尔堡、波兰罗兹扩展至中欧班列全线。受惠于这项改革，成都汽配企业逆势发展，汽车零配件税负成本降低 2%。同时，中欧班列竞争力进一步提升，吸引越来越多的企业更好利用陆上运输通道。2021 年，中欧班列（成渝）开行数量超 4 800 列，占全国比例超过 30%，为经贸交往提供稳定的国际物流供应链支撑。

2021 年海关支持中国（陕西）自贸试验区建设主要情况

一、中国（陕西）自由贸易试验区基本情况

中国（陕西）自由贸易试验区（以下简称陕西自贸试验区）是党中央、国务院 2016 年 8 月 31 日批准设立的我国第三批自贸试验区之一，是西北地区唯一的自贸试验区。2017 年 3 月 15 日国务院发布《国务院关于同意设立中国（陕西）自由贸易试验区的批复》（国函〔2017〕38 号），并且印发《中国（陕西）自由贸易试验区总体方案》（以下简称《总体方案》）。同年 4 月 1 日，陕西自贸试验区正式挂牌。

（一）区域范围

中国（陕西）自由贸易试验区总面积为 119.95 平方公里，涵盖三个片区：中心片区（87.76 平方公里，包括西安高新区、西安经开区和西咸新区沣东新城、秦汉新城、空港新城部分区域）、西安国际港务区片区（26.43 平方公里，包括西安国际港务区和西安浐灞生态区部分区域）、杨凌示范区片区（5.76 平方公里，包括杨凌示范区部分区域）。

陕西自贸试验区涵盖三个海关特殊监管区域：西安高新综合保税区、西安综合保税区、西安关中综合保税区。

（二）功能划分

中心片区重点发展战略性新兴产业和高新技术产业，着力发展高端制造、航空物流、贸易金融等产业，推进服务贸易促进体系建设，拓展科技、教育、文化、旅游、健康医疗等人文交流的深度和广度，打造面向“一带一路”的高端产业高地和人文交流高地。

西安国际港务区片区重点发展国际贸易、现代物流、金融服务、旅游会展、电子商务等产业，建设“一带一路”国际中转内陆枢纽港、开放型金融产业创新高地，以及欧亚贸易和人文交流合作新平台。

杨凌示范区片区以农业科技创新、示范推广为重点，通过全面扩大农业领域国际合作交流，打造“一带一路”现代农业国际合作中心。

（三）发展情况

陕西自贸试验区挂牌成立以来，陕西省内海关深入贯彻习近平总书记重要指示批示和重要讲话精神，坚持改革引领、创新驱动，全力服务自贸试验区高水平开放、高质量发展。2021 年，陕西自贸试

验区实现货物进出口总额 3 375.3 亿元，比上年增长 25.8%，占全省进出口总额的 70.9%。其中，进口额 1 538.5 亿元，增长 14.8%；出口额 1 836.8 亿元，增长 36.7%。

二、海关支持陕西自贸试验区发展情况

在海关总署领导下，西安海关认真贯彻中央“以更高标准、更高水平”建设自贸试验区精神，认真落实海关总署支持陕西自贸试验区建设举措，围绕陕西自贸试验区的战略定位，推进转变职能，探索制度创新，力求将陕西自贸试验区打造成为陕西深化改革的试验田和引领扩大开放的新高地。

（一）认真落实自贸试验区的各项改革任务

西安海关高度重视陕西自贸试验区的建设发展，成立了西安海关推进自贸试验区建设领导小组，建立以需求为导向的自贸创新制度、自贸试验区重点工作及复制推广评估制度、两级联络员制度等三项工作机制，制定支持陕西自贸区建设的“海关方案”，夯实自贸试验区改革创新制度基础，深化自贸试验区监管制度改革，不断提升跨境贸易便利化水平。

在制度创新方面，“铁路运输舱单归并新模式”获评国务院第四批自贸试验区复制推广改革试点经验，在全国范围复制推广。

西安海关在复制推广改革试点任务的过程中，立足本省产业特点，充分尊重企业诉求，以促进贸易便利化为原则，加快落实“放管服”改革，通过不断优化监管模式，提升服务水平，为陕西自贸试验区建设贡献海关力量。

（二）大力提升跨境贸易便利化水平

一是深化自贸试验区监管改革。区内企业实现“多证合一、多项联办”，探索保税检测研发监管创新试点，试点企业通关时效压缩近 95%，减轻资金占压近 600 万元。

二是国际贸易“单一窗口”广泛应用，已通过国际贸易“单一窗口”实现通关作业无纸化，进出口环节验核的监管证件联网核查。“单一窗口”货物申报、空运舱单申报、空运运输工具申报等主要业务应用率始终保持 100%，跨境、物品申报等业务应用率也达到 100%。

三是“互联网+海关”优化服务。企业注册备案网上办理，行邮物品税款移动支付，进境个人邮递物品通关系统（邮 e 通）上线运行，群众可网上办理查询、申报、缴税等国际邮件通关业务，《CCC 免办证明》实现全程网上办理。

四是推进通关流程“去繁就简”。开展压缩通关时间专项行动，制定 13 项具体举措，细化出台西安海关落实口岸提效降费工作方案。

五是推动货物流转便利。结合金关二期保税管理系统，升级卡口功能，运用智能监管手段，进行数据自动比对、卡口自动核放，实现保税货物点对点直接流转，提升通关效率。对境内入区的不涉出口关税、不涉贸易管制证件、不要求退税且不纳入海关统计的货物、物品，实施便捷进出区管理模式，通过便捷通关模式可有效保障大型项目建设物资及时进区。

六是支持保税备货的跨境电商商品出区保税展示。将保税备货模式的跨境电商网购商品的展示方式从线上扩展到线下。在商品展示现场，消费者可直接扫码在电商平台下单，综合保税区内的电商企业同步接单发货，通过快递将商品送至消费者收货地点。

七是实施铁路运输方式舱单归并新模式。西安海关与相关口岸海关协调配合，将中欧班列（长安号）货物从原来的“一柜一单”改为“一车一单”，生成 1 个舱单向海关申报，可节省 90%以上通关费用。

八是建立进口快件派送跟踪平台。从互联网平台和快件运营人获取快件派送信息，与快件通关申报基础数据进行对碰，针对不同企业、不同时间等进行多维度分析。该做法可实现每分钟至少核实 100 票进口快件妥投信息，极大地提升了海关监管效能。

九是开发加工贸易云报核辅助系统。企业将原

来需人工进行的“库存折料”核算工作全部交由系统完成。系统将料件数量折算完成后，按照“单一窗口”的报文标准生成账册报核报文，自动发送到“单一窗口”并暂存。待企业点击申报后，申报数据在金关二期系统账册核销界面中的“实际库存”项下显示，申报数据为一次导入，实现报核无纸作业功能。

十是推出西安航空口岸国际货物24小时机坪“直装直提”。收发货人可依据货物状态特性、货运方式、申报方式等自主选择货站仓库提（交）货或机坪直接提（装）货。实现直航（转关）进（出）口货物机坪（边）随到随提（随到随装）的航空物流海关监管新模式。

2021年海关支持海南自由贸易港建设主要情况

一、海南自由贸易港基本情况

2018年4月13日，习近平总书记出席庆祝海南建省办经济特区30周年大会，郑重宣布，支持海南全岛建设自由贸易试验区，逐步探索、稳步推进中国特色自由贸易港建设。这是习近平总书记亲自谋划、亲自部署、亲自推动的重大国家战略，是党中央着眼于国际国内发展大局，深入研究、统筹考虑、科学谋划作出的重大决策，是我国扩大对外开放、积极推动经济全球化的重大举措。2018年4月11日，中共中央、国务院印发《中共中央 国务院关于支持海南全面深化改革开放的指导意见》（中发〔2018〕12号）。2020年6月1日，中共中央、国务院印发《海南自由贸易港总体方案》。2021年6月10日，第十三届全国人民代表大会常务委员会第二十九次会议通过《中国人民共和国海南自由贸易港法》，自公布之日起施行。

（一）区域范围

海南自由贸易港的实施范围为海南岛全岛。海南自由贸易港土地、海域开发利用须遵守国家法律法规，贯彻生态文明和绿色发展要求，符合海南省“多规合一”总体规划，并符合节约集约用地用海的有关要求。涉及无居民海岛的，须符合《中华人民共和国海岛保护法》有关规定。

海南自由贸易港包含三个海关特殊监管区域：海南洋浦保税港区、海口综合保税区、海口空港综合保税区。

（二）功能划分

按照海南省总体规划的要求，以发展旅游业、现代服务业、高新技术产业为主导，科学安排海南岛产业布局。按发展需要增设海关特殊监管区域，在海关特殊监管区域开展以投资贸易自由化便利化为主要内容的制度创新，主要开展国际投资贸易、保税物流、保税维修等业务。在三亚选址增设海关监管隔离区域，开展全球动植物种质资源引进和中转等业务。

（三）发展情况

自2018年4月13日习近平总书记发表重要讲话以来，海南省内海关始终将支持推动海南自由贸易港建设作为关区重大政治任务，强化监管、优化服务，努力为海南自由贸易港建设作贡献。

2021年，海南省外贸进出口总额1 476.8亿元，比上年增长57.7%。其中，出口额332.6亿元，增长20.1%；进口额1 144.2亿元，增长73.6%。

二、海关支持海南自由贸易港发展情况

2021年，海口海关认真落实海关总署部署和海

南省工作安排，坚持“管得住”才能“放得开”，守正创新、担当作为，在严守不发生系统性风险的基础上，全力推动海南自由贸易港早期安排政策落地见效，推动重要功能平台和重点产业发展，着力优化口岸营商环境，为海南自由贸易港建设蓬勃发展作出海关贡献。

（一）全岛封关运作准备工作有序推进

紧盯2025年前启动封关运作目标，积极参与国务院发展研究中心、部委工作专班来琼调研，全力配合研究与积极推动海南自由贸易港口岸布局方案等出台。成立全岛封关运作研究和准备工作专班，研究提出全岛封关运作海关监管思路初步设想；配合省有关部门制定海南自由贸易港全岛封关运作口岸建设工作方案、口岸查验基础设施设备建设指导意见，参与海南省开放口岸及“二线口岸”规划及建设工作。

（二）保障自由贸易港早期政策落地实施初步见效

全力支持原辅料、交通工具及游艇、自用生产设备“零关税”清单实施，参与研究制定海关配套监管办法，建设完善信息化系统，配合做好进一步调整原辅料“零关税”商品清单。自政策实施至2021年底，共监管“零关税”货物进口58.8亿元，减免税款10.6亿元。离岛免税新政效应持续放大，新增“邮寄送达”“返岛提取”提货方式，2021年监管离岛免税购物金额495亿元，购物人数672万人次，购物件数7 045万件，与2020年相比分别增长80%、49.8%和107%，有力促进境外消费回流。参与研究制定洋浦保税港区加工增值货物内销税收征管办法等文件，推动海南省建设完善洋浦保税港区公共信息服务平台，支持洋浦保税港区“一线”放开、“二线”管住先行先试政策制度全面实施，并扩大试点。

（三）助推自由贸易港重要功能平台作用凸显

圆满完成首届中国国际消费品博览会通关服务保障工作。全力支持海关特殊监管区域高质量发展，推动海口空港综合保税区获批设立，并通过正式验收，完成三亚市保税物流中心（B型）验收。保障海口美兰国际机场二期正式运行。优化入境检疫监管流程，畅通博鳌乐城国际医疗旅游先行区特许药械供应链，先行区进口特许药械品种突破200例。服务种业振兴重大战略，全力支持全球动植物种质资源引进中转基地建设，国家（三亚）隔检中心（一期）项目主体封顶。

（四）助力打造自由贸易港一流口岸营商环境

深化“放管服”改革，出台支持跨境贸易便利化15条措施，持续开展压缩口岸通关时间专项行动，2021年海南口岸进出口整体通关时间分别为44.52小时和1.47小时，较2017年分别压缩64.93%和98.64%，完成国务院确定的“到2021年底，整体通关时间比2017年压缩一半”的任务，口岸营商环境持续优化。2021年，海南有进出口实绩的企业数量1 282家，比上年增长63.1%。

（五）稳步提升风险防控能力，保障国门安全

配合海关总署建立琼粤桂反走私联防联控机制，推动海南省社管平台反走私实战化运作，支持综合执法点建设并投入使用。组建5个自由贸易港海关风险防控专班，参与海南省风险防控各专项工作组工作，参与研究风险防控有关文件。二级监控指挥中心实体化建设稳步推进，实验室能力实现新提升，进出口商品风险预警和快速反应能力提升，牵头建立海南自由贸易港境外动植物疫情联防联控机制。

2021年海关支持中国（山东）自贸试验区建设主要情况

一、中国（山东）自由贸易试验区基本情况

2019年8月2日，国务院下发《关于印发6个新设自由贸易试验区总体方案的通知》（国发〔2019〕16号），批复设立中国（山东）自由贸易试验区（以下简称山东自贸试验区）。2019年8月31日，山东自贸试验区济南片区、青岛片区、烟台片区正式挂牌。

（一）区域范围

山东自贸试验区实施范围为119.98平方公里，涵盖三个片区：济南片区（37.99平方公里，含济南章锦综合保税区1.52平方公里）、青岛片区（52平方公里，含青岛前湾综合保税区9.12平方公里、青岛西海岸综合保税区2.01平方公里）、烟台片区（29.99平方公里，含烟台综合保税区区块二2.26平方公里）。

山东自贸试验区包含四个海关特殊监管区域：济南章锦综合保税区、青岛前湾综合保税区、青岛西海岸综合保税区和烟台综合保税区。

（二）功能划分

济南片区重点发展人工智能、产业金融、医疗康养、文化产业、信息技术等产业，开展开放型经济新体制综合试点试验，建设全国重要的区域性经济中心、物流中心和科技创新中心。

青岛片区重点发展现代海洋、国际贸易、航运物流、现代金融、先进制造等产业，打造东北亚国际航运枢纽、东部沿海重要的创新中心、海洋经济发展示范区，助力青岛打造我国沿海重要中心城市。

烟台片区重点发展高端装备制造、新材料、新一代信息技术、节能环保、生物医药和生产性服务业，打造中韩贸易和投资合作先行区、海洋智能制造基地、国家科技成果和国际技术转移转化示范区。

（三）发展情况

自山东自贸试验区挂牌成立以来，青岛、济南海关深入贯彻落实习近平总书记重要指示批示精神，坚持改革引领、创新驱动，全力服务山东自贸试验区高水平开放、高质量发展。2021年，山东自贸试验区实现进出口总值3 999.2亿元，比上年增长43.4%，占全省进出口总值的13.7%。

二、海关支持山东自贸试验区发展情况

2021年，青岛、济南海关严格按照海关总署部署，坚持改革引领、创新驱动，着力激发自贸试验区内生动力，全力支持山东自贸试验区高水平开放、高质量发展。

（一）青岛海关支持山东自贸试验区青岛片区、烟台片区发展情况

积极推动山东自贸试验区深化改革开放，以总体方案为指引，以制度创新为核心，以企业需求为导向，加大综合协调力度，深入推进方案任务全面落实落地，大力推进海关监管制度创新，为自贸试验区深化改革、扩大开放贡献海关智慧和力量。

1. 种好“责任田”，全面推进试点任务落实落地

强化任务落实，深化改革创新，优化监管服务，积极推进创新制度落地、重点项目落实、方案内容落细。总体方案25项任务已全部具备实施条件，其中4项暂无具体项目承接、个别事项受疫情影响暂停实施。

2. 深耕“试验田”，大胆探索监管制度改革创新

完善自贸创新制度体系，在海关总署有关制度规范基础上，制定《中国（山东）自贸试验区青岛海关监管创新举措推荐备案管理办法》。

一是保税原油混兑调和业务新模式。允许企业

对来自同一或多个原产地的两种或多种保税原油在保税监管场所内混兑调和，使其指标满足企业生产加工需要，将以往在境外完成的原油混兑环节吸引到国内完成，激活了山东现有的地炼、港口资源。

二是推进企业集团加工贸易监管新模式。按照海关总署统一部署，在总结前期关区改革探索基础上，积极开展企业集团保税监管模式创新研究、试点与推广工作。关区参与改革的集团数量增至 10 个，涉及企业 34 个，开展余料结转、外发加工、深加工结转等业务 1 970 次，涉及货值 6.94 亿元，为企业节省资金占用 6 341.8 万元。

3. 打造“样板田”，深入推进特殊区域转型发展

充分发挥综合保税区对自贸试验区建设的引领带动作用，结合片区定位和区域产业特色，推动有关创新制度在综合保税区先行先试、全面落地，打造自贸试验区创新发展“样板田”。

一是服务航贸金，支持打造数字化生态。围绕以服务推动青岛市航运、贸易、金融创新中心建设，与青岛市政府、上海期货交易所、山东港口集团等单位通力协作，在全国率先实现海关与期货交易所的信息联网，为促进“双循环”发展格局加快构建，以及建设大宗商品物流供应安全高效、金融创新服务与政府监管共生共赢的自贸试验区数字化生态提供有力保障。

二是服务双循环，推动内外市场贯通。发挥综合保税区政策功能优势，打造联通国内国际双循环的重要节点。一方面，稳步推进增值税一般纳税人资格试点，赋予综合保税区内企业一般纳税人资格，69 家企业开展试点，促进企业灵活有效利用国内外“两个市场、两种资源”，增强企业国际竞争力，为相关企业节约成本约 1.5 亿元。另一方面，全面推进仓储货物按状态分类监管，允许非保税货物以非报关方式进入综合保税区，与保税货物集拼、分拨，有效盘活区内仓储资源。目前，30 家企业开展试点，为企业节约成本近千万元。

三是支持新业态，推动贸易结构优化。大力支持区内企业开展跨境电商网购保税进口业务，推进跨境电商进口退货中心仓政策试点，2021 年关区跨境电商保税进口业务实现翻倍增长。助力开通 3 条全货运包机，支持电商企业拓展线上直播渠道。

（二）济南海关支持山东自贸试验区济南片区发展情况

1. 支持济南片区扩大开放

一是推进济南内陆港建设。推动济南董家铁路货运中心海关监管作业场所高水平规划建设，于 2021 年 4 月 23 日顺利通过海关验收并封关运作，试点运行内陆港“铁海 E 通”出口转关业务。2021 年，累计监管中欧班列 944 列，货物 8 万标准箱，分别比上年增长 26%和 29.7%。

二是推进食品农产品国际互认。强化自贸试验区内企业技贸示范培塑，帮助企业完善技贸措施应对应用工作体系，30 种农食产品得到国外检疫认可，并实现首次出口。

三是推动综合保税区与自贸试验区统筹发展。发挥济南综合保税区与济南自贸片区两区叠加优势，推进保税研发监管创新先行先试，吸引研发机构入驻综合保税区。2021 年，济南综合保税区、章锦综合保税区合计进出口总额 401 亿元，同比增长 3.3 倍。

2. 大力推进自贸试验区海关监管创新

一是优化海关监管服务，为企业发展降本增效。创新 AEO 企业“智慧培育”模式，实现认证培育作业自动化、便利化，海关信用培育工作时间压缩 80%，创新关企交互模式，实现资料无纸化传输，培育信息线上交流，将传统培育工作关企现场交流活动由 4 次压缩至 1 次，降低企业人力及时间成本。

二是推进国际国内大循环交汇枢纽建设，提升便民惠企服务水平。运用 5G、物联网、区块链、边缘云等前沿科技，打造“链上自贸”保税展销数字化贸易平台，实现对出区保税展销商品“一物一码、一物一档、全程控货”的可追溯精准监管，助力保税展销中心“开到市民家门口”，为市民提供全球优质商品服务。

2021年海关支持中国（江苏）自贸试验区建设主要情况

一、中国（江苏）自由贸易试验区基本情况

2019年8月2日，国务院印发《关于印发6个新设自由贸易试验区总体方案的通知》（国发〔2019〕16号），同意设立中国（江苏）自由贸易试验区（以下简称江苏自贸试验区）。

（一）区域范围

江苏自贸试验区涵盖南京片区、苏州片区、连云港片区，总面积为119.97平方公里。三个片区面积及四至范围分别为：

南京片区面积39.55平方公里，四至范围为：东至长江、横江大道、浦滨路；南至虎桥路、西江路；西至环山路、沿山大道、浦乌路；北至锦绣路、凯天路、浦东路。

苏州片区面积60.15平方公里，四至范围为：东至园区行政区划界线的沪宁高速公路至强胜路段、尖浦河的强胜路至园区行政区划界线、星港街；南至园区行政区划界线的尖浦河至胜浦路段、中新大道的胜浦路至唯胜路段、听涛路、吴淞江、港田路、东方大道、钟园路、苏州大道东、金鸡湖、西沈浒路、槟榔路、苏慕路、苏惠路；西至园区行政区划界线的强胜路至新开河段、吴淞江西侧、苏嘉杭高速、星兰街；北至扬清路南侧、亚太纸业北侧、市公路管理站东侧、娄江、至和西路、渔泾河、蠡塘路北侧、娄东路东侧、至和东路、珠泾路、杏林街、吉田建材北侧、唯胜路东侧、亭平路、园区13号河道东侧。

连云港片区面积20.27平方公里，四至范围为：东至庙岭、新光路；南至陇海铁路、港城大道、东方大道；西至海滨大道、玉竹路；北至242省道、海岸线。

（二）功能划分

南京片区的功能定位为：建设具有国际影响力的自主创新先导区、现代产业示范区和对外开放合作的重要平台。

苏州片区的功能定位为：建设世界一流高科技产业园区，打造全方位开放高地、国际化创新高地、高端化产业高地、现代化治理高地。

连云港片区的功能定位为：建设亚欧重要国际交通枢纽、集聚优质要素的开放门户、“一带一路”沿线国家（地区）交流合作平台。

（三）发展情况

落实《中国（江苏）自由贸易试验区建设实施方案》，涉及海关的35个事项中，有34项已落地，其中24项任务已取得明显成效。

2021年，江苏自贸试验区海关注册企业5 771家，较2020年底增加928家。其中，南京片区608家，苏州片区4 555家，连云港片区608家。实现进出口总值5 914.9亿元，比上年增长13.5%，占同期江苏省进出口总值的11.4%。其中，苏州片区实现进出口总值5 528.8亿元，增长11.6%；南京片区实现进出口总值183.1亿元，增长30.4%；连云港片区实现进出口总值203.1亿元，增长72.0%。

二、海关支持江苏自贸试验区发展情况

（一）聚焦重点领域，推进改革创新

南京海关推出促进生命健康产业发展的10条措施，纳入南京市委市政府“1+N”政策体系发布；完善涵盖特殊物品风险评估、评审专家库建设、辅助智能审批、集中查验、后续监管、无害化处理和全流程追溯等环节的“一站式”监管；设立关企协调员“一对一”指导企业申请AEO认证；以中哈物流基地为载体，创新国际班列“船车直取”零等待模式，前置理货、通关、铁路手续等环节，推动实现多式联运物流全程无缝衔接，通过整列发运方式减少货物装卸环节，提升运输时效；加

强运输工具和监管作业场所管理，加快办理货物船舶靠港及卸货作业，推行“船边直提”、国际贸易“一站式”办单等一系列改革举措，稳中有进地压缩口岸整体通关时间。

（二）优化营商环境，统筹联动发展

南京海关助力首票跨境电商网购保税进口商品在南京综合保税区（龙潭片）顺利通关，实现江苏自贸试验区南京片区与综合保税区的联动发展；金陵海关与禄口机场海关共同研究从禄口机场到平台的快速通道，合理配套监管设施；指导利用好连云港综合保税区现有的一般纳税人、跨境电商、委托加工等政策基础上，借助保税混矿功能性平台，指导企业利用港口优势，做强综合保税区大宗散货保税物流；服务两区创新联动，与辖区开发区市场监管局签订联合监管合作备忘录，优化区内食品加工企业联动监管，探索跨区域、跨部门的改革创新。与上海海关合作开展长三角一体化真空包装等高新技术货物布控查验协同作业，提高通关效率；与上海浦东国际机场合作，打造空运直通港快速通关模式，国际航运进口货物在上海浦东机场落地后，直达苏州片区工厂，全程平均提速6小时，物流成本减少20%。

（三）结合重点产业，推动新载体、新政策落地

南京海关支持南京片区申建综合保税区；积极参与“国家开放创新综合示范区”创建工作；推动落实商务部、海关总署等八部门推动海关特殊监管区域和自贸试验区统筹发展若干措施，推进智慧综合保税区、综合保税区同仓调拨等改革创新项目，提升综合保税区物流便利化水平。

（四）强化科技赋能，推进“智慧海关”建设

南京海关运用区块链技术探索加工贸易核销和销毁模式优化，“区块链+公证辅助销毁”创新利用区块链技术，实现销毁全过程实时上链存证，保证了可追溯和不可篡改性，有效防范执法风险。2021年，共实施大宗散货边检边卸、边运边检478批次，监管重量435万吨，经鉴定，有151批发现重量不合格，为进口企业避免潜在经济损失880万美元；打造智慧海关监管模式，建立完善基于“互联网+无人机+智能观测船”的进口大宗商品水尺计重远程监管模式。

2021年海关支持中国（广西）自贸试验区建设主要情况

一、中国（广西）自由贸易试验区基本情况

2019年8月2日，国务院印发《中国（广西）自由贸易试验区总体方案》，同年8月30日，中国（广西）自由贸易试验区（以下简称广西自贸试验区）正式挂牌运行。

（一）区域范围

按照《国务院关于印发6个新设自由贸易试验区总体方案的通知》（国发〔2019〕6号），广西自贸试验区的实施范围为119.99平方公里，涵盖三个片区：南宁片区（46.8平方公里，含南宁综合保税区2.37平方公里）、钦州港片区（58.19平方公里，含钦州保税港区8.81平方公里）、崇左片区（15平方公里，含广西凭祥综合保税区1.01平方公里）。

广西自贸试验区包含三个海关特殊监管区域：南宁综合保税区、钦州综合保税区、广西凭祥综合保税区。

（二）功能划分

南宁片区重点发展现代金融、智慧物流、数字经济、文化传媒等现代服务业，大力发展新兴制造产业，打造面向东盟的金融开放门户核心区和国际

陆海贸易新通道重要节点。

钦州港片区重点发展港航物流、国际贸易、绿色化工、新能源汽车关键零部件、电子信息、生物医药等产业，打造国际陆海贸易新通道门户港和向海经济集聚区。

崇左片区重点发展跨境贸易、跨境物流、跨境金融、跨境旅游和跨境劳务合作，打造跨境产业合作示范区，构建国际陆海贸易新通道陆路门户。

（三）发展情况

广西自贸试验区挂牌运行以来，南宁海关深入贯彻习近平总书记重要指示批示和视察广西时重要讲话精神，全面完成总体方案试点任务，全面推进自贸创新系统集成，全面复制推广自贸创新成果，全面提升综合保税区发展绩效，全力助推广西建成特色鲜明的高水平自贸试验区。

2021 年，南宁海关积极参与广西自贸试验区建设，不断推进制度创新系统集成。制度创新吸引大批企业落户广西自贸试验区，2021 年新设立企业 39 297 家，同比增长 213%。

二、海关支持广西自贸试验区发展情况

2021 年，在海关总署党委的坚强领导下，南宁海关认真贯彻落实党中央、国务院重大决策部署，以制度创新为重要抓手，立足于可复制可推广，大胆闯、大胆试、自主改，推进自贸试验区各项重点工作任务。2021 年，广西自贸试验区实现进出口总值 1 895.17 亿元，同比增长 21.1%，占同期广西进出口总值的 32%。其中，出口总值 997.89 亿元，增长 21%；进口总值 897.28 亿元，增长 21.1%。

（一）自贸创新的系统集成性进一步凸显

“广西边民互市贸易集成改革”进一步提升了边民互市贸易的安全与便利。经反复评审筛选，共有 24 项涉及海关工作的改革试点经验和“最佳实践案例”入选自治区级自贸创新成果。

（二）总体方案试点任务基本完成

继续扎实推进广西自贸区总体方案中由海关牵头的试点任务，发挥“通关创新工作部”部长单位的作用，推动工作部各成员单位共同开展创新探索，落实试点任务。目前，广西自贸区总体方案中由南宁海关牵头的 15 项试点任务，除 1 项外，其余已全部完成。

（三）全面复制推广改革试点经验

全面复制推广国务院第六批自贸试验区改革试点经验。

（四）探索自贸试验区之间的协同创新

在海关总署统一部署和指导下，与哈尔滨、昆明等沿边自贸试验区海关建立协同创新机制，举行线上研讨会，开展自贸创新交流，围绕边贸创新、重点产业发展等 8 大领域开展协同创新探索，共同推动“智慧海关、智能边境、智享联通”建设。与重庆、西安等西部陆海新通道沿线自贸试验区海关建立协同创新机制，共享改革创新经验。

2021 年海关支持中国（河北）自贸试验区建设主要情况

一、中国（河北）自由贸易试验区基本情况

2019 年 8 月 2 日，国务院印发《中国（河北）自由贸易试验区总体方案》，同年 8 月 30 日，中国（河北）自由贸易试验区（以下简称河北自贸试验区）正式挂牌。

（一）区域范围

河北自贸试验区的实施范围为 119.97 平方公里，共涵盖四个片区：雄安片区（33.23 平方公

里）、正定片区（33.29 平方公里，含石家庄综合保税区 2.49 平方公里）、曹妃甸片区（33.48 平方公里，含曹妃甸综合保税区 4.59 平方公里）、大兴机场片区（19.97 平方公里，含北京大兴国际机场综合保税区 4.35 平方公里）。

河北自贸试验区包含三个海关特殊监管区域：石家庄综合保税区、曹妃甸综合保税区和北京大兴国际机场综合保税区。

（二）功能划分

雄安片区重点发展新一代信息技术、现代生命科学和生物技术、高端现代服务业等产业，建设高端高新产业开放发展引领区、数字商务发展示范区、金融创新先行区。

正定片区重点发展临空产业、生物医药、国际物流、高端装备制造等产业，建设航空产业开放发展集聚区、生物医药产业开放创新引领区、综合物流枢纽。

曹妃甸片区重点发展国际大宗商品贸易、港航服务、能源储配、高端装备制造等产业，建设东北亚经济合作引领区、临港经济创新示范区。

大兴机场片区重点发展航空物流、航空科技、融资租赁等产业，建设国际交往中心功能承载区、国家航空科技创新引领区、京津冀协同发展示范区。

（三）发展情况

河北自贸试验区挂牌成立以来，海关深入贯彻习近平总书记重要指示批示精神，坚持改革引领、创新驱动，全力服务河北自贸试验区高水平开放、高质量发展。

2021 年，河北自贸试验区实现进出口总值 679.3 亿元，占河北省进出口总值的 12.5%。截至 2021 年底，河北自贸试验区累计海关注册企业 490 家。

二、海关支持河北自贸试验区发展情况

2021 年，石家庄海关贯彻落实海关总署工作部署，对《中国（河北）自由贸易试验区总体方案》中涉及海关的 22 项工作任务督导落实，针对各片区特色需求，采取“一区一策”方式，推动各片区以自主创新和联合创新相结合，推动河北自贸试验区健康发展。

（一）自贸试验区海关监管制度创新加快推进

曹妃甸、正定片区跨境电商网购保税进口平台申报 28.8 万单次，货值 1 437 万元；曹妃甸片区开展整车保税仓储 125 台，货值 4 441 万元；正定片区开展黄金、珠宝等首饰保税加工 45.949 千克，货值 6 855.1 万元。

（二）业务改革不断深化

以京津冀三关合作备忘录为抓手，首票应用“集疏港智慧平台”“船边直提”报关单顺利通关，首票“抵港直装”报关单顺利放行，跨境电商 B2B 模式正式落地。

（三）口岸营商环境持续优化

持续压缩进出口整体通关时间，提高整体通关效率。2021 年 12 月，当月关区进口时间为 26.36 小时，出口时间为 0.99 小时，超额完成“比 2017 年压缩一半”的工作任务。推进“双随机、一公开”监管，全面实施关区出口商品生产企业核查领域部门间联合抽查工作。

（四）促进两类区域统筹发展

落实两区统筹发展要求，制发石家庄海关《关于促进河北省综合保税区和自贸试验区统筹发展的 22 项实施举措》，叠加两类区域政策优势，促进优势互补、协同发展。

（五）推动大兴机场综合保税区通过验收

通过加强与北京海关的联系和沟通，研究确定信息化系统、基础和监管设施等建设标准，指导北京大兴国际机场综合保税区（一期）合规建设，完成预验收工作。2021 年 12 月 20 日，推动全国首个跨省级行政区划的综合保税区通过国家 8 部委正式验收。

2021年海关支持中国（云南）自贸试验区建设主要情况

一、中国（云南）自由贸易试验区基本情况

2019年8月2日，国务院下发《关于印发6个新设自由贸易试验区总体方案的通知》（国发〔2019〕16号）；8月30日，中国（云南）自由贸易试验区（以下简称云南自贸试验区）及三个片区正式挂牌成立。

（一）区域范围

云南自贸试验区的实施范围为119.86平方公里，涵盖三个片区：昆明片区（76平方公里，含昆明综合保税区0.58平方公里）、红河片区（14.12平方公里）、德宏片区（29.74平方公里）。

云南自贸试验区包含一个海关特殊监管区域：昆明综合保税区；云南省共有两个海关特殊监管区域：红河综合保税区和昆明综合保税区。

（二）功能划分

昆明片区加强与空港经济区联动发展，重点发展高端制造、航空物流、数字经济、总部经济等产业，建设面向南亚和东南亚的互联互通枢纽、信息物流中心和文化教育中心。

红河片区加强与红河综合保税区、蒙自经济技术开发区联动发展，重点发展加工及贸易、大健康服务、跨境旅游、跨境电商等产业，全力打造面向东盟的加工制造基地、商贸物流中心和中越经济走廊创新合作示范区。

德宏片区重点发展跨境电商、跨境产能合作、跨境金融等产业，打造沿边开放先行区、中缅经济走廊的门户枢纽。

（三）发展情况

云南自贸试验区挂牌成立以来，昆明海关深入贯彻习近平总书记重要指示批示和视察云南重要讲话精神，坚持改革引领、创新驱动，全力服务自贸试验区高水平开放、高质量发展，累计推出3项创新举措，报备1项协同创新举措。截至2021年8月31日，云南自贸试验区挂牌成立两年以来，区内海关注册企业3 604家，累计实现进出口总额1 477亿元人民币，占同期云南省外贸进出口总值的26.7%；其中，出口总值1 126.1亿元，进口总值350.9亿元。

二、海关支持云南自贸试验区发展情况

两年来，昆明海关认真落实党中央、国务院决策部署，在海关总署的领导下，积极将海关工作融入云南自贸试验区建设中，紧紧围绕辐射中心、“一带一路”和长江经济带结合点、连接南亚和东南亚大通道等国家赋予云南的战略定位，在加快沿边开放和推动沿边发展方面，积极发挥好海关作用。2021年，云南自贸试验区企业实现进出口总值1 064.2亿元，比上年增长50.8%，占同期云南省进出口总值的33.9%，拉动云南外贸整体增长13.3个百分点。

（一）加强政策落实，服务云南自贸试验区高质量发展

围绕《中国（云南）自由贸易试验区总体方案》和《关于推进自由贸易试验区贸易投资便利化改革创新的若干措施》要求，结合《“十四五”海关发展规划》内容，以及昆明关区实际，积极发挥自贸试验区先行先试试验田作用，优先在关区管理机制、管理方式、监管模式和科技手段上改革创新，并做好国务院6批改革试点经验及海关总署25项创新制度的复制推广工作。

（二）加大机制创新，提升贸易便利化水平

结合云南沿边和跨境特色，进一步探索差异化海关监管制度创新。支持跨境农业合作发展，试行动植物及其产品检疫审批负面清单制度，对毗邻国

家输入的农产品、水产品、种子种苗及花卉苗木等产品，实行快速检验检疫模式。2021 年，昆明关区全年进口整体通关时间 7.93 小时，出口整体通关时间 0.15 小时。

（三）服务国家战略，支持沿边地区开发开放

落实国家促进边境贸易创新发展政策措施，推进边民互市贸易创新发展，巩固“互联网+边民互市”成果，推进边民互市商品落地加工。创新跨境通关合作模式，加强海关全面深化业务改革的系统集成和协调联动，持续优化通关管理系统，深化应用项目互联互通。探索非接触式运输交接模式下的海关物流监管。

（四）抓住区位优势，支持国际通道建设

支持云南加快推进中缅、中越、中老、中老泰等国际物流大通道建设，面向南亚和东南亚国家的国际多式联运试点顺利推进。

2021 年海关支持中国（黑龙江）自贸试验区建设主要情况

一、中国（黑龙江）自由贸易试验区基本情况

2019 年 8 月 2 日，国务院批复设立中国（黑龙江）自由贸易试验区（以下简称黑龙江自贸试验区），同时印发《中国（黑龙江）自由贸易试验区总体方案》。2019 年 8 月 30 日，黑龙江自贸试验区正式挂牌。

（一）区域范围

黑龙江自贸试验区的实施范围为 119.85 平方公里，涵盖三个片区：哈尔滨片区（79.86 平方公里）、黑河片区（20 平方公里）、绥芬河片区（19.99 平方公里，含绥芬河综合保税区 1.8 平方公里）。

黑龙江自贸试验区包含一个海关特殊监管区域：绥芬河综合保税区。

（二）功能划分

哈尔滨片区重点发展新一代信息技术、新材料、高端装备、生物医药等战略新兴产业，以及科技、金融、文化旅游等现代服务业和寒地冰雪经济，建设对俄罗斯及东北亚全面合作的承载高地，以及联通国内、辐射欧亚的国家物流枢纽，打造东北全面振兴、全方位振兴的增长极和示范区。

黑河片区重点发展跨境能源资源综合加工利用、绿色食品、商贸物流、旅游、健康、沿边金融等产业，建设跨境产业集聚区和边境城市合作示范区，打造沿边口岸物流枢纽和中俄交流合作重要基地。

绥芬河片区重点发展木材、粮食、清洁能源等进口加工业，以及商贸金融、现代物流等服务业，建设商品进出口储运加工集散中心和面向国际陆海通道的陆上边境口岸型国家物流枢纽，打造中俄战略合作及东北亚开放合作的重要平台。

（三）发展情况

黑龙江自贸试验区获批两年多来，关区上下以总体方案为指引，以制度创新为核心，相关工作机制不断完善，推动合力逐渐形成，差别化探索更加深入，口岸营商环境不断优化，各项工作取得积极成效。黑龙江自贸试验区实现进出口总值 269.3 亿元，同比增长 48.7%，高于全省进出口增速 19.1 个百分点。

二、海关支持黑龙江自贸试验区发展情况

（一）出台支持举措

在充分调研黑龙江自贸试验区地方政府和企业实际需求后，哈尔滨海关为黑龙江自贸试验区建设

发展制定《哈尔滨海关关于支持中国（黑龙江）自由贸易试验区建设措施》。

（二）创新举措及成果

黑龙江自贸试验区设立以来，哈尔滨海关大力开展自贸创新。一是创新俄罗斯低风险植物源性中药材试进口，目前已吸引多家中药材加工企业在黑河、绥芬河片区落地。二是优化黑龙江边境自贸片区进境俄罗斯粮食检疫流程。三是优化加工贸易料件消耗申报核销管理，已有 6 家加工贸易企业应用实施，企业反响良好。四是跨境运输车辆监管信息一站式备案，海关、公安、交通部门对进出境车辆备案申报数据联网，实现“一次提交、后台分发、各自审核”。五是边民互市贸易进出口商品落地加工多部门全链条监管，形成“多部门一体推进、全流程政策配套、链条式协同监管”的边民互市贸易监管创新体系。

（三）牵头开展沿边自贸创新工作

根据海关总署要求，哈尔滨海关会同南宁、昆明海关开展沿边自贸试验区海关协同创新工作。三关共同建立了工作机制，明确了协同创新的八个重点方面任务。

2021 年海关支持中国（北京）自贸试验区建设主要情况

一、中国（北京）自由贸易试验区基本情况

建立中国（北京）自由贸易试验区（以下简称北京自贸试验区）是党中央、国务院作出的重大决策，是新时代推进改革开放的重要战略举措。2020 年 8 月 30 日，国务院印发《中国（北京）自由贸易试验区总体方案》。

（一）区域范围

北京自贸试验区实施范围为 119.68 平方公里，涵盖三个片区：科技创新片区（31.85 平方公里）、国际商务服务片区（48.34 平方公里，含北京天竺综合保税区 5.466 平方公里）、高端产业片区（39.49 平方公里）。

（二）功能划分

科技创新片区重点发展新一代信息技术、生物与健康、科技服务等产业，打造数字经济试验区、全球创业投资中心、科技体制改革先行示范区。

国际商务服务片区重点发展数字贸易、文化贸易、商务会展、医疗健康、国际寄递物流、跨境金融等产业，打造临空经济创新引领示范区。

高端产业片区重点发展商务服务、国际金融、文化创意、生物技术和大健康等产业，建设科技成果转换承载地、战略新兴产业集聚区和国际高端功能机构集聚区。

（三）发展情况

北京海关通过深化海关管理理念、制度和模式改革，发挥海关政策优势，积极争取相关政策在北京落地，扎实开展制度创新，协同推进各行业领域工作任务，积极推动北京自贸试验区建设工作任务落地，创新具有北京特色的海关监管模式，助力打造对外开放新高地。

二、海关支持北京自贸试验区发展情况

2020 年 9 月，习近平总书记在中国国际服务贸易交易会全球服务贸易峰会的致辞中，对北京自贸试验区建设提出明确要求。北京海关深入贯彻习总书记讲话精神，严格按照海关总署部署，结合首都“四个中心”建设要求，全力支持北京自贸试验区高水平开放、高质量发展。

（一）探索新经济领域海关监管新路径

一是创新以“保税物流供应链为单元”的航材保税监管模式，做大共享经济发展优势。拓展保税物流政策，以“中心化管理+去中心化库存”为基础，试点航材保税物流链改革，保税航材可在全国多地自由调拨、存储和使用。平均送修周期由传统模式的60天以上，大幅缩短至目前的35天左右，航材利用率提高40%以上，单次航班成本降低20%以上。

二是开展跨境电子商务零售进口药品海关监管，拓宽新贸易业态发展范畴。北京口岸获全国首个跨境电商零售进口药品试点资格，实现从无到有质的飞跃，为郑州等地陆续开通跨境电商零售进口药品业务提供海关监管制度蓝本。

（二）优化海关监管措施惠民生

为境外高端人才进境提供通关便利。对境外高端人才设立高层次人才进境物品审批专用窗口、绿色通道，快速办理物品审批和通关手续。优化外籍人员来华就业体检服务，增设外籍人员传染病监测体检网点，增加高校团体预约通道，方便外籍留学生集中预约，为有紧急需求的外籍工作人员免费办理加急服务和健康证明自愿快递服务，当天体检、当天取证。

2021年海关支持中国（湖南）自贸试验区建设主要情况

一、中国（湖南）自由贸易试验区基本情况

2020年8月30日，国务院印发《中国（湖南）自由贸易试验区总体方案》（以下简称《总体方案》）。同年9月24日，中国（湖南）自由贸易试验区（以下简称湖南自贸试验区）正式挂牌。

（一）区域范围

湖南自贸试验区的实施范围为119.76平方公里，涵盖三个片区：长沙片区（79.98平方公里，含长沙黄花综合保税区1.26平方公里）、岳阳片区（19.94平方公里，含岳阳城陵矶综合保税区2.07平方公里）、郴州片区（19.84平方公里，含郴州综合保税区1.06平方公里）。

（二）功能划分

长沙片区重点对接“一带一路”倡议，突出临空经济，重点发展高端装备制造、新一代信息技术、生物医药、电子商务、农业科技等产业，打造全球高端装备制造业基地、内陆地区高端现代服务业中心、中非经贸深度合作先行区和中部地区崛起增长极。

岳阳片区重点对接长江经济带发展战略，突出临港经济，重点发展航运物流、电子商务、新一代信息技术等产业，打造长江中游综合性航运物流中心、内陆临港经济示范区。

郴州片区重点对接粤港澳大湾区建设，突出湘港澳直通，重点发展有色金属加工、现代物流等产业，打造内陆地区承接产业转移和加工贸易转型升级重要平台，以及湘粤港澳合作示范区。

（三）发展情况

湖南自贸试验区挂牌成立以来，长沙海关深入贯彻习近平总书记对湖南工作的重要指示批示精神，围绕湖南“三高四新”战略定位和使命任务，坚持改革创新，努力将湖南自贸试验区打造成为对外开放发展新平台。

长沙海关以制度创新为核心，抓好国务院前六批自贸试验区经验复制推广工作，积极服务湖南自贸试验区长沙、岳阳、郴州片区建设。按照战略定位和总体目标，在加快转变政府职能、深化投资领域改革、推动贸易高质量发展、深化金融领域开放创新、打造联通长江经济带和粤港澳大湾区的国际投资贸易走廊、探索中非经贸深度合作新路径新机制方面，全面助力湖南省开放型经济高质量发展。2021 年，湖南自贸试验区实现进出口总值 1 691.1 亿元，占同期湖南省进出口总值的 28.2%。

二、海关支持湖南自贸试验区发展情况

2021 年，长沙海关严格按照海关总署部署，结合湖南省委、省政府经济社会发展建设要求，坚持创新引领、开放崛起，紧扣海关职能和湖南自贸试验区各片区发展实际，加强制度创新，积极落实国务院批复的《总体方案》，以及湖南省委、省政府印发的《中国（湖南）自由贸易试验区建设实施方案》（以下简称《实施方案》）中的各项改革建设任务，稳步推进湖南自贸试验区建设。

长沙海关第一时间成立长沙海关推进湖南自贸试验区建设工作领导小组，全面推进自贸试验区建设工作。制定《中国（湖南）自由贸易试验区建设海关制度创新责任清单》，全面推进改革任务落地实施。截至 2021 年底，海关牵头改革任务 7 项，已全部推进实施。

（一）紧扣特色定位，推动湖南打造三个高地

长沙海关立足湖南特色定位，将建设自贸试验区同构建新发展格局、实施国家区域经济协调发展有机衔接起来，积极对接粤港澳大湾区建设、长江经济带建设和“一带一路”倡议，支持湖南打造“国家重要先进制造业高地”“核心竞争力的科技创新高地”“内陆地区改革开放高地”。

在打造世界级先进制造业集群方面，探索在依法依规、风险可控的前提下，在自贸试验区的综合保税区内积极开展“两头在外”的高技术含量、高附加值、符合环保要求的工程机械、通信设备、轨道交通装备、航空等保税维修。积极推进支持龙头企业建设面向“一带一路”沿线国家和地区的跨境寄递服务网络、国际营销和服务体系，简化汽车维修零部件 CCC 认证办理手续等，简化湖南制造企业进出口环节通关手续，优化湘企制造业产业链供应链结构，提高湘企制造的核心技术能力和国际竞争能力，助力湖南先进制造业集群发展。

在打造中非经贸深度合作先行区方面，2021 年湖南对非洲进出口额首次突破 400 亿元，比上年增长 38.5%，开启湘非深度合作新局面。依托中非经贸博览会，支持湖南高桥大市场建设中非坚果、咖啡、可可等贸易中心。协助推进非洲优质非资源性产品市场准入，支持湖南在全国首次进口非洲卢旺达干辣椒，首次将大闸蟹出口至非洲肯尼亚。支持湘粤非“铁海联运”班列开通，进一步拓宽湖南与非洲贸易物流通道，有效解决传统江海航线的对非物流时效低、成本高等问题。

在打造联通长江经济带和粤港澳大湾区的国际投资贸易走廊方面，深度推进粤港澳大湾区口岸与湖南地区通关协作，积极开展跨省通关。在运输、通关、检验、监管等方面开展区域合作，力争湖南城市群与粤港澳大湾区口岸实现跨关区一体化对接互认，为湘粤港澳走廊流通降本增效，加快湘粤港澳形成互补互助的区域合作分享机制。

（二）聚焦新业态发展，助力湘企稳外贸

大力支持跨境电商新型业态发展，开展跨境电商出口退货和跨境电商 B2B 出口监管试点，实现跨境电商 B2B 出口监管全程无纸化通关。2021 年，跨境电商 B2B 出口监管政策已在机场、星沙、郴州 3 个关区的 39 家企业适用，出口报关单和清单 3.1 万票，货值 5.3 亿元。率先在中部地区实现邮件、快件、跨境电商三种业态同场监管，实现对国际邮件、快件，跨境电商的进出口装卸、集中查验、转关监管、检疫处理等海关服务“一站式办理”。三种业态同场监管后，日均业务处理能力可达 30 万件，节约人力监管资源约 20%，现场通关效率提升 30%以上。助力企业融入双循环，启动以企业集团为单元的加工贸易监管改革，解决以往保税料件难以在集团内企业间流转的问题。

（三）优化口岸营商环境，提升贸易便利化水平

认真落实国务院“放管服”改革优化营商环境

工作部署要求，综合用好改革举措，将支持政策执行到位。大力提升出口“提前申报”应用率，“两段准入”改革已覆盖关区所有可适用范围，协调推行先期机检，充分发挥非侵入式机检效能，提升智能化监管水平，巩固压缩整体通关时间成效。2021年，进出口整体通关时间分别为28.48小时和0.88小时，优于全国海关平均水平。

2021年海关支持中国（安徽）自贸试验区建设主要情况

一、中国（安徽）自由贸易试验区基本情况

2020年8月30日，国务院印发《关于北京、湖南、安徽自由贸易试验区总体方案及浙江自贸试验区扩展区域方案的通知》（国发〔2020〕10号）；同年9月24日，中国（安徽）自由贸易试验区（以下简称安徽自贸试验区）正式挂牌成立。

（一）区域范围

安徽自贸试验区的实施范围为119.86平方公里，涵盖三个片区：合肥片区（64.95平方公里，含合肥经济技术开发区综合保税区1.4平方公里）、芜湖片区（35平方公里，含芜湖综合保税区2.17平方公里）、蚌埠片区（19.91平方公里）。

（二）功能划分

合肥片区重点发展高端制造、集成电路、人工智能、新型显示、量子信息、科技金融、跨境电商等产业，打造具有全球影响力的综合性国家科学中心和产业创新中心引领区。

芜湖片区重点发展智能网联汽车、智慧家电、航空、机器人、航运服务、跨境电商等产业，打造战略新兴产业先导区、江海联运国际物流枢纽区。

蚌埠片区重点发展硅基新材料、生物基新材料、新能源等产业，打造世界级硅基和生物基制造业中心、皖北地区科技创新和开放发展引领区。

（三）发展情况

安徽自贸试验区挂牌成立以来，合肥海关深入贯彻习近平总书记重要指示批示和视察安徽重要讲话精神，加快推进安徽自贸试验区建设，积极宣传自贸试验区改革政策，稳步推进自贸试验区海关监管制度创新，全力服务安徽自贸试验区高水平开放、高质量发展。

合肥海关充分发挥海关职能优势，以提高管理水平、创新监管方法为目标，学习借鉴沪苏浙和中部地区自贸试验区经验，抓好国家层面复制推广的改革试点项目在安徽落地，营造自贸试验区改革开放、创新发展的良好舆论氛围，加强制度创新，深入开展差别化探索，积极服务安徽自贸试验区合肥、芜湖、蚌埠片区建设，全面提升安徽自贸试验区建设发展水平。2021年，安徽自贸试验区实现进出口总值1 540.7亿元，签约入驻项目795个，协议引资额3 195亿元，新增注册企业1.3万家。

二、海关支持安徽自贸试验区发展情况

（一）方案先行，全面推进安徽自贸试验区建设

制定落实方案。先后下发合肥海关《推进中国（安徽）自由贸易试验区监管服务改革方案》和《支持综合保税区发展的细化措施》，统筹推进安徽自贸试验区建设各项工作。

（二）积极推进，落实安徽自贸试验区专项行动方案成效显著

一是优化安徽自贸试验区海关监管模式。对安徽自贸试验区内进口鲜活农产品采取“随到随检”

“即查即放”模式，缩短鲜活农产品滞留时间，最大程度保证产品质量。

二是推广“海关 ERP 联网监管”。通过零接触、无干扰的监管模式，实现在线企业合规性体检，并且提供“一键报关”等便捷服务，实现“让数据多跑路、让企业少跑腿”，提升监管效率、优化企业服务。

三是积极推进增值税一般纳税人试点和企业内销选择性征收关税等政策落地。2021 年，综合保税区内 42 家企业享受政策红利，开票总金额超过 2.5 亿元，减轻税负近千万元。区内企业应用内销选择性征收关税政策内销货值 5 428 万元，节省关税超过 374 万元。

四是对符合条件的入境维修复出口产品免于实施装运前检验。对安徽自贸试验区内企业进口符合入境维修复出口条件的旧机电产品，入境时免于验证装运前检验证书。2021 年，已免验货物 299 批，货值 5 470 万元。

五是支持安徽自贸试验区跨境电商新业态发展。2021 年 7 月 1 日，芜湖片区即开展安徽省首批跨境电商企业对企业（9710）出口；7 月 19 日，安徽省首票跨境电商出口海外仓（9810）业务在合肥片区落地；7 月 27 日，合肥中欧班列跨境电商 B2B 出口专列成功开行。

六是完善进出口商品质量安全风险预警和快速反应监管体系。开展进出口商品质量安全风险预警和快速反应监管体系建设，制定 4 项风险监测工作制度。目前已建有海关总署一级风险监测点和合肥海关风险监测点各 1 个，结合重点行业、重点商品对 120 个信息源进行动态监测。

（三）积极开展海关监管制度创新

一是开展沪皖港口改革。2021 年 3 月，联合上海海关在芜湖片区启动洋山—芜湖联动接卸海关监管作业模式。改“陆水中转”为更加便捷的“水水中转”，有效扩大安徽省港口运营的区位优势和辐射范围，企业运费可降低 30%。2021 年，该模式通关货值 1.5 亿元。

二是开展跨境电商零售进口退货中心仓试点。落地跨境电商网购保税“退货中心仓”监管，消费者退货包裹可以通过卡口登记方式便捷入区，有效降低跨境电商企业经营成本，并缩短整体退货时间，提升消费者购物体验。2021 年，已开展退货业务 40 票。

三是开展企业集团加工贸易监管改革试点。企业根据生产、研发、检测维修需要在集团内跨关区存放保税货物，实现料件、半成品、成品等保税货物在集团内自由流转，可以最大程度减少库存及资金占用，提高资产利用率。安徽自贸试验区已有 5 家企业开展试点。

三是开展“船边直提”“抵港直装”作业监管模式试点。对提前申报、无布控查验的进出口货物实行“船边直提”“抵港直装”，实现港口作业“零延迟”，为企业节约港口堆存成本。“船边直提”平均每批节省整体通关时间 8—11 个小时；“抵港直装”试点成功，集装箱从运抵港口至装船完毕仅 10 分钟，较传统模式节约 5—7 个小时。

四是通过在线视频方式，实现出境竹木草制品远程查检。在企业提前预约的情况下，查检时间可以从 3—5 天缩减为即报即检，提高企业仓库周转率和物流运输效率，大幅降低运营成本。

2021 年税收支持自贸试验区建设主要情况

国家税务总局政策法规司

建设自由贸易试验区是党中央在新时代推进改革开放的一项战略举措，肩负着为全面深化改革和扩大开放探索新途径、积累新经验的重大使命，在我国改革开放进程中具有里程碑意义。2021 年，国家税务总局认真落实党中央、国务院关于自由贸易试验区建设的工作部署，积极配合商务部、国家发展和改革委员会、财政部、海关总署等相关部门，深入研究支持自由贸易试验区发展的税收政策措施，鼓励各自由贸易试验区所在地税务机关积极创新税收征管和纳税服务举措，充分发挥税收职能作用，持续推动自由贸易试验区扩大开放和创新发展。

一、加强部门协作，研究出台支持自由贸易试验区发展优惠政策

（一）出台上海自由贸易试验区临港新片区税收优惠政策

为进一步完善启运港退税政策，以及上海临港新片区有关增值税政策，2021 年 1 月国家税务总局会同财政部、海关总署印发《关于中国（上海）自由贸易试验区临港新片区有关增值税政策的通知》（财税〔2021〕3 号），明确启运港可作为经停港，承运适用启运港退税政策货物的船舶，可在经停港加装、卸载货物。同时，自 2021 年 1 月 1 日至 2024 年 12 月 31 日，对注册在洋山特殊综合保税区内的企业，在洋山特殊综合保税区内提供交通运输、装卸搬运和仓储服务取得的收入免征增值税。

（二）出台海南自由贸易港税收优惠政策

1. 出台自用生产设备“零关税”政策

2021 年 2 月，国家税务总局会同财政部等部门联合印发《关于海南自由贸易港自用生产设备“零关税”政策的通知》（财关税〔2021〕7 号），明确全岛封关运作前，对海南自由贸易港注册登记并具有独立法人资格的企业进口自用的生产设备，除法律法规和相关规定明确不予免税、国家规定禁止进口的商品，以及通知所附《海南自由贸易港“零关税”自用生产设备负面清单》所列设备外，免征关税、进口环节增值税和消费税。负面清单内容由财政部、海关总署、国家税务总局会同相关部门，根据海南自由贸易港实际需要和监管条件进行动态调整。

2. 出台洋浦港启运港退税政策

2021 年 1 月，国家税务总局会同财政部等部门联合印发《关于海南自由贸易港试行启运港退税政策的通知》（财税〔2021〕1 号），对符合条件的出口企业从启运地口岸（包括营口市营口港等 15 个港口）启运报关出口，由符合条件的运输企业承运，从水路转关直航或经停指定口岸，自海南省洋浦港区离境的集装箱货物，实行启运港退税政策。营口市营口港等 15 个启运港均可作为经停港，承运适用启运港退税政策货物的船舶，可在经停港加装、卸载货物。

3. 出台内外贸同船运输境内船舶加注不含税油政策

2021 年 2 月，国家税务总局会同财政部等部门联合印发《关于海南自由贸易港内外贸同船运输境内船舶加注保税油和本地生产燃料油政策的通知》（财税〔2021〕2 号），明确全岛封关运作前，对以洋浦港作为中转港，从事内外贸同船运输的境内船舶，允许其在洋浦港加注本航次所需的保税油；对其在洋浦港加注本航次所需的本地生产燃料油，实行出口退税政策。海南省本地燃料油生产企业凭燃料油出口货物报关单（备注栏注明“用于内外贸同船运输境内船舶加注”字样）等有关材料，向税务

部门申报出口退（免）税。上述保税油和适用出口退税政策的本地生产燃料油统称为“不含税油”。符合规定的境内船舶加注的本航次所需不含税油，免征关税、增值税和消费税。

4. 出台中国国际消费品博览会进口税收政策

2021年4月，国家税务总局会同财政部等部门联合印发《关于中国国际消费品博览会展期内销售的进口展品税收优惠政策的通知》（财关税〔2021〕32号），明确全岛封关运作前，对消费品博览会展期内销售的规定上限以内的进口展品免征进口关税、进口环节增值税和消费税。每个展商享受税收优惠政策的展品销售上限按通知附件规定执行。享受税收优惠政策的展品不包括国家禁止进口商品、濒危动植物及其产品、烟、酒和汽车。对展期内销售的超出附件规定数量或金额上限的展品，以及展期内未销售且在展期结束后又不退运出境的展品，按照国家有关规定照章征税。

5. 出台允许海南进出岛航班加注保税航油政策

2021年7月，国家税务总局会同财政部等部门联合印发《关于海南自由贸易港进出岛航班加注保税航油政策的通知》（财关税〔2021〕34号），明确全岛封关运作前，允许进出海南岛国内航线航班在岛内国家正式对外开放航空口岸加注保税航油，对其加注的保税航油免征关税、增值税和消费税，自愿缴纳进口环节增值税的，可在报关时提出。

6. 出台加工增值超30%货物内销税收政策

2021年7月，海关总署会签国家税务总局等部门后印发《海关总署关于印发〈海关对洋浦保税港区加工增值货物内销税收征管暂行办法〉的通知》（署税函〔2021〕131号），对洋浦保税港区鼓励类产业企业生产的含有进口料件且加工增值超过30%的货物，出区内销的，免征进口关税，照章征收进口环节增值税、消费税。

7. 出台海南自由贸易港企业所得税优惠配套政策

为推动海南自由贸易港企业所得税优惠政策落地，2021年1月，国家税务总局会同国家发展和改革委员会、财政部联合印发《海南自由贸易港鼓励类产业目录（2020年本）》，2021年3月会同财政部联合印发《海南自由贸易港旅游业、现代服务业、高新技术产业企业所得税优惠目录》，对优惠目录范围进行明确。同时，为提高政策的可操作性，2021年3月，海南省税务局会同省财政厅、省市场监督管理局联合发布《关于海南自由贸易港鼓励类产业企业实质性运营有关问题的公告》（2021年第1号）。

二、认真落实《关于推进自由贸易试验区贸易投资便利化改革创新的若干措施》

2021年8月，国务院印发《关于推进自由贸易试验区贸易投资便利化改革创新的若干措施》，为推动有关工作更好落实，国家税务总局第一时间组织力量，研究论证离岸贸易税收政策、推进保税维修业务、提升医药产品进口便利度等涉及国家税务总局的任务进行细化分解，明确责任主体，配合商务部、财政部、海关总署开展相关工作，积极发挥税收职能作用，持续推动自由贸易试验区投资便利化改革创新发展。

2021年国家市场监督管理总局支持自贸试验区建设主要情况

国家市场监督管理总局登记注册局

2021年，国家市场监督管理总局以习近平新时代中国特色社会主义思想为指导，深入贯彻落实党中央、国务院关于自由贸易试验区（以下简称自贸试验区）建设的重大决策部署，充分发挥市场监管职能作用，服务自贸试验区以制度创新为核心，持续推进“放管服”改革，优化营商环境。

一、以更大力度推动自贸试验区“证照分离”改革

在认真总结自贸试验区“证照分离”改革全覆盖试点基础上，2021年6月国家市场监督管理总局联合国务院办公厅、司法部报请国务院印发《关于深化“证照分离”改革进一步激发市场主体发展活力的通知》（国发〔2021〕7号，以下简称《通知》）。自2021年7月1日起，在全国范围内实施涉企经营许可事项全覆盖清单管理，分类推进审批制度改革，在更大范围和更多行业推动照后减证和简化审批，强化改革系统集成和协同配套，创新和加强事中事后监管，进一步优化营商环境，激发市场主体发展活力。同时，自贸试验区针对69项许可进一步加大改革试点力度。其中，直接取消审批14项，审批改为备案15项，实行告知承诺40项。

《通知》印发后，国家市场监督管理总局认真贯彻落实党中央、国务院决策部署，在自贸试验区加大改革试点力度，统筹做好政策解读、协调指导、督促落实等工作，积极推动深化“证照分离”改革措施落地见效，进一步激发市场主体发展活力。举办全国深化“证照分离”改革动员培训会，锚定改革目标和重点任务，确保各项改革举措落到实处，充分激发市场主体发展活力。从前期改革总体情况来看，“证照分离”改革显著降低了制度性交易成本，优化了营商环境，对于理顺政府与市场关系，加快完善社会主义市场经济体制发挥了重要作用。

一是激发了市场主体发展活力。通过照后减证和简化审批，推动解决市场主体经营前“办证多”“办证难”的问题，企业办事负担大幅降低，创新创业热情得到释放。自贸试验区同时实施“证照分离”全国版和自贸试验区版两张改革清单规定的改革举措，“进前三扇门”的事项合计达到177项，约占全国全部改革事项的34%，较上年提高近20个百分点。据统计，本轮改革自7月1日实施以来至12月底，全国新设企业总数479.0万户，惠及“证照分离”改革企业134.6万户，占比28.1%；自贸试验区新设企业总数42.7万户，惠及“证照分离”改革企业23.3万户，占比54.6%。

二是加快了政府职能转变。“证照分离”改革明确“谁审批、谁监管，谁主管、谁监管”的原则，进一步厘清部门间的监管职责。有关地区和部门在信用监管、智慧监管等方面还进行了创新探索。北京出台《加强对“证照分离”改革事项事中事后监管的意见》，进一步明确职责分工、细化监管规则、完善监管机制；浙江构建“通用+专业”信用综合监管体系，打造信用查询、告知承诺、证后核查、结果公示、联合惩戒等信用监管闭环；重庆组建涉及41个部门的事中事后监管专项工作小组，明确136项专项监管任务，构建全流程、全链式监管体系。总体来看，改革涉及的行业和领域，没有出现“一放就乱”的现象，市场秩序总体平稳有序。

三是优化了营商环境。自贸试验区开展“证照分离”试点改革以来，着力推进涉企审批减环节、减材料、减时限、减费用，让企业在公平、透明、便捷的环境中自主决策、创新发展。从试点情况看，一些高频经营事项，例如，公共场所卫生许可

证核发、对外贸易经营者备案登记、建筑施工企业资质认定、食品生产经营许可、广告发布登记等合计办理量占五成以上，企业享受政策红利效果明显。第三方评估结果显示，85%的被调查企业认为，改革后办理许可证便利化程度较高。

二、落实市场监管领域“证照分离”改革任务

为推动市场监管领域改革，国家市场监督管理总局印发《关于充分发挥职能作用落实深化“证照分离”改革任务的通知》（国市监注发〔2021〕36号），强化落实本系统各项改革任务，对全系统提出明确要求，作出工作部署，确保全国市场监管系统高质量实施改革。

（一）食品领域

2019年以来，按照《市场监管总局关于落实“证照分离”改革全覆盖试点的通知》（国市监注〔2019〕225号）文件要求：在自贸试验区试点推行食品经营许可（仅销售预包装食品）审批改备案工作；优化食品经营许可（除仅销售预包装食品外）审批服务，不再要求申请人提供营业执照复印件等材料，餐饮服务经营者销售预包装食品不需要申请在许可证上标注销售类食品经营项目。为进一步推动该项目改革在全国推广，积极推动《中华人民共和国食品安全法》部分条款修改，推动仅销售预包装食品备案在全国推广。落实《市场监管总局关于充分发挥职能作用落实深化“证照分离”改革任务的通知》文件要求，将食品经营许可（仅销售预包装食品）审批改为备案，以及食品经营许可优化审批服务纳入全国改革范围，并明确仅销售预包装食品备案的具体要求和监管措施。

（二）计量领域

全面清理计量领域“证照分离”自贸试验区改革事项，形成“证照分离”中央设定许可事项清单和自贸试验区试点项目清单。“承担国家法定计量检定机构任务授权”事项列入“证照分离”改革自贸试验区试点项目清单，持续推进相关改革举措。积极支持海南省对计量标准器具复查考核采取告知承诺制改革。支持海南自由贸易港内的注册计量师职业资格考试对境外人员开放。鼓励和支持上海自贸试验区等地开展计量领域行政审批改革试点，印发《市场监管总局关于同意在上海、江西、广西开展计量领域部分行政审批事项改革试点的批复》（国市监计量函〔2021〕211号），对代理商注册地在上海自贸试验区和临港新片区的外商，在中国境内销售计量器具的，由上海市市场监督管理局进行进口计量器具型式批准，同时对部分国产计量器具型式批准实施告知承诺制，并对注册计量师注册审批制度进行改革试点。

（三）检验检测领域

印发《市场监管总局关于进一步推进检验检测机构资质认定改革工作的意见》，提出依法界定实施范围，在国家市场监督管理总局负责的检验检测机构资质认定事项，以及省级市场监督管理部门负责的涉及本行政区域内自贸试验区检验检测机构资质认定事项，先行试点实施告知承诺制度，压缩审批时限、优化准入服务等改革措施。2021年4月，国家市场监督管理总局修改发布《检验检测机构资质认定管理办法》，增加了检验检测机构在申请资质认定时，告知承诺程序的规定，为在更大范围复制和推广告知承诺制度提供了法规层面的依据。目前，检验检测机构资质认定告知承诺制度已经在全国推行。

三、开展自贸试验区强化竞争政策试点

国家市场监督管理总局以完善公平竞争政策框架，健全公平竞争政策实施机制，增强公平竞争政策的科学性、针对性和有效性为重点，在海南、上海、山东自贸试验区和粤港澳大湾区开展强化公平竞争政策实施试点，积极支持和指导上海、北京、安徽、湖南等自贸试验区加强和改进反不正当竞争执法，推动强化公平竞争政策基础地位落实落地。与商务部共同研究制定《关于在自贸试验区全面强化公平竞争政策基础地位的实施意见》，推动公平竞争政策在自贸试验区落实落地。

2021 年国家移民管理局支持自贸试验区建设主要情况

国家移民管理局综合司

2021 年，国家移民管理局按照党中央、国务院决策部署，加强统筹谋划、深化改革创新、加大开放力度，按照稳中求进工作总基调，全力推进改革试点任务落实落地，全面服务自由贸易试验区（以下简称自贸试验区）发展建设，取得显著成效。

一、为自贸试验区人员往来提供更加便捷的移民出入境环境

新冠肺炎疫情暴发以来，国家移民管理局立足职能作用，统筹疫情防控和经济社会发展，积极服务“六稳”“六保”，切实解决中外人员在移民出入境领域的急难愁盼问题，有力保障复工复产和产业链、供应链稳定，为自贸试验区高质量发展建设保驾护航。

2021 年，国家移民管理局坚持“外防输入、内防反弹”总策略和“动态清零”总方针不动摇，持续巩固、全面筑牢疫情外防输入防线，会同外交部等有关部门，依据境内外疫情形势变化，及时调整外国人来华签证政策，稳妥有序地为必要的经贸、科技等活动相关人员，以及有人道主义需要的人员提供入境便利；积极做好“快捷通道”相关工作，为企业复工复产人员，以及参与物资供应、医疗救护、药品研发等防疫工作的外籍人员提供入境和停留居留便利。2021 年，共有 5 万余人通过“快捷通道”入境，有效保障自贸试验区建设和对外开放工作大局。

二、为外籍人才在自贸试验区创新创业、停留居留提供便利

（一）集中推出一批服务自贸试验区建设的移民出入境便利政策

坚定不移地推进自贸试验区高质量发展，2021 年分两批次出台 10 项便民利企便利措施，包括为在自贸试验区工作、生活的外国人提供预约办理出入境证件便利，允许符合条件的在自贸试验区工作的外籍人才接受继续教育、兼职创新创业，以及变更工作岗位简化办理居留许可手续等，精准助力自贸试验区引才引智工作，实现海外引才质量、数量双提升，对服务自贸试验区经济发展、聚集创新创业人才发挥积极作用。

（二）在自贸试验区全面部署推进外国人工作许可和居留许可“一窗通办、并联办理”服务

2021 年 7 月，部署自贸试验区所在地公安出入境管理部门会同当地科技、人社等部门设立通办窗口，出入境管理部门受理外国人在华工作申请后，会同科技、人社等部门联合审核审批，同时签发外国人工作许可证和工作类居留证件。截至 2021 年底，已在上海、广东、深圳等地设立 271 个办理窗口，通过“一窗通办”方式为 3.2 万外籍人才办理工作类居留许可，助力自贸试验区营造良好的营商环境。

（三）精准助力海南自由贸易港建设和引才引智工作

2021 年 6 月，指导海南公安出入境管理部门建立三亚市移民事务服务中心，为在琼外籍人才提供证件办理、政策咨询、居留旅行、法律援助、语言文化等“一站式”服务。三亚市移民事务服务中心运营以来，已服务在琼外国人 1 000 余人次；建立便民利企服务机制，先后为重点园区、重点企业 200 余名外籍员工提供加急办理签证服务，为少数外籍人才及家属提供“容缺受理”办证服务，充分保障外籍人才在海南省内享受各类公务服务便利，助力海南自由贸易港吸引人才、留住人才。

三、推出促进服务航运企业发展十六项新举措

2021年6月，国家移民管理局出台促进服务航运企业发展十六项新举措，改进边检工作制度机制，优化简化程序手续，提高行政审批效率，有力推进自贸试验区进一步扩大开放和创新发展。

（一）优化口岸营商环境，提高港口通关效率

在国内自贸试验区实现7×24小时国际航行船舶出入境通关保障。全面实行国际航行船舶网上预报预检、边检行政许可网上办理和“一地办证、区域通用”，促进移民管理政务服务从“可办”“能办”向“好办”“易办”转变，在不断提高港口通关效率的同时，尽量减少非必要接触环节，有效降低疫情传播风险。

（二）优化查验流程，提升管理服务水平

开辟边检特需出入境人员“紧急通道”，以及运输重要物资跨境交通工具“快捷通道”，在严防疫情输入的前提下，坚持特事特办、急事急办，有力保障疫情期间人员、物资安全有序流通。为5 000余艘次加注保税燃油船舶简化办理出境边检手续，累计为船方减少1.5万余小时航程的时间成本。

（三）增强竞争新优势，服务企业经营发展

通过科技手段，加强事中事后监管，对在口岸停泊时间不超过24小时的国际航行船舶，“一次办妥”入境出境手续，有效降低企业运营和物流成本，有力保障我国进出口发展良好态势。

下一步，国家移民管理局将继续贯彻落实党中央、国务院决策部署，在支持促进自贸试验区建设发展中积极主动履行移民管理工作的职责任务，结合新冠肺炎疫情防控形势，不断优化自贸试验区移民出入境便利措施，更好支持和促进自贸试验区高质量发展。

2021年中国民用航空局支持自贸试验区建设主要情况

中国民用航空局政策法规司

一、成效综述

2021年，民航局落实国家自由贸易试验区（简称自贸试验区）、自由贸易港（以下简称自贸港）等战略，积极贯彻落实党中央、国务院各项指示批示精神，按照国务院自贸试验区工作部际联席会议统一部署，结合各自贸试验区诉求，持续高质量落实在21个自贸试验区研究确定的94条支持措施，在推动航空枢纽建设、扩大双边航权安排、增开航线航班、扩大开放等方面全面支持各自贸试验区建设。积极研提拟在自贸试验区先行先试的改革事项，全面发挥好自贸试验区改革试验田作用。同时，高度重视推进海南深化改革和自贸港建设，积极支持海南民航业发展。就国务院印发的自贸试验区贸易投资便利化改革创新举措做好分工，不断压实责任，推动改革试点任务落地。对自贸试验区企业反映的问题积极研提解决方案，通过中国民航“一带一路”合作平台宣传自贸试验区惠企措施，指导企业用足用好优惠政策。充分发挥各类试点对民航高质量发展的先行先试作用，推进自贸试验区建设各项重点任务落到实处。

二、推动自贸试验区、自贸港高水平开放

（一）畅通对外交往空中通道

积极为各自贸试验区增加航权和运力等需求提供支持，扩大航权安排，优化航权配置，简化航线审批，加密航线航班。2021年以来，分别与美国、孟加拉国、埃塞俄比亚等国家民航主管部门举行航空会谈或书面磋商，按照积极、渐进、有序原则推进国际航权开放。发布《国际货运航权配置规则》，进一步优化航权配置量化指标体系，科学规范配置国际货运航权，为各自贸试验区内国际物流枢纽城市申请和加密相关国际货运航线提供更大支持。

（二）放宽跨境服务准入限制

配合牵头部委，积极压减海南自贸港跨境服务贸易负面清单民航领域相关条目，取消“外国服务提供者跨境从事航空气象服务”限制1项，扩大了跨境服务贸易开放水平，同时注重做好负面清单实施后的落实和相关监管工作，对于负面清单涉及的业务领域，已严格执行负面清单限制措施。在民航局业务范围内，除负面清单所列限制外，在海南已不存在其他跨境服务限制或法规规章等制度障碍。

（三）全方位支持海南自贸港建设

落实民航在航权开放、航线航班、空域优化等方面的支持措施。编制第七航权办理指导材料，作为航空公司申请的“办事指南”，按程序对有关航空公司第七航权开放政策利用进行指导。积极参与推动在海南深化“政府主导、行业监管、企业主体、社会参与”的低空空域管理改革试点，助力海南通用航空发展。积极研究支持“零关税”进口交通工具等海南重要政策；《海南服务业扩大开放综合试点总体方案》《支持海南自由贸易港建设　放宽市场准入若干特别措施》出台，民航领域从优化审批流程、支持新技术应用、支持通航发展等方面予以支持，进一步放宽了市场准入。

三、支持多项航空领域制度创新

（一）创新航空货运物流模式

支持航空物流发展，鼓励各地在自贸试验区大力发展航空中转集拼业务、“空空+空地”货物集疏业务、空空中转业务、多式联运业务等。针对货运业务探索实施差异化安检等措施、积极推进民航电子货运项目试点工作、协调海关创新监管方式和简

化手续，提升航空物流智能化、信息化水平，全力推进货运重大项目实施。将郑州机场、西安机场空空中转项目纳入提升航空物流综合保障能力试点的首批试点项目。

（二）优化航班时刻资源配置机制

2021 年，先后对石家庄正定机场、深圳宝安机场、郑州新郑机场、哈尔滨太平机场、西安咸阳机场等机场容量进行了调整，进一步优化了机场的航班时刻资源。

（三）规范简化通航空管管理和飞行计划审批

根据通航实际需求和运行安全，对通航机场空管服务实行分类管理。规范并简化了对通用机场空管设施设备、人员配备等方面的要求，进一步规范通航空管运行；将飞行任务管理和飞行计划申请合二为一，规范和简化了通航活动的计划受理和审批，同时规范了通航运行管理、管制服务。

四、加强顶层设计，推动与地方及系统内外相关单位的协同发展

（一）推动国家重大战略实施，加强民航协同发展

印发《长江三角洲地区民航协同发展战略规划》，明确长三角地区民航发展的总体思路、发展目标和战略举措，为加快推进世界级机场群建设提供顶层设计，加快建设上海门户复合型国际航空枢纽。

（二）加强与地方政府、相关单位共商共建

围绕建设世界级航空枢纽，着力推动首都机场和大兴机场建设发展。联合北京市研究加快推进首都机场总体规划修编和“再造国门”相关项目前期论证工作，共同研究优化北京“双枢纽”航权、航线、时刻资源事宜；与北京市共同制定印发《推动北京民航高质量发展的战略合作协议 2021 年工作要点》，将自贸试验区建设任务与“双枢纽”建设紧密结合，提出包括提升北京“双枢纽”国际竞争力等具体任务，并共同推进相关工作。会同交通运输部、国铁集团印发《提升北京大兴国际机场旅客集疏运能力实施方案》，提出充分发挥多方协商机制作用等 9 项措施。

（三）全力支持推动行业内外信息的互联互通

鼓励各自由贸易试验区内机场等主体与海关、港口、铁路等加强物流信息系统对接，不断提升信息互联互通水平。国家、地区、服务站低空飞行服务保障三级体系建设初见成效，稳步推进低空飞行服务国家信息管理系统建设，各地区空管局区域信息系统已逐步建成运行，积极协调地方开展各省飞行服务体系规划和服务站建设。

2021 年国家外汇管理局支持自贸试验区建设主要情况

国家外汇管理局外汇研究中心

2021 年，在新冠肺炎疫情防控常态化情况下，中国自由贸易试验区（以下简称自贸试验区）跨境收支显现出更强的增长韧性，跨境收支总规模反弹速度快于全国，逆差规模收窄。国家外汇管理局认真贯彻落实党中央、国务院关于自贸试验区建设的决策部署，统筹发展和安全，稳妥推进改革开放进程，有效防控跨境资金流动风险，充分发挥重点改革区域的对外开放平台作用，促进经济金融高质量发展。

一、自贸试验区跨境收支总体平衡，结售汇情况基本反映市场实需

（一）自贸试验区跨境收支增长较快，总体增速高于全国

2021 年，自贸试验区跨境收支规模占全国总规模的 19%，比上年增长 46%，高于全国 12 个百分点，收入和支出均突破万亿美元大关。跨境收支结构延续上年“经常项下逆差，资本项下顺差”的格局，但逆差规模同比大幅下降。跨境收入同比增长 60%，主要原因是新冠肺炎疫情后我国率先复工复产，以及《区域全面经济伙伴关系协定》（RCEP）签署、海南自由贸易港等政策红利促进了出口增长，对跨境收入增长支撑作用明显。跨境支出同比增长 36%，主要原因是国际大宗商品价格上涨导致铁矿、原油等原材料进口支出大幅增长，以及国际海运运力紧张导致海运费支出上涨。与此同时，自贸试验区在推动人民币国际化方面发挥了重要作用，在证券互联互通机制的作用下，人民币使用比例大幅提高，占比已近五成。各地自贸试验区也表现出不同特点，上海自贸试验区的领头雁地位凸显。

（二）自贸试验区结售汇规模保持增长，增速高于区外

2021 年，各自贸试验区结售汇总额占所在省市总规模的比重平均约为 13%，比上年增长近 50%，增速高于区外 17 个百分点。其中，结汇同比增长 57%，增速高于区外 23 个百分点；售汇同比增长 27%，增速高于区外 16 个百分点。分地区看，受当地经贸特征影响，各地结售汇率存在差异。由于自贸试验区外汇创新政策多为便利化政策，在企业汇率套期保值方面并无更多自由化政策，现行创新政策并不直接影响市场的结售汇行为。

二、外汇管理政策支持贸易高质量发展

2021 年，国家外汇管理局持续推动贸易便利化改革，不断扩大贸易便利化试点，并且针对跨境电商“小额、海量”的交易特点，出台一系列便利化措施，拓宽跨境电商外汇结算渠道，支持跨境电商发展。

（一）积极支持重点改革区域贸易便利化改革，持续优化货物贸易外汇业务办理流程

自 2019 年开展贸易外汇收支便利化试点以来，国家外汇管理局持续推动形成以实质合规为基础的信用管理模式，树立“越合规越便利”的贸易外汇监管导向。支持自贸试验区银行按照展业三原则办理经常项目购付汇、收结汇的手续。在总结前期调研成果的基础上，进一步扩大试点受惠面，增加试点业务种类，放宽集团型企业的试点条件，便利诚信企业贸易外汇收支业务办理。截至 2021 年末，全国共有 26 个地区、126 家银行、1 431 家企业参与试点，累计办理试点业务 70 万笔，涉及金额 4 612 亿美元，有效节约了试点地区、试点企业贸易外汇收支业务办理成本。

（二）提升企业跨境贸易资金结算效率，助力跨境电商综合试验区持续健康发展

一是银行和支付机构可凭线上订单、物流等交易电子信息，为跨境电商主体提供跨境结算服务；二是跨境电商企业可将境外仓储、物流、税收等费

用与出口货款轧差结算；三是优化跨境电商相关费用的跨境代垫，境内物流企业、跨境电商平台企业等可为客户代垫境外仓储、物流、税费等；四是跨境电商企业出口至海外仓销售的货物，汇回的实际销售收入可与相应货物的出口报关金额不一致。

三、外汇管理政策支持投融资高质量发展

2021 年，国家外汇管理局持续优化有实际需求的市场主体的跨境资金使用流程，进一步便利试点地区跨境投融资活动，出台政策支持海南自由贸易港高水平开放和建设。

（一）推进资本项目外汇管理创新政策在自贸试验区先行先试

一是进一步便利跨国公司企业集团跨境资金统筹使用。2021 年 3 月，批复北京和深圳开展跨国公司本外币一体化资金池业务试点，同意北京地区 5 家和深圳地区 5 家大型跨国公司企业集团开展跨国公司本外币一体化资金池业务首批试点。

二是持续促进试点地区贸易投资便利化。2021 年 4 月，同意在北京、安徽、湖南和浙江自贸试验区扩展区域，开展外汇创新业务。

三是积极推进资本项目外汇业务创新试点。2021 年 6 月，批复苏州工业园区、昆山市建设金融支持深化两岸产业合作改革创新试验区，开展资本项目外汇业务创新试点，同意在苏州和昆山开展信贷资产跨境转让、本外币一体化资金池、非金融企业外债便利化额度、一次性外债登记和合格境外有限合伙人（QFLP）5 项资本项目外汇业务创新试点。

四是推进外债便利化改革试点。2021 年 9 月，在成都市和重庆市开展外债便利化改革试点。

（二）积极支持海南自由贸易港资本项目高水平开放

2021 年 3 月 31 日，国家外汇管理局会同中国人民银行等部门联合发布《关于金融支持海南全面深化改革开放的意见》（银发〔2021〕84 号），提出金融支持海南全面深化改革开放的总体原则和六大方面的政策措施。主要包括提升人民币可兑换水平，支持跨境贸易投融资自由化和便利化，完善海南金融市场体系，扩大海南金融业对外开放，加强金融产品和服务创新，提升金融服务水平，加强金融监管，防范化解金融风险等，推动建立与海南自由贸易港相适应的金融政策和制度框架，夯实海南金融基础。此外，积极参与推进海南自由贸易港建设专班工作，就合格境内有限合伙人（QDLP）、跨境资产交易、封关运作后的跨境资金安排等议题进行深入调研。

四、下一步工作考虑

为检验外汇管理政策便利化效果，国家外汇管理局对北京、上海、广东和深圳四个改革开放高地（均包含当地自贸试验区）的企业开展问卷调查，结果显示，外汇管理便利化试点政策大幅提高了优质企业贸易和资本项目收入支付业务便利化程度。下一步，国家外汇管理局将继续坚决贯彻落实党中央、国务院决策部署，持续深化外汇管理改革开放，推动自贸试验区贸易投资高质量发展，提升跨境贸易投资自由化便利化水平，切实服务实体经济，更好地服务构建国际、国内双循环的新发展格局。

一是继续扩大便利化改革惠及面。突出主体诚信合规、业务真实审慎的政策导向，进一步扩大试点地区，使更多市场主体享受便利化改革红利。同时，持续评估试点银行和企业的合规情况，严格落实试点准入退出要求，强化“越合规越便利”的正向激励机制。

二是推动贸易投资高水平开放。为加快构建新发展格局，推进自贸试验区贸易投资自由化便利化，国家外汇管理局在上海自贸试验区临港新片区、广东自贸试验区广州南沙新区片区、海南自由贸易港洋浦经济开发区和浙江自贸试验区宁波片区 4 个区域开展试点，实施高水平的贸易投资自由化便利化政策，包括特殊退汇免登记、放宽贸易收支轧差净额结算等，助推形成贸易投资对外开放新高地。

三是完善金融风险监测体系与防范机制。统筹发展和安全，完善外汇市场“宏观审慎+微观监管”两位一体管理框架，加强对重点改革区域的跨境资金流动风险监测与评估，保障经济金融高质量发展。

自贸试验区

PILOT FREE TRADE ZONES

2021 年中国（上海）自由贸易试验区建设概况

中国（上海）自由贸易试验区管理委员会

杨　朝

中国（上海）自由贸易试验区管理委员会副主任

杨朝，男，1972 年 11 月生，汉族，上海市人，中共党员，1995 年 7 月参加工作，在职研究生，工商管理硕士。现任浦东新区区委常委，副区长、区政府党组副书记，中国（上海）自由贸易试验区管委会副主任。

曾任闸北区临汾路街道办事处主任、临汾社区（街道）党工委副书记，闸北区人力资源和社会保障局党委书记、纪委书记，闸北区委宣传部副部长，闸北区临汾社区（街道）党工委书记、人大代表联络室主任，闸北区临汾路街道党工委书记、人大代表联络室主任，静安区临汾路街道党工委书记、人大工委主任，市商务委副主任等职。

一、经济运行数据

（一）投资情况

2021 年，中国（上海）自由贸易试验区（以下简称上海自贸试验区）新设立企业 6 042 家，比上年增长 21.5%。其中，内资企业 5 450 家，增长 23.8%；外资企业 592 家，增长 4.0%。

2021 年，实到外资 92.91 亿美元，比上年增长 10.1%。

（二）贸易情况

2021 年，上海自贸试验区推动浦东新区实现货物贸易进出口总额 23 886.1 亿元，比上年增长 13.9%，增速创 5 年来新高，2020 年、2021 年两年进出口平均增速达到 8%。

（三）经济效益情况

在上海自贸试验区建设的带动下，2021 年浦东新区地区生产总值达 1.54 万亿元，比上年增长 10.0%，以全国 1/8000 的面积创造了 1/74 的 GDP。

二、建设措施及成效

2021 年是“十四五”规划的开局之年，也是上海自贸试验区立足新起点、开拓新征程的关键之年。上海自贸试验区深入贯彻落实习近平总书记考察上海系列重要讲话和在浦东开发开放 30 周年庆祝大会上重要讲话精神，加快落实《中共中央　国务院关于支持浦东新区高水平改革开放打造社会主义现代化建设引领区的意见》，首创性改革、引领性开放取得新成效。

（一）持续推动投资贸易自由化便利化，制度型开放试点不断深化

对标《区域全面经济伙伴关系协定》（RCEP）、《全面与进步跨太平洋伙伴关系协定》（CPTPP）、《数字经济伙伴关系协定》（DEPA）等国际高标准经贸规则，对接企业政策制度创新诉求，持续推动投资贸易自由化便利化制度创新。

一是服务业扩大开放取得新成效。全面实施《自由贸易试验区外商投资准入特别管理措施（负面清单）（2021 年版）》，积极落实国务院批复的《上海市服务业扩大开放综合试点总体方案》，全国首家“合资转外商独资”寿险公司、全国首家中外合资天然气贸易公司、全国首家外资独资券商落地自贸试验区，54 项服务业和制造业扩大开放措施在

2021 年新落地企业数 540 个、累计 4 201 个。

二是贸易便利化改革持续深化。海关总署出台实施意见支持浦东打造引领区，提升洋山特殊综合保税区功能，支持上海自贸试验区及临港新片区先行先试。上海外高桥港综合保税区正式揭牌，发挥“保税+”功能优势，推动产业链、供应链、价值链和创新链融合发展。优化外高桥口岸国际航行船舶“入境预检”与“入境正检”的查验功能及流程，推出首个“一站式”查验举措，口岸通关时间压缩至最小化。浦东机场机动车公共服务中心正式启用，全国综合保税区内第一条进口汽车检测线同步投入运作。复制推广自贸试验区贸易便利化举措，推动金桥综合保税区企业开具未再加工证明，支持全球分拨业务发展。

三是离岸贸易实现规模化发展。作为全国首个直接整合境外数据用以支持贸易真实性审核的辅助信息平台，上海自贸试验区“离岸通”平台正式上线，已获取境外 17 个国家的海关报关数据、并对接覆盖约 60%国际海运业务的船公司和港口装卸信息。离岸转手买卖“白名单”企业新增 142 家，累计达 393 家，保税区内企业的离岸转手买卖项下收支合计金额达 641 亿美元，占全市 91. 57%。

四是数字贸易平台加快建设。上海数据交易所揭牌成立，在全国首发数商体系、数据交易配套制度、全数字化数据交易系统和数据产品登记凭证，首批 20 个数据产品挂牌。建设数字贸易交易促进平台，推进上海数字贸易公共服务平台技术进口购付汇功能建设，支持企业开展购付汇试点。

五是跨境电商、文化贸易等新业态、新模式加快发展。持续推进跨境电商进口模式和 3 小时“闪送”模式等创新突破，完善跨境集中监管点功能延伸，完成上海市首票跨境电商“9610”进口退货业务，跨境电商贸易规模同比增长 2 倍，占全市近 90%。推动医药贸易企业创新加急药检模式，医疗器械网络交易第三方平台建设取得突破。2021 年自贸试验区艺术品进出境货值超过 175 亿元，创下历年来最高纪录。

（二）围绕更好服务构建新发展格局，全球资源配置能力持续提升

统筹国内国际两个市场两种资源，提高对资金、信息、技术、人才、货物等要素配置的全球性影响力。

一是总部经济的辐射能级不断增强。全力推进“全球营运商计划（GOP）”，完善企业“一企一档一专班”精准服务机制，两批一共 103 家 GOP 培育企业业务规模快速增长，2021 年完成营业收入合计 4 000 亿元、比上年增长 17%，贡献税务部门税收合计 144 亿元、增长 17. 3%、占保税区域税收的六分之一。浦东新区 2021 年新增跨国公司地区总部 30 家，累计达到 389 家、约占全市总数的 46. 8%。

二是国际大宗商品市场建设稳步推进。原油期权在上海国际能源交易中心正式挂牌交易，成为全国首批以人民币计价并向境外投资者全面开放的期权品种，与原油期货形成互补，提升重要大宗商品价格影响力。上海期货交易所沪铜指定交割仓库、上海国际能源交易中心国际铜交割指定仓库揭牌启用，在国内首次实现铜品种“国内期货、国际期货、国内现货、国际现货”四个市场完全流通。加强期现联动，持续推进上期标准仓单交易平台扩大品种范围、创新交易模式，推动标准仓单交易平台与大宗商品现货市场实现仓单互认。

三是金融开放创新持续深化。上海保险交易所数字化再保险登记清结算平台向全球发布，填补全球再保险基础设施空白。金融数据港在张江开港，中国银联国家工程实验室等一批金融科技创新实验室发布，全力打造城市数字化转型示范区。陆家嘴全球资产管理伙伴计划启动，首批共 82 家全球知名资产管理机构、综合金融服务商、专业服务机构和行业组织等成员，促进各类金融机构务实合作，加强境内外资管业务沟通交流。张江光大园公募 REITs 项目作为全国首批、上海首单公募 REITs 项目落地，增强资本市场服务实体经济的质效。

四是国际经济组织集聚计划启动实施。前滩国

际经济组织集聚区揭牌成立，集聚新开发银行（NDB）、世界核电运营者协会（英国）上海代表处（WANO）、法国国际商会上海代表处（ICC）等10家国际经济组织。国际检验检测认证理事会（比利时）上海代表处、国际气候债券倡议组织上海办公室落户陆家嘴。

（三）持续聚焦“双自联动”，创新引擎进一步做强

深化自贸试验区与科创中心建设联动发展，探索推动科技领域集成化制度创新，支持各类开放式创新平台建设，推动产业高质量发展。

一是跨境研发便利化水平进一步提升。积极落实《上海市生物医药研发用物品进口试点方案》，推动建立市、区两级生物医药研发用物品进口试点联合推进机制并认定“白名单”，首批3家“白名单”企业共14项物品已纳入试点。积极推进生物医药特殊物品入境联合检疫改革试点，将试点范围扩大至张江高新区自贸保税园，放大改革效应。张江跨境科创监管服务中心便捷通关业务实现规模化运营，2021年完成通关业务1 292票，业务量是2020年的3.5倍。科研用卷烟首次实现无须取得烟草许可证便可顺利进口放行，科研牛心包膜实现了南半球口岸出发72小时内送抵上海的“牛心速度”，进一步满足科创企业科研用原料进境新需求。

二是产业创新服务功能平台建设加快推进。发布大企业开放创新中心计划，构建“政产学研金服用”七位一体的创新生态体系，先后有2批34家企业加入计划。国家民航发动机产业计量测试中心落地浦东，为民用航空发动机产业提供计量测试服务。上海市干细胞临床诊疗工程研究中心在原能细胞产业园揭牌成立，中国首款CAR-T细胞治疗产品获批上市并实现量产，目前全国超1/4细胞药物临床试验项目、上海近3/4已申报细胞药物临床试验的研发企业均来自张江。

三是科技金融创新政策实现突破。财政部、税务总局等部门出台在上海自贸试验区、临港新片区和张江科学城试点公司型创业投资企业有关企业所得税政策，推动公司型创投企业的有序健康发展。证监会正式批复同意在上海股权托管交易中心开展私募股权和创业投资份额转让试点，推动形成行业“募、投、管、退”良性循环的生态体系。

四是知识产权保护和创新运用持续完善。国家版权创新发展基地落地，率先开展跨地域作品登记等一系列版权领域的突破性、引领性举措，首批作品以“著作权行为发生地”原则在上海完成登记。成立上海科创企业知识产权海关保护中心、浦东新区企业法律服务工作站和浦东知识产权检察办公室工作站。浦东法院与世界知识产权组织（WIPO）仲裁与调解上海中心合作调处涉外商标侵权纠纷案，成为全国首例境外争议解决机构参与调解的知识产权纠纷案件，加大惩罚性赔偿适用力度，2021年审结适用惩罚性赔偿知识产权案件18件。推进南南全球技术交易所顺利落地张江，并开展国际合作活动，助力上海知识产权国际枢纽港建设。

五是人才综合服务不断优化。深入推进永久居留推荐、外国人才创业工作许可、外籍人才薪酬购付汇等便利化改革。上海自贸试验区“打造高能级人才服务综合体”成功入选商务部第四批18个“最佳实践案例”，目前浦东国际人才港已集成整合80项人才窗口业务，累计服务超过28万人（证）次。上海自贸试验区海外人才离岸创新创业基地累计服务海外项目近1 700个。

（四）以“一业一证”为重点，推动“放管服”改革全面深化

紧紧围绕改革创新系统集成的要求，深化“放管服”改革，全面提升开放环境下政府治理能力，市场化、法治化、国际化的营商环境持续优化。

一是“一业一证”改革试点进一步深化。全面推动“一业一证”改革落地，建立跨国家、市、区三级行业许可制度，承接25项国家级事权，推进浦东受理系统与国家、市级业务系统对接，31个试点行业全部落地。全力推进实施“一业一证”浦东新区法规，实行行业综合许可“单轨制”改革，建立行业综合许可证统一有效期制度，首批“升级

版”行业综合许可证颁发。探索建立以市场主体诚信为基础的市场准营承诺即入制，在饭店、咖啡店、书店等10个高频行业开展试点。

二是事中事后监管机制持续完善。持续推进三大治理平台深化整合，并向全市复制推广。开展场景建设集中攻坚，推动近250个跨部门、跨层级协同事项走通，不断探索数字孪生、无人机、无人船、单兵、BIM、图像识别等智能化手段运用。形成“要素字典”2.0版，涵盖21个部门57个场景的1 257个治理要素，建立以要素标准化为基础的场景工场，实现从管事项向管要素转变。

三是服务型政府建设加快推进。依托“一网通办”平台，开设“一业一证”服务专栏，开通统一申办入口，线上线下“一口受理”行业综合许可证申请。优化线上服务能力，区级所有涉企审批事项已实现100%可全程网办，身份证、营业执照等545个高频证照全部免交，电子证照覆盖100%政务服务事项，月均证照调用量达到40万余次。在人工智能辅助审批全覆盖基础上，浦东进一步探索形成“政务智能办”新模式，审批一次通过率超98%。

四是支持大胆试、大胆闯、自主改的法治保障体系加快推进。根据全国人大常委会授权，上海市人大常委会制定出台了“一业一证”改革、市场主体退出、知识产权保护等6部浦东新区法规，区人大常委会出台1部管理措施。

（五）围绕服务国家战略，改革联动叠加效应持续显现

充分发挥上海自贸试验区联通国际国内“两个扇面”的门户枢纽作用，彰显上海自贸试验区的开放枢纽与示范窗口作用。

一是加强与临港新片区改革开放联动、创新发展协同。加快推进落实《浦东新区人民政府临港新片区管委会加快落实国家战略推动一体化创新发展合作协议》，共同研究形成贯彻国务院《关于推进自由贸易试验区贸易投资便利化改革创新的若干措施》的实施方案，协同争取国家层面支持开展制度型开放试点。

二是服务长三角一体化高质量发展取得新突破。组建长三角自贸试验区联盟，召开联盟成立大会，推动四地自贸试验区签署联盟协议，建立联盟运作机制，发布长三角自贸试验区十大制度创新案例，并举办长三角自贸试验区制度创新论坛，形成共同推进制度创新的合力。长三角资本市场服务已拓展至35个联盟城市与17个基地分中心，发展基地成员单位142家，服务长三角企业4 800余家次。国家药品审评检查、国家医疗器械技术审评检查长三角分中心启动运营，开展一般性技术问题咨询、药品上市后变更相关指导原则培训等多项业务。

三是服务“一带一路”建设桥头堡功能进一步发挥。上海自贸试验区“一带一路”技术交流国际合作中心东南亚分中心在浦东揭牌，并在新加坡同步“云挂牌”，开启检测认证出海服务的新模式。中国质量认证中心上海分中心承接全国范围内出口沙特产品认证业务。

三、创新成果及案例

案例1：简化经营范围登记信息

随着市场飞速发展，企业多元化经营的需求十分迫切，以往调整经营范围首先需要申请变更登记，所以企业在登记时，往往总是尽可能把经营范围写得多一点、全一点，有的时候经营范围要写半张纸，方便今后开展经营活动。针对这一问题，浦东新区推出改革举措，简化营业执照登记信息，赋予企业更多自主权。

主要做法：

2021年8月20日，《上海市浦东新区市场监督管理局关于加强改革系统集成，服务浦东打造社会主义现代化建设引领区的若干措施》发布，提出经营范围改革举措。改革举措明确，对申请新设、变更经营范围的企业，可自主选择仅登记主营、许可经营范围，取消主营业务以外的一般经营范围登记。

改革后，浦东企业可自主选择仅在营业执照上

登记主营、许可经营范围，以后从事非许可一般项目的，不用申请变更即可经营，企业的自主经营权得到充分尊重。

特色亮点：

一是尊重自主经营，助力企业抓牢商机。通过立足“企业侧”视角，推进经营范围登记改革、优化经营范围记载内容等举措，使非主营的一般经营范围变更登记从“必要环节”变为“自主选择”，由企业自主选择是否登记。在市场飞速发展的过程中满足企业多元化经营需求，使企业能够根据自身发展情况及时灵活调整经营方向，第一时间抓住商业机遇。

二是减少登记频次，减轻企业经营负担。以往企业尽可能把经营范围写得多一点、全一点，方便今后开展经营活动时能减少变更登记的跑动次数。取消非主营的一般经营范围登记后，企业不仅能够更加自主灵活开展经营活动，向登记机关申请经营范围变更登记、章程或合伙协议备案的频次也大幅降低，从而进一步降低了企业经营成本、助力企业经营轻装上阵。

三是形成监管闭环，分类做好放管衔接。经营范围登记改革仍保留了许可项目登记。对于涉及前置审批事项的，依然要求先取得主管部门许可或批准文件再予以登记；对于仅涉及一般经营项目的，由相关主管部门依企业实际经营行为开展监管，不因企业超主营经营范围从事非许可经营项目而简单认定为违法、违规；对于涉及后置许可的企业，登记机关履行“双告知”职责，通过“互联网+监管”系统及时推送企业信息至行业主管部门，切实做到放管结合，形成监管闭环。

实践效果：

一是以需求为导向，打破制度惯性助力创新创业。经营范围登记改革坚持以企业需求为出发点及落脚点，以充分的走访调研为基础，敢于突破现有制度，把是否登载一般经营范围的决定权交还给企业，切实回应企业现实需要。改革实施后，不仅减少企业登记跑动次数、节约经营成本，更有效降低了企业准入门槛，适应和调节市场需求，进一步支持企业创新创业。

二是以便利为原则，推进登记制度系统变革。自2013年商事制度改革以来，浦东新区、自贸试验区大胆试、大胆闯，在全国、全市率先开展涉及企业名称、住所等重要登记事项的多项改革举措，经营范围登记改革是在前期改革稳步推进基础上的再提升。2021年7月，《中共中央　国务院关于支持浦东新区高水平改革开放打造社会主义现代化建设引领区的意见》提出的“探索试点商事登记确认制”是对登记制度的再优化。

三是以协同为方向，推进市场主体监管集成。市场准入门槛的降低并不意味着监管的松懈。经营范围登记改革坚持放管结合、部门协同，严格落实“谁审批谁监管、谁主管谁监管”的要求，切实做到权责一致。改革后，坚持运用大数据等技术，针对不同风险等级、信用水平的检查对象，采取差异化分类监管措施，强化登记机关与监管机关间协同配合，监管部门之间的协同监管，着力构建以信用监管为核心的新型监管机制，使市场放得开、管得住，企业更讲规范、更有活力。

案例2：浦东新区法规畅通市场主体退出渠道

市场主体退出制度是现代化经济体系的重要组成部分。2014年，《国务院关于促进市场公平竞争维护市场正常秩序的若干意见》明确要求“完善市场退出机制”。2019年，国家发展改革委等十三部委联合印发的《加快完善市场主体退出制度改革方案》提出“规范市场主体退出方式”“研究建立市场主体强制退出制度”等要求。针对市场主体退出环节存在的实际情况，通过法治的方式，强化市场主体履行法定义务，引导或者强制低效无效市场主体依法有序退出，减少“失联企业”“僵尸企业”带来的风险和占用的社会资源，已是当务之急。

主要做法：

2021年6月10日，《关于授权上海市人民代表大会及其常务委员会制定浦东新区法规的决定》公布并施行，全国人大常委会授权上海市人民代表大会及其常务委员会根据浦东改革创新实践需要，遵循宪法规定以及法律和行政法规基本原则，制定浦东新区法规，在浦东新区实施。2021 年 9 月 28 日，市十五届人大常委会第三十五次会议表决通过了《上海市浦东新区市场主体退出若干规定》（以下简称《若干规定》），自 2021 年 11 月 1 日开始施行。《若干规定》着力于解决企业的“退出难”，坚持用法治思维为市场主体退出提供通道，真正实现市场化出清，旨在进一步完善优胜劣汰的市场机制，激发市场主体竞争活力，推动经济高质量发展。《若干规定》一方面推出有关企业注销的便利化举措，使得市场主体退出更加方便快捷；另一方面，在保障债权人等相关方利益的同时，通过法治的方式，引导或强制低效无效市场主体依法有序退出市场，有利于产业结构和市场资源配置的优化。

特色亮点：

一是规定市场主体注销环节的便利化措施。包括优化简易注销登记程序，缩短市场主体退出市场所需时间；探索容缺承诺注销改革措施；推进注销全程网办，利用“一网通办”平台赋能，提高办事效率。

二是创设强制除名和强制注销制度。遵循“行政适当干预、减少司法负担、推动市场出清”的思路，《若干规定》创设了强制除名和强制注销制度。强制除名制度保障市场交易安全，及时释放名称资源，提升社会整体利益；强制注销制度变通了《中华人民共和国公司法》等法律的部分规定，通过设定催告公告、系统查询、意见征询等环节，在保障债权人等相关方利益的同时，及时清理消灭“失联企业”“僵尸企业”的主体资格。

三是建立代位注销制度。针对实践中由于部分企业或者国家机关、事业单位等已经注销或者撤销，导致其管理或者出资的企业、分支机构无法办理变更登记、注销登记等情形，建立代位注销机制，畅通特定市场主体注销时的制度瓶颈。

四是明确有关责任的承担。市场主体退出涉及一系列权利义务关系的调整，《若干规定》特别注重相关利益方的权益保障，进一步压实有关主体的法律责任，包括：防范道德风险，规定通过弄虚作假骗取注销登记的补救措施；强调清算义务，明确市场主体未经清算被依法注销的，其清算义务人承担的组织清算义务不变；畅通救济渠道，规定有关利害关系人合法权益受到侵害时的救济途径等。

实践效果：

一是在保障各方权益的基础上，优化了市场主体退出机制。《若干规定》实施后，简易注销公示期缩短了一半，降低了企业的注销成本、提高了行政效率；解决了部分决议解散后却无法完成清算的非公司企业法人及合伙企业的“注销”难题；通过强制除名和强制注销畅通了长期处于吊销未注销状态“僵尸企业”的市场退出通道。通过在不免除清算义务人承担的组织清算义务的前提下，强化行政环节的市场主体退出机制，有效缓解司法领域市场退出难的矛盾，为解决企业“退出难”提供了具有约束性、长效性、制度化的法律支撑。

二是以主动作为促进市场优胜劣汰，提高政府治理效能。《若干规定》出台前，一些长期处于吊销未注销的状态的“僵尸企业”长期占用各类市场资源，不仅错误反映市场信息、影响政府科学决策，也阻碍了要素自由流动和社会信用体系的建立和完善，制约了市场竞争的公平有序，对营造良性循环的企业生态环境产生了负面影响。《若干规定》实施后，通过对“僵尸企业”实施强制除名、强制注销，有效提高了市场主体出清的质量和效率，促进了市场优胜劣汰，激发了市场主体竞争活力，同时减少了长期停业未经营的市场主体不断积聚的风险，降低市场整体交易成本，进一步提高了政府治理效能，推动了区域经济高质量发展。

三是为助推打造法治化营商环境，提供了成功经验。2021 年 11 月 25 日，国务院发布《关于开展营商环境创新试点工作的意见》，明确指出以“健全更加开放透明、规范高效的市场主体准入和退出机制”作为开展营商环境创新试点的重点任务，并就市场主体退出机制提出：要完善市场主体退出制度，探索建立包括市场主体除名制度在内的一系列制度。上海作为首批试点城市之一，在浦东先行先试的《若干规定》，为落实国务院制定的有关意见提供了扎实有力的实践支撑，通过大胆闯、大胆试的经验总结，在对标国际先进规则、加大营商环境改革力度的同时，为相关政策在全市乃至全国的推广奠定了基础。

案例3：探索实施乙类非处方药零售企业告知承诺审批改革

近两年乙类非处方药零售企业开办数量骤升，而开办乙类非处方药零售企业程序和开办药店相同。程序多、时限长，这与风险低、安全性高的乙类非处方药的属性存在着一定的矛盾。2020年11月1日，《国务院办公厅关于印发全国深化“放管服”改革优化营商环境电视电话会议重点任务分工方案的通知》中提出，要优化药店开设审批，在全国范围内对申请开办只经营乙类非处方药的零售企业审批实行告知承诺制。2020年11月国务院原则同意《上海市浦东新区开展“一业一证”改革试点大幅降低行业准入成本总体方案》，方案中也提出深化告知承诺制改革。2021年7月，浦东新区在上海市率先试点乙类非处方药零售许可告知承诺改革，促进市场准入便利化，助力优化营商环境。

主要做法：

结合浦东新区乙类非处方药零售企业发展现状及趋势，为进一步优化浦东营商环境，深化“放管服”改革，提高企业准入便利化程度，依据《上海市行政审批告知承诺管理办法》和《上海市药品零售企业许可验收实施细则》，浦东新区出台《浦东新区乙类非处方药零售企业许可告知承诺管理办法》等改革细则，制定乙类非处方药零售企业行政审批告知承诺书，全面推进改革落地。同时，研究强化许可监管衔接，确保“放”的同时“管”得更好。

特色亮点：

一是改革许可流程。改革后，浦东新区辖区内连锁商业企业申请乙类非处方药零售许可的，按照告知承诺方式，实现现场即办。流程上取消筹建及现场检查环节，申请人只需签署告知承诺书并提交其他相关材料即可完成申请，审批时限缩减为当场办结，大大增加了企业准入便利性，真正实现“你承诺，我发证”。

二是强化证后监管。浦东始终以“保障人民用药安全”为原则底线，持续探索完善事中事后监管方式，确保前端放得开，后端管得住。一方面，完善撤销环节。浦东新区市场监管部门在作出准予许可决定后2个月内，对被审批人的承诺内容是否属实进行检查。对检查中发现的被审批人实际情况与承诺内容不符的，将要求其限期整改并提交整改报告，逾期拒不整改或整改后仍不符合条件要求的，将依法撤销行政审批决定。另一方面，建立诚信档案。市场监管部门建立“浦东新区乙类处方药零售企业诚信档案”，对监管检查过程中发现的作出不实承诺或违反承诺的企业，将以诚信污点的方式记入诚信档案。同时，此类企业后续将不再享受告知承诺的审批方式，真正实现“守信者获益，失信者惩戒”。

实践效果：

一是审批提速增效，实现当场办结。改革前，办理一家乙类非处方药柜需要9个工作日。改革后，办理时限大幅缩减，实现当场办结。二是大幅压缩材料，减轻企业负担。申请的材料由原来的14份减少至7份，提高企业运营效率。三是促进企业发展，准入即可准营。辖区内连锁商业企业申请零售乙类非处方药的，告知承诺即可发证，申请人签署告知承诺书并提交其他相关资料即可，无须现场检查。

2021年7月9日，浦东市场监管局以告知承诺的方式完成清美鲜食（上海）企业管理有限公司长清路分公司的乙类非处方药零售许可申请。目前，共有4家企业通过告知承诺审批方式取得乙类非处方药柜《药品经营许可证》。乙类非处方药零售许可告知承诺改革大幅降低行业准入成本的同时守牢风险防范底线，实现审批更精简、监管更有效、服务更优质，符合政府部门对深化“放管服”改革、优化营商环境的需求，具有可复制、可推广的意义。

案例4：入境特殊物品联合监管改革试点

微生物、生物制品、人体组织、血液及其制品等特殊物品是生物医药研发生产中不可或缺的生物材料。按现行政策规定，入境100人份以上人体血液及其制品应报海关总署，由总署对此类高风险特殊物品开展境外评估。2020年以来，由于疫情等原因无法开展境外评估工作，大规模入境特殊物品受阻，严重影响生物医药产业研发进度。浦东新区在全国率先开展生物医药特殊物品入境监管建议改革试点，为入境特殊物品进口建立联合监管机制，实现闭环管理，突破大批量生物医药特殊物品入境困难的问题。

主要做法：

一是制定工作方案，构建联合监管机制。制定《关于张江科学城试点开展入境特殊物品安全联合监管机制的工作方案》，明确工作目标、组织架构、运作机制、监管流程等，成立联合监管机制领导小组。领导小组由区分管领导任组长，上海海关、张江科学城建设管理办公室以及区商务委、科经委、卫健委、市场局、生态局、建交委等单位为成员单位。

二是建设联合监管平台，实现智能监管。为简化特殊物品进口审批流程，提高通关效率和监管工作智能化水平，新区立项建设“上海自贸试验区生物医药进境特殊物品联合监管平台”。平台包括准入审核、日常监管、应急处置、部门联合监管、企业自检上报等模块。海关、浦东新区各监管部门、企业等可实现业务融通、监管联动、信息交互共享。

三是拟定试点白名单认定管理办法。由浦东新区商务委牵头联合监管机制成员单位共同拟定《特殊物品入境检疫改革试点企业认定管理办法》，对试点白名单企业主体资格、认定程序、试点资质的中止和退出流程等方面作出明确规定，为企业申报和试点白名单认定提供操作依据。

特色亮点：

试点明确了“企业自律、地方主导、多部门联合监管”的试点原则，形成了“企业建立完善生物安全控制体系+入境前卫生防疫审批+入境时海关卫生检疫+入境后各部门后续监管”的全流程特殊物品进口管理创新模式。

实践效果：

试点工作开展以来，在首批张江科学城2家试点企业基础上，根据企业需求，2021年将试点范围扩大至张江创新园自贸保税园，目前共有4家企业纳入试点“白名单”，按照特殊物品年度进口计划“一次申报审批、多次核销”做法，完成6批次特殊物品入境风险评估和通关审核。并且，特殊物品试点范围由血液及其制品扩大至人体组织、生物制品，解决企业的急迫需求。

下一步，将在确保风险可控的前提下，扩大试点区域、试点企业、试点品种与应用场景。争取将区内符合条件的企业都逐步纳入到“白名单”，同时论证开展研发用微生物、人体组织以及更大批量的“生产用”特殊物品进口试点等。

案例5：完善企业海外知识产权维权服务体系

支持企业海外知识产权维权和布局，是推动高水平对外开放的基本要求，是统筹推进知识产权领域国际合作和竞争的重要方面，也是维护知识产权领域国家安全的关键一环。支持企业海外知识产权维权和布局，推进海外知识产权纠纷应对指导体系建设，强化海外知识产权信息服务平台建设，可以为“走出去”企业有效应对海外知识产权纠纷提供高水平的指导和服务，提高企业“走出去”过程中的知识产权纠纷防控意识和纠纷应对能力及运用知识产权参与国际竞争的能力，提升企业核心竞争力及品牌的国际影响力。

主要做法：

一是构建应对协作机制。国家海外知识产权纠纷应对指导中心上海浦东新区分中心与中国贸促会商事法律服务中心、专利商标事务所等签订《关于加强浦东新区（自贸试验区）知识产权保护合作备忘录》，为企业跨境争端解决提供指导、咨询和维权服务。与上海市浦东国际商会合作，设立海外知识产权维权服务工作。

二是建立知识产权维权专家库。聘请高校教授、知识产权法官、企业知识产权高管、知识产权专业律师在内的，涵盖法律、贸易、金融等领域的专家，为海外知识产权纠纷提出应对指导意见。

三是健全预警监测机制。编发《海外商标、专利注册申请及布局实务指引》、专利预警报告、法律环境报告等，开展海外知识产权风险防控预警。建立海外知识产权纠纷信息监测机制，第一时间发现并告知企业涉外知识产权诉讼情况，协助企业维护合法权利。

四是加强维权援助调研。坚持需求导向，通过问卷调查、实地走访等，摸排电力电子、集成电路半导体、人工智能、生物医药等重点行业领域海外知识产权信息和需求。

五是开展培训宣传。围绕浦东地区企业海外知识产权维权需求，针对性开展海外知识产权风险防控培训与宣传，帮助企业了解国际知识产权领域的规则和惯例，推动企业提升知识产权保护能力。

特色亮点：

一是加强专利布局指引。建立海外重点地区知识产权法规政策修订跟踪研究机制，及时发布海外知识产权法律政策信息。加强海外专利布局宣传，举办业务培训，引导企业围绕重点目标国家、重点技术进行专利布局。

二是构建预警防范机制。推进海外知识产权纠纷应对指导中心建设，预警监测海外知识产权风险，对重大纠纷案件进行动态跟踪，搭建海外知识产权纠纷数据库，完善数据分析机制，编制海外知识产权纠纷应对指南。

三是提供一站式服务。整合协调法律服务资源，组建海外知识产权维权专家库，引入公益律师团队，为重点企业、中小民营企业应对海外知识产权诉讼提供指导服务。鼓励发展海外知识产权相关保险。

实践效果：

浦东新区开展海外知识产权维权指导工作以来，主动服务新区“走出去”企业海外维权需求，并取得初步成效。编发《海外商标、专利注册申请及布局实务指引》和《PCT 国际专利申请实务读本》，并发布预警报告 7 篇、法律环境报告 7 篇。收集汇编了包括中芯国际、喜马拉雅等典型海外维权案例 39 个，为今后的知识产权指导工作提供实务指引。截至 2021 年底，已为 16 家企业出具了书面指导意见，有效帮助企业解决海外知识产权问题。

此外，依托上海浦东国际商会建立海外知识产权维权服务工作站，设立维权咨询日及咨询热线，服务范围覆盖 3 300 余家“走出去”企业。每月咨询日活动为企业提供海外知识产权咨询服务，在企业有需求时及时提供指导帮助，获得企业的高度认可。为提高企业知识产权海外维权意识，围绕企业知识产权海外维权需求，组织开展海外知识产权风险防范和纠纷应对的培训宣传。

案例 6：完善自贸试验区司法大数据分析系统

为配合上海自贸试验区“事中事后”监管的制度创新，高效、及时、精确回应上海自贸试验区日益增长的司法需求，浦东新区人民法院（以下简称浦东法院）2017 年自主研发了汇集上海自贸试验区案件数据的司法大数据分析系统，通过该系统关注监管重点领域，深化司法协同监管，及时提示风险漏洞，支持自贸试验区改革创新。该系统已升级至2.0版，增加了板块内容，完善了功能布局，提高了司法大数据的准确性和实用性。

主要做法：

一是以司法数据运用为基础，全面掌握上海自贸试验区内市场运行的宏观概况。该系统通过自动收集，建立并分析涉上海自贸试验区案件动态数据库，为上海自贸试验区企业勾勒实时、动态司法数据画像，全面掌握自贸试验区市场运行情况。类别上，系统数据涵盖了涉上海自贸试验区案件的收结案数、历年趋势、主体类别、涉外特征、标的金额、法院分布等涉诉信息；功能上，对现有案由进行重新梳理匹配，确定了以“地域+主体+案由”为构成的涉自贸试验区案件定义方式，形成民事、商事、金融、知识产权等9类具有统计分析意义的类案标准；同时借力于地图软件，实现对上海自贸试验区内主体及所在片区的自动筛选与归位。

二是以监管关注领域为抓手，深入发现上海自贸试验区改革创新领域现实与潜在风险。系统设置了融资租赁、商业保理、保税仓储、外贸代理、平行进口、跨境电商等若干关键词并对相关数据进行重点跟踪。通过嵌入人工智能技术，对案件数量在短时间内增量超过预警阈值的领域，自动发布预警提示，由研究人员进行持续跟进，作出进一步统计分析。

三是以重点企业行业为对象，精准把控上海自贸试验区内各片区营商环境的微观状态。系统对于具有社会知名度高、市场份额占有量高、涉诉案件体量大、涉及自贸试验区创新政策实施领域等突出特征的企业乃至行业如自贸试验区高关联行业、自贸试验区内新交易模式以及自贸试验区新法律政策相关行业提高了监管级别，并根据不同片区监管部门的需要实施差别化监管方案。对短时间内案件数量增长较快的企业进行阈值预警，主动提示可能存在的风险。浦东法院定期运用该系统对自贸试验区成立前后各片区注册企业涉诉情况比较及趋势、案件类型分布进行统计分析并形成典型案例。临港新片区成立后，系统及时设置新片区板块，为监管部门及时制定政策提供参考与支持。

四是以统计分析成果为载体，有力促进上海自贸试验区事中事后监管体制机制优化升级。基于该系统作出的统计分析与风险评估成果，将司法数据的运用有效延伸至司法协同监管领域，形成监管部门的辅助抓手。一方面，与上海自贸试验区管委会共同设立信息交换网络专线，畅通信息交换渠道，提高信息共享效率，定期交流、研讨司法大数据运用场景，更大程度地发挥司法协同作用、优化监管体制机制能效。另一方面，与上海“信用中国（上海浦东）”平台实现数据对接，公示并共享企业涉诉、涉执、失信信息，为加强企业自我风险控制、督促市场自我监管发挥积极作用。

特色亮点：

作为全国首个以自贸试验区司法大数据为动态监管依据、统计分析对象的综合性信息平台，该系统具有四大亮点：

第一，功能定位上，侧重风险反馈和司法协同监管，实现“事前预警、事中事后重点监管”。

第二，技术运用上，引入地图软件、人工智能、大数据分析等新技术，进一步提升数据精确度和系统智能度。

第三，数据分析上，在基础数据检索、统计的基础上，对系统优化升级，增加白皮书自动生成、数据高级搜索等功能，并嵌入阈值预警，对重点主体和领域进行跟踪预警。

第四，数据应用规则上，制定《数据使用须知》，建立数据的保管、使用、撤回、删除制度，并对使用领域与共享边界进行规定，提升数据应用的制度化、规范化。

实践效果：

一是加深司法协同监管参与度，同步提高行政与司法质效。目前该系统已经采集了上海法院审理的涉上海自贸试验区52.6万件案件的司法数据，上海法院已连续8年向社会公众发布综合及专题自贸试验区司法保障白皮书。通过与监管部门梳理信息共享标准，形成定期数据报告与分析机制，帮助监管部门及时掌握并发现区内企业潜在监管问题及风险，提高司法与行政协同监管水平，为自贸试验区乃至各片区监管部门“事中事后”监管、涉自贸试验区案件审判、自贸试验区发展趋势研究等提供坚实的数据支撑。司法大数据分析系统已实现与临港新片区一体化数据系统的对接。

二是拓宽数据共享与应用场景，协助市场风险管控与营商环境培育。经系统预警与跟进，系统已实现对商业保理、融资租赁、银行托管等自贸试验区重点领域、新型业务模式的风险提示与防控联查，有效阻止风险扩大。以该系统数据为基础，浦东法院已经向沃尔沃等知名企业及监管部门发送20余篇司法建议，均得到重视、回应或批示，其中关于大宗商品入境和仓储管理风险的建议被自贸试验区规范性文件所采纳。应用该系统数据，浦东法院及上级法院累计发布调研论文、情况分析、信息通报200余篇，并为监管部门转引及公开刊物刊载。已在“信用中国（上海浦东）”平台公示自贸试验区内企业涉诉案件信息36万余条。

三是获主流媒体关注，形成司法服务保障自贸试验区建设经验。该系统建成以来，曾获中央电视台、《解放日报》等主流媒体大幅报道，2021年中央电视台与最高法院联合推出的“中国法庭”直播栏目的自贸试验区法庭专场对该系统进行重点报道。该系统于2021年入选最高法院“数助决策”项目，并于2022年被最高法院评为全国“人民法院服务保障自由贸易试验区建设亮点举措”。

案例7：涉外商事纠纷“诉讼、调解、仲裁”一站式解决机制

为更好地回应中外市场主体的纠纷解决需求，服务保障上海自贸试验区建设，浦东新区人民法院积极构建涉外商事纠纷“诉讼、调解、仲裁”一站式纠纷解决机制。该机制旨在充分发挥诉讼、调解、仲裁的各自优势，打造三种纠纷解决方式相互配合、顺利转化、形成合力的运行机制，妥善处理各类涉外商事纠纷。

主要做法：

一是建立一站式纠纷解决工作室，提供丰富的纠纷解决资源。以法院为纠纷解决及日常联络的集中场地，通过派固定人员入驻+绿色通道模式，形成一站式纠纷解决的工作载体。目前，已引入两家仲裁机构和五家专业调解机构入驻。同时，在一站式工作室内配备专业设备，借助互联网等技术手段，提高纠纷远程解决能力，统一纠纷解决水准，为当事人参与诉讼提供最大程度的便利。

二是建立科学的分流和转换机制，指引选择最优的纠纷解决方式。明确程序分流的具体标准，将涉外商事纠纷收集、汇总于该机制框架下，根据纠纷自身的类型和特点，分导并匹配于诉讼、仲裁、调解三种纠纷解决程序中去。以实质性解决纠纷为原则，最大限度降低程序性、流程性内耗，避免当事人讼累，实现程序切换功能。在纠纷解决流程的推进过程中，根据实际需要，在充分尊重当事人意愿情况下，提供三种程序转化的有效通道，及时转换到最适合的解决程序中去。

三是建立争议解决机构名册及专家库，提升纠纷解决的水平。整合各类解纷资源，公布对接的仲裁及调解机构名册、优势争端解决领域等，引导当事人有针对性地选择适合的解纷机构和方式，提升争端解决的有效性。推进专家库机制建设，将在国际商事争端解决领域具有资深造诣的专业人士纳入专家库，积极拓展专家参与涉外商事纠纷解决的渠道和路径；实现诉、仲、调专家资源的一库共享，通过专家参审、专家意见、专家研讨等方式，充分发挥各领域专家在纠纷解决中的独特作用。

四是完善外国法查明、法律翻译等辅助性机制，顺畅当事人选择专业服务的途径。通过与外国法查明、翻译、公证、鉴定等专业机构签订合作备忘录，形成统一服务平台。一方面方便当事人自主选择，缩短服务衔接与反馈时间；另一方面对专业机构在服务启动、程序流程、费用负担、结果记录

等方面进行统一规范，将专业水准调校至统一高度。此外，加强调解机构、仲裁机构相关信息化平台与法院诉讼平台的对接，提升当事人在诉讼、调解、仲裁转换时的便捷性。

特色亮点：

一是立足实践需求，不断拓展法律服务功能。与公证机关对接并开通绿色通道，为身处境外的当事人参与诉讼、提交证据等提供高效便利的跨境网上法律服务。2021年11月，张江公证处在一站式工作室开展首例跨境远程网上公证，使原本需要花费几个月的境外公证认证时间缩短为半小时。2021年6月，外籍调解员孔宏德依托一站式工作室成功为三位远在中东的外籍当事人达成远程调解，实现案结事了。此外，对签约的翻译机构、外国法查明机构等的服务进行统一规范，为中外当事人提供绿色通道。

二是细化核心流程，构建程序分流和衔接机制。以“诉调对接”机制为蓝本，创新探索与仲裁机构对接的流程，构建“诉、调、仲”转换机制。通过“三步走”即“第一步通过邀请仲裁机构三方参与并就纠纷管辖给予专业意见，第二步合理引导当事人并积极促成双方仲裁合意，第三步尊重当事人意愿依法处理并畅通纠纷解决对接渠道”的方案，合理构建并畅通与仲裁机构的纠纷对接流程，提升当事人对“一站式”解决机制下纠纷转换方式的信任度与接受度。

三是立足规范高效，促进纠纷专业妥善解决。为保证一站式纠纷解决机制的规范运行，制定《关于建立涉外商事纠纷“诉讼、调解、仲裁”一站式解决机制的规定（试行）》《纠纷评估表》等一系列规范性文件和文本。研发并统一使用“组织调解、司法确认二合一”规范笔录模板，将商事调解组织的调解笔录与承办法官的司法确认笔录合二为一，规范流程、简化程序，并增加虚假诉讼告知程序，有效防范虚假诉讼风险。通过诉前委托调解，充分发挥商事纠纷专业调解制度专业、便捷、有效的优势。

四是聚焦临港新片区，深化自贸试验区协同监管合作。与临港新片区管委会形成常态化联络机制，与临港新片区法律服务中心加强沟通与协调，加深双方数据应用深度和司法、行政协同保障临港新片区建设力度，在临港新片区开展法律服务和案件庭审，开展临港新片区商事争议前瞻研究。2021年12月，涉外商事纠纷一站式工作室主动对接临港新片区一站式争议解决中心，借力新片区汇聚的众多解纷机构和服务资源，努力实现两个“一站式”的聚合效应，服务新片区内的中外市场主体。

实践效果：

涉外商事纠纷“一站式”解决机制自2019年9月运行以来，已经取得了积极成效。2021年3月，国家发改委将涉外商事纠纷“一站式”工作室作为浦东新区新一轮创新举措和经验做法向全国推广。工作室已成功调解各类涉外、涉外商投资企业商事案件671件，与仲裁机构衔接案件28件。调解成功率53.90%，纠纷平均处理周期30天。同时，依托一站式解决机制的信息化平台，实现诉讼流程的增速、提效、降成本，充分展现了中国司法专业、便捷、高效的良好形象。

四、上海市政府以及相关部门出台的政策措施

（一）《关于印发〈经营性外商投资职业技能培训机构审批管理办法〉的通知》（沪人社规〔2021〕2号，2021年1月6日）。

（二）《上海市人民政府办公厅关于印发〈上海市浦东新区“一业一证”改革试点实施方案〉的通知》（沪府办〔2021〕1号，2021年1月7日）。

（三）《上海市人民政府关于我市促进综合保税区高质量发展的实施意见》（沪府发〔2021〕1号，2021年1月6日）。

（四）《上海市人民政府办公厅关于印发〈上海市全面推行证明事项告知承诺制实施方案〉的通知》（沪府办规〔2021〕4号，2021年2月19日）。

（五）《市商务委关于印发〈上海市国际贸易

分拨中心示范企业评定和管理办法〉的通知》（沪商规〔2021〕2号，2021年3月10日）。

（六）《上海市人民政府办公厅关于促进本市生物医药产业高质量发展的若干意见》（沪府办规〔2021〕5号，2021年4月16日）。

（七）《上海市人民政府关于印发〈“十四五”时期提升上海国际贸易中心能级规划〉的通知》（沪府发〔2021〕2号，2021年4月17日）。

（八）《上海市人民政府办公厅印发〈关于加快推进上海全球资产管理中心建设的若干意见〉的通知》（沪府办规〔2021〕6号，2021年5月14日）。

（九）《上海市商务委员会关于印发〈上海市外商投资企业投诉工作办法〉的通知》（沪商规〔2021〕3号，2021年5月22日）。

（十）《上海市人民政府关于印发〈上海市开展“证照分离”改革全覆盖工作的实施方案〉的通知》（沪府规〔2021〕7号，2021年6月30日）。

（十一）《上海市商务委员会　上海海关　上海市药品监督管理局　上海市科学技术委员会　上海推进科技创新中心建设办公室关于印发〈上海市生物医药研发用物品进口试点方案〉的通知》（沪商规〔2021〕4号，2021年6月30日）。

（十二）《市商务委　市发展改革委　市财政局　市政府合作交流办关于印发〈上海市鼓励企业设立贸易型总部的若干意见〉的通知》（沪商规〔2021〕5号，2021年7月22日）。

（十三）《上海市人民政府关于印发〈上海国际金融中心建设“十四五”规划〉的通知》（沪府发〔2021〕15号，2021年7月28日）。

（十四）《上海市人民政府关于加强浦东新区高水平改革开放法治保障的决定》（沪府发〔2021〕16号，2021年7月30日）。

（十五）《中国银保监会　上海市人民政府关于推进上海国际再保险中心建设的指导意见》（银保监发〔2021〕36号，2021年8月16日）。

（十六）《上海市人民政府办公厅关于印发〈上海市建设国际消费中心城市实施方案〉的通知》（沪府办发〔2021〕24号，2021年8月25日）。

（十七）《上海市人民政府办公厅印发〈关于本市加快发展外贸新业态新模式的实施意见〉的通知》（沪府办发〔2021〕25号，2021年9月18日）。

（十八）《上海市浦东新区深化“一业一证”改革规定》（2021年9月28日上海市第十五届人民代表大会常务委员会第三十五次会议通过）。

（十九）《上海市浦东新区市场主体退出若干规定》（2021年9月28日上海市第十五届人民代表大会常务委员会第三十五次会议通过）。

（二十）《上海市经济信息化委　上海市科创办关于印发〈关于推进上海市生物医药研发与制造协同发展的若干举措〉的通知》（沪经信医〔2021〕823号，2021年10月10日）。

（二十一）《上海市经济信息化委　市公安局　市交通委关于印发〈上海市智能网联汽车测试与示范实施办法〉的通知》（沪经信规范〔2021〕3号，2021年10月22日）。

（二十二）《上海市商务委员会等四部门关于印发〈上海市贸易调整援助办法〉的通知》（沪商规〔2021〕7号，2021年10月24日）。

（二十三）《上海市浦东新区建立高水平知识产权保护制度若干规定》（2021年10月28日上海市第十五届人民代表大会常务委员会第三十六次会议通过）。

（二十四）《上海市浦东新区城市管理领域非现场执法规定》（2021年10月28日上海市第十五届人民代表大会常务委员会第三十六次会议通过）。

（二十五）《市商务委关于印发〈上海市跨境电子商务示范园区认定和管理办法〉的通知》（沪商规〔2021〕8号，2021年11月15日）。

（二十六）《上海市浦东新区完善市场化法治化企业破产制度若干规定》（2021年11月25日上海市第十五届人民代表大会常务委员会第三十七次会议通过）。

（二十七）《上海市人力资源和社会保障局关于印发〈中国（上海）自由贸易试验区及临港新片区实行劳务派遣经营许可告知承诺的试点办法〉的通知》（沪人社规〔2021〕34号，2021年12月14日）。

（二十八）《上海市人民政府关于印发新时期促进上海市集成电路产业和软件产业高质量发展的若干政策的通知》（沪府规〔2021〕18号，2021年12月21日）。

（二十九）《关于中国（上海）自由贸易试验区保税区域综合用地规划和土地管理的若干意见》（中（沪）自保管〔2021〕175号，2021年12月21日）。

（三十）《上海市浦东新区促进张江生物医药产业创新高地建设规定》（2021年12月29日上海市第十五届人民代表大会常务委员会第三十八次会议通过）。

五、大事记

2021年1月20日　陆家嘴董秘之家线上平台在陆家嘴金融城正式启动，助力浦东建设资本市场最佳服务区。

2021年1月22日　浦东金桥区域智能网联汽车开放测试道路（首期里程29.3公里）正式获批，成为国内首条特大城市中心城区自动驾驶开放测试道路。

2021年1月28日　浦东机场机动车公共服务中心在浦东机场综合保税区启用，是全国综保区内首条进口汽车检测线。

2021年2月3日　上海港2020年全年集装箱吞吐量逆势达到4 350万标准箱，连续11年位居世界第一。在《新华—波罗的海国际航运中心发展指数报告（2020）》排名中，上海首次跻身国际航运中心排名前三。

2021年2月4日　上海市中小微企业政策性融资担保基金管理中心自贸试验区服务基地正式挂牌，正式推出“浦东创新贷”。

2021年2月24日　外高桥边检站推出沪上首个“一站式”查验通关模式。

2021年3月25日　上海自贸试验区“一带一路”技术交流国际合作中心东南亚分中心在浦东揭牌，并在新加坡同步“云挂牌”，开启检测认证出海服务的新模式。

2021年3月26日　“绿色金融支持碳达峰碳中和”会议在陆家嘴金融城举行，气候债券倡议组织上海办公室正式揭牌成立，落户陆家嘴片区。

2021年4月1日　佳士得入驻上海国际艺术品保税服务中心VIP库。

2021年4月15日　上海外高桥港综合保税区正式揭牌，标志着全国第一个保税物流园区——外高桥保税物流园区正式转型升级为外高桥港综合保税区。

2021年4月26日　上海科创企业知识产权海关保护中心在张江揭牌，是全国首个以“科创”为主题的知识产权海关保护中心。

2021年5月10日　长三角自由贸易试验区联盟在浦东成立，沪苏浙皖自贸试验区代表签署联盟协议。

2021年5月11日　欧洲最大商业银行与上海自贸试验区陆家嘴管理局签署合作备忘录，计划在陆家嘴设立外资券商公司。

2021年5月11日　国家民航发动机产业计量测试中心落户浦东。

2021年5月17日　张江光大园公募REITs项目正式获得中国证监会准予注册的批复，全国首批、上海首单公募REITs项目落地。

2021年5月17日　全国首单国际铜保税标准仓单质押融资业务落地。

2021年5月20日　国内首家中外合资天然气贸易公司申能道达尔液化天然气（上海）有限公司成功落户陆家嘴。

2021年6月11日　中国证监会正式批准贝莱德基金管理公司开业，该公司由全球规模最大资产管理机构贝莱德全资在浦东设立，是全国首家外商独资公募基金。

2021年6月14日　第十三届陆家嘴论坛“全球大变局下的中国金融改革与开放”在上海举办。

2021年6月21日　全国首批以人民币计价并向境外投资者全面开放的原油期权在上海国际能源交易中心挂牌交易。

2021年6月22日　张江企业复星凯特生物科技有限公司获批中国首款CAR-T细胞治疗产品。

2021年6月23日　上海市十五届人大常委会表决通过《上海市人民代表大会常务委员会关于加强浦东新区高水平改革开放法治保障制定浦东新区法规的决定》，对本市制定浦东新区法规的相关要求以及浦东先行制定管理措施等法治保障工作加以明确。

2021年7月8日　上海期货交易所沪铜指定交割仓库、上海国际能源交易中心国际铜交割指定仓库在外高桥港综合保税区世天威物流有限公司正式揭牌启用，上海自贸试验区成为全国唯一实现铜品种四个市场完全流通地。

2021年7月19日　上海自贸试验区内最大的综合性外资医疗项目上海莱佛士医院正式营业。

2021年7月27日　金融数据港在张江开港，发布《关于大力支持金融数据港发展的若干措施》。

2021年7月28日　前滩国际经济组织集聚区正式揭牌，一批国际经济组织集中入驻。

2021年7月30日　2021全球电竞大会在浦东召开，会上发布了《2020年全国电竞城市发展指数评估报告》。

2021年9月28日　新开发银行总部大楼正式交付使用。

2021年9月29日　长三角自由贸易试验区联盟举办以“对接国际高标准经贸规则，深入推进高水平制度型开放”为主题的制度创新论坛。

2021年10月12日　在张江生命科学国际创新峰会上，张江细胞和基因产业园、AI智药生态计划等发布。

2021年10月12日　首届上海自贸区艺术季在位于外高桥的上海国际艺术品保税服务中心开幕。

2021年10月14日　全国首个离岸贸易真实性审核辅助信息平台中国（上海）自由贸易试验区“离岸通”平台正式上线运作。

2021年11月6日　第四届虹桥国际经济论坛“中国浦东高水平改革开放和建设开放型世界经济”分论坛在国家会展中心（上海）举办。

2021年11月8日　亚太运输资产保护协会（TAPA APAC）正式落户世博前滩国际经济组织集聚区。

2021年11月10日　世界核电运营者协会（英国）上海代表处揭牌仪式在世博前滩举行。

2021年11月13日　金桥城市副中心正式启动。

2021年11月22日至23日　李克强总理考察上海自贸试验区，强调要推进改革开放，优化营商环境，持续激发市场主体活力和社会创造力。

2021年11月23日　市场准营承诺即入制试点正式启动。

2021年11月25日　上海数据交易所揭牌成立，首批20个数据产品完成挂牌。

2021年11月30日　浦东第一个国资市场化创投平台——海望资本正式启动。

2021年12月3日　李政道研究所实验楼正式在张江科学城内启用。

2021年12月14日　全国首个全智能全天候半导体全球分拨中心在浦东机场综合保税区正式运营。

2021年12月21日　国内首家股份制银行私人银行专营机构兴业银行私人银行部获批在陆家嘴开业。

2021年12月29日　国际检验检测认证理事会上海代表处获发设立许可证，正式落户陆家嘴片区。

2021年12月31日　浦东新区境外职业资格证书认可清单和紧缺清单（2021）发布。

2021年中国（上海）自由贸易试验区临港新片区建设概况

中国（上海）自由贸易试验区临港新片区管理委员会

赵义怀

中国（上海）自由贸易试验区临港新片区管理委员会专职副主任

赵义怀，男，1967年1月生，汉族，陕西岐山人，中共党员，1990年7月参加工作，全日制研究生，经济学博士。现任中国（上海）自由贸易试验区临港新片区党工委委员、管委会专职副主任。

曾任上海市发展改革委办公室副主任，市发展改革委综合改革处副处长、处长，市发展改革委医改处处长，市发展改革研究院党委书记等职。

一、经济运行数据

（一）投资情况

2021年，中国（上海）自由贸易试验区临港新片区（以下简称临港新片区）新设各类企业28 135家（占全市新设企业总数的6.0%），比上年增长48.0%（增幅列全市第4位），新设企业数列全市第7位。新设企业注册资本5 415.2亿元（占全市新增注册资本的19.7%），增长106.0%。

新设内资企业27 306家（含分支机构531家），比上年增长46.8%。通过无纸全程电子化核准的内资企业23 659家，占新设内资企业总数的86.6%。新设内资企业注册资本3 425.8亿元，增长57.8%。

新设港澳台资及外商投资企业828家（含分支机构41家），比上年增长71.6%。新设港澳台资及外商投资企业注册资本323.7亿美元，增长333.9%。

临港新片区合同外资金额53.25亿美元，比上年增长16.32%；实到外资金额11.35亿美元，增长120.39%。

对外直接投资中方额12.44亿美元，对外直接投资项目76个。

临港新片区产城融合区域实现税收收入349.99亿元，比上年增长29%。

（二）贸易情况

2021年，临港新片区货物进出口总额约1 760亿元，比上年增长近40%，其中出口额约970亿元、进口额约790亿元。全年新增落地贸易类项目214个，注册资本合计1 327.77亿元。临港新片区离岸贸易规模不断扩大，2021年纳入人民银行上海总部与市商务委认定的离岸经贸“白名单”企业83家，初步呈现加速集聚的发展态势。

（三）金融情况

2021年，临港新片区新增落地金融类项目188个，注册资本合计709.08亿元，比上年增长60%。具体包括：持牌金融机构14家、地方金融组织96家、金融科技公司4家、投资类企业71家（其中私募股权投资基金34家，基金管理总规模超726亿元）。

2021年，企业开立自由贸易账户数147个，其中区内企业FTE 68个、境外企业FTN 79个。临港新片区跨境人民币结算量7 109.95亿元，跨境外币结算量111.6亿美元，跨境融资额7.26亿美元，银行信贷投放余额449.36亿元，跨境资金池12个。

（四）创新情况

2021年，临港新片区新增高新技术企业349家。知识产权方面，专利授权7 058件，比上年增长57.09%，其中发明专利1 179件、增长62.40%。PCT国际专利申请291件。

截至2021年底，临港新片区有效专利量为18 630件，同比增长58.77%。其中，发明专利有效量为3 320件，增长54.71%；实用新型专利有效量为12 521件，增长64.79%；外观设计专利有效量为2 789件，增长40.15%。

（五）其他

2021年，临港新片区完成工业总产值2 673.8亿元，比上年增长70.3%，其中规模以上工业总产值2 642.3亿元、增长72.7%。完成全社会固定资产投资1 010.9亿元、增长62%，其中产业固定资产投资513.1亿元、增长53.4%。

临港新片区成立以来（自2019年8月起）完成签约前沿产业项目327个，总投资额4 382亿元。2021年完成签约前沿产业项目155个，总投资额2 110亿元（其中固定资产投资1 571亿元）。

2021年，临港新片区第三产业实现营业总收入2 724.8亿元、比上年增长49.1%，其中规模以上服务业营业收入369.7亿元、增长23.8%。限额以上企业（单位）实现商品销售额1 954.8亿元，比上增长52.6%；限额以上住宿餐饮业企业（单位）实现营业额2.5亿元，增长17.9%。新建房屋销售面积109.1万平方米，增长89.9%；销售额237.1亿元，增长84.9%。

二、建设措施及成效

（一）系统集成改革持续推进

积极推进《中国（上海）自由贸易试验区临港新片区总体方案》（以下简称《总体方案》）落地。《总体方案》分解出的78项任务中，已经或正在落地的超过90%。通过重点任务月度调度会议制度，持续推动尚未完成的任务落地。开放型经济的风险压力测试不断深化。起草中国（上海）自由贸易试验区临港新片区建设三年行动方案；全面落实《中共中央　国务院关于支持浦东新区高水平改革开放打造社会主义现代化建设引领区的意见》，实现“新片区”和“引领区”同频共振、协同发展。自主改革创新深入开展。市委、市政府发布《关于支持中国（上海）自由贸易试验区临港新片区自主发展自主改革自主创新的若干意见》，出台支持临港新片区开发建设新一轮特殊支持政策。

（二）推动重点领域扩大开放

推进金融、电信、教育等领域开放。全国首个外资控股的合资理财公司、首个外商独资的金融科技公司相继设立。推动外资云服务项目、具有独立法人资格的办学项目落地。研究拟定《临港新片区促进医疗卫生高质量发展若干政策（试行）》，争取境外已上市抗肿瘤新药在上海定点医疗机构先行使用试点。吸引和支持国际组织机构集聚发展。出台《临港新片区关于支持国际组织集聚发展的若干政策（试行）》，一批国际组织正式落户。推动围网区外重点产业企业享受围网区内政策。创新适应大飞机产业链发展需求的海关监管模式，上海飞机制造有限公司“一司两地”一体化监管方案正式落地。

（三）对外贸易更加自由便利

设立全国唯一的洋山特殊综合保税区。实行“六特”监管制度，通关便利化显著提升。除涉证涉检和涉安全准入管理的货物外，其他货物在一线进出境环节企业凭自主声明可直接将货物从口岸提离并出入区，极大简化进出境通关手续。区内不设海关账册，区内货物的存储与流转更加自由、便利，有效降低企业时间成本、人力成本和资金成本。拓展保税维修新业态。培育绿色低碳产业，激活经济增长新动能，大力拓展二手机电产品保税维修、绿色再制造等创新业态，璞擎电子、梅特勒托利多等保税维修项目正式落地并实现量产运营。优化跨境电商出口模式，完善健全跨境电商生态体系。着眼出口跨境电商，解决中小微企业跨境电商出口瓶颈，推出“1210”跨境电商新模式。

（四）金融开放创新取得突破

加大金融创新力度。在全国率先取消外商直接投资人民币资本金专户，率先试点境内贸易融资资产跨境转让业务，上线运行跨境人民币贸易融资转让服务平台。加强金融监管和服务机制建设。成立上海证监局支持服务临港新片区领导小组办公室、中国人民银行上海总部支持临港新片区领导小组办公室，与上海银保监局、浦东新区金融工作局等签署合作备忘录，与上海证券交易所共建临港新片区资本市场服务基地。推动设立国际金融资产交易平台。配合上海证券交易所国际金融资产交易平台专项工作组开展筹备工作。推进资金跨境流动便利。率先开展本外币合一跨境资金池试点，率先试点一次性外债登记，率先试点高新技术企业跨境融资便利化额度。率先允许融资租赁母子公司共享外债额度，吸引浦银租赁、上实租赁等 80 余家 SPV 公司落地。大力发展科技金融。成立中国集成电路共保体，起草科技保险创新引领区建设方案，太保私募基金、太保大健康产业基金等落地。

（五）航运枢纽功能不断增强

完善“中国洋山港”籍船舶登记管理制度。发布《中国（上海）自由贸易试验区临港新片区国际船舶登记管理规定》，实施多证联办、统一发证等便利化措施，已累计完成 20 艘船舶登记注册。推动沿海捎带政策落地。国务院批复同意在临港新片区暂时调整实施《中华人民共和国国际海运条例》《国内水路运输管理条例》的有关规定，允许符合条件的外国、香港特别行政区和澳门特别行政区国际集装箱班轮公司利用其全资或控股拥有的非五星旗国际航行船舶，开展大连港、天津港、青岛港和上海港洋山港区之间，以上海港洋山港区为国际中转港的外贸集装箱沿海捎带业务试点。搭建保税船供公共服务平台。拓展船舶备件区港直供功能，解决船舶备件、配件、船舶物资等企业痛点。搭建国际中转集拼公共服务平台。国内首创跨关区国际中转集拼业务模式，推动成立“洋山国际中转集拼服务中心”，为进口分拨与国际中转、出口集拼货物提供便利化监管运营环境，实现近、远洋航线直接在口岸分拨，国际中转集拼效率接近全球领先水平。搭建空箱交换平台、运价交易平台。推出“东北亚空箱交换中心”，推动马士基航运、地中海航运、达飞轮船、长荣海运等船公司参与，提升空箱资源配置效率，缓解用箱矛盾。推动上海航交所在区内设立上海航运运价交易公司，研究推出远期运价合约交易平台。完成洋山特殊综合保税区二期封关验收和一体化信息管理平台验收，已上报三期扩区申请，基本完成围网等硬件设施建设。加快推进洋山港“水公铁”多式联运系统建设。形成“洋山港水公铁集疏运系统”方案，集疏运中心一期工程已完工，二期工程已开工建设，三期工程完成立项，大治河船闸东移工程完成项目建议书批复。推动小洋山北侧集装箱支线码头启动建设。配合推进小洋山北侧开发，已初步商定码头规模和功能定位。

（六）人才集聚态势逐步显现

优化国内人才落户、购房等政策。上海高校应届硕士毕业生直接落户政策落地，取得引进非上海生源重点扶持用人单位推荐确认权，完成新一批重点机构申报工作。人才政策磁吸效应继续增强，市级层面赋予临港新片区管委会居转户受理初审权。制定《紧缺急需人才购买自住用房工作口径》，缩短紧缺急需人才购房等待期。优化技能人才引进落户机制，持续推进行业代表性企业目录外职业资格和技能等级自主评定和推荐工作。探索实施更加开放便利的出入境、停居留、移民服务政策。形成电子口岸签证首批 16 家试点单位清单，优化邀请单位动态管理机制。提升外国人在华永久居留便利化水平，在新片区连续工作满 3 年、每年工资性收入达到一定条件的外籍人士申办永居政策落地，首单申办已完成。实施更加开放便利的移民融入制度，完善临港新片区移民事务服务中心“1+X”工作体系，深化移民融入、社会融合服务站点建设。2021 年，人员引进及落户数量达到 1.3 万人，达到 2020 年的 3 倍。

（七）数据跨境流动安全有序

试点开展数据跨境流动安全评估。完成全国首家智能网联汽车企业数据跨境流动安全评估。

建立数据跨境流动“低风险跨境流动数据目录+分类监管+传输存证”管理制度。开展智能网联汽车、金融理财等领域的低风险跨境流动数据目录研究制定工作。制定《临港新片区促进智能网联汽车和车联网数据跨境流动操作指引（试行）》，完成数据跨境流动公共服务管理系统开发测试。启动建设“国际数据港”，打造上海数字贸易国际枢纽港先行区，发布临港新片区推进国际数据港建设实施方案、数字经济产业创新发展“十四五”专项规划等。加快建设新型互联网基础设施。建成上海（临港新片区）国际互联网数据专用通道，已开通线路15条；国家（上海）新型互联网交换中心试点建设实施方案获工信部批复，已正式挂牌并投入运营。

（八）特殊税收政策陆续落地

实施企业和个人所得税优惠政策。从事集成电路、人工智能、生物医药、民用航空四大产业关键领域核心环节生产研发的企业，自设立之日起5年内享受15%企业所得税优惠税率。实施个人所得税税负差额补贴政策。实施国际运输船舶退税政策。对境内制造船舶在“中国洋山港”登记从事国际运输和港澳台运输业务的视同出口，实施增值税退税。完善启运港退税政策。将长江流域沿线13个启运港均纳入经停港，并允许船舶在经停港加、卸载货物，促进江海联运发展。实施洋山特殊综合保税区围网区内物流、仓储服务免征增值税政策。对注册在洋山特殊综合保税区内的企业在综保区内提供交通运输、装卸搬运和仓储服务取得的收入免征增值税。

（九）全面风险管理逐步加强

一是形成风险防范工作机制。发布《临港新片区风险防范体系建设实施方案（2021—2023年）》，完成货物贸易、企业监管辅助、金融综合监管、危险品集装箱智能监控、跨境数据流动公共服务管理等一批风险防范应用场景建设，实现部分领域风险实时监测和动态预警管理。二是建立全国独有的一体化信息管理服务平台。已对接20个业务部门和单位，整合35个业务应用，形成经济运行、制度创新、风险防范、事中事后监管、政务服务5个方面的框架体系。上线应用一体化平台数据交换系统，形成数据流转、交互与服务中枢，推进楼宇经济、法人社会数据、法人处罚、企业迁入、生态环境、政务服务、城市管理、工程建设、建设工人疫情防护等专题库建设。目前已完成2.0版升级，初步形成“制度+技术”的全面风险监测和防范体系。

（十）产业发展生态不断优化

临港新片区着力打造“4+2+2”为重点的世界级、开放型、现代化前沿产业集群，“4”是指集成电路、生物医药、民用航空、人工智能四大核心产业；“2”是指智能新能源汽车、高端装备制造；“2”是指绿色再制造、氢能产业。“东方芯港”规划面积10平方公里，已集聚积塔半导体、闻泰科技、格科微电子、天岳半导体、恒玄科技等150多家企业，总投资超过2 000亿元。“生命蓝湾”规划面积4.5平方公里，已集聚90多家企业，总投资额约500亿元，包括君实生物、碧博生物、德建聪和、臻格生物等代表性企业，部分项目已投产。以打造高度数字化智能工厂为切入点和突破口，全面推进前沿产业集群企业的数字化、网络化、智能化升级，推动航空发动机、船舶动力等动力装置核心技术数字化研发。形成以特斯拉、上汽荣威为龙头的智能新能源汽车整车制造产业链。“大飞机园”规划面积24.7平方公里，已签约项目20余个，总投资超过200亿元。“海洋创新园”已入驻企业180余家，打造“海洋+智能制造”产业体系。“信息飞鱼”规划面积1平方公里，总投资超过300亿元，涵盖信息基础设施、5G通信、文化数据、信息安全、智慧教育等多个领域。打造中日（上海）地方发展合作示范区，该示范区为国家发展改革委批复的六个合作示范区之一，以氢燃料电池产业为重点，打造新能源产业研发制造合作平台，已集聚38个新能源项目。成功举办第四届世界顶尖科学家论坛，建设世界顶尖科学家国际联合实验室。北京大学上海临港国际科技创新中心签约落地，华东理工大学“流程智造”科创平台运营公司完成注册，授牌智能制造、工业互联网、复旦产业化、朱光亚战略、电力电子研究院、海洋高端装备等两批14家科技创新型平台。

（十一）城市功能配套日益完善

商文体旅能级提升。上海天文馆开馆运行，星空之境海绵公园正式开园；国际文化创意港、城市商业生活中心等区域建设有序推进。花园城市建设有力推进。新增绿地约160公顷，新建公益林约1 500亩，新增立体绿化约10 000平方米，新建绿道约20公里。实施主城区桥梁、河道、楼宇景观泛光照明亮化工程，构建完成申港大道、临港大道等主城区主次干路绿林网络体系。公共服务供给持续优化。推进上海中学东校高中部、青少年活动中心及12个续建公建配套学校项目建设，推动科技城C04-05幼儿园等10个新建公建配套学校项目开工。高起点开办上师大附属浦东临港中小学、建平临港中学和上海中学国际部办学点，与上海交大、华师大、上师大签署战略协议。推进万祥、申港2个社区卫生服务中心项目建设，推进六院临港院区二期扩建、浦东精卫中心2个新建项目开工。深化上海市第六人民医院—临港新片区紧密型健康联合体建设。推进泥城养老院、临港老年养护院2个项目竣工和芦潮港养老院新建项目建设。推进芦潮港E0204地块邻里中心等社区服务综合体建设。强化对建设者的人文关怀，打造建设者小镇，组建工作站和“家门口”服务站。

（十二）法治保障力度明显提升

制定出台《中国（上海）自由贸易试验区临港新片区条例》，已于2022年3月1日起正式实施。参与制定浦东新区法规和管理措施，推动市场主体登记确认制法规出台并于2022年3月15日正式实施。研究制定智能网联汽车和无人驾驶装备创新应用管理、氢能源管理、滴水湖水域保护和管理等浦东新区法规和管理措施草案，建立临港新片区参与制定浦东新区法规和管理措施的立法工作规程。推进法律服务中心建设，已签约入驻法律服务机构44家。发布临港新片区一站式争议解决云平台，争取国外知名仲裁机构业务机构落地。市司法局已批准三批15家律师事务所在临港新片区设立同城分所。探索建立金融法治试验区。完善知识产权保护机制，设立知识产权综合服务窗口，建立专利快速审查衔接机制，企业获得专利授权的平均周期从3年大幅缩减至3个月，已推荐三批次69家企业进入快速审查备案名单。设立本市首个市场化知识产权保护维权互助基金。推进知识产权金融创新，支持10家企业通过专利质押和组合贷实现知识产权融资，共计授信1.552亿元，单笔最高金额达到4 000万元。

（十三）持续打造营商环境高地

优化营商环境工作机制。成立临港新片区营商环境工作领导小组，形成“特斯拉审批模式”常态化工作格局。建立“18+N”特色营商环境指标体系，开展临港新片区营商环境评估，2021年临港新片区在部分指标上的表现已超过全国整体水平，位于世界前列。集中行使市、区两级行政审批和行政处罚事权。分两批集中行使市、区两级20个领域共1 170项行政事权。2021年，下放事权相关业务办件量达到16 368件，同比增长203%。全面推进系统集成改革。实施《临港新片区全面推进集中行使行政事权系统集成改革方案》。针对低风险、政府内部流转和非必要的过程性审批事项和情形，梳理形成一批免审事项清单。推出10个“一业一证”行业和63项涉企经营许可的“证照联办”。设立全市首个覆盖政府和企业投资项目的实体化运作的审批审查中心，普遍实现产业项目从战略签约到开工4—6个月，部分带方案出让的重大项目实现“拿地即开工”。先行探索“外资准入、登记注册、市场准营”一次性办理和央地协同监管。实现26个依申请办理行政服务审批事项“全程网办”，运行工程建设领域“电力接入一件事”综合审批平台、4个“一件事”系统，实现水土保持方案等4个事项“无人干预自动办理”，拓展了一批“好办”

"快办"事项。

三、创新成果及案例

案例 1：在全国率先实施市场主体登记确认制

主要做法：

市场主体登记确认制对标国际通行规则，依托名称告知承诺、经营范围自主勾选、住所自主申报和申请人身份认证的全程电子化登记系统，推行材料清单标准化、办理流程电子化、登记服务智能化，构建临港新片区高效便利的商事登记体系。以申请人自主填报、自主勾选、自主承诺为基础，在申请人自行确认相关事项后，理论上由系统自主判断，可以做到智能审批、无人审批、申请即批，进一步压缩办理时限。在前期实践基础上，推动市场主体登记确认制进入立法程序并于 2022 年 3 月 15 日出台实施。市场主体登记确认制法规创新实施备案事项自主公示、市场主体住所托管、进一步简化材料和审核要求、精简照面信息，登记机关不再过度介入市场主体内部决策过程，还市场主体更大的经营自主权，持续降低市场准入制度性成本。

特色亮点：

临港新片区积极落实国务院和上海市的相关要求，在总结上海市商事领域改革经验的基础上，对标国际上公认的竞争力最强的自由贸易园区，在现行法律法规基本框架下，对商事登记制度进行大胆改革和创新。在前期名称告知承诺改革的基础上，以规范性文件的方式从完善审查标准、提升商事主体登记便利化水平、构建以信用分级为标准的监管体系以及联惩机制、探索商事登记撤销制度等方面对临港新片区商事登记制度进行了规制。改革实施以来，约两万户市场主体受益于改革，高效便捷进入市场，形成实名认证、申报承诺、形式审查、登记确认、监管纠错等"临港经验"，并被《中华人民共和国市场主体登记管理条例》吸纳。

《上海市浦东新区市场主体登记确认制若干规定》进一步巩固和扩大了登记确认制改革成效。一是围绕放宽事前准入条件，构建市场主体登记确认体系。明确设立市场主体设立实施行政确认；在名称登记方面，推行申报承诺制；在经营范围登记方面，尊重市场主体经营自主权，明确市场主体经营范围由其自主确定并向社会公示；在住所登记方面，积极稳妥地推进"一照多址"和"一址多照"；将市场主体向登记机关申请备案的部分事项，改为自主向社会信息公示。二是围绕加强事中事后监管，有效提升信用监管效能。将市场主体自主公示事项和留存文件纳入"双随机、一公开"监管范围；运用信息化手段，通过实名验证、异议核查、信息标注等方式，维护登记机制的公信力；创新市场主体住所托管机制，发挥行业协会和相关专业服务机构的共治功能，明确托管服务机构的权责；对虚假登记行为设定行政处罚，把牢登记注册高压红线。三是围绕提供智慧高效服务，释放登记确认制度红利。助推信息公开，构建覆盖市场主体全生命周期的登记服务体系；注重材料精简，登记机关不再收取市场主体内部决议等自治性文件材料；突出智慧便利，通过"一网通办"平台推进市场主体登记全程线上办理，探索电子营业执照"一照通用"。

同时，构建了市场监管领域"通用+专业"的信用评价体系，依托临港新片区"互联网+监管"系统，按照"双随机、一公开"监管要求实施差异化监管，并结合临港新片区实际，加强对各类登记事项的检查力度。积极对接管委会一体化信息管理服务平台，及时共享发现的虚假承诺信息，以便实现区域内失信主体联合惩戒。

实践效果：

市场主体登记确认制落地实施后，企业仅用半天时间即可完成新设咨询到营业执照领取的设立全流程，并在"智能审批"的基础上实现"无人干预秒批"，审批时限压缩了 50%。减少自治性材料收取，最少仅需 2 份材料就能完成登记。降低登记要求，一般经营范围无须登记即可经营。人员自主公示事项无须登记机关另行审查。实现了"一个目标"，接轨国际商事通行规则，大幅降低市场主体创设的制度性成本，还企业以生产经营和投资自主权，加快市场主体进入市场开展商事活动的速度。推动“两项转变”，即登记注册由行政许可转变为行政确认，审查方式实质性由审查转变为形式审查。最大限度地放宽材料需求、降低审查标准和丰富公示途径。健全住所等登记事项管理制度，依托“互联网+监管”的技术手段和监管模式创新，完善事中事后监管保障机制，有效提升临港新片区营商环境，充分体现制度创新带给市场主体的强大吸引力。

通过实名认证程序，确认申请人身份及其真实意思表达，基本杜绝了虚假承诺与虚假登记。在事中事后监管过程中，尚未发现虚假承诺事项。

案例2：在全国率先开展境内贸易融资资产跨境转让试点

主要做法：

根据人民银行上海总部指导上海市金融学会跨境金融服务专业委员会研究制定的《中国（上海）自由贸易试验区临港新片区境内贸易融资资产跨境转让业务操作指引（试行）》（以下简称《操作指引》），上海市各商业银行可按照“服务实体、真实贸易、真实出表、真实转让、风险可控”的原则，在临港新片区内开展境内贸易融资资产跨境转让业务。该试点业务中，底层资产为国内贸易融资资产，以人民币计价，先行放开国内信用证福费廷和风险参与两类资产的跨境转让。此外可双向跨境操作，境外机构不限于金融机构，接受更广范围内的境外投资人。在此背景下，企业结合国内和国际金融市场，匹配条件最为合适的融资方式，选择最为优惠的融资资金。其他类型贸易融资资产的跨境转让业务将根据“成熟一项、推出一项”的原则逐步推出。

特色亮点：

根据《操作指引》，中国银行上海市分行率先为临港新片区企业埃珂森（上海）企业管理有限公司和上海远宜国际贸易有限公司办理了国内信用证福费廷资产跨境转让业务，成功落地临港新片区首单境内贸易融资资产跨境转让业务。建设银行新片区分行通过区块链贸易金融平台，为临港新片区企业上海外高桥造船海洋工程有限公司办理首单国内信用证福费廷区块链跨境转让业务。交通银行新片区分行将总额1 000万元人民币的国内信用证福费廷资产分别转让给中国银行悉尼分行和交通银行澳门分行。

人民银行上海总部通过规范信息报送、事中事后监测等来做好风险预警管理工作。上海市各银行认真执行反洗钱、反恐融资以及反逃税相关规定，切实履行必要的审核职责，做好客户身份识别，加强资金监测，按规定上报大额及可疑交易报告，妥善保存客户身份资料及交易记录，切实防范洗钱、恐怖融资和逃税风险。

实践效果：

该试点已在上海市复制推广，市各主要银行均已开展境内贸易融资资产跨境转让业务，后续拟鼓励更多银行开展此项业务。创新效果方面，实现了境内银行进一步盘活资源，优化资产负债结构，提升经营管理效益；进一步丰富跨境人民币双向流通渠道，满足境外机构配置境内优质金融资产的需求，进一步提升人民币资产作为全球资产配置的价值和吸引力；把上海自贸试验区临港新片区建设成为更好利用两个市场、两种资源的重要通道，推动新片区构建开放型经济体系，为打造更具国际市场影响力和竞争力的特殊经济功能区提供强大的金融支持，进一步增强上海国际金融中心的全球影响力。

案例3：加快推动全国唯一的洋山特殊综合保税区发展

主要做法：

根据《中国（上海）自由贸易试验区临港新片区总体方案》和《国务院关于同意设立洋山特殊综

合保税区的批复》要求，按照“整体规划、分步实施、分批验收、有序推进”的原则，洋山特殊综合保税区一期、二期均已完成封关验收，全域封关面积合计22.36平方公里。其中，一期于2020年5月12日完成封关验收，2020年5月16日正式挂牌，封关面积14.27平方公里，包括原洋山保税港区陆域和小洋山岛区域；二期于2021年1月20日完成封关验收，封关面积8.09平方公里，包括芦潮港区域南港区块和浦东机场南部区域。洋山特殊综合保税区是中国唯一的特殊综合保税区，是投资贸易服务自由化便利化的最佳实践区、落实“五个重要”及引领全国高水平开放和高质量发展的重要功能区，是上海建设国际经济、金融、贸易、航运中心和具有全球影响力的科技创新中心的重要承载区。

特色亮点：

（一）加快推进制度创新

围绕落实《中国（上海）自由贸易试验区临港新片区总体方案》和《中华人民共和国海关对洋山特殊综合保税区监管办法》，积极推进功能拓展和制度创新，完善保税国际船舶登记程序，优化大宗商品贸易制度，推进海关监管便利化。实施促进洋山特殊综合保税区对外开放与创新发展的88条政策，发布洋山特殊综合保税区发展“十四五”规划，加快推动一批创新业务落地。首单跨境船舶租赁业务、首单国产客运飞机租赁项目、首单国际铜保税标准仓单质押融资业务、首单跨关区国际中转集拼业务落地。设立集报关报检、保税仓储、分拣集拼等服务于一体的洋山国际医药进出口商务中心，进口创新药从机场提货到全国销售仅耗时4个工作日。打造企业生产物流全程可视化监管模式，支撑监管创新、制度创新。优化国际船舶登记流程，推动相关部门制定发布《中国（上海）自由贸易试验区临港新片区国际船舶登记管理规定》，推进中远海运发展有限公司所属48艘中国籍船舶的船籍港注册登记“中国洋山港”，助推全球航运枢纽建设。

（二）积极做好产业功能培育

围绕区域重点产业功能，开展战略招商精准招商，主动对接转口贸易、离岸贸易、跨境电商、保税研发制造功能以及航运、金融服务等项目，解读并推介洋山特殊综合保税区相关政策，提供量身定制的客户服务，全力推进重点项目落地。离岸贸易领域，揭牌成立离岸贸易监测中心、离岸贸易服务中心、离岸贸易创新发展研究基地，正式上线运行临港离岸贸易与国际金融服务平台。物流分拨领域，中远海运物流、东方海外物流、中谷物流陆运平台、中创物流供应链管理公司等入驻，推动马士基亚太智慧物流分拨中心、中远物流亚太分拨中心等项目落地。跨境电商领域，推动邮瞬通—京东OTC跨境电商、中远海运与中国邮政跨境电商、中外运跨境电商等项目落地。保税检测维修领域，推动加拿大领越天际（AST）保税维修项目、卡洛哈海尚豪华汽车保税维修项目落地。绿色再制造领域，推动邦芯半导体、吉姆西半导体绿色再制造中心等项目落地。

（三）全力做好配套服务支撑

推进一体化平台特殊综保区模块整体开发工作，已搭建完成数据中台、企业生产物流全程可视化子平台、信用分级分类管理子平台等基础功能，启用海关监管辅助功能。落实规划、土地收储、产业布局等工作，服务保障开工项目临水临电及时配套，积极推动洋山特殊综合保税区内市政配套基础设施建设。加强重点税源企业沟通走访，对洋山特殊综合保税区内所有纳税企业建立服务专员联络制度以及分级维护机制，及时响应企业需求，挖掘合作机会。同步做好财政扶持相关工作，为企业进行申报培训、现场解读和答疑。

实践效果：

2021年，洋山特殊综合保税区累计新增企业750家，注册资本金1 025亿元。其中，航运物流类企业134家，累计注册资本460亿元；贸易类企业216家，累计注册资本223亿元；新能源、集成电路等科技类企业150家，累计注册资本35亿元；

为贯彻“数字中国”重大战略部署，落实上海全面推进数字化转型、打造国际数字之都的总体要求，支撑临港新片区打造具有较强国际市场影响力和竞争力的特殊经济功能区，围绕市委、市政府部署，在市级专班指导支持下，临港新片区研究创新数据跨境流动领域的相关制度，积极推进国际数据产业发展和国际数据港建设，在安全可控、先试先行数据跨境流动的同时，进一步提升临港新片区数字经济发展的显示度，为国家试制度、探新路。

（一）编制国际数据产业发展规划

发布《中国（上海）自由贸易试验区临港新片区数字经济产业创新发展“十四五”专项规划》《中国（上海）自由贸易试验区临港新片区“数联智造”—智造焕新三年行动方案（2021—2023年）》《中国（上海）自由贸易试验区临港新片区“数联智造”—工赋创新三年行动方案（2021—2023年）》，启动《中国（上海）自由贸易试验区临港新片区打造网络安全产业集群行动方案（2022—2025年）》。

（二）探索建立数据跨境流动管理体系

为落实《中国（上海）自由贸易试验区临港新片区总体方案》中“推动数据跨境安全有序流动”的要求，临港新片区管委会在相关主管部门的指导下，积极推动数据跨境流动相关管理体系建设。一是在制度建设方面，探索先行先试数据跨境流动制度，打造数据安全高地。在党中央、国务院和市委市政府的领导下，按照“1+1+N”的推进思路，研究制定数据跨境流动相关规章制度和操作办法，依照《中华人民共和国网络安全法》《中华人民共和国数据安全法》，借鉴《中华人民共和国个人信息保护法（草案）》相关意见，在相关主管部门和各行业监管部门的指导支持下，探索数据分类分级管理和“一行业一清单”的正面清单模式，争取率先在智能网联汽车和车联网领域进行试点，并逐步探索形成N个领域的正面清单，确保数据跨境流动可管可控。二是在机制建设方面，探索“四个一”推进机制，即建立一套与市相关部门的统筹协调机制，建设国际互联网数据专用通道、功能型数据中心、新型互联网交换中心等一批新型基础设施，搭建一个数据跨境流动公共服务管理平台，协助推进一批企业数据跨境流动安全评估试点。已指导多家企业完成安全评估试点上报，完成首家企业的安全评估试点。此外，已开展其他行业领域的数据跨境流动试点的可行性调研，提前做好工业互联网、金融、电商等行业领域有关试点摸排准备工作，为后续试点范围扩大做好储备。

（三）提升信息基础设施建设硬实力

一是提升国际海光缆容量。持续提升已建海光缆容量，协调推进新建直达东亚和东南亚的海光缆系统在上海落地。二是建设国际互联网专用通道。面向外向型园区及企业，建设和开通从园区直达国际通信业务出入口局的数据专用通道，提升国际互联网访问质量。三是试点建设新型互联网交换中心。将运营商网络、大型互联网企业、ISP企业（互联网服务提供商）、各类大型云计算数据中心、物联网、工业互联网等多主体接入交换中心，实现“一点接入、多点互通”的高效流量交换。四是建设全球数据枢纽平台，扩容亚太互联网交换中心（APIX），在现有国际互联网转接业务基础上，建设大规模高等级云数据中心，承接国际、国内数据的存储、计算和处理。五是建设商汤科技新一代人工智能计算与赋能平台、中国电信公共算力中心、上海移动临港IDC研发与产业化基地二期。

特色亮点：

加快推进“信息飞鱼”全球数字经济创新岛建设。聚焦航运物流、金融服务、跨境贸易、汽车制造领域，落户一批国际企业，形成产业集聚区。“信息飞鱼”全球数字经济创新岛以数字产业为核心，搭建从跨境研发、赋能到多场景应用的功能结构，利用跨境数字产业推动各产业技术升级，推进人工算法、图像识别、知识计算引擎与知识服务等重要技术突破，加强人工智能技术向各领域融合，构筑跨境数字赋能科技新核心，打造全球领先的信息科技创新产业链。目前规划面积100公顷，已引入数字经济领域企业25家，涉及投资额300亿元。

实践效果：

面向“十四五”发展的新形势、新要求以及2035年远景目标，临港新片区已落户集成电路、人工智能、工业互联网、智能制造等实体企业370余家，智能制造功能平台、工业互联网创新中心、朱光亚战略科技研究院、临港电力电子研究院等功能性平台20家。商汤科技（AI算力算法）、华大九天（EDA设计软件）、艾为电子（IC设计）、寒武纪（AI芯片）、深思考（AI芯片）、燧原科技（AI训练平台）、迷思科技（MEMS传感器芯片）、联合瀚讯（5G系统芯片）、矽睿科技（智能传感器）、浦发金融（AI+金融）、上海外服（AI+人力资源服务）、浪潮云工业互联网项目（云计算、大数据）、清申科技（智慧天网项目）、安恒信息（数据安全）等优质企业落户。涵盖信息基础设施、5G通信、文化数据、信息安全、智慧教育等多个领域，围绕服务上海、长三角以及全国的发展大局，构筑全球数字经济产业高地，努力将临港新片区打造成为上海“国际数字之都”的核心示范先行区。临港新片区管委会协同相关主管部门，加速推进制定和落地国际数据产业发展及数据跨境流动领域相关规划和制度，争取加快形成相关引导示范案例。

案例6：全国首单跨关区国际中转集拼业务落地

主要做法：

国际中转集拼业务是衡量一个国际枢纽港建设发展的核心评价指标。《关于海运进出境中转集拼货物海关监管事项的公告》（海关总署公告2018年第120号）实施以来，全国各主要海运口岸在中转集拼业务上积极探索实践，但均未实现跨关区中转集拼。《中国（上海）自由贸易试验区临港新片区总体方案》明确提出“对境外抵离物理围网区域的货物，探索实施以安全监管为主、体现更高水平贸易自由化便利化的监管模式，提高口岸监管服务效率，增强国际中转集拼枢纽功能。”《中国（上海）自由贸易试验区临港新片区总体方案》为临港新片区结合区域特点、探索差异化监管制度、优化国际中转集拼模式提供了指引。临港新片区管委会会同上海海关等监管部门，积极突破跨关区中转难题，提升国际枢纽港功能。

上海港近洋航线分布在外高桥，远洋航线分布在洋山港，近、远洋航线分离既增加了国际中转集拼成本，又增加了海关监管的难度。跨关区国际中转集拼模式，立足于上海港航线布局现状，将境外进境货物以分拨申请提箱入区的模式，把货物运送至区内指定的中转集拼仓库，与国内或其他国际转运货物集拼后出境，为上海港吸引国际中转货物探索了一条行之有效的路径。

特色亮点：

（一）完善国际转运集拼监管和服务功能

为支持洋山特殊综合保税区国际中转集拼业务发展，上海海关批准上海深水港国际物流有限公司设立国际转运集拼监管中心，对集拼货物实行闭合式、信息化、集约化管理，并成功完成国际中转集拼的海运舱单模式下的全流程试单操作，不仅如此，还多次提速试单，通关效率和便利化程度均大幅提升。2021年6月，临港新片区管委会与上海海关、上港集团共同启动“洋山国际中转集拼服务中心”，支持上港集团在洋山口岸区内打造洋山国际中转集拼服务中心，为进口分拨与国际中转、出口集拼货物提供便利化监管运营环境，实现近、远洋航线直接在口岸分拨，减少国际中转货物物流运作时效及成本，吸引更多国际货物至洋山港进行中转集拼。

（二）出台国际中转集拼配套政策

为增强国际中转集拼枢纽功能，临港新片区管委会会同人民银行上海总部、上海海事局、上海边检总站发布了《关于促进洋山特殊综合保税区对外开放与创新发展的若干意见》，对从事国际中转集拼业务及搭建国际中转集拼服务中心的企业按照其规模和贡献度给予一定支持，积极引导全球性国际供应链服务商将国际中转集拼业务向上海集聚。

（三）成功落地首单跨关区国际中转集拼业务

2020年7月，丹麦得斯威国际货运公司将采购自德国汉堡的汽车零部件等货物在上海深水港国际物流有限公司所属国际中转集拼仓库进行拆箱，与其他货物重新拼箱后运往上海外高桥港区，重新出口至东南亚和日本等地，这标志着上海口岸正式开展跨监管区域国际中转集拼业务。正如该公司海运及铁路总监 James Chi 先生所说，多次试单证明了上海开展国际中转集拼业务的时机已经成熟，公司将继续加强与临港新片区管委会沟通，研究优化相关业务流程，推动上海口岸国际中转集拼业务发展，助力上海国际航运中心建设。

实践效果：

相比较原先绕道釜山、新加坡等中转港，上海作为全球排名第一的集装箱枢纽港，货源腹地辽阔，开展国际中转集拼业务，不仅可以大幅节省转运时间和成本，也为上海建设国际航运中心、吸引国际采购及分拨配送等高附加值物流增值服务、提高国际中转货物比例起到显著提升作用。

案例7：在全国率先开展“一站式”施工许可和竣工验收试点

主要做法：

根据《关于进一步优化临港新片区工程建设项目审批审查中心运行机制的实施方案》，由临港新片区审批审查中心组织牵头实施两个“一站式”服务和施工过程中的联合监督检查，受理范围覆盖所有工程建设项目。建设工程项目的施工许可和综合验收涉及众多环节和部门，是影响产业类投资项目落地投产的重要因素。临港新片区管委会具有集中行使事权的优势，施工许可和综合竣工验收由临港新片区审批审查中心“一站式”办理。

特色亮点：

成立临港新片区工程建设项目审批审查中心，并依托行政服务中心实体化运作，提供“一站式”办理服务，实现“一窗”综办服务，后台联合会审。以多方协作的工作机制，实现资源整合，牵头组织建设管理、规划资源、生态环境等多个部门，在施工许可和竣工验收阶段，推行“五个一”，即只登一扇门、只对一扇窗、只见一个部门、只递一套表、只录一系统，集成建设单位申办的系统平台，推动“一站式”拿地开工，简化验收流程，实现“数据多跑腿、建设单位少跑腿、少提交资料”的目标，提升了企业的获得感。

在施工许可方面，结合“窗口事务官”和“帮办代办”等制度，提供即办即批服务和专人跟踪服务，实行一次报审、并联征询、多线并行。后台根据各自职责负责对申报材料进行受理和审批，审批结果信息通过工程建设项目审批管理系统实现共享。针对低风险产业类项目，实行“一站式”申请并办理施工许可。建设单位向审批审查中心一次申请后，各相关部门自受理之日起9个自然日内完成在线审批，合并办理建设工程规划许可证、建设工程施工许可证及供排水接入等3个环节，一次性在线核发建设工程规划许可证和施工许可证。

在竣工验收方面，通过“四统一”（即统一申报、统一受理、统一提供现场察看服务、统一出证）、“告知承诺”、“容缺后补”、“多测合一”等创新审批方式，进一步简化验收审批流程，提升审批效率。针对低风险产业类项目，同步进行综合竣工验收和不动产登记，实现“验登合一”。

在风险防范方面，依托上海市政府“一网通办”的上海市工程建设项目审批管理系统，完善全流程信息共享，继续整合单部门办理事项“进出口”，采取全过程跟踪服务，及时发现项目中存在的问题，联合综合执法部门对失信企业进行惩罚。依托工程建设领域综合管理平台等相关事后监管平台，对“一站式”项目进行实时监管，实现工程建设项目从项目立项到竣工验收的全过程可视化，对项目的检查和实质开工率、完工率影像查验进行实施跟踪。

实践效果：

2021年，临港新片区接受“一站式”施工许可服务的项目共308个，实现“一站式”施工许可的低风险项目共7个，拿地项目的开工时间普遍控制在6个月内。2021年，共计办结“一站式”竣工验收69个项目，验收速度加快，验收平均办理时间由原先的3个月左右压缩到5—6天，为企业快速投产提供了有效的服务保障。该试点已在上海市复制推广。

案例8：在全国率先开展强化竞争政策试点

主要做法：

竞争是市场经济的本质，是激发市场活力的根本，是扩大市场开放的动力。《中国（上海）自由贸易试验区临港新片区总体方案》明确提出“实施公平竞争的投资经营便利，促进各类市场主体公平竞争。”为优化临港新片区营商环境，保护和促进市场公平竞争，保障经营者合法权益和社会公共利益，2020年4月，国家市场监督管理总局印发《关于支持在中国（上海）自由贸易试验区临港新片区开展强化竞争政策实施试点的复函》（国市监反垄断函〔2020〕154号），支持临港新片区开展强化竞争政策试点。2020年9月，临港新片区管委会会同上海市市场监督管理局举行强化竞争政策实施试点工作启动仪式，发布《关于在中国（上海）自由贸易试验区临港新片区开展强化竞争政策实施试点的通知》（沪市监垄价〔2020〕344号），率先在临港新片区开展强化竞争政策实施试点工作，推进强化竞争政策实施试点11条措施在临港新片区落地生效。

特色亮点：

（一）率先建立公平竞争集中审查制度

临港新片区建立公平竞争审查联席会议制度，发布联席会议工作规则和《临港新片区公平竞争审查指引》，在上海市范围内率先建立公平竞争集中审查工作机制，统筹协调临港新片区公平竞争审查工作，组织对临港新片区现行有效存量政策文件进行公平竞争审查，加快清理妨碍统一市场和公平竞争的各种规定和做法。

（二）探索构建营商环境公平竞争子指标体系

立足现有的《中国（上海）自由贸易试验区临港新片区营商环境报告》中“18+N”特色营商环境体系，以公平竞争对优化营商环境的支持效应为切入口，结合临港新片区发展实践、强化竞争政策实施试点的工作成效，对标RCEP、CPTPP等国际经贸规则，率先在“18+N”的营商环境评价指标体系中系统性设置了独立的“公平竞争子指标”，为临港新片区开展强化竞争政策实施试点确立了全方位的评价体系。

（三）探索建立竞争状况评估机制

临港新片区结合自身特色，从区域整体、重点行业和企业三个层面，从宏观背景、市场竞争状况、竞争政策实施情况、优化市场竞争状况的重点领域及建议四个方面，以组织竞争状况问卷调查、开展圆桌论坛等形式，了解企业对反垄断、反不正当竞争、经营者集中等方面的意识及需求，开展国际竞争政策和临港新片区市场竞争区域状况研究，探索建立竞争政策实施评估机制和市场竞争状况评估机制，形成了《临港新片区市场竞争状况研究》报告，为竞争执法实践和竞争规则创新提供支持，增强竞争政策实施的针对性和有效性。

实践效果：

2021年，通过公平竞争集中审查制度，共对149份主动公开的规范性文件为主的存量政策措施开展审查，以及6份新出台的政策措施开展实时审查，为出台政策措施提供自查自纠意见。

2021年，聚焦集成电路、人工智能、生物医药、航空航天等战略性新兴产业，开展了6场面向企业的培训，引导经营者依法合规开展市场竞争；配套编制了《临港新片区经营者反垄断合规指引（汽车领域）》和《临港新片区经营者反垄断合规指引（医药领域）》两个行业经营者反垄断合规指引并开展座谈宣贯，为扩大标准的知晓率及使用率奠定基础；完善了公平竞争社会监督机制，建立反映和举报违反公平竞争问题的绿色通道，及时受理和回应社会公众诉求，进一步营造公平竞争的市场环境。

案例9：全国首单国际铜保税标准仓单质押融资业务落地

主要做法：

大宗商品交易是洋山特殊综合保税区的重要业态，上海期货交易所期货铜、20号橡胶的期货交割库都在区内设置。长期以来，保税大宗商品质押融资难的问题，一定程度上限制了区内大宗商品交易发展。2021年5月17日，中国银行上海市分行为托克投资（中国）有限公司（以下简称“托克投资”）成功办理上海国际能源交易中心（以下简称上期能源）国际铜保税标准仓单质押融资业务，这是全国首单国际铜保税标准仓单质押项下的贸易融资业务。

2019年10月12日，海关总署发布《关于综合保税区内开展保税货物租赁和期货保税交割业务的公告》，对保税标准仓单质押业务的操作手续予以规定。需要开展保税标准仓单质押业务的仓单持有人，应当委托交割仓库向主管海关办理仓单质押备案手续。2020年12月22日，国务院发布《关于实施动产和权利担保统一登记的决定》（国发〔2020〕18号）（以下简称国发18号文），将仓单质押纳入统一登记范围的担保类型。根据国发18号文以及中国人民银行、国家市场监督管理总局公告（〔2020〕第23号）规定，自2021年1月1日开始，实施动产和权利担保统一登记，国家市场监督管理总局不再承担“管理动产抵押物登记”职责。对于纳入统一登记范围的动产和权利担保，由当事人通过中国人民银行征信中心动产融资统一登记公示系统自主办理登记。实施统一登记，有助于金融机构全面掌握企业动产和相关权利信息，进一步提高动产和权利担保融资效率。

特色亮点：

临港新片区抓住新规实施的契机，坚持业务创新从企业需求角度出发，在保证风险可控的前提下，突破保税货物融资难的问题，打通保税货物的实物监管部门与担保融资的金融监管部门之间的工作流程，探索一套可复制可推广的工作流程和操作模式。为帮助托克投资盘活其在洋山特殊综合保税区内的现货库存，并将融资用于企业日常经营发展，中行上海分行与洋山海关、上期能源等机构通力合作，通过梳理保税标准仓单备案、登记、质押、融资全流程和关税保函条款细节，逐项设计专业解决方案，确保“企业申请—海关审核—银行放款”高效便捷。所有的质押及后续解质押过程的办理均在上海国际能源交易中心标准仓单管理系统中完成，从而大幅简化业务环节各参与方的操作流程，提升融资便利，有效降低企业交易及融资成本，促进金融更好服务实体经济。

实践效果：

国际铜保税标准仓单质押融资业务的落地，有效疏通了大宗商品企业流动性堵点，为支持大宗商品交易发展注入了强大的生命力，给区内大宗商品企业插上了供应链融资的翅膀。同时，推动了保税交割从单纯的物流属性向金融属性拓展，大大增加了保税交割业务的内涵价值，为形成大宗商品规模化市场奠定了良好的基础。

案例10：全国首单自贸试验区SPV跨境设备租赁创新项目落地

主要做法：

2021年12月13日，临港新片区管委会与交银金融租赁有限责任公司（以下简称交银租赁）举行合作签约。在上海银保监局金融创新监管互动机制的大力支持下，交银租赁携手中远海运发展股份有限公司、临港交通有限公司，在洋山特殊综合保税区成功落地国内金融租赁行业首单自贸试验区SPV跨境设备租赁创新项目。

特色亮点：

临港新片区致力于打造金融开放新高地，连续出台包括财政扶持、政策贴息、人才激励在内的一系列优惠政策吸引金融等产业集聚。监管部门通过制度创新和机制创新，大力推进金融供给侧结构性改革，支持金融机构服务临港新片区建设。

本次中远海运发展集装箱项目，是从境外引进集装箱用于上海航运企业增加运力，是服务企业抗击疫情、保障全球供应链的具体体现。临港交通中运量无轨电车项目，是服务临港新片区以人民为中心加快建设宜居宜业新城的创新业务。两个 SPV 创新项目聚焦国际航运和新能源车辆两大重点产业，服务实体经济，有利于临港新片区进一步集聚国际航运和新能源汽车产业要素、增强临港新片区进一步发挥高质量发展发动机和增长极作用、服务浦东高水平改革开放引领区建设、服务国际国内双循环新发展格局。

实践效果：

自 2010 年金融租赁行业开展 SPV 租赁业务以来，其业务范围被限定在飞机、船舶、海工设备，此次国内金融租赁行业首单自贸试验区 SPV 跨境设备租赁创新项目成功落地，充分体现了临港新片区制度创新优势和产业政策吸引力。该项目有效利用金融监管和临港新片区相关政策，落地服务实体经济的创新业务模式，为金融租赁行业更广泛地服务临港新片区起到创新探索的引领作用，作出了有益的经验积累。

案例 11：积极推动实施“中国洋山港”籍国际船舶登记制度

主要做法：

国际船舶登记制度，又称离岸登记制度，国际海事组织将其定义为“一国在其国内设立的并设置与其本国船舶国籍登记条件不同的船舶登记制度”。实行“中国洋山港”籍国际船舶登记制度，推动“中国洋山港”船籍港建设，对上海协同长三角共建辐射全球的航运枢纽具有积极意义。全球贸易90%以上通过海运运输，控制一定规模的运力对保障国家贸易和运输安全极为重要。目前，大量船况较好、技术性能较高的船舶选择登记为“方便旗船”，这些船舶在法律上属于外籍船舶，既限制了对其征收税赋，造成大量人民币资产游离在境外，也不利于紧急状况下的船舶征用。

2021 年 5 月，上海海事局制定并发布《中国（上海）自由贸易试验区临港新片区国际船舶登记管理规定》（沪海船舶〔2021〕82 号），明确规定：满足条件的船舶可在临港新片区办理国际船舶登记，不受中方投资人出资额不得低于 50% 的限制；在临港新片区登记的国际船舶可由中华人民共和国海事局授权的船舶检验机构实施船舶法定检验；符合条件的国际登记船舶，可以依照有关规定享受船舶增值税退税、可依法雇佣外籍船员等政策；对“中国洋山港”籍船舶登记实施多证联办、统筹办理、统一发证等便利化措施。

临港新片区管委会密集调研企业，研究企业在“中国洋山港”籍船舶登记相关政策诉求，借鉴全球主要自由贸易港经验，提出在临港新片区建立开放的国际船舶登记制度的总体方案，推动相关部门尽快研究制定《中国（上海）自由贸易试验区临港新片区国际船舶登记管理规定》。

特色亮点：

（一）聚焦重点企业，推进船舶登记注册

结合政策出台，临港新片区管委会组织 4 次专题推介会，对“中国洋山港”籍船舶登记相关便利化措施及配套船舶登记、船舶检验、船舶管理、船员劳务外派、海事服务、航运保险等相关产业制度集成创新进行宣介，吸引重点企业将登记在国外的“方便旗船”转籍登记为“中国洋山港”籍。2020 年 8 月，中远海运“新洋山”轮成为临港新片区首艘登记注册船舶。截至目前，已有 20 艘“中国洋山港”籍船舶完成登记，推动临港新片区船籍港建设迈向新台阶。

（二）实施高效便捷的登记注册流程

临港新片区管委会协同上海海事局及其所属洋

山港海事局，实行多证联办、统筹办理、统一发证等一系列便利化措施。一是与船公司沟通确定船舶坞修计划，利用船舶定期进厂修理期间开展船舶转籍登记，以最大程度减少公司经营损失。二是建立24小时在线沟通专属微信协调群，提前在船舶进厂前先行确定好相关登记申请流程、合同内容及申请材料。三是在第一艘船进厂后立即启动船舶登记办理程序，采用告知承诺和容缺受理等便利化举措，最大限度压缩船舶登记时间。

实践效果：

《中国（上海）自由贸易试验区临港新片区国际船舶登记管理规定》优化了国际船舶登记流程，实现“一次申请、多证齐出”的多证联办模式，并为相对人引入了申请材料的预先审查机制，压缩办结时限，显著提升登记便利程度。上海海事局下属洋山港海事局仅用2个工作日便完成了涉船证书文书共8份，相比常规流程节省约18天，跑出了“临港加速度”，为企业节省船舶停泊成本、船舶管理费和租金等近20万美元。

案例12：智能重卡助力洋山港加快建设成为具有全球领先水平的智慧港口

主要做法：

发展智能网联汽车是国家重要战略部署，2019年9月，国务院印发的《交通强国建设纲要》提出“加强智能网联汽车研发，包括智能汽车、自动驾驶和车路协同，形成自主可控完整的产业链。”临港新片区在发展智能网联汽车方面具有独特优势，具备海运（世界最大集装箱港口）、公路（高速公路、生产物流道路、城市道路和乡村道路）、铁路（芦潮港公铁联运中心站）、空港（浦东机场）、水运（内河航运）等多种具有代表性的应用场景。在市智能网联汽车道路测试推进工作小组的指导下，临港新片区遵循安全有序、逐级开放的原则，截至2021年底，实现产城融合区域（386平方公里）范围内共有238条、539.4公里道路开放测试，包括全市唯一开放的高快速路两港大道28.4公里路段，打造具有全国领先水平的测试示范区，为自动驾驶汇聚更多的创新资源提供了重要支撑。目前，在“深水港物流园区—东海大桥—洋山一期/四期码头”开放测试道路路段，已有上汽5G智能重卡在真实集装箱转运场景下开展准商业化运营以及图森未来智能重卡开展模拟箱示范应用测试。

特色亮点：

（一）率先发布智能网联汽车产业专项规划

为落实交通强国建设等重大战略，把握全球科技和产业变革机遇，2020年12月11日，临港新片区管委会发布《中国（上海）自由贸易试验区临港新片区智能网联汽车产业专项规划（2020—2025）》（沪自贸临管委〔2020〕933号），规划指出“要发挥临港新片区制度创新优势，推动政策法规突破，在智慧交通、自动驾驶发展上先行先试。推动有条件开放高度自动驾驶车辆上高速、高架道路进行测试及示范应用，在特定区域率先试点无安全员的自动驾驶载人、载货商业化应用。”

（二）推进自动驾驶测试道路开放

贯彻落实习近平总书记对洋山港建设的总体指示精神，深入推进上海国际航运中心建设，实现长三角区域联动发展，优化上海城市道路集疏运体系，按照分级逐步、循序渐进的原则推进洋山港智能重卡示范运营项目。洋山港智能重卡示范运营线路40.7公里，以深水港物流园区为起点，通过海关闸口，经东海大桥，到洋山港区，实现了“深水港物流园区—东海大桥—洋山一期/四期码头”循环运行的业务闭环。

（三）实现自动驾驶测试道路升级改造

为安全有序推进洋山港智能重卡项目，依托洋山港水公铁集疏运场景，整合各方优势资源，通力合作完成了自动驾驶系统开发和功能测试，对洋山一期/四期码头至洋山深水港物流园区40.7公里测试道路基础设施进行了改造，新建91个5G基站，配套开通18套SPN传输设备，新增2套同步设备，铺设光缆超150公里，更换东海大桥80套高清摄像头，新建 258 套毫米波雷达和 11 块电子可变信息板、10 块可变信息牌、4 套全要素气象仪等。洋山港智能重卡项目综合应用自动驾驶、车路协同、5G、北斗、新能源车辆等先进技术打造国内第一个高速公路商用车自动驾驶技术应用示范工程，实现世界一流的超大型枢纽港自动驾驶集疏运系统的规模化示范应用。

实践效果：

（一）从“道路测试”到“示范运营”的突破

2019 年 6 月，上汽集团与上港集团、中移动（上海）本着“平等互利、优势互补、合作共赢”的原则战略合作，充分发挥各自领域的核心优势，共同合作开发洋山港智能重卡，在国际上首次实现 5G 环境下港区智能化作业，积极探索“智能驾驶商业化落地”路径。2020 年 7 月 1 日上汽 5G 智能重卡率先在真实集装箱转运场景下开展准商业化运营，已完成 2 万标准箱运输任务，2021 年进一步扩大智能重卡示范应用规模，顺利完成 4 万标准箱运输任务，实现了示范运营线路内 L4 级自动驾驶技术和示范运营应用落地，成功打通运营线路“技术流”“业务流”和“信息流”，初步实现了“深水港物流园区—东海大桥—洋山一期/四期码头”全闭环自动化载货运输。

（二）从“单车智能”到“车路协同”的突破

上汽 5G 智能重卡已与路侧智能设备完成信息互通，实现自动开闸、信号灯车速引导等典型功能应用，初步具备“车—路—云”一体化应用配套能力。图森未来智能重卡已完成路线中关键节点 V2X 功能验证。智能重卡与港区闸机、港区内信号灯已实现信息交互。在港区道口交汇区域，图森未来智能重卡可自动识别并驶入闸口车道，接收抬杆信号后自动通过闸口，无须人工操作和长时间等待放行。

（三）从“信息孤岛”到“系统融合”的突破

上汽 5G 智能重卡从单车智能自主运行过渡到与港区信息系统互联互通，与轮胎吊等装卸设备实现交互协同，在洋山港区内持续完成精准倒车、精准停车、箱区和码头前沿自动装卸箱等复杂场景测试，实现港区内智能调度、路径规划、自动寻箱等功能，初步构建全闭环自动化载货运输体系。2020 年 8 月，基于洋山港集装箱运输作业的信息交互流程，图森未来启动了车队管理系统（VMS）的自主研发工作。在洋山港运箱生产信息系统中，由集装箱管理系统（TOS）生成运箱业务计划，通过任务调度系统（ECS）向 VMS 发送接箱通知，图森未来智能重卡可以在接收 VMS 的下发指令后，根据指令执行运箱任务并持续向 ECS 反馈作业状态。目前，VMS 平台现已进入联调测试阶段并通过网络信息安全三级等保认证，下阶段将开始与洋山港信息系统进行联调验证。

案例 13：洋山港“水公铁”联运助力长三角一体化

主要做法：

自 2019 年 8 月挂牌以来，临港新片区致力于实施高度开放的国际运输管理，进一步优化完善集疏运体系，提升洋山港作为全球枢纽港的功能，推动“水公铁”联运信息共享，不断提高运行效率。

（一）加强“水公铁”联运政策制度创新

作为中国海关特殊监管区域中唯一的特殊综合保税区，洋山特殊综合保税区着力打造更优的“水公铁”联运政策环境。一是完善启运港退税政策。2021 年 1 月 19 日，财政部、海关总署、税务总局联合印发《关于中国（上海）自由贸易试验区临港新片区有关增值税政策的通知》（财税〔2021〕3 号），该项政策在原有的 3 个经停港基础上将财税 2018 年 5 号文所列的 13 个启运港均纳入经停港，相当于在长江沿线增加了 10 个经停港，并允许船舶在经停港加装、卸载货物，有力促进了长江沿线港口与洋山港江海联运等业务开展。二是给予专项政策支持。根据《中国（上海）自由贸易试验区临港新片区总体方案》任务分解，制定形成促进海港空港联动和海空铁路水多式联运政策和服务体系方案，对在洋山深水港、上海南港、浦东国际机场与芦潮港铁路集装箱中心站通过多式联运、江海联运产生的吞吐量增量部分给予奖励。支持建立多式联运信息共享平台，根据运行绩效评估，给予最高不超过 100 万元的一次性资金支持。

（二）完善洋山港“水公铁”集疏运体系

一是开工建设洋山港水公铁集疏运系统临港集疏运中心、洋山国际中转集拼便利化基地项目，设立国际转运集拼监管中心，签约落地中外运洋山国际中转集拼中心、上港集团集疏运系统。二是组建上海港海铁联运有限公司，专项发展上海口岸海铁联运业务，聚焦芦潮铁路中心站，统筹港口、铁路、海运资源，推进具有上海港特色的“海铁快线”产品。三是积极探索保税船供，建设洋山保税船供公共服务平台，推动首单沪浙跨港区国际航行船舶供油试点业务成功落地，为集疏运体系建设提供良好支持。

特色亮点：

一是上线运行临港新片区一体化信息管理服务平台，完成洋山特殊综合保税区模块建设，实现区内管理机构、海关等监管部门间的数据交换和信息共享。二是完成全球首次 5G+AI 智能化港区作业试点，探索推广智能重卡自动驾驶，进一步提升“海陆联运”通行效率。三是启动“上港临港 ICD 场站集并项目”，应用人工智能、5G 通信等新技术，引导部分集卡的出口集装箱先集并到芦潮港中心站堆场，再由场站通过预约的方式，在东海大桥通行低谷时间段合理安排集卡进港。

实践效果：

（一）巩固了上海港的国际枢纽港地位

2021 年，上海港集装箱吞吐量突破 4 700 万标准箱，洋山港集装箱吞吐量 2 281 万标箱，同比增长 13%。其中，水水中转箱量 1 138 万标箱，同比增长 2%；国际中转和集拼箱量 390 万标箱，同比增长 13%。洋山港占上海港全年集装箱吞吐量的近一半，为上海港连续 12 年蝉联集装箱吞吐量世界第一、加速跻身世界航运中心前列提供了全新动力。

（二）促进港区一体化发展和洋山特殊综合保税区建设

国际运输功能的提升，有力带动洋山特殊综合保税区航运物流、生物医药、民用航空、融资租赁等产业集聚。2021 年，洋山特殊综合保税区实现税收收入 85. 86 亿元；规模以上工业总产值 100. 4 亿元，同比增长 9. 6%；规模以上服务业营业收入 137. 9 亿元，同比增长 19. 7%；限额以上批发和零售业商品销售额 1 514. 7 亿元，同比增长 63. 2%；全社会固定资产投资额 80. 4 亿元，同比增长 81. 1%。

案例 14：在全国率先推出“全模式套泊”作业实船试验

主要做法：

《中国（上海）自由贸易试验区临港新片区总体方案》明确提出“提升拓展全球枢纽港功能，提高对国际航线、货物资源的集聚和配置能力。”在临港新片区高能级全球航运枢纽建设“十四五”规划中，提出航运枢纽能级大幅提升、集装箱年吞吐量达到 2 600 万标准箱的目标，要实现这一目标，洋山港四期自动化码头（以下简称洋四期码头）产能的提升至关重要。洋四期码头自开港以来发展迅猛，2020 年下半年，每周作业量由 7 万标准箱增加至 10 万标准箱，船舶航线和靠泊艘次也进一步增加。同时，由于船舶班期集中，船舶候泊时间明显较长，码头产能释放受到影响，港航企业对洋山港通航能级的提升需求日益迫切。

（一）深入调研、找准痛点，科学制定解决方案

海事部门牵头组织相关港航企业、引航部门成立课题组，通过对码头企业、引航站、内支线船舶管理公司、国际航行集装箱船代理公司和船长进行调研，掌握洋四期国际航行集装箱班轮基本资料和引航调度模式，了解当前靠离泊方面存在的矛盾和问题，并开展对洋四期套泊作业的可行性分析，研

讨套泊方案和保障措施。通过理论研究、计算机仿真和40余次关键环节实船测试，克服洋四期码头进港航道距离长、码头前沿回旋水域窄、潮汐时间窗口短等不利条件，攻克了涨水套泊作业待泊船码头前沿掉头、待泊期间船位有效控制及落水套泊洋四期前沿水域无合适船舶交会区等技术难题，形成了全船型、涨/落潮、边界气象条件的洋四期“全模式套泊”作业方案。

（二）大胆创新、科学求证，小步快跑开展实船试验

在保障航行安全的前提下，本着“最大限度提高企业运作效率、最大限度降低企业运作成本、最大限度助力企业和产业发展”的原则，洋山港海事局确立了科学求证、小步快跑的实船试验方案，有序开展了涨/落水、不同船型、不同气象条件组合工况下的实船试验。

（三）安全共商、精心组织，确保套泊作业安全高效

为确保套泊作业顺利实施，海事部门多次召开安全共商会，组织引航站、码头方、航运公司等有关单位进行安全协调，制定周密的操作计划和安全保障措施。作业期间，海事部门通过VTS系统、电子巡航、鹰眼监控等技术手段重点监控，对参与船舶进行严密监管。派遣巡逻艇在现场监督指挥，实施现场交通组织，严格按照各时间节点控制大船船位，维护现场通航秩序，确保操作安全、高效。

特色亮点：

“全模式套泊”涉及进港船舶从计划编排、进港航行、安全候泊的全过程，其创新突破点主要体现在：一是确保安全，破解旋回水域不足的难题，根据港口实际情况，科学选择候泊水域、采取合理保障措施，进行专业交通组织，提供充分的安全保障。二是注重高效，解决进港时间长的瓶颈，将候泊水域由港外调整至港内码头前沿，缩短船舶从候泊至靠泊之间的航行距离，提高进港效率。

实践效果：

2020年8月20日，洋山港海事局在洋山四期自动化码头前沿水域组织开展大型集装箱船全模式套泊试验，通过船舶交通管理（VTS）系统进行实时全域监控、交通组织和秩序维护，并通过巡逻艇“海巡011”轮在试验现场进行监督指挥。“中远诚信”轮（船长366米，吃水12.0米）在洋山港主航道Y3灯浮位置引航员登轮后沿主航道进港，航行至四期码头前沿后减速停车，在两艘拖轮的协助下控制船位，滞航等候；另一艘船舶“纽约快航”轮（船长366米，吃水13.6米）此时从四期五号泊位解缆离泊，“中远诚信”轮和“纽约快航”轮在四期码头前沿水域成功安全交会，待两船驶过让清后，“中远诚信”轮在引航员的操纵下，平稳靠妥四期码头，与“全模式套泊”实施之前相比，码头闲置时间从5—6个小时大幅缩短至约半小时，泊位利用率提高约2%，船方节省船期约6小时，此做法在提升港口运营效率的同时，降低了航运企业运营成本。在洋山四期自动化码头组织实施“全模式套泊”，在确保安全的前提下，提高了港口营运效率，降低了航运企业经营成本，促进了洋山港集装箱吞吐量增长，助力临港新片区航运能级提升。

案例15：在全国率先实现集装箱重量验证智能监管

主要做法：

近年来，因集装箱超重而导致船体断裂、港区桥吊倒塌等事故频发，为保障集装箱运输安全及码头装卸作业安全，托运人交付船舶运输前必须对载货集装箱重量进行验证，但如果采取传统逐箱验证的方式，将极大影响集装箱货物通关效率和港口营运效率。为保障集装箱查验和通关效率，海事部门积极联合相关单位，创新研发应用海运集装箱重量验证（VGM）智能监管系统（以下简称VGM系统），从顶层设计、规则制定、实际需求等方面推动海事监管与智能航运协同发展，满足高能级航运枢纽更高效、更安全、更环保、

更舒适的要求。

（一）紧贴需求，科学推进

海事部门牵头成立研发小组，对集装箱重量验证中涉及的码头单位、航运公司、船舶代理、货物代理单位及软件开发单位进行走访，调研当前集装箱重量验证工作中存在的主要问题，收集、整理集装箱重量验证工作的有关数据、所需设备及信息化需求，进行多次交流研讨，群策群力开展创新。通过对 VGM 系统涉及的集装箱基础数据、码头磅重数据及船舶舱单数据进行分析整合，科学采用 B/S 架构，实现基础数据归集、集装箱重量验证、抽查风控、码头作业反馈及相关方信息互推等模块功能。

（二）先行先试，不断完善

2020 年 9 月 29 日，VGM 系统在洋山港盛东码头进行试运行，通过关口前移，对货物集装箱实际磅重与预报重量进行自动比对，提前发现超标或超重集装箱，有效提升集装箱运输安全和码头装卸作业安全，解决以往海事执法人员及码头工作人员在前期审核中需要大量查阅不同单证、进行人工比对、易出现信息疏漏和效率低下的问题。VGM 系统于 11 月 3 日正式上线，并逐步纳入上海海事“一网统管”平台，在上海港全域推行，实现法定范围内对上海港船舶载运集装箱货物的全方位监管和全过程监控，保障运输安全，促进便利通关，提升港口运营效率。2021 年 2 月 8 日，运用该系统对辖区待运出港的集装箱 VGM 数据进行集中核查，筛查出三个涉嫌 VGM 违规集装箱。随后，通过系统发送指令至码头进行现场称重验证。经过现场称重验证发现，该三个集装箱 VGM 数据误差超过 5% 或 1 吨的要求，存在船载运输及码头装卸安全隐患。执法人员当即通过系统向托运人发送整改协查通知，要求托运人核实 VGM 数据整改后重新申报。一个工作日内，即对三个超标集装箱完成整改重报，有效排除海上运输过程中存在的安全隐患，保障港口安全高效的运转。

特色亮点：

VGM 系统整合了集装箱基础信息、VGM 申报数据以及港口经营人的实际称重数据，实现基础数据的实时更新维护、VGM 信息的多方共享互通、出口集装箱 VGM 全程安全监控，以及对出口集装箱重量的自动比对、核查和风险防控，解决人工比对效率低下的问题，有效提升货物通关效率和港口运营效率。

实践效果：

（一）优化集装箱重量验证监管模式

利用智能监管系统的数字化、自动化优势，进一步优化了 VGM 监管工作流程。解决人工比对中容易出现的信息缺漏、效率低下的问题，有效实现信息数据线上“多跑路”，工作人员线下“少跑路”的目标，提高港口集装箱重量的验证效率。

（二）实现 VGM 信息多方共享

实现船公司、托运人或其代理、码头与海事监管部门之间 VGM 信息数据的共享共通，有利于托运人、承运人及码头落实安全生产主体责任，搭建了共管共治平台，助力良好营商环境构建。

（三）有效提升集装箱运输安全性

VGM 信息的准确性，对于码头装卸安全、集装箱船舶运输安全意义重大。系统除实现直接出口集装箱信息的全覆盖外，还覆盖了部分从港区装船的水水中转的集装箱，对目标箱从申报到装船实现全程闭环监控。2021 年，查实 22 个 VGM 数据申报不准确的集装箱，现场核查查实率 100%，有效保障了码头装卸和货物运输安全。

（四）实现便利快捷通关

载货集装箱进港后，通过智能化筛选，对疑似超标集装箱进行现场称重查验后，如发现申报不准的情况，可由系统实时通知相关方。经整改后，相关方通过系统重新如实申报 VGM 后，集装箱即可实时恢复出港动态，在船舶离港前完成装船顺利出运，实现了码头运行无阻滞、货物便捷通关。

案例 16：在全国率先探索实行人员从业自由制度

主要做法：

创新是引领发展的第一动力，人才是创新的第民用航空产业相关企业19家，累计注册资本19亿元；融资租赁公司共86家，累计注册资本24亿元；管理咨询企业77家，累计注册资本17亿元；其他企业68家，累计注册资本247亿元。

2021年，洋山特殊综合保税区实现税收收入85.86亿元；规模以上工业总产值100.4亿元，同比增长9.6%；规模以上服务业营业收入137.9亿元，同比增长19.7%；限额以上批发和零售业商品销售额1 514.7亿元，同比增长63.2%；全社会固定资产投资额80.4亿元，同比增长81.1%。洋山港集装箱吞吐量2 281万标准箱，同比增长13%，刷新历史记录。

案例4：在全国率先启动外贸集装箱沿海捎带业务试点

主要做法：

2021年11月18日，国务院发布《关于同意在中国（上海）自由贸易试验区临港新片区暂时调整实施有关行政法规规定的批复》。根据批复，至2024年12月31日，在临港新片区暂时调整实施《中华人民共和国国际海运条例》《国内水路运输管理条例》的有关规定，在临港新片区内允许符合条件的外国、香港特别行政区和澳门特别行政区国际集装箱班轮公司利用其全资或控股拥有的非五星旗国际航行船舶，开展大连港、天津港、青岛港与上海港洋山港区之间，以上海港洋山港区为国际中转港的外贸集装箱沿海捎带业务试点。

国内中转集拼业务有4种类型，分别是本地出口拼箱、进口分拨、国内中转集拼、国际中转集拼，总业务量约1 300万立方（每年50万至60万标准箱）。根据对11家全球主要班轮公司的调研，沿海捎带业务潜在需求巨大，仅以目前到韩国釜山港中转的外贸集装箱为基数预计，洋山港沿海捎带业务年需求量可达100万标准箱。

特色亮点：

《中国（上海）自由贸易试验区临港新片区总体方案》明确，进一步完善启运港退税相关政策，优化监管流程，扩大中资方便旗船沿海捎带政策实施效果，研究在对等原则下允许外籍国际航行船舶开展以洋山港为国际中转港的外贸集装箱沿海捎带业务。《中华人民共和国国际海运条例》《国内水路运输管理条例》的调整，为该项政策的落地扫除法律障碍，洋山特殊综合保税区将再度实现功能升级。

上海港洋山港区为国际中转港的外贸集装箱沿海捎带业务试点后，将吸引以第三国为中转港的货物回流。这次政策放开后，洋山港可以做外贸集装箱沿海捎带业务，一些船运企业将优化航线设计，到上海中转，将促进洋山港的箱量上涨，从而提升航运资源配置能力。

实践效果：

国际中转水平一直是国际一流航运枢纽港的重要标志。《中共中央　国务院关于支持浦东新区高水平改革开放打造社会主义现代化建设引领区的意见》提出，浦东要加快共建辐射全球的航运枢纽，研究在对等条件下，允许洋山港登记的国际航行船舶开展以洋山港为国际中转港的外贸集装箱沿海捎带业务。上海已基本建成国际航运中心，多年来，上海作为全球排名第一的集装箱枢纽港，集聚了大量的航运基础要素。进一步发展国际中转业务，实现航运枢纽功能升级，沿海捎带和集装箱中转集拼业务是重点内容。此次两条例调整，上海洋山港启动外贸集装箱沿海捎带业务试点，鼓励沿江、沿海、国外的货物在洋山特殊综合保税区与本地货物进行中转集拼，可进一步优化国际贸易航线网络布局，减少运力浪费，提高货物集并和转运效率，降低外贸进出口货物的综合物流成本，提升上海国际航运枢纽服务能级，形成内外循环的关键链接，代表中国更好参与国际竞争与合作。

案例5：在全国率先探索数据跨境流动

主要做法：

一资源。习近平总书记多次强调，发展的中国需要更多海外人才，开放的中国欢迎来自世界各地的英才。临港新片区成立两年来，深入学习贯彻习近平总书记考察上海重要讲话精神，以“努力成为集聚海内外人才开展国际创新协同的重要基地”为根本遵循，以实现“人员从业自由”为重要目标，充分发挥试验田作用，改革创新海外人才政策，加快构建具有全球竞争力的人才制度体系，让世界英才向临港汇集。

围绕解决海外人才“引育留用”全链条的堵点、难点、痛点问题，建立起与特殊经济功能区建设相适应的国际人才服务管理体制。一是聚焦强化开放型经济集聚功能，率先放宽现代服务业高端人才从业限制，深化涉外职业资格管理改革，推动就业执业自由化便利化。二是聚焦推进更高水平对外开放，率先实施出入境、停居留和工作许可便利措施，提高境外人才参与创新创业的便利化程度。三是聚焦国际创新协同重要基地建设，优化海外人才服务举措，创新人才集聚平台与载体，为海外人才提供更加便利的服务。

特色亮点：

一是聚焦高质量发展关键领域，精准扩大海外人才从业自由度。坚持对标最高标准，实施特殊开放政策，推动人员自由执业制度创新。聚焦境外人员执业自由化便利化需要，深化涉外职业资格管理改革，放宽境外人才从业限制，发布境外人员参加职业资格考试目录和境外人员职（执）业资格认可清单，美、英、港、台四地建筑师、结构工程师、证券交易商等 14 种职业资格可在临港新片区备案后执业，会计、通信、机动车检测维修等 3 类职业资格可在临港新片区参加考试。此外，聚焦“卡脖子”领域，为承担国家、上海市重大项目的科研创新团队的主要外籍成员开辟外国高端人才绿色通道，吸引集聚大批事业发展所需的海外人才。

二是对标世界一流自由港，提升人才跨境流动自由化便利化水平。探索实施出入境便利化措施，建立重点单位“白名单”制度，率先试点电子口岸签证制度，提高境外人士入境访问速度。稳步提升工作居留便利化水平，深化“放管服”改革，扩大可采用承诺制的证明事项范围，推进外国人来华工作许可与居留许可“单一窗口”建设，实现“两证并联”办理，审批时限由原先的 17 个工作日缩短至 7 个工作日。进一步放宽相关境外人才办理工作许可的条件限制，单次有效期延长至最长 5 年。此外，率先试行最长 5 年居留许可，保障外籍人才长期稳定发展。完善国际人才薪酬激励机制，对引进的境外高端、紧缺人才个人所得税超出 15%的部分给予税负差额补贴，让有志于来华发展的海外人才来得了、待得住、用得好、流得动。

三是优化创新创业综合服务环境，不断提高全球人才资源配置能力。坚持公共服务、市场服务有机结合，努力打造海外人才服务示范基地。落成国际人才服务港，引入“一站式”公共服务资源和人力资源服务机构，着力打造服务全国、链接全球的人才服务体系。建设留学人员创业园，坚持“一园多分区”建设理念，为留学归国、外籍来华留学创新创业人才提供干事创业舞台。创新海外引才新机制，举办“GTEP 全球人才高速计划”，吸引 1 万余名海外人才云端关注临港。组建欧美同学会临港新片区分会，发挥好欧美同学会人才库、智囊团、生力军作用，助力临港新片区向创新活力迸发的海内外人才集聚新高地迈进。

实践效果：

种下梧桐树，引来金凤凰。2021 年，人员引进、落户数量达到 1.3 万人，是 2020 年的 3 倍以上，成功申报入选领军人才、浦江计划、产业菁英等各类高层次人才计划 23 人，“上海产业菁英”入选人数占全市总数的 7.5%，位居各区前列评选出首届临港新片区“临港英才”19 人，累计集聚各方面海外优秀人才 3 000 余人，稳步提升人才队伍国际化水平。

案例 17：在全国率先试点环评、水保和排污许可“两评一证”合一

主要做法：

为进一步优化区域环境管理，推动区域高质量发展，在市生态环境局的大力支持下，临港新片区管委会积极开展环境影响评价机制改革。2021 年 6 月 1 日，临港新片区管委会发布《临港新片区建设项目环境影响评价文件、生产建设项目水土保持方案综合审批实施方案（试行）》（沪自贸临管委〔2021〕443 号），探索水土保持方案审批合并，实现环评、水保和排污许可“一表申请、一口受理、一并审查、一张许可”，方便市场主体“一件事一次办”，着力构建临港新片区生态环境现代化治理体系。

特色亮点：

（一）优化业务流程合并审批

在环评、排污许可证“两证合一”的审批模式基础上，对属于新片区管委会集中行使事权范围内属于审批制（告知承诺制审批除外）的环评文件、水保方案，在符合《关于支持中国（上海）自由贸易试验区临港新片区高质量发展环境管理的若干意见》（沪环规〔2020〕3 号）关于实行环评与排污许可证“两证合一”的条件下，试点环评文件、水保方案和排污许可证 3 个事项综合审批。

（二）优化项目前期准备

鼓励申请人在建设项目开工建设前，提前开展环评文件、水保方案审批手续办理的准备工作，针对设计方案基本稳定的建设项目试点将环评文件和水保方案形成一套材料，统一办理，实现两项事项综合审批。

（三）精简项目报批环节

将原先分开办理所需的两套申请材料整合成一套申请材料，建设单位通过“一网通办”平台仅需一次性提交，实现综合审批“一表申请”。行政服务中心通过系统后台进行统一收件，业务部门在收到材料后 5 个工作日内，对申请材料符合要求的项目出具受理通知书，7 个工作日内进行统一审查并作出行政许可决定。在技术评审环节，不再分开进行环评文件和水保方案技术评审，并在综合审批前对拟审批报告进行 5 个工作日的公示。公示期满后，由业务部门将建设项目环评文件、水保方案的审批内容整合成一张行政许可决定书，并通过“一网通办”平台即时向建设单位发放电子文书，建设单位可自行下载、打印电子行政许可决定书。

（四）开展事中事后综合监管和自主验收

对遵守环境保护法律法规、落实建设项目环评文件及其审批决定的情况、排污许可制度执行情况、生产建设项目水土保持监督检查、水土保持设施自主验收报备管理等事项，按照相关法律法规和技术标准，探索开展事中事后综合监管。

实践效果：

实现跨领域、跨行业、跨专业的行政审批事项横向整合，最大限度压缩项目审批时限，将综合审批时限由原来的分开办理 30 多个工作日压缩至 7 个工作日，实现不同领域、专业、行业资源的整合，进一步简化审批流程，便利企业办事。

案例 18：在全国率先推行供水、供电、供气配套工程免费机制

主要做法：

为贯彻落实党中央、国务院关于减税降费、降低实体经济成本的重要举措，加快临港新片区企业供水、供电、供气配套工程建设进度，降低建设成本、减轻企业负担。2020 年 11 月 6 日，临港新片区管委会发布《中国（上海）自由贸易试验区临港新片区试行供水、供电、供气配套工程免费机制实施细则》（沪自贸临管委〔2020〕934 号），在全国率先推行供水、供电、供气配套工程免费机制。

针对非居民用户（不包括住宅及商住混合、施工临时用水、用电）试行水电气配套工程免费接入，明确配套工程免费范围、费用计算方式、分摊方式及配套工程运维等内容。明确由临港新片区管委会承担清障责任，协调市容、房管、道路等清障相关部门，进一步提升项目落地速度。明确公用事业企业负责维护配套工程资产，发挥其在供水、供电、供气资产运行维护方面的专业优势，进一步提

高运维效率，降低用户运维负担。厘清政府部门、公用事业企业与用户的责任边界，免除用户配套工程建设费用，由临港新片区管委会与公用事业企业共同承担。

特色亮点：

（一）推动专项规划和建设计划的有效衔接

根据地块属性、产业规划及招商引资要求，牵头编制供水、供电、供气专项规划，并积极与供水、供电、供气企业协调对接。各公用事业企业根据地块专项规划，结合各区域内地块开发进程，每季度完善更新工程建设项目建设计划及资金需求，有序推进区域公共管网建设。

（二）建立用户报装用量评估考核机制

根据国家和本市有关技术规范，研究建立用户水、电、气报装用量评估机制及设备利用率考核机制，并采取相应的奖惩措施，防止用户在报装阶段无约束地放大需求量，从源头避免公共资源浪费。

（三）建立配套工程建设成本监管模式

在银行为供水、供电、供气企业开立独立账户，对配套工程收支进行专户储存、专账管理。建立工程建设成本监管制度，运用审计等手段定期对资金使用情况进行核查。

实践效果：

在全国率先推行供水、供电、供气配套工程免费机制，加强临港新片区管委会和各公用事业企业的统筹协调，进一步厘清责任边界，优化工作方法。商汤科技作为临港新片区供水、供电、供气配套工程免费机制推出后的首个获益项目，在申请正式用电后，由电力专员全程协助与上海国网电力建设公司、临港城投共同研究选线及外线施工方案，有力保障用户的用电时间节点，节省的清障及外线施工费用在项目总投资中的占比达到 2.1%。截至目前，已有闻泰科技、格科微电子、商汤科技等知名企业的 63 个产业项目享受到水电气免费接入政策，直接节省工程费用超过 10 亿元，为入驻企业节省大量费用。实施细则发布后，大量企业在主动咨询公用事业配套工程免费机制相关情况的同时，也了解到临港新片区其他优惠政策，一定程度上提升了临港新片区投资吸引力，增强了营商环境服务软实力。

案例 19：在全国首创船舶智能化防疫监管“健康码”

主要做法：

《中国（上海）自由贸易试验区临港新片区总体方案》提出“高标准建设智能化监管基础设施，实现监管信息互联互认共享。”2021 年，在企业全面复工复产需求与常态化疫情防控的大背景下，一方面，疫情期间口岸管理部门登临检查数量大幅下降，进入上海港的外轮安全技术状态需要进一步把关，以保障水上安全形势，消除安全隐患。另一方面，口岸监管服务要满足“外防输入”的防疫要求，保证港口及工作人员的防疫安全。同时，提高检查效率，将安全监管对港口复工复产的影响降到最低。洋山深水港上线蓝盾“安检健康码”，实现“码上选船”，具体做法包括：

（一）融合“大数据”，实现“码上选船”

海事部门依据国际公约，代表国家行使港口国国家主权，对进入中国水域的外国籍船舶开展的港口国监督检查（以下简称 PSC），是对船舶防污染措施实施监督管理、保障船舶处于安全适航状态的重要手段。为全面掌握船舶风险状况，实现 PSC 精准选船，确保应检船舶不漏检，同时满足我国内外部防疫工作相关要求，洋山港海事局在充分调研的基础上，依托“大数据”分析技术，研发并推出“蓝盾安检健康码”。该健康码融合国际航行船舶历史航行轨迹、疫情国家情况、船员换班情况、船员健康及亚太地区备忘录的港口国监督监管数据，运用数据抽取和处理技术，对不同格式、源头的数据进行统一处理和标准化，汇总分析并自动生成不同颜色二维码，直观展示船舶适检等级。通过扫描二维码，可以快速读取船舶相关数据，为开展 PSC 工作提供参考，真正实现“码上选船”。小小“健康码”有效提高了PSC工作效率，进一步降低了对船期的影响。

（二）共享“健康码”，提高口岸工作效率

作为“国际航行船舶联合登临检查”的牵头部门，洋山港海事局在使用“蓝盾安检健康码”开展PSC选船工作的同时，也将“蓝盾安检健康码”与港航企业、海关、边检、引航及相关作业单位共享使用。相关单位能够通过洋山港海事局的微信公众号，查询到指定船舶的健康码，并通过健康码识别船舶防疫工作状态。“蓝盾安检健康码”让航运公司登轮访船有了参考依据，港口码头单位得以更加高效掌握船舶信息，为口岸疫情联防联控和口岸单位的联合监管提供了极大便利。

特色亮点：

“蓝盾安检健康码”是全国船舶智能化防疫监管首创，有效提高船舶安全监督管理和港口防疫工作效率，其创新突破点主要体现在：一是将“大数据”技术应用到船舶安全监督管理，将防疫数据与船舶安全监管数据相结合，综合评定船舶风险等级。在确保防疫安全的同时，保证船舶安全监管覆盖率，提升船舶安全管控能力。二是将“蓝盾安检健康码”与港航企业、海关、边检、引航及相关作业单位共享使用，便利口岸单位的联合监管，提升口岸监管工作效率，降低监管工作对船期的影响。

实践效果：

2021年7月6日，洋山港海事局按照代理申报的港序表和各类信息，结合航行港口计划、船员情况、最近两次检查情况和检查窗口期等内容，通过查询“蓝盾安检健康码”信息，锁定“长XX轮”为适检船舶并标注该船为绿色。执法人员随即按照国际航行船舶联合登临检查的相关要求，将情况通报海关等相关单位，约定联合登轮检查时间，并按规定做好检查报备，发布检查任务，通知相关代理和航运公司。由于相关代理和航运公司预先收到船舶联合登临检查的通知，做好接受检查的准备，联合登临检查工作顺利完成。

做好疫情防控、加大安全监督力度是海上交通运输安全管理工作的重要组成部分。洋山港海事局推出“蓝盾安检健康码”，提升港口安全与防疫工作效能。通过强化“防疫+监管”，有力地减少了因船舶故障等原因带来的港口拥堵隐患，为洋山深水港提供了安全保障。“蓝盾安检健康码”供港航企业、海关、边检、引航及相关作业单位共享使用，有效提升港口及口岸管理部门工作效率。同时，根据“蓝盾安检健康码”，外国籍船舶可提前预知船舶是否在接受PSC检查窗口期内，从而提前做好准备，节约大量时间成本，提高口岸联合登临效率。每年进出洋山港的国际航行船舶约7 800多艘次，“蓝盾安检健康码”的共享应用，预计可为每艘船舶节省人力、时间等成本2 000余元，累计为船舶节省成本1 500多万元。

四、上海市政府以及相关部门出台的政策措施

（一）《关于印发〈关于着力发挥资本市场作用促进临港新片区企业高质量发展的实施意见〉的通知》（沪自贸临管委〔2021〕208号，临港新片区管委会、上海证监局、市地方金融监管局联合发文，2021年3月24日）。

（二）《关于印发上海市新城“十四五”规划建设行动方案的通知》（沪新城规建办〔2021〕2号，2021年3月25日）。

（三）《关于印发〈中国（上海）自由贸易试验区临港新片区国家产教融合试点核心区建设方案〉的通知》（沪自贸临管委〔2021〕222号，临港新片区管委会、市发展改革委、市教委联合发文，2021年3月25日）。

（四）《上海海事局关于印发〈中国（上海）自由贸易试验区临港新片区国际船舶登记管理规定〉的通知》（沪海船舶〔2021〕82号，2021年5月10日）。

（五）《上海市人民政府关于印发〈上海市开展“证照分离”改革全覆盖工作的实施方案〉的通知》（沪府规〔2021〕7号，2021年6月30日）。

（六《关于印发〈中国（上海）自由贸易试验区临港新片区企业投资项目承诺制改革试点实施方案〉的通知》（沪发改规范〔2021〕7号，2021年7月27日）。

（七）《上海市人民政府关于印发〈中国（上海）自由贸易试验区临港新片区发展“十四五”规划〉的通知》（沪府发〔2021〕13号，2021年7月22日）。

（八）《关于支持中国（上海）自由贸易试验区临港新片区自主发展自主改革自主创新的若干意见》（沪委发〔2021〕20号，2021年8月12日）。

（九）《关于印发〈上海深化公共资源“一网交易”改革三年行动方案（2021—2023年）〉的通知》（沪发改法〔2021〕9号，2021年8月21日）。

（十）印发《〈关于支持中国（上海）自由贸易试验区临港新片区自主发展自主改革自主创新的若干意见〉责任分工表》的通知（沪发改改革〔2021〕23号，2021年10月15日）。

（十一）《上海市人民政府办公厅关于印发〈本市开展综合监管“一件事”改革试点工作方案〉的通知》（沪府办〔2021〕63号，2021年10月21日）。

（十二）《中国（上海）自由贸易试验区临港新片区管理委员会、上海市交通委员会关于印发〈临港新片区交通强国建设行动方案〉的通知》（沪自贸临管委〔2021〕722号，2021年11月3日）。

（十三）《关于〈关于进一步明确临港新片区产城融合区范围及政策适用的函〉的复函》（沪发改改革〔2021〕24号，2021年11月10日）。

（十四）《上海市数据条例》（上海市第十五届人民代表大会常务委员会第三十七次会议通过，2021年11月25日）。

（十五）《关于印发〈中国（上海）自由贸易试验区临港新片区风险防范体系建设实施方案（2021—2023年）〉的通知》（沪发改改革〔2021〕28号，2021年12月6日）。

（十六）《关于印发〈中国（上海）自由贸易试验区临港新片区促进离岸贸易高质量发展的若干措施〉的通知》（沪自贸临管委〔2021〕720号，临港新片区管委会、上海海关、人民银行上海分行、外汇管理局上海市分局、市商务委、市地方金融监管局联合发文，2021年12月17日）。

（十七）《上海市人民政府关于印发〈上海市营商环境创新试点实施方案〉的通知》（沪府发〔2021〕24号，2021年12月27日）。

五、大事记

2021年1月1日　迎接第一缕阳光——2021临港新片区迎新跑在滴水湖北岛顺利开跑，来自四面八方的选手满怀激情、不畏严寒，共同朝着日出的方向奔跑。

2021年1月1日　临港新片区中运量T1线在滴水湖站正式发车测试运营，作为国内第一条DRT数字轨道电车，中运量T1线的开通运营将串联起主城区、大学城、国际物流园区、芦潮港社区、产业区及泥城社区。

2021年1月4日　临港新片区10个产业项目参加全市重点产业项目集中开工仪式，涵盖生物医药、集成电路、人工智能、新能源汽车、航空航天等产业领域，总投资超300亿元。

2021年1月4日　临港新片区生态水务水利项目集中开工，项目包括两港大道污水主干管工程，泐马河、胜利塘随塘河、南奉界河和东引河河道整治工程等。

2021年1月6日　临港新片区国家产教融合试点核心区揭牌，《中国（上海）自由贸易试验区临港新片区国家产教融合试点核心区建设方案》正式发布。

2021年1月20日　洋山特殊综合保税区实现全域封关验收，20个涉及高端航运服务、民用航空、大宗商品、生鲜冷链、跨境电商、融资租赁等业态的重点项目落户洋山特殊综合保税区，总投资约105亿元。

2021年1月30日　国际创新协同区“科创总部湾”首批项目集中开工，共有7个地块，总占地面积约8.5万平方米，总投资约72亿元。

2021年2月3日　临港新片区2021年生物医药产业项目集中签约，共15个项目，涵盖创新生物药、重点疫苗、高端医疗器械、CRO/CDMO服务等多个领域，总投资超150亿元。

2021年3月2日　2021年临港新片区生态绿林项目集中开工，涵盖公园绿地、市政配套绿化、生态林地等10个生态绿林项目，总投资3.18亿元。

2021年3月20日　2021年临港新片区招商宣介暨首批城市功能项目签约活动举行，涵盖教育、医疗、生态、商文体旅四大类共计12个城市功能性项目正式签约，投资额约185.5亿元。

2021年3月28日　2021年临港新片区城市建设项目集中开工仪式暨国际创新协同区世界顶尖科学家论坛会址开工仪式举行，共9个项目集中开工，总面积121万平方米，总投资160亿元。

2021年3月29日　临港新片区管委会与北京大学进行合作签约，“北京大学上海临港国际科技创新中心”落地临港新片区。

2021年4月23日　上海首个市场化运行的临港新片区知识产权维权互助基金发起设立。

2021年4月28日　临港新片区举行“数联智造”数字经济发展推介活动，启动上海（临港新片区）国际互联网数据专用通道，共10家数字经济产业重大项目签约，涵盖新一代信息基础设施、5G通信、文化数据、信息安全、智慧教育等多个领域，总投资超180亿元。

2021年5月11日　“加速人才集聚、助力产教融合”工作推介会暨临港高校青年“建功新城”主题活动举行，上海海事大学代表临港高校发布支持和引导高校毕业生“留在临港、创新创业”倡议，“临港青年联盟首批成员单位”“临港高校就业指导中心进驻国际人才服务港”“临港新片区高校联盟与临港区域化党建五大分联盟就共同促进高校毕业生创业就业临港新片区”进行了签约。

2021年5月20日　临港新片区举行“520·我爱临港”文旅游资源推介会，通过文旅资源宣传、文旅项目推介、文旅线路体验三大主题，全面介绍临港新片区“十四五”文体旅产业发展规划、九大旅游线路和十大年度重点文体旅赛事活动。

2021年5月21日　“造车进临港”——2021临港新片区智能新能源汽车产业项目集中签约暨产业发展研讨活动举行，18家智能新能源汽车产业项目落地临港，涵盖汽车整车、汽车芯片、自动驾驶系统、汽车内饰、车身、新材料、检验检测、氢燃料汽车核心零部件、精密加工等多个领域，总投资超160亿元。

2021年6月8日　临港新片区“1+3+1”离岸贸易平台体系正式启动，离岸贸易创新发展实践区、离岸贸易监测中心、离岸贸易服务中心、离岸贸易创新发展研究基地四大平台揭牌，临港离岸贸易与国际金融服务平台上线。

2021年6月8日　上海市2021年“世界海洋日暨全国海洋宣传日”主场活动、上海海洋论坛在临港新片区举行，市海洋局与临港新片区管委会签署“关于推进全球海洋中心城市（核心承载区）蓝色经济发展战略合作框架协议”，南汇新城8个重点涉海产业项目进行集中签约。

2021年6月18日　首期规模300亿元的上海临港新片区道禾资产配置基金成立启动。

2021年6月20日　临港新片区第二季度建设工程集中开工（奠基），共有12个项目，总建筑面积160万平方米，总投资224亿元。

6月20日　临港新片区管委会与中国银行上海市分行合作备忘录签约暨临港新片区跨境金融创新业务战略合作启动仪式举行。

2021年7月3日　作为临港新片区设立后的首个上海市重大工程——两港大道快速化工程主线正式通车。

2021年7月17日　上海天文馆（上海科技馆分馆）开馆，7月18日起正式向公众开放。

2021 年 8 月 10 日　上海港东北亚空箱调运中心签约暨揭牌仪式在临港新片区举行。

2021 年 8 月 16 日　临港新片区 31 个代表项目竣工启运，首批科技创新功能平台集中入驻创新魔坊。

2021 年 8 月 17 日　临港环湖一路智能网联及自动驾驶公交载人示范应用启动仪式区举行，示范应用线路全长 8.5 公里，共设置 8 个公交站台。

2021 年 8 月 17 日　临港新片区成立两周年项目集中签约活动举行，共 42 个项目，总投资近 280 亿元，涵盖集成电路、高端装备制造、生物医药等前沿产业领域，以及新型国际贸易、跨境金融服务、现代航运服务和商文体旅等现代服务业领域。

2021 年 8 月 18 日　上海市政府举办新闻发布会，介绍临港新片区成立两年以来改革创新总体情况，发布《关于支持中国（上海）自由贸易试验区临港新片区自主发展自主改革自主创新的若干意见》。

2021 年 8 月 18 日　临港新片区两周年项目集中开工仪式举行，共 24 个项目，总建筑面积约 328.1 万平方米，总投资 496.9 亿元，涵盖住宅、仓储物流、产业、市政交通、社会民生、商办项目、生态项目等各类别。

2021 年 9 月 27 日　临港新片区管委会与浦东新区政府、奉贤区政府分别签署合作协议，有效叠加放大浦东新区社会主义现代化建设引领区和临港新片区两大国家战略效应，推动改革开放联动、创新发展协同。

2021 年 9 月 27 日　2021 滴水湖产业投资者大会举办，吸引近 60 家知名股权投资基金管理机构参加，18 家基金现场签约，总资金规模超过 587 亿元。

2021 年 9 月 27 日　临港新片区管委会与康明斯（中国）投资有限公司签署投资协议，共同推动康明斯氢能中国总部落地临港。

2021 年 10 月 12 日　临港新片区管委会、临港奉贤公司与全球领先的医疗科技公司美敦力公司（Medtronic）签署投资协议，共同推动美敦力医疗科技产业基地项目落地临港。

2021 年 10 月 13 日　2021 年上海国际生物医药产业周临港新片区分论坛暨生物医药集中签约仪式举行，24 个生物医药产业重点项目落地临港新片区，总投资 147 亿元。

2021 年 10 月 15 日　2021 年度上海市“五个新城”民生重大工程集中开工仪式举行，包含上海市第六人民医院临港院区二期扩建工程、临港产业区“先租后售”公共租赁房五期和长空路（云水路—新元南路）新建工程，总建筑面积 67.3 万平方米，总投资 85.3 亿元。

2021 年 10 月 25 日　临港新片区管委会与市气象局签署合作协议书，双方将共同推进“亚太台风研究中心”建设。

2021 年 11 月 1 日　临港新片区举行国际创新协同区全面启动仪式，区域规划总面积约 6.95 平方公里，分为科创总部湾、顶尖科学家社区和科技创新城社区三个板块。

2021 年 11 月 1 日　第四届世界顶尖科学家论坛开幕，包括 68 位诺贝尔奖得主在内的 131 位世界顶尖科学奖项获得者、数十位中国两院院士、132 位各国顶尖青年科学家、各界嘉宾代表和百位“小科学家”代表参会。论坛宣布创设“世界顶尖科学家协会奖”，首设“数学与智能科学奖”和“医学与生命科学奖”两个单项奖，每年评选一次，每个单项奖奖励金额为 1 000 万元人民币。

2021 年 11 月 2 日　国际创新协同区顶尖科学家社区科学公园设计方案发布，作为国际创新协同区的“绿心”，顶尖科学家社区科学公园总面积约 14.3 公顷，是顶科社区内最核心、面积最大的公园绿地，预计于第五届世界顶尖科学家论坛举办前正式建成。

2021 年 11 月 6 日　临港新片区重点企业落地签约仪式在第四届中国国际进口博览会贸易投资对接会主舞台举行，一批高能级总部项目、产业项目签约，总投资 65 亿元，行业领域覆盖先进农业、智能制造、航空、生物医药、半导体等。

2021 年 11 月 9 日　世界顶尖科学家论坛永久会址投运倒计时一周年启动暨项目结构完成仪式举行。

2021 年 11 月 16 日　临港新片区举行产教融合基地授牌暨项目签约仪式，临港新片区国家产教融合试点核心区建设市区协同推进机制同步发布。

2021 年 11 月 16 日　“中国人民银行上海总部支持临港新片区领导小组办公室”在临港新片区揭牌，并举行《临港新片区管委会与外汇局上海市分局跨境资金流动数据信息交流合作协议》及《临港新片区管委会与新片区银行绿色金融合作协议》签约仪式。

2021 年 11 月 23 日　东方明珠数字影视制作基地暨影视工业 4.0 示范实践区项目在综合产业区正式奠基开工，规划总建筑面积约 19 万平方米，项目一期预计 2023 年投入使用。

2021 年 11 月 30 日　临港新片区“临港英才”现场评选活动举行，来自装备制造、生物医药、人工智能、新能源汽车及专业服务 5 大类行业的 63 家企业和精英人才参加现场评选活动。

2021 年 12 月 13 日　临港新片区管委会与交银金融租赁有限责任公司签约，国内首单自贸区 SPV 跨境设备租赁创新项目落地临港新片区。

2021 年 12 月 14 日　滴水湖核心区文旅宜居区地区中心“站城一体化”开发方案国际征集成果评审会举行。

2021 年 12 月 15 日　上海市新一批保障性租赁住房集中开工活动举行，临港新片区顶尖科学家社区 H02-01、J02-02 地块保障性租赁住房项目同步开工，预计 2023 年 12 月竣工交付使用，可提供 1 300 余套保障性租赁住房。

2021 年 12 月 20 日　国家（上海）新型互联网交换中心在临港新片区揭牌并正式启动运营。

2021 年 12 月 20 日　“双区联动”推进城市功能高品质发展暨临港新片区交通建设运营重大项目启动仪式举行，16 辆氢动力公交正式投运，锦江临港观光环线、出租车集中投运，全新一代临港 T2 线中运量自动驾驶氢动力数字轨道胶轮电车下线，主城区 X2 综合停保场新建工程奠基。

2021 年 12 月 27 日　“上海银保监局支持服务临港新片区领导小组办公室”揭牌。

2021年中国（广东）自由贸易试验区建设概况

中国（广东）自由贸易试验区工作办公室

中国（广东）自由贸易试验区工作办公室专职副主任

马行裕，男，汉族，1961年11月出生，湖北大冶人。1983年8月参加工作，1991年6月加入中国共产党，研究生学历，理学学士。曾任广东省政府研究室三处副处长，广东省经委综合处副处长，广东省经贸委产业政策处调研员、产业政策处处长，广东省发展改革委产业政策处处长、资源节约与环境气候处处长、规划处处长。2015年7月起任广东省自贸办专职副主任，2018年10月起任广东省商务厅党组成员、广东省自贸办专职副主任。

一、经济运行数据

（一）投资情况

2021年，中国（广东）自由贸易试验区（以下简称广东自贸试验区）新设企业26 375家，新增企业注册资本4 094亿元。新设外商投资企业2 925家，合同外资金额216.1亿美元，实际使用外资金额82.41亿美元。新设境外投资企业126家，新增中方协议投资额38.26亿美元，区内企业中方实际投资额8.82亿美元。实现税收收入1 048亿元。

（二）贸易情况

2021年，广东自贸试验区货物进出口总额3 968亿元。其中，货物进口额1 994.4亿元，货物出口额1 973.6亿元。

（三）金融情况

2021年，广东自贸试验区新增金融机构785家，其中持牌金融机构36家、非持牌金融机构749家。跨境双向人民币资金池业务结算量2 468.2亿元，跨境人民币结算金额3 535.68亿元。

（四）创新情况

2021年，广东自贸试验区新增高新技术企业998家，营业收入1 218.4亿元；新增专利授权14 103件。

二、建设措施及成效

建设广东自贸试验区是党中央赋予广东省的重大使命，也是“双区”建设和横琴、前海两个合作区建设的重要内容。广东省商务厅认真贯彻落实习近平总书记重要讲话和重要指示批示精神，落实党中央、国务院统一部署，按照省委、省政府工作要求，扎实推动广东自贸试验区建设，以改革创新推动高质量发展。

（一）服务新发展格局，高标准建设广东自贸试验区

统筹谋划广东自贸试验区重大改革创新。深入谋划广东自贸试验区“十四五”期间战略发展，编制“十四五”发展规划，明确建设思路、发展路径及工作举措。制定《关于推进广东自贸试验区贸易投资便利化改革创新的若干措施》，在提升投资、贸易、航运和金融领域开放度便利度方面提出了27项改革创新举措。以第130届中国进出口商品交易会（广交会）为契机，积极争取国家支持自贸试验区高水平开放，李克强总理在广交会开幕式上指出，实现自贸试验区负面清单制造业条目清零，更好地发挥自由贸易港、自贸试验区先行先试作用，

制定实施对接高标准经贸规则。

强化改革创新经验复制推广。制定《广东自贸试验区2021年制度创新事项清单》，提出六大类56项具体举措。在全省复制推广广东自贸试验区第七批13项改革创新经验，发布第四批43项制度创新案例。评选出广东自贸试验区六周年“制度创新最佳案例”15项。2022年4月21日是广东自贸试验区挂牌7周年，7年来，已累计形成584项制度创新成果，在全省复制推广146项改革创新经验，发布245项制度创新案例，其中41项全国首创、7项列入全国“最佳实践案例”。

启动广东自贸试验区联动发展区建设工作。为进一步发挥广东自贸试验区创新引领和示范带动功能，服务“一核一带一区”战略发展布局，培育一批高水平开放新平台和区域经济增长极，开展广东自贸试验区联动发展区申报和评审工作，以清单形式复制推广自贸试验区改革创新经验，促进各联动发展区开展各具特色的重点产业全产业链创新。

（二）坚持大胆试大胆闯自主改，制度创新不断取得新突破

营商环境进一步优化。一是对外开放程度不断提升。新版自贸试验区外商投资准入负面清单进一步缩减至27条，实现制造业条目清零。积极推动与港澳地区市场主体登记规则衔接，粤港澳商事登记一体化工作获国务院督查激励，南沙商事登记确认制改革试点经验获国务院肯定并在全国自贸试验区推广。试点香港投资者简化版公证文书，近1.46万家企业受惠。二是进一步优化政务服务水平。广东省政府向广东自贸试验区各片区下放第三批68项省级管理权限。广州南沙新区片区构建“五个一”行政管理服务体系，160项政务服务事项实现“湾区通办”，创新构建“信即办”审批服务体系，实现“即来即办、当场办结、立等可取”。深圳前海蛇口片区制定实施优化营商环境3年行动计划，推行工程建设项目审批“一次申请、按需发证”，办理时间由49天压缩至13天。三是国际化法律服务体系持续升级。广州南沙新区片区加快推进粤港澳大湾区暨“一带一路”法律服务集聚区建设，大力推广互联网仲裁“广州标准”，完成自贸试验区首宗以“临时仲裁”方式解决纠纷案件。深圳前海蛇口片区挂牌成立粤港澳大湾区国际仲裁中心，试点支持港企在无涉外因素情况下选择适用香港法律解决民商事合同纠纷，2021年已审理案件91件。珠海横琴新区片区设立珠澳跨境仲裁平台，实现澳门仲裁机构可在横琴运用澳门法律受理涉澳仲裁案件。

新大湾区机场群货运安检中心前置前海，累计实现552.3亿元货物在前海“登机”。开展“大湾区组合港”“湾区一港通”模式试点，实现枢纽港与支线港跨关区监管互认和一体化操作，已开通12条组合港线路，累计约10万标准箱货物便利通关。二是促进贸易新业态多元发展。广州南沙新区片区推进“跨境电商出口退货监管新模式”，跨境电商进出口总值比上年增长73%。深圳前海蛇口片区打造跨境电商全业态中心，验放全国首票“9810”（跨境电商出口海外仓）报关单。广州南沙片区创新“保税贸易分拨中心仓”监管模式，支持亚太塑料粒分拨中心建设，基础胶粒等料件进出口比上年增长32%。深圳前海片区建设ICT（电子元器件）物料供应链中心，吸引华为、中兴、大疆、小米、荣耀等企业入驻。2021年，深圳前海综合保税区实现进出口1 581.1亿元。三是创新综合保税区海关监管模式。广州南沙综合保税区实施“仓储货物区内直转”模式，帮助企业节约成本超500万元。实施支持文物、文化艺术品等高端消费品保税展示的22条措施，推动区内文化产品进出口比上年增长86.29%。

金融开放创新稳步推进。一是不断提升跨境资金流动便利化水平。广州南沙新区片区获批全国首批跨境贸易投资高水平开放试点，中国南方航空股份有限公司获准开展境内经营性租赁支付外币租金业务。自由贸易（FT）账户业务获准拓展试点银行和服务范围，截至2021年，FT账户业务金额达

7 528 亿元。指导广东省银行外汇和跨境人民币业务展业自律机制（以下简称广东自律机制）制定新型国际贸易业务展业自律指引，优化离岸贸易金融服务。2021 年，广电省以离岸转手买卖为代表的新型离岸国际贸易收支总额 77.8 亿美元，比上年增 95.7%。二是持续深化粤港澳金融合作。开展粤港澳大湾区“跨境理财通”业务，截至 2021 年底，办理汇划资金达 4.86 亿元。试点港澳代理见证开立内地个人银行账户业务，截至 2021 年底，已开立内地个人银行账户 17.8 万户。开展跨境金融产品创新，推行粤港澳“三地车险一地投保”，完成全国首个跨境医疗保险产品备案，银联港澳版“银联云闪付”手机应用程序、微信和支付宝香港电子钱包等移动支付项目应用场景不断丰富。三是大力发展特色金融。截至 2021 年底，广州南沙新区片区累计注册融资租赁企业 2 209 家，已累计完成 178 架飞机和 81 艘船舶租赁业务。深圳前海蛇口片区深化跨境双向股权投资试点，QFLP 基金规模达 400 亿元，获批 QDIE 额度 19 亿美元。前海联合交易中心已上线 8 个交易品种，累计交易金额 475.8 亿元。珠海横琴新区片区吸引 33 家涉澳跨境金融企业或服务机构入驻粤澳跨境金融合作（珠海）示范区。

粤港澳合作不断深化。一是进一步扩大对港澳服务业开放。发布国内首部港澳专业人才在内地申报职称的规范性文件，搭建粤港澳大湾区职称和职业资格业务一站式服务平台。首创对粤港两地个人的跨境身份核验服务，建设大湾区跨境数据互信互认平台。开展香港工程建设咨询企业和专业人士便利化执业试点，55 家香港工程建设咨询企业和 253 名香港专业人士成功备案。前海推进港澳税务师、导游备案执业，港澳专业人士执业备案范围扩充至 15 类，62 位港澳涉税专业人士办理完成跨境执业登记，2 家合资税务师事务所完成行政登记。前海法院聘请 32 名港籍陪审员。二是口岸合作不断深入。横琴“一线”口岸二期工程全面展开，“二线”海关监管作业场所正式动工，创新客货车通道“联合一站式”通关模式。澳门机动车便利入出横琴配额增至 1 万辆。三是打造“港企”发展平台。南沙积极推进粤港深度合作区建设，南沙科学城纳入粤港澳大湾区综合性国家科学中心主要承载区。前海建设“两城六区一园一场六镇双港”，出台金融、办公用房等产业政策，支持香港金融、会展、现代海洋、科技服务等优势产业发展。深港联动举办 2021 年前海招商大会，20 个重点港资和外资项目落地、总投资 239.5 亿元，全年新增港企 622 家。四是加大港澳青年创新创业支持力度。南沙出台实施《广州南沙新区（自贸片区）鼓励支持港澳青年创新创业实施细则（试行）》（简称“港澳青创 30 条”），落户广东省粤港澳青少年交流促进会，建成创享湾等 8 个港澳青创基地。前海深港青年梦工场创业空间拓展至 12 万平方米，为港澳青年发放专项扶持资金 7 900 多万元。横琴·澳门青年创业谷累计孵化企业 729 家，其中澳门创业企业 321 家，成为澳门青年在内地创业的首选之地。

（三）坚持高标准建设高质量发展，经济发展取得显著成效

经济发展成效明显。广东自贸试验区坚持以开放促改革，以创新促发展，各项经济指标继续保持全国自贸试验区前列。2021 年，实现固定资产投资 1 375.99 亿元；税收收入 1 048 亿元；外贸进出口额 3 968 亿元；新设外商投资企业 2 925 家，实际使用外资 82.41 亿美元，比上年增长 3.8%，占广东省实际使用外资总额的 30%。

现代化产业体系加速成型。一是南沙战略性新兴产业蓬勃发展。汽车产业集群产值突破千亿，引进 217 个世界 500 强企业投资项目，集聚 500 余家人工智能和生物科技创新企业，广东医谷获评国家级孵化器，启动建设国家级自动驾驶与智慧交通示范区，小马智行 L4 级自动驾驶技术实力位居全球前列。航运能级不断提升，开辟 166 条集装箱班轮航线，2021 年，完成集装箱吞吐量 1 766 万标准箱。二是深圳前海蛇口片区大力发展金融、科技、物流等总部经济。前海深港国际金融城入驻 153 家

金融机构，持牌金融机构56家，瑞银集团、法国安盛集团等重大项目落地。国家（深圳·前海）新型互联网交换中心上线试运行，获批开展跨境贸易大数据平台建设试点，2021年，西部港区集装箱吞吐量1 344万标准箱。三是横琴积极促进澳门产业多元发展。横琴粤澳深度合作区重点发展科技研发和高端制造、中医药等澳门品牌工业、文旅会展商贸产业和现代金融产业等四大新产业；已注册科技型企业达1万家，其中澳资企业约800家、独角兽培育入库企业16家；医疗旅游产业加快发展，粤澳合作中医药科技产业园获评“国家级科技企业孵化器”，累计注册企业203家，签约入驻企业95家，培育澳门企业48家。

城市综合功能不断提升。一是南沙“一城四区”空间布局基本形成。蕉门河中心区“城市客厅”、明珠湾起步区、庆盛枢纽区块等项目加快建设，南沙新区明珠湾起步区灵山岛尖滨水景观带项目荣获“2020亚洲都市景观奖”，地铁18号线开通运营，“双环九射”市政主骨架路网基本建成，区内新增公办中小学学位3.7万个，公办幼儿园学位1.6万个，布局建设中山大学附属第一（南沙）医院等7家高端医疗机构。二是前海重大项目建设加快推进。深圳前海国际会议中心荣获“2020—2021年度中国工程建设鲁班奖（国家优质工程）”，深圳机场卫星厅投入使用，新增旅客吞吐能力2 200万人次，穗莞深城际铁路深圳机场至前海段开工建设，轨道20号线一期开通运营。前海区域集中供冷实现桂湾、前湾和妈湾三片区全覆盖，供冷接入面积约360万平米。华润前海万象、前海·卓越INTOWN等14万平方米商业项目开业，日均客流超15万人次。三是横琴优质生活空间初步显现。“澳门新街坊”综合民生项目加快建设，珠海横琴新区子期小学、子期幼儿园建成启用，哈罗礼德、华发容闳、德威高中等优质教育资源投入使用，新增学位4 100个。琴粤澳医疗卫生培训基地正式启用，广州医科大学附属第一医院横琴医院加快建设。

三、创新成果及案例

案例1：为企业提供“插电式服务”实现拿地即开工

主要做法：

广州南沙新区片区创新推进“插电式服务”模式，在电网规划建设阶段，通过共享区域开发建设和招商引资有关信息，前置开展电网管廊建设、网架完善、线路迁改、开关房（站）布点、临电及永电接入点配置；在土地平整阶段（一级开发）提前设置临时用电“插口”，实现企业开发阶段（二级开发）即可从周边临电变压器就近接入，把电直接送到客户门口，打造拿地即开工的服务新模式。

特色亮点：

一是该创新举措属于全国首创。2020年7月已经纳入广州市第二批优化营商环境典型经验，在全市推广复制。

二是“插电式服务”是政企联动、服务区域发展的创新举措。通过统筹区域开发和规划，由政府部门协同供电企业主动转变服务思维，在土地平整阶段综合考虑企业开发阶段用能需求，将原本阶段式、独立的用电过程整合归一。市场主体（项目）可省去临时用电报装、建设、运维、拆除等流程，拿地即可开工建设，进一步节约开发成本及时间。

三是极大程度提高区域基础配套建设能力。通过政企信息共享，供电企业结合网架和项目需求，形成区域电网规划方案，提前开展电网管廊建设、网架完善、线路迁改、开关房（站）布点、项目临电及永电接入点配置，协同项目同步或提前完善电力基础配套建设，精准服务项目全生命周期用电需求。

实践效果：

国际金融论坛（IFF）永久会址项目选址于南沙横沥岛，项目建设需要2台500千伏安临时用电。得益于供电企业与明珠湾管理局携手推行的“插电式服务”模式，该项目在电网“插口”处直接接入临电，真正享受“拿地即开工，插电式服务”的高质量用电体验。截至2021年12月，类似插口在横沥岛已建成52个。

案例2：“一区一厅一中心”跨境智能联动办税新模式

主要做法：

由横琴新区税务局办税服务厅港澳服务专区、粤澳合作中医药科技产业园智能办税微厅及粤澳工商服务中心三地构建“一区一厅一中心”的跨境联动智能办税模式，探索打造“一次不用跑”办理和“家门口”就近办理的便利化粤澳跨境智能办税生态圈。通过升级技术应用、集成数据管理、优化人力调配，提供境内外涉税业务远程办理、视频咨询实时连线、涉税疑难实时处理等“云端办税服务”。

特色亮点：

一是通过微厅主机提交业务申请至港澳服务专区业务集成后台实时办理、即时出票，有效弥补网上办税的短板，如发票代开、发票申领等原本受实体资料领用限制无法在线办理的业务，连接“线上+线下”“全业务、全功能”办税的关键一环，打通服务企业“最后一公里”。

二是横琴新区税务局与粤澳工商联会开展突破性地合作，在粤澳工商服务中心设置税务服务点，面向澳门居民免费提供办税体验服务。澳门居民可以登录V-Tax远程可视自助办税系统或者粤税通小程序，体验税务登记、认定管理、发票办理、申报纳税等涉税事项“一次不用跑”办理。

三是先行先试提供特色涉税服务。如广东全省先行先试港澳新购房产缴税业务“一次不用跑”服务，从港澳通行证实名认证、港澳居民身份证信息采集到新购房产缴税业务，全流程线上“一条龙”办理。

实践效果：

一是横琴新区税务局率先突破港澳纳税人证件认证限制，办理时长从原来的至少3小时提速至0.5个小时。通过港澳纳税服务专区与粤澳工商服务中心的跨境联动，让港澳居民通过微信在线办理不动产涉税业务，提速50%。截至2021年2月，近3万多户次港澳纳税人使用V-Tax平台，办理了6万余宗业务。

二是横琴税务部门在粤澳合作中医药科技产业园内建设了占地仅50余平方米的智能办税微厅，打造5分钟就近办税“服务圈”。

三是办理新办企业涉税业务的澳门纳税人在工商登记后，通过V-Tax远程可视自助办税平台，选择“一次不用跑—常规业务—新办纳税人套餐”，一次性办理“一照一码信息采集”、“财务会计制度及核算软件备案”等10项新办企业投入正常经营前所需要办理的基本涉税业务。

案例3：湾区跨境税务一体化服务

主要做法：

南沙区税务局通过与相关政府职能部门、创业园区、专业服务机构协同合作，面向港澳人士推出一体化、无差别的税务服务。

一是成立了“粤港澳大湾区跨境税务服务创新合作示范点”，以粤港澳三地联营事务所为窗口，以多个政府职能部门与法律专业机构合作协同治理的形式，拓展跨境税务服务、法律服务的载体和渠道。

二是打造粤港澳大湾区双创税务驿站，以“驿站+”网格模式，建立多点位、辐射式、网格化的湾区双创税收驿站群，实现信息发布、政策创研、办税辅导、团队对接、创业扶持等功能。

三是打造“南税云体验”税收智慧服务平台。设立“一条咨询专线+一个沟通服务微信群+一个服务专窗”的“湾区税收政策服务直通车”，开展“走出去”线下税法普及辅导，及时解决纳税人跨境税务服务的疑难问题，主动提醒税收风险，进一步吸引企业扎根自贸试验区。

特色亮点：

一是便利港澳企业办税，提供一体化的跨境税务服务方式。通过准确把握推进粤港澳创新创业税收资源的充分对接以及创新资源聚集的优势特点，紧密围绕湾区企业及港澳海外人士日常办税、咨询、服务需求，将个性化税收服务送出境外，促进粤港澳大湾区一体化发展。

二是积极衔接港澳规则，构建一体化的跨境税务服务协调机制。立足南沙作为粤港澳全面合作示范区的职能定位，建立粤港澳三地跨境税务服务多方协调机制，针对粤港澳大湾区企业及港澳人士因税制差异、政策误解导致的涉税不确定性，免费提供税务咨询、税务辅导、税务宣传，提升南沙投资便利程度。

三是聚焦支持创新创业，推进一体化的湾区政策创新研究。通过开展粤港澳三地税收政策研讨，探索可行性的税收政策研创支持，争取建设成对接国际、对接港澳的税收政策先行培育地，吸引更多国外及港澳地区先进的生产技术和管理经验进驻。

实践效果：

截至2020年4月，已通过联营律师事务所在粤港澳三地设立湾区跨境税务服务创新合作示范点，“南税云体验”税收智慧服务平台成功上线并面向港澳人士开展服务工作，成功建设“1+6”个粤港澳大湾区双创税务驿站，服务430多家创新创业团队，办理相关涉税（费）事项超过6 000笔。

案例4：构建远程“非接触式”线上线下融合办税模式

主要做法：

前海税务局积极拓宽“非接触式”办税缴费覆盖面，先后研究出台《前海税务局疫情期间线上线下融合办理事项业务事项清单》1.0和2.0版本，在深圳市税务局制定版本基础上将线上线下融合办理业务扩展至28项，将更多的税源管理事项纳入其中，并同步开设3条远程办税热线配置，针对清单内事项做好远程咨询和指导服务，解决疫情期间办税难题，构建具有前海特色的、安全可靠的、简约便利的远程办税模式，最大化实现“非接触式”办税。

特色亮点：

一是线上线下功能互补、前台后台业务贯通。采取纳税人远程电话申请、税务机关内部流转的方式办理涉税事项，覆盖前、中、后台等多个部门，极大提高办税效率，降低纳税人办税成本，让纳税人足不出户就能享受高效、便捷、优质的服务，让“一次都不跑”的办税体验逐渐成为常态。

二是线上便捷性与线下专业性高度融合。线上远程服务群体覆盖辖区内所有纳税人，服务资源连接所有部门；线下平台则培养了大量业务精通的专业人才和咨询服务队伍，具有快速解决复杂问题的能力。线上线下融合对推动纳税服务创新具有重要意义。

实践效果：

自线上线下融合办理机制推行以来（截至2021年第一季度），前海税务局累计为纳税人提供近6 000户次的远程服务，尤其是审批部门和纳服部门效果显著，分别受理3 189、1 971户次业务。28项大厅办理业务转为线上后台核实办理，办税时间缩短70%，确保大厅提速控流，切实降低企业纳税成本，实现“智能化、便捷化”的畅享体验，逐步推进办税服务向“最多跑一次”到“一次都不跑”转变。

案例5：税政企大数据智慧共享应用新模式

主要做法：

珠海横琴新区片区运用现代信息技术手段，构建具有“智慧联办、数据共享、可视交互、法定效力、安全加密”五大特点的应用链，创新打造税政企大数据智慧共享应用新模式。涉税费数据通过信息平台实时共享给横琴片区相关部门，并自动匹配符合优惠政策条件的企业和个人，向其主动推送相关信息，企业和个人无须多部门跑动，即可“一站式”或“零跑动”办理相关业务。

特色亮点：

一是打造全景式涉税费信息地图。通过信息平台自动抓取税务核心征管系统数据，实现纳税人涉税费信息的全景式展现、立体化分析。

二是建立全加密智慧共享数据库。涉税费数据通过智慧共享平台与横琴相关政府部门交互共享，精准定位纳税人需求，主动推送优惠政策信息，同时，应用区块链技术，保障纳税人信息安全。

三是搭建全流程可视化联办平台。根据业务办理的需求不同，相关政府部门登录联办平台，平台展示定制的个性化业务办理页面和功能模块。相关政府部门在线查询纳税人办理事务所需涉税费信息，无须纳税人到税务部门申请开具相关证明材料，实现线上联办。

实践效果：

一是实现多部门进驻共享应用。目前“进驻”联办平台的政府部门包括横琴新区财政局、商务局、党群部、社会事务局和建设环保局等部门，如社保缴费数据通过平台实时共享给横琴建设环保部门，其可对在建工程是否缴交工伤保险进行实时的监控，并将此作为是否批核开工许可的依据之一。

二是推进实施精细化管理服务。对动态收录的横琴6万多管户纳税数据进行整体排序，根据数据波动幅度大小，对前5 000位企业进行列表式提取，同时分行业进行细化归类，制定针对性税减免税方案。

三是网格化助力复产复工。通过全景式涉税费信息地图，实行网格化管理，开展精准税源巡查，了解企业实际情况。同时，提供定向式、个性化跟踪辅导服务，确保优惠政策落实到位，全面助力企业复工复产。

案例6：信用全周期共建共管共享体系

主要做法：

珠海横琴新区片区对标国外先进国家和地区，借鉴港澳社会信用建设方面的先进经验，创新税收治理思路，将纳税信用评级结果应用贯穿于企业管理服务全周期，构建纵横连贯的税政企信用全周期管理服务体系。

特色亮点：

一是围绕企业运营，建立诚信导向服务机制。创新税收治理思路，将纳税信用评级结果应用贯穿于企业管理服务全周期。创新税务诚信报告免责体系，针对政策未明确的涉税事项，鼓励纳税人主动诚信报告，备案后补缴的不予处罚，针对重大特定事项主动报告的，给予明确处理意见。构建税收遵从指数，有效配置征管资源，对纳税人实行量化分级分类监管。健全容缺办理机制，对信用评级高的企业可暂免提供部分资料，以承诺的方式补交资料。

二是促进跨部门信息共享，拓展纳税信用增值运用。构建纵横连贯纳税信用应用格局，拓宽评价结果共享应用面，打造“税银信用e贷”，与银保监部门和银行业金融机构合作，帮助企业将纳税信用转化为融资信用，为守信小微企业提供税收信用贷款，解决企业融资难题。推行税政企大数据智慧共享应用新模式，联合横琴新区片区相关政府部门，将涉税费数据和企业纳税信用评级通过信息平台实时共享，提升“互联网+政务”服务水平，引导纳税人提升税法遵从度，推进诚信社会建设。

实践效果：

一是将纳税信用转化为资金支持。“税银信用e贷”为符合条件的企业提供最高1 500万元的信用贷款授信额度，企业纳税信用可转化为实实在在的信用资产。

二是有效引导和鼓励企业诚信纳税。纳税信用信息在首届中国横琴科技创业大赛、信用贷款、诚信报告免责、容缺办理等领域广泛应用。纳税信用由静态评价向动态管理过渡，企业纳税信用情况整体向好，2019年度纳税信用A、B级企业数同比上涨44. 29%，其中港澳地区企业A、B级数量同比上涨115. 41%。

三是推进纳税信用信息跨部门运用。自港澳地区个人所得税税负差额补贴政策实施以来，港澳地区青年申请个税补贴发放率达100%，截至2020年，累计发放逾2亿元；累计兑现特殊人才奖励5.88万人次，奖励金额达50.33亿元，为港澳地区青年在横琴创业就业增添了极大的信心。

案例7：纳税信用“实时调整+多维运用”机制

主要做法：

南沙区税务局通过增设纳税信用等级评定激励性指标，对高信用级别纳税人实行精细划分和管理，并运用大数据技术对纳税人信用评级建立实时调整和动态修复机制。在基于纳税信用等级基础上，建立纳税信用与税费征管事项对应机制，为高信用级别的纳税人提供更多即时办结、先办理后监管等优质服务。

特色亮点：

服务举措“差异化”，助力高信用级别纳税人“优体验”。从税费办理“加”速度、简化资料“减”负担、优化措施“乘”服务和响应诉求“除”难点等方面实行若干激励措施，打造纳税信用信息的智能柜台，实行VIP过程后台办理及通用全过程监控办理两种办税模式，通过智能识别纳税人信用级别，为高信用级别的纳税人提供更多即时办结、先办后审、纳税人发票业务“快速办”等VIP服务。同时，通过风险“一键”体检和智能推送，及时提醒纳税人存在涉税风险，促进诚信纳税建设。

实践效果：

构建南沙特色纳税信用管理体系，对强化守信激励和失信惩戒，提高纳税人遵从度和营造诚信和谐的税收营商环境具有重要意义，切实强化了税收事前事中事后管理，推动“数据管税”和“信用管税”相结合；为纳税人信用资产“保值”“增值”，推动纳税信用融入社会信用体系建设，实现“更高信用”纳税人享受“更高质量”税收服务管理。

案例8：多缴税费主动退还机制

主要做法：

南沙区税务局对金三系统更正申报、代开发票作废或红冲、汇算清缴、重复缴纳税款等原因而产生的多缴税款，免去纳税人申请退税环节，实行主动退还机制。

特色亮点：

一是税费退还主动化，退税办理“零手续”。对辖区纳税人的多缴税款，实施“无须纳税人申请、由税务机关主动发起”的退税操作，范围涵盖四大类18种税（费），免除烦琐的多缴退税费办理手续。

二是办理流程一体化，退税流转“闪电办”。建立“发起—审核审批—退库—后续管理”一体流程，提供主动式的进度追踪和数据互通，促进各环节紧密协作，加快退税业务流转，提速主动退税办理进度。

三是数据处理智能化，退税审核“更严密”。以信息化管理手段为推手，借助系统辅助功能及南沙自主开发的数据应用管理系统，合理设定风险阈值，对退税数据进行自动审核、批量处理，实现系统审核与人工审核有机结合，形成更加严密高效的主动退税审核机制。

实践效果：

自推行多缴税费主动退还机制以来，广州南沙新区片区退税办理时间大幅压缩至少60%。通过大数据精准判别纳税人多缴税费情况，已审核完成多批次多缴退税费业务5 318户次，征纳双方减负效果明显。

案例9：知识产权保护中心“项目制”预审服务模式

主要做法：

落户于深圳前海蛇口片区的中国（深圳）知识

产权保护中心（以下简称知保中心），围绕重点企业、重点项目开展了集成式“项目制”预审服务创新，极大丰富了快速预审的内涵。

一是在24小时内组织召开全体预审员会议，遴选资深预审员出任“项目负责人”并组建预审团队，第一时间跟进案件审查进度和组织技术讨论会。

二是邀请项目知识产权人员和技术人员开展座谈，双方就项目的技术问题进行深入交流，推动预审工作高效开展，同时对项目技术方案进行全面检索审查，针对申请文件中的问题，提出专业修改意见。

特色亮点：

根据“快速响应、主动沟通、高效审查”的工作思路，集成式创新助力企业快速占领市场。一是对项目开展预审工作。二是预审工作结束后，责成项目负责人持续跟进，继续深化服务，指导企业开展后续申请工作，并在第一时间对系列专利申请进行标记，使之顺利进入国家知识产权局快速审查通道。

实践效果：

2020年3月，比亚迪股份有限公司最新开发的新一代磷酸铁锂电池“刀片”电池，经知保中心预审的9件“刀片”电池专利申请均获授权，比普通程序审查周期缩短约3/4。其中一件实用新型专利仅6天便获授权，而一般实用新型专利审查周期为6—10个月。除比亚迪之外，知保中心还成功为腾讯区块链技术、华芯光电LED显示面板、汇顶科技生物指纹识别、大疆科技无人机等申请提供了高效、专业的服务。

案例10：国际商品B2B在线交易平台上线

主要做法：

深圳前海综合保税区创新打造“吉布提国际自贸区国际商品B2B在线交易平台——Djimart.com”，主要针对向中国制造商进行采购的非洲零售商，联结深圳前海蛇口片区和吉布提国际自贸区，提供集商品展示、交易、结算、通关、物流于一体的综合性服务。该平台通过信息化、在线化的实时数据交互，物流、资金流、商流及通关信息相互比对，以电子合同为基础完成智能履约，采取JIT（即时交付）/VMI（供应商管理库存）供应链模式，中国供应商发货到深圳前海综合保税区，货物通过区内组货集运，实现库存与结算的灵活管理。

特色亮点：

一是通过信息化手段实现采购供应各环节（包括线上采购、动态库存管理、结算结汇、物流通关等功能的信息化系统）的线上化、数据化，实现在线选品、在线沟通、在线交易。

二是一端连接非洲买方市场，另一端连接国内卖方市场，通过数字信息贯通整个跨境供应链流程，以“VMI+JIT”模式快速响应采购订单。

三是平台与海关的信息化系统和银行结算系统实时数据交互，为非洲地区提供优质的中国商品及供应链管理服务。

实践效果：

该平台的第一批订单已于2020年4月顺利进入深圳前海综合保税区，5月6日首批5个订单共19万美元货值的第一条货柜从蛇口装运上船，运往吉布提国际自贸区，该批物资包括了四家公司采购的口罩、防护服、测温仪等防疫物资，以及雨布、沙袋等防汛物资，实现了小额采购的集拼发运。这标志着深圳前海蛇口片区和吉布提国际自贸区实现了两地贸易的“双区联动”，为中国企业和产品进入广阔的非洲市场开启了高效、安全的可视化贸易通道。

案例11：跨境电商9610银行收汇

主要做法：

为突破跨境电商零售出口收汇难题，引导跨境电商企业阳光收汇，深圳前海蛇口片区打通企业、银行、海关等部门数据，创新实现全国收单跨境电商9610银行收汇业务。具体流程如下：跨境电商企业将货物交付至深圳前海综合保税区，委托区内电商专业服务公司（深圳保宏电子商务综合服务有限公司）提供跨境电商9610出口报关及配套物流服务；跨境电商企业到相关商业银行（中国银行深圳分行）提交订单信息申请办理出口收汇；中国银行深圳分行从深圳保宏电子商务综合服务有限公司（以下简称保宏电商公司）获取订单对应的跨境电商9610报关信息，确认无误后将相应外汇收到跨境电商企业境内账户。

特色亮点：

一是以数据为基础，创新跨境电商企业收结汇新模式。该业务基于9610报关模式，打通了企业、银行、海关等多方数据链条，实现跨境出口B2C企业在银行直接办理收汇业务，创新了跨境出口B2C企业收结汇新模式。

二是以结算为基础，创新银行服务跨境电商企业新模式。长期以来，绝大多数跨境出口B2C企业难以享受银行的综合金融服务，特别是融资服务。该业务模式实现了银行直接为跨境电商企业提供基础结算服务，并推动银行在便利化收结汇、供应链融资、外汇衍生品、投资理财等领域为跨境电商企业提供更多综合金融服务。

三是创新"金融+物流"综合服务方案，推动行业阳光化发展。该业务依托深圳前海综合保税区，由中国银行深圳分行、保宏电商公司联合为跨境电商企业提供货物报关、物流、收结汇等一揽子服务，企业只需将货物委托给保宏电商公司，即可向银行申请收结汇，还可申请免税、退税，为跨境电商企业节约了时间和资金成本，也为其免除了阳光化报关的后顾之忧，有利于推动行业阳光化发展。

实践效果：

深圳前海蛇口片区在跨境电商9610报关模式的基础上，率先落地9610项下的银行收结汇业务，解决了出口跨境电商的阳光收结汇难题，为企业合规化转型提供了通道。预计该业务模式运行成熟后，将吸引大量跨境电商群体从原来通过跨境第三方支付办理的收汇业务迁移至成本较低、安全可靠的银行收结汇业务模式，跨境电商行业收汇风险管理能力也将大大提升。

案例12：进境暂存中转澳门食品检验检疫监管新模式

主要做法：

为支持澳门地区民生仓储业务发展，拱北海关与澳门市政署加强合作，于2019年12月在珠海横琴新区片区横琴大昌行物流中心率先试点"进境暂存中转澳门食品检验检疫监管创新"。该模式进一步放宽对进境横琴暂存中转澳门地区的食品检验检疫的要求，不再强制性要求所进口食品来自于境外注册生产企业，进境暂存的食品及其来源国家或地区应获得内地检疫准入，并随附出口国或地区官方出具的检疫证书即可。货物入境时，海关进行单证审核，实施必要的检疫和货物查验，不对产品实施检验；复出境澳门地区时无须检验和出具证书。

特色亮点：

一是优化了暂存中转澳门食品检验检疫手续。在确保进境暂存中转澳门地区的食品及其来源国家或地区获得内地检疫准入的前提下，不再强制性要求产品来自于境外注册生产企业，大幅放宽了允许仓储货物的范围，同时也提升了通关效率。

二是深化与澳门市政署的监管合作。该模式强化了内地海关与澳门市政署的合作，澳门官方签发准予货物分批入澳的证明文件并提供其认可的出口国或地区官方检疫证书，暂存食品入境横琴时，拱北海关进行单证审核，实施必要的检疫和货物查验，不对产品实施检验；复出境澳门时，拱北海关也不再实施检验。

实践效果：

该模式有效发挥了珠澳两地仓储物流互补优势，进一步满足了两地企业、居民的物流需求，截至2020年，暂存中转澳门食品进出口货值累计达

5 913 万元，被海关总署备案为自贸试验区海关监管创新举措。

案例 13：创新文化保税业务

主要做法：

广州南沙新区片区简化文化艺术品备案程序，优化文化艺术品从境外入区监管模式，实施进出境登记审核。2019 年 5 月，通过粤港澳大湾区联合书画展完成广东自贸试验区首单艺术品保税展示业务，由南沙区文化广电旅游体育局进行涉外艺术品展览审批，南沙海关为承办方量身定制保税展示监管方案。2019 年 12 月举办第二届大湾区生活艺术节，以“关税保证保险”作为担保方式将艺术品借出展览。通过参与试点的保险公司为企业开立“关税保证保险”，企业资信只要求一般信用以上，根据市场价值收取保费，不收取企业保证金，有效降低资金成本，减少企业的资金压力和运营成本，同时大幅缩短业务申请的审批手续和办理时间，为跨境艺术品展示提供全产业链式服务。

特色亮点：

一是充分运用政策，创新文化艺术品从境外入区的监管模式。作品经审批后，由南沙海关为承办方量身定制监管方案，采用现场驻场监管的办法，确保作品顺利展出。全流程涉及省、区多个部门，历时仅半个月即顺利完成首单文化艺术保税品业务的落地。

二是有效解决了进出口企业申请信贷额度难、申请成本高、手续周期长等问题。一般信用以上的企业可以根据自身业务发展需要购买相应保险，参与试点的保险公司审核企业资信情况并开具关税保证保险保单，此保单即可用于企业进出境货物海关担保环节，真正为企业省钱、省时、省事。

实践效果：

一是实现了广东自贸试验区首个文化保税展示项目落地，大幅缩减了艺术品过关审批的时间。

二是“关税保证保险”担保方式的创新开展，为美术馆和艺术企业免去支付税款担保金的压力，减少资金压力和运营成本，有利于吸引海外美术馆等机构到国内举办展览，同时有利于加快文化艺术品回流。

三是将政府与市场主体相联系，形成工作合力，实现了政府指导、服务，市场主体实现资源有效配置，进一步加深了互信共信的良好政企关系。

四是促进文化艺术品在自贸试验区内的综合保税区存储、展示等。文化保税项目是南沙在文化产业领域的重要创新，为居民带来了高质量的精神文化产品，同时实践文化艺术保税品业务全流程，对把南沙发展成粤港澳大湾区艺术品交易中心具有里程碑意义。

案例 14：创新海事非现场安全监管模式

主要做法：

深圳海事局在深圳前海蛇口片区创新推行“零接触”现场检查，提升疫情期间船舶安全监管效能。充分利用深海监管服务平台、船舶自动识别系统（AIS）、船舶报告系统等智慧海事业务系统，结合现场巡查精准筛选高风险检查目标，减少不必要现场检查；建立任务融合机制，对必须实施的现场检查，通过执法任务、检查项目、执法资源的深度融合，最大限度减少现场检查频次。优化非现场监管手段，通过海事智能 AR 现场支持系统、网络在线视频等方式，对船载货物集装箱实施远程开箱检查，通过海事 VGM 监管系统，对载货集装箱总重量验证实施远程验证，促进船载货物集装箱快速通关，有效降低企业疫情期间危险货物通关时间成本和经济成本。优化船员远程管理制度，实行船员任解职远程办理，开展船员现场监督检查远程核查，创新船员在线培训和远程考试评估，打通船员换班堵点，助力航运企业复工复产。

特色亮点：

通过全面建立海事非现场监管制度，深圳海事局深入贯彻了交通运输部“一断三不断”“三不一优先”要求，在有效落实疫情防控措施基础上，确保疫情期间海事安全监管“不缺位”，有力保障了重点物资安全运输、国际物流供应链畅通、“深中通道”等水上重要工程施工安全、航运企业安全复工复产以及船员的合法权益，建立更加精准高效的海事非现场监管体系。

实践效果：

截至2020年6月，深圳海事局累计保障国际航行船舶安全进出港46 843艘次，监管载运危险货物船舶28 288艘次，辖区累计完成船员换班5 322人次，成功处置船员伤病救助协助63起（其中涉及中国籍船员33起、外国籍船员30起），未发生因船员原因导致的境内新冠肺炎感染病例。

案例15：金融债权“在线赋强公证”业务模式

主要做法：

针对持牌金融机构线上展业涉及案件标的小、案件分散、审理时间较长的特点，2020年4月，前海公证处携手招联消费金融有限公司举行金融债权“在线赋强”签约仪式，启动持牌金融机构线上展业债权“在线赋强公证”，为持牌金融机构线上展业债权双方当事人提供便捷高效的公证法律服务。公证机构依托现代信息技术，通过网络平台对金融机构电子债权文书进行在线公证，该公证具有强制执行效力。具体业务流程为：借款人发起借款申请，利用信息技术手段进行“人证一致性”验证，验证结果同步到金融机构和公证处；公证处基于金融机构上传的债权合同模板，生成授信合同、公证申请表、公证笔录等公证资料并推送给借款申请人和金融机构；债权当事人双方在公证系统平台签署电子债权文书和公证申请资料，对金融债权赋予强制执行效力，形成电子公证书并电子存证；后续借款、放款和还款的记录将自动生成相关凭证文件，以及对应的哈希值，在公证处系统实时备案；出现违约后，公证处在依法核实基础上，出具执行证书申请立案执行。

特色亮点：

该项目是广东省首个持牌金融机构线上展业债权“在线赋强公证”项目，可实现批量立案、批量执行，从源头上分流案件，有效缓解持牌金融机构线上展业涉及案件诉讼难、执行难问题；有助于营造大湾区法治营商新环境，推动诉源治理新探索，推进多元解纷新实践。

实践效果：

该项目有助于提升前海法治营商新环境，规范消费金融市场秩序，推进金融法治建设；有助于制约失信行为，完善社会诚信机制；有助于从源头上分流案件，实现诉源治理，缓解持牌金融机构线上展业涉及案件诉讼难、执行难问题；有助于降低普惠金融成本，让利消费者，有效解决金融机构贷后管理中的立案难、成本高、时效长等问题。目前，除招联金融外，还在微众银行、中银消费金融等扩大试点开展该项业务。

案例16：首推全线上信用类“支小再贷款”

主要做法：

为缓解新冠肺炎疫情对小微企业的影响，帮助小微企业复工复产，按照人民银行金融支持小微企业再贷款再贴现工作安排，深圳微众银行迅速推出线上信用类的“支小再贷款”信贷支持计划。该计划以企业、个人征信以及工商、税务、电力等信用数据为基础，构建企业与企业法人双主体信用评价和贷款全流程风险管理体系。小微企业只需通过微信公众号即可申请微众银行的贷款，且利率在满足人民银行政策要求的基础上进一步降低，一批制造业企业、高科技企业、零售企业、物流运输企业和建筑企业顺利获得贷款。

特色亮点：

一是将金融科技与特殊货币政策相结合。微众银行发挥科技金融优势，利用其贷款服务不受抵押物约束、精准触达、覆盖面广（平均每亿元可覆盖250家小微企业）等特点，主动配合人民银行落实支持中小微企业再贷款再贴现政策，为小微企业复工复产提供金融支持。

二是打破时空束缚满足小微企业融资需求。通过该计划，企业负责人仅凭一部手机，“无须抵质押，无须纸质资料，无须开户”，最快 3 分钟即可完成企业贷款从发起申请到资金到账全流程，有效缓解了受疫情影响银行网点延迟复工、无法及时恢复小微金融服务等问题。

实践效果：

截至 2020 年 8 月，微众银行“支小再贷款”计划运用人民银行专用额度投放贷款余额 12 亿元，其中 6 亿元投向深圳地区，共惠及 3 000 余户小微企业。发放贷款平均利率仅 3.7%，在深圳银行业中保持最低水平，助力小微企业“留得青山、赢得未来”。

案例 17：创新推出“粤澳共享贷”金融信贷产品

主要做法：

中国银行横琴分行创新推出“粤澳共享贷”产品，通过“共享”方式，在中银集团内部打通横琴、澳门两地信用和金融服务，实现两地联动合作和普惠金融深度结合，为在横琴注册的澳资企业提供专属的授信产品，以跨境联动实现两地市场的“资金通、服务通、融资通”。

特色亮点：

一是以共享为突破，优化跨境金融服务。“粤澳共享贷”是中银集团通过“共享”方式在集团内部打通横琴澳门两地金融壁垒，实现金融产品重大创新。“共享”体现在三个层面：“信用共享”是指以企业与横琴、澳门两地中国银行的良好业务合作为基础，为其实现两地信用共享，解决跨境信用互通的难点；“服务共享”是指两地中国银行共同为企业提供一体化、全方位的金融服务；“未来共享”是指两地中国银行集合各自资源，通过投贷联动共同支持科创企业在未来成功走向资本市场。

二是首个面向澳资中小企业的专属信贷产品。“粤澳共享贷”是首个面向澳资中小企业的专属信贷产品，是统筹琴澳两地中国银行资源为在横琴的澳资中小企业量身定制的专属信贷金融服务。产品最高贷款金额 4 000 万元，其中信用贷款最高额 1 000 万元。

三是首个贴合澳资企业全生命周期的金融产品。“粤澳共享贷”贷款期限灵活，中长期贷款期限最长 10 年，一年期的贷款在 300 万元以内的可在网上随贷随还，按日计息。这些都十分贴合澳资企业的发展需求，是覆盖澳资企业发展全生命周期的金融产品。

四是首个打破琴澳两地信用互认壁垒的金融产品。“粤澳共享贷”在中国银行集团内部实现两地机构的金融信用互认，使澳资企业在琴澳两地中国银行的良好信用可跨境自由转化为快速响应的金融服务支持。目前，已推出三大类 9 项金融服务产品，除以企业信用申请贷款外，还接受多种担保组合，如应收帐款、知识产权、房产等，可以根据企业需求进行灵活组合，助力企业做强做大。

实践效果：

“粤澳共享贷”获得横琴注册澳资企业的高度认可，截至 2021 年 2 月，中国银行横琴分行已获批“共享贷”客户 29 户，发放贷款金额超 1.9 亿元，澳门地区主流媒体以及新华网（广州站）、央广网、中国新闻网、南方新闻、搜狐网、腾讯网等国内主流媒体的争相报道，在琴澳两地引起强烈反响。

案例 18：率先打造“区块链仓单联盟”

主要做法：

2020 年 1 月，前海联合交易中心（QME）（香港交易所集团和前海金融控股合作成立的现货大宗商品交易平台）与蚂蚁金服旗下蚂蚁区块链，在深圳共同启动区块链仓单联盟建设，与生产、加工、贸易和终端消费企业以及仓库、物流企业、保险公司和商业银行等共同构建“区块链仓单联盟”。通过统一的管理标准及技术标准打造以“区块链仓单”为载体的可信资产体系，利用区块链技术，打造基于联盟链的标准化金融资产，将传统的商品流通现货转化为优质安全、可直接穿透至底层并具备良好流动性的短期资产。

特色亮点：

“区块链仓单联盟”基于区块链底层架构，联合仓储、保险、银行、贸易与生产商等共同打造联盟链，把区块链、物联网及智能识别等最新技术应用于交易、交收以及仓储物流等实体贸易各个环节，通过科技赋能和系统对接实现商品现货全生命周期的可视化及可追溯。商业银行等金融机构可以借助“区块链仓单”更好地对企业进行贷款风险评估和管控，帮助企业特别是传统信贷逻辑下很难获得融资的中小企业和贸易商解决资金难题。

实践效果：

2020 年 9 月 15 日，QME 联合蚂蚁链、上海银行、GKEML、常州源美、加佳科技、安永等参与方代表，共同启动了区块链仓单融资项目，这标志着 QME 区块链仓单系统正式建成，并会在后续国内大宗商品交易及融资规范化和风险控制方面发挥较大作用，解决大宗产品交易普遍缺乏简单的可信数据及相关验证渠道问题，避免出现虚假贸易、多头融资、数据虚假、权属不明等一系列不规范交易现象。

案例 19：实施首批金融科技创新监管试点

主要做法：

2020 年 7 月，深圳金融科技创新监管试点工作组在广泛征集项目的基础上，对外公示深圳市首批 4 个创新应用。首批创新应用涉及商业银行、征信机构、科技公司等，涵盖人工智能、区块链、大数据、可信执行环境（TEE）等多种先进信息技术，突显金融普惠、技术示范和风险可控三大特性。这些创新应用有助于完善产品供给、优化信贷融资服务和增强信用服务支撑作用，使金融科技创新成果更好惠及百姓民生，推动实体经济健康可持续发展。

“基于区块链的境外人士收入数字化核验产品”项目依托深圳前海税务局、前海管理局等政务机构的数据支撑，在保障个人隐私与数据安全的前提下，实现对境外人士境内经常项目下收入的线上自动查验，应用于银行网点购汇、汇出服务等业务场景，解决传统模式下申请验证流程耗时长、手续烦琐、需客户多方开具纸质材料等问题。

“基于 TEE 解决方案的智能数字化信用卡”项目通过运用华为智能终端安全芯片（SE）、TEE、设备指纹、活体检测、人工问答等技术手段实现“三亲”（亲访申请人本人、亲核申请人身份证原件、亲见申请人签名），打造“人工智能+人工面签”的智能数字化信用卡发卡模式，为客户提供安全便捷、智能高效的信用卡服务。

“基于智慧风控的面向产业互联网中小企业融资服务”项目运用大数据、机器学习、图深度学习技术，构建金融与商业双维度风控模型，打造智能风控平台，与尽职调查、贷后管理等线下风控环节相结合，应用于面向产业互联网的中小企业融资场景，有效提高银行对中小企业的风控能力和服务效率，助力信贷业务快审快贷。

“百行征信信用普惠服务”项目采用大数据和机器学习技术，丰富信息主体的信息维度和覆盖面，提高征信机构对金融机构的信息输出能力，打造更精准、更完善的信用评估体系，既有助于全面准确评估金融消费者和小微企业的信用状况和风险，又有助于金融机构提高风控水平，降低风险信息获取成本。

特色亮点：

一是为金融创新划定了安全区，有利于激发区域金融创新潜力，进而提升金融服务区域经济发展的水平和效率，例如，可通过大数据等手段，降低银行和企业间信息不对称性，进而助力小微企业融资。

二是通过强化金融创新监管，能够监控潜在的区域金融风险，同时为全国性金融科技监管做好铺垫，促进我国金融科技事业更安全地推进。

三是利用深圳作为科技创新领先城市，并拥有中国最领先的互联网企业集聚优势，具有试点、示范、推广的良好基础，对我国金融依托科技提质增效、防控风险并进一步扩大对外开放具有高度试点价值。

实践效果：

首批创新应用涉及商业银行、征信机构、科技公司等，涵盖人工智能、区块链、大数据、TEE 等多种先进信息技术，突出金融普惠、技术示范和风险可控三大功能，探索更具穿透性、专业性的新型创新监管模式，赋能金融提质增效，着力提高金融服务实体经济能力。

案例 20：建设“链上”金融审判体系

主要做法：

前海法院抓住区块链技术和移动 5G 功能拓展的契机，联合腾讯公司与微众银行，针对金融案件证据不易保存、分散复杂等痛点与难点，开发“至信（金融）云审”系统，与“深圳移动微法院”深度对接，实现两个平台数据及功能互联互通，法院、银行、当事人只需通过“深圳移动微法院”即可办理金融案件“链上”审判的全部事务，提升银行与法院司法数据协同效率，全面构建“链上”金融审判体系。

特色亮点：

一是证据存用更完整便捷。应用区块链数据共享优势，将包括电子合同、履行情况、催收情况在内的交易数据，实时同步存储于区块链上，实现金融交易数据实时存证、在线举证、在线质证。一旦发生纠纷，交易数据即可通过区块链进行校验后提交法院，确保交易数据的完整性和真实性。

二是“链上”审判更智能高效。推动区块链技术和金融案件审判流程高度融合，实现当事人自助录入起诉要素立案，根据当事人意愿以电子邮件、“短信+链接”等方式电子送达诉讼各阶段法律文书；兼容“深圳移动微法院”平台，实现庭审、调解视频自动留痕、证据线上展示、笔录电子确认等功能；根据案件事实要素，辅以令状式、表格式裁判文书的形式，智能形成裁判文书草稿，全方位打造金融案件从立案到判决全流程“链上”办理新模式。

三是纠纷解决更经济多元。依托“至信（金融）云审”完善线上调解平台，引入行业调解、律师调解、专家调解等多种调解方式，全面实现在线签订调解协议，在线完成司法确认等功能，努力优化金融案件多元纠纷解决方式，减轻当事人诉累。

实践效果：

“至信（金融）云审”系统探索利用区块链数据共享模式，以适应法院全流程线上办案为导向，推动金融交易的事实条款和诉讼程序条款优化，实现网上金融交易和纠纷要素化办理，规范相关金融及衍生交易等活动，助力金融产业聚集与创新，提升自贸试验区金融业核心竞争力，为“双区驱动”效应下的前海乃至深圳金融业领跑发展，提供精准的司法保障和有力的科技支持。

案例 21：发布香港工程建设领域两大备案管理办法

主要做法：

前海管理局对完成备案的香港地区建设领域专业机构及专业人士进行备案管理及事中、事后监管，并建立完善管理体系和配套政策措施。前海管理局制定了《深圳市前海深港现代服务业合作区香港工程建设领域专业机构执业备案管理办法》《深圳市前海深港现代服务业合作区香港工程建设领域专业人士执业备案管理办法》，申请备案的香港地区建设领域专业机构及专业人士可根据办法规定的认可范围和对标清单进行资质和执业资格认定。允许已取得备案的香港地区专业机构直接参与前海片区建设工程项目的招投标活动。允许已备案的香港注册工程师、注册建筑师和注册测量师在其备案的执业范围，在前海直接提供勘察、设计、项目管理等服务，对勘察结果、设计图纸和文件、质量安全等管理工作成果、监督工作成果予以认可签字。

特色亮点：

一是备案后直接授予专业机构资质、专业人士执业资格。香港地区专业机构及专业人士在前海备案后可取得与内地对应资质资格，可在前海合作区范围内直接提供工程建设领域相关服务。

二是制定对标清单。两办法没有重新设定专业机构资质和专业人士执业资格，而是通过对标内地的相关资质，确定其在前海直接提供专业服务的范围。在详细比较研究两地专业机构从业资质和专业人士执业资格的基础上，完成了对标清单的制定。对标清单作为香港地区专业机构及专业人士申请备案时的资质资格认定依据。

三是建立双方联动管理体系。与香港地区相关单位保持密切沟通，加强深港两地联动管理，加快构建权责明确、公开透明、简约高效的事中事后管理体系。联合市、区行业主管部门进行执法活动；建立由前海管理局、深圳市住建局、香港发展局、香港注册管理局、各专业学会等共同参与的协同管理机制，推动实现有关信息共享。

四是委托第三方巡查。前海管理局按照内地法律、法规、规章、规定、标准、规范等要求，委托第三方专业机构对香港地区专业机构和专业人士在前海合作区范围内提供的执业活动进行巡查，并将巡查结果通报市、区行业主管部门。

实践效果：

两办法的制定实施有助于打破两地建设领域资质壁垒，扩大香港工程建设模式实施范围，加快推动深港两地建设领域的交流与融合，以创新方式实施香港工程建设模式，吸引更多香港地区专业机构参与前海的建设，是发挥前海在进一步深化改革、扩大开放、促进合作中的试验示范作用的重要举措，具有重大深远的意义。

案例 22：琴澳涉企政务服务“跨境通办”

主要做法：

珠海横琴新区片区以企业专属网页为平台，联合澳门地区推出政务服务“跨境通办”，将涉及澳门地区企业的澳门机动车入出横琴申请、跨境办公申请、商事登记、横琴出入境线上申报服务等 240 项服务集成办理。澳门地区企业只需登录该平台网页即可实现跨境网上通办。

特色亮点：

一是突破琴澳政务服务“行政壁垒”。该模式是横琴与澳门联手推进跨境政务服务改革，通过建立两地跨部门、跨领域、全链条的联动机制，突破两地政务服务的地域界限和行政樊篱，开创政务服务事项网上“跨境通办”新通道。

二是先进技术助力跨部门系统整合。该模式运用区块链、大数据、人工智能等先进技术，从底层应用层面整合了多个部门的政务服务系统，形成统一安全的一体化政务服务平台，实现 240 项政务服务的全程网上申请、无人工干预自动审批服务和审批结果的自动送达，推动互联网和政务服务的深度融合。

实践效果：

琴澳涉企政务服务“跨境通办”模式实现 240 项跨境服务的线上办理，有效降低了企业办事的时间和成本，提高了工作效率。截至 2021 年 2 月，该模式已完成网办服务超过 6 000 件，减少澳门地区企业跑动 2 万人次；助力 5 097 辆澳门地区单牌车完成入出横琴申请，为 718 家企业累计 6 602 人提供疫情期间（澳门）入境申请。同时，该模式初步实现了政务服务的跨区域合作，为粤港澳大湾区城市群政务服务合作探索路径、积累经验。

案例 23：跨境“信易+”公共服务新平台

主要做法：

“信易得”是珠海横琴新区片区与澳门消费者委员会合作，以微信小程序形式搭建的“信易+”公共服务平台。该项目联通粤澳两地区，服务于守信市民、诚信商户、金融机构和政府部门四类对象，实现了“信易+”跨境应用场景的线上整合和统筹管理。在澳门消费者委员会的支持下，引入澳门地区和珠海横琴新区片区诚信商户，以信用为基础，一端连接珠海守信市民，让其更优惠、便利地获得商品和服务，另一端连接粤澳守信商家，让其更容易获得客户和营收机会。

特色亮点：

一是推动粤澳合作共建“信易+”。“信易得”公共服务管理平台是国内首个跨境“信易+”项目。该项目紧扣粤港澳大湾区联动实施信用激励合作，通过与澳门消费者委员会合作，邀请澳门地区“诚信店”入驻，为珠澳两地守信商家联手，为珠海守信市民提供优惠和便利。

二是实现“信易+”惠民便企场景“一站式”线上统筹。“信易得”创新实现了不同“信易+”应用场景的集合，首期已推出“信易游”“信易住”“信易批”“信易学”等10个应用场景，将根据市场需求继续拓展其他场景的服务。

三是建立起首个以信用为核心的多元协同管理服务机制。“信易得”平台将逐步建立起个人信用分、信用核查、信用承诺、信用信息共享、信用联合奖惩、信用评价六大机制，仅以信用表现为依据，不区分资金实力与经营规模，商家只要信用状况好即可入驻，享受政府为其提供的公共服务，获得更多实惠。

实践效果：

一是吸引众多商户入驻。2019年3月，“信易得”公共服务平台正式对外展出，该平台是2018年国家发改委牵头启动的“信易+”系列项目在珠海的具体落地。首批共有澳门和横琴的255家商户进驻“信易得”。

二是提升信息归集效率。“信易得”集合不同“信易+”应用场景，实现了“信易+”项目的统筹管理。依靠“信易得”构建的集合化应用场景和与市级公共信用信息共享平台间的共享机制，既为公共信用信息提供了统一的应用出口，又促进了商户和市民在“信易得”平台中产生的信用行为、信用评价等信用信息统一归集。

三是营造便民惠企氛围。“信易得”构建了以信用为核心的管理与服务机制，改善了传统“信用+”项目之间相对分散、信息查询和应用不便的现状，提供“一站式”守信激励服务，营造了以信用为核心的便民惠企市场氛围。一方面方便和激励市民，通过个人信用分等六大机制，市民可便利获取信用信息，切实享受守信激励措施带来的红利；另一方面惠及守信商家，入驻“信易得”后可享受政府为其提供的公共服务和有效扶持，带动更多小微企业和商户自觉提升自身信用水平，积极参与到信用体系建设中来，不断拓展“信易+”守信激励应用场景，形成良性循环。

案例24：常住横琴澳门居民医保中银“一站通”业务

主要做法：

2019年6月，珠海市人民政府印发《关于常住横琴的澳门居民参加珠海市基本医疗保险试点有关问题的通知》，正式推出“一站通”业务试点。中国银行横琴分行立即响应，率先为常住横琴的澳门居民办理社会保障卡提供银行医保“一站式”服务，澳门居民在珠海参保无须再跑人社局、税务局、银行、定点门诊等4个部门，改为在横琴中国银行柜台“一站式”办理，极大便利了澳门居民来横琴学习、就业、创业及生活。

特色亮点：

该项目实现政务服务的跨部门授权和业务流程的深度整合。通过专线的形式将人社局、税务局的前端系统连接到横琴中国银行，并授权中国银行经办医保、税务的相关前端业务，同时将原来4个单位独立业务流程统一整合到横琴中国银行“一站式”办理，大幅提升了办理效率，办理时间从原来的20多个工作日缩短至1小时。

实践效果：

2019年12月，医保中银“一站通”业务作为全国首个相关试点工程在珠海横琴新区片区召开新闻发布会。截至2021年2月，已有210位常住横琴的澳门居民通过“一站通”业务模式办理医保卡，极大便利了参保澳门居民在横琴的生活就医，有利于吸引更多澳门居民来横琴生活工作。同时，该项政务服务的跨部门授权和业务深度嵌入，具有重大的现实意义和长远意义，为促进琴澳深化合作提供模式参考。

案例25：横琴推出首套琴澳跨境旅游联票

主要做法：

珠海横琴新区片区积极探索将自身的旅游资源与澳门优势资源“串珠成链”，推动与澳门地区实现区域文化产业联动发展。2020年8月，横琴本地旅游企业星乐度·露营小镇联合澳门冒险王国推出全国首套跨境旅游联票，成为横琴口岸通关背景下琴澳联动打造两地“一程多站”旅游产品的标志节点，为促进澳门地区经济适度多元、配合澳门地区建设世界旅游休闲中心迈出新的一步。

特色亮点：

一是实现琴澳跨境旅游联动。此次推出全国首套跨境旅游联票，实现了琴澳旅游企业跨境联动、客群共享、优惠互送，在具体业务层面为琴澳景区跨境联动，成套打造“一程多站”的旅游线路实现新突破。

二是有效提升联票附加值。此次推出的旅游联票采取阶梯价发售，购买后可到两地景区游玩，同时还可以参加抽奖、前期推出的500套联票还进行了纪念封包装和唯一编号，具有收藏价值。

实践效果：

此次与澳门企业合作推出的跨境旅游联票，是首次由景区发起、推出的跨境旅游联票，获得全国主流媒体特别是大湾区媒体高度关注，宣传覆盖数十万人次、参与活动者数千人，有效顺应了“后疫情时代”市场需求，助力推动澳门地区产业经济加快复苏，共同打造粤港澳大湾区世界级休闲旅游目的地。

案例26：探索搭建琴澳跨境联合孵化合作新模式

主要做法：

珠海横琴新区片区与港澳地区开展跨境联合孵化深度合作，与澳门青年创业孵化中心签署“跨境联合孵化”框架协议，共同举办中国横琴科技创业大赛，激励引聚优质创业项目，启动港澳青年创业孵化中心，在澳门成立琴澳青创服务中心，为港澳青年创业提供全面支持，揭牌国家海外人才离岸创新创业基地（珠海横琴新区），借力全球创新创业人才资源。通过“引聚、服务、借力”等，打开琴澳跨境联合孵化合作新局面。

特色亮点：

一是搭建投融资平台。平台集培训、路演、融资、交流、合作等功能为一体，促成投融合作，有效破解创业企业融资难题。

二是搭建多元化的创业孵化平台。不局限于科技类创业企业孵化，联合澳门餐饮行业协会、澳门音乐产业协会、澳门演艺人协会等澳门社团，共同打造具有多功能配套的文创类港澳青年创新创业孵化平台。

三是搭建高层次人才交流平台。借助澳门交流平台优势，构建有利离岸创新创业的政策支撑体系、人才服务体系、信息平台体系，形成多点布局跨境协同运营模式。为横琴已入驻企业提供人才引进、人才落户、人才交流、人才培训等全方位一体化服务平台，通过举办“周五红茶会”暨高层次人才交流会、横琴硅谷创新论坛等活动，加强两地高层次人才交流合作对接。

四是搭建产业交流平台。以琴澳产业协同创新联盟为载体，搭建“琴澳汇”琴澳产业交流平台，举办琴澳产业交流对接会，推动琴澳两地创业和产业资源互动交流、共创共荣。

五是搭建资源协作平台。积极引进产、业、学、研、资、介、媒等第三方机构，打造创新资源协作平台，为落户横琴的港澳创业企业提供人才招聘、工商注册、法律咨询、财税代理、资质申报等一站式优质服务。

实践效果：

一是孵化成效显著。截至2021年2月，仅创业谷一处累计孵化258个澳门项目，培育了跨境说、迪奇孚瑞、埃克斯等明星项目。联合多部门在澳门成立“琴澳青创服务中心”，定点定期在澳门地区为创业青年提供内地企业商事登记、澳门机动车入出横琴、青年创新创业、跨境办公等政策咨询、业务资料代收代办等前置服务。

二是离岸创业开启新篇章。2020年10月28日，中国科学技术协会在广东省批准设立的第二家国家级离岸创新创业基地——“国家海外人才离岸创新创业基地（珠海横琴新区）”在横琴举行揭牌仪式，并对该基地首批4个合作基地澳门大学、澳门科技大学、横琴澳门青年创业谷、横琴国际科技创新中心进行授牌，5个海外项目签约入驻。

三是多家澳门青年创业企业斩获创业奖项。珠海横琴跨境说网络科技有限公司荣获2019年度凤鸣奖——中国跨境电商优秀服务商奖、2020年中国创投金鹰奖——“年度新苗奖”；珠海市迪奇孚瑞生物科技有限公司荣获“2019中银杯百万奖金澳门区创业大赛”冠军、第八届中国创新创业大赛港澳台赛三等奖；澳门青年曾婉雯（朝翎冷链创始人）获2020年全澳青年创业创新大赛企业成长组冠军；湾谷科技公司荣获第八届中国创新创业大赛港澳台赛三等奖。

四是创业孵化活动丰富。截至2020年底，横琴·澳门青年创业谷累计举办9期澳门青年创业训练营，培养320余名学员；琴澳产业协同创新联盟成员单位已有34家，其中包括6家澳门社团、5家澳门青年创业企业；举办6期琴澳产业交流对接会、2期琴澳产学研合作对接会，促进澳门的科技成果、科技人才和横琴的产业资源和产业资本进行对接。

案例27：首创内地赴澳务工人员可在横琴参加职工基本养老保险

主要做法：

珠海横琴新区片区积极推动粤澳人社领域互利合作，落实湾区“社保通”工程，将内地赴澳门务工人员在澳门地区工作经历视同在大湾区工作经历，允许其选择在横琴以灵活就业人员身份参加职工基本养老保险，弥补澳门地区人力资源短缺现状，支持澳门地区更好融入国家发展大局。横琴新区税务局通过设立专项办理通道、提供邮寄服务、指定接收资料点等多种措施，确保内地赴澳门务工人员参保业务快速办结。

特色亮点：

一是有效突破了内地赴澳门务工人员参保的业务限制。因内地城市（珠海市外）赴澳门务工人员劳动关系在澳门，受既有规定限制无法通过珠海市用工企业代扣代缴职工基本养老保险，不能参照珠海市户籍居民以灵活就业人员身份在珠海市内办理职工基本养老保险参保。该项创新突破限制，率先开展内地赴澳门务工人员参保试点工作，支持内地赴澳门务工人员可凭本人有效期内的澳门特别行政区外地雇员身份认别证以及身份证明材料，在珠海横琴新区片区以灵活就业人员身份参加企业职工基本养老保险。

二是为内地赴澳门务工人员参保提供了高效的系统支撑。该项创新提请广东省税务局在系统中增加“内地赴澳门务工人员”标识、缴费单位类型、电子档案资料等新选项，为内地赴澳门务工人员参保试点工作实现全城通办提供了系统支持，有效提升了内地赴澳门务工人员参保试点工作的操作便利性。

实践效果：

珠海横琴新区片区率先推进湾区“社保通”政策落地实施，2020 年 3 月 23 日，成功办理了首笔内地赴澳门务工人员参保职工基本养老保险业务，并成功扣缴 3 月份费款。该创新举措惠及 10 余万名内地赴澳门务工人员，为充实保障澳门地区人力资源、支持澳门地区长期繁荣稳定和更好的融入国家发展大局发挥积极作用。

案例 28：区块链+企业资信证明办理新模式

主要做法：

广州南沙新区片区依托市场监管和企业信用信息平台，运用区块链技术，将企业资信证明上链，申请人通过“南沙市场监管”微信小程序，在线填写申请资信证明的企业名称或者统一社会信用代码，并拍照上传营业执照、申请人身份证以及申请书，即可实现企业资信证明全程在线申办、在线审批、在线验真打印。

特色亮点：

依托广州南沙新区片区市场监管和企业信用信息平台，同步运用第三方区块链校验技术，将企业资信证明成功上链，南沙区内注册登记的企业 100%实行资信证明全程在线即可申办，申请人无须亲自前往市场监管部门或窗口申请，实现资信证明申办流程管理、责任全流程的可追溯，大大减少了企业为了出具资信证明而安排专人来回办理的时间成本，提高了政府部门的工作效能。同时，充分利用第三方区块链校验技术的不可篡改性，确保每一份出具的电子资信证明的真实、唯一。

实践效果：

基于广州南沙新区片区市场监管和企业信用信息平台，运用区块链技术，将企业资信证明上链，实现企业资信证明申办、审批流程管理、在线验真打印及可追溯，实现企业办事“零跑动”、政府服务“快速办”，资信证明的信息提供在线验真，也为推广电子资信证明在更多场景的无纸化应用提供支撑。截至 2021 年 1 月，已收到申请 211 份，成功出具 145 份电子企业资信证明。

2020 年 7 月，在《广州市全面优化营商环境领导小组办公室关于做好优化营商环境典型经验复制推广工作（第二批）的通知》（穗营商办〔2020〕8 号）中，“区块链+企业资信”作为优化营商环境典型举措成为在广州市复制推广的典型经验。

案例 29：覆盖科创智慧园区“前海云”平台

主要做法：

2019 年 12 月 6 日，前海云平台在前海世界数字论坛上线，上线一年来，为前海百余家企业提供一年免费云服务。2020 年 11 月 9 日“前海云”获得国家信息安全等级保护三级认证，这也是国家对非银行机构的云平台的最高级认证，也是目前前海唯一通过国家信息安全等级保护三级的云平台。

特色亮点：

“前海云”以区块链服务平台为底层支撑技术，通过可靠、安全、高效的平台服务，便捷搭建各类业务场景；支持多角色节点和成员，支撑用户高效组建联盟链。提升前海科创企业可信数据整体运营水平，为用户打造一个开放共享、能力全面、标准统一的区块链应用生态圈。

实践效果：

截至 2020 年底，累计服务中小企业 102 家，开通管理 382 台云服务器，100TB 存储资源，计算与存储资源分配达 50%以上，互联网网络带宽分配达到 100%。通过在线工单、电话、微信、热线等方式为客户提供上云咨询、方案建议、故障受理等服务，帮助客户应用系统快速安全上云，快速迭代创新。通过实时监控告警、日常巡检、应急响应等运维流程制度，保证前海云平台系统运行稳定、安全，运行至今无重大故障，服务可用性大于 99.99%。

案例 30：“以图查房”服务新模式

主要做法：

珠海市不动产登记部门拓展查询方式，创新推出可视化“以图查房”服务，在保护产权人隐私的前提下，申办人经身份认证后，可在电子地图上以更直观的形式查询具体房产的属性和权益简况，有效规避交易风险。通过该服务实现了不动产登记信息“24小时不打烊”全天候线上自助查询，满足企业和群众对房产的基本信息查询需求，实现以“信息高速公路”代替“群众双腿跑路”，足不出户享受“指尖上的服务”。

特色亮点：

一是在线地图检索，快速定位查询对象。改变传统现场查询模式，申办人仅需登录“珠海市不动产登记中心”网站，选择“以图查房”，“刷脸”通过实名认证后，可运用第三方地图应用服务，快速定位不动产位置并进行查询。

二是方便公众查询，清楚掌握基本信息。在地图中选择楼房，系统将弹出自然幢的楼盘表；选择具体所需查询的房间，系统将显示该房间的登记坐落、房屋用途、面积、建成年份、抵押查封概况、宗地图、分户图等内容，信息更加立体直观，为查询人提供参考。

三是依法依规，严格保护个人隐私。“以图查房”仅展示不动产自然属性和权利负担的简要情况，不显示权利人姓名、身份证号码等涉及个人隐私的内容，严格保护产权人隐私。同时，通过“刷脸”进入“以图查房”系统进行查询的操作将会被记录留痕，提高信息安全性。

四是指尖服务，拓展查询方式方法。除了可以通过网页版进行查询外，在珠海市不动产登记中心微信公众号“珠海不动产”也提供“以图查房”服务。申请人关注公众号，“刷脸”绑定身份后，随时随地通过手机端查询所需信息，让办事群众“动动手指”即可享受在线查询服务，方便办事群众选择不同的平台查询所需信息。

实践效果：

“以图查房”可有效预防不动产交易纠纷，保障不动产交易安全，维护不动产交易的公平公正。例如，买卖双方在不动产交易前，可以通过“以图查房”服务在线查询相关信息作为参考。自启用“以图查房”服务以来，全市每月通过此项服务查询不动产信息超过5万次，极大地便利了公众和相关机构对合规查询的需求。

案例31：全国首部自由贸易试验片区立法

主要做法：

2020年8月，《深圳经济特区前海蛇口自由贸易试验片区条例》（以下简称《条例》）作为全国首部自贸片区法规经深圳市人大常委会审议通过。构建与发展相适应的管理体制架构，明晰深圳市人民政府有关部门、辖区人民政府与自由贸易试验片区管委会的职责分工；推动投资开放，创新提出“非违规不干预”的管理模式。促进贸易自由化，探索创新海关通关监管模式，规定推行数字化海关监管，简化货物进出境监管手续，培育和发展保税研发等新业态。推动实施跨境税收优惠。探索适应境外股权投资和离岸贸易发展的税收政策；推动实施启运港退税政策和境外旅客购物离境退税、展会境外展品销售进口和销售免税政策。支持金融业对外开放试验，构建自由贸易账户体系，探索建立本外币合一资金账户体系，促进跨境贸易、投融资结算便利化。创新自由贸易试验片区监督与服务，形成行政监管、行业自律、社会监督、公众参与的多元化综合监管机制。

特色亮点：

《条例》以制度集成创新为核心，从管理体制、投资开放、贸易自由化、金融开放与创新、监管与服务和法治环境等方面进行制度设计，为将自由贸易试验片区建设成为投资贸易便利、辐射带动功能突出、监管安全高效、法治环境更优的新时代改革开放的新高地和具有国际影响力的高水平自由贸易试验片区提供法治保障。

实践效果：

深圳前海蛇口片区挂牌以来在体制机制、深港合作、制度创新、法治环境等方面取得的成效和经验，可通过《条例》将自由贸易试验片区改革创新系列制度和举措予以确认、优化、完善，并将其法定化。

案例32：推出全国首份地方仲裁院经济特区立法

主要做法：

2020年8月，深圳市人大常委会运用特区立法权制定了《深圳国际仲裁院条例》（以下简称《条例》）。建立法人治理长效机制，实行以理事会为核心，决策、执行、监督有机统一的法人治理机制，通过健全法人治理结构实现自我约束和自我发展，消除地方保护、行政干预和内部人控制等方面的疑虑；推进理事会和仲裁员结构与国际接轨，来自香港特别行政区、澳门特别行政区以及其他境外的人士不少于理事总人数的三分之一，其中来自香港特别行政区、澳门特别行政区以及其他境外的仲裁员不少于三分之一；规定多元纠纷解决机制，仲裁院可以采取仲裁、调解、谈判促进、专家评审以及当事人约定或者请求的其他与仲裁有机衔接的方式，解决境内外自然人、法人和其他组织之间的合同纠纷和其他财产权益纠纷。

特色亮点：

从治理结构、人员构成、办案机制、监督管理等方面对仲裁院进行全面规范。提高了仲裁院规定的立法层级，消除境内外当事人可能存在的行政机关干预案件裁决的担忧，增强当事人对仲裁院独立性、公正性的信心。

实践效果：

营造法治化营商环境，在新形势下探索仲裁工作的新方式新机制，充分发挥仲裁服务经济社会发展大局的作用。加强仲裁院独立和规范运作，以特区立法的形式将有关改革成果予以法定化，对完善仲裁机构法人治理模式，保障仲裁院独立、规范运作意义重大。

案例33：设立涉外公共法律服务平台

主要做法：

深圳市司法局积极会同市政府外办，以司法行政系统力量为依托，统筹协调全市法律服务资源，在深圳前海蛇口片区成立了蛇口涉外公共法律服务中心，合力推动深圳初步形成覆盖全市、惠普均等、便捷高效的公共法律服务体系。该中心主要提供涉外法律咨询、纠纷调解、公证业务、税务咨询、签证咨询、心理咨询六大项服务，为来深创业兴业的外籍人士提供了与国际接轨的公共法律服务平台。

特色亮点：

一是提供多语种涉外法律服务。蛇口涉外公共法律服务中心成立之始，邀请来自广东省律师协会、深圳律师协会、中国国际贸易促进委员会调解中心、深圳前海合作区人民法院等组织的18位擅长不同领域，精通英语、日语、韩语等多种外语的专业律师作为法律志愿者，在经过深圳市司法局、深圳市人民政府外事办公室组织的专题培训后，正式向中外居民提供咨询服务。

二是推行坐班制。前海公证处精通外语的工作人员在中心坐班，提供9大类涉外公证业务。同时，作为公共法律服务中心“一站式服务”功能的延伸，中心还整合了各类咨询服务，均由来自专业机构和相关部门的人士提供服务。

三是加强涉外法治宣传。蛇口涉外公共法律服务中心联合广东广和律师事务所国际业务委员会共同编写了“以案说法”涉外普法系列宣传单。宣传单由专业涉外律师将过去一年在蛇口境外人员管理服务中心开设的一对一公益涉外法律咨询服务中接收的真实案例整理并撰写成册，内容包括劳资纠纷、租赁纠纷、跨国婚姻等常见问题。涉外法治宣传旨在更好地解释和培养中外居民对社会主义法治理念的理解和认同，同时提高法治意识，将潜在法律问题消除在萌芽状态。

实践效果：

设立涉外公共法律服务中心，推动完善与深圳作为国际化创新型城市相匹配的涉外公共法律服务机制，是创新公共法律服务领域和服务模式的有益尝试，受到了辖区外籍人士的广泛好评。

案例34：“智慧法院”现代化审判体系

主要做法：

前海法院以互联网、大数据、区块链、5G等技术体系为驱动，全面推进智慧法院建设。探索“深圳移动微法院”、“粤公正”小程序以及广东法院诉讼服务网等电子诉讼平台深度运用，全面实施网上立案、在线诉讼辅导、在线调解、在线司法确认、在线文书送达等诉讼程序，实现了更加及时精准的诉讼服务。将信息采集、在线查阅、在线审判、文书制作、案件执行等环节全部纳入线上办理，依托“大数据+区块链”技术，保障法院电子卷宗随案同步生成，实现简约化、无纸化审判。截至2020年6月末，依托前海法治大厦提供的5G环境支撑，已建成25个数字化法庭，配备智能庭审、语音识别和庭审直播模块。

特色亮点：

打造“线上+线下”融合司法服务新模式，运用“大数据+区块链”让审判工作提质增效，利用5G技术打破庭审空间局限，在方便群众诉讼、服务法官办案、提高审判质效、优化法院管理等方面进行创新探索。

实践效果：

全面升级了诉讼服务、审判、庭审等工作的智能化水平，进一步完善了现代化审判体系。2020年，前海法院网上立案16 983件，在线调解8 102件，在线庭审1 142件，在线文书送达19 435次。

案例35：创新线上跨境调解机制

主要做法：

前海法院依托互联网与5G技术，以深圳融平台为基础，对全部调解案件实行云管理，为在册特邀调解员开通融平台账号，港澳地区调解员无须前往法院，可以在境外通过个人电脑登录平台进行远程案件接受和管理。港澳地区调解员根据不同地区当事人不同通讯习惯，积极活用电子邮件、微信、Whats手机应用程序等域内外各类社交软件开展线上调解工作。建设以5G技术为支撑的远程视频调解室，对当事人在调解员主持下确认且符合法律规定的调解协议，实现法院、当事人、特邀调解员同时在线司法确认。

特色亮点：

一是深度应用“互联网+”等先进技术，灵活运用各种新技术工具，推进审判体系现代化。

二是为创新常态化疫情防控新形势下涉外司法工作提供了新模式。

三是为域内外当事人节省时间和成本，突破空间对纠纷解决的不利影响。

实践效果：

前海法院创新线上跨境调解机制，让域内外当事人可以根据个人的时间、通讯习惯等选择不同的调解方式，有效破解了跨境纠纷解决距离远、耗时长、程序复杂等难题。2020年，前海法院香港地区调解员线上安排跨境调解106件，保障了疫情期间当事人的合法权益。

案例36：打造创新开放、智能、融合的涉外特色诉服体系

主要做法：

南沙区法院大力推进诉讼服务中心改革，打造多语示范服务体系，设置涉自贸试验区案件、“一带一路”案件受理专窗及“多语接待岗示范窗口”，便利涉外涉港澳地区当事人参与诉讼。拓展域外法查明服务，深化与深圳市蓝海现代法律服务发展中心等机构合作，通过香港律政司法例系统拓展查明渠道，出台《域外法查明与适用规程》，构建“法官自主查明+第三方机构查明+专家辅助查明”路

径。引入涉外第三方机构专业调解机制，与北京融商一带一路法律与商事服务中心暨一带一路国际商事调解中心合作，邀请国际商事、法律、金融、贸易等领域专家担任调解员，聘任增聘日本、俄罗斯等外籍特邀调解员，创新“境内+境外”调解员“双调解”模式，推进涉外纠纷调解前置，提供专业、独立的第三方调解服务。搭建“环大湾区司法服务圈”。推行自贸试验区各片区乃至大湾区各地市跨域立案、跨域庭审，实现法律文书面签和卷宗查阅、案件送达、诉讼保全、远程作证、专家共享等司法互助，为粤港澳大湾区当事人提供优质便捷的诉讼服务。

特色亮点：

一是实现司法资源跨域共享。通过搭建调解资源、诉讼服务资源共享等共享机制，推动粤港澳大湾区法院司法服务资源一体化，推动提升大湾区司法服务水平。

二是实现诉讼服务满足多元需求。通过设置多语接待岗、建设中英网站，发布中英双语、繁简双体法律文书等方式，全面提升外籍及港澳台地区当事人司法获得感。

三是实现涉外纠纷解决专业高效。通过扩展域外法查明渠道，构建专业化涉外纠纷化解平台等举措，全方位满足外籍及港澳台地区商事主体纠纷化解需求，全面提升大湾区法院司法公信力。

实践效果：

已与前海法院、横琴法院签署《关于构建跨域立案、垮域调解、跨域庭审和共享司法资源等诉讼服务机制的协议》等三个协议，实现广东自贸试验区法院司法资源共享。南沙区法院诉讼服务中心获评广东法院诉讼服务示范窗口。

案例 37：对接港澳及国际规则构建诉讼信用体系

主要做法：

南沙区法院立足自贸试验区和粤港澳大湾区特色，借鉴港澳诚信诉讼规则，以诚信承诺与风险预警构筑诚信诉讼防线，加强对诉讼参与人在立案、审判、执行等各环节可能遇到的虚假诉讼风险进行提示，引导、督促当事人遵循诚实信用原则参与诉讼活动，有力提升民商事审判质量和效率，进一步营造湾区诚信有序的市场化法治化国际化营商环境。

特色亮点：

一是完善诉前诚信告知制度。在诉讼咨询、引导和立案环节，向当事人发放《诚信诉讼提示书》和《权利义务告知书》，明确告知当事人不诚信诉讼应承担的风险和责任。

二是实施证据开示制度。在全国率先出台《民商事案件证据开示指引》，借鉴香港法“文件透露规则”，引导和鼓励当事人在庭前自主进行证据开示，及时固定争议焦点，防止证据突袭，推进诚信诉讼。

三是推广适用属实申述规程。率先出台《涉港商事案件属实申述规则适用规程》，借鉴香港属实申述规则，要求涉港商事案件当事人签署书面承诺书，倡导诚信诉讼。

四是加强失信惩戒。联合南沙区检察院出台《关于法检协同防范和打击虚假诉讼的实施意见》，建立防范和打击虚假诉讼联席会议。将防范和打击虚假诉讼与失信被执行人制度融合，充分运用罚款、拘留、公布失信被执行人名单、限制高消费、追究拒执罪等强制措施，促使被执行人履行义务。

五是强化信用修复。建立企业破产重整、和解阶段信用修复制度。采取删除债务失信被执行人信息，将债务人和解、重整情况通知当地人民银行、银行业金融机构、函告税务部门、市场监管部门等修复措施帮助重整企业重返市场。

实践效果：

2020 年共发布失信被执行人 3 852 人，限制高消费 4 808 人，限制出境 12 人。对规避执行、抗拒执行保持高压态势。2020 年共引导当事人签署属实申述承诺书418案次，共累计向当事人发放1万余份《诚信诉讼提示书》，与相关单位共享109 765家集群注册企业信息。

案例38：跨境案件在线审理+普通程序案件独任审理

主要做法：

按照最高人民法院《民事诉讼程序繁简分流改革试点实施办法》中关于扩大独任制适用范围的要求，前海法院制定《关于扩大和规范适用独任制审判实施细则》（以下简称《细则》），实现跨境案件在线审理和普通程序案件独任审理。《细则》重点关注基层法院适用普通程序独任审理的案件范围和扩大适用独任制后进一步严格落实司法责任制等内容，充分尊重当事人的程序选择权，进一步细化必须组成合议庭审理普通程序的情形。

特色亮点：

在防疫关键时期尽可能减少人员聚集，降低疫情风险，完善更符合司法规律的司法资源配置模式。明确案件标识、审判组织转换等程序，强化审判管理与监督，确保“程序简化”但“权益不减”，“权力扩大”但“监督更严”。在线诉讼实现制度化、规范化和常态化。

实践效果：

在疫情防控期间要充分运用智慧法院建设成果，最大限度方便当事人和律师参与诉讼，切实提升司法效能。依法最大程度提升当事人司法体验。仅2020年2月3日至2月23日疫情关键时期，前海法院已成功在线审理案件96件，占所有开庭案件总数的78.69%。在原告杨某与被告方某买卖合同纠纷一案中，原告代理人为湖北武汉人，于年前从武汉去到福建后，受疫情影响，一直在酒店集中隔离。在征询双方当事人意见后，前海法院通过在线开庭审理了该案，确保了疫情防控特殊时期当事人的合法权益依然可以得到及时有效的保障。

案例39：民事行政检察案件公开听证机制

主要做法：

南沙检察院出台本级检察院《民事诉讼监督规则（试行）》（以下简称《监督规则》），对听证活动进行了一般性规定，为使该项工作更具操作性，南沙检察院结合民事行政检察工作实际，制定《广州市南沙区人民检察院民事行政申请监督案件公开听证程序规定》（以下简称《公开听证程序规定》），使公开听证程序有章可循、有规可依。同时，借助专家、学者等听证参与人的专业意见，辅助检察机关对案件作出更加准确、恰当的判断。注重发挥行政机关、人民调解员、社区服务人员、行业协会等听证参加人员“证”的作用，引导多维展示与听证争议焦点密切相关的证据，在解开当事人心结的同时，积极采取协调、和解、协商或者救助等多种措施妥善解决问题，最大限度兼顾法、理、情。

特色亮点：

一是补充完善现有检察听证规定，提出更为全面的“南检方案”。

二是创新检调对接模式，让检察机关充分参与到社会矛盾化解中去，联合相关部门、专业机构等为释法说理、息诉罢访奠定坚实的基础。

三是搭建有效沟通平台，促长效机制建立，堵塞监管漏洞，实现社会共治。

实践效果：

南沙检察院主动推进开放、透明、阳光检察工作机制，制定出台《公开听证程序规定》，使民事行政检察案件公开听证活动更加规范、常态化地开展，有力提升民事行政检察案件办理的社会效果和提出监督意见的精准性，切实促进司法公开公正，提高人民群众对检察机关司法办案的认可度。2020年以来，南沙区检察院召开的民事行政检察听证会均取得良好的政治效果、法律效果和社会效果，如该院组织的某区综合行政执法局与广州某工程有限公司行政非诉执行监督案公开听证会，为成功促成行政争议实质性化解打下基础，解决了被执行人的现实困难的同时，维护了行政机关的执法权威。

案例 40：建立审查逮捕社会危险性量化评估机制

主要做法：

广州南沙新区片区通过对社会危险性评估方法的研究，结合司法实践数据分析，确定各种影响社会危险性因素的重要性和占比，建立具有可操作性的量化模型和量化表格，将量化评估因素分为人身因素、犯罪因素和妨碍诉讼因素三类，细化评估项目，检察人员只需将犯罪嫌疑人的人身危险性、社会危害性、诉讼可控性等量化情况分类代入，通过特定算法，得出是否应予逮捕的基准判断，提高办案效率和精准度。同时，引入信息化手段，研发逮捕社会危险性量化计算小程序，实现快速便捷操作。

特色亮点：

一是构建评估模型。借鉴域外审前羁押风险评估模型，结合司法实践数据分析，通过实证研究和统计学分析，创造性构建社会危险性评估模型和量化表格，将量化评估因素分为人身因素、犯罪因素和妨碍诉讼因素三大类 43 小项，全面考量可能影响社会危险性的因素。召开专家评估咨询会议，借助“外脑”提升项目科学性。

二是研发评估系统。根据已成型的模型建构与量化表格，引入信息化手段，研发逮捕社会危险性量化评估系统，实现便捷操作。将犯罪嫌疑人的人身危险性、社会危害性、诉讼可控性等量化情况分类代入，通过特定算法，既可得出是否应予逮捕的基准判断，还可将量化评估结论形成审查报告结论性文字，以及系统使用情况统计、查询等，切实提高社会危险性量化评估效率和量化评估精准度。

三是推进数据验算。开展社会危险性量化评估机制数据验算工作，对该院 2019 年以来的 50%的审查逮捕案件进行对照检验，与原逮捕决定匹配度超过 90%，对发现的影响逮捕准确率的 15 项因素及时进行纠正。规范逮捕社会危险性条件的证据收集、审查认定，提高适用逮捕的准确性。

实践效果：

截至 2020 年 6 月末，因无社会危险性不批准逮捕案件同比上升 17.24%，公安机关未提出复议复核，上级检察机关未变更不批准逮捕决定。2020 年 8 月，该项目数据模型建模成功并初步投入使用，2020 年 9 月，获《检察日报》《广州检察信息工作》专题刊发，并在全国范围内推介。

案例 41：创新诚信企业司法激励机制

主要做法：

前海管理局公共信用中心与前海法院及时共享诚信企业清单，从失信违规、经营情况、荣誉成果、关联风险、舆情信息等五个维度，通过对 17 个二级指标共 117 个评分子项的分析，运用机器学习模型评定出信用 A 类企业，需符合诚实守信、遵纪守法、严格履行承诺、经营状态稳定。完善诚信企业司法激励机制，对被前海管理局认定为信用 A 类且无不良司法记录的企业，在执行过程中将采取更灵活、温和的执行措施，包括坚持比例原则，灵活查封财产；慎用拘留、罚款等强制措施；适当设置宽限期，暂缓失信信息公开；为诚信企业出具自动履行生效法律文书证明；依法用好执行和解和破产重整等方式盘活企业资产等。

特色亮点：

一是细分失信违规、经营情况、荣誉成果、关联风险、舆情信息等五个维度，实现精细化管理。

二是加大了守信激励力度，对 A 类且无不良司法记录的企采取更加人性化、灵活的司法措施。

三是推动了司法公信和社会信用的融合发展。

实践效果：

实现了企业诚信激励的分类管理，形成了诚信促进的司法机制。建立诚信企业司法激励机制，是贯彻执行善意文明执行理念的一项有力措施，有利于鼓励企业积极主动履行法律义务，形成诚信健康的营商环境。帮助诚信企业在疫情状况下恢复生产、经营，进一步优化深圳前海蛇口片区营商环境。该机制实行以来，前海法院共办理涉诚信企业案件67件，涉及诚信企业40家，涉案标的额3.77亿元，已办结案件46件。

案例42：建立突发事件期间劳动人事争议仲裁案件处理长效机制

主要做法：

广州南沙新区片区健全突发事件期间劳动仲裁应急管理机制，对因自然灾害、事故灾难、公共卫生事件、社会安全事件等四大类突发事件导致当事人不能及时有效参加仲裁活动时，允许以不同突发事件预警等级区分案件中止和恢复审理的权限。

特色亮点：

一是率先建立突发事件期间劳动仲裁应急处理长效机制。广州市南沙区（广州南沙新区片区）劳动人事争议仲裁委员会（以下简称南沙仲裁委）在全国率先以制度方式确立了突发事件期间劳动人事争议仲裁领域的社会治理规则，出台全国首个《突发事件期间劳动人事争议仲裁案件处理暂行规定》（以下简称《规定》），规定适用于自然灾害、事故灾难、公共卫生事件和社会安全事件四类法定突发事件情形，包含属于公共卫生事件类别的新冠肺炎疫情，避免因仲裁应急机制缺失对当事人合法权益及人身财产安全造成损害。

二是出台依法便民高效仲裁应急处置措施。突发事件导致当事人不能按时参加庭审的，可通过网上申请仲裁、线上交换证据、线上调解、在线庭审、电子送达等非接触方式进行仲裁活动，为当事人提供便利。

三是从制度上明确不同突发事件预警等级下案件中止及恢复审理的权限。对预警级别达I级、II级的突发事件，南沙仲裁委依职权中止或延期审理，达III级、IV级的突发事件，可依当事人申请也可由南沙仲裁委依职权中止或延期审理。

四是因地制宜建立健全部门应急联动机制。结合沿海地区台风、暴雨多发的实际，建立劳动人事争议仲裁与应急、气象等部门在仲裁活动中的应急联动机制，灾害预警短信自动推送给列入信息库的仲裁工作人员及案件当事人，实现“仲裁中止”与“气象预警”实时无缝对接。

实践效果：

《规定》出台后解决了受突发事件影响的当事人难以接收法律文书和参加仲裁活动的问题，及时保障劳动者工资、工伤待遇等基本生存保障。新冠肺炎疫情暴发以来，确保100%无中高风险地区当事人在疫情期间赴现场参与庭审，未发生一起因参加仲裁活动感染新型冠状病毒的情况，未发生一起因仲裁处理不当引发当事人投诉情况，体现以人为本、民生优先的仲裁理念。

案例43：构建全方位多元化人才安居服务保障体系

主要做法：

广州南沙新区片区结合重点产业发展所需人才实际，率先推出“安居补贴+人才公寓+共有产权房”的人才住房保障政策，构建全方位多元化的人才住房保障体系。

特色亮点：

一是对各类人才发放安居补贴。对符合条件的高端领军人才分等级给予500万元、300万元、200万元的安家补贴（院士最高可达1 000万元），安家补贴分5年等额发放；对博士后工作站科研人员，片区给予最高20万元安家补贴，并可叠加享受省市相关支持；对符合条件的新引进落户学历人才，按照学士2万元/人、硕士4万元/人、博士6万元/人的标准分别给予住房补贴。

二是建立人才公寓保障制度。广州南沙新区片区采取竞配建方式在公开出让的商品房项目中筹集人才公寓房源，按照拎包入住标准完善精装配置，并配备专业的管理服务团队，同时建立规范的公寓管理制度，区内人才可按类别申请相应面积的公寓，按照市场指导价的半价进行配租，其中高端领军人才可享受10年免租。

三是创新推出人才共有产权房政策。制定广州南沙新区片区共有产权住房管理办法及实施细则，对区内重点发展产业急需人才及港澳地区青年，可原则上按照产权范围超过50%且不高于80%的产权份额购买共有产权房。

实践效果：

通过构建具有竞争力的“安居补贴+人才公寓+共有产权房”多元化人才安居住房保障体系，切实提高区内人才安居保障服务水平，营造适合各类人才定居、安居、宜居的发展环境。截至2020年2月，已面向区内高端领军人才、骨干人才及储备人才等不同层次人才配租人才公寓312套，人才公寓项目均为精装修，具备拎包入住条件，并配备专业的管理服务团队，满足人才居住需求。首筑花园首批推出共有产权人才住房251套，2019年11月发布首批申购公告，共有33位申购人签订购房合同，其中包括29位区域内重点发展领域紧缺型人才和4位港澳地区青年；2020年9月发布第二次申购公告，共有43位人才（包括42位区域内重点发展领域紧缺型人才和1位港澳地区青年）经审核摇号获得选房资格，下一步将开展选房签约工作。

四、广东省政府及相关部门出台的政策措施

（一）《广东省人民政府关于将第三批省级管理权限调整由中国（广东）自由贸易试验区各片区管委会实施的决定》（广东省人民政府令第283号，2021年2月18日）。

（二）《广东省人民政府关于复制推广中国（广东）自由贸易试验区第七批改革创新经验的通知》（粤府函〔2021〕60号，2021年3月25日）。

（三）《广东省自贸办关于印发广东自贸试验区第五批制度创新案例的函》（粤自贸创函〔2021〕17号，2021年6月15日）。

（四）《广东省人民政府关于印发广东省深化“证照分离”改革实施方案的通知》（粤府函〔2021〕136号，2021年6月29日）。

（五）《广东省生态环境、广东省商务厅、广东省发展改革委、广东省住房和城乡建设厅、中国人民银行广州分行、海关总署广州分署、广东省能源局、广东省林业局关于转发〈关于加强自由贸易试验区生态环境保护推动高质量发展的指导意见〉的通知》（粤环函〔2021〕472号，2021年7月9日）。

（六）《广东省人民政府办公厅关于印发中国（广东）自由贸易试验区发展“十四五”规划的通知》（粤府办〔2021〕26号，2021年9月6日）。

（七）《人民银行广州分行　人民银行深圳市中心支行　广东银保监局　深圳银保监局　广东证监局　深圳证监局关于印发〈粤港澳大湾区“跨境理财通”业务试点实施细则〉的通知》（广州银发〔2021〕59号，2021年9月10日）。

五、大事记

2021年1月6日　珠海市人民医院医疗集团横琴医院聘请并签约首批53名澳门地区医生。

2021年1月12日　国内首个跨境公共分拨中心在广州南沙正式投入使用，消费者晚间下单的进口商品，也能够实现当日处理、24小时送达。

2021年1月21日　广州南沙“信易+”公共服务平台上线运行，并集成式发布首批“信易AEO”“信易税”“信易电”“信易奖”“信易批”“信易贷”等六大应用场景，为信用好的主体提供通关、办税、行政审批等方面的便捷服务。

2021年1月30日　珠海横琴一体化区域重点项目集中签约仪式在珠海国际会展中心十字门厅举行，15个签约项目计划总投资超过260亿元。

2021年2月3日　黑龙江自贸试验区黑河片区张女士在黑河本地通过线上全程无纸化方式设立登记“珠海市海河龙珠科技发展有限公司”，获准颁

发两地2021年第一张“跨省通办”营业执照，这是珠海横琴新区片区与黑河片区建立“跨省通办”的首单实践业务。

2021年2月18日—19日　广东省省长马兴瑞到广州南沙、珠海横琴等地，就深入贯彻落实习近平总书记对广东系列重要讲话和重要指示批示精神，推动广东“十四五”开好局、起好步，加快推进粤港澳大湾区及广东自贸试验区建设进行调研。

2021年3月9日　深圳市前海管理局与深圳市国有免税商品集团在前海签署战略合作协议，双方将共同在前海做大做强免税产业，建设深港新型商贸物流集聚区。

2021年3月12日　广州南沙新区片区与青岛片区签署《中国（广东）自由贸易试验区广州南沙新区片区与中国（山东）自由贸易试验区青岛片区创新发展战略合作框架协议》《中国（广东）自由贸易试验区广州南沙新区片区与中国（山东）自由贸易试验区青岛片区全球溯源中心共建战略合作协议》，实行资源共享，携手共建全球溯源中心，共同打造数字贸易创新发展新生态。

2021年3月18日　澳门轻轨延伸横琴线项目开工仪式在澳门莲花口岸和珠海横琴两地同时举行，标志着轻轨横琴线正式展开，对加强两地人文交流和经济往来具有重要意义。

2021年3月25日　港澳涉税专业人士前海跨境执业政策推广暨港澳涉税专业人士政务服务中心揭牌仪式在前海举办。

2021年3月26日　广东省省长马兴瑞主持召开省政府常务会议，研究部署推进广东自贸试验区建设工作。

2021年4月7日　“一带一路”投资咨询服务专窗揭牌仪式在创兴银行广东自贸试验区南沙支行举行。服务专窗将为有跨境业务需求的企业提供投资分析、信息共享、跨境服务指南等咨询服务，满足南沙企业“走出去”需求。

2021年4月14日　国家（深圳·前海）新型互联网交换中心揭牌仪式在前海举行，将开展流量交换等基础业务服务，提供多种互联接入方式，助力粤港澳大湾区信息基础设施互联互通，推动大湾区数字经济融合发展。

2021年4月19日　广州期货交易所揭牌仪式举行。广东省省委书记李希、中国证监会主席易会满共同为广州期货交易所揭牌。广东省省长马兴瑞、广州市委书记张硕辅、广东省委秘书长张福海参加揭牌仪式。中国证监会副主席方星海、广东省副省长张新、广州市市长温国辉分别致辞。

2021年4月23日　2021中国（广东）自由贸易试验区创新成果发布会在广州举办。会上发布了广东自贸试验区制度创新最佳案例及营商环境评估、贸易便利化、投资便利化、跨境金融、航运发展系列指数，全方位展现广东自贸试验区高质量发展最新成果。

2021年4月26日　琴澳知识产权公共服务平台共建签约暨粤澳合作中医药科技产业园知识产权培育指导站揭牌仪式在横琴粤澳合作中医药科技产业园举行，服务平台围绕大数据检索、知识产权运营、维权援助、产业联盟及专利池、培训和专利数据库等方面加强合作。

2021年4月27日　华为（南沙）人工智能创新中心在南沙揭牌，中心汇聚华为在云计算、人工智能、大数据、工业互联网等领域技术、能力和资源，助力南沙打造全国人工智能创新领先高地。

2021年4月27日　澳门居民杨先生使用澳门银联卡登陆广东省电子税务局，缴纳了4月份社保费，标志着横琴在广东省率先成功试点跨境人民币全程电子缴社保费。

2021年5月11日　小马智行宣布，旗下智慧物流公司已于2021年4月21日正式获得广州市南沙区交通运输局颁发的货运道路运输经营许可证，是华南地区首家开启自动驾驶货运领域商业运营企业。

2021年5月14日　横琴首个对港澳地区企业开放的市政工程正式竣工通车。这是港澳地区建筑企业及专业人士跨境执业立法后的成功实践。

2021年6月24日　深圳前海国际商事调解中心与瑞中法律协会、日内瓦国际调解中心三方在线上签署合作备忘录，就推动商事调解合作、调解员互认、联合调解及调解员选聘及培训等开展合作。

2021年6月24日　首个“物业城市”团体标准——《珠海横琴公共空间一体化服务规范　术语和定义》在全国团体标准信息平台正式发布。

2021年6月30日　国家（深圳·前海）新型互联网交换中心在前海深港创新中心举行上线试运行启动仪式。

2021年8月19日　澳门大学生建筑专业实习基地、装配式建筑人才培训基地在横琴澳门新街坊正式挂牌成立，将搭建澳门青年大学生和澳门建筑领域人才培养新平台。

2021年8月19日　珠海横琴新区首个港澳项目——信德口岸商务中心实现“交房即发证”。首批港澳地区业主当天收楼、当天领证，切实体会珠海生活、工作便利。

2021年9月5日　中共中央、国务院印发《横琴粤澳深度合作区建设总体方案》。方案明确合作区战略定位是促进澳门经济适度多元发展的新平台，便利澳门居民生活就业的新空间，丰富“一国两制”实践的新示范，推动粤港澳大湾区建设的新高地。

2021年9月17日　横琴粤澳深度合作区管理机构正式揭牌，中共中央政治局常委、国务院副总理、粤港澳大湾区建设领导小组组长韩正出席揭牌仪式并讲话。合作区进入全面实施、加快推进新阶段。

2021年9月23日　广东省省长马兴瑞与云南省省长王予波在成都泛珠三角区域合作行政首长联席会议上共同见证签署中国（云南）自由贸易试验区、中国（广东）自由贸易试验区深化合作协议。

2021年9月29日　广州港湾区国际集拼中心在南沙挂牌成立。该中心将与南沙国际物流中心南北区46万吨全国最大物流仓储基地形成合力，成为全国最大临港海铁联运综合集拼平台，推动打造华南全方位、全链条综合物流体系。

2021年10月9日　以“数赋时代　智创未来”为主题的“2021前海数据经济论坛”在前海隆重举办。

2021年10月11日　广州南沙粤港合作咨询委员会服务中心在穗港两地同步连线举行启用仪式。全国政协副主席、咨询委员会顾问梁振英在广州主会场出席仪式并致辞。

2021年10月18日　中国人民银行广州分行与深圳市中心支行正式公布了“跨境理财通”试点银行名单。多家试点银行率先在前海落地首批“跨境理财通”业务。

2021年10月21日　“2021全球IPv6下一代互联网峰会”在南沙举办。全球IPv6下一代互联网峰会是全球互联网基础技术行业领域的重要国际会议，也是该峰会连续第二年在南沙举办。

2021年11月14日　深圳蛇口妈湾港正式开港，是我国首个由传统码头升级改造成的自动化码头，将原海星码头4个泊位升级改造为全新的自动化集装箱港区，形成年吞吐量约250万标准箱的现代化智慧港口。

2021年11月15日　南沙推出全国首个中小企业知识产权网络托管平台，超过300家区内企业免费注册，一键托管自家的所有知识产权。

2021年11月18日　全国首个以地方标准形式发布的土地立体化管理领域的数据规范——《三维产权体数据规范》正式作为深圳市地方标准发布实施，在国内首次实现三维产权体表达的标准化和规范化。

2021年11月24日　由自贸片区创新联盟主办，广东自贸试验区深圳前海蛇口片区管委会承办的自贸片区创新联盟第四次制度创新会议在前海深港创新中心举行。自成立两年来，联盟成员数量增长近3倍，从最初的21个扩展到58个。

2021年12月3日　以“Dream Big　梦想的长度　由我丈量”为主题的2021前海粤港澳台青年创新创业大赛总决赛暨颁奖典礼在前海举行，Micro-LED 显示芯片项目、胚系基础上的肿瘤早期筛查和诊断项目分获大赛总决赛企业组、团队组金奖。

2021 年 12 月 4 日　国际金融论坛（IFF）第 18 届全球年会在广州南沙开幕。本届全球年会以“全球挑战下的可持续发展——竞争、变革、合作”为主题，全球财经领袖、IFF 主席团及理事会成员、有关金融部门负责人、专家学者等对世界和中国经济形势进行最新解读、总结与展望。

2021 年 12 月 6 日　横琴“二线”海关监管作业场所正式动工，包含 5 个“二线”通道共 7 个海关监管作业场所，计划 2022 年 6 月底完工，将成为横琴“分线管理”的重要硬件设施。

2021 年 12 月 20 日　粤澳集成电路设计产业园揭牌仪式在横琴举行。集成电路产业园为横琴集成电路产业发展提供重要承载地，成为承接澳门地区集成电路产业资源，建设集成电路创新集聚“芯”平台。

2021年中国（天津）自由贸易试验区建设概况

中国（天津）自由贸易试验区管理委员会

赵前苗

中国（天津）自由贸易试验区管理委员会专职副主任

赵前苗，男，汉族，1976年6月生，研究生学历，博士学位，中共党员。现任中国（天津）自由贸易试验区管理委员会专职副主任，天津市滨海新区区委常委、副区长，自贸试验区创新发展局局长。

一、经济运行数据

2021年，中国（天津）自由贸易试验区（以下简称天津自贸试验区）新登记市场主体12 792家，比上年增长18.09%，其中外商投资企业256家、增长22.49%。备案境外投资机构30个，实际使用外资金额21.44亿美元；实现税收收入（全口径）565.3亿元，比上年增长20.14%。

“保税租赁海关监管新模式”入选国务院自由贸易试验区第四批“最佳实践案例”。截至2021年末，累计实施制度创新措施502项，累计向全国复制推广38项试点经验和实践案例，占全国集中复制推广的18.6%。

二、建设措施及成效

（一）做好顶层制度设计和发展谋划

紧紧围绕市委“十四五”规划和2035年远景目标纲要建议中提出的“着力建设国内国际经济双向循环的重要资源要素配置枢纽、京津冀现代产业集聚区、中日韩自贸区战略先导区，打造世界一流自由贸易园区”的定位和目标（以下简称“三定位一目标”），精心做好天津自贸试验区长远发展的制度设计和顶层谋划，确保自贸试验区稳步健康发展。一是夯实制度创新基础，对过去五年近500项制度创新成果开展全面评估，摸清制度创新底数，形成差异化改革、特色化探索的“天津经验”，评估报告得到市主要领导同志肯定。二是高水平编制天津自贸试验区发展“十四五”规划，在充分调研论证基础上，确定“十四五”时期天津自贸试验区建设指导思想、基本原则、战略定位、片区功能和发展目标，提出九方面重点任务及保障措施，已正式印发实施并进行任务分解，抓好组织落实。三是扩区工作取得实质性进展。编制天津自贸试验区扩区优化方案，以市政府名义向国务院报送扩展区域请示，商务部正在内部研究。同时，按照“不等不靠”“边申报边探索”原则和“只求实、不求名”的工作思路，成功设立滨海高新区、中新生态城部分区域作为天津自贸试验区联动创新区，实现滨海新区“全域自贸”。

（二）加强压力承载测试，服务国家战略

探索开展《区域全面经济伙伴关系协定》（RCEP）、《数字经济伙伴关系协定》（DEPA）、《中欧全面投资协定》（CAI）、《全面与进步跨太平洋伙伴关系协定》（CPTPP）等国际规则对接实践。对标落实RCEP，在原产地声明制度、边检互认等方面开展研究，为企业政策辅导，天津泰达洁净材料公司获天津首张RCEP原产地证书。推动与韩国仁川经济自由区域厅签署《进一步深化合作备忘录》。持续研究CPTPP，跟踪CAI进展，召开系列专题会议，邀请中国贸促会张少刚副会长来津授课，进一步提升对标高标准经贸规则针对性。

积极服务京津冀协同发展战略和“一带一路”倡议。发起召开首届京津冀自贸试验区联席会议，签署《京津冀自贸试验区三方战略合作框架协议》，发布13项京津冀自贸协同创新成果，成立京津冀自贸试验区智库联盟，三地自贸区协同创新为服务京津冀协同发展战略提供新的“破题”思路，推动新一轮政策赋能。建立政务服务京津自贸区通办联动机制，联合印发工作方案，已推出3批“同事同标”事项。建成“京津冀+雄安（3+1）”政务服务“一网通办”平台，超过100个事项上线办理。加速承接北京非首都功能疏解，华电集团、中国联通等一批央企项目落地，积极打造“京津冀+一带一路”海外工程出口基地，中车长客天津公司、中绿能综合能源服务等项目主体落户天津自贸试验区。中欧班列常态化运行，获得经二连浩特口岸出境至欧洲每周一列的固定中欧班列计划。开通“一带一路”集装箱航线40余条，天津港集装箱吞吐量稳步增长，增幅位居全球前十大港口第一，其中60%以上的外贸货物来自“一带一路”沿线国家。

（三）加大创新突破力度，服务经济发展

投资自由方面。畅通外商投资渠道，天津自贸试验区东疆片区新承接27项海事执法事权，成为继上海洋山港、海南洋浦港之后的全国第三个实现海事全能审批的区域，先后吸引招商工业等多家船舶企业落户。积极推动中韩医美产业落户天津自贸试验区。截至2021年底，天津自贸试验区内设立各类外商投资企业近4 000家，占全市外商企业比重的四分之一，实际使用外资额占全市的40.07%。

贸易自由方面。助力生物医药产业创新发展，深入推进临床急需进口药品绿色通道试点，当年新批准天津肿瘤医院空港医院共7个批次、3个品规药品，进口货值超1 000万，大幅降低患者用药成本，吸引罗氏制药等知名企业落户，为打造国际医疗诊疗区奠定基础。高端制造维修业务创新升级，成立保税维修企业联盟，实现更多行业以及更深层次发展。截至2021年底，10家企业获批开展保税维修业务，保税维修产品已涵盖航空航天、工程机械、船舶、海工装备、服务器等多个品类。汽车平行进口实现新突破，2021年5月，首批车辆获得国六环保信息公开并在天津港保税区海关顺利通关，国六环保信息公开、进口清关全部流程全部打通，进一步巩固了平行进口汽车产业的综合优势，对行业的稳定发展意义深远。天津自贸试验区内二手车出口试点企业兼具国有和民营不同企业类型，涵盖汽车主机厂、二手车交易市场、汽车专业物流、汽车贸易、汽车后市场、二手车海外基地建设等多重背景和行业优势，出口车型包括商用车、乘用车、新能源车等全类型，出口覆盖非洲、中亚、东南亚等多个国家和地区。跨境电商提速增效，创新“线下展示+线上交易+门店自提”电商零售新模式，逐步向联动创新区、市内六区、武清、蓟州区等区域复制推广。2021年，跨境电商进出口总单量2 848万单，交易额约48.68亿元，占全市九成以上。

运输自由方面。网络货运高速增长，聚焦网络货运行业痛点、难点，利用互联网技术赋能现代物流业，将打造网络货运新业态作为培育新动能的重点方向，持续跟进行业动向和国家政策导向，吸引顺丰控股、中交兴路、狮桥物流等知名企业等网络货运平台总部在天津自贸试验区落户，产业聚集逐步形成。油气产业不断突破，出台《关于促进中国（天津）自由贸易试验区保税油气产业发展的若干意见》，创新“一船多供”“先供后报”“保税船舶物料跨关区直供”等政策，打通国产燃料油保税供应和分拨通道。累计向大连、秦皇岛、青岛等分拨燃料油，进一步确立华北地区最大燃料油供应基地和分拨中心地位。

金融自由方面。商业保理快速发展。商业保理行业创新案例不断涌现，包括：国内首笔跨境人民币保理业务、全国首单公司债券、首单完全基于交易信用的TABS产品，促进了天津自贸试验区保理行业的高质量发展。良好营商环境吸引一批央企、知名国企和龙头民企保理公司聚集，天津自贸试验区拥有国新保理、诚通保理、中化保理等近40家央企背景保理公司，占全国央企商业保理公司的半壁江山，产业聚集效应初步显现，助推天津自贸试验区商业保理行业确立全国领先地。融资租赁全国龙头地位进一步巩固。天津自贸试验区聚焦租赁业创新发展，在专业服务、司法配套、产业创新等方面多点发力，通过一系列政策创新完善，优化租赁产业生态环境。首单货机跨境资产包交易、首单减免税监管期内飞机融资租赁售后回租业务、首单保税“客改货”飞机再租赁业务、创新钻井平台分拆改造再租赁业务等多个“首单”落地自贸试验区，为中国租赁行业发展开辟多条新路，示范带动作用显著。FT账户功能实现更大突破，推广“FT账户分公司模式”，除天津本地企业外，河北、江苏等省市的企业在天津自贸试验区内开立分公司，相关业务规模超亿元；截至2021年底，天津自贸试验区累计新开立本外币账户11.5万个，办理跨境收支近3 000亿美元，约占全市总量的24%，跨境人民币结算总量近5 500亿元人民币，约占全市总量的40%，有力支持天津自贸试验区开放型经济发展。供应链金融初显成效，“数字仓库+可信仓单+质押融资+大宗商品市场+场外风险管理”五位一体供应链金融创新体系作用持续释放，“可信仓单”质押融资业务授信总额近25亿元人民币，投放规模超10亿元人民币。发布《企业ESG评价指南（试行版）》，助力绿色金融标准体系建设。

数据安全有序流动方面，切实用好国家超级计算天津中心大数据“国家队”品牌优势和独立第三方机构属性优势，打通数据产业化堵点痛点。上线国家血液系统疾病临床医学研究中心线上平台、中国疾控中心死因与慢病大数据库等项目，探索数据产业化创新。

打造法治化营商环境方面，启动《中国（天津）自由贸易试验区条例》修订工作，委托第三方开展立法后评估和立法调研工作，条例修订对于进一步明确了天津自贸试验区发展定位和目标、完善管理运行体制机制等具有重要意义，为天津自贸试验区建设提供重要法治保障。出台《关于促进中国（天津）自由贸易试验区法律服务业发展的若干意见》。设立一带一路国际商事调解中心，建设全领域全链条“调、裁、审”一体化法治平台，着力构建具有天津自贸试验区特色的司法保障体系。

三、创新成果及案例

案例1：保税租赁海关监管新模式

开展保税租赁是天津自贸试验区制度创新的重要内容，是推动特殊区域创新升级，打造对外开放新高地，推动综合保税区发展成为销售服务中心的有效举措。天津海关以企业需求为导向，立足高效、便捷监管的原则，通过创新海关监管模式，推动了异地委托监管、租赁资产交易和差异化担保制度等多项全国首创海关监管模式，基本形成便捷通关与有效监管并重、既符合国际通行标准又具有中国保税租赁产业发展特点的创新海关监管模式，解决了融资租赁业务发展中的突出问题，取得了明显成效。

主要做法：

一是进口租赁飞机、船舶、大型海洋工程结构物等大型设备实行异地委托监管。异地委托监管是指对注册在天津自贸试验区海关特殊监管区域内的融资租赁企业进出口飞机、船舶和海洋工程结构物等大型设备，在执行现行相关税收政策前提下，根据物流实际需要，实行海关异地委托监管。飞机、船舶、大型海洋工程结构物等大型设备开展融资租赁业务，因无法移动、运输限制等原因，难以运至海关特殊监管区域。异地监管委托，通过海关间的联系配合，实现租赁标的由境外直接运输至实际使用地，大大了降低企业的成本。

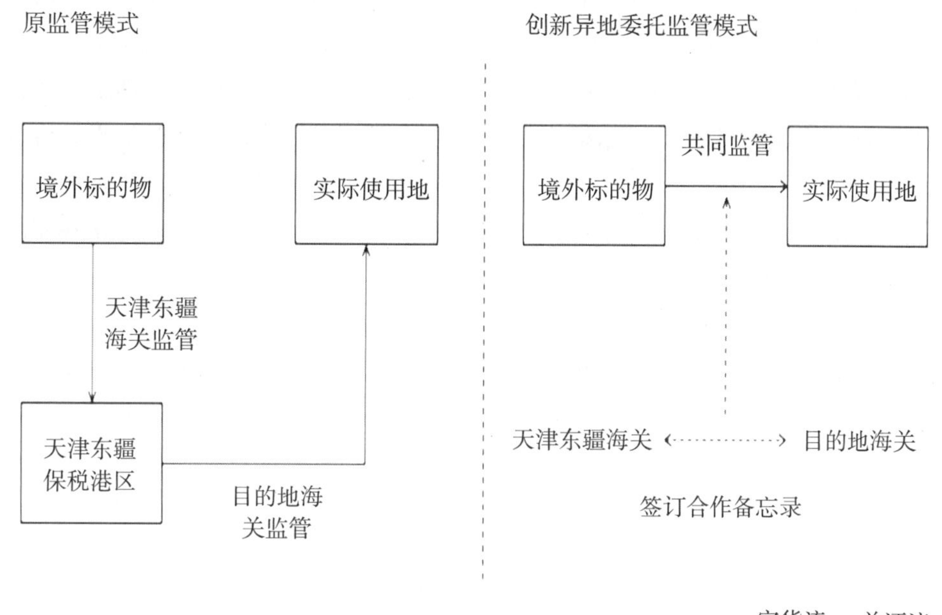

应用海关异地委托监管流程前后对比（以天津东疆海关为例）

二是开展租赁资产交易业务。租赁资产交易为租赁合同执行中承租企业不发生变化，租赁企业发生变更的一种业务模式。租赁企业希望可以在不影响飞机运营基础上，完成租赁资产交易的海关手续。以往该业务必须要飞机等租赁标的物实际出境再回到国内，会产生巨额成本，该业务始终未能开展。天津海关经过充分调研，创新性地提出通过申报保税核注清单的方式完成租赁企业间和租赁企业与境外租赁企业间发生“租赁资产交易”的海关监管流程，既可有效避免再次提交进口许可证问题，同时也可以解决企业收付汇和后续租赁合同变更的问题。

三是对融资租赁业务实行差异化担保。针对融资租赁货物具有价值高、租赁期限长等特点，推动融资租赁差异化担保。差异化担保是指海关根据租赁货物实际情况、风险研判情况和企业信用情况等综合因素，对租赁货物税款担保进行差别化管理，即接受企业不同的担保形式，如保证金、银行保函或保证书等，以及征收不同比例的担保金额等。

四是完善监管体制，提供制度保障。2019 年 2 月，天津海关对外发布了《天津海关关于中国（天津）自由贸易试验区内海关特殊监管区域开展保税租赁业务相关管理的公告》，这是全国首个保税租赁专项监管规定。同年 10 月，天津海关配合海关总署下发了《海关总署关于综合保税区内开展保税货物租赁和期货保税交割业务的公告》。两项文件将异地委托监管、租赁资产交易等多项海关创新监管模式，通过制度的形式固化下来，有力促进融资租赁产业的健康发展。

实践效果：

2019 年，天津海关累计为 181 个保税租赁进口标的物办理通关手续，其中飞机 164 架、海洋石油钻井平台 8 台、飞机发动机 8 台和飞行模拟机 1 台，总货值 701.64 亿元人民币，约占全国 70%。总的来看，取得了以下三个方面的效果：

（一）产业集聚效应显现

截至 2020 年 3 月底，天津自贸试验区聚集租赁公司约 3 400 家，其中开展飞机、船舶等租赁业务的单一项目公司超过 2 000 家，累计注册资本金约

4 500亿元人民币；累计完成1 609架飞机租赁业务，121台发动机，194艘国际航运船舶，22座海上石油钻井平台的租赁业务，飞机、船舶、海工设备租赁资产累计约945亿美元。飞机、船舶租赁业务全国占比超过80%。

（二）国际化水平进一步加深

全球排名前25位的飞机租赁公司中，一半以上在天津自贸试验区开展业务，累计交付飞机超过1 200架；AerCap、ALC、Avolon、Gecas等多家国际知名租赁公司在天津自贸试验区设立平台，交付飞机超过100架。

（三）企业成本显著降低

海关异地委托监管使飞机等大型设备可以直接在目的地投入使用，经企业初步测算，一架飞机可节省企业运输经营成本超过100万元；通过融资租赁差异化担保，进一步降低守法企业资金占用成本，经企业测算，以进口租赁一架空客A320飞机为例，信用良好的企业可以按海关规定的金额提供税款担保，比全额征保的情况下减少1 000万以上的资金占用，实现诚信守法便利，失信违法惩戒。

下一步工作思路：

持续推动异地委托监管、租赁资产交易和差异化担保制度等保税租赁海关监管新模式推广和应用，形成更多应用案例，巩固天津自贸试验区在融资租赁领域的优势地位，建设高水平的国家租赁创新示范区，加快世界级融资租赁聚集区建设。

四、大事记

2021年1月7日　天津自贸试验区管委会相关领导同志主持召开专题会议，推动天津自贸试验区创新发展重点工作。会议指出，要以推动与高新区“双自联动”和在生态城设立联动创新区为抓手，推动实现滨海“全域自贸”；加快建立完善的自贸区决策咨询体系，筹划召开自贸区专家智库座谈会，切实用好智库资源力量；明确细胞治疗、数据自由、离岸创新创业等项目工作方向和实施路径。

2021年1月19日　市相关领导同志召开专题会议，听取各单位关于天津市血液病研究所有关诉求解决进展情况汇报。创新发展局相关负责同志参会，并就自贸试验区推进细胞治疗试点工作进展情况和下一步工作计划进行汇报。市相关领导同志高度肯定创新发展局工作，要求市科技局加强与创新发展局协作，共同推进全市生物医药产业创新发展。

2021年1月18日—19日　天津自贸试验区管委会办公室会同滨海新区商促局组织创新发展局、各开发区管委会和滨海产业基金相关工作人员参加线上RCEP专题培训班。商务部部长王文涛出席开班式并致辞，商务部副部长王受文做了动员讲话。商务部、海关总署等相关负责同志介绍了RCEP带来的重大机遇，并对RCEP货物贸易准入、原产地规则、服务贸易、投资和规则等主要内容进行了解读。

2021年1月29日　天津茱莉亚学院首届汇聚音乐节正式启幕。开幕音乐会由天津茱莉亚室内乐团呈现，这支乐团由天津茱莉亚学院常驻教师团队组建而成。首届汇聚音乐节从1月29日持续至2月5日，为期一周的时间内共有4场室内乐音乐会和1场管弦乐音乐会，演绎10位现当代作曲家的音乐作品，并举行多场教育讲座。

2021年2月2日　中国（天津）自由贸易试验区“推进细胞治疗转化应用研讨会”在天津市肿瘤医院空港医院成功举办。与会领导和专家围绕细胞治疗产品风险分级分类、区域专家委员会组建、试点医疗机构、第三方质控平台、生产制备企业选择、科技立项赋能等相关问题进行了深入研究讨论。会议指出，天津具有发展细胞治疗的坚实基础和得天独厚的人才条件，下一步要发挥天津自贸试验区先行先试优势，以有效防范风险为前提，以病患方、医院方、企业方的需求为导向，抓紧研究制定试点实施方案，尽快打通细胞治疗临床转化应用链条，为更多患者提供更优质、更安全的前沿医疗技术服务，促进滨海新区和自贸试验区细胞治疗产业链、供应链的打造，抢占国际生物医药和前沿医疗技术高地，造福广大人民群众。

2021 年 2 月 5 日　创新发展局举办《RCEP 解读及对自贸试验区建设的启示》专题培训暨天津自贸试验区过去五年创新成果评估课题开题报告会，天津自贸试验区管委会专职副主任、滨海新区副区长、创新发展局局长尹晓峰同志主持会议。普华永道合伙人周喬雯女士以“RCEP 解读及对自贸试验区建设的启示”为题开展了专题授课，并就天津自贸试验区过去五年制度创新成果评估课题的主要思路、前期进展进行了汇报。

2021 年 2 月 20 日　天津自贸试验区管委会相关领导同志召开专题会议听取管委会办公室 2021 年工作计划。管委会办公室围绕推动自贸创新任务落实、争取更大改革自主权，总结试点成果、做好复制推广，探索联动创新路径、服务产业发展，扎实做好政务工作、加强工作保障，做细做实统计评价工作、更好发挥决策参谋作用，加强对外宣传、扩大对外影响力等方面汇报了 2021 年工作计划。会议要求，要以年度重点工作为抓手，深入细化工作计划，大胆试、大胆闯、大胆干，更好发挥管委会办公室枢纽、平台和窗口作用。

2021 年 2 月 24 日　天津自贸试验区管委会组织召开第十六次天津自贸区管委会主任办公会议，总结自贸区 2020 年工作，围绕把握新发展阶段、贯彻新发展理念、构建新发展格局，谋划 2021 年重点任务，并对落实市主要领导有关自贸工作指示和市政府党组第 23 次（扩大）会议议定事项工作进行研究部署。会议强调，要紧密结合天津产业特色和市场主体需求，积极争取上级部门支持，努力取得更多可复制可推广的制度创新成果；要抢抓两个窗口期叠加的机遇，把握好 RCEP 和中欧 CAI 等带来的新机遇，谋划更多自贸区首创性制度突破。

2021 年 2 月 26 日　自贸区创新发展局组织开展天津自贸试验区智库研究课题调研并召开专题座谈会。市社科联党组副书记、副主席张同顺，市社科联副主席、市社科院副院长钟会兵参加调研，市社科联副主席、南开大学中国自由贸易试验区研究中心主任佟家栋参加调研并出席座谈会。课题组先后到机场片区 GE 通用医疗调研保税维修再制造产业，到中心商务片区狮桥集团调研互联网平台经济模式。创新发展局相关负责同志主持座谈会并讲话，天津财经大学、南开大学、天津社科院、天津大学课题组分别就《国际主流区域双边贸易协定趋势及中国（天津）自由贸易试验区应对研究》《天津自贸试验区面向日韩、东北亚开放创新和国际合作研究专题项目调研》《日韩、东北亚法治化营商环境及天津自贸区对接研究》《天津自贸区协同创新机制研究》课题的研究思路、框架、调研计划以及所需要的协助进行汇报，各部门、各片区对课题研究提出意见建议，课题总牵头人佟家栋对各课题组工作进度和下一步计划进行点评、提出要求。

2021 年 3 月 3 日　天津自贸试验区管委会相关领导同志带队赴生态城开展联动创新调研，参观生态城智慧城市运营中心和零能耗“智慧小屋”，了解生态城“生态城市升级版”和“智慧城市创新版”建设情况。随后，在生态城管委会召开座谈会，生态城相关部门负责同志汇报《中国（天津）自由贸易试验区中新生态城联动创新区总体方案（征求意见稿）》编制情况，双方围绕生态城联动创新区报批申建、创新重点、主导产业、管理运行机制、复制推广等问题进行讨论交流。

2021 年 3 月 9 日　“天津自贸区协同创新体制机制研究”项目推进会在天津大学举行。推介会围绕进一步优化完善天津自由贸易试验区管理体制机制法治化、协同化的总体研究目标，就下一步重点研究内容及方法路径进行了深入交流，共同加快推动课题研究进程。

2021 年 3 月 12 日　东疆管委会新经济促进局、天津港东港物流有限公司与天津中储陆通物流有限公司签署战略合作协议，共同推动期货保税交割业务创新发展，实现合作共赢。根据协议，三方将本着“政府支持推动，市场经营运作”的原则，全面推进期货保税交割业务，同时进一步丰富东疆产业业态，打通连接国际与国内、期货与现货市场通道，更好地服务以国内大循环为主体、国内国际双循环相互促进的新发展格局。

2021年3月24日　天津市主要领导同志主持召开专题会议研究自贸试验区有关工作。会上，滨海新区政府主要负责同志汇报了自贸试验区建设进展和下一步工作举措。天津海关、人民银行天津分行、市委网信办、市发展改革委、市财政局、市交通运输委、市商务局、市卫生健康委、市市场监管委、市金融局、市政务服务办、自贸试验区管委会、天津港集团等负责同志作了发言。会议强调，要勇于突破藩篱、创新政策，对标对表国际通行规则，深入研究RCEP等国际多双边投资贸易协定各项规则，积极开展“首创性”制度创新，激发经济发展活力。要加快现行政策迭代升级，释放融资租赁、通关效率、“放管服”等领域红利，推广FT账户分公司模式，扩大自贸政策外溢性，让群众和企业有更多获得感。要研究推动自贸区扩区优化工作，科学划定扩展区域，明晰新片区产业定位，做好与既有产业的衔接配套。要着眼京津冀协同发展，紧扣“一基地三区”定位，以政策为“四梁八柱”，围绕需求优化服务，促进企业生根开花结果，不断壮大信创、细胞治疗、数字经济等产业。

2021年4月1日　天津自贸试验区推进工作领导小组召开第7次会议，深入学习贯彻习近平总书记关于自贸试验区建设的重要指示和党的十九届五中全会精神，总结天津自贸试验区建设进展情况，研究部署下一阶段工作思路和重点任务。会议听取了天津自贸试验区改革发展情况和自贸试验区管委会体制机制改革等情况汇报，审议讨论《中国（天津）自贸试验区创新升级实施方案》等5个文件。会议强调，要充分发挥天津自贸试验区在引领全市改革开放和高质量发展的龙头、试验田、桥头堡作用，在融入和服务国内大循环，畅通和促进国内国际双循环中展现更大作为。

2021年4月1日　天津港今年以来开行的第100列中欧班列发出，将经由二连浩特口岸出境发往蒙古。

2021年4月8日　天津自贸试验区管委会第17次主任办公会召开，贯彻落实天津自贸试验区推进工作领导小组会议精神，研究自贸试验区相关工作，部署下一步重点任务，确保自贸试验区各项工作高水平推进。

2021年4月9日　商务部自贸区港建设协调司、海关总署自贸区和特殊区域发展司相关负责同志调研天津自贸试验区，并召开座谈会。市商务局、管委会办公室、自贸区创新发展局、三个片区部门相关负责人及相关企业参加会议，汇报了天津自贸试验区体制机制改革和海关特殊监管区域发展现状，以及遇到的问题和困难，并提出工作意见建议。

2021年4月13日　天津自贸试验区推进工作领导小组办公室正式印发《关于做好中国（天津）自由贸易试验区改革试点经验复制推广工作的通知》（津自贸办〔2021〕2号），在贸易便利化、口岸通关流程、行政审批创新等领域向全市范围内复制推广新一批24项改革试点经验，包括跨境电商货物按状态分类监管、知识产权证券化、经营范围登记规范化等创新经验。

2021年4月15日至16日　中国国际经济交流中心副理事长兼秘书长、河南省原副省长张大卫率课题组成员赴津调研，先后在天津机场片区（保税区空港区域、临港区域）、中新生态城、经开区南港工业区进行调研并座谈。

2021年4月24日　天津市细胞药品监管科学研究中心成立大会暨首届细胞产业监督论坛在津召开。由市药监局与中国医学科学院血液病医院共同成立天津市细胞药品监管科学研究中心，市卫生健康委、天津市血液与再生医学学会、自贸区创新发展局联合主办首次细胞产业监管论坛。自贸区创新发展局相关负责同志在会上做报告，分享天津自贸试验区生物医药产业创新案例，并重点介绍天津自贸试验区推进细胞治疗临床转化应用试点的思路和工作计划。

2021年4月25日　自贸试验区管委会相关负

责同志参加市商务局组织的天津市服务业扩大开放综合试点新闻发布会，就滨海新区如何借助天津市服务业扩大开放综合试点优势，加快发展现代服务业，塑造国际合作和竞争新优势问题进行交流。

2021 年 4 月 29 日　在自贸区创新发展局、新区区委网信办、新区科技局指导下，由国家超算天津中心、中国医学科学院血液病医院（中国医学科学院血液学研究所）、中国疾病预防控制中心慢性非传染性疾病预防控制中心联合主办的中国（天津）自由贸易试验区联动创新示范基地挂牌大会暨医疗健康大数据产业发展创新论坛正式举办。尹晓峰同志在会上宣读《中国（天津）自由贸易试验区管理委员会关于同意在国家超级计算天津中心建设中国（天津）自由贸易试验区联动创新示范基地的批复》，并与经开区管委会副主任曹洪钢共同为基地揭牌，标志着全国首个自贸区联动创新示范基地成立。自贸区创新发展局相关负责同志在大会上发表致辞。市委网信办、新区区委网信办、新区科技局等有关部门负责同志参加。下一步，基地将充分依托国家超算天津中心“算力+数据”的技术资源优势，逐步打造成为天津市和滨海新区探索数据存储、开发应用和产业化的优质“试验场”，以医疗数据为突破口，推动医疗健康数据产业化应用试点，开展数据开发应用试单，探索多部门联动监管机制和大数据授权运营机制，研究建立贯穿数据授权、存储、开发、应用、安全评估、共享等全流程的标准和政策体系。

2021 年 5 月 15 日　由自贸区创新发展局和区金融局、中心商务片区、东疆片区联合主办的中国·天津供应链金融产业（人才）联盟成立大会在滨海新区顺利召开。自贸区创新发展局、中心商务片区、东疆片区及人行天津滨海支行相关负责同志作了发言。作为全国首个供应链金融人才联盟，已吸引了 140 余家企业单位、高等院校、平台机构加入。联盟致力于强化金融服务实体经济功能，搭建供应链金融领域人才创新创业、培养培育、交流合作平台，构建现代化、全球化、智能化供应链体系，推动供应链金融产业发展集聚，服务京津冀协同发展和天津市、滨海新区高质量发展；致力于推进供应链金融产业在天津有效集聚，加强与天津港口及制造业优势的有机融合，助力天津打造新的支柱产业；致力于依托人才聚合，带动知识聚合，促进产业升级，推动国家供应链金融创新。

2021 年 5 月 15 日　滨海基金小镇在中心商务片区新金融大厦正式揭牌。滨海基金小镇首批入驻单位包括天津市基金业协会、海河产业基金、滨海产业基金、天津滨海柜台交易市场，以及国内外知名私募基金、银行、律师事务所等。

2021 年 5 月 14 日　自贸区创新发展局与市商务局、市贸促会及经开发区管委会相关负责同志陪同中国贸促会副会长张少刚一行赴中心商务片区实地考察了零氪（科技）天津有限公司及天津抖音直播生态产业园，张少刚同志对滨海新区相关产业发展提出了具体工作意见和建议。

2021 年 5 月 24 日　安胜（天津）飞行模拟系统有限公司研发制造的首台“中国制造”波音 737MAX 全动飞行模拟机通过中国民航局过渡 C 级鉴定。这意味着我国具备了国产 737MAX 全动飞行模拟机的能力，打破了国外市场垄断。

2021 年 5 月 25 日　中国（天津）自由贸易试验区推进工作领导小组办公室发布了《中国（天津）自由贸易试验区滨海高新区联动创新区总体方案》和《中国（天津）自由贸易试验区中新生态城联动创新区总体方案》，计划用两到三年的时间，推动自贸试验区政策向联动创新区延伸复制。

2021 年 6 月 7 日　商务部印发《关于印发自由贸易试验区第四批“最佳实践案例”的函》（商自贸〔2021〕189 号），天津自贸试验区“保税租赁海关监管新模式”案例入选。

2021 年 6 月 17 日　天津自贸试验区管委会与天津海关联合举办“党建引领 激发创新”启动仪式，天津海关、自贸区管委会办公室相关领导同志出席并致辞与会各单位结合前期提出的创新领域、创新重点、创新对象和企业调查问卷等内容提出了意见建议。

2021年6月18日　由复星医药与天津港保税区共同引进的专注于医美研发、生产的高科技孵化平台——天津星魅生物科技有限公司举行开业典礼。

2021年6月29日　合源生物科技（天津）有限公司获批天津市首张细胞药物生产基地《药品生产许可证》。

2021年6月30日　古德里奇航空（中国）结构服务有限公司应青岛航空公司需求，在保税区海关的大力支持和指导下，将发动机短舱备用件自新加坡，经上海浦东机场运抵青岛。天津自贸试验区机场片区首单异地进境保税租赁件申报业务顺利实施。

2021年7月12日　“金融支持康养产业发展论坛暨国寿嘉园·天津乐境开启乐享生活新模式”活动成功举办，标志着天津市2021年市级重点社会民生项目——“国寿嘉园·天津乐境”正式投入运营。

2021年7月19日　世界500强企业中国电力建设集团有限公司与滨海新区、天津港保税区签约暨揭牌仪式成功举行。

2021年7月21日　空客天津宽体机完成和交付中心A350项目投产暨首架飞机交付仪式在天津港保税区举行。作为空客最新型双发宽体远程客机，A350项目的投产进一步夯实了天津作为空客全球重要生产基地的地位，同时也表明空客进一步推动公司国际化及加强与中国长期战略合作伙伴关系的决心。

2021年8月11日　中国（天津）自由贸易试验区滨海高新区联动创新区、中新生态城联动创新区揭牌仪式暨天津自贸试验区首次大讲堂活动举行，传达贯彻市委书记李鸿忠到天津自贸试验区调研时的讲话精神，推动天津自贸试验区高质量发展。自贸试验区管委会领导同志出席并讲话。天津海关主要领导同志以“海关特殊监管区政策的运用”为题，从“特殊区域发展历程”“对天津市外贸现状和形势的概要分析”“推动我市外贸新业态发展的思考”三个方面，结合天津实际，聚焦发展重点，围绕典型案例，进行深刻的形势分析、精准的政策解读，为天津自贸试验区创新发展提供了有力指导。

2021年8月11日　天津自贸试验区滨海高新区联动创新区、中新生态城联动创新区揭牌后，举行“打造‘自贸区+自创区+生态城’联动发展新格局”主题新闻发布会，天津自贸试验区管委会副主任尹晓峰，滨海高新区党委常委、管委会副主任刘勇声，中新生态城党委常委、管委会副主任杨勇，天津自贸试验区推进工作领导小组办公室秘书处处长陈玮参加。会议介绍了天津自贸试验区滨海高新区、中新生态城联动创新区的建设背景、重要意义、工作计划等内容，就《中国（天津）自由贸易试验区滨海高新区联动创新区总体方案》和《中国（天津）自由贸易试验区中新生态城联动创新区总体方案》进行解读，并回答了媒体记者的有关问题。

2021年8月19日　天津自贸试验区管委会副主任尹晓峰主持召开天津自贸试验区第二次联动创新工作例会，自贸区管委会办公室、自贸区创新发展局、东疆片区、机场片区、中心商务片区、高新区联动创新区、生态城联动创新区相关负责同志参加会议。会议传达了市委主要负责同志到新区调研检查时的讲话精神及滨海新区区委书记连茂君在8月13日区委常委（扩大）会的讲话精神，听取了“一办一局五片区”上半年重点工作、需协调解决的有关问题和下一步工作思路。

2021年8月20日　天津首家跨境电商线下展示体验店——位于天津港保税区海滨六路的“酷吧跨境小店”开业迎客，标志着天津跨境电商保税零售业开启全新模式，这也成为丰富天津消费模式新业态的新亮点。

2021年8月27日　天津经开区管委会携手和平区人民政府联合共建泰达岳阳道小学签约仪式在于家堡举行，天津基础教育百年名校——岳阳道小学正式落户经开区中心商务片区！天津基础教育百年名校岳阳道小学正式落户中心商务片区。此次合作建设的泰达岳阳道小学，位于中心商务片区金昌道以南，融仁路以东，紧邻滨海高铁站与天津茱莉亚学院。泰达岳阳道小学建成后，将成为一所拥有一流师资、一流设施、一流品质的标志性示范性学校。

2021 年 9 月 9 日　天津自贸试验区管委会与天津海关共同召开“党建引领 激发创新”中期推动会，天津海关副关长潘楚雄、自贸区管委会办公室主任史继平出席并讲话。海关、自贸试验区各单位分别就课题内容、调研进展情况、问题困难及下一步安排等做了汇报，与会各方围绕课题特点、产业创新、业务尝试、业态发展和前期调查问卷结果等展开交流讨论，各调研课题均取得了良好成效。

2021 年 9 月 9 日　天津自贸试验区门户网站集约化改版工作全面完成，正式焕新上线。新版网站结合天津自贸试验区功能定位，更加彰显自贸特色，推出了“区域概况、新闻资讯、政务公开、办事服务、投资自贸、制度创新、互动交流”七大栏目，并对主站栏目设计、内容规划、服务功能等方面进行全方位优化完善，形成了“集约、体验、响应、智能、融通”于一体的“一站式”政府信息平台。

2021 年 9 月 27 日　首届京津冀自贸试验区联席会议圆满完成。商务部副部长兼国际贸易谈判副代表王受文作视频致辞，北京市副市长杨晋柏，天津市委常委、滨海新区区委书记、自贸试验区管委会主任连茂君，河北省副省长夏延军出席并致辞，天津市副市长、自贸试验区管委会主任王旭主持会议。中国国际经济交流中心副理事长、商务部原副部长姜增伟，中国工程院院士、南开大学校长曹雪涛出席会议。京津冀三地自贸试验区和天津市、区有关负责同志，智库专家和相关企业家代表参加。会议签署了《京津冀自贸试验区三方战略合作框架协议》，对外发布了首批 13 项京津冀自贸协同创新成果经典案例成果，成立了京津冀自贸试验区智库联盟并为首批 9 家联盟单位授牌。同日下午，召开了京津冀自贸试验区联席会议第一次闭门会议，商议三省市自贸试验区协同创新方向和落地举措思路；邀请京津冀三地知名学者和企业家代表举办了首次高端论坛。

2021 年 9 月 28 日　举行天津港保税燃料油混兑调和业务启动仪式。此项业务的顺利开展，不仅有效解决炼化企业每批次采购量小、资金压力大等困难，大大降低了采购成本，扩大了港口保税原油的经营范围与服务能力，进一步提升了贸易商、炼化企业的满意度，实现效益最大化。

2021 年 10 月 12 日　在中国人民银行天津分行、国家外汇管理局滨海新区中心支局、天津市金融工作局、经开区管委会、自贸区法院等单位的大力支持和推动下，国内首笔跨境人民币商业保理业务落地天津自贸试验区，此举开拓了跨境保理业务由商业保理公司办理的新模式，打通了跨境保理业务新通道，扩大了人民币跨境使用场景，擦亮了天津金融创新运营示范区的“金字招牌”，将进一步推动外贸新业态在天津自贸试验区加速集聚、联动发展。

2021 年 10 月 14 日　第九届（2021）中国商业保理行业峰会暨第八届于家堡保理论坛举行。天津自贸试验区管委会主要领导同志出席并致辞。商务部国际贸易经济合作研究院副院长曲维玺出席。

2021 年 10 月 21 日　中国（天津）自由贸易试验区机场片区维修再制造产业联盟成立大会在天津港保税区空港投资服务中心召开。天津海特飞机工程有限公司、深蓝（天津）智能制造有限责任公司、空中客车（天津）总装有限公司、庞巴迪（天津）航空服务有限公司、古德里奇航空结构服务（中国）有限公司、利星行（天津）机械设备有限公司、天津市中舟船舶工贸有限公司、天津电力机车有限公司、同方威视科技（天津）有限公司、通用电气医疗系统（天津）有限公司、天津宜捷海特通用航空服务有限公司、天津远昌冷藏集装箱服务有限公司、振华国际物流运输有限公司和捷尔杰

（天津）设备有限公司等 14 家企业负责人作为联盟初创成员单位代表参加了此次会议。

2021 年 10 月 21 日　为推进天津自贸试验区场外风险管理业务创新发展，打造北方风险管理中心，提高金融服务实体经济能力，自贸区创新发展局制定了《关于促进中国（天津）自由贸易试验区场外风险管理业务创新发展的若干意见》，并以天津自贸试验区管委会名义印发。

2021 年 10 月 27 日　自贸区管委会办公室与中国银行天津分行共同举办“政银联动创新 促进自贸试验区高质量发展”主题党建共建活动签约仪式暨业务座谈会，中国银行天津分行副行长张屹东、自贸区管委会办公室主要领导同志出席并讲话，中国银行各分行、自贸试验区各片区自贸工作局负责同志参加活动。双方各部门围绕促进跨境投资便利化、“分公司+FT 账户模式”、发挥融资租赁优势和通关优势转化为发展效益展开交流讨论。自贸区管委会办公室分别与中国银行天津滨海分行、保税分行、自贸分行签署了《党建共建协议书》，形成了《支持重点领域业务发展合作方案》。

2021 年 10 月 28 日　由天津自贸试验区机场片区企业海洋石油工程股份有限公司承揽的渤中 29-6 油田开发项目在天津海洋工程智能制造基地点火开工。

2021 年 11 月 4 日　上海第四届中国国际进口博览会期间，罗氏制药中国宣布与中国（天津）自由贸易试验区正式签署战略合作备忘录。市主要领导同志代表市委市政府在华亭宾馆会见了罗氏制药（中国）总裁边欣女士及管理团队一行，并出席见证了双方战略合作备忘录签署和天津自贸试验区个性化国际创新诊疗研究院揭牌仪式。根据备忘录有关条款，天津自贸试验区将与罗氏公司在机场片区共同落实生物医药技术和产品研究、贸易、流通和应用等方面合作；全面推进以个体化医疗领域为战略核心的多项探索事宜。此次战略合作备忘录的签署是机场片区积极推进临床急需药品进口绿色通道建设的又一次有益实践。

2021 年 11 月 26 日　天津自贸试验区金融工作协调推进小组办公室举办自贸试验区金融创新案例发布会，发布近期确定的金融创新案例。

2021 年 12 月 15 日　新区商促局牵头召开天津远昌冷藏集装箱服务有限公司申请开展保税维修业务核准会议，会上同意远昌公司开展保税维修试点业务的会议纪要和有关批复正在抓紧履行手续，近日即可下发企业。

2021 年 12 月 18 日　天津自贸试验区管委会主要领导同志主持召开自贸试验区专题会议，自贸区管委会办公室汇报了自贸试验区管委会 2021 年工作情况和 2022 年工作思路，市商务局做补充汇报，与会同志讨论发言。会议强调，在数据有序自由流动、人员自由流动等方面要深化研究，鼓励围绕天津产业发展痛点开展研究，并要求 2022 年自贸试验区创新工作要立足于服务天津产业发展，争取能提出一批“管用”“吃饱”的创新招法。

2021年中国（福建）自由贸易试验区建设概况

中国（福建）自由贸易试验区工作领导小组办公室

黄河明

中国（福建）自由贸易试验区工作领导小组办公室主任

黄河明，男，汉族，1969年8月出生，福建平和人，中共党员，在职研究生学历，法律硕士学位。曾任厦门市人民政府副秘书长、市政府办公厅党组成员，厦门海沧台商投资区党工委委员、管委会副主任（副厅级），厦门市人民政府台湾事务办公室主任，厦门市商务局局长、党组书记，厦门市思明区委书记。现任福建省商务厅党组书记、厅长，福建省口岸工作办公室主任，中国（福建）自由贸易试验区工作领导小组办公室主任。

一、经济运行数据

（一）投资情况

2021年，中国（福建）自由贸易试验区（以下简称福建自贸试验区）新设内、外资企业11 899家，注册资本1 921.1亿元，分别比上年下降13.8%、29.5%。新增外资企业289家、比上年下降18.4%，合同外资29.74亿美元、增长44.2%，实际使用外资3.73亿美元、下降29.7%，分别占福建省总量的10.5%、17.7%、6.7%。新增台资企业181家，合同台资5.2亿美元，分别比上年下降21.3%、32.2%，分别占全省总量的12.1%、22.9%。实现税收收入245.4亿元，比上年增长16.5%。备案境外投资机构47个，中方协议投资额4.03亿美元，中方实际投资额2.76亿美元。

（二）贸易运输

2021年，中欧（厦门）班列发运197列、货值69.7亿元，截至2021年底，累计发运1 107列，货值261.4亿元。“丝路海运”发布通关服务标准，上线信息化平台，航线已增至80条，开行2 829个航次、同比增长15.2%，完成集装箱吞吐量351.6万标准箱、同比增长48%，有效助力供应链的稳定畅通。

（三）金融情况

截至2021年底，福建自贸试验区内持牌金融机构163家，类金融机构8 327家；累计办理人民币跨境业务5 819.99亿元；跨国企业集团跨境人民币双向资金池累计流入资金242.23亿元；外币资金集中运营管理项下累计集中外债额度45.27亿美元，跨境资金流入9.15亿美元。22家台湾地区银行机构在厦门开立41个人民币代理清算账户，清算金额1 953.82多亿元。海峡股权交易中心和厦门两岸股权交易中心建设“台资板”累计挂牌展示台企3 152家，实现融资21.5亿元。

二、建设措施及成效

福建自贸试验区深入贯彻落实习近平总书记关于自贸试验区重要指示批示精神、来闽考察重要讲话精神和党中央决策部署，坚持以制度创新为核心，大胆试、大胆闯、自主改，各项工作取得重大进展，形成了一批独具福建特色、对台先行先试的制度创新成果，基本实现了总体方案和深化方案确定的发展目标，建立了与国际投资和贸易通行规则相衔接的制度体系，发挥了深化改革扩大开放的试验田作用，为构建更高水平开放型经济新体制作出了积极贡献。

（一）制度创新走在全国前列

创新举措再获佳绩。新推出第 18 批 35 项创新举措，其中全国首创 25 项、对台特色 5 项，累计推出 515 项；“推动两岸征信信息互通 优化信贷服务”实践案例入选全国自贸试验区“最佳实践案例”，率先在全国开通台企台胞征信查询，开展“台商台胞金融信用证书”试点。截至 2021 年底，福建自贸试验区 34 项创新成果列入全国复制推广举措，7 项试点经验列入全国自贸试验区“最佳实践案例”，继续走在全国前列。

重点试验任务取得突破。福建自贸试验区深化方案 136 项重点试验任务已实施 128 项，实施率达 94.1%。有关片区仍在持续推进原油非国营贸易进口、二手车出口多式联运“一单制”等试验任务落实。在此基础上，福建省向国家申请先行先试政策取得突破，如国务院关税税则委员会发布 2021 年关税调整方案，对维修用航空器材实行零关税；福州片区获批开展“本外币合一银行结算账户体系试点”，厦门入选全国十大供应链创新与应用示范城市，获批开展新型国际离岸贸易试点、贸易外汇收支便利化试点，允许开展飞机经营性租赁外币计价结算。

贸易集成创新不断优化。国际贸易“单一窗口”在原有集成基础上，拓展升级跨境电商监管服务、快件收件人监管服务等功能，推进跨境贸易全链条、一站式办理，吸引新注册用户超过 1 900 家，总用户超 1.8 万家。同时，深入推进口岸降本增效，福州、厦门海关实施“陆地港出口转关直通业务”“通关全流程状态可视化服务”等，厦门边检总站创新服务出入境集成化改革，福建海事部门扩大船舶“多证合一”改革，不断优化口岸营商环境。厦门跨境贸易指标在全国营商环境评估中连续两年获评全国标杆。

（二）产业发展平台持续壮大

企业集聚效果良好。2021 年，福建自贸试验区新增内、外资企业 11 899 家，其中新增外资企业 289 家，合同外资 29.74 亿美元。金融机构简化经常项下跨境人民币业务流程，创新跨境人民币金融产品，推广资本项下各类便利化政策，深入开展跨国公司跨境资金集中运营管理改革，率先实现资本项目数字化服务试点业务，2021 年办理人民币跨境业务 346.28 亿元，比上年大幅增长 49.02%，金融服务实体经济更加有效。

重点平台积极拓展。福州物联网产业基地已集聚物联网企业 200 多家，产值达 370 亿元，比上年增长 8%；基金小镇集聚 401 家私募投资机构，基金规模达 1 732 亿元，投向福建省实体项目 273 亿元，累计纳税 8 亿元；海峡基金业综合服务平台已汇聚私募股权投资基金公司 80 余家，推动产融投资近 35 亿元；厦门航空维修基地建立航材保障保税物流体系，开展境外飞机“客改货”业务，持续保持全国领先的“一站式”航空维修基地；进口酒平台上线数字国际酒平台，实现“一物一码、全程追溯”；进口燕窝平台获得签发首张非即食燕窝生产许可证书，累计加工净燕及毛燕 18.824 吨、货值 1.38 亿元，成为全国最大燕窝深加工基地。

新业态新模式成绩突出。建成多个跨境电商综合服务平台、产业园区和展示交易中心，福州片区举办了首届中国跨境电商交易会，创新实施跨境电商企业“零跑腿”缴税等模式。厦门片区已办理离岸贸易外汇收支 111.9 亿美元，比上年增长 62.9%，走在全国前列。厦门集成电路产业持续优化集成电路平台公共服务，深入推进保税研发试点，2021 年完成对外付汇 2 700 万美元，比上年增长 2.9 倍。厦门片区国家文化出口基地累计引进境内外艺术机构 250 多家，举办拍卖活动超 110 场次，成交金额超 8.2 亿元，“大力发展文化保税业态”案例入选《国家文化出口基地首批创新实践案例》。

（三）两岸融合发展持续深化

对台贸易主通道加速打造。福建自贸试验区走在福建省加快建设台胞台企登陆的第一家园和海峡两岸融合发展示范区的前沿。2021 年，福建自贸试验区内新增台资企业181家，合同台资5.2亿美元。福建省对台跨境电商发货量超1 000万票，货值约80亿元，占大陆对台跨境电商出口总额的80%以上；两岸农渔产品交易平台进口台湾农渔产品9.5万吨、货值10.7亿元，分别比上年增长95.4%、87.1%，占大陆进口台湾农渔产品总额的50%以上。

两岸交流往来持续加强。通过积极举办或参与福建自贸试验区暨闽台产业融合发展推介对接会、第四届21世纪海上丝绸之路博览会暨第二十三届海峡两岸经贸交易会、2021年海峡两岸民俗文化节、第九届海峡青年节、第十三届海峡论坛、第十届共同家园论坛等重大两岸交流活动，进一步推进两岸同胞交心交融，台胞台企在大陆创新创业更有保障。福州片区积极推动福州与马祖建设“福马共同家园”，厦门片区加快推进厦门与金门率先融合发展，平潭片区全力打造台胞台企登陆第一家园的先行区。

服务台胞台企更加有力。一是落细落实台胞台企同等待遇。福建自贸试验区内允许台湾地区自然人投资者持台湾居民居住证、台湾居民往来大陆通行证申请注册内资企业，设立首个台湾个体诊所、首个面向台胞的互联网医疗平台等。二是稳步推进两岸金融开放合作。稳步推进台企台胞信用报告查询业务，帮助台企台胞获得信贷13.89亿元；全面推广“台商台胞金融信用证书”，福建省台企台胞获得授信66.01亿元；首创“台胞诚信闪贷”专属金融产品，为台商台胞提供快捷便利的融资服务。三是有效服务台胞台企就业创业。推动两岸标准互通，部分领域试点采用台湾地区相关建筑技术规范；拓展对台职业资格采信范围；探索社会化异地台胞职业技能等级认定，设立全国首个在台“异地等级考试”考点；积极打造两岸“三创”基地，为来闽台湾青年定制创业乐土。

(四) 共建“一带一路”深度融入

加强重大活动交流。积极参与或承办2021年全国自贸试验区建设工作现场会、第二十一届中国国际投资贸易洽谈会、第四届中国国际进口博览会、第九届中国企业家发展年会，积极推介福建自贸试验区的创新成效，开展“中外企业福建行”系列考察活动。同时，结合《区域全面经济伙伴关系协定》(RCEP) 签订生效时机，加强相关政策宣传和培训，指导企业加快布局“一带一路”沿线国家和地区。

促进全方位互联互通。中欧 (厦门) 班列发运197列、货值69.7亿元，“丝路海运”发布通关服务标准，上线信息化平台，航线已增至80条，开行2 829个航次，完成集装箱吞吐量351.6万标准箱，有效助力供应链的稳定畅通。福州片区率先开通跨境电商洲际货运包机，推进福建纵腾网络有限公司等跨境电商企业在“一带一路”沿线国家和地区设立海外仓46处、120万平方米。

吸引国际高端人才。重点围绕“一带一路”沿线国家和地区，积极开展自贸试验区高层次人才、首席科技官、工科类青年人才和紧缺急需人才认定工作，支持区内企事业单位引进各类人才。福州片区建立完善国际化引才机制，推出外籍人才聘雇单位“信誉等级制度”评定办法、建立移民 (华人华侨) 事务服务中心，为外籍人员和华人华侨提供入境、居停留、就业创业等全方位服务。

(五) 保障支撑服务推陈出新

加强谋划扩区等重大事项。一是福建省政府于2021年1月向国务院上报了《关于福建自贸试验区扩区的请示》(闽政文〔2021〕46号)，积极向国家争取在更大范围、更宽领域、更深层次推进高水平对外开放、高质量发展。二是开展福建自贸试验区六周年评估、离岸贸易、物联网、与金砖国家经贸交流合作等领域课题研究，支撑重大事项决策。三是编制出台《中国 (福建) 自由贸易试验区“十四五”发展规划》，提出构建更高水平开放型经济新体制、打造高质量产业发展体系、探索海峡两岸融合发展新路、深度融入共建“一带一路”、推进治理体系和治理能力现代化等五个方面重点任务。

积极推动区域联动发展。一是完善区内统筹管理。根据国家部署制定工作方案，推进海关特殊监管区域与自贸试验区统筹发展；推动福州片区与福州新区建立协同发展工作机制，整合管理机构及人员编制；支持厦门片区调整下设办事机构为内设机构，拓展厦门空港、大嶝岛等管理区域。二是持续推进福建自贸试验区与福厦泉国家自主创新示范区“双自联动”，进一步建设厦门生物材料特殊物品出入境公共服务平台、集成电路双创平台等研发机构和科技创新平台。三是出台《全省开发区建设自贸创新成果复制推广先行区的实施意见》，推动全省开发区先行开展体制对接、成果共享、平台融通、协同改革、联动创新等工作。

大力推进数字自贸试验区建设。一是优化数字管理服务。厦门片区出台数字自贸试验区三年行动方案，成立数字化促进中心，加快推进“数字港口”“智慧物流”建设；厦门港迈入5G无纸化作业时代，上线引航船舶可视化平台，江阴港上线智慧监管信息系统，实现监管与高效运作有机结合。二是提升审批和公共服务智能水平。福州片区首创不动产抵押注销登记智能化辅助审核，实现“网上秒批”；平潭片区实行“自报智批”新模式，赋权企业在商事登记、项目审批等方面自助办理、自助审批，重点企业认定和奖补“免申即享”。三是加强数字法务服务。厦门片区启动建设海丝中央法务区自贸先行区，建设“海丝中央法务区·云平台”，打造“一站式”泛法务大厅，开展国际化、专业化、智能化法律服务。

三、创新成果及案例

案例1：跨部门涉案财物集中管理机制

厦门率先全国打造“线上与线下相结合、社会与政府相配合、跨部门联通共用”的涉案财物集中管理新机制，有效破解涉案财物管理难题，实现执法效率和执法公信力“双提升”，执法风险和司法成本“双下降”。

主要做法和特色亮点：

一是建设跨部门涉案财物智能化管理平台。打通公、检、法、财“四网三系统”数据壁垒，整合集成一个系统运行，通过对涉案财物实时动态信息化管理，实现物品“信息网上流转”，减少重复录入和实物移交的烦琐流程，提高办案效率。

二是创新涉案财物集中管理机制。以政府购买方式，建设跨部门涉案财物管理中心，委托第三方对刑事、行政涉案财物集中管理。探索刑事涉案财物先行处置机制，避免因涉案财物损毁、贬值造成社会资源浪费，节约司法行政成本，提升司法公信力，有效维护当事人合法权益。同时引入财政监管，在确保案件侦办秘密的前提下，实现涉案财物数据共享，接受财政部门实时监管。

三是探索刑事涉案财物先行处置。以刑事涉案车辆为突破口，推动刑事涉案财物审前先行拍卖机制落地，避免财物毁损贬值和社会资源浪费，有效维护当事人合法权益。

四是开辟政企合作模式。将跨部门涉案财物管理提升为“基地型”招商引资项目，推动社会治理能力现代化与经济社会高质量发展“双赢”。

实践效果：

该模式有效促进执法规范化，提高执法效率和财政罚没收入，降低执法办案风险和司法行政成本，同时开辟传统企业参与涉案财物处置新业务，促进传统物流寄递业、银行业、司法鉴定业转型升级，拓展新的经济增长点。2020年1月运行以来，厦门市已将156家执法单位纳入机制管理，清退15家涉案财物保管场所，入库保管刑事、行政涉案物品90万余件，通过平台处置移送案件3 000余起，节约执法人员工作时间7万余小时，节约财政资金1 000余万元。涉案财物集中管理“厦门模式”得到《人民日报》、中央电视台、《法治日报》等中央、省市主流新闻媒体关注报道。

2020年11月，该举措入选《福建省人民政府关于推广福建自贸试验区第八批可复制创新成果的通知》（闽政〔2020〕9号），在福建全省复制推广。福建省委政法委发文在全省开展跨部门涉案财物集中管理试点推广工作。

案例 2：智慧税务码

福建省税务局依托微电子税务局，以“便民、高效”为宗旨，“始于税务、拓于商务、臻于政务”为创新理念，以税收大数据为基础，自动为已实名的纳税人、服务人员相应赋码，码上集成税务、商务和政务三个层面 8 项功能，实现企业、个人信息动态展示，填补便捷验证身份的渠道空白；企业信用等涉税信息实时生成并加签电子印章，为商务合作增信助力；部门所需数据专属定制、企业自主提交，提高数字化政务服务效能。

主要做法：

“智慧税务码”由“智慧企业码”“智慧个人码”“智慧服务码”组成，在手机端为实名用户自动赋码。“智慧企业码”“智慧个人码”动态更新企业、个人涉税费信息，实时推送待办提醒，实现精细便捷的办税服务；拓展的“码上贷”功能，企业法人代表可“码上”获取前溯 24 个月的涉税经营数据，畅通银企直通渠道，转纳税信用为融资信用，实现助力发展商务服务；打破部门信息孤岛，积极融入信用、资质等跨部门数据，打造电子名片，并开发部门专属表单，数据掌上可查、自主提交，实现高效汇聚的政务服务。“智慧服务码”可动态展示政府相关部门工作人员的单位、岗位、任职等信息和监督电话，群众扫码即可获取，塑造公开透明的政府形象。

特色亮点：

一是首创企业、个人电子名片，填补快速验证法人身份官方渠道空白。改革前，跨部门数据共享存在壁垒，缺少一个快速验证法人身份，全方位展示企业经营、信用、资质等信息的官方渠道。“智慧政务码”基于全面、真实、可靠的税收大数据，支持跨部门数据融合，全面展示企业“健康”状况，助力推动社会信用体系建设。

二是支持跨部门数据共享，将数据自主权交还纳税人缴费人手中。改革前，企业数据由各部门归口管理，共享机制尚不完善，数据碎片化、数据孤岛等问题仍不同程度存在。“智慧政务码”支持跨部门数据共享，提供部门表单专属服务，并在守好数据管理“安全阀”的基础上，将数据自主权交还纳税人缴费人手中，数据掌上可查、表单专属定制、证明自主提交，切实提升数字化政务服务效能。

三是落实亮证服务，推出统一的电子工作证。“智慧政务码”推出全省统一的税务人员电子工作证，支持微信支付宝等扫码获取相关信息，助力转变工作作风，促进执法公开，塑造良好形象。

实践效果：

该项目上线后得到社会各界的广泛认可，使用量达 1 532 万次，其中为法人、财务人员量身定造政府部门公信力支撑的电子名片 394 万份；税务人员扫码精准服务纳税人缴费人达 142 万次，亮码提供服务达 189 万次；提供部门数据专属定制表单达 1. 88 万份。智慧税务码模式在省委组织部、省委两新工委组织的“福建省‘最受欢迎惠企政策’网络评选”活动中，以 58 万票获第一名；获得中国政府网推荐推广，以及新华社、人民网、央广网、中新网等主流媒体广泛报道。

案例 3：船舶协同办证信息化系统

船舶系列证书办理过程中涉及部门多，办证协调难、办证时间长、停航经济损失大等问题，成为了航运企业利益最相关、最关心的热点难点问题。为深化“放管服”改革要求，进一步为企业节省办证时间、人力、交通等成本，福州海事局牵头开发了船舶协同办证信息化系统，实现船舶登记、检验、营运真正从“分头办”向“协同办”转变，有效压缩整体办证时长，节约了船舶因办证停航而产生的高额经济成本。

主要做法和特色亮点：

建设协同办证信息化系统，针对船舶所需办理的全部9大类证书文书进行流程再造，全部实现“并联容缺办理”；系统具备办证全过程公开和手机端智能提醒功能，能满足地方船检机构或中国船级社（CCS）登记的新建船、转籍船、重大改建船等不同检验船舶办证需求。

通过“容缺办理”“并联办理”实现各类证书办理过程的无缝衔接，进一步压缩船舶办证“空窗期”，实现平均办结时限由“分头办”97个工作日向“协同办”26个工作日到“网上协同办”7个工作日的跨越，切实降低船舶因办证停运产生的经济损失。

通过“让信息跑代替人员跑”，适应企业需求与数字福建发展，实行证书“掌上办理”，特别是最大限度地实现了“不停航办证”，减少船期等待时间，为企业节约了人力、时间、交通等成本。

通过船舶证书上传、船舶办证基本信息共享等功能，彻底扭转各部门及行政相对人通过微信群、电话等沟通效率低下的不利局面，通过系统平台实时流转并互认船舶信息，并联启动证书办理流程，提高执法信息传递和储存的权威性。

最大限度方便业务主办及行政相对人实时掌握各类证书办理进度，提高了行政审批工作效率和执法公开度、透明度。对破解海运市场“一船难求”问题，缓解运力紧张局面，保障供应链高效稳定可控具有重要意义。同时，将吸引更多航运企业落户，进一步提升福建港口综合竞争力，更好地参与国内大循环，推动内外双循环。

实践效果：

截至2022年6月末，福州海事局共帮助32家航运企业完成了系统的账号注册工作，已为15艘船舶实施了协同办证服务，系统实现各类证书办理过程的无缝衔接，进一步压缩船舶办证“空窗期”，实现平均办结时限由“分头办”97个工作日向“协同办”26个工作日到“网上协同办”7个工作日的跨越。

案例4：涉案房产“e拍即得”协同执行机制

为进一步打通不动产处置过程中的难点堵点，平潭法院紧扣“协同”特性、突出“e拍”特征、凸显“即得”特点，联合平潭综合实验区行政审批局、市场监督管理局、税务局等6部门，创新推行涉案房产“e拍即得”协同执行机制，成功化解涉案房产处置中竞拍前房产处置难、竞拍中买房贷款难和竞拍后交房入驻难等问题，进一步优化法治化营商环境。

主要做法和特色亮点：

查控直通，法官不用跑、数据网上走。对涉案房产需要查明被执行人名下房产详细信息，采取查封、解封执行措施的，由法院通过“点对点”查控系统发起信息查询、房产查控，行政部门完成线上资料审核、结果反馈。开辟与行政部门“数据直达”通道，将以往材料转递的“线下长跑”变为信息数据的“线上交付”，10分钟即可实现案涉房产的查询查控。

询价互通，评估成本低、处置效率高。转变传统不动产价格评估模式，以涉案房产定向询价为内核构建与税务、市场监管部门之间的估价结果“反馈速达”机制。通过税务部门“存量房交易价格申报评估系统”，仅需3至5日即可反馈涉案标的拍卖参考价，并根据市场交易动态进行实时更新，在有效缩短执行周期的同时，也保障国家税收及时入库，减少税款流失。

信息共通，服务更靠前、流程愈精简。发挥多部门协商建平台、协作立机制、协助提效能的协同优势，健全法院与行政部门“信息通达”制度。房产拍卖前，由市场监管、税务、银行等部门和机构协助落实询价定价、税费测算、贷款咨询等工作，法院集中做好信息披露工作。竞拍成功后，法院制作拍卖成交确认书，生成转移登记裁定和协助执行通知书并发送至行政审批局，引导竞买人完成不动产转移登记、贷款申请。房产交付时，联动公安等部门，共同打击拒不执行、拒不配合交付司法拍卖房产等违法行为。

网上贯通，指上享便利、线上得房产。推行“互联网+司法服务”模式，依托部门协同优势及云端平台的研发使用，实现司法查控、信贷预审、税费征缴、过户登记等全过程线上无纸化流转。引入线上金融服务，由银行为竞买人提供司法拍卖线上贷款咨询和审批服务，在网上抵押登记申请通过后，将贷款款项汇入法院指定账户。落实线上完税机制，实现“缴费即交证”，让当事人“足不出户，证件送到家”。

实践效果：

依托该机制的运行及云端平台的研发使用，让司法查控、信贷预审、税费征缴、不动产登记等环节线上无纸化流转，真正做到让数据“多跑路”，群众更方便，每年可为当事人节约诉讼成本超40万。“e拍即得”协同执行机制完成挂网拍卖流程仅需5日，较传统模式涉案不动产的评估周期缩短一个月以上；同时大幅简化税费缴纳程序，买受人可实现5个工作日内缴纳涉案标的相关税费，避免传统模式下买受人垫付税费后需再经过30日后退还预交税费等繁杂程序。提前引入并优化金融服务，还可为买受人免去以往民间融资贷款产生的竞买成本和风险。

四、福建省政府及相关部门出台的政策措施

（一）《福建省财政厅　福建省交通运输厅　福建省发展和改革委员会关于印发〈福建省“丝路海运”港航发展专项资金管理暂行办法〉的通知》（闽财建〔2021〕2号，2021年1月21日）。

（二）《厦门市商务局　厦门市财政局　中国（福建）自由贸易试验区厦门片区管理委员会关于〈厦门海丝投资基金管理办法〉部分条款修订的通知》（厦商务规〔2021〕1号，2021年2月1日）。

（三）《中国（福建）自由贸易试验区福州片区管理委员会关于发布〈中国（福建）自由贸易试验区福州片区管理委员会外商投资企业投诉工作办事指南〉的通知》（2021年3月29日）。

（四）《中国（福建）自由贸易试验区工作领导小组办公室关于印发〈全省开发区建设自贸创新成果复制推广先行区的实施意见〉的通知》（闽自贸办〔2021〕1号，2021年4月14日）。

（五）《中国（福建）自由贸易试验区厦门片区管理委员会关于印发中国（福建）自由贸易试验区厦门片区国家文化出口基地建设的若干政策的通知》（厦自贸委规〔2021〕3号，2021年4月16日）。

（六）《中国（福建）自贸试验区福州片区管委会　福州市商务局　福州市公安局　中华人民共和国榕城海关关于印发〈福州市二手车出口工作方案〉〈福州市二手车出口企业管理办法（暂行）〉的通知》（榕自贸委〔2021〕20号，2021年4月20日）。

（七）《厦门市湖里区人民政府　中国（福建）自由贸易试验区厦门片区管理委员会关于印发促进私募证券投资基金发展若干意见的通知》（厦湖府规〔2021〕1号，2021年4月22日）。

（八）《中国（福建）自由贸易试验区厦门片区管理委员会关于印发福建自贸试验区厦门片区加快发展厦门综合保税区扶持政策的通知》（厦自贸委规〔2021〕5号，2021年5月11日）。

（九）《关于印发〈厦门港建设世界一流港口工作方案〉的通知》（厦港〔2021〕69号，2021年5月14日）。

（十）《中国（福建）自由贸易试验区厦门片区管理委员会关于印发福建自贸试验区厦门片区促进数字化发展的若干措施的通知》（厦自贸委规〔2021〕6号，2021年6月11日）。

（十一）《中国（福建）自由贸易试验区厦门片区管理委员会关于印发福建自贸试验区厦门片区推进高端现代专业服务业发展的若干措施的通知》（厦自贸委规〔2021〕8号，2021年8月25日）。

（十二）《中国（福建）自由贸易试验区厦门片区管理委员会关于修改中国（福建）自由贸易试验区厦门片区支持厦门自贸法务先行区建设的若干

措施的通知》（厦自贸委规〔2021〕7号，2021年9月3日）。

（十三）《厦门市人民政府办公厅关于印发中国（福建）自由贸易试验区厦门片区“十四五”发展规划的通知》（厦府办〔2021〕64号，2021年9月16日）。

（十四）《中国（福建）自由贸易试验区工作领导小组关于印发中国（福建）自由贸易试验区“十四五”发展规划的通知》（2021年9月18日）。

（十五）《中国（福建）自由贸易试验区厦门片区管理委员会关于印发应对疫情影响帮扶企业纾困减负的若干措施的通知》（厦自贸委规〔2021〕9号，2021年10月6日）。

（十六）《中共福建省委　福建省人民政府关于支持厦门建设高质量发展引领示范区的意见》（2021年12月19日）。

五、大事记

2021年4月21日　福建省副省长郭宁宁主持召开福建自贸试验区六周年建设暨省商务发展服务小组第二十五次会议，研究部署福建自贸试验区建设自贸创新成果复制推广先行区等下一步工作，并举行中国（福建）自贸试验区学院、三个自贸片区现场教学点授牌仪式。

2021年6月7日　国务院自由贸易试验区工作部际联席会议办公室（商务部）印发了全国自贸试验区第四批18个“最佳实践案例”，福建自贸试验区“推动两岸征信信息互通　优化信贷服务”案例入选。

2021年7月13日　福建省副省长郭宁宁带队在厦门国际航运中心召开双向交流座谈会，并赴福建自贸试验区厦门片区实地调研。

2021年7月28日—30日　福建省商务厅（自贸办）在厦门大学中国（福建）自贸试验区学院举办2021年首期“推进自贸试验区建设”专题培训班。

2021年9月3日　国务院新闻办公室举行国务院政策例行吹风会，商务部副部长兼国际贸易谈判副代表王受文、交通运输部海事局负责人李宏印、商务部自贸区港司司长唐文弘、人民银行研究局局长王信介绍关于推进自由贸易试验区贸易投资便利化改革创新若干措施，并答记者问。

2021年9月7日—8日　全国自贸试验区建设工作现场会在福建省厦门市召开。商务部副部长兼国际贸易谈判副代表王受文出席会议并讲话。

2021年9月18日　中国（福建）自由贸易试验区工作领导小组发布《中国（福建）自由贸易试验区“十四五”发展规划》。

2021年9月26日　福建自贸试验区推出第18批35项创新举措。其中，全国首创25项、复制拓展10项，对台特色5项。

2021年11月5日　海丝中央法务区启动大会暨首届论坛在厦门举行，福建省委书记、省人大常委会主任尹力出席并讲话。会上，尹力为厦门市颁授“海丝中央法务区”和“海丝中央法务区自贸先行区”牌匾，为首批海丝中央法务区专家顾问颁发聘任证书，并与嘉宾共同启动“海丝中央法务区·云平台”。

2021年11月5日　第四届中国国际进口博览会福建省团首场配套活动——“福建自贸试验区暨闽台产业融合发展推介对接会”在上海成功举办。

2021年11月23日—24日　福建省商务厅（自贸办）依托福建干部网络学院，举办全省开发区建设自贸创新推广先行区专题培训班（线上）。

2021年12月11日—12日　以“在高质量发展中促进共同富裕”为主题的第九届中国企业家发展年会在福建省福州市举办，福建省委副书记、代省长赵龙会见了中企会企业家俱乐部主席、国家科技成果转化引导基金理事会理事长马蔚华等参加年会的主办方领导、企业家代表，并在福建自贸试验区专题展合影留念。

2021年12月12日—13日　福建省商务厅（自贸办）在参与协办第九届中国企业家发展年会议的基础上，组织开展“中外企业福建行”活动，商务厅领导带领国内外企业家代表300多人赴福州、漳州、宁德、南平等地开展“数字之旅”“海洋之旅”“绿色之旅”“文旅之旅”等系列考察活动。

2021年中国（辽宁）自由贸易试验区建设概况

中国（辽宁）自由贸易试验区工作领导小组办公室

中国（辽宁）自由贸易试验区工作领导小组办公室主任

宋彦麟，男，满族，1964年5月出生，辽宁开原人。1981年7月参加工作，1983年12月加入中国共产党，研究生学历，管理学博士。中共辽宁省第十二届委员会委员。2001年后历任辽宁省铁岭市委常委、宣传部部长，辽宁省铁岭市委副书记，辽宁省援疆工作前方指挥部总指挥、辽宁省援疆干部总领队（正厅级），辽宁省发展和改革委员会副主任、党组成员（兼）。现任辽宁省商务厅党组书记、厅长，中国（辽宁）自由贸易试验区工作领导小组办公室主任。

一、经济运行数据

（一）投资情况

2021年，中国（辽宁）自由贸易试验区（以下简称辽宁自贸试验区）新设市场主体12 447家，比上年增长30%；新增注册资本1 501.8亿元，比上年增长58%。其中，新设企业12 235家，比上年增长30%；新增企业注册资本1 116.3亿元，比上年增长39%。

新设外商投资企业212家，比上年增长50%；合同外资金额59.3亿美元，比上年增长1 034%；实际使用外资金额9.1亿美元，比上年增长1 453%。

新设境外投资企业7家，比上年增长40%；新增中方协议投资额409万美元，比上年减少90%；区内企业中方实际投资额364.9万美元，比上年减少90%。

实现税收收入164亿元，比上年增长62%。

（二）贸易情况

2021年，辽宁自贸试验区进出口总额1 337.1亿元，比上年增长23.7%。其中，进口额633.5亿元，比上年增长7.6%；出口额703.6亿元，比上年增长43%。

（三）金融情况

2021年，辽宁自贸试验区新增金融机构15家，其中新增持牌金融机构1家、非持牌金融机构14家。跨境人民币结算金额8.9亿元。

（四）创新情况

2021年，辽宁自贸试验区新增高新技术企业416家，实现营业收入254.4亿元。新增专利申请223件，专利授权2 186件。

二、建设措施及成效

（一）全面完成国家赋予的试验任务

2017年4月，辽宁自贸试验区挂牌成立。国务院印发的《中国（辽宁）自由贸易试验区总体方案》赋予辽宁自贸试验区6方面共计123项试点任务，要求用三到五年时间完成。省自贸办和有关成员单位积极向商务部、国家发展改革委、海关总署、税务总局等有关部委汇报对接，争取国家事权的试点事项尽快落地。同时，省政府组建8个专项工作推进组，深入3个片区和重点企业，切实推动地方事权任务落地实施。经普华永道、商务部国际贸易经济合作研究院等第三方机构评估，123项试验任务已100%全部完成，其中89条任务完成效果尤为突出，占总任务的72%。

（二）形成了一批“辽字号”改革创新成果

围绕打造市场化、法治化、国际化营商环境，辽宁自贸试验区以企业需求为中心，以可复制可推广为基本要求，以“4+2+X”为创新方向，大力开展制度创新。（“4”是针对转变政府职能、深化投资领域改革、推进贸易转型升级和深化金融领域开放等四个共性任务方面的创新；“2”是加快国资国企改革和面向东北亚区域开放合作两个特色任务方面的创新；“X”是紧扣企业需求，在企业经营和招商引资、项目落地过程中的创新。）五年来，省政府共分五批向全省推广了148项“辽字号”改革创新经验。其中，有9项创新经验入选国务院向全国范围复制推广的改革试点经验，4项国资国企改革案例入选国家“最佳实践案例”，共计13项“辽宁经验”在全国复制推广。

（三）以制度创新推动经济快速发展

辽宁自贸试验区改革创新红利不断释放，企业获得感不断增强，吸引了一大批市场主体加速聚集。五年来，共设立企业7.2万家，注册资本9 300亿元。东风日产、泰兴能源、海南复星商社东北总部等重点项目签约落地。各片区初步实现了现代产业聚集，沈阳片区的航空制造、跨境电商等，大连片区的港航物流、先进装备制造、汽车及零部件等，营口片区的生物降解材料及制品等都实现了较好发展。2021年，辽宁自贸试验区财税收入、固定资产投资均达到成立前的5倍。

（四）对外开放不断扩大

作为全省对外开放的“桥头堡”，辽宁自贸试验区积极做好面向东北亚开放这篇大文章，着力建设向北开放的重要窗口和东北亚地区合作的中心枢纽，引领辽宁省打造对外开放新前沿。2021年，辽宁自贸试验区新设外商投资企业212家，占全省的33.2%；实际使用外资9.1亿美元，占全省的28.4%，为2017年的60倍；进出口总额1 337.1亿元，占全省的17.3%。

（五）精心谋划下一阶段试验任务

按照省委省政府提出“开展辽宁自贸试验区新一轮改革试验”的要求，2021年，省自贸办组织省中直有关部门，深入贯彻习近平总书记在中央全面深化改革委员会第二十次会议上的指示精神，结合实际贯彻落实国务院《关于推进自由贸易试验区贸易投资便利化改革创新的若干措施》，总结梳理各相关部门及沈阳、大连、营口片区提供的创新诉求，广泛开展调研和征求意见，反复研究论证，最终形成了《进一步深化中国（辽宁）自由贸易试验区改革开放方案（送审稿）》，经省政府常务会议审议通过后，将以省政府文件印发实施。

三、创新成果及案例

案例1：构建审管联动闭环管理新模式

为持续优化法治环境，辽宁自贸试验区营口片区（以下简称营口片区）按照“审管分离、权责一致、分工明确、协调联动”原则，依托事中事后综合监管平台，首创“审批发起、监管集成、执法反馈、法制规范、信用保障”五位一体的审管联动闭环管理新模式。新模式破解了长期以来审批部门与监管部门边界不清、责权不明问题，为制度创新提供了机制保障，为园区提供了示范样板，推动片区依法行政和诚信体系建设水平不断提升，营商环境持续优化。

主要做法：

（一）优化管理体制，构建机构精简、职能统一的政府管理体系

一是审批体制突出集中、便民。设立行政审批局，集中行使29个部门、416项省市审批权限，集中一个主体审批、一个窗口办理，率先实现“一枚印章管审批”，群众、企业办事“只进一扇门”。二是执法体制突出精简、统一。全国首创“16+X”集成化综合监管模式，整合16个执法部门职权，通过执法主体、执法文书、执法程序等“十个统一”，实现各执法部门职能整合和流程再造的化学融合。三是监管体系突出全面、包容。积极申请权

限下放，先后承接省市监管权限642项，实现监管事项全覆盖。实行“三随机、三公开”监管新模式、实施多领域包容免罚清单监管，提升监管的针对性和有效性。

（二）完善工作机制，构建运转高效、协调联动的工作推进体系

一是“一套制度”明职责。出台《中国（辽宁）自由贸易试验区营口片区规范依法行政推动审管联动实施办法（试行）》，编制审批监管权责清单，理顺审批、监管、执法等部门权责关系，形成“审批+监管+执法+法制+信用”的闭环管理体系，为审管联动提供制度保障。二是“一条纽带”促融合。从线上线下两个维度，构建审批、监管、执法衔接的纽带，实现审管分离背景下的无缝对接。在线上，打通数据壁垒，将政务服务网和综合监管平台有效衔接，实现审批、监管、执法信息的互联互通。在线下，建立审批、监管、执法工作会商制度，形成高层强力推动、部门多方配合、内部密切协作的良好局面。三是“一个部门”抓保障。成立制度创新与营商局，建立专业的制度创新团队和法治保障团队，围绕构建市场化、便利化的营商环境，统筹推进法治化建设进程，提供全方位的法治保障。

（三）转变治理理念，建立运作高效、机制健全的信用管理体系

一是完善信用评价体系，客观评出可信度。出台《中国（辽宁）自由贸易试验区营口片区全领域企业公共信用综合评价标准》，通过政府购买服务方式引入第三方信用评估机构，对企业无偿进行全领域企业公共信用综合评价，发布企业“信用体检报告”。报告的等级按高低分为A、B、C、D四档，评价结果作为分类监管的依据。二是推进信用审批新模式，容缺跑出加速度。依托信用评价体系，突破传统的“重审批轻监管”政务服务模式，对信用记录良好的企业实行即来即办模式，在缺失材料不影响实质性审核基础上，通过告知承诺方式容缺审批，目前已办理信用审批100余件，最大限度降低企业的制度性交易成本。三是构建信用监管新格局，分类管出精准度。建立企业安全风险和信用的双评估机制，综合评价等级，实施差异化的监管手段。对风险低、信用高的企业做到“不诉不查、无事不扰”，对风险高、信用低的企业做到监管全覆盖并强化监管频次，实现精准监管。对“黑名单”企业实施联合惩戒，让失信主体“一处失信，处处受限”。截至目前，经过综合评比，生产型企业初步评选出A类企业22户、B类企业424户、C类企业31户、D类企业13户。

实践效果：

一是行政效能得到显著提升。审管联动闭环管理模式解决了审管之间存在的信息壁垒、衔接不畅、权责不清等问题，通过建立市场主体审批、监管、执法、信用信息“双向推送”机制，营口片区大数据平台累计推送信息15 524条，监管、执法部门依托平台推送信息，开展监管执法活动，累计检查企业2 000余次。在“双向推送”机制下，审批、监管、执法全流程数据统一归集至信用平台，通过丰富完善信用信息、描绘企业精准画像、开发信用应用新场景，辅助下一轮审批、监管、执法工作，形成审批、监管、执法三个环节信息互通，信用信息全程赋能、法律法规全面保障的全链条闭环模式，行政效能得到显著提升。2019年，营口片区市场监管局被国家人社部和市场监管总局评为先进集体。

二是营商环境得到全面优化。以审管联动闭环管理新模式为保障，围绕企业全生命周期部署制度创新，不断提升市场主体满意度。全国首创银行开户“先推后用”模式、全国首创用现场视频代替现场核查的不见面核查模式、集成创新“易办电”供电服务改革、全国首创不动产抵押注销再登记无缝办理。一系列的制度创新，使营商环境成为了营口片区的“金字招牌”。2018年11月。营口片区“以制度创新持续优化营商环境”的实践案例被列入国务院第五次大督查典型经验做法。

三是市场活力得到有效保护。围绕市场活力和

投资信心，全力打造包容审慎、诚信公平的法治环境。通过“16+X”集成化监管执法，有效解决了部门分割、重复检查、多头执法等问题。通过实施“多领域包容免罚清单监管模式”，用柔性监管代替刚性监管，给予企业更大包容空间，改革举措被列入国务院第六批全国复制推广改革试点经验向全国复制推广。通过对企业进行风险与信用双评估，实现以“三随机、三公开”监管为基本手段、以信用监管为补充的新型监管机制，全面提升监管效能，深化监管公信力，解决了执法力量不足的问题，让监管力量“好钢用在刀刃上”。全链条“审批+监管+执法+信用+法制”闭环管理模式，为实施精准化服务、差异化管控奠定坚实基础，最大限度保持市场活力。

案例 2：构建政务诚信评价体系提升政府治理能力

为进一步发挥信用体系在政府治理和营商环境建设方面的重要作用，营口片区通过政府购买服务方式，聘请第三方评估机构在全省率先开展政务服务诚信评价，不断建立健全政务诚信体制机制，有效提升政府治理能力和水平。

主要做法：

一是构建政务诚信的评价指标体系。营口片区从政务诚信内涵出发，围绕政务诚信的相关政策文件要求，针对片区的实际情况，从诚实状况和守信状况两大维度评价政务诚信状况。在诚实状况方面，分为信用体系建设度、政务信息公开度、惠企政策知晓度三个维度予以评价；在守信状况方面，分为法治建设执行度、惠企政策兑现度、政务效率满意度三个维度予以评价。在评价维度基础上，管委会根据实用性、创新性、开放性、简洁性等原则，经过第三方设计和专家论证，确定了 6 项一级指标、15 项二级指标、35 项三级指标，科学赋予了相应分数，构建了政务诚信评价指标体系。

二是建立第三方机构评价机制。秉承“专业人干专业事”原则，管委会明确了“三方评价、结果应用、信息共享、以评促升”的评价机制。管委会通过政府购买服务聘请有资质、经验丰富的第三方机构开展诚信评价工作。管委会出台实施方案，与第三方机构签署保密协议，授予第三方机构无障碍查阅权限，同时要求各部门无条件配合。第三方机构在整合全国及地方信用信息共享平台政务诚信信息的基础上，通过查阅文件、审查部门报告、调取信息、走访企业等多种方式采集相关数据，根据指标体系量化打分，最终出具《营口片区管委会政务服务诚信评价报告》。管委会根据报告结果对相关部门提出限期整改，督查部门定期督查，全面提升管委会政务诚信水平。

实践效果：

一是政府公信力增强，营商环境持续优化。诚信评价工作开展以来，管委会各部门对照诚信体系建设，不断提升政务服务水平，通过以评促改，营口片区公信力不断提升，诚信自贸区的品牌聚集效应初显。财政部门推出“政策按月不见面兑现”，累计线上兑现 3 000 万元；法规部门开展失信行为整治，2021 年底全部销号；管委会出台“优化营商环境 30 条”，切实解决企业发展难题。

二是片区创新成果不断丰富，企业获得感显著提升。营口片区充分发挥先行先试优势，在构建政务诚信体系建设过程中，一批高质量创新成果应运而生。先后推出“企业安全风险和信用双评估”“不见面核查”“银行开户先推后用”“不动产登记证税分离”模式等创新举措，切实满足了企业需求，发挥了自贸试验区的示范引领作用。

案例 3：政校企精准施策促进高校就业新路径

为帮扶未就业的高校毕业生尽快实现就业，营口片区联合营口市人力资源和社会保障局构建“一部、两组、八队”工作体制，搭建新媒体促就业工作平台，实施“人盯人、点对点、面对面、线牵线”12 字工作法，全方位助力高校毕业生就业。

主要做法：

(一) 构建“一部、两组、八队”工作体制

一是成立指挥部。成立高校毕业生就业工作专项行动指挥部，统筹指挥高校毕业生就业工作。二是组建计划协调组和网红推介组。协调各相关单位落实高校毕业生就业创业工作，搭建“网红推介”直播带岗工作平台，制作发布宣传片、微视频，实现毕业生“看到就能记住，打开就有收获”。三是组建专项工作突击队。组建就业促进、创业扶持、政策指导、援岗稳企、招聘服务、引进服务、职业能力建设、宣传推介等8个工作突击队，负责就业创业政策的落实、开展援企稳岗工作，开展建档立卡贫困家庭高校毕业生就业援助工作，实施以工代训培训计划，组织实施高校毕业生基层服务计划，开展线上线下招聘服务等工作。

(二) 实施“人盯人、点对点、面对面、线牵线”创新工作法

一是“人盯人”落实主体责任。建立了由686名优秀干部组成的工作队伍，每人包扶5—6名高校毕业生，为高校毕业生提供职业指导，解决就业过程中遇到的难题。二是“点对点”创新服务。广泛开展岗位需求征集工作，通过自媒体平台推送就业岗位信息，将“双向需求”进行点对点精准对接。三是“面对面”高效对接。召开重点企业、重点行业大型专场招聘活动，共计召开大型及专场招聘会12场。其中2020年9月3日，在老边区网红小镇召开的“在营就业‘营’在起点‘营’在未来”营口市高校毕业生就业洽谈招聘大会上，共有网红电商及其他行业198家企业参会，提供就业岗位6 168个，当场与1 000余名高校毕业生成功签约。四是“线牵线”校企合作共赢。即牵线校企，共建实习基地，同时组建企业家、人力资源总监宣讲团，向高校毕业生宣讲企业发展现状、企业用工需求，同时也为高校人才定向培养提供参考，实现双向合作。

实践效果：

一是高校毕业生就业率提高。管委会联合营口市人社局通过新体制、新平台、新服务，有效带动全市各部门共同参与，大幅度提升了高校毕业生就业率，确保每一名有就业愿望的高校毕业生在营口市实现就业。

二是企业引进人才成本下降。通过线上和线下互动，实现人、岗对接，提高了人才引进成功率，降低了企业的经营成本，提升了企业经营利益，加强了企业与高校之间的互动合作，缩短了招聘与就业的周期。

三是城市发展活力上升。3 762名高校毕业生的成功就业，带来的不仅是就业率提升，更大的价值在于提升了城市发展的活力，为城市经济、住房、教育、医疗等各个领域注入了新的血液。在企业人才队伍壮大的同时，城市人口素质水平也相应得到了提升。

案例4：建筑工地“双码联动”疫情防控模式

为了贯彻落实国家及省、市疫情防控工作部署要求，营口片区在不断完善原有工地的疫情防控模式基础上，形成了以“健康码”与“实名制”系统双联动为主的工地智慧防疫新模式。新模式实施以来，有效提升工地防疫工作效果，力保工地安全施工和高效管控，铸牢工地防疫铁闸。

主要做法：

(一) 增加功能，实现双码联动

一是增加健康码门禁防疫管理。在原有实名制闸机上增加健康码门禁防疫管理功能，通过对进出场人员的身份识别，系统将自动从国家政务服务平台的国康码数据库（归口管理单位：国家卫建委）直接调取出入场人员健康码红、黄、绿状态，并将人员健康码状态上传至营口市实名制平台，形成健康闭环管理。对于状态异常人员（健康码为红、黄状态）进行现场报警禁止通行。同时向营口片区监管执法人员发出预警信息，以便监管人员第一时间处置。

二是防疫信息备案功能。通过出入工地人员身份识别，可实时获得工地出入人员体温状况、行为

活动轨迹、疫苗接种情况信息，为工地人员进行线上备案管理，为建筑单位、施工企业人员管理及督查提供基础数据源。

三是人员信息自助导入。防疫实名制管理系统可直接导入原实名制系统人员信息，无须重复采集。人员入职信息采集可支持移动端填写，并上报疫情调查问卷，确保防疫数据信息准确全面。

（二）立即响应，形成闭环管理

实时报警。从国家健康码数据库调取出健康码为黄、红状态的人员，系统会立即报警禁止其进入。同时，防疫实名制管理系统后台会将异常人员的自然情况、行程路线及对应时间等信息同步推送至营口片区疫情防控人员，便于防控人员第一时间响应处置。

快速响应。营口片区管委会利用网格化帮扶机制和大数据分析平台及时排查密接人员，并将相关情况报送上一级疫情防控指挥部，形成新冠肺炎疫情的闭环防控。

（三）强化监管，落实主体责任

一是重点检查项目经理、总监等负责人的到岗情况，通过严格各负责人的到岗履职来强化工地现场的疫情防控。二是强化施工现场封闭式管理。加强对工地人员、车辆出入口的监管，施工人员必须经过闸机进入工地，外来临时人员必须做好登记。三是强化对办公、生活区域特别是工人宿舍和食堂的消杀。四是制定疫情防控应急预案，在面对疫情时，有方案可依，有措施可落。

实践效果：

营口片区内营口阿部配线有限公司的新能源汽车线束生产车间及智能立体仓库项目已成功更换该防疫实名制系统，营口片区管委会对该工地实施新防控模式。采用新防控模式后，不仅免去了项目管理人员对每天入场人员手动查询健康码，还实现了监管人员对工地入场人员健康码状态的实时掌控。工地监管人员可以通过营口市住建领域平台随时查看施工项目在册人员的出勤信息、人员体温以及健康码状态。在智慧防疫系统的帮助下，营口片区市场监管局有针对性地开展了防疫检查。

案例 5：特种设备使用登记改革

为提高企业生产经营效率，营口片区积极探索以制度创新手段解决企业的实际困难，提出“特种设备使用登记由许可事项变更为备案事项”的创新思路，简化特种设备使用登记办理流程，为企业使用特种设备提供便利化服务。

主要做法：

一是变更使用登记许可事项为备案事项。在实际工作中，使用登记的材料可以通过特种设备检验来确认，依托辽宁政务服务网可以满足“特种设备使用登记”需要，并且特种设备的使用登记与《中华人民共和国行政许可法》中界定的经批准后方可从事的特种行为有明显区别，基于以上原因，营口片区探索将特种设备使用登记由“审批制”改革为“备案制”。

二是实现“不见面”电子备案。依托辽宁省特种设备质量安全追溯管理系统及省政务服务网，创新实施特种设备电子化备案程序。使用单位可在辽宁省特种设备质量安全追溯管理系统上完成特种设备的检验等流程后，将特种设备的基本情况、使用情况及检验情况推送至辽宁政务服务网办理电子备案。待营口片区市场监管局审核后，可将使用登记证加盖电子印章后，以电子版发送给使用单位，从而实现“不见面”电子备案。

三是采取“双报送”机制，预防事中事后监管缺失。实现“双报送”机制。营口片区市场监管局对接营口市特种设备第三方检验机构，检验机构完成特种设备监督检验或首次检验后，检验报告同步报送营口片区市场监管局。同时，特种设备安装单位在监督检验完成后，将检验报告及相关设备资料报送至营口片区市场监管局备案存档，以此形成“双报送”模式。建立特种设备抽查机制。营口片区市场监管局建立特种设备监管台账，结合对域内特种设备的日常监管，不定期核查特种设备的监督检验报告数据及使用单位报送的相关信息的准确性，如发现不属实情况，将依据《中华人民共和国特种设备安全法》有关规定对责任主体进行严肃处理。

实践效果：

一是特种设备办理使用登记效率提高。试行特种设备使用登记变更为备案事项以来，共办理特种设备使用登记备案7例，涉及2家特种设备使用单位。使用单位无须报送纸质材料，全程实施电子化备案，从准备安装特种设备到投人使用，平均缩短了5天时间，大大提高了政府服务效率。

二是特种设备安全水平全面提升。营口片区通过综合运用执法检查、激励约束等措施，有效推动市场主体责任落实。此项举措实施以来，营口片区特种设备安装、使用安全形势总体保持平稳，在便利企业办事的同时，企业进一步树牢了安全发展理念，强化了特种设备安装、使用的红线底线意识。

案例6：人防领域清单化信用管理新模式

人民防空行业涉及国家安全、公共安全，是必须管住管好的重要事项。根据国家关于加快推进社会诚信建设的部署要求，营口片区按照“部门主导、共同治理，褒扬诚信、惩戒失信，依法依规、保护权益”的原则，建立人防行业信用联动奖惩机制，进一步强化事中事后监管，加快推进人防行业市场诚信体系建设，促进人民防空行业市场健康发展。

主要做法：

（一）建立守信激励和失信惩戒机制

一是强化诚信行为激励。对信用状况良好的从业单位和从业人员，予以诚信激励，在办理行政许可和公共服务上予以简化流程；在对企业监管上，减少检查频次和比例。

二是加大失信行为惩戒力度。对列入不良行为记录的责任主体，加强监督管理，并对相关违法行为依法依规予以处理。

（二）实施“守信激励、重点监管名单”管理模式

一是“守信激励名单”制度。对“守信激励名单”企业实施守信激励。“守信激励名单”认定标准：企业遵守法律法规和有关规定，在从业过程中连续3年未产生不良信息或连续3年被评为信用A级的人防行业市场责任主体。

二是“重点监管名单”制度。对“重点监管名单”企业实施失信惩戒。“重点监管名单”认定标准：（1）一年内发生2次安全事故；（2）因有重大违法违规行为受到行政处罚的；（3）12个月内有3次（含）以上不良行为记录的；（4）拒不配合检查的；（5）其他行政处罚的。责任主体有以上情形之一的，列入“重点监管名单”。

三是“守信激励、重点监管名单”管理程序。营口片区人防主管部门依据“守信激励、重点监管名单”责任主体认定标准采集信息，报营口片区工作领导小组审核后，由营口片区人防主管部门上报省人防主管部门，由省人防主管部门进行认定、告知、备案、公布、移出。

（三）明确适用范围

责任主体不良行为记录和“守信激励、重点监管名单”制度，适用于人防工程建设、施工、平时利用、人防工程勘察设计、监理、施工图设计文件审查、专用设备生产安装、防护设备质量检测等从业单位和从业人员。

实践效果：

人防市场责任主体守信激励和失信惩戒制度的建立，是进一步推动政府职能转变、强化事中事后监管、持续优化营商环境、营造公平诚信的市场环境的有效举措。一方面，使诚信企业感受到营商环境的优化。对于被纳入“守信激励名单”的企业而言，既能享受到奖励措施带来的便捷性，也能在各类政府优惠政策中被优先考虑和扶持。另一方面，倒逼企业落实主体责任。被纳入“重点监管名单”的企业则处处受限。为了不被纳入“重点监管名单”或是从“重点监管名单”中移出，企业就要切

实落实主体责任，维护自身信用，共同营造诚信营商环境。

案例7：经营资格综合凭证

为深化“放管服”改革，加速推进商事制度、审批制度优化，进一步降低企业准营的制度成本，提升企业满意度和获得感，辽宁自贸试验区大连片区（以下简称大连片区）首创推出“经营资格综合凭证”行政审批制度。“经营资格综合凭证”为涉企经营许可之集合，凭证上二维码链接企业对应的“法人空间”，“法人空间”中装有营业执照和各种经营资格许可证的电子版本，通过扫描二维码，可以即时查看企业的各种经营资格，接受社会监督。

主要做法：

一是实施集中行政审批权改革。首先，将片区所有部门的行政审批事权全部集中到一个部门，全部纳入大连片区综合服务大厅受理，全部开启“一网通办”，实行“一枚印章”审批，受理、审核、批准三个环节分立，取消业务指导关系，按标准独立行使职权，最大限度规范自由裁量权，此举为“经营资格综合凭证”的实施奠定了基础。目前，大连片区现有包括建筑企业建筑业资质、监理企业监理资质、勘察设计企业勘察设计资质、建筑业检验检测企业资质等省级下放事权在内的涉企经营许可383项。

二是开设企业专属“法人空间”。开设大连片区“法人空间”网站，企业通过预留的法人手机号和验证码登陆，它涵盖了营业执照、经营许可、事中事后监管数据等与法人有关的各项政务服务信息。凡是在大连片区注册登记的企业，企业法人可通过实名手机登录，检索或下载相关信息，足不出户即可办理相关审批事项并实时了解办理进度。同样，片区各职能部门也可在“法人空间”中共享企业相关数据和信息，用于办理行政审批、事中事后监管等事项，企业无须再重新提交相关资料。“法人空间”中装有企业申请的各种审批结果和审批时提交的要件。所有涉企经营资格的许可证电子版本都存放在“法人空间”内，企业可随时读取。

三是统一使用“经营资格综合凭证”。企业在设立时，同步发放纸质“经营资格综合凭证”和电子证照，企业通过手机扫描凭证上的二维码，即刻展现企业所有经营资格相关证照信息，并可通过“法人空间”下载电子许可证件，办理相关业务，无须各种纸质证书。在片区内以“经营资格综合凭证”代替其它所有经营资格许可。在自贸试验区外，企业可以使用“法人空间”中经营资格许可证的电子版本，不影响企业在片区外的经营活动。

实践效果：

一是一次申请即可发照。按照规定，我国企业进入市场至少需要两把“钥匙”——营业执照和经营许可证，也就是常说的“照”与“证”。近年来，随着我国商事登记制度改革的大力推进，企业登记注册的时间大幅缩短，但拿“证”的过程中，尚存在审批时间长，不同部门重复提交资料、多部门审批、一照多证等问题。以华港燃气集团大连有限公司为例，按以往，该公司申请市场准入除营业执照外，还需到城乡建设部门申请燃气经营许可、安全监督管理部门申请安全生产许可、危险化学品经营许可等，大连片区首创的“经营资格综合凭证”行政审批举措则有效地解决了这些难题。

二是提高办事效率，减少办事环节。通过“经营资格综合凭证”，将全部涉企经营资格汇集到一个凭证上，企业只需一个营业执照和一张综合凭证，就可以开展生产经营活动，企业增加一个经营资格，不需要重新换发“经营资格综合凭证”，仅需更新“法人空间”内容即可。提高了办事效率、减少了办事环节，实现了“一照一证”。自“经营资格综合凭证”推出以来，共计为企业办理凭证524件，许可900余件，以此提升集成化服务效能，着力降低企业制度性交易成本。

案例8："易办电"供电服务改革

为贯彻落实《国家发改委　国家能源局关于全面提升"获得电力"服务水平　持续优化用电营商环境的意见》（发改能源规〔2020〕1479号）和《辽宁自贸试验区营口片区（高新区）打造一流营商环境行动方案》相关要求，营口片区与国网营口供电公司联合推进"易办电"供电服务改革，通过以函代证、共享租赁、分类管理等方式，优化企业办理用电业务全链条流程，推动营口片区"获得电力"供电服务水平再提升。

主要做法：

（一）适用范围

1. 经营口片区项目联审会议通过的新建工业项目。

2. 营口片区域内历史遗留的未办理土地不动产登记手续的存量企业。

3. 为建设项目施工及生产运营（申请容量在630kVA及以下）需进行10kV新装、增容的客户受电工程项目。

（二）创新举措

1. 以函代证，企业拿地与获得电力同步推进。在未取得不动产权证书前，企业可向营口片区提出"以函代证"申请，由营口片区出具办电函，暂时代替不动产证，帮助企业提前申请供电报装，实现用电报装与取得土地过程同步推进。

（1）临时用电：企业签订投资协议、完成备案、取得规划设计条件后，申请"以函代证"，取得不动产登记证后，临时用电设施投运。

（2）正式用电：企业缴纳招拍挂竞买保证金后，申请"以函代证"，开展用电申请，确定供电方案，启动配套电网工程初设（可行性研究）、评审等前期工作。取得不动产登记证后，实施红线外配套电力工程建设以及正式用电接入。

2. 共享租赁，降低企业投入，节约电力设施资源。实行临时用电共享变压器租赁服务，为企业提供从报装到用电再到设备拆除销户的一站式、一体化服务。

3. 数据互通，提前开展电网规划。国电内网与政务服务网数据互通，实现自动获取办电企业证照，提前开展电网规划，企业手续齐备后，启动正式报装程序。

4. 服务共建，打造"遇事共商、责任共担"的三方协同机制。在营口片区设立供电服务站，负责受理企业用电申请、协调对接区域内重点项目推进，政府、电力部门、配套企业形成服务合力，实现遇事共商、责任共担、三方协同。

5. 分类管理，简化配套电力工程审批。根据用电半径不同，分类简化临时占用绿地、占用挖掘市政道路等审批环节：

（1）红线外用电半径200米及以下配套电力工程实施备案制，供电公司向营口片区发函备案后即可会同营口片区进行现场踏勘，并同时开展工程设计、预算、招投标、施工建设、送电等工作。

（2）红线外200米以上至1 000米及以下配套电力工程实施确认制，供电公司向营口片区发函，营口片区复函确认后，开展工程设计、预算、招投标、施工建设、送电等工作。

（3）红线外1 000米以上配套电力工程实施核定制，按规定流程办理，即依据规划部门出具的管线规划图实施。

（三）风险防控

1. 企业承诺。企业在申请"以函代证"前签订承诺书，承诺因企业方原因导致产权证明文件无法按时补交，所产生的所有费用由企业方自行承担。

2. 政府把关。事前评估：营口片区事前对项目进行认真评估，谨慎开具办电函。事中跟进：营口片区为企业出具办电函后，推进企业加快办理土地不动产权证书，监督企业履行承诺。事后保障：如用户在正式用电红线外配套电力工程施工前仍未提交相关手续，供电企业不予验收送电。

3. 供电企业严控。供电公司对需要配套电网工程建设的项目实行分段管理，确定供电方案后立即启动配套电网工程初设评审等工作。企业取得土地不动产证后，下达资金计划，开展配套电网工程建设，将配套电网工程投资失误风险降到最低。

4. 失信联合惩戒。对失信企业纳入营口片区公共信用信息平台，实施“一处失信、处处受限”的联合惩戒机制。

实践效果：

一是实现用户体验全面优化。进一步前移服务端口。“易办电”供电服务改革推进了“政务服务+公共服务”的深入融合，平均可为企业节约办事时间超过40天，实现早供电、早投产，为企业创造了大量的经济效益。有效降低企业办电成本。企业办理临时用电成本压缩55%，变压器租赁到期后免费拆回再利用，解决企业临时电到期后设备废弃、浪费等社会问题。

二是树立跨部门协同推进改革的良好示范。“易办电”供电服务改革举措，是政府、供电企业共担时代责任、合力攻坚优化营商环境的一次有益尝试。营口片区作为政府部门，为企业和供电公司搭建了桥梁纽带，用政府信用为企业担保，以制度创新推动企业办事提质增效。供电公司充分展现国企担当，服务营商环境建设和地方经济发展。双方共同建立起高效的沟通协调联动模式和有效的风险防控机制，这种提升跨部门业务协作能力的举措，在政府、国有企业间起到了良好示范作用。

三是推动“放管服”改革向更深层次迈进。2019年，国务院办公厅印发了《关于全面开展工程建设项目审批制度改革的实施意见》（国办发〔2019〕11号），包括营口片区在内的全国各地积极探索“拿地即开工”审批改革，“易办电”供电服务改革实现了企业快速开工建设，为建设工程审批制度改革创新提供了电力保障。

案例9：海洋污染物运输绿色通道

为进一步深化“放管服”改革，优化口岸营商环境，提高跨境贸易便利化水平，大连片区管委会联合海事部门针对口岸危险货物监管领域，创新开辟“海洋污染物运输绿色通道”。这一举措为外贸出口企业节约物流运输时间至少2—3天，进一步降低了运费、港杂费、保险费，解决了企业堵点难点问题，有效提升了产品在国际市场的竞争力。

主要做法：

根据大连海事局的初步调查，我国大部分生产企业和贸易商都按照第9类危险货物运输海洋污染物，并采用符合国际规范的危险货物专用包装，按照国家标准进行装箱和运输。而国际集装箱海运费屡创新高，相较于普通货物，以危险货物方式运输海洋污染物，其仓储、装卸、海运、保险等费用增加约20%—50%，导致企业成本大幅增加，产品市场竞争力受到影响。

（一）创新海洋污染物的包装方式，建立绿色通道

海事部门在完全遵守《国际海运危险货物规则》的前提下，创新海洋污染物的包装方式，并建立绿色放行通道。具体做法是：增加一个塑料袋作为内包装，向袋中装入不超过5kg的货物，再以5个塑料袋为一组套入另一个更大的塑料袋中进行密封，最后放入25kg纤维板桶中。使用这种包装方式后，仅具有海洋污染特性的货物（如葡萄糖酸锌）便可在海运时按照普通货物进行管理和运输，通关效率也大幅提高。这一创新举措为所有第9类海洋污染物进出口开辟了一条绿色通道，进一步推广后，可惠及更多的生产型和进出口企业。

（二）创新管理机制，加大服务力度，简化工作流程

一是开通电话咨询热线。大连海事局开设了7×24小时电话咨询热线，全天候为企业提供法律法规专业解读，评估其产品和货物是否可纳入“绿色通道”范畴。

二是送专业服务到企业。对于符合“绿色通道”条件的企业，安排海事人员赴企业量身订制物流方案，或通过视频会议方式进行远程指导，对货

物的包装、标志、标记、运输单证进行改进，以达到国际公约中“非限制性货物”的标准，规避因履行国际规则不到位而产生贸易纠纷或影响企业声誉和产品竞争力的情况。

三是建立诚信管理机制。对于首次申请通过“绿色通道”运输海洋污染物的企业，安排海事人员及时现场查验，确认货物实际状态是否满足标准。经核查符合条件的企业和货物将被纳入到“白名单”中，按照诚信机制进行管理，降低进出口查验比例。

四是简化流程，将行政审批改为事先报备。凡是纳入“白名单”的企业，每次通过“绿色通道”运输海洋污染物时，无须向大连海事局办理危险货物申报、取得行政许可，而只需在货物进出港前24小时向大窑湾海事处发送电子邮箱进行报备，便可以按照普通货物方式交付船公司和码头进行装卸、运输。

实践效果：

一是节约物流时间，减少企业成本。以非限制性货物方式进出口海洋污染物，既满足了国际海运危险货物规则、保障口岸安全生产，又帮助企业节省生产和物流成本。为生产型和进出口企业节约至少2—3天的物流运输时间，降低海运费、港杂费、保险费等成本约20%—50%。按照2020年大窑湾口岸运输3 000标准箱的海洋污染物来测算，保守估计每年可为企业节约经济成本约375万美元、减少物流时间约6 000个自然日，有效提升了企业在国际市场的竞争力。

二是简化行政审批流程。建立诚信管理机制，“白名单”企业，降低进出口查验比例。简化流程，将行政审批改为事先报备，加快通关效率。

三是24小时咨询，定制化服务企业。开通7×24小时电话咨询热线，安排海事人员赴企业量身订制物流方案，或通过视频会议方式进行远程指导。

案例10：“云监管”船舶监管新模式

建设区域性国际物流中心、国际海铁联运大通道重要枢纽是辽宁自贸试验区总体方案赋予营口片区的战略定位。为提升贸易便利化水平，营口海事局于2020年2月在全国率先提出“系统大数据+远程视频+零接触检查”的船舶监督新模式，实现了全天候、全方位、全气象监管，在保障船舶运行安全的同时，有效降低了船企的在港成本。

主要做法：

（一）“大数据先行”先期明确监管重点

以信息化、数字化等技术应用为基础，充分利用船舶登记、船舶安全监督、船舶检验监督管理、船员管理、船舶报告、船舶自动识别系统（AIS）和视频监控（CCTV）等系统，对船舶的基本信息、船舶安全配员、船舶证书信息、船舶以往接受检查情况数据进行全面的分析和评判，对船舶可能存在的安全隐患和风险进行预估，为下一步实施监管提供基础。

（二）无接触查验进行实质性核查

利用微信、钉钉、腾讯办公等即时通讯平台的远程视音频通话功能，以远程非接触式形式进行核查，结合前期系统数据分析结果，有针对性地核查船舶的技术及安全管理状况，是否符合国际公约、法律、法规、行政规章、船舶法定检验技术规则以及强制性技术规范等的要求。同时，检查人员通过操作无人机实时拍摄对船舶外观进行巡查，观察其油漆涂层、腐蚀或凹陷情况，并对船舶驾驶台、主甲板等重点区域关键设备安全状况进行检查。

（三）集约性检查实现一次全覆盖

一方面，将检查时间集约，由于检查不必登轮，海事机构可以和履行相应职责的责任船员商定合适的检查时间，避免在责任船员工作时进行检查，从而避免了对船舶安全生产的打扰。另一方面，将过去多项的、需要多次登轮的海事监管内容，通过网上监管手段，一次性全部检查完毕，既保证船舶的安全，又避免重复性打扰船舶的安全生产。

（四）全方位服务解决实际问题

一是检查过程中邀请船公司安全体系管理人员、船舶检验机构人员一同参与，确保对实际情况掌握更加准确，对于隐患和缺陷的发现更加深入，共同研究解决方案，从而帮助船舶及时有效整改。二是除工作时间外，夜间、节假日海事部门通过线上帮助船舶解决问题、整改缺陷、消除隐患，确保船舶安全航行。三是对非靠泊船舶，包括锚地船舶，只要进入辖区水域范围内，均可通过实施“云监管”，帮助其解决实际问题。四是对于可能出现的恶劣天气及突发公共卫生事件，包括大雪、冰冻、大风天气、连续降雨天气、新冠肺炎疫情等，通过“云监管”做好安全监管工作，最大程度为船舶提供安全保障。

实施效果：

一是海事执法效能提升。通过系统大数据的筛查，精确选择检查目标，实现精准监管，目标选择后利用集约化检查模式使得有限的执法资源得到最大效能的利用，产生最大的价值，2020 年比 2019 年执法人员现场投入量减少 30%。

二是保障船舶运行安全。与船舶安全有关的各方现场办公，共同研究提出最优、最快解决方案，保障船舶的技术状况良好，防止带病航行，同时也促进了船舶和管理公司落实安全生产主体责任，提升管理水平，2020 年监管船舶未发生一起责任事故。

三是推动船企降本增效。由于由线下登轮检查模式改变为线上检查，再结合集约性检查等模式，对船舶安全生产零影响，平均可为船舶节约 1 小时的靠泊作业时间，每年平均为航运企业带来 1 000 多万元的经济效益（平均 1 小时港口使用费 5 万元，年平均 200 艘次船舶），真正实现了运输便利化和通关零待时。

四是支持枢纽港口建设。“云监管”船舶监管新模式大幅提升了船舶监管效率，为船舶运输企业在营口发展营造了良好的营商环境。2020 年，营口港固定航线由 2019 年的 54 条增加到 58 条，吞吐量增长 800 万吨。

案例 11：跨境电商保税展示新模式

为解决跨境电子商务网购保税进口业务发展缓慢、后劲不足，本地电商平台与电商企业知名度不高等问题，辽宁自贸试验区沈阳片区（以下简称沈阳片区）创新跨境电商保税展示新模式，为消费者提供全新购物体验，进一步推进跨境电子商务网购保税进口业务发展，增强沈阳片区经济发展新动能，推动开放型经济发展升级。

主要做法：

沈阳片区跨境电子商务保税展示新模式主要采取制度集成创新的方式，将跨境业务、保税展示业务进行系统集成，针对商品在实体店展示需求，在辽宁省首创跨境电子商务保税展示新模式。

一是对综合保税区内采用“1210”保税备货模式进口的跨境电子商务商品，利用金关二期的“库存调整”“分送集报”“简单加工”“临时出入区”“保税展示交易”“卡口货物登记”和“空车出入区”等功能，实现货物的出区保税展示。

二是有效利用“担保事务履约保证保险”方式，通过引入保险公司为经营企业就其信用向银行提供保证保险服务，银行依据保险增信为加工贸易经营企业办理低费率的银行保函，企业凭税款保函申请海关事务担保，减少企业资金占压，释放企业资金流，并采取额度循环使用的方式，减少业务办理频次。

三是海关对符合监管规定的跨境电子商务零售进口商品按时段汇总计征税款，海关放行后 30 日内未发生退货或修撤单的，代收代缴义务人在放行后第 31 日至第 45 日内向海关办理纳税手续，减少流程环节，便利商品流转。

实践效果：

沈阳片区已建成跨境电商公共服务平台、海关二级节点、孵化基地、直播基地，组建跨境电商联盟，开通保税备货（1210）和跨境直邮（9610）

模式。

一是在传统进口商品零售模式下，进口商品是先清关完税后再进行销售，如果销售不畅就会成为存货。率先在自贸试验区实施的“保税展示交易平台”，灵活使用保税优势，引入“分批出区、集中报关”功能。商品在实体展示过程中属保税状态，“线上”下单后才缴纳进口关税，供货商不用事先垫付税款。未销售的货品还可参与全球调拨，利于形成综合优势。

二是提升消费者获得感。该模式下，参与企业可以在向海关交保后将跨境商品出区，通过“实体店展示+线上下单+快递到家”，消费者可以更直观体验跨境商品。

三是有助于提高销售额。通过在实体展示场所进行商品介绍、宣传，有效融合跨境电子商务和保税展示，有助于提高商品的销量，可以加快企业货物流转，减少资金占用率。

案例 12：出境原产地证书“信用监管”签证模式

为贯彻落实海关总署及地方政府持续改善营商环境的工作要求，优化海关公共服务水平，同时有效保障疫情安全防控，对信用等级较高的企业申办出境原产地证书，沈阳海关在沈阳片区实施“信用监管”签证模式。通过该工作模式，帮助企业在原产地证书申办工作中实现精简申办单据、简化工作流程的目标，从而提高原产地证书申办工作效率，降低企业经营成本。

主要做法：

推进实施原产地证书“信用监管”签证模式，是基于出境原产地管理“企业为第一责任人”的工作理念，以原产地证书“无纸化”签证为基础，在满足企业信用等级等条件要求的情况下，对产品原材料构成及加工工艺复杂的证书申办企业，实施“企业自主声明+年度信息验证+后续风险分析”的工作模式。

企业自主声明：企业申请采用“信用监管”签证模式申办原产地证书时，预先声明，保证如实、规范提供涉证信息，并承担相关责任。

年度信息验证：在日常原产地证书申办工作中，企业无须按批次以纸质资料的形式提供相关证明文件。海关通过企业提供的系统权限，按年度对企业内部信息化管理系统中的数据进行验证，以系统产品信息代替或补充产品明细和外贸单据等签证证明文件予以签证，将签证验证资料“一次一提交”优化为“一年一验证”；除涉及境外海关退证核查或者属于初次申请原产地证书的产品（如：新的证书类别、贸易国别、产品类型），需提供完整的证明材料，实施现场核查，其他核查工作以企业系统信息年度验证形式实施，海关人员无须到企业生产现场实施核查。

后续风险分析：结合企业日常签证、年度信息验证、海外退证核查等情况，按年度对企业原产地证书申办工作情况及风险进行分析和评估。

该“信用监管”签证模式，结合已实施原产地证书自助打印、智能审核、“快递签”、“经核准出口商”、预裁定等便利化措施，真正实现原产地证书“零见面”式申领。

实践效果：

通过实施“信用监管”签证模式，实现企业申办原产地证书“减材料、减环节、减时限、减跑动”的工作目标。

一是减少企业办证环节，提高企业申办证书工作效率。减少重复性工作，降低原产地证书签证部门和申办企业收集、整理、传递申办资料等工作负担；原产地证书“信用监管”与现行的原产地证书企业自助打印和智能审核等信息化签证措施相叠加，实现原产地证书全天候、智能化、无人式智能审核，保证证书随报随审。据不完全统计，企业申办证书资料准备时间可压缩近 60%，证书审核及签证时间可压缩约 30%。

二是精简随附单据，降低企业申办证书操作成本。为原材料、产品工艺、运营方式相对复杂的原产地证书申办企业在企业设备设施投入、人员、交通等各方面降低经营成本，如：华晨宝马汽车有限公司出口的电动汽车，涉及1 500多种原材料，通过企业自由贸易协定（FTA）综合服务平台等管理系统，直接获取产品原料构成及运输细节等电子信息，无须提供纸面相关单据，提高工作效率近90%以上。

三是有效防控疫情，减少人员流动和聚集。通过“信用监管”签证模式，实现“无见面”式证书申办，企业无须到海关业务现场也可以完成原产地证书申领工作，有效保护海关签证人员和企业证书申办人员，降低疫情传播风险。

案例13：对外贸易公共检测平台

结合沈阳片区对外贸易过程中各种检测需求，建设公共检测平台，海关业务线条中法检货物必须接受的检测项目参与平台建设，为企业打造便捷化集中检测模式，破解节约控制成本、产品检测流程、防范质量风险、疫情应急保障等流程中存在的问题，共享检测资源，为产品质量安全保驾护航，助力对外贸易稳步增长，并形成先进发展经验，在全国进行推广复制。

主要做法：

引入海关技术机构入驻检测平台，针对海关业务线条中法检货物必须接受的检测项目，作为辽宁自贸试验区内建设的公共检测平台服务项目内容，涵盖样品接收、制备、传递，初筛快检，报告打印，技术支持，风险防范等功能，为企业提供便捷的产品质量安全解决方案。

一是实施“集中检测”集约化管理，实现企业降本增效。海关技术机构进驻公共检测平台，统一服务园区内企业产品检测需求。上门接收样品，按要求制备样品，符合要求的样品进行初筛快检，集中送海关实验室进行检测，检测结束后在平台数据端打印报告送至企业、海关业务部门。对于进出口环节海关抽中商品检测，海关执法人员现场抽取样品后，直接交由技术人员送实验室检测，系统录入、报告出具分别在海关、实验室完成录入，真正实现企业“零跑腿”。检测费用方面，海关法定检测费用企业无须承担，以此免去企业物流、人工成本，最大程度控制经济、时间成本，为企业减负增效。

二是实施“风险控制”信息化管理，提升企业响应能力。依托公共检测平台，建立园区产品质量安全数据库。借助海关技术机构检测资质，及时更新检测标准、统一检测方法，及时录入数据，引入境外食品化妆品质量预警信息，按季度、年度形成产品质量风险分析报告，针对存在的质量问题和风险，由技术人员提供技术咨询，制定整改提升方案，针对可能出现的客户投诉、商品退运，制定预防方案，形成完备的信息化系统，全面提升问题应对响应能力。按规程保护数据安全，合法合规使用数据，保证企业基本权益。

三是实施“应急处置”科学化管理。公共检测平台支撑建立重大食品安全、动植物疫病疫情应急处置。加强海关技术机构分析研判，通过平台开展国门生物安全监测、陆生水生动物安全监测等工作模式，确保重大安全、疫病疫情早研判、早发现、早处置，有效防范有害生物入侵，将风险隐患消灭在萌芽阶段，降低经济损失，消除社会影响。

实践效果：

通过在沈阳片区建立公共检测平台，可服务企业一百余家，每年开展食品、农产品、化妆品等领域检测三千余批次，预估为企业节省直接检测成本120万元，节省时间成本40%，有效增强企业风险防范能力，提升企业产品质量安全把控能力，树立良好社会影响，促进相关产业在沈阳片区高质量发展。

案例14：进口货物“目的地检查”（云眼查）新模式

为全面贯彻落实党中央、国务院决策部署，统筹推进新冠肺炎疫情防控和经济社会发展工作，按照海关总署“智慧海关”建设要求，加大“放管服”和口岸营商环境改革力度，在大连海关的指导下，大连片区会同金普海关持续推进“云系列”贸易便利化领域创新，在全国率先推出“进口货物目的地检查‘云眼查’新模式”。在疫情防控常态化下，实现了海关工作人员无须到企业现场，即可实现远程进口货物目的地查验作业，有效解决了进口企业复工复产中最直接、最紧迫的进口原材料、零部件、机器设备快速通关问题。

主要做法：

关检融合后，海关总署对进出口货物属地查检工作暂未制定具体规章及规范性文件，继续按照现有模式开展。属地查检业务存在辖区查验场地及企业分布散、时间成本高、查检效率较低等问题，人力资源和繁重查检任务之间的矛盾日益凸显，无法满足企业时效性要求，海关传统现场查检作业方式亟需创新。

“云眼查”的定位是现有查验模式的补充，是与免查直放、机检查验、人工查验并存的一种便利化新模式，而并非替代。具体应用于属地查检工作中“进口放行后检查”环节的“非高风险商品检验”，适用于信用等级高的非销售型（生产型）企业，是限定商品范围情形下，监控指挥中心加现场互动远程指导的查检新模式。

通过开发海关自主产权的可穿戴式 AR 眼镜以及配套的远程可视化作业平台，针对进口货源稳定、历史查获率较低的信用良好的生产型企业、四种类型商品（非高风险商品检验）所涉及的六种指令，依托 5G 网络，海关通过远程监控平台与检查作业现场远程连线，企业人员通过 AR 眼镜接收关员指令，按照指令要求配合海关完成检查工作。

一是对现有模式的海关关员双人携带查验单兵设备到企业或仓库现场作业，增加了海关关员双人按照新查管系统指令在监控指挥中心通过远程视频方式在线作业。二是通过进口货物检查专用 AR 眼镜实现海关监控中心与检查作业现场的联动。三是实时连线音视频同步接入监控指挥中心，监控指挥中心向企业发布指令，实现与企业现场的实时音视频通话，业务专家可适时介入；可对关键点拍照、对全过程录像，音视频资料按规定时限保存在监管指挥中心云端，确保可追溯。

实践效果：

一是提高了进口货物目的地检查的工作效率。对于传统远途查检模式，目的地海关查验人员每天需乘车至企业现场进行货物查验操作，花费在途中的时间较长，且执法资源有限，查验效率较低。实行远程查检新模式后，海关人员无须到场，仅需通过平台远程呼叫企业现场进行查检指导，对合格货物实现“随到随查随放随用”，原模式下 2 名关员每天仅能完成 2—3 票进口货物的目的地检查工作，新模式下则能完成 10 票以上，工作效率提升 3—5 倍。

二是增强了企业获得感。原模式下企业需要 1—2 个工作日才能完成进口货物的目的地检查工作，在此之前相关货物不能使用或是销售。特别是遇到大批量进出口货物待检的情况，或节假日前后集中大批量进出口货物的特殊时期，排队预约甚至需要 1—2 周。新模式下，企业仅需远程配合辅助海关完成货物检查，在企业提前预约的情况下，可以实现货到即检，大幅降低企业成本。

三是补充增加了检查方式的作业手段。该模式是在原有关员到现场作业的基础上，增加海关关员与企业远程视频连线的新手段，实现视频画面同步接入监控指挥中心，同时监控指挥中心也可实时向双方发布指令，相关图片及音视频存储在监控指挥中心服务器备查，提高工作效率，有效降低执法风险。

四是缓减新冠肺炎疫情负面影响，支持复工复产和稳定外贸。新冠肺炎疫情期间，部分外贸企业位于地方政府确定的高风险区域，不具备外勤作业条件，企业又面临复工复产压力，传统模式无法有效解决这一矛盾。新模式在保证人员“少接触、零接触”基础上，做到了对企业进口生产原料的精准监管、科学监管、便利监管，实现“零延时、零等待、零接触”，为帮助企业复产达产、促进稳外贸稳外资发挥了积极的作用。

案例 15：综合保税区设备零配件便捷监管模式

大连片区和大连金普海关充分发挥辽宁自贸试验区和综合保税区的政策功能优势，针对综合保税区内随设备整机进口未独立申报的零配件，需要出境（区）处置、检测维修等情形的，在全国率先推出综合保税区设备零配件便捷监管新模式，提高通关效率、降低运营成本，支持企业健康发展。

主要做法：

一是创新未申报设备零配件一线出境便捷监管模式。针对随整机进口没有申报记录，需要出境处置的设备零配件，改变原有监管模式中必须重新申报备案再出境的流程，允许试点企业采用不与电子账册备案相关联的方式，以“退运货物”监管方式直接申报出境，提高通关效率，降低企业运营成本。

二是创新未申报设备零配件二线出区（从综合保税区进入境内区外）便捷监管模式。设备零配件对应设备整机仍在海关监管年限内的，允许试点企业采用不与电子账册备案相关联的方式，以“后续补税”监管方式直接申报补税出区；对应设备整机超过海关监管年限的，参照设备出区处置相关规定办理出区手续。

三是创新未申报设备零配件进出境（区）检测维修便捷监管模式。改变原有监管模式中必须重新申报备案再出境（区）的流程，允许试点企业采用不与电子账册备案相关联的方式，以“修理物品”监管方式直接申报进出境（区）。区外维修业务，不采用海关电子账册管理模式，运用特殊区域辅助系统进行区外维修业务，企业申报卡口登记申请单，海关及时进行审核放行管理，保证零配件及时出区维修。允许同品牌同型号的设备零配件，在不同商品序列号下进行可置换的国内维修，但最终保持总量总额持平，海关定期核查区外承接修理业务的国内企业资质，重点核查零配件到厂出厂的记录情况，并且在货物复运入区时实施查验。

实践效果：

一是企业生产灵活性提升。原有模式下，随整机进口的设备零配件没有进境（区）申报备案记录，导致企业无法向供货商返还旧零配件进行设备更新，只能再次重新从境（区）外采购全新零配件。新模式下，企业能够根据市场订单变化情况，快速对生产设备进行更新换代，部分零配件调拨周期从最长三年缩短到可以随时更换。特别是对全球布局工厂的集成电路生产型企业，可实现在不同国家的工厂灵活调拨核心设备（晶圆切割、封装测试等机器）的关键零配件，调整生产线制造成品参数，更好适应国际市场的形势变化。

二是企业设备零配件采购成本降低。原有模式下，随整机进口的且没有单独申报的设备零配件废旧后，必须等待解除监管后统一出区处置，长期占用仓储空间。新模式下，企业将部分设备更换下来的二手零配件重新返还给供应商，通过以旧换新方式采购零配件时成本更低，周期更短，方便企业进行技术改造，推动产品结构提档升级。

三是企业设备零配件维修成本显著降低，缩短区外维修零配件运输时间。原有模式下，企业需要花费大量精力整理要维修的零配件，并且要一一对应，消耗大量人力、物力、时间成本，使得零配件维修运转成本大幅增加，而采用新模式可以为企业节约运营成本 50 万—100 万美元/年，为企业节省超过 5 000 小时/年。

四是海关监管精准度显著提升。原有模式下，海关需要花大量人力核对出区维修货物清单。新模式下，海关利用便捷模式大幅提高监管效率，同时降低对企业生产经营的影响，有效防控执法风险。

案例 16：进境铁矿石全流程智能监管

大连海关所属北良港海关推出进境矿产品全流程智能监管的系统集成式创新举措，采用物联网、人工智能、大数据、AR 等技术，集成无人机、监测仪、汽车衡、摄像头等设备，对进境铁矿石水尺检测、放射性监测、货物装卸、货物查验、混矿作业、堆场存储、衡器计重、口岸放行等全流程实施无感智能监管，创新智能监管模式，强化监管效率，更好统筹安全和发展。

主要做法：

一是建立三维立体无人机全覆盖监管模式。利用无人机开展进境铁矿水尺观测计重，降低矿石产品鉴重作业危险性、人力成本和等待时间。利用无人机开展巡查，实时监控港口堆场货物堆存和车辆人员出入情况。推进使用无人机测绘盘库，建立测绘重量体积模型，灵活机动实时测算保税堆场货物。集成无人机水尺、测绘、巡查应用创新，以智能手段替代人工，覆盖船边、堆场、堆顶等各角度，确保进境铁矿石监管无死角、无盲区。

二是进境铁矿石线上放射性监测。研发通道式传送带放射性监测设备，安装在传送带上，替代人工手持放射性监测设备，可在高粉尘、高潮湿、高盐雾、高腐蚀等恶劣环境下全自动、全天候正常工作，实现对快速运转传送带的在线实时连续放射性测量，降低人力成本和通关时间，避免放射线可能给人体造成的危害，确保国家生态安全。

三是实现铁矿石物联网衡器智能监管。通过物联网技术实现车辆信息自动识别、读取标定参数、读取铅封信息、远程数据实时传输、鉴重数据云备份、衡器设备健康监管、大数据分析等功能，执法人员可在移动端实时管理称重数据和衡器运行权限，实时监控衡器鉴定情况，从源头上解决计量误差、作弊等诸多问题。

四是 AR 全景智能监管系统。运用 AR 技术对矿石码头现场的监管业务及数据进行全方位立体化全景展示。将海关监管信息整合叠加到真实进境铁矿石监管场景，全面准确真实地展示矿石码头泊位、装卸流水线、检测实验室和货物堆场的实时监测数据、视频及其他信息，增强数据与视频的联动，提升风险防控和监管能力。

实践效果：

一是实现现场覆盖式监管和全流程溯源。通过无人机巡检和 AR 全景监控配合使用，搭建进境铁矿石的全方位、立体化、无死角掌控体系，可实现实时监控、联网布控、联动指挥，并实现对执法过程，包括登轮作业时间、地点、现场检验流程以及原始鉴定数据等全过程的追溯。通过铁矿堆场货堆无人机三维建模并在远程指挥中心进行 AR 实景还原，掌握堆场内各个货堆的实际重量，实现海关对保税铁矿全流程的监管及对各个环节货物数量、重量的监控，最终实现测控数据、三维建模图形、货堆照片和计算重量的资料存档，实现海关监管和企业管理的双重效果。通过铁矿石物联网衡器智能监管，实现智能化远程实时数据传送、监控和大数据管理及分析。

二是提高效率降低企业成本。传统水尺计重工作需要执法人员乘坐拖轮观测船舶的六面水尺，同时攀爬水手梯上下拖轮，整个观测水尺时间耗时 1 小时左右。执法人员通过无人机进行水尺观测后，整个时长压缩为 15 分钟，时长压缩 75%。使用进境矿石线上放射性监测系统，能够在进境矿石卸货过程中对快速运转传送带的在线实时连续放射性测量，实现了进境矿石放射性监测的全自动化和无人值守，每年减少人工到堆场进行放射性监测次数约 50 000 次，节省大量人力物力，消除工作人员的安全隐患，加快通关时间。

三是降低口岸人员疫情暴露风险。该创新模式一方面最大程度减少人员登轮监管的次数，海关货物监管人员与外轮船员实现“不见面、零接触”，降低口岸疫情输入风险；另一方面满足监管人员信息集中的需求，强化“中心监控”功能，简化“现场监管”程序，实现远程智能无感监管，减少海关执法人员与码头作业人员接触，更好推动口岸疫情防控工作。

案例 17：保税船供油出入库无纸化办理

大连片区管委会联合北良港海关，以问题为导向，紧贴企业需求，整合跨关区供油业务的多次申请环节，构建高效严密的海关联系沟通和审批监管模式，完善信息化系统功能，实现纸面单据“电子化”、数据流转“信息化”，解决企业多次往返受油地和供油地海关等手续繁杂的问题，降低企业供油成本，减少受油船舶等待时间。

主要做法：

创新跨关区船供油监管模式，船供油企业可以线上申请保税油跨关区直供业务中出入库审批，供油地海关、受油地海关在线联系审批流转，企业无须到现场海关办理业务。主要工作流程如下：

一是出入库网上申请。申报单位在企业端提交出入库申请，上传随附单据（合同订单），企业上传单据经海关审核通过后可以打印出入库申请单。跨关区供油企业可向海关申报《保税油跨关区直供申请单》，发往受油地海关。

二是海关网上审批监管。海关端收到出入库申请后，对申请数据进行审核，经两级审核通过后，对符合条件的数据进行电子签批，并反馈至企业。经审核通过后，进入待出库环节，由供油地海关进行审核，在任何一个环节不予审核通过的，系统予以退单。

三是单据数据云流转。受油地海关和供油地海关可以依托系统强化配合联系，通过扫描二维码等方式下载传输电子单据文件，无须等待纸质文件邮递到达，直接办理船供油监管手续。出入库业务数据自动存储便于后期统计核查。

实践效果：

保税船供油出入库网上申请业务主要实现了三个方面便利。一是通过开发信息化审批系统平台，突破纸质审批单签批的业务瓶颈，提高海关行政效率；二是通过在线审批功能，最大幅度实现“让信息多跑路，企业少跑腿”；三是通过该系统实时统计出入库业务数据，海关可以进行大数据分析，并加强事中监管。

启用该系统后，企业到海关现场申请审批的次数大为减少，且时效性提升明显。2020 年保税船供油 1 553 艘次，与 2019 年基本持平；总量 88. 59 万吨，同比增加 21. 53%，在全球海运业务受疫情严重影响大幅缩减的情况下，实现了逆势增长。每票跨关区供油出入库办理时间由原先的 3—5 天缩短为 1 小时，大幅减少了船舶待供时间，增强了企业供油服务的时效性，提升了大连航运服务竞争力，有效助力大连环渤海船供油基地和东北亚航运中心建设。

案例 18：“物联网+汽车衡”重量鉴定创新

大连片区联合北良港海关结合工作实际，将移动互联网、大数据、云计算、物联网同传统行业结合起来，推出“物联网+汽车衡”监管新举措，通过物联网技术把称重数据以及硬件健康数据与互联网连接起来，进行信息交换和通讯，从而实现智能化远程实时数据传送、衡器作弊预警、车牌自动识别、衡器健康监控和大数据管理及分析。

主要做法：

通过对现有汽车衡进行“物联网+”升级，实现数据远程传输、衡器状态管理、车辆自动识别、数据云端备份、实现无人值守等功能。

一是移动端实时查看称重数据。通过物联网技术和 5G 移动互联，可以实现远程数据实时传输，检验完成数据可以实时回传，实现“检验一批，放行一批”。

二是衡器设备健康监管。对衡器设备进行实时监控，设备出现故障时自动发送故障信息；出现疑似作弊现象及时通过终端手机应用程序和短信方式通知监管人员，及时发现解决计量误差、作弊等诸多问题。对称重物进行信息核对，能够读取标定参数、读取铅封信息、读取开壳信息、读取模拟量异常标识、读取衡重车辆过载信息、防止更换仪表及传感器等功能。

三是车辆信息自动识别。借助图像识别技术自动识别相关报检信息。利用后台数据库中的车辆信息自动核算出空车重量。

中国电信 CHINA TELECOM　　天翼云

作为数字中国建设的主力军，中国电信始终坚持为客户提供高品质的天翼政务云一体化解决方案，在省、地市等各级政务云项目份额稳居行业前茅。

天翼政务云一体化建设与运营整体解决方案采用三横两纵架构，三横指政务云基础设施、政务云中台服务和政务云应用服务，为客户提供从硬件、IDC、云到中台、业务应用的全栈云服务能力；两纵指咨询规划和安全管理，助力客户云平台整体规划设计和安全合规管理工作。

天翼政务云一体化基础设施依托云网融合能力，以全栈自研技术、完备的区县级服务网络、国企政治担当，保证云基础设施安全可控，统筹数字政府“云网数智安”体系规划建设，打造自主可控“国家云”。

天翼政务云一体化平台服务实现底层基础设施资源的高效调度管理和云原生服务与业务系统的有力承载。政务云中台服务融合数据中台、业务中台、技术中台和运营中台，增强政府全业务协同能力，全面提升政府在经济调节、市场监管、社会治理、公共服务、生态环境、政府运行领域的履职能力。

天翼政务云一体化应用服务基于“四个协同平台”与“N个应用生态”实现体系化细分场景，通过政务云应用服务输出细分场景化产品与服务。

天翼政务云打造安全管理、数据安全、应用安全、网络安全等端到端安全体系，保障政务云安全。

中国电信将一如既往传承红色基因，坚持自主创新，安全可控，成为推动数字政府发展的主力军！

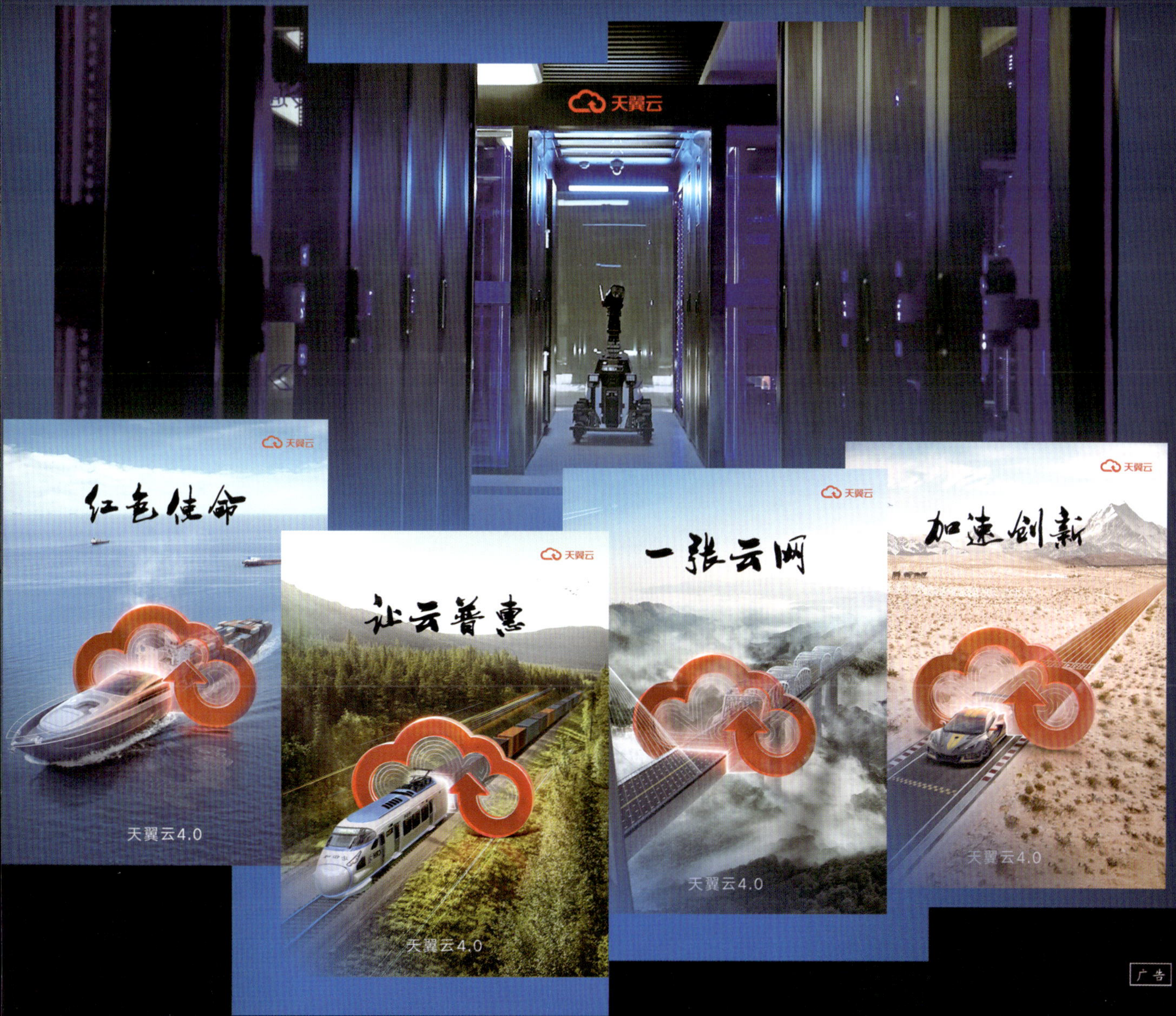

中国（浙江）自由贸易试验区 杭州片区

HANGZHOU AREA OF CHINA (ZHEJIANG) PILOT FREE TRADE ZONE

浙江自由贸易试验区杭州片区挂牌建设以来，围绕打造“三区一中心”功能定位，以自贸区赋能全市高质量发展。2022年1-8月，杭州片区以仅占全市0.22%的土地面积，贡献全市26.81%实际使用外资、17.5%进出口总额和17.26%税收收入。两年来，杭州片区4项成果入选国家级案例、13项成果入选省级“制度创新最佳案例”。

杭州聚焦人工智能、跨境电商、数字经济、金融科技等主导产业，集聚浙江36%人工智能核心企业，浙江三分之一跨境电商出口知名品牌、全国三分之二出口零售平台和全国七成跨境电商支付交易额。2022年1—8月，在自贸试验区带动下，杭州数字贸易额占全省41.6%，跨境人民币结算量占浙江56.1%。

在杭州，一大批具有首创性、差异化的自贸试验区改革试点纷纷涌现，首创空港“疫智控”数字防疫平台并向全国推广；首创“数据知识产权存证及质押融资”模式，首批5家企业获得融资超2000万元；海关创新“未来工厂保税仓库”智慧监管，构建入库扫码、远程盘库、出库溯源应用场景，提升物料周转效率50%以上；试点入境特殊物品联合监管机制，成为全国第二家试点片区。

钱塘区块

萧山区块

滨江区块

机器人小镇

互联网小镇

保税大厦

2022年9月28日，浙江自贸试验区扩区后打造形成的十大标志性成果发布，杭州在五个方面优势明显，自由贸易先行区建设取得新突破，全球数字贸易中心建设取得重大进展，全球数字变革策源地初见雏形，数字人民币试点落地，海外仓全球布局体系初步形成。其中，本外币合一银行结算账户纳入全国首批试点以来，杭州新开账户1.98万户，办理人民币资金收付2.3万亿元、外币资金收付107.19亿美元。杭州片区设立全省首个数据安全实验室，上线浙江数据国际交易平台和杭州国际数字交易平台，2022年1—8月，省、市两级平台交易规模已突破8400万元。

未来三年，杭州将发挥浙江打造全球数字贸易中心主力军作用，全力打造数字自贸区，“一炮打响”办好首届全球数字贸易博览会；着力打造数字产业集聚区、数字金融创新区、数字物流先行区和数字监管标杆区；构建数字贸易产业、平台、生态、制度和监管“五大”体系；建设形成全球一流跨境电商示范中心、全球跨境支付高地、数据综合开发利用示范高地等十大成果，为国家制定数字经济领域规则提供可复制推广经验；到2025年力争实现规模以上数字经济核心产业企业营收达2万亿元，数字贸易额达5000亿元，跨境人民币结算量达1万亿元，金融业增加值达2800亿元，初步建成具有鲜明辨识度的数字自贸区。

浙江自由贸易试验区杭州片区联系电话：0571-85250381

辽宁自贸试验区大连片区

大连片区于2017年3月15日经国家批复设立，4月10日挂牌运营，规划面积59.96平方公里，下辖3个海关特殊监管区域。是东北地区海陆联运中心和与东北亚国家经贸往来合作的重要枢纽，是大连、辽宁乃至东北地区对外开放的战略高地，是大连东北亚国际航运中心、国际物流中心、国际贸易中心的核心功能区。

大连自贸片区在全国第三批7个自贸试验区21个片区中，率先全面完成《辽宁自贸试验区总体方案》确定的119项改革试点任务，累计推出480余项制度创新成果。其中，“保税混矿”等3项入选国家向全国推广改革试点经验，“集装箱码头股权整合新路径”等2项入选全国“最佳实践案例”“东北亚商品车陆海联运新通道”等76项在全省复制推广。

中国（辽宁）自由贸易试验区
ZHONGGUO (LIAONING) ZIYOU MAOYI SHIYANQU

沈阳片区
SHENYANG PIANQU

基本概况

辽宁自贸试验区沈阳片区2017年4月挂牌成立，规划面积29.97平方公里（其中，沈阳综合保税区桃仙园区1.452平方公里）。这里交通便利，域内有桃仙机场、高铁沈阳南站、苏家屯铁路货运编组站。产业基础较好，有新松机器人、东软集团、沈飞民机等高科技企业；有中科院沈阳自动化研究所、沈阳材料科学国家研究中心、东北大学浑南校区等科研院所和高校。2021年，沈阳片区在重点领域关键环节实现创新突破，构建立体开放通道体系，有力促进沈阳产业调整和对外开放，为新时代东北振兴、辽宁振兴提供经验。

经验成果

重点领域制度创新持续深化。2021年，形成税务信用监管、知识产权全链条保护等40项创新经验，其中，国有企业“三级跳”发展新模式入选国家第四批“最佳实践案例”。累计复制推广全国自贸区经验278项，复制推广辽宁自贸区经验134项。建设制度创新专业团队，以市场化方式组建沈阳片区制度创新研究院。实施沈阳片区“十四五”发展规划纲要、制度创新三年行动计划。

对外开放平台功能不断提升。2021年，新开通沈阳至首尔、阿拉木图、阿克托别3条国际货运包机航线。其中，阿拉木图航线为东北地区首条中亚定班货运包机航线。伦敦、洛杉矶、旧金山、首尔、阿拉木图、阿克托别6条航线累计飞行227班，出口货物4.9亿美元。东北冷鲜港进口冷链完成“海-铁-公”联运数据测试，全年通关进口冷鲜产品1338标准集装箱。开通中欧班列跨境电商商品出口通道，打造中欧班列集拼中心。

跨境电商产业快速发展。2021年，京东（沈阳）外贸综合体、河南开元国际、天猫国际自营仓等项目落地运营，全年跨境电商交易额32.6亿元，是上年的18倍，商品覆盖30余个国家和地区。“双十一”期间1210跨境电商交易量13.5万单，增长235倍，天猫国际沈阳自营仓交易量单日突破5万单。探索跨境电商线上线下融合模式，盛大门全球精品直达店开业运营，销售进口商品3000余种。沈阳片区跨境电商及第三方服务企业占沈阳市95%，华狐直播基地成长为东北最大直播产业园之一。

产业结构加速升级。2021年，修订先进制造、科技创新、金融服务等产业政策，加大对重点产业支持力度。新增国家高新技术企业132户，高新企业总量314户，是成立初期24倍。东软集团软件业务年突破百亿元。金融类企业527户，税收增长108%，首个QFLP试点基金管理公司获批设立。

营商环境持续优化。成立自贸区人民法庭，受理知识产权民事案件、涉港澳台民商事案件。完成出入境人员综合服务“一站式平台”二期建设。设立国家知识产权局商标业务沈阳自贸区受理窗口，业务受理量在全国同批次窗口中排名前茅。加强知识产权服务和保护创新，设立东北首个知识产权工作室，为科技企业提供专利预审、专利快速维权、知识产权保护协作及专利导航运营服务。

黑龙江自由贸易试验区

2019年8月2日，国家正式批复设立中国（黑龙江）自由贸易试验区（以下简称黑龙江自贸试验区），并印发《中国（黑龙江）自由贸易试验区总体方案》。8月26日，国家召开新闻发布会，正式发布黑龙江等6省自由贸易试验区有关情况，黑龙江是首批在沿边省份布局的自贸试验区之一，也是中国最北自贸试验区。

- **功能布局**

黑龙江自贸试验区实施范围119.85平方公里，涵盖三个片区：哈尔滨片区79.86平方公里，黑河片区20平方公里，绥芬河片区19.99平方公里（含绥芬河综合保税区1.8平方公里）。

哈尔滨片区重点发展新一代信息技术、新材料、高端装备、生物医药等战略性新兴产业，科技、金融、文化旅游等现代服务业和寒地冰雪经济，建设对俄罗斯及东北亚全面合作的承载高地和联通国内、辐射欧亚的国家物流枢纽，打造东北全面振兴全方位振兴的增长极和示范区；

黑河片区重点发展跨境能源资源综合加工利用、绿色食品、商贸物流、旅游、健康、沿边金融等产业，建设跨境产业集聚区和边境城市合作示范区，打造沿边口岸物流枢纽和中俄交流合作重要基地；

绥芬河片区重点发展木材、粮食、清洁能源等进口加工业和商贸金融、现代物流等服务业，建设商品进出口储运加工集散中心和面向国际陆海通道的陆上边境口岸型国家物流枢纽，打造中俄战略合作及东北亚开放合作的重要平台。

- **战略定位**

以制度创新为核心，以可复制可推广为基本要求，全面落实关于推动东北全面振兴全方位振兴、建成向北开放重要窗口的要求，着力深化产业结构调整，打造对俄罗斯及东北亚区域合作的中心枢纽。

- **发展目标**

经过三至五年改革探索，对标国际先进规则，形成更多有国际竞争力的制度创新成果，推动经济发展质量变革、效率变革、动力变革，努力建成营商环境优良、贸易投资便利、高端产业集聚、服务体系完善、监管安全高效的高标准高质量自由贸易园区。

黑河自贸片区

黑龙江大桥

- **主要任务**

  包括加快转变政府职能、深化投资领域改革、推动贸易转型升级、深化金融领域开放创新、培育东北振兴发展新动能、建设以对俄罗斯及东北亚为重点的开放合作高地等六个方面主要任务。

- **总体方案试点任务**

  中国（黑龙江）自由贸易试验区总体方案试点任务共有89项，包括加快转变政府职能方面9项、深化投资领域改革方面11项、推动贸易转型升级方面14项、深化金融领域开放创新方面8项、培育东北振兴发展新动能方面28项、建设以对俄罗斯及东北亚为重点的开放合作高地方面19项。培育东北振兴发展新动能、建设以对俄罗斯及东北亚为重点的开放合作高地两方面是黑龙江自贸试验区特色任务。

- **取得成绩**

  截至目前，累计生成200余项制度创新成果，发布五批120个省级创新实践案例，其中“创新中俄跨境集群建设”案例入选自贸试验区第四批全国“最佳实践案例”；国家前六批适合黑龙江承接的改革试点经验，复制推广率达到93%。

绥芬河公路口岸

绥芬河自贸片区

中国（黑龙江）自由贸易试验区 绥芬河片区

绥芬河片区围绕国家赋予的功能定位，立足新发展阶段，完整、准确、全面贯彻新发展理念，服务融入新发展格局，坚持“走开放路，打自贸牌”，在世纪疫情冲击和国际形势变化双重影响下，以占全市4.34%的面积，集聚了80%的企业，贡献了80%的税收、82%的贸易额，形成全面发力、多点突破、纵深推进的发展态势。

走开放路　打自贸牌

创新驱动点燃高质量发展引擎

探索创新，赋能发展，开启自贸时代“新篇章”。深入践行“为国家试制度、为地方谋发展”的使命责任，耕耘改革“试验田”，争做开放“先行者”，注重系统集成，在探索差异化、特色化、首创性上下功夫，形成制度创新成果144项，33项获评省级创新实践案例，为高质量发展提供了新经验新模式。深入开展“四个对标”，对标粤港澳大湾区、省内片区、沿边口岸、兄弟县市找差距，将优秀创新成果进行“点对点”复制推广，结合片区特色进行再创新、本土化，推动先行先试的突破和改革措施的落实，全国改革试点经验复制推广率达98%，全省总体方案试点任务实施率达100%，多维度汲取创新经验赋能发展。

通海达洋，联通国际，扩大开放合作“朋友圈”。发挥战略前沿和桥梁纽带作用，融合“大循环”与“双循环”、“走出去”与“引进来”、“自贸区”与“自由港”，不断加强与“一带一路”沿线国家和地区、15个互贸国别、友好城市、RCEP成员的交流合作，加快实现政策衔接、产业衔接、物流衔接，与96个国家和地区实现贸易往来，与国内16个沿海港口合作推动了内贸货物跨境运输，实现了“借船出海，通海达洋”。2021年口岸过货884.9万吨，占全省陆路口岸89.7%，进出口贸易额累计完成363.5亿元。

一区引领，多区联动，推动产业发展“多元化”。充分发挥以自贸试验区一区引领多区联动效应，构建木业、粮食、水产、中药材、清洁能源五大生产加工型，物流、电商、金融、旅游（医养）、会展五大服务贸易型融合发展的“5+5”产业体系。综保区突出“政策”优势，利用“两种资源”“两个市场”，串起“粮头食尾，农头工尾”产业链，粮食年加工能力100万吨。边合区突出“平台”优势，实施木业产业精深制造战略，打造木业产业集群，叫响“绥芬河制造”，年加工量达120多万立方米。互贸区突出“边贸”优势，围绕油料作物、海产品、中草药等主力品类开展落地加工，实现过埠增值。

绥芬河自贸片区突出“为投资者着想、帮投资者营利、助投资者发展”理念，厚植发展沃土，营造企业获得感更强、成长空间更大、竞争优势更足的发展环境，打造“有温度的自贸区”，栽好口岸营商环境“梧桐树”，引得开放经济发展“凤凰来”。

中国（黑龙江）自由贸易试验区 黑河片区

ZHONGGUO (HEILONGJIANG) ZIYOU MAOYI SHIYANQU
HEIHE PIANQU

2021年，中国（黑龙江）自由贸易试验区黑河片区锚定国家赋予的功能定位，努力“为国家试制度、为地方谋发展”，聚焦制度创新引领，加快政府职能转变，培育跨境产业新动能，推动更大程度对外开放，开发建设取得阶段性成果。

制度创新特色突出

立足沿边开放、跨境优势，积极探索差异化创新，推进重点领域和关键环节改革。生成创新案例55项，其中26项全省复制推广。“创新中俄跨境集群建设”案例入选国家自贸试验区第四批18个“最佳实践案例”。“寒地试车”产业联动发展新模式、创新对俄专用车OTTC认证新模式、“两国双园”跨境木材综合加工模式等案例贡献“黑河模式”。278项国家改革试点经验复制推广事项，可复制推广任务173项全部落实。

营商环境持续改善

积极开展省市级赋权承接工作。“中俄跨国外商投资企业登记注册便利化审批服务”获评省“全省十佳案例”。颁发全省首单龙粤合作框架下的“跨省通办”营业执照，推出多地“跨省通办”联动办理。企业注册时间缩短至0.5天，实现企业注册“零”收费；“跨境贸易”、“获得电力”、“申请建筑许可”三项指标领跑全国。

跨境产业加速集聚

跨境能源资源加工利用、绿色食品、机电制造等6+N跨境产业布局已见雏形。中石油、中石化、归尚能源等能源和化工项目加快推进，俄电新材料加工园区产值同比翻倍；新丝路木业别洛戈尔斯克木材储运基地打造“两国双园”新模式；跨境中草药加工企业进驻国际中医药研发基地，其中4家企业通过GMP认证；利源达集团300多款车型取得OTTC　认证，销售网络覆盖俄罗斯及中亚五国。丰德恒泰粮油加工、国源大豆食品加工等互贸进口商品落加工项目具备投产条件。

对外开放逆势增长

全面深化对跨境合作，进出口额同比增长111.9%，对外贸易、果蔬出口、跨境电商交易额等指标均占全市90%以上。天然气进口成为新的贸易增长点。黑龙江大桥公路口岸互市贸易交易点开工建设，互贸进口商品落地加工企业达17家。保税物流中心（B型）实现1210和9610等多种模式通关，邮政国际互换局项目、菜鸟网络跨境中心仓项目进驻。月星中俄跨境物流枢纽、银建国际货运物流项目有序推进。“互市贸易+跨境电商”创新发展区投入使用。

国际大通道建设日趋完善

以建设国家级陆上边境口岸型物流枢纽为契机，建设“一带一路”重要的国际物资组织中心、生产基地和物流产业园区。北黑铁路改造升级项目、世界首条跨境索道项目加快建设。能源大通道作用凸显，东线天然气管道建成通气，每年380亿立方米天然气从黑河口岸入境，惠及沿线4亿人口。跨境输变电能力达80亿度/年，2021年进口俄电45亿度，俄电加工区成为东北重要的硅硼新材料加工基地。正在申建危化品进口口岸、化工园区和能源储备基地。海外仓、边境仓、中继仓等“多仓联动”布局扩大，推进数字化口岸、数字化仓储物流体系建设，不断提升贸易便利化水平，全力打造中蒙俄战略支点和对外开放高地。

中国（广西）自由贸易试验区

中国（广西）自由贸易试验区积极为国家试制度、为改革闯新路、为广西谋发展，各项工作取得良好成效。

改革创新成果丰硕。2021年，国家赋予的120项改革试点任务实施率已达95%。先后形成两批共84项自治区级制度创新成果并在全区复制推广，“边境地区跨境人民币使用改革创新”入选全国自贸试验区第四批“最佳实践案例”，“广西边民互市贸易集成改革”等累计5项创新举措获有关部门批复备案，成果数量在全国21个自贸试验区中位居第二，钦州港片区金融创新改革试点列为“中国改革2021年度地方全面深化改革典型案例”。

政策保障坚强有力。出台《关于以中国（广西）自由贸易试验区为引领加快构建面向东盟的跨境产业链供应链价值链的实施意见》《中国（广西）自由贸易试验区要素市场化配置改革试点方案》《关于促进中国（广西）自由贸易试验区人才集聚的若干措施》等，为自贸试验区建设提供政策支撑。

主导产业加速集聚。截至2021年，广西自贸试验区累计新入驻企业5.6万家，是成立前的15倍。2021年，实际使用外资7.38亿美元，同比增长101.6%；进出口总额约2061.15亿元，同比增长16%，广西自贸试验区以不到全区万分之五的土地面积实现了全区实际使用外资的44.7%和全区进出口总额的34.7%。

重大项目加速推进。中国—东盟经贸中心挂牌运营，商务、法务、商事仲裁等41家机构单位入驻，涵盖12个国家，着力打造服务中国—东盟和RCEP市场的贸易投资服务一站式平台。广西自由贸易试验区外商投资促进中心获自治区政府批复成立。中国—东盟大宗商品交易平台加快推进，获得国家的积极支持。中国—东盟金属交易平台和期现联动试点项目在南宁片区落地实施。

营商环境不断优化。深入实施“放管服”改革，创新实施“负面清单”式放权，广西成为继山东之后全国第二个在自贸试验区实施“负面清单”式放权的省区。实施智能化政务服务，开展“惠企惠民”一站通系统，上线智能审批和政策兑现平台，开办企业实现秒批，政策兑现资金快速到达企业账户，受到企业好评。

中国（浙江）自由贸易试验区

CHINA(ZHEJIANG)
PILOT FREE TRADE ZONE
JINYI ZONE

金义片区

自2020年9月24日扩区建设以来，金义片区坚决扛起“为国家试制度、为开放探新路、为地方谋发展”的使命担当，紧紧围绕“1+5”（打造世界“小商品之都”，建设成为国际小商品自由贸易中心、数字贸易创新中心、内陆国际物流枢纽港、制造创新示范地和“一带一路”开放合作重要平台）功能定位、“132”（打造国际商品贸易中心，建设义新欧、义甬舟、跨境电商“三大通道”和华东国际物流枢纽、义乌苏溪国际枢纽“两大枢纽”）内陆开放枢纽自贸区工作目标，立足特色优势、奋力改革突破，今年1—8月，全市进出口额4417.3亿元、实际使用外资4.1亿美元，较设立前分别增长42.7%、215.4%，远超同期增长率，外向型经济集中度进一步提升，对外贸外资的支撑作用进一步显现，金义片区以占全市3‰的面积，贡献了全市31.7%的外贸进出口总额、15%的新增市场主体、6.5%的税收收入，成为引领金华高水平内陆开放的重要引擎。

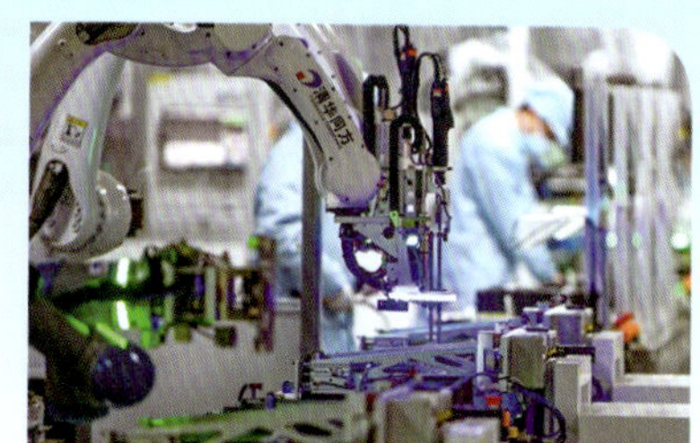

两年来，金义片区围绕贸易、投资、资金、运输、人员往来“五大自由”，探索形成了一批首创性、差异化、深层次的制度创新成果。出口退税备案单证便利化改革、市场采购贸易方式出口预包装食品检验监管新模式等2项改革争取全国推广；国家和省级改革试点任务已落地193项，其中145项取得阶段性成果；76个省级以上试点或赋权事项获批；涌现出小商品数字自贸应用等43个全国或全省“首单”“首例”“首家”；12项制度创新入选省级“最佳制度创新案例”。大批市场主体快速集聚，两年来，片区内新增注册企业2.77万家，占浙江自贸试验区新增企业总数的46%。赋能“三大通道”，打造现代国际物流高地，“义新欧”逆势增长11%、开行量居全国第3，义甬舟开放大通道海铁联运全程提单比例达到55%以上，获批中国（金华）跨境电商综合试验区，跨境电商进出口规模居全省第2。联动“优进优出”，打造新型国际贸易高地，积极推进大宗商品交易中心建设，全力争取小额小批日用消费品进口“免证清关”，“市场采购+”模式创新，上半年“市场采购+跨境电商”出口增长近2倍。服务“一带一路”，打造对外合作交流高地。发布全省首个RCEP行动纲要，中非经贸论坛升格为部省合作项目，对“一带一路”沿线国家出口额领跑全省。下一步，金义片区将更好发挥自贸试验区改革试验田、发展排头兵的作用，加快取得更多变革性实践、突破性进展、标志性成果，全力建设具有辨识度的内陆开放枢纽自贸区，努力为全国、全省改革开放大局作出更大贡献！

中国（浙江）自由贸易试验区 宁波片区

ZHONGGUO (ZHEJIANG) ZIYOU MAOYI SHIYANQU NINGBO PIANQU

一是锚定制度创新，改革“试验田”成果显著。国家层面278项改革试点经验和实践案例已复制推广230项，跨境贸易投资高水平开放、新型国际离岸贸易、数字人民币等国家级改革试点稳步推进。已累计实现“本土策源”制度创新107项，14项制度创新获评浙江自贸试验区“最佳制度创新案例”，27项改革成果入选浙江自贸试验区标志性成果。跨境贸易投资高水平开放试点13项便利化举措已全部落地，成效领跑全国4个试点地区。

二是聚焦枢纽门户，开放“新枢纽”加速构建。充分发挥开发区、自贸区、保税区政策功能叠加优势，依托港口硬核力量和中东欧经贸合作示范区、跨境电商综合试验区、国家进口贸易促进创新示范区等开放平台功能，外向型经济发展不断“提档加速”。2021年，宁波舟山港完成货物吞吐量12.24亿吨，连续第13年保持全球前茅；完成集装箱吞吐量3107.9万标箱，继续位列全球第三。宁波舟山港集装箱航线总数突破300条，覆盖200多个国家和地区的600多个港口。新型离岸国际贸易规模达88.37亿美元，跨境电商进口210.42亿元，总量位居全国前茅，助力宁波成为首个跨境电商累计进口交易额超千亿的城市。

中国（浙江）自由贸易试验区宁波片区2020年8月获批，面积46平方公里，包括大榭片20.4平方公里、梅山片7.8平方公里、综保片17.8平方公里，拥有两个“千万箱能级”单体集装箱码头，集聚宁波经济技术开发区、宁波保税区、宁波大榭开发区、宁波北仑港综合保税区、宁波梅山综合保税区五个国家级开发开放平台。宁波片区承担“一枢纽、三中心、一示范区”的五大战略功能定位，即建设国际航运和物流枢纽，打造具有国际影响力的油气资源配置中心、国际供应链创新中心、全球新材料科创中心和全球智能制造高质量发展示范区。

三是突出特色优势，产业“竞争力”持续提升。挂牌以来，全力打造绿色石化、高端装备、汽车制造及零部件等优势产业以及集成电路、新材料、智能装备、新能源汽车等战略性新兴产业集群发展格局，累计签约重大项目63个，总投资超1800亿元，浙江LNG三期、梅山国际供应链创新综合服务平台等项目加快建设，累计培育国家级专精特新“小巨人”企业24家、国家级单项冠军示范企业11家。发挥数字经济引领制造业转型升级、构建制造业与服务业融合发展的重要作用，构建“产业大脑+未来工厂”新智造模式，灵峰产业集群示范园、芯港小镇“万亩千亿”新产业平台等一批重点数字经济园区加快建设，相继推出66云链、大宗易行等数字化应用平台。2021年，片区实现数字经济核心产业增加值186.9亿元，占GDP比重为7.8%。

宁波片区将立足功能定位，聚焦“创新制胜”工作导向和“国际开放枢纽之都”建设目标，突出特色优势、主动担当作为，以更大力度推进自贸试验区高质量发展，在国家构建新发展格局、省市新一轮扩大开放中勇挑重担，为浙江“两个先行”、宁波建设现代化滨海大都市贡献更多创新示范。

山东自贸试验区青岛片区

中国（山东）自由贸易试验区青岛片区于2019年8月获国家正式批复设立，实施范围52平方公里，全部位于国家级新区青岛西海岸新区，重点发展现代海洋、国际贸易、航运物流、现代金融、先进制造等产业。获批以来，青岛片区坚持以制度创新为核心，以可复制可推广为基本原则，总结形成226项创新案例，其中2项在全国复制推广、2项被国家自由贸易试验区工作部际联席会议简报刊发、29项在全省复制推广，片区先后获评中国十大最具投资价值园区、国际化营商环境建设十佳产业园区以及高质量发展改革创新十佳园区，根据评估结果显示，已成功步入全国自贸试验区第一梯队。

打造制度创新引领区

青岛片区突出国家战略、聚焦区域特色、坚持需求导向，深入开展制度创新，突破和先导效果明显。一是首创性突出，形成的226项制度创新举措中，79项制度创新成果为全国首创，5项制度创新落地全国首单业务，首创占比达到35%。二是系统集成性显著，45项制度创新举措聚焦港口国际中转疏运能级提升、20项制度创新助力人才服务优化、18项制度创新突出企业全生命周期服务，逐步形成了“由点到线、由线到面”的系统集成创新格局。三是差异化探索明显，锚定海洋经济、中日韩合作等差异化功能定位，形成创新成果超过30项，为差异化发展注入了强劲动能。

打造对外开放新高地

青岛片区立足自身区位优势，促进资源国际化流动、要素自由化集聚。一是外资外贸提质扩面。三年外贸进出口年均增速36.9%，是全国外贸进出口平均增速的3倍以上；实际利用外资年均增速58.6%，是全国实际利用外资平均增速的5倍以上。二是企业活力显著增强。三年累计新增企业主体2.5万个，是成立前总量的1.4倍；新增纳税主体1.23万个，是成立前总量的1.1倍；企业活跃度86%，比75%的非常活跃基准高出11个百分点。三是优势资源加速汇聚。新引进伊藤忠、欧力士等世界500强境内外投资项目50个，全区达到149个；RCEP国家累计投资项目312个，总额超过57亿美元。

打造高质量发展示范区

青岛片区加速推进动能变革，完善产业生态体系，逐步构建起具有特色的开放型现代产业新高地。一是现代海洋方面，组建国际海洋基因组学联盟，与国内外178个科研院所开展548个项目合作，海洋基因测序量居全球前茅；清原创新中心金卓化合物工业互联网平台覆盖180个国家150多万用户，位居全球第二。二是先进制造方面，建成全球首个5G+智能制造全连接工业园，卡奥斯智能工厂获评全国“2021工业互联网先锋榜TOP100”榜首，海尔中央空调、海尔洗涤电器荣获国家级智能制造示范工厂。三是航运物流方面，与世界700多个港口建立186条航线，16条国际班列线路可达20个国家49个城市，新开通至东盟区域的鲜品快线等航线26条。四是现代金融方面，深化“区税银”协同创新，首创出口退税“核实可视”+“信用赋能”，“自贸贷”“汇率避险”等金融创新举措惠企助企纾困。创新金融业务模式，落地国内首笔原油数字仓单质押融资、首笔新元融资互换，“货兑宝”平台获国家“区块链+贸易金融”创新试点。三年新增银行、保险等金融机构86家，基金总规模同比增长26%，加速构建多元联动衔接的金融服务生态。

福建自贸试验区

福州片区

2021年，福建自贸试验区福州片区新增企业4587个，注册资本总额613.83亿元，其中内资4548个，注册资本552.76亿元，外资39个，注册资本61.07亿元；全区新批外资项目36项，新批外资企业合同外资10.26亿美元；全区港口货物吞吐量6532.73万吨，集装箱吞吐量完成261.61万标箱。

在投资、贸易、金融、税务、事中事后监管、对台交流等领域推出2批70项创新举措，其中16项经省自贸办评估认定，全国首创11项；在中山大学发布的54个自贸（片）区2020-2021年度中国自贸试验区制度创新指数排名中，福州片区排名第十一，“分阶段办理建筑工程施工许可”案例入选中山大学“2020-2021年度中国自由贸易试验区制度创新十佳案例”。江阴港综保区正式通过验收，成为全国先行开展内外贸智能监管试点的综合保税区。

成功举办首届中国跨境电商交易会，跨境电商进出口销售额总额58.4亿元，同比增长87.71%。上线全国首个“5G产业服务平台”，建设全国首个搭载鸿蒙系统的智慧中控，“5G+智能交通”应用场景成为全省物联网应用标杆，物联网产业链产值达380亿元。发布第6批12个金融创新案例，率先开展本外币合一试点业务，落地全省首个本外币合一账户。率先开展台企迁入迁出“一窗通办”，办理首笔台企线上资本项目外汇收入结汇试点业务，开展“台商台胞金融信用证书”试点，解决大陆金融机构对台胞台企“信用不对称”问题。区内企业完成首票10万吨原油非国营贸易进口业务。完成首单二手车出口业务和首单国六排放平行进口汽车业务。制定市场监管领域12类28项首次轻微违法行为不予行政处罚清单。建立涉自贸试验区民商事纠纷诉调仲执一体化机制，加强诉讼与调解、仲裁的程序衔接。

中国（安徽）自由贸易试验区自2020年9月24日揭牌以来，围绕国家赋予的战略定位目标，坚持“为国家试制度、为地方谋发展”，大胆试、大胆闯、自主改，突出“科创+产业”特色定位，建机制、抓重点、盯关键，建立健全信息发布、评估推广、项目推进三项机制，深入推进自贸试验区建设专项行动计划，改革开放试验田作用加快彰显。

中国（安徽）自由贸易试验区

CHINA (AN HUI)
PILOT FREE TRADE ZONE

两年来，《中国（安徽）自由贸易试验区总体方案》112项试点任务完成了91%；探索形成100多项创新案例，其中17项是全国首创；累计入驻企业2.5万家、实际利用外资11亿美元、实现进出口2993亿元、税收收入579亿元，以不到全省千分之一的面积，贡献了全省约26%的进出口额、10%的实际利用外资、4%的新设企业、7%的税收收入；区内实有“四上企业”1742家、两年增加527家；营业收入过百亿企业14家、两年增加6家；高新技术企业1918家，占全省总量的16.9%，两年增加456家。

中国（重庆）自由贸易试验区挂牌四年多来，深入贯彻国家提出的营造良好政治生态，坚持“两点”定位、“两地”“两高”目标，发挥“三个作用”和推动成渝地区双城经济圈建设等要求，全面落实决策部署，在政府的坚强领导下，准确把握新发展阶段，深入践行新发展理念，积极融入新发展格局，切实担当新发展使命。

聚焦开展差异化探索。立足通道优势开展差异化探索，依托中欧班列和西部陆海新通道，在全国率先开展以铁路运单物权化、多式联运“一单制”为重点的陆上贸易规则探索。持续强化改革创新释放政策红利，累计培育重点制度创新成果88项，其中7项创新成果向全国复制推广，66项创新成果在全市复制推广。

中国（重庆）自由贸易试验区

聚焦推动川渝协同联动。两省市研究部署关键改革举措和重点建设任务，将川渝自贸试验区协同开放示范区建设写入两省市“十四五”规划和政府工作报告。强化目标、领域、政策、产业、机制和时序“六个协同”，加大重点领域开放力度。

聚焦优化营商环境。优化监管机制，实施“证照分离”改革和“基层注册官”制度，企业开办时间压缩至1个工作日以内。打造大数据监管平台，构建以信用为核心的新型市场监管机制。创新政务服务，在全国率先推出“全程电子退库系统”，区内正常出口退税平均办理时间压缩至5个工作日内。

聚焦实现高质量发展。市场主体蓬勃发展，累计新增市场主体约6.4万户。外向型产业集聚明显，新设外资企业占全市比重20%，集聚了全市超1/4的进出口企业，贡献了全市超70%的进出口贸易总额。企业效益稳步攀升，规上工业企业营业收入占全市比重19.8%，高技术制造业营业利润同比增长177.4%，规上服务业企业营业收入占全市比重36.7%。

中国（陕西）自由贸易试验区

中国（陕西）自由贸易试验区于2017年4月1日揭牌，是西北地区唯一的自由贸易试验区。总面积119.95平方公里，涵盖中心片区、西安国际港务区片区和杨凌示范区片区。五年来，陕西自贸试验区建设取得丰硕成果，引领高质量发展作用不断彰显，全面改革开放试验田、内陆型改革开放新高地、“一带一路”经济合作和人文交流重要支点的战略目标加快实现。

制度创新成果丰硕。《总体方案》明确的165项试点任务全面实施，累计形成创新案例622项，“多元化农业保险助推现代农业发展”等31项制度创新成果在全国复制推广，83项制度创新成果在全省复制推广，有力促进陕西产业聚集、协同发展、服务国家战略等各项工作。

营商环境持续优化。在全国率先推出“微信办照”等创新举措，“一带一路”国际商事法律服务示范区加快建设，贸易便利化水平加快提升，西安跨境贸易指标获评全国标杆称号，金融服务实体经济成效显著，区内落户金融机构326家。2021年自贸试验区货物进出口总额3375.3亿元，占全省的70.9%。

优势产业加快聚集。新设市场主体11.25万家，其中新设企业7.38万家（含外资企业786家），形成了以电子信息、高端装备制造、航空航天、生物医药、人工智能、会议会展等为代表的重点产业布局，临空经济、文体旅游、医疗健康等新兴产业加速发展，种业、农机装备制造、食品工程等农业特色产业规模不断壮大。

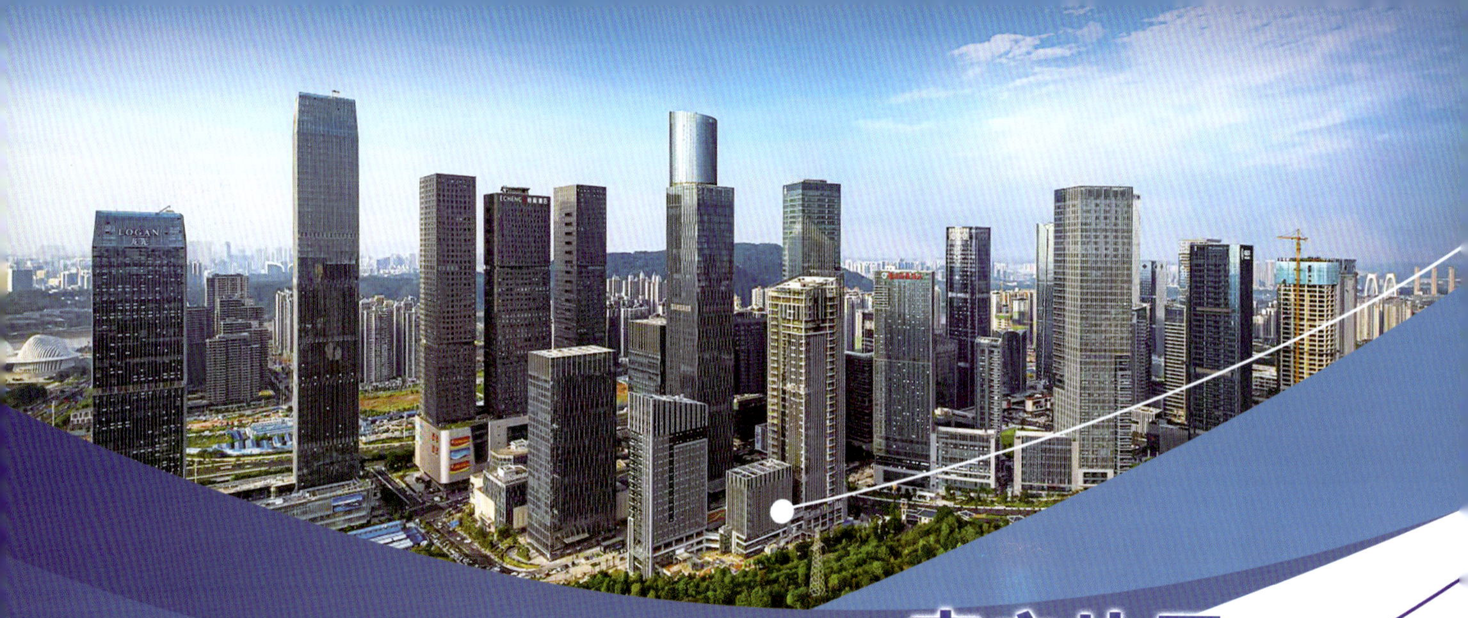

中国（广西）自由贸易试验区 南宁片区

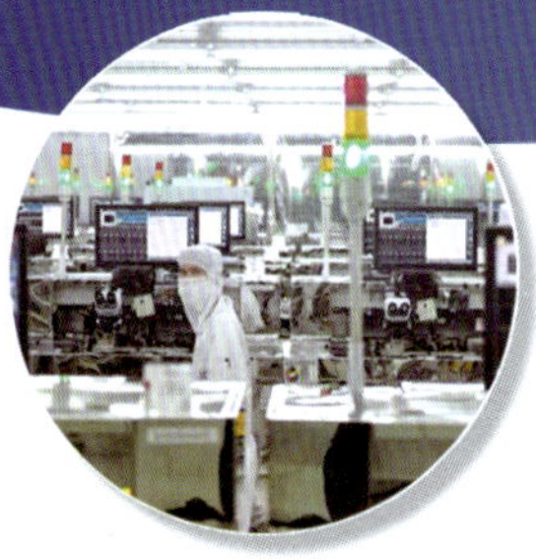

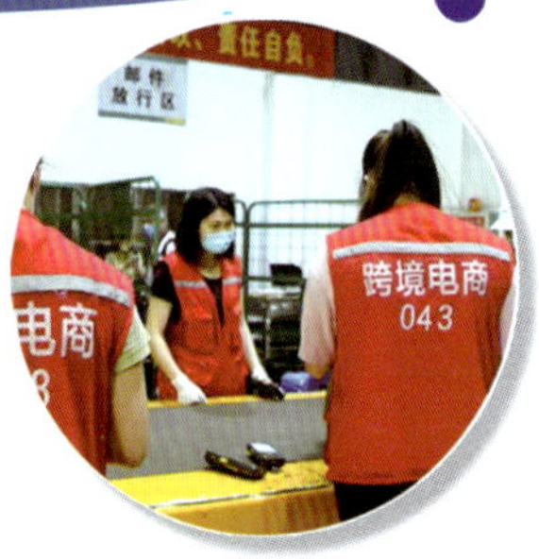

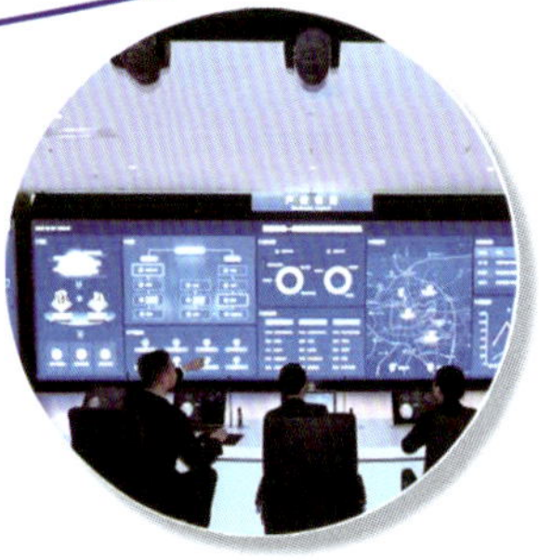

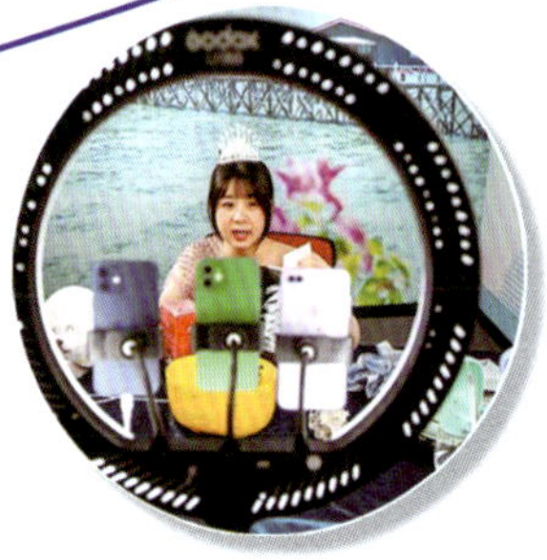

中国（广西）自由贸易试验区南宁片区，实施范围46.8平方公里，全部位于广西首府南宁市邕江之南、承载着“再造一个新南宁”历史重任的五象新区核心区，涵盖了中国（广西）自由贸易试验区、广西建设面向东盟的金融开放门户、中国—东盟信息港、西部陆海新通道重要节点、南宁综合保税区、中国（南宁）跨境电子商务综合试验区、南宁市国家加工贸易产业园等多重国家级开放平台。

2019年揭牌以来，南宁片区坚持“政策为大、项目为王、环境为本、创新为要”，累计新增企业超4万家，实际利用外资、外贸进出口总额年均增速分别为197.76%、37.49%；改革试点任务实施率达100%，累计形成104项制度创新成果，其中，全国首创21项，制度创新指数连续三年位列全国同批19个片区前5名。累计入驻全球最具价值品牌百强12个，世界500强企业43家、中国500强企业33家、金融机构（企业）365家。

南宁片区按照“大胆闯、率先试、自主改”的要求，全力推进改革创新，推动开放型经济高质量发展，发挥多重平台叠加效应，着力打造广西面向东盟高水平开放的重要窗口，抢抓RCEP红利，打造中国与东盟全面合作的示范区；聚焦推动生产性服务业向专业化和价值链高端延伸，重点发展现代金融、数字经济、智慧物流、总部经济、楼宇经济、科技服务、人力资源等服务业态，打造引领广西首府高质量发展的现代服务业集聚区，推动南宁片区成为中国企业走向东盟市场和东盟企业进入中国大陆的产业投资聚集地、贸易往来结算地、科技创新支撑地。

南宁片区前景广阔，诚挚欢迎到南宁片区参观考察、投资兴业，南宁片区将竭诚提供一流的优质服务，共享发展机遇、共享发展成果。

投资热线： 0771-4952310（发展改革和投资促进局）
0771-4919313（新经济发展局/金融创新局）
0771-4919309（南宁片区自贸办）

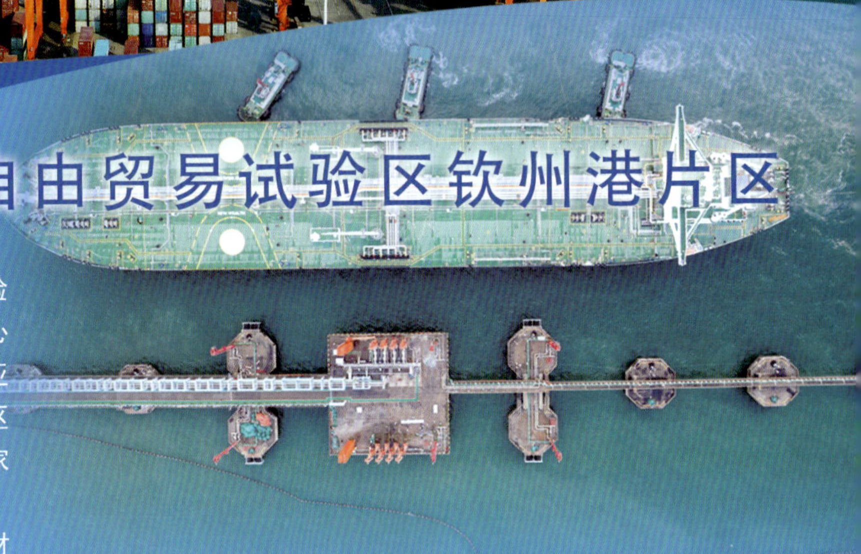

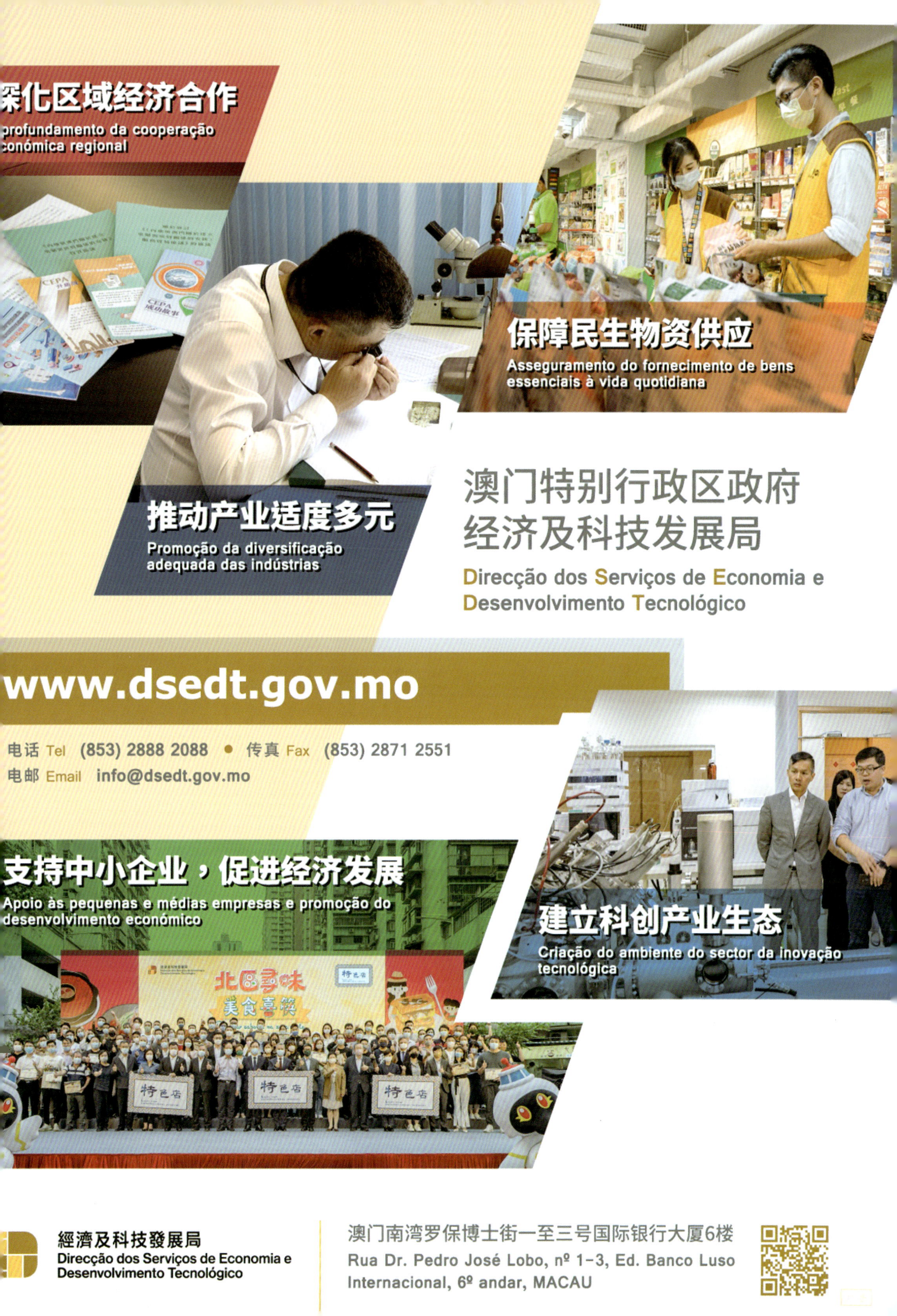

深化区域经济合作
profundamento da cooperação
conómica regional
保障民生物资供应
Asseguramento do fornecimento de bens
essenciais à vida quotidiana
推动产业适度多元
Promoção da diversificação
adequada das indústrias
澳门特别行政区政府
经济及科技发展局
Direcção dos Serviços de Economia e
Desenvolvimento Tecnológico
www.dsedt.gov.mo
电话 Tel (853) 2888 2088 • 传真 Fax (853) 2871 2551
电邮 Email info@dsedt.gov.mo
支持中小企业，促进经济发展
Apoio às pequenas e médias empresas e promoção do
desenvolvimento económico
建立科创产业生态
Criação do ambiente do sector da inovação
tecnológica
特色店
經濟及科技發展局
Direcção dos Serviços de Economia e
Desenvolvimento Tecnológico
澳门南湾罗保博士街一至三号国际银行大厦6楼
Rua Dr. Pedro José Lobo, nº 1-3, Ed. Banco Luso
Internacional, 6º andar, MACAU

中国（江苏）自由贸易试验区 苏州片区

CHINA (JIANGSU) PILOT FREE TRADE ZONE SUZHOU AREA

苏州片区位于苏州工业园区内，2019年8月获批设立，实施范围60.15平方公里，占江苏自贸区一半以上。设立三年来，苏州片区大胆试、大胆闯、自主改，改革创新取得丰硕成果，正加速成为制度创新活跃、开放底色鲜明、产业优势突出、创新动能强劲、营商环境优越的自贸片区，形成160余项制度创新成果，其中，6项在国家层面复制推广，31项在江苏省示范推广，106项经验供联动创新区复制推广；累计新增市场主体25385户，新设外资企业744户，进出口总额超1.5万亿元。

高水平开放迈出新步伐

全省首个外商独资经营性职业技能培训机构（蛇牌学院）

全国首创开展长三角一体化布控查验协同试点

全国首创“关证一链通”保税货物公证辅助销毁处置模式

全国首创政府采购线上供应链融资模式

QFLP叠加QDLP金融开放“双向道”，助力股权投资跨境业务创新

累计形成制度创新成果36项

国际化创新增添新动能

全省首家科技要素交易中心

全省首家高层次人才服务中心

全省首家游戏企业服务中心

全省首家国际人才融合服务中心

全国首创产业人才国际职业资格比照认定职称改革

全省首创“拨投结合”优化科技资金使用管理模式

累计形成制度创新成果40项

高端化产业实现新跨越

全国率先推动研发或临床试验用对照样品登记管理制度（研易购）

全国首创沪苏临床试验协同机制

全国首创自产医疗器械出口产品进境保税维修

全省首批MAH（药品上市许可持有人）制度

全国率先开展进口研发（测试）用未注册医疗器械分级管理（研易达）

累计形成制度创新成果29项

现代化治理树立新样板

全国首创省优化营商环境条例立法支持政府投资基金协议转让退出

全省首创人脸识别+云签评标模式

全国率先探索将电子营业执照应用于招投标领域

全国首个在地方法院设立的国际商事法庭

累计形成制度创新成果56项

中国（江苏）自由贸易试验区 南京片区

中国（江苏）自由贸易试验区南京片区（以下简称南京片区）2019年8月获批设立，规划实施范围39.55平方公里，位于国家级南京江北新区范围内，以发展集成电路、生命健康和现代金融等产业为重点。获批以来，南京片区依托“双区叠加”，在产业协同创新、人才管理服务、贸易新业态培育、知识产权运营等方面形成160多项制度创新成果，集成电路、生物医药等新兴产业保持快速增长，国内集成电路设计十强企业已有半数落户片区，全国排名前20的基因检测公司1/3在片区集聚。开放创新取得扎实成效，落地国际化创新合作项目100多个，集聚海外高层次人才与归国留学人员1万余人，首创“互联网+金融+知识产权”服务模式，服务科技企业近6000家。

南京片区基因大厦和中国（南京）知识产权保护中心

南京集成电路培训基地

南京片区产业技术研创园

南京江北新区国际人才服务中心

南京江北新区生物医药公共技术服务平台

中国（江苏）自由贸易试验区 连云港片区

CHINA (JIANGSU) PILOT FREE TRADE ZONE LIANYUN GANG AREA

中国（江苏）自由贸易试验区连云港片区位于江苏省连云港市境内，实施范围20.27平方公里。片区由3个区块组成，其中市开发区区块14.84平方公里、连云区区块1平方公里、港口区块4.43平方公里。

连云港片区围绕国家赋予的建设亚欧交通枢纽、集聚优质要素开放门户和“一带一路”交流合作平台功能定位，深耕口岸班列功能，推进通关贸易便利化改革，获批三年来，自贸红利持续释放，改革活力不断激发，连云港自贸片区正着力打造开放和创新融为一体的改革新高地。

港口核心地位彰显

“千万标箱、东方大港”建设拉开序幕，连云港港被确定为国际枢纽海港、航空口岸扩大开放正式获批。

制度创新成果丰硕

累计形成制度创新成果121项，其中26项全省复制推广，2项入选长三角自贸试验区联盟推荐案例。“船车直取”零等待、“保税+出口”集装箱混拼等5项获国家备案、认可，多式联运相关工作经验获国家简报刊发推介。

市场主体活力激发

企业数超1.6万家，较获批前增加13倍。累计实际利用外资6.7亿美元、累计外贸进出口总额452.4亿元，分别占全市同期的17%、20%。

北京市懋隆国际艺术品贸易有限公司

北京市懋隆国际艺术品贸易有限公司（以下简称“懋隆国际”）是由北京懋隆文化产业发展有限公司投资设立的全资国有企业，懋隆文化隶属于北京祥龙资产管理有限公司。懋隆国际成立于2020年11月，注册资本金3000万元人民币，注册地址为北京市顺义区金航东路3号院26号楼，办公楼面积2038.72平方米。

懋隆国际公司业务包括：依托天竺综保区功能政策及基地资源优势，开展以珠宝首饰、手表、古董收藏及艺术品为主要载体的保税展览、展示、拍卖和文化交流活动；提供珠宝、艺术品设计研发、加工销售、运输保险、物流仓储、国际结算和售后等全方位产业链服务。为保税等现代服务贸易提供保税商品的展览展示平台，开展保税业务检测等外经外贸服务业务。未来希望通过懋隆国际的运作，实现保税进口商品在保税库内的展览、展示、拍卖，同时可以做到押保出库展示、展览，扩大保税产品的流动性，释放较大的经济利益。

懋隆国际致力打造国际有色宝石交易中心，促进全球珠宝产业链上下游资源落户天竺综合保税区，以点带链，带动珠宝全产业链在北京的发展，激发市场潜力，促进珠宝产业形成国内国际双循环相互促进的新发展格局，提升北京市贸易便利化水平，助力“两区建设”发展。

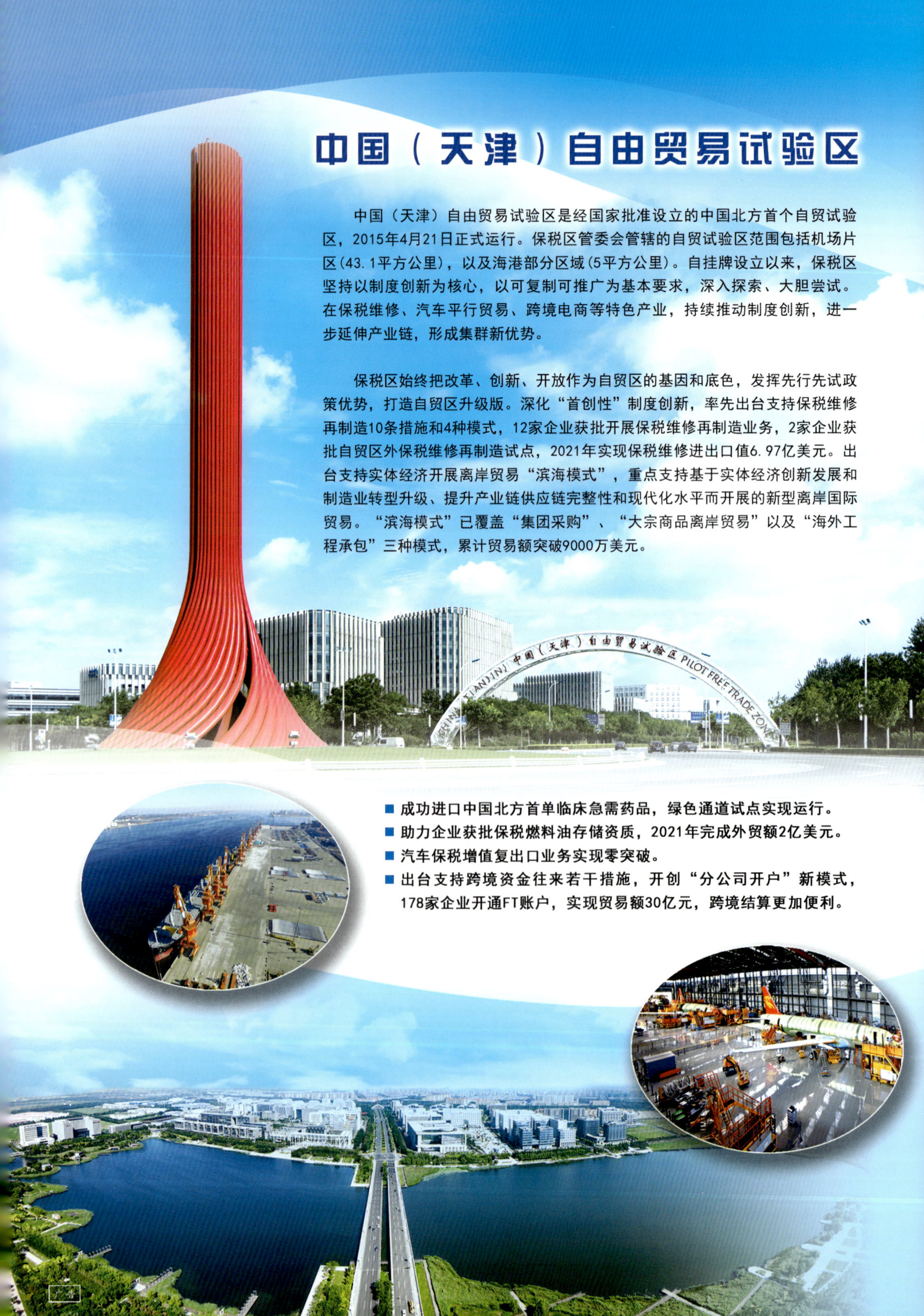

中国（天津）自由贸易试验区

中国（天津）自由贸易试验区是经国家批准设立的中国北方首个自贸试验区，2015年4月21日正式运行。保税区管委会管辖的自贸试验区范围包括机场片区(43.1平方公里)，以及海港部分区域(5平方公里)。自挂牌设立以来，保税区坚持以制度创新为核心，以可复制可推广为基本要求，深入探索、大胆尝试。在保税维修、汽车平行贸易、跨境电商等特色产业，持续推动制度创新，进一步延伸产业链，形成集群新优势。

保税区始终把改革、创新、开放作为自贸区的基因和底色，发挥先行先试政策优势，打造自贸区升级版。深化“首创性”制度创新，率先出台支持保税维修再制造10条措施和4种模式，12家企业获批开展保税维修再制造业务，2家企业获批自贸区外保税维修再制造试点，2021年实现保税维修进出口值6.97亿美元。出台支持实体经济开展离岸贸易“滨海模式”，重点支持基于实体经济创新发展和制造业转型升级、提升产业链供应链完整性和现代化水平而开展的新型离岸国际贸易。“滨海模式”已覆盖“集团采购”、“大宗商品离岸贸易”以及“海外工程承包”三种模式，累计贸易额突破9000万美元。

- 成功进口中国北方首单临床急需药品，绿色通道试点实现运行。
- 助力企业获批保税燃料油存储资质，2021年完成外贸额2亿美元。
- 汽车保税增值复出口业务实现零突破。
- 出台支持跨境资金往来若干措施，开创“分公司开户”新模式，178家企业开通FT账户，实现贸易额30亿元，跨境结算更加便利。

中国（湖南）自由贸易试验区
长沙片区雨花区块

ZHONGGUO (HUNAN) ZIYOU MAOYI SHIYANQU
CHANGSHA PIANQU YUHUA QUKUAN

2020年9月，中国（湖南）自由贸易试验区正式揭牌，中国（湖南）自由贸易试验区长沙片区雨花区块（简称“雨花区块”）总面积5.17平方公里纳入其中。雨花区块叠加中非经贸深度合作先行区核心区、中非经贸博览会、市场采购贸易方式试点等国家战略优势，坐拥“六位一体”立体交通，立足打造内陆地区改革开放高地。

雨花区块坚持贯彻新发展理念，以构建新发展格局为目标，不断强化政策、金融、人才、招商引资、物流仓储、政务服务等六大要素建设。一是聚焦政策支撑，争取中非经贸深度合作先行区核心区政策支持，打造自贸区创新高地和中非经贸政策洼地。二是聚焦金融支撑，引进国际供应链金融企业，打造融资租赁集聚区；助推银企合作，助推长沙国贸集团、湖南财盛、雨非产投供应链金融平台发展，为企业提供供应链金融服务。三是聚焦人才支撑，推进非籍人员来湘工作出入境便利化，全方位培养、引进、用好人才，打造人才高地。四是聚焦招商引资，锚定对非贸易100强、对外贸易200强企业，搭建好招商平台，充分利用平台招商。五是聚焦物流仓储，充分利用湘粤非铁海联运、湘沪非江海联运、湘非空中直运，畅通对非贸易物流通道；加强与磨憨口岸、钦州港的合作，为企业提供RCEP物流通道支撑；争取中欧班列运力，畅通对欧物流通道；推动非洲海外仓建设，配套保税仓、分割仓建设，为企业提供仓储支撑。六是聚焦政务服务支撑，大力优化营商环境，合理规划土地空间利用，为项目落地、企业入驻提供土地要素支撑。

2022年1-10月，自贸雨花区块预计完成外贸进出口总额115亿元、增长40.4%，其中对非贸易预计完成23亿元、同比增长7倍以上。2022年11月，雨花区获评国家进口贸易促进创新示范区，为湖南省独享。雨花区块将以此为契机，在贯彻新发展理念、服务构建新发展格局、推动贸易高质量发展中当好排头兵。

中国（浙江）自由贸易试验区舟山片区

自挂牌以来，浙江自贸试验区舟山片区按照国家赋予的“打造以油气为核心的大宗商品资源配置基地”战略定位，坚持大胆试、大胆闯、自主改，深化国际油气交易中心、国际油气储运基地、国际石化基地、国际海事服务基地、大宗商品跨境贸易人民币国际化示范区等“一中心三基地一示范区”建设，走出了一条以油气全产业链为特色的“无中生油”差异化发展道路，目前已经形成了十大标志性成果。

一是建成了全国最大、单体全球前列的石化基地之一，形成年4000万吨炼油、1180万吨芳烃、420万吨乙烯生产能力。二是建成了全国最大的油品储运基地之一，目前累计油品储存能力超3500余万方。三是建成了名列全国前茅的油气贸易港，集聚油气企业超1万家，累计实现油气贸易额1.9万亿元。四是建成了全国重要的大宗商品储运基地，油气、铁矿石、粮食年吞吐量分别达1.32亿吨、1.78亿吨、3660万吨，成为亚洲最大的铁矿石混配基地之一。五是建成了全球第五大国际船加油港，保税船用燃料油年供应量达552万吨。六是在全国率先发布了低硫油价格指数，推动我国首次在保税船用燃料油加注领域应用自己的价格指数。七是建设了名列全国前茅的LNG接收中心，LNG接收能力1000万吨/年，占全省50%以上。八是开放口岸数量位居全国前列，累计达59个，开放总面积达1457.3平方公里。九是建成了全国首个船舶进出境无纸化通关口岸，口岸通关效率保持全国领先。十是连续五年举办世界油商大会，搭建了“世界油商大会”这一国际油气产业合作平台。

澳门

粤港澳
大湾区
内地九市

葡语国家
重点城市

投资E道
网站正式上线！

向投资者提供实用的投资资讯

投资E道

语音朗读
以普通话、粤语、葡语或英语，朗读网站内容。

模拟计算器
提供各类税项及相关费用计算，例如成立公司费用、职业税及所得补充税等。

线上客服
智能客服：自动回覆查询，并设留言信箱。
人工客服：办公时间连接人工在线客服，专人解答查询。

电子表格
提供成立公司、各类准照或牌照等申请表格，部份支援线上递交申请。

视频播放
包含投资环境介绍、成功案例、会展活动等影片。

高级搜寻
支援中文、葡文及英文的高阶搜寻功能，助用户快捷、准确地找到所需资讯。

澳門貿易投資促進局
Instituto de Promoção do Comércio e do Investimento de Macau
Macao Trade and Investment Promotion Institute

四是数据云端自动备份及数据分析。数据享有独立的私有云端存储器，支持称重历史数据、设备历史故障、日志记录等数据的读取以及大数据分析等功能。通过完善视频监管体系、建立健全衡器管理体系以及新旧衡器数据比对，逐步实现无人值守功能。

实践效果：

一是实现集约化管理。采用物联网技术的汽车衡称重管理系统，可以实现通过一台移动监管设备监管几十甚至上百台衡器，通过网络将检验信息实时回输，实现快进快出。传统汽车衡需要检验人员全天 24 小时在岗监督衡重，而采用物联网技术升级过的汽车衡可以通过手机端或者 PC 端的监管程序对实时过衡状态进行监管，突破时间和空间的局限性，解放人力。

二是压缩通关时长。检验完成的汽车衡数据，通常由现场监管人员带回核算后才能放行，无法做到数据实时回传，客观上制约着流程时限的压缩。采用物联网技术升级过的汽车衡，能够在全批衡重完成后立即将过衡数据回传到 PC 端，大幅节约等待时长约 24—48 个小时，能够真正有效地做到检验一批、放行一批。

三是降低企业运营成本。截至目前，大连片区辖区内主要场站计量室所用汽车衡均为国外厂商生产的 SCS 系列汽车衡，成本高达数十万，后期维护费用几万到数十万不等，采用国内自主领先的衡器物联网技术，大大降低企业运营成本。

案例 19：保税仓储平行进口汽车区外展示新模式

为积极落实国务院关于促进综合保税区高水平开放高质量发展的部署，按照先行先试、风险可控、稳步推进的思路，大连片区联合大连海关所属大窑湾海关，以企业需求为导向，创新“保税展示+税款保证保险”监管模式，允许在海关特殊区域外进行保税仓储的平行进口汽车展示，支持平行进口汽车健康发展。

主要做法：

保税展示交易是指经海关注册登记的海关特殊监管区域内企业，将海关特殊监管区域内保税货物凭保后运至区域外进行展示和销售的经营活动。以往及其他口岸模式是以银行保函的方式做担保，银行要对企业资质进行严格的审查后，给予企业一定授信额度，在额度范围内，可以给予担保，但是一般的车企很难通过银行的资格审查；以保证金的方式做担保，企业要向海关缴纳税款等额保证金。

针对企业办理银行保函困难、缴纳保证金占用流动资金的问题，大窑湾海关通过指导企业办理关税保证保险来解决。关税保证保险是一种新型的税款担保方式，除失信企业外，各种规模和类型的企业均可办理这项业务，它不需要授信，也无须抵押，更不用缴纳风险担保金，公司在保险公司完成投保后，凭借《关税保证保险单》，实现货物担保放行。企业在货物通关时，凭借保险公司出具的“一张保单”即可享受“货物先放行，税款后缴纳”的通关便利。并且企业还可以用关税保证保险办理汇总征税总担保。

实践效果：

一是节省企业运营成本。以首票保税出区展示的进口轿车“林肯领航员”为例，该车市场售价约为 110 万人民币，综合税率为 45%，税款约为 50 万元人民币。以保证金的方式做担保企业要缴纳 50 万元人民币，而以税款保证保险的方式做担保，企业仅向保险公司缴纳保险期限为两个月的保险费用，共 1 550 元用于税款担保，待车辆实际销售时，再补交税款即可。税款保证保险担保方式可以为企业缓解约 45%的资金压力。目前，已经保税出区展示车辆 17 台，涉及税款约为 500 万元人民币，为企业节约运营成本 500 余万元。

二是拓展企业销售渠道。平行进口保税仓储汽车除已出区在大连市展示外，其他展示地区有成都、南宁、武汉、长沙四个地区，通过出区展示业务的开展支持企业“走出去”，可以进一步开拓内地市场，延伸产业链条。

三是增强了消费者的终端体验感。平行进口汽车保税展示业务的开展不仅为经营平行进口汽车企业缓解了资金压力，降低了企业的运营成本，更为消费者带来了直接的利益。同时将保税平行进口汽车直接展示在消费者眼前，有利于消费者将其与其他非保税车辆进行直观比较，增强了消费者的终端体验感。

案例 20：边检“零送单”制度创新举措

为深入贯彻落实习近平总书记“改善贸易自由化便利化条件，切实解决进口环节制度性成本高、检验检疫和通关流程烦琐、企业投诉无门等突出问题”指示精神，大连片区与大连大窑湾出入境边防检查站合作，推出“出港边检‘零送单’制度创新举措”。在全面做好疫情防控的基础上最大限度保障口岸通关效率，提高大窑湾保税港区运营效率、降低企业运营成本、提升大窑湾口岸竞争力等方面作出了积极示范作用。

主要做法：

大窑湾边检站建于 1992 年，地处大连片区核心港区——大窑湾保税港区，现有集装箱、散粮、汽车、北良、石化等 5 个码头和 33 个在用泊位，已与日韩、东南亚、欧美、中东、非洲等 160 个国家和地区的 300 多个港口通航。大窑湾边检站承担着全东北地区 98.5%的集装箱和 100%的汽车货运的进出口国际航行船舶及员工的出入境边检和口岸监管任务，同时肩负着打击贩毒、走私、偷渡，维护口岸秩序，保障沿海安全的繁重任务。2020 年，受新冠肺炎疫情影响，空、陆运输通道受阻，海上运输成为我国对外贸易交流的主要通道。

推进“零送单”制度创新，全面优化口岸通关环境，对标《国家移民管理局关于出台服务促进长三角航运枢纽建设十项措施》，持续深化移民管理领域“放管服”改革，着力创新大窑湾口岸移民管理领域通关服务举措。

一是简化通关手续办理。推行国内移泊“零送单”，对在大窑湾口岸转港国内的国际航行船舶，边检机关对在国内港口间移泊的外籍船舶，经审核船舶代理网上申报信息无误后，办理手续时免查船员出入境证件、免收纸质申报单证，提高港口运营效率。

二是实行网上办理边检行政许可。对登轮、搭靠等边检行政许可的申请、审批和签发，全面实行网上办理，明确临时行政许可 12 小时内、长期行政许可 5 个工作日内签发完成的办结时限，力争实现服务对象“一次不跑”。

三是提供优质服务。设置 24 小时常备服务力量，国际航行船舶入出大窑湾口岸，全年 365 天、全天 24 小时做到边检手续随到随办。

实践效果：

一是提升通关业务办理效率。此改革措施自 2020 年实施起，平均压缩外贸船舶非作业等待时间近 30 分钟，平均节约船舶办理边检手续时间近 1 小时，平均节约船舶代理多次穿梭联检单位所需路途近 10 公里，促进船舶通关效率进一步提高，大大提升了大窑湾保税港区运营效率、人员流动效率、降低企业运营成本、提升大窑湾口岸竞争力。此举措通过强化边检机关主责主业，优化外贸船舶固化的查验环节，可有效解决航运企业在船期作业、代理人员在手续办理等方面的诉求。以 2020 年为例，辽宁省海港口岸办理出入港船舶 6 200 余艘次，提升全省海港口岸近 50%的外贸船舶通关效率，节约船舶办理边检手续时间近 6 200 小时，促进船舶通关效率和码头泊位利用率实现“双提升”。

二是新冠肺炎疫情影响下，出入境数据逆势上涨。2020 年，大窑湾边检站验放出入境（港）船舶 6 564 艘次，较 2019 年同比上涨 3.71%；验放出入境（港）人员 125 483 人次，较 2019 年同比上涨 2.27%。数据反映出，大连片区实现了逆势上扬，保持了高发展态势。

案例 21：银行开户“先推后用”模式

为全面实施《营口片区打造营商环境市场满意

度品牌建设行动方案》，切实优化营商环境，更大限度释放市场活力，营口片区协同中国银行共同推进企业开户流程优化，推出区内企业银行开户“先推后用”模式。该模式充分运用辽宁政务服务网“一网通办”服务，通过先向企业推送账户账号（账户状态不收不付），后对企业进行身份识别，优化企业开办经营“最后一公里”，探索企业开户便利化服务。

主要做法：

为满足企业工商登记后的洽谈、签约等实际经营需求，营口片区联合中国银行共同推动企业开户流程优化，推出区内企业银行开户“先推后用”模式，全面梳理银行账户开户事前、事中、事后办理流程，优化银行开户服务，切实解决企业“急难愁盼”的现实问题。

（一）事前：打通壁垒，实现银行与市场监督系统的合作

为解决“一网通办”流程中无法直接生成银行账户号的问题，中国银行面向营口片区新设企业提供预约、预留银行账户账号服务，线上汇总账户预留信息至辽宁政务服务网数据库，通过辽宁政务服务网“一网通办”平台直接分配给预约开户企业，并推送至税务、社保、住房公积金管理等部门（此时账户状态为不收不付）。

（二）事中：流程优化，结合企业资质差异化实施尽职调查

营口片区与中国银行根据企业实际需求，在不增加银行开户前置环节和审批风险的情况下，实行“先推后用”业务模式，由银行主动对接有实际开户需求的企业，在满足反洗钱有关法律法规要求的前提下，为企业提供便捷高效的开户服务。

先推：企业通过一网通办办理开立，经登记、审批后可直接获得企业银行账户号，并同步到税务、社保等信息中，满足了企业项目洽谈、签约等运营需求。

后用：企业获得银行账户号后，银行主动联系企业对接开户需求，实现企业即来即办。企业到银行网点进行客户身份识别后，账户柜面状态由不收不付变为正常可用。

中国银行根据企业情况采取差异化尽职调查程序，在开户过程中，银行综合研判企业资质、经营状况、风险评估等情况，对开户企业采取有针对性的身份识别措施。对确需上门核实的，将与企业确认实际经营地址，并联系当地银行网点，执行客户身份识别。

（三）事后：政银联合，有效管控账户风险

面对企业需求，中国银行在企业办理开立手续时可直接获取账号，并将按照分类分级管理制度，设置与企业客户身份核实程度、账户风险相匹配的账户功能，包括开通网银等非柜面业务，并根据客户正常合理需求或临时需求，完成交易渠道、交易频率、交易限额等方面的动态调整，实现账户服务优化和管住账户风险两大目标。

同时，营口片区对企业主体、企业资质以及其他基本情况一并开展调查。通过跟踪企业税收、社保等政务数据及企业经营情况实时监控企业潜藏风险，一旦发现异常数据或异常活动，将第一时间知会银行，共同做好风控工作。

实践效果：

营口片区与中国银行通过加强与省市场监管部门的联系，完善“一网通办”中企业开立流程，有效提升了企业开户便利化程度。

一是便利企业开办经营，破除“准入不准营”。“先推后用”模式可直接在系统中生成企业的银行账户账号，有效解决中小企业开户难问题，节约了企业的时间与资金成本，激发市场活力。

二是打通信息壁垒，畅通搭建政银企三方合作桥梁。“先推后用”模式以优质高效的金融服务，畅通了行政审批“最后一公里”，为实现信息互通、金融助企、科技赋能、管理创新等目标提供动力与依托。

三是建立了账户开立事前事中事后全链条风险管控机制。根据账户分类分级管理制度的要求，实行银行开户“先推后用”模式能够在便捷高效为企

业提供开户服务的同时，通过交易监测和风险分析，动态调整账户交易渠道、交易频率、交易限额，建立全链条风险管控机制。截至2021年8月底，银行开户“先推后用”模式已为65户企业提供了便捷服务。

案例22：“税事通”工作室新机制

沈阳片区改革传统诉求管理工作机制，打造“税事通”工作室，精准把握市场主体需求，构建诉求管理工作新格局，由“单兵作战”向“联合作战”转变，由“专职负责”向“专业团队”转变，由“解答问题”向“解决问题”转变，从而保证了企业诉求和疑难能够随时找到人，一站一次能解决。

主要做法：

沈阳片区通过打造“税事通”工作室，解决传统工作机制下诉求处理反复沟通、效率低下、针对性不强的问题，由专家团队进行专线沟通、专人解答、专区服务，精准高效一站式一次性解决市场主体诉求。进而通过对常见问题归纳分析，向纳税人精准推送，形成闭环管理机制。在此基础上，“税事通”工作室实现了“六有六能”：即沟通方式有多种选择，需求管理有数据分析，办理业务有转办衔接，疑难咨询有团队支撑，宣传辅导有精准推送，诉求办理有快速反应，能说能听能看能问能办能查。

（一）搭建全方位服务平台，一站式全能服务

“税事通”工作室包括三大板块，即智能呼叫中心、线上互动平台、线下沟通交流。

智能呼叫中心设置专家坐席6个，36名专家轮流值班负责接听咨询电话、受理预约事项、办理信息录入等事项，并实现来电自动弹屏、通话全程录音、语音自动应答、业务分类统计、常见问题共享、满意度调查、短信服务等功能，专家根据来电弹屏功能显示的信息，精准了解来电需求，有针对性地进行解答。

线上互动平台纳税人端设置了手机应用程序版和电脑PC版，涵盖17个功能模块，由专家与纳税人线上全面互动，“智能咨询”模块7×24小时全天候自动解答；“税费事项快办”模块实现税费种认定、实名办税人员关联、税库银扣款、电子税务局密码重置等14项常见税费业务线上快捷掌上办；“远程指导”模块专家通过远程协助可直观看到纳税人电脑端操作界面，精准指导纳税人操作；此外，专家还可在平台回复纳税人留言、推送最新政策、视频解读政策、直播辅导政策等。

线下沟通交流由专家在专门区域与纳税人“面对面”答疑解惑。

三大板块互联互通，线上互动平台可转拨智能呼叫中心专家坐席，实现“一键切换”，辅之以线下办税场所零距离沟通，实现无障碍税企沟通，全方位一站式服务。

（二）打造全领域专家团队，一次性解决问题

倾力打造涵盖全税费种业务、办理流程、电子税务局实操等全领域、全精英团队，淡化个人所属部门的身份，协力聚焦纳税人诉求，推动税务专家由后台走向前台，诉求办理高质高效，一次性解决痛点、堵点、难点。全市复制推广了统一的“税事通”工作流程和工作标准，为解决纳税人痛点难点问题提供制度保障。

（三）实施全流程闭环管理，一体化考核监督

建立闭环管理工作机制，通过周报告、周抽测和周通报制度，统计分析每周电话接听人员数量、咨询数量和咨询问题分类等；通过拨打电话抽测工作室的接听率、语音规范性和准确率，对解答质量进行监督管理，对抽测结果进行通报；定期对咨询高频热点问题归纳汇总，找出在管理方面深层原因，完善制度机制，避免问题重复发生。

实践效果：

一是诉求办理质效明显提高。“税事通”工作室的专家团队作为“全科医生”和“亲善大使”，直接面对纳税人诉求，使复杂问题简单化。传统工作机制下，诉求处理的平均时长5个工作日，“税

事通”工作室实现了简单问题马上办，疑难问题“专家会诊”，全盘无死角处置当天的咨询诉求事宜，回访基本满意率达到100%。咨询电话接通难、部门或人员之间推诿扯皮等问题得以解决。

二是诉求回应更有针对性。税务专家和纳税人通过多渠道零距离的互动交流，为纳税人“量身定制”解决方案，让诉求的回应更贴合每个纳税人的实际，同时定期对咨询问题总结归纳，分期分类向纳税人推送高频问题，使“广而告之”“漫灌式”的政策宣传向“一户一策”的“点穴式”精准辅导转变。截至目前共发布各类热点税费政策问题4期共计246个。

三是纳税人满意度大幅提升。纳税人咨询不再担心“找人难、答复慢、反复跑”，诉求解决有效率、有个性、有质量，投诉量同比下降70%。在税务总局2020年组织的第三方纳税人满意度调查中，沈阳市税务局从2019年全国省会城市第23名升至第6名，排名上升17位。

案例23：数字化档案馆网上办税再升级

为进一步完善提升税务系统档案管理和应用水平，充分发挥档案信息在现代税收进程中的增值利用，推动沈阳片区税务改革创新，沈阳市税务局创新档案管理模式，筑牢档案管理基础，实现各类税务纸质档案电子化管理和数字化应用，助力新冠肺炎疫情期间沈阳片区及沈阳市实现“无纸化”“非接触式”办税和各项工作管理效能的大幅提升。

主要做法：

“数字化档案馆”定位为税务系统各类档案管理的核心和枢纽，是沈阳市档案管理的“司令部”和“指挥部”。通过打造“数字化档案馆”全面提升档案管理能力和应用水平。本着“历史档案数字化，新建档案电子化”的工作原则，通过建设数字化档案馆加强征管资料电子化管理，提高档案资料利用效率，对税收工作意义重大。

一是创新思路，全部档案实现电子化采集。通过文件扫描、图像处理等技术手段，将纸质载体的档案资源转化为数字化的档案信息，实现全市税务各类别档案电子化采集，全部纳入档案影像化管理。对于线下征管类纸质档案采用“前台审核采集、集中封箱归档、统一上架管理”的档案管理模式。

二是紧贴实际，整合优化档案管理新系统。开发了沈阳税务档案数字化管理系统，实现了各类资料采集、立卷、归档、调阅、迁移、销毁等全过程的数字化管理。以系统为支撑实现对征管档案资料“一次采集、实时监控、反复利用、信息共享”。新“数字化档案管理系统”在确保原有档案系统数据和管理功能基本保持不变的前提下，重点从扩大档案管理范围、完善系统功能、提升安全保密级别和技术升级等方面进行完善优化，建立起覆盖市税务局及下属各（县）局及派出机构和事业单位的集约化数字档案管理系统平台，创立了全系统电子税务档案集中存储、应用共享，建立档案资源统一集中管理新模式，实现了数字档案数据自动上传、接收、数字化加工、全系统搜索、实时调取、网站展示等多项功能。

三是突破创新，全力打造数字化档案馆建设。以数字化档案馆为载体，推动档案管理标准化、规范化、数字化建设。数字化档案馆是集档案数据存储、数字加工、纸质存放、功能展示、指挥调度等多功能为一体的档案管理场所。数字化档案馆建设是一项专业性强、要求标准高、安全保密要求严的工作。充分利用现有办公结构，本着节约务实的原则，合理规划数字化档案馆整体布局，建设既满足现代档案工作需求，又符合税收业务发展需要的功能先进的现代数字化档案馆。

四是全面保障，建立和完善相关工作制度。市税务局制定了《沈阳市税务局征管资料电子化管理系统推广应用实施方案》《国家税务总局沈阳市税务局征管资料管理办法》，明确了工作职责、规范了全市征管资料管理流程和管理制度；制定了完备的数字档案馆岗位职责，系统运行维护管理制度，机房、档案数字化加工场所管理制度，以及数字档案馆安全与保密管理制度等，全力为各类档案数字化工作保驾护航。

实践效果：

一是实现税务档案全业务域、全流程数字化管理。数字档案系统按全业务域进行梳理，对征管档案设计了1 007项涉税事项和3 614项审批资料，实现了税费业务全覆盖。按照业务流程环节对涉税资料实行清单管理，设置自动校验功能，确保资料完整性和准确性。截至2020年底，沈阳市各局通过数字档案系统，累计采集征管档案1 847 137卷，合计17 418 159页。对行政、财务、人事、政工等档案根据自身业务特点和需求进行了系统的配置和设计。

二是精简报送资料、实现一次采集终身享用功能。按照国家税务总局春风行动要求，重新梳理精简办税手续，减少各项报送资料128件，对同一纳税人提供的相同资料，实现办税资料一次采集、终身享用功能。成为全国税务系统中首家实现全部无复印件办税流程，在全国税务系统中率先完成契税档案一次性采集，大大节约了办税成本，提高了纳税人的满意度。

三是实现线上传递资料，审批流程无纸化。实现线上、线下档案资料统一管理，创新提出涉税事项无纸化审批流程工作理念，数字档案随着审批流程一起流转，各审批环节不再传递纸质资料；通过电子影像条形码与纸质资料建立对应关系，实现电子档案信息全市实时共享，联机跨区域实时查阅，让信息“多跑路”，让纳税人“少跑路”，打破了传统封闭式档案管理局面。

四是提高监管手段，加强事中、事后监督考核。加强事中监管，对已办理纳税审批的事项而未及时进行影像采集，或超期装盒上架的征管事项，档案系统自动提示待办信息，及时告知管理员进行档案的规范管理；加强事后监管，通过电子档案系统与核心征管数据比对，量化工作完成情况，科学设置指标，加强有效监管，提高征管质效。

五是夯实档案管理基础，提升各项工作效能。通过加强档案基础管理，有效推动各项工作的行政效能。档案管理的规范化、标准化、数字化将各项工作有效串联，将工作节点高效衔接、紧密结合，确保工作不断档、有透明、效率高，大大提升工作效能，节省工作成本。

案例24：税收优惠政策服务引导机制创新

充分发挥“互联网+税务”思维，积极创新税收优惠政策服务引导机制，沈阳片区税务局变“撒网宣传”为“精准引导”，切实解决纳税人对优惠政策不知晓、不敢享、不会享的问题，真正做到优惠政策应知尽享，将税收优惠政策“红利”释放到位。

主要做法：

（一）梳理分类推送，强化宣传引导

依据企业行业特点和经营特征，梳理了企业所得税优惠政策，按照科技创新、创业投资、节能环保、金融投资等分类对象归集出九类政策包，制作成“九宫格”二维码，针对不同类型纳税人进行精准推送，纳税人只需扫码即可了解匹配度较高的全部税收优惠政策内容，引导纳税人充分享受税收优惠政策。调整前，政策宣传的广泛性强而针对性弱，纳税人要在众多的政策中查找适用自己的享受；调整后，通过对优惠政策科学的分类，将适用的政策中高度关联的推送到适合的纳税人，从而实现从“人找政策”到“政策找人”的转变。通过制作政策辅导课件，录制微课堂视频、“纳税人学堂”等网络直播等模式对内向税务干部讲解政策，对外积极利用向纳税人宣传政策，全方位，多角度开展优惠政策宣传辅导，以便于帮助纳税人及时掌握和准确适用各项税收优惠政策。

（二）纵横联通推进，优化纳税服务

横向上，联合科技部门采取线上授课、现场答疑以及支部共建、税企共建等形式，推进高新技术企业、研发费加计扣除等科技创新税收优惠政策落实；通过政务公开“三进”活动、联合市工商联等宣讲小型微利企业所得税减免及延缓缴纳、固定资产加速折旧及一次性扣除等普惠性政策；前往市红十字会开展政策宣讲和工作调研，讲解新出台的支持疫情防控鼓励公益性捐赠等相关优惠政策，并进行现场答疑。赠送支持疫情防控税收优惠政策指引宣传手册，在市红十字官方网站发布政策二维码等。

纵向上，及时梳理下发相关政策文件、减税政策指引、电子二维码、PPT课件、辅导讲解视频以及台账管理企业名单，组织各主管税务机关开展政策宣传落实，通过“科技创新企业”“支持疫情防控重点保障物资生产企业”等台账管理与服务，开展“靶向性”精准政策宣传辅导，逐户、逐项、实时宣传解答政策，及时跟踪了解、解决企业享受政策过程中存在的问题，确保向纳税人宣传辅导到位、精准服务到位，不断优化纳税服务。

（三）开展动态数据监控，深化落实享受

针对企业所得税优惠管理由审批备案到当前的申报享受留存备查的重大变化，积极推进放管服改革，开展动态数据监控，深化政策落实享受。开展汇算清缴过程及后续监控、日常管理动态监控、重点政策落实监控等及时发现并解决纳税人的申报错误、应享未享等问题，通过信息化手段设置专人做好小型微利企业、高新技术企业、研发费加计扣除等重点优惠政策申报情况监控，挖潜增效，最大程度延展政策享受覆盖面和提升政策享受的准确率，同时通过对疑点数据的分析、清理、核实，建立完善沈阳可视化平台相关监控指标与风险提示功能，提高以数治税能力，优化服务与管理方式，帮助纳税人应知尽享及正确享受，减少涉税风险。

实践效果：

通过创新服务引导机制的建立，对政策重点和业务流程进行了系统归纳，帮助纳税人依据自身所属行业及现阶段特点对应享优惠政策“一目了然”，充分体现了对纳税人享受优惠政策的精准引导。通过联合服务推进，动态数据监控将税收优惠政策“红利”释放到位，助推企业减负担、增活力、提效能，真正做到惠企政策应知尽享。

2020年，申报享受各项企业所得税优惠政策企业6.43万户，折合减免所得税共计132.91亿元，优惠面28.84%，比2019年增加5 266户。2020年度重点优惠政策落实中，符合条件的小型微利企业优惠享受户数5.96万户，减免额25.07亿元，比2019年增加4 336户，享受金额增加0.25亿元；全市高新技术企业除亏损和享受更优惠的小型微利减免优惠等外共有368户企业享受高新技术企业15%优惠税率政策，累计减免税额15.6亿元，比2019年增加38户，享受金额增加3.7亿元；享受研发费加计扣除政策企业2 779户，同比增长35.23%，达到2016年享受户数的5.36倍，加计扣除额75.72亿元，折合减免税额18.93亿元，同比增长20.63%，是2016年的2.51倍。高效、便捷、多样化的政策宣传做法帮助纳税人充分享受企业所得税减税红利，受到纳税人广泛好评。

案例25：打造外贸企业出口退税全程便捷服务链

为进一步深化“放管服”改革和优化营商环境，打造便捷高效的服务体系，同时进一步强化外贸企业出口退（免）税管理，营口片区税务局进一步细化和完善外贸企业退（免）税岗位和流程设置，强化风险防控，全面提升外贸企业退（免）税管理水平，打造外贸企业出口退税全程便捷服务链。

主要做法：

（一）“线上服务+线下服务”，加强退税服务水平

在线下，建立起“一对一”的辅导工作机制，为企业提供包括技术及政策等方面的个性化辅导，安排专人负责政策解答工作，主动上门协助企业，给广大纳税人提供快捷高效的办税渠道。在线上，完善微信、百度云、邮箱等信息化平台，退税审核人员通过微信、电话等方式对第一次办理出口业务

的人员提供指导服务。

（二）“容缺受理+并联办理”，优化退税服务流程

一方面，实行“容缺办理”，对风险可控的出口退税业务先行办理退税，事后补办核查手续；另一方面，实施“并联推进”，促进出口退税全环节税务机关内部、税务机关与银行等的并联办理，为企业办理退税按下“快捷键”，对岗位授权、直接审批，最大限度压缩退税流程时间。同时，推进“互联网+税务”行动，打通“单一窗口”、税务、国库线上通道，让电子数据流转环环相扣，实现全程网办，提高办税效率。

（三）“风险预警+协同管理”，实施差别化管理

一方面，通过信息采集、数据分析等手段，筛选出口退税风险信息，并根据出口退税风险的类型和等级，采取退税评估等应对手段，防控出口退税风险。根据出口退税管理情况，识别并发布本地区出口退税预警风险信息。与稽查部门建立信息交换机制，加大涉嫌骗税线索和立案、查处信息交换力度，防范和打击骗税违法行为。

另一方面，营口片区与税务、海关、人民银行三方联合，采取“信用体系叠加+大数据画像”的方式，利用三方信用评价信息，加强出口退税受理、审核、复审、核准、退库等工作环节的衔接，对企业进行风险与信用评估，根据评估等级，对税务、海关、人民银行三方信用评价均较高的企业开通“出口企业专项服务绿色通道”，有针对性地实施差别化服务措施。

实践效果：

一是大幅提升企业退税效率。营口片区通过加强退税服务水平、优化退税服务流程，办理出口企业退（免）税业务已全部实现出口退（免）税无纸化申报、无纸化审核、无纸化退库。企业目前退税时间，已经从原来的 8 个工作日缩短为 2 个工作日。

二是税收营商环境持续优化。通过对信用评价均较高的企业开通“出口企业专项服务绿色通道”，加强出口退税受理、审核、复审、核准、退库等工作环节的衔接，大大缩短企业出口退税办理时间，缓解企业资金压力，更大程度方便纳税人。外贸企业可以在更加法制化、国际化、便利化的营商环境和公平、统一、高效的市场环境下开展业务。

三是为稳外贸发挥了积极作用。压缩退税办理时限解决了企业因过去退税周期长，造成资金占用的问题，加速了企业资金周转，对企业稳产能、保订单、保市场起到了关键作用。以营口宏辉机电设备有限公司为例，企业一个月的出口退税额约 35 万元，退税办理时长每月缩短 6 天，按照银行的平均贷款利率计算，全年可以减少企业资金占用约 4 万元。企业表示，这一系列举措对外贸型企业来说具有非常积极的影响，有助于提高企业出口退税资金的使用效率，缩短资金的周转期限，减少资金占用成本，有利于企业开拓更广阔的市场，提高企业竞争力。

案例 26：国有企业考核分配体系创新

沈阳片区充分发挥制度创新的优势，推动协同发展区国有企业改革创新，出台《关于沈阳片区支持国有企业产业转型升级和结构调整的实施意见》《中国（辽宁）自贸试验区沈阳片区促进先进制造业发展的若干政策》，强化在国有资产管理体制、现代企业制度、市场化经营机制等方面改革创新。沈鼓集团结合实际，参考和借鉴优秀企业的做法，确定企业三项制度改革的总体思路，即在全面、系统地解决在组织变革与人事变革的基础上，进行薪酬分配变革。

主要做法：

一是推行定岗定编定员，全面提升人均效能，实现精准用工。对集团本部和 20 家子公司全面实施定岗定编工作，经过重新的岗位设计，集团岗位总体数量由原来的 1 094 个减少到 604 个岗位；建立员工退出机制，妥善解决企业冗余人员。根据集

团定岗定编结果，本着员工自愿原则，各单位对超编人员进行分流。制定出台《集团综合创新改革员工安置工作权益保障方案》明确员工的分流方式，通过内部退养、待岗放假、转岗这三类安置方式进行安置，共计办理近140余人，不为社会增加负担。同时，公司近两年来也依法依规主动解除劳动合同40余人，提高了劳动生产率，有效减轻企业冗员并且提升了员工队伍整体素质。通过定员后的员工分流，集团公司从业人数共计减少438人，整体下降比例为6.5%。

二是重建薪酬体系，打好差异化薪酬改革的组合拳。构建新的职业发展通道，引导并促进员工能力提升。在集团原有岗位体系基础上，将岗位序列与所包含岗位重新归类与整合，形成经营管理序列、专业管理序列、产品技术序列、技术服务序列、技能操作序列、销售序列6大序列。每个序列设立5—7级的职业发展通道，明确员工职业发展路径，并对专业管理序列、产品技术序列、技术服务序列、技能操作序列、销售序列5大序列4 551名员工的职业发展等级进行评定。为接下来的薪酬改革打牢基础。

建立“以岗定薪、因能差异、按绩取酬”的薪酬体系。取消近二十年的职务工资制，建立以岗位评价为基础，基于外部市场供求关系，以岗位等级确定岗位工资、因能力区分绩效工资/能力工资、以业绩支付奖金的动态新型工资制度。“以岗定薪”是通过岗位价值评估确定岗位等级，并以此来确定岗位工资的标准。“以岗定薪”采用国际先进的岗位评估工具，以专家小组的形式对操作类与非操作类岗位进行评价，操作岗位主要从技能水平、岗位责任、劳动强度及作业环境等维度及各相关要素进行综合评估，非操作岗位主要从对企业的影响、沟通、创新、知识与风险维度及各相关要素进行综合评估。“因能差异”通过职业发展等级来体现个人能力的差别，即员工职业发展等级越高，能力工资或是绩效工资越高。“按绩取酬”通过员工绩效工资与奖金形成的联动，实现按绩取酬，同时把组织绩效结果与工资总额进行联动，组织绩效高，工资总额也随之增长，反之下降。

强化绩效导向，形成绩效与薪酬、职业发展的联动机制。建立员工考核体系，科学评价不同岗位员工的业绩表现，将员工绩效考核结果与职业发展等级以及员工绩效奖金形成联动，实现按绩取酬、择优晋升；建立工资总额管控机制，对各公司的工资总额实施全周期管理，即集团公司通过预算审批、过程监控、年底结算的全过程对薪酬总额监管，建立工资效益同向联动机制，做到工资总额与企业效益紧密挂钩。通过严格绩效考核，及时兑现奖惩，充分激发员工工作积极性，切实实现员工收入能增能减，让员工也能分享到公司业绩增长带来的红利。

通过建立与完善绩效考核、职业发展通道及员工退出机制等一系列的制度，不仅为绩优员工提供足够的职业发展空间，同时也为绩效差的员工设置了退出企业的途径。因此也消除了以往国企员工的安逸思想，营造出员工争优争先的良好竞争氛围，促进企业的人力资源优胜劣汰。

三是战略解码组织绩效，推进绩效机制改革。在集团总体改革方针的指引下，全面优化集团绩效考核方案。首先，优化组织绩效考核内容，与集团新型管控模式相结合，将集团48家单位分成财务管控型、“战略+操作”管控型、服务型、管理型、产品型、生产车间等六大类实施考核；其次，实现精简指标、战略聚焦，将经营指标、战略指标和专项指标共精简为9项，聚焦集团改革、经营、转型等战略重点，促进集团上下对经营目标达成共识，聚焦重点；第三，实现绩效职能从绩效考核向绩效管理转变，在关注战略执行重点进展的同时，也致力于从战略推进、绩效改善的角度协调解决推进过程中的异常问题，从而实现绩效的达成，有力地推进集团各项战略执行重点与经营目标的有效落地。

四是践行干部能上能下，充分发挥市场机制作用。建立内部竞聘、公开选拔制度，拓宽选人用人渠道，大胆使用各方面人才，针对包括重要子公司总经理岗位在内的61个领导干部岗位实行竞聘上岗，运用市场化机制加强干部队伍建设。不断完善领导干部综合评价体系，从工作业绩和企业价值观两个方面全面考核领导干部的履职情况，突出干部作风建设的导向性作用。近年，降职中层领导干部9人，诫勉处理中层干部42人。探索建立职业经理人管理模式，制定市场化选聘方案，与集团经理层签订绩效责任书，明确工作目标，并根据考核结果实行差异化薪酬；针对集团重要子公司负责人开展任期制业绩评价，调动集团各经营主体负责人的积极性、主动性的同时，使其关注企业的发展壮大和贡献率，保证集团总体战略发展目标的实现。

实践效果：

一是实现以岗定薪，岗变薪变。构建了以岗位工资为主体的分配制度，突出岗位价值，去除“行政化”，强化“市场特性”，建立起具有市场竞争力的薪酬体系。

二是树立正确的付酬理念。员工的工资收入与岗位职责、工作业绩及实际贡献直接挂钩，形成重贡献、重实绩的分配激励机制。

三是建立整体薪酬概念。打破过去只重视固定薪酬而忽视变动薪酬的情况，明确各类人员的工资构成。将所有奖金收入、津补贴收入作为工资的重要组成部分予以体现，实现员工薪酬的规范化管理。

四是向关键岗位、关键员工倾斜，提高核心人才的薪酬满意度。通过拉大级差、档差、薪酬水平向各序列的关键岗位、关键员工倾斜。通过改革提高核心人才的薪酬满意度，保证集团核心人才的稳定性。

五是强化绩效考核，注重员工业绩。重新设计组织绩效与员工绩效考核体系，打破改革前“干多干少、干好干坏”一个样局面，切实实现员工的收入能增能减。

六是推进与绩效密切联动的市场化薪酬制度。按照“工资总额同企业经济效益相挂钩”的原则，确定工资总额能增能减机制，实现了工资与组织绩效的同向联动。

案例27：国有企业子公司差异化混改

沈阳片区与沈阳市国资委联合出台了《国有企业产业转型升级和结构调整的实施意见》，推动国有企业在国有资产管理体制、现代企业制度、市场化经营机制等方面改革创新，推动协同发展区国有企业改革创新。沈鼓集团陆续推进完成了四家子公司混合所有制改革工作，其中三家已运营一年以上，有效提升了子公司的发展活力和内生动力，核心骨干员工的岗位和薪酬得到保证和提升。

主要做法：

按照“三因三不三宜”原则，沈鼓集团根据子公司业务与主业关联程度、战略定位、市场竞争程度等因素确定混改后股权结构设置原则；根据子公司资产状况、人员结构、子公司运行各类资质取证要求等确定混改公司组建方式；根据集团分类管控办法、混改后子公司股权比例、子公司董事会运行成熟度确定差异化授权清单及管控权责界面表。四家子公司中，往复机事业部、通风公司分别于2018年3月和12月完成混改，容器公司于2019年3月完成混改，石化泵公司于2020年11月完成混改。通过差异化改革方式完成四家子公司混改并取得较好成效。

（一）股权比例设置差异化

对于子公司独立对外承担业务，与集团内部业务关联程度不高，市场处于完全充分竞争的子公司由集团100%控股调整为参股；对于子公司既承担主业配套服务又对外独立承担业务，或关系集团统一客户市场服务的子公司，由100%控股变为相对控股，以确保对混改后子公司有相对管控能力。通风公司由100%控股变为集团参股19%、民营控股51%、员工持股平台30%；石化泵公司由100%控股变为集团参股28%、民营控股72%；往复机公司与容器公司由100%控股变为集团相对控股45%、民营参股25%、员工持股平台30%。

（二）混改公司组建方式差异化

根据各子公司原有业务及资产的情况、从事业务所必需要取得的资质是否具备承接条件以及子公司是否存在历史包袱等问题，在确保国有资产不流失的红线情况下，尽最大能力盘活子公司已有的设备、资质、品牌、存货等资产，按混改公司业务需求确定人员规模，实施差异化混改公司组建。

通风公司、容器公司、往复机公司以出资新设的方式组建。通风公司注册资本 10 000 万元，沈鼓集团以机器设备固定资产评估值投资，其他股东以现金方式投资；容器公司注册资本 6 000 万元，沈鼓集团主要以固定资产、无形资产评估价值投资，其他股东以现金方式投资；往复机公司注册资本 10 000 万元，各股东均以现金方式投资，并通过挂牌方式在市场获得原往复机业务全部资产和负债；石化泵公司由于其净资产为负，通过挂牌以 1 元转让其 72% 股权后，同时以现金方式增资扩股实现混改。

（三）管控治理方式差异化

沈鼓集团根据子公司股权结构、市场前景、产品定位、发展目标、成长阶段等确定战略操作型、战略型、财务型三种管控模式，并通过权责界面表明确集团总部对下属公司经营管理的职责和管控范围，根据混改后子公司董事会建设及完善情况，对相对控股的往复机公司、容器公司董事会给予相应的授权经营；根据沈鼓集团对参股公司管理的相关规定，派出董事参与石化泵公司及通风公司的重大战略投资及管理。对混改后相对控股的新往复机公司和新容器公司，向其董事会下放其中层管理人员选聘、业绩考核、员工招聘与管理等职权，通过下放给子公司更多的经营权限，建立了更加灵活的机制，进一步增强其市场经济主体责任和意识，使子公司经营层的管理责任与权利相匹配。

（四）完善员工利益保障

在混改过程中，员工安置执行较具难度，易引发社会问题。

一是依据法律制定员工安置方案，不让一个员工因企业改革而失去生活保障，不会因企业改革原因而提出与员工解除劳动合同，最大限度地保护员工在企业改革的过程中的利益不受侵害，确保集团改革的平稳进行，确保社会的和谐稳定。

二是成立员工安置领导小组。领导小组由集团董事长担任组长，并下设管理办公室，由集团党、政、工主要部门有关人员组成，依法处理企业改革过程中各项问题，使员工利益得到合理保护，避免因安置不合法、不合理出现员工不满而引发社会群体性事件。

三是严格履行内部审批程序，确保方案合法合规。职工安置方案在制定过程中充分保障企业职工对国有企业混合所有制改革的知情权和参与权，并经过职代会审议通过。

四是成立就业服务中心，做好社会风险分析和应对预案，使混改工作稳步推进。就业服务中心，专门负责集团内冗余人员的就业扶持工作，解决员工转岗再就业工作。同时，使职工的知情权和参与权有直接的保障对接部门，使职工的想法和情绪始终有通道与公司的混改工作组对接，坚决杜绝职工“诉说无门”的情形。

五是增加员工利益保护条款，确保员工利益不受侵害。在战略投资合作协议中，设定工龄连续计算的条款；在新公司章程中，约定一票否决条款，即在涉及员工的决议方面，沈鼓集团具有一票否决权。

（五）加强全过程监督

防止国有资产流失，是混合所有制改革的首要原则。在混改实施的过程中，资产评估、资产处置、股权设计、人员安置是混合所有制改革的关键点。为严格执行国家、省、市关于规范混合所有制改革的法律法规和政策规定，充分发挥企业内外部监督力量的作用，确保所有改革工作合理合法合规，沈鼓集团建立了改革工作领导小组和推进组，改革相关决策事宜均实施两级审核，即通过综合创新改革工作例会审核后，由集团改革工作领导小组审核；两级审核通过后，方可提交董事长办公会审议；在董事长办公会审议后，提交上级国资部门审批，全过程资料备案。

实践效果：

完成混改以来，已彻底解决沈鼓集团四家子公司的连年亏损问题。新公司均已具备了独立生存和发展能力，同时核心骨干员工的岗位和薪酬得到了保证和提升。

新往复机公司：2019 年度新往复机公司实现利润 2 000 余万元，市场订货达 10 亿元，创造历史新高，持股员工首次拿到 10% 的分红奖金。2020 年，在全球新冠肺炎疫情蔓延的情况下，利润同比增长 20%；在迷宫压缩机新市场实现重大突破。干部员工对公司发展充满信心。

新通风公司：2019 年度通风新公司实现可分配利润 200 余万元，全员劳动生产率提高 86.6%，核心骨干员工薪酬翻倍；2020 年新通风公司重新取得重要战略客户的供应商资质，具备独立投标资格，公司订单和盈利水平进一步提高。

新容器公司：2019 年度新容器公司实现利润 510 万元，全员劳动生产率和薪酬显著提高；2020 年辅机公司全面完成年初确定的各项经营指标和工作任务，其中收入完成率 104%，利润完成率 120%。

石化泵公司：2021 年上半年，全员劳动生产率和薪酬显著提高，工业总产值比上年同期增长 25%，营业收入同比增长 55%，利润总额减亏 130 万元，全员劳动生产率提高 1.5 倍，人均收入增长 38%。

案例 28：混改促进制造服务转型升级

深化国资国企改革是国家赋予辽宁自贸试验区的重大战略任务。大连片区大连中集特种物流装备有限公司通过重组与混合所有制改革、管理创新、科技创新，成功实现了股权重组及混合所有制改革，实现了资源整合、转型升级和华丽转身，创造了国有企业改革的创新路径。

主要做法：

（一）通过股权重组和混合所有制改革破解发展困局，员工持股凝心聚力实现企业扭亏为盈

大连中集特种物流装备有限公司的前身——大连中集集装箱有限公司是中国国际海运集装箱（集团）股份有限公司（以下简称中集集团）在北方地区设立的首个集装箱生产基地。经多年发展，形成了以国际标准干货集装箱制造为主的大连中集集装箱有限公司，并孵化出以金属周转托盘箱和特种集装箱研发制造为主的大连中集物流装备有限公司（以下简称大连中集），奠定了行业龙头地位。

大连中集走上混合所有制改革成功之路，既是新时期推进国企改革的必然选择，也是破解企业发展困境的关键一招。2016 年，受宏观经济形势严峻、航运市场萎缩、行业充分竞争加剧影响，以及体制僵硬缺乏激励、负债过多包袱沉重、设备落后产能过剩等原因，导致大连中集连续多年亏损，面临资不抵债、破产关停危机，员工信心不足、积极性和创造性不高，严重制约企业发展，亟需改革。大连片区成立后，大连中集抓住机遇，分阶段有序推进企业实施重组和混合所有制改革，实现了浴火重生。

2017 年 11 月，大连中集受让公司全部人员、业务和大部分资产、资质及荣誉，成为资产重组后的创新经营主体，完成企业重组后，通过三步走稳妥推进混合所有制改革。

第一步，2017 年 12 月，中集集团集装箱控股有限公司定向增资 1.5 亿元，进一步改善公司资产负债率，为混合所有制改革做好铺垫。

第二步，大连片区充分发挥先行先试优势，主动作为，推动企业成立由管理层和核心骨干员工为合伙人的投资管理企业（有限合伙）参与股改。2018 年 7 月，企业实施一期混改：根据《关于国有控股混合所有制企业开展员工持股试点的意见》（国资发改革〔2016〕133 号），坚持依法合规、公开透明等原则，经第三方机构的财务审计和资产评估，员工合伙企业以公允价格受让公司转让的

18.5%股权；员工持股激发了企业内部活力，员工积极性大增，凝心聚力实现企业扭亏为盈，当年多项KPI指标创历史最优；通过混资本、改机制、谋转型、促发展，初步实现了“国富民强”“国民共进”，坚定了集团和公司推动二期股改的决心和信心。

第三步，为了进一步巩固混改成效，2019年10月，员工合伙企业再次受让6.5%股份，员工持股合计25%，满足企业员工入股的相关规定，符合试点意见。

改革过程中，大连片区还协调税务、外管等部门对公司股改过程所涉及的税收、外汇等问题给予指导。

（二）设立多层次考核评价激励体系，充分激发员工主人翁意识

借助混改东风，大连中集力推管理创新。企业设立了员工持股、股权分红奖励、利润提成奖励、成本降低奖励等多层次考核评价激励体系，充分激发员工主人翁意识，通过全员参与创意工夫提案、精益管理改善、科研创新项目等，不懈追求技术创新和管理效率提升。在客户关系管理创新方面，公司面向全球制造业重要行业客户和海运、物流、租赁等服务业企业，更加注重细分行业市场研究，推广应用先进适用的物流技术装备和解决方案，进一步提高物流业制造业融合水平。在研发组织管理创新方面，公司坚持以市场为导向进行需求分析，以横向产品线和纵向资源线构成矩阵式管理，按产品线从市场开拓、产品研发和生产制造分别配置人、财、物等资源，以产品为中心打造专业化、规范化、体系化的市场、研发、制造一条龙高效执行团队，积极承担企业战略使命。

（三）坚持“创·造·新价值”发展理念，推动物流载具科技创新和制造服务转型升级

近年来，国家密集出台政策推动物流标准化和智能化联运。公司秉承“创·造·新价值”发展理念，在混改后更加重视自主创新，形成研发投入产出互为牵引推动的良性循环格局，已成为引领细分行业技术进步和创新发展的龙头企业。2020年，公司正式加盟中集载具业务板块，通过运包一体化系统解决方案打造核心竞争力，实现主营业务的拓展和深化，进一步向服务型制造转型，已成为全球最大的金属托盘箱研制企业和重要的特种集装箱等集装单元化物流装备供应商，主要产品市场占有率30%—50%。

实践效果：

一是企业经济效益实现大幅提升。改革创新释放的红利在不断放大，以股权重组和混改为突破口，公司在逆周期二次创业，在顺周期跨越发展。2018—2020年相对2012—2017年，大连基地年均营业收入增长52.83%；三年年均净利润6 236万元，实现扭亏为盈。预计2021年营业收入及利润额同比增长200%左右。公司秉承中集集团“国强民富、共同发展”的核心人力资源理念，及时兑现激励，全员人均收入年递增长20%以上。

二是产品研发及创新成果井喷式增长。2018—2020年，公司研发费用占同期营业收入比重分别为3.2%、3.9%和5.3%；新增专利申请量分别为20、35、38项。2019年获评高新技术企业、国家知识产权优势企业，2021年入选国家级专精特新“小巨人”企业。

案例29：德泰控股“国企混改”创新升级

为有效发挥国有企业在数字经济中的重要作用及发展目标，大连片区大连德泰控股有限公司（以下简称德泰控股）通过与辛特（北京）数字科技集团有限公司（以下简称辛特数科）共同出资新设合资公司，在数字化产业研究、数字化改革、科技研发、市场化运营等方面均进行有机结合，初见成效，探索出“国企混改”新思路。

主要做法：

（一）新设混改企业

国有企业面临数字化转型的挑战，最直接的问题是找到痛点与堵点，并由专业的战略投资者落实

解决。德泰控股作为地方国有企业排头兵，经过调研论证，决定尝试通过新设混改公司的方式探索数字化改革转型。

一是新设混改企业能够组织和调动更多的资源，获得最大的协同力量。从数字化的工作次序和方法出发，混改企业能够以第三方组织形式进入原国有企业的各部门、各条线，完成深层次的业务调研和组织结构梳理，具备独立于国企的工作机制和角色。二是新设混改企业可进行市场化合作方式，对企业的数字化转型设置服务目标、周期及分工，最后为企业输出成熟的方案及落地措施，并按照标准交付验收。三是新设混改企业非外包模式，打破原有外包给第三方服务商进行业务咨询与系统搭建，而从顶层进行方案设计、组织改革、并将商业模式改革与系统改革进行融合。目前，市场上仍缺少定向为国有企业进行数字化服务的企业，这正是新设混改企业的发展契机，未来服务更多类似国企获得蓝海市场的收益。

（二）确定混改合作伙伴及合作机制

由于数字化改革工作需要数字科技作为底层支撑，因此国有企业在选择混改合作伙伴时，需要寻找一支具备夯实数字技术的团队作为战略投资者，他们具备丰富的数字思维、市场经验，并且具备一定的项目能力。

德泰控股数字化改革，在和过往合作的科技企业不断进行思维碰撞后认真筛选，最终确定与北京辛特数科达成战略合作，主要通过吸纳辛特数科在人工智能、大数据、云计算、区块链、以及供应链金融等领域的先进技术与丰富经验，对德泰控股整个集团产业提供科技支持，包括业务结构、方案输出、信息系统研发、运维服务等一揽子数字化服务，促进德泰控股集团实体产业的数字化转型。通过数字化技术赋能，使德泰控股部分实体产业实现了降本提效增产的目标。

在合作机制上采取国有企业占比51%，民营企业占比49%的股权结构；公司设置董事会，其中国有企业委派3名董事、民营企业委派2名董事；在经营层由民营企业提名总经理，国有企业提名副总经理，整体以民营企业为主负责日常运营机制；国有企业实施过程监督与审核，派任财务总监和制定财务手册等管控措施实行财务的集中管理；混改企业由双方利用资金和技术资源共同设立组成，并且实行每年技术回头看机制，对混改企业的项目价值进行全面评估，既能保证国有资产的保值增值，又能够激发企业运营活力。

（三）建立正向长效考核与激励机制

公司通过建立员工短期、中期、长期激励相结合的机制，调动员工积极性与主人翁精神，实现员工与企业利益共享、风险共担的良性合作。短期激励通过建立“基本工资+职位绩效+积分绩效”的激励机制，让员工的收益与其创造的利润与成长直接挂钩。中期激励通过明星员工的年终奖和差异化福利待遇以及核心骨干的年金激励。长期激励采用股权激励的方式，企业拿出部分股权用来激励企业高级管理人员与优秀员工。同时建立了退出机制，当持股高级管理人员离职时，其持有的股权将优先被初创股东回购，如果初创股东不回购，将被其他高持股人员回购，或者被“工会”回购。

实践效果：

一是推进企业数字化。为企业利用资本提出建设性方案，帮助企业加速数字化，通过并购和孵化加速老国有企业创新基因。制定企业数字化转型战略八大环节实施规划，包括战略意图、市场调研、创新焦点、业务设计、关键任务、正式组织、人才与文化等方面。每个环节涉及的问题均制定详细的方案。通过梳理已为德泰控股六个业务板块输出12项数字化升级系统方案，共计优化61个生产运营流程，智能化可替换人工岗位约105个，实现年降低成本1 200万元左右。

二是输出创新数字项目，增强竞争优势。通过整合数字科技与供应链金融，公司建立了航运产业数字化平台，连通上下游的航运供应链企业，打造围绕业务、场景、客户、管理提供全方位的航运综合服务，助力东北亚航运业发展。搭建航运数字金融服务平台，打通与产业交易、物流、结算等场景环节的数字共享，形成风险控制方案及模型的输出，最后与资金方对接，以创新科技金融手段，为航运供应链提供金融支持。该平台提升了船舶加油时效；在原有航线不变的前提下，可为客户节约5%—15%油耗；加速客户资金周转，账期由平均45天缩减至5天左右；燃油贸易集约化体现，贸易商规模年增长20%，平均采购成本下降3%。

三是实现数字人民币B2B结算全国首单。公司打造的航运产业平台“海联商城”作为应用场景，实现全国B2B人民币首单结算，在全国范围内引起关注，并为国家数字研究所和全国范围内的其他B2B平台提供技术参考和经验。并持续链接六大银行（中国银行、农业银行、工商银行、建设银行、交通银行、邮储银行）打通数字人民币在“海联商城”的跨行支付体系，构建数字人民币在企业对公支付结算的支付网络。同时公司将以数字人民币为核心，构建线上线下、对公对私、企业与平台的综合服务，将数字人民币应用于线上B2C/B2B/B2B2C/O2O等场景化平台支付、企业对公对私结算服务、线下政务、公共事业缴费、消费场景等。

案例30：原油市场化销售价格改革创新

为完善原油市场化定价机制，推动原油市场化销售改革，实现原油产业链开放式平衡和市场化定价，大连石油交易所充分利用大连片区先行先试的制度创新优势，在全国推出原油线上竞价交易，对完善原油市场化定价机制，强化原油现货和期货协同运作具有重要意义，为大连片区成为国家油气市场化改革的助推器和试验田作出了积极示范作用。

主要做法：

完成全国首单原油线上竞价交易。2021年3月5日，位于大连片区的大连石油交易所线上交易平台成功竞价交易中国石油天然气股份有限公司辽河油田分公司（以下简称辽河油田公司）超稠油5 000吨，重质油10 000吨，8家公司参与竞价交易，竞争报价异常激烈，各交易商竞价增幅额远超各方预期，最终两单线上交易增效608万元。2021年3月至6月，又连续专场竞价交易原油总计8.28万吨。截至6月底，大连石油交易所线上交易平台累计交易原油9.78万吨，取得了较好竞价预期价值效果。

实践效果：

（一）落实国家油气体制改革的重要创新举措

原油市场化销售价格改革创新是响应习近平总书记推进能源价格、石油天然气体制改革的重要举措，也是落实中共中央、国务院《关于深化石油天然气体制改革的若干意见》的又一创新举措，得到了中石油总部的大力支持。

此次原油线上竞价交易，是大连片区在探索大宗商品交易改革创新领域又一重要举措，也标志着中国石油天然气集团公司和辽河油田公司原油销售改革试验工作正式启动，各交易商通过卖方挂牌、买方挂牌、在线竞买、在线竞卖等方式，在线上进行石油现货交易。与期货交易相比，它具有实物交易、即时交收的特点，减少了中间环节，降低了交易风险，降低了石油现货的流通成本，通过建立市场化的定价机制，使市场在原油资源配置中起到决定性作用。

大连石油交易所1996年成立，是中石油辽河油田全资，具备现货贸易、电子交易、智能储运和信息发布等功能的交易平台，现有石油化工会员企业400余家，2020年交易额886亿元，累计实现交易额7 896亿元，累计实现税收收入43.2亿元，其原油现货线上交易平台，是东北地区首个石油现货线上交易平台，交易品种主要有成品油、燃料油、沥青、天然气等石油化工现货产品，设现货挂牌和现货竞价两种交易方式四个交易模式。

（二）原油线上竞价交易的重要意义

一是通过探索构建国内原油市场化交易价格新体系，充分体现市场化是国内原油市场价格发现体系的唯一途径，使资源价格趋近于市场需求本质，体现市场在资源配置方面的决定作用。

二是通过探索交易平台实行原油市场化销售，充分体现市场化在提高企业核心竞争力上的推动作用，助推国内石油石化企业对标国际顶尖的石化行业，提高中国石化行业国际市场竞争力，在交易模式上逐步与国际惯例接轨。

三是通过探索原油市场化销售改革方式，可打破原油自产自炼的的传统思路，打破自我保护、封闭循环和一对一服务，逐步形成开放式、市场化的原油销售体制。

四是通过探索原油市场化销售的新模式，可使原油销售由计划配置转为市场化销售，打破目前完全依靠计划指令进行原油配置的惯性，原油定价由总部统一定价、定期公布转为总部制定统一定价指导公式。

五是通过探索原油市场化销售改革新思路，可推动实行现货与期货协同运作，在提前市场化销售的基础上，发挥好期货、其他衍生品及线上交易作用，利用期货市场的价格发现和风险对冲功能，审慎实施好原油销售的内贸套期保值。

案例31：创新型产业集群培育新模式

党的十九大报告中多次强调“要突出先导性和支柱性，优先培育和大力发展一批战略性新兴产业集群，构建产业体系新支柱，不断提升产业集群竞争力”。营口片区积极推进高新区提档升位，强化布局规划，引导企业，综合施策，完善政产学研用融合创新、大中小企业融通发展机制，围绕纵向产业链供给和横向产业优势互补，甄选企业，集聚数量，培育雏形，通过推进政策落实，增强内生发展活力和动力，加快老工业基地振兴发展。

主要做法：

一是完善数据互联互通机制，建立科技型企业培育库。2017年，整合营口片区成立以来已注册的企业，通过设定领域、创新关键词、经济体量范围限定、企业经营年限等具体条件，分层次、分阶段进行数据分析，构建以龙头企业为主导和紧密相关产业为基础的产业集群雏形，与自贸试验区大数据平台对接，部门间信息共享，实时更新培育库信息。

二是量身定制产业集群培育方案，构建高质量集群。通过筛选分析企业条件，将现行可享受的政策、完善条件能争取的政策、以创新为导向未来可享受的政策，统一筛选定制成“科技政策大礼包”，对企业进行点对点式宣传，提出量体裁衣的培育方案。首先，聚焦“创新”，以瞪羚、雏鹰企业为主体，着力健全创新网络，通过培育促进科技中小企业、高新技术企业申报和区域科技创新政策引领等方式鼓励企业科技创新和持续研发；其次，聚力“产业”，着力推进大中小企业融通发展，培育东盛集团成立“辽宁塑料包装制品出口产业联盟”，33家塑料包装出口企业成为成员企业，共享核心资源，并提供资金、管理模式、设备选型指导、原料低价供应等扶持；最后，聚合“集群”，着力推进集群的创新效率、规模效益等不断提升，对新增的规模以下转规模以上的工业企业、限额以下转限额以上批零企业、达规入统的重点服务业企业给予一次性奖励，支持工业企业建设信息化、数字化和智能化技术改造项目，实现生产过程和业务过程的数字化覆盖。

实践效果：

一是集群高质量企业不断提升。创新主体不断壮大，通过政策创新，2020年共9家企业获批辽宁省雏鹰企业；5家企业获批辽宁省瞪羚企业，同比增长250%；有效高新技术企达100家，占全市的37%。

二是集群创新能力显著增强。创新成果显著提升，通过数据库分析，2020年域内5项成果入选辽宁省科技抗疫先进科技成果；2个项目获批2020年辽宁省重大科技专项计划，占营口市100%；1个项目入选2020年度辽宁省重点研发联合资助计划项目，占营口市的50%。

三是集群发展成效显著。创新型产业集聚加速集聚，形成安全应急智能装备特色产业、生物降解材料及制品创新型产业两大产业集群。2020年实现产值73.7亿元，利税11亿元，从业人员35 500人，出口创汇11亿元。辽宁省营口市生物降解材料及制品创新型产业集群、国家火炬营口高新区安全应急智能装备特色产业基地等两大产业集群建设发展规划已报送国家科技部审核。2021年8月9日，“营口高新区申报的生物降解材料及制品创新型产业集群”被科技部火炬中心批准纳入2021年度创新型产业集群试点（培育）。

案例32：东北亚商品车过境陆海联运新模式

大连片区深入贯彻落实习近平总书记深入推进东北振兴座谈会上的重要讲话精神，深度融入共建“一带一路”倡议，加快构建东北对外开放的大通道、大平台、大布局。充分发挥大连片区在东连东亚、西接中亚新运输通道中的区位优势和桥梁纽带作用，利用大连滚装汽车码头和铁路无缝连接的独特优势，结合海外客户实际需求，在全国率先开辟东北亚商品车过境陆海联运新通道。进一步推进大连东北亚国际航运中心建设、主动服务构建双循环发展新格局。

主要做法：

一是定制专属物流方案。组织政府业务部门、口岸监管部门、码头公司以及铁路公司等有关方面建立专业团队，针对日本客商的业务需求，专项规划、编制设计过境运输全程物流方案，商品车从日本名古屋港装船经海运至大连港卸船，通过大连汽车码头港内铁路专线，装载铁路专用车至新疆霍尔果斯口岸，再换装后进入中亚地区。

二是完善口岸物流配套设施。汽车码头内建有双线2 035米铁路专用线，是国内沿海唯一建有铁路专用线的汽车滚装码头。并且正在建设新的双线铁路专线，预计2021年年底前投入使用，届时汽车码头的铁路通过能力将达到80万辆/年。

三是提供快捷物流通关服务。针对日本客商对高价值商品车过境运输的严格要求，制定了完善的全程物流和通关流程。码头公司通过严密的装卸计划，确保车辆全程安全无缝连接。铁路公司提供专用笼车车皮、优先安排运输计划、压缩国内运输时间。海关等口岸部门，定制专属通关服务，实现“边卸边检、边装边放”的便捷通关服务。

实践效果：

一是大幅降低外商企业成本。以往日本商品车进入中亚地区是通过地中海和黑海航道，到达俄罗斯港口后再过境运至哈萨克斯坦等国，全程需要80余天，路途遥远，成本高昂。借助东北亚商品车陆海联运新通道，从日本出厂、到大连卸船换装铁路、再经霍尔果斯口岸进入中亚地区，全程时间可控制在30天以内，节省一半以上的运输时间，大幅降低了外商企业的综合物流成本。

二是大幅增加本土企业盈利水平。过境运输为本土企业带来纯增量收益，销往第三国的商品车在大连汽车码头实现水陆国际中转，其中卸船、仓储、装火车等关键环节为码头带来800元/辆的收益，加上拖轮、引航、铁路运输、报关、船代等本地其他收入，可为地方经济贡献更高的社会效益。新通道正式开通以来，已经连续发送日本商品车至中亚地区24列4 070辆，为码头公司带来了2 000多万元的纯增量营业额。

三是助推东北亚航运中心建设。过境运输是指他国在运送客货过程中，通过本国领土运往另一国的运输。对于大连口岸来说，过境运输就是类似于国际中转的自由贸易业务，是衡量航运中心建设的重要指标。大连片区开通日本商品车过境陆海联运新通道，不仅为大连口岸带来了新的货物吞吐量，更为大连口岸带来了新的外贸航线。

案例33：中欧班列“区港直通”管理新模式

为破解中欧班列装载节点与自贸试验区、综合保税区物理区位隔离的发展瓶颈，沈阳海关打造中欧班列“区港直通”管理新模式，实现综合保税区与班列节点“区港直通”，即对于综合保税出区的中欧班列货物在途监管至班列节点，非特殊情况不再实施开箱查验，通过模式优化、政策叠加，畅通贸易，对接区域发展规划，实现优势互补，促进外贸发展。

主要做法：

沈阳海关打造“中欧班列‘区港直通’管理新模式”，在采取“四机制一模式”的基础上，实施“一次运抵、一次申报、一次装卸、一次验放”。一是专用机制。在综合保税区内划分区港直通业务进出专用卡口及专用查验区域。二是协调机制。设立中欧班列联络员，建立现场海关与铁路公司、中欧班列运营商、报关企业的沟通协调机制，及时解决班列运行出现的问题。三是预约机制。施行“延时、错时+7×24 小时预约通关”工作机制。四是流转机制。与营口、大连、天津等周边港口海关建立国际中转以及特殊监管区域间的高效区间流转机制，提高辽沈地区中欧班列组货能力。五是“三优”模式。实施“优先申报、优先查验、优先放行”，加强中欧班列运输与国际陆海贸易新通道建设对接。“区港直通”新模式具体流程如下：

（一）出口流程

入区：企业按照《海关特殊监管区域进出口货物报关单、进出境货物备案清单填制规范》填制相应单证，通过一体化申报直接进入综合保税区或在保税港区申报入区后通过保税货物流转进入综合保税区，相关操作按现有规定办理。

班列区内前端集货：搭载班列的一般贸易出口货物入区后开展集拼等相关业务。

出区：企业可按照需求自主选择一体化、转关等通关模式申报出区。采取一体化方式申报的，按现有模式办理；采取转关方式的，现场海关在区内依布控指令开展查验放行，施加海关封志，并向班列节点发送相关信息，接收班列节点驻场监管人员的反馈信息。综合保税区与班列节点实施“区港直通”，即对于综合保税区出区的中欧班列货物在途监管至班列节点，非特殊情况不再实施开箱查验。

班列装载节点作业：班列节点驻场监管人员凭相关信息核对货物的集装箱及海关封志状态等。核对无误的卡口登记货物准许进入海关监管场所，并按照相关规定开展货物日常及班列装载监管。

口岸离境监管：口岸海关负责核销转关数据以及货物的实际离境监管。

（二）进口中欧班列货物流程

入区：由口岸海关实施必要的检疫处理后，企业按照需求自主选择班列货物通过一体化或转关申报。采取转关申报的货物搭乘中欧班列运输至班列节点，进行转关运抵、核销，非特殊情况不在班列节点实施开箱查验，并参照在途监管要求自行运输至综合保税区。

区内作业：入区时现场海关需依指令再次验核集装箱及海关封志状态，对货物进行理货仓储，并依照相关规定对区内加工、保税仓储、国际分销、跨境电商等综合保税区功能实施监管。

出区：现场海关依布控指令开展单证验核、查验放行等相关工作，完成征税管理后准许货物出区；国际转口、国际中转的依据相关规定办理手续。

实践效果：

一是有效破解中欧班列海关监管及物流运输等问题。中欧班列“区港直通”管理新模式的施行，化解了班列装载节点物理区位不在海关特殊监管区域内的难题，涉及国际中转货物混拼、集拼等相关政策红利得以充分叠加释放，极大促进了沈阳综合保税区的物流集散、保税仓储、国际中转等方面的功能优势发挥，同时也解决了由于海关监管场所面积不足导致的集货高峰进出、装卸困难等问题。

二是有效提升中欧班列运行效率。2020 年，沈阳中欧班列开行数量、运输量和货值均呈现逆势增长态势；沈阳海关共监管中欧班列 336 列、35 207 箱次、货值 103.9 亿元，同比分别增长 61.5%、92.7%、73.6%。沈阳中欧班列通过满洲里、绥芬河、二连浩特三个口岸并行常态化发运，业务覆盖 21 个国家 200 余座城市车站。2021 年，将进一步提高中欧班列集装箱装运使用效能，节约企业物流成本、时间成本，充分利用现有资源，拓展企业作业能力，稳定市场份额，预计出口班列双向运行将突破500列。

案例34：中欧班列集货中心“无人机+监管”模式创新

随着中欧班列（沈阳）开行规模高速增长，中欧班列（沈阳）集货中心和海关监管场地的集装箱周转及监管压力陡然大增。沈阳海关将现行的海关人工巡场监管模式改为无人机巡场监管模式，构建空地立体化防控网络，进行场地监管和安全巡查，减少场内检查和核对时的吊装周转环节，减少企业在口岸环节的作业成本，打通现场监管“最后一公里”，有效提升海关实际监管效能。

主要做法：

将中欧班列（沈阳）集货中心场地现行的海关人工巡场监管模式改为无人机巡场监管模式，即进出境货物抵达作业场所后，由无人机代替原有人工巡场，减少场内检查和核对时的吊装周转环节。开启“无人机+监管”新模式，启用无人机在中欧班列（沈阳）集货中心场地内开展“非接触监管”和安全巡查，打通现场监管“最后一公里”。此做法主要利用了无人机灵活机动、时效性高、成本低、风险低、监测力强及覆盖面广等特点，有效规避单一人工巡查耗时费力、存在盲区死角等问题。通过无线遥控、空中悬停、导航定位等，助力实现“地巡”+“空巡”的有效结合，构建空地立体化防控网络，提升海关实际监管效能，适合用于中欧班列（沈阳）集货中心场地监管。

一是运用“无人机+巡逻”模式进行中欧班列（沈阳）集货中心场地监管和安全巡查，降低海关监管人力资源压力。无人机能够突破时空限制进行无死角监测，凭借其机动性和快速性特性，可显著提高环保巡查的效率以及应急状况响应速度，代替工作人员进行高危或者不宜进入的地区进行作业，保障工作人员的人身安全，同时缓解了海关监管压力。

二是利用无人机机动灵活的特性，有效解决了传统巡查模式中的耗时耗力、效率低及巡查范围不全面等问题。提升海关监管力度，扩大了实时巡查范围，增加了巡查频次，由传统人工的“一日一查”增为依托高科技手段的“一日多查”，由定点视频监控变为“地巡”和“空巡”相结合，实现了安全监管全方位、无盲区，全覆盖，全面提升风险防范能力和监管力度。

三是拍摄实时记录及保存巡查视频记录，有利于监管追溯。采用图像实时回传、视频跟踪、“云存储”等技术，通过对无人机实时拍摄的画面进行比对研究，形成监管的预警机制；追溯保存的巡查视频记录，达到了“云核查”的监管目的，提升了监管作业场所管理效率，有利于海关贯彻落实稽查结果，引导企业规范经营行为。

四是降低现场作业人员的吊装工作强度。通过无人机智能化装备巡场，能够有效减少场内检查和核对时的吊装周转。尤其当班列急剧增长的情况下，无人机巡场可以大幅缓解和降低现场作业人员的吊装工作强度。

五是减少企业在口岸环节的作业成本。进出口企业在口岸的作业成本直接决定了其利润的多寡。由于无人机监管的使用，直接减少了企业进出口货物在现场吊装周转的次数，进一步降低了企业在口岸环节的成本，提高了企业的利润水平。

实践效果：

在海关人员巡视中欧班列（沈阳）集货中心场地监管时，需要对部分必须核对封志且堆放高位的集装箱，现场进行吊装，吊装作业时间较长，也产生一定的费用。在中欧班列数量急剧增长的情况下，原有人工巡场监管作业模式已难以适应业务发展需要，不利于班列的进一步扩容增效。

通过“科技+创新”的举措，采用“无人机+监管”、“无人机+巡逻”等新模式，综合运用无人机巡航监控、联网视频监控、信息化系统自动比对等高科技手段，在保证有效监管的前提下减少对项目运营的人工干预，实现海关监管工作的智能化、便利化，为企业和中欧班列运营方提供更多“非接触式”的监管，以“无干扰”服务保障项目高效运转。自2021年5月起，在沈阳铁路东站货场实施应用以来，班列平台企业对中欧班列（沈阳）集货中心无人机监管模式进行了评估，结论是每列中欧班列可以至少节约吊装及人员成本3 000元，全年可节约中欧班列场地运营成本达240万元。

案例35：国际航行船舶进口岸审批告知承诺制

为进一步优化口岸营商环境，促进外贸稳定健康发展，在辽宁海事局的指导和大力支持下，大连片区与大连海事局在大窑湾港区试点率先开展对国际航行船舶办理进口岸审批的告知承诺制。此举是在疫情防控常态化下，做好“六稳”工作、落实“六保”任务的一项重要举措，为船舶航运公司及物流服务企业提供实实在在的便利，进一步提高了通关效率，降低了企业成本，促进了自由贸易试验区的高质量发展。

主要做法：

（一）海事部门办理国际航行船舶进口岸手续实施告知承诺制

“国际航行船舶进口岸审批告知承诺制”是指申报企业通过国际贸易“单一窗口”进行在线申报时，只要提交《告知承诺书》后，即可免于提交船舶适航、检验相关证书、船员证书、委托证明及委托人和被委托人身份证明等系列申报文件。

在国际贸易“单一窗口”线上办理业务时，船东公司或代理企业每次申报需上传至少数十页的船舶、船员证书等扫描资料，由于上传资料众多，往往一个细节问题就影响了整体申报进度，尤其一些进口岸比较频繁的国际班轮，每次反复上传几乎相同的大量资料，给企业带来一定困扰。

针对企业的实际需求，海事部门坚持以问题为导向，以解决企业困难为己任，深入企业走访调研，并依据调研情况及《国务院办公厅关于做好证明事项清理工作的通知》等相关规定，发布了《辽宁海事局关于国际航行船舶办理进口岸手续实施告知承诺制的通告》（辽海船舶〔2020〕72号），创新监管手段，提升执法效能，实施国际航行船舶进口岸手续告知承诺制审批。

在大连海事局推出国际航行船舶办理进口岸审批告知承诺制后，船舶代理仅需与船东公司核实船舶适航、船员适任、货物适装等情况，然后在国际贸易“单一窗口”平台上向大连海事局提供书面承诺，说明国际航行船舶符合进口岸审批的条件、标准和要求，并承担承诺不实的法律责任，就可为其直接办理进口岸审批，从而省去了船舶适航、检验证书、船员证书、委托书、委托证明等纸质申请资料。

（二）海事部门将建立核查机制和企业诚信档案，推行告知承诺制审批与事中核查、事后监管有机结合

告知承诺制审批是建立在企业诚信、守法经营的基础上规范运作的。企业在享受便利的同时，须履行安全生产主体责任并对承诺内容的真实性负责。

海事部门将建立核查机制和企业诚信档案，推行告知承诺制审批与事中核查、事后监管有机结合，加强审批与监管的衔接。

海事管理机构建立核查机制，对实施告知承诺制的船舶进行抽样核查：核查内容为已免于提交的申请材料。核查比例不低于全年通过告知承诺制办理进口岸手续总艘次的5%。核查方式包括传真件核查、现场核查、网络提交信息核查等方式。核查时间为进口岸手续办理完成后至出口岸审批完成前。

建立核查档案，在核查中发现申请人做出不实承诺或违反承诺的，依法撤销已办理的进口岸手续，依据相关法律法规实施行政处罚，并将申请人记录海事信用信息管理系统。自发现之日起该申请人12个月以内不可实施告知承诺制。

实践效果：

（一）提升通关效率，降低企业成本

实施进口岸审批告知承诺制之前，集装箱班轮进出大窑湾口岸时，船舶代理需提前与船东公司进行沟通，取得船舶相关证书及资料。待船舶靠港时，外勤人员登轮与船东公司进行核实，至少需要耗费一个多小时，并且给疫情防控带来一定风险，经双方核实无误后，外勤人员需返回至办公室，将十几项的申请材料扫描、上传至国际贸易“单一窗口”办理船舶进口岸申请。如果遗忘部分材料就需要多次往返，遇到电子数据量较大或网络故障时也需处理妥善后方可继续办理，浪费了大量的人力、物力，延缓了国际集装箱班轮的靠泊和装卸作业进程，影响了通关效率。承诺制实施后，只要上传一份《辽宁海事局办理国际航行船舶进口岸手续告知承诺书》，并在国际贸易“单一窗口”简单填写基本信息，经海事人员快速审核后，即可自主打印《船舶进口岸手续办妥通知单》《国际航行船舶出口岸许可证》，整个过程仅需 10 分钟。在申请材料申报和审批环节缩短了办理时效，提升了通关效率，也减少了企业的时间成本，让审批能快速完成办理。

（二）提升大连口岸营商环境

大连口岸国际航行船舶进口岸近 7 000 艘次，大连片区所辖大窑湾港区、新港、北良港区承接着大连一半多的国际航行船舶海运业务。尤其大窑湾港区的集装箱班轮运输更是占到大连国际集装箱班轮运输船舶艘次的 98%左右。实施告知承诺制后，按照每条船每天在进口岸手续的办理上节省半小时计算，每月靠泊在大窑湾口岸的国际航行船舶进口岸手续办理就可为企业节省约 3 000 小时的工作时间，这将节省大量的交通和经济成本，也为港口、货物、船舶的高效率运转提供坚实的基础，极大的改善了口岸营商环境。

（三）产生诚信企业示范效应

国际航行船舶进口岸手续实施告知承诺制，为诚信企业提供便利化的通关措施，使诚信企业可以分享自贸试验区制度创新红利，对其诚信行为进行正向激励，对其他企业产生示范效应，使其重视自身诚信管理。

（四）转变政府监管方式，推动自贸试验区制度创新

国际航行船舶进口岸手续实施告知承诺制，是政府管理重点由事前审批向事中事后监管转变的探索和突破。在风险可控的前提下，最大限度为企业服务，对自贸试验区制度创新起到重要推动作用。

四、辽宁省政府及相关部门出台的政策措施

《辽宁省人民政府关于关于赋予中国（辽宁）自由贸易试验区一批省级行政职权事项的决定》（辽政发〔2021〕4 号，2021 年 2 月 5 日）。

五、大事记

2021 年 3 月 17 日　辽宁省自贸办印发《复制推广自贸试验区改革创新经验 2021 年度工作方案》，将国家第六批改革试点经验及辽宁省第四批改革创新经验在全省复制推广，结合省情实际，有效推广利用自贸试验区改革创新经验。

2021 年 3 月 28 日　省委书记、省人大常委会主任张国清到辽宁自贸试验区营口片区，就坚定不移推动片区高质量发展进行调研。

2021 年 4 月 9 日　辽宁自贸试验区召开挂牌成立四周年新闻发布会，省商务厅李军副厅长就“放管服”改革、贸易便利化、投资自由化、金融开放创新和服务国家战略等方面开展的制度创新情况和辽宁自贸试验区四年来的建设发展情况进行介绍。

2021 年 4 月 12 日　省委副书记、省长刘宁主持召开辽宁自贸试验区工作领导小组会议，会议听取了辽宁自贸试验区创新发展工作进展情况的汇报，审议有关文件，研究部署下一步重点工作任务，副省长陈绿平出席会议并发言。

2021 年 6 月 7 日　商务部印发《国务院自由贸易试验区工作部际联席会议办公室关于印发自由贸易试验区第四批“最佳实践案例”的函》（商自贸函〔2021〕189 号），沈阳片区推出的“‘事转企’

背景下国有企业‘三级跳’发展新模式”，入选自贸试验区第四批“最佳实践案例”。

2021 年 6 月 28 日　为贯彻落实辽宁省推行“证照分离”改革全覆盖工作实施方案的相关要求，省自贸办对自贸区版的中央层面设定的涉企经营许可事项 67 项改革清单进行部署，进一步激发市场主体发展活力。

2021 年 7 月 16 日　国务院办公厅调研组在辽宁自贸试验区大连片区召开自贸试验区深化改革开放工作调研座谈会议，辽宁自贸试验区沈阳、大连、营口片区分别就深化改革开放方面的相关工作进行了汇报，会议听取了各片区在加强改革创新系统集成和高水平开放方面的意见建议。

2021 年 8 月 24 日—26 日　商务部贾舒颖特派员赴辽宁自贸试验区沈阳片区、营口片区就辽宁自贸试验区深化方案的编制工作及各片区间协同发展情况开展调研。

2021 年 8 月 31 日—9 月 2 日　省自贸办紧扣片区企业发展需求，组织省中直 20 个部门在各片区现场办公，对辽宁自贸试验区新一批改革创新经验案例开展研讨。

2021 年 10 月 14 日　国际权威机构英国《金融时报》旗下的 fDi 杂志发布 2021 全球最佳自由贸易区排名，大连片区（大连保税区）在 70 多个参评自由贸易区中排名第三，并荣获“中小企业最佳自贸区全球高度评价奖”等 5 个奖项。

2021 年 10 月 19 日—22 日　承办商务部在大连举办的“2021 年第一期自贸试验区建设专题培训班”，围绕推进自贸试验区制度创新、推动数字经济和数字贸易发展等开展专题讲解，并安排有关自贸试验区同事交流建设经验，到大连片区现场教学等。

2021 年 10 月 24 日　省委副书记、省长李乐成到辽宁自贸试验区大连片区就片区体制机制、区内企业发展需求、营商环境建设等方面进行调研。

2021 年 12 月 8 日　副省长陈绿平主持召开辽宁自贸试验区工作领导小组会议，听取三个片区建设情况汇报，审议相关文件，就下一步重点工作进行部署，沈阳、大连、营口三市市政府相关负责同志参会并发言。

2021年中国（河南）自由贸易试验区建设概况

中国（河南）自由贸易试验区建设领导小组办公室

王振利

中国（河南）自由贸易试验区建设领导小组办公室主任

王振利，男，汉族，1973年7月生，大学，中共党员，2022年2月任河南省商务厅党组书记、厅长。

一、经济运行情况

（一）投资情况

2021年，中国（河南）自由贸易试验区（以下简称河南自贸试验区）新设企业20 734家，比上年增长4.4%；新设企业注册资本1 335.7亿元，比上年下降32.5%。

新设外商投资企业80家（含分公司），比上年增长33.3%；注册资本28亿元，合同外资金额5.2亿美元，实际使用外资金额19.8亿美元（全口径）、比上年增长12.7%。引进外资主要来源地包括中国香港、英属维尔京群岛、美国、新西兰等国家和地区。

新设境外投资企业4家，新增中方协议投资额1 336.7万美元，区内企业中方实际投资额43 554.4万美元，比上年增长2 843.3%。

实现税收收入390.3亿元，比上年下降4.7%。

（二）贸易情况

2021年，河南自贸试验区货物进出口总额580.3亿元，比上年增长144.8%。其中，货物进口额271.2亿元，比上年增长423.6%；货物出口额309.1亿元，比上年增长66.8%。

（三）金融情况

2021年，河南自贸试验区新增金融机构25家，其中新增持牌金融机构15家、非持牌金融机构10家。跨境双向人民币资金池业务结算量26.9亿元，跨境人民币结算金额133.6亿元。

郑州商品交易所累计成交量、成交额分别为25.8亿手、108万亿元，比上年分别增长51.7%、79.7%；日均成交量、日均成交额分别为1 062.6万手、4 445.2亿元，比上年分别增加51.7%、79.7%；日均持仓量939.3万手，比上年增长31.7%。参与交易的法人客户20 375个，比上年增长39.3%；法人客户持仓占比59.2%，同比提高6个百分点。

（四）创新情况

2021年，河南自贸试验区新增发明专利授权2 010件。

（五）开放通道情况

2021年，郑州机场累计完成货邮吞吐量70.47万吨，比上年增长10.2%；其中，完成国际地区货运量54.52万吨、全货机货运量59.51万吨，分别增长20.8%、19.6%。中欧班列（郑州）累计开行1 546班次，班次、货值、货重分别比上年增长37.6%、40.1%、41.2%。郑州、洛阳分别开通6条和2条铁海联运线路，班列到发量分别为21 677标准箱和11 184标准箱。郑州片区跨境电商零售进出口货值达到187.95亿元，比上年增长6.77%，在全省占比47.58%，其中出口货值169.36亿元、在全省占比66.36%。

二、建设措施及成效

2021年，河南自贸试验区深入贯彻习近平总书记关于自贸试验区建设和视察河南重要讲话重要指示精神，落实省委、省政府部署，牢牢把握“为国家试制度、为地方谋发展”这一主线，深入实施制度型开放战略，推进重点领域改革创新，加大压力测试力度，积极对标国际高标准规则，加快培育外向型经济，助推特色产业发展，以更大力度谋划和推进自贸试验区高质量发展，全力打造内陆改革开放“试验田”和对外开放“新高地”。

（一）加强顶层统筹推动，政策制度体系日益完善

省委、省政府高度重视自贸试验区建设工作，成立了由省长任组长，常务副省长、分管副省长和五大专项（政务、监管、金融、法律、多式联运）分管省级领导同志任副组长的领导小组，省直有关单位和郑州、开封、洛阳市政府，郑州航空港经济综合实验区等53个单位主要负责人为成员。2021年，省委常委会议、省政府常务会议分别2次专题研究自贸工作、审议相关文件，并进行安排部署。3月，省委、省政府出台《关于推动河南自贸试验区深化改革创新打造新时代制度型开放高地的意见》，加快推进规则、规制、管理、标准等制度型开放。4月，省人大常委会审议通过《中国（河南）自由贸易试验区条例》，并于7月1日施行，《贯彻落实〈中国（河南）自由贸易试验区条例〉实施方案》跟进出台，为高水平建设河南自贸试验区提供法治保障。10月，中国共产党河南省第十一次代表大会把制度型开放战略作为“十大战略”之一，提出高水平建设河南自贸试验区2.0版。11月，省委书记主持召开省委财经委第三次会议，专题听取河南自贸试验区建设及扩区工作汇报。12月，省政府办公厅印发河南自贸试验区《促进制度创新试行办法》《开放创新联动区建设实施方案》，进一步建立健全制度创新工作体系。成立河南自贸试验区“十四五”规划专家咨询委员会，编制发布《中国（河南）自由贸易试验区“十四五”发展规划》。河南自贸试验区2.0版政策制度框架体系基本形成。

（二）“试验田”作用持续发力，创新成果不断涌现

对标对表中央要求，积极落实改革试点任务。国务院印发的河南自贸试验区总体方案160项改革试点任务，除自由贸易账户体系因国家统筹考虑因素未实施外，159项试点任务均已实施。同时立足河南实际，强化探索创新。2021年共总结形成85项制度创新成果，累计达479项，其中14项被国家采纳推广，68项在全省推广。在全国率先建成全程电子化登记系统，进、出口货物通关时间分别压缩80%和90%以上，建立全国首个省级多式联运标准体系。“四链融合助推老工业基地转型升级”入选全国自贸试验区第四批“最佳实践案例”。“打造递进式商事纠纷多元化解模式，助力区域营商环境法治化建设”被最高人民法院司法改革领导小组办公室《司法改革动态》印发推广。《优化营商环境助力跨境电商逆势增长》《突出片区功能定位助推特色产业创新发展》等简报被国务院自贸试验区工作部际联席会议印发推广。省自贸办、省委改革办联合发布河南自贸试验区第二、第三批20项“最佳实践案例”，全省借鉴推广。河南自贸试验区郑州片区金水区块企业集群注册登记管理办法、开封片区政务服务“跨区通办”等2项案例被省委改革办改革典型案例红榜通报。郑州海关“跨境电商零售进口退货中心仓模式”入选2020年度经济体制改革十大案例。

（三）深化重点领域改革创新，差异化探索实现新突破

围绕重点领域，不断强化个性化、差异化探索，创新构建了政务、监管、金融、法律、多式联运等五大服务体系，积极开展跨境电商、金融创新等差异化探索，稳步推进政府职能转变、贸易投资便利化、金融开放创新、法治保障等共性改革试验。

政务服务方面，聚焦市场主体准入、准建、准营、准退等开展全生命周期集成化改革创新，在商

事登记、投资管理等方面探索新举措，加大“证照分离”改革力度，郑州市出台《涉企经营许可事项“证照分离”改革清单》（郑州市细化2021年自由贸易试验区版），针对自贸试验区先行先试的48项市县级涉企经营许可审批事项，进一步明确主体、细化措施，扎实推进改革举措落地见效。

监管服务方面，聚焦口岸通关和监管制度创新，分类推进12项行政审批制度改革，落实“双随机、一公开”监管要求，支持国际贸易“单一窗口”建设，在全国率先上线“技贸通”特色模块。“两步申报”“提前申报”“两段准入”稳步推进，“互联网+预约通关”系统全面启用，持续压缩货物整体通关时间，进口、出口货物整体通关时间分别较2017年压缩77.6%和93.8%，较全国平均水平多压缩11.5和3.8个百分点。持续推行“四自一简”监管改革，实现了90%以上单证自动审核通过，建立企业自查自纠容错机制，对符合条件的货物实施便捷进出区管理，缩减货物进出区时间60%以上。

金融服务方面，大力推动金融创新。陆续推出13项外汇创新业务，简化4项外汇管理行政许可申请材料，扩大NRA外汇账户使用，方便企业开展跨境贸易融资、内保外贷等业务。为优质企业办理跨境人民币便利化业务3 000多笔、470多亿元，占同期河南省跨境人民币业务量的一半。支持企业自主开展本外币资金池和境外放款业务，优化配置集团资金。开封片区推出进出口企业融资多维评价指标体系，洛阳片区创设“虚拟子账号”，解决企业收汇难题。

法律服务方面，深入推进法治自贸建设。挂牌设立河南自贸试验区郑州片区人民法院，管辖郑州市（不含郑州航空港经济综合实验区）所有1 000万元以下的一审涉外、涉中国港澳台民商事案件，共受理审执案件4 300多件，多项审执指标位居全省前列，这也是全国第5个、中部地区首个自贸区法院。设立自贸区法庭、知识产权法庭、国际商事仲裁院，出台《河南自贸试验区仲裁规则》，建立多元化纠纷解决机制，优化了营商环境，激发了市场活力，郑州片区、洛阳片区营商环境评价在参评的全省18个国家级功能区分居第一位、第四位。

多式联运服务方面，在全国率先建立多式联运协调机制，研发了全国第一辆航空集装货物整板运输车，第一个省级多式联运标准体系，顺利完成交通强国内陆型多式联运试点。在全国率先开展航空电子货运试点，建立航空物流标准化体系、搭建货运信息服务平台，货物通行时效提升20%。

跨境电商方面，2021年5月，国务院批复河南为全国首个跨境电商零售进口药品试点，监管部门通过平台准入、企业准入、产品准入和全流程追溯实施监管，消费者通过跨境电商方式可以又快又省地购买13种在国内已注册的非处方药，已正式启动。

（四）聚焦特色产业与项目建设，夯实高质量发展基础

河南自贸试验区注重招大引强、招新引优，建立了自贸试验区招商引资和项目建设通报、经济运行月分析等机制，“清单化+专班化”推进重点项目建设，强化投资促进服务。紧盯全产业链创新发展要求，指导片区编制产业招商图谱，出台郑州片区多式联运、开封片区文化产业、洛阳片区智能制造等三个产业建设实施方案。河南自贸试验区开展差别化改革探索助推产业链创新发展的做法，被国务院自贸试验区工作部际联席会议印发全国推广。推动片区出台特色产业支持政策，如郑州片区金水区块出台3亿元的产业扶持政策、开封片区出台文化产业国际化支持政策。

市场主体加速培育。截至2021年底，累计入驻河南自贸试验区的企业达11.7万家，注册资本总额1.3万亿元。郑州、开封、洛阳三个片区入驻企业数分别是成立前的4倍、36.7倍、4.3倍。其中，2021年新设立企业2.1万家（占全省的4.5%），数量为2019年以来最高，比2020年增长4.4%；郑州、开封、洛阳片区分别新设企业16 329家、1 183家、3 222家，分别比2020年增长

2.3%、6.3%、15.6%。知名企业加快布局河南自贸试验区，如益海嘉里、丰树物流、上汽、阿里巴巴、华润、格力、东旭等。截至2021年底，入驻河南自贸试验区的世界500强企业125家、国内500强企业100家。项目引领产业发展。中原科技城招引上汽集团云计算软件中心、华为河南区域总部、百度自动驾驶基地等14家头部企业机构。富泰华精密电子5G智能手机精密机构件、中铁智能化高端装备产业园、洛阳东旭光电新材料及氢能电机装备产业园、格力冰箱洗衣机生产基地、海康威视郑州科技园、浙江大华中原区域总部等重点项目加快推进。

2021年，郑州片区签约重大项目40个、金额近500亿元。郑州片区经开区块高端装备、汽车制造、现代物流产业集群发展趋势良好，获批国家外贸转型升级基地（汽车及零部件）；金水区块“核心板块+联动园区”模式完成投资22亿元、入驻企业近2 000家、实现产值超100亿元；郑东区块现代金融、大数据产业加快构建。

开封片区加速文化产业化和产业国际化进程，文化类及相关企业占企业总数近半，2021年组织线上线下拍卖会16场、展览展示18场，艺术品保税仓开仓以来进出口6亿元。成立中检·河南自贸区艺术品鉴定中心，成为全国首家具备“国字头”央企资质的文物艺术品检验中心。10月，“以古闻名，以鉴会友”中国检验认证集团全国首场鉴宝会在河南自贸区国际艺术品保税仓举办，共鉴证600余件艺术品。强化与国际艺术品交易联盟合作，开展新加坡艺术品回流业务，总货值860万人民币。

洛阳片区围绕打造国际智能制造合作示范区的功能定位，高新技术企业375家，是挂牌前的4倍，以中航光电、中航锂电、尚奇机器人等为代表的智能制造企业占六成。2021年签约亿元以上项目28个，其中，高端石化环保特种装备制造基地等10亿元以上项目7个。推进“三大改造”全覆盖，建设绿色工厂、智能工厂，受到国家发改委、科技部、工信部等5部委联合通报表扬。2021年，培育中航光电1家智能车间，中航锂电2款产品被认定为绿色设计产品；加快推进格力智能产业园、新能源汽车产业园、丰李电子信息产业园、生物医药产业园等“3+1”新型产业专业园区建设，目前4个园区已实现产值51亿元。

（五）“四路”融合并进，持续强化枢纽功能

“两体系、一枢纽”战略定位是党中央、国务院赋予河南自贸试验区的特色战略定位，也是自贸试验区建设的核心任务。2021年，河南自贸试验区“四路协同”的开放通道优势在疫情防控、跨境运输等方面得到巩固和加强，为推动高水平开放提供重要保障。

“空中丝路”越飞越广。积极用好第五航权，持续完善联运通道网络；推广航空货运中性运单电子化应用，吸引更多航空公司落户；完善航空、铁路场站配套道路设施，提高衔接能力和转运分拨效率，空运整体通关时间全国最短。郑州机场货运规模行业排名连续两年位居全国第6位，跻身全球前40强。目前，在郑州机场运营的全货运航空公司29家（其中国际地区24家），开通全货机航线42条（其中国际地区35条），国际通航城市41个，在全球货运前20位机场中开通17个航点。开通郑州—马尼拉、郑州—布达佩斯全货运航线，推进“河南—柬埔寨—东盟空‘中丝绸之路’”合作计划，并在匈牙利布达佩斯建立全国首个海外航空货站。

“陆上丝路”越跑越快。不断强化国际物流布局，持续拓展新线路。截至2021年，中欧班列（郑州）境外目的站点增至10个，出入境口岸增至6个，揽货能力覆盖全国3/4省份和日韩等地区，形成遍及欧洲、中亚、东盟和亚太的“十站点、六口岸”的国际物流网络，实现每周“去16回18”常态化高频往返运营状态。郑州国际陆港与马士基合作，成功开行越南—郑州—欧洲的国际中转班列。

“网上丝路”越来越便捷。成功举办第五届全球跨境电子商务大会，出台全面提升跨境电商核心

竞争力专项方案，引入咏霖医药、丹骏医药、利信医药等5家年营业收入超10亿元医药企业，打造跨境医药特色产业集聚区。在商务部跨境电子商务综合试验区评估中，郑州综合试验区位列全国前10位，洛阳综合试验区位列全国前50位。郑州至纽约、洛杉矶、比利时列日3条航线跨境电商包机242架次，货值106亿元。开通沈阳至旧金山、伦敦、洛杉矶等公益新航线，创新开通中欧TIR国际卡班，为国货出口开辟“新通道”，建立了覆盖全球的物流供应链体系。

“海上丝路”越来越通达。建立与广西钦州港合作机制，探索建立中原地区陆海新通道，打开与东盟及粤港澳大湾区合作渠道，周口港开通6条集装箱河海联运线路，开辟了“豫货出海”新通道。

（六）推进平台载体建设，开放能级显著提升

综合保税区建设进展顺利。洛阳综合保税区正式封关运营，重点发展保税物流、保税加工、保税研发、跨境电商、现代服务业“五大产业”。开封综合保税区大力开展国际招商、推介招商、以商招商、区港协作招商，派驻多名招商专员赴上海、长三角、珠三角、京津冀等重点区域，全力推进招商。

着力搭建外贸综合服务平台。2021年，省商务厅、省财政厅、郑州海关等五部门联合发文，认定36家企业为河南省外贸综合服务企业，其中，在河南自贸试验区的内企业有19家，占比超全省总数一半，为实现通关、物流、退税、结汇、融资等服务提供综合平台支撑。

期货开放稳步推进。支持郑州商品交易所创新发展，推动波罗的海巴拿马型船干散货运价指数、冷链物流等指数类期货加快研发上市，取得阶段性成效。创新推出全市场首个针对国家商储物资的“商储无忧”产业支持项目，探索了期货市场为国家大宗商品储备制度服务的新模式。郑州商品交易所PTA期货引入境外交易者，目前428家境外交易者开户，持仓占比超10%，进一步完善了PTA贸易定价体系，提升了PTA期货价格国际市场影响力。2021年，郑商所期货累计成交量在国内五家商品期货交易所中排名第一，在全球主要期货及衍生品交易所中排名第七。

积极服务融入国家战略。深入贯彻中央关于促进黄河流域生态环境保护和高质量发展的决策部署，联合山东、陕西、四川省自贸办，共同发起成立黄河流域自贸试验区联盟，各项筹备工作进展顺利。开封、洛阳片区与四川、陕西、湖北、云南4省自贸片区实现81项政务服务事项“跨省通办”，推进改革协同和互认互通。三个片区与江苏、陕西、安徽等自贸试验区片区合作成立新亚欧陆海联运通道自由贸易试验区联盟，畅通陆上、海上“丝绸之路”衔接。

三、创新成果及案例

案例1：打造集约、高效、便捷“数字班列”

国际铁路运输业蓬勃兴起，中欧班列（郑州）开行频次不断加密，班列订单量不断增多，通过将数字技术全方位、多角度、深层次融入班列业务全流程，打造集约、高效、便捷的“数字班列”，有效提升货物信息录入及时性、准确性、通关与提送货的时效性和平台远程交互的稳定性，为推动中欧班列（郑州）高质量开行、郑州国际陆港开放平台建设以及班列业务拓展提供坚实支撑。

主要做法：

将“数字班列”与“一次委托、一口报价、一票结算、一单到底”的“门到门”运输服务模式高度融合，为沿线国家客户提供方便快捷、安全高效、绿色环保的全程物流服务，形成核心竞争力，打造“郑欧班列”品牌。

一是首创数字化订舱系统。坚持创新驱动，深耕技术创新，加快理念转化，2016年在全国率先上线服务班列业务的订舱综合服务平台，为全国中欧班列数字化应用发挥了示范引领作用。目前，中欧班列（郑州）全部实现线上订舱，使用订舱系统的业务量已超6万单。

二是数字化赋能班列运输业务全流程。推动中欧班列（郑州）“门到门”运输全流程数字化。在数字化订舱系统之后，陆续推出班列定位系统、集装箱管理系统、冷藏箱远程控制系统、智能公路系统等，建成集约、高效、便捷的“数字班列”，助力中欧班列（郑州）越开越密、越跑越快。

三是建设中欧国际多式联运综合服务信息平台。打造中欧国际多式联运综合服务信息平台，整合、优化国际陆路多式联运涉及的上门提货、公路集疏、铁路集装箱运输、代理报关、到站清关、送货上门等多个环节，大幅简化业务流程，解决部分信息孤岛问题，实现信息互联互通以及多运输方式高效衔接，率先在中欧班列中推行“一票式”“门到门”全链条服务模式。

四是打造数字冷链班列。通过数字班列的远程操控系统、参数调节及远程通讯等功能，依托冷藏箱管理系统打造“数字冷链班列”。近年来，“郑欧班列”进出口冷链货物种类不断增加，冷链货源占比稳步增长，中欧班列（郑州）冷链物流已成为服务“一带一路”沿线国家贸易的特色品牌业务。

实践效果：

一是提升了中欧班列（郑州）服务水平。实现客户全部线上订舱、系统智能化报价、单据线上传输、货物运踪精细化查询。客户可以从客户端查看班列开行计划、匹配最优班次、预约上门提货、选择业务类型等，实现“全程省心办理、信息自动送达”。

二是班列网络布局更加完善。推动了班列实现高频次往返均衡对开，从开行之初每月仅 1 班、只有 1 个境外目的站，到目前实现每周去程 16 班、回程 18 班，始终处于中欧班列“第一方阵”。形成了覆盖欧洲、中亚、东盟和亚太（日韩等）物流网络，境外目的站 10 个、出入境口岸 6 个，初步实现“连通境内外、辐射东中西”境内外物流网络布局。

三是助力中欧班列郑州集结中心建设。郑州国际陆港开放平台功能定位不断夯实，2020 年获批国家发展改革委全国中欧班列集结中心示范工程，郑州成为全国五个中欧班列集结中心（郑州、重庆、成都、西安、乌鲁木齐）城市之一，也是中东部唯一获批城市。

四是保障特殊时期供应链稳定。班列业务数字化提升了班列操作效率，减少了人货密切接触，疫情期间中欧班列（郑州）仍保持常态化开行，为保障国际贸易供应链稳定畅通作出贡献。

案例 2：创新“运贸一体化”国际班列运行模式

中欧班列（郑州）创新“以运带贸、以贸促运、运贸一体化”的国际班列运行模式，提高返程班列满载率，畅通“一带一路”国际贸易通道，融入国内国际双循环，满足人民群众消费升级需求。

主要做法：

一是建立境外直接合作关系。依托遍布欧洲、中亚和日韩等地的业务网络、大型食品展会、政府部门推介会、海关总署官网等渠道，通过直采直购、全程冷链运输，与哈萨克斯坦、俄罗斯、白俄罗斯、波兰、法国、比利时、奥地利、德国等“一带一路”沿线及货源辐射国商品制造商直接建立战略合作伙伴关系。

二是构建线上线下多种销售渠道。以班列进口商品展示体验中心为中心，线下业务范围辐射到郑州市全部区域、省内各辖市及部分县（市）、省外所有省会城市及部分发达城市，与 170 多家分销商签订合作计划，设立线下专营店 69 家，推进班列进口商品进社区、进县区展销活动。打造线上销售渠道，线上电子商务平台班列购以及天猫、淘宝、京东等同步销售，线上线下同步推广，实现班列进口商品采购、运输、仓储、销售全链条管理。

三是打造“真、快、鲜”商品优势。通过源头直采，保证商品来源“真”。通过高频次均衡往返对开，实现小批量、多批次采购模式，全程运输时间最快 12 天，比海运时间大大缩短。通过自有报关团队报关，商品入境后第一时间申报清关，快速将商品送至客户手中。商品全程采用恒温冷藏箱运输，自建冷藏库，使商品始终处于最适宜的存储温度，保证“鲜”。

实践效果：

一是为中欧班列（郑州）回程货源提供有力保障。因国内外供需结构不同，班列出口货源多、进口货物少，双向运输不均衡，“运贸一体化”模式有效解决回程货源短缺问题。班列进口商品种类超过450种，国内销售网络覆盖31个省（自治区、直辖市），省内销售网络覆盖全省18个省辖市。2020年，进口商品销售收入8 772.58万元，2021年1—10月，进口商品销售收入5 774.75万元，为中欧班列（郑州）回程稳定货源拓展了渠道。

二是形成内陆进口商品辐射周边的新格局。过去内陆地区进口商品大多是通过海运至沿海港口，再由沿海转运至内陆销售。通过“运贸一体化”进口商品直接入豫，到货周期只有海运的三分之一到四分之一，节省大量周转时间，正在形成以郑州为中心、覆盖河南各省辖市并快速辐射周边省份的新格局，内地消费者更直接享受“一带一路”倡议的实惠。

三是得到国家有关部委认可推广。“运贸一体化”作为中欧班列（郑州）模式，在畅通贸易通道、深度融入双循环中作用显著，成为中欧班列带动产业发展的旗舰项目。国家发展改革委在中欧班列运输协调委员会上向全国推广，重庆、成都、武汉、宁波等城市纷纷开行运贸一体化班列。

案例3：研制推广航空集装货物整板运输车探索空陆联运标准

为推动“空中丝绸之路”空陆联运国家示范工程高质量建设，加快标准化运载单元推广应用，依托省级多式联运示范工程，河南省交通运输厅以促进空陆联运规范化发展为目标，大力推进航空集装货物整板运输车（以下简称整板运输车）研制和推广，显著提高空陆联运转运效率，有力促进物流业降本增效。

主要做法：

一是深入把握市场需求。前期调研发现，中大型货运枢纽机场执飞的国际货运航班一般为B747F、B777F等宽体机，装载的整板货物板型大部分都是高板，目前市场上符合国家标准的厢式货车受尺寸限制，导致厢体内控宽度和高度偏小，无法进行整板货物装载运输。实际操作中，国际货物卡车转运多采用加宽加高的改装非标车进行整板运输或者拆板后散货运输，货损货差率高，安全风险较大，严重影响空陆联运发展。随着国际贸易对运输时效和运输质量要求越来越高，研制一款符合国家标准和部门监管要求、满足航空整板货物安全高效转运的车型，具有重要意义和市场价值。

二是纳入省级示范工程给予重点支持。为加大整板运输车的研发推进力度，省交通运输厅、省发展改革委将整板运输车研制工作纳入省级多式联运示范工程给予重点支持，联合省机场集团指导河南全程物流公司及有关技术支持单位，按照我国车辆标准要求，研究提出采用欧洲普遍使用的、符合《国际公路运输公约》（《TIR公约》）标准的侧帘式结构车型作为项目推进方向。参照国外标准规范，引入新材料新技术进行轻量化设计，创新优化相关功能，实现燃油消耗减少、污染排放降低，且整板货物装卸更加便利，在途运输更安全稳定。

三是制定相关标准助力整板运输车推广应用。为加快空陆联运运载单元标准化，更好推广应用，研制发布了2项标准。一是《航空集装板厢式运输半挂车》团体标准规定了航空集装板厢式运输半挂车的定义、技术要求、试验方法、出厂检测以及标识、随车文件和储存等。二是《航空集装板运输侧帘半挂车使用规范》企业标准规定了航空集装板侧帘运输半挂车的一般要求、驾驶员、装卸车作业、运输作业等要求。

实践效果：

一是空陆转运效率有效提升。2021年6月，航空集装货物整板运输车研发成功并下线生产10台，已取得海关监管登记证。9月份开展了实货转运测试。从效果上看，整板运输车作为联运装备，实现了以整板货物作为运载单元快速装卸和运输，减少了货物拆板理货、散件装卸等直接操作环节，大大缩短了货物作业时间，有效降低了货损货差率。经测算，从航班落地到货物签收，整个转运流程时间可缩短约三分之一，客户满意度显著提升。

二是有力推动了空陆联运行业标准制定。2021年9月，交通运输部、国家发展改革委验收郑州机场多式联运示范工程时，专家组对整板运输车给予高度认可，一致认为具有较强复制推广意义，为空陆联运行业标准制定提供了实践基础，并建议将《航空集装板厢式运输半挂车》团体标准上升为行业标准。目前该标准已申报行业标准，并通过全国综合交通运输标准化技术委员会内部审查。

案例4：跨境电商市场领域智慧监管新模式

郑州市市场监管局以全市经济户口大数据为核心，综合企业信用、消费维权等数据，依托智慧监管平台，打造跨境电商市场领域智慧监管新模式，有效解决郑州片区跨境电商市场主体跨区域分类复杂、信用数据缺乏统合、综合监管风险突出等问题。

主要做法：

一是聚焦七个业务领域，实现专项监管。郑州市网络市场监管综合指挥系统专门设置了“跨境电商”业务子模块，聚焦食品监管、药械化监管、商品质量监管、广告监管、知识产权维权、价格监管、保健品监管等7个领域，采集相关经营数据并通过搜索引擎搜索建库，进行精准风险分析，实现专项监管。

二是建立主体数据库，开展结构化数据搜索和大数据分析。以全市注册登记数据为基础，匹配建立跨境电商系统主体数据库，以登记注册、执法办案和消费维权数据为核心，包含跨境电商主体登记信息、企业年报信息、企业监管信息、“12315”投诉举报信息、商品质量抽检信息等。运用大数据分析，对重点商品、消费投诉集中商品进行常态化价格监测，实现精准监管。

三是强化跨境电商市场主体信用管理，实现分类监管。完善规则制度，出台《网络交易信用分类标准及办法》，建立网络商品经营者和网络服务经营者信用监管指标体系，明确网商备案及电子标识申领指标、经营行为监管指标、消费者投诉举报和群众举报及处理结果指标等5个评价指标。对网络商品经营者和网络服务经营者市场准入、经营行为、市场退出等各类监管信息归类整理，纳入网络商品经营者和网络服务经营者信用体系。通过系统信用评价功能，将企业信用等级分为“三等九级”，即A、B、C三等和AAA、AA、A、BBB、BB、B、CCC、CC、C九级。对不同类别、不同信用等级的网络商品经营者和网络服务经营者，实施不同管理措施。

四是明确主体责任，确保跨境商品消费维权统一处置。国家市场监管总局“12315”平台转办的投诉件和郑州市市场监管局接收的信访件投诉件，统一由市网监分局接收并分流处置，确保涉及跨境电商消费投诉、举报信息统一录入、统一分转、统一反馈，保证消费维权处置工作各个环节连贯、通畅、高效。

实践效果：

截至2021年10月，跨境电商智慧监管平台共监测自贸试验区郑州片区跨境电商经营主体3 104户、网店3 918户，监测进口商品8 627种，实现了网络商品经营者、网络服务经营者及进口商品全覆盖。

一是共享共用信息资源，提升监管行政效能。过去对跨境电商“看不清、抓不牢”，通过新模式转变为“看得见、能抓住”。建立了覆盖跨境电商市场全领域的线上业务监管系统，实现跨部门信息资源共享和社会信用共享共用，大大降低监管运行成本，提高行政执法效率。

二是有效归集信用数据，实现交易主体可信。

截至2021年10月，系统累计归集信用评价数据1 313条、关联失信被执行人公示信息56条，以上数据被纳入郑州市社会信用体系数据库，有效规范了跨境电商网络交易秩序，降低网络交易风险。

三是发挥价格监测作用，助力消费者维权。2021年春节、“6·18”、“双11”、“双12”期间，对奶粉、啤酒、鱼子酱、口罩等8大类200种跨境商品持续开展专项价格监测，严密监测借购物节先涨价后降价等涉嫌消费欺诈行为。2020年8月至2021年10月底，累计转办跨境电商领域消费投诉91起，涉及进口奶粉、蛋白粉、红酒、糖果、饮品、化妆品、护肤品和保健食品等多类商品，有力维护消费者合法权益。

案例5：全流程多场景“互联网+诉讼”新模式

郑州中院推动5G技术与网上庭审深度融合，率先打造全省首个全流程多场景智慧庭审系统，构建全流程多场景“互联网+诉讼”新模式，实现信息技术和司法审判互促共进，增强群众司法获得感。

主要做法：

一是优化流程，全力推进全流程诉讼。通过繁简分流、轻重分离、快慢分道在线场景办理，达到简案快审、繁案精审效果。对于简易案件，先进行在线调解；对于需要开庭审理的，进行线上庭审；对于较为复杂疑难的，可在线召开庭前会议、证据提交、证据交换或鉴定人发表鉴定意见后，再进行现场开庭。

二是完善应用，全力推进多场景诉讼。依托5G通信技术、AI人工智能技术、云存储技术，在智慧法庭，仅需一块绿幕即可实现庭审视频中人像与背景的分割，虚拟呈现法庭场景。打破空间与时间限制，不同地域诉讼参与人可足不出户随时随地通过PC端、微信小程序、手机应用程序等“隔空”参与诉讼活动。法官在办公室、会议室、出差途中，也可随时通过智慧庭审系统组织调解、召开庭前会议、举行证据交换、进行询问等，有效开展诉讼活动。非必要环节由法官助理协助办理，关键环节由法官直接“切入”场景进行，实现多场景交叉进行，大幅提高案件办理效率。

三是强化管控，全力确保审理质量。法官根据案件情况，可要求当事人签署诚信诉讼承诺书，确保提交材料和庭审活动真实。当事人提交的电子化材料呈现不完整、内容不清晰、格式不规范，或者对方当事人提出异议以及人民法院认为有必要的，按照《人民法院在线诉讼规则》要求提交原件原物进行比对。加大对虚假诉讼打击力度，不定期发布相关典型案例，形成震慑效应。加大司法公开力度，庭审活动、裁判文书严格按照规定在网站公开，以公开促进工作规范化水平和工作质量提升。

四是加大宣传，全力提升认同度。通过官方微信公众号推送网上立案、互联网诉讼使用手册、操作指引。在诉讼服务中心安检口、大厅、立案窗口摆放宣传海报，提供宣传册，设置网上立案专区。统一向辖区各律所、法律服务所发函告知网上立案缴费流程、操作标准，鼓励律师积极参与，增强社会公众知晓度和认同度。

实践效果：

一是减轻了群众“诉累”。利用高拍仪等设备完成在线证据提交、交换、阅卷等诉讼环节，彻底破解传统在线庭审“卡脖子”环节，扩大了适合在线庭审的案件范围，实现了从庭前会议、证据质证到调解、询问、开庭等全流程全要素的线上诉讼。“互联网+诉讼”模式，减轻了群众来回奔波的诉累，实现足不出户高效解决纠纷。

二是提高了诉讼效率。以往一个二审案件，从分案到当事人收到文书并结案最快7天时间。采用5G网络庭审方式和电子送达，分案当天向当事人发送传票，当天当事人收到短信，3天后开庭、作出裁判文书、送达裁判文书、报结，4天即可结案，平均节省时间43%。

三是降低了诉讼成本。传统诉讼中，当事人需要亲自到庭，不仅承担交通费，还耽误工作，存在隐性误工损失。法官、书记员出差或因疫情被隔离，当事人迟到、忘记到庭等情形，都会影响庭审工作，导致案件办理延长，诉讼成本增加。“互联网+诉讼”模式，开庭变成线上虚拟法庭，法官、书记员、当事人、律师等庭审完成后可以立即办理其他事务，实现“无缝衔接”，诉讼成本大大降低。

四是得到群众广泛认同。在郑州遭受新冠肺炎疫情和“7·20”暴雨灾害影响期间，大量当事人和律师主动申请网络开庭、网上阅卷、网上交换证据、电子送达，形成5G法庭提前“抢订”局面。“互联网+诉讼”模式发挥了至关重要作用，确保了审判活动正常开展，保障了正常工作秩序，减少了当事人损失。截至2021年11月10日，采用“互联网+诉讼”模式开庭审理各类案件1 306件次。

案例6：地方国有资产管理机构市场化改革

河南资产管理有限公司是省属国有资产管理公司，全面探索创新市场化改革举措，真正实现市场化运营，企业活力充分释放，国企改革示范效应突出。

主要做法：

一是规范法人治理，奠定市场化改革基础。科学确立股权结构。按照“引资源、引资本、引机制、引治理”原则，引入河南投资集团、国家开发投资集团等8家股东，形成“1个大股东+5个并列二股东+2个积极小股东”的股权结构。明晰法人治理机制。制订“三会一层”议事规则，股东不干预公司日常经营，各股东按照出资份额委派董事，行使表决权。不设置行政级别。董事长和所有高管均辞去原单位的身份、级别，进行市场化选聘、契约化管理。

二是严格选人用人，扭住市场化改革关键。全员市场化选聘。要求员工拥有6年以上金融机构一线从业经历，“双一流”院校毕业，具备研究生学历和律师、注册会计师等资质。建立“业务+管理”双序列成长通道。借鉴国际投行标准，在管理序列之外，建立MD职级体系，根据专业能力分为9个职级；高职级员工不一定担任管理职务，担任管理职务的员工薪酬不一定高于高职级员工。打造精干高效的经营团队。坚持业务导向，员工向一线倾斜，前台和中后台员工比例为7：3；前台业务部门“增人增任务”，中后台职能部门“增人不增薪”。

三是强业绩导向激励约束，夯实市场化改革核心。职级越高、任务越重。年初董事会下达考核指标，按照高管、团队、个人职级层层分解，人人头上有指标。建立正反双向激励约束机制。正向激励方面，建立挂钩利润的薪酬总额提取机制，实行35：65的“低工资、高绩效”薪酬结构。业绩超额完成，有超额浮动薪酬，允许“员工薪酬高过董事长”；业绩未完成，降职级降工资。反向约束方面，制定风险抵押金管理办法，全员计提浮动薪酬的30%至50%作为风险抵押金，职级越高、比例越大，延期三年支付。建立严格的出险倒扣机制，项目一旦出现暂时性风险，全体高管和项目团队即按风险敞口金额的3%倒扣个人薪酬。真刀真枪进行考核。依据考核结果调整职级和薪酬，因未完成任务，三年来累计20人次降级，3个部门负责人被免职，2个部门被撤并，真正实现“职务能上能下、员工能进能出、收入能增能减、机构能设能撤”。

四是严控经营风险，筑牢市场化改革保障。树牢“风控第一”的风险文化，确立“偏离主业不能做、人情投资不能做”等“五不做”原则，研究提出“40个不投”负面清单；强调“风控话语权高于董事长”，董事长有一票否决权，但没有一票赞成权，高管推荐的项目，员工充分尽调后认为存在风险的，可以否决；引入国际咨询机构，针对不同业务类型制定操作清单14张，做到对各类风险点的深查细纠、清单管理、流程操作；严格按照“项目团队研究—风险合规部审核—项目沟通会讨论完善—投委会研究决策”的链条，逐级递进把控风险。

五是坚持党建引领，把稳改革发展方向。坚持两个“一以贯之”，做到“党的建设、法人治理、经营发展”三个同步，引领员工聚焦主责主业，深入践行“化解金融风险、服务国企改革、助推产业转型”初心使命。集体讨论形成《河南资产共识》，提出“厚德务本、创造价值”等核心理念，塑造“简单、自燃、团结”的企业作风。

实践效果：

一是保障了权责对等。通过规范、有效的法人治理，股东真授权、授真权，董事会真正成为公司经营决策主体。经营层全部取消行政级别，去掉对行政身份兜底的依赖，与公司成为事业共同体、命运共同体。

二是激发了内生动力。动真碰硬地推进制度改革，真刀真枪兑现考核，员工自我驱动、持续进步的动力十足。建立了以延期支付和出险倒扣为主的薪酬追回机制，使落实流程规范、严格管控风险成为全体员工的自觉行动。

三是实现了效益提升。预计 2021 年底，公司总资产将达到 251 亿元，年均增长 12%，资产负债率保持 65%，年均净资产收益率达到 7.06%，资产质量、盈利能力位于行业第一梯队。

四是得到国家和省级层面高度认可。2019 年，企业入选河南省政府“国企改革对标交流对象企业”，获得地方资产管理行业“创新发展践行奖”“杰出管理能力建设奖”等荣誉。2021 年，市场化改革经验被国务院国资委《国企改革三年行动简报》专题刊发。

案例 7：“商储无忧”项目探索期货服务产业新途径

郑州商品交易所（以下简称郑商所）通过“商储无忧”项目试点，引导国家化肥商业储备承储企业利用商品期货工具，通过市场化手段化解储备货物贬值风险，解决库存贬值“痛点”，稳定化肥供应、保障粮食安全，探索完善大宗商品储备制度新路径。

主要做法：

化肥作为“粮食的粮食”，对粮食增产贡献率在 40%以上，是关乎粮食安全的重要抓手。我国高度重视化肥储备，建立了储备制度。近年来，化肥现货市场价格波动频繁，货物贬值风险叠加仓储费、资金占用等成本，承储企业可能面临较多亏损，影响承储积极性和春耕期间化肥价格稳定。

郑商所将国家化肥商业储备政策和期货市场风险管理功能有机结合，引导试点企业在库承储尿素注册为期货实物舱单，利用期货交易实现套期保值。同时，减免承储企业参与尿素套期保值过程中产生的交易、交割、仓单检验等部分费用，降低企业风险管理成本，帮助承储企业有效应对存储期间价格下跌风险，助力企业无忧承储。

2020 年 12 月，郑商所通过公开征集、严格评审等流程，确定河南、安徽、山东省 5 个项目（合计 10 万吨尿素）为首批项目试点。参与试点的 5 家企业，分别为尿素贸易龙头企业中农集团和中化化肥、省级农资公司辉隆农资、尿素消费龙头企业云图控股、河南地方性承储企业河南万庄化肥交易市场。2021 年 1 月，“商储无忧”项目正式启动。4 月，5 家试点企业完成国家化肥商业承储任务，试点项目 10 万吨尿素全部进入报备仓储库。试点企业结合市场价格情况及承储要求，累计将 10 920 吨在库承储尿素注册为 546 张期货仓单，通过期货交易有效对冲市场风险。

实践效果：

“商储无忧”项目利用期货工具，以 16 万余元资金支持，有效对冲 10 万吨（价值 2 亿元）尿素货物贬值风险，为 500 万亩良田春耕尿素供应提供有力保障。

一是助力承储企业化解承储风险。以辉隆农资为例，该企业通过期货市场对部分在库储备尿素进行卖出套期保值（尿素 2105 合约卖出 500 手，折合现货 1 万吨），有效规避现货价格下跌的潜在亏损风险，期货端实现盈利 124 万元。

二是助力保障春耕化肥供应。以中农集团为例，2020 年底，尿素现货市场供给紧张、价格持续上涨，中农集团锁定采购成本，在尿素2101合约买入套保1.2万吨，持有至2021年1月进行交割接货，按时完成承储库存任务。

三是助力保障商储安全。将国家化肥商业储备与期货市场交割体系有机结合，实现对尿素入库、仓储、出库等流程监管。监管部门可以利用电子化期货仓单，及时准确监测商储货物数量、质量，降低监管成本，保障国家商储的安全性、真实性、合规性。

四是得到国家部委认可。“商储无忧”项目试点，以市场化手段化解储备尿素存储周期长、面临远期贬值的风险，有效提升试点企业承储信心和能力，得到国家发展改革委、农业农村部等充分肯定，受到《人民日报》、新华社、学习强国平台等媒体广泛关注。

案例8：商品期货交割智慧监管平台

郑商所打造商品期货交割智慧监管平台，运用物联网技术，实现仓单全方位监控，汇集期货交割业务内外部相关数据，借助大数据分析让交割监管更加智慧、高效、精准，有力促进大宗商品安全流通。

主要做法：

一是交割仓库全面数字化改造。应用物联网技术，通过利用物联网设备自动采集仓储各环节数据，减少业务过程人为干预，避免出现业务流程监控盲区，同时将实物业务数字化，补齐交割业务数据化短板。

二是仓单数量监管。智慧监管平台直接与交割仓库仓储管理系统对接，抓取仓单入库、在库、出库等仓储业务数据，规避数据造假风险，确保数据安全并可追溯。

三是仓单质量监管。针对不同品种的仓储特性，制定个性化的物联网仓单质量与仓储安全监管方案。对棉花交割库利用不同物联网设备建立多位一体的棉花消防安全监管，预防火灾。在苹果交割库部署可联网的温湿度传感器，对异常温湿度进行记录并预警。

四是仓单货权监管。智慧监管平台在仓单预报与注册环节，要求上传必要的货物证明材料，防范虚假仓单、一货多卖、一货多押的风险。

五是引入第三方资信监管。智慧监管平台实时获取所有交割仓库及其担保单位的市场监管、司法、舆情等信息，并进行智能分析，实时监控企业资信变化风险。

实践效果：

一是极大提升仓单安全监管能力。2020年，郑商所仓单货值峰值已达千亿规模，并呈逐年增长态势，交割中货物丢失、仓单灭失、库存货物因灾损失等风险压力巨大，智慧监管平台利用先进技术增加监管手段，以业务流程数字化管控避免监管盲区，实现高效精准监管，极大缓解仓单监管压力。

二是显著提升仓储企业智能化管理水平。与智慧监管平台项目同步配套的交割仓库科技升级改造，帮助仓储企业提升智能化水平，优化库存管理，改善购销状况，有力促进了大宗商品安全、高效流通。

三是大幅提升监管工作效率。智慧监管平台将现场查库、仓库年审的工作台账和相关流程由线下搬到线上，业务流程数字化，对查库问题、整改跟踪、年审进度、年审结果、历史情况、资信变化等数据进行汇集与大数据分析，工作效率大幅提升。

案例9：大宗商品供应链数字化服务平台

郑州数链科技有限公司（以下简称数链科技）打造大宗商品供应链数字化服务平台，通过场景化全链交易、智能化资产整理、一体化风险管理、多维度安全验证，提升大宗商品供应链全流程的透明度、规范化和真实性，通过供应链金融创新，降低行业交易成本，打破大宗商品领域核心企业资金瓶颈，解决中小贸易商融资难、融资贵问题，有力支持实体经济发展。

主要做法：

（一）科技应用赋能大宗商品供应链，实现产业数字化和资产数字化场景应用创新

通过场景化全链交易，实时跟踪买卖双方业务开展真实情况。运用区块链技术，链接第三方物流平台，对在线交易数据实行交叉验证和信息互联，多维度安全验证，形成多条基于真实业务场景的业务链。利用时间轴直观反映资产实时变化，让出借资金的金融机构及时掌握企业业务运营情况。

数链科技与金融机构合作，基于应收账款、预付业务、存货业务（粮食）等设计多种数字供应链方案，覆盖全链条。客户可以在线选择一种或多种供应链方案，满足融资需求，缓解资金压力。

一是基于应收账款。贸易商将其与下游的交易通过平台实现线上化，形成资产数据。贸易商在线发起融资申请并推送至平台审核，平台对该资产数据进行清洗和分类，按照金融机构的标准和条件，要求融资方与融资过程中各主体在线签订融资合约。合约签订后，将融资合约推送至满足条件的金融机构系统，实现在线快速放款。

二是基于预付业务。核心企业向贸易商指定的煤矿采购煤炭，并销售给贸易商，整个交易过程实现线上化。在核心企业与煤矿签订采购合同、与贸易商签订销售合同后，由贸易商在线发起融资申请并推送至平台，平台审核通过后将该融资申请推送至金融机构，金融机构收到申请后向煤矿支付整个合同货值的预付款，贸易商在向核心企业提货时，分批次向核心企业指定收款账号支付提货款，减轻贸易商的资金压力。

三是基于存货业务（粮食）。数链科技为智慧粮仓研发了线上线下信息数据平台——智慧粮仓云监管平台。粮食入库、出库后，品种、产地、质数量、交易等信息以及对应原始凭证将实时上传云监管平台，并利用区块链技术加密算法，保障交易真实性、流程规范性和粮食安全性。核心企业的“主体信用”，智慧粮仓对货物严格管控形成“物的信用”，依托云监管平台数据采集形成“数据信用”，三者合一打消金融机构疑虑，实现粮食入库放款、还款出库，大大缓解收储企业资金压力。

（二）以“数据信用+物的信用+主体信用大数据”为核心，提升全流程产业风险控制能力

依托线下风控制度进行数字化提炼加工，将风控模型贯穿到在线交易的重要节点上，降低交易风险。依托平台沉淀的海量交易和金融数据，借助智能化计算、大数据建模等手段，将企业信用进行标准化建模，输出大宗商品行业特有的数字化信用报告。

针对大宗商品供应链的采购风险、销售风险、物流仓储风险等，建立完善的贷前、贷中、贷后全流程线上线下风险控制体系，降低融资风险和新金融机构切入大宗商品行业的风控壁垒，助力金融机构打造特色融资产品。选取陕煤集团、晋能控股装备制造、平煤神马集团等主体信用强的供应链核心企业为做市商，通过控货产生“物的信用”，降低金融机构融资风险。

实践效果：

平台上线以来，服务了20余家大型央企国企控股的供应链核心企业、600余家优质终端客户、3 000余家中小贸易企业，链接100余个仓储物流节点，助力核心客户实现煤炭、农产品、铁矿石、油品、建材等大宗商品年交易量突破1亿吨。中原银行、郑州银行、北京银行、上海银行等20余家金融机构通过平台为中小企业累计放款10 149笔，提供近200亿元融资。

2021年1—10月，数链科技在郑州、西安、太原、成都、银川等地建立了供应链贸易中心，营业收入共计1 200亿元。

案例10：劳动能力网络远程鉴定新模式

劳动能力鉴定是工伤保险和养老保险工作重要组成部分，及时准确地作出鉴定关系着劳动者和用人单位切身利益。郑州市劳动能力鉴定服务中心创新网络远程鉴定模式，为劳动能力鉴定服务对象中

的弱势群体提供了一个便捷、高效的服务平台，有效解决服务对象因疫情、病情危重等影响无法参加集中面检的困难。

主要做法：

（一）专家预审分类，筛选服务对象

鉴定申请人填写《郑州市劳动能力网络远程鉴定服务申请表》，服务中心登记被鉴定人的地域分布、危重病情等信息，并根据伤病情收集被鉴定人系统完备的住院病历、诊疗资料以及辅助检查报告，按照鉴定事项进行分类。服务中心将鉴定资料提请劳动能力鉴定专家预审筛选，筛选出的被鉴定人可通过网络远程鉴定的方式完成鉴定查体。

（二）搭建网络平台，做好技术保障

创新搭建软件应用平台，运用“云视讯”技术，采用视频会议形式，打造“云端+终端+业务”鉴定新模式。参加网络远程鉴定的申请人，在电脑端或手机端下载安装网络远程鉴定软件，加入所创建的云会议室，与劳动能力鉴定专家通过网络进行“面”对“面”的查体鉴定。

（三）坚持公开公正，接受社会监督

鉴定申请人签署《郑州市劳动能力网络远程鉴定承诺书》，防止网络远程劳动能力鉴定被鉴定人员道德风险的发生。坚持劳动能力丧失程度与鉴定标准相对应原则，保证网络远程劳动能力鉴定在标准内进行。坚持网络远程劳动能力鉴定的鉴定流程、鉴定结论的公开公正原则，接受社会监督。

（四）建立双存档，定期回访

实行纸质病历资料和辅助检查报告与诊疗视频双存档制度，网络远程鉴定全过程的音频、视频同步留存备查，确保鉴定程序规范、鉴定结果客观和公正。建立服务回访机制，网络远程鉴定结论作出一年内，逐一对审核通过的被鉴定人进行回访。

实践效果：

一是大幅压缩了鉴定时间。《工伤保险条例》规定，劳动能力鉴定应当自收到鉴定申请之日起60日内作出鉴定结论，特殊情况可以延长30日。采用网络远程鉴定模式，受理鉴定申请后15日内即可完成全部鉴定过程，鉴定时间大幅压缩。

二是鉴定工作更加便捷人性化。网络远程鉴定模式使鉴定工作突破鉴定时间与个人事务相冲突、空间距离增加鉴定成本、伤病情危重无法脱离医疗依赖、高龄出行不便、配合疫情防控被隔离、患有高传染性疾病等特殊情况的限制，极大便利了服务对象，降低了鉴定的经济成本和时间成本。实施3个月共为21名劳动者提供了快捷高效的劳动能力网络远程鉴定服务。

案例11：“5G+智能制造”
汽车生产数字化转型模式

开封片区聚焦5G与智能制造深度融合，助力奇瑞汽车河南有限公司（以下简称奇瑞汽车）探索“5G+智能制造”模式，加速生产过程数字化转型。

主要做法：

（一）打造创新型5G专网，搭建企业专属云平台

打造国内首批创新型5G专网，将中国移动的核心网数据决策下沉到企业，缩短网络上下行路径，利用超级上行、网络切片等5G专网功能，上行速率提高3倍，网络时延缩短50%。部署企业级边缘计算云网融合应用，搭建企业专属云平台，使云网私有化，保障数据不出厂。即使移动公网出现网络故障，园区业务也不受影响，生产网络和数据“永久在线”。

（二）搭建“5G+工业互联网”平台，实现数据互联互通

搭建1张5G+边缘计算融合网络、1个私有边缘云计算平台、N个智能终端和智慧应用，构建连接机器、物料、人员、信息系统的基础网络，实现各类生产数据互联互通。首先完成生产线多个场景数据采集以及智能仓储系统数据对接，然后通过图像采集、系统分析、远程交互，实现生产过程安全数据、质量数据、生产数据的自动采集、识判、应用。

（三）探索5G创新应用场景，赋能产线数字化转型

联合中国移动、中兴、腾讯等生态伙伴创新5G应用场景，制定生产制造、视觉质检、仓储物流、安防监控、能耗管理等多个场景的整体解决方案。例如，在部分检测环节运用机器视觉组件，利用5G超级上行功能，提高高清视频和图片上传速率，自动检验产品质量，分析结果实时上传，解决人工质检效率低且误差大的问题，提高质量和产品可追溯性。又如，打造5G+智能仓储物流系统，利用5G室内高精定位和低时延的特性，将传统物流小车升级为5G云化AGV（自动牵引运输车）自动搬运，大幅提升物流配送和生产制造效率。

实践效果：

奇瑞汽车是河南省汽车行业5G示范应用工厂，通过5G网络全覆盖和多场景应用，打破了传统网络固定模式，使生产现场布局更加灵活便捷，业务更加顺畅，数据更加透明，产品品质和技术进一步升级。

一是实现人工成本和生产效率“一降一升”。随着信息透明化和数据自动化，人力节省130人左右，生产效率提升8.4%，年增效产出值3 500万元以上。

二是实现库存精准化管理。随着物流信息化应用，物料配送更加及时、准确，减少了线边库存量及零件周转数，生产过程库存资金减少2 000万元以上。

三是实现产品质量稳定提升。通过广泛运用5G技术，质量检测把关力度增强，产品质量合格率提升23.7%，不良品返工损失降低，加速产品质量、销量增幅方面走向行业前列。

案例12：内陆地区货物出海物流一体化协作新模式

河南省交通运输厅、开封片区管委会创新内外贸物流一体化解决方案，开封片区管委会与连云港港口集团签署“区港联动”战略合作协议，推动出口企业、港口物流、外贸综合服务平台合作打造内陆地区货物出海物流一体化协作新模式，贯通东向陆海联运通道，为破解内陆地区物流组织化程度偏低、物流成本居高不下问题探索了经验。

主要做法：

（一）协同组织货源和匹配运力，形成内外贸物流“双线对流”专线

一是整合内外贸货源，实现物流双向平衡、车辆“重去重回”。分别以开封和连云港为圆心、半径约100公里的辐射区域，对近年来货物品类数量、运输方式及线路、运力运价等信息进行调查摸底和分析比对，设计富有竞争力的最优物流方案，吸引整合两地货源，开通“开封—连云港”高速公路对流专线。

二是统一运输车辆，实现货运“散改集”、全程不换箱。充分发挥集装箱运输高效率和多式联运优势，利用港口物流公司现有海运集装箱和运输车队资源，避免运输环节多次倒装、港口环节换箱，改变之前各生产企业与各散货承运方随机单线对接、分散组织运输局面，固定了集装箱运输货源，平衡了往返运量，实现车货精准匹配和“门到门”物流运输，大幅降低成本，显著提高效率。

（二）协同配建物流网络平台，打造智慧物流模式

一是港口端，依托连云港港口物流公司港口作业系统和“连合智运”网络货运平台，实现货物运轨在线跟踪、物流信息实时共享、车货匹配数据分析、货物集疏港智能化等功能。物流供应链各方通过平台共享货源、车辆、仓储、集装箱等信息，从货源发布、接单派单到运输完成、结算业务全流程，通过手机应用程序、电脑端即可随时办理，极大提升物流服务智能化水平。

二是企业端，外贸综合服务企业汴欧公司依托“无车承运平台+无船承运资质”，开发了船期查询、费率查询、货物订舱、电子舱单录入、签发海运提单、集装箱实时动态信息等服务功能，并由专人统

一上传发布相关信息，港口物流系统自动筛选信息并完成资源匹配，外贸企业等相关方通过智慧物流平台实现物流信息前置共享和服务无缝衔接。

实践效果：

一是陆运物流降本增效明显。此前，开封出海通道主要是开封至青岛，行程810公里，用时14小时，每个集装箱运费5 500元，运输车辆“重去重回”率约为20%，车主运输效益低。优化后，“开封—连云港”高速公路快运专线行程520公里，用时仅7小时，运输效率提升30%；每个集装箱运费降至3 850元，降幅近40%；运输车辆“重去重回”率提高到85%以上；车主运输效益增幅16.7%—26.7%。

二是为稳外贸作出贡献。“开封—连云港”高速公路快运专线服务河南企业300多家，累计节省物流费用超6 000万元。以龙头企业奇瑞公司为例，优化物流组织模式后，企业物流成本大幅下降，一年节省运费700余万元，有力促进了汽车出口快速增长，累计出口6万余辆，整体效益显著提升，并带动62家供应链企业同步发展。

案例13：推行受理、审核、出证“三分离”探索“一枚印章管审批”改革

洛阳片区撤销行政审批局，组建政务服务局，积极探索“一枚印章管审批”改革，有效提升审批效率和质量，着力破解审批与监管脱节问题。

主要做法：

（一）建立“四个一”运行机制

一个大厅办证，全区审批事项一律进驻洛阳片区政务服务大厅，实现“应进必进、一门通达”。一支队伍服务，大厅窗口人员由政务服务局统一配备，各职能部门不再派驻，只负责培训指导。一枚印章审批，除公安、社保、医保、不动产等民生事项外，涉企服务领域共842项审批事项，统一使用“管委会行政审批专用章”，各单位原审批印章封存停用。一个平台保障，依托河南省政务服务网，实现网络受理平台与部门业务系统的对接联通，企业群众通过省政务服务网即可实现审批事项网上申请。

（二）重塑“三分离”审批流程

将审批流程分为受理、审核（专家评审、现场勘验等）、出证三个环节，前台综合受理、后台流转审核、统一窗口出证。政务服务局负责受理、出证环节，职能部门负责审核环节和事中事后监管，不再实施“审管分离”。政务服务大厅按照工程报建、商事经营、社会事务等业务类型设置7个综合审批窗口，分类集中受理进驻大厅的审批服务事项。按照“繁简分流”原则，不涉及专家评审、现场勘查等中间环节事项由综合审批窗口直接办理，专业性较强的审批事项转交各职能部门审核把关，办件结果（许可、批复等）统一加盖管委会行政审批专用章。

（三）加强事中事后监管

按照“谁审批谁负责、谁主管谁监管”的原则，明晰政务服务局与各职能部门权责关系。政务服务局负责进驻审批事项的流程再造、材料精简、环节优化等工作，为企业和群众提供便民、高效的“一站式”政务服务。各职能部门负责材料审核把关以及审批流程中涉及的专家评审、现场勘查等组织实施，负责与上级主管部门沟通对接，统筹行业发展与监管，积极探索新型监管模式。

（四）建立信息共享机制

建立审管互动和信息双向反馈机制，各行业职能部门担负本行业的政策落实、行业监管等职能，将涉及本行业领域相关的政策文件、通知要求和审批标准等及时送达告知政务服务局；政务服务局通过线上、线下多渠道实时向各职能部门反馈审批结果信息，便于业务部门依据审批信息实施后续监管，确保行政审批与行业监管的信息互通、无缝衔接。

实践效果：

一是审批效率大幅提升。通过实施综合窗口受理、行政审批标准化、集中出证发证和免费邮寄服

务，解决企业群众“办事难、办事慢、多头跑、来回跑”问题。改革后，综合审批窗口共办理各类审批咨询业务2 156件，企业办理一件政务服务事项平均节约2.5天，大大提高审批效率和质量，企业群众获得感不断增强。

二是有效破解“审管”脱节。改革前，行政审批局与省市职能部门上下业务隶属关系不匹配、审批和监管没有实现协调联动，存在“两张皮”现象。改革后，各职能部门承接省市下放权限，介入审批流程，承担监管责任，破解“审管”脱节。

三是切实降低廉政风险。在审批过程中推行受理、审核、出证“三分离”，实现申请人与审批人互不见面“双盲”制，打造了行政审批“不见面”新模式。审批三个环节分属不同业务单元管理，无缝衔接且相互制约，有效阻断了办事人员与审批人员利益链接，服务提质增效的同时，有效降低审批廉政风险。

案例14：“四链融合”促进智能制造转型升级

河南自贸试验区洛阳片区围绕“打造国际智能制造合作示范区”的发展定位，大胆探索，不断拓展完善智能制造政策链、产业链、创新链、资金链，以“四链融合”蓄积发展动能、促进转型升级，成功推动“洛阳制造”向“洛阳智造”转变。

主要做法：

(一)“政策链”推动制造转变

制定以《洛阳市智能制造和工业互联网发展三年行动计划》为主轴，以《洛阳市支持工业互联网发展若干政策》《洛阳市支持大数据及电子信息产业发展若干政策》《洛阳市人民政府关于进一步促进机器人及智能装备产业发展的意见》三个产业政策为引领，以《关于激发大院大所大企业创新活力助推国家自主创新示范区建设的若干意见》等科技创新为支撑的“1+3+N”智能制造政策体系。实施“河洛英才计划”“河洛工匠计划”“玉洛汇计划”等人才新政，举办“中国（洛阳）直通硅谷创新创业大赛”“院士洛阳行”等活动，吸引智能制造高端人才、先进技术、优质项目等资源汇聚。

(二)“产业链”推动制造升级

从关键岗位、生产线、车间工厂、产业园区、标准制定等五个维度，为企业植入“智能因子”。实施关键岗位“机器换人”行动，在农机装备、耐火材料、金属材料等行业开展关键岗位“机器换人”；实施生产线智能化改造行动，建设智能化示范生产线，提高生产效率；实施智能工厂（车间）建设行动，培育智能工厂（车间），增强企业智能制造内生动力；实施先进制造业园区建设行动，高标准规划建设大数据产业园、格力智能制造产业园、银隆新能源产业园等专业园区，为智能制造高精尖项目落地提供载体；实施标准引领行动，分类型制定企业智能化改造实施标准，解决企业“改什么”“怎么改”问题。

(三)“创新链”推动融合发展

抓住自贸试验区和自创区联动发展的政策机遇，引导企业加大科技引进、创新、推广、应用，着力构筑智能产业融合发展高地。一是引进培育创新平台，围绕智能制造，引进培育清华大学高端装备研究院、中科院自动化所等11个研发平台，借助“外脑”加快推进智能产业研发创新；二是加强关键技术攻关，引导企业开展智能核心技术攻关，组织清华高端院洛阳基地、格力智能制造、新松机器人等专家团队，深入企业生产一线对智能化改造问题进行现场诊断和指导，加快提升企业自主创新能力；三是实施“互联网+工业制造”，建设工业互联网平台，全面启动“企业上云”；四是加快5G技术工业应用，抢抓“新基建”机遇，研究编制5G基站建设总体规划，深度发掘5G技术赋能传统产业转型升级需求；五是搭建创新合作载体，举办“洛阳智能制造暨机器人产业高峰论坛”等系列活动，推动全市机器人及智能装备企业开展对外合作。

(四)“资金链”拓宽发展空间

多渠道破解资金瓶颈，为项目建设引来“源

头”，注入“活水”。大力招商引资，通过中国洛阳牡丹文化节、承接产业转移等重大活动，开展境内外500强、行业50强等“三强”企业专题招商，为智能制造提供有力支撑。加大金融支持力度，建立金融支持制造业企业名录库，定期更新，及时推荐，强化对接；实施企业还贷周转金，对金融机构还贷周转金业务开展及风险管控情况进行分级管理。

实践效果：

（一）实现产业转型升级

通过“政策链、产业链、创新链、资金链”四链有机融合，加速国际智能制造合作示范区建设，全市制造业发展呈现规模总量持续扩大、质量效益整体提升、主导产业优势突出、特色园区错位发展、企业活力显著增强的良好态势。据统计，2018—2020年，洛阳市规模以上工业增加值年均增长8.2%，形成先进装备制造、机器人及智能装备、新材料等3个千亿级产业集群和10家超百亿工业企业，入选国家工业资源综合利用基地。在2018年、2019年、2020年国务院大督查中，洛阳市获得“促进工业稳增长和转型升级、实施技术改造成效明显的地方”督查激励“三连冠”，闯出了一条老工业基地振兴发展之路，展现了制造业高质量发展的“硬核”担当。

（二）实现关键领域突破

截至2021年6月，洛阳市累计培育国家级智能制造试点示范40个、省级智能车间（工厂）56家，中信重工建成全国最大的特种机器人生产基地。中航光电56Gbps高速连接器、中硅高科电子级高纯多晶硅、麦斯克传感器等9个项目入选国家工业强基应用计划示范。

（三）实现科技成果就地转化

高铁轴承、特种消防机器人、高精度工业CT设备、高效成型轨道打磨车设备等产品树立了行业标杆。农机装备创新中心成为全国唯一的农机装备领域国家级制造业创新中心，研发出国内首款无人驾驶纯电动拖拉机——超级拖拉机I号。清洛基地等企业院所研发出高效成型轨道打磨车等一批国内领先、拥有自主知识产权的首台（套）重大技术装备。

（四）实现两化深度融合

“互联网+制造”应用步伐加快，成功创建“国家大数据新型工业化产业示范基地”，建成全省首个国家工业互联网标识解析二级节点，农机装备等“1（综合）+6（行业）”工业互联网平台建成投用，5G应用示范城市和中部云服务创新基地加快建设，洛阳栾川钼业集团建成国内首座5G“智慧矿山”。生产型制造向服务型制造加快转变，中信重工入选国家服务型制造示范企业，洛阳拖拉机研究所、中信重工工业设计中心入选国家级工业设计中心。

案例15：涉企土地测绘“多测合一”

河南自贸试验区开封片区（以下简称开封片区）聚焦工程建设项目领域涉企土地测绘程序烦琐、耗时较长、多头测绘等问题，创新推出涉企土地测绘“多测合一”，进一步减轻企业负担，加速工程建设项目手续办理速度。

主要做法：

一是充分调研出台方案。工程建设项目领域涉及多次土地测绘，且各部门测绘技术标准不统一，项目建设单位需要委托不同的机构进行测绘。在充分调研后，先后出台《中国（河南）自由贸易试验区开封片区投资建设项目审批工作实施方案（试行）》（汴政〔2017〕24号）、《中国（河南）自由贸易试验区开封片区优化建设项目土地报批流程实施方案》（汴自贸联席办〔2019〕7号）等文件，为“多测合一”改革提供政策支撑。

二是整合涉企多次测绘。开封片区充分研究相关法律法规并广泛征求企业意见，将规划条件编制测绘、交地测绘、不动产登记宗地测绘进行整合，将不动产登记部门宗地测绘数据要求并入规划条件编制测绘，对规划条件编制测绘成果进行共享，实现规划条件编制测绘、交地测绘、不动产登记宗地测绘“多测合一”。

三是政府统一购买服务。政府组织实施涉企土地测绘“多测合一”，承担相关测绘费用并纳入土地征收成本。

实践效果：

一是办事效率显著提高。改革前，建设单位需先后委托不同的测绘单位开展土地测绘工作，向多个部门分别提交测绘成果，费时费力效率低；改革后，由一家测绘机构完成多项涉企土地测绘内容，出具一个报告，有效解决各机构分散测量、重复测量、测绘数据不统一等情况，可为建设单位节约10个工作日左右。恒大童世界、北大资源、开封市委党校、市中医院新院区等多个项目享受到改革红利。

二是办事成本有效降低。改革前，建设单位需向多家测绘单位支付多次费用；改革后，相关土地测绘费用由政府统一购买并实施完成，每百亩建设用地可为建设单位节省约6万元左右，进一步减轻企业负担，降低企业办事成本。

三是服务效能显著提升。开封片区推出涉企土地测绘“多测合一”改革后，多次组织相关部门及区内企业和群众，大力开展政策宣讲培训，在政策实施过程中，为建设单位提供全程“专家+管家”全程帮办服务，加快了“多测合一”改革举措的落地实施，大幅提升企业群众获得感。

案例16：创新无仓储危化品经营企业管理服务新模式

危险化学品经营企业由于其经营产品和经营方式的特殊性，受到各方面原因制约而难以发展。河南自贸试验区洛阳片区为满足市场需求，围绕石化产业，在自贸试验区内探索无仓储危险化学品经营企业管理服务新模式，以集中管理的优势，实现危险化学品经营风险的整体把控。

主要做法：

（一）引导“集中”管理

危险化学品经营企业监管难度大，为消除分散管理可能带来的监管不到位问题，自贸试验区洛阳片区通过便利化服务，引导企业入驻园区经营，实现对无仓储危险化学品经营企业的集中管理。

（二）建立“溯源”制度

建立危险化学品“溯源”制度，及时登记并定期向安监部门报送危险化学品销售流向情况，接受日常监督检查，同时，监管部门通过签订安全管理协议，从日常管理、安全培训等各方面，明确园区的责任和义务，加强对企业的日常管理。园区运营机构每季度需向安监部门提供入园企业名录，建立并上报企业安全生产工作台帐。

（三）引入“信用”监管

将危险化学品经营企业纳入重点信用监管，企业签署承诺书，承诺无仓储、委托有资质运输企业进行运输、经营危险化学品需要办理其他许可的，依法取得许可后方可开展经营活动等。后期开展“双随机、一公开”监管，建立“黑名单”制度，利用“互联网+监管”平台和“信用洛阳”平台对失信主体进行惩戒。

（四）实行“同步审批”

行政审批局开辟绿色通道，实行“一表申请、同步审批”的工作模式，将市场主体的“准入”条件和许可事项的“准营”条件进行充分的梳理整合。申请人只需提交一次申请材料，政务服务部门主动为申请人做好前端引导和提示提醒，同步办理营业执照和危化品经营许可证（无仓储），提高审批效率，提高市场主体的获得感和满意度。

实践效果：

一是便于加强事中事后监管。实施集中管理后，园区运营企业的日常经营动态信息将定期进行汇总，便于财政、工商、税务、安监等行政部门开展日常监管工作。行政部门从运营企业获取企业的经营动态，实现从园区监管到行政监管双重关卡把控风险，一旦出现风险，可控制在园区范围内，大大提升风险的可控性。

二是降低企业经营成本。实行应急预案“自助式”备案后，企业无须再自行委托专家进行编制和评审，不仅减少了审批环节，缩短了办证周期。实行“证照联办”后，也提高了审批效率，降低了政府的行政成本。

案例 17：“点对点”对接服务企业 助力知识产权“源头式”保护

加强知识产权保护是激发创新活力和优化营商环境的重要一环，针对知识产权保护难问题，洛阳片区联合洛阳市中级人民法院围绕不同企业的特点，“点对点”对接服务企业，聚焦知识产权保护，推进自贸区装备制造业集群高质量发展。

主要做法：

为更好服务自贸区发展，洛阳市中院聚焦洛阳片区装备制造、机器人、新材料等重点产业，针对创新龙头企业、科技新兴企业及高新技术企业，推行“点对点”源头式司法保障，设立企业知识产权司法保护联系点，构建知识产权保护网格化管理。加强与洛阳片区中产业的“点对点”对接，定期联系企业，及时提出司法建议，拓展知识产权“源头式”司法保护。

一是积极回应企业司法需求。洛阳市中院根据多年知识产权审判经验，主动送法进企业，为其防范法律风险提供法律依据。同时，加强与自贸区管委会配合，搭建服务企业平台，切实发挥自贸区法律服务体系牵头单位责任，定期走访企业，切实了解司法诉求，开展巡回开庭、实务培训帮助企业防范风险，积极回应和满足自贸区建设司法需求。

二是多部门协作联动服务企业。加强与行政主管部门、金融机构、行业协会、科研单位、高校等的交流合作，以法院为枢纽，建立“司法+行政+X”工作机制，充分利用各种平台整合资源、共享信息，共同打造高素质知识产权司法保护法律职业共同体，多维度多视角发力，为企业提供全面高效服务。

三是量身定制企业优化意见。通过走访、调研自贸区各制造业的不同企业，重点了解了企业关于公司知识产权保护的机构、制度、机制建设情况，针对不同企业的特点和实际情况，帮助企业分析在知识产权方面的现状、困境，全面把握中原城市群产业的知识产权司法保护需求，并提供知识产权管理建议，如知识产权保护措施、涉外贸易中知识产权管理、知识产权的运用等，帮助企业知识产权保护能力，积极引导企业建立知识产权维权部门，助力培养知识产权维权人才，强化企业知识产权布局与挖掘，根据企业发展愿景和目标，有目的地制订规划，增强企业产业竞争优势，满足自贸区企业对知识产权的多层次需求。

实践效果：

通过推行“点对点”源头式司法保障，加大对片区“专精特新”中小微企业关键核心技术和原始创新成果的保护力度，支持引导企业通过技术进步和科技创新提升核心竞争力。加强对产学研各方创新主体的司法保护，从创新成果产出、创新投资、创新成果转化和创新实施运用等方面提供全链条司法服务和保障，充分激发市场主体的创新动力和持续竞争力。目前已针对五家企业出具了个性化的企业知识产权风险管理体系评估与优化意见。

案例 18：积极探索黄河流域自贸试验区 政务服务“跨区域通办”

为深入贯彻落实习近平总书记关于黄河流域生态保护和高质量发展战略、区域协调发展的指示要求，河南自贸试验区开封片区积极探索黄河流域自贸试验区政务服务“跨区域通办”，打造新发展格局下跨区域合作平台，促进黄河流域自贸试验区协同发展，有效解决企业和群众异地办事“多地跑”“折返跑”等难题，进一步提升政务服务效能，让企业切实享受政务服务“跨区域通办”带来的改革红利。

2021 年 5 月 12 日，河南自贸试验区开封片区举行“郑开同城，自贸通办”启动仪式，将首批255项涉企行政审批服务事项实施跨片区通办；6月4日，河南自贸试验区与西安港务区行政审批局签署政务服务“跨省通办”合作协议，实现292项政务服务事项跨省通；7月28日，与襄阳签订政务服务“跨省通办”合作协议；8月10日，河南自贸试验区开封片区再次扩大跨区域通办“朋友圈”，与豫川云陕鄂5省6地自贸片区举行政务服务“跨省通办”网上签约仪式，进一步推动自贸试验区政务服务协同发展。

主要做法：

一是通办事项清单化。聚焦市场主体需求，合作双方结合事项办理权限及办理方式，制定跨区域通办事项清单。截至2021年7月，自贸试验区开封片区已推出可实行跨区域通办事项292项，涉及市场监管、税务、文化旅游、卫生健康等领域，涵盖市场主体设立登记、企业经营、注销登记等企业全生命周期的高频业务。建立清单动态管理机制，不断拓展通办事项的广度和深度，最大限度满足市场主体的差异化需求。

二是通办标准规范化。合作双方在“事项名称、受理条件、审批流程、办理时限、服务标准”等方面应做好标准化工作，提供本地规范、及时、有效的事项办理指南，并逐步统一审批流程和标准，同时采取“异地受理、网上流转、属地办理、限时反馈、结果互认”的办理模式，实现通办业务在窗口服务、证明材料、审批结果等方面等效互认。

三是通办模式立体化。融合“线上+线下”办理模式，充分利用大厅窗口、自助终端及网上办事大厅、移动端等申报服务功能，为申办主体提供线上线下多样化办事渠道。对于能够实现线上全程网办的政务服务事项，指导申请人通过线上平台提出申请，业务属地部门审批、办结后将办理结果邮递或网络送达申请人；对于法律法规明确要求到现场办理的政务服务事项，提供现场帮办、异地受理、免费邮寄、异地领证等服务，实现同城化待遇。针对证明类事项，提供网上核验服务，实现当场领取证明材料、异地互认。

四是通办机制长效化。制定跨区域通办工作方案，签署跨区域通办合作协议，明确合作双方建立长效机制相关事宜。通过设置跨区域通办首席服务官，以视频、电话、微信、传真等联系方式，保持长期有效的沟通机制，及时解决合作过程中遇到的问题。同时，开展常态化业务培训，确保跨区域通办事项顺利实施。

实践效果：

一是提升服务效能，释放改革红利。跨区域通办的成功搭建，将原本需要来回奔波异地办理的市场准入、文化、旅游、医疗、税务、信息查询等相关的业务手续，通过跨区域通办专窗“帮办”“代办”和“全程网上通办”，实现了企业开办从提交申请到证书入手仅用时1个工作日，有效解决企业和群众异地办事“多地跑”“折返跑”等难题，进一步促进政务服务效能提升，让企业切实享受跨区域通办带来的改革红利。

二是优化办理模式，办事体验提升。为让跨区域通办发挥更大服务效应，通过政务服务模式线上线下融合、提供多样化办事渠道、设置“一对一”的专员指导服务，真正打通对企服务“最后一公里”，全面提升企业办事过程的体验感、获得感。

三是打破空间壁垒，推动区域经济协同发展。通过政务服务区域通办，有效打破地域阻隔和部门壁垒，进一步打通业务链条和数据共享堵点，推动区域经济协同发展，为促进各类要素自由流动、畅通国民经济循环、构建新发展格局提供了有力支撑。

案例19：探索“链长+链主+联盟”机制推动制造业提质升级

结合区域发展特色优势，洛阳片区坚持把制造业高质量发展作为主攻方向，紧紧围绕15个重点产业实施产业链链长和产业联盟会长“双长制”，探索建立“链长+链主+联盟”机制，强化全产业链条招商引资、协同发展效能，着力补短板、锻长板、促转型，推动先进制造产业向中高端迈进。

主要做法：

（一）“链长”引航促发展

在顶层设计上，制定《洛阳市制造业产业链“链长制”工作方案》，确定农机装备、高端石化等15条特色明显、有较强国际竞争力、配套体系较为完善的重点产业链作为试点，由市级领导担任“链长”，负责专题研究和统筹调度，建立产业链图谱、招商图谱、人才图谱等，全程跟进重点事项、重点企业、重点项目，研究制定支持政策措施，协调解决协同发展中的重大难题。

（二）“链主”驱动提效能

由龙头企业担任“链主”，发挥连接上下游、带动产业发展的积极作用，协助政府开展上下游招商活动，提升产业链产销、资源、人才相互衔接的效能。目前，由中国一拖、中信重工、洛阳栾川钼业集团等14家百亿级企业，及洛阳高新四丰电子材料、凯迈（洛阳）测控等45家“隐形冠军”企业担任“链主”，大中小企业梯次发展格局初步形成。

（三）“联盟”协同强竞争

围绕产业链上下游企业以及科研院所、高等院校等组建产业联盟，“盟长”由行业商会、协会或产业联盟的会长单位担任，负责完善供应链，建立产销对接、业务沟通、技术交流等机制，紧密结合产业发展需求，加强交流合作，实现产业链资源共享和业务协同，提升产业链核心竞争力。

（四）“三链”同步聚产业

同步加快“补链”“强链”“稳链”步伐，推动产业集聚发展。一是强化“补链”，健全发展短板。围绕上下游缺失的高附加值环节，瞄准行业领军企业精准招商，引进一批补链项目，开展项目建设“一库一账一攻坚”行动。二是创新“强链”，增强内生动力。聚焦产业链部署创新链，围绕创新链激活产业链，以创新融合发展为重点，着力提升产业基础高级化、产业链现代化水平。三是服务“稳链”，激活主体活力。深入开展“万人助万企”活动，组织千名机关事业单位干部走进千户企业，为企业办实事、解难题、谋发展。

实践效果：

通过“链长+链主+联盟”机制，全市形成3个千亿级和5个百亿级产业集群，连续三年工业稳增长和转型升级成效明显获国务院督查激励。建成国家级智能制造试点40个、省级智能车间（工厂）56家、省级以上绿色工厂（园区）23家，“1+N”工业互联网平台上线运营，培育国家级工业互联网试点项目2家、省级工业互联网培育平台5家，全市上云企业达9 000余家，建成开通5G基站4 949个、省内率先实现县城及以上地区和3A级以上景区5G网络全覆盖。格力智能产业园建成国内智能化程度最高的空调生产基地，银隆新能源专用车实现批量生产，高端装备制造产业园建成全国最大的特种机器人生产基地，轨道交通装备产业园实现“洛阳地铁洛阳造”，大数据产业园成为国家新型工业化产业示范基地，全国先进制造业基地加快构建，全市制造业高端化、智能化、绿色化水平不断提升。

案例20：“无人律所”助推公共法律体系建设

进一步推动法治政府建设，提高社会治理的法治化、现代化、专业化水平，离不开法律服务的信息化和智慧化。为解决辖区内人口基数较大、律师资源不足，服务资源难以实现全面覆盖等问题，河南自贸试验区开封片区会同开封市城乡一体化示范区司法局，运用互联网、大数据、云计算、物联网等技术手段，打造出借助互联网移动终端、智能服务终端7×24小时全天候输出律师在线服务的互联网“无人律所”平台，努力创造安全稳定的社会环境、公平公正的法治环境、优质高效的营商环境，增强人民群众获得感、幸福感、安全感。

主要做法：

一是引进先进设备，拓宽服务渠道。河南自贸试验区开封片区会同示范区司法局引进互联网“无人律所”综合服务一体机，分别投放于自贸试验区开封片区政务服务中心、示范区公共法律服务中心和八个司法所，在该设备打造一套基于互联网、大数据、云计算等技术，整合全国律师资源的互联网法律服务平台，通过互联网连接区域内知名律师事务所及全国3.8万名知名律师，为群众提供全天候免费法律服务，将线下咨询办理变为线上操作，进一步拓宽服务渠道。

二是运用电子材料，提升服务效率。互联网“无人律所”平台服务领域涉及土地房产、合同欠款、交通事故、家庭婚姻、劳动维权等，同时具有案件委托、文书服务、文档打印等功能，办事人按照操作流程将文件扫描上传后，电子材料通过网络瞬间传送到律师手中，律师形成的文书也可通过该系统反馈至办事人手中，切实为群众提供高效便捷的法律服务。

三是加强信息管理，保护群众隐私。河南自贸试验区开封片区及示范区司法局充分考虑法律服务过程中涉及个人隐私问题，引进的互联网“无人律所”平台已获得ISO27001信息安全管理体系认证，保密程度与银行服务同级别，办事人上传的电子材料不会泄密，同时办事人与律师也签有协议，律师将办事人隐私进行严格保密。

实践效果：

一是法律咨询成本进一步降低。截至2021年9月30日，在河南自贸试验区开封片区政务服务中心投放的1台“无人律所”终端设备，共接待群众在线法律咨询、在线法律法规查询、在线文书等服务200余人次，其中提供律师在线视频164次，视频接通率100%，服务领域涵盖劳动人事纠纷、合同及借贷纠纷、家庭婚姻等方面。通过互联网“无人律所”平台“24小时不打烊”线上服务，法律服务成本有效降低，聚集性疫情发生风险有效防控。

二是法律宣传渠道进一步拓宽。互联网“无人律所”平台提供普法宣传、法律法规查询、案例查询等功能，让企业群众通过看得懂、易吸收的方式学习法律常识，提高法律意识，有效培养使用法律手段解决问题习惯。

三是法律服务覆盖面进一步扩大。互联网“无人律所”平台在示范区、河南自贸试验区开封片区全区覆盖推广之后，改变传统法律服务信息不透明、服务形式和场景单一的局限，形成法律服务无处不在、触手可及的全域覆盖局面，有力推进公共法律服务资源科学布局、均衡配置和优化整合，有效助推公共法律体系建设。

四、河南省政府及相关部门出台的政策措施

（一）《关于推进中国（河南）自由贸易试验区深化改革创新打造新时代制度型开放高地的意见》（豫发〔2021〕6号，2021年3月27日）。

（二）《中国（河南）自由贸易试验区条例》（河南省第十三届人民代表大会常务委员会公告第55号，2021年4月2日）。

（三）《关于印发河南自贸试验区第二批最佳实践案例的通知》（豫自贸工作办〔2021〕1号，2021年6月18日）。

（四）《中国（河南）自由贸易试验区建设领导小组办公室关于印发郑州、开封、洛阳片区产业推进专项方案的通知》（豫自贸办〔2021〕3号，2021年6月21日）。

（五）《河南省人民政府办公厅关于印发河南省“证照分离”改革全覆盖实施方案的通知》（豫政办〔2021〕30号，2021年7月11日）。

（六）《贯彻落实〈中国（河南）自由贸易试验区条例〉实施方案》（豫自贸办〔2021〕6号，2021年12月10日）。

（七）《关于印发河南自贸试验区第三批最佳实践案例的通知》（豫自贸工作办〔2021〕2号，2021年12月24日）。

（八）《中国（河南）自由贸易试验区开放创

新联动区建设实施方案和中国（河南）自由贸易试验区促进制度创新试行办法》（豫政办明电〔2021〕51号，2021年12月27日）。

（九）《关于印发支持郑州商品交易所创新发展专班工作方案的通知》（豫自贸办〔2021〕5号，2021年12月27日）。

五、大事记

2021年1月18日—24日　河南省商务厅（省自贸办）举办中国（河南）自由贸易试验区经验全省复制推广专题线上培训班。

2021年1月28日　洛阳片区洛阳留学人员创业园孵化器入选国家级科技企业。

2021年2月23日　开封片区管委会行政审批局荣获河南省第四届“人民满意的公务员集体”。

2021年2月25日　河南省人大常委会、省商务厅调研组赴郑州片区就《中国（河南）自由贸易试验区条例（草案）》进行立法调研。

2021年3月3日　郑州片区创新跨境电商零售进口“退货中心仓”模式入选中国政府网《优化营商环境条例》实施情况第三方评估发现的部分创新举措。

2021年3月15日　中国船舶七二五研究所下属位于洛阳片区的洛阳双瑞风电叶片有限公司在盐城基地顺利下线10MW-SR210型叶片，其长度为102米，风轮直径达210米，创造10兆瓦风电叶片长度的世界纪录。

2021年3月17日　河南省商务厅（省自贸办）与人民银行郑州中心支行就出台自贸试验区金融服务体系建设2.0版方案、推进金融服务与金融创新进行座谈交流。

2021年3月18日　河南省开封市入选全国跨境电商零售进口试点城市。

2021年3月30日　《河南自贸试验区优化营商环境助力跨境电商逆势增长》简报被国务院自由贸易试验区工作部际联席会议印发推广。

2021年4月2日　河南省第十三届人民代表大会常务委员会第二十三次会议通过了《中国（河南）自由贸易试验区条例》，7月1日正式施行。

2021年4月13日　河南省委、省政府发布《关于推进中国（河南）自由贸易试验区深化改革创新打造新时代制度型开放高地的意见》，启动河南自贸试验区2.0版建设。

2021年4月21日　洛阳片区围绕“证照分离”，针对拍卖企业经营许可创新实施“概要申报+告知承诺”。

2021年4月23日　河南省商务厅、商务部驻郑州特派办联合召开“十四五”时期河南自贸试验区建设发展座谈会。

2021年5月6日　河南省长王凯到河南自贸试验区郑州片区调研，强调要对标国内一流自贸试验区（港），打造更加便利、充满活力的营商环境，推进河南更高水平对外开放。

2021年5月8日　国务院批复在河南省开展跨境电子商务零售进口药品试点。

2021年5月12日　中国（河南）自由贸易试验区“郑开同城　自贸通办”启动仪式在郑州举行，郑州、开封两片区实现涉企行政审批服务事项跨片区通办。

2021年5月16日—22日　郑州市委组织部、郑州片区管委会在复旦大学联合举办以县处级领导干部为主体的中国（河南）自由贸易试验区郑州片区建设专题培训班。

2021年5月21日　洛阳片区第二批创新成果在全市复制推广，包括企业开办、涉企经营、金融服务、法律服务、贸易便利化等5个方面。

2021年5月25日　洛阳片区一项改革举措实现三项“全省第一”，分别是实现全省首家“一日办结”药店在洛落地、该类业务办理速度全省最快、所需材料全省最少三项“全省第一”。

2021年5月30日　中国（河南）自由贸易试验区建设领导小组办公室修订印发《河南自贸试验区统计报表制度（试行）》。

2021年6月3日　洛阳片区取消直接发包备案

环节，创新优化再升级，项目建设更便捷。

2021 年 6 月 4 日　开封片区与西安国际港务区行政审批服务局签署《政务服务“跨省通办”合作协议》，实现政务服务“跨省通办”。

2021 年 6 月 18 日　河南省商务厅（省自贸办）联合省委改革办发布河南自贸试验区第二批 7 项“最佳实践案例”。

2021 年 6 月 18 日　河南省商务厅（省自贸办）召开河南自贸试验区片区招商引资、项目建设及促进涉外企业发展座谈会。

2021 年 6 月 21 日　中国（河南）自由贸易试验区建设领导小组办公室推出了郑州片区多式联运国际性物流中心、开封片区文化产业对外开放与创新发展先行示范区、洛阳片区国际智能制造合作示范区等三个产业建设实施方案。

2021 年 6 月 23 日　商务部驻郑州特派办刊发调研报告，河南自贸试验区洛阳片区复制推广效果突出，助推区域经济高质量发展。

2021 年 6 月 26 日　开封片区行政审批局党支部被河南省委授予“河南省先进基层党组织”称号。

2021 年 7 月 6 日　国务院自贸试验区工作部际联席办发布第四批“最佳实践案例”，洛阳片区“四链融合”促进洛阳老工业基地转型升级成功入选。河南省商务厅副厅长、自贸办副主任王军出席商务部自贸试验区第四批“最佳实践案例”专题新闻发布会。

2021 年 7 月 9 日　河南自贸试验区郑州片区“跨境电商零售进口退货中心仓模式”入选 2020 年度河南省经济体制改革十大案例。

2021 年 7 月 13 日　郑州片区“交房即发证”改革入选河南自贸试验区第二批“最佳实践案例”。该模式由郑州市自然资源和规划局、城建局、住房保障局、公安局等 16 个部门联合实施，主要针对新建商品房项目。

2021 年 7 月 30 日　河南省委改革办通报 2021 年第二季度改革典型案例，对开封片区积极探索与郑州片区、西安港务区政务服务跨区通办模式，实现 255 项涉企行政审批服务事项跨片区通办、292 项政务服务事项跨省通办案例进行通报表扬。

2021 年 8 月 25 日　洛阳片区在全省率先实施建设项目环评“告知承诺制”改革。

2021 年 8 月 26 日　河南省商务厅（省自贸办）与商务部国际贸易经济合作研究院、郑州航空港区、郑州片区共同研究自贸试验区建设工作。

2021 年 8 月 26 日　河南自贸试验区开封片区成功获批第二批国家文化出口基地，实现了全省特色服务出口基地零的突破。

2021 年 9 月 23 日—26 日　河南省自贸办会同省委组织部联合举办河南自贸试验区经验全省复制推广专题线上培训班，各省辖市、直管县（市）、国家级和省级开发区负责同志 336 人参加。

2021 年 10 月 17 日　“以古闻名，以鉴会友”中国检验认证集团全国首场鉴宝会在河南自贸区国际艺术品保税仓开幕。

2021 年 10 月 18 日　新亚欧陆海联运自贸试验区联盟大会在江苏省连云港市召开。通道沿线上的江苏、安徽、河南、陕西等 9 个自贸片区和霍尔果斯、阿拉山口 2 个重点口岸代表在连云港市共同签署协议，宣布“新亚欧陆海联运通道自由贸易试验区联盟”正式成立。

2021 年 10 月 20 日　全国政协副主席郑建邦一行赴郑州片区就“十四五”规划对外开放重大举措落实情况开展民主监督性调研。

2021 年 10 月 21 日　“共创数字文化之光，共建创新生态之城”2021 数字文化大会在开封举办，共话数字经济发展，共谋数字文化产业创新。

2021 年 11 月 6 日　首列“开瑞国际号”K60 汽车通过公、海、铁联运无缝对接，“一单制”运送至非洲客户，标志着开封综合保税区出口海外产品“一单制”全程物流新模式正式开启。

2021 年 11 月 15 日　河南省委书记楼阳生到河南自贸试验区郑州片区调研，强调抢抓机遇强化创新，建设制度型开放新高地。

2021 年 11 月 16 日　河南省长王凯主持召开自贸试验区建设领导小组第三次会议，审议通过《贯彻落实〈中国（河南）自由贸易试验区条例〉实施方案》《中国（河南）自由贸易试验区促进制度创新试行办法》《中国（河南）自由贸易试验区开放创新联动区建设实施方案》。

2021 年 11 月 19 日　洛阳片区“打造递进式商事纠纷多元化解模式，助力区域营商环境法治化建设”被最高人民法院司法改革领导小组办公室《司法改革动态》印发推广。

2021 年 11 月 25 日　河南省委书记楼阳生主持召开省委财经委第三次会议，研究河南自贸试验区相关工作，强调要高水平建设河南自贸试验区 2.0 版。省商务厅厅长、自贸办主任马健汇报自贸试验区建设相关情况。

2021 年 11 月 26 日　开封片区管委会、非洲国家丝路国际商务中心主办的中非（开封）经贸合作洽谈视频会举行。

2021 年 11 月 29 日　国务院自由贸易试验区工作部际联席会议简报印发《河南自贸试验区突出片区功能定位助推特色产业创新发展》，向全国自贸试验区推广经验。

2021 年 12 月 1 日　郑州市市长侯红调研自贸区郑州片区，强调要以规则制度创新提升开放能级，持续开展首创性、集成性、差异化改革创新，高水平建设自贸试验区郑州片区 2.0 版。

2021 年 12 月 2 日　河南省洛阳综合保税区通过国家正式验收。

2021 年 12 月 24 日　河南省自贸办联合省委改革办发布河南自贸试验区第三批 13 项“最佳实践案例”。

2021 年 12 月 29 日　河南自由贸易试验区郑州片区人民法院在郑州挂牌，这是全国第 5 个、中部地区首个挂牌的自贸区基层法院。

2021 年 12 月 31 日　中国（河南）自由贸易试验区建设领导小组办公室印发《中国（河南）自由贸易试验区“十四五”发展规划》。

2021年中国（湖北）自由贸易试验区建设概况

中国（湖北）自由贸易试验区工作领导小组办公室

王济民

中国（湖北）自由贸易试验区工作领导小组办公室主任

王济民，男，汉族，1971年3月出生，在职博士研究生学历，工学博士学位，中共党员，现任湖北省商务厅党组书记、厅长，中国（湖北）自由贸易试验区工作领导小组办公室主任。

曾任湖北省民政厅办公室副主任，湖北省《民风》杂志社常务副社长（正处级），武汉民政职业学院党委书记、副院长，湖北省信访局副局长、党组成员，咸宁市政府副市长、党组成员，咸宁市委常委、宣传部部长，咸宁市委常委、组织部部长，十堰市委副书记、政法委书记。

一、经济运行数据

（一）投资情况

2021年，中国（湖北）自由贸易试验区（以下简称湖北自贸试验区）新设企业18 721家，比上年增长21.4%；新设内资企业18 633家，比上年增长21.4%。

新设外商投资企业88家，增长33.3%；合同外资金额14.8亿美元，下降10.8%；实际使用外资金额17.6亿美元，增长11.7%。

新设境外投资企业7家，与上年持平；新增中方协议投资额583万美元，下降61.4%；区内企业中方实际投资额6 974万美元，增长21.4%。

实现税收收入159.5亿元，增长38%。

（二）贸易情况

2021年，湖北自贸试验区货物进出口总额1 512.6亿元，比上年增长18.8%。其中，货物进口额667.2亿元，下降2.2%；货物出口额845.4亿元，增长43.1%。

（三）金融情况

2021年，湖北自贸试验区新增金融机构12家，其中新增持牌金融机构0家、非持牌金融机构12家。跨境双向人民币资金池业务结算量6 400万元，跨境人民币结算金额298.7亿元。

（四）创新情况

截至2021年底，湖北自贸试验区高新技术企业2 643家，比上年增长46.5%；营业收入3 773.4亿元，增长78.1%。新增专利授权32 037件，增长24.7%。

二、建设措施及成效

（一）开放引领展现新作为

湖北自贸试验区以开放发展为引领，以高水平开放促进高质量发展。截至2021年底，累计新增企业8.03万家，是原有存量的2.9倍；累计入驻各类金融机构317家；累计外贸进出口额5 775亿元，实际使用外资74.5亿美元，贡献了全省同期30%的外贸额、13%的外资额。以建设自贸试验区为契机，推动武汉先后获批国家文化出口、知识产权服务出口等国家级特色服务出口基地，推动襄阳、宜昌成功获批综合保税区、跨境电商综试区，为湖北打造高水平对外开放“新沿海”提供有力支撑。

（二）制度创新实现新突破

湖北自贸试验区以制度创新为核心和关键，

积极为国家试制度，为湖北谋发展。国务院赋予的170项改革试验任务实施率100%。加大首创性改革，累计形成253项制度创新成果，全国、全省首创率83%，其中26项经国务院等批准在全国复制推广。在湖北自贸试验区率先试点的“六多合一”、区域性统一评价等创新举措获得第三届湖北改革奖。深入差别化探索，在全国率先构建科技信贷政策导向效果评估机制，发布国内首部环境控制性详细规划，在湖北率先探索用能权有偿使用改革。强化集成性创新，从全要素、全链条、全周期的维度推动改革，建设财智服务联盟、货物贸易“一保多用”管理模式、自然人股权变更涉税事项“一事联办”等改革成效显著，得到市场主体一致好评。在湖北省内分别复制推广全国自贸试验区、湖北自贸试验区制度创新成果达278项和253项。

（三）产业发展取得新进展

湖北自贸试验区以产业发展为主导，努力打造中部有序承接产业转移示范区、战略性新兴产业集聚区。2021年，新签约引进项目201个，比上年增长35%，投资总额1 208亿元。霍尼韦尔新兴市场中国总部入驻武汉片区，国务院总理李克强致贺信。产业特色明显，新一代信息技术、生物医药、新能源与智能网联汽车产业加快集聚。武汉片区打造数字经济发展高地，数字新制造、数字新消费加速成长；宜昌片区开展全国首批、全省首例海关特殊监管区域外飞机保税维修业务，新业态、新模式竞相发展。

（四）科技创新迸发新活力

湖北自贸试验区以服务科技强省为己任，让各类优秀人才近悦远来，推动“楚才在鄂”优势率先在湖北自贸试验区转为现实生产力。落实湖北省委、省政府《关于加强人才发展激励促进科技创新的若干措施》，以“人才六条”等小切口改革推动大变化。2021年度首次以省政府名义向520名高端人才兑现1.11亿元专项奖励，长江存储、华星光电、联想武汉、东风汽车、药明康德等117家企业受益。开展股权激励试验，2020年以来，共发放2亿元的股权激励资金，惠及锐科光纤、人福医药、华强科技等8家科技型企业，帮助492名核心技术人员、管理人员成为企业股东。湖北自贸试验区落实“人才六条”有关举措得到中组部领导高度评价，被国务院自由贸易试验区工作部际联席会议办公室推广。

（五）营商环境迈上新台阶

湖北自贸试验区以打造市场化、法治化、国际化的一流营商环境为使命，奋力推进营商环境革命走深走实。一以贯之提效率，企业开办实现“秒批”，“工业投资项目‘先建后验’”“单一窗口’快速退税”等举措得到李克强总理点赞。一视同仁重公平，落实自贸试验区外商投资准入负面清单，加快制造业和服务业对外开放，强化公平竞争政策实施，稳定各类市场主体预期。一如既往强保障，全面贯彻《中国（湖北）自由贸易试验区条例》，制定出台《中国（湖北）自由贸易试验区示范仲裁规则》，构建自贸试验区司法协作共同体，入选最高人民法院公布的“人民法院服务保障自由贸易试验区建设亮点举措”。湖北自贸试验区的改革创新带动所在区域营商环境持续优化，武汉、宜昌、襄阳领跑全省。

（六）要素集聚发挥新优势

湖北自贸试验区以集聚国内外高端资源要素为抓手，切实服务全省经济高质量发展。集聚优质金融资源，借助自贸试验区改革平台，湖北省是中西部省份中唯一获批开展外债便利化试点的省份。武汉片区获批全国首个国家级科技保险创新示范区，5年内将引进保险资金1 000亿元以上，科技与保险融合发展先全国一步。完善知识产权保障体系，设立全省首家外商独资知识产权服务机构，在全省率先构建知识产权司法、行政、仲裁、调解、公证全链条保护格局。优化土地管理模式，全省率先推出弹性用地规划、标准地出让、“拿地即开工”、建设工程单体竣工验收等创新举措，全周期、全流程提高土地利用效率。

三、创新成果及案例

案例 1：进口货物目的地检查新模式

传统模式下，对于进口货物目的地检查，由于海关行政执法资源（如执法人员、执法车辆等）无法满足企业时效性要求，亟需创新模式、提高效率。新冠肺炎疫情期间，为配合做好疫情防控工作，武汉海关创新进口货物目的地检查模式。该模式是在强化风险管理的基础上，对现有检查方式及检验手段的补充和创新，在“管得住”的前提下显著提高了工作效率，受到了辖区企业的欢迎。

主要做法：

进口货物目的地检查新模式是指对于符合条件的企业进口符合条件的货物，经企业申请，可使用自有终端安装专用手机应用程序与海关连网，由企业人员通过远程视频方式按指令配合海关完成货物检查。

一是在原来由海关关员双人作业携带查验单兵到企业工厂或仓库所在地实施的基础上，增加了海关关员双人按照指令通过远程视频方式在线作业模式。

二是打造专用远程视频支撑平台，允许企业有条件接入，实现海关与检查作业现场的联动。

三是实时连线视频同步接入海关，同时也可向双方发布指令，实现与企业现场的实时音视频通话，业务专家可适时介入；可对关键点拍照，对全过程录像，全程音视频资料按规定时限保存在系统云端，确保可追溯。

特色亮点：

该创新举措为武汉海关全国首创，目前已获得海关总署同意备案，并在湖北自贸试验区试点实施。创新点主要为依托科技手段，对一般认证及以上企业进口符合条件货物涉及进口货物目的地检查的，将传统的海关关员双人作业携带查验单兵到企业工厂或仓库所在地实施，创新为使用远程视频方式实施，既提高了工作效率，又有效落实了疫情防控要求。

实践效果：

有利于海关行政执法资源有效配置。新模式有效缓解了海关人力资源和执法车辆的紧缺问题。据测算，每票节省直接执法成本约 150 元（燃油、外勤补贴）。

提高了进口货物目的地检查的工作效率。原模式下 2 名关员每天仅能完成 2—3 票进口货物的目的地检查工作，新模式下则能完成 10 票以上，工作效率提升 3—5 倍。

增强了企业获得感。原模式下企业需要 1—2 个工作日才能完成进口货物的目的地检查工作，在此之前相关货物不能使用或销售。特别是遇到大批量进出口货物待检的情况，或是节假日前后大批量进出口货物集中的特殊时期，排队预约时间需要 1—2 周。新模式下，企业仅需远程配合海关完成货物检查，在企业提前预约的情况下，可以实现货到即检，大幅降低企业成本。

补充增加了检查方式的作业手段。该模式是在原有关员到现场作业的基础上，增加了海关关员与企业远程视频连线的新手段，实现视频画面同步接入海关办公室，同时也可实时向双方发布指令，相关图片及音视频存储在系统服务器备查，提高工作效率，有效降低执法风险。

满足疫情防控要求，支持复工复产和稳定外贸。新冠肺炎疫情期间，部分外贸企业位于地方政府确定的高风险区域，不具备外勤作业条件，企业又面临复工复产压力，传统模式无法有效解决这一矛盾。新模式在保证人员“少接触、零接触”基础上，做到了对企业进口生产原料的精准监管、科学监管、便利监管，实现“零延时、零等待、零接触”，为帮助企业复产达产，促进稳外贸稳外资发挥了积极作用。

案例 2：自然人股权变更
“先税后登一事联办”改革

主要做法：

为持续优化营商环境，围绕高效办成“一件

事”，推动税收服务创新，中国（湖北）自由贸易试验区武汉片区（以下简称武汉片区）聚焦自然人股东股权变更涉税事项审批流程较为复杂、市场主体获得感不够高的难点问题，通过流程再造，实现了自然人股东股权变更“一窗受理、一窗办结”，并建立了风险分级分类精准监管长效机制。

登记受理“一窗式”。税务部门与企业登记部门对接，将原来需要税务与企业登记部门“两个部门、两窗受理”的业务，优化为“一窗受理，一窗办结”，即由一个窗口统一受理“纳税人身份信息认证”和“自然人股东股权变更申报”两项业务，再由税务部门根据税源风险标准等级进行分级分类管理，对涉税申报事项及时办结。最后，由一个窗口同步办结企业营业执照、税务信息变更登记。

优化一张报表。在原有申报表的基础上，将股权转让，转增股本、增（减）资、离婚析产、继承、不征税的股权赠予等五种类型的自然人股东股权变更个人所得税申报所需的信息，全部优化简并在一张申报表上。同时，精简申报材料，对于《股权转让协议》《股东大会决议》等部门重复收取的材料，现仅需提交一份。

搭建一个平台。武汉片区税务部门自主研发自然人股权变更登记个人所得税管理平台，充分利用“企业登记信息远程核实系统”（武汉片区该项创新入选国务院自贸试验区第六批改革试点经验，已在全国各自贸试验区复制推广），通过相互授权的方式，使申报资料在部门间内部流转，企业数据及时传递，实现信息共享。

风险管理“分级化”。将原来全部由税务部门审核的自然人股东股权变更涉税事项改为按税源风险标准等级分级分类管理，即采取纳税人先自行申报纳税，税务机关对低风险申报事项即时办结；对较高风险已申报事项，立即开展后续核查的管理模式，由系统自动识别并推送至税务所，实现了管理审批层级的简化。

特色亮点：

自然人股东股权变更个税管理流程的改革充分贯彻落实新《中华人民共和国个人所得税法》第十五条（个人转让股权办理变更登记的，市场主体登记机关应当查验与该股权交易相关的个人所得税的完税凭证），创新点主要体现在以下三个方面：

一是优化登记受理制度，变办理“多环节”为“一窗式”。改变过去自然人股权变更由税务和企业登记部门分别先后办理的工作模式，通过税务部门和企业登记部门的联合办公及数据共享，将原来需要两个部门、两个窗口先后办理的业务，简化为“一窗式受理”“一站式办结”，通过首创的自然人股权变更登记个人所得税管理平台，让“数据多跑路，群众少跑腿”。

二是优化风险管理制度，变申报“人工审核”为“系统识别”。对于自然人股东股权交易中的涉税申报事项，由全部交税务所人工审核，改为由系统智能判定后进行分级分类管理。纳税人先自行申报纳税，税务部门通过自主研发的自然人股权变更登记个人所得税管理平台进行系统判定。

三是优化信息管理机制，变数据“零散化”为“集约化”。加强数据的管理和利用，通过自然人股权变更登记个人所得税管理平台，实时监控每笔股权转让的办理状况，实时统计各项涉税数据，实时调整风险控管对象。同时，主动对接“企业登记信息远程核实系统”，通过相互授权的方式，使数据及时传递、流转，实现信息共享与互认。对重复申报材料，仅需提交一份；对已采录过信息的，无须再次提交。

实践效果：

自然人股东股权变更个税管理流程的改革自推出以来，获得了国家税务总局、武汉市委等各级领导的肯定批示及纳税人的好评，也获得中央电视台等媒体的相继报道，便民办税取得了显著成效。

一是当场办结率显著提升。以武汉片区（武汉东湖新技术开发区）2021 年 1—7 月试点工作期间数据为例，累计受理自然人股权变更事项 9 832 件，当场办结率达 89. 2%，优化了纳税人办税体验。

二是办税时间大幅压缩。纳税人线上提交股权变更申报资料，突破了以往只能前往大厅窗口、受到时间和空间条件限制的传统办税模式。特别是对于低风险事项，以往流转资料和税源部门核查平均需要11个工作日办结，现在最快压缩至半天甚至20分钟当场办结，办税时间的压缩有效提高了权益类资产流转速率，提升了区域资本市场活跃度。

三是征管资源有效优化。风险较低的事项由纳税人自行申报并对内容的真实性、合法性、完整性承担法律责任；风险较高的事项由税务机关及时进行后续管理，根据不同风险等级，合理分配征管资源。改革后，推送至税务所核查的高风险事项，从每年人均审核144.7件降低至5.41件，人工核查数量降幅超过90%，有效提高了工作效率。

案例3：搭建供应链平台，助力企业“工业淘宝”

主要做法：

为更好地支持襄阳优势产业发展，打造工业强市，中国（湖北）自由贸易试验区襄阳片区（以下简称襄阳片区）积极开发建设企业供应链公共服务平台，通过帮助企业“工业淘宝”，促进工业化与信息化深度融合，推动产业链、供应链提质升级，取得良好效果。

一是立足优势产业，推动产销对接。该平台系立足服务襄阳“一个龙头、六大支柱”优势产业，围绕产业供应链和企业需求而建立的专业化工业产品电子商务平台，主要为企业提供产销对接服务，重点解决襄阳工业企业供应链供需信息不集中、不对称的问题，力求打通供应链需求堵点，促进企业产销循环配套。

二是利用大数据筛选，实现智能匹配。平台依据供需双方提交的采购信息与商品信息，自动匹配需求，智能撮合交易；匹配成功后，平台将以信息发送的方式，为供需双方提供彼此的联系人、联系电话、产品需求等相关信息，双方完成线下交易。

三是政府运营管理，确保公益免费。该平台由襄阳片区出资搭建并负责运营，为本地区企业提供免费公共服务，不收取任何运营管理费用；企业免费注册使用，零成本发布信息，帮助其拓展订单，增加采购选择范围，提高闲置资源利用率。

四是企业信用评级，确保真实可靠。凡是需要在平台发布销售信息的企业，均需要进行企业信息采集。平台参照金融机构评级标准，对企业进行信用评级，确保入驻企业销售的产品和服务真实可靠，保障供需双方的合法权益。

特色亮点：

工业企业供应链公共服务平台系江汉流域首个主要服务工业企业、推动工业品线上销售的公共服务型平台。该平台具有定位准确、智能匹配、公益免费、信用保障四大亮点。通过立足襄阳“一个龙头、六大支柱”优势产业，利用互联网大数据智能撮合技术，为企业提供产销对接服务，帮助企业解决生产供应链配套供需信息不集中和不对称的难题，降低采购成本，提升生产效率。通过构建襄阳工业企业服务云平台，为企业提供一站式综合线上服务，助力产业链整体提质降本增效。

实践效果：

截至2021年9月，平台已累计吸引1 448家企业入驻，发布产品1 500余种，产品种类涵盖了本地所有产业类型；累计发送惠企政策418条，开展财税、安全生产、技术管理创新等公益培训94场，帮助220余家企业开展匹配撮合；组织多场银企对接会，累计为企业申报授信3.1亿元，提供综合融资2.2亿元，有效推动了本地区优势产业生产供应链的完善与发展。

案例4：电子劳动合同

主要做法：

中国（湖北）自由贸易试验区宜昌片区（以下简称宜昌片区）从人力资源服务管理的源头切入，率先以电子劳动合同应用实现劳动合同签署、归档、查验、保管、追溯等多个环节数字化，帮助企业降低人力资源管理成本，规避劳资纠纷发生风险，为用人单位、劳动者提供了便利。

一是建立服务平台。采取“政府投资开发、企业免费应用”的模式，搭建电子劳动合同服务平台，通过宜昌人社网上办事大厅和“市民e家”手机应用程序为劳资双方提供便捷的线上合同签订应用场景，以数字化方式达成设立、变更、终止劳动关系的协议。平台预留数据接口，与相关政府部门数据实现共享、推送。

二是提供规范模板。在电子劳动合同服务平台上提供标准劳动合同书、劳务派遣劳动合同书和农民工劳动合同书等模版供企业选择。设置合同新签、合同变更、合同续签、合同解除四大模块，合同到期自动提醒，实现劳动合同签署、归档、查验、保管、追溯等多个环节的电子化管理。

三是强化安全保障。电子劳动合同服务平台由经国家安全部门认证的第三方CA数字机构认证介入电子劳动合同签署过程，从技术上确保网络安全。劳资双方登录系统后，将自动比对企业资料，进行人脸识别，杜绝违法现象发生。

特色亮点：

在全省率先开启电子劳动合同运用，打破传统纸质劳动合同签约模式，实现劳动合同签署、归档、查验、保管、追溯等多个环节的电子化管理，有效帮助企业降低了人力资源管理成本和劳资纠纷发生风险，适应了新经济、新业态快速发展下对线上签署劳动合同的需求，为用人单位、劳动者享受基于劳动合同的各类政策和服务提供了便利。

实践效果：

截至目前，已结合“宜荆荆恩”一体化布局，向宜昌、荆州、荆门、恩施所有企业开放注册，为用人单位及劳动者提供了便利，克服了纸质劳动合同易丢失、易篡改、易代签等弊端，推进劳动关系治理体系和治理能力现代化，相关工作经验被人社部刊发推介。

一是降低成本，提高效率。电子劳动合同全程线上签约，平均耗时10分钟，签订后实现云端存储、多点备份、在线检索、随时调取、永不丢失，降低了合同存储成本及企业管理成本，方便管理与统计，提高了人力资源管理效率。以区内某企业为例，1个U盘就可以下载800名员工电子劳动合同，人力资源部门无须维护纸质合同，合同到期后会自动提醒续签，杜绝因忘记续订劳动合同而造成的劳动关系纠纷隐患。

二是规范要素，强化意愿。平台提供的三类规范模板，根据相关法律法规设置逻辑性关联，有效规避传统劳动合同因要素缺项、内容违规造成合同失效的风险。以“人脸识别+手签+时间戳”的方式，有效保障签订双方的意愿真实性和签署过程的合法性。通过系统的政府背书和数据比对，增强劳资双方互信，减少沟通成本。

三是顺应趋势，便利异地。以平台经济为代表的新经济迅猛发展，劳动关系发生深刻调整，特别是一些新业态企业采取“分布式”办公模式，劳动合同的现场处理方式已不适应要求。电子劳动合同的推出，劳资双方可以异地、远程合作开展经济活动，为劳资双方建立更加灵活的劳动关系奠定了基础。

案例5：人才因素返投新模式

主要做法：

为适应新形势下人才工作需求，通过引导资本市场进一步完善对区域人才企业的资金链和产业链要素支撑，中国（湖北）自由贸易试验区武汉片区（以下简称武汉片区）于2021年5月发布10亿元规模武汉光谷合伙人投资引导基金（以下简称光谷合伙人基金），通过全国首创人才因素直接纳入返投计算，并与让利紧密挂钩等创新制度设计，以市场化方式引导优质投资机构投资和引进高层次人才。

为提升对创投机构的吸引力，引进优质创投机构，优化本地创业环境，支持人才创新创业，光谷合伙人基金通过“双四十”“双加权”“双赋能”“双让利”制度设计，对子基金提供覆盖“募投管退”全流程支持。

募：“双四十”支持子基金资金募集。光谷合伙人基金对单只子基金最高可出资40%，子基金募集到总规模的40%即可申报光谷合伙人基金出资。“双四十”的出资配额和申报前提，可直接对标深圳、广州、苏州等地同类引导基金。通过降低基金管理人的募资难度，加速基金落地，尽快将资金投向人才企业（企业中有“3551光谷人才计划”、“武汉英才”、湖北省“百人计划”等人才计划认定的人才），帮助人才企业成长。

投：“双加权”引导子基金区域投资。对子基金投资光谷人才企业和初创期人才企业，分别给予1.2倍和1.5倍返投认定加权。对于子基金推荐或引进的战略科技人才，武汉片区除给予最高1亿元“一事一议”支持外，还将给予子基金2.5倍的返投认定加权。通过人才特色的返投认定加权，缓解子基金的返投压力，给予子基金更高的投资自主权。

管：“双赋能”助力子基金投资增值。武汉片区“221”现代产业体系为子基金参投项目“产业赋能”，与子基金携手将被投项目的技术优势转化为市场胜势。对子基金参投的优质项目，武汉片区还将提供人才、科创、金融、服务等全方位政策支持，“政策赋能”进一步提升子基金持有股权价值。如子基金投资人才申报入选“3551光谷人才计划”后，企业可根据被投资额获得最高1 000万元无偿资助。

退：“双让利”提升子基金退出收益。光谷合伙人基金将让渡投资收益权和退出时机选择权，通过“做大蛋糕”实现人才成长和企业发展过程中的政府、投资机构、人才、企业的多方共赢。子基金既可以择机回购光谷合伙人基金份额，也可以待子基金清算时获得超额收益。对于超额完成返投要求的子基金，光谷合伙人基金更是会对子基金整体进行让利，不再限于返投项目收益。

特色亮点：

光谷合伙人基金在对标深圳市天使投资引导基金有限公司（简称深圳天使母基金）等先进地区引导基金基础上进一步创新，首创性地将人才因素直接纳入返投计算，并与让利紧密挂钩，用市场化手段引导优质投资机构关注、投资和引进高层次人才。

一是全国首创人才因素直接纳入返投计算。在对子基金区域返投要求的基础上，光谷合伙人基金首创将人才因素作为子基金返投表现的直接考虑因素之一。一方面，要求子基金投资人才企业金额不低于光谷合伙人基金出资额，确保专注人才投资定位；另一方面，对子基金投资和引进的高层次人才企业，根据企业阶段和引进贡献，给予对应返投加成，从而鼓励和引导子基金投资、引进高层次人才企业。

二是市场化引导投资向初创期科技型企业倾斜。为提升对优质GP（普通合伙人）吸引力，结合人才企业所处阶段较为广泛的特点，光谷合伙人基金适当放宽子基金投资阶段的要求，转为通过对专注初创期科技型企业投资的子基金（不低于60%的实际投资额投向初创期科技型企业）设置优惠条件，市场化引导和鼓励子基金更多地投向初创期科技型企业。优惠条件包括提高管理费、存续期上限，给予更高返投加成等。

三是完善容错免责机制，鼓励干事创业。为鼓励光谷合伙人基金相关部门和人员服务武汉片区人才企业成长，明确光谷合伙人基金考核和容错免责机制，对依法依规、程序完备、符合市场规律的投资决策，容忍正常的投资风险，在相关干部的考核、任用、评优评先等方面进行容错免责或减责。

实践效果：

光谷合伙人基金的制度设计受到投资机构高度肯定。顺为资本、同创伟业、英诺天使基金、元禾原点等90余家创投机构参加光谷合伙人基金发布会。多家重点布局集成电路、生物医药、新消费等产业领域的知名投资机构，表达了计划申请光谷合伙人基金出资、成为“光谷合伙人”的意愿。光谷合伙人基金首期拟出资2亿元，于2021年5月18

日—6月28日受理子基金申报，已有十余家知名投资机构提交申请资料或表达明确申报意向。经初步统计，拟申报子基金总规模超过30亿，申请光谷合伙人出资超过6亿。申报机构中既包括元禾原点、英诺天使基金、天堂硅谷等国内头部早期投资机构，也包括湖北长江中信科移动通信技术产业投资基金合伙企业等产业背景强、行业资源丰富的行业龙头企业旗下基金。

案例6：创新新造集装箱出口结关业务模式

主要做法：

为应对新冠肺炎疫情造成的外贸集装箱用箱困难，众多外贸企业选择在境内购买新集装箱用于出口货物。为支持企业发展，襄阳海关充分发挥自贸试验区“改革创新、先行先试”政策优势，以襄阳保税物流中心（B型）升级建设综合保税区为契机，提前适用综合保税区的口岸作业功能，支持“襄阳造”集装箱本地出口结关交付、就近组货出口。

一是集装箱运抵。集装箱生产企业或其代理企业提交入库计划及入区申请单，核对通过后进入襄阳保税物流中心并堆放在指定区域，核对货物信息后办理入库。

二是集装箱结关。集装箱生产企业或其代理企业通过“单一窗口”进行申报，向海关申报集装箱出口报关单，并办理人工结关手续。结关后集装箱生产企业或其代理企业可凭出口退税专用报关单办理相应的出口退税手续。

三是集装箱交付。收货企业或其代理企业在襄阳保税物流中心验收集装箱，核对无误后提交出库计划，经海关确认后放行交付出区。

四是集装箱使用。装运货物出口，出口货物运至襄阳保税物流中心后装箱，出口方或其代理企业办理货物出口手续及出库手续，集装箱随货物一同出区。空箱调运，收货企业或其代理企业按照周转空箱或租用空箱办理调运手续，货物到达后，提供集装箱安全牌照批准证明书及集装箱入场相关证明，证明集装箱的调运路径。

特色亮点：

针对新冠肺炎疫情影响下，外贸企业面临的出口集装箱“一箱难求”，出口运费剧增的困难，襄阳海关积极创新，利用襄阳保税物流中心开展集装箱本地结关交付和“新箱+货物”组货出口模式，使得本地新造集装箱能够就近报关、就近交付、就近使用，集装箱制造企业和用箱企业不必再舍近求远，既有效缓解企业“用箱荒”，又为企业实现降本增效。

实践效果：

一是帮助集装箱制造企业抓住集装箱生产市场黄金窗口期，实现生产扩容和效益增长。2021年，出口新造集装箱7 130个，货值2.83亿元。二是节省企业的调箱时间和用箱成本。本地出口企业通过襄阳保税物流中心就近使用新箱组货出口模式为企业节省3天调箱时间。初步估算，为企业节省成本860万元。三是促进“襄西欧”班列发展，形成襄阳至西安的定期班列，“襄西欧”班列定期为襄阳出口货物预留了整列仓位。

案例7：不动产登记“证缴分离”改革

主要做法：

为贯彻中共中央办公厅、国务院办公厅印发的《关于进一步深化税收征管改革的意见》文件精神，宜昌片区实施“证缴分离”改革，不断提升不动产交易登记服务水平。

一是转变管理方式。率先提出“以证控税”的管理理念，打破“先税后证”的简单管理模式，变事前审核为事后管理，将受让方（买方）申请办理不动产权证缴税环节与出让方（卖方）缴纳转让税费环节分离，实现受让方办理不动产权证与出让方税费“脱钩”。受让方只需提供发票、购房合同或者人民法院、仲裁委员会生效的法律文书，缴纳应缴税费后即可办理不动产权证，而不受出让方是否缴税（费）的影响，实现买卖双方的纳税义务解绑，各担其责、权责对等，有效解决了群众关心的办证慢、办证难等问题。

二是部门联动推进。税务部门牵头，联合自然资源和规划局、公共资源交易中心、住房和城乡建设局等多部门印发《关于不动产交易涉税事项实施“证缴分离”的公告》，梳理、优化、整合不动产权证办理流程，将受让方缴税“嵌入”办证前置环节，不动产过户、缴税、办证并行办理、集中服务，实现不动产交易申请“一窗受理、并联审核、一次办好”，购房者还可通过“市民 e 家”手机应用程序，在“我要办事—不动产业务”模块实现缴税“掌上办”，压缩办证流程与时限，真正跑出不动产办证“加速度”。

三是强化风险管理。全面实施“证缴分离”对税收收缴风险的防控提出了更高要求。全程强化房地产开发项目涉税信息共享，及时更新住房和城乡建设局、自然资源和规划局等部门的涉税信息，建立不动产涉税信息数据库；参照《湖北省房地产行业增值税管理服务指引》《湖北省房地产行业增值税风险管理指引（试行）》等规定，对纳税人房地产开发全过程实行风险监控，精准开展风险应对和应纳税款的催报催缴工作，推动各税种联动协同管理；在增值税销售不动产纳税义务发生后，辅导房地产开发企业规范开具全额销售不动产发票，有效保障购房人基本权益。

特色亮点：

湖北省内首创“证缴分离”。“证缴分离”改革，从制度层面破解了不动产权属登记中一方税费欠缴带来的“办证难”问题，将买卖双方的纳税义务解绑，充分还权还责于纳税人，做到“各享其权，各担其责”，从制度上破解不动产登记“卡壳”难题。

实践效果：

“证缴分离”改革推行以来，各自贸片区已有 24 户企业、902 户自然人通过买卖双方的纳税义务解绑拿到不动产权证，解决了不动产登记中“卡壳”问题，受到社会各界一致欢迎。

一是解决了办证难题。湖北稻花香酒业股份有限公司在 2018 年取得宜昌片区一处价值 9 800 万元的房产，因为原产权方债务关系复杂，一直无法办理不动产权证，很长时间无法正常开展经营活动，“证缴分离”推行后，相关部门主动上门辅导，短短几天就拿到了不动产权证。通过改革，解决了一批因卖方税费欠缴所致的房产办证遗留问题，提升群众幸福感获得感。

二是节约了办证成本。“证缴分离”改革前，购房者办理产权证需要卖方配合，多部门联合办理，手续复杂，绝大部分购房者选择委托开发商或第三方代办；“证缴分离”后，“一事联办”多部门并联受理，购房者办税只需提供单方资料，可通过“市民 e 家”手机应用程序“掌上缴税”，免除了代办费用，节约了时间成本，提高了办证效率，提升了办事体验。

三是优化了营商环境。企业取得不动产后，只要缴纳自身应缴税费，即可办理不动产权证书，正常开展房屋出租、银行抵押融资等业务，有效盘活经营资产，增强了市场可预期性，打消了企业进驻顾虑。

案例 8：校企分离改革新模式

主要做法：

为贯彻落实《国务院办公厅关于高等学校所属企业体制改革的指导意见》，武汉片区指导校办企业华工科技产业股份有限公司（以下简称华工科技）理清产权和责任关系，国内首创通过与地方国资合作，运用基金模式为中国校企分离改革闯出一条成功路径，有效解决校办企业资本运营效率不高、长效激励机制不足等问题。

一是引入国有基金深度融入地方产业集群建设。校办企业华工科技充分考虑企业治理结构及长期发展，改变校企分离通过无偿划转地方国资、大股东减持等方式，以公开征集受让方的方式协议转让其持有的华工科技19%股权，多家央企、省市国企等企业参与征集。武汉商贸集团创新地提出由其全资子公司武汉东湖创新科技投资有限公司联合多家市属兄弟企业共同出资设立武汉国恒科技投资基金合伙企业（以下简称国恒基金）进行收购。在武汉市委、市政府的有力推动下，经华中科技大学严格资格审查，最终国恒基金成为华工科技大股东，实际控制人为武汉国资委，将部属校企蜕变为地方国企。

二是建立长效激励机制，提升经营自主权。华工科技成立20多年来一直未实施激励制度，无法更好地激发核心员工创业创新动能。在国恒基金邀请下，华工科技管理团队、核心骨干出资1.5亿元设立合伙企业——武汉润君达企业管理中心（有限合伙）参与对国恒基金出资。此举使核心骨干成为企业“合伙人”，将公司长期发展与核心员工、股东有效绑定、联动，并最终实现国有资产保值增值的目标。

三是建立保障机制，确保企业整体稳定。国恒基金承诺确保公司治理结构、经营管理团队和核心员工队伍的整体稳定，给予团队就公司重要事项的话语权和共同决策权，从而积极释放国企发展动能，加速市场化进程，提升企业竞争力。

特色亮点：

华工科技联手武汉商贸集团，创新引进国有基金作为战略投资方，并设立由核心骨干员工出资的合伙平台参与基金运作。通过模式与机制创新，将企业长期发展与股东、核心员工联动、绑定，有利于促进企业提质增效、国有资产保值增值；深化了供给侧结构性改革，使企业市场化经营机制加快健全，经营决策效率大幅提升，解决了长期困扰企业发展的长效激励机制问题，起到了很好的实践效果。

实践效果：

一是企业战略发展空间持续拓展。校企分离改革完成后，华工科技进一步聚焦高端市场、优质客户，围绕“新基建、新能源、新材料、工业数智化、汽车新四化”加速布局，高效完成了上海、成都两家企业并购，公司自主研制的“异型管用主轴箱以及激光切割机”荣获湖北省人民政府颁发的首届湖北专利奖金奖。2021年上半年华工科技海外业务增长80%，全年销售规模、净利润预计增长40%以上。

二是为全国校企改革开辟了新的道路。华工科技校企分离改革方案核心在于模式与机制创新，将企业长期发展与股东、核心员工联动绑定，有利于促进企业提质增效、国有资产保值增值，获得了教育部、财政部高度肯定，鼓励全国校办企业学习借鉴。《第一财经》《21世纪经济报道》《湖北日报》《长江日报》等多家媒体对华工科技改制进行了报道推广，社会反响热烈。

案例9：创新年度富余排放量交易机制

主要做法：

为进一步推动环境资源合理配置，促进环境质量持续改善，实现经济高质量发展，襄阳片区积极推进主要污染物排污权交易改革工作，借助市场化的激励机制和调节机制，激励企业主动治污减排，加快推动产业结构升级和经济发展方式转变，取得良好效果。

一是规范市场要素，提升排污权交易效率。襄阳片区以湖北环境资源交易中心排污权交易系统为依托，加强市场要素规范管理。交易主体为试点企业、储备管理机构及生态环境部门认可的其他单位。交易标的为纳入改革的主要大气污染物和水污染物的年度富余排放量。交易方式为线上交易，包括公开竞价、协议转让等。交易价格坚持市场形成为主、政府调节为辅的市场定价原则，在不低于省级物价主管部门出台的基准价格基础上，自由竞价、价高者得。

二是完善运行机制，规范排污权交易程序。确定初始排放量。根据主要污染物减排目标以及环境质量改善需求，结合行业污染治理水平、企业减排潜力等因素，确定试点单位年度初始排放量。建立核查和清缴机制。由生态环境部门委托第三方核查机构，对试点单位的污染物实际排放量进行核查。所有试点单位在规定时间内，按照核查结果提交与实际排放量相等的排污总量完成清缴。建设系统平台。包括注册登记平台和交易平台，开发集注册、查询、分配、划转、清缴等功能于一体的注册登记平台。

三是健全监管体系，保证排污权交易安全。一方面，持续完善配套制度文件为深化排污权交易改革提供制度保障；另一方面，强化风险防控，科学配置初始排放量，加大储备管理，防止市场供需失调，防范市场交易风险；再一方面，对交易参与方、第三方核查机构等相关单位进行有效监督，做好相关数据信息的披露工作。

特色亮点：

襄阳片区深化排污权交易改革是在以往关注增量控制的基础上，抓好区域总量控制，将现有工业企业的污染物纳入控制范围。同时，突出市场化导向，借鉴碳排放权配额制交易模式，将目前政府通过一级市场向新改扩建工业企业出让排污权的模式，扩大和深化为以新老工业企业为主体，以年度富余排放量为标的物的二级市场交易，建立一级市场与二级市场并存、互通的市场化配置模式，为全面推进排污权交易制度改革营造了良好环境。

实践效果：

首轮试点选取火电（含热电联产）、钢铁、水泥（水泥窑）、造纸、化工、20蒸吨每小时以上燃煤锅炉等重点行业；排放量约占襄阳市工业源二氧化硫的61%、氮氧化物的96%，涵盖了大气主要污染物的主要排放源，覆盖了全市10个县（市、区）；通过摸底核查，确定80家企业纳入改革的试点单位。2020年10月，襄阳市深化排污权交易改革富余排放量上线交易正式启动，首场交易共成交涉气指标6.1吨，总成交金额超过21万元。截至2021年8月，已完成稳定富余排污权登记的二氧化硫9.21吨、氮氧化物26.489吨，将逐步投放市场满足重点项目建设。

案例10：加快综合保税区建设“三先”模式

主要做法：

湖北自贸试验区宜昌片区紧紧围绕“推动更深层次改革，实行更高水平开放”的工作要求，打破综合保税区先建设、后封关、企业再入驻的传统模式，创新推出单体建筑先行验收、税收政策先行适用、产业项目先行入驻的“三先”举措，帮助企业抢回生产时间，抢占外向型经济发展先机。

单体建筑先行验收。针对综合保税区主体建成后通过竣工验收、实现封关运营还有较长时间的实际，2020年，湖北自贸试验区宜昌片区率先推行单体建筑联合验收改革，对区内布局相对独立且符合片区产业发展定位的新建工业建设项目，在整个园区正式封关验收前，采取“标准厂房建成一栋、验收一栋、投入使用一栋”的方式，方便签约企业提前入驻投产。同时，大力推行供用地增容2.0改革，提高标准厂房容积率，推动建筑集群化、多层化，土地利用率提高3倍以上。宜昌综合保税区已建成40万平方米标准厂房，10万平方米综保服务大楼、海关监管设施及配套项目，在全国首次以“云方式”通过国家验收。在商务、海关等部门的支持下，重点发展跨境电商新业态，建成“宜荆荆恩”城市群首家跨境电商监管中心，已成功完成保税备货进口业务首单测试，为跨境电商企业插上“买全球、卖全球”的腾飞之翼。

税收政策先行适用。全国首创“提前适用政策”举措，帮助综保区首个投产的湖北奥马电子科技有限公司5G新材料项目提前享受综合保税区免税、保税政策，为70多万元的进口设备减免约10万元税收，投产工期比原计划提前3个月以上，实现项目与综合保税区同步建设、同步竣工、同步验收，该案例成为中部地区唯一入选海关总署《综合保税区项目入区指引（2021版）》的典型案例。今年6月，积极争取国家税务总局批准开展增值税一般纳税人资格试点，已成功服务6家区内企业申报，帮助企业在享受保税政策的同时，更好地统筹利用国内、国际两个市场、两种资源。

产业项目先行入驻。改变以往综合保税区封关运营后才能招引企业入驻的传统做法，在宜昌综合保税区获国务院批复设立之日起即同步推进招商引资。封关前，宜昌综合保税区已签约进驻保税加工、保税贸易等项目30个。封关后，克服疫情、大宗商品进出口受限等不利影响，突出精准扶持、加强特色推介，封关运行一年来，已累计签约入驻项目超70个，数量在全省综合保税区占比近1/3；食品和生物医药企业占比超60%，生物特色园区及大宗农资、跨境电商等产业平台雏形渐显，物流、金融、法律等配套服务逐步完善，初步形成全链条保税业务“生态圈”。海关数据显示，截至2021年10月底，宜昌综合保税区实现进出口额24.4亿元，在2021年全国新投入运行的10家综合保税区中位列第三位，在同期获批运行的4家综合保税区中排名首位。

特色亮点：

湖北自贸试验区宜昌片区突破综合保税区先建设后验收、先封关后入驻的传统模式，创新推出单体建筑先行验收、税收政策先行适用、产业项目先行入驻的“三先”举措，跑出了“获批、建成、验收”的宜昌速度，为辐射带动“宜荆荆恩”城市群开放发展作出新贡献。

实践效果：

一是加速了开放平台功能发挥。改革前，综合保税区正式通过验收后，企业才能入驻，综合保税区获批之日起至验收之间一年左右的时间内，区内除了基础设施建设，不能从事其他与企业生产经营相关的活动。改革后，综合保税区可以边建设、边招商、边入驻，海关特殊监管区域的功能得以提前发挥。宜昌综合保税区于2020年1月9日获国务院批准设立，同年12月25日通过验收，验收前已签约进驻项目30个，涵盖5G新材料、生物医药、航空航材等领域，达产后预计实现年进出口额10亿美元。

二是提高了园区资产使用效率。改革前，整个综合保税区围网内工程通过竣工验收后，方可整体投入使用，才能启动招商引资和企业进驻。改革后，招商与建设同步推进，标准厂房可按建成时间，经单体验收后分别供企业使用，避免了已建成厂房闲置浪费。2020年4月，宜昌综合保税区首批15个项目正式进驻，使用标准厂房15万平米，占规划30万平米的50%，达到了建成一栋、投入使用一栋的效果，避免了大量符合使用条件的厂房因等待整体竣工而闲置。

三是提升了企业综合竞争力。企业在综合保税区封关运营前就可以进口、安装、调试机器设备，同时适用综合保税区税收减免等特殊功能政策，降低了企业生产成本。湖北奥马电子科技有限公司入驻宜昌综合保税区的5G新材料项目市场需求旺盛，企业在宜昌综合保税区获批后即入驻园区，2020年3月份正式复工，9月份正式投产，其进口70多万元的设备成功减免税收约10万元人民币，降低了企业生产经营成本，提升了竞争力。

案例11：多元解纷工作机制

主要做法：

湖北自贸试验区武汉片区（以下简称武汉片区）法院主动把多元解纷工作融入社会治理大格局，通过构建深度融入产业园区发展、司法服务赋能园区治理的新机制，提升区域法治化营商环境。

一是工作布局由“一域”向“全域”转变。武汉片区积极贯彻落实《关于加强诉源治理推动矛盾纠纷源头化解的意见》，探索社会矛盾纠纷多元预防调处化解综合机制。2021年3月，武汉片区法院成立法院司法服务助力园区工作专班，在各园区同时挂牌，全面建设布局合理、功能完善、设施齐全、整洁宽敞的驻园区“多元解纷工作站”，并派驻调解员进场。法院统一驻园区“多元解纷工作站”工作职责、流程，实行统一工作站命名及标识；邀请第三方（社会力量）入驻园区参与纠纷化解；统一工作站基本配置，配备远程视频调解、在线司法确认必需的电脑、打印机和音视频设备以及统一工作室功能布局，设置接待区和调解区；根据园区规模和产业特点，建立符合当地实际的园区服务方式。

二是解纷主体由“单一”向“多元”转变。积极突破行业、部门、领域限制，集聚广泛化、专业化的解纷合力。通过聘请多元解纷业务指导专家，选聘符合条件的调解组织和调解员开展驻园区调解工作，并邀请行业调解组织、商事调解组织、公证机构、律师协会、法律援助中心等入驻“多元解纷工作站”，打造诉前委派、诉中委托调解的前沿阵地。通过引入各类调解人员，形成多元解纷合力，为园区主体提供多途径、多层次、多种类的解纷方案和方便、快捷、低成本的解纷服务，引导更多纠纷通过非诉讼方式解决。

三是衔接机制由“松散”向“紧密”转变。建立“多元调解+立案速裁”的紧密型司法ADR模式（代替性纠纷解决方式）。法官与人民调解员组建“1+N”办案团队，法官全程指导调解员调解，调解成功的案件，双方当事人可就达成的调解协议共同申请在线司法确认或出具调解书；对于调解不成的简单案件，由法官利用调解过程中查清的事实和固定的证据，快速进行裁判，发挥多元调解辅助审判的积极作用，提高纠纷化解成效。

四是调解方式由“现场”向“线上线下相结合”转变。充分依托互联网、大数据和云平台，通过开展在线远程音视频调解和在线司法确认，为纠纷化解提供智能化服务。积极开展人民法院调解平台进园区、进社区、进网格，形成全面覆盖的纠纷解决和便民服务大平台。全面应用音视频调解，方便当事人随时随地参与纠纷化解。

特色亮点：

全省首创驻园区“多元解纷工作站”。法院依托专业优势，在武汉片区打造综治中心全覆盖，积极发挥参与、引领、推动、规范和保障作用，深度融合诉源治理，丰富解纷主体，创新优化多元化纠纷解决运作模式、强化多元解纷司法保障，真正做到“社会调解优先，法院诉讼断后”的矛盾纠纷分层过滤解纷机制，从而营造和谐稳定的社会环境。

实现了对多元调解案件的全程规范管理。充分利用信息化手段，加强诉调对接案件的跟踪管理，通过内网审判系统和在线调解平台系统的联通及数据实时交换，实现立案前委派调解案件的全流程记录，无论是调解成功进行司法确认的案件，或是调解不成转入审判程序的案件，最终都会纳入司法统计系统。该系统能够实时更新并提供各法院立案前委派调解的导出案件量、调解成功案件量和立案速裁案件量等数据信息，均可纳入社会综治考评和法官业绩考评体系中，有效调动开展多元解纷工作的积极性。

实践效果：

“多元解纷工作站”成立以来，特邀调解组织及调解员诉前引调涉园区的民商事纠纷3 229件，调解成功1 870件，诉前化解率达58%。通过诉前调解，仅3天时间成功化解某独角兽高科企业因联合开发游戏引发的合同纠纷，有效降低了企业纠纷的解决成本。

四、湖北省政府及相关部门出台的政策措施

（一）《省人民政府办公厅关于印发支持中国（湖北）自由贸易试验区深化改革创新若干措施的通知》（鄂政办发〔2021〕7号，2021年1月21日）。

（二）《中国（湖北）自由贸易试验区工作领导小组印发关于进一步加强中国（湖北）自由贸易试验区产业招商工作的实施办法》（鄂自贸组发〔2021〕2号，2021年5月14日）。

（三）《关于印发中国（湖北）自由贸易试验区第六批实践案例的通知》（鄂自贸组发〔2021〕3号，2021年12月2日）。

五、大事记

2021 年 1 月 21 日　印发《省人民政府办公厅关于印发支持中国（湖北）自由贸易试验区深化改革创新若干措施的通知》。

2021 年 3 月 22 日　湖北省宜昌综合保税区正式封关运营。

2021 年 3 月 24 日　湖北省自贸办举办“相约春天赏樱花”外向型经济暨自贸区专题对接会。

2021 年 4 月 14 日　湖北省自贸办举办韩国企业湖北行暨中国（湖北）自由贸易试验区推介会。

2021 年 5 月 14 日　中国（湖北）自由贸易试验区工作领导小组印发《关于进一步加强中国（湖北）自由贸易试验区产业招商工作的实施办法》。

2021 年 6 月 7 日　国务院自由贸易试验区工作部际联席会议办公室印发第四批自贸试验区“最佳实践案例”，湖北“科技信贷政策导向效果评估机制”入选。

2021 年 6 月 23 日　湖北省自贸办举办 2021 年韩国—湖北未来产业经贸合作交流会。

2021 年 8 月 29 日　湖北省商务厅厅长、湖北省自贸办主任王济民召开会议，研究自贸试验区重点产业全产业链创新等重要文件。

2021 年 9 月 7 日　湖北省商务厅厅长、湖北省自贸办主任王济民召开会议，传达学习中央全面深化改革委员会第二十次会议上习近平总书记关于自贸试验区建设重要讲话精神，研究安排贯彻落实。

2021 年 9 月 23 日　湖北省省长王忠林赴商务部，与商务部部长王文涛座谈，为湖北自贸试验区建设争取政策支持。

2021 年 9 月 28 日　湖北省副省长赵海山主持召开湖北自贸试验区建设专题会。

2021 年 11 月 9 日　湖北省襄阳综合保税区通过预验收。

2021 年 11 月 23 日　湖北省商务厅厅长、湖北省自贸办主任王济民赴武汉片区、东湖综合保税区调研自贸试验区建设和重点企业生产经营情况。

2021 年 12 月 17 日　签署《中国湖北—日本关西江海联运带路互通合作协议》，湖北省副省长赵海山、湖北省自贸办主任王济民出席。

2021年中国（重庆）自由贸易试验区建设概况

中国（重庆）自由贸易试验区工作领导小组办公室

章勇武

中国（重庆）自由贸易试验区工作领导小组办公室主任

章勇武，男，1968年8月出生，浙江宁海人，中共党员，研究生学历，管理学博士。曾任重庆市公路建设工程管理处副处长，重庆渝东高速公路有限公司董事长、总经理、党支部书记，重庆高速公路发展有限公司副总经理，重庆市交通委员会副主任、党委委员，重庆市璧山县委副书记、副县长、县长，重庆市璧山区委副书记、区长，重庆市大足区委书记，重庆市政府外事办公室党组书记、主任。现任重庆市商务委员会党组书记、主任，中国（重庆）自由贸易试验区工作领导小组办公室主任。

一、经济运行数据

（一）投资情况

2021年，中国（重庆）自由贸易试验区（以下简称重庆自贸试验区）新增注册企业（含分支机构）14 246家，占全市比重7.5%；注册资本总额1 147.5亿元，占全市比重11.9%。

新增注册外商投资企业99家，签订外商投资合同金额4.39亿美元，实际使用外资29.75亿美元，外商直接投资（FDI）金额7.86亿美元，主要投资于租赁和商务服务业，文化、体育和娱乐业以及建筑业。

备案核准的境外投资企业数9家，中方协议投资额0.18亿美元，中方实际投资额9.83亿美元。

实现税收收入761.21亿元。

（二）贸易情况

2021年，重庆自贸试验区实现进出口总额5 857.9亿元，占重庆市进出口总额的73.2%。其中，出口额3 763.8亿元，占全市出口总额的比重为72.8%；进口额2 094.1亿元，占全市进口总额的比重为73.9%。

（三）金融情况

2021年，重庆自贸试验区新增金融机构17家。区内银行向境外企业发放人民币贷款金额2亿元，跨境双向人民币资金池业务结算量18.7亿元，跨境人民币结算金额1 105亿元。

二、建设措施及成效

重庆自贸试验区深入学习贯彻习近平总书记关于自贸试验区建设的系列重要指示精神，坚持以制度创新为核心，持续开展首创性、集成化、差别化的改革探索，努力在服务和融入新发展格局上展现更大作为。

（一）聚焦构建“五套工作体系”，增强工作统筹度

完善领导小组抓统揽统筹、专项工作推进组抓行业领域、自贸片区（板块）抓具体落实的“1+5+9”管理体制机制，形成了精干高效的组织架构体系。以重庆自贸试验区总体方案为总纲，围绕投资自由、贸易自由、资金自由、人员就业自由、数字有序流动等方面出台200余项配套支持政策，初步构建了高水平的开放政策体系。以重庆自贸试验区产业发展规划为统领，加快外向型产业和特色优势产业集聚，初步形成了清单化管理的重点项目推进

体系。坚持目标导向和需求导向，形成“诉求收集—拟定计划—项目申报—分类实施—评估通报—应用推广”创新工作链，初步建立了全流程制度创新管理体系。对内，建立与服务业扩大开放综合试点、国际消费中心城市培育建设等一体化推进机制；对外，建设自贸试验区联动创新区和川渝自贸试验区协同开放示范区，推动与市内外开放平台统筹发展，初步建立了内外协调的协同联动体系。

（二）聚焦开展差异化探索，彰显创新引领度

立足通道优势开展差异化探索。依托中欧班列和西部陆海新通道，在全国率先开展以铁路运单物权化、多式联运“一单制”为重点的陆上贸易规则探索。依托长江黄金水道，在全国率先开展水运转关“离港确认”等江海联运一体化便利通关创新，提升江运时效40%。持续强化改革创新释放政策红利。累计培育重点制度创新成果88项，其中7项创新成果向全国复制推广、66项创新成果在全市复制推广，海关特殊监管区域“四自一简”被国家通报表彰为优化营商环境典型做法，创新物流大通道运行机制改革入选“中国改革2020年度50典型案例”。加大压力测试提升开放水平。相继获批全国第四个首次进口药品和生物制品口岸、过境144小时免签证、启运港退税、跨境电商B2B出口、本外币合一银行账户体系、QDLP等试点政策，促进了开放型经济发展。

（三）聚焦推动川渝协同联动，增强开放显示度

一是高站位谋划。两省市党政主要负责同志亲自研究部署关键改革举措和重点建设任务，将川渝自贸试验区协同开放示范区建设写入两省市“十四五”发展规划和政府工作报告。二是高标准建设。强化目标、领域、政策、产业、机制和时序“六个协同”，加大重点领域开放力度，集成了多式联运“一单制”、共建中欧班列（成渝）品牌、“关银一KEY通”等一批跨区域、跨部门、跨层级制度创新成果。三是高水平协商。推动全国政协将“支持建设川渝自贸试验区协同开放示范区”确定为重点提案，并于2021年9月在渝现场召开该重点提案办理协商会。川渝两地政协领导开展专题调研，建言资政、凝聚共识。

（四）聚焦优化营商环境，拓展改革集成度

优化监管机制。实施“证照分离”改革和“基层注册官”制度，企业开办时间压缩至1个工作日以内。打造大数据监管平台，构建以信用为核心的新型市场监管机制。创新政务服务。在全国率先推出“全程电子退库系统”，区内正常出口退税平均办理时间压缩至5个工作日内。构建“1+7+8”专利导航服务体系，建设全国唯一的区域性专利导航项目研究和推广中心。强化法治保障。成立全国首家覆盖全域、专门化的自贸试验区法院，探索构建东盟国家法律查明与适用机制，为境内外市场主体提供高水平的双向法律查明与咨询服务，成立西部唯一的商标审查协作中心。

（五）聚焦实现高质量发展，提升市场活跃度

市场主体蓬勃发展，累计新增市场主体约6.4万户，成功引进星光国际精准医疗创新中心等百亿级项目，德国埃马克、万国数据、中欧数字生态城等一大批标志性项目相继落地。外向型产业集聚明显，新设外商投资企业数占重庆市新设外商投资总数的20%，集聚了全市超1/4的进出口企业，贡献了全市超70%的进出口贸易总额。企业效益稳步攀升，规模以上工业企业营业收入占全市的比重为19.8%，高技术制造业营业利润同比增长177.4%，规模以上服务业企业营业收入占全市的比重为36.7%。

三、创新成果及案例

案例1：税收电子缴库跨省通办

主要做法：

重庆市税务局、四川省税务局、人民银行重庆营业管理部和成都分行构建合作机制，创新工作举措，在全国率先推出税款跨省电子缴库新模式，推动实现“缴库同城化、流程电子化、业务标准化”，从而打破两地跨省电子缴库的区划限制，实现了成

渝两地纳税人在异地可以通过电子缴库方式缴入对方国库，大幅提升办理质效，极大便利了成渝两地自贸试验区纳税人电子缴库跨省通办。在此基础上，成渝两地正积极推进全国自贸试验区范围内的电子缴库跨省通办模式。

实践效果：

（一）创新性

改革试点前大额跨省缴库税款主要通过国库“待缴库税款”专户办理或开设本地银行账户，通常需要花几天时间，纳税人与税务、国库多次联系并传递纸质缴款书及完税凭证；而小额税款多用他人银行卡进行代缴。2020年，成渝两地首创推出的税费跨省电子缴库通办模式，通过业务和技术创新，跨省银行账户的纳税人在线上通过电子税务局签署三方协议，纳税人申报后，直接在电子税务局进行扣款缴税；或者纳税人在电子税务局申报后，生成银行端查询缴税凭证，纳税人在商业银行的网上银行或开户银行柜台办理缴税业务，不需要在本地税务大厅或者在本地开设银行账户进行缴库。

（二）操作性

省市外银行账户缴入重庆或四川国库，只需在电子税务局进行申报扣税，或在网上银行录入电子税票号缴税。

（三）时效性

省市外纳税人不需要在本地开设银行账户缴税或现场缴税，节约开具账户的各项成本，所有缴库业务均可线上或本地办理。目前，成渝两地已有20家主要商业银行（占全部缴库业务量90%以上）实现电子缴库跨省通办。在此基础之上，按照上述模式，重庆地区已有工商银行、华夏银行、广发银行、建设银行等4家银行实现了全国范围内的电子缴库跨省通办，便利更多自贸试验区纳税人。

案例2：知识产权纠纷诉源治理新模式

主要做法：

重庆自贸试验区人民法院在全国率先探索创建“法院+行政管理部门+社会组织”版权纠纷诉源治理新模式，建立健全社会知识产权纠纷共治机制，推动形成知识产权保护合力，诉源治理成效明显，有效提高了自贸试验区知识产权保护法治化水平。

实践效果：

（一）创新性

一是构建知识产权大保护格局，出台《关于加强中国（重庆）自由贸易试验区知识产权保护的联合声明》，构建知识产权“严保护、大保护、快保护、同保护”工作格局。

二是推动知识产权纠纷一站式解决。建立知识产权纠纷诉调对接平台，探索实现“线上+线下”对接形式，综合运用“诉前委派+诉中委托”的协调模式。

三是组建知识产权纠纷诉前调解团队，确保专人负责、专业高效。建立调解组织与调解员名册制度和知识产权纠纷专家调解库。

四是实现在线诉讼一体化，深度运用智能化平台，积极引导当事人网上立案、在线调解、在线司法确认等。

（二）操作性

一是创建“法院+行政管理部门+社会组织”版权纠纷诉源治理新模式。重庆自贸试验区人民法院与重庆市版权局、重庆市文化和旅游发展委员会签订《关于建立著作权司法保护与行政保护衔接体系的备忘录》，建立著作权司法保护和行政保护衔接体系；同时，与重庆自贸试验区知识产权领域行业协会、知识产权人民调解委员会加强合作，形成行政部门加强行政管理监督、社会组织先行组织调解、法院依法审判的知识产权全方位保护格局。

二是完善工作机制，提供“标准化”诉调对接。建立诉调对接制度，细化工作措施，规范诉调对接流程，落实人员责任。法院有管辖权的，在当事人同意的基础上，委派人民调解员进行诉前调解。如调解成功且当事人申请对调解协议进行司法确认的，由诉讼服务中心法官依法进行司法确认，并出具裁定书；调解不成功的，立即进行立案登记，分配到审判团队进行审理。

三是突出社会服务，打造“专业化”诉调队伍。法院组建专业团队进行诉前调解，建立调解组织与调解员名册制度和知识产权纠纷专家调解库。加强指导调解，通过集中培训、座谈交流、邀请庭审观摩、参与诉讼调解等方式，提升知识产权纠纷诉前调解工作水平。

四是深化平台应用，提升“智能化”服务水平。积极引导当事人网上立案、在线调解、在线司法确认等，真正构建起“云立案、云送达、云调解、云审理”的一体化在线诉讼程序。

（三）时效性

一是优化了法治化营商环境。2021 年，重庆自贸试验区人民法院采用这种模式成功化解 10 余个权利人共计 4 795 件版权纠纷案件，为每起案件当事人节省了诉讼时间约 60 天，共计节约诉讼成本近 20 万元。

二是推动知识产权纠纷一站式解决。2021 年，重庆自贸试验区法院线上委派委托调解知识产权纠纷案件 7 201 件，成功调解 5 522 件；诉前调解 6 560 件案件，新收诉讼案件 14 624 件。

三是实现了在线诉讼一体化。深度运用智能化平台，积极引导当事人网上立案、在线调解、在线司法确认等。2021 年，重庆自贸试验区法院网上立案 17 563 件，占受理案件总数 81.31%，全年完成网上缴费 13 556 次、电子送达 11 508 余次、在线开庭 484 次，实现了系统平台网上对接、工作流程网上流转、法律效力网上赋予、数据资源网上共享。

案例 3：“山城有信”企业信用码

主要做法：

“山城有信”企业信用码属全国首创，实现了“一户一码、以码亮照、明码经营、码上监管”效果，在智慧监管、社会共治领域有实质性突破。企业信用码是运用大数据、二维码、互联网+等主流技术，基于“统一社会信用代码”转换为“二维码”，以信息归集共享为基础，信息公示为手段，信用监管为核心，惠民助企为目的，面向市场主体、消费者、第三方、监管人员，使用移动互联终端“一键扫码、一码明信、一体监管”的运用系统。市场主体可以明码经营，亮出身份和承诺；消费者可以扫码知信，放心明白消费；第三方可以借码管理，高效服务入驻企业；监管人员可用码监管，实现掌上监管和远程监管，进一步增强信用监管效能，突破社会共治难题，营造高品质消费环境和高标准市场环境，促进市场主体诚实守信健康发展。

特色亮点：

一是始终坚持以行政部门为建设主体，采取移动终端渠道和大数据技术，统一对外公示全量市场主体信息口径，集成性更广、权威性更强。二是充分打破沟通障碍和互动壁垒，运用分类赋权和网络安全技术，用一个平台解决各方所需，包容度更好、综合度更高。三是全面提供多种有效路径，根据场景需求，动态调整持续加载企业信息和监管内容，迭代力更足、衍生力更大。

实践效果：

（一）创新性

实现经营户明“码”经营，亮身份更诚信。打通业务系统接口，归集洗选有用数据，展示市场主体注册登记、行政许可、年度报告等证照信息。制定公示承诺规则，市场主体在公示系统自主填报“主体责任”等法定承诺和“抵制假冒伪劣商品”等自我承诺。“以码代证照”，出台《明示营业执照、各类许可证和检验、检定标志的管理规定》，解决证照上墙挤占场地资源、经营合作需提供证照原件等问题。通过“亮身份、亮承诺、亮责任、亮荣誉”，提升自律认识，树立品牌意识。

实现消费者扫“码”知信，明消费更放心。通过扫描企业信用码，查看市场主体基本信息、信用信息、监管信息、责任明示、自主承诺等内容。对接“阳光餐饮”，实时查看餐饮企业后厨食品加工全过程。链接“12315”，片区官方服务人员联系方式，实现“一键投诉”。企业信用码改变以往必须知晓企业名称或统一社会信用代码才能查询涉企信息的方式，突破时间、空间限制，让“随意查”变成现实。

实现第三方借“码”管理，优服务更便捷。商场、市场、楼宇经济等实体管理方运用企业信用码参与入驻企业日常服务与管理。依托公示系统建设入驻企业数据池，通过分类打标，为经营户精准画像，实施差异化管理。通过现场扫码，快速核对经营户信息，及时发现风险隐患，当场提出整改意见，依责推送监管部门，力促管得明白、服得到位。

实现监管员用“码”监管，提效能更智慧。在核查现场，监管人员扫码查询经营户全量信息，解决监管业务数据分散的问题。针对主体证照、登记事项、广告等显见违法行为，通过系统点选完成后续处置。全覆盖向特定行业推送监管提示、风险警示，点对点向经营户发布函询、质询，推动远程监管、非现场监管，“掌上监管”提档升级。实现“一企一码”“一品一码”“一人一码”深度融合。正在积极构建“山城有信”品牌，加强与重庆市“渝快码”的数据对接与数据共享，以企业为重点打造市场主体“健康码”，实现“一企一码”；以特种设备和食品为重点，打造重点商品“溯源码”，实现“一品一码”；以违法失信市场主体中相关自然人（董事、监事、高管）和特种设备违法违规行为作业人员、餐饮行业从业人员违法警示人员为重点，打造重点人员“警示码”，实现“一人一码”。

（二）操作性

建设“山城有信”企业信用码平台系统，建成微信小程序，市场主体端、消费者端、第三方端、监管人员端手机应用程序和后台管理系统。以问题为导向，完善各端功能，解决实际问题，从而拓展使用范围和频次，增强体现感。已在9个区县试点推行，并对办理注册登记业务的市场主体赋码，已服务市场主体47.19万户，消费者扫码17万次。

（三）时效性

已在重庆自贸试验区部分商圈、网红打卡点、景区试点上线，惠及众多企业，消费者反映良好。解决了必须知晓市场主体名称或统一社会信用代码才能查询信息的症结，缓解了监管人员来回转换业务系统的症结；以码代证照，通过扫码即可了解营业执照和许可证情况，还可了解更多市场主体所涉重点商品和重点人员信息；经营户首次自主公示承诺和荣誉，自律意识得到提升，消费者扫码掌握信息，社会监督参与度有所提高；监管人员破题非现场监管方面成果明显，开展了推送相关警示、发布函询、质询等工作。

案例4：跨区域办理电子口岸业务

主要做法：

“关银一KEY通”川渝一体化是重庆海关、成都海关积极贯彻落实《成渝地区双城经济圈建设规划纲要》关于“建设川渝自贸试验区协同开放示范区，加大力度推进首创性、差异化改革”的要求，在海关总署的大力支持和中国电子口岸数据中心的授权下，聚焦两地企业跨区域办理电子口岸业务的迫切需求，联合银行机构共同推出的一项自贸试验区海关监管创新举措。

实践效果：

（一）创新性

一是创新实现“电子口岸卡”业务跨关区通办。成都、重庆海关通过数据分中心系统互通，在全国首次实现了“电子口岸卡”业务跨关区通办，两地企业可根据业务需要自行选择在四川或重庆地区办理包括制发“共享盾”、新增、解锁、信息变更、证书更新等电子口岸业务。

二是创新引入银行第三方机构丰富业务办理网点。通过海关与银行深度合作，企业可在川渝两地数据分中心及银行合作代理网点办理电子口岸业务，也可通过“中国电子口岸”官网线上办理，通过“中心+网点、线上+线下”多轨并行模式便利两地企业业务办理。

三是创新拓展“电子口岸卡”金融属性。融合“一盾双证”技术，推出“共享盾”，实现企业持“电子口岸卡”既可以登陆中国国际贸易“单一窗口”等渠道办理海关业务，也可以登陆建设银行企业网上银行、跨境金融综合服务平台、企业手机银行等渠道办理金融业务，“一站式”满足企业“电子口岸入网+线上金融”的综合业务需求。

（二）操作性

两地企业可根据业务需要自行选择在四川或重庆的受理网点申请办理电子口岸业务，不用两地往返，极大地节约了成本，提升了业务办理效率。

（三）时效性

该项创新实施以来（2021 年 9 月—2022 年 1 月），新入网企业 2 113 家，办理制卡、变更、解锁、延期等业务 6 875 次，业务办理时间压缩 2/3 以上。

案例 5：创新“互联网+政务服务”新模式

主要做法：

重庆市以构建“渝快办”政务服务体系为抓手，大力推进政务服务“一网通办”，不断提升网上政务服务能力，促进审批服务便民化。一是抓载体建设，推进“渝快办”政务服务平台建设一体化。二是抓服务提升，推进线上线下服务标准化。三是抓渠道拓展，推动“四端协同”服务多元化。四是抓协同联动，推进“跨省通办”服务均等化。五是抓应用创新，促进政务服务便利化。六是抓跟踪监管，推进服务效能监管精准化。2021 年 8 月，李克强总理在重庆市考察时点赞“渝快办”，并对重庆市推出的一般企业开办只需 1 天、零成本办理，24 小时“不打烊”政务服务表示赞许。

实践效果：

（一）创新性

一是实现政务服务“应上尽上、全程在线”。对标省级政府网上政务服务能力评估报告分析指出的问题，逐项查漏补缺，制定印发了《2021 年“渝快办”全市一体化政务服务平台优化提升工作方案》，从平台标准化建设、便利化运用和规范化运行等方面，全力推动“渝快办”优化升级，推出全新改版升级的“渝快办”3.0 版，服务功能、服务能力和服务体验全面提升，为推动政务服务“一网通办”提供了坚实的平台支撑。

二是制定发布工作规范地方标准。出台《重庆市政务服务管理办法》，加快推进《“渝快办”政务服务平台运行管理办法》《“渝快办”政务服务平台基础数据规范》《重庆市全市统一电子签名规范》《重庆市全市统一电子印章规范》《“一窗受理”服务接口标准 2.0》等一系列标准规范的制定，实现以标准化促服务一体化。

三是创新“渝快办+帮办代办”服务模式。如深化与建设银行重庆市分行合作，在全市区县政务服务大厅、部分乡镇、村社和建行营业网点投放 12 000 余台自助终端，上线户政服务、社保服务、医疗卫生等 8 大类 90 余项高频政务服务事项；与邮政合作，推出“政务+邮政”服务模式，在部分区县邮政网点设立“政务服务点”，推行“网上申报受理—材料邮寄办理—证照寄递到家”，让群众在“家门口”就能办事。

（二）操作性

充分发挥直辖市体制机制优势，按照“一网通办”的系统架构、制度设计和路径安排，以“打破部门封闭、融合业务系统”为突破口，建成“渝快办”全市一体化在线政务服务平台，并对接国家政务服务平台。坚持把标准化作为推进政务服务“一网通办”的关键环节，编制形成全市统一的行政权力和公共服务事项清单，实现集中管理、动态调整。大力推动政务服务“应上尽上、全程在线”，不断拓展网上政务服务的覆盖度。经过近年来的探索实践，“渝快办”已基本形成“12345”政务服务体系构架：即 1 个目标——政务服务更高效、办事体验更愉快；2 线融合——线上线下服务融合；3 总定位——全市社会治理和公共服务的网上“总门户、总平台、总枢纽”；4 端协同——电脑端、移动端、自助终端、大厅窗口端功能互补、协同服务；5 级贯通——国家、市、区县、乡镇（街道）、村（社区）五级基本实现网络通、数据通、业务通。

（三）时效性

截至 2022 年 8 月，“渝快办”平台注册用户超过 2 400 万人次，累计办件总量超过 2.4 亿件，市级行政许可事项“最多跑一次”比例超过 99%，96%的事项网上可办，办理时间普遍压缩一半以上。

案例 6：探索涉外法律服务新模式

主要做法：

重庆自贸试验区渝中板块依托索通、中豪、静昇、段和段、香港其礼等品牌法律服务机构集聚优势，加快完善涉外法律服务体系，积极推动涉外法律服务业创新发展，探索打造全市涉外法律服务示范高地，为全面融入共建“一带一路”、加快建设内陆开放高地提供优质高效法律保障，在全国率先建立涉外法律服务外包统计模式，成为全国首例纳入商务部统计的涉外法律服务外包创新案例。

（一）围绕培育涉外法律主体，探索“走出去”“引进来”双向开放新模式

一是支持互设代表机构，推动中豪、索通、段和段等律师事务所在乌兹别克斯坦、中国香港等“一带一路”沿线国家和地区设立分支机构，引进中国香港狄炳奇·李道明律师事务所来区设立代表机构。二是创新业务合作模式，探索建立中外律师事务所互派法律顾问、联营、拓展业务合作范围等业务合作模式，推动西联律师事务所与中国香港其礼律师事务所达成联营协议，支持索通、段和段律师事务所聘请美国、德国等国外籍律师担任法律顾问。三是深化国际法律交流合作，支持中豪律师事务所举办“海外投资法律实务国际论坛”等国际法律论坛、会议活动，推动段和段律师事务所与老挝 CLX 老—中律师事务所、东帝汶 CRA 律师事务所等外国律所签订合作备忘录。

（二）围绕提升涉外法律服务能级，探索“产业集群+机构集群+人才集群”发展模式

一是打造涉外法律服务集聚区，巩固解放碑中央商务区涉外法律高端品牌核心区，集聚段和段、静昇、中豪等 3 家品牌机构，夯实化龙桥国际商务区涉外法律高端品牌拓展区，吸引索通、香港其礼西联联营律师事务所等 2 家律师事务所入驻。二是组建涉外法律服务联盟，加快成立化龙桥涉外法律联盟，支持索通律师事务所与霍金路伟国际律师事务所组建中世律所联盟，以联盟为依托，推动互联互通、资源共享。三是壮大涉外法律人才队伍，建立渝中区涉外律师人才库，推荐区内律师加入全国涉外律师领军人才库和重庆市涉外法律服务专家库，参加“巴渝律师英才”等涉外专项人才培养计划，加快培养跨境投资并购、反垄断反倾销等领域涉外法律人才。

（三）围绕完善涉外法律服务体系，探索“涉外法律服务+公证、仲裁、调解”多元纠纷化解机制

一是推进合作制公证制试点，探索建立合作制公证机构，加快培育差异化竞争和各具品牌优势的公证机构群体，促进公证服务向专业化、精细化、品质化拓展。二是成立全市首个驻法院人民调解中心，组建 3 个诉调·速裁团队，成立商事纠纷、知识产权纠纷等 12 个行业性调解组织，设立商事、劳动、金融等 10 个特色调解室，打造“一站式”多元解纷新模式。三是建成全市首家涉侨纠纷法律服务中心，依托社区专业调解队伍，创新“专业机构+专家顾问+侨务调解员”服务团队模式，积极探索涉侨领域矛盾化解多元化机制。

（四）围绕提高涉外法律服务质量，探索“陪、跟、护”整链条、集成式服务新模式

一是设立渝中区涉外法律服务中心，搭建涉外法律服务机构与涉外企业信息交流平台，为海螺水泥收购东帝汶水泥中转库等项目提供跨境投资并

购、知识产权保护等方面涉外法律服务。二是鼓励段和段律师事务所设立“一带一路”涉外法律服务中心，为“走出去”企业在“一带一路”沿线国家和地区经济活动提供法律、商务等领域总包法律服务，防范海外投资贸易法律风险。三是支持中豪律师事务所联合渝企“走出去”服务港线上服务平台，为成渝两地企业跨国经营提供“陪、跟、护”全流程涉外法律服务，护航企业在境外设立、投产、经营全过程。

（五）围绕促进涉外法律服务便利化，探索“互联网+”智慧服务新模式

一是推动涉外法律服务网络平台、实体平台、热线平台“三大平台”融合发展，加快线上法律服务与线下法律服务结合，支持律师事务所运用大数据、物联网、云计算等新一代信息技术创新数字法律服务模式。二是支持段和段律师事务所搭建集数据分析、信息交换、业务合作、风险控制等功能于一体的云端信息管理平台（D-IMS），打造“一带一路”涉外法律服务客户信息服务体系云端综合载体，建设移动互联网时代云端律所。三是鼓励索通律师事务所在全市率先建立“调解与互联网法务公共服务平台”，为创新创业企业、小微企业和公民个人等纠纷矛盾当事人提供调解服务，推动基层矛盾化解，实现民事纠纷远程调解。

（六）围绕提升涉外法律服务国际化水平，探索中新法律领域互联互通新模式

一是支持索通律师事务所发起设立重庆中新示范项目战略研究中心，推动开展中新互联互通项目重点产业发展趋势、体制机制创新等战略性问题研究，通过研讨会、论坛、展会等形式，搭建中新国际化学术人文交流互动平台。二是推动中新示范项目战略研究中心联合重庆两江国际仲裁中心、重庆仲裁委员会金融仲裁院等6家单位，发起成立中新金融科技联盟，进一步深化涉外法律服务与会计、金融、保险等服务业多形式合作。三是支持静昇律师事务所与新加坡立杰律师事务所签订合作协议，联合推动新加坡辉联集团与重庆埔程物流有限公司达成战略合作，助力中资企业打通国际多式联运通道。

（七）围绕建立健全服贸统计体系，探索涉外法律服务外包统计新模式

一是探索建立系统集成、高效协同的政府部门信息共享、数据交换和统计分析机制，进一步完善统计监测系统数据核查、退回和通报制度，提升涉外法律服务外包统计的全面性、准确性和及时性。二是健全索通、中豪、段和段等重点涉外律所联系机制，提高重点监测律所的代表性，创新涉外法律服务全口径统计方法，在全市率先建立涉外法律服务外包数据全口径统计制度。三是联动市服务贸易协会，在全市率先将段和段律师事务所、中豪律师事务所从境外接包的涉外法律业务纳入商务部业务流程外包（BPO）法律流程服务统计，成为全国首例纳入商务部统计的涉外法律服务外包创新案例。

实践效果：

一是多元化涉外法律服务格局初步形成。中豪、索通、段和段等律师事务所在美国、乌兹别克斯坦等国家和地区先后设立了5个境外分支机构，香港狄炳奇·李道明有限法律责任合伙律师事务所、中国香港 de Bedin & Lee 律师事务所来区设立了代表机构，重庆西联律师事务所与香港其礼律师事务所、中豪律师事务所（香港）办公室与香港兆康律师事务所达成了联营协议，索通、中豪律师事务所与美国、德国、新加坡等国外籍律师签订了法律顾问协议，中豪律师事务所与德国 AC Tischendorf 等律师事务所开展交流合作，持续走在全市法律服务业对外开放前列。

二是国际化法治化营商环境进一步优化。索通、静昇、段和段等律师事务所为重庆通用航空产业集团收购美国相关公司股权、中冶赛迪集团有限公司在英国设立投资公司等多个重大项目提供涉外法律服务，在跨境投资并购、境外发债、知识产权、涉外争议解决等领域形成了较强的专业特色和服务能力，段和段、静昇、西联等6家律师事务所入选全市涉外法律服务示范机构，中豪、索通律师

事务所入选“最具影响力中国涉外百强律师事务所”。近年来，渝中区办理的涉外法律事务占全市近四成，成为全市涉外法律服务先行先试示范区。

三是涉外法律服务人才集聚效应逐渐凸显。加快吸纳熟悉“一带一路”国家和地区相关法律法规以及在特定领域具有丰富实践经验的专业涉外法律人才，涉外律师人才库持续拓展。截至 2020 年底，已收录 66 名优秀涉外律师相关信息，涵盖国际经济合作、国际贸易、跨境投资等多个涉外法律服务领域，已推荐 11 名优秀涉外律师进入全国涉外律师领军人才库、43 名律师加入重庆市涉外法律服务专家库，多名优秀涉外律师参加“巴渝律师英才”等涉外专项人才培养计划，涉外法律服务人才高地加快形成。

案例 7：“互联网+高效货运物流”供应链体系

主要做法：

重庆自贸区渝中板块积极支持重庆公运同程配送有限公司依托大数据、物联网等技术，创新“互联网+高效货运物流”供应链体系，搭建集“互联网+货运物流+汽车后市场+物流金融”为一体的成渝双城经济圈首个“互联网+货运”平台，整合公路物流上下游及周边业务需求，促进车、货等物流资源高效匹配及便捷运转，实现了业务流、信息流、轨迹流、资金流、票据流“五流合一”，充分体现了自贸试验区在培育智慧物流新业态、运用大数据赋能交通物流体系升级方面的积极成效，对提升货物运输效率、降低企业物流成本具有重要意义。

打造智能型数字化网络货运平台。运用大数据、物联网、云计算等技术，打造集信息发布、线上交易、全程监控、金融支付、咨询投诉、在线评价、查询统计、数据调取等功能于一体的成渝双城经济圈首个“互联网+货运”平台——同程配网络货运平台，推动业务、数据、技术深度融合，融入 GIS 技术、GPS 定位、OCR 图像自动识别、智能算法和数据分析，从找车、找货、交易、风控等角度，促进人、车、货等物流要素的线上高效匹配与处理。

构建产融结合货运物流生态系统。创新“互联网+货运物流+汽车后市场+物流金融”模式，依托“同程配网络货运平台”，集聚需求方、货运司机、保险金融等多方主体，推动货主、平台、货车司机、保险金融机构深度融合，助力互联网、物流、金融、保险理赔等多业态融合发展，推进客户端连接方式和运力端的组织、管理、结算方式数字化转型，在促进车、货等物流资源要素高效匹配的同时，进一步优化结算支付流程，并通过保险金融等平台增值服务惠及车、货双方。

推动物流大数据互联互通共享。发挥“同程配网络货运平台”大数据监控功能，汇集个人、交易、地理、税务地理等多项信用数据，联动政府、货主、运力、保险、金融机构等，打通兼容系统接口，推动业务流、信息流、轨迹流、资金流、票据流“五流合一”，实现从订单下达、受理、指派、承接、现场装货确认、电子合同签署、在途轨迹跟踪、实时签收、在线支付的全程透明化管理，为行业管控提供有效数据支撑，并通过运输与结算数据的整合，为进一步规范运输市场发票和税源管理提供数据基础。

实践效果：

促进了物流资源的高效利用。通过平台集约整合和科学调度车辆、站场、货源等零散物流资源，实现了“线上资源合理配置、线下物流高效运行”，加快推动了货运物流行业转型升级，有效提升了运输组织效率，装载率整体提高 5%—10%，实现了公路货运行业的降本增效。

提升了物流智慧化水平。通过平台大数据分析对货主、司机和任务的精准定位，实现了智能化定价、为司机智能推荐任务和根据任务要求指派配送司机等功能，促进了个人数据、交易数据、税务数据的高效整合，实现了业务流、信息流、轨迹流、资金流、票据流“五流合一”。

推动了多业态融合发展。通过平台集聚效应汇集了市场需求方、货运司机、保险金融等多方主体，有机整合了货主、运力、税筹、安全管理、装备运营、能源消费、物流金融、保险理赔等货运全链条，有效推动了互联网、物流、金融、保险理赔等多业态融合发展。

案例 8：探索实施“一业一证（照）”改革

主要做法：

重庆自贸试验区高新区板块聚焦企业“准入易、准营难”，办事“材料繁”“多头跑”的问题，充分发挥体制机制优势，积极在改革系统集成协同方面先行先试，探索“一业一证”改革，推动审批管理服务从“以政府部门供给为中心”向“以市场主体需求为中心”转变。

一是打通“一张网”，重塑系统模块。依托“渝快办”“一件事一次办”子系统，开发植入“一业一证”模块，做到条块联通、路径畅通、数据融通，实现一张网承载、一体化支撑。

二是整合“一件事”，重塑服务供给。整合 9 个业务部门 40 项许可，推出 49 项“一业一证”主题服务，颗粒化梳理、套餐化受理，推动政务服务从“原料”供给向“产品”供给升级。

三是并联“一次办”，重塑审批模式。将申报材料、承诺内容集成为一张表单和承诺告知书，系统自动截取关键字段，依托人工智能技术实现辅助审批。向主管部门智能推送表单结构化信息，审批意见向“一业一证”模块智能归集，生成综合审批意见。

四是集成“一张证”，重塑证照形态。建成证照公示平台，明确平台信息在重庆高新区范围内合法有效。将“准营”许可信息以“二维码”方式加载到“准入”许可电子证照上，通过“扫码”链接查询许可信息与经营状态，实现“一码覆盖、一证通行”。

实践效果：

一是准入准营同步实现。有效破除“照易证难”“准入不准营”难题，改革首期已覆盖个体工商户、民办非企业等 49 个行业领域，实行“一照通办”“一证通行”。自 2020 年 10 月以来，已核发 233 份行业证照。

二是办事成本大幅降低。基本实现申请人“只跑一次、只填一表、一次申请”，当场领取行业证照，一张表单优化率达 87.92%，减环节 102 个，时限压缩 96.7%，企业和群众获得感、满意度大幅提升。

三是建立以市场主体为中心的服务机制。通过整合部门职能，市场主体侧与政府侧同步发力改革，优化并联审批，开办市场主体由“找多个部门”转变为“找政府”，营商环境更加优化。

四、重庆市政府及相关部门出台的政策措施

（一）《关于印发中国（重庆）自由贸易试验区联动创新区建设方案的通知》（渝自贸办〔2021〕3 号，2021 年 4 月 13 日）。

（二）人民银行重庆营业管理部出台《铁路提（运）单融资业务技术指南》（2021 年 3 月 11 日）。

（三）《重庆市人民政府办公厅关于印发重庆市合格境内有限合伙人对外投资试点工作暂行办法的通知》（渝府办发〔2021〕60 号，2021 年 6 月 11 日）。

（四）《关于加快多式联运“一单制”发展的指导意见》（渝口岸物流发〔2021〕19 号，2021 年 10 月 11 日）。

（五）《关于印发〈重庆市加强自由贸易试验区生态环境保护推动高质量发展实施方案〉的通知》（渝环〔2021〕154 号，2021 年 12 月 15 日）。

五、大事记

2021 年 1 月 6 日　经海关总署批复，重庆铁路口岸正式获准设立进境肉类指定监管场地，向口岸贸易多元化又迈出一步。

2021 年 1 月 14 日　李波副市长主持召开研究自贸试验区建设工作会议，研究 2021 年重庆市自贸试验区建设重点任务和措施。

2021 年 1 月 21 日　唐良智市长在重庆市第五届人民代表大会第四次会议上作政府工作报告时要求：高水平建设重庆市自贸试验区，开展陆上贸易规则、物流金融、多式联运等首创性探索，加快构建适应高水平开放的行政管理体制和适合重庆特点的账户体系，对标自由贸易港探索实施更高水平的对外开放政策。

2021 年 2 月 2 日　国家药品监督管理局印发公告，同意重庆市药品监督管理局增加化学药品首次药品进口备案职能。重庆成为继北京、上海、广州之后，全国第四个、西部地区首个办理化学药品首次药品进口备案的口岸城市。

2021 年 2 月 5 日　全国首例铁路提单物权纠纷案入选《中国审判》2020 年度十大典型案例。

2021 年 3 月 2 日　全国“两会”上，住渝全国政协委员联名提交《关于支持建设川渝自贸试验区协同开放示范区的提案》。

2021 年 3 月 10 日　李波副市长主持召开会议，研究川渝自贸试验区协同开放示范区总体方案、重庆自贸试验区协同开放示范区建设方案，陆上贸易规则探索重点任务清单。

2021 年 3 月 19 日　中欧班列（渝新欧）开行十周年，累计开行 7 600 列，运输货值年年稳居中欧班列全国第一。

2021 年 3 月 31 日　重庆市商务委召开中国（重庆）自由贸易试验区挂牌运行四周年新闻发布会。

2021 年 4 月 6 日　重庆市委财经委第十一次会议听取《川渝自贸试验区协同开放示范区建设方案（送审稿）》报告。

2021 年 5 月 1 日　国内首个快件铁路进出口项目——中欧国际快件分拨中心项目落户重庆自贸试验区西永综合保税区板块，建成后跨境电商年出口包裹量将达 3 000 万件。

2021 年 5 月 21 日　重庆自贸试验区展馆亮相第三届中国西部国际投资贸易洽谈会（简称西洽会）。西洽会作为国家级展会，是重庆服务西部、服务全国、服务“一带一路”和服务全球的会展平台。

2021 年 5 月 27 日　推动成渝地区双城经济圈建设重庆、四川党政联席会议第三次会议，听取川渝自由贸易试验区协同开放示范区总体方案情况通报。

2021 年 6 月 7 日　创新涉外商事诉讼、仲裁与调解“一站式”纠纷解决机制获评自由贸易试验区第四批“最佳实践案例”。

2021 年 6 月 18 日　重庆自贸试验区“2021 年现场观摩”活动在两江新区和渝中区开展。

2021 年 6 月 23 日　重庆自贸试验区九龙坡板块发布创新案例评价指标体系。

2021 年 7 月 7 日　重庆市人民政府和四川省人民政府联合向国务院报送关于编制川渝自贸试验区协同开放示范区总体方案请示。

2021 年 7 月 22 日　中山大学自贸区综合研究院发布“2020—2021 年度中国自由贸易试验区制度创新指数”，重庆自贸试验区省级总体排名中位居第四位，在片区综合排名中位居第九位，跻身制度创新第一方阵。

2021 年 7 月 22 日　市委书记陈敏尔到重庆自贸试验区展示中心调研，深入了解自贸试验区建设发展情况，对自贸试验区积极推进改革试点取得的制度性创新成果给予肯定，要求对标高标准国际经贸规则，加强首创性、差异化改革探索，形成更多可复制可推广的试点经验，为加快形成陆海内外联动、东西双向互济开放格局作出新贡献。

2021 年 8 月 3 日　二手车出口试点业务在重庆铁路口岸正式启动。

2021 年 8 月 19 日　蔡允革副市长到重庆自贸试验区展示中心和“一带一路”进口商品展示中心调研。

2021 年 9 月 8 日　“关银一 KEY 通”川渝一

体化项目在川渝自贸试验区上线，在全国首次实现“电子口岸卡”业务跨关区通办。

2021 年 9 月 10 日　重庆市与乌鲁木齐海关携手在中欧班列开启“铁路快通”新模式。

2021 年 9 月 13 日　商务部正式公布首批 13 家国家加工贸易产业园，重庆市高新技术产业开发区国家加工贸易产业园获批首批国家加工贸易产业园。

2021 年 9 月 16 日　全国政协“关于支持建设川渝自贸试验区协同开放示范区”重点提案督办活动在重庆举行。

2021 年 9 月 29 日　市委书记陈敏尔、市长唐良智调研重庆国际物流枢纽园区，强调要促进资源要素集聚，为全市开放型经济发展多作贡献；充分发挥物流园区优势，更好助力区域高质量发展。

2021 年 10 月 19 日　市政府同意在重庆高新技术产业开发区、重庆经济技术开发区等 10 个开放平台建设重庆自贸试验区联动创新区。

2021 年 10 月 27 日　川渝政协召开“助推川渝自贸试验区协同开放示范区建设，共同打造改革开放新高地”远程联合协商会议。

2021 年 11 月 29 日　重庆自贸试验区全国首创服务贸易国际结算“贸易+金融”模式。

2021 年 12 月 30 日　《人民日报》头版报道重庆市自贸试验区深入推进制度型开放、探索陆上贸易规则和海关“四自一简”监管创新。

2021年中国（四川）自由贸易试验区建设概况

中国（四川）自由贸易试验区工作办公室

曾 卿

中国（四川）自由贸易试验区工作办公室常务副主任

曾卿，男，汉族，1969年6月出生，四川遂宁人，1991年7月参加工作，1995年12月加入中国共产党，四川大学国民经济管理系国民经济管理专业毕业，研究生学历，经济学硕士学位。2021年5月—2022年9月，任四川省商务厅党组书记、厅长，中国（四川）自由贸易试验区工作办公室常务副主任。

一、经济运行数据

（一）投资情况

2021年，中国（四川）自由贸易试验区（以下简称四川自贸试验区）新设企业55 635家，比上年增长24%；新增注册资本3 238.59亿元，比上年下降15.3%。

新设外商投资企业396家，比上年增长33.8%；注册资本113.09亿美元，比上年下降107.88%；实际使用外资金额15.1亿美元，比上年增长69.7%。

新设境外投资企业21家，与上年持平；新增中方协议投资48 500万美元，比上年增长2 325%；区内中方实际投资额100万美元，比上年减少75%。

实现税收收入305.58亿元，比上年增长22.89%。

（二）贸易情况

2021年，四川自贸试验区货物进出口总额906.76亿元，比上年增长5.89%。其中，货物进口额393.70亿元，比上年减少3.21%；货物出口额513.06亿元，比上年增加14.12%。

一般贸易出口额占比21.57%，加工贸易出口额占比10.31%；一般贸易进口额占比22.8%，加工贸易进口额占比50.14%。主要出口产品为便携式自动数据处理设备、平板电脑；主要进口产品为集成电路。出口主要国家为荷兰、波兰、德国；进口主要国家为越南、马来西亚、泰国。

（三）金融情况

2021年，四川自贸试验区新增金融机构249家，其中新增持牌金融机构248家、非持牌金融机构1家。跨境双向人民币资金池业务结算量13.72亿元，跨境人民币结算金额337.3亿元。

（四）创新情况

2021年，四川自贸试验区新增专利授权数28 432件。

（五）本地特色数据

2021年，双流机场国际（地区）航线131条，旅客吞吐量4 011.7万人次、减少1.5%、居全国第二位，货邮吞吐量62.9万吨、增长1.8%、居全国第七位，起降架次30.1万架次、减少3.5%。

中欧班列（成渝）开行4 800列，累计开行18 800列，与69个境外城市、25个境内城市互通，开行量、重载率继续领跑全国。

泸州港完成集装箱吞吐量17.2万标准箱，增长10.9%。其中，外贸集装箱吞吐量5.6万标箱，增长10.9%。

二、建设措施及成效

（一）“放管服”改革成效显著

全面落实中央层面设定“证照分离”改革事项清单（2021年四川自贸试验区版），推动道路运输站（场）经营许可证核发等10余项政务服务事项在自贸区实行告知承诺服务。出台进一步深化商事登记制度改革更好服务市场主体实施方案，开展商事登记确认制和企业经营范围备案制改革试点，23项许可事项、营业执照实现“联动办”。成都片区“天府蓉易办”上线试运行自贸试验区特色功能，为企业提供全程网办、全域通办、多地联办等服务模式，全面覆盖企业全生命周期。川南临港片区创新增值税增量留抵即报即退服务等便捷办税措施，增值税退税时间由以前的10个工作日压缩为即办，生产企业出口退税时间从3个月压缩到5个工作日内，开展知识产权综合服务，在川南临港片区建立泸州市首家知识产权保护工作站，积极争取和筹建四川省知识产权保护中心泸州分中心。在制定《四川省开放发展工作激励办法》和《推进高水平开放发展的若干政策》等文件中，把四川自贸试验区摆在十分突出位置。在全国省级自贸办率先探索聘任制公务员人事制度改革，设置国际营商环境研究员。

（二）贸易投资便利化水平不断提升

推动西部首单外资增值电信业务开展，航空发动机境内外保税维修基地、飞机融资租赁等项目投运。积极推进本外币账户一体化、跨境贸易结算便利化试点和跨境资金池业务，实现西部首笔外债海外上市，落地西部首个航空公司总部外汇资金集中运营管理资金池。全面推广应用“提前申报”“两步申报”便利通关机制，扩大“两段准入”信息化监管应用范围，实现口岸平台功能向国际贸易全链条拓展覆盖。2021年，首创的“中欧班列运费分段结算估价管理改革”入选自由贸易试验区第四批“最佳实践案例”。深入推进多式联运“一单制”金融创新，“中欧e单通”升级为2.0版本，实现“一单制”单据线上签发和“外贸e贷”两大功能融合，为中欧班列沿线贸易及小微外贸企业提供融资服务，2021年“一单制”总计签发3 078单，涉及金额约9 066.8万元人民币。

（三）产业创新发展规模持续增大

四川自贸试验区成都天府新区片区直属区块总部商务区、文创城等产业园区加快推进，签约引进50多个总部经济项目，规划布局10个重大科技研究平台、11个科技创新基地。四川自贸试验区双流片区依托航空第3城，打造亚洲最大的航空发动机境内外保税维修基地，引进BP航油总部等亿元以上项目20余个。四川自贸试验区高新区块聚焦生物医药、数字经济加快建设新经济策源地。四川自贸试验区成都青白江铁路港片区建设中欧国际物流分拨转运中心，引进200多个重大物流项目。稳步推动本外币账户一体化试点准备承接工作，发布《2021年成都市全球法人识别编码（LEI）工作方案》，统筹推动成都市LEI应用实施。加快成都自贸试验区首创的“分布式共享模式实现‘银政互通’”创新业务向成德眉资地区覆盖延伸，联合重庆开展成渝外债便利化试点业务，推动创设跨境区块链“数字成渝号”场景，支持成渝两地中欧班列和西部陆海新通道跨区域贸易融资。2020—2021年度，成都排名全国自贸区“金融改革与服务创新”第4名、第三批自贸区“金融管理与服务创新”第1名。

（四）协同开放取得积极进展

指导绵阳等5个市（区）申建第二批四川自贸试验区协同改革先行区，推动四川省政府常务会议审议并印发《中国（四川）自由贸易试验区绵阳等5个协同改革先行区建设总体方案》。川渝商务部门组建工作专班，研究形成示范区建设总体方案（建议稿），2021年7月已以两省市政府名义联合报请国务院。9月，全国政协召开“支持建设川渝自贸协同开放示范区”重点提案办理协商会。制定印发川渝自贸试验区协同开放示范区《2021年工作要点》，明确20项重点任务。川渝两地发改、财政、海关、人行、市场监管等职能部门（单位）携手打造国际化营商环境，建立起“市场准入异地同标”便利化准入机制，92 项政务服务实现异地直通互办，四川省级财政资金 2 000 余万元支持示范区建设，两地自贸试验区法院、检察院开启司法合作共建。

（五）综合立体交通枢纽建设加快推进

坚定落实中央赋予四川的“实施内陆与沿海沿边沿江协同开放战略”特殊使命，整合“临空、临铁、临江”三临叠加优势，加快构建海陆空高效闭环的对外战略通道。双流机场国际航线增至 131 条。中欧班列（成渝）实现“统一品牌、整合数据、协同机制”，累计开行 19 424 列，与 69 个境外城市、25 个境内城市互通，形成运贸产一体化发展的强劲态势。泸州港“启运港+无水港”政策联动运用，长江黄金水道与西部陆海新通道、中欧班列实现无缝连接。

三、创新成果及案例

案例 1：基于区块链技术的知识产权融资模式

主要做法：

一是建设服务平台，提供一站式服务。知识产权融资服务平台（简称知易融）引入区块链专业开发团队开发融资服务平台，平台系统一期于 2019 年末通过验收，于 2020 年荣获中国产业区块链“创新奖”和优秀案例，同期被人民银行纳入成都市金融科技创新监管试点项目。平台通过多个身份操作系统集成管理的方式，将业务链条分为 17 个分布式节点，通过刻画分析融资方、资本方、服务方所有行为，保证融资过程的公开、公平、公正，为各方创建一个可信交易环境，优化和简化融资流程。

二是应用区块链技术重塑信用机制。运用智能合约技术，通过智能合约对拟质押的知识产权状态、资质等关键质押条件进行核验判断，对联盟链上各参与方节点进行交互协同，优化资产质押的线上核验流程，实现了质押信息的不可篡改、可追溯且全程加密，有效保障数据安全，降低了平台的信任成本、沟通成本、时间成本、试错成本，也提高了数据的造假成本。

三是探索知识产权融资业务模式。结合企业工商税务信息、经营状况、融资需求等信息为企业建立数字身份，并根据待质押知识产权的经济价值、使用价值以及专业评估机构所出具的评估报告等为知识产权建立数字化身份，为授信融资提供评估依据，实现质押业务的全流程链上办理与存证，支持金融机构根据质押评估结果，提供差异化金融服务。

实践效果：

一是提高链属企业融资成功率。平台于 2020 年 9 月正式面向社会提供服务，已初步实现知识产权、融资企业、金融产品、金融机构、业务流程“五个上链”。在平台实现落地成都的展业状态后，按照成德眉资同城化发展领导小组的业务指导和要求，及时将“成都模式”复制推广至德阳、眉山及资阳。截至 2020 年底，平台在成德眉资的业务已完成上链知识产权融资业务 102 笔，金额约 4. 07 亿元。

二是降低知识产权融资综合成本。平台使用 SPV 等技术，实现区块链轻节点和超轻节点的账本存储，通过精简区块头信息等，减少区块文件体积，对需要上链文件使用混合存储，利用文件哈希与加密串上链，减少上链文件数据，最终由合理加密、压缩算法保持相对较低的数据上链成本。

案例 2：创新“目视自主飞行”模式

主要做法：

一是连点成片，稳步扩大试点空域范围。2018 年 11 月，成都平原周边划定首批“四点、三片、一通道”共 2 000 余平方公里试点空域。2018 年 12 月，实现新机制下的安全首飞并进入试运行。2019 年 11 月，第二批试点空域正式启用，空域范围由成都周边拓展到川北和川南，空域面积由2 000多平方公里扩大到6 600多平方公里，低空目视通道由1条增加到5条，基本实现成都与眉山、自贡、乐山、内江、资阳等城市之间的互联互通。

二是改审批为报备，简化飞行申报流程。在具备“一站式”服务和军地联合监管能力的支撑下，大幅度简化协同管理空域使用程序，协同管理空域内的飞行活动由原来的“审批制”改为“报备制”，由以往“至少提前一周空域申请、提前一天计划申请、起飞前放飞许可”等三个环节简化为“飞行前一小时报备”一个步骤，飞行效率明显提高。

三是探索低空目视自主飞行模式，实现基于规则的融合飞行。突破原有“静态调配、隔离运行”模式的束缚，对满足低空协同管理空域准入条件的航空器，由驾驶员根据飞行情报和气象预报信息，自行判断飞行条件，自主执行飞行任务，按规则在公共频率盲发其飞行信息、空中相互自行观察避让航空器及地面障碍物，并对决策和安全负责。

四是坚持空域公众属性，确保空域平稳高效运行。协同管理空域作为公共空域，由以往对应到各个用户改为向所有满足条件、遵守规则的用户开放。按照“放管服”服务要求，利用ADS-B、甚高频通信组网，确保低空飞行“看得见、叫得到”。协同运行中心统筹组织协同管理空域飞行活动，执行军民航空管指令，为空域用户提供必要的情报、气象咨询服务，协助航空器驾驶员开展应急处置，多措并举确保了协同管理空域平稳高效运行。

实践效果：

一是运行效率显著提升。推行飞行报备制度，将“三个审批环节”合并为“一个报备步骤”，有效简化飞行计划申报环节，提升了通航飞行的灵活性、便捷性；划设低空目视通道，将偏远、小散、孤立的低空空域连接成片，提升了通航的通达性；推开低空目视自主飞行，多家通航公司多种机型在同一空域同时运行成为常态，提升了低空空域使用效率。

二是社会影响逐步扩大。随着低空空域协同管理试点深入推进，其影响力正逐步从行业内向社会渗透，由川内向全国渗透，先后有20余个省（市）及国家相关部委到四川省考察调研，均对试点给予了积极评价。参与试点新机制运行的单位除102家省内通航企业外，还有32家来自省外的企业，“四川模式”引起了全国通航界的广泛关注和热议。2020年8月，国家空管委办公室发文推广四川省低空目视自主飞行模式，并再次赋予四川深化改革试点任务。

三是低空经济效益凸显。试点以来，全省通航运营市场在农林植保、航拍航测、教育培训、低空观光、短途运输和航空运动等多点多领域呈现出竞相拓展的局面，有力促进了省内北川、金堂、自贡等通航产业园区47个新增招商项目落地，引资规模达191亿元。同时，试点还为纵横、四川腾盾科创、中电科特种飞机等无人机企业研发生产试飞提供了良好的空域保障，为助推四川省无人机产业加快发展起到了积极作用。

案例3：司法确认“立等可取”快速通道

主要做法：

一是无缝衔接流程打造“司法确认流水线”。建立“直接立案、同步审查、即时裁定、当场送达”流程，提升办理效率。“直接立案”即由专业法官担任“司法确认联络员”，当事人申请对调解协议进行司法确认的，直接联系担任“司法确认联络员”的办案法官，由法官直接对其材料是否符合立案条件进行审查。此举可以节省传统通过立案窗口立案后再转交的流程时间。“同步审查”即在法官助理操作立案的同时，法官对双方调解协议的真实性、合法性、可执行性进行审查，符合确认条件的，直接制作予以确认的《民事裁定书》。“即时裁定”即法官制作完成民事裁定书后，由助理校对打印并加盖法院公章，形成生效的《民事裁定书》。“当场送达”即完成上述步骤后，法官助理当场向双方当事人送达已制作完毕的《民事裁定书》，对双方的调解协议完成司法确认，赋予调解协议强制执行力。司法确认案件按前述流程完成确认全程用时在一小时之内，实现“一小时办结”目标，将法定的一个月审限压缩为一小时，同时实现办结文书“立等可取”。

二是专业审判法官担任“司法确认联络员”。办理司法确认，核心是对当事人所达成调解协议的真实性、合法性、可执行性进行高效专业的审查。由从事专业化审判的法官担任同类型案件的“司法确认联络员”，由其负责直接审查立案、办理确认，对口指导调解员与调解组织，可最大限度实现司法确认工作的流程简化到位、审查迅速准确、调解指导有力。

三是办理司法确认的所有文书“模版化”。在司法确认前端，调解组织促成当事人达成调解协议后，需组织当事人制作《调解协议书》《调解组织主持调解证明函》，当事人向人民法院申请司法确认的，需提交《司法确认申请书》，高新区人民法院制作了规范的文书模版，交由调解组织留存使用。针对工作所需要向当事人送达或签署的《立案通知书》《司法确认重要事项告知书》《承诺书》等，法院也制作了统一的规范文书模版，最大限度缩短了法律文书的制作时间。

四是对调解组织建立沟通联络和指导机制。调解组织和调解员不全是法律专业人员，其对调解协议条款的撰写与措词常出现歧义或存在不明确、不可执行的情形。如何规范地对双方的调解事项进行准确表述、如何识别虚假调解等，都需要调解组织和调解员与法官建立联络机制，由法官及时进行沟通指导。

实践效果：

自2019年5月建立“司法确认‘立等可取’快速通道”以来，高新区人民法院按上述办理流程与效率要求，于2019年度共办理司法确认案件401件，于2020年度共办理司法确认案件441件。该做法被《人民法院报》公开报道。

案例4：区域外发维修货物保税监管模式

主要做法：

一是跨区联动协同监管。成都、厦门两地海关合作，依托区外保税维修专用账册，建立综合保税区货物在境内外发保税维修新模式，替代原有进境“修理物品”监管模式，大幅降低企业时间成本和物流成本。对外发维修货物和用料件建立进、出、转、存和耗用管理的电子底账，形成海关监管的完整数据链，保障维修业务监管质效。

二是外发货物免除担保。外发维修货物出区时，区内企业按“修理物品（监管代码1300）”监管方式，区外承接企业按“保税维修（监管代码1371）”监管方式办理外发维修货物的出区申报手续，企业不再缴纳保证金或提交保函。

三是区外维修用料件保税。外发维修货物维修完毕返回综合保税区时，区内企业按“修理物品（监管代码1300）”监管方式，区外企业按“保税维修（监管代码1371）”监管方式办理进区申报手续。区外维修企业设立保税维修账册，海关对维修所需的进口料件实施保税监管，待外发维修货物返区后予以免税核销。

四是维修废料灵活处置。维修拆换的毁损零部件无需发回综合保税区，根据企业申报的维修耗料和退换下零部件的比对情况，采取相应的风险处置措施。综合保税区外承接维修的境内企业在维修过程中替换下的零部件，可退还综合保税区内企业，也可按相关规定直接复运出境。

实践效果：

一是降低制度性成本，提升区域内外维修企业国际竞争力，支持区内企业充分利用国内航空维修产业链上下游资源。据测算，新模式下，区内企业每个送修件可以降低80%的物流费用，物流耗时可压缩5—7天。区外承接维修业务企业每个维修件节省约2万元关税成本和20万元担保资金。在当前因疫情导致企业订单下降、国际物流受阻的情况下，具有重要意义。

二是促进生产性服务新业态发展，有效防控变相进口“洋垃圾”风险。我国多个海关特殊监管区域内已有多家从事航空、机电等维修的企业，新模式将优化区内外维修配套企业协作模式，带动维修用零部件和生产性服务贸易进出口的扩大，提升我国维修产业整体竞争力，带来巨大的经济和社会效益。

案例 5：连锁企业招牌设置“一代多”豁免制审批改革

主要做法：

一是只审查一次。落实国务院《优化营商环境条例》等文件精神，成都高新区对信誉度较好、管理规范的商业零售、银行金融、通信服务、品牌快餐、房产中介等连锁企业临街门楣通用招牌设置方案只审查一次，方案内不再需要明确具体的设置地址、设置位置，仅需明确招牌设置尺寸、招牌名称、色彩等内容。

二是“双向承诺”会签。方案审查通过后，双方签订《成都高新区户外招牌设置“一代多”豁免制审批双向承诺书》（以下简称《双向承诺书》），成都高新区承诺给予连锁企业招牌设置“一代多”豁免审批权（3 年），连锁企业则承诺招牌设置严格按照法律法规和管理条例执行。

三是自主设置招牌。取得“一代多”招牌设置豁免权的连锁企业，仅需将新开门店的网点信息录入招牌网络审批系统，即可遵照《双向承诺书》内容设置招牌，实现“想设就设”。

四是事中事后监管。街道办事处通过招牌网络审批系统，对连锁企业招牌进行日常监管，一旦发现招牌与招牌通用设置方案不符，涉事企业要依法接受行政处罚并及时整改，逾期不整改的，将取消“一代多”招牌设置豁免权，并录入成都高新区社会信用信息共享平台。

实践效果：

连锁企业招牌设置“一代多”豁免制审批改革，将招牌行政审批周期由 5 个工作日变为一次性审批，极大缩短连锁企业开店时间成本，更大激发市场活力。将政府监管重点后移，加强事中事后监管，显著提升政务效能，有效推动依法守规企业的发展壮大，形成诚信守规示范效应。自 2019 年底实施以来，红旗连锁、麦当劳、1919 酒类直供、肯德基、星巴克等 10 余家连锁企业取得了“一代多”招牌设置豁免权，意向企业 12 家，通过在线审批系统设置招牌共 45 家。

案例 6：公证机构参与法院民事执行工作“三项机制”

主要做法：

（一）终本案件单独管理机制

实行双向核查。法院拟终本的无财产可供执行的案件，由管理中心人员再单独进行调查，并出具《终本调查报告》，作为案件终本的重要参考依据。

实施动态监管。执行人员负责定期通过网络执行查控系统对终本案件进行集中查询，公证人员回访当事人告知案件财产查询结果以及了解财产线索，一旦发现案件有财产可供执行时，再由法院及时恢复执行。

进行联合评估。制定终本案件联合评估办法，成立由法院纪检监察人员、执行干警及公证人员组成的三方联合评估小组，综合财产定期查询及结果反馈、被执行人履行能力等情况，对终本案件进行评估，并出具评估报告，确保终本案件规范。

（二）财产处置集约办理机制

优化财产处置程序。由处置中心对拟处置财产进行实地勘察或者现场保全，出具财产勘验调查表、制作财产实物视频或 VR 模型、组织议价询价以及房屋腾退、财产交付等现场影像见证，缩短处置周期。

提供财产拍卖辅助服务。资产处置中心公证人员为参与财产竞买的公众提供财产权属及占有情况调查、开展税收测算、代缴税款等辅助服务，方便群众参加财产拍卖、变卖，提高参拍率和成交率，实现财产价值最大化。

强化公证见证监督。依托执行指挥平台和公证信息平台，收集、分析公证和执行数据，建立异常行为报告、预警，打破财产处置环节的封闭性，降低执行风险。

（三）综合事务深度协作机制

“公证+”送达。“送达+权利告知”，公证人员向当事人送达文书时，同步引导申请执行人积极提供财产线索，加快执行进程；“送达+督促履行”，送达时同步告知被执行人逃避执行、拒不执行法律后果，督促被执行人自动履行；“送达+调查”，送达时同步开展被执行人收入等情况调查，帮助执行法官精准采取执行措施。

“公证+”执行和解。借助公证人员法律背景，建立公证人员推动、参与执行和解机制，探索由公证人员组织当事人和解，并为当事人提供财产调查、以物抵债协议公证等服务，确保和解协议得以履行，推动矛盾纠纷终局解决。

“公证+”失信惩戒。由公证人员前端介入，在前期工作以及见证执行中，收集固定当事人拒收文书、虚假申报财产、逃避执行、拒不执行等证据，破解证据固定难题。

实践效果：

一是终本案件认同度提高，法治化营商环境水平进一步提升。终本案件管理中心运行以来，共处理终本案件984件，无一起由终本案件引发的执行异议以及信访案件。营商环境“执行合同”指标进一步提升。

二是当事人权益兑现更快，促使矛盾纠纷低耗、快速解决。公证全面参与被执行人财产处置以来，法院处置财产的办理周期较传统模式平均缩短10.3天，拍卖成交金额达5 762.8万元，为当事人节省佣金超过280万元。构建起以事项为中心的“公证+”协作模式，进一步优化公证辅助、协助执行流程，执行效能大幅提升。

三是公证服务逐步得到认可，执行难综合治理效能增强。当事人接受拍卖辅助服务204人次；申请调取证据以及证据固定351次，289人因纳入失信被执行人名单、限制消费等措施主动履行1 101万元。

案例7：“准入即准营”清单制

主要做法：

一是开展精准分类，差异制定清单。出台《“准入即准营”清单制实施办法（试行）》，将不直接涉及公共安全和生态环境保护，通过事中事后监管能及时纠正的27个行政许可事项归集到一张清单。根据审批方式的不同，将“清单”内的行政许可事项精准划分为两类。“出版物零售单位和个体工商户设立审批”等许可事项划分为I类（4项），无须提交任何资料即可当场领取相关许可证；“经营劳务派遣业务许可”等许可事项划分为II类（23项），无须现场核查即可当场领取相关许可证。

二是实行告知承诺，高效办结证件。申请人办理营业执照时，行政审批人员根据核定的经营范围，先行判断其是否可通过“准入即准营”清单制办理所需的许可证件，对符合条件的申请人将一次性发放告知书和承诺书。申请人知悉行政审批机关告知的全部内容，以及承诺的效力和法律责任，确认达到准予行政许可的所有条件、标准和要求，只需在承诺书上签字即可当场领取相关许可证件。

三是强化多维监管，精准防控风险。行政审批机关发放行政许可证件后，及时将行政许可信息通过事中事后监管平台推送给相关行业主管部门，行业主管部门在30日内，对申请人承诺内容逐一进行真实性核查。若申请人承诺内容与实际不符的，要求其限期整改，逾期未整改或者整改仍不符合条件的，行业主管部门依法对其进行处罚，并由行政审批机关撤销行政许可决定，将其纳入审批诚信“黑名单”，从撤销行政许可决定起一年内不再适用该审批模式。

实践效果：

实现了营业执照和相关许可证同步当场办结，大幅减少企业跑路次数和办理时限，有效破解市场主体“办照容易办证难”“准入不准营”难题。对于清单内Ⅰ类许可事项，申请材料减少100%、跑路次数减少100%；对于清单内Ⅱ类许可事项，申请材料减少32%以上、跑路次数减少100%。以申请人办理“劳务派遣经营许可证”为例，改革前要提交6种申请材料，还需经过现场核查，平均10个工作日才能办结，改革后只需提交1种申请材料并签署承诺书即可当场领证。该模式实施以来，已有336家企业当场领取相关许可证，每户企业平均减少办理时限12.8个工作日。

案例8：自选“套餐式”办证

主要做法：

一是编制套餐事项清单，全面覆盖集成服务。对申请人必须取得的从业许可证进行梳理，形成“套餐事项办理清单”，提供“一本通”服务。以电影院为例，现在的电影院综合娱乐场所涵盖多种经营活动，在梳理事项时，必须充分考虑其办件需求，将事项分为必办和选办事项。覆盖文化、宣传、体育、食品、卫生、人社、市场监管等部门许可事项，通过提供菜单式的“点餐”服务，让企业根据提示一次性办完当前甚至将来所需的所有许可证件，并由单证逐个办理转为多证一次办理。

二是平台申请自由组合，系统选择匹配提交。申请人登录“行政审批申请材料指引平台”，查看“套餐清单”，结合自身条件和需求，对需办理的行政许可进行一次性选择组合。申请人自由组合套餐后，系统根据其选择事项自动进行智能筛选、合并，自动提供综合申请表和办事指引。申请人一次性提供申请材料后，系统自主选择匹配提交，即可办理所选择的许可证事项。

三是窗口受理发证，现场核查勘验。破除按部门、分区域、分窗口单独受理的界限，企业申请材料在审批大厅任一窗口皆可提交。对需要现场核查和勘验的事项进行归并整合，实行联合一次性勘验。根据审批结果，对准予许可的事项，由同一个受理窗口出具许可证。

实践效果：

一是压缩了企业办理许可证的时间。减少企业跑路次数和办理时间，有效保障企业快速实现生产经营，同时，预留企业未来发展跨界业态经营资质，有利于企业扩大经营范围、做大业务体量。以电影院为主体的综合娱乐场所为例，相关资质办理时限由127个工作日压缩为20个工作日，现场勘验次数由5次缩减为1次，与改革前相比，办理时限减少85%，现场勘验次数减少80%。

二是减少了企业办理许可证的材料。以电影院为主体的综合娱乐场所，相关资质涉及7部门12种许可证，企业只需填写一份综合申请表，一次性提交材料，即可实现多个证件一次性办理。申请材料由85项减少为34项，与改革前相比，减少60%，增强了企业获得感。

三是降低了企业办理许可证的费用。该模式推行后，通过减材料、减环节、少跑路等方式，企业办理相关许可所需的交通、印刷等费用可平均节约500元/家。

四、四川省政府及相关部门出台的政策措施

（一）《关于加强监督执法正面清单制度常态化管理的通知》（川环办发〔2021〕18号，2021年6月21日）。

（二）《自由贸易试验区开展“劳务派遣经营许可”告知承诺改革试点实施方案》（四川省人力资源和社会保障厅，2021年8月5日）。

（三）《成都市地方金融监管管理局　成都市商务局　国家外汇管理局四川省分局　人民银行成都分行四川省分行营业管理部关于印发〈关于进一步提升金融服务中小微外贸企业水平的若干措施〉的通知》（成金发〔2021〕91号，2021年10月15

日）。

（四）《四川省知识产权服务促进中心　四川省经济和信息化厅　四川省财政厅　四川省市场监督管理局关于印发〈关于开展知识产权强企培育工作的意见〉的通知》（2021年12月3日）。

（五）《四川省人民政府关于修改〈中国（四川）自由贸易试验区片区管委会实施首批省级管理事项的决定〉的决定》（四川省人民政府令第344号，2020年12月29日）。

五、大事记

2021年2月5日　天府中央法务区作为中国首个在省级层面提出和推动实施的现代法务集聚区在四川自贸试验区启动运行。

2021年2月5日　四川成都一众澳葡展览有限公司完成了在天府新区注册的全部程序，成为四川自贸试验区首家跨境注册外资企业，标志着天府新区初步实现了为企业进行离岸注册，外资企业招引服务迈入全新阶段。

2021年2月21日　装载“一带一路”重大项目建设配套物资的中欧班列从四川自贸试验区成都青白江铁路港片区驶出。这是成都至俄罗斯圣彼得堡开行的首趟中欧班列，也是中欧班列（成渝）号牛年新春在成都拓展的第1个站点。至此，成都中欧班列境外站点增至59个。

2021年4月6日　四川自贸试验区人民法院全流程无纸化办案正式全面运行。

2021年4月23日　全省首家“前店后仓+快速配送”跨境电商新业态体验店的“空港一号”，在四川自贸试验区成都天府新区片区双流区块的成都空港保税物流中心（B型）正式开业运营。

2021年4月26日　四川天府新区成都片区人民法院（四川自由贸易试验区人民法院）与重庆两江新区人民法院（重庆自由贸易试验区人民法院）联合召开川渝自由贸易试验区知识产权司法协同保护新闻发布会，共同签署《川渝自贸区知识产权司法保护合作备忘录》，联合发布《知识产权纠纷行为保全申请指引（试行）》《知识产权纠纷行为保全审查指引（试行）》以及《川渝自贸区知识产权司法保护典型案例》。

2021年4月26日　四川天府新区成都片区人民法院（四川自由贸易试验区人民法院）与西南政法大学签订院校合作框架协议，双方决定围绕共同推进人才交流、构建人才培养体系、共建实践教学基地等方面加强合作。

2021年4月27日　“中欧e单通”2.0版本在四川“单一窗口”更新上线，该版本中增加了与四川“单一窗口”和四川自贸试验区成都青白江铁路港片区合作的“外贸e贷”和“一单制”线上签发功能。

2021年4月30日　四川自贸试验区成都青白江铁路港片区的亚蓉欧国家（商品）馆正式开馆。

2021年5月6日　泸州市首家知识产权保护工作站在四川自贸试验区川南临港片区正式揭牌。

2021年5月31日　四川自贸试验区人民法院成立的天府中央法务区司法确认中心发出了首份司法确认裁定书。

2021年6月2日　作为美敦力设立的全球第7个、中国第2个医疗创新中心——美敦力医疗创新中心（成都）在四川自贸试验区成都区域新川创新科技园正式开业运营。

2021年6月3日　四川自贸试验区人民法院打造的“天府智法院·e法亭”在天府中央法务区正式投入使用，首次在线审理一起教育培训合同纠纷案。

2021年6月17日　最高人民法院发布《人民法院在线诉讼规则》和《人民法院司法改革案例选编（十一）》。其中，四川天府新区成都片区人民法院（四川自由贸易试验区人民法院）“创新数据应用标准模式　推动在线诉讼融合发展”被收录为《人民法院司法改革案例选编（十一）》中改革案例第178号。

2021年6月24日　香港特别行政区政府驻成都经济贸易办事处主办的“在川港企如何把握自贸

区发展机遇”营商讲座在成都举行，特区政府驻成都办主任李蕴妍主持活动，四川自贸办专职副主任、商务厅党组成员陈友清出席活动并致辞。

2021年6月26日　跨境免税电商平台川免乐购——川免之家体验基地落地四川自贸试验区温江协同改革先行区。平台以“打造四川人自己的线上免税商城”为目标，提供全链路跨境电商行业解决方案。

2021年7月5日　国务院自由贸易试验区工作部际联席会议办公室发布自由贸易试验区第四批“最佳实践案例”（共18个），其中，四川自贸试验区成都青白江铁路港片区首创的“中欧班列运费分段结算估价管理改革”入选，为四川自贸试验区唯一入选案例。

2201年7月9日　设立在四川自贸试验区成都青白江铁路港片区的中国南亚国家应急物资储备库正式启用。

2021年7月12日　四川自贸试验区人民法院发布《中国（四川）自由贸易试验区成都片区民商事审判与司法保障（2020）》，对该院2020年度司法审判态势与服务保障工作情况进行通报，就进一步推动四川自贸试验区创新发展与高效治理提出建议。

2021年7月12日　四川自贸试验区人民法院召开新闻通气会，发布10件自贸审判典型案例，案例涉及公司纠纷、电子商务、小贷金融、运输保险、知识产权等，集中反映了法院在自贸审判中的典型做法和创新机制。

2021年7月12日　两列满载50个集装箱的中欧班列同时从四川自贸试验区成都青白江铁路港片区驶出，分别发往德国罗斯托克和波兰斯瓦夫库夫，成功实现双列同步班列首发。至此，成都中欧班列线路网络已新增至63个境外站点城市。

2021年7月24日　成都国际铁路港因创新发展、开放发展等突出表现荣获中国“高质量发展十佳园区”。

2021年7月27日　四川首架保税租赁飞机在成都双流国际机场降落，标志着四川省航空经济发展又向前迈进一步。

2021年8月26日　四川自贸试验区成都青白江铁路港片区与资阳协同改革先行区签署战略合作，双方将本着优势互补、互利共赢等原则，围绕自贸试验区、协同改革先行区建设各项重点任务，进一步加强友好往来和改革协作，促进共同发展。

2021年8月27日　中缅新通道（仰光—临沧—成都）海公铁联运测试货物首次顺利到达成都青白江铁路港片区。

2021年8月31日　四川自贸试验区川南临港片区管委会、泸州市龙马潭区人民检察院、泸州市龙马潭区工商业联合会召开检察官联络员合作签约座谈会，三方共同签署了《关于建立川南临港片区检察官联络员工作机制的意见（试行）》，15名员额检察官被选任为四川自贸试验区川南临港片区检察官联络员。

2021年9月2日　首列搭载电子产品、家用电器等货物的“成都—奥斯陆班列”在四川自贸试验区成都青白江铁路港片区发车，至此，成都中欧班列境外站点城市增至65个。

2021年9月10日　西部陆海新通道沿线省份自由贸易试验区高效联动闭门会在广西南宁召开。四川作为沿线省份自贸试验区参会，共同探讨和推进西部陆海新通道沿线省份自由贸易试验区联动发展。

2021年9月14日　位于四川自贸试验区川南临港片区内的泸州港智能闸口（一期）项目经过1个月的试运行正式启用。标志着由长江物流公共信息平台“卡车帮”小程序为港口推送进出港信息的预约提箱模式正式推行，实现无纸化办理进出港业务，奠定港口通过信息化技术与物流多方协同作业的基础。

2021年9月17日　第十六届中国—欧盟投资贸易科技合作洽谈会在四川自贸试验区的“中国—欧洲中心”正式开幕。

2021年9月17日　首列搭载家具、家用电器、小型机械设备等货物的班列从四川自贸试验区成都青白江铁路港片区发车，开往波兰格但斯克。至此，成都中欧班列境外站点城市增至 66 个，是 2021 年成都中欧班列开辟的第 8 个境外新站点。

2021 年 9 月 24 日　国家发展改革委、自然资源部联合印发《关于做好第三批示范物流园区工作的通知》，确定第三批 24 家示范物流园区名单。成都国际铁路港是四川唯一上榜的物流园区。

2021 年 9 月 24 日　云南自贸试验区昆明片区管理委员会与成都国际铁路港经济技术开发区管理委员会签订战略合作协议，双方将充分利用地理优势、产业生态优势和物流枢纽优势，重点从协同实施改革创新、共享经贸交流平台、深化国际班列合作等方面着手，通过深化信息沟通和强化智力协作，开展两地自贸试验区制度创新成果共享等一系列合作。

2021 年 9 月 30 日　工信部将中西部第一张外商独资增值电信业务经营许可证（国内呼叫中心业务），颁发给四川自贸试验区成都天府新区片区高新区块的企业——讯乐思（成都）数据服务有限公司。

2021 年 9 月 30 日　四川自贸试验区人民法院召开金融审判白皮书暨金融案件典型案例选编新闻通气会，对该院 2019 年 1 月至 2021 年 6 月的金融类案件审理情况进行全面通报，总结审判经验，并首次对外发布《四川天府新区成都片区人民法院（四川自由贸易试验区人民法院）金融审判白皮书》。

2021 年 10 月 9 日　第二届西部自贸司法协同创新论坛在四川天府新区举行。

2021 年 10 月 9 日　西南首家线上跨境免税电商体验馆——大唐正品，正式落户位于四川自贸试验区成都天府新区片区高新区块的交子大道东方希望中心。

2021 年 10 月 12 日　为进一步加强法院与高校良性互动，促进司法实务和法学教育共同发展，推动司法审判实践与法学理论研究深度融合，四川自由贸易试验区人民法院与成都理工大学文法学院举行院校共建合作协议签署仪式。

2021 年 10 月 22 日　位于四川自贸试验区天府新区片区双流区块的四川航空 APU 保税维修项目举行竣工暨投产仪式。

2021 年 10 月 29 日　四川自由贸易试验区人民法院正式成立并运行司法释明中心。

2021 年 10 月 24 日　总部设在四川自贸试验区成都天府新区片区高新区块的华西证券股份有限公司的公募基金子公司成功获中国证监会审批通过，华西基金管理有限责任公司获得核准设立，实现四川省公募基金牌照零的突破。

2021 年 10 月 25 日　首列成都中欧班列“顺丰国际专列”顺利开行，是四川自贸试验区成都青白江铁路港片区打造国际供应链综合解决中心的一次全新实践，开启了顺丰国际综合物流征程和成都国际铁路港先进要素聚集赋能平台建设的新篇章。

2021 年 10 月 29 日　II 型糖尿病原创新药、国家 863 计划及国家“重大新药创制”专项成果——西格列他钠上市发布会在成都高新区举行。成都微芯药业有限公司生产的国内首款 II 型糖尿病原创 I 类新药——西格列他钠获国家药监局颁发的《药品注册证书》，标志着全球首个 PPAR 全激动剂，单药用于治疗饮食、运动控制不佳的 II 型糖尿病新药正式投产。西格列他钠的技术转移和成果转化均是在四川自贸试验区成都天府新区片区高新区块完成，是成都微芯生物有限公司的首个“成都造”新药。

2021 年 11 月 7 日　一台拉着进口货物的大货车缓缓驶入位于四川自贸试验区内江协同改革先行区的蓉欧公用型保税仓库，标志着位于内江国际物流港的保税仓库正式启用。

2021 年 11 月 8 日　首列由成都开往波兰热平（Rzepin）的中欧班列搭载电子产品、汽车配件、百货等货物从四川自贸试验区成都青白江铁路港片区发车。至此，成都中欧班列境外站点城市增至 67 个，是 2021 年成都中欧班列开辟的第 9 个境外新站点。

2021年11月12日　四川省商务厅正式发布全省首批6个跨境电商示范基地（园区），四川自贸试验区川南临港片区跨境电商产业园被认定为2021年度省级跨境电商示范基地（园区）。

2021年11月22日　从四川自贸试验区成都青白江铁路港片区出发启程前往乌兹别克斯坦塔什干的四川茶叶出口中亚专列中，有15个箱柜360吨毛峰为首次出口中亚，这意味着川茶名优毛峰产品出口中亚市场实现零的突破。这些茶叶来自农业农村部认定的首批国家级农业国际贸易高质量发展基地——夹江绿茶基地。

2021年11月25日　四川自由贸易试验区人民检察院发布“益点益滴　携手守护公益”公益诉讼工作白皮书。

2021年11月28日　成都高新区在自贸试验区范围内推出“商事主体登记确认制改革方案”，商事主体设立告别行政许可，企业设立登记实现“即时批”。

2021年12月6日　四川自贸试验区成都天府新区片区高新区块企业——四川观想科技股份有限公司，在深圳证券交易所西部基地创业板上市，标志着深交所西部基地迎来上市第一钟。

2021年12月10日　四川自贸试验区企业——成都齐碳科技有限公司，发布了国内首台全自主研发且即将量产的纳米孔基因测序仪QNome-3841及配套芯片和试剂，并宣布其位于成都天府国际生物城的生产基地竣工。

2021年12月10日　“中国（泸州）跨境电商公共服务平台”建设项目验收会在四川临港物流信息服务股份有限公司举行，经过现场审核资料和功能评测，正式通过验收，标志着泸州有了自己的跨境电商线上综合服务平台。

2021年12月14日　在四川自贸试验区成都青白江铁路港片区管理局的指导下，成都国际陆港运营有限公司联合平安财险，首创“一单制”+全程保险模式，服务中国重汽集团成都王牌商用汽车有限公司生产的自卸车搭乘成都“中老班列”出口至老挝万象。

2021年12月15日　四川自贸试验区温江协同改革先行区为深入贯彻落实《中华人民共和国生物安全法》，提升成都医学城创新药企生物安全防控意识和能力，在三医创新中心三期举办首期生物安全知识培训，区内50余家企业进出口负责人、研发项目负责人参会。

2021年12月20日　胡润研究院发布《2021全球独角兽榜》，医联、新潮传媒、1919等三家四川自贸试验区成都天府新区片区高新区块企业上榜。

2021年12月23日　四川省政府第93次常务会议审议通过《第二批中国（四川）自由贸易试验区协同改革先行区入选名单建议及〈建设总体方案〉》，明确绵阳、遂宁、广安、达州、成都经开区等5个第二批中国（四川）自由贸易试验区协同改革先行区的实施范围、发展目标和主要改革任务。

2021年12月31日　四川省人民政府印发《中国（四川）自由贸易试验区绵阳等5个协同改革先行区建设总体方案》。

2021年中国（陕西）自由贸易试验区建设概况

中国（陕西）自由贸易试验区工作办公室

李九红

中国（陕西）自由贸易试验区工作办公室主任

李九红，男，汉族，1969年4月出生，山西新绛人，1994年5月参加工作，1992年6月加入中国共产党，研究生学历、工学博士。历任汉中市人民政府市长助理、党组成员（挂职），副市长，副市长兼宁强县委书记，市委常委、组织部部长，市委常委、常务副市长，杨凌农业高新技术产业示范区党工委副书记、管委会常务副主任，陕西省发展和改革委员会党组副书记、副主任。2022年5月—2022年8月，任陕西省商务厅党组书记、厅长，中国（陕西）自由贸易试验区工作办公室主任。

一、经济运行数据

（一）投资情况

2021年，中国（陕西）自由贸易试验区（以下简称陕西自贸试验区）新设市场主体33 406家，比上年增长102.67%；新增注册资本1 302.20亿元，下降29.75%。其中，新设企业17 825家，增长29.24%；新增企业注册资本1 223.97亿元，下降33.92%。

新设外商投资企业190家，增长115.91%；企业注册资本9.37亿美元，增长426.40%；合同外资金额0.91亿美元，下降96.89%；实际使用外资48.89亿美元，增长29.38%。

新设境外投资企业（备案境外投资机构）6家，增长200%；新增中方协议投资额471.42万美元，增长1 078.55%；区内企业中方实际投资额1 086.4万美元，下降44.11%。

（二）贸易情况

2021年，陕西自贸试验区货物进出口总额3 375.3亿元，比上年增长25.8%。其中，货物进口总额1 538.5亿元，同比增长14.8%；出口总额1 836.8亿元，同比增长36.7%。

（三）金融情况

2021年，陕西自贸试验区新增金融机构5家，其中新增持牌金融机构1家、非持牌金融机构4家；全年跨境双向人民币资金池业务结算量5.097亿元；全年跨境人民币结算额37.892亿元。

（四）创新情况

2021年，陕西自贸试验区新增高新技术企业1 631家，高新技术企业主营业务收入698.89亿元。

（五）人文交流情况

2021年，陕西自贸试验区农业科技项目政府投入资金1 655万元，新增农业科技成果41个，新增对外合作农业技术应用项目5个，开展国际农业合作培训11 918人次。陕西自贸试验区有国际农业合作平台4个，国际农业合作园区新增1个。

2021年，陕西自贸试验区国际科技合作政府投入资金200万元，申报国际科技合作项目企业数新增5个，医疗机构设置审批（备案）项目新增114个。中外合作办学项目3个，中外合资旅行社1家。

（六）枢纽功能情况

2021年，按中国铁路西安局集团有限公司折算列口径统计，陕西从西安国际港务区新筑站实际发出的国际班列共2 269列，比上年增长6.53%。实际发出的国际班列集装箱运量185 802标准箱。国际（地区）货运航班3 809架次，咸阳机场国际（地区）航线货邮吞吐量7.55万吨，比上年增长31.30%。

（七）规模以上企业发展情况

2021年，陕西自贸试验区有规模以上企业1 028家，比上年增长13.84%；年末从业人员18.99万人，增长6.57%；规模以上工业总产值2 012.86亿元，增长14.43%；资质以上建筑业总产值344.12亿元，增长16.66%；限额以上批发和零售业商品销售额4 057.56亿元，增长0.60%；限额以上住宿和餐饮业营业额7.52亿元，增长15.28%；规模以上服务业营业收入595.96亿元，增长12.88%。

二、建设措施及成效

（一）复制推广落地见效，制度创新成果丰硕

开展复制推广自贸试验区改革创新成果成效评估，前六批260项中适合陕西省复制推广的改革创新成果共229项，其中217项已落地实施，复制推广率达95%。通过复制推广自贸试验区改革创新成果，推动全省各级不断优化政府职能，深化投资领域改革，提升贸易便利化水平，促进产业聚集。2021年陕西自贸试验区形成94项创新案例，涉及政府职能转变、投资贸易自由化便利化、金融开放创新、人文交流和科技创新等五个领域。“多元化农业保险助推现代农业发展”入选全国自贸试验区第四批“最佳实践案例”，“探索国际化多元化法律综合服务体系”等5项改革创新成果被国家部委发文在全国复制推广。“政务服务跨区通办”“云端会展服务新模式”等第三批30项改革创新成果在全省复制推广。亲商助企“三有”长效机制、多管齐下助推重点产业高质量发展等经验做法得到省政府主要领导批示肯定。截至2022年3月末，陕西自贸试验区累计形成创新案例622项，其中31项在全国复制推广，83项在全省复制推广。

（二）市场活力加速迸发，高质量发展进一步推进

陕西自贸试验区市场主体的加速集聚发展，为全省开放型经济发展增添了新活力、注入了新动能，中星电科、康佳智能家电、小米研发中心、vivo西部总部、泰康西安智慧医养总部等企业（项目）落户陕西自贸试验区。临空产业、跨境电商、医疗康养、数字文创等新产业、新业态、新模式不断涌现。引进东航、南航等14家航空公司区域总部和法国赛峰飞机起落架深度维修等77个临空产业项目，临空经济产值突破120亿元。国内最大的跨境电商平台考拉海购入驻陕西自贸试验区。聚焦国际优质医疗资源，建成西北地区最大的微生物测序中心，入驻17家企业，梅里众城、华大基因等医药研发生产项目相继投产。国家文化出口基地、西安国家数字出版基地、国家级文化和科技融合示范基地加快建设，软件科技、网络技术研发、大数据、人工智能、数码科技、信息技术、游戏开发、影视文化、文创设计、互联网教育等一批具有强大国际竞争力的文化企业入区发展。探索旅行社旅游服务质量保证保险改革试点，全国首家试点旅行社已于2021年6月1日正式落地。打造全省首个零工经济产业园，上半年产值约2亿元。

（三）积极服务国家战略，与共建“一带一路”国家经济合作与人文交流持续深化

高质量建设中欧班列西安集结中心和国际航空枢纽，加快构筑内陆地区效率高、成本低、服务优的国际贸易通道。探索形成中欧班列长安号运营组织新模式等20余项创新举措，助推中欧班列长安号从2017年开行百余列提高至2021年3 841列，开行量、重箱率、货运量等核心指标稳居全国前列。充分发挥第五航权政策优势，累计开通4条国际客货运航线。2021年国际（地区）航线货邮吞吐量7.55万吨，比上年增长31.3%。与斯洛伐克合作引进飞行模拟机设备，在陕西自贸试验区开展保税融资租赁。“一带一路”贸易之家新增希腊、保加利亚、老挝进口商品，可展销来自45个共建

"一带一路"国家的5 000多种进口商品。高标准建设上合组织农业基地，召开陕西省上合组织农业技术交流培训示范基地建设座谈会，举办上合组织农业技术交流培训示范基地推介会暨农业合作成果展，开展5期线上培训。文物数字化平台云端已存储近1万多件秦汉文物数据，"秦渲云"平台已为国内1 500多家企业提供专业高效的数字渲染服务。

（四）营商环境持续优化，贸易投资便利化水平不断提升

深化"证照分离"改革，大幅提高市场主体办事便利度和可预期性。率先开展"一业一证""一件事一次办"改革，不断优化办事流程。大力推进新建商品房"交房即交证"改革，推进实现居住权与所有权同步到位。"一带一路"国际商事法律服务示范区加快建设，探索推进律师制度创新，对接、引导外国和香港、澳门律师事务所在陕西自贸试验区设立代表处。建设陕西省知识产权保护中心、陕西省知识产权运营交易中心等平台。建设法律服务创新产业园，北京德恒律所西北总部、永嘉信周启邦（西咸）联营律师事务所、西安汉唐公证处等10余个涉外法律服务类机构入驻。探索形成"加工贸易云报核辅助系统""互联网+进口快件派送跟踪"等创新举措，开通跨境电商绿色通道，不断提高通关效率。拓展"通丝路"跨境人民币结算服务平台功能，目前已入驻194家外贸企业。上线试运行中欧班列长安号数字金融综合服务平台，推动中欧班列高质量发展。

（五）加强区内区外联动，协同发展初见成效

与济南、兰州、无锡、南沙等13个城市率先实现政务服务事项"跨省通办"。与乌鲁木齐、西宁、银川市达成合作协议，在创新案例复制推广、产业合作、协同创新方面开展联动。陕西自贸试验区协同创新区加快建设，启动首批19项向自贸试验区协同创新区的事权下放（委托）工作，召开协同创新区经验交流会，推进自贸试验区与协同创新区在平台、产业、项目、人才等方面的深度合作。强化陕西自贸试验区片区间联动发展，西咸片区将沣西新城创新港、泾河新城院士谷共计近20平方公里作为陕西自贸试验区西咸新区的协同创新区开展试点，国际港务区功能区与浐灞功能区联合推动中欧班列西安集结中心建设。

三、创新成果及案例

案例1："三通"税务集成服务体系

为进一步优化税收服务职能，更好服务市场主体，陕西自贸试验区西安经开区功能区通过打造"云税通"可视化办税平台、"掌上通"税企交流新通道和"一线通"便民服务热线，形成了以纳税人为中心的新型税务集成服务体系，为纳税人提供更加便利、高效、优质的服务。该做法获得了国家税务总局的肯定，已在西安市22个办税服务厅全面复制推广。

主要做法：

一是首创"云税通"可视化办税平台。建设"云税通"可视化办税平台，解决了"电子税务局"现阶段无法受理部分高频涉税业务的问题。纳税人通过电脑或手机与税务端工作人员视频连线，音视频远程交互，涉税资料在线传送，实现涉税业务全程网上办理；工作人员凭借"一人双机"（内外网）工作模式，通过视频身份核实、电子档案截屏等"云流转"方式完成办税资料的核验，审核审批的"电子原件"直接归档，全程无纸化办公。

二是构建"掌上通"税企交流新通道。打造"掌上通"移动服务平台，进一步畅通税务部门和企业交流互动通道。开设办税提醒、税收公告、催报催缴、涉税通知、文书送达等模块，实现税收专管员线上"一对多"服务功能。开发智能机器人"税博士"，将相关涉税事项的办理条件、流程、窗口、日历等进行整合，实现7×24小时全天候在线咨询服务。同时，开设"纳税人在线小学堂"，减税降费、小微企业税收优惠等政策"随时看、随时学、随时问"，纳税人足不出户便可"一掌尽知"各类税费知识。

三是推出“一线通”便民服务热线。设立“一线通”便民办税服务热线，组建专业化的“十人十线”服务新团队，制定“受理—转办—办理—回复—回访”的工作流程，形成“一号对外、集中受理、分类处置、各方联动、及时反馈”的“一线通”全领域综合性的专业咨询模式。为纳税人提供精准的税法、税控、社保等方面的咨询服务，并可直接在线办理个税密码发放与重置、居民医保登记等简易高频业务。

实践效果：

上线以来，“掌上通”平台共计举办网络直播课堂39期，累计观看人数两万余人，累计推送各类文章、文档、课件、视频近千篇，覆盖全区5万余户纳税人；“一线通”接通来电29.7万余通；“云税通”办理的原窗口高频事项占总量的91%，已为9 980余户纳税人办理1.3万余笔涉税业务。

一是服务更优质。“三通平台”对传统税务服务进行系统整合、服务优化、功能升级，“云税通”打通了电子税务局个别业务不能在线办的堵点，“掌上通”攻克了税企全天候全功能交流互动的难点，“一线通”破解了热线服务接通难、回复慢的痛点，为不同纳税人提供精准化、专业化、个性化的服务。

二是纳税更便利。“三通平台”打破了办税的时空限制，纳税人办理相关涉税业务，无须专程到办税服务厅，仅凭一台电脑、一部手机或一部固话，即可实现随时随地办理，真正做到“办税不见面，服务不打烊”。

三是办事更高效。“三通平台”串起了纳税服务需求的关键节点，省去窗口人员受理、现场打印纸质资料、线下逐级审批等环节，实现了受理在线化、流转无纸化、审批电子化，简化了业务流程，极大节省办税缴费的时间成本、人员成本。

案例2：“市政通”集成改革

为进一步方便企业获得水、电、气、暖、通信等服务，构建便捷、高效、优质的市政公用服务体系，陕西自贸试验区西安浐灞生态区功能区开展“市政通”集成改革，整合水、电、气、暖、管线接入等11个外线工程审批事项，推行“多件事一次办”，为企业提供高效便利的市政公用服务。

主要做法：

西安浐灞生态区功能区出台《西安浐灞生态区建设项目市政配套外线工程审批暨“市政通”改革试行方案》，围绕外线工程审批涉及的“9图1表1证”，制定了“7+5”审批工作模式，即通过采取服务前置、一窗受理、一日流转等7项举措，做到“一张表单、一套材料、一次提交、多方复用”，实现5个工作日内办结外线工程联合审批“一件事”。

一是服务前置主动对接。在企业办理工程建设项目相关建设规划许可手续时，主动对接联系项目单位，针对其市政配套外线工程接入实际需求，主动给予审前业务辅导，指导企业适时、准确填报《“市政通”一次踏勘申请表》。

二是多个事项一窗受理。开通“市政通”窗口，将外线工程审批涉及的11个事项一并纳入“市政通”窗口受理范围，企业提交《“市政通”一次踏勘申请表》和相关申报材料至“市政通”窗口，经窗口工作人员审核通过后当场出具受理通知书，对于不符合规定的，告知申请单位予以修改补正。

三是申报材料一日流转。“市政通”窗口严格依据审批部门职责和企业申请事项，对申报材料进行分拣分类，填写《“市政通”审批流转单》，于1个工作日内流转至相关审批部门，确保责任到人，并做好分类跟踪、限时提醒和汇总归档工作。

四是服务选定一次踏勘。根据企业填写的《“市政通”一次踏勘申请表》及其选定的单项或多项需求，负责部门联合相关部门，确定好现场一次踏勘时间，进行现场踏勘时，针对现场实况及相关审批部门意见，填写《“市政通”一次踏勘意见表》，同步告知企业按照《“市政通”办事指南》申请相关审批手续。

五是审批结果同步反馈。负责部门联合相关部门依据《“市政通”一次踏勘意见表》完成道路开口和市政支管规划方案审批、绿化迁移审批、挖掘占道审批，同步将缴费通知单送达企业，并将相关审批结果性文件于3个工作日内送达至“市政通”窗口。

六是相关缴费承诺后置。外线工程审批涉及的相关缴费不再作为审批前置要求，实行“时限内缴清承诺制”，即企业填写《“市政通”承诺书》，承诺自收到缴款通知书起，于10个工作日内缴清相关费用，并将承诺书随申报材料一并提交至“市政通”窗口。

七是办理结果一次领取。“市政通”窗口负责对相关审批部门反馈的审批结果性文件进行汇总整合，完成《“市政通”审批结果办理单》，企业在承诺期限内完成相关费用缴纳后，持缴费凭证原件到“市政通”窗口一并领取《“市政通”审批结果办理单》及相关审批结果性文件。

实践效果：

减材料。将外线工程审批事项涉及的多套共性材料进行整合、优化、共享，企业申报材料从69项压减至21项，材料精简率高达70%。

减环节。审批流程由多头多次审批改为一窗一次办理，减少了大量审批环节。如市政支管接入规划方案审批意见不再作为绿化迁移和挖掘占道的前置要件，外线工程审批涉及的相关缴费不再作为审批的前置要求。

减时限。企业办理外线工程审批手续时间由以往至少25个工作日压减至5个工作日，办理时限压缩80%，相关部门仅需进行1次联合现场踏勘，为企业降低了时间成本。

案例3：建筑工程施工许可分阶段办理新模式

为进一步推进政府职能转变，深入开展工程建设项目审批制度改革，有效破解企业从拿地到动工审批环节多、动工周期长等难点堵点问题，陕西自贸试验区西安浐灞生态区功能区探索开展分阶段办理建筑工程施工许可，通过流程再造、精简审批手续，允许企业分阶段申请办理施工许可，为市场主体进一步减负让利，推动建设项目提速增效。

主要做法：

一是再造工作流程。通过建筑工程施工许可流程梳理再造，将基坑施工与后续手续办理并联同步进行，明确建设单位在取得合法用地并确定施工总承包单位和监理单位后，可根据施工进展顺序自主选择，分三阶段（基坑、地下室、地上）、两阶段（地下、地上）或一阶段申请办理施工许可证，改变过去企业逐项办理、全流程审批才能动工建设的串联模式，企业在取得相应阶段所需的经审核符合要求的（部分）资料后，即可核发基坑施工许可证，开始基坑开挖、土方外运及边坡支护，同期准备下一阶段施工许可所需资料。

二是优化办理环节。推行事项合并审批，将企业从拿地到项目开工的11个环节53个审批事项，精减压缩到28个事项。将原本分别实施的环保、水保、安全、卫生、消防等验收项目，整合为多部门联合验收，大幅压缩验收时间。对于事中事后可修正且不可能出现不可逆影响的审批事项，试行建立告知承诺制、非核心材料容缺受理制，不再作为办理施工许可的前置条件。

三是加强安全监管。梳理明确建设单位、施工单位、监理单位、设计单位、勘察单位、建设审批部门和业务监管部门各方权责义务，加强事中事后监管，严格执行信用约束和惩戒机制。发挥审批施工许可“总把关”作用，住建等业务监管部门同步联动，对项目各阶段审批手续、建设情况定期检查复核，有效制约违规现象发生，保障工程建设项目高效有序、安全文明施工。

实践效果：

一是缩短了项目建设周期。企业从拿地到动工由至少135天压缩至15天以内，动工周期节约89%。例如，西安浐灞城市投资建设有限公司在7天的时间内先后取得了西安浐灞生态区集中配建租赁型保障房二期项目的工程规划许可证（基坑）和建筑工程施工许可证（基坑），项目建设周期缩短至少 3 个月。

二是节约了企业资金成本。实施“分阶段施工许可”改革后，企业只需要办理土地证、工程规划许可证（基坑）等即可先行基坑施工，为企业节省了大量的时间成本、人力成本、物资成本和资金成本。例如，一个 100 亩左右的房地产项目，每等待一天约耗费 40 余万元（项目土地费、建安费及其他项目总投资产生的融资费用），提前动工 120 天就能为企业节省近 5 000 万元。

三是规避了违规动工风险。个别企业为节约资金成本、时间成本或其他因素，宁愿接受处罚也要违规提前动工抢工期，新模式破解了企业合规和节约成本之间的矛盾，降低了企业的违规风险，改善了行业整体风气。

案例 4：国际货物 24 小时机坪“直装直提”

为推动陕西自贸试验区跨境贸易便利化不断升级，促进陕西外向型经济发展，机场海关推行空运国际货物机坪“直装直提”改革，实现国际货物 24 小时“随到随提、随到随装”，助力空港新城功能区打造效率高、成本低、服务优的国际贸易大通道。

主要做法：

改变原先国际货物抵达机场后须转运至机场货运仓库，经查验后方可提货的作业模式，企业负责关务的工作人员在飞机进境前，事先向海关办理全部货物报关单的“提前申报”手续。对抵港前已完税或具备税款担保资格的企业非开箱查验类货物实施提前审验，发放运抵放行许可并允许在机坪直装直提。当货运飞机抵港后，机场工作人员在机坪开始进行货物卸机、分板、装车操作，并与企业核对理货、报关单等海关放行信息，办结放行提货手续的货物由机坪直接运往企业。

实践效果：

国际货物 24 小时机坪“直装直提”新模式，较之传统空运货物仓库提货模式，货物入库时间平均缩短了 2—3 天，满足了企业对通关、物流时效和特殊商品安全运输“零延时”的迫切要求，节省时间成本和物流成本。同时，机场货运部门可压缩操作环节，减少货物滞留，更加充分利用现有仓库、场地，效率明显提高，为增量发展腾出了空间。以三星（中国）半导体有限公司为例，通过“直装直提”模式，从包机落地到进口设备运抵厂区，时间从原来的近 20 小时缩短至 7 小时，设备搬入无尘车间则比原先提前 1 天完成。搬运次数由原先的 4 次减少到 2 次，极大地保障了半导体高精密、高价值货物的安全性。据企业测算，海关的这项改革能够为企业创造 1 300 万元人民币的经济效益。

案例 5：中欧班列“长安号”运营组织新模式

近年来，陕西自贸试验区西安国际港务区功能区以建设中欧班列（西安）集结中心为目标，不断优化中欧班列“长安号”运营组织模式，提高班列运营时效，降低物流成本，助推中欧班列高质量发展，更好地服务于“一带一路”建设。

主要做法：

一是开辟中欧班列新线路。开行宽轨直达班列，列车由西安出发，仅需在阿拉山口一次换装，抵达波兰斯瓦夫库夫终点站之前，一直在 1 520 mm 的宽轨上运行，无须换装至标准轨即可到达欧洲腹地。开行西安至德国曼海姆线路，班列由新疆霍尔果斯出境，到达巴尔提斯克港后换乘轮渡抵达德国穆克兰港，集装箱无须从铁路车板上卸下，节省了中途换装时间。

二是实行站内作业新模式。在以往模式下，中转货物经铁路运抵西安铁路集装箱中心站后，货主需及时办理到达交付及集装箱出站手续，并将货物寄存于外围堆场，待国际班列发运前再办理进站手续，运货进站。国际港务区功能区实行铁路中转货物站内作业新模式，货主与中欧班列运营公司达成委托关系，将收货人填写为运营公司，货物到站后无须出站，由运营公司统一办理到达交付手续和集装箱虚拟进出站手续，同时搬移至站内指定区域堆放，等待国际货运班列发运，有效提升作业效率，降低物流成本。

三是建设数字中欧班列。打造中欧班列“长安号”信息化综合服务平台，平台搭载中文、英文、俄文及德文等多语言，以“互联网+”和大数据技术为基础，以位置应用服务为支撑，与境外物流公司信息系统对接，简化国际货运班列客户对接流程，为客户提供运价咨询、订舱、物流信息查询、交易结算、融资等多项服务，探索打造信息化物流体系。

实践效果：

一是货运规模显著增长。2021 年“长安号”开行突破 3 800 列，运送货物总重达 284. 8 万吨以上，累计开行突破 11 300 列，面向中亚、南亚、西亚及欧洲开通运行 16 条干线通道，涵盖 44 个亚欧国家和地区，基本覆盖欧亚大陆全境，中欧班列“长安号”已经成为畅通亚欧贸易、保障全球供应链安全的“黄金班列”。

二是运营时效大幅提升。西安—波兰斯瓦夫库夫和西安—德国曼海姆线路，较传统的入境欧洲线路，分别节约换装及等待时间约 2 天和 6 天，有效缓解因换装站拥堵带来的时效影响。铁路中转货物站内作业新模式减少集装箱中心站卡口作业时间，有效提升作业效率，每日发送班列峰值达到 7 至 8 列，较以往提升 1 倍。“长安号”信息化综合服务平台整合多项物流服务，实现在线实时处理，班列订舱时间由 7 天缩短至 1 天。

三是物流成本有效降低。铁路中转货物站内作业新模式在提升作业效率的同时，大幅降低企业物流成本。以一个 40 尺集装箱为例，在以往模式下，企业需要支付提货费、堆存费、吊装费、送站费等各类费用，采用铁路中转货物站内作业新模式后，企业仅需支付站内搬移及堆存费，物流成本较以往降低一半。

四是货物监管实现数字化。“长安号”信息化综合服务平台与班列集装箱上的 GPS 北斗双模远程监控系统联通，将货物运输过程中的位置、施封状态、温度、湿度等信息全部数字化，使企业能够自行查询货物的实时位置和状态，有效消除了货物运输监控盲区，提高货物监管的精准度和及时性。

案例 6：中欧班列长安号数字金融综合服务平台

中国人民银行西安分行依托陕西自贸试验区西安国际港务区功能区搭建了中欧班列长安号数字金融综合服务平台。平台以“班列+数字金融”模式，为企业提供在线订舱报关、经营信息查询、企业信用评估、线上融资服务等功能，有效解决“长安号”供应链企业融资难、融资慢、结算难、汇率风险大等问题，助力中欧班列“长安号”高质量发展。

主要做法：

一是在线订舱报关。主要面向企业提供在线订舱、报关、发运、结算等服务，依托北斗定位系统及全球无线网络环境，实时掌握在途集装箱的位置、施封状态、温度、湿度等信息，实现货物的全流程 24 小时监管。

二是信息、历史订舱信息和历史融资信息，丰富银行贷前风控评价指标，增强企业融资信用水平，提升银行贷款意愿。

三是企业信用评估。平台借助大数据，为企业信用风险“画像”，形成“推荐名单”，帮助银行精准识别资质良好的企业，科学高效作出信贷决策，大大缩短贷前调查时间，降低银行获客成本，提高贷款审批效率，助力平台培育和壮大优质企业。

四是线上融资服务。面向平台企业提供基于订舱单的融资服务，通过区块链存证技术核验订舱单的真实性，应用智能合约校验融资的可用额度，为企业拓展以电子化订舱单为融资依据的融资新渠道；创设国际联运提单和相应的融资产品，赋予了铁路提单物权属性，进口商仅凭一张铁路提单即可获取信用贷款，有效解决进口贸易中小微企业融资难问题。

实践效果：

平台上线以来，已有中国银行、工商银行、建设银行、浦发银行、招商银行、西安银行、国家开发银行、进出口银行、农业银行、民生银行等10家银行上线10余种金融产品，为33家企业提供资金支持21.3亿元人民币，得到了社会各界的高度称赞和充分认可。

一是创新金融产品，满足企业需求。平台自2021年6月上线以来，已有多家银行针对市场需求，推出个性化、线上化融资产品。比如浦发银行推出了“浦运通”“浦汇通”等产品，首批准入了52家本地货代企业，有效解决了企业订舱融资需求。中国工商银行依托平台采用“客户批量优选+额度主动推送”模式，投放小微企业的纯信用、全线上融资服务产品，满足小微企业融资需求。

二是多平台联动，提升融资效率。平台与跨境金融区块链服务平台对接，助力银企实现融资申请、资质审查、信息核验、额度核算、银行授信等工作一站式办理，使银行融资审核周期由数天时间降至10分钟内，有效降低企业融资时间成本，显著提升企业融资效率。

三是发挥科技优势，降低信贷风险。平台将区块链技术与融资服务融合，充分发挥区块链防篡改技术特点，便利银行快速精准完成信贷查证和项目审核，帮助银行为有融资需求企业进行金融风险画像，提升银行信贷风险防范能力。

案例7：国际化多元化法律综合服务体系

立足深化完善自贸试验区国际商事调解和国际化法律服务，陕西自贸试验区能源金贸功能区整合国内外高端法律服务机构、中介咨询资源，聚焦项目对接、风险化解、纠纷调解等功能，组建法律服务创新联合体，搭建国际化法律服务平台，探索多元化法律服务机制，为“一带一路”建设提供了国际化、多元化、便利化法治保障。

主要做法：

（一）组建法律服务创新联合体

制定扶持法律服务业创新发展的专项政策，集聚具备涉外法律服务能力的优质法律服务机构和人才。搭建以商事调解、法律援助、公证、仲裁评估、法院诉讼、人民调解为主，以司法鉴定、涉外法律检索等为补充的“6+X”涉外法律服务体系。加快涉外法律服务数字化探索，将5G、人工智能、区块链技术等应用在审判、仲裁、公证、调解等应用场景中，推出互联网审判、智慧公证、智慧调解等新型法律服务。

（二）搭建国际化法律服务平台

一是搭建涉外法律法规咨询服务平台。整合域外法律信息，为企业和个人提供外国法律、国际条约和国际惯例等域外法的法律查明、适用条件和专家咨询服务，为国际化法律实践提供高效的域外法查询服务。二是搭建国际商事调解平台。选任海内外具备资质的调解员，完善调解规则体系，解决跨境纠纷地域难题。企业可在线申请跨区域调解并选择调解员，就近就便参加线上线下调解。

（三）探索多元化法律服务机制

一是与港澳地区开展法律服务合作试点。试点港澳律所与内地律所合伙联营，在账户开设、管理模式等领域与司法、外汇、银行等部门协同，创新联营所落地机制。二是构建“一带一路”法律服务机制。建设“一带一路”法律服务创新中心，聚焦项目对接、风险化解和纠纷调解，联动“一带一路”沿线国家和地区的商会及金融、法律、商务中介等服务机构，为“走出去”企业提供投资政策、法律咨询、金融保险、风险防范、信息共享等全方位服务。三是建立多元化国际商事争端解决机制。支持律所与法院、仲裁机构、公证处等法律服务机构联动，建立诉讼、仲裁、公证、调解等有机衔接的国际商事多元化纠纷解决机制。

实践效果：

一是法律服务联合体影响进一步扩大。法律服务创新联合体实现了“政商学研企”法务资源高度集聚，将普法宣传、调解、法律援助等法律服务功能下沉到产业园区，延伸至企业和劳动者身边，相关影响辐射至宝鸡、榆林、西宁等城市。

二是国际化法律服务成效进一步凸显。国际商事调解平台累计签约调解员 562 名，其中境外调解员占 16%，通过智慧调解等方式受理各类涉外案件 8 000 余件，调解成功率达 61%。涉外法律法规咨询服务平台为法院、政府部门、当事人、律师等主体提供域外法律查明报告共计 2 000 余页，涉及新加坡、俄罗斯、印度尼西亚等多个国家和地区。

三是多元化法律合作水平进一步提升。“一带一路”法律服务创新中心服务范围已覆盖中国香港、中国澳门及意大利、法国、德国、西班牙、俄罗斯等 80 多个国家和地区的 180 多个城市。国际商事调解中心与西安雁塔区人民法院、西安汉唐公证处、北京市第一中级人民法院、广州互联网法院等国内 60 余家法律服务机构签署协议，密切机制化合作。

案例 8：文化出口贸易服务平台

为贯彻落实党中央、国务院赋予的“探索内陆与‘一带一路’沿线国家经济合作和人文交流新模式”的重要使命，陕西自贸试验区西安高新区功能区充分发挥科技创新优势，依托陕西省、西安市深厚的历史文化资源，打造文化出口贸易服务平台，为文化出口企业提供全方位服务，引导文化出口企业向规模化、标准化、规范化方向发展。

主要做法：

平台以“统一服务、信息共享、机制创新”为目标，确立线上化、精品化、数字化、IP 化“四化”战略，形成了“1 个平台、2 个基地、N 个中心”的“1+2+N”服务体系。

1 个平台：文化出口智能综合服务平台。为企业提供法律、财务、人才等专项出海服务，平台还可以针对不同企业的具体需求提供定制化专属服务。

2 个基地：全球产业服务孵化基地+国际人才培养基地。发挥基地文化产业聚集优势及合作企业互联网出海专业优势，着力打造原创动漫、非遗品牌、网络文学、文旅项目等系列文化产业全球孵化基地；建设涵盖国际人才培训、国际人才招聘、人才生态链创业、海外实习机会等人才服务举措的国际人才培养基地。

N 个中心：即财务服务中心、法务服务中心、人才服务中心、营销服务中心、咨询服务中心、专利服务中心、成果展示中心、本地化服务中心。针对企业在文化出口中所遇到的问题，分类设置专业化服务中心，覆盖文化出口全过程，全方位帮助企业解决难题。

实践效果：

文化出口贸易服务平台于 2020 年 12 月 17 日正式投入运营，目前已成功孵化游戏、动漫、电子商务等领域文化企业 10 余家。2021 年，平台服务企业营业收入过亿元，企业文化贸易业务能力有效提升。

案例 9：国际铁路联运提单融资新模式

铁路运输所使用的国际联运单和铁路货票均不具有物权属性，进口商无法据此向银行申请贷款，小微企业融资难问题十分突出。为加快构筑内陆地区效率高、成本低、服务优的国际贸易通道，助力更多的企业搭载“长安号”进入国际市场，中国人民银行西安分行联合西安国际港务区功能区积极探索，创设国际联运提单和相应的融资产品，赋予铁路提单物权属性，进口商仅凭一张铁路提单即可获取信用贷款，有效解决了进口贸易中小微企业融资难问题。

主要做法：

一是创设国际联运提单。借鉴海运提单及相关法律法规，创设了自贸港国际联运提单（以下简称提单），出台《铁路融资提单管理办法》，明确提单在签发、流转、控货、提货等环节的效力，确保提单作为运输过程唯一的控货凭证；自贸港运营公司与客户和商业银行签订三方铁路提单合作协议，明确相关权责，确保国际联运提单合法合规，为提单物权属性提供法律保障。

二是优化运输监管流程。新模式下，进口商向出口方支付一定比例货款，自贸港运营公司在境外指定地点对进口集装箱货物进行核验，确保贸易真实性。待进口商支付货物剩余款项且出口商收到货款后，自贸港运营公司签发提单进行承运，货物到达国内指定站点后，进口商需凭铁路运单和提单提货。运输过程中，自贸港运营公司对承运的货物进行全程运输、监控，确保对货物的完全控制，实现“交货—运输—监管—提货”全闭环监管。

三是创新提单融资产品。中国人民银行西安分行指导西安国际港务区功能区与中国银行合作开发基于铁路提单的金融产品，为通过中欧班列开展进口贸易的小微企业提供纯信用贷款。进口商将铁路提单“抵押”至银行，银行结合企业信誉和贸易真实性针对此笔货物发放一定比例的贷款。待货物运抵目的站，进口商向银行还款赎单，再到目的站凭单提货，形成交易闭环。

实践效果：

2021年8月17日，西安自贸港建设运营公司首次签发42柜提单，中国银行陕西省分行为进口企业办理了首笔110万元中欧班列“长安号”国际铁路联运提单项下融资业务。

一是探索实现了铁路联运提单的物权属性。新模式将提单与铁路运单叠加，作为运输全过程唯一的提货凭证，并通过三方协议赋予法律效力，这在一定程度上就相当于赋予了提单“物权属性”，为银行授信风险管控及提单融资奠定了坚实的基础。

二是拓宽了中欧班列产业链企业融资渠道。铁路提单融资业务模式为进口商提供了新的融资方式，使得以前难以获得资金支持的小微企业可以获得银行低利率融资，大幅降低了进口小微企业融资的难度，显著降低企业的运营成本。

三是有利于企业进一步扩大进口贸易规模。传统模式中进口商多数需要提前缴纳部分货款甚至全额款项，出口商才能备货。新模式下，进口商只需缴纳首付款或者保证金，其余资金由银行以贷款形式提供，降低了采购成本，便于企业扩大进口采购规模，进一步提升进口商的采购话语权和行业竞争力。

案例10：多元化农业保险助推现代农业发展

陕西自贸试验区杨凌片区高度重视农业保险对农业生产的支撑作用，创新保险品种，增强风险保障，引入科技支撑，提升服务水平，积极扩大保险覆盖面，探索构建多元化农业保险服务体系，有效化解了农业风险，稳定了农业生产，推动现代农业高质量发展。

主要做法：

（一）创新农业保险品种

一是从保农户收入出发，推出果蔬收入保险，实现农业保险由成本保障向收入保障转变，进一步提高农业保险的保障水平。二是从发展地方特色出发，推出“银保富”系列保险品种、价格指数保险、价格+期货保险、气象指数保险等。通过试点“银保富”大棚保险、玉米期货价格保险、蔬菜和水果价格指数保险、葡萄和猕猴桃气象指数保险等19个特色险种，为杨凌片区发展特色农业提供有力支撑。三是从满足农业生产经营主体不同需求出发，推出个性化定制保险品种。如针对肉牛养殖企业，有针对性地开发了“银保富”繁育肉牛险，满足了个性化需求，扩大了保险覆盖面。

（二）构建保险服务网络

在重点乡镇设立“三农”保险服务办公室或乡镇营销服务部，在村级组建了农村保险协保员队伍，形成“镇镇有网点，村村有人员”的保险服务网络格局，使各类农业主体足不出户就可以知晓、办理农业保险和农业保险贷业务，为当地8万多户农民提供了便捷周到的承保、理赔等服务，打通了保险服务的“最后一公里”。

（三）推进险资支农融资

实行“政府政策支持+保险资金融资+保险风险保障”运行模式，由保险公司直接向农户发放贷款，无担保，无抵押，贷款利息经贴息支持后，比银行机构低3—4个百分点，有效破解农民融资难、融资贵的问题。

（四）创新保险服务模式

通过应用新技术，推进保险理赔承保智能化。将地理信息、遥感技术应用于种植业承保理赔，探索出了“按图承保、按图理赔”的农业保险经营新模式；应用人工智能技术，通过动物面部和耳标识别等实现远程定损理赔等，减少理赔程序，加快理赔速度，帮助参保农户及时恢复再生产。

实践效果：

杨凌片区通过建立多元化的保险服务体系，满足农业经营主体的多元化需求，从源头保障农业生产经营主体的基本收益，降低生产经营风险，发挥“兜底”功能，为现代农业高质量发展注入了新动能。陕西自贸试验区成立以来，累计实施农业保险品种29种，累计承担农业风险21.11亿元，累计赔款7 314万元。通过险资支农为参加农业保险的农户和涉农企业提供保险融资约1 500万元，使当地农户和农业生产经营主体通过保险直接受益。同时，保险公司发挥保单增信作用，推进涉农企业用农业资产抵押贷款，累计撬动银行资金1.45亿元，有效解决农业生产经营主体融资难、融资贵的问题。

案例11：国际航材供应链服务平台

为推动临空经济快速发展，满足航企低成本的航材需求，陕西自贸试验区空港新城功能区在内陆地区搭建首个以国际航材为主的供应链管理中心，探索航材采购、通关、交易一体化发展模式，为航企提供全球范围内航材供应保障，有效推动陕西省国际航材供应链服务体系的完善，助力航空企业加速聚集，为建设临空型国家物流枢纽提供有力保障。

主要做法：

一是探索国际航材集中供应。建立国际航材供应链管理中心，统一对接飞机制造商、航空零部件制造商、境内外航材供应商，实现各类通用航材备件和特殊备件的统一议价、集中采购，形成全省首家货品种类全、交易价格优的国际航材超市，实现航材的快速供应与应急保障。

二是创新航材通关交易模式。改变原先各航企自主采购、零散通关模式，由国际航材供应链管理中心作为采购人，实施“分批出货、分批缴税、集中报关、统一存放”，有效提升采购通关效率。创新供应链金融模式，航企可凭借航材进口采购订单，申请低利率的短期贷款或由中心先行垫付，待航材交付后支付少量资金使用费。

三是优化航材保障支援机制。中心对航材仓储存放实行“一材一码”、分区集中存储、按需出货，实现标准和集约一体化。建立了航材供销系统，推行智能化管理，对相关客户的航材使用种类、频次、生产计划及使用习惯等进行分析，实现航材库存预警，确保航材库存始终保持在合理范围内，实现智能化信息化。

实践效果：

一是满足航材供应需求。目前，西安国际航材供应链管理中心已与德国、法国、英国、美国等欧美多家国际知名航材供应商及国内的沈飞、西飞、中航国际等企业建立了合作机制，航材超市采购储备各类进口航材备件400余吨，有效满足各类企业的实际需求。

二是实现航材资源集约。中心成立以来，已完成国际航材进出口贸易额5亿元人民币，主要服务客户包括中国船舶、中航材、苏州赛峰等行业龙头企业，实现航材资源集中、集约，为西北地区飞机制造和运维提供了有力保障。

三是有效降低时间成本。中心推出的“分批出货、分批缴税、集中报关”模式，帮助航企客户按需分批提货，节省了国内客户3—7天的交货周期，人力成本也下降近50%。

案例12：技术境外输出新模式

陕西自贸试验区西安高新区功能区把握全球供应链与价值链调整机遇，立足构建新发展格局，通过搭建全球技术服务平台、开展技术验证和转化、构建技术出海服务体系等方式，探索出了技术境外输出新模式，实现了技术贸易快速增长，激发了技术贸易的发展动能，助推中国成熟的产业化技术“走出去”。

主要做法：

一是搭建技术出口服务平台。平台对全国各类技术输出资源实施数据标准化归集，发布供需信息、提供技术路演展示、设备出海等服务，为有需求的“一带一路”沿线国家提供国内技术匹配；持续探索技术境外输出交易服务机制，重点破解外方信用评估、风险控制、交易规则、资金回笼、全链条（全套）技术输出方式等关键问题，并在信贷、出口退税等方面给予集成政策扶持，实现国内优质技术快速、便捷出海。

二是推动技术转移概念验证。集聚国内科研院所顶级专家，组建面向全球市场的技术转移概念验证中心，对企业各类技术的概念产品实施技术可靠性验证、专利成熟度验证，以扩大技术出海的全球通用性；同步开展技术产品的市场定位、商业策划、资本跟进等衔接工作，创新设立技术经理人全程参与技术转化制度，对标国际标准，持续推动国内技术创新升级，加速成果市场化、国际化。

三是探索技术出海服务体系。在全球主要国家设立8个离岸创新中心、4个海外科技服务站、5个海外研发中心，构建联动全球的技术推广网络；搭建涵盖技术咨询、知识产权、资本投资、法律咨询、托管、转化、交易、输出、跨国合作等为一体的技术贸易服务体系，有效减少国际技术贸易成本；开展国内技术与国际标准的衔接融合，探索国内知识产权在境外的合法通用，确保出口技术符合国际标准，强化中国标准的海外推广，重点支持国内标准在“一带一路”沿线国家的使用。

实践效果：

截至2021年2月底，全球技术服务平台已归集全国9 316家高校和企业的技术成果144 375项，行业专家21 093名，入库仪器设备19 562台（套），举办各类技术输出交流活动1 829场次，向海外出口技术3 000余项，技术贸易出口额56.04亿美元，满足了“一带一路”沿线部分国家对国内技术的需求，推动西安高新区成为中国西部重要的技术出口基地之一。

案例13：区域医学检验中心

陕西自贸试验区沣东新城功能区按照推动医疗领域加大开放力度的要求，紧抓后疫情时代医学检验集约化、规模化发展机遇，打造西安区域医学检验中心，实现检验结果的跨机构互认互通，知识产权的跨国引入、本土化再创造和检验技术、试剂、服务的一体化输出，有效提升了区域医学检验服务能力和国际化水平。

主要做法：

（一）构建区域医学检验生态圈

建设区域医学检验中心，联动医疗机构及行业头部企业，构建面向全域、三级联动的医学检验生态圈。以一级区域医学检验中心为核心，联动二级市属医院检验科和三级社区卫生服务中心，统筹管理，集约化开展医学检验项目。率先实现检验服务系统化，检验报告标准化，检验结果跨区域、跨医疗机构互认互通，弥补基层医疗机构检验能力短板，扩展医疗服务普惠能力。

（二）创新区域医学检验管理模式

依托区域医学检验中心，建成数字化、可视化、智能化的医学检验全流程质量管理平台，对各级医疗检验网点实施 24 小时实时在线监测，对检验样本运输过程实施全流程监控，同时引入临床专家巡检制度，确保检验过程透明规范，检验结果安全可靠。质量管理平台还为各级医疗检验机构提供包括检验实验室标准化改造、检验试剂及检测仪器设备集中采购、人员培训、医学检验服务外包等全方位的技术指导和管理服务，有效提升医疗机构检验实验室标准化建设水平，降低实验室运行成本。

（三）三是创新医学检验国际合作模式

一是通过与国际知名机构及专家团队联合研发、引入国际先进医学检验仪器设备、知识产权的跨国使用和本土化再创新等方式，不断提升区域医学检验水平。二是通过共建医学实验室、开展检验人员远程培训、输出试剂和检验技术等方式，不断拓展海外市场，提升中心国际影响力。三是在确保隐私及遵守相关法规前提下，积极推动医学检验相关标准与国际标准的衔接、融合，提升检验标准的国际适用性。

实践效果：

一是区域医学检验服务能力显著提升。区域医学检验中心已建成全国规模最大的智能化检测实验室，拥有全国第一个无人值守的智能检验流水线、西部最大的核酸检测实验室、亚太地区最大的微生物检验流水线，可实现样本转运与检测全程信息化监控。检验范围涵盖临床生化免疫检测、临床血液/体液检测、临床微生物及感染检测、精准用药基因检测、自身免疫性疾病检测等多个方面，可检测项目达 3 000 余项，新冠核酸检测单检可达每天 13 万人次，混检可达每天 260 万人次。

二是区域医学检验总体成本大幅降低。中心通过智能、高效的质量管理平台推行检验项目分类互认制度，在全国层面首次对 3 000 余项检验项目实现了分类化互认管理，目前已有 200 余项检验项目在市属医院和基层卫生院实现互认，300 余项检验项目按照检验时限和病人病情实现有条件互认。通过集中采购管理，中心所覆盖的二三级医疗机构设备采购成本降低了 40%以上，试剂采购成本降低了 30%以上。区域医学检验成本得到有效控制，患者的就医支出和医保支出大幅降低。

三是区域医学检验助推服务贸易发展。区域医学检验中心与北美临床化学学会、北美临床微生物学会、丹纳赫集团等机构联合搭建跨国产学研用平台，聚集国际权威专家，开展了 50 余项医学检验领域联合攻关科研项目。与罗氏、西门子、雅培等体外诊断产品（IVD）龙头企业合作，实现了检验技术的跨国引入、国外先进仪器设备的本土化生产和国外知识产权的本土化再创造，推动了服务贸易方式由跨境支付向商业存在转变。中心已具备较强的国际医学检验资源整合能力，已对国内外相关医检人员展开了线上线下培训，实现了检验技术、试剂、服务的一体化输出。

四是区域医学检验助力全球疫情防控。新冠疫情暴发后，区域医学检验中心率先完成核酸检测试剂盒研发，并承担西安、咸阳、广州等多个地区的核酸检测任务。中心主动向陕西、湖北等省份及日本、意大利、韩国等国家捐赠价值 800 多万元的核酸检测试剂盒，向“一带一路”沿线国家出口核酸检测试剂盒 50 万人份，并推出多语种适用的新型冠状病毒核酸检测报告。

案例 14：医疗器械研发转化公共服务平台

为破解医疗器械生产企业研发投入大、场地建设周期长、成果转化困难的难点，陕西自贸试验区秦汉新城功能区率先搭建了医疗器械研发转化公共服务平台，为体外诊断类医疗器械企业提供共享 GMP 厂房、公共研发实验室、研发人员和技术支撑、基金投融资及合规注册管理、产品推广服务等，助力各类创新产品加速上市和落地。

主要做法：

一是建设共享 GMP 厂房。平台建成符合国际标准和 GMP 的基因扩增实验室和体外诊断生产洁净车间，配备国内外先进的研发、质检及生产设备，并根据各医疗器械注册持有人产品特性建立合规性的GMP体系，实现产品委托生产、临床、注册申报的一站式集成解决，满足医疗器械注册持有人分子诊断检测、体外诊断试剂的研发及生产需求。

二是搭建研发转化服务体系。平台组建了涵盖医学检验、科学研究和第三类体外诊断试剂的核心团队，实现分子诊断类医疗器械从立项调研、设计开发、工艺转产、质量管理、临床试验到注册上市的全生命周期服务支撑，可为医疗器械注册持有人提供研发共享、技术支持、研发成果转化、产品注册指导等服务，加速医疗器械产品研发生产效能的提升。

三是鼓励产品创新与资本植入。在合规和有效风控的前提下，平台联合医疗机构、科研院所开展新型器材产品研发线索挖掘，鼓励医疗器械注册持有人拿到许可证后展开资本运作，以获取更多资本研发设计新产品，确保产品在短期内实现研发、许可、上市、销售，满足市场消费需求。

实践效果：

一是降低持有人经营成本。共享GMP厂房配备了国内外先进的研发、质检及生产设备，相关持有人无须大量前期投入，便可开展医疗器械的研发、生产等，有效降低持有人的资金压力和初期投入。

二是助推了成果快速转化。平台建成运行以来，已完成分子诊断试剂科研成果转化7项，储备分子诊断试剂科研技术32项，并产出5篇科技论文和5项发明专利。

三是实现良好的经济效益。平台已有4项体外诊断试剂获批许可证并开展大规模的生产销售，相关体外诊断试剂产品销售量达200万份，并实现了450万美元的试剂出口。

案例15：产业招商导则 助力精准化招商

为提升产业链招引的针对性和精准度，韩城协同创新区联合市直各产业主管部门及专业研究机构，围绕韩城“十四五”产业发展规划，精心编制《韩城市产业招商导则》，系统描绘产业现状、科学分析未来走向、细化论证产业类别、直接锚定目标地区、精准指向目标企业，为全市招引大项目、好项目提供精准“导航”，解决“招什么、去哪招、怎么招”等问题，为韩城市产业高质量发展提供有力支撑。

主要做法：

一是创新体制机制促招商。针对产业招商导则明确的重点企业，建立招商项目经理制，全面落实招引责任，确保一个项目一套档案，提升招引成效。建立常态化项目回访机制，及时协调解决招引项目存在问题，促进项目顺利推进落地。出台《韩城市招商引资领域审慎承诺及刚性兑现制》，做到所有承诺必集体决策，所有承诺必严格兑现，不断提升招商公信力。

二是打造专业队伍促招商。以产业招商导则为指导，组建以经合中心、经开区、高新区、农产品加工园区、三大市属国有企业为主体的“1+3+3”专业招商队伍，成立七支产业链招商“小分队”。精心筛选梳理投资额度大、示范作用强的项目线索，由市委、市政府主要领导带队招商，提升项目洽谈交流深度。

三是设立驻外机构促招商。围绕产业招商导则明确的重点区域，在京津冀、长三角、粤港澳大湾区、西安开展驻外招商，挂牌设立驻大湾区（珠海）招商服务处、驻长三角（南京）招商服务处等驻点机构，强化与经济发达地区纽带联系，便利招引一批与韩城市产业关联性强、产业链长、附加值高的大项目、好项目。

实践效果：

2021年，韩城市全年新签招商引资项目87个，总投资813.3亿元，引进资金351.5亿元，合同项目开工率60%。促成总投资78亿元的1 000兆瓦光伏、120兆瓦风电项目，总投资42.7亿元的西部新能源智能商用车生产制造（韩城）基地及产业配套项目，总投资6.3亿元的清洁能源供暖替代项目等一批促转型、利长远的重大项目顺利落地，招商引资成效显著。

四、陕西省政府及相关部门出台的政策措施

（一）《中国（陕西）自由贸易试验区条例》（陕西省人民代表大会常务委员会公告〔十三届〕第五十二号，2021 年 3 月 31 日）。

（二）《陕西省人民政府关于印发中国（陕西）自由贸易试验区进一步深化改革开放方案的通知》（陕政发〔2021〕6 号，2021 年 3 月 31 日）。

（三）《陕西省人民政府办公厅关于复制推广陕西自由贸易试验区第三批改革创新成果的通知》（陕政办函〔2021〕27 号，2021 年 3 月）。

（四）《陕西省推进“一带一路”建设工作领导小组关于印发〈陕西省推进“一带一路”建设 2021 年工作要点〉的通知》（陕“一带一路”办〔2021〕1 号，2021 年 4 月 25 日）。

（五）《陕西省人民政府关于印发深化“证照分离”改革全覆盖实施方案的通知》（陕政发〔2021〕10 号，2021 年 6 月 29 日）。

（六）《陕西省人民政府关于推行“亩均论英雄”综合改革的指导意见》（陕政发〔2021〕12 号，2021 年 8 月 12 日）。

（七）《陕西省商务厅　陕西省发展和改革委员会关于印发〈中国（陕西）自由贸易试验区“十四五”规划〉的函》（陕商函〔2021〕493 号，2021 年 9 月 13 日）。

五、大事记

2021 年 1 月 13 日　省商务厅厅长、省自贸办主任赵璟主持召开自贸试验区工作例会，深入学习贯彻党的十九届五中全会、中央经济工作会议和国务院自由贸易试验区工作部际联席会议的会议精神，总结回顾自贸试验区 2020 年建设情况，研究安排 2021 年重点工作。省商务厅副厅长、省自贸办副主任翟北秦，自贸试验区西安、杨凌示范区、西咸新区管委会主要负责人，各功能区分管自贸办工作的管委会领导及各功能区自贸办负责人参加了会议。

2021 年 2 月 8 日　省长赵一德在西安主持召开中国（陕西）自由贸易试验区工作领导小组会议。他强调，要深入学习领会习近平总书记关于自贸试验区建设的一系列重要指示精神，把握战略定位，注重集成创新，全面推进自贸试验区高质量发展。省委常委、常务副省长梁桂，副省长程福波出席会议。

2021 年 2 月 25 日—26 日　省商务厅副厅长、自贸办副主任翟北秦陪同省人大常委会副主任姜锋一行赴杨凌示范区、西咸新区开展《中国（陕西）自由贸易试验区条例》立法调研，并征求自贸试验片区对条例草案修改稿的意见建议。调研组一行就自贸试验片区管理体制、重点项目建设情况进行调研，对片区企业、研发机构、交易中心、跨境电商等进行实地考察。

2021 年 2 月 26 日　省商务厅副厅长、省自贸办副主任翟北秦赴能源金贸功能区出席西咸新区能源金融贸易区自贸试验区金融协同创新合作专场签约仪式，并赴“一带一路“法律服务创新中心调研。

2021 年 3 月 1 日—17 日　省商务厅副厅长王宏伟、二级巡视员李亚荣分别带队赴自贸试验区延安、宝鸡、韩城、安康、渭南协同创新区进行专题调研。调研采取座谈交流、查阅资料、走访企业等形式，对各协同创新区建设工作进展情况进行摸底，征求各协同创新区工作和赋权需求，谋划 2021 年建设工作。

2021 年 3 月 3 日　省自贸办与商务部国际贸易经济合作研究院共同举办陕西自贸试验区“十四五”规划线上视频座谈会。会议由省商务厅副厅长、省自贸办副主任翟北秦主持，商务部国际贸易经济合作研究院产业国际化战略研究所所长崔卫杰及其团队业务人员、自贸试验区各管委会相关负责人、省自贸办各处室负责人就规划当前进展及内容

设计进行发言讨论。

2021年3月4日—5日　省自贸办组织开展了2020年度陕西自贸试验区建设考评工作，先后赴自贸试验区西安、杨凌示范区、西咸新区管委会召开现场考评会，听取了各管委会建设情况汇报和下一步工作打算，查阅各管委会、功能区考评资料。

2021年3月8日　副省长程福波赴陕西自贸试验区西咸新区片区调研。程福波先后来到西咸新区能源金贸和秦汉、空港、沣东新城等四个功能区，详细了解入驻企业发展和产业聚集等情况，并在西咸新区召开陕西自贸试验区工作例会。

2021年3月21日—27日，省委组织部与省商务厅共同举办的陕西“提升对外开放水平、打造内陆改革开放高地”专题研讨班在上海交通大学开班。省商务厅党组书记、厅长赵璟作开班动员讲话。陕西省各市区政府商务（招商）工作分管领导，商务招商主管部门负责同志，省级以上开发区、综合保税区、自贸试验区管委会和各片区负责同志及省级相关部门代表，共95人参加了培训。

2021年3月23日　省商务厅副厅长、省自贸办副主任翟北秦主持召开自贸试验区工作专题组工作推进会，研究讨论行政审批改革组、投资改革促进组等九个工作专题组的工作职责。省自贸办各处及专题组牵头单位相关工作人员参会。

2021年3月29日—4月2日　商务部国际贸易经济合作研究院副院长崔卫杰一行7人赴陕西自贸试验区各片区和功能区开展调研，并就“十四五”期间自贸试验区建设、创新需求、下一步重点发展方向等与省级相关部门、自贸试验区各片区和各功能区、省商务厅各有关处室进行座谈。

2021年3月31日　《中国（陕西）自由贸易试验区条例》（以下简称《条例》）经省十三届人大常委会第二十五次会议表决通过，将于5月1日起正式施行。《条例》从管理体制、投资促进与贸易便利、金融服务、“一带一路”经济合作与人文交流、推进西部大开发、服务与监管、法治保障等方面进行了规范和细化。

2021年4月7日　陕西省人民政府新闻办公室举办新闻发布会，陕西省商务厅副厅长、省自贸办副主任王宏伟，陕西自贸试验区西安管委会专职副主任李群刚，陕西自贸试验区杨凌示范区管委会办公室主任苏亚文，陕西自贸试验区西咸新区管委会办公室专职副主任李朝杰出席，介绍中国（陕西）自由贸易试验区四年建设情况并答记者问。

2021年4月7日—8日　商务部自贸区港司、海关总署自贸区和特殊区域发展司一行4人来陕开展专题调研。4月7日下午，省商务厅副厅长、省自贸办副主任翟北秦主持召开专题座谈会。商务部、海关总署调研组，西安海关，自贸试验区西安、杨凌示范区、西咸新区管委会，西安关中综合保税区、西咸空港综合保税区、西安综合保税区、杨凌综合保税区负责人，区内4家企业负责人参会。4月8日，调研组一行赴自贸试验区经开功能区、国际港务区功能区、空港新城功能区开展实地调研。

2021年4月8日　省自贸办组织召开自贸试验区工作总结评估分析座谈会，省委外办、省发展改革委等17家省级部门及毕马威企业咨询（中国）有限公司相关负责同志参加会议。会议由省商务厅副厅长、自贸办副主任翟北秦主持。

2021年4月13日　四川省商务厅党组成员、四川自贸办专职副主任陈友清带队赴陕西进行座谈交流，会议由省商务厅副厅长翟北秦主持。双方就开放发展及自贸试验区建设政策措施进行深入交流。

2021年4月20日　陕西银保监局组织召开金融支持陕西自贸试验区建设工作推进会，47家银行、保险机构负责人参加会议。陕西银保监局副局长刘丽岩，省商务厅副厅长、省自贸办副主任翟北秦出席会议。会上，6家银行及2家保险机构负责人分别介绍了2020年围绕自贸试验区建设工作开展情况，分享了创新做法及实践经验，并提出了2021年助力自贸试验区发展的工作思路及推进举措。

2021 年 4 月 20 日　省商务厅副厅长、省自贸办副主任翟北秦带队赴西安广播电视台调研“一带一路”交流合作情况。自贸试验区西安管委会专职副主任李群刚参加调研。

2021 年 4 月 22 日　商务部国际贸易经济合作研究院副院长崔卫杰一行四人来陕，就陕西自贸试验区“十四五”规划初稿进行讨论并征求意见。会议由省商务厅厅长、省自贸办主任赵璟主持，省委改革办专职副主任刘小平参会并提出意见。中央驻陕单位、省级有关部门、省内专家学者、自贸试验区各管委会、省商务厅相关业务处室共计 30 余人参会。

2021 年 4 月 25 日—30 日　中组部、商务部在海南举办“推进自由贸易试验区建设”专题培训班，省商务厅厅长、省自贸办主任赵璟参加培训。

2021 年 4 月 27 日　省人大组织召开《中国（陕西）自由贸易试验区条例》（以下简称《条例》）新闻发布会，省商务厅副厅长王宏伟出席新闻发布会就学习宣传和贯彻落实《条例》的安排部署作相关说明并回答记者提问。

2021 年 4 月 27 日　西咸新区能源金融贸易区举行自贸试验区深化改革创新发展专题会暨自贸服务创新联合体倡议发布活动。省商务厅副厅长、自贸办副主任翟北秦出席活动并为建设银行“科技金融特色支行”揭牌。

2021 年 4 月 27 日　经省政府同意，中国（陕西）自由贸易试验区工作领导小组办公室印发《关于调整成立中国（陕西）自由贸易试验区工作专题组的通知》，将原 7 个省自贸试验区工作专题组调整为 9 个，即：行政审批改革组、投资改革促进组、招商引资推进组、贸易发展促进组、通关便利推进组、人文交流促进组、金融改革创新组、市场综合监管创新组、法律服务保障创新组。

2021 年 5 月 8 日　省自贸办组织召开自贸试验区工作专题组联络员会议，安排部署专题组近期工作，研究制定 2021 年度改革事项清单相关工作。会议由省商务厅副厅长、自贸办副主任翟北秦主持，9 个专题组牵头单位联络员参加会议。

2021 年 5 月 9 日　商务部自贸区港司副司长陈洪一行在西安国际港务区调研“西安港”中欧班列营运中心，省商务厅副厅长、省自贸办副主任翟北秦陪同调研。

2021 年 5 月 10 日　商务部副部长兼国际贸易谈判副代表王受文一行赴陕西自贸试验区西咸新区调研陕西自贸试验区建设情况。调研组分别前往空港新城东航—赛峰飞机起落架深度维修项目、秦汉新城的陕西省“一带一路”语言服务及大数据平台、沣东新城中俄丝路创新园及陕西佰美基因股份有限公司。副省长程福波、省政府办公厅副主任徐刚、省商务厅厅长赵璟、省商务厅副厅长翟北秦等陪同调研。

2021 年 5 月 12 日　河南省商务厅厅长、自贸办主任马健一行八人来陕西自贸试验区开展调研活动。调研组分别前往中俄跨境商品体验及云服务销售中心、强森医疗、西安慧聚生物科技企业孵化器有限公司、秦汉新城新丝路数字文化科技有限公司、空港新城“一带一路”进口商品展示交易分拨中心、文化艺术馆、国际港务区综合服务大厅、西安港整车进口口岸、西安爱菊粮油工业集团等地进行参观调研。省商务厅副厅长、省自贸办副主任翟北秦陪同调研。

2021 年 5 月 19 日　副省长魏建锋赴陕西自贸试验区西安国际港务区和西安综合保税区调研。魏建锋先后来到西安“一带一路”贸易之家、“通丝路”—陕西跨境电子商务人民币结算服务平台、西安国际港务区综合服务大厅、西安港整车进口口岸和西安爱菊粮油工业集团，现场察看并听取相关部门单位和企业介绍，了解自贸试验区和综合保税区制度创新及助力入区企业、平台发展情况。

2021 年 5 月 25 日—26 日　省自贸办在西安交通大学举办陕西自贸试验区协同创新区领导干部专题培训班。培训采取专题辅导加讨论交流的形式开展。自贸试验区各功能区、各协同创新区共 32 名领导干部参加了培训学习。

2021 年 6 月 3 日　省商务厅厅长、省自贸办主任赵璟主持召开陕西自贸试验区“十四五”规划研究报告研讨会，参会的专家、省人大代表、省政协委员及企业代表对自贸试验区“十四五”规划研究报告（讨论稿）提出了意见和建议。省商务厅副厅长、省自贸办副主任翟北秦、王宏伟，省商务厅二级巡视员贾银生参加会议。

2021 年 6 月 17 日　省市场监管局组织召开全国深化“证照分离”改革动员培训电视电话会议，省商务厅副厅长、省自贸办副主任翟北秦参会。

2021 年 6 月 23 日　中国（陕西）自由贸易试验区工作领导小组办公室印发《中国（陕西）自由贸易试验区工作领导小组办公室关于我省自贸试验区 2020 年度建设考评情况的通报》，对自贸试验区各管委会、功能区 2020 年度建设考评情况进行了通报。

2021 年 7 月 7 日—10 日　省商务厅副厅长、自贸办副主任翟北秦带队赴海南自贸港开展调研，学习海南推进自贸港建设的经验做法。

2021 年 7 月 20 日—21 日　驻省工信厅纪检监察组尹忠亮副组长一行赴陕西自贸试验区西安区域、西咸新区调研自贸试验区建设情况，省商务厅副厅长翟北秦参加调研。

2021 年 7 月 26 日　副省长魏建锋听取省商务厅厅长赵璟关于商务、口岸、自贸试验区等三个“十四五”规划的进展情况。

2021 年 7 月 26 日—27 日　黑龙江省商务厅调研组在陕西自贸试验区调研。调研组与省自贸办交流自贸试验区立法工作情况及西安离岸科创中心建设经验，并赴陕西自贸试验区西咸新区了解自贸试验区建设情况。

2021 年 8 月 5 日　省商务厅厅长、省自贸办主任赵璟一行在西咸新区秦汉新城调研自贸区建设工作，重点了解秦汉新城生物医药科技研发公共服务平台建设情况。秦汉新城党委委员、管委会副主任王建国陪同调研。

2021 年 8 月 9 日、8 月 18 日　王宏伟副厅长带领自贸制度创新处、涉外投资服务处分别赴自贸试验区西安高新区功能区、西咸新区片区、杨凌示范区片区进行实地调研，了解自贸试验区招商引资及营商环境建设情况。调研组调研了各区域政务服务大厅、重点企业等，全面了解自贸试验区营商环境建设及产业发展情况，并与相关单位进行座谈，就自贸试验区营商环境建设、投资促进服务体系建设、招商引资改革创新试点任务等方面进行了深入交流。

2021 年 8 月 18 日　省自贸办邀请西安交通大学经济与金融学院单英骥博士围绕“自贸试验区创新趋势与改革思路”为自贸系统工作人员进行授课。省商务厅副厅长、省自贸办副主任翟北秦，自贸办全体人员及对外贸易处、涉外投资服务处、口岸处相关人员参会。

2021 年 8 月 19 日　省自贸办下发《关于切实抓好深化“证照分离”改革全覆盖实施工作的通知》，要求各片区建立改革事项推动的工作台账，并定期向自贸办报送改革进程以及改革中遇到的问题。

2021 年 8 月 24 日　民建陕西省委会副主委、陕西金融资产管理股份有限公司监事长李忠民一行 8 人来省商务厅调研自贸试验区建设。省商务厅厅长赵璟出席座谈会并介绍自贸试验区建设情况，省商务厅二级巡视员贾银生详细介绍自贸试验区的基本情况、建设成效、存在问题及下一步工作思路，双方还就围绕自贸试验区制度创新、体制机制、容错纠错机制等方面进行了探讨交流。省商务厅自贸综合信息处、自贸制度创新处、自贸协调指导处、口岸处相关负责人参加了会议。

2021 年 8 月 31 日　副省长魏建锋出席陕西自贸试验区工作例会并讲话。省政府副秘书长王建平出席，省商务厅厅长、省自贸办主任赵璟主持会议，西安海关、省商务厅分管领导和自贸试验区九个工作专题组负责同志，杨凌示范区管委会主要领导、自贸试验区西安管委会、西咸新区管委会和各片区自贸办负责人，以及各功能区分管自贸工作管委会领导及各功能区自贸办和省商务厅相关处室负责人参加会议。

2021年9月1日　省商务厅副厅长王宏伟带领自贸制度创新处调研了中国国际经济贸易仲裁委员会丝绸之路仲裁中心（以下简称贸仲丝路中心），了解贸仲丝路中心服务自贸试验区建设情况，协商共建西安“一带一路”国际商事法律服务示范区。

2021年9月7日—8日　省商务厅副厅长、省自贸办副主任王宏伟在福建自贸试验区厦门片区参加商务部召开的全国自贸试验区建设工作现场会。

2021年9月9日　省商务厅副厅长翟北秦带领自贸协调指导处相关工作人员赴自贸试验区沣东新城功能区中俄丝路创新园调研，了解区域医学检验中心（佰美基因）和科技金融超市创新发展情况，并在西咸新区沣东新城管委会召开专题座谈会，研究探讨外国留学生在自贸试验区内工作面临的相关问题。

2021年9月13日　陕西省商务厅、陕西省发展和改革委员会印发《中国（陕西）自由贸易试验区“十四五”规划》。

2021年9月24日—25日　全国人大常委会副委员长、民建中央主席郝明金率民建中央调研组在陕开展建构高标准自由贸易试验区网络专题调研，并召开座谈会。全国政协副秘书长、民建中央副主席李世杰出席，省人大常委会副主任刘小燕主持座谈会，省政府党组成员蒿慧杰作情况汇报，省政协副主席、民建陕西省委会主委李冬玉出席。

2021年9月27日—30日　省商务厅厅长、省自贸办主任赵璟带队赴中国（浙江）自由贸易试验区开展调研，主要围绕制度创新、产业聚集、营商环境和工作机制等方面对标学习浙江自贸试验区。省商务厅副厅长、自贸办副主任翟北秦，陕西省商务厅二级巡视员黄绪林参加调研。

2021年10月13日—14日　省商务厅副厅长翟北秦带队调研自贸试验区西安高新区功能区、经开区功能区，考察浙文创数创中心、铂力特增材、博世力士乐（西安）电子传动与控制、西安天隆科技、长安银科等企业，并与功能区管委会座谈，检查自贸试验区创新案例总结、产业培育聚集和重点任务落实情况。

2021年10月19日　为加快推进自贸试验区协同创新区建设，实现自贸试验区与协同创新区在平台、产业、项目、人才等方面的深度合作，省自贸办在西安阳光国际大酒店组织召开陕西自贸试验区协同创新区建设对接会。省商务厅厅长、自贸办主任赵璟，省商务厅副厅长、自贸办副主任王宏伟出席了会议。自贸试验区工作领导小组部分成员单位，自贸试验区各片区、功能区，各协同创新区，自贸试验区重点平台，协同创新区企业代表等约一百人参加此次会议。

2021年10月21日　西安交通大学党委书记卢建军主持召开中国（陕西）自由贸易试验区与秦创原创新驱动平台合作赋能座谈会。省商务厅厅长赵璟，省商务厅相关处室负责人、西安交通大学相关部门负责人参加座谈。双方就自贸试验区与秦创原创新驱动平台建设开展合作、相互赋能进行了深入探讨。会前，赵璟厅长调研了中国西部科技创新港建设情况。

2021年11月3日　关中海关与西安浐灞生态区管委会签署合作备忘录，通过深化合作，创新监管模式，助力西安市会展产业和外向型经济高质量发展。省商务厅副厅长、省自贸办副主任翟北秦参会。翟北秦对此次签约予以高度肯定，希望双方以此次签约为契机，上下同力，协同协作，更好发挥会展平台作用，探索形成更多贸易便利化创新举措，助力陕西自贸试验区高质量建设。

2021年11月11日　副省长蒿慧杰在西安市调研中国（陕西）自贸试验区建设运行情况。蒿慧杰先后来到西安国际港务区、西安经开区、西咸新区能源金贸区，走访重点企业和有关单位，详细了解自贸试验区产业布局、入驻企业运营、制度创新、绿色低碳发展等情况。

2021年11月16日—18日　省商务厅（自贸办）在西安交通大学举办了自贸试验区创新经验复

制推广工作专题培训班，省商务厅二级巡视员李亚荣出席并讲话，省级有关单位、各市商务主管部门以及陕西自贸试验区各片区、功能区、协同创新区共60余名同志参加培训。

2021年11月30日　省商务厅副厅长、省自贸办副主任翟北秦带队赴秦汉新城功能区调研医药健康和宠物经济产业发展情况并召开座谈会。座谈会上，秦汉新城功能区负责同志介绍了区内医药健康和宠物经济产业发展情况，参会企业就相关政策诉求做了重点汇报。

2021年12月2日　省商务厅副厅长、自贸办副主任翟北秦带队赴空港新城功能区调研区外保税维修业务并召开座谈会，商务部驻西安特办和省财政厅、省生态环境厅、省税务局、西安海关、省商务厅（外贸处）等省级部门相关负责同志参加。

2021年12月2日　陕西省第二届“十大法治事件”暨第三届“十大法治人物”发布仪式在西安举行。省商务厅申报的“出台自由贸易试验区条例，助推自贸区高质量发展”荣获陕西省第二届“十大法治事件”提名奖。

2021年12月3日　省商务厅副厅长、省自贸办副主任翟北秦主持召开“十四五”时期自贸试验区建设有关重点改革事项座谈会，围绕“十四五”时期自贸试验区建设的方向和目标，研提具体落实意见，中央驻陕单位、省级有关部门、相关专家学者、厅机关相关业务处室参会并交流发言。

2021年12月14日　省自贸办组织开展2021年度“最佳实践案例”网络评选，由公众对45项改革创新案例从创新性、可复制推广性等维度进行投票评选。

2021年12月16日　省自贸办组织召开海关特殊监管区域与自由贸易试验区统筹发展工作推进会，省发改委、西安海关等部门集中学习八部委文件精神和省领导批示要求，研究落实工作方案，安排部署下一步工作。

2021年海南自由贸易港建设概况

中共海南省委自由贸易港工作委员会办公室

綦树利

中共海南省委
自由贸易港工作委员会
办公室常务副主任

綦树利，男，汉族，湖南汉寿人，1999年7月参加工作，研究生学历。现任海南省委副秘书长，省委全面深化改革委员会办公室、省委自由贸易港工作委员会办公室常务副主任。

一、经济运行数据

（一）投资情况

2021年，海南省投资比上年增长10.2%，其中产业投资（不含房地产开发）增长33.5%、制造业投资增长84%。三次产业结构调整为19.4∶19.1∶61.5，服务业增加值增长15.3%，油气全产业链产值增长15.8%，数字经济营业收入增长30%，四大主导产业增加值占比达70%、提高5个百分点，上缴税收增长33.4%。

全省新增市场主体49.77万家，其中企业17.53万家、比上年增长10.72%。截至2021年底，全省实有市场主体160.40万家，同比增长31.38%。

全省新设立外商投资企业1 936家，比上年增长92.6%；实际使用外资35.2亿美元，增长16.2%。在海南投资的国家和地区达113个。

全年新增境外投资项目153个，中方投资总额27.6亿美元，比上年增长564%。

（二）贸易情况

2021年，全省完成集装箱量吞吐量334万标准箱、比上年增长11.5%（洋浦港完成集装箱吞吐量131.8万标准箱、增长29.3%）。全年实现货物贸易进出口总值1 476.8亿元，比2020年增长57.7%，增速较全国快36.3个百分点，居全国第三位。对其他14个《区域全面经济伙伴关系协定》（RCEP）成员国进出口额580.8亿元，增长46.7%，占海南外贸总值的39.3%。对欧盟进出口额增长39.4%；对“一带一路”沿线国家和地区进出口额增长40.3%。

（三）金融情况

2021年，全省涉外收支规模累计381亿美元，比上年增长102.8%。新型离岸国际贸易涉外收支74.80亿美元，同比增长4.15倍。合格境外有限合伙人（QFLP）、合格境内有限合伙人（QDLP）试点政策落地实施，全年共引入QFLP基金管理企业16家，设立QFLP基金45支，注册资本共计51.1亿美元，累计跨境流入7.7亿美元；37家基金管理企业获得海南省QDLP试点资格，设立QDLP基金5支，累计跨境流出1.3亿美元。FT账户收支同比增长7.3倍。数字人民币试点全省展开。

（四）经济结构情况

2021年，全省地区生产总值6 475.20亿元，比上年增长11.2%，地方一般公共预算收入增长12.9%，固定资产投资增长10.2%，社会消费品零售总额增长26.5%，居民消费价格指数上涨0.3%，城镇新增就业人数增长23.2%，上述指标增速多数在全国居优。

分产业看，第一产业增加值1 254.44亿元，同比增长3.9%，两年平均增长2.9%；第二产业增加值1 238.80亿元，同比增长6.0%，两年平均增长2.4%；第三产业增加值3 981.96亿元，同比增长15.3%，两年平均增长10.3%。

（五）生态环境情况

2021年，全省环境空气质量优良率99.4%，其中，城市（镇）PM2.5的平均浓度为每立方米13微克。地级城市水源地水质达标率为100%。地表水水质优良比例为92.2%。

二、建设措施及成效

2021年是海南自由贸易港加快建设的“关键之年”，海南省深入学习贯彻习近平总书记关于自贸港建设的系列重要讲话和指示批示精神，认真贯彻落实党中央、国务院决策部署，在推进海南全面深化改革开放领导小组的统筹指导、中央和国家有关部门的鼎力支持、社会各界关心帮助下，坚持闯为基调、稳为基础、远近结合、小步快跑，全面实施《海南自由贸易港建设总体方案》（以下简称《总体方案》），加快推动各项政策落地实施，坚决守牢不发生系统性风险底线，全力做好高水平开放压力测试，海南自由贸易港建设稳步推进，呈现高质量发展态势。2021年海南多项主要经济指标历史性地位列全国前列。全省地区生产总值同比增长11.2%，两年平均增速7.3%、位列全国第一位；固定资产投资同比增长10.2%，社会消费品零售总额同比增长26.5%，规模以上工业增加值同比增长10.3%，实际使用外资同比增长16.2%，货物贸易进出口总额首次破千亿、同比增长57.5%，服务贸易进出口总额同比增长55.5%，研究与试验发展经费投入增速全国第一，海南自由贸易港建设呈现生机勃勃、日新月异的良好局面。

（一）把准海南自贸港建设正确政治方向

始终坚持中国共产党的领导、坚持走中国特色社会主义道路、坚持以人民为中心、坚持社会主义核心价值观、坚持新发展理念，牢牢把握全面深化改革开放这条主线，比学赶超、奋勇争先，激励全省上下凝心聚力投身自由贸易港建设。

一是以政治引领凝聚人心。共召开省委深改委（自贸港工委）会议12次，第一时间传达学习中央全面深化改革委员会会议精神，全面落实领导小组制定的《推进海南全面深化改革开放“十四五”实施方案》以及年度重点工作安排，每季度向党中央、每月向领导小组报告落实《总体方案》进展情况，得到习近平总书记及其他中央领导批示肯定，进一步推动习近平总书记重要讲话和指示批示精神在海南真正落到实处，切实增强“四个意识”、坚定“四个自信”、做到“两个维护”。

二是以党建引领高质量发展。深入查找、分析、解决海南部分领域党建工作与自由贸易港建设不适应、不相符、不协调的问题，坚持以一流党建引领一流开放，出台关于坚持以党建引领海南自由贸易港建设的意见，对62项具体措施实行清单化管理、项目化推进，探索建立与世界最高水平开放形态相适应的党建工作新模式。坚持改革开放和全面从严治党两手抓、两手硬，坚定不移正风肃纪反腐，营造风清气正政治生态和良好发展环境。

三是以思想破冰引领改革突围。省党政代表团赴广东、上海、江苏、浙江等地学习考察，并专题学习深圳和浦东改革开放经验，深刻把握改革开放规律。开展“作风整顿建设年”和“查堵点、破难题、促发展”活动，一年来省领导主动认领堵点问题129个，带动各级干部查找堵点4 672个、破解难题4 387个、办结率93.9%，切实解决一批长期想解决而没有解决的市场主体和群众“急难愁盼”问题。

四是以容错纠错激励担当作为。出台《海南自由贸易港公职人员容错纠错办法（试行）》，建立容错纠错、澄清正名和重新使用典型案例定期通报发布制度，办理容错纠错6例、澄清正名40例，重新使用受处理处分后表现突出的干部210人次，旗帜鲜明为担当者担当、为负责者负责。全省上下干事创业、争创一流、互促共进的精神面貌，得到上级部门的充分肯定和社会各界的广泛称许。

（二）从政治和全局的高度抓好风险防控

牢牢把握“管得住”才能“放得开”这一原则，深刻汲取“大起大落”历史教训，把重大风险防控摆在自由贸易港建设全局极为重要、十分关键的位置。

一是持续深化对风险防控的认识。《总体方案》实施以来，习近平总书记就海南生态环保、疫情防控、金融税收、影视行业健康发展等方面作出重要批示。全省上下深刻认识到，做好风险防控工作是增强“四个意识”、做到“两个维护”的必然要求，是事关海南自由贸易港建设成败的最关键变量，是对全省干部能力素质的重大考验。省委七届十一次全会将风险防控作为关键任务作出系统部署，推动自由贸易港建设进入不可逆转的轨道。

二是完善风险防控工作机制。在省委自贸港工委框架下成立15个由分管省级领导牵头的风险防控专项工作组，高位统筹各专项领域重大风险防控；省委自贸港工委每半年听取一次各领域专项风险防控汇报。实施自由贸易港建设重大风险防控三年行动方案，分11个领域列出36项风险防控工作任务，风险防控工作机制和体系基本成型。

三是切实化解存量风险及苗头隐患。按红、橙、黄、蓝精准梳理、动态确定100多个重要领域风险点，相应明确应对举措。社会管理信息化平台整体进入实战化运行，环岛64个反走私综合执法站运行，对人流、物流、资金流实现全天候监控。以“零容忍”态度严厉打击离岛免税套代购行为；启动实施离岛免税商品溯源管理，实现来源可查询、去向可追溯、责任可追究。全年龄段人群疫苗接种率和全程接种率分别达95.3%、91.8%。依法依规处置海航集团破产重整等涉众型案事件和一批历史遗留的房地产风险项目。统筹做好税收、投资、贸易、金融、意识形态等领域风险防控工作，各项防控举措落地见效。一年来，未发生重大或系统性风险。

（三）一批关键核心政策落地实施

海南紧盯“1+N”政策体系和自由贸易港早期安排，成立若干工作专班和北京前方工作组，全力配合推进海南自由贸易港建设工作专班，推动出台150多项政策，初步形成具有全球竞争力的开放政策和制度体系。

贸易政策方面，商务部等部委出台贸易自由化便利化若干措施、全国首张跨境服务贸易负面清单及试点放宽部分进出口货物管理措施。财政部、海关总署、税务总局等部门出台交通工具及游艇、生产设备“零关税”以及加工增值货物内销免征关税政策，完成原辅料“零关税”政策调整，新增187项商品。海关总署等部门支持设立海口空港综合保税区和三亚保税物流中心（B型），将“一线”放开、“二线”管住进出口管理制度试点扩大至海口综合保税区、海口空港综合保税区，积极研究洋浦经济开发区试点扩区工作。三张“零关税”清单适用商品货值56.6亿元。特殊监管区内加工增值30%（含）以上享受免征关税政策的内销货物6.2亿元。

投资政策方面，国家发改委、商务部、国务院国资委等部委出台外商投资准入负面清单、放宽市场准入若干特别措施和鼓励类产业目录，制定实施支持中央企业在推进海南自由贸易港建设中发挥更大作用若干措施，海南省建立高规格推进机制，制定放宽市场准入工作建设项目清单等细化举措，极大激活市场活力。全省经济外向度提升7.1个百分点，新设立外商投资企业增长92.6%，在海南投资的国家和地区达113个。全年新增境外投资项目153个，中方投资总额27.6亿美元，同比增长564%。

财税金融政策方面，财政部、税务总局等部门制定出台旅游业、现代服务业、高新技术产业所得税优惠目录，海南省严格按规定落实企业和个人所得税优惠政策，研究完善企业实质性运营和高端紧缺人才享受个人所得税优惠政策有关判定标准。财政部、海关总署等部门完善离岛免税购物政策和海关监管模式，增加“邮寄送达”和“返岛提取”提货方式。人民银行、银保监会等部门出台金融支持海南全面深化改革开放的意见，海南省制定出台89条细化举措。搭建资金跨境双向流动“高速公路”，合格境外有限合伙人基金注册资本51.1亿美元，37家合格境内有限合伙人试点企业获得额度50亿美元，新引进1家外资银行。FT账户收支同比增长7.3倍，新型离岸国际贸易收支增长4倍。

航运航空政策方面，交通运输部出台建设海南自由贸易港海事特区的意见，海南省制定《海南自由贸易港国际船舶条例》，大力推进以“中国洋浦港”为船籍港的国际船舶登记制度改革，发布实施外籍邮轮在海南自由贸易港开展多点挂靠业务管理办法，持续推动航运开放。财政部等部委出台启运港退税、内外贸同船运输境内船舶加注保税油和本地生产燃料油、进出岛航班加注保税航油等政策。国家发改委、交通运输部等部委出台琼州海峡港航一体化实施方案，目前已完成两岸航运资源整合。新登记“零关税”进口船舶31艘，新入籍“中国洋浦港”的国际船舶达到30艘，国际船舶总吨位达到550万吨，跃居全国前三。首次实现西部陆海新通道“铁海联运+内外贸同船”，洋浦国际集装箱码头吞吐量突破130万标箱。正式开通首条第五航权航线。

数据流动政策方面，中央网信办、工信部等部门支持开展国际互联网数据交互和数据跨境流动安全管理试点，设立区域性国际通信业务出入口局，海南省在9个重点园区开通国际互联网数据专用通道，至东南亚方向的平均时延下降44%，有效提升企业国际互联网访问体验。国家发改委指导编制《智慧海南总体方案（2020—2025年）》，海南省细化形成34个重大工程项目和7项先行先试改革举措。建成首条文昌至香港国际海底光缆，建设国际海缆登陆站、国际业务局、海底数据中心等基础设施。有序推进增值电信业务对外开放。

封关运作准备方面，推进海南全面深化改革开放领导小组办公室制定《海南自由贸易港全岛封关运作准备工作任务清单》，海南省认真梳理涉及的软硬件等基础设施建设，整体打包上报国家发改委。海关总署出台海南自由贸易港海关监管框架方案、口岸布局方案。海南省加快软硬件监管设施建设，一体推进空间规划、土地等相关工作，为如期封关运作打好基础。

（四）贯彻新发展理念实现高质量发展

成功奏响练内功、转动能、引外力“经济转型三部曲”，深入谋划统筹区域协调发展，加快构建以旅游业、现代服务业、高新技术产业和热带特色高效农业为主导的“3+1”现代产业体系。

一是经济结构明显优化。国家发改委、交通运输部等部门印发海南自由贸易港建设重大项目实施方案，有效优化项目投资结构。全年产业投资（不含房地产开发）同比增长33.5%，高出全省投资增速23.3个百分点，制造业投资增长84%。三次产业结构调整为19.4∶19.1∶61.5，服务业增加值增长15.3%，油气全产业链产值增长15.8%，数字经济营收增长30%，“3+1”主导产业增加值占比达70%，提高5个百分点，上缴税收增长33.4%。

二是重大功能平台加快发展。坚持集约、集聚、高效原则，全力推动海南自由贸易港11个重点产业园区建设，实现经济规模效益和产业聚集效应“双提升”，对海南高质量发展提供有力战略支撑。11个自贸港重点园区固定资产投资增速高出全省60.4个百分点，营业收入实现翻番，税收占全省总税收比重超过四成。海口江东新区引进首架“零关税”通航飞机。海口高新区建立药械创新服务站，探索生物医药全周期管理服务模式。三亚中央商务区设立国际投资“单一窗口”线下窗口，带动注册企业增长近1倍。

三是消费回流成绩亮眼。持续做好境外高端购物、教育、医疗等三篇消费回流文章，财政部、海关总署、税务总局等部委出台进口展品税收优惠政策，助力成功举办首届中国国际消费品博览会。全年离岛免税店总销售额601.7亿元，同比增长84%；博鳌乐城国际医疗旅游先行区引进特许药械增长58.5%，特药险参保超800万人，医疗旅游人数增长90.6%，全国首个真实世界数据研究和评价重点实验室落地，成为国际先进药械进入中国的最主要通道；陵水黎安国际教育创新试验区顺利招生开学，北京大学等 9 所国内高校和英国格拉斯哥大学等 13 所国外高校签约入驻。全年接待游客 8 100 万人次，旅游总收入增长 58.6%，人均消费额增长 26.4%。

四是未来产业加快成型。加快培育南繁、深海、航天“陆海空”三大未来产业，国家发改委制定《关于培育海南省南繁种业产业链供应链、打造产业集群实施方案》，新设立“陆海空”三大产业科创平台 12 家，中国农业科学院南繁育种研究中心成立，印发《国家热带农业科学中心建设规划（2021—2035 年）》，国家耐盐碱水稻技术创新中心获批建设，中国种子集团总部落户三亚，国家级生物育种专区一期竣工投入使用，全球动植物种质资源引进中转基地隔检区选址开建，海南省崖州湾种子实验室挂牌运作并引进 79 个团队；深海科技创新公共平台项目和三亚南山港公共科考码头建设进展顺利；引进中科院空间应用中心、中科院地质地球所、中科院空天院，与中国星网签署合作协议。全年向“专精特新”企业贷款增长 66.9%，专利授权量增长 58.9%，国际专利申请量增长 8.4 倍。

（五）打造法治化、国际化、便利化的营商环境

始终站在改革开放最前沿，深化体制机制改革，在行政管理体制、营商环境建设等方面先行先试、大胆探索，为自贸港建设汇聚强大动力。

一是举全省之力支持儋州洋浦一体化发展。中央编办制定海南自由贸易港行政体制改革方案，并大力支持儋州洋浦一体化改革。海南省制定《关于支持儋州洋浦一体化发展的若干意见》，坚持“稳、进、谋、新、变”，做到稳思想、稳经济、稳社会、稳政策、稳预期，凝聚改革共识，提振各方信心。坚持稳中有进、以进固稳，建好海南自由贸易港建设的“先行者”和“排头兵”。充分发挥新领导班子集体力量，抓紧推进思想融合、机构融合、工作融合，在体制机制、营商环境、社会治理等重点领域和关键环节形成一批可复制可推广的创新成果，实现“1+1>2”的聚合效应。

二是强化制度集成创新。评选表彰第二届海南省改革和制度创新奖，累计发布制度创新案例 13 批 123 项，其中 5 项案例获得中央肯定、3 项案例得到国务院大督查全国通报表扬，13 项案例得到国家发展改革委、商务部等部门采纳并在全国范围复制推广。海南省告知承诺涉企经营许可事项较自贸试验区版本多 40 项，“极简审批”“单一窗口”等改革举措广受市场主体欢迎。海南自由贸易港官方公众号被中央网信办评为“走好网上群众路线”百个突出成绩账号。

三是加强营商环境制度建设。省委常委会每季度听取营商环境工作汇报，成立由省长任组长的省优化营商环境工作专班，出台《海南自由贸易港优化营商环境条例》，落实《海南自由贸易港制度集成创新行动方案（2020—2022 年）》《海南省创一流营商环境行动计划（2020—2021 年）》。建立“营商环境体验员制度”，设立营商环境问题受理平台，及时发现存在的营商环境问题，定期通报正面和反面典型案例。出台破产程序条例，设立海口破产法庭。实现 55.6%的政务事项“零跑动”、30 项“一件事一次办”、1 038 项“跨省通办”，“一枚印章管审批”改革实现市县区全覆盖。

四是提升营商环境便利度。海南国际投资“单一窗口”审批时限和环节缩减 70%，全流程办理企业设立、税务登记等业务最快 1 天办结。90%的省级行政许可事项实现全程网办。全面推行建设工程规划许可机器赋码和电子证照，在全国率先实现工程建设项目审批 100%电子证书。央企投资布局海南步伐加快，573 家在琼央企资产总额同比增长 17%、营业收入同比增长 64.3%、利润总额同比增长 83.8%。

（六）人才集聚态势加快形成

坚持五湖四海广揽人才，深化人才发展体制机制改革，健全完善以薪酬水平为主要指标的人才评

价体系，抓紧抓实人才队伍建设，不断汇聚海南自贸港建设需要的各类人才。

一是加强干部和人才队伍建设。出台高质量推进海南自由贸易港干部队伍建设的若干意见，着力建设政治过硬、具备领导现代化建设能力的干部队伍。在相对落后地区试点基层教育卫生人才激励机制改革，推行保收入、保安居、放宽退休年龄限制、放宽招录条件的“双保双放”创新做法。制定推进海南自由贸易港乡村人才振兴十条措施，给予乡村人才大力支持。建立本土人才创新创业项目征集推荐工作机制，选拔“南海系列”培养对象993人。在中组部和各有关方面的大力支持下，第4批130名优秀干部抵琼挂职。

二是强化人才政策创新。在全国率先出台外籍“高精尖缺”人才认定标准，开放境外人员参加职业资格考试38项，单向认可境外职业资格219项，数量和开放度位居全国前列。开展省级人才政策系统集成，完成第一批23项原有政策优化整合。与人力资源和社会保障部共同开展2021年海南自由贸易港招才引智活动，持续向全世界释放求贤若渴的强烈信号。面向全球选聘法定机构、事业单位、国有企业主要负责人。

三是提升人才服务效率。首创外国人工作、居留许可联审联检一体化政务服务平台，实现对在琼外国人申请工作许可、居留证件“一次提交、一网联审、一窗办理”。设立目标规模达10亿元的省专业人才培养专项基金，首期2.1亿元已通过市场化方式正式运作。全年共引进人才19.9万人，同比增长63%。

（七）生态环境质量持续改善

始终牢记生态环境保护这个“国之大者”，以最严格的保护推动环境质量全面改善，两轮中央环保督察整改任务按时完成率分别为100%、98.5%，努力建设生态环境世界一流的自由贸易港。

一是抓好标志性工程建设。海南热带雨林国家公园成为国家首批正式设立的5个国家公园之一。出台《海南热带雨林国家公园特许经营管理办法》，率先完成海南热带雨林国家公园生态系统生产总值（GEP）核算，雨林原真性和生物多样性得到有效保护，全球最濒危、极珍稀的海南长臂猿从10多只增长至35只。成功举办第三届世界新能源汽车大会，新能源汽车保有量占比增至7.2%、高出全国4.9个百分点。装配式建筑产能增长130%。

二是打好污染防治攻坚战。持续抓好“三面”（建筑工地、汽车尾气、道路扬尘）、“三点”（烟花爆竹燃放、槟榔土法熏烤、秸秆垃圾露天焚烧）空气面源污染防治工作。2021年PM2.5浓度均值为13微克/立方米，保持历史最好水平，空气质量优良天数比例达99.4%。深入贯彻落实河湖湾长制，新造和修复红树林湿地面积352公顷。建立赤田水库流域生态补偿机制创新试点。扎实推进净土保卫战，实施土壤污染治理与修复，加强固体废物污染防治。

三是做好碳达峰、碳中和工作。成立海南省碳达峰碳中和工作领导小组，制定双碳工作“1+N”政策体系，加快编制碳达峰实施方案，试点开展规划和建设项目碳排放环境影响评价。清洁能源装机比重达70%，提高3个百分点。

（八）人民群众获得感稳步增强

坚持统筹需要和可能，持续保障和改善民生，加强社会治理，让改革发展成果更好更公平惠及全体人民。

一是深入实施乡村振兴战略。脱贫攻坚成效在国家考核中连续3年被评为优秀等次，持续推进巩固拓展脱贫攻坚成果同乡村振兴有效衔接。推动集体经营性建设用地入市在全省铺开，出台农垦经营性建设用地入市办法，探索将农村土地改革拓展到垦区。4.5万名监测对象全部落实防返贫帮扶措施，农村居民人均可支配收入增长11%，农村劳动力转移就业11.7万人，完成年度目标任务的129.9%。

二是加强优质教育、医疗、文化供给。“一市（县）两校一园”工程全面完成，累计引进中小学幼儿园83所，提供优质学位16万个。严格落实“双减”部署，校内作业减负成效初显，大力推广中小学游泳教育，“阳光快乐”教育得到各界好评。扎实推进国家区域医疗中心、省级临床医学中心和医疗卫生系统标准化信息化建设，公共卫生防控救治能力“7+3”项目开工率92.4%，“一市（县）一院”工程累计引进全国知名医院53家，5G远程诊疗体系覆盖所有村（居）卫生机构，实现“1小时三级医院服务圈”全省覆盖。省图书馆二期竣工，海南科技馆、省美术馆开工。

三是推进以人为核心的新型城镇化。开展新一轮户籍制度改革，创造条件为城乡结合部居民落户提供便利。常住人口城镇化率提高至61.1%，全省进城务工随迁人员子女在公办学校就读比例提升至93%。开工建设安居型商品住房38 517套，改造各类棚户区3 045套，改造450个城镇老旧小区、惠及5.2万户。城镇新增就业17.7万人，同比增长23.2%。

四是提高社会保障和治理能力。提高城乡居民养老保险省级基础养老金，强化养老托育供给保障能力，全省城镇职工基本养老保障参保率同比增长7.7%，以社保卡为载体的一卡通服务管理模式基本建立。聚焦创建全国最安全地区目标，以超常规力度控发案、多破案、压事故、防事件，全省刑事案件立案数同比下降0.9%，命案发案数下降12.2%。全年共打掉涉黑涉恶犯罪团伙28个，扫黑除恶4项主要指标按人口占比保持全国前列；深入推进新一轮禁毒三年大会战，吸毒人数占总人口比从2020年底的2.59‰降至目前的1.7‰，禁毒工作群众满意度位列全国第一。

（九）法治保障坚强有力

2021年6月10日，《中华人民共和国海南自由贸易港法》颁布后，6月17日省委召开七届十次全会围绕“学习贯彻海南自由贸易港法、推动高质量发展”进行系统部署，不断提升依法推进自由贸易港建设的能力和水平。

一是谋划构建法律法规体系。认真梳理自由贸易港建设涉及的法规事项，初步研究确定89个立法项目。最高人民法院、最高人民检察院分别出台30条和21条措施，为海南自由贸易港建设提供司法服务和保障。设立海南自由贸易港知识产权法院和崖州科技城知识产权审判庭。颁布实施法治海南、法治政府、法治社会等“一规划两方案”（2021—2025年）。开展海南自由贸易港法专题普法工作。

二是制定出台配套法规。省人大常委会出台海南自由贸易港优化营商环境、反消费欺诈、公平竞争、社会信用、征收征用、安居房建设和管理、闲置土地处置、免税购物失信惩戒、洋浦经济开发区条例等15项配套法规，法律法规体系不断完善。制定颁布全国首部“禁塑”地方法规，逐步构建起“法规+标准+名录+替代品+可追溯平台”的全流程闭环管理体系。

三是完善多元化商事纠纷解决机制。建立国际商事纠纷“三位一体”多元化解机制，将诉讼、调解、仲裁三种争议解决方式无缝对接，海口、三亚、中国贸促会、海南国际仲裁院等4家国际商事调解中心建立“线下”一体化商事纠纷化解服务平台。建设中国（三亚）知识产权综合保护中心。持续优化公共法律服务，群众总体满意率98.15%。

三、海南省政府及相关部门出台的政策措施

（一）顶层设计

1.《中华人民共和国海南自由贸易港法》（2021年6月10日第十三届全国人民代表大会常务委员会第二十九次会议通过）。

（二）贸易政策

2.《海关总署关于印发〈海关对洋浦保税港区加工增值货物内销税收征管暂行办法〉的通知》（署税函〔2021〕131号，2021年7月8日）。

3.《海南自由贸易港跨境服务贸易特别管理措施（负面清单）（2021年版）》（商务部令2021年第3号，2021年7月23日）。

4.《海南省人民政府办公厅关于印发〈海南自由贸易港跨境服务贸易负面清单管理办法（试

行）〉的通知》（琼府办〔2021〕43号，2021年8月25日）。

5.《国务院关于同意在全面深化服务贸易创新发展试点地区暂时调整实施有关行政法规和国务院文件规定的批复》（国函〔2021〕94号，2021年9月15日）。

（三）投资政策

6.《国家发展改革委关于印发〈重大区域发展战略建设（推进海南全面深化改革开放方向）中央预算内投资专项管理办法〉的通知》（发改地区规〔2021〕111号，2021年1月27日）。

7.《关于印发〈海南自由贸易港鼓励类产业目录（2020年版）〉的通知》（发改地区规〔2021〕120号，2021年1月27日）。

8.《国家发展改革委　商务部关于支持海南自由贸易港建设放宽市场准入若干特别措施的意见》（发改体改〔2021〕479号，2021年4月7日）。

9.《商务部等20部门关于推进海南自由贸易港贸易自由化便利化若干措施的通知》（商自贸发〔2021〕58号，2021年4月19日）。

10.《商务部关于印发〈海南省服务业扩大开放综合试点总体方案〉的通知》（商资发2021年第64号，2021年4月21日）。

11.《海南省人民政府办公厅关于印发〈海南自由贸易港投资新政三年行动方案（2021—2023年）〉的通知》（琼府办函〔2021〕170号，2021年5月10日）。

12.《海南省发展和改革委员会　海南省财政厅关于印发〈海南省支持企业扩投资稳增长暂行办法〉的通知》（琼发改规〔2021〕4号，2021年5月12日）。

13.《海南省发展和改革委员会关于印发〈海南自由贸易港创业投资工作指引（2021年版）〉的通知》（琼发改财金〔2021〕709号，2021年9月22日）。

14.《海南省工业和信息化厅关于印发海南国际设计岛示范基地管理办法（试行）的通知》（琼工信规〔2021〕3号，2021年9月27日）。

15.《海南省商务厅关于印发〈外国机构在海南自由贸易港独立举办或合作主办涉外经济技术展管理暂行办法〉的通知》（琼商展〔2021〕79号，2021年11月24）。

16.《海南省人民政府办公厅关于印发〈海南自由贸易港建设投资基金管理办法〉的通知》（琼府办〔2021〕71号，2021年12月15日）。

17.《海关总署关于扩大洋浦保税港区政策制度适用范围的公告》（海关总署公告2021年第120号，2021年12月30日）。

（四）金融政策

18.《海南省地方金融监督管理局关于印发〈非居民参与海南自由贸易港交易场所特定品种交易管理试行规定〉的通知》（琼金监〔2021〕1号，2021年1月4日）。

19.《海南省地方金融监督管理局　海南省商务厅　国家外汇管理局海南省分局　洋浦经济开发区管理委员会关于印发〈海南省关于支持洋浦保税港区开展新型离岸国际贸易的工作措施〉的通知》（琼金监〔2021〕10号，2021年1月18日）。

20.《中国人民银行　中国银行保险监督管理委员会　中国证券监督管理委员会　国家外汇管理局关于金融支持海南全面深化改革开放的意见》（银发〔2021〕84号，2021年3月30日）。

21.《海南省地方金融监督管理局　国家外汇管理局海南省分局　海南省市场监督管理局　中国证券监督管理委员会海南监管局关于印发〈海南省开展合格境内有限合伙人（QDLP）境外投资试点工作暂行办法〉的通知》（琼金监〔2021〕37号，2021年4月8日）。

22.《海南省人民政府关于印发提高上市公司质量促进资本市场发展的若干意见的通知》（琼府〔2021〕15号，2021年4月8日）。

23.《海南省人民政府办公厅转发人行海口中心支行　省地方金融监管局　银保监会海南监管局　证监会海南监管局　外汇局海南省分局〈关于贯彻

落实金融支持海南全面深化改革开放意见的实施方案〉的通知》（琼府办函〔2021〕319号，2021年8月30日）。

（五）人才政策

24.《海南自由贸易港聘任境外人员担任法定机构、事业单位、国有企业领导职务管理规定（试行）》（2020年12月29日）。

25.《海南自由贸易港外籍医师技能认定实施细则（试行）》（琼卫医〔2021〕5号）。

26.《关于做好海南省现代物流业创业创新人才落户工作的通知》（琼发改规〔2021〕5号，2021年7月5日）。

27.《国家税务总局海南省税务局　中共海南省委人才发展局关于印发〈海南自由贸易港境外人员参加税务师职业资格考试实施办法〉的通知》（琼税发〔2021〕54号，2021年8月10日）。

28.《海南省人力资源和社会保障厅关于外省户籍人员以灵活就业人员身份参加本省基本养老保险有关问题的通知》（琼人社规〔2021〕7号，2021年8月31日）。

29.《海南省科学技术厅关于印发〈海南省高新技术企业“精英行动”实施方案〉的通知》（琼科〔2021〕233号，2021年9月3日）。

30.《海南海事局关于允许外籍人员参加全国注册验船师职业资格考试的公告》（海南海事局公告2021年第1号，2021年9月26日）。

（六）运输政策

31.《海南省交通运输厅关于海南自由贸易港“零关税”交通工具及游艇进口企业资格认定有关事宜的公告》（2021年2月7日）。

32.《财政部　交通运输部　商务部　海关总署　税务总局关于海南自由贸易港内外贸同船运输境内船舶加注保税油和本地生产燃料油政策的通知》（财税〔2021〕2号，2021年2月26日）。

33.《交通运输部关于海南省开展环岛旅游公路创新发展等交通强国建设试点工作的意见》（交规划函〔2021〕226号，2021年6月7日）。

34.《海南省人民政府办公厅关于印发〈海南邮轮港口中资方便旗邮轮海上游航线试点管理办法（试行）〉的通知》（琼府办〔2021〕32号，2021年7月12日）。

35.《海南省交通运输厅关于明确“零关税”进口船舶及游艇管理有关问题的通知》（琼交水运〔2021〕266号，2021年7月23日）。

36.《海南省交通运输厅关于印发〈海南自由贸易港“零关税”营运车辆管理实施细则（试行）〉的通知》（交规字〔2021〕272号，2021年7月26日）。

37.《海南省人民政府办公厅关于印发〈外籍邮轮在海南自由贸易港开展多点挂靠业务管理办法〉的通知》（琼府办〔2021〕47号，2021年9月11日）。

38.《海南省人民政府关于印发〈海南自由贸易港国际客船、国际散装液体危险品船经营管理办法〉的通知》（琼府〔2021〕30号，2021年9月17日）。

39.《海南省人民政府办公厅关于印发〈海南自由贸易港外国船舶检验机构入级检验监督管理办法〉的通知》（琼府办〔2021〕49号，2021年9月28日）。

（七）产业政策

40.《关于印发〈海南省关于支持重大新药创制国家科技重大专项成果转移转化的若干意见〉的通知》（琼科〔2021〕4号，2021年1月6日）。

41.《国家税务总局海南省税务局　海南省财政厅　海南省市场监督管理局关于海南自由贸易港鼓励类产业企业实质性运营有关问题的公告》（2021年第1号，2021年3月5日）。

42.《海南省人民政府办公厅关于印发〈海南省加快医学教育创新发展实施方案〉的通知》（琼府办函〔2021〕86号，2021年3月26日）。

43.《关于印发海南省加快全生物降解材料产业发展的若干政策措施（试行）的通知》（琼发改环资〔2021〕216号，2021年4月7日）。

44.《海南省人民政府办公厅关于规范产业扶持财税政策有关事项的通知》（琼府办〔2021〕18号，2021年5月21日）。

45.《海南省人民政府办公厅关于印发〈海南省以超常规手段打赢科技创新翻身仗三年行动方案（2021—2023年）〉的通知》（琼府办〔2021〕24号，2021年6月16日）。

46.《海南省科学技术厅关于印发〈海南省高新技术企业培育库管理办法〉的通知》（琼科规〔2021〕3号，2021年6月29日）。

47.《海南省发展和改革委员会关于印发〈海南省支持电动汽车换电站建设的指导意见（试行）的函》（琼发改能源函〔2021〕513号，2021年7月26日）。

48.《海南省科学技术厅印发〈海南省整体迁入高新技术企业奖励细则〉的通知》（琼科规〔2021〕5号，2021年8月12日）。

49.《海南省科学技术厅印发〈海南省高新技术企业研发经费增量奖励细则〉的通知》（琼科规〔2021〕6号，2021年8月14日）。

50.《关于印发〈海南省"十四五"期间享受进口税收政策社会研发机构名单核定实施办法〉的通知》（琼科规〔2021〕7号，2021年8月17日）。

51.《海南省科学技术厅印发〈海南省省级产业创新服务综合体认定管理办法（试行）〉的通知》（琼科规〔2021〕8号，2021年9月3日）。

52.《海南省科学技术厅关于印发〈海南省科技型中小企业认定管理暂行办法〉的通知》（琼科规〔2021〕9号，2021年9月19日）。

53.《海南省科学技术厅关于印发〈海南省企业研发机构认定和备案管理办法〉的通知》（琼科规〔2021〕10号，2021年9月22日）。

54.《海南省信息化建设领导小组办公室关于印发〈海南省加快工业互联网创新发展三年行动计划（2021—2023年）〉的通知》（琼信组办〔2021〕14号，2021年9月30日）。

55.《海南省人民政府办公厅关于印发〈进一步支持共享农庄发展的十一条措施〉的通知》（琼府办〔2021〕52号，2021年10月12日）。

56.《海南省发展和改革委员会关于印发〈海南省"十四五"时期产业结构调整指导意见〉的通知》（琼发改产业〔2021〕780号，2021年10月13日）。

57.《海南省人民政府办公厅关于印发〈海南自由贸易港种子进出口生产经营许可管理办法〉的通知》（琼府办〔2021〕61号，2021年11月18日）。

58.《海南省市场监督管理局关于促进海南跨境电商合规经营健康发展的指导意见》（2021年11月19日）。

59.《海南省发展和改革委员会关于印发〈海南省省级示范物流园区工作认定细则〉的通知》（琼发改规〔2021〕15号，2021年11月23日）。

60.《海南省人民政府办公厅关于印发〈海南自由贸易港船舶保税油经营管理暂行办法〉的通知》（琼府办〔2021〕70号，2021年12月14日）。

（八）税收政策

61.《财政部　海关总署　税务总局关于海南自由贸易港试行启运港退税政策的通知》（财税〔2021〕1号，2021年1月5日）。

62.《海关总署关于发布〈海南自由贸易港交通工具及游艇"零关税"政策海关实施办法（试行）〉的公告》（海关总署公告2021年第1号，2021年1月5日）。

63.《财政部　海关总署　税务总局关于海南自由贸易港自用生产设备"零关税"政策的通知》（财关税〔2021〕7号，2021年2月24日）。

64.《海关总署关于发布〈海南自由贸易港自用生产设备"零关税"政策海关实施办法（试行）〉的公告》（海关总署公告2021年第23号，2021年3月4日）。

65.《财政部　海关总署关于明确海南自由贸易港"零关税"自用生产设备相关产品范围的通知》（财关税〔2021〕8号，2021年3月10日）。

66.《财政部税务总局关于印发〈海南自由贸易港旅游业、现代服务业、高新技术产业企业所得税优惠目录〉的通知》(财税〔2021〕14 号，2021 年 3 月 18 日)。

67.《财政部　海关总署　税务总局关于中国国际消费品博览会展期内销售的进口展品税收优惠政策的通知》(财关税〔2021〕32 号，2021 年 4 月 26 日)。

68.《财政部　海关总署　税务总局　民航局关于海南自由贸易港进出岛航班加注保税航油政策的通知》(财关税〔2021〕34 号，2021 年 7 月 2 日)。

69.《海口海关关于发布〈洋浦保税港区加工增值货物内销税收征管海关实施暂行办法〉的公告》(2021 年第 2 号，2021 年 7 月 13 日)。

70.《财政部　海关总署　税务总局关于调整海南自由贸易港原辅料“零关税”政策的通知》(财关税〔2021〕49 号，2021 年 12 月 21 日)。

(九) 法律法规

71.《最高人民法院关于人民法院为海南自由贸易港建设提供司法服务和保障的意见》(法发〔2021〕1 号，2021 年 1 月 8 日)。

72.《海南自由贸易港国际船舶条例》(海南省第六届人民代表大会常务委员会第二十八次会议通过，海南省人民代表大会常务委员会公告第 82 号，2021 年 6 月 1 日)。

73.《海南自由贸易港优化营商环境条例》(海南省第六届人民代表大会常务委员会第三十次会议通过，海南省人民代表大会常务委员会公告第 89 号，2021 年 9 月 30 日)。

74.《海南自由贸易港反消费欺诈规定》(海南省第六届人民代表大会常务委员会第三十次会议通过，海南省人民代表大会常务委员会公告第 90 号，2021 年 9 月 30 日)。

75.《海南自由贸易港公平竞争条例》(海南省第六届人民代表大会常务委员会第三十次会议通过，海南省人民代表大会常务委员会公告第 91 号，2021 年 9 月 30 日)。

76.《海南自由贸易港社会信用条例》(海南省第六届人民代表大会常务委员会第三十次会议通过，海南省人民代表大会常务委员会公告第 94 号，2021 年 9 月 30 日)。

77.《海南省人民代表大会常务委员会关于将林业植物检疫证书核发等省级管理权限调整由海南自由贸易港重点园区管理机构实施的决定》(海南省第六届人民代表大会常务委员会第三十一次会议通过，海南省人民代表大会常务委员会公告第 96 号，2021 年 12 月 1 日)。

78.《海南自由贸易港免税购物失信惩戒若干规定》(海南省第六届人民代表大会常务委员会第三十一次会议通过，海南省人民代表大会常务委员会第 97 号公告，2021 年 12 月 1 日)。

79.《海南自由贸易港闲置土地处置若干规定》(海南省第六届人民代表大会常务委员会第三十一次会议通过，海南省人民代表大会常务委员会第 99 号公告，2021 年 12 月 1 日)。

80.《海南自由贸易港市场主体注销条例》(海南省第六届人民代表大会常务委员会第三十一次会议通过，海南省人民代表大会常务委员会第 100 号公告，2021 年 12 月 1 日)。

81.《海南自由贸易港科技开放创新若干规定》(海南省第六届人民代表大会常务委员会第三十一次会议通过，海南省人民代表大会常务委员会第 101 号公告，2021 年 12 月 1 日)。

82.《海南自由贸易港知识产权保护条例》(海南省第六届人民代表大会常务委员会第三十一次会议通过，海南省人民代表大会常务委员会第 102 号公告，2021 年 12 月 1 日)。

83.《海南自由贸易港企业破产程序条例》(海南省第六届人民代表大会常务委员会第三十一次会议通过，海南省人民代表大会常务委员会公告第 103 号，2021 年 12 月 1 日)。

84.《海南自由贸易港征收征用条例》(海南省第六届人民代表大会常务委员会第三十一次会议通

过，海南省人民代表大会常务委员会公告第105号，2021年12月1日）。

85.《海南自由贸易港安居房建设和管理若干规定》（海南省第六届人民代表大会常务委员会第三十一次会议通过，海南省人民代表大会常务委员会第106号公告，2021年12月1日）。

86.《海南自由贸易港洋浦经济开发区条例》（海南省第六届人民代表大会常务委员会第三十二次会议通过，海南省人民代表大会常务委员会第107号公告，2021年12月30日）。

（十）保障措施

87.《海南省人民政府关于修改〈海南省土地储备整理管理暂行办法〉的决定》（海南省人民政府令第296号，2021年1月4日）。

88.《海南省财政厅关于印发海南省区块链财政电子票据应用管理办法（试行）的通知》（琼财票规〔2021〕1号，2021年1月11日）。

89.《关于印发〈海南省行业协会商会监管实施办法（试行）〉的通知》（琼发改规〔2021〕1号，2021年1月15日）。

90.《海南省人民政府办公厅关于构建海南自由贸易港以信用监管为基础的过程监管体系的实施意见》（琼府办〔2021〕4号，2021年1月30日）。

91.《财政部　海关总署　税务总局关于增加海南离岛旅客免税购物提货方式的公告》（财政部　海关总署　税务总局公告2021年第2号，2021年2月2日）。

92.《海关总署关于发布海南离岛旅客免税购物邮寄送达和返岛提取提货方式监管要求的公告》（海关总署公告2021年第13号，2021年2月3日）。

93.《海南省人民政府关于印发海南省省级土地储备运作机制的通知》（琼府〔2021〕7号，2021年2月3日）。

94.《海南省人民政府关于将部分省级行政管理事项调整由市、县、自治县和洋浦经济开发区实施的决定》（海南省人民政府令第297号，2021年3月6日）。

95.《海南省人民政府办公厅关于调整省级权力清单的通知》（琼府办〔2021〕6号，2021年3月6日）。

96.《海南省人民政府办公厅关于印发海南省建设占用永久基本农田调整补划管理办法的通知》（琼府办〔2021〕9号，2021年3月16日）。

97.《海南省人民政府办公厅关于加强国土空间规划监督管理的若干意见》（琼府办〔2021〕12号，2021年4月21日）。

98.《海南省自然资源和规划厅关于在洋浦经济开发区等重点园区实施国土空间用途转用和规划审批制度改革试点的意见》（琼自然资规〔2021〕3号，2021年5月28日）。

99.《海南省优化营商环境工作专班关于印发〈2021年海南省提升营商环境重要量化指标便利度实施方案〉的通知》（琼营商〔2021〕2号，2021年6月10日）。

100.《海南省人民政府办公厅关于印发〈关于落实进一步优化营商环境　更好服务市场主体实施意见的措施〉的通知》（琼府办函〔2021〕228号，2021年6月19日）。

101.《海南省人民政府关于将部分省级管理权限调整由重点园区管理机构实施的决定》（海南省人民政府令第300号，2021年6月22日）。

102.《海南省人民政府关于推进气象事业高质量发展助力海南自由贸易港建设的意见》（琼府〔2021〕27号，2021年7月12日）。

103.《海南省人民代表大会常务委员会关于将旅行社设立审批等省级管理权限调整由海南自由贸易港重点园区管理机构在重点园区范围内实施的决定》（海南省人民代表大会常务委员会公告第86号，2021年7月27日）。

104.《海南省人民政府办公厅关于印发海南自由贸易港免税商品溯源管理暂行办法的通知》（琼府办〔2021〕40号，2021年7月31日）。

105.《关于印发〈海南自由贸易港个人诚信积

分管理办法（试行）〉的通知》（琼发改财金〔2021〕639号，2021年8月30日）。

106.《中国（海南）自由贸易试验区发垄断委员会办公室关于印发公平竞争审查第三方评估办法（试行）的通知》（琼反垄断办〔2021〕13号，2021年9月1日）。

107.《海南省人民政府办公厅关于完善建设用地使用权转让、出租、抵押二级市场的实施意见（试行）》（琼府办〔2021〕46号，2021年9月10日）。

108.《海南省人民政府办公厅关于印发〈海南省自然资源统一调查监测评价管理办法〉的通知》（琼府办〔2021〕48号，2021年9月12日）。

109.《海南省药品监督管理局　海南省卫生健康委员会　海口海关关于进一步优化监管服务支持海南博鳌乐城国际医疗旅游先行区高质量发展若干措施的通知》（琼药监〔2021〕70号，2021年9月15日）。

110.《海南省人民政府办公厅关于印发〈海南自由贸易港深化"证照分离"改革进一步激发市场主体发展活力实施方案〉的通知》（琼府〔2021〕31号，2021年9月16日）。

111.《海南省科技计划体系优化改革方案》（琼科〔2021〕250号，2021年9月24日）。

112.《海南省人民政府办公厅关于印发〈海南省政务服务"零跑动"改革实施方案〉的通知》（琼府办函〔2021〕394号，2021年10月18日）。

113.《海南省人民政府办公厅关于印发〈海南省农垦经营性建设用地入市试点办法〉的通知》（琼府办〔2021〕66号，2021年11月30日）。

114.《海南省发展和改革委员会关于印发〈海南自由贸易港口岸建设"十四五"规划（2021—2025）〉的通知》（琼发改投资〔2021〕1008号，2021年12月16日）。

2021年中国（山东）自由贸易试验区建设概况

中国（山东）自由贸易试验区工作办公室

张型成

中国（山东）自由贸易试验区工作办公室副主任

张型成，男，汉族，1965年1月出生，山东平度人，1986年7月参加工作，1986年3月加入中国共产党。武汉大学国际软件学院软件工程专业毕业，大学学历，工程硕士。曾任山东省外经贸委计财处助理调研员、副处长；省外经贸厅计财处副处长、调研员、处长；省商务厅总会计师。2012年4月任山东省商务厅二级巡视员。2020年2月任山东省商务厅党组成员、副厅长，中国（山东）自由贸易试验区工作办公室副主任。

一、经济运行数据

（一）投资情况

2021年，中国（山东）自由贸易试验区（以下简称山东自贸试验区）新设企业23 314家，其中新设外商投资企业314家、比上年增长9.0%。实际使用外资25.6亿美元，比上年增长38.1%。从行业看，第二产业实际使用外资5.5亿美元、增长44.2%，第三产业实际使用外资20.1亿美元、增长36.9%；从来源地看，香港实际投资15.8亿美元、增长6.5%，新加坡投资4.3亿美元、增长281.5%，日本投资2.9亿美元、增长510.4%，英属维尔京群岛投资1.3亿美元、增长190.6%；从区域看，济南片区实际使用外资10亿美元、增长37.8%，青岛片区实际使用外资8.5亿美元、增长59.40%，烟台片区实际使用外资7.1亿美元、增长19.5%。

（二）贸易情况

2021年，山东自贸试验区货物进出口总额3 843.3亿元、比上年增长39.4%。其中，货物出口额1 546.4亿元，增长28.5%；货物进口额2 297亿元，增长47.8%。从贸易方式看，一般贸易、加工贸易、保税物流进出口额分别比上年增长40.8%、20.8%和57.7%。从贸易主体看，国有企业、外资企业、民营企业进出口额分别比上年增长79.8%、30.8%和37.5%。从产品结构看，机电产品、高新技术产品出口额分别比上年增长24.6%、3.7%；14类大宗商品、机电产品、高新技术产品进口额分别比上年增长46.9%、31.8%和37.2%。从贸易伙伴看，山东自贸试验区与前六大贸易伙伴东盟、美国、马来西亚、欧盟、韩国、日本的进出口额分别比上年增长54.4%、39.8%、118.9%、18.7%、53.3%、10.4%。

（三）金融情况

2021年，山东自贸试验区跨境双向人民币资金池业务结算量169.8亿元，比上年增长80%；跨境人民币结算金额634.7亿元，比上年增长50.6%；区内银行向境外项目发放人民币贷款11.8亿元，比上年增长745.7%。

（四）特色数据

2021年，山东自贸试验区内青岛港港口吞吐量6.57亿吨，比上年增长4.1%，占全省总量的43.6%；集装箱吞吐量2 481万标箱，比上年增长7.8%，占全省的72.8；海铁联运182万标箱，增长9%，占全省的71.1%；外贸吞吐量4.68亿吨，增长 3.3%，占全省的 50.4%。

二、建设措施及成效

在商务部的大力支持下，在省委省政府的坚强领导下，山东自贸试验区坚持以制度创新为核心，加大改革赋权力度，扎实推进试点任务落实，着力培育外向型产业，积极开展先行先试和压力测试，自贸试验区建设取得明显成效。截至 2021 年底，112 项试点任务已实施 110 项，实施率达到 98.2%，提炼总结了 189 项创新成果。其中，“多方联动构筑海洋生物资源‘大养护’格局”被评为全国自由贸易试验区第四批“最佳实践案例”，3 项被国务院自由贸易试验区工作部际联席会议推广，17 项首创性探索获国家部委认可。

（一）加大改革赋权力度

全国首创“负面清单制”放权模式，除法律法规明确不能下放的 213 项省级事权外，其他全部下放至自贸试验区，按照山东自贸试验区各片区实际需要最大程度给予改革自主权，350 个高频事项实现跨片区互办通办，企业获得感明显增强，创新经验作为改革案例编入《中国营商环境报告》。山东自贸试验区获批多项国家级专项改革试点，先后获批国家市场监管总局全国首批强化竞争政策试点、文旅部对外文化贸易基地、商务部文化出口基地和进口贸易促进创新示范区等。

（二）推动产业差异化发展

济南片区聚焦探索医养健康产业发展新模式，探索建立“互联网+医保+医疗+医药+中医药出海”创新体系，吸引 3 500 家生物医药企业集聚，推进华熙生物实现透明质酸入食突破。青岛片区聚焦国际贸易融合发展，全国首创海铁联运货物“全程联运提单”、“陆海联动、海铁直运”监管、原油进口“先放后检”等模式，吸引英国 BP、荷兰壳牌等 400 多家油品贸易企业集聚，青岛集装箱口岸营商环境居全国第二。烟台片区聚焦构建多元化海洋产业体系，探索海工装备与海洋牧场融合试点，制定全国首个海洋牧场平台确权路径，建成全国首座深远海智能化养殖网箱，成立全国首家海洋知识产权中心，带动烟台海洋牧场综合经济收入超过 500 亿元。

（三）加快探索联动创新经验

在省内布局建设一批联动创新区，研究制定联动创新区建设实施方案，推动 3 个片区与 17 个国家级和省级功能区开展联动创新，构建片区内外市场相通、规则相联、产业相融、创新相促的发展格局；省外推动济南片区与澳门—横琴片区推动中医药产业合作、青岛片区与南沙片区开展创新合作共建全球溯源中心、烟台片区与海南三亚崖州湾科技城开展海洋种业合作，发挥互补优势，推动互利共赢。

（四）积极主动对标高水平开放制度先行先试

组织开展对标《全面与进步跨太平洋伙伴关系协定》（CPTPP）等高标准国际经贸规则研究。在货物贸易、服务贸易、数字贸易、投资、知识产权、公平竞争、环境保护、国有企业 8 大领域研究提出 83 条创新举措，形成并上报专题报告，获得商务部的肯定和支持。新业态培育取得新突破。保税业务快速增长，落地全国首个保税混铜业务试点，首创保税原油混兑调和业务、保税铁矿混矿“随卸随混”模式。2021 年青岛关区保税混油 243.9 亿元、增长 720%，保税混矿 246.5 亿元、增长 65.8%；大宗商品聚合效应显现，建成省内唯一以国际化业务为特色并推动跨境结算的现货交易平台，吸引 109 家企业上线，全年实现现货交易额 307.2 亿元。

（五）完善保障机制形成部门合力

建立统计制度和特色指标体系，开发上线区域识别系统，与省有关部门实现数据共享，客观反映自贸试验区建设成效。强化考核激励，建立改革创新评价机制，对改革试点任务推进情况加强督导，鼓励部门协同创新，并将山东自贸试验区三片区外贸外资增长对全省外贸外资贡献度指标纳入考核，强化发展外贸外资的导向作用。同时建立容错纠错机制，激励干部担当作为，营造大胆闯、大胆试的良好氛围。

三、创新成果及案例

案例 1：增值税留抵退税确认制

主要做法：

山东自贸试验区济南片区和济南市税务局在调研中发现，有企业反映留抵退税政策很好，但政策条件比较复杂、退税金额计算难度较大、退税申请提交窗口期较短，从而表现出较低的退税意愿。为使企业应享尽享政策红利，济南片区和市税务局创新提出由“企业提出申请”向“税务超前服务”转变的工作思路。采取“先试点再推开、先手动再自动”的方式，首批选取 20 家企业，由税务部门通过人工进行数据识别和核算开展退税试点，并根据实际操作经验，依托纳税人普遍使用的电子税务系统，开发加载数据分析功能模块，实现企业留抵退税网上签约、网上推送、网上确认全流程“自动化”办理。

特色亮点：

（一）“被动”变“主动”，以机制创新推动政策落实

以往纳税人申请留抵退税，存在政策限制和时限要求。留抵退税确认制，由税务部门主动承担纳税人退税的识别分析工作，通过信息化手段为符合退税条件的纳税人即时推送留抵退税办理提醒，减轻了税务机关政策辅导压力、提高了政策落实精准性，消除了纳税人享受政策的隐性障碍。

（二）“报送”变“推送”，以流程再造减轻企业负担

以往纳税人申请留抵退税，需要向税务机关准备报送多项数据，工作量大、准备时间长。留抵退税确认制，由税务机关为纳税人预填退税所需所有参考数据，纳税人核对确认后提交，实现了从“企业申请报送、税务机关审核”到“税务主动推送、税企双方相互印证”的转变，提高了纳税人享受退税政策的合规性和便捷性。

（三）“两步”变“一步”，以系统集成优化办税体验

抵退税确认制，将纳税申报和留抵退税办理紧密衔接，由电子税务局根据纳税人申报结果即时、自动判断并推送退税信息，纳税人在申报完成后一键跳转即可办理退税、对系统推送的参考数据一键确认后即可完成提交，退税体验进一步改善。

实践效果：

增值税留抵退税确认制极大提高了留抵退税惠企政策效果，主要体现在以下几个方面：

一是在提高纳税人退税意愿的同时优化了营商环境。通过推行“增值税留抵退税确认制”纳税人退税意愿明显增强。以浪潮软件济南分公司为例，该企业自留抵退税确认制实施以来，连续 9 个月以确认制方式申请退税，退税款项在第一时间内转化为扶持企业发展的资金动能。同时，留抵退税确认制减轻了企业核算压力，减少了税企之间在数据方面的沟通成本，缩短了退税总时长，在税收营商环境评价中形成了独特优势。

二是在强化政策精准落实的同时提升了退税审核质效。留抵退税详细记录了税务机关数据推送与纳税人确认反馈的情况，是税务机关实现一对一精准落实政策的有效手段。同时，增值税留抵退税确认制所推送的参考数据由系统自动生成，可以有效降低人为干预和计算错误的影响。税务机关退税审核要点由对数据准确性的复核变为对例外情形和高风险事项的监控，大大提高留抵退税审核质效。

三是在发挥政策效应的同时提升了税收治理水平。留抵退税确认制，提高了企业申请退税的便捷性，加速了退税业务办理频率，从客观上对税务机关税收治理能力提出了更高要求。基层税务机关不仅要按规程办理退税审核业务，更要保持前瞻性、综合性思维，统筹考虑组织税收收入、企业退税意愿、税收风险防范等多方面情况，加强对重点企业的政策扶持，将预备工作做足做实，更好推进政策

落实、提升税种治理水平。

案例 2：出口退税备案单证无纸化

主要做法：

单证备案既专业又复杂，需联合内部各相关部门才能完成。过去纸质资料备案，企业一般需要配备专职人员，涉及人员多、部门多、环节多，特别是一些大型出口企业，备案资料多，整理耗时耗力，占用大量空间。为解决企业困难，济南市以济南片区为创新平台，制定《出口退（免）税无纸化管理试点工作方案》，探索推行出口退（免）税备案单证无纸化新模式。符合条件的企业，可自愿选择无纸化备案模式。

特色亮点：

（一）负面清单制确定适用企业，信用导向备案

根据企业纳税信用等级和是否有违规行为等，确定无纸化备案适用企业范围，防范无纸化管理风险，促进企业信用培育。对纳税信用等级为 C 级或 D 级、上一年度发生过违反出口退（免）税规定、因骗取出口退税被停止出口退税权，或存在其他严重失信或风险等 6 种情形的企业，不适用无纸化备案模式。

（二）企业自主选择备案方式，便利企业备案

企业可结合实际，根据备案程序和自身管理需求，选择自行制作电子文档、自建软件系统或选用通用软件等不同方式进行出口退（免）税无纸化备案。税务部门可提供免费备案软件，并为企业提供无纸化备案指导和服务，确保不增加企业额外负担。

（三）制定单证电子数据标准，规范企业备案

制定《出口退（免）税备案单证无纸化电子数据标准》，企业可依据标准，按照“出口退（免）税类型—申报所属期—申报序号（批次）或申报关联号”的层级结构建立备案单证电子文档库，形成《出口货物备案单证目录》，便于企业调阅或税务部门核查。

实践效果：

一是减轻了企业负担。过去纸质备案程序烦琐，涉及人员多、部门多、环节多非常容易出错。企业需将各个批次报关单下载打印后，由单证负责部门发给对应的单证人员；单证人员逐一匹配、打印相应的商业发票、提单、箱单，统一加盖公章、法人章，并按照顺序整理完毕后交接给财务；财务核查单据是否完整，再交专人负责装订、存档。实行无纸化备案后，在企业开票系统内，单证部门只将出口发票关联单号共享给相应部门，由相关部门和人员及时上传提单、箱单、商业发票、采购合同等单证，归档备案即可。例如，中国重型汽车集团产品出口全球 100 多个国家，每年需要整理归档数万套备案单证资料，过去需要七八个人专门收集、盖章、整理和装订，占用 3 个仓库。实行备案单证无纸化后，公司只安排 1—2 人就轻松完成，极大减少人工、仓储成本，提高了工作效率。

二是便利了税务核查。过去税务部门核查企业备案单证时，企业需要从仓库成千上万的存档单证中逐一查找，查阅不便且非常烦琐。现在企业可以根据税务部门核查需要，随时上传电子备案数据，必要时再打印出来即可。税务部门根据企业提供的电子单证核查比对，比过去到企业核查省时省力又精准，实现了“无事不扰”。

三是有效防范出口退税风险。出口退（免）税备案单证是出口企业在出口业务流程关键环节形成的凭证，是防范和打击出口骗税的重要线索。过去存在单证归档质量良莠不齐的问题，存在各类出口退税风险。实行无纸化管理后，企业利用软件系统从业务源头开始上传单证信息，内部各部门按照各自分工实时上传各自领域的单证；软件系统可自动收集、智能匹配、定时提醒业务，报税人员根据提醒进行退（免）税申报，完成申报的同时单证自动归档，有效避免单证缺漏、毁损及归集保管难题。税务部门可以随时调取企业单证，及时发现风险、提醒企业，实现企业和税务双方共赢。济南片区大

型出口企业基本采用了无纸化备案方式，受到企业一致好评。

案例 3：电子证照联展联用新模式

主要做法：

为满足企业和群众对“互联网+政务服务”的新需求，山东自贸试验区青岛片区在全国率先试点，打破部门行业数据壁垒，推行电子证照联展联用实践，并在全市推广应用。青岛市企业通过电子营业执照小程序，即可实现 67 种许可证线上申领、下载展示、验证使用，企业获得感和政务服务、商务服务数字化水平进一步提升，营商环境更加优化。

特色亮点：

（一）以电子营业执照为载体，实现电子证照一站式集成

依托电子营业执照系统的身份认证优势，搭建电子证照联展联用系统，开发电子证照目录管理、归集管理、应用管理、统计分析管理模块。将散落在各部门、各业务系统的电子许可证，归集到企业电子营业执照名下，实现存量电子证照的统一归集和增量证照的同步申领。企业法定代表人无须下载手机应用程序或申请实体 Key，通过电子营业执照小程序，统一进行线上申领、授权管理、下载展示、验证应用，简便快捷。企业选择“关联证照”功能后，在电子证照列表即可显示其已经办理的电子许可证，包括证照名称、发证部门、持证人角色、证照授权时间和用途，实现企业电子证照的联合展示。

（二）以高效归集共享为目标，实现电子证照跨行业覆盖

充分发挥相对集中许可权改革的优势，进一步扩大电子许可证的归集范围。围绕企业准入准营全链条，按照“分类、集成”的原则，打通 17 个行政许可专网系统，覆盖食品餐饮、文化体育、人力资源、医疗卫生、教育培训、安全生产、水电气暖、城市管理、交通运输、建筑工程、农林牧渔、产品质量、特种设备等 13 个大类 14 个部门，包括食品生产许可证、出版物经营许可证、劳务派遣经营许可证等在内的 67 种电子许可证，全部实现与电子营业执照实时共享、联展联用。以电子营业执照为载体，最大限度地将电子许可证进行归集，让更多业务的全程网办成为可能，真正实现“一照集证”。同时还将企业经营异常名录信息、严重违法企业名录信息等企业信用数据与电子营业执照进行关联，方便企业实时下载查看、出示使用，达到“一次身份验证、证照联展联用”的目的，为政务服务和商业活动推广电子证照奠定了基础。

实践效果：

一是“一照集证”提高企业获得感。企业法定代表人使用电子营业执照小程序，即可自动归集其经营许可信息、线上授权他人使用证照办理业务、实时查看证照使用时间和用途。企业通过电子营业执照小程序选择“关联证照”功能，即可显示其已经办理的电子许可证，包括证照名称、发证部门、持证人角色、证照授权时间和用途，实现企业电子证照的联合展示。改变了企业以往手动填写表单、重复录入信息、多次提供证照的申报方式，实现市场主体相关信息“最多报一次”。审批人员可以快速准确核验企业电子证照的信息真伪，一键提取电子证照数据和电子图像，在保证信息读取准确性的同时，缩短申请人准备纸质证照及审批人员录入信息的时间，提高行政效率，降低行政成本。改革前企业对其名下的电子证照要逐个进行领取下载，电子证照联展联用模式上线后，企业只需在电子营业执照小程序进行一次申领，就可自动下载其名下的电子许可证。系统上线当月就吸引 1 000 多家企业使用该模块下载相关电子证照办理业务。

二是高效归集。国家市场监管总局批复青岛市以电子营业执照为依托，关联市场主体电子证照，实现“准入+准营”证照联展联用工作。青岛片区在借鉴上海电子营业执照和食品经营许可电子证书联动应用工作基础上，在全国率先将电子证照联动

联用范围扩展到67种电子许可证，成为全国电子证照联动应用数量最多、场景最广的区域。

案例4："医保大健康"赋能医保医药医疗联动发展

主要做法：

（一）线上线下结合开展慢性病管理创新

线下，互联网平台企业与公立医疗机构进行合作，在医院内建设慢性病服务专区、设立慢性病药房，将慢病患者的就医问诊、慢性病续方、复诊复查、药品配送等全部集中到一个区域，连通医院管理信息系统（Hospital Information System，HIS），实现医院电子处方对慢性病药房进行流转，解决群众多窗口跑路、排队等现象，实现医药分开；线上，基于医保电子凭证和人脸识别，通过手机应用程序、微信小程序等方式，为慢病患者打通复诊渠道，医保信息可即时核验，近3个月历史用药信息调取仅需0.02秒，实现医保认证、复诊核验、在线处方、送药到家等关键环节的无缝衔接。根据市卫健部门政策规定，互联网医院设立必须依托实体医院，接入平台的互联网医院从业人员接受其所在实体医院管理，受市卫健委、医保部门监督，扎实筑牢医疗风险防控防线。目前已在济南市中心医院、千佛山医院、济南市传染病医院、章丘区人民医院等医疗机构开展试点。

（二）运用新一代信息技术为基层医疗赋能

为解决基层偏远地区弱医少药、不能满足群众需求的问题，一方面，平台依托互联网医院，利用"车（医保健康服务车）、包（云诊包）、站（医生工作站）"构建起"网格化"基层数字健康服务体系。医保健康服务车能完成7大类53小项检查检验，开通线上医保支付，将诊疗服务、常用药品送进乡村，以及地理位置偏远、医疗水平相对薄弱的地区，助推基层医疗服务能力提升。另一方面，探索建设数字健共体项目，通过把公共卫生服务、家医服务与慢性病管理服务有效融合，充分发挥基层医生"健康守门人"的作用，开展线下与线上、院内与院外、全科与专科相结合的健康管理服务，织密医疗健康服务网底。

（三）创新"互联网+医疗健康"帮办代办服务

互联网平台企业设立呼叫中心和网约服务平台，与长期护理服务有机结合，依托呼叫坐席中心，联接全市各类长期护理机构，对护理药械开展集中配送，以家庭为中心，以社区为依托、以社区卫生机构和长护机构为载体，培育"群众点单、服务上门"的"网约护理"新业态，让老百姓特别是居家行动不便的老年人足不出户，即可享受优质、安全的医疗护理、出行帮扶等服务。

（四）建设医保智能监控平台

为管好群众的"救命钱"，依托平台积极研发线上线下相结合、事前事中事后全流程的智慧医保监控系统。在医院端部署事前事中监管系统，将医保审核关口前移，在医疗行为发生的事前进行介入提醒，事中进行干预提示，将不合理、不合规的行为控制在医保结算之前。事后，通过大数据风控，对参保人就医过程中产生的就诊和医保结算信息，根据预先定义审核规则进行自动过滤筛查，生成疑点信息推送至监管人员处进行人工复核。推动基金监管从抽单审核向全方位、全流程、全环节的智能监控转变。

（五）开展商业健康保险供给侧革新

利用平台信息集成的技术优势，实现医保商保数据互通、监管一体，增强商业保险公司风险防控能力。2020年，指导商业保险公司开发与基本医保紧密结合的商业健康保险"齐鲁保"，并开通医保个人账户支付予以支持，对基本医疗保险形成有效补充，更好满足了群众多层次、多样化的健康保障需求。首期产品投保71.3万人。

（六）推动中医药产业数字化升级

一方面，建设扁鹊智慧中药房，实现在线复诊、线上开药、医保结算、中药代煎及配送等"线上+线下"一站式服务。另一方面，依托平台组建了十四省（区、市）中药（材）采购联盟，推动世界中药（材）互联网交易中心和质量鉴定中心落地济南，并在国内最大的中药材集散地安徽亳州设立基地，2 000 多家商家将入驻交易平台。同时，建立中药质量标准、质量鉴定、全程溯源、质量保险、互联网交易、中医药创新及国际交流七大体系，推动中药药材、饮片和配方颗粒等中药全品类交易从线下走到线上，实现质控、交易、支付、结算和监管的线上一体化服务。

实践效果：

通过山东省医保大健康平台的服务创新，实现了治理提效、患者满意、医院发展、产业聚集多方共赢的良好局面。

（一）治理提效："三医联动"改革不断走向深入

一是国家政策在实践中得到落实。通过对公立医院、社会药房的一体化管理，门诊检查和药房配药的分流和协作，实现了诊疗、开方、医保审核、结算、取药"一站式"服务，医诊疗服务更加丰富、高效、温暖。二是医保基金监管效能得到有效提升。医保基金使用实现智能监管一体化，通过应用智能监控系统，对医师开处方和开具检查项目等各个方面进行事前提醒、事中预警和事后审核的全过程监管，实施有力的约束和规范，大处方、大检查现象明显减少。三是"三医联动"真正形成闭环。打破传统模式下大型医疗机构与基层医疗机构"孤岛"式运行模式，就医需求得到有效保障，基层资源得到充分利用，形成区域内医疗资源的大整合。同时，把门诊慢性病用药从医院进行剥离，对用药品种进行规范统一，处方在全域医疗系统及定点药店中高效流转。真正实现医药分开，医院提供医疗服务，医药企业统一提供药品并配送，互联网医疗企业充分衔接好线上线下流量接口，实现全病程的服务闭环。

（二）患者满意：医疗服务更加优质高效

一是群众就医更加便捷。门诊慢性大病审核鉴定手续大大简化，患者就诊取药等待时间由 2 个小时缩短到 30 分钟；通过送药上门服务，有效改善了过往慢病患者每月一次往返医院复诊、购药的局面，充分保障了患者购药需求，做到了少跑腿、少排队、省心力。平台在全省累计在线问诊已超过 400 万人次，慢性病管理服务 60 万人次，送药到家服务 7 万人次。以济南为例，累计为 4.1 万人次提供了慢性病复诊购药服务，医保报销医疗费用 1 332 万元。二是医疗费用有效降低。通过实现医疗机构、社区卫生服务机构之间信息的有序共享和互认，避免患者不必要的重复检查和重复配药，有效降低群众就医负担；同时患者可在线浏览和下载检查报告、咨询健康知识、预约医疗卫生服务等，降低群众因获取医疗卫生服务的交通成本、时间成本支出。三是健康管理更加科学。利用互联网健康大数据，群众可方便地查询个人健康档案、历次就诊和医学检查记录以及各项医疗卫生服务政策、办事程序等。由平台提供专职医生进行健康管理，推动"以治病为中心"转向"以人民健康为中心"，助推群众不得病、少得病、得小病，在更广阔、更宏观的层面为减轻群众负担和医保有效控费作出应有的贡献，让群众共享医疗卫生事业发展成果，享有公平的健康权和医疗权。

（三）医院发展：医疗资源更加合理配置

一是解放医院医疗资源。将慢性病患者的服务由线下转移到线上，在更好服务慢病患者的同时，解放医院线下医疗资源，助推医院实现"腾笼换鸟"，让医生将更多精力放到急诊、大病等临床治疗上来。二是提升基层医疗服务能力。依托平台让医疗数据跑起来，让电子档案活起来，更好地服务于健康管理，解决家庭医生签而不约的问题。依托健康服务车，不仅推动了优质医疗资源"沉得下、用得起"，提升村卫生室和乡镇卫生院医疗服务水平，也打通了群众就医、问诊不便的"最后一公里"，让百姓在村卫生室做检查，县级医院负责诊断，再通过互联网将结果回传至村卫生室，指导村医提供诊疗服务，从而真正实现"小病不出村，大病不出县"。三是拓宽医院服务范围。依托平台连接互联网医院，将医院服务范围由线下扩展到线上，打破时空限制，让优质医疗服务可以覆盖更广泛的地区，特别是地理位置偏远、医疗水平相对薄弱的地区，深化医疗服务供给侧改革，为医院发展打造新的线上增长极。平台搭建一年来，全省累计开展在线问诊425.4万人次，群众就医购药7.6万人次。

（四）产业聚集：健康产业发展更加集成高效

一是引入优质资源形成示范效应。平台吸引了微医集团（浙江）、济南高新控股、中金资本、中信网络等省内外十余家企业加大山东省健康产业建设投入，并在全省各市建立分中心，形成了“立足济南、辐射全省”的战略布局，预计将撬动超300亿健康产业资源。二是完善配套、构建产业链条。平台引入上游药品、耗材生产企业，药械配送企业，中游商业补充保险企业，下游医疗护理和医疗康养产业等，以平台的业务与技术需求解决为出发点，产学教研协同发展，创新可复制可推广的产品与技术，形成完整产业链链条，孕育“资源+资金+平台+产业”融合发展的新业态。三是形成中医药创新发展优势。山东互联网中药（材）交易平台以质量监控和中药材全流程溯源为特点，充分发挥医保支付驱动作用，支持中药材采购联盟开展中药的互联网采购，构建起跨区域中药材交易的数字化服务体系，有力地助推中医药产业化、现代化。

案例5：“独任审批师”制度打造“极简审批”模式

主要做法：

为进一步解决行政审批链条过长、环节过多、权责交叉、职责不清等问题，山东自贸试验区济南片区率先在全国创新性地建立“独任审批师”制度，变简单事项“一审一核”为“独任审核”，推动审批决策扁平化管理。济南市结合行政审批服务工作实际，坚持先行先试稳妥推进，在部分事项审批中创新推行“独任审批师”制度，即将行政审批的审查与核准职责合并，“审核合一”，由行政审批部门具有资格的一名审批人员独立对行政审批申请事项依法进行审查、核准并作出审批决定。“独任审批师”是指由行政审批主管部门核准的，具有行政审批资格，独立对行政审批申请事项依法审查、核准并作出审批决定的行政审批专业人员。

特色亮点：

（一）组建“独任审批师”工作委员会

“独任审批师”工作委员会负责“独任审批师”遴选、配置、聘任、评查、退出工作。负责组织梳理并公布独任审批事项清单；制定独任审批事项审批流程、标准、规范；依据独任审批事项确定“独任审批师”配备。

（二）明确独任审批事项范围

独任审批事项范围为法律关系明确、材料简单、事实清楚的行政审批事项，不涉及技术审查（包括现场查验、现场考评、鉴定评审等）、利害关系人提出异议、需要举行听证、重大执法决定法制审核等特殊情形的事项。

（三）限定“独任审批师”资格条件

“独任审批师”应当具备以下条件：属于行政审批主管部门正式在编在职人员；具有行政执法资格；从事行政审批工作一年以上；熟悉相关行政审批事项法律法规政策、具备计算机应用技能。

（四）建立完善配套制度

为规范“独任审批师”行政审批服务行为，实现精细化管理，在试点实践基础上形成制度规范，制定了《济南市行政审批服务局“独任审批师”管理办法》《独任审批师“双随机”评查工作细则》，明确“独任审批师”工作的原则、适用范围、资格条件和职责，以及工作质量评查退出制度等，确保独任审批工作依法依规有序运行。对“独任审批师”办结案件每半年抽查一次，发现不适宜继续担任的，取消其“独任审批师”资格。每任“独任审批师”任期两年，到期后重新授权。

（五）实行终身负责制

“独任审批师”对审批决定实行终身负责制。“独任审批师”必须在公开承诺时限内核准办结，符合当场办结条件的，要当场办结；严禁越权审批，严禁随意提高或降低法定条件。

实践效果：

（一）审批环节和申报材料大幅缩减

“独任审批师”制度变“一审一核”为“独任审核”，从受理、审查到审批、办结全程均由具有资格的独任审批师负责，减少了处室内部及处室之间流转签批环节，从根本上改变了原来有重复、多层次的审核程序，实现了审批决策的扁平化管理。涉及申报材料全部整合共享无须再重复提交，凡是在实际操作中可控范围内的材料一律取消，实现简单事项“立等可取”，审批效率“再提速”。如民办非企业设立，通过流程优化梳理，由原来的初审、审核、审批 3 个环节，优化为 1 环节，时限从原来的 30 天减少到即办。

（二）审批服务标准和质量切实提升

独任审批事项实行清单化管理，对政务服务事项进行精细化梳理，形成独任审批事项清单，逐个事项明确审核要件、流程、规范和时限，建立零基础标准化模板，压缩了“独任审批师”自由裁量空间，实现制度规范化运行，提高了独任审批事项的标准化水平。

（三）审批服务人员责任感进一步增强

按照“谁审批、谁负责”原则，独任审批师独自完成审查、核准、发证等环节，并对审批决定终身负责。加之严格的遴选、监督管理和推出机制，对工作人员提出更高要求，也切实增强其责任感和使命感，激发工作人员的内驱力，推动工作人员自觉强化业务技能，主动完善审批流程，将审批事项优化这一集体组织目标变为工作人员个人目标，从而推动事项不断优化和提速。对办事企业和群众来说，从前期咨询到办理过程、结果出具都由独任审批师一人负责，大幅减少跑腿次数，办事体验大幅优化。

案例 6：口岸智慧查验平台新模式

主要做法：

山东自贸试验区青岛片区创新推出“云港通 · 口岸智慧查验平台”，通过 API 接口服务方式与海关数据分中心、查验区生产系统、码头公司集装箱管理系统等进行数据实时交换，实现查验代理线上申请拖箱、申请查验、免单申请、线上支付、无纸化提箱及查验动态跟踪等功能，实现海关查验业务全程线上化操作，打造青岛口岸智慧查验新模式。

特色亮点：

（一）整合关港业务，统一平台受理

利用信息化手段将海关、港口、查验代理等查验业务的相关方整合到同一平台，查验代理可通过平台手机应用程序线上进行预约、查询、缴费、提离等，避免了原来在港口调度、海关前台、客服中心等多窗口、单线程反复奔波。在线预约后，港口根据确认情况进行调箱，海关根据确认情况进行查验，统一了双方的工作频率和作业范围，实现了港口和海关的同频共振。

（二）打通关港数据，提高作业效率

新增对接接口 10 个，海关将细化指令等以接口方式推送港口，港口将生产系统中船期等信息推送海关，双方信息交互能力大大增强。打通双方信息流后，使海关查验环节与口岸物流链条有机融合，企业向海关申请查验后，海关和港口之间不再需要代理、货代从中协调，可以通过系统实现双方自动化互动，提高码头作业效率。

（三）设计有效规则，保障查验秩序公平公正

系统利用规则对待查验货物进行自动排序，保证农产品、AEO 高级认证企业货物优先查验，建立公平、公正、公开地查验秩序，避免“插队”“加塞”等情况。将查验环节状态全方位公开，提高查验环节可视化程度，查验派单状态通过手机推送实现实时提醒，全国首次实现过机状态和审图状态信息公开，将查验区调度、码头物流、海关查验等各部门物流信息汇总展示，确保进出口企业能够实时掌控物流状态，保证进出口企业知情权，规范口岸货代、查验代理市场。

实践效果：

（一）实现农产品等特殊货物的优先查验

根据运行规则，对鲜活易腐农产品、AEO 高级认证企业和出口赶船货物实施优先确认查验。鲜活易腐农产品平均查验时间为 15.3 小时，非农产品查验时间平均 22.4 小时，约 86%的出口农产品可以在 24 小时之内完成查验，出口非农产品 24 小时完成查验的占比约为 75%；AEO 高级认证企业平均查验时间 18.5 小时，非高级认证企业平均查验时间 20.8 小时，特殊货物、特殊企业优先查验优势明显，确保港口服务到位。

（二）提升工作效率和监管效果

将海关查验环节纳入整体物流以后，由查验申请信息、查验完成信息自动生成装箱、移箱指令，港务部门根据系统确认数据，充分利用晚上空隙时间集中背箱作业，确保次日待查集装箱全部到位。海关根据申请信息灵活调度人力资源，同时，系统可实现对超期未申请、超期未查验、超期挂起等单证的风险预警，有利于现场科室对违规企业“选人查验”“定向查验”等行为的监督。

（三）推动关港服务一体化

“云港通 · 口岸智慧查验平台”致力于提升青岛口岸外贸综合服务能力，通过将海关查验与港口物流有机融合，实现山东港口集团旗下各港口集团及内陆港的服务提升。以大数据、区块链等技术，建设窗口统一化、作业智能化、流程便捷化、资源共享化、信息整合化、服务标准化的海关、港口一体化服务门户。

案例 7：NQI（质量基础设施）线上线下“一链办”

主要做法：

国家质量基础设施（National Quality Infrastructure，NQI）主要包括标准、计量、检验检测和认证认可等要素。烟台作为 NQI 协同服务试点，在全国率先建成“烟台 NQI+服务云平台”，确立了 NQI“网上办、尖端检、援助站、协同帮、百事通”五大功能板块，打造出线上线下一体化 NQI 服务的“烟台样板”，获国家市场监管总局高度肯定。

特色亮点：

（一）NQI 网上办，“一网通办”更便捷

企业可在任意端口登录烟台 NQI 服务云平台，对“业务登记、预约服务、进度查询、网上收费、报告打印、满意度评价”等流程界面进行自主操作，实现计量器具检定校准、产品质量检验、特种设备检验、标准查询等相关业务的网上办理。目前，云平台拥有注册用户 4 200 多家，办理业务 1 200 多件，极大提高了服务效能。以西继迅达电梯维保公司为例，以往这项工作需要奔波 150 多公里，耗费企业一整天的时间。开通 NQI 网上办，短短半个多小时就可完成 30 台电梯报检，助力自贸片区企业进入办事“零跑腿”时代。

（二）NQI 尖端检，整合尖端助创新

这是云平台最重要的创新之一，通过整合全市 1 600 多台、原值达 11 亿元的高精尖仪器设备，组建起线上超级实验室，让全市尖端设备最大限度进行共享，研究机构只要进入云平台的“尖端检”模块发起网上预约，就能在全市范围内查找和使用尖端仪器设备，实现仪器设备跨区域、跨领域共享，解决驻烟高校、科研院所、企业研发缺少高端仪器设备的难题。滨医学院的米教授，从事生物信息学研究，他通过平台的“NQI 尖端检”功能，在超级实验室中找到烟台排名第一的核磁共振波谱仪，小动物三维活体成像仪等设备，顺利完成实验内容，节约了大量实验成本。

（三）NQI 援助站，共享互助降成本

为中小微企业提供服务外包，供需双方分别发布供给能力和生产需求，实现仪器设备的互助共享。另外，平台汇集各领域专家 120 人，提供 NQI 协同帮服务，云平台通过在线培训、在线会议等多种渠道，实现与各领域专家的互动，为企业提供质量诊断。今年上半年，飞迈（烟台）机械公司急需仪器检测三坐标校准件，工程师登陆平台互助模块

提交诉求，很快在国家机动车配件中心找到了烟台精度最高的一台三坐标测量机，用最低的成本获得了最准的数据。

（四）NQI 协同帮，集聚智慧解难题

平台分行业、分领域搭建了求助园地，提供协同研究、在线培训、在线会议等，让企业与各领域专家开展互动交流、进行在线解惑。例如，烟台喜旺集团通过平台，与专家深入探讨参与速冻水饺国际标准起草等问题，助推中国传统食品迈向国际。

（五）NQI 百事通，融通信息强服务

提供 NQI 相关法律法规、业务知识的在线查询、阅览，并提供对相关检验检测机构、仪器设备的一站式查询服务，平台可查询的机构范围不仅包括本地机构，还拓展到省级、国家级检验检测中心等技术机构。通过“帮您找”功能可查询 850 多个国家级质检中心和国际知名机构信息。哈福玩具企业在登陆平台后，找到全国知名的认证机构，顺利完成 3C 认证，解决了企业的燃眉之急。

实践效果：

一是有利于提高产业产品整体水平。社会化、专业化的质量技术服务，可以助力科研团队全力开展质量攻关，解决技术难题，其中万华工作站每年定期组织召开技术研讨会、高精度仪器培训等，助力企业向全球一流行列迈进；医药健康产业分中心共享实验室服务企业创新药研发，并为中小微企业提供创新券减免优惠政策，孵化出地舒单抗注射液等多个国家一类新药。

二是有利于激发中小企业生产经营活力。推行仪器设备社会共享，中小企业可以轻装上阵，不必再消耗大量自有资金，配置大量仪器设备。

三是有利于企业获得世界各地产品通行证。中心所采取的标准、计量等，基本都与国际通行标准接轨，能够助力企业获得世界各地的权威认证。例如，烟台片区企业牵头制定的刹车盘行业国家推荐标准《汽车用制动盘》达到欧美技术标准，助力企业打开欧美等国际市场。

案例 8：知识产权保护存证“易智存”

主要做法：

当前，知识产权案件的主要症结是调查取证难、确权难，电子证据具有可复制、易篡改、改后无痕、不易固化归档和呈现等特性；在申请公证机关保全证据、固定证据时存在周期长、费用高等难题。为此，山东自贸试验区烟台片区以知识产权存证、维权取证等问题为导向，充分利用区块链的技术特性，打造全省首个“易智存”区块链知识产权服务平台，实现知识产权全过程的电子数据上链，并创新“区块链+公证+知识产权”模式，推动知识产权保护线上、线下融合发展，做到存证实时锁定、即刻公证，以科技赋能知识产权保护新高地。目前，“易智存”区块链知识产权服务平台已经国家互联网信息办公室备案。

特色亮点：

（一）存证实时锁定

引入区块链技术，搭建“易智存”区块链知识产权服务平台，运用加密存储防篡改技术，对目标数据安全存储，实现从产生到下载的全流程监管，保障安全合法有效，为知识产权保护、商业秘密保护、电子商务等活动提供专业化、全流程的在线取证、存证、验证查询功能。对已生成的证据进行即刻上传存证，对需提取的证据采用一键拍照、录音、录像等方式进行取证，并存储于区块链分布式网络中，同时生成链上唯一且可追溯的定权哈希、数字指纹及时间戳，并获取《可信时间凭证认证证书》《电子证据保全及认证证书》。实现从创新确权，到取证、存证、认证、保全、管理，再到运用维权，知识产权全过程的电子数据实时上链，使侵权行为与相关证据及其形成过程得到锁定，永久有效，无法篡改。可在法庭当庭提交认证，通过关联之后，系统会自动提交侵权过程的明文记录，法院系统核验本地机器上区块链中的哈希数据（通过一定的哈希算法，典型的有 MD5，SHA－1 等，将一段较长的数据映射为较短小的数据）进行明文和哈希的比对，比对通过则生成侵权证据链。

（二）存证即刻公证

建立“区块链+公证+知识产权”模式，联合第三方公证机构，建立“存证确权+在线公证”联动机制，变线下公证为线上即刻公证。用户通过存证确权、在线取证、侵权监测、在线公证等方式将原本需要线下进行的咨询、申请、身份验证、审核、证件查验、缴费、发放、查询等所有环节挪至线上，节省人力、物力、时间。利用链上区块间数据的交互存储认证，实现电子证据的在线公证、自行验证，同时联合公证处对每项出具《电子数据保管证书》进行公证背书，证据可在全国范围内通用，并且在法庭调解或诉讼庭审中，可当庭进行电子证据核验、直接使用。

实践效果：

一是以区块链技术手段，对数据进行固定、留存、收集、提取、传输、保全，可以有针对性地提供存证、取证服务，随时随地进行证据上链。一经记录存证，其相关认证、存证信息即可联网查询，永久有效，无法篡改，解决以往知识产权电子证据取证难、易篡改、管理难、不易保存等难题，提升了数据的证明力和时效性。

二是在知识产权保护案件的市场调查、取证过程中，从证据的产生、固定到存证、保全，均由相关司法机构同步监督与公证，获得司法认可的电子存证、认证证书。公证后可作为仲裁、裁决的证据，全国通用，成为认定案件事实、依法作出裁判的核心所在。此模式操作简单、成本低廉、数据可靠，快速保存实时证据信息，实现“存证+公证”一站式解决，保证了电子证据的完整性、真实性、时效性，确保电子证据的证据效力，促进案件的快速高效办理，提高司法效率。

案例9：“链上自贸”保税展销辅助监管系统集成拓展

主要做法：

一是“链上自贸”保税展销模式是济南片区利用“一物一码”技术探索贸易新模式的成功实践。该创新做法有效缓解传统贸易模式下国内外两个市场被关税和技术性贸易壁垒分隔的问题，满足海关提升监管效能和安全度的要求，进一步促进国际贸易发展。

二是济南片区将制度创新、海关监管创新和浪潮技术创新相融合，开发“链上自贸”保税展示展销系统，运用国家标识解析质量码（QID码），对保税展销商品赋码，实现“一物一码”“一物一档”，保证“进、出、转、销、存”信息流与货物流相匹配，搭建了保税展销全流程跟踪、追溯及服务数字化平台。

三是企业需要保税展示展销时，进行QID码申请，海关确认赋码信息后，为每一个商品、每一个包装箱赋码，建立码、商品、包装关联关系，完成企业信息和商品信息上链；在商品出区时，建立出区车辆与载货情况的对照关系，完成商品出区信息上链；货物到达保税展示区域时，经销商扫码入库，完成展厅入库信息上链；展示交易过程中，消费者通过微信扫码可以查询商品所有链上信息并完成购物消费，交易信息实时上链，未销售的商品可退回。

特色亮点：

一是“一物一码”实施精准监管，运用物联网技术，发挥5G网络高容量的优势，在云端为每件商品设立标识解析QID码，赋予商品唯一性身份信息，将海关监管最小单元精确到每件商品。

二是“一物一档”完善信息链条，通过QID码将商品、包装等信息关联上链，利用区块链技术连接商品出区、展示、销售、征税、返区等关键节点，海关通过扫描QID码即可获得每件商品的完整监管“档案”，消费者通过手机扫码即可了解商品所有信息。

三是“全程可溯”严密监管链条，通过QID码对商品展示交易过程中装卸运输、库位移动、分包集拼、终端销售等活动环节进行跟踪定位，实现全程监控和溯源管理。同时，利用5G网络将商品销售、返区等信息处理时间降低到毫秒以内，对货物异动实时预警。

四是“数据共享”促进贸易便利，“链上自贸”平台可与海关监管系统、综合保税区卡口系统实现对接，通过信息自动传输和比对，有效降低企业申报频率和监管介入程度，满足企业24小时业务办理需求。

五是“自动清分”防范税收风险，消费者扫码购买后，购买资金根据完税码等参数设置，在清分平台进行清分，按照法定程序完税，并进行资金分配，确保相关税款应收尽收。

实践效果：

提升贸易便利化水平。“链上自贸”模式实现了“新技术、低干预、高效能”的隐形监管和精准监管，最大程度简化监管手续，提升贸易便利化水平，吸引更多消费类企业及进口商品经销商聚集。已有日本LAOX、绿地国际商贸集团等区域总部落户济南片区，17家平台型贸易企业在济南综保区设立保税仓库。

降低国际交易与生产成本。极大降低了贸易企业出区展销、保税加工关税和保证金占压。例如，绿地济南全球贸易港销售近60个国家3 000余种商品，实现销售额1.1亿元，减少资金占压近4 000万；临工重机正在试行“一物一码”保税加工，年降低成本达5 000万元。

促进知识产权跨国保护。“一物一码”溯源体系为厂家知识产权保护提供技术支撑，吸引国外专利产品和高端品牌放心进入中国市场。法国GAS珠宝等品牌通过商品赋码实现3 500万元商品进口，带动2021年签订2.1亿元订单。

破解商品难退回问题。提高企业保税展销产品处理灵活性，满足企业对未销售产品退回保税仓、转运至他地销售或退回海外的多种需求，解决一般贸易进口商品因销售不畅造成商品积压、难退回风险的问题，化解企业后顾之忧。

案例10：集装箱进口“船到直提”出口“抵港直装”

主要做法：

山东自贸试验区青岛片区“直装直提”操作新模式是指根据船舶公司、外贸企业等客户需求，对外贸集装箱实行进口货物“船边直提”、出口货物“抵港直装”的操作新模式。关口前移，进口货物申报由原先的抵港后前置到货物抵港前48小时，出口通关由原先货物抵港后提前到货物抵港前；码头优化口岸作业流程，进口货物不落堆场船边直提，出口货物抵港后直入前沿装船；客户全流程网上申报，打造便捷优质高效的码头服务模式。

特色亮点：

（一）优化通关申报流程

配合海关，实现关口前移，进口货物申报由原先的抵港后前置到货物抵港前48小时，出口通关手续由原先货物抵港后提前到货物抵港前。企业由原先的抵港后申报改为提前办理海关申报和缴税手续，实现进口集装箱货物在抵港卸货前获得海关放行许可。出口企业在货物运抵前即可提前申报，货物实际进入港区时便可获取查验或放行指令。

（二）创新口岸作业模式

新模式下进口集装箱货物如无须海关查验，船舶抵港后自动放行，卸船即提。为满足高效便捷的提离操作，码头安排专属业务人员对接客户，实时告知货物的卸船时间，并安排人员现场引导车辆进入桥吊下提箱。出口集装箱货物如无须海关查验运抵后自动放行，出口直装，确保箱子及时出运。

（三）开发网上受理平台

针对新模式，开发网上受理预约平台，企业通过青岛港微信公众号服务平台预约，全程网上申请办理业务。进口货物提箱时，客户可根据码头网上受理平台反馈的卸船时间到码头提箱出场。出口货物在船舶抵港前24小时，客户可登录码头网上受理平台预约获取预计装船时间，根据装船时间安排司机入港装船，实现全程网上申报。网上受理预约平台缩短司机在港等待时间，为客户提供了更多元化的便捷服务。

实践效果：

一是有效缩减交付备货时间。对于进口货物，船边直提大大缩减了交付时间，时效性增强；对于出口货物，申请了抵港直装，缩减了备货时间，降低用箱成本，截至 2022 年 4 月已累计开展进出口直提直装 2.1 万标准箱。

二是助力企业复工复产。“抵港直装”新模式满足了企业对物流时效性的需求，传统的出口货物装船时间需要 3—4 天，采用直装方式，出口货物装船时间平均缩短为 0.5 小时，为企业提供了更为快捷高效的通关、物流方式选择。

案例 11：进口原油“先放后检”新模式

主要做法：

根据《中华人民共和国进出口商品检验法》及其实施条例的规定，进口原油需经海关检验合格并出具相关证单后，企业方可销售、使用。实施“先放后检”方式后，将实验室检测过程后置，进口原油经现场检查合格即可卸船、提离口岸监管场所。此模式下，原油卸货、转运与实验室检测从“串联”调整为“并联”，海关实验室检测不影响卸货和转运。

实践效果：

一是压缩验放时长，促进通关便利化。进口原油实施“先放后检”后，实验室检测和合格评定与货物卸货、转运作业两个过程，从原有“线性流程”变为“并联作业”，进口原油经现场查检和取样符合要求后，即可开展卸货和转运作业。实施，青岛海关共监管进口原油 82 船次、重量 1 250.45 万吨、货值 38.04 亿美元，全部实施“先放后检”，平均验放时长在 0.5 天以内，每船次货物验放时间减少 2—3 天。

二是降低企业成本，优化口岸营商环境。实施“先放后检”后，进口原油收货人无须等待实验室检测结果，即可开展卸货、转运工作，可大幅节约进口企业租用岸罐费用。同时减低企业资金占用和库存积压，对急需用货的炼厂来说，提货时间可由此前的 3 天左右转变至卸货后即提，企业生产应急能力大幅提升。

三是提升疏港能力，推动港口业务增长。实施“先放后检”后，进口原油提货速度加快，有效提升港口罐容的周转效率，以青岛油港为例，罐容周转率约为 1.55 次/月，比实施前效率提升 35% 以上。罐容周转效率的提升，带动油轮靠泊速度的提高，有效降低油轮滞港的问题。新模式还为创新进口原油“船船直转”“随卸随输”等新业态发展创造条件，有力保障国际中转疏运业务的顺利开展，推动青岛片区油品板块码头装卸、疏运业务的进一步增长。

案例 12：公式定价货物“三结合”通关改革

主要做法：

根据海关总署有关公告规定，公式定价是指在向中华人民共和国境内销售货物所签订的合同中，买卖双方未以具体明确的数值约定货物价格，而是以约定的定价公式来确定货物结算价格的定价方式。按照现行规定，公式定价货物通关前需逐票办理合同备案，通关中逐票征保放行，通关后逐票办理尾款结算，多项作业环节导致通关耗时较长，一度成为海关通关作业难以解决的顽疾，直接影响口岸营商环境提升和企业获得感。为解决上述难题，山东自贸试验区烟台片区积极实施对公式定价货物管理模式的改革创新，通过“三个结合”，将以报关单为单元的审核模式，向以“企业+合同”为单元的管理模式转变，不断简化作业流程，提升通关便利化水平。

特色亮点：

一是与企业信用管理相结合，简化作业流程。

根据企业信用管理“守法便利”的原则，以属地纳税人管理为抓手，在理清属地企业进出口情况、贸易关系、交易流程、定价模式等内容基础上，将属地纳税企业中一般认证及以上的生产型企业纳入信用管理范围，直接认可企业主动申报内容，不再进行逐票审核，简化通关前备案、通关中征收保证金、通关后结算作业流程，提升作业效率。

二是与汇总征税模式相结合，缓解担保压力。结合汇总征税改革相关要求，积极引导征收全额保证金的属地企业采用汇总征税模式通关，将汇总征税的保证金视为公式定价货物的保证金，提高担保利用率，减少担保额度占用，同时叠加汇总征税模式先放后税、集中缴税的政策利好，进一步缩短货物通关时间、盘活企业资金。

三是与后续监管制度相结合，强化风险防控。为了保障税收安全，有效防控风险，货物放行后，在税管局开展专项复审及随机抽审，稽查部门开展稽核查基础上，属地海关结合属地纳税人管理对企业纳税风险定期评估，并对已办结手续报关单按月集中批量复审，对于复审问题较多的企业，暂停适用该优惠政策。

实践效果：

一是货物通关效率大幅提升。改革前，企业需要提前5个工作日向海关申请备案，通关过程中海关需要逐票审核报关单、核定保证金办理征收手续；改革后，以企业为单元进行管理，简化通关前合同备案、简化通关审核流程、精简单证，备案时间缩短为1个工作日，货物平均通关时间由72小时压缩至24小时以内。

二是尾款结算效率大幅提升。改革前，公式定价企业在进行尾款结算时，需针对同一合同项下的不同报关单逐票提交结算材料，从逐票报关单准备最终发票、最终品质证、重量证、结算说明、作价期指数资料、装卸记录表等材料，到海关逐票审核以上资料的准确性，再到完成结算，整个过程大约需要3—5个工作日，办理时限较长；改革后，海关直接按照企业自主提报的结算金额进行结算，结算时间平均用时不到1个工作日，效率大幅度提升。

三是资金占用成本大幅降低。积极引导征收全额保证金的属地企业采用汇总征税模式通关，大幅提升汇总征税担保额度利用率。同时，新模式大大压缩了进口增值税税单获取时间，从而提升企业增值税抵扣效率，盘活了企业流动资金。以万华化学为例，使用汇总征税担保可减少企业3 000万—4 000万元担保额度，加快了6.2亿元增值税的抵扣效率。

案例13：出口货物知识产权状况预确认

主要做法：

为有效打击知识产权侵权行为，中国对进出口环节知识产权实施海关保护，即在对进出口货物查验时，如发现货物涉及在海关总署备案知识产权、收发货人不在合法使用人名单且无法排除侵权嫌疑的情况下，将按规定依职权采取保护措施，终止通关并通知权利人确认货物的知识产权状况，一般情况下需要一周时间。由于实施知识产权状况确认主要发生在货物通关过程，且部分货物确认程序复杂、耗时长，有时会导致正常货物通关延误。为此山东自贸试验区烟台片区率先开展并落地实施出口货物知识产权预确认，大幅提升通关便利化水平。此模式已在海关总署备案。

特色亮点：

一是以信用为基础，出口货物知识产权变“通关时审查”为“申报前预确认”。对于企业信用状况为一般信用及以上且3年内无重大违法、违规记录的一般贸易进出口企业，在货物申报前，海关通过审核企业提交的授权书或相关合同等证明文书、情况说明、出口目的国、计划出口货物数量等基础材料和信息，对货物知识产权状况进行初步审核，并与知识产权权利人建立协同工作机制，对涉及货物知识产权状况进行预确认。经确认为授权产品的，权利人将单票货物信息添加到知识产权保护系统并备注有效期。

二是以企业为单元，建立风险防控保障。海关提前了解参与知识产权状况预确认试点企业的信用状况，以企业、出口目的国等为单元实施随机抽查布控，通过前端企业信用管理、中端预确权材料审查、末端查验比对，其中高级认证企业按5%—10%比例、一般认证企业按10%—20%比例，一旦发现企业有侵权货物情形的，对相关企业实行退出机制，终止其知识产权预确认的资格。

实践效果：

改革前，海关知识产权保护机制一旦被触发，进出口企业正常的通关流程即被终止，海关需要花费大量时间精力与权利人确认货物的知识产权状况，很可能造成货物延误船期、长时间滞留，给收发货人带来经济损失，严重的还要面临索赔问题。改革后，为企业出口货物提前确认知识产权状况，能有效帮助企业顺利通关，截至2022年10月，烟台片区已“预确认”11批次，为对外承包工程相关企业预确权中外品牌32个，涉及化妆品、家电、润滑油、焊机配件等10万余件进出口商品。

案例14：“关保通”零担保成本通关模式创新

主要做法：

自2015年7月起，海关总署面向全国海关推出“先放后税、汇总缴税”通关便利化改革，信誉良好的进出口企业提供银行保函、现金保证金等有效海关税款担保后，进口货物可享受先放行，税款次月前5个工作日集中缴纳的优惠便利。但是，现金保证金挤占了企业流动资金，开立银行保函占用企业的授信额度或需提供充足的抵质押物，再加上经济形势复杂多变和融资难、融资贵等因素困扰，中小企业参与的积极性普遍不高。为破解快速通关诉求与流动资金占压、通关成本较高的矛盾，山东自贸试验区烟台片区（简称烟台片区）借助RCEP即将实施的重大战略机遇，全国首创了“区关联动、担保增信、基金分险”的关税保函担保通关便利化改革新模式（简称“关保通”），企业向银行申请关税保函，叠加政府性融资担保机构提供的保函担保，凭一张零成本的银行保函，进口货物就可以在全国各地海关都可享受到“先放后税、汇总缴税”通关便利。该模式得到了海关系统、当地政府的高度认可和肯定，并已向海关总署、商务部报备。

特色亮点：

（一）区关联动，打破数据共享壁垒

海关、自贸试验区、银行金融机构加强信息共享，在法律法规允许的范围内相互给予数据支持，共享企业经营状况、信用等级、贸易情况等，烟台片区管委根据海关需求，提供企业生产经营状况，在银行、税务等部门的信用情况，并及时将企业搬迁、注销等信息变更情况推送至海关。海关根据烟台片区管委需求，提供企业信用等级、执法数据等。该模式串联起海关监管、信用评价、金融服务等环节，实现“关政银”信用信息数据融合共享，激活企业信用的金融属性。

（二）担保增信，降低关税担保门槛

按照“守法便利”“由企及物”的理念，充分利用海关进出口数据、企业纳税记录、海关资质认证等涉企信息，结合烟台业达综合金融服务平台汇集的涉企政务数据，对海关一般认证及以上生产型企业开展综合信用评价，筛选确定纳入“关保通”业务支持范围的“白名单”企业，集中向合作银行、国有担保公司推送，由企业自主向银行、国有担保公司申请关税保函及关税保函担保。通过叠加海关、政府、银行信用信息，为企业提供政府担保增信等方式，无须占用企业银行授信额度，无须缴纳担保金，无须承担担保手续费，真正实现办理关税担保“零成本”。

（三）信保基金，分担银行授信风险

为推动企业、银行广泛参与“关保通”业务，确保企业最大化享受汇总征税便利，在企业信用评价的基础上，采取风险共担方式，一旦企业出现未按期缴纳关税及滞纳金情况时，代偿风险由原模式下银行单方承担变为政府、国有担保公司、银行机构三方按 65%、15%、20% 比例共担，最大限度降低银行授信风险。

（四）联合处置，优化自贸信用环境

为防范代偿风险，关政银建立联合评估、事中风险预警、事后处置配合的工作机制，共同开展纳税信用评估、生产经营状况调查等工作，海关发现企业进出口贸易存在异常情况或依据《中华人民共和国海关企业信用管理办法》规定，暂停企业信用管理措施的，及时向烟台片区管委发出预警。烟台片区管委发现企业财务状况异常或其他生产经营存在异常情形的，及时向海关预警，海关予以协助采取相关通关管理措施。企业一旦出现关税税款代偿，将被移出业务“白名单”，同时列入海关失信企业“灰名单”管理。

实践效果：

一是减轻企业资金压力。“关保通”启动之初，已有光大银行、浦发银行、青岛农商银行、青岛银行、日照银行等银行，与烟台自贸片区管委签订了“关保通”合作协议，达到资质条件企业 70 余家。以斗山机床（中国）有限公司为例，原先办理 2 000 万关税保函，需要占用企业 2 000 万元流动资金，并缴纳一定手续费，“关保通”实施后，企业办理关税保函实现零成本。据测算，每年可盘活烟台片区企业 16 亿元现金流，节省企业资金占用成本超过 500 万元，降低进口货物口岸仓储、通关等经营成本 1 500 余万元。

二是助力提高通关效率。企业获得关税保函可进一步提升“两步申报”“汇总征税”等海关优惠政策利用率，货物通关时，系统将自动扣减银行保函额度、自动完成货物放行，大幅节省企业通关时间和人力成本，货物通关时间压缩 50% 以上，有效缓解口岸货物积压，降低企业原材料库存压力。

三是持续优化营商环境。该创新模式鼓励企业合法诚信经营，引导企业主动提升资信，积极加入海关认证资质名录，有利于推进海关进出口信用体系建设。同时，在信用金融、信用自贸营商环境打造上，能够整合各方资源、打通涉企信用信息壁垒，将企业关税信用引入融资授信担保体系，引导企业重信用、守信用，打造良好的信用环境。另外，在外贸企业招引方面也能够形成烟台片区的比较优势。

案例 15：跨区域放行后报关单集中验估作业模式

主要做法：

验估作业是指为确定进出口货物的商品归类、完税价格、原产地等税收征管要素而实施的验核进出口货物单证资料或报验状态，对涉税要素申报的完整性和规范性进行评估的行为。此前分散验估模式下，各隶属海关均设置验估岗位，业务点多面广、防控效能不高、作业标准不统一、人力资源紧缺等问题较为突出，传统的业务架构、作业模式和信息化系统难以适应新形势发展要求。为提高验估作业质效、统一执法尺度，山东自贸试验区烟台片区自 2020 年 4 月 13 日起，在全省率先实施放行后报关单集中验估作业模式，有效提高验估工作的集约化和专业化水平，促进跨境贸易便利化。

特色亮点：

一是调整职责划分，实施集约化管理。在全省率先打破了不同城市海关之间的职责界限，在烟台海关成立事后集中验估中心，统一负责接收、处置并反馈烟台、威海地区 7 个隶属海关 19 个业务现场的放行后验估指令，开展质疑、磋商、收集和验核有关单证资料等工作；其他海关业务现场仅保留验估联络员，负责与集中验估中心联系配合，协助集中验估中心完成验估作业。

二是建立规范机制，统一执法标准。设置验估作业专岗，制定《烟台海关事后集中验估作业操作规程》，从验估作业实施、验估作业处置、验估作业反馈等方面对作业流程进行严格规定，并建立应急联络处置机制，进一步规范执法标准和尺度，实现验估标准统一、作业流程统一、管理要求统一、执法结果统一。

三是搭建信息平台，提升作业效率。开发验估作业实时监控平台，通过平台实现临期自动提醒、作业成效实时展示、部门间联系单一键拟制、企业信息点击查询等功能，彻底解决验估作业超期办结、核查成效无法统计、部门间联系沟通效率低、验估作业质量不高、影响企业获得感的问题。

四是实施远程验估，拉近服务距离。为更好服务企业群众，进一步提升审核效率，对异地企业采取电话、远程视频等方式开展质疑、磋商等工作，企业足不出户便可完成验估核查，验估作业效率平均提升2—5个工作日，既降低海关行政成本，提高监管效能，也大幅节约企业时间成本。

实践效果：

一是有利于执法统一。分散验估作业模式下，如相同商品进出口，时而发生因不同现场关员业务知识水平、能力经验及对政策规定的理解不同，导致相同商品归类不一致的情况。另外，上级海关下发各类业务协调、征求意见、抽样核查等任务时，也会出现不同现场反馈标准不一致的情况。实现集中验估作业后，业务办理在同一现场，执法标准统一，作业严格规范，2020年验估补税876.4万元，同比提高24%。

二是有利于人力资源配置。分散验估作业模式下，业务现场无论业务量大小，均需配置验估岗位、综合业务岗、现场接单等岗位，导致各现场人员紧张，重复加班现象严重，一定程度造成人力资源浪费。实现集中验估作业后，只需在烟台海关设置验估岗位，其他19个现场均无须再配置验估岗位，人员缩减近20人，作业效率不降反升，反馈及时率达到100%，验估有效率达到99%，高于关区整体有效率5%。

三是有利于减少企业负担。由于业务需要，不少企业会在多个海关申报进口，分散验估作业模式下，企业需要向不同的海关提交资料，有时需要送往海关现场。实现集中验估作业后，企业在烟威地区只需对接一个海关业务现场，业务办理更加便捷高效，同时电话、远程视频等远程验估方式使用率更高，企业可充分享受稳定、可预期的通关便利。截至目前，集中处置验估指令600余条，涉及480家企业近1 800票报关单。

案例16：新型易货贸易生态体系

主要做法：

为解决制造业企业发展面临的部分产品产能过剩、库存高企、企业营销渠道不畅等问题，山东自贸试验区济南片区（以下简称济南片区）积极培育贸易新业态新模式，打造新型易货贸易生态体系，建立线上线下有机融合的易货贸易平台，在全国首创清存、营销、采购立体易货新模式，独创流通值价格评估系统，通过数字化“易货额度”完成交易，拓展货物在市场流通的新渠道，为构建“双循环”新发展格局探索新路径。

特色亮点：

（一）建立数字化易货贸易平台，实现供需模式创新

创新运用库存激活市场“存量商业新模式”，建立线上易货平台与线下易货商城有机融合的数字化易货贸易平台，将库存数字化、产能数字化、营销渠道数字化，促进供需匹配平台化，实现“拿企业所有换企业所需”。

线上：“云闪易”易货平台。运用数字化、区块链技术打造线上线下相结合的供需资源智慧匹配平台，平台具有商品浏览、查询、购买、支付、物流查询等功能，可实现家电、食品、房产、汽车、传媒制作等“百业”线上易货交易。平台已吸纳5 000家商家入驻。

线下：建立实体易货商城。易货商城是为入驻企业的库存商品、过剩产品、闲置货品提供存放、展示、交易的实体平台，致力于打造同城化各行业互通互融的高效交易生态圈。

平台具有四大体系：一是独创流通值价格评估

系统，按照市场价格建立易货商品价值衡量标准，解决货换货价值不对等问题；二是交易体系，入驻商家有易货产品意向后，采用数字化“易货额度”进行交易；三是征信体系，采用区块链技术，签订电子协议，全程记录易货交易过程，一旦出现违约及产品质量问题，可通过法律途径解决，并记入诚信档案；四是赔付体系，入驻商家提供的产品已经完成易货交易，但未找到意向易货产品时，可按照约定赔付比例，实现实时赔付变现。通过以上做法，解决中小企业“去库存”难题，让生产经营活动更加顺畅，同时为企业开辟新的销售渠道，形成清存、营销、采购一体化、平台化的新型易货贸易生态体系。

（二）建立流通值价格评估系统，实现盈利模式创新

传统易货商场通常采取抬高易货产品价格的方式赚取高额服务费，市场空间越做越小。易货平台内产品定价标准坚持与市场价格匹配，运用首创的流通值价格评估系统，通过全网比价专业化评估得出产品的市场价格，结合市场流通速度、市场流通效率以及交易双方的意向，对货物进行流通值评估，定出适合易货行业的流通价格，吸引更多行业产品入驻，使易货贸易通过差价实现良性经营。

（三）建立风险防范内部管理机制，实现平台高效运营

线上平台依据商家整体实力和征信水平给予相应的授信额度，商家根据授信额度在线上平台交易。线下易货产品必须符合食品安全及流通要求，评估系统包含厂家及产品详细信息，通过易货合同明确供应商、易货商城等各方的质量责任。建立严格的供应链管理机制，由制造商、供应商、线上平台、线下易货商城、配送中心等构成闭环物流网络，各方通过供应链管理实现产品高效循环。

实践效果：

（一）实现货物跨行业流通，促进国内大循环

突破易货行业在固定区域、点对点交易的瓶颈，实现跨区域、跨行业、线上线下联动的多维度交易方式，为促进国内大循环开辟新渠道。例如，易货平台成功盘活某房地产开发项目。该项目一期收尾需 3 000 万元，但企业已无法从银行贷款，施工单位因资金问题不敢施工，导致项目停滞。开发商向施工单位提供 3 000 万元房产，施工单位将其中 1 500 万元房产委托易货平台按照一定比例对外易货销售，另外 1 500 万元房产在线下易货商城进行易货，换取价值 1 500 万元的装饰装修材料，实现了多方共赢。

（二）实现企业供应链平台化，减少资金占压

依托易货贸易平台的整合能力，推动“大产业小企业”向“大产业大企业”转型，企业上下游供应链客户均汇聚在平台内，实现采购、营销、清库存等供应链的平台化。随着易货平台产品种类、数量的增加，入驻企业可直接在平台上以自己的产品换回所需的原料、设备、服务，同时满足采购需求和销售需求，应付款压力大大减轻。

（三）提升了“易货师”价值，发展新兴职业

随着易货交易量、货物交易品种的不断增加，市场对于能够提供非货币互换货物和服务，以及易货交易咨询的新兴职业——“易货师”的需求大增，易货交易平台也为“易货师”搭建了实习与实战的舞台。“云闪易”易货平台与易货（济南）信息产业院紧密合作，定向培养与输送专业易货师。

案例 17：“货港海”三方高质量选船机制

主要做法：

为贯彻《国务院办公厅关于加快推进社会信用体系建设构建以信用为基础的新型监管机制的指导意见》《交通运输部关于全面加强危险化学品运输安全生产工作的意见》，营造公平、透明、高效的营商环境，助推世界一流港口和国家能源储运中心建设，山东自贸试验区青岛片区创新实践“货港海”（货主、港口码头、海事机构）三方高质量选船机制，开发国内首个货主、码头、海事共同参与的智能选船信息平台，创建国内首个具有国际影响

力的船载液货危险品安全管理交流中心，运行国内首个“一地检查、多地互认”信用监管联动机制。新机制实施使用以来，到港船舶安全状况明显改变，码头生产效率显著提升，炼化企业供应链高效稳定，全行业营商环境进一步优化。

特色亮点：

（一）智能选船信息平台

在新机制推出前，货主、码头和船舶之间信息不透明、不完整，难以直观了解船舶状况，也导致载运液货危险品船舶险情多发，“光汇 616”“汽船五号”“丰海 18”等事故险情影响深远。在前期工作基础上，董家口海事局推动货主、码头、船东等相关方打通信息壁垒，结合社会信用体系建设，整合货主、码头、船舶及海事监管信息，从基础状况、安全管理、营运效率等多个维度对船舶进行评级，推动各方深入分析船舶安全与经济效益的契合点与关联度，有针对性地激励和惩戒措施，让高评级船舶获得更多订单，低评级船舶逐步被淘汰，为全面优化营商环境打牢安全基础。

为保障“货港海”三方高质量选船机制有效运行，开发了智能选船信息平台，自动获取各方数据并带入到设定的公式中进行运算，通过高精度电子海图直观展示船舶信用评级信息供相关方进行查询，同时向海事机构预警高风险船靠港情况，方便海事机构监管关口前移，提升监管效率。

（二）船载液货危险品安全管理交流中心

成立国内首个船载液货危险品安全管理交流中心。交流中心围绕船载液货运输安全管理，秉承“共享、共建、共治”理念，在政策法规宣贯、高新技术应用、专业人才培训、国际公约研究等方面展开深度交流合作，中心会员单位涵盖国内 90%液货船运力、国际主要液货船行业组织、山东主要炼化厂商、国内主要科研院所等。交流中心成立之后组织开展了船舶水污染物排放控制研究、船舶 5G 自组网设备研究以及头戴式智慧监管设备研究等，向 IMO（国际海事组织）污染预防与应急分委会（PPR）第 9 次会议提交《确认压载水合规监测设备准确度环境影响因素效果的测试数据的提案》，参与制定交通运输行业标准《船舶压载水指示性分析取样与检测要求》。

（三）“一地检查、多地互认”信用监管联动机制

为进一步拓展三方高质量选船机制影响力，董家口海事局在上级指导下，联合省内其他海事管理机构试点了“一地检查、多地互认”信用监管联动机制。落实“双随机、一公开”要求，协同山东省内海事执法行为，制定统一的检查标准，加强信息共享，避免重复登轮检查。推行守信联合激励和失信联合惩戒机制，加强源头治理、综合治理、精准治理，强化液货危险品运输全链条安全管理，全面提升安全发展水平。

实践效果：

一是货物流通更顺畅。新机制运行以来，董家口港区船载危险货物进出港量同比增长明显，LNG、原油、化学品等大宗商品安全、平稳运输，保障了海湾化学、金能科技等省重点化工企业供应链高效运行，国家能源储运中心的作用凸显。

二是港口运转更高效。新机制运行以来至 2022 年 8 月，各危险品泊位生产利用率显著提升，其中 LNG 船舶靠泊艘次增长 7.2%，化学品船舶靠泊艘次同比增长 35%，单船在港时间降低 40%，单船靠泊时间压缩至 9 小时，港口综合竞争力显著提升。

三是船舶营运更安全。基本形成船龄降低、船型变大、高风险船舶率接近为零的良好趋势，船舶管理方对船舶安全重视程度明显提升，缺陷及安全隐患整改力度显著增强，单船平均缺陷降低 50%，船舶滞留率由新机制运行前的 9.5%下降为 5.2%，船舶状况明显好转。

四是营商环境更优化。新机制运行以来至 2022 年 8 月，已评价船舶 1 025 艘次，其中优先靠泊 218 艘，拒绝靠泊 3 艘，货主、码头、海事、船东共同参与的公开化、透明化检查占比超过 50%，为单一企业降低采购成本 9 000 余万元，为辖区重点企业发展打下坚实的基础。

案例 18：加工贸易海关担保事务履约保证保险“三方合作”新模式

主要做法：

一是加工贸易海关担保事务履约保证保险是指企业在办理加工贸易海关担保事务环节，通过引入保险公司为加工贸易经营企业就其信用向银行提供保证保险服务，银行依据保险增信为加工贸易经营企业办理低费率的银行保函，企业凭税款保函申请海关事务担保。

二是与传统模式相比，创新模式下加工贸易企业保证金资金在担保期内无须被一直占用，加工贸易企业可通过购买保险公司的保证保险实现增信，银行作为保证保险服务受益人，基于风险共担、代偿预期降低等因素，为企业开立低费率银行保函。

三是新型担保关系为“加工贸易经营企业—保险公司—银行—海关”。加工贸易经营企业是海关事务担保申请人，税款保函的被担保人，履约保证保险投保人；银行是海关税款的担保人，履约保证保险被保险人，享有代偿税款后向保险公司索赔的权利；海关是税款保函的唯一受益人；保险公司是履约保证保险保险人，应加工贸易经营企业申请，向银行担保其信用。具体作业流程：第一，保险公司、银行根据企业申请开展联合尽职调查；第二，保险公司根据加工贸易经营企业需求，依据联合尽职调查情况，出具相应额度的税款履约保证保险保单；第三，加工贸易经营企业凭税款履约保证保险保单到银行申请保函；第四，银行根据信用资质调查审核情况和税款履约保证保险保单，为加工贸易经营企业授信，开立保函；第五，加工贸易经营企业办理加工贸易海关担保事务时，提供保函正本，随附履约保证保险保单附件，海关审核后办理担保业务；第六，一旦加工贸易经营企业触发海关税款追偿情事，海关凭保函向银行索赔，银行代为履行税款缴付后，可以凭税款履约保证保险保单正本向保险公司索赔。

特色亮点：

近年来，受新冠肺炎疫情、国际经济形势和金融信贷政策影响，加工贸易企业经营阻力不断增加，使用银行保函办理加工贸易海关担保事务的难度增高，资金周转压力持续加大。为降低保函费用，解决企业“融资难、融资贵”问题，济南海关主动对接银行、保险公司，探索在加工贸易海关担保事务领域引入“履约保证保险”，通过签订“海关、保险公司、银行”三方合作备忘录，分担银行担保风险，降低企业办理银行保函费用，丰富担保方式，优化监管模式，降低企业经营成本，提升企业获得感。

实践效果：

一是形成良性的多方协作机制。济南海关已完成加工贸易海关担保事务履约保证保险改革筹备工作，形成具体海关实施方案及“海关—保险公司—银行”三方协作配合机制，积极联系对接多家银行、保险公司参与改革。牵头联合青岛银行、阳光财险、江泰保险探索加工贸易海关担保事务履约保证保险改革落地推进路径，宣讲加工贸易海关担保事务相关政策，推动银行、保险公司深入研究改革作业流程并制定本部门实施方案，相关银行、保险公司总部法务部门就改革事项进行法律审核。

二是有效缓解企业资金周转压力。企业通过办理加工贸易海关担保事务履约保证保险，有助于大幅降低开立银行保函费用，减少企业资金占压，释放企业资金流。初步估算，全面推行加工贸易海关担保事务保证保险模式，每年可为济南关区加工贸易企业释放资金 3 亿元。

案例 19：中小微企业全要素公益性金融服务平台

主要做法：

中小微企业融资一直是一个难题和困境，一方面中小微企业暂时规模小、体量弱，未来如何没有评价标准；另一方面信息不对称，金融机构对企业了解不充分、不系统，导致银行等金融机构对中小微企业没有一个客观评判和预期，进而不敢贷、不愿贷，即使给予贷款，也往往授信额度较低。为此，山东自贸试验区烟台片区基于当前潜力型、成长型中小微企业对金融方面的迫切需求，以国资平台为牵引，聚焦金融服务前、中、后全过程，综合评级、信贷、投资、担保、服务等金融领域全要素，搭建中小微企业公益性综合金融服务平台，提供精准适配的金融服务，有效解决中小微企业融资难、融资贵问题。

特色亮点：

（一）数据加持，为企业提供可靠性增信

为打破涉企政务信息“数据孤岛”，烟台片区成立了全省首家国有信用评级公司，通过政府背书，将涵盖税收、社保、公积金、水电气暖等13个领域、200多项涉企数据进行归集，建立企业信用信息动态数据库，确保数据的准确、全面、可靠、权威。同时，联合第三方专业征信机构，依托企业信用信息数据库，运用层次分析法，从企业实力、创新能力、成长性、稳定性和风险等五个维度，并结合企业自身纵向对比、同类企业横向比较，形成AAA至D十个等级、实时动态的分析结果，为企业信用进行精准画像，打造中小微企业的“金融信用名片”，为金融机构贷前调查、贷中审核、贷后管理提供重要参考、有益补充，吸引一大批金融机构参与，有效推动金融机构愿意贷、安全贷、放心贷。

（二）政策融合，为企业提供多元化供给

一是建立全省首个产融合作“白名单”。专门出台《产融合作“白名单”企业管理办法》，依托信用体系评价，选择BBB级以上企业，特别是各级各部门评选的高新技术、瞪羚、独角兽等优质企业，高端人才创办企业，以及业务明确、具有持续经营能力且财务指标优良企业，实行分层管理。同时，按照主办银行模式，联合行业主管部门、国有平台公司以及其他金融机构成立金融服务队，为企业提供“一对一”专属金融服务；企业提出的个性化需求，也能精准推送到相应金融机构。二是搭建多层次金融政策供给。将符合条件的“白名单”企业纳入信保贷、科信贷、成果贷、人才贷等一系列创新实施的政策性产品支持范围，对获得投资机构投资或银行贷款的企业实施投贷双向联动，对支持企业进行贴息，合作银行执行优惠利率。在此基础上，从首贷补助、社会资本投资奖励、专项投资基金扶持初创期企业等方面进一步加大支持力度，全方位满足入库企业不同成长阶段融资需求。三是系统完善政府性融资担保体系。全省首设中小微企业信用保证基金，为中小微企业纯信用贷款增信；全省率先组建政府性融资担保机构，并推动其加入国家、省再担保风险分担体系，进一步提升国有融资担保机构服务中小微企业能力；与山东农业融资担公司深度合作，结合烟台片区海洋特色，创新推出“耕海贷—海参加工贷担保服务方案”，为涉海企业提供优质高效服务等。

（三）精准赋能，为企业提供系统化服务

建设品类丰富的“金融超市”，提供多元化的增值服务。一是中介服务“一站”获取。汇集与企业融资相关的会所、律所、评估、咨询、FA（财务顾问）等服务机构，以及融资租赁、小贷、民间融资机构等地方金融组织，作为企业融资的有效补充。二是政策奖补“一窗”申请。系统梳理各类科技扶持、人才奖补、金融服务等涉企政策，进行线上发布；通过“一图读懂”等方式，对政府扶企政策进行详细解读，并开设网上申报通道。三是资本市场“一链”服务。打造多层次资本市场生态圈，为企业提供包括资本市场政策宣导、融资辅导、项目路演等个性化、顾问式服务，为企业挂牌上市优化路径、提供助力。

实践效果：

一是金融机构与中小微企业无缝高效对接。为金融机构与中小微企业提供了一个在线融资对接平台，金融机构发布融资服务和产品，企业可以直接选购融资服务，也可以发布个性化融资需求，供银行“抢单”，有效提高金企对接效率，降低企业融资成本。2021年，已上线金融机构28家、发布金融产品116款，注册中小微企业349家，撮合融资180笔共计9.1亿元，特别是为无银行授信记录、规模较小企业拓展了渠道，比如为海川化学公司申请了1 000万元信用贷款授信额度。

二是企业融资规模持续扩大。截至2021年12月，全区已集聚银行、保险、证券等各类金融机构128家、基金202支，构建起多层次、广覆盖的金融生态体系。截至2021年5月，全区银行机构贷款余额1 858亿元，同比增长27%，其中中小企业贷款余额716亿元、占比39%；基金投资区内项目40余个、金额26亿元。

三是挂牌上市工作稳步推进。2020年，推动区内美瑞新材、荣昌生物2家企业完成上市，泰和新材实现整体上市，其中荣昌生物成为2020年全球生物技术IPO募资最高的上市公司，也是迄今为止全球第二大生物技术IPO。截至2021年5月，全区挂牌上市企业累计97家，实现股权、债券直接融资985亿元。

案例20：知识产权保护中心公益性服务全流程标准化改革

主要做法：

山东自贸试验区烟台片区（以下简称烟台片区）以建设高效的知识产权综合管理体制为目标，按照“一事项一标准”原则，制定覆盖知识产权公益性服务全流程的标准59项，着力解决职能不清、边界不明、业务不熟、本领不强等方面的突出问题，为知识产权保护中心规范高效服务企业提供制度性参考依据。

特色亮点：

一是建立标准化的专利预审业务办理流程。为提高效率、优化业务办理质量，烟台片区统一专利申请主体备案、全类别专利业务受理、专利预审、专利复审巡回审理等业务办理节点，制定“线上+线下”的预审业务办理流程标准，并对申请专利预审服务的企事业单位及其委托的专利代理机构实施“黑名单”管理制度。优化后的预审业务流程更为简捷便利，能够有效缩减授权周期，提高授权比例、稳定授权质量。

二是建立标准化的专利侵权纠纷行政裁决流程。基于完善知识产权运营体系、提高知识产权运用水平的现实需要，烟台片区在完善行政裁决制度、细化程序规则、健全工作机制等3个方面逐渐形成标准化流程。该流程旨在为专利权人提供更加完善的法律层面的支持，以更加细致的程序规则规范行政裁决审批过程中的一系列流程，并通过建立健全有关裁决的工作机制，帮助专利权人在产生专利侵权纠纷时更合理、更迅速地维护自身权力。

三是建立标准化的知识产权维权协同流程。知识产权维权业务涵盖行政执法、司法等多个领域，为提高服务水平和效率，烟台片区整合维权咨询、维权援助等项目，形成统一完善的维权业务流程标准。通过设立快速协同保护通道，在全省范围内高效协调转交疑难案件，大大缩短专利权人的维权周期，从而使专利权人的合法权益得到有效保护。

实践效果：

一是创造了专利预审服务的“烟台样板”。自标准化操作实施以来，烟台片区已有802件发明、661件实用新型、85件外观设计专利进入快速审查通道。标准化处理执行前，发明专利授权周期平均超过10个月，新型及外观专利授权平均需要1个月，授权比例仅达到50%。与优化前相比，优化后的预审业务有效地缩减了预审时间，发明专利授权周期缩短至3—6个月，新型、外观专利授权缩短至10天左右，预审后案件授权比例达95%以上。

二是创造了专利侵权纠纷处理的“烟台方案”。自标准化操作实施以来，处理当事人举报、符合立案条件的专利权属纠纷、专利侵权纠纷等案件，从受理、调查取证、举证答辩、行政调解、行政调处到最终结案，由原来平均3个月的处理时长压缩至1个月，大大提升了行政办案的工作效率。

三是创造了知识产权维权援助的“烟台经验”。依托全国首创以跨区域纠纷诉调对接综合服务平台、军地联合知识产权维权工作站，制定了维权咨询、协商、处理等事项标准，在全国范围内选聘知识产权领域高级专家，集合专家资源专业化快速维权，推动专利权人维权援助周期由7天压缩至5天。

案例21：经贸技术标准平台赋能企业“出海”

主要做法：

山东自贸试验区济南片区联合济南市市场监管局创新服务模式，以标准、法规、通报、受阻、预警等数据为核心，创建经贸技术标准平台，构建高质量标准体系，为进出口企业提供国外技术性贸易措施数据采集、内容解析、跟踪研究、动态推送、信息共享、标准制定等全链条系统化专业化服务，提升贸易便利化水平，畅通国内国际双循环。

特色亮点：

一是建设国际经贸技术标准综合服务平台。该平台的建设贯穿“立足区域、发挥优势、服务企业”的理念，功能主要分为资源建设、专题服务和企业园地三个板块。针对自贸试验区重点出口市场和重点产业，提供重点产业专题和重点市场专题服务，对登录用户提供经验交流、互动问答和信息推送服务。

二是构建高质量标准体系。依托经贸技术平台数据信息资源，主动对接产品出口国家的技术法规和标准，建立以国际、国外先进标准为引领、国家标准和行业标准为基础、团体标准和企业标准为主体、地方标准为补充的新型高质量国际化标准体系。

三是归集梳理数据资源。围绕人工智能、产业金融、医疗康养、文化体育、电子信息技术、高端制造、农食品加工等七大重点产业领域和欧盟、东盟、日韩等23个重点出口市场，从标准数据、技术法规、通报评议、预警信息、出口受阻和新闻动态等方面进行技术性贸易数据的采集，实现国际标准分类法（ICS）、海关HS编码、联合国标准产品与服务分类代码（UNSPSC）和国民经济行业分类等分类标准的数据关联，并结合不断细化的产业分类体系，对采集到的信息进行存储、检索、分类加工、传递和共享。

四是主动提供信息推送和预警服务。以标准、法规、通报、受阻、预警数据建设为核心，聚焦自贸试验区重点产业和主要出口市场，开发了系统的主动信息推送与预警功能，实现自贸试验区企业的信息定向服务。

五是设立“企业园区”互动交流专区。采用“大家服务大家”的共建共享理念，企业可以在平台专区提交诉求、分享经验和应对案例，创建企业之间互动问答的交流机制。

实践效果：

一是建设新型高质量标准体系。在全国率先建立以国际标准为引领、国家标准和行业标准为基础、团体标准和企业标准为主体、地方标准为补充的，覆盖进出口贸易全领域的高质量标准体系。截至2021年底，累计制定国际、国家标准2 462项，行业标准3 405项，团体标准717项，自我声明公开企业标准29 029项，为企业提供标准指引，助力产品高标准出口，支撑进出口产业规范化、标准化、国际化发展。

二是提高信息获取便利度。围绕全市20大类出口商品和23个主要出口市场，收集梳理标准、技术法规、合格评定、出口受阻等各项数据信息100万余条，有效解决大部分技术法规和标准散见于出口国有关网站和数据平台，以及国内相关网站，且语言不通，不便于集中、快速准确查询的问题，满足企业对产业和市场专题数据信息的及时获取需求，打通企业获取信息的便捷渠道，减少企业重复性建设投入，降低企业获取资源信息的成本。

三是降低出口受阻风险。通过“一对一”信息推送和预警服务，为企业提供全面、权威、及时的数据信息，实现信息实时定向传达，加速信息高效流转，降低企业出口产品受阻风险，可有效降低进出口企业应对技术性贸易措施成本近33%，有力保障全市对外贸易活动。

四是形成信息资源共享服务生态圈。利用“企业园区”互动交流平台，采用“大家服务大家”的共建共享理念，组合企业诉求、经验分享等多方面数据，构建技术性贸易措施企业服务生态圈，更多同行业企业共享，形成了可持续发展的服务模式。

案例 22：构建文化企业“出海”全链条服务体系

主要做法：

山东自贸试验区济南片区（以下简称济南片区）以创建国家对外文化贸易基地和国家文化出口基地为契机，围绕“讲好中国故事”，深入挖掘中华传统文化蕴含的时代价值，集聚中国各地优秀传统文化符号，全面搭建从文化产业标准化到 IP 挖掘、孵化赋能、供应链支撑、海外双向交流驿站为一体的文化出海全链条服务体系，加强国际传播能力建设，助力中国文化传承与企业“走出去”。

特色亮点：

一是盘活传统文化产品与创新资源。以文化企业和设计师平台为依托，聚焦中华传统文化 IP 提取，汇集沿黄流域 500 多名设计师。开展博物馆文创、非遗“老字号”等文创产品研发与创新。搭建济南百花洲传统工艺工作站，促进非遗项目保护与创新。

二是搭建“一站式”文化贸易服务平台。依托片区龙头文化企业，帮助企业与当地文化产业基础良好、产业链完整的合作项目深度对接，并为企业提供大数据分析、跨语言服务、跨境电商、海外推广等一站式综合服务。

三是拓宽海外文化双向交流渠道。建德国、罗马、米兰等 9 个海外文化经贸驿站，设立了巴黎雷欧海外仓、德国麦克森海外仓、西班牙巴塞罗那海外仓等 5 个海外仓，并在非洲、俄罗斯、澳大利亚等多个国家开设海外文化交流中心，打通文化企业“走出去”最后一公里渠道。

四是线上线下平台传播好中国声音。创建西藏首个地域文化平台“中国扎西德勒网”，与敦煌市政府共建欧洲文化交流平台。搭建国际文化交流互联网“云”平台，开通抖音、快手等流量平台，将中国文化、中国符号的最新成果推广到世界各地。

实践效果：

一是文化贸易产业链与创新链、服务链有机融合。构建“平台支撑+产业培育”发展模式。在产业链方面，整合文化设计、企业孵化等资源，打造出文化创意、跨语言服务、海外营销等文化贸易产业链条。在创新链方面，利用大数据精准分析国际文化贸易市场走向，精准定位海外目标市场。在服务链方面，借助济南片区国际贸易“单一窗口”，出口退税 4 小时办结等贸易便利化生态，推动更多文化产品和文化服务走向世界。

二是打造中国文化“奢侈品”出海新通道。搭建文化出海全链条服务体系，有效释放中国传统文化对外交流的新空间，依托海外文化驿站及海外仓，加强与知名国际文化企业合作，提升跨文化产业链与创新链的深入融合，打造一批备受全球欢迎的中国文化产品，助推中国文化企业融入全球文化产业链和价值链。

三是有效带动传统工艺的传承发展。依托济南百花洲传统工艺工作站，汇聚超过 2 000 名非遗及传承工坊代表，超过 150 万的传统爱好者参与展览。举办非遗研学体验活动 120 多场，并帮助云南、贵州、西藏、新疆、青海等 15 个省区市 2 000 余家非遗工坊及手工匠人进行产品研发、推广，打造全国非遗扶贫展示窗口。

四是有效促进区域文化产业项目集聚。依托济南片区海外文化驿站、线上线下宣传推广平台，将济南市推向世界，增强区域影响力，成为山东自贸试验区海外文化招商的载体，深化与海外国家和地区交流与合作，吸引更多国际优质文化产业项目落户山东。

案例 23：鲁粤澳中医药协同出海模式

主要做法：

为推动“黄河流域生态保护和高质量发展与

“粤港澳大湾区建设”两大国家战略深度融合，山东自由贸易试验区济南片区（以下简称济南片区）与中国（广东）自由贸易试验区珠海横琴新区自贸片区（以下简称珠海横琴新区自贸片区）协同联动，推动建立符合中医药发展规律的评价体系、标准体系、转化体系、服务体系和人才培养体系，促进两地中医药产业创新融合发展，构建以济南产业资源为前端、横琴政策为中端、澳门海外推广为后端的中医药出海发展新模式，形成可复制推广的中医药成果转化和出海发展路径。

特色亮点：

（一）建立中医药制度创新联动机制

利用济南—横琴—澳门中医药创新合作发展机制，主动链接粤港澳大湾区政策资源，深度参与横琴粤澳合作中医药产业创新发展，在名医人才引进、中药注册分类管理、院内制剂转化等方面提出创新发展建议，促进济南片区中医药发展实际需求与大湾区中医药产业创新政策进一步融合，助力济南优质企业、名医、产品等抢占鲁粤澳合作政策先机。

（二）拓展中医药海外推广新通道

发挥横琴、澳门国际平台优势，协助济南中医药产品在葡语系国家注册上市，推动进入“一带一路”沿线国家市场；借助粤澳合作中医药科技产业园与东盟、非洲、欧盟建立的合作渠道，通过“以医带药”的方式，将济南优质中医药产品和技术引入国际市场。

（三）共享中药产品上市政策红利

一是跟进研究“简化澳门外用中成药在粤港澳大湾区内地上市审批流程”政策利好，推动中医药外用药品在澳门备案，利用粤澳深度合作区政策红利，探索产品进入内地市场的销售路径。二是推动企业在特医食品、功能性食品、保健品等领域，与中国澳门、横琴等上市政策辅导机构、本地企业进行研发转化合作，实现产品在中国澳门备案，利用跨境电商零售进口等模式销往内地。

（四）打造中医药科研、人才交流平台

一是加强人才交流，推动高校、中医院和民间名医到横琴新区学习、执业，通过粤澳合作中医药产业园科技成果转化平台强化经方、名方成果转化。二是开展人才联合培养，对接粤澳合作中医药科技产业园国际青年中医生交流基地、传统医药国际论坛商贸对接会和中葡论坛—葡语国家传统医药研修班等，发挥济南市中医药优势特色培训基地传承技术、制备技术教学优势，开展中医药培训合作，传播齐鲁中医文化。

实践效果：

一是助力中医药海外推广。借助澳门中医药国际标准体系和国家赋予横琴片区中医药改革创新事权，共建鲁澳中医药合作中心，推动中药创新药成果转化和海外注册上市。宏济堂、福胶集团等中医药企业在澳门成功注册，取得澳门中成药备案许可14种，产品销往莫桑比克等14个国家和地区，形成面向“一带一路”沿线国家新兴国际市场，推动中医药“借澳出海”国际化发展。

二是助力中医药研发转化。发挥济南产业资源优势和横琴大湾区政策资源优势，共建中医药研发与产业化平台。山东省药学科学院与广东横琴深度合作区研究院有限公司合资注册鲁澳（珠海横琴）生物医药科技公司，打造鲁澳（横琴）生物医药研发与产业化平台，盘活两岸三地产业、政策、资本等优质资源，建立中医药研发、转化全流程服务体系。

三是助力中医药人才流动。通过粤澳中医药科技产业园打造人才交流平台，推荐济南中医药领域人才前往珠海横琴新区自贸片区学习、执业，面向澳门和东南亚地区交流中医治疗技术。山东中医药大学已派出第一批8名优秀硕士毕业生前往澳门科技大学攻读博士。

案例24：构建自贸试验区绿色发展新模式

主要做法：

山东自贸试验区青岛片区（以下简称青岛片

区）深入贯彻落实生态环境部等8部委联合印发的《关于加强自由贸易试验区生态环境保护推动高质量发展的指导意见》，紧密围绕《中国（山东）自由贸易试验区总体方案》）（以下简称《总体方案》）关于“坚持新发展理念，坚持高质量发展”的有关要求，突出绿色发展主题、全面对接国际标准规则，创新构建全国首个自贸试验区绿色发展指标体系。在指标体系的指引下，坚持生态优先，深入推动绿色低碳发展，全方位加强生态环境保护，探索运用智能化、数字化方式融入青岛片区优势特色领域，推动形成了全域绿色发展布局。在推动绿色低碳发展、生态环境治理探索过程中逐步形成了可复制、可推广的管理和制度创新成果。

特色亮点：

（一）科学编制绿色发展指标体系

借鉴德国莱茵模式和DGNB（德国可持续建筑委员会）可持续建筑经验，对标城市可持续发展国际标准，围绕经济、环境、社会、治理4大维度，编制了包括绿色贸易、绿色港航物流、绿色产业、绿色创新、绿色金融、绿色环境、绿色资源与能源、绿色建设、绿色生活、绿色智能、绿色交流、绿色体制机制共12大类40项指标的绿色发展指标体系，其中12项指标为首次提出。该指标体系作为统领园区绿色高质量发展的纲领性文件，在“双碳”背景下，为搭建生态环境保护推动高质量发展的基本架构、完善治理体系和提升治理水平奠定了坚实基础。

（二）构建指标体系实施模式

为抓好绿色指标体系落实，总结制定了完备的指标体系实施机制，对各项控制性指标逐项进行专项研究，明确各项指标实施的责任单位、主要任务和分阶段实施项目，制定指标分解实施路线图，对指标体系进行分解，建立《生态设计手册》和《部门操作指南》。《生态设计手册》将指标体系绿色生态的要求转换成管理措施及手段，落入各地块规划中，推动生态理念在全过程贯彻执行；《部门操作指南》将实现指标的各项工作分解到各相关部门，将抽象指标项目制，确保不同项目在实施过程中都能按相应指标要求建设运行，着力推动各项指标达成。

（三）打造指标体系智慧管理系统

把智慧城市建设作为推进高质量绿色发展的重要手段，在指标体系实施工作过程中充分发挥智慧城市建设优势，以信息化手段推动指标落实，持续探索和创新指标体系数据收集和统计方法。通过智慧城市大脑等智慧基础设施，搭建的指标体系分析与展示平台，采用先进的图形化、可视化的展示工具，具备信息共查、知识共享、指标共管等相关功能，及时做好相关指标数据采集，有效实现指标计算、指标预警、指标展示，有力提升绿色指标分析的科学化、自动化程度，实现指标体系数据“可获得、易统计和可监控”。

实践效果：

（一）引领区域绿色创新发展

在绿色发展指标体系引领下，青岛片区中德生态园在开发建设中坚持低强度开发、生态化改造，保护原有地理地貌、保护自然水系，原有地貌和肌理的保护不小于40%，实现了80%雨水就地消纳利用的目标，居住组团基本实现500米见园，绿色发展成效显著。

（二）指导区域发展规划编制

在12大类40项指标的绿色发展指标体系中，目前有8项落实了《总体方案》要求，9项体现了国家最新的绿色发展政策，4项体现了青岛片区概念规划、“十四五”规划和任务分解等要求，24项指标体系源自ISO 3712X系列标准并进行了特色实践，7项达到了国际领先水平，使绿色发展指标体系切实成为青岛片区各项规划编制的主要依据和基础。

（三）获得国家层面高度肯定

在绿色指标体系的全方位推动下，青岛片区中德生态园获得中国人居环境范例奖、联合国可持续城市和人居环境奖——全球绿色城市奖、亚洲首个DGNB区域认证金奖、中国智慧园区以及国家级经开区绿色发展最佳实践园区等荣誉称号。

案例 25：海事“云登轮”船舶远程监管工作机制

主要做法：

为提高海事监管服务效能，提升船舶本质安全水平，推进航运安全诚信体系建设，山东自贸试验区青岛片区（以下简称青岛片区）率先试点了“云登轮”船舶远程监管工作，在新冠肺炎疫情形势下，有效降低了海事执法人员登临外轮检查感染的风险，稳定了国际航运供应链。该监管工作机制得到交通运输部和业界的一致认可，在全国范围内推广工作经验，并通过提案的方式在东京备忘录组织（TOKYO MOU）第 31 次会上通过，在整个 TOKYO MOU 范围内予以推广。

特色亮点：

（一）推进船舶信用监管

一是科学评价船舶信用等级。建立完善“云登轮”船舶信用评价体系，将船舶按疫情防控要求和监管方式分为外国籍船、中国籍国际航行船和国内航行船。对每类船舶信用等级分为高、中、差，参考船舶安全检查选船机制中的风险值及安全诚信公司、安全诚信船舶评选结果准确评价船舶信用等级。

二是精准实施分级分类监管。对不同信用等级的船舶，精准定制“云登轮”远程船舶监管措施。对外国籍船及中国籍国际航行船优先实施“云登轮”船舶远程监管。对信用等级高的船舶，借鉴“开放式”安检的经验，以公司、船舶自查为主，海事机构侧重抽查公司、船舶履职情况；对信用等级中的船舶，海事机构应按程序扩大抽查比例；对信用等级差的船舶，视情开展登轮检查。

（二）推行检查过程清单管理

一是制定完善检查工作程序。制定包括目标选船、检查准备、检查实施、缺陷处理、质量管控、检查后评估等在内的工作程序。选船方面，推荐对于驶离上一境外港口小于 14 天，或者船员最近一次换班时间小于 1 个月的可能存在新冠肺炎疫情感染风险的船舶实施“云登轮”远程船舶监管。检查实施方面，根据检查区域确定具体的检查项目，并给出推荐的检查方式。

二是细化明确检查项目清单。结合公约、法规以及其他要求制定“云登轮”检查项目清单。检查清单为海事机构对船舶安全的具体要求。检查清单对每个项目远程检查可行性、检查方式、检查重点予以明确，详细规定了船员应尽的职责和配合方式，避免因船员操作和网络延迟导致的检查标准降低。

（三）完善远程监管技术支撑

一是建立监管硬件分级标准。建立实施“云登轮”远程船舶监管的硬件推荐标准和最低标准，推荐标准为船舶可向海事机构提供实时、清晰、流畅的现场视频；最低标准为船舶仅具备可用的网络，可发送照片、录像等。对不满足硬件最低标准的，不实施“云登轮”远程船舶监管。

二是充分发挥先进科技效能。建立全国首家“云登轮”工作室，配备 5G 网络、华为智慧屏、钉钉专用终端等科技装备，融合智慧海事及港口设备，发挥现代科技效能，为“云登轮”远程船舶监管实施提供硬件保障。

实践效果：

（一）提升航运本质安全

“云登轮”远程船舶监管形成了海事主导，业界共同参与的安全监督新机制，凝聚各方资源，共同提升船舶本质安全。根据东京备忘录数据统计，自 2020 年 1 月 1 日至 2021 年 12 月 31 日新冠肺炎疫情全球大流行期间，中国港口开展了 4 460 艘次的检查，其中 3 078 艘次是通过远程检查（“云登轮”）的方式开展的，远程检查占整个初查艘次数的 69%，其中 59 艘次船舶因为低于公约和法律法规要求被滞留，有效降低了新冠肺炎疫情对船舶安全状况的影响。

（二）维护航运供应链稳定

“云登轮”远程船舶监管不受时间地域限制，

避免了船舶因人为原因延误或滞留，为航运业界做好疫情期间的安全运营工作起到了明确的指向作用，督促各相关方共同保障航运供应链稳定。

（三）坚守海港口岸疫情防控

“云登轮”远程船舶监管减少了海事执法人员与境外船员的直接接触，避免了深入船舶生活区等高危场所，从根本上降低了境外疫情输入风险，保障了海港口岸运行安全稳定。

（四）推动航运信用体系建设

“云登轮”远程船舶监管是国务院关于社会信用体系建设的有效实践，让船舶安全管理价值得到充分体现，形成了整个行业主动追求高信用评价的风气，正向激励了航运信用体系建设。

（五）保障港口安全高效运转

“云登轮”远程船舶监管突破了传统的船舶靠港后登临检查的方式，将监管窗口前移到锚地等区域，利用船舶锚泊等待的空闲时间开展检查，缩短了船舶通关时间，减轻了船员在港口期间的工作负担，有效提升港口运转效能。

（六）引领国际海事发展方向

“云登轮”远程船舶监管得到了交通运输部海事局的高度认可，在《中国交通报》头版印发相关做法，并向 TOKYO MOU 等国际组织推广，为青岛片区航运业发展起到了积极的推动作用，也大大提升了中国在国际海事舞台上的竞争力。

案例 26：进口矿产品“船船直转”新模式

主要做法：

进口矿产品“船船直转”新模式是山东自贸试验区青岛片区重要制度创新内容，是青岛海关助力青岛港打造东北亚大宗商品集散基地、提升港口功能，发挥集群效应的重要举措。

特色亮点：

一是扩大“先放后检”适用场景。允许进口铁矿在先期放射性、外来夹杂物检疫、数重量鉴定、外观检验合格的情况下，取样完成一部分放行一部分。

二是“船船直转”。允许港口将卸船作业线与装船作业线直连，进口铁矿无须运往后方堆场落地，取样完毕后可以经作业线直接装载至内支线船。

实践效果：

一是提升港口行业竞争力。“船船直转”模式拓展了“先放后检”适用范围，将“整批货物卸毕后放行”改为“随卸随放”，允许进口大船直连内支线小船，吸引长江沿线货物在青岛中转卸货。

二是大幅降低港口成本。“船船直转”模式较之前模式，单船减少码头作业时间 4 天，节省搬倒费用 20 余万元。

案例 27：“蓝色自贸”海洋经济统计核算新模式

主要做法：

山东自贸试验区青岛片区（以下简称青岛片区）开展海洋经济统计制度创新，探索建立一套较为完备、科学合理、规范标准的自贸试验区海洋经济统计核算制度，全面、准确、及时反映海洋经济发展动态，为青岛片区发展现代海洋产业提供详实数据支撑，填补国内功能区海洋经济统计核算制度空白。

特色亮点：

（一）创新涉海单位清查和认定流程

按照“先有库，再有数”的统计原则，自行针对不同海洋经济活动业务类型的企业进行分类认定，分别建立涉海单位“初筛库”“复筛库”“认定库”，首创“三库三筛”的涉海单位认定方式，高效地开展涉海单位清查和认定工作，提高涉海单位名录的更新频率及认定效率，进一步保障了涉海单位认定的准确性、科学性及完整性。同时，在全国率先探索在企业登记注册环节进行“涉海”标识的标签化认定方式，为全国开展涉海企业名录库建设和商事主体认定提供参考模板。

（二）创新海洋生产总值核算制度

率先探索建立功能区级海洋经济统计核算体

系，将国家标准《海洋及相关产业分类》在2006版基础上，结合最新的分类征求意见稿进一步细分。按照不同海洋产业的投入产出特点，明确核算路径和范围，重点突出功能区经济效益质量，采取剥离系数法为主、增加值率法和比例法相结合的综合核算和评估方法，按季度对青岛片区涉海“四上”单位和涉海“四下”单位开展增加值测算，科学衡量和反映功能区的海洋经济发展质效，填补国内功能区层面海洋经济统计核算制度空白。

（三）创新建立日常监测指标体系

通过选取不同海洋产业的特色指标或关联指标，创新建立青岛片区海洋经济运行监测指标体系，按照季度海洋经济统计核算频率，厘清青岛片区海洋经济运行与进出口额、港口货运吞吐量、企业纳税额等宏观指标的关系，提高海洋经济统计核算的时效性。

实践效果：

（一）为地方政府科学决策提供参考依据

海洋经济统计核算新模式可有效获得青岛片区内海洋经济发展规模、速度、结构等数据，为制定产业发展政策，精准招商引资提供依据。2020年认定涉海企业848家，覆盖21个海洋及相关产业类别。其中，规模以上企业122家，占比为14.4%；规模以下企业726家，占比为85.6%。2020年，涉海“四上”企业实现营业收入868.1亿元，占辖区“四上”企业营业总收入比重为32.3%。

（二）降低涉海单位名录库更新成本

涉海单位名录库建设工作是开展海洋经济运行监测的基础工作，此前单位登记注册信息共享与认定流程和方式较为传统，人力物力消耗较大，本次探索建立的涉海商事主体登记标识认定机制，从企业登记注册环节就给企业贴上“海洋”标签，按照标签化提取基本单位名录库、开展海洋经济统计工作，大幅节省涉海单位清查成本。

（三）为国家层面完善核算制度提供参考

建立海洋经济运行监测指标体系，从更加微观的角度探索出海洋经济运行与产业实物量指标、关联产业经济指标等的联系，把握海洋经济运行特点，为国家层面完善地方海洋生产总值核算提供参考。

案例28：海洋牧场“一证一险”信贷模式

主要做法：

山东省是国家发展改革委、农业农村部批复的国家唯一海洋牧场建设综合试点省份。山东自贸试验区烟台片区（以下简称烟台片区）发挥海工装备产业和技术优势，创新开发深远海智能网箱——海洋牧场平台，引领全国现代化海洋牧场建设。但是，现有相关法律法规没有对其进行科学规范管理，没有确权颁证依据，无法进行资产记账、抵押贷款，加上前期一次性投资较高、质押物不足、回报周期长、自然不可控因素多等原因，海洋牧场建设面临更为严峻的贷款难问题，严重制约行业发展。烟台片区围绕破解这一难题瓶颈，在全国首创确权路径，通过政府确权、保险增信，让银行放心贷、安全贷，并推动放贷由设备建成后前移至设备建设初期，助力海洋牧场快速建设、快见成效。

特色亮点：

（一）建立海洋牧场平台办证机制

海洋牧场平台作为近年来的新业态，各地普遍缺乏确权颁证的规定依据和设计、制造和检验的技术标准。烟台片区针对海工企业需求，在全国率先组织制定了《钢质可移动式海洋牧场平台建造技术规范》《玻璃钢驳船式海洋牧场平台建造技术规范》《半潜式PE管架平台建造及检验技术规范》三个地方标准，填补了中国海洋牧场平台建造技术标准空白。同时，引入技术能力更强的中国船级社，将地方试点经验衔接纳入《船舶技术法规体系框架（2020）》“固定设施类技术法规”和“浮动设施类技术法规”编制范围，填补技术法规空白。为解决海洋多功能平台检验发证依据和渔船检验机构检验职责范围问题，烟台片区参照渔业船舶先行检验发证并立法规范，对在技术法规出台前开工的平台，由渔业检验部门审图、检验（复杂程度更高的邀请美国船级社、中国船级社等进行辅助检验），合格的参照渔船由省级主管部门登记颁证，同步推动省人大常委会将平台检验颁证、监督管理纳入胶东五市《烟台市海洋牧场管理条例》地方协同立法范围，配合国家相应技术法规的制定出台，将试点成果进行规范和固化。同时，组织编制《海洋牧场平台企业安全生产“双体系”建设指南》，推进实施海洋牧场平台企业安全风险分级管控和隐患排查治理双体系建设。

（二）创新推出海洋牧场保险

会同保险机构，全国首次将遥感气象指标和养殖海域40年以来有效浪高为代表的天气指数，应用到风险评估，建立海洋牧场风险评估模型，在政策性补贴支持下，创新开发针对海洋牧场的“抗击风浪自然灾害险”“网箱渔养殖波高指数险”，并分别被农业农村部、省农业农村厅纳入金融支农创新试点服务采购清单和地方优势特色农产品保险以奖代补名单，创造性地解决了海水养殖保险开办难题，以此作为风险缓释手段，为企业提供增信和助贷工具。

（三）搭建贷款完整闭环

贷前：烟台片区与金融机构建立信息共享机制，主要提供海洋牧场“白名单”、海域特点、不可抗力控制、操作风险把控等信息，并综合平台确权、指数保险，在全国率先提出一整套的海洋牧场贷款风险评判体系。贷中：对经过评审、处于项目初期的企业，首创推出信用放款方案，允许网箱平台搭建完毕后，再追加办理网箱箱体、设备及所属海域使用权抵押；依据主营产品生产周期，设置一定宽限期，由原来的1—2年，延长到5—8年；网箱平台验收合格后，银行与企业签订协议，对企业获得的政府补贴及水产销售收入进行监管。贷后：建立退出转让机制，海洋牧场企业却因经营问题造成贷款逾欠，可通过确权评估、政银联动，将抵押网箱平台、设备及海域使用权进行转让，直接偿还银行贷款。

实践效果：

（一）破解海洋牧场融资难题

有效解决了海洋牧场的养殖网箱搭建初期抵押物不足，海产品尚处生长期、未达销售条件时企业还款压力大等一系列融资难题。该服务推行以来至2022年3月，保险机构累计为海洋牧场提供风险保障5.2亿元，赔款支出2 540万元；相关金融机构为一批海洋牧场企业提供资金支持3.25亿元。

（二）解决了平台确权颁证难题

按照海洋船舶模式颁证，赋予平台以合法地位，得到平台研发和建造企业积极响应，“长鲸一号”“耕海一号”“国鲍一号”等国内“首台套”、多种类型海洋牧场新产品密集推出，市场也给予积极响应，烟台片区累计确权颁证海洋牧场平台25个、占全省一半以上，居全国第一。

（三）加速渔业转型

投资百亿元的烟台经海渔业“百箱计划”项目落地，确权不少于15万亩海域，启动建设“亚洲装备水平最高、综合效益最好”的海洋牧场。在烟台片区示范带动下，烟台市累计建设投用各类海洋牧场多功能平台27个、智能养殖网箱11座。

（四）风险完全可控

通过确权评估、经营企业购买养殖保险，并综合研判企业发展预期、实际经营者操作经验、银行征信等因素，搭配灵活的放款方式、贷款额度、回款方式、退出转让机制等，形成一整套风险把控体系，能够将海洋牧场贷款风险降到最低限度。

案例29：“水水中转智能管理”新模式

主要做法：

将船公司、码头公司各方数据汇集纳入统一的“水水中转智能管理平台”，共享共用，取消纸质信息传递方式，优化海关监管流程，减少业务办理中间环节，降低物流成本，提升作业和监管效率。

特色亮点：

一是建平台，实现无纸化作业。开发应用水水中转智能管理系统，将船公司的船舶信息、航线信息、载运信息，码头公司的码头作业信息、运抵信息、装卸船信息等汇集、共享、共用，通过信息报文交互模式，实现平台各项信息的自动生成和实时交互，实现无纸化作业和海关不见面监管。

二是机代人，实现自动化监管。海关将转关单审核、封志验核、转关单核销、放行等不同的业务操作转化成 40 多个逻辑校验，对转关单申报信息和各物流信息自动比对校验，以系统分析取代人工作业，实现验封指令自动下达和转关单自动核销放行。

三是防风险，实现智能化监控。通过整合转关单、报关单、舱单、理货等多部门、多链条数据，加强海关对转关业务的事中事后的监控，对超出设定条件的异常数据系统自动预警展示，关员第一时间进行分析处置，提升转关业务风险防控水平。

实践效果：

通过改革，取消了所有面对面的业务办理，水水中转业务办理全部自动化。海关监管方式从事前人工审核转变为系统审核+事后监控，完全消除海关人工审核和非工作时间给物流带来的不利影响；船公司减少了到码头、海关现场办理业务的环节，业务办理时间和成本大幅减少，约节省 1.5 天时间；码头物流作业更加顺畅，整体物流实效性提高 30%。

案例 30：以企业为单元简化原产地资格担保手续提高中韩自贸协定享惠率

主要做法：

根据《中韩自由贸易协定》，进口货物原产地证书应当由韩国授权机构在货物装运前、装运时或者装运后 7 个工作日内签发，由于山东半岛与韩国距离较近，货物基本上实现了朝发夕至，部分货物在抵港申报时暂时无法取得优惠贸易原产地证书，因此需要逐票办理税款担保手续，给企业造成很大负担，部分企业为保障及时通关只能放弃享受协定税率。为适应 RCEP 带来的需求变化，让更多企业享受到自贸协定优惠税率的红利，山东自贸试验区烟台片区主动对标国际高水平经贸规则，充分发挥日韩合作优势，积极开展担保业务流程上的制度创新，采取以企业为单元办理担保的方式，允许开展汇总征税的企业在申报时只随附原产地声明，不再另行办理担保手续，大大提高了企业中韩自贸协定享惠率，推动汇总征税适用率显著提升。

特色亮点：

聚焦流程再造，简化逐票担保手续，实现以企业为单元的汇总办理。对于符合海关信用管理要求，且已办理汇总征税业务的企业来说，抵港申报时如暂时无法提供原产地证书，允许企业在申报报关单时选择汇总征税模式，并逐票上传“原产地资格声明”扫描件，现场海关不再要求企业逐票办理需要三级审批的原产地资格担保手续，凭借汇总征税担保，系统自动完成担保额度核扣，自动完成报关单卡口放行。待企业办理完毕原产地证书后，在税款缴纳前（次月 5 个工作日），通过报关单修改撤销系统补充申报原产资格，提交原产地证书，海关在报关单中添加原产地证书编号并按照享受优惠税率重新计征税费，企业查询到税费信息后，完成电子支付，汇总征税担保自动完成核销。若企业在次月 5 个工作日前，仍然未提交原产地证书，可以自主选择缴纳税费担保自动核销，或者转为普通担保。

实践效果：

一是有效提高企业中韩自由贸易协定享惠率，助力减负增效。新模式实行以后，企业无须在提高通关效率和降低税费成本之间做选择题，担保手续实现自动化、电子化，可有效避免因担保手续繁杂，影响享惠率的情况，帮助企业减负增效。

二是减少企业办理担保手续人力成本，提高通关效率。以企业为单元简化原产资格担保手续，大大减少企业财务部门笔笔转账、票票审批的时间和人力成本，无须再跑海关综合业务部门和财务部门，报关单基本上能实现申报后秒放，相比之前办理担保手续、人工登记放行模式，通关时间压缩1—2个工作日。

三是降低海关行政成本，提升工作质效。普通担保模式下，征收保证金和退转保证金各需要三级审批，企业缴纳保证金纸面凭证需要在海关通关部门与财务部门间流转，耗费大量行政成本，效率低下，新模式实行后，释放行政执法部门人力资源，有效提升工作质效。

四、山东省政府及相关部门出台的政策措施

（一）《关于进一步创新监管服务促进药品产业高质量发展的二十三条措施》（鲁药监注〔2021〕6号，2021年3月23日）。

（二）《关于做好向“两区”陆续放权及承接落实工作的通知》（办公厅便函〔2021〕128号，2021年4月9日）。

（三）《山东省人民政府印发关于全面深化“证照分离”改革工作实施方案的通知》（鲁政发〔2021〕11号，2021年8月2日）。

（四）《关于印发〈外国人来山东工作便利化服务若干措施〉的通知》（鲁科字〔2021〕95号，2021年9月30日）。

（五）《山东省人民政府关于同意设立青岛中德智能制造技师学院的批复》（鲁政字〔2021〕210号，2021年12月10日）。

五、大事记

2021年1月10日　省委常委、济南市委书记、中国（山东）自由贸易试验区济南片区工作推进领导小组组长孙立成调研济南片区，强调抢抓黄河流域生态保护和高质量发展重大国家战略机遇，不断提高贸易投资便利化、自由化、法治化水平，大力促进新产业、新业态、新模式发展，为加快融入新发展格局、助推新时代现代化强省会建设提供有力支撑。

2021年2月26日　全省2021年春季重大项目集中开工活动在济南片区国家级大数据产业基地举行，省委书记刘家义、省长李干杰等省领导参加活动。活动采用省主会场与各市分会场视频连线直播方式，全省共集中开工项目812个，总投资6 460亿元。

2021年2月26日　山东省副省长、烟台市委书记傅明先到烟台片区调研。强调要大力推进制度流程创新，完善管理架构和管理体制，为国家试制度、为地方谋发展，打造更多具有示范效应的创新案例和工作品牌，推动自贸片区建设走在全国全省前列。

2021年4月9日　中国（山东）自由贸易试验区济南片区工作推进领导小组第二次（扩大）会议召开，省委常委、市委书记、中国（山东）自由贸易试验区济南片区工作推进领导小组组长孙立成出席会议，强调打造强省会制度创新的策源地，进一步凝聚全市各级各部门支持片区发展的强大合力。

2021年5月6日　副省长、烟台市委书记傅明先到烟台片区调研电子信息产业和数字经济发展，强调抢抓数字经济重大机遇，培育壮大电子信息产业集群，加快推进经济社会各领域数字化转型，推动新一代信息技术与实体经济、社会治理、民生服务等深度融合，有效赋能全市新旧动能转换和高质量发展。

2021年5月7日—8日　副省长汲斌昌率山东省商务厅、山东自贸试验区青岛片区、青岛海关等有关领导，调研山东能源集团海南区域总部建设发展情况，听取兖矿（海南）智慧物流科技有限公司关于山东能源集团海南区域发展规划、能源交易场所建设、离岸新型国际贸易综合服务平台建设和新型离岸国际贸易业务推进等工作情况介绍。

2021年5月26日　省政协副主席韩金峰带领部分省政协委员、证券机构和有关专家，就“加速发行双创债，服务创新驱动战略”“双循环格局下如何防控债券信用风险”专题调研济南片区，肯定济南片区金融创新实践和风险防控措施，强调发行双创债是落实党中央、国务院“大众创业、万众创

新”政策、服务双创企业发展的具体措施，下一步进一步加强推进力度。

2021年6月8日　副省长、烟台市委书记傅明先到烟台片区调研生物医药产业发展情况并主持召开座谈会，就做优做强生物医药产业，听取企业负责人和专家意见建议。强调要精准研究制定政策，加大支持引导力度，推动烟台片区生物医药产业持续做大做优做强。

2021年6月9日　中国（山东）国际大宗商品交流合作大会暨山东国际大宗商品交易市场启动仪式在青岛片区举行，副省长汲斌昌出席活动。大会围绕“共享自贸新机遇 共创交易新未来”的主题交流讨论大宗商品贸易、交易及数字金融赋能等领域热点，促进全球合作，助力国内大宗商品稳价保供。山东是全国最重要的大宗商品交易与集散地之一，青岛口岸已经成为全球第二大橡胶交易口岸。

2021年8月27日　山东自贸试验区济南片区举办“自贸赋能，开放创新”联动创新项目集中签约活动，省委常委、济南市委书记、中国（山东）自由贸易试验区济南片区工作推进领导小组组长孙立成出席活动。山东自贸试验区济南片区以视频连线方式与云南自贸试验区昆明片区、广东自贸试验区珠海横琴新区片区分别签署协同创新发展合作协议，济南海关发布关于服务济南市对外开放新高地建设的实施意见。

2021年11月19日　烟台市重点项目集中开工、集中签约暨中国（山东）自由贸易试验区烟台片区两周年推介活动举行。副省长、烟台市委书记傅明先出席并讲话，烟台市委副书记、市长郑德雁主持集中签约活动、宣布项目开工，烟台市副市长、开发区工委书记、管委主任牟树青主持集中开工活动、作自贸区主题推介。傅明先指出，要以一流标准推进自贸区建设，提高站位、瞄准前沿，突破全链条制度创新、特色化集成创新、区域性协同创新，实现服务实体经济的“乘数效应”。

2021年12月3日　全国大宗商品仓单登记系统在青岛片区正式上线，航运贸易金融数字化综合服务平台同步启动，副省长汲斌昌出席活动。全国大宗商品仓单登记系统由青岛市人民政府、青岛海关、上海期货交易所、山东港口集团共同打造，以实现大宗商品“统一登记、数字监管、期现结合、产融互通”为目标，在全国率先实现海关与期货交易所的信息联网。

2021年12月24日　省委常委、青岛市委书记、中国（山东）自由贸易试验区青岛片区工作推进领导小组组长陆治原主持召开青岛片区推进工作领导小组会议，强调提高政治站位，强化责任担当，不折不扣完成好各项试点任务，积极开展首创性、差异化探索，不断提高贸易和投资自由化便利化水平，扎实推动青岛自贸片区高质量发展。

2021 年中国（江苏）自由贸易试验区建设概况

中国（江苏）自由贸易试验区工作领导小组办公室

一、经济运行数据

2021 年，中国（江苏）自由贸易试验区（以下简称江苏自贸试验区）新设立企业 2.64 万家，其中内资企业 2.59 万家、外商投资企业 468 家；合同外资 49 亿美元，实际使用外资 24.1 亿美元；备案境外投资机构 188 个，中方协议投资额 18.5 亿美元，中方实际投资 6.59 亿美元；实现税收收入 815.8 亿元；完成进出口总额 6 056.4 亿元，其中进口 2 989 亿元、出口 3 067.4 亿元。

二、建设措施及成效

2021 年，江苏省委、省政府将习近平总书记关于自贸试验区建设的重要指示精神作为推动自贸试验区建设的根本遵循，贯穿自贸试验区工作全过程，先后多次召开省委常委会会议、省委深改委会议、省政府常务会议，并召开省自贸试验区工作领导小组会议，加强组织领导，明确目标要求，压实工作责任，压茬部署推进。省商务厅（自贸办）会同省有关部门进一步解放思想、持续攻坚克难、勇于自我突破，推动江苏自贸试验区建设不断向纵深迈进。

（一）坚持系统集成、协同联动，制度创新持续深化

牢牢把握制度创新核心任务，坚持大胆试、大胆闯、自主改，江苏自贸试验区总体方案 113 项改革试点任务落地实施 110 项，实施率超过 97%。

一是大力推进生物医药全产业链开放创新。加强研究谋划，先后听取 110 余家重点企业意见建议，聚焦“研发—制造—流通—使用—保障—安全”全产业链条，研究制定自贸试验区生物医药全产业链开放创新发展试点方案，2020 年 6 月以省政府名义正式上报国务院。积极争取支持。国务院领导先后作出重要批示，要求国家有关部门研究支持，要求江苏省做好对上衔接工作。中央改革办、商务部、国家发展改革委、国家卫生健康委、海关总署、国家药监局等均明确表示支持。加快推动落地，会同 16 个省有关部门制定出台《省有关部门协力支持中国（江苏）自由贸易试验区生物医药产业开放创新发展政策措施》，共涉及 22 项支持政策，其中 12 项已经落地见效，其他 10 项正在加快推进。研发（测试）用未注册医疗器械分级管理、设立高风险特殊物品风险评估中心、成立区域伦理审查委员会、开展生物医药工程副高级职称评审等一批改革举措为生物医药产业创新发展提供有力支撑。

二是持续深化制度集成创新。始终坚持问题导向、目标导向、结果导向，持续深化首创性、集成化、差别化改革探索，总结形成制度创新成果 81 项（总数达到 196 项），其中知识产权交易融资服务运营平台、跨境海运数据通道助力“智慧物流”、知识产权证券化助推生物医药产业链高质量发展、搭建“生态眼”智慧化平台助力长江大保护等 4 项在全国复制推广（总数达到 8 项），优化进口粮食品质检验、加工贸易货物“司法公正销毁+区块链存证”等 2 项在国家部委完成备案（总数达到 6 项），32 项在省内复制推广（总数达到 72 项）。全国复制推广的 278 项自贸试验区经验案例江苏省落地实施率超过 95%。

三是积极推动协同联动创新。加强长三角联动发展。推动成立长三角自贸试验区联盟，共同发布长三角自贸试验区十大制度创新案例。苏州片区加快融入虹桥国际开放枢纽，启动沪苏同城通关物流贸易一体化等示范项目，探索长三角高新技术货物布控查验协同试点、长三角特殊物品风评结果互认试点。上港集团与连云港港口控股集团开展战略合

作。推动与省内高水平开放平台联动发展。支持江苏自贸试验区与省内 57 个国家级开发区、国际合作园区等重点开放平台联动创新发展，制定出台 5 个方面 20 项支持政策，持续放大江苏自贸试验区示范引领和辐射带动作用。服务陆桥沿线发展。组织成立新亚欧陆海联运通道自贸试验区联盟，举办自由贸易试验区创新发展高峰论坛。与徐州、开封等淮海经济区成员城市、甘肃（兰州）国际陆港、新疆霍尔果斯签订共建共享自贸试验区协议。

（二）聚焦重点领域、关键环节，高水平制度型开放积极探索

加快推进贸易投资便利化改革创新，持续深化商品和要素流动型开放，稳步拓展规则、规制、管理、标准等制度型开放，更好运用国内国际两个市场、两种资源。

一是对标高标准国际经贸规则。对标《全面与进步跨太平洋伙伴关系协定》（CPTPP）等高标准国际经贸规则，立足江苏省实际开展深化研究，聚焦服务业开放、要素跨境流动、知识产权保护、公平竞争等重点领域积极探索制度型开放试点举措，形成研究报告和 4 个方面、28 项先行先试探索清单。

二是深化贸易投资便利化改革创新。加大服务业开放力度，将港澳服务提供者在自贸试验区投资设立旅行社等审批事项赋予自贸试验区实施，落地全省首家外商投资职业技能培训机构。创新贸易综合监管，全国率先探索高端制造全产业链监管创新，试点企业进出口额同比增长 60%；全国率先开展长三角一体化海关真空包装等高新技术货物布控查验协同试点，为 16 家企业节约 1/3 查验时间，海关总署在全国复制推广；全国首创“关证一链通”保税货物公证辅助销毁项目试点，为企业节约 300 万元运营成本。全国率先在自贸试验区港口建设长三角海事政务自助服务站，服务超过 20 万次。制定出台邮轮游艇等旅游出行便利化意见。

三是积极培育贸易新业态新模式。苏州片区继海南自贸港之后获相关部门支持发展新型离岸国际贸易，推动银行为企业开展基于实体经济创新发展和制造业转型升级的新型离岸国际贸易提供高效便捷的跨境资金结算服务，搭建综合服务平台，2021 年完成业务结算量 10.66 亿美元，同比增长 190%；企业数量同比增长 31%。南京片区搭建跨境电商“海外仓离境融”服务平台，税务部门办理企业申报的符合规定出口退税时间压缩至 3 个工作日以内。连云港片区积极试点铜精矿保税混矿，项目建成并投入运营。

四是加快金融领域开放创新。成功获批信贷资产跨境转让、跨国公司本外币一体化资金池、外债便利化额度、一次性外债登记、合格境外有限合伙人（QFLP）外汇管理等多项试点。获国家外汇局批复同意开展合格境内有限合伙人（QDLP）对外投资试点，额度 50 亿美元。通过个案调整方式为江苏自贸试验区苏州片区两家境外上市生物医药企业新批外债额度 10 亿美元。支持恒瑞医药外籍员工参与境内上市公司股权激励计划办理登记。

（三）强化创新驱动、要素集聚，产业转型升级持续加快

一是深化科技和产业创新。聚焦集成电路、人工智能、生物医药等重点产业推进关键核心技术攻关，部署实施 18 个关键技术研发项目。根据实际需要赋予自贸试验区与设区市同等的高新技术企业推荐申报权，自贸试验区高新技术企业数量占全省 9%。获批建设国家生物药技术创新中心、第三代半导体技术创新中心、国家新一代人工智能创新发展试验区。江苏自贸试验区连云港片区高效低碳燃气轮机试验装置首台全温加压单筒燃烧室试验台成功点火。南京集成电路设计自动化技术创新中心获批省产业（技术）创新中心，省生物大分子药物产业创新中心、抗肿瘤及心血管类原料药产业创新中心加快建设。

二是深化人才管理体制改革。完善外国人来华工作许可便利政策，江苏自贸试验区南京片区首创聘用外国人单位“红白灰”三色信用分类管理制度，为外籍人才提供来华工作许可和居留许可“一站式”联办服务。江苏自贸试验区苏州片区发布生

物医药产业国际职业资格比照认定职称资格目录，构建全国首个以产业划分的专业技术人才评价国际认证体系。

三是打造战略性新兴产业集群。加快培育新一代信息技术、生物医药、纳米新材料等战略性新兴产业。江苏自贸试验区南京片区加快打造基因之城、芯片之城，56家集成电路、生物医药企业在资本市场融资近百亿元。苏州片区加快打造新一代信息技术、生物医药、高端装备制造、纳米技术应用4个千亿级主导产业，京隆科技高阶芯片、博世MEMS传感器测试、浦项科技新能源汽车等重大项目先后落地；生物医药产值超过1 000亿元，产业竞争力连续三年位居全国第一。

四是加快培育数字经济。加快新型基础设施建设，实现自贸试验区5G网络全覆盖。江苏自贸试验区苏州片区国际互联网数据专用通道、“服贸通”中新跨境数据专线扩容升级，落地全国首个境外人士电子支付便利化工具，成立游戏企业服务中心。江苏自贸试验区连云港片区新建40G带宽的国际互联网数据专用通道。

五是强化资源要素保障。支持江苏自贸试验区试点探索产业用地混合利用，推进新产业新业态用地“10+N”弹性供地方式改革落地，将压覆重要矿产资源审批权限赋予自贸试验区所在地自然资源主管部门实施，采取“核销制”保障自贸试验区内国家和省重大项目用地需求。

（四）突出改革赋能、法治保障，打造国际一流营商环境

加快转变政府职能，持续深化“放管服”改革，有效激发市场活力，打造市场化、法治化、国际化营商环境。截至2021年底，江苏自贸试验区累计新增市场主体6.7万家。《中国（江苏）自由贸易试验区条例》于2021年3月1日正式施行。

一是赋予自贸试验区更大改革自主权。在首批赋权273项基础上再次赋予三个片区省级管理事项30项，相关事项片区承接率超过93%。凡是省级实施的重大改革，原则上同等条件下优先支持在自贸试验区开展试点。

二是持续深化“放管服”改革。全面推进“证照分离”改革全覆盖，国家层面523项和省级层面12项涉企经营许可事项全部落地，积极探索“一业一证”改革试点，受益企业超过3万家。江苏自贸试验区南京片区实施工程建设项目“拿地即开工”改革，平均节省审批时间2个月以上；海事政务服务中心、船员考试中心正式入驻。江苏自贸试验区苏州片区推动免证园区、政府采购意向制度等一批改革措施，获中国政府网专栏刊发推介。

三是加快构建以信用监管为核心的事中事后监管体系。利用“互联网+大数据”技术，实施非现场智慧监管，江苏自贸试验区南京片区“创新跨部门远程监管模式”被国办《专报信息》采用，获国务院领导批示肯定。持续推进包容审慎监管，在全省率先启动企业休眠制度。

四是完善商事纠纷多元化解机制。江苏自贸试验区南京片区成立南京仲裁院和全省首个自贸试验区法庭，在全省首创境内外律所“多元复合式”联营模式，入选“2020—2021年度中国自由贸易试验区制度创新十佳案例”。江苏自贸试验区苏州片区加快建设公共法律服务中心，打造服务国内外商事主体的“一站式”争议解决平台。江苏自贸试验区连云港片区法庭选聘专业特邀调解员，协助解决“一带一路”沿线国家和地区商事纠纷。

五是优化政府服务。坚持把基层发展需要和企业诉求作为工作的着力点和突破口，更好发挥省自贸办牵头协调作用，建立完善改革重点任务季度督导推进机制，及时研究解决市场主体遇到的困难问题。

三、创新成果及案例

案例1：“生态眼”助力长江大保护

江苏自贸试验区南京片区落实长江大保护工作，搭建“生态眼”智慧化平台，整合各类监管数据，综合运用卫星与无人机高光谱遥感、生态环境

物联网监测、流域多图层全景展现等创新技术，实现长江经济带南京段生态环境立体多源实时动态感知，为保护长江生态提供平台支撑。

主要做法：

“生态眼”智慧化平台对长江南京段核心区域进行加密监测和智慧感知，利用数据分析和人工智能等手段，实现生态眼感知数据增值，建立综合智慧管控和决策辅助体系，形成长江生态保护“决策大脑”。

一是集成各类监管数据。平台融合18个市级涉江部门24个信息化系统，接入水质、空气质量等传感设备数据及监控视频。通过长江南京段、7条省控入江支流、59个污水处理厂、319个工业废水处理厂水质横纵向对比数据以及江豚活跃度等指标，反映水环境治理成效；通过土地利用、大气监测等数据，展示岸线清退修复和大气保护成效；通过接入船只航运管控系统、应急工作综合监管平台、重点危险源在线监控及事故预警系统等，实现安全生产全方位掌控。

二是构建先进监测体系。利用卫星影像、彩色夜视相机等物联网设备，动态采集各类生态环境数据，实现对长江南京段生态状况全面监测。在水环境监测上，“生态眼”改变过去单纯依靠人工丈量巡河的方式，通过布设水质监测设备，利用水质反演分析模型，对长江南京段水质进行全域体检。在违法用地监测上，项目利用遥感卫星影像，精准识别违规占用岸线情况。

三是建立人工智能分析模型。平台运用自主设计芯片，利用卫星遥感、人工智能等技术手段，通过智能分析模型计算，实时掌握长江水质状况、“百项提升工程”进展情况以及岸线修复情况等，为沿江排口管理、流域污染溯源、岸线清退整治、绿化进度和成活率分析提供决策支撑。构建地物分类、江豚智能识别模型，自动识别江豚画面并存档记录，实现对长江南京段岸线一公里范围区域内的地物识别、分类和比对。构建中红外光谱采集和气体识别算法模型，可发现肉眼不可见的化工管道气体微泄漏口，智能判断泄漏气体种类。

实践效果：

“生态眼”项目（一期）已建成并试运行，初步构建长江生态环境立体多源实时动态感知体系，实现生态环境从微观、中观到宏观的监测。通过水质反演结果分析，发现片区绿水湾水质明显异常，结合无人机现场查勘，及时发现非法布设渔网区域0.25平方公里，第一时间督促整改，在最短时间内使该区域水质得到恢复。通过遥感卫星监测到违规大棚种植区0.02平方公里，及时通报整改，持续加强对该区域的卫星影像分析，直至大棚全部拆除，实现足不出户网上监督。通过禁渔捕捞摄像视频监控，结合海事信息实时分析，自动判断非法捕捞行为，确保长江“十年禁渔”取得实效。

案例2：进口研发（测试）用未注册医疗器械分级管理

江苏自贸试验区苏州片区（以下简称苏州片区）多家医疗器械企业反映由于医疗器械商品HS编码分类问题，在进口研发用医疗器械及零部件时，因产品无医疗器械注册证而无法通关，造成研发项目停滞，影响创新研发进程，不利于推动科研和产业高质量发展。为解决上述问题，苏州片区积极探索试行进口研发（测试）用未注册医疗器械分级管理，取得较好成效。

主要做法：

制定《进口研发（测试）用未注册医疗器械分级管理办法》，对进口研发（测试）用未注册医疗器械产品及零部件实行分级管理，即由申请企业履行备案手续、制定自主管理方案，由职能部门加强事中事后监管，海关部门根据苏州片区商务、科技和市场监管部门出具的情况说明函，按照相关规定执行通关手续，提升进口通关效率和便利化程度。

一是制定《进口研发（测试）用未注册医疗器械分级管理办法》。分级管理办法明确备案产品范围和分级标准，规定申请企业的具体准入条件，明确在业务流程上设立单一服务窗口，由片区特殊生物制品物流平台做好企业前期辅导和资料“一窗受理”，受委托进行管理能力核查、研发能力核查、过程管理，为企业提供清晰指引。

二是强化申请企业主体责任。要求企业切实履行主体责任，建立一整套覆盖进口研发（测试）用未注册医疗器械全生命周期的流程管理制度，明确高层管理人员和专管员，建立登记、领用台账并严格逐笔记录，确保产品合规用途，主动接受和配合监管部门监管。

三是加强事中事后监管。相关部门各司其职，定期会商，协调配合，加强事中事后管理，确保管理安全可控。商务部门负责制定备案企业准入标准、核查企业管理能力，科技部门负责核查企业研发能力、判断研发能力与进口产品及数量是否匹配，市场监管部门协助判断进口未注册医疗器械或零部件的分类等级和后续监管，海关部门对企业进口未注册医疗器械或零部件给予通关便利。

实践效果：

进口研发（测试）用未注册医疗器械分级管理，主要突破点在于允许医疗器械研发机构、生产企业通过备案进口研发（测试）用未注册医疗器械或零部件（非诊断试剂）。分级管理办法保障了生物医药企业研发项目顺利开展，提高了企业科研创新积极性，并将进一步激发苏州片区医疗器械创新研发要素集聚优势，促进生物医药产业高质量发展。截至2022年6月，苏州片区已有20家企业提交381批次备案申请，通过备案后，相关产品将得以顺利通关，尽快投入研发，加快医疗器械新产品的开发与上市速度。如新冠肺炎疫苗研发企业艾棣维欣（苏州）生物制药有限公司，进口医疗设备通过备案后顺利清关并投入调试使用，研发进度大大加快。

案例3：全国首个电子劳动合同标准

近年来，顺应人力资源管理数字化发展趋势，不少用人单位尝试使用电子合同提升劳动合同及相关协议签署效率，但国内尚无劳动合同电子签订相关的指导性文件，企业面临想签不敢签、想签不会签的问题。江苏自贸试验区苏州片区以深化构建和谐劳动关系综合配套改革试点为契机，制定并发布全国首个电子劳动合同标准，为广大用人单位与劳动者订立电子劳动合同提供服务指引。

主要做法：

一是制定发布电子劳动合同标准。广泛开展调研，深入企业了解电子劳动合同订立需求，听取企业、专业服务机构建议，充分征求国家、省、市有关部门和专家意见，结合区域劳动关系运行管理实际情况，制定发布电子劳动合同标准。标准包括总则、主体身份认证、电子签名技术、电子劳动合同订立过程、第三方电子合同服务平台、电子劳动合同查询、存储和证据保存以及附则等7章45条，严格执行电子签名法、标准法、劳动法、劳动合同法等有关法律法规要求，紧密结合区域劳动关系运行管理特点，集中体现对企业人力资源管理的规范、指导和服务。

二是设计开发政企数据接口。基于劳动关系运行管理平台劳动用工管理子系统，设计开发劳动合同报送政企数据接口，企业可通过平台接口一键完成劳动合同信息报送，并同步完成劳动者社会保险登记。实现企业信息系统与政务平台数据互联互通，为形成业务办理闭环奠定基础。

三是推广企业应用经验。深入友达光电、博世汽车等企业了解人力资源管理数字化需求，指导其应用标准开发内部电子劳动合同签署管理信息系统、劳动合同报送政企数据接口，实现政企数据互联互通和“一键全办理”。通过宣传推广友达光电、博世汽车等企业的经验，为其他用人单位提供参考和借鉴。

实践效果：

电子劳动合同标准的制定发布推动用人单位与劳动者协商采用电子形式订立劳动合同，指导并规范电子劳动合同签订行为，切实提高企业管理效率，降低管理成本，提升政府服务效能。

一是指导规范订立行为。电子劳动合同标准厘清了电子劳动合同与纸质劳动合同关系、电子签名技术选择等关键问题，强调主体身份认证、存储保存、电子证据链等业务规范，突出生物特征识别、私钥非对称加密等先进技术应用，构建电子劳动合同从协商、意愿确认到签署和交付等各环节全过程解决方案，提高劳动合同签订和管理效率，保障劳资双方合法权益。

二是节约企业管理成本。通过劳动合同数字化闭环建设，切实提高企业管理效率，降低用工管理成本。据友达光电负责人介绍，仅签订劳动合同一项，每年可以降低成本 100 万元。电子劳动合同对用工规模较大或职工分散全国各地的企业更具应用价值。比如同程旅游公司，在全国范围内应用电子劳动合同后提升签署效率 99%，实现无延迟实时办理。截至 2021 年 10 月，江苏自贸试验区苏州片区已有 5 000 多家企业启用电子劳动合同，8 万多名劳动者签署电子劳动合同。

三是促进企业人力资源管理数字化转型。电子劳动合同标准的应用进一步催化企业电子劳动合同签订意愿，引导企业利用互联网、数字签名、密钥加密和生物特征识别等先进技术，提升企业在协议签订、规章制度制定、岗前岗中培训等一系列人力资源运行管理中的工作效率，推动企业实现人力资源管理数字化转型。

四是提升政府服务效能。根据劳动合同报送政企数据接口标准，企业和职工签订电子劳动合同后，一键报送劳动合同信息，并同步完成劳动者社会保险登记，真正实现 7×24 小时服务。通过政企数据闭环建设，更好汇聚区域人力资源数据，为搭建更加高效的政务服务体系奠定坚实基础。

案例 4：“空运直通港”快速通关

为响应长三角一体化发展的国家战略，适应全国实施通关一体化改革新局面，江苏自贸试验区苏州片区（以下简称苏州片区）全面构建与上海水陆空联动的立体化物流通关体系，推出“空运直通港”快速通关新模式，提升沪苏两地的通关、物流、贸易的一体化、便利化水平。

主要做法：

将上海浦东机场货站服务前移至没有一级口岸的自贸试验区，苏州虚拟空港作为货站平台代替上海货代监管仓库功能，航班落地后货物直接在上海机场地面代理仓库一次性完成全部理货和舱单传送操作，海关放行后即可通过卡车航班转至苏州虚拟空港进行分拨后送抵企业。“空运直通港”模式如下图所示：

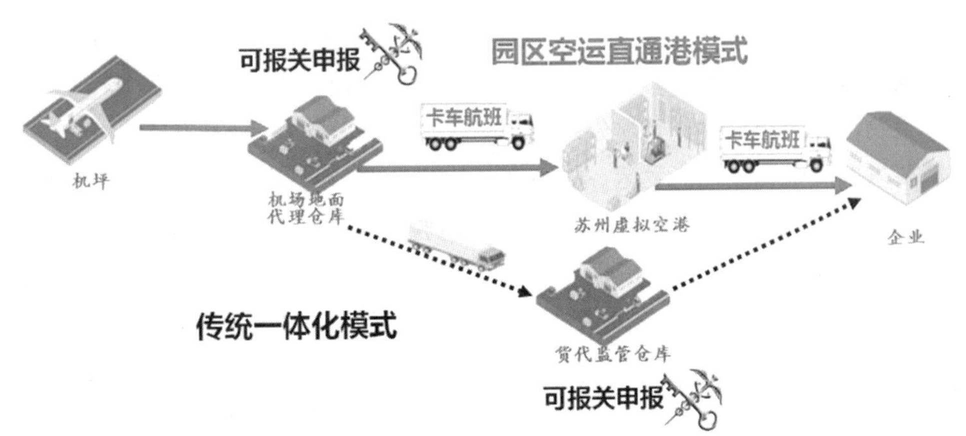

一是前移申报步骤。将申报环节由上海货代监管仓库前移至机场地面代理仓库，货物无须进入上海货代仓库。

二是简化查验环节。海关直接在机场地面代理仓库实施货物查验，货物无须转运查验场所，减少了二次装卸运输。

三是实现集约运输。苏州片区直接对接上海机场地面代理，定制“卡车航班”实现货物规模集约运输，有效降低运输成本。配置专用温控车，实现从航班落地到配送企业的全程冷链，满足片区企业进口特殊物品温控需求。

四是支持“零库存”生产。货物放行后，企业可就近在苏州片区“空运直通港”提货，根据生产计划随用随取，缓解企业仓储压力。

五是全天候物流服务。“空运直通港”模式提供7×24小时仓储物流服务，企业可以根据实际需要，全时段灵活申报。

实践效果：

一是提升物流效率。企业采用“空运直通港”快速通关模式，物流时效提升6小时以上。

二是降低物流成本。通过减少上海货代仓库环节、取消相关收费、避免二次装卸运输、实现集拼规模运输等手段，每单货物实际节约物流成本15%—25%左右。

三是优化营商环境。苏州片区已有多家企业采取“空运直通港”快速通关新模式，截至2021年9月底，累计操作主单411票、件数1 964件、重量208吨，各企业对该模式均表示充分认可。

案例5：中欧班列“保税+出口”货物集装箱混拼

按照中欧班列现行做法，保税转口离境货物与国内一般贸易出口货物不可同箱混拼，必须分别装箱、按照铁路配载要求配成整车皮才能发运。中国江苏自贸试验区连云港片区根据企业诉求，发挥“先行先试”优势，创新贸易监管方式，探索形成中欧班列“保税+出口”货物集装箱混拼新模式，即保税转口离境货物与国内一般贸易出口货物拼装在同一个集装箱内进行发运，大幅降低企业物流成本和等待时间，提升国际班列的装箱发运效率。

主要做法：

一是明确业务基本条件。明确混拼业务的铁路发运企业必须具备国际货运代理和铁路运输发运资质；混拼货物性质为保税转口离境货物（主要是日韩机电产品等）和国内一般贸易出口货物；国内铁路发运为同一个发运人，国外为同一个目的地（卸货地）；混拼的场所为中哈（连云港）物流合作基地（海关监管作业场所）内的指定拆拼箱仓库。

二是细化业务流程。外商暂存的保税进口货物经连云港口岸报关入境后，运至保税仓库等海关保税监管场所拆箱入库。根据境外发货人的指令，若该批保税货物需经由中欧班列转出口至中亚或欧洲等国家，则由铁路货运代理企业申请，经海关审核，该保税仓库转出口货物可与国内一般贸易出口货物在海关指定监管作业场所专用拆拼箱仓库内进行混拼作业，完成拼箱操作后办理相关报关放行和装车发运手续。

三是强化风险防控。对于以“外商暂存货物”进口存储于保税仓库的货物，在转出口离境时，不涉及税款和相关许可证件，与国内一般贸易报关出口的货物在海关指定的监管作业场所一起拼箱发运，风险可控，监管可操作。针对保税货物在境内仍处于未完税状态，如流入境内有逃避关税和增值税等相关风险的情况，海关结合现场监管举措，对操作进行全程视频监控，且通过采信第三方理货部门对于拼箱过程出具的理货报告办理转关放行等手续，并视情对企业货物流、资金流和信息流等进行后续稽核查，持续跟踪货物核销和结关信息，以确保保税转出口货物实际发运离境。

实践效果：

一是节省运输成本，缩减等待时间。江苏自贸试验区连云港片区选取了有混拼业务需求的物流企业开展“保税+出口”拼箱试点，同时，多地积极借鉴该创新模式。截至2022年3月，连云港等地参与混拼的保税货物近490票，保税货值超434万美元，混拼货值超1 020万美元，平均每票为企业节省73%的物流成本。同时，解决以往监管模式下铁路班列需凑整发运、交货期长的问题，平均每票为企业节约发运等待时间15天以上。

二是拓展保税功能，强化中欧班列货源支撑。

“保税+出口”货物集装箱混拼解决原中欧班列保税转口离境货物与国内一般贸易出口货物不能混拼发运的问题，满足货主对小额商品通过铁路班列出口中亚及欧洲等地区的迫切需求，进一步拓展中哈（连云港）物流合作基地功能，开辟了新的业务渠道，提升了中欧班列运行效率，为国际班列常态化运行强化了货源支撑。

三是开展先行先试，获得认可支持。中央电视台新闻频道于2019年12月31日对此模式进行了专题报道。2020年5月，海关总署自贸司复函南京海关，备案此创新举措。

案例6：工程建设项目“拿地即开工”

江苏自贸试验区南京片区针对建筑工程项目施工许可环节申报材料多、办理程序复杂、企业往返“跑腿多”等问题，通过告知承诺、容缺受理、加强监管等措施，再造审批工作流程，实现审批许可“一次办好”、工程建设项目“拿地即开工”。

主要做法：

一是实行告知承诺，容缺受理申请。审批部门一次性告知施工许可申请资料，允许符合条件的项目申请施工许可时暂不提供土地、规划、审图、消防等手续，项目竣工前提供即可。申请人对应当具备的施工条件、告知承诺的要件以及需承担的法律责任进行书面承诺，并通过施工许可申请系统提交申请。

二是手续同步审核，限时办理许可。在1个工作日内，审批部门对符合条件的项目核发施工许可证；不符合条件的，告知原因。施工许可信息、申请人承诺书公示公开，接受社会监督。项目信息推送至质量安全监督等职能部门，用以同步办理工程质量安全监督和实名制管理等手续。

三是强化批后监管，规范建设行为。审批部门会同相关监管部门在作出施工许可决定后30个工作日内，对申请人承诺材料的实质性内容进行检查核实。发现虚假承诺的，审批部门立即撤销施工许可，责令停工，记入诚信档案；监管部门依法依规进行处罚。核发施工许可后，申请人在告知承诺书约定期限内，未提交材料或提交材料不符合要求的，期限届满时项目未完工的，责令停止施工；继续施工的，按未取得施工许可证擅自施工违法行为处罚上限进行处罚；期限届满时项目实际已完工的，不予组织竣工验收，项目不得投入使用。建设单位有上述行为的，两年内不得申请告知承诺施工许可。

实践效果：

截至2021年10月，已完成“拿地即开工”施工许可改革试点应用案例18个，平均节省审批时间3个月以上。

案例7：海事政务闭环管理

江苏自贸试验区连云港片区全国率先实施海事政务服务闭环管理，对于办理各类船员从业证书、船舶海上油污保险证明等必须提交证明原件的业务，实施邮寄服务，并融合业务线上办理，形成邮寄受理、网上审批、邮寄补正和邮寄发证组成的闭环管理模式，实现除对船舶登记业务申请人实施现场核查外，所有业务类别均可“不见面”办理，大幅提高海事政务服务效率，切实降低企业和船员办事成本，真正做到让服务对象“一次不用跑，证书寄到手”。

主要做法：

一是邮寄受理。改革前，船员办理技术资格证、适任证书等各类从业证书，在网上申请后需要现场提交纸质照片、见习记录簿，船舶在线办理海上油污保险证明需要现场提交船舶保单证明原件，现均可通过邮寄方式将申请材料提交至海事政务窗口，窗口工作人员收到材料后予以受理，节省航运公司、船员服务机构和船员的办事成本。

二是网上审批。除对船舶登记业务的申请人实施现场核查外，船舶管理、船员管理、通航管理、危防管理、公司管理、交通无线电台审批等六大类

32 项海事业务全部实现线上办理、网上审批。此外，申请人办理业务不受时间和空间的限制，随时可以在线申请，办理过程和办理结果也可以随时随地查询。

三是邮寄补正。对业务办理过程中需要补正相关材料的，可以通过邮寄的方式提交，结合邮寄受理与邮寄发证，实现业务办理“全流程邮寄”。

四是邮寄发证。按照申请人在网上提供的邮寄地址，海事政务窗口工作人员及时将办理好的证书邮寄给申请人，并与快递公司建立邮寄安全保障机制，保证申请人的证件安全，完成“不见面”办理闭环。

实践效果：

一是构建全流程服务体系。将海事政务闭环管理模式与并联办理、容缺受理、告知承诺等制度相融合，与委托代办、打包邮寄等服务举措相结合，构建海事政务全流程服务体系。新冠肺炎疫情期间，江苏自贸试验区连云港片区启动应急处置程序，实现将“线上+邮寄”审批模式覆盖全部海事政务事项，在保证疫情防控不松懈的同时，实现海事政务服务“不打烊”。

二是提升办件感受度。2019 年 9 月海事政务闭环管理模式实施以来，办理业务量累计超 13 万件，占总业务量的 97%以上，平均每件业务压缩审批时间约 5 个工作日，整体办事时限较法定时限压缩 65%，平均每年压缩审批时限约 30 万个工作日，节省各类经济成本过亿元。其中，受理通过邮寄方式来件业务近千件，邮寄发证 25 348 本，惠及全国各地船员 2 万余人。

三是辐射周边区域。在绝大多数船员类业务实现全国通办的情况下，为船员办理各类船员从业证书效率高，服务优，邮寄范围覆盖河南、安徽、四川、山西、湖北等多个省份，吸引连云港周边及中西部地区涉海事政务服务主体首选连云港办理相关业务。在辖区注册海船船员数量仅占全国 3.1% 的情况下，核发全国 9.12%的各类船员从业证书，打响连云港海事政务服务品牌。

案例 8：二手集装箱交易规范化

江苏自贸试验区连云港片区依托“一带一路”国际多式联运业务，以二手集装箱交易平台“箱咖集市”为载体，线上撮合交易，推进交易规范化、标准化，合理调配二手集装箱市场资源，提高二手集装箱使用频率及周转效率，有效降低物流成本。

主要做法：

一是信息共享。依托“港港通”国际多式联运门户网，搭建全国二手集装箱线上交易平台“箱咖集市”，采集上海、厦门、深圳等 15 个国内重点地区港口集装箱各箱型市场价格，结合行业信息化软件、物流交易平台、大数据处理等方式，每周在“港港通”网站原创栏目“箱约热点”发布二手集装箱价格指数，及时反映二手集装箱价格变化，发布行业预测，为市场交易提供价格参考。

二是交易预警。通过采集数据，发布二手集装箱市场三种箱型参考单价、二手集装箱价格指数走势曲线图，分析国内 15 个重点地区二手集装箱交易价格涨跌动态幅度、箱源市场分布特性、市场询盘量增减等信息，满足市场对二手集装箱交易行情的需求，为物流行业二手集装箱交易搭建“保值避险、公平交易”的平台。

三是税收代征。二手集装箱多为海运退役箱，存在现金交易无票据流转等情况，为企业参与交易带来财务风险。税务部门在“箱咖集市”交易平台成立专门代征点，针对二手集装箱现金交易无票据问题，为交易方开立普通发票，消除财务不规范隐患。

四是跟踪监管。“港港通”网站“运踪查询”数据管理中心对在“箱咖集市”交易的二手集装箱交易信息、运行轨迹进行跟踪，客户可以实时查询和自助获取二手集装箱相关信息。“运踪查询”数据管理中心打通中欧班列物流信息通道，提高“一带一路”沿线物资周转效率。

实践效果：

国内独家发布二手集装箱价格指数，为中欧班列物流供应链市场提供可参考依据，填补国内二手集装箱市场空白，促进二手集装箱市场健康有序发展。二手集装箱交易平台买卖双方不限地域成交，降低交易成本，实现价格透明，规避交易风险，规范市场发展，促进二手集装箱资源优化配置，提高二手集装箱利用率。

案例9："1+N"科创融资综合解决方案

江苏自贸易验区南京片区（以下简称南京片区）根据科创企业成长特点与资金需求，推出产业科技金融融合创新综合解决方案"灵雀计划"，构建以政银科技贷款为核心的多样化科技金融产品体系，以金融产品创新助推科创企业发展。

主要做法：

一是完善科技金融服务机制设计。优化科技金融政策供给体系，实施产业科技金融融合创新先导工程，根据科创企业成长特点，对符合主导产业方向、具有高成长性的创新型科技中小企业，综合运用专项资金、投贷联动、贷款担保等多种金融支持，促进优质企业快速成长。建立科技成果转化贷款风险补偿机制，搭建科技金融支撑体系。

二是打造"1+N"多产品服务体系。推出"灵雀计划"，构建以政银科技贷款为核心，涵盖科技创新基金、科技保险、科技担保等多样化的科技金融产品体系。对获得"灵雀"认定的科创企业，统一发放"灵雀卡"，满足企业政策补助申请、银行融资、投资咨询等科技金融服务需求。设立科技型中小企业信用保证基金，遴选合作银行对"灵雀"企业设置绿色通道，实施"见保即贷"，提高企业融资效率。

三是构建"线上+线下"双服务模式。依托"一网一厅"科创服务平台，探索开展移动端、PC端线上科技金融服务。引导银行、天使投资、创业投资、私募股权、保险、知识产权运营公司等金融机构在片区集聚，鼓励银行设立科技支行和科技金融事业部等专营机构，定期线下对接科创企业，征集融资需求，打通企业融资堵点，搭建"线上+线下"科技金融双服务模式。

实践效果：

科技金融支持企业发展"1+N"模式在解决企业融资需求、降低企业融资成本方面取得良好成效，为南京片区"科创森林"建设提供有力支撑。截至2020年12月，南京片区共集聚科技类基金90余家、创投机构84家，科技金融服务覆盖科技类企业1 000余家，企业获得银行等各类金融机构科技贷款支持近70亿元。

案例10：智慧物流服务平台助力贸易便利化

江苏自贸试验区苏州片区（以下简称苏州片区）内企业苏州得尔达国际物流有限公司，以物流大数据合作示范系统"苏州自贸片区智慧物流服务平台"（以下简称物流平台）为载体，统一汇总物流政策及解读信息，重点标注片区公共仓库设施电子标识，对接航运中心、职能部门物流大数据资源，汇聚国内外物流运输时效及报价，挖掘数据要素市场价值，推进苏州片区数字经济发展，赋能苏州"产业大脑"建设，增效大物流大交通的江苏现代综合交通运输体系建设。

主要做法：

物流平台建设包括3个核心模块：以枢纽设施链模块整合苏州及各地仓库物流地理电子信息，提高综合交通运输决策支持能力；以物流产业链模块对接、梳理外部物流节点数据，推进智能化物流生态；以物流价值链模块实现枢纽内多种运输方式资源优化配置，推动智能化物流枢纽建设。

一是枢纽设施链模块。凭借开放式地图电子坐标，采集场所地理区位、业主信息、仓库概况、商务信息等16大类61小类仓库信息，通过查询区域或指定坐标，锁定匹配仓库数据，提示航运中心运输时效，帮助用户快速规划仓库资源，规避物流场所信息两端不对称问题，提升苏州片区稀缺物流资源公共效用。

二是物流产业链模块。按照世界银行合规标杆，整合口岸、职能部门数据，柔性管理进出口港到门全程时效状态，主动推送货物实时追踪信息，实现全程监控和在线查询。根据登录权限，提供月进出口国别贸易总量，梳理海关清关、整体清关、口岸作业、整体合规时效趋势。相比同类运输软件，物流产业链模块更关注实时数据，覆盖港口、海关及企业三端各环节，以高效物流数据要素提升苏州片区物流生态。

三是物流价值链模块。以物流平台对接的航空、船舶、铁路、陆路等四大运输方式一般价格为基准，覆盖国内外区间运输时间及散货、整箱运输成本，一键式实现枢纽点到点多种运输方式资源配置，提供方案过程明细及时效、费用对比，为客户推荐最优价值供应链解决方案。

实践效果：

截至2021年10月，物流平台累计发布包括海关通告、行业动态、政策解读、政府资讯共计4 865篇（疫情特刊586篇）；标注国内仓库地理信息434处，覆盖仓库面积898.36万平方米；收集国内外货运时效及报价254 230条。同时，通过与上海交大、武汉大学开展校企合作，搭建校企联合实验室，推进人工智能物流场景研究。

一是有利于提升整体营商环境，促进贸易便利化。平台物流大数据库匹配智能模型，对标物流国际高地行业指数，以苏州片区高端制造及国际贸易货运需求为预测基本面，联动航运枢纽及职能部门物流数据，搭建跨行业跨区域的大物流大交通布局及预警体系，提升大数据决策和监管水平，提升苏州片区整体营商环境。新冠肺炎疫情期间，物流平台为企业提供区内仓库资源汇总信息，为直通港、中亚班列、包机出口提供企业国际货量及航线汇总数据，助力提升苏州片区在疫情等突发事件中的物流应急决策能力。

二是有利于高端制造及国际贸易产业一体化发展。物流平台为制造、贸易产业提供实时物流监控，搭建物流预警体系，实现智能路径优化，促进企业物流成本降低和物流效率提升，为苏州片区制造精益生产及国际贸易快速增量提供保障。同时，依托物流平台为区内企业提供政策咨询指导。

三是有利于培育物流头部企业。依托物流平台管理，积累物流数据资产，助推本地物流企业增强创新能力和人工智能物流禀赋，实现全程可视化物流服务、物流品质效率标杆打造和物流整体盈利能力提升。物流平台还为物流企业提供跨境电商政策咨询等服务，打造片区跨境电商协同生态，助力培育跨境电商龙头企业。

四、江苏省政府及相关部门出台的政策措施

（一）《省政府办公厅转发省商务厅省财政厅关于鼓励跨国公司在江苏设立地区总部和功能性机构意见（2021年版）的通知》（苏政办发〔2021〕4号，2021年1月22日）。

（二）《国家外汇管理局江苏省分局关于支持苏州工业园区新型离岸国际贸易发展的通知》（苏汇发〔2021〕13号，2021年3月24日）。

（三）《省自贸办关于印发中国（江苏）自由贸易试验区第二批创新实践案例的函》（苏自贸办函〔2021〕19号，2021年4月7日）。

（四）《省自贸办关于印发省有关部门协力支持中国（江苏）自由贸易试验区生物医药产业开放创新发展政策措施的通知》（苏自贸办函〔2021〕21号，2021年4月26日）。

（五）《省自贸办关于印发省有关部门协力支持江苏自贸试验区生物医药产业发展政策措施配套实施细则的通知》（苏自贸办函〔2021〕33号）。

（六）《省自贸办关于印发支持中国（江苏）自由贸易试验区联动创新发展区建设若干措施的通知》（苏自贸办〔2021〕3号，2021年5月28日）。

（七）《省政府关于印发江苏省深化“证照分离”改革进一步激发市场主体发展活力实施方案的通知》（苏政发〔2021〕47号，2021年6月29

日）。

（八）《省政府办公厅关于复制推广中国（江苏）自由贸易试验区第二批改革试点经验的通知》（苏政办发〔2021〕31 号，2021 年 6 月）。

（九）《关于促进中国（江苏）自由贸易试验区邮轮游艇等旅游出行便利化的意见》（苏海事〔2021〕299 号）。

（十）《省政府关于赋予中国（江苏）自由贸易试验区第二批省级管理事项和开发区（自由贸易试验区联动创新发展区）省级管理事项的决定》（苏政发〔2021〕57 号，2021 年 9 月 6 日）。

（十一）《省人力资源社会保障厅关于印发江苏省国（境）外职业技能比照认定实施办法的通知》（苏人社规〔2021〕7 号，2021 年 10 月 13 日）。

（十二）《国家外汇管理局江苏省分局关于印发〈苏州工业园区、昆山市建设金融支持深化两岸产业合作改革创新试验区开展资本项目外汇业务创新试点实施细则〉的通知》（苏汇发〔2021〕47 号，2021 年 10 月 28 日）。

五、大事记

2021 年 2 月 4 日　长三角自贸试验区联盟工作沟通会议在线上举行，上海、浙江、江苏、安徽“三省一市”自贸办负责同志围绕成立自贸试验区联盟进行交流讨论。

2021 年 3 月 25 日　国务院总理李克强在江苏考察，听取江苏自贸试验区改革发展情况汇报，并考察了位于自贸试验区的由中石化与巴斯夫合资的扬子石化—巴斯夫有限责任公司。他勉励地方同志要继续推进制度创新，集聚人才等先进要素，发挥自贸区改革高地、开放前沿的辐射带动作用。

2021 年 4 月 1 日　副省长惠建林主持召开专题推进会，听取自贸试验区生物医药全产业链开放创新发展试点情况汇报，研究部署下一阶段重点工作。

2021 年 4 月 30 日　常务副省长樊金龙主持召开专题推进会，听取自贸试验区生物医药全产业链开放创新发展试点情况汇报，研究部署下一阶段重点工作。

2021 年 5 月 11 日　省商务厅厅长、自贸办主任赵建军出席长三角自贸试验区联盟成立大会并致辞。

2021 年 5 月 21 日　中国（江苏）自由贸易试验区工作领导小组第三次全体会议在南京召开。省委书记、省领导小组第一组长娄勤俭主持会议并讲话，省长、省领导小组组长吴政隆出席会议并讲话。会议深入贯彻习近平总书记关于自贸试验区建设重要论述，听取江苏省自贸试验区工作进展情况汇报，讨论审议《中国（江苏）自由贸易试验区生物医药全产业链开放创新发展试点工作方案》等文件，强调要坚持以习近平新时代中国特色社会主义思想为指导，自觉对标“争当表率、争做示范、走在前列”重大使命要求，进一步解放思想、抢抓机遇，持续深化改革开放，不断提升创新能力，奋力推动全省自贸试验区建设取得更大突破。

2021 年 6 月 4 日　省商务厅（自贸办）召开自贸试验区联动创新发展区建设工作推进会。

2021 年 6 月 15 日　省商务厅（自贸办）召开自贸试验区生物医药全产业链开放创新发展专题座谈会，听取片区及重点生物医药企业意见建议。

2021 年 6 月 16 日　常务副省长樊金龙主持召开专题推进会，听取自贸试验区生物医药全产业链开放创新发展试点情况汇报，研究部署下一阶段重点工作。

2021 年 6 月 23 日　副省长惠建林带队赴商务部拜会商务部副部长王受文，汇报自贸试验区生物医药全产业链开放创新发展试点工作。

2021 年 7 月 6 日　副省长惠建林召开专题会议，研究推进自贸试验区生物医药全产业链开放创新发展试点工作。

2021 年 7 月 13 日　副省长惠建林带队赴中央改革办拜会常务副主任穆虹，汇报自贸试验区生物医药全产业链开放创新发展试点工作。

2021 年 9 月 29 日　省商务厅（自贸办）负责

同志出席长三角自贸试验区制度创新论坛并发言。

2021 年 12 月 10 日　2021 自由贸易园区发展国际论坛在南京开幕，论坛由中国贸促会、江苏省人民政府、世界自由区组织主办，中国国际商会、江苏省商务厅、江苏省贸促会、南京市人民政府承办，论坛以“开放创新合作，培育自由贸易新动能”为主题，旨在凝聚各方关于经济全球化、贸易投资自由化便利化的共识，促进全球自由贸易园区间的交流互鉴与合作共赢。

2021 年中国（广西）自由贸易试验区建设概况

中国（广西）自由贸易试验区工作办公室

杨春庭

中国（广西）自由贸易试验区工作办公室主任

杨春庭，毕业于上海交通大学安泰经济与管理学院高级管理人员工商管理专业，研究生学历，高级管理人员工商管理硕士。先后在广西柳州市铁路局、中共广西壮族自治区党委统战部、香港工委新届区工委、广西壮族自治区投资促进局、广西百色市委和市政府工作，历任广西壮族自治区投资促进局党组成员、副局长，广西百色市委常委、副市长，广西百色市委副书记、统战部部长，广西百色市委副书记，广西壮族自治区投资促进局党组书记、局长、广西壮族自治区经济技术协作办公室主任。2021 年 5 月任广西壮族自治区商务厅党组书记，2021 年 6 月任广西壮族自治区口岸办公室主任（兼）、中国（广西）自由贸易试验区办公室主任（兼），2021 年 7 月任广西壮族自治区商务厅厅长。

一、经济运行数据

（一）投资情况

2021 年，中国（广西）自由贸易试验区（以下简称广西自贸试验区）新设立企业 39 297 家，比上年增长 213%；新增企业注册资本 3 293.1 亿元，增长 8%。

新设外商投资企业 330 家，增长 214%；实际使用外资金额 7.38 亿美元，增长 101%。

新设境外投资企业 9 家，比上年增长 12%；新增中方协议投资额 9 084.1 万美元，增长 124.3%。

实现税收收入 89.9 亿元，增长 106%。

（二）贸易情况

2021 年，广西自贸试验区货物进出口总额 2 061 亿元，比上年增长 16%，以不到广西区 0.05%的土地面积实现了广西区实际使用外资金额的 44.7%和进出口总额的 34.7%。

（三）金融情况

2021 年，广西自贸试验区新增金融机构 175 家，其中新增持牌金融机构 25 家、非持牌金融机构 150 家。跨境人民币结算金额 357 亿元。

（四）创新情况

2021 年，广西自贸试验区新增高新技术企业 61 家，营业收入 788 亿元。新增发明专利授权 183 件。

（五）其他

2021 年，广西自贸试验区跨境电商进出口额高速增长，全年交易额 101.5 亿元，比上年增长 259.1%；市场采购贸易额 20.76 亿元。

二、建设措施与成效综述

2021 年，在广西自治区党委、政府的坚强领导下，在商务部的正确指导下，广西自贸试验区深入贯彻落实习近平总书记视察广西“4·27”重要讲话精神和对广西工作系列重要指示要求，紧扣党中央赋予广西“三大定位”新使命和“五个扎实”新要求，积极为国家试制度、为改革闯新路、为广西自治区谋发展，制度创新实现新突破，主导产业加速集聚，开放型经济加快发展，营商环境持续优化，各项工作取得良好成效。

（一）制度创新释放改革活力

突出特色开展首创性差异性制度创新。扎实推进国家试点任务，国家赋予广西自贸试验区的120项改革试点任务实施率已达95%，力争2022年一季度实施率达100%。紧紧围绕面向东盟、陆海新通道、沿边开放三大特色，开展差异化探索，形成一批具有广西特色的制度创新成果。先后形成两批共84项自治区级制度创新成果并在全区复制推广，其中，“边境地区跨境人民币使用改革创新”入选全国自贸试验区第四批“最佳实践案例”，“广西边民互市贸易集成改革”等5项创新举措获海关总署批复备案，成果数量在全国21个自贸试验区中位居第二位，钦州港片区金融创新改革试点列为“中国改革2021年度地方全面深化改革典型案例”。

积极探索国际陆海贸易新通道高质量建设新模式。优化西部陆海新通道陆海联运全线集装箱“门对门”管理服务，推动以“信息全流程共享、物流全过程跟踪、成本全周期管控”为重点的集装箱业务“全生命周期”管理服务系统集成改革。2021年，钦州港口岸进口整体通关时间15.15小时，同比压缩28.13%；出口整体通关时间0.3小时，同比压缩21.05%，跃升至全国先进行列。

积极探索深化面向东盟开放合作的新机制。全国首创“跨境人民币双向流动便利化”业务。中马钦州产业园区金融创新试点获中国人民银行批复复制推广，将跨境人民币双向流动便利化业务的境内范围扩大到广西自贸试验区南宁片区、钦州港片区和崇左片区。南宁片区、钦州港片区制定《促进外商投资股权投资类企业（QFLP）发展暂行办法》，吸引广西自贸区云广创业投资中心、广西自贸区启园长衡创业投资合作企业、广西中马钦州产业园区混元投资中心3家QFLP分别在南宁片区、钦州港片区完成注册，注册资本分别为5 000万美元、5 000万元人民币和1 000万元人民币，为广西自贸试验区乃至广西全区开创QFLP先例奠定良好基础。加快跨境电商生态圈建设，推动多语种、多元化跨境产业服务，开展面向东盟跨境电商人才培养模式创新。

积极探索促进沿边经济发展的新路径。创新开展互市贸易“集中申报、整进整出”通关新模式，边民互市通关作业无纸化实现100%覆盖。创新开展边境贸易区公共法律服务信息化模式，推进边境地区法律服务体系建设，打通法律服务“最后一公里”。在疫情防控形势严峻、口岸运行通关受阻双重压力下，崇左片区率先在全国边境公路口岸实行海关、边检等联检部门共用一个卡口，实现“多卡合一”作业；全面优化“提前审结，卡口验放”作业模式，持续优化口岸通关流程。2021年，广西陆运口岸整体通关时间在全国沿边地区排名第一，友谊关口岸成为全国唯一全年保持正常通关的边境口岸。

（二）集聚带动地方产业发展

建立“1+3+N”的跨境产业链供应链价值链政策体系。制定出台《关于以中国（广西）自由贸易试验区为引领加快构建面向东盟的跨境产业链供应链价值链的实施意见》及《中国（广西）自由贸易试验区构建面向东盟的电子信息跨境产业链行动方案（2021—2025年）》《中国（广西）自由贸易试验区做大做强与东盟跨境贸易跨境物流行动方案（2021—2023年）》《广西稳步推进跨境人民币业务的实施方案》等配套文件，基本搭建面向东盟的跨境产业链供应链价值链“1+3+N”政策体系。

加快集聚开放型经济。南宁片区新增获批南宁市国家加工贸易产业园，跨境电商综合试验区银海保税仓等重点项目加快建设，中新南宁国际物流园累计引进普洛斯等15家知名企业。截至2021年12月，中国—东盟信息港南宁核心基地累计完成投资超300亿元；中国—东盟金融城累计引入金融机构（企业）达285家，是2018年末的13.6倍。钦州港片区围绕华谊能源化工、恒逸、中伟、中船、泰嘉、金桂浆纸业等龙头企业加快延伸产业链。钦州港30万吨级油码头——广西最大原油码头实现对外开放并成功运营，华谊一期工业气体岛及其配套项目全部竣工，总投资330亿元的中伟新材料南部产业基地项目实现当年建设、当年投产。港创智睿、见炬科技实现当年落户、当年开工、当年竣工。中马钦州产业园区5项金融创新试点全面落地，业务量突破100亿元。崇左片区积极打造边境电子信息产业园，加快推进中国东盟国际中药材调味品产业城、凭祥市电子信息加工产业园、凭祥红木文化创意产业园、中国—东盟跨境物流基地等产业项目，实现跨境电商四种出口模式的常态化发运。

围绕主导产业大力招商引资。截至2021年底，累计引进世界500强和中国500强企业55家。2021年，广西自贸试验区签约项目超100个，项目签约额超680亿元，资金到位率超36%；开工项目70个，开工率达69.3%，全年完成投资超250亿元。

重大功能性项目取得突破性进展。中国—东盟经贸中心挂牌运营，商务、法务、商事仲裁等41家机构单位入驻，涵盖12个国家，着力打造服务中国—东盟和RCEP市场的贸易投资服务一站式平台。广西自贸试验区外商投资促进中心获自治区人民政府批复成立。中国—东盟大宗商品交易平台加快推进，获得中国证监会、商务部等部委的积极支持。中国—东盟金属交易平台和期现联动试点项目在南宁片区落地实施。加快北部湾港保税燃油供应基地发展，保税燃料油供应实施“两仓合一”“一船多供”“锚地加油”“先供后报”“跨关直供”等监管模式改革，推动北部湾港保税燃料油供应基地加快建设。

（三）全面构建一流营商环境标杆

深入实施“放管服”改革。广西自贸试验区创新实施“负面清单”式放权，广西成为继山东之后全国第二个在自贸试验区实施“负面清单”式放权的省（区），提高片区服务能力，降低企业制度成本，激发企业创业活力；实施智能化政务服务；完成片区服务大厅升级改造，自助化水平不断提高。

推动更多资源要素向自贸试验区集聚。出台《关于促进中国（广西）自由贸易试验区人才集聚的若干措施》，为片区吸引人才集聚提供保障；出台《中国（广西）自由贸易试验区要素市场化配置改革试点方案》，推动更多资源要素向自贸试验区集聚。

产城融合加快推进。南宁片区电力配套设施覆盖到企，一批中小学校项目和广西医科大学东盟国际口腔医学院等公共服务设施项目加快推进；钦州港片区实施智慧城市、数字片区运行管理，实现精品线路景观、孔雀湾公园改造提升，城市功能进一步完善；崇左片区加快推进片区人才公寓、加工厂房、边贸合作社等项目建设。

三、创新成果及案例

（一）自治区级改革试点经验

案例1：“产业+安置”综合征地安置新模式

广西自贸试验区南宁片区地处广西南宁五象新区核心区，广西自贸试验区南宁片区管理机构与五象新区管委会合署办公。五象新区管委会结合新区实际情况和房地产市场发展情况，区别于以往的村民自建模式和政府统建模式，创新探索“安置项目用地公开招拍挂出让”“产业开发+安置”的安置新模式。

主要做法：

一是政府主导，引入社会资金建设安置项目。全面贯彻自然资源部“集约节约”利用土地的相关政策，管委会在充分尊重失地农民意愿的基础上，敲定实行政府主导，利用社会资金参与建设的市场化运作模式，即对安置用地实行“招拍挂”，引进社会资金开发建设安置项目，将相关安置要求设定为安置用地出让条件，开发商需从项目中拿出一定比例（不少于四分之一）的商品房用于安置，政府按成本价购买该部分商品房，且村民优先选房的同时，也优先建设项目中用于安置的住宅。

二是安置用地和产业用地合并出让，有效安置失地人员。实行安置用地和产业用地合并出让，政府主导将集体经济组织的产业用地和安置用地进行合并，采取“招拍挂”方式公开出让，政府按建设成本根据项目建设进度分期拨款给开发商购买安置房和商铺，然后农民可申请人均 60 平方米的安置住宅、25 平方米商铺（包括 15 平方米产业商铺、5 平方米物业费用补贴商铺、5 平方米公益性用房）、0.36 个停车位，其中安置住宅村民按每平方米约 1 800 元的价格购买，商铺和车位则无偿提供给村民，商铺由安置农民集体统一自主招商经营管理，车位由村民自行分配使用。除了用于安置的住宅、商铺和车位等项目，其余项目均由开发商自主开发建设并销售。

三是提前布局，科学规划预留安置用地。提前对城区拆迁安置人口进行摸底，做好安置布局、用地计划，科学规划预留安置用地；在零星规划定点建设了十多个过渡周转房项目，做为永久安置房交付前的辅助过渡办法，确保永久安置房项目“建得起来，住得进去”。

特色亮点：

一是农民首次获得全产权的安置房，且价格与有限产权安置房持平；二是将产业用地转换成商铺，并由开发商租赁经营 20 年，确保农民失地后生活来源。

实践效果：

该模式根据失地农民安置实际情况，尊重失地农民意愿，结合南宁市相关政策精神，有效探索出符合群众利益的新路子，实现政府、开发商、村民三方共赢。

一是极大减轻安置财政资金压力。在房地产市场发展良好的情况下，扣除项目安置成本后还有盈余，后期也无须投入人力、物力进行项目建设监管和小区物业管理，把安置工作市场化，设定标准由开发商实施即可。2013 年至 2021 年，五象新区共公开出让安置地 6 403.05 亩，土地出让金收入 437.75 亿元，安置 56 432 人；按照前面所述的人均安置物业标准、政府回购安置物业价格及被安置农民购置价，可获财政收入 292.78 亿元。

二是充分节约土地资源。根据土地管理法的有关规定，广西宅基地按照 22 平方米/人的标准，一户不能超过 100 平方米予以安排。以往的安置模式包括安置小区公益配套，这样实际每人用地面积超过 44 平方米，按照安置 100 人计算，占天占地安置需要约 4 400 平方米（约 6.6 亩）。而“产业+安置”综合征地安置模式按照 4.0 的容积率进行测算，仅需要安置用地 2 125 平方米（约 3.2 亩），充分有效地节约土地资源。

三是快速推动新区发展。安置项目用地采用“招拍挂”方式公开出让，得到了社会的认可，吸引更多有实力的房地产企业参与五象新区开发建设，加快五象新区的发展。自 2013 年截至目前，五象新区已经出让安置项目 49 个，龙光、大唐、天誉等多家全国知名房地产开发企业积极参与安置用地的“招拍挂”。

四是群众得到更大的实惠。采取出让方式供地，村民购买的安置房与普通商品房在属性上没有差别，在南宁市首次获得全产权的安置房，最大限度让利于民；村民得到实惠，积极配合征拆工作的开展，乐意接受“上房”安置。

案例 2：行业综合许可证“一证准营”服务改革模式

承担中国广西自贸试验区南宁片区（以下简称南宁片区）行政审批事项的南宁市行政审批局以办成“一件事”为导向，依托广西数字政务一体化平台，内部审批流程再造，将一个行业准入涉及的多张许可证整合为一张载明各单项行政许可证信息的行业综合许可证，相关行政许可信息通过生成的二维码的形式加载到行业综合许可证上，扫描综合许可证上二维码即可生成相关行政许可信息，行业经营许可信息“一码覆盖”，实现“一证准营”。2020 年 12 月 24 日，广西广投医药健康产业集团有限公司南宁万丽酒店的办事人员在南宁片区综合服务大厅领取全区第一本行业综合许可证。

主要做法：

通过再造行业管理架构、审批流程、审批导引方式、行业审批条件、许可审核程序，实现“一次告知、一套材料、一窗受理、一同核查、一网联动、一证准营”。

一是整合规范审批要件，实行“一次告知”。组织梳理“一业一证”行业目录，对一个行业涉企所有许可事项的审批条件进行标准化集成，形成一张全面、准确、清晰、易懂的告知单，一次告知申请人。

二是梳理整合申报材料，实行“一表申请”。按照共用信息共享应用、个性信息单独填报的原则，组织相关部门全面梳理整合行业全部许可事项的申请材料和文书，将多套申请材料归集为一套申请材料，编制标准化提交材料规范、工作流程和办事指南。需要现场核查的事项，除涉及国家安全、公共安全、生态安全、产业政策外，推行容缺受理、承诺制审批。

三是优化审批受理流程，实行“一窗受理”。优化窗口实体布局，设置“一业一证”窗口，实现“一窗受理、分类审批、统一出件”。依托全区政务服务“一窗受理”信息平台，按照线上线下融合的要求，按行业做好指引，实行全程免费帮办代办服务。配置服务专员，统一负责业务现场咨询、申请受理、材料流转、业务协调、证照发放、档案存放等工作。

四是合并强化核查程序，实行“一同核查”。对需要现场踏勘、技术审查、听证论证的事项，由牵头部门统筹组织，建立勘验核查联动机制，多部门联合，实现“多个事项一次核查、整改意见一口告知、整改情况一趟复审”。

五是再造审批服务模式，实行“并联审批”。协调改造广西数字政务一体化平台，推进“一业一证”平台建设，变“串联”审批为“并联”审批，压缩审批时限。实现线上线下服务融合和无缝对接，推动各类业务系统接入综合管理平台，在业务受理、办理、结果反馈等各环节实现综合受理、统一分发、数据共享和协同服务。审批时限原则上依照全流程审批事项中用时最短事项的时限确定，限时办结。

六是创新准营方式，实行“一证准营”。行业综合许可证采用统一编制的样式，相关行政许可信息通过二维码的形式加载到行业综合许可证上，实现行业经营许可信息一码覆盖，同时一并发放法定许可证，方便市场主体跨区域开展经营活动。

特色亮点：

政务事项办理实现“一证准营、一码覆盖、一目了然”。通过手机扫描行业综合许可证上的二维码，企业和商家办理的卫生许可证、项目经营许可证等相关证件就可以一目了然，便于消费者和有关部门进行核查。

实践效果：

一是首发全区行业综合许可证。南宁市行政审批局在南宁片区综合服务大厅发放的第一本行业综合许可证，合并了“经营高危险性体育项目许可（新办）”“公共场所卫生许可（新办）”两种许可，企业跑动办事窗口次数减少6次，提交材料压缩3项，审批时限提速2个工作日以上。南宁片区申请开设游泳馆（场）、药店、电影院、医疗美容、食品包装、人力资源服务等10个行业实施了“一证准营”。

二是企业最多跑一次。市民通过“一业一证”服务办理“行业综合许可证”时，只需在综合受理窗口提交一套材料，即可实现“前台综合受理、后台分类审批、综合窗口出件”。

三是全程手续实现最简。依托广西数字政务一体化平台，按照线上线下融合，实现“一窗受理、集成服务”，上述企业申请的事项涉及“经营高危险性体育项目许可—新办”“公共场所卫生许可—新办”的串联许可事项，经过“一业一证”的优化整合后，提交的材料由原先的19项压缩为16项，比原来减少了3份材料，审批时限依照全流程审批事项中用时最短事项的时限确定，限时办结。

案例3：人才就业社保综合服务“打包集成快办”改革模式

广西自贸试验区南宁片区依托南宁“智慧人

社”全业务经办信息系统和“线上一网通、线下一门办”服务优势，将16个企业群众眼中的人社“一件事”整合打包办理，并实现25个高频服务事项全部在规定办理时限基础上提速50%。

主要做法：

一是强化技术支撑，“一套系统”兜到底。发挥南宁市全业务一体化“智慧人社”系统“业务全覆盖”“数据聚通用”服务优势，不断完善“一网通”平台、优化“一门式”服务、强化“受审分离”机制，为“打包集成快办”提供全流程坚强保障。

二是坚持标准先行，“一套工序”抓到底。以打包办为重点，按照线上线下同步走的原则，建立三大步骤20道实施工序。逐一研究打包项目、业务流程图、服务界面、填报信息、提交材料、申请表格、服务短信、经办推送机制、结果反馈机制。严抓开发实施、上线运行，做好办事指南编制、工作手册编制、工作通知印发、业务培训、对外宣传、服务检验等工作。

三是坚持统一标准，“一根竿子”插到底。对每一个事项，都统一办事指南、工作手册，统一业务培训、部署上线。围绕“片区通办”延展到“全市通办”，无论线上线下，群众都可以获得一样服务。

四是坚持服务至上，“一把尺子”量到底。全力推进“一表受理”、服务简化，减少重复填报信息800多项，减少填报表格60多张，减少提交材料300多项；全市公开招募服务体验志愿者现场体验，鼓励微信平台提意见，监测服务“好差评”，收集并整改服务体验问题。

特色亮点：

一是自我加压，“打包办”项目数量居全国首位。自我加压，将人社部确定的10个“一件事”拓展为16个“一件事”。拓展打包内容，对其中9个“一件事”新增51项服务事项；提供更多选择，创新增设“劳动维权服务”“个人补贴申请”“单位补贴申请”“工伤待遇服务”“单位培训坚定服务”“人才服务”等6个“一件事”。16个“打包一件事”涉及全市人社公共服务事项共289个次，涉及量居全国前列。

二是多方联动，内聚外联部门数位居全国前列。联动人社系统外部门推动“跨部门”打包。16个“打包一件事”涉及20多个部门60多个跨部门事项。其中“人才服务包”将分散在科技、公安、住房、教育等12个部门的28个跨部门事项打包，为人才提供线上线下“一键测评、一站办理”服务。

三是智能引领，推动“打包快办”与南宁市在全国领先的“即申秒办”“免申即办”“区块链+”人社服务全面融合。充分发挥“智慧人社”系统优势，将失业金申领等16项“即申秒办”、《就业创业证》申领等19项“免申即办”以及区块链电子劳动合同等智能服务全面融入“打包快办”工作。

实践效果：

一是企业群众办事更好更快更简。为企业群众提供“打包办”“提速办”服务70万多家（人）次；共减少群众跑腿13万次，减少填写表格约13.5万份，减少重复填报信息项超70万项，减少提交材料9万多份。

二是创新成果得到国家部委高度肯定。工作开展以来，南宁市在全国“快办行动”20多周的周调度中连续排名榜首；创业、单位补贴申请等6个“打包一件事”在全国率先或创新上线，2020年6月人社部专门组织10个省市赴南宁现场观摩调研；在全国率先上线高校毕业生就业、及时推出企业招用员工等2个“打包一件事”成为全国稳就业保就业典型经验，被人社部编入《各地就业工作快报》直报国务院；人社部专门在14场全国培训班上安排南宁市介绍“打包快办”工作经验。

三是创新成效获社会各界广泛点赞。“人社服务快办行动”进展及成效有关报道先后得到人民日报客户端、新华网、《中国劳动保障报》、《广西日报》等各级主流媒体刊播131篇；常态化疫情防控情况下，先后有80多个单位团队到南宁学习交流经验。

案例4：建设项目“多测合一、一码通办”改革模式

广西自贸试验区南宁片区自然资源主管部门针对工程建设项目中存在的堵点、痛点、难点，在全国率先启动从规划选址、用地预审到不动产登记发证的建设项目全生命周期“多测合一”，实现群众、企业、政府相关部门“一码通办”的“多测合一、一码通办”改革。

主要做法：

广西自贸试验区南宁片区“多测合一、一码通办”改革在全国首创覆盖规划选址、用地预审到不动产登记发证建设项目全生命周期，通过“六个一”实现真正的“多测合一”。

一是“多测合一”能合尽合。按建设项目行政审批的立项用地规划许可、工程建设许可、施工许可、竣工验收等四阶段，南宁市建设项目“多测合一”改革将测绘内容相近或属于同一阶段的多个测绘业务合并。

二是“六个一”精准发力。通过聚焦“一基准、一码、一表、一库、一图、一平台”，“六个一”精准发力，实现真正的“多测合一”。统一2000国家大地坐标系的“一个测绘基准”；生成贯穿建设项目全生命周期的“一个不动产单元码”；建立赋予不动产单元唯一身份码的“一张不动产单元表”；构建含空间和属性的“一个多源地籍数据库”；实现集二、三维于一体的“三维立体自然资源一张图”；搭建统一底板数据的“一个应用平台”。

特色亮点：

具有全国首创性和系统集成性。全国首创覆盖规划选址、用地预审到不动产登记发证的建设项目全生命周期，通过“六个一”实现真正的“多测合一”。

实践效果：

一是政策体系加快健全。2020年，“多测合一、一码通办”改革全面落地实施。出台系列改革文件，切实为优化营商环境、高质量发展注入新动能。由南宁市政府制定印发《南宁市建设项目“多测合一”管理暂行办法》；统一“多测合一”技术细则，印发《南宁市建设项目“多测合一”技术规程》；出台《南宁市建设项目“多测合一”信用管理办法（试行）》。

二是进一步压缩业务办结时限。自实施“多测合一”以来，“多测合一、一码通办”改革将原有各流程16项测绘业务精简整合为4项，涉及测绘审批时间从135个工作日缩减到33个工作日，审批时限压缩幅度达75%，并在“六个一”支撑下实现群众、企业、政府相关部门“一码通办”。2020年，在建设项目工程建设许可阶段，将“不动产预核业务”平均办理时限由原来的13个工作日压缩至3个工作日。自2021年以来，全面深化“多测合一”改革工作，在不动产预核业务中，启用申报人承诺制办理，时限由3个工作日办结优化至即时办结，审批时限进一步压缩，压缩幅度达78%。

三是业务办理与信息化深度融合。全区首创建立“多测合一”信息系统并上线运行，实现从勘测定界、规划定点与不动产权籍调查、预核测绘、实核测绘到不动产登记发证全程网上办理，系统还与南宁市工程建设项目审批系统互联互通，支撑住建、园林、人防等部门业务办理的测绘数据需求，解决数据共享通道问题。

四是精准发力助推“即核即办”。创新推出新建商品房“即核即办”登记模式，大大压缩商品房项目从交房到办证的时间，达到“交房即交证”的目的，解决人民群众最关心、最直接、最现实的问题。

五是先进经验获全面推广。2020年12月10日《中国自然资源报》以头版头条刊登《“多测合一”简政“一码通办”利民——聚焦广西南宁测绘工作“两服务、两支撑”改革实践》专题报道；2021年3月31日，广西自治区自然资源厅组织的全区“多测合一”经验交流现场会在南宁市召开，现场会上南宁市作经验交流；建设项目“多测合一、一码通

办”改革模式实施以来，全国已有安徽、山东、广东、江西、呼和浩特、佛山、临沂、北京、东莞等多个省区市到南宁市学习经验。

案例5：智慧发票申领服务优化模式

广西自贸试验区南宁片区（以下简称南宁片区）税务机关以适应当前形势和要求的发票服务理念，指导南宁片区开展发票服务优化工作。

主要做法：

通过落实“一个转变”，推行“一个系统”，实施“三个差异化服务”，强化“两个监管”，即转变工作思路，依托智慧核票系统，实施纳税人分类分级管理、信用激励和先领用后检查等制度，强化发票业务内、外风险管控，进一步优化增值税发票核定领用的服务管理，提升纳税服务的质效。

一是深入落实“一个转变”：将发票申领事项中的核定环节进行优化整合，把发票申领环节由最多11个简化至4—6个。

二是构建完善“一个系统”：构建完善“智慧核票”系统，依托系统自动扫描识别纳税人类型、信用等级和风险级别，自动判定纳税人发票核定领用数量尽可能减少发票核定管理人工干预。

三是实施“三个差异服务”：试行发票领用“白名单免检通道”，完善发票申领“信用激励机制”，积极推行发票“先领用后核查”。

四是强化落实“两个监管”：加强发票风险“快速应对”，强化落实风险“内部管控”。

特色亮点：

全广西首创。一是从人工核票向信息化管票转变，“以数治税”取得新成效；二是通过完善发票申领“信用激励机制”、积极推行发票“先领用后核查”等措施，满足纳税人正常生产经营的发票需求，进一步提升发票服务质量；三是通过强化风险事前防控和打击发票虚开高风险行为。

实践效果：

南宁片区税务部门实施优化发票申领服务项目以来，有效解决了纳税人领票难、耗时长，税务机关风险管控难等问题。

一是办理更便捷。推进线上发票受理渠道建设，实现办税服务厅、电子税务局、“爱南宁”手机应用程序以及微信公众号等线上、掌上、线下多渠道受理申领发票。截至2021年5月，广西自贸试验区发票核定业务共计4 270笔，线上各智能办税渠道受理3 745笔，线上核定比率达87.7%，即时办结率达93.16%。

二是服务更高效。通过推行智慧核票系统，实现纳税人风险分类检测结果实时数据交互以及发票供应量信息系统判定，办税大厅前台办理时长由原来的平均18分钟缩短至7分钟，时长压缩61%；其中新办纳税人从开业工商登记到领取发票实现30分钟内全部办结；结合同城通办、寄递配送等业务措施，真正实现纳税人“足不出户”核定领用发票。

三是管理更有力。利用信息化手段对纳税人发票核定领用疑点进行扫描体检，一方面，加强对低风险纳税人的纳税辅导工作，帮助企业及时自我纠正涉税涉票风险行为；另一方面，及时拦截中高风险纳税人，打击和防范虚开发票、虚假申报、骗取出口退税等不法行为。

案例6：政务服务跨省通办+金融服务深度融合改革

广西自贸试验区钦州港片区联合钦州市行政审批局，充分发挥钦州市作为广西自治区政务服务“跨省通办”试点城市的优势，创新推动“政务服务跨省通办+金融服务深度融合改革”，在广西区率先打造政务服务事项“跨省通办”进银行、进网点的“政银合作”示范样板，有效推动金融机构业务与企业金融服务需求深度融合，加快破解企业和群众异地办事“多地跑”“折返跑”“办事难”“办事慢”等难点堵点问题。

主要做法：

一是建立政务服务跨省合作机制。与外省市签订政务服务“跨省通办”合作协议，建立跨省合作机制，推动合作区域之间政务服务点对点的精细化服务，不断满足合作地区“跨省通办”需求。2020年11月至2021年11月，钦州市已与广东省湛江市、茂名市以及福建省厦门市签订合作协议，构建稳定长期的“跨省通办”合作机制。

二是推进政务服务“跨省通办”进银行。联合中国工商银行钦州分行携手推进政务服务“跨省通办”，在中国工商银行钦州分行向阳支行营业厅设置全区第一个银行网点政务服务跨省通办专柜，在广西首次推出“政务服务跨省通办+银行”模式。

三是制定政务服务合作事项清单。结合合作省区市的实际，梳理制定相应的“跨省通办”事项清单。截至目前，可通办湛江事项48项，可通办茂名事项57项，湛江、茂名可通办钦州事项40项。首批“政务服务跨省通办”进银行的事项共计19项，涵盖商事登记、社保、医保、公积金等办理频率较高的业务范畴。

四是推动智能审批助力“跨省通办”。依托企业综合服务一网通办平台，创新建设企业开办智能审批系统，推行“一网受理、并行审批、智能审批”的企业开办系统集成新模式，实现企业开办“多项联办”“秒批即办”，企业股东、法定代表人、经办人线上扫码签名，提交后平台秒出结果。

特色亮点：

全广西首创。在广西区率先推进政务服务事项“跨省通办”进银行、进网点，为广西区提供了“政务服务跨省通办+金融服务深度融合”改革示范样板，切实解决企业和群众异地办事“多地跑”“折返跑”等问题。

实践效果：

一是政务服务与金融服务深度融合。在银行办理商事登记、社保、医保、公积金等领域政务服务事项，既便利了申请人，也拓展了金融业务，便利企业开展信贷和融资。农业银行钦州港支行批准广西钦州保税港区盛港码头有限公司15.4亿元项目建设贷款，已发放2.98亿元，其中1.3亿元享受了“桂惠贷”利息减免政策。

二是政务服务便利度进一步提升。在更多的商业银行网点打造“政务服务专区”，打造百姓身边的“政务服务大厅”，实现政务服务“跨省通办”“全区通办”等跨区域事项就近能办、多点可办、少跑快办，解决企业群众办事“最后一米”。2021年1月至5月，累计办理“跨省通办”业务超过2.5万件。

案例7：互联网医院跨行业综合许可改革创新

广西自贸试验区钦州港片区（以下简称钦州港片区）开展互联网医院行业综合许可改革，通过“一表申请、一窗受理、并联审查、一码归集、一窗出证”方式审批发放行业综合许可证，在许可证上加载二维码归集医疗机构执业、互联网药品信息服务、药品经营、医疗器械经营等多项跨部门的许可信息，扫码即可查询，企业凭一张许可证即可开展经营活动，实现“一证准营”。

主要做法：

一是建立协同机制。出台互联网医院管理办法、“一业一证”改革实施方案、药品医疗器械审批改革若干措施、审批监管执法联动协作实施办法等系列改革配套文件。取消互联网医院设置、药品零售企业筹建审批，将互联网医院经营涉及的卫生健康、药品监管相关许可事项进行并联审批。

二是实行集成审批。一表申请，将各类许可事项办理所需的申请表合并为一张行业综合许可申请表；一窗受理、一窗出证，设置行业综合许可办理专窗，事项办结后统一发放许可证；一并审查，对各类许可事项申请材料实行并联审查；一码归集，在许可证上加载二维码，集成显示各类行业许可证载明的登记信息。

三是实行行业综合监管。明确行业综合许可证在钦州港片区范围内具有行政效力，逐步推动在全市、全区范围内互认。大力推行“双随机、一公开”跨部门联合监管，避免重复检查、多头检查。

特色亮点：

全广西首创。基于“一业一证”改革试点基础上，创新推出互联网医院跨部门跨行业综合许可审批模式，企业凭一张许可证即可开展经营活动。

实践效果：

一是大幅删减申请材料。对于企业章程、学历证书、场所使用证明等各类许可证办理时需要提交的共性材料只需提交一份，材料删减幅度达到30%以上。

二是大幅压缩办结时限。改革前，医疗机构执业登记、互联网药品信息服务资格审批、药品经营许可、医疗器械经营许可、第二类医疗器械经营备案的法定办结时限分别为30个、15个、30个、30个、1个工作日，钦州港片区承诺办结时限分别为7个、3个、15个、7个、1个工作日。实施互联网医院跨行业综合许可改革后，五个许可备案事项实现并联办理，5个工作日即可办结，在原有承诺办结时限基础上再提速85%。

三是吸引互联网医院集聚发展。2021年7月20日，首家落户钦州港片区的广西自贸区信昱互联网医院正式上线运营，截至7月20日已招募1 200名医生，其中210人已完成线上注册，开业当天有21位患者参加线上问诊，完成16位患者处方诊疗。截至2021年7月，累计4家互联网医院企业在钦州港片区注册登记。

案例8：签约项目履约评价新模式

广西自贸试验区钦州港片区（以下简称钦州港片区）积极探索建立签约项目履约评价机制，对签约落户的项目按照四个档次实行履约情况的评估，鼓励支持履约程度良好项目加快发展，及时清退履约程度较差且建设进度严重滞后的项目。

主要做法：

一是成立项目履约评价小组。由钦州港片区产业服务中心牵头，各相关内设部门人员共同组成评价小组，每半年分别从组织推动、资金到位、手续完善、施工要素、工程进度等方面对项目履约情况进行综合打分评价。

二是建立评价结果划分机制。将项目综合履约评级等级分为优秀（A级）、良好（B级）、合格（C级）、较差（D级）四个档次。评价结果为优秀、良好、合格的项目，钦州港片区管委将在政策、服务等方面给予投资企业支持鼓励；评价结果为较差的项目，由钦州港片区管委责成相关部门对相应责任主体进行约谈，促进项目建设加快推进。

三是实行项目退出机制。建立健全项目退出机制，对于严重违反投资合同约定，或是建设进度严重滞后的项目，钦州港片区按照项目退出机制相关规定予以清退。

特色亮点：

全广西首创。以项目投资合同和项目建设计划、建设目标为依据，从组织推动、资金到位、手续完善、施工要素、工程进度等方面对项目履约情况进行量化评价，结果作为项目评判优良、引导推进的重要依据。

实践效果：

一是有效提升项目履约率。通过评价激励企业抢抓机遇、主动作为，促进项目早日开工建设、建成投产，推动钦州港片区加快发展。通过评估，对确定为A级、B级、C级的企业给予融资、“一对一”服务等重点支持。2021年共累计重点支持奇智纺织、广西高能生物等37家优质企业获得17.92亿元银行贷款。

二是有效清退“僵尸”项目。便于实时掌握企业合同实际履约情况，掌握企业动态进度信息，在为企业精准提供服务及督促企业履约、为政策兑现提供参考等各方面均有促进、指导意义，避免了“僵尸”合同的出现。截至2021年11月，通过评估，中亚精细化工等21个项目确定为D级，涉及3 398.46亩工业、商业和住宅用地，由钦州港片区管委会按照项目退出机制开展土地盘整收储工作。

案例9：创新港口工程竣工验收模式

广西自贸试验区钦州港片区会同北部湾港口管理局钦州分局积极协调各有关单位部门，就专项验收手续办理达成共识，突破了环保设施验收、职业病防护设施验收一般需待港口工程项目试运行后才能全面完成的原有做法，改革港口工程竣工验收流程，解决港口工程取消试运行环节后的验收堵点问题，确保重点港口工程项目顺利完成验收。

主要做法：

广西自贸试验区钦州港片区会同交通运输主管部门协调生态环境、卫生健康等行业主管部门对港口竣工验收流程进行改革，将港口工程环境保护、职业病防护设施专项验收和码头竣工验收创新分解为五个步骤实施。

一是自主开展环境保护设施验收。落实建设单位主体责任，由建设单位自主组织环境保护设施现场核查会，对工程建设基本情况、工程变动情况、环境保护设施落实情况进行验收后，由评审专家出具环境保护设施建设情况核查合格意见，并抄送相关主管部门。

二是自主开展职业病防护设施验收。由建设单位自主组织职业病防护设施现场核查会，对职业病防护设施落实情况进行验收后，由评审专家并出具职业病防护设施建设情况核查合格意见，并抄送相关主管部门。

三是以容缺方式开展档案专项验收。协调档案和港口管理部门，对部分工程竣工图尚需时间优化制作的、竣工决算文件需待整体竣工验收后完善提供的工程，在建设单位向档案管理部门作出在规定时间内补齐的书面承诺后，即可对该工程开展档案专项验收工作，港口管理部门对其予以认可。

四是组织开展码头验收。交通主管部门将环境保护设施的核查合格意见和职业病防护设施的核查合格意见，作为竣工验收的支撑文件，组织或指导建设单位开展港口工程竣工验收。

五是强化事中事后监管。建设单位在设施、设备通过现场核查及工程竣工验收后1年内，组织对相关设施实际监测数据进行采集、评估、报告等后续工作，满足主管部门事中事后监管要求。相关主管部门对建设单位企业运行情况进行事中事后跟踪落实，如相关设施未能达到监管要求的，主管部门责成建设单位立即进行整改。

特色亮点：

全国首创。创新港口工程竣工验收模式，解决取消试运行环节后港口工程竣工验收堵点问题。

实践效果：

突破了环保设施验收、职业病防护设施验收一般需待港口工程项目试运行后才能全面完成的原有做法，改革港口工程竣工验收流程，解决港口工程取消试运行环节后的验收堵点问题，确保钦州港金鼓江16号、17号泊位和钦州港30万吨级原油码头，分别于2021年4月12日、6月22日顺利通过竣工验收。

案例10：“区块链+人社”民生服务场景应用新模式

广西自贸试验区南宁片区（以下简称南宁片区）人社部门以联盟链技术架构，不断深化“区块链+人社”业务融合，加快推进场景建设及拓宽应用范围，在全国人社系统率先上线“区块链+人社”平台，稳步推进实现上“链”数据跨部门、跨领域共同维护和共享共用，强力助推数字政府改革建设。

主要做法：

一是建立不可抵赖的“确权+维权”机制，打造更高公信的政务服务平台。依托区块链技术和“智慧人社”CA（电子签章）、人脸识别等便捷认证服务，建立人社、公证、信用等部门共同认可的“区块链电子劳动合同平台”，实现链上数据生成、存储、使用和更新全程留痕，提供劳动合同在线签署、存储、查验和互认服务。截至2021年7月，已签订电子劳动合同 2.9 万份，在线查验 2 377 人次。

二是建立全程线上的“取信+授信”机制，打造更具价值的信用服务平台。依托区块链技术和“智慧人社”数据大集中优势，将企业登记、参保、劳动守法和群众社保、收入、职称等数据融合建立人社信用链，并与信用、金融、担保等机构联动布设区块链服务节点，建立“区块链人社信用授权平台”，提供信用查询检索服务，并推出社保卡、金融功能“双挂失”和区块链授信“社保快贷”服务。截至 2021 年 7 月，已办理人社信用授权 1.6 万人次，办理“双挂失”1.2 万人次，发放贷款 300 万元。

三是建立跟踪一生的“建档+用档”机制，打造更准画像的民生档案平台。依托区块链技术和“智慧人社”数据聚通用优势，在全国率先搭建“区块链民生档案袋”平台，将参保人员出生、求学、就业、就医等信息上“链”，并提供个人证照主动上传、实时查阅服务，为参保群众打造全生命“经历轨迹”和“电子证照”。截至 2021 年 7 月，民生档案袋已涵盖全市 500 万市民群众，涉及民生数据 3.25 亿条，9 595 人上传证照。

四是建立立体监管的“账户+账册”机制，打造更加安全的民生资金管控平台。依托区块链技术，建立业务与金融账户直联，联动审计、财政等直接监管的“区块链+人社资金监管”平台。通过业务部门上“链”业务审批、资金拨付，监管机构上“链”实时监控、动态跟踪，实现“家家有账目、事事难抵赖”。截至 2021 年 7 月，就业、职业培训资金已实现“上链”监管，涉及 5.7 亿元补贴发放。

特色亮点：

具有全国首创性和系统集成性。“区块链+人社”应用平台成为全国人社系统首个上线的“区块链+人社”综合应用平台，也是全广西首个上线的“区块链+政务服务”应用平台。

实践效果：

“区块链+人社”应用平台完成与南宁市大数据局、建设银行等 20 个法人单位的联盟服务链搭建，上线运行区块链电子劳动合同、社保卡挂失、人社信用授权、民生档案袋、人社资金监管等 5 项全国性创新应用。2020 年 7 月，南宁区块链应用成果被写入《广西壮族自治区区块链产业与应用数据发展规划（2020—2025 年）》；2020 年 9 月，“区块链+人社”技术解决方案获得隶属于工信部的中国通信学会“2020 区块链技术与应用创新成果”认证；2020 年 12 月，“区块链+人社”平台作为政务区块链办事案例被写入《政务区块链发展白皮书（2020 年）》。

案例 11：深化中国（广西）自由贸易试验区外商投资股权投资类企业发展试点改革

广西自贸试验区根据《自由贸易试验区外商投资准入特别管理措施（负面清单）（2020 年版）》中的相关规定，在国家尚未出台外商投资股权投资类企业相关管理规定的情况下，借鉴广州等地经验，结合南宁市、钦州市实际情况，引入合格的境外投资者在广西自贸试验区南宁片区、钦州港片区设立外商投资股权投资类企业。2021 年 1 月，南宁片区印发了《中国（广西）自由贸易试验区南宁片区促进外商投资股权投资类企业发展暂行办法》，支持外商投资股权投资类企业发展。2021 年 7 月，钦州港片区通过《中国（广西）自由贸易试验区钦州港片区促进外商投资股权投资类企业发展暂行办法》，探索片区投融资开发新模式。

主要做法：

一是企业注册准入零门槛。南宁片区、钦州港片区均明确外商投资股权投资类企业的注册及登记备案应满足国家有关要求，除此以外，对落户南宁片区、钦州港片区的外商投资股权投资类企业在注册资本、首次出资比例、出资期限、高级管理人员及合格投资者资质等方面不另设其他条件。南宁片区还规定，除外汇管理等部门有特殊要求外，也无须由南宁片区管理机构进行事前审批。

二是跨境人民币双向流动便利化。钦州港片区结合《中马钦州产业园区金融创新试点政策》，对“中马钦州产业园区跨境人民币双向流动便利化业务白名单”内的企业，使用跨境人民币双向流动便利化政策办理业务的，可凭收付款指令直接办理“两国双园”资本项下跨境人民币业务，不要求事前、逐笔提交真实性证明材料，由事前管理转向事中事后管理。

三是拓宽社会资本投资渠道。除外资管理人管理外资基金的传统模式外，南宁片区、钦州港片区均明确支持内资管理人管理外资基金及外资管理人管理内资基金，拓宽了各领域资本参与股权投资的渠道。

四是对内外资一视同仁。南宁片区明确在权限范围内最大限度给予外资国民待遇：外资基金管理人对内资基金的出资比例不超过5%的，保留该基金的内资待遇；外资基金投资于南宁片区内从事鼓励类产业的内资企业且该企业注册资本中外国投资者认缴额穿透计算比例合计低于25%的，保留被投资企业的内资待遇（给予税负差额补贴等）。

五是鼓励和支持投资方向明确。南宁片区鼓励市内的银行、保险等金融机构对股权投资基金投资的符合产业发展方向的企业给予融资支持；钦州港片区鼓励外商投资股权投资类企业积极参与《区域全面经济伙伴关系协定》（RCEP）、西部陆海新通道、中国—东盟自由贸易区（CAFTA）等国家战略，鼓励参与“两国双园”国际产能合作。两片区均对重大项目采用“一事一议”的方式予以支持。

六是灵活采用金融监管方式。南宁片区依托南宁市地方金融监管风险监测预警平台，通过大数据手段对股权投资类企业的经营状况进行风险评估，并组建南宁片区金融监管协调机制，调动区市两级部门的力量进行科学监管。钦州港片区成立钦州港片区外商投资股权投资类企业工作领导小组，建立联席会议机制，统筹推进外商投资股权投资类企业相关工作，组织成员单位制定和落实各项政策措施；研究解决外商投资股权投资类企业设立和运作过程中的相关问题；会商联合监管措施等工作。

七是明确外商投资股权投资类企业可享受的其他各项优惠政策。南宁片区内的股权投资类企业可享受落户最高500万元奖励、办公用房租购最高600万元补贴、创业投资企业的企业所得税税率9%、符合条件的人才按其对地方经济贡献的100%给予奖励、被投资企业资本市场上市挂牌最高600万元奖励等优惠政策。

八是建立容错纠错机制，鼓励大胆试、大胆闯。钦州港片区明确外商投资股权投资类企业推进工作改革创新保障机制，建立容错纠错机制。对在推动外商投资股权投资类企业发展过程中依据联席会议决策决议进行履职的部门和干部，属于按照法律法规正当履职发生客观难以预测工作失误且无相关廉政违法问题的，适用“容错纠错”原则。以实际举措积极营造鼓励改革创新的良好氛围，切实保护和激发干部干事创业积极性。

特色亮点：

一是企业注册方式和要求极大降低。南宁片区、钦州港片区都在权限范围内最大限度给予外资国民待遇，在企业注册方面不设门槛。钦州港片区还允许开立前期费用账户，在企业注册前可先行将款项汇入境内使用，前期费用账户额度和有效期无相关限制。

二是有效利用产业园的政策优势。钦州港片区创新结合《中马钦州产业园区金融创新试点政策》，便利跨境人民币双向流动便利化白名单企业使用人民币办理跨境投融资业务，无须事前、逐笔提交真实性证明材料。

三是金融监管方式创新。南宁片区依托南宁市地方金融监管风险监测预警平台进行风险评估，建立南宁片区金融监管协调机制，调动区市两级部门的力量进行科学监管。钦州港片区创新建立联席会议机制，协调解决企业运行过程中的痛点难点瓶颈问题。

实践效果：

一是破解“准入不准营”难题。中国证券投资基金业协会对外商投资的股权投资类企业私募基金管理人登记、基金备案均要求试点地区出具允许试点的政策，南宁片区和钦州港片区政策出台后，企业即可顺利进行中国证券投资基金业协会相关登记备案，依法展业。

二是享受资本项下跨境人民币收支便利。钦州港片区结合《中马钦州产业园区金融创新试点政策》，利用全国首创的中马钦州产业园区跨境人民币双向流动便利化业务独有的跨境人民币业务收支便利优势，便利白名单内企业使用人民币开展跨境投融资，提升资本要素跨境流动效率。

案例 12：广西边民互市贸易创新发展系统集成改革

为有效推进边民互市贸易由“通道经济”向“落地加工”模式转型升级，南宁海关推进广西边民互市贸易创新发展改革，系统集成多项制度创新成果为边民互市贸易转型升级提供了成套解决方案。

主要做法：

一是以信息化管理系统为轴心，实现智能化管理。自主研发上线南宁海关边民互市贸易管理系统V2.0，对互市贸易管理系统再升级、再改造，将检验检疫的申报项目、单证审核、证书溯源、查验指令、施检项目、实验室检测要求等作业链条全部嵌入系统，推动全部“进系统、留痕迹、可追溯”，以无纸化、信息化、智能化通关模式推进关检互市监管深度融合。

二是以集中审图审像作业为支撑，实现集约化管理。全国首创提出在互市领域推广应用 H986 集中审像和智能审图系统。搭建 H986 机检图像、机检视频监控二维对碰的分析站，由专人进行审图、判图；研发加载智能审图系统实现审像预警提示，有效防范禁限类物品夹藏、伪报瞒报等风险。

三是集成多项通关便利措施，落实安全与便利要求。集成委托申报、移动申报、直通式通关、优化检验检测方式等通关便利措施，通过开展落地加工业务，互市商品经加工增值后利润可留在边境，推动边境地区“口岸经济”高质量健康发展。

特色亮点：

一是多项措施为全国首创。全国首创提出在互市领域推广应用 H986 集中审像和智能审图系统，并通过互市贸易管理系统再升级、再改造，将更多作业链条嵌入系统，进一步提升无纸化、信息化、智能化程度，为边民申报提供更多便利，同时实现各项监管业务深度融合、一口对外、规范作业。

二是系统集成多项改革创新措施。系统集成了委托申报、移动申报、直通式通关、检验检测后移等多项改革创新措施，为边民互市贸易的转型升级提供了一整套的解决方案，在确保安全的前提下进一步提升了贸易便利，推动边境地区“口岸经济”高质量健康发展。

实践效果：

一是实现“留利于边、留利于民”。边民互市落地加工改革成效持续扩大，2020 年，广西边民互市落地加工商品量和货值分别增长 5.6 倍、8.5 倍，边民每日获利增长 3 倍，位列全国互市区落地加工第一名。

二是通过系统集成实现 1+1>2 的效果。一方面通过系统集成，为边民开展互市贸易提供更便利的一揽子解决方案。另一方面通过智能化、集约化管理，更好实现安全与便利的要求。2021 年 3 月，该系统集成创新举措获得海关总署批复备案。

案例 13：“船边直提，抵港直装”服务新模式

进口货物“船边直提”和出口货物“抵港直装”（以下称“直提直装”）操作新模式是钦州港海关联合集装箱码头公司助力企业复工复产的便利化创新举措，将常态化推动提升国际门户港服务水平。

主要做法：

一是明确“提前申报+直提直装”的基本操作流程。“直提直装”以进出口货物提前申报为基础，其中，进口提前申报模式下的货物，海关可以在货物抵港后，立即给出放行指令，企业只向码头部门办理相关作业委托手续即可；出口提前申报模式下的货物，需待货物运抵场所（场地）后，由场所业主出具运抵报告触发放行指令，并办理码头作业委托手续，即能完成“抵港直装”。

二是拓展“两步申报+直提直装”的组合业务模式。代理公司在班轮抵港前提前向海关申报报关信息，同时利用集装箱码头公司网上受理下达码头无纸化作业委托，待海关审核后，对无须到查验场查验的集装箱货物，安排车辆在船边待货物卸下装车直接运离码头或车辆将货物直送船边即可装船，全程操作无缝对接。

三是畅通信息共享沟通渠道。协调船公司、船代、货代、货主、报关行、码头、拖车、集卡等单位建立微信群，实现货物、船舶靠离泊、报关手续、码头操作等信息即时共享，明确货物“直提直装”作业操作流程，确保各节点业务操作顺畅开展。

特色亮点：

全广西首创。集成“提前申报”“两步申报”等业务改革成果，推动口岸管理与码头作业“无缝衔接”，对无特别监管要求的进出口货物快速放行、快速“直提直装”，减少港口资源占用，降低企业经营成本。

实践效果：

该模式真正实现了从船舶抵港、卸船装车及货物提离的“零等待”，有效减少人员和车辆的等待时间，大大提升提货、装货效率。2020 年 7 月，26.73 吨泰国进口鲜龙眼采用组合业务模式“船边直提”，从国际船舶卸货到直接装车提离海关监管区全程仅用时 16 分钟。截至 2021 年 7 月，累计办理船边直提 286 票，节约费用超过 2 000 万元；抵港直装 60 票，涉及出口货物 1.63 亿吨，节约费用超过 20 万元。

案例 14：出口生丝产品“注册登记+远程影像辅助检疫”监管模式改革

为进一步优化关区出口生丝产品检疫监管程序，强化后疫情背景下的海关监管，解决企业出口检疫通关难、成本高等突出问题，运用“制度+科技”手段，南宁海关创新出口生丝产品“注册登记+远程影像辅助检疫”监管模式改革，实现产地检疫和口岸监管的无缝衔接，提高通关效能和促进外贸出口。

主要做法：

一是完善企业管理。以风险评估为基础，在《出境非食用动物产品生产、加工、存放注册登记企业核查标准化作业表》《南宁海关出境非食用动物产品生产、加工、存放企业注册登记操作指引》的框架下，制定符合生产现状的出口生丝企业注册登记管理要求及现场检查内容，进一步完善该类企业的管理。

二是风险分类监管。结合出口生丝产品、企业的特点，制定《出口生丝企业分类管理实施细则》，从出口生丝企业的产品质量状况、生产管理水平、生物安全风险控制、诚信经营等维度对其进行风险分类管理评定，并根据评定结果在中国电子检验检疫（e-CIQ）主干系统对企业分级进行一、二、三、四级的维护，对不同风险级别采取差异化监管措施，实现既安全监管又快速通关。

三是开展远程检疫。建立产品质量安全溯源制度，确保相关生产质量记录完整、可追溯。对关区内已提前运往苏杭等地的出口生丝产品，在海关系统布控查验指令命中后，按照抽批规则，采取远程影像辅助检疫的作业模式，产地海关异地核查申报出口生丝的卫生状况、外包装及标识、注册登记号、生产批次号等信息，实现对异地申报出口生丝的产地检疫和快速验放。

特色亮点：

一是首创出口生丝“注册登记+远程影像辅助检疫”监管改革模式，填补了海关对异地申报出口生丝产地检疫监管制度的空白。

二是创建出口生丝质量安全溯源管理制度，可追溯该批产品的生产、加工、存放、海关监管的全过程，实现产地检疫和口岸监管的无缝衔接。

实践效果：

一是试点“注册登记+远程影像辅助检疫”监管改革模式，强化源头质量管理，对被海关系统布控查验命中的异地申报出口生丝批次可有效实施产地检疫，执法过程可追溯，实现安全风险可控和通关便利化。

二是对比旧模式，新监管模式下对提前运往苏杭等地且被海关系统布控查验命中的批次为企业减少成本约 4 000 元/吨，查验时间由原有的 1—2 天缩短至 8—10 分钟，释放改革红利，提升企业获得感。

案例 15：跨境人民币流动便利化改革创新试点

广西自贸试验区钦州港片区扎实推进面向东盟的金融开放门户建设，会同中国人民银行南宁中心支行积极争取中国人民银行政策支持，深入开展中马钦州产业园区金融创新试点，提升金融服务水平，实现中马“两国双园”之间跨境投融资和跨境资金流动便利化，扩大和便利人民币在东盟国家使用。

主要做法：

一是推动跨境投融资和跨境资金流动业务创新。经中国人民银行批复同意，在中马钦州产业园区开展包括投融资便利化和跨境资金流动便利化的两大类、五项金融创新试点任务。开展跨境人民币同业融资业务，为马来西亚银行同业服务关丹产业园区建设及园区内企业的生产、经营发展提供人民币流动性支持。开展境外项目贷款业务，允许试点银行向关丹产业园区项目提供人民币贷款。开展跨境人民币双向流动便利化业务，试点银行凭客户的收付款指令直接办理对中马钦州产业园区的资本项下跨境人民币业务。简化境外机构人民币银行结算账户离岸划转业务办理流程，在试点银行开立的境外机构人民币银行结算账户与在马来西亚开立的离岸账户之间划转可根据客户指令等直接办理。开展人民币信贷资产转让业务，允许试点银行开展人民币信贷资产对外转让，目前可跨境转让的资产种类包括国内信贷资产中的国内信用证福费廷和国内信用证风险参与资产两类贸易融资资产。

二是建立金融创新试点自治区级协调工作机制。制定《中马钦州产业园区金融创新试点工作协调机制》，明确广西自治区各有关部门和试点银行工作职责。广西自治区党委常委、广西自治区常务副主席亲自挂帅担任协调机制召集人，办公室设在人民银行南宁中心支行，定期或不定期召开会议研究部署创新试点全局性重大事项。

三是制定业务具体操作指引并强化监管措施。针对跨境人民币同业融资、境外项目人民币贷款、跨境人民币双向流动便利化、境内信贷资产跨境转让等业务分别制定具体操作指引，明确具体操作流程、工作要求、风险管理、信息报送等，并建立业务台账。同时，要求试点银行按照《中华人民共和国反洗钱法》和有关规定，在“展业三原则”的基础上开展跨境金融创新相关业务。

特色亮点：

全国首创。一是“跨境人民币双向流动便利化”业务属全国首创；二是“境外项目贷款、简化境外机构人民币银行结算账户离岸划转、人民币信贷资产转让、跨境人民币同业融资”四项业务属全国领先水平。

实践效果：

一是企业融资成本进一步降低。有效连接了境内外两个市场、两种资源，有效提高了市场对资源配置的效率，降低企业融资成本。2020 年 8 月 26 日，中国银行钦州分行为广西金桂浆纸业有限公司成功办理首笔人民币信贷资产跨境转让业务，金额 1 480 万元人民币，期限 163 天，转让利率 3.0%，较同期一年期 LPR 利率优惠 85BP，为企业节约融资成本 5.7 万元。

二是境内外银行机构实现“双赢”。拓宽辖区银行国际业务，境内银行资源进一步盘活，有效优化资产负债结构，提升经营管理效益。跨境人民币双向流通渠道进一步丰富，境外金融机构配置境内优质人民币金融资产的需求进一步得到满足，有利于银行开发境内外联动产品激发市场活力。

三是有效加快人民币国际化进程。拓宽境外项目融资渠道，为“走出去”企业提供人民币资金支持，提高人民币在国际贸易、投资结算中的份额，有力支持中马钦州产业园和马中关丹产业园共同发展。

截至 2021 年 7 月底，跨境金融试点中的 5 项创新业务全区已全部落地，业务量合计 53.12 亿元，其中，钦州辖内试点银行累计办理了创新试点业务 35 笔，业务量合计 15.32 亿元人民币。跨境人民币同业融资业务累计共办理 12 笔，金额合计 5.28 亿元，均属于境内人民币资金同业融出；境内资产跨境转让业务累计共办理 21 笔，金额合计 10.01 亿元，人民币双向流动便利化业务累计办理 2 笔，金额合计 0.04 亿元。

案例 16：“投贷补”联动技术改造项目融资新模式

广西自贸试验区南宁片区为了帮助中小企业解决发展过程中遇到的“创新难、融资难、融资贵”的问题，在全区范围首创投贷补联动机制，统筹联动企业技术改造项目的投融资、技术改造财政资金补助等各环节，系统性地为企业提供解决资金问题的有效方案。

主要做法：

一是建立完善良性循环机制。以“投、保、贷”为融资渠道，以“补、扶”为基本服务手段，建立起企业先期投资、政府设置“资金池”引导金融机构投放贷款、完工后技改补助资金优先还贷的“投贷补”机制。“投贷补”机制把原有技改补贴政策的事后补，转变成了事前“助”“补”相结合，有效解决企业无抵押、资金“青黄不接”状态下的融资难题。

二是第三方专业机构提前介入把关。提前委托第三方组织专家对技改项目进行现场查定和项目评审，开展现场尽职调查和风险评估，形成项目分析报告。由工信部门统筹组织应急、生态环境、税务、市场监管等部门对企业的环保、纳税、安全生产等方面进行联审，将通过的技改项目列入年度技改补助资金项目计划，并向金融机构推荐。同时，在技改项目实施过程中，强化对项目的跟踪管理，运用“南宁工业云”手机应用程序等信息手段，要求企业定期上报技改进度，同时开展定期现场核查，加强对技改项目的全程监管。

三是贷款服务平台提前增信担保。针对审定列入技改补助的项目，在企业投入一定比例自有资金实施技术改造项目的基础上，由市“两台一会”中小企业贷款平台服务前置，以增信、风险补偿等方式引导金融机构、担保机构对企业技术改造项目在项目启动前给予融资支持，企业能够更多地获得金融机构的认可，也能够更大限度地吸收社会资金投入到技改项目中。

四是技改专项补贴提前承诺到位。设立专项技改补助资金，统筹联动企业技术改造项目的投入、融资、技术改造财政资金补助等各环节，对审定列入技改补助的项目，在企业技术改造投资前明确给予项目补助并作为融资还款来源，引导金融机构放心对企业进行贷款投放，进一步增强金融机构支持企业技改的积极性，有效解决企业技改初期的融资难题。

特色亮点：

一是改变了过去对符合产业发展方向的工业企业技改项目事后资金补贴的方式，创新性变为事前、事中支持，在全区首创建立起工业企业技术改造“投贷补”联动工作机制；二是统筹联动企业技术改造项目的投融资、技术改造财政资金补助等各环节，系统性地为企业提供解决资金问题的有效方案。

实践效果：

“投贷补”联动机制，大大激发了企业技术改造的积极性和主动性。截至2021年6月，“两台一会”累计服务“投贷补”技改企业65家，企业技改项目累计计划总投资62.45亿元，累计已完成投资35.00亿元，总投资完成率为56.04%。全市“投贷补”联动累计发放企业贷款65家，企业获得贷款金额28.84亿元。为广西自贸试验区南宁片区10家技改企业累计发放贷款金额5.76亿元，企业技改项目累计计划总投资18.56亿元，已完成投资11.01亿元，总投资完成率为59.32%。

案例17：西部陆海新通道（广西）多式联运“一单制”综合金融服务平台

为解决铁路运单及多式联运“一单制”提单金融属性的问题，广西自贸试验区钦州港片区联合优质生产制造企业、贸易企业、物流公司和金融机构签订多方协议，赋予多式联运提单类物权属性，并借助物流全流程可视化系统和区块链技术的赋能，在金融风险可控的前提下，完成广西陆海贸易新通道多式联运“一单制”项下的融资模式创新试点。

主要做法：

一是建立国际贸易多式联运的物流管理平台。通过全方位物流信息化服务建成多式联运物流管理平台，实现一份合同、一张单据、一个主体、一种费率、一票到底、高效运转。通过开发物流管理模块实现跨境贸易多式联运场景下货物全流程追踪，为平台应用提供实时物流、货物数据集成接入服务。首先，基于物流信息提供“一单制”提单管理，通过相关参与方签订“多方协议”、达成业务公式，结合区块链存证、线上签发/登记、流转公示、联合授权等“线下+线上”手段，使其在实际应用中接近物权凭证属性；其次，通过物流实时可视化，将铁运、海运、陆运等相关业务单位进行数据对接，整合运输资源，为客户提供定制化的多式联运信息服务，通过全程跟踪服务，整合各种类型运输数据，实现货物在整个物流过程中的实时监控；最后，通过全程运输监控，与GIS、GPS、AIS等信息平台对接，为贯通整个物流动态信息（包括箱号追踪、集卡跟踪、货车跟踪、船舶轨迹跟踪、申报办理状况跟踪）提供技术以及数据支持、实现智能控货管理等功能。

二是搭建一站式综合金融服务平台，实现物流金融创新。科技赋能物流金融场景，通过整合银行、保险、保理等金融机构资源，构建供应链及物流金融服务平台，结合平台自身业务特性和行业优势，依托多式联运物流管理平台积累的多场景、种类丰富的多式联运物流数据作为风控，助力金融机构开展物流金融产品创新，开展仓单质押、贸易融资、应收账款融资、运费融资、租赁融资等服务，在不同业务场景下为物流行业提供线上供应链金融解决方案，为企业提高资金周转率、降低资金成本，实现高效绿色的供应链整体服务。

三是依托区块链技术搭建数据平台，实现数据安全共享。运用区块链技术打通各方数据，对接出口国和进口国本地的供应链服务机构，最终实现跨境贸易端到端的实时数据集成，实现在隐私安全下的数据共享，并确保数据的真实性。通过物流管理平台进行信息实时查询、运单等单据等级、质押等方式，实现全程运输数据监控+智能控货，降低银行融资服务的风险。

特色亮点：

一是全国首创区块链多式联运“一单制”提单人民币跨境融资。依托金融开放门户（广西）跨境金融数字有限公司基于区块链技术开发的西部陆海新通道（广西）多式联运“一单制”综合金融服务平台，以广西柳工机械股份有限公司为试点出口贸易企业，广西北港物流有限公司作为多式联运承运人，基于区块链签发了多式联运“一单制”提单，广西北部湾银行为广西柳工机械股份有限公司实现铁海联运“一单制”提单项下（金额75万元，期限 178 天）的跨境人民币出口商业发票融资，赋予“一单制”金融属性。

二是实现多式联运“一单制”提单类物权属性。在当前针对铁路运单及多式联运“一单制”提单物权属性法律法规暂未明确的情况下，以相关生产制造企业、贸易企业、物流企业和金融机构基于多方协议的前提下，借助物流全流程可视化系统和区块链技术的赋能，在金融风险可控的前提下，在协议内赋予多式联运提单类物权属性。

实践效果：

以广西北部湾国际港务集团有限公司下属广西北港物流有限公司签发的多式联运“一单制”提单为例：2020 年 11 月 27 日，装载广西柳工机械公司 1 台轮式装载机（型号：CLG835H）的 40 尺集装箱（箱号：UETU5433108）从柳州南站运抵钦州铁路集装箱中心站，于 12 月 2 日由钦州港出口直达印尼雅加达。

一是降低了贸易综合成本。企业在开展跨境贸易活动中只需签署一份合同，签发一张提单，全程运输一种费率，实现一票到底、高效运转，压缩企业在贸易物流过程中办理各项手续的时间，大幅提升物流效率，综合成本有效降低。

二是提高了融资效率。金融机构在风险可控的前提下，通过科技赋能金融创新，凭多式联运“一单制”提单为贸易企业提供仓单质押、贸易融资、应收账款融资、运费融资、租赁融资、联运保险等服务。企业通过平台，在发货的同时可向金融机构申请融资，金融机构审核无误后即可放款，大大提高生产、贸易企业的资金周转效率，便利企业开展后续的经营活动。

案例 18：农险保单质押融资银保联动新模式

广西银保监局在全国率先试点农业保险保单质押融资，以借款人持有农业保险保单作为增信方式之一，让更多农业经营主体达到贷款条件，让原本就达到贷款条件的农业经营主体获得更多贷款，深入挖掘农业保险的增信融资功能，银保联动巩固脱贫攻坚成果。

主要做法：

2020 年 9 月，印发《广西农业保险保单质押融资业务试点方案》、建立专项统计制度，同时实现贷款首单落地，采用“农户+企业+保险+银行”模式，由生猪养殖企业向农户提供猪苗和技术并保价回购，农户领养猪苗并在养成后回售企业，保险机构向农户提供生猪保险保障，银行采用保单质押方式向农户发放贷款用于生猪养殖。

一是明确质押范围。将水稻、猪、牛等中央财政补贴的政策性农业保险，收入、价格、完全成本等新型政策性农业保险，以及农村集体经济组织、农民专业合作社、家庭农场等新型农业经营主体依托农业订单、收购合同所配套的政策性农业保险保单纳入首批试点范围，推动开展“订单农业+农业保险+信贷融资”。

二是明确试点机构。试点银行机构选取农业银行、邮储银行、农合机构，督促其坚守服务“三农”定位。农业银行、邮储银行都有“三农”金融事业部，发挥国有大型银行优势下沉金融服务是本职要求，在试点中充分发挥头雁作用。农合机构是县域地区重要的法人银行机构，是支农支小主力军，可以满足多层次、广覆盖、有差异的农村金融需求。试点保险机构选取有农业保险承办资质的北部湾财险、人保财险、太平洋财险、国寿财险，确保农业保险承办稳妥衔接。政策性农业保险承办资质实行名单制管理，标准比普通保险业务更高，且这四家保险机构近年来已有开办经验和存量业务，在现有基础上增加保单质押环节现实可行。随着“保险+期货”等创新型险种开办，进一步探索拓宽试点银行保险机构范围。

三是明确合规要求。要求借款人信贷资金用于与被质押农业保险保单直接相关的生产经营用途，银行机构尽职做好贷款“三查”，保险机构配合做好质押登记，高效处理相关查勘理赔事宜。

特色亮点：

一是有效打通涉农主体信贷“堵点”“痛点”。成功实现在不推高涉农主体合融资成本、不额外增加涉农主体经济负担的前提下，一定程度上满足了农户散户、小农户、新型农业经营主体的信贷需求，探索出增加涉农有效投资，巩固拓展脱贫攻坚成果、接续推进乡村振兴战略的金融新路径。

二是监管引导下充分释放金融市场活力。由银行机构结合自身风控要求和业务发展定位开展差异化、特色化经营，实现广西多地多点开花，试点险种不断实现新突破，银行信贷支持和保险保障功能不断充实、放大。

三是放大财政资金保障兜底作用。财政资金每年为农户出资购买政策性农业保险，保障农户生猪、肉牛、肉鸡、甘蔗等农林作物最低收益。以财政资金购买的政策性农业保险为切入点，在实现基本的保障基础上，实现财政资金经济价值的最大化，达到了财政、市场、农户多方共赢的最佳平衡。

实践效果：

保单险种既涵盖生猪、肉牛、羊等传统农业保险险种，也同步拓宽糖料蔗价格指数等创新型价格、收入保险，在丰富保单质押内涵的基础上，也将外延拓展至政策性农业保险保单质押+商业贷款保证保险。试点3个月以来，已在广西多市多县实现7笔、117万元贷款投放，且全部为农户小额贷款，被银保监会评价“相关经验值得借鉴”。

案例19：铁路集装箱“一箱到底”通用联运机制

在中铁联合国际集装箱集团的统筹推动下，中铁联合国际集装箱广西有限公司（以下简称中铁联集广西公司）充分利用中铁联集遍及全国各中心站的网点优势、中铁集装箱公司的箱源优势以及船公司海外堆场优势，联合中铁国际多式联运有限公司（以下简称中铁多联公司）和海丰国际控股有限公司（以下简称SITC）在东盟国家主要港口设立铁路集装箱海外还箱点，为内陆货物提供铁路集装箱原箱下水服务，为海外货物提供海运集装箱原箱上岸捷径，实现不同性质集装箱海铁联运一票到底、一箱到底、循环使用，有效节省客户物流成本及时间成本，增强了外贸客户不同性质外贸集装箱调用的便利性。

主要做法：

一是推动铁路集装箱还箱点东盟布局。2020年2月，中铁联集广西公司与边行代理（新加坡）有限公司签订了《关于中铁联集广西公司与边行代理（新加坡）有限公司建立“铁路箱下海，一箱到底”东南亚区域的合作备忘录》，通过对越南和泰国相关港口调研分析，确定在越南海防、胡志明及泰国曼谷、林查班设立海外还箱堆场，通过中铁联集总部资源协调中铁集装箱公司，确定由中铁多联公司负责组织铁路箱源，并联合SITC开展铁路箱海外还箱点业务。

二是建立铁路集装箱与海运集装箱通用互认机制。推动新通道沿线铁路中心站与中远海运、新海丰等船公司建立市场化合作机制，海运接受铁路集装箱下水、铁路接受海运集装箱发运，完善新通道沿线与东盟国家港口不同性质集装箱还箱点体系，促进不同性质集装箱通用于海铁全程联运和更高效循环使用，打破铁运与海运各成体系的原有格局，构建起共赢服务新通道建设新局面。

三是双向匹配货源提升铁路集装箱使用效益。中铁联集广西公司联合中铁联集重庆中心站、成都中心站及昆明中心站，共同开发重庆、成都及昆明方向发往钦州港，再经钦州港出口越南、泰国的出口外贸货源，并与中远海运、新海丰等船公司合作，由船公司组织从越南、泰国运往国内的进口回程货源。

特色亮点：

全国首创。打破原有铁运与海运独自发展格局，初步构建新通道沿线与东盟国家港口不同体系集装箱的还箱点协作机制，实现铁运及海运集装箱通用于海铁全程联运高效循环使用，形成共赢服务新通道建设新局面。

实践效果：

一是解决内陆端外贸海运箱箱源短缺问题。2020年，铁路箱下水量为51 349 标准箱，比上年增长2 164%；2021年1—6月，铁路箱发运总量54 662 标准箱，其中铁路箱下水量27 077 标准箱、占铁路箱总箱量49.54%、同比增幅46.39%。

二是衔接中欧班列，解决箱源回空问题。通过不断延伸布局海外铁路箱还箱网点，实现亚欧海上和陆路的全线贯通，在环节上的任何一个网点，客户可以及时提箱和还箱，不用考虑回空问题。2021年1—7月，累计与中欧班列实现了1 528 标准箱的接驳。

三是促进形成铁路箱与海运箱的通用循环。初步构建了协议框架内铁路箱与海运箱在新通道海铁联运应用中的通用循环体系，增强了外贸客户不同性质外贸集装箱调用的便利性。

（二）自治区级最佳实践案例

案例20：非物质文化遗产推广“1+N”展示模式创新

广西自贸试验区南宁片区（以下简称“南宁片区”）致力于“打造面向东盟的人文交流合作示范区”，通过开拓思路，创新非物质文化遗产推广展示模式，开辟非物质文化遗产传承民间传承渠道、专业机构传承渠道及现代传媒传播渠道，为大众走进非遗、非遗走向社会提供桥梁，促进南宁片区文化交流合作。

主要做法：

一是“非遗+直播”。举办广西“非遗购物节”，少数民族“金花”网红主播、广西铁路旅游传媒集团“动姐带你去旅行”和广西规划馆的主播们为非遗产品代言，通过直播向云端的观众介绍极具特色的广西非遗商品，壮锦抱枕、瑶族药浴、竹编收纳盒、坭兴陶保温杯，非遗元素融入现代生活与消费渐成风尚。

二是“非遗+电商”。组织区内300多家非遗产品企业、非遗扶贫就业工坊和非遗保护单位的500多种非遗产品，在淘宝等电商平台进行线上线下展示销售，开展“非遗购物节”宣传促销活动。广西“非遗购物节”期间，打开手机淘宝搜索“广西非遗购物节”，即可看到淘宝手艺人—“广西非遗购物节”专场。

三是“非遗+旅游”。在活动现场，游客们不仅能欣赏到精彩的非遗节目表演，品鉴非遗茶品、领略制茶技艺，更能看到多位非遗大师、非遗技艺传承人现场展示和演绎传统非遗技艺。来自广西各地市的212件非遗商品也在现场展出。

四是“非遗+扶贫”。片区扶持设立武鸣壮族五色糯米饭和南宁制陶技艺两个非遗扶贫工坊，走出了一条文化扶贫的新路。广西知名旅游商品品牌“桂人礼”，利用其线上平台，为无电商渠道的非遗产品，尤其是非遗扶贫商品，免费上架至桂人礼淘宝店铺，搭建非遗专场卖场，进行为期一个月的线上展销活动，为广西非遗商品拓展销路，助力非遗扶贫。

特色亮点：

一是非遗展示承载形式多种多样；二是非遗展示与新媒体、新业态相结合；三是非遗展示成效突显。

实践效果：

通过非物质文化遗产推广展示模式创新，一是拉动非遗的制作生产，为南宁市以及全广西广大非遗传承人、项目保护单位、非遗扶贫就业工坊和非遗相关企业拓展了销售渠道、提供了推广机会；二是推动非遗类旅游商品面向市场促销，帮助贫困地区巩固非遗扶贫成果，推进广西非遗旅游产品向品牌化、大众化、市场化发展；三是有助于向社会群众普及非遗知识，营造全社会共同参与、关注和保护传承优秀传统文化的浓厚氛围。

案例21：凭祥（铁路）口岸创新铁路出口百货装车前申报新模式

广西自贸试验区崇左片区的凭祥（铁路）口岸

是中国与越南开展铁路货物联运的国家一类口岸，是国内唯一获得海关总署批准具备直通进境水果资质铁路口岸，也是“一带一路”建设中连接中国与东盟的重要桥头堡。凭祥海关以铁路舱单系统和运输工具管理系统上线为契机，结合凭祥铁路口岸出口百杂货物本地装车的贸易习惯以及实际特点，探索在凭祥铁路口岸推行出口百杂货物本地装车前申报新模式。

主要做法：

一是提升信息化系统应用水平和仓库规范化管理水平。货运代理企业进场前，向场所业主申请分配仓库内的库位，货物运抵仓库后，按指定库位卸货入仓，场所业主核对具体入仓货物数量、品名及运至仓库的库位，并在物流管理平台“散杂货在场信息”模块录入货物入库数重量、提运单号、货主、货物名称、车次等入仓信息，在货物托盘上做好提运单标识。待该运单全部运抵完毕后，由场所业主对运单所在货物区域用围网进行隔离，并封锁该运单库位进出仓库门，向海关铁路舱单系统报送运抵报告。

二是推行出口百杂货物本地装车前申报新模式。以铁路舱单系统上线为契机，充分发挥铁路舱单系统、运输工具系统功能，在铁路口岸百杂货物出口业务的现场，推行货物入场后先行报关，完成查验放行后装车离场的出口百杂货物监管模式。

三是推行“一站式”业务办理。铁路货运站、中越铁路交接所、海关、边检部门集中在口岸物流中心联检大楼内办公，实现铁路联运业务“一个窗口”办理，进出口货物“一个站点”申报，不断深化跨部门通关协作。

特色亮点：

全国首创铁路口岸出口百杂货物先报关后装车通关新模式。

实践效果：

一是查验便利化，有效防控夹藏风险。海关系统接收到申报及运抵数据后触发查验指令，现场关员根据查验指令内容，直接在仓库中对相关货物开展查验作业，既避免出口百杂货物因种类繁多、不规整、混装等原因在查验时难以找到查验货物，而需掏柜彻查的情况，又能有效防控夹藏风险。

二是有效提升通关效能，降低企业通关成本。通过先报关再装车，有效解决以前出口百杂查验重复装卸耗时较长的问题，每票查验时间缩短 2 个小时以上。2021 年 1—6 月，凭祥铁路口岸出口海关整体通关时间 0. 6 小时，压缩 51. 55%，每批货物可减少装卸费用约 500 元—700 元。

案例 22：面向东盟跨境电商人才培养模式创新

广西自贸试验区南宁片区依托南宁综试区及中国—东盟（南宁）跨境电子商务产业园，推动跨境电商企业建设运营跨境生态创新服务中心及南宁综试区海外人才离岸创新创业基地，加快跨境电商生态圈建设，大力开展跨境电商人才培养，推动多语种、多元化跨境产业服务，探索建立跨境电商孵化网络，打造中国—东盟跨境电商的“南宁渠道”。

主要做法：

一是搭建广西跨境电商人才培养体系。建设内部共享交换平台。依托国家级海外人才离岸创新创业基地、东南亚主要跨境电商平台构建跨境电商人才培养模式，搭建标准化的跨境电商产业课程体系，面向高校、社会、政府、企业进行专业化、规范化的跨境电商人才培养。跨境电商企业已与南宁 21 所高等院校合作成立广西跨境电商产教联盟，与重点院校进行跨境电商产业学院共建。加强跨境电商人才交流。依托国家级海外人才离岸创新创业基地开展跨境电商人才交流活动，为南宁跨境电商产业服务发展提供有力支撑。与国内高校合作，共同招募国际留学生；整合在本地工作生活的海外人员；引入海外高层次人才至邕。

二是搭建跨境产业跨境电商生态服务链。通过融合东南亚主要跨境电商平台及国内知名供应链，凭借广西面向东盟的区位优势和东盟小语种人才优势，通过人才培养构建、完善跨境电商服务和孵化体系，带动中小企业发展跨境电商，促进跨境电商行业人才的就业与创新创业。

特色亮点：

具有全国首创性和系统集成性。依托跨境电商综合试验区核心区南宁综合保税区，设立全国首家跨境电商产业学院，根据跨境电商产业发展需求，制定跨境电商人才培养标准，通过国内+国际、线上+线下的形式开展国际化跨境电商人才培养，推动跨境电商模式输出，提升多语种、多元化跨境产业人才水准，探索建立面向东盟的跨境电商人才生态体系。

实践效果：

一是完善跨境电商生态圈。首先，完成国家级海外人才离岸创新创业基地的申报及运营管理工作。打造以发展跨境电商产业为核心目标的海外人才特色基地。其次，开展跨境电商培训。作为教育部认定的跨境电商海外营销“1+X”证书标准拟定单位之一，自 2021 年 1—11 月，电商企业跨境举办了东南亚网络直播、跨境金融结算、跨境电商运营等方向的专题培训与活动共计 202 场，累计培训海内外跨境电商人才超过 5 868 人次。再次，与院校开展合作。共同推动人才培养领域的合作，与广西多所高校共建跨境电商产业学院，2021 年累计招生人数突破 600 人，预计 2022 年产业学院学生突破 2 000 人。最后，促进招商引资。孵化和服务中小跨境卖家超过 400 多家，跨境电商产业集聚效应进一步凸显。

二是培育跨境电商新业态。举办“2020 年壮美广西 · 三月三暖心生活节”东南亚跨境直播活动；联合主办 2020 年第一届启迪 Lazada 东南亚跨境直播人才大赛；打造“桂货出海”品牌形象，引进广西怡朗家居科技有限公司等一批具有广西本土特色及优势的工贸企业，借助跨境电商平台，推动“桂品”出海，形成“桂品”“专精特新”的国际化发展道路；助力优质中国科创品牌布局东盟，中国科创品牌通过 Lazada、Tiktok 等海外知名平台进入东盟市场。

案例 23：“线上线下融合”跨境进口保税网购新模式

广西自贸试验区南宁片区跨境电商企业积极开展跨境进口保税线上线下新融合模式，创新性建设“网购平台+综保区自营仓库+实体门店”的跨境进口保税线上线下融合体系。

主要做法：

跨境电商企业通过搭建“网购平台+综保区自营仓库+实体门店”消费环境，以线上平台为依托、综合保税区商品为基础，实体门店为渠道，将综合保税区自营仓库、网购平台、实体门店三者进行串联，实现品质消费的最终目的。

线上网购平台。跨境电商企业系广西首家国家级电子商务示范企业，已与海关系统对接，实现三单合一信息传递、系统一键清关。现阶段平台主要在微信小程序端及购物网站运营，平台主营大牌美妆、时尚轻奢、母婴产品、营养保健四大品类商品。

综合保税区自营仓库。经营方在南宁综合保税区内拥有逾 1 000 平方米专用仓库，以“1210”的保税备货模式进行备货管理，货源保障、件件备案、全程接受海关监管。A2 奶粉、贝拉米、爱他美、雅诗兰黛、兰蔻、雪花秀、科颜氏、资生堂等热销保税商品都可直接从综合保税区自营仓内直接发货，南宁市等广西区内主要城市最快可实现当日达。

跨境商品直购体验店。经营方采用“线下展示交易+线上购买平台”相结合的 O2O 运营模式，线上依托南百美美购平台，线下运营南宁跨境商品直购体验中心，后期逐步打造加盟店模式，为消费者提供跨境商品直购体验。

特色亮点：

一是具有全广西首创性。是广西首家且唯一跨境“网购平台+综保区自营仓库+实体门店”线上线下融合的电商企业；二是建设“线下展示交易+

线上购买平台”的O2O新运营模式。

实践效果：

一是消费者购物更有保障。商品质量方面，广西知名上市企业南宁百货信誉背书，货源接受海关监管，原装进口可溯源；商品价格方面，企业直采，缩减中间商环节，价格更亲民，商品售价为一般贸易市场价的80%左右；物流仓储方面，南宁人家门口的自营保税商品仓库，同城同区快速配送，最快可实现当日达；售后服务方面，依托实体店，顾客售后有“店”可找，店内专业客服售后，售后更安心。

二是经营方实现了较好的经济效益。2020年6月，跨境电商企业南宁综合保税区保税商品正式对外销售；截至2021年6月30日，共销售商品28 639件，零售额92.25万元。2020年11—12月进行针对性对外营销推广，两个月订单超2万单。

案例24：“单一窗口共享盾”外贸金融服务模式

中国建设银行与中国海关的中国电子口岸数据中心合作推出“单一窗口共享盾”，即“关银一KEY通”。2020年12月，中国建设银行广西壮族自治区分行（以下简称建行广西分行）与南宁海关签署战略合作协议，正式开启“关银一KEY通”项目。中国建设银行南宁自贸区支行作为建行广西分行“关银一KEY通”项目首家试点行，于2020年底成功落地“关银一KEY通”项目。

主要做法：

一是“单一窗口共享盾”实现了备案登记无纸化审核。“单一窗口共享盾”替代了之前的“电子口岸卡”，实现了备案登记无纸化审核。共享盾同时兼具建行网银功能，企业在网银端可以进行汇入汇款、汇出汇款、结汇和售汇等功能，可以足不出户，实现收付汇、结售汇，完成进出口业务。

二是借助建设银行广泛物理网点，为企业申领、维护“单一窗口共享盾”提供一站式服务，大幅提高办理效率，实现“数据多跑路、群众少跑腿”的目标。

三是推出无抵押、全信用、秒支用的跨境快贷产品，依据企业在海关的报关出口数据、出口退税数据等测算企业贷款额度，在“单一窗口”上可以直接申请出口贷、退税贷，如果投保了出口信用保险，还可以更优惠的利率申请信保贷，为小微外贸企业解决融资难、融资贵的问题。（跨境快贷产品包括出口贷、退税贷和信保贷三项产品）

特色亮点：

具有全广西首创性和系统集成性。一是服务覆盖面广。项目利用建设银行的网点优势，提升服务外贸企业的功效。二是服务理念新颖。从海关口岸卡入手，与银行网银结合，实现口岸报关服务和银行服务一体化的功效，企业可以在建行获得海关和银行业务的“一站式”服务。三是数字化经营领先。通过与报关大数据的链接，实现“数据多跑路、群众少跑腿”的效果，为外贸经济发展作出突出贡献。

实践效果：

一是进出口企业获得优质服务。截至2021年7月底，建行南宁自贸区支行已为15家企业办理“单一窗口共享盾”，维护业务40余次。

二是企业零距离解决金融服务难题。进出口企业通过网点的产品推介，了解到跨境快贷和小微快贷等实需产品，继而达成合作，真正为客户解决企业结算和融资等金融服务难题；在新冠肺炎疫情期间有效减少人员流动，并构建良好的银企关系。

案例25：打造险资新生态

广西自贸试验区南宁片区保险企业积极响应“加大险资入桂力度，强化保险资金应用”的指示精神，投资建设三级综合医院和前高端养老社区项目，形成保险、医疗、养老、大数据于一体的保险资金投资新生态。

主要做法：

一是科学规划专注于大健康产业链建设。保险企业对标国内同业在医养板块审慎投资，率先在广西自贸试验区南宁片区全资投资20亿人民币建设了1所三级综合医院和1项高端养老社区项目，初步构建了险、医、养、康、护有效衔接的服务新格局。

二是市场前期调研与资源整合确保保险资收益。保险企业对广西的医疗卫生资源现状进行了全面评估，充分研究了医院的选址、规模、学科发展方向、人力匹配的优劣势，整合了客户服务、保险产品、医疗服务、养老服务等全链业务，创造了新的商业模式，确保了险资收益。

三是项目风险管理切实降低险资投资风险。建立与各利益相关方沟通协调机制，保证项目顺利完工；建立严谨的审计监管管理机制，确保资金链不断裂；对项目风险进行全流程规范与监督，完善公司投前、投中、投后管理体系建设；遵循国家相关法律、法规、规范和标准的规定，保证专业学科的前沿发展。

特色亮点：

具有全广西首创性和系统集成性。一是险资投资生态创新。保险企业通过开展险资金融创新，打造了“国内首批、行业首创、广西首例”的保险、医疗、养老、大数据于一体的保险资金投资新生态。二是“保险+医院”合作模式创新。保险企业与医院是股权与经营权法定分离、保险与医疗协同发展、传统业务与大数据融合创新的“强保险、强医院”的双赢商业模式，是对国内外“保险+医院”既有合作模式的创新，形成了保险公司在大数据时代建立核心竞争力的重要支撑。

实践效果：

一是保险企业是“三企”入桂中“民企、湾企”险资入桂（落地南宁片区）发展的典型代表，开创险资入桂赋能地方社会经济发展的新模式。

二是打造了“国内首批、行业首创、广西首例”的“保险+医疗+养老+大数据”的新业态，即形成保险公司通过保险业务筹集资金，医院提供就医场所和诊疗服务，养老社区提供养老服务，以服务为数据入口，开展精准画像，提供相关多元化产品的产业闭环。这种新业态不仅可以增强产业链各环节用户粘性，降低综合运营成本、降低投保者的健康风险，降低医疗开支，减少保险理赔，还可以使医疗机构投资实现稳定盈利。

三是为保险机构开展金融创新、险资利用，提供可复制推广的双赢经验和双赢收益。2020年，在该保险资金投资新业态模式下，保险企业合计实现保险业务收入783.47亿元，较2019年的765.4亿元上涨2.36%；实现净利润11.39亿元，同比涨幅高达88.58%。

案例26：集装箱业务“全生命周期”管理服务系统集成改革

自2019年以来，广西自贸试验区钦州港片区以优化西部陆海新通道陆海联运全线集装箱“门对门”管理服务为总目标，突出港口中心环节，分阶段推进以“信息全流程共享、物流全过程跟踪、成本全周期管控”为重点的集装箱“全生命周期”集成改革，基本完成“减环节减单证”“优系统畅流程”以及“阳光化”等系列工作。

主要做法：

一是持续推进集装箱业务全环节对标提升。深入开展集装箱全环节对标提升工程，构建北部湾港集装箱进出口环节对标指标体系，对进出口边界合规时间、船舶进港时间、海铁联运操作时间及进出口单证合规时间进行压缩，推进“两步申报”和“大并联”，开展国际航行船舶口岸部门联合登临检查、货物查验“优先机检”、货物“先担保放行、后缴税”、优化卡口设置等流程再造和通关模式创新。在此基础上，深入开展降低中介服务收费专项行动，发挥国际门户港航运服务中心聚焦效应，设立“中介超市”，对进驻的中介服务企业，免费提供经营场所、互联网、物业保障等，编制港口中介服务收费目录清单，明晰服务项目内容及边界并向社会公开。

二是持续推进集装箱业务模块化、标准化、信息化再造。首先，推进“单一窗口”智慧湾升级改革。原海港进出口通关存在的36个人工环节和41份纸质单证，已累计减去28个人工环节和33份纸质单证，平均减少各环节海港作业时间21.5小时，减少后续作业时间12小时。其次，优化实现港口业务“一港通”。建设“北港网”平台，开发建设涵盖业务办理、查询服务、港口作业公示价查询、集装箱对标查询、全港通行手机应用程序等服务系统，并通过与“单一窗口”对接，打破了信息系统孤岛，实现了港口通行、业务受理、身份认证等一站式服务、一次性办理以及一体化管理。建设陆海新通道海铁联运信息平台，与新加坡和重庆、成都、昆明等内陆无水港系统进行对接，促进港口、骨干物流企业、口岸监管、国际贸易“单一窗口”之间的信息共享、互联互通。最后，建立各界参与海港治理、各单位协同改革的良性创新工作机制。设立门户港制度创新工作站，结合区港分离出现的新问题，分模块收集梳理改革线索，协调解决存在问题，推进相应信息化、标准化建设，明确业务环节、工作内容、办结时限及涉及费用等，依托北港网（国际门户港港航物流信息平台）、北部湾国际门户港港航互联服务平台建设加以固化，并建立标准化业务流程动态调整完善机制。

三是持续推进集装箱管理服务“阳光化”。以陆海新通道海铁联运班列为重点，依托钦州港综合信息服务平台和铁路、码头、企业、海关、船讯网等信息系统，获取船舶进出港、货物报关查验、装卸集卡、船、火车等港航物流节点数据，实时监测港航物流各环节时效，企业可在统一信息平台端口查询和跟踪集装箱全程物流状态。

特色亮点：

全国首创。以陆海联运货物集装箱“全生命周期”为主线，将改革创新贯穿于海港综合治理、标准化提升、信息化建设全过程，有效解决痛点、堵点问题，进一步提升港口服务水平。

实践效果：

一是提效降费成效显著，港口作业效率大幅提升。港口外贸班轮装卸货时间由2019年的11个小时降到2020年的8.57个小时。铁路中心站装卸车时间由2019年的270分钟/列压缩至2020年的230分钟/列。集装箱进口环节用时大幅压缩，全流程时间由78小时压缩至53.8小时，进口环节9项用时压缩指标中，卸货时间、提柜或还柜时间、锚地停留时间、锚地至船舶靠泊时间、铁路验箱时间以及铁路调度时间等有6项已达标，船舶靠港到准许卸货时间、查验指令下达到海关完成查验时间、铁路装卸车时间等其他3项指标也取得了明显进展，其中查验指令下达至海关完成查验时间由42小时压缩到了30.8小时。2020年，钦州港口岸进出口整体通关时间分别为23.8小时和0.39小时，比2019年分别压缩52.5%和86.4%，居北部湾沿海各港口首位。2021年1—7月，钦州港进口整体通关时间16.88小时，比2020年（21.08小时）压缩19.91%。2020年，钦州港集装箱进、出口环节成本分别下降43.5%、28.6%，综合物流成本比2019年降低20%左右，货物进出口中介服务收费下降25%以上，逐步接近国内一流港口收费水平。

二是海铁联运班列持续大幅增长。西部陆海新通道海铁联运班列已覆盖西部10省（自治区、直辖市），经36市，达71站。2020年陆海新通道（钦州港）海铁联运班列完成4 607列，同比增长105%，集装箱到发量合计23万标准箱，同比增长105%。2021年1—7月，西部陆海新通道海铁联运班列开行3 440列，集装箱到发量171 650标准箱，同比增长63%，其中区内完成460列、23 006标箱、增长369%。

三是优化集装箱各节点管理，提升通关便利化水平。通过对陆海新通道港口作业、通关物流、国际贸易等数据的采集、分析和应用，企业有更便捷途径对集装箱进行“门对门”管理，进一步优化生产经营；政府借助大数据、物联网、区块链等新技术，持续优化打造多方协同一体化、全程作业电子化、贸易服务一站式的综合管理服务平台，研究发布西部陆海新通道综合发展指数，为建设智慧型、智能型港口打下坚实基础。

案例 27：国际门户港陆海联运港站区一体化系统集成改革

为促进提升西部新通道陆海联运整体水平，推动现代港航物流业壮大发展，加快建设高水平国际门户港，广西自贸试验区钦州港片区积极探索实施国际陆海联运港站区一体化系统集成改革。

主要做法：

一是提升集装箱码头综合服务水平。以钦州综合保税区“区港分离”转型为契机，争取南宁海关支持，深度整合中远海运、新加坡国际港务集团等合作航运企业资源，建设完善码头监管场所软硬件基础设施，实施码头业务流程改造和优化，积极提升码头国际中转、分拨配送、内外贸同船运输等业务资质和条件，做优码头传统业务，扩大码头新型业务应用，提高港口吞吐能力。

二是推进区港联动智能化建设。推动钦州综合保税区辅助管理系统与金关二期系统、物流平台、新一代查验管理系统数据共享，构建查验信息共享和作业协同体系。巩固和优化“海铁联运港站一体化智能监测新模式”改革成果，创新“一次录入、触发申报、链路透明”申报模式，实施钦州综保区—钦州港码头作业区“区港联动”智能化改革，实现一般贸易、保税货物、内贸货物等可便捷进出综合保税区。创新海关特殊监管区域二线出区内销饲料“事中监管+分送集报”监管模式，实现综合保税区内货物可便利进出区港。

三是场站与港口码头无缝衔接。钦州铁路集装箱中心站是全国唯一将铁路集装箱场站直伸港口码头前沿的铁路中心站，建有两线束共四条有效长850米货物线，安装6台最新现代科技水平的远控自动化门吊，通过场站作业信息系统采集车、箱作业动态和票据信息，经铁路内部生产网络传输到国铁集团、铁路局、车站，实现运输管理系统信息共享，同时与港口在设施联通、运营融通上紧密协作，实现铁路集装箱场站与港口“零距离”对接，打造海铁联运“下船即上车，下车即上船”的作业模式，年装卸能力达到90万标准箱。

四是深化陆海联运便利化创新。发挥中铁集装箱公司作为国铁集团西部陆海新通道班列运输协调委员会秘书处的作用，密切与新通道沿线地区铁路中心站协作，推进陆海联运组织模式优化、铁运与海运标准衔接等相关改革；推进西部陆海新通道口岸“智慧湾”系统监管、陆海联运风险联防联控机制优化等系列改革创新。

特色亮点：

全国首创。一是通过创新集成，开创港口、中心站、综合保税区物流分拨一体化监管服务模式，实现“港、站、区、车、船”业务紧密衔接，实现铁路集装箱场站与港口“零距离”对接。二是通过创新集成，开创陆海联运“集成化”便利化监管服务模式，为跨境货物物流组织提供全方位监管服务。三是创新场站数据全过程跟踪管理及设备智能化监管。场站作业信息系统具备核心业务数据全站追踪管理，将货车、货票、箱，三者灵活关联展示，以及三者轨迹追踪，实现倒运司机无须下车寻箱，场站可视化精准管理。

实践效果：

一是海铁联运班列大幅增加。西部陆海新通道海铁联运班列已覆盖西部10省（自治区、直辖市），经36市，达71站。2021年1—7月，西部陆海新通道班列完成3 440列，集装箱到发量171 650标准箱，同比增长63%；累计与中欧班列接驳1 528标准箱。

二是港口吞吐量大幅增长。2021年1—6月，钦州港累计完成港口货物吞吐量8 009.7万吨，同比增长24.6%，集装箱完成199.9万标准箱，同比增长22.9%。

三是通关效率大幅提升。据海关总署统计，钦州港2021年1—7月进口整体通关时间16.88小时，比2020年全年的21.08小时压缩19.1%。

四是场站港口效率大幅提升。港口外贸班轮装卸货时间由 2019 年的 11 个小时降到 2020 年的 8.57 小时。铁路中心站装卸车时间由 2019 年的 270 分钟/列压缩至 2020 年的 230 分钟/列。软件系统与实际箱区货位精准匹配，倒运车司机无须在货场内下车寻箱，有效实现场站内全过程动态跟踪管理，整体作业效率提高 2 倍以上。2020 年，钦州中心站已累计完成集装箱办理量 282 868 标准箱，同比增长 102%。2021 年 1—5 月钦州铁路集装箱中心站累计完成集装箱办理量 12.7 万标准箱，同比增长 35%。

案例 28：工程建设项目全过程动态综合监管平台

广西自贸试验区钦州港片区以信息资源整合为重点，以大数据为核心，基于“统一规划、集中管理、分步实施”的原则，搭建多方共同参与的工程建设项目全过程动态综合监管平台，实现项目建设全过程可视化管理，有效管控项目进度。

主要做法：

一是建立项目一体化工作平台。建设项目监管平台，将项目前期工作信息统一归集到线上平台，涵盖项目建设全过程，涉及设计、招投标、建设等 18 个工作环节，实现项目建设全过程闭合监管。

二是组建标准化的管理团队。以项目全过程综合管理服务为导向，组建平台建设管理团队，负责对接技术团队、片区各职能部门、项目参建方，搭建多方共同参与的建设项目全过程动态综合监管机制。

三是实施项目建设可视化实时监管。通过在项目现场安装各种移动终端，实现随时随地对项目的监管，促进人工监管模式向信息化监管方式的转变，极大提高监管效率。

四是建立项目过程可追溯机制。项目建设过程中所涉及到的监理人员、行政审批人员、现场监督人员等，与项目环节一一绑定，明确项目建设各阶段的权责关系。通过采集并保留重要环节和关键点的多元信息（文本、表单、图片、视频等），实现工程生命周期内的质量责任绑定和可追溯，确保项目建设合法权益得到有效保障。

五是通过数据分析增强决策判断的科学性。通过平台及时收集、汇总分析项目第一手数据，改变过去“底数不清、情况不明、数据不真”的状况，助力项目决策者把控项目宏观动态，做到准确研判；助力项目管理者实现项目综合管理全过程管控，做到精准把控；助力项目执行者明确工作任务、工作职责、存在问题、改进方向，做到各负其责。

特色亮点：

全广西首创。通过“大数据+物联网”智慧化手段，搭建项目建设可视化监管应用平台，实现工程项目建设运营全过程综合规范管理。

实践效果：

截至 2021 年 11 月，工程建设项目全过程动态监管平台已加载 135 个项目的建设和监管数据，以平台为基础创建了项目大数据研发中心，自主研发的 8 个软件系统已取得计算机软件著作权，为钦州港片区项目建设带来了显著的成效。

一是提高了项目管控效率。为项目管理者提供全程可视化动态监管过程，有效解决项目进度不透明、责任不明确、业务与施工方信息不对称、沟通不顺畅等问题。

二是降低了项目管理压力。可有效减少项目各参与方现场人员的派驻，特别是解决了钦州港片区项目管理部门人员较缺乏的困境。

三是推进了项目管理规范化。实现项目全过程管控透明化，有效促进各参与方及时改进存在的问题，按照规范要求推进项目建设。

案例 29：边境贸易区公共法律服务信息化创新模式

广西自贸试验区崇左片区（以下简称崇左片区）以推进公共法律服务供给侧改革为抓手，通过整合优化律师事务所、基层法律服务所、仲裁委、公证处、人民调解委员会等各类法律服务资源，建立公共法律服务中心，构建线上线下一体化公共法律服务体系，运用信息化手段畅通服务渠道，满足边境群众日益增长的优质便捷法律服务需求。

主要做法：

一是加快推进公共法律服务平台建设。2021年，率先开展边贸区公共法律服务平台建设试点，充分运用互联网、大数据、云平台等现代科技手段，建设远程公共法律服务平台，将远程法律咨询、远程法律援助、远程人民调解、远程法律培训、远程公证等功能集于一体，构建线上线下一体化公共法律服务体系。依托公共法律智能服务设备，通过网上预约、上门服务等形式，有针对性地开展外贸企业法律援助、证据保全、合同协议公证等业务。开通调解和法援远程视频咨询服务，通过点对点远程视频的方式，打通服务人民群众的“最后一公里”，实现对边贸区各类法律服务需求的有效覆盖。

二是开展清单式法律体检服务。持续开展民营企业“法治体检”活动，组织民营企业法治体检律师服务团，进商会、进企业，提供网上法律问诊、法律咨询等服务。成立民营企业法治体检中心，定期为自贸试验区企业提供法律服务。

三是建立多元纠纷联调联解工作机制。强化跨部门联合协作，联合司法行政、法院、公安、管委会、市场监督管理等部门，组成驻“边”联合调解室，在自贸试验区、边境一线，构建人民调解、行政调解、司法调解“三位一体”的大调解工作体系。

特色亮点：

一是利用信息化智能化手段为群众提供法律服务。为镇村配备公共法律服务智能终端，建立法律服务资源依法跨区域流动机制，方便群众不出村，不出门就可以网上调解化解矛盾，或自助操作就享受到公共法律的优质服务。

二是推进共建，实现律企“一对一”结对。充分发挥律师的专业优势，指导商会、企业聘请法律顾问，通过法律顾问为商会企业提供法律服务，防范企业法律风险，出现法律问题提供解决路径和方案，崇左片区内的凭祥市辖区各商会都聘请法律顾问，实现法律顾问全覆盖，有效为自贸试验区企业提供法治保障。

三是实行每月一清单，每月一完结，提高公共法律服务的针对性。充分调动律师、行业专家等社会力量联合化解矛盾纠纷，聚焦涉外、医患、婚姻家庭等重点领域，实行每月一清单，每月一完结，提高公共法律服务的针对性。创新法律服务供给模式，建立开展诉调对接机制，在片区内司法所挂牌建立巡回法庭，积极推进联调工作。

实践效果：

一是优化公共法律资源配置，推进公共法律服务体系建设。截至目前，广西自贸试验区崇左片区各公共法律服务平台共接听、接待群众来电来访咨询累计 305 人次，现场咨询 275 人次，“12348”法律援助热线解答法律咨询 30 人次，为群众提供法律服务 152 次，解答法律咨询 520 人次，开展 11 场次涉外法治宣传教育活动。

二是提供优质公共法律服务，打通法律服务“最后一公里”。自 2020 年至今，崇左片区的崇左市涉外公共法律服务（凭祥）工作站和崇左市涉外法律援助（凭祥）工作站接受了 200 多人次法律咨询，为 30 余家企业提供了法律服务。崇左片区共办理法援案件 73 件，其中为农民工提供法律援助 54 件，涉及金额 393 101 元。浦寨涉外调委会受理调解案件 6 件，其中涉外调解 3 件；受理仲裁 14 件；办理公证 678 件，其中涉外公证案件 206 件、涉外企业合同公证 3 件，涉及金额 4 200 多万元。

案例 30：信用风险智能分类监管创新模式

崇左市场监管部门、广西自贸试验区崇左片区以“保安全、优服务、强监管”为原则，率先在广西试行市场主体信用风险分类监管，构建以信用为基础的新型监管机制。

主要做法：

一是科学设置信用风险等级。首先，全面扩大市场主体信息归集面。除归集行政许可、行政处罚、抽查检查等常规信息以外，增加对市场主体不履行信用承诺、拒不配合行政机关依法检查等方面信用信息的归集，同时强化对企业高级管理人员等信息的归集。其次，出台《崇左市市场主体信用风险分类暂行办法》，明确市场主体信用风险分类。最后，建立市场主体信用风险分类指标体系。依据登记信息、信用承诺履约信息、抽查检查结果等10个维度指标，建立市场主体信用风险分类体系，科学设置守信、警示、失信、严重失信等四类信用等级。

二是建设市场主体信用风险分类监管智慧平台。应用“互联网+”、大数据等信息化技术，依托国家企业信用信息公示系统，搭建市场主体信用风险分类监管智慧平台，设置风险监测、风险研判、风险预警、风险处置四大核心功能，通过构建大数据模型，按照统一指标自动对全市市场主体进行信用风险分类。

三是双驱联动实施差异化精准监管。将风险分类监管与“双随机、一公开”抽查双驱联动，根据市场主体风险度、信用度确定抽查比率，实施差异化精准监管。对低风险的守信市场主体实行“不举不查制度”，在监管环节给予优化，降低纳入“双随机、一公开”市场主体抽查比例，尽量避免不必要的监管，对高风险的失信和严重失信企业纳入监管重点，提高“双随机、一公开”抽查比例和频次，必要时实施定向100%抽查，提高监管的靶向性，并依法在相关领域对其经营活动进行限制或禁入，暂停便利措施。同时，对评为高风险的企业实施严格检查，采取委托第三方会计师事务所审计的方式，从企业登记情况、信息公示情况、实缴出资情况进行全面审查，出具审计报告，对存在的问题及时责令整改，最大程度消除监管隐患。

特色亮点：

全广西首创。构建以信用为基础的新型监管机制，市场主体信息的完整性和准确性较高。建立市场主体信用风险分类体系，科学设置守信、警示、失信、严重失信等四类信用等级。通过构建大数据模型，按照统一指标自动对崇左市市场主体进行信用风险分类，建立了信用修复退出机制，有力维护市场经营、管理、服务秩序，打造“让守信者处处受益，让失信者寸步难行”的良好营商环境。

实践效果：

一是实现科学化监管。通过科学设置四类信用等级，对市场监管风险点进行监测预警和精准识别，并根据企业信用风险分类开展市场监管执法。

二是实现智慧化监管。通过建立市场主体信用风险分类监管智慧平台，实现对各类市场主体经营活动的即时监测、提示、预警。系统与广西“双随机、一公开”监管平台系统相连接，对每一项“双随机、一公开”抽查计划的监管对象自动识别分类。截至目前，崇左片区的市场主体共23 716户，系统划分的“守信”“警示”“失信”“严重失信”分别是15 714户、264户、3 057户、4 681户。

三是实现精准化监管。通过将风险分类监管与“双随机、一公开”抽查双驱联动，实现差异化精准监管。2020年，共对15个“双随机、一公开”抽查计划335户市场主体进行信用风险分类差异化抽查。通过精准化监管，问题发现率比实施信用风险分类监管前提升35%。

四是实现高效化监管。监管方式由传统的“以罚为主”向“正向引导”转变，特别是对高风险严重失信市场主体进行超前风险预警，启动联合惩戒措施，实现共治共管；市场主体积极提升信用管理水平，市场主体主动纠正失信行为，特别是被列入异常名录和严重违法失信的市场主体，主动申请修复信用，促进企业守信自律的决心。截至目前，崇左片区已有90家市场主体通过信用修复退出“黑名单”。

案例31："分、简、联"新模式 畅通国际陆海贸易新通道

广西自贸试验区崇左片区（以下简称崇左片区）深度融入国际陆海新通道建设，以通关便利化与互联互通建设为抓手，进一步畅通陆海新通道，提升贸易投资便利化水平。

主要做法：

一是念好"分"字经，提升分流通关水平。加强口岸基础设施建设，重点建设开通中越友谊关—友谊口岸、中越浦寨—新清等两条国际货运专用通道，实现口岸通关人货分离，人货顺畅通关。中越友谊关—友谊国际货运专用通道日均通行车辆由原来的800多辆次增加到1 200多辆次，最高峰达到1 600多辆次。中越浦寨—新清货运专用通道日均通行车辆由原来的260多辆次提高到350多辆次，货量增长约43%。2021年，创新试点一般贸易重车从浦寨—新清通关进入越方货场过驳，已为友谊关口岸分流1 300多辆重车，分流减压成效初步显现；推动左辅山二桥及友谊关口岸卡口改扩建工程，新增6车道和6卡口，通关能力预计提高30%，进一步提升友谊关口岸通行能力。

二是念好"简"字经，创新优化通关模式。实行进出口货物"提前审结、卡口验放"，进出口车辆还未进入友谊关口岸即可提前申办海关手续，无须查验的车辆可穿场而过，最快十分钟可完成通关，进口通关效率提升90%以上；推动"两步申报"改革在友谊关口岸成功落地，企业不需要一次性提交全部申报信息及单证，仅凭提单主要信息，就可完成概要申报并提离货物；大力建设中国友谊关—越南友谊"示范口岸"，率先在全国沿边口岸实现全信息化智能通关。友谊关口岸车辆通关时间由20分钟左右缩短为2分钟左右。上线边境贸易（浦寨）慧眼智控嵌入式管理平台，通过应用智能化手段，实现"无感通关、无缝查验、无人值守"，车辆通关时间比原来平均压缩37%，浦寨互市贸易货物进口量提升约46.7%，海关查验效能提升40%以上，监管中心调度人力减少50%。2020年7月，凭祥铁路口岸正式上线运行铁路舱单管理子系统，实现铁路口岸的全程"无纸化"通关。2021年2月，上线待放行车辆智能调度系统，实现进出境车辆自动化调度，企业通关时间从3—5天缩短为即到即走，即使在最高峰时滞留最长不超过60小时。

三是念好"联"字经，打造黄金物流线路。实行"公铁双驱动"，完善国内运输大通道，南宁至崇左城际铁路、崇左至凭祥城际铁路、广西凭祥综合保税区二期（筹）二片区智能公路港等一批陆路通道项目建设进展顺利，中越浦寨—新清货运专用通道建成通车。2021年，崇左片区已开通13条跨境铁路班列，22条跨境公路物流线路，通达东盟国家20多个主要枢纽城市。2021年，首趟长沙—河内东盟、粤港澳大湾区—河内国际班列从凭祥铁路口岸出境。2021年1—6月，中国（凭祥）—越南跨境铁路出口86列，5.13万吨；进口75列，4.79万吨。此外，崇左片区内的祥祥国际物流、大洲物流分别在泰国、越南设立了物流节点。

特色亮点：

一是多措并举畅通国际陆海贸易新通道。实行口岸通关人货分离，人货顺畅通关改革；完善国内运输大通道与国际陆路大通道建设相结合，打造"公铁双驱"黄金物流线路，有效推进构建中国—东盟多式联运联盟；优化通关环节，通过创新通关模式，提升口岸信息化管理水平，促进国际陆海贸易新通道贸易便利化进一步提升。

二是加快推进口岸、铁路公路等基础设施项目建设，推进通关便利化与互联互通建设，打造多条面向东盟、服务国内市场的物流干线，成为保障中国—东盟产业链供应链稳定的物流体系的关键节点。

实践效果：

一是对外贸易保持高速增长。2020年，友谊关口岸出入境货物335.30万吨，货值2 641.91亿元，排在广西口岸第1位，占广西外贸进出口总额一半

以上。2021 年上半年，友谊关口岸进出境货车 20.38 万辆次，同比增长 30.62 %；进出口货运量 203.67 万吨，同比增长 39.56%；进出口货值 1 527.98 亿元，同比增长 64.77%；完成报关单 19.45 万票，同比增长 44.74%。

二是通关便利化改革取得新突破。友谊关口岸成为全国首个实现全信息化智能通关和实行进口、出口货物“提前审结、卡口验放”通关模式的沿边口岸，并率先在全国实现一个卡口通道、自动验放 8 种业务类型（口岸直通业务、保税进口业务、直通卸货模式、口岸卸货模式、卸货转关业务、全国一体化业务、空车业务、空箱业务，其中有 4 种为全国首创）的“多卡合一”创造性突破，货物整体通关时间由平均 2 小时缩短至 10 分钟，口岸通关能力提升 30.5%。

三是依托口岸优势推动跨境产业集聚发展。构建以面向东盟开放合作的产业发展格局，在全国率先打造首个中越“两国双园”项目，开辟中越跨境产业合作新途径；建设金融开放门户，成功打造全国首个县（市）级现金服务示范区；智能公路港、冷链产业园一期投入使用，加快形成辐射东盟的综合物流网络，促进了跨境物流产业发展。

案例 32：“全征+安居”土地连片开发模式集成改革

广西自贸试验区钦州港片区积极探索实施“全征+安居”土地连片开发模式集成改革，推行连片区域统一征地、搬迁、安置，统一规划、报批、布局，有效加快土地报批效率和供地效率。

主要做法：

一是建立健全制度保障。制定出台《钦州港片区征地搬迁安置工作管理暂行办法》《征收净地补偿试行办法》《土地清表、具体工程项目场地平整石方工程交付农村（社区）集体经济组织实施试点暂行办法》等一系列文件，明确土地征、搬、安各环节操作流程，实施步骤以及执法监管机制等内容，为实施“全征+安居”土地连片开发模式、推进征搬安一体化管理提供坚实的制度保障。

二是建立协同推进机制。成立征地搬迁安置工作领导机构，加强对征搬安工作的统筹协调，及时研究解决重大问题及需要特殊处置情形。建立分工明确的工作机制，自然资源、社会事务、组织人社、财政金融、综合执法等部门各负其责、协同推进，并将征地搬迁安置工作纳入绩效考核，形成工作合力。

三是一次性签订全征协议。一次性与村集体签订所有集体土地的征收协议，约定一次性支付水田及所有集体土地上的青苗、地上附着物补偿款。其余坡地、林地等土地补偿款，按照 5 年分 5 次，每次支付总额 20%的方式进行。

四是优化土地开发顺序。通过一次性支付连片区域内水田、洼地的土地补偿款，可就近利用水田、洼地优先堆放平整坡地、林地所产生的土方，优化了土地开发顺序，大大减少运输费用，便于平衡土方施工，降低土地开发成本，为将毛地转为净地、推行净地交付创造了良好条件。

五是开展征搬安“三同步”。在进行土地现状调查的同时，同步开展征地社会稳定风险评估；在进行征收土地的同时，同步开展平整土地工作；在进行搬迁群众的同时，同步开展安置区的规划建设，实现搬迁和安置一步到位，缩短临时过渡安置时间，从而节省安置成本。

六是实行土地净地交付。创新土地征收流程，引导被征地群众自发组建合作社，由合作社、村民小组和部分经济能人共同出资成立具有施工资质的合作制公司，负责连片区域内的土方清表和平整工作，引入第三方机构开展工程核算、竣工验收等工作，实现由传统的毛地交付转变为净地交付，有效加快项目建设。

七是实行统一规划报批。对连片征收的土地以及搬迁安置实行统一规划、统一布局、统一报批，加快被征用的土地由农村用地性质向项目建设用地性质的转变，推动城乡融合，加快新城建设步伐。

特色亮点：

全国首创。

一是创新征搬安一体化模式。通过提前预测搬迁安置需求，提前谋划，精准预测建设资金需求，引入社会资本共同参与征地搬迁安置小区建设，实行统一征地、统一搬迁、统一安置模式，做到以房等人，让群众同时实现搬迁和安置一步到位，树立搬迁安置模式新标杆。

二是创新土地交付模式。将土地平整环节前移，与土地征收一起完成，实现“净地交付”。同时，让被征地群众自主合作、全程参与土地征收、清表与平整工作，共享园区建设发展成果和土地增值效益。

三是创新土地连片征收模式。实施土地征收流程再造，将以往对同一个村庄以项目为单位、分项、分块多次征地的模式转变为一次性连片征收，以土地储备等待项目用地需求，实现项目落地即可开工建设的工作目标。

实践效果：

一是实现土地等待项目。实施连片征收的同时开展征地搬迁安置清表工作，有利于对所征收区域违法抢建、抢种、抢搭行为的管控及查处，便于实施净地交付工作，将项目等待土地的现状转变为土地等待项目。

二是提高土地报批效率。以连片区域征地加快促进片区征地搬迁安置工作，实行区域统一征地、统一搬迁、统一安置模式，达到统一土地规划、统一报批、统一项目布局的目的，从而有效缩短征地搬迁安置工作时间，提高土地报批效率，为项目快速落地提供充足的土地要素保障。

三是降低土地收储成本。改革前平均每亩土地收储成本 11.3 万元，改革后亩均收储成本 7.1 万元，每亩减少 4.2 万元，下降 37%。

四是实现群众安居乐业。通过统一建设安置区，实现在最短的时间内将群众集中安置，既减少政府过渡费、生活补助费用等搬迁安置成本开支，又有效解决了征地搬迁历史遗留问题。

案例 33：撬装式加油服务新模式

广西自贸试验区钦州港片区积极探索创新依托辖区内现有加油站为主体，在有需求的工矿物流等大型企业内建设集储油罐、加油机、视频监控为一体的地面可移动加油点，用于满足工矿物流等企业车辆撬装式加油的服务新模式。

主要做法：

一是建立管理规范机制。根据《危险化学品安全管理条例》《商务部办公厅关于印发〈石油成品油流通行业管理工作指引〉的通知》《采用撬装式加油装置的汽车加油站技术规范》等文件要求，结合广西自贸试验区钦州港片区的实际，制定出台《中国（广西）自由贸易试验区钦州港片区撬装加注点管理办法（试行）》，为改革创新提供制度保障，对依规设立的撬装加注点实行规范管理。

二是明确安全主体责任。优先支持钦州港片区辖区内有资质的、有加油站的大型国有成品油经营企业申请建设撬装式加注点。以现状在营加油站作为主体，撬装式加注点是现状在营加油站的附属设施和外派加注点，相关资质以主体加油站为准，主体加油站履行所设撬装式加注点安全生产主体责任。

三是节约集约使用土地。撬装式加注点充分利用现有建设用地，在码头区域内建设的，在总体布局中统筹考虑；在码头区域外的，结合实际需求在企业内部设置，不单独供地。撬装式加注点与企业其他设施设备按国家有关规定设置安全距离。

四是严格落实税务管控要求。撬装式加注点必须安装税控加油机，加油枪必须安装数据实时采集系统后才能使用。主体加油站与撬装式加注点实行分账管理，加注点必须保留每个批次油品进货发票备查。

五是创新实行审查备案制。撬装式加注点实行审查备案制管理，主要流程为：主体加油站提出申请、实地核查选址、出具选址意见、申请综合验收、组织验收。

六是建立事中事后监管措施。明确钦州港片区各相关部门的责任分工，不定期对撬装式加注点开展经营资格、安全生产、规范营运等进行检查，加大打击使用不符合国家标准成品油的非法经营行为。建立健全企业信用记录、部门通报、投诉举报处置机制，对不按规范经营管理的加注点和主体加油站列入“黑名单”管理。

特色亮点：

全国首创。

一是创新依托主体加油站建设撬装式加注点，主体加油站对撬装式加注点的油品来源、质量、安全生产负责，解决安全生产主体等问题，极大满足物流、工矿等企业的用油需求。

二是创新加注点的税务监管方式，在加油装置安装数据实时采集系统，对加油数据实行实时监控，实现税源留存和贸易回流。

三是创新成品油打非治违工作方式，有效打击走私油、非标油等违法经营活动。

四是创新撬装加注点建设用地方式，充分利用现有建设用地，在项目建设布局中统筹考虑，不单独供地，打破加油站用地规划限制，有效解决加油站建设土地利用难问题。

实践效果：

一是有效解决特殊区域的企业用油需求。满足码头、物流、工矿区等特殊区域的企业车辆及机械就近加油需求。在不到1个月的时间里，开展试点的一家撬装式加注点已累计向企业供应了超100吨油品，解决了企业车辆用油需求。

二是有效降低企业运营成本。解决加油站审批难、建设难问题，有效降低加油站建设成本，从而降低物流、工矿企业运营车辆用油加注成本。改革实施后，撬装加注点的柴油现行价格为6元/升，比现行市场价格6.84元/升低0.84元/升。

三是实现税源留存和贸易回流。按照新增建设十家撬装式加注点进行测算，预计一年可实现60万元税收。

四是成品油打非治违成效明显。通过依托现有营加油站建设撬装式加注点，极大打击了走私油、非标油泛滥等市场乱象，走私油、非标油泛滥等现象已明显改善。

案例34：“互联网+新外贸”服务模式创新

广西自贸试验区南宁片区依托经认定的广西首批外贸综合服务试点企业，将互联网技术和传统外贸服务有机结合，积极探索政府引导、孵化基地和外贸企业协同创新模式，利用新外贸孵化基地“互联网+新外贸+物流+金融”服务功能，助推区内中小企业抢抓机遇开拓以东盟为主的国际市场。

主要做法：

一是以新外贸孵化基地为服务窗口。搭建政府部门、金融机构服务企业的桥梁，宣传国家和地方出台的稳外贸和自贸试验区支持政策、惠企外事服务业务，为企业提供政策咨询、答疑解惑、惠企服务。

二是利用新技术新渠道开拓国际市场。充分运用第五代移动通信、大数据等现代信息技术，支持企业利用线上展会、电商平台等渠道开展线上推介、在线洽谈和线上签约等。探索面向东盟的线上线下同步互动、有机融合的办展新模式，推进展会模式创新。为企业提供出口信用保险先行赔付和海外买家信用调查、代垫退税和保单赊销融资等增值服务，帮助企业提高抗风险能力。

三是促进跨境电商新业态发展。针对广西快消品、日用品等行业，充分结合现阶段的海外买家采购方式及广西企业电商发展需求，推广跨境电商应用，开展跨境电商B2B出口试点，打造广西跨境电商培育基地，为广西企业提供全球TP50开店咨询、跨境物流、跨境店铺运营等服务。

四是拓展面向东盟的小语种直播业务。充分发挥南宁高校东盟小语种优势，借助Lazada（来赞达）、Shopee（虾皮）、亚马逊等跨境电商平台开展直播带货，推动“桂品出海”，加快小语种人才集聚。

五是开展外贸培训和“双创”服务。整合高校和社会人才资源，为企业提供人才推荐、招聘、外贸成长训练营、企业主“管理夜话”等服务。为青年创业者、高校毕业生提供从办公场地、产品选择、市场推广、金融服务为一体的外贸创业服务。

六是开展海外买家服务。为海外买家提供在中国采购产品的供应商筛选、产品报价及对比、合同执行、售后跟进、OA付款、验厂验货等一系列服务，有效降低海外买家来华采购的风险和成本，带动国内产品出口。

特色亮点：

一是业务创新。创新开展线上展会模式、跨境电商B2B出口试点、面向东盟的小语种直播，利用互联网技术助力中小企业拓展外贸出口业务。

二是模式创新。整合多方资源，将单一的外贸服务提升为“互联网+新外贸+物流+金融”多功能外贸综合服务。致力于从前端国际市场开发，到后端出口一站式综合服务，从外贸人才培育到创业孵化，为广西企业提供外贸领域的整体解决方案。

三是政企联动。探索构建政府引导、孵化基地和外贸企业协同创新模式，通过搭建服务平台和桥梁，有力支持众多中小企业产品外销和市场开拓，契合市场需求。

实践效果：

一是孵化培育外向型企业实现新突破。自新外贸孵化基地设立至今，签约入驻企业75家，其中有19家企业经孵化培育已实现产品出口，累计为300多家企业提供外贸服务。自新外贸孵化基地设立至今，共运营主体出口额成倍增长，累计实现一般贸易出口额超1.2亿元人民币。

二是有效推动“桂品行天下”。2020年，广西新外贸孵化基地与中东展览MIE公司达成合作，共同导入中东非买家资源匹配给广西相关企业。帮助企业“云洽谈”“云接单”，促进广西优质产品走出海外并取得显著成效，累计达成意向成交额约18亿元人民币。据海关统计，自新外贸孵化基地设立至今，其运营主体及控股子公司跨境电商B2B模式出口额累计超15亿元人民币。

三是实现出口信保业务模式创新。2020年2月，投保广西信保首份进口预付款保单，为进口抗疫医疗物资提供风险保障。2020年8月，与桂林银行、中国信保达成“保单赊销融资”业务，首期授信额度2 500万。自新外贸孵化基地设立至今，已获批海外买家授信金额累计595万美元，为广西黎塘工业瓷厂、广西国塑管业、广西六合国际贸易、广西两面针国际贸易有限公司等相关企业，共达成保单赊销金额720万人民币，有效提高广西企业与海外买家的签单率。

四是海外买家服务初显成效。截至2021年6月底，新外贸孵化基地累计完成海外买家采购金额928万元人民币，对外报价产品47款。2020年9月，东盟六国驻邕总领事馆及香港特区政府驻桂联络处官员考察了新外贸孵化基地。

五是强化外贸培训服务效果。依托新外贸孵化基地开展外贸培训和“双创”服务，整合高校和社会人才资源，为企业提供人才推荐、招聘、外贸成长训练营、企业主管理夜话等服务，助力广西外贸人才成长。自新外贸孵化基地设立至今，与商务部培训中心合作，组织了2场外贸政策网络培训。组织外贸业务员开展了70多期外贸基础知识、销售技巧、寻找客户、与外商洽谈等知识培训以及管理层培训。

案例35：“免申即享”政策兑现模式创新

广西自贸试验区南宁片区（以下简称南宁片区）实现“业务部门全覆盖”和“数据聚通用”的政策兑现“免申即享”改革，实现“企业一次不用跑、一份材料不用交、条件对、就享受”的企业服务新生态。现已推出企业“免填表、免申报、免跑腿、免见面”的“一键确认，即刻拥有”的政策“免申即享”新模式。

主要做法：

一是主动检索、智能比对，精准“筛选”服务对象。南宁片区依托南宁片区政策兑现综合服务平台内部融通、外部联通、上下贯通的数据管理优势，将服务要求、补贴条件转为技术参数，继续升级“免申即享”应用功能，通过智能比对分析，自动筛选出符合条件的企业。

二是主动告知、确认意愿，精准“复核”服务信息。南宁片区规模以上（限额以上）企业100%开通了经CA认证的数字证书，通过“免申即享”应用程序主动发送短信告知服务对象，并且在弹窗界面提示登陆系统的办事人员，提示企业确认主动申报的意愿，并核实信息正误、作出服务承诺。

三是主动检查、做好公示，精准“兑现”服务结果。按照政策文件要求，将企业的“确认”信息进行整理归集，按程序做好复核、公示等工作，进而直接发出资金拨付或服务指令。

四是主动防控、动态跟踪，精准“守护”资金安全。南宁片区从法律法规、信息管理等层面多方研究、多维防控，确保企业奖励“兑得出去”“兑得安全”。政策层面，企业享受“免申即享”便捷的同时，通过确认“同意”这一工作流程，确保企业完整表达服务对象的“申请”意愿，并对奖励条款、资金用途等工作要求作出承诺；技术层面，把企业的复核信息生成一对一的电子档案留存，将奖励金额通过“政银直联”发放对公账户，对系统识别不符合奖励条件的企业自动中断资金发放，确保各环节系统留痕监督、减少人为干预。

特色亮点：

具有全广西首创性和系统集成性。

实施效果：

一是政策落地大幅提升。南宁片区揭牌两年以来，主动提交申报经济贡献奖励的企业有3家，截至2020年底，符合条件的有62家，实际主动申请地方经济贡献奖的企业数仅占符合条件企业的5%左右；而实施该模式之后，首批40余家企业兑现了地方经济贡献奖3 000多万元。

二是办事负担大幅减轻。实施“免申即享”改革后，补贴申领全程“零表格、零材料、零跑腿”，已实施的2条政策奖励业务为企业免去跑腿约上百人次、减少材料约600多份，实现企业一键确认就能获得奖励资金。

三是兑现准确度大幅提升。企业经济贡献（财税）分级制度复杂，企业自行人工计算极易出错，“免申即享”大幅提高资金发放的准确性。

四是资金审批效率大幅提高。“免申即享”后，“系统筛选”替代“企业申报”，免去前台部门受理企业申报的时间，也免去后台部门对企业提交材料的审核时间。同时，“零材料”也减少了经办机构扫描档案、人工传递等时间消耗。

五是经办风险大幅降低。“免申即享”免除企业和群众提交申办材料，杜绝材料的造假，减少人工审核的主观风险；将企业的业务办理交由通过CA数字证书登录平台的企业和管委会办事人员，将“政银直联”对公专户作为奖励发放唯一账户进行锁定，杜绝企业经办人员“不报告、入私户”等风险；将企业反馈的复核信息生成一对一的电子档案留存，对每一笔补贴资金严格做到申办意愿确认、账户信息复核、违规责任承诺，强化申报信息的法律认可、服务追溯和跟踪监管”。

案例36：基于行政部门公共绩效管理的“事必成”任务管理系统改革创新

广西自贸试验区钦州港片区开发应用了“事必成”任务管理信息系统，有效提升组织管理水平，实现行政工作可视的精细管理。

主要做法：

一是打造可视化政府行政管理。通过利用支持多维度、高度定制化的数据统计和分析功能，综合各项工作任务情况，采用自动采取站内信息、短信通知、AI语音外呼等手段，对工作任务执行过程以图表可视化进行动态跟进，以数字化技术对干部职工进行“画像”精准管理，实现可视化的过程监管、动态感知、资源协调、进度督办。

二是建立项目为核心的管理制度。钦州港片区管委会为“事必成”工作任务管理系统项目的最高决策管理机构，通过设立由管委会相关领导组成的项目建设领导小组，统筹协调项目建设管理全过程。成立政务运营中心工作专职小组，专门负责系统任务管理工作。制定详细工作流程，保障线上线下同步开展工作，各单位联络员统筹反馈系统使用问题，及时发现系统的不足并纠正。

三是建设全方位监督管理体系。工作任务管理模块。政务运营中心根据管委会领导指示创建工作任务并进行多级分解，分派给责任部门；责任部门接收工作任务后，进行再分解分派，下达任务的管委会领导可看到当前正在进行各项任务的整体进度，包括任务数、任务进度、当前阶段，并可督办任务；各部门经办人按要求及时处理分配给自己的各项任务，并按时间节点要求上报各项任务进度。政务运营统筹模块。结合实际情况为政务运营中心提供全局的“工作台”板块：向上接收、理解领导的重要指示、工作要求，将各部门完成的工作整理成工作汇报；向下分解、下发各项工作任务到各部门，对全局工作任务进行全过程动态跟踪。智能化过程监督模块。系统综合各项工作任务的具体情况，自动采取站内信息、短信通知、语音外呼等手段，督促各项任务的执行，最大限度减少人为干预。工作情况统计分析模块。支持多维度、高度定制化的数据汇总和统计，以便管理者直观了解任务的数据情况；汇总各部门、各干部职工月度、季度、年度的执行效能数据，用作绩效考核依据。经济指标看板模块。基于系统直观展示钦州港片区的各项经济指标数据情况，有助于管委领导决策部署。

四是探索公共绩效精细化管理。将现有的绩效考核管理系统与“事必成”任务管理系统进行对接，通过自动抓取“事必成”系统对干部职工工作轨迹、工作繁重度、完成质量、完成效率、领导评价等数据分析结果，运用“事必成”系统对干部职工的精准“画像”，对干部职工工作情况进行全面、动态、实时的考核，实现公共绩效考核的精细化、精准化管理。

特色亮点：

全国首创。利用信息化技术将日常政务量化到可视化平台，通过短信、微信公众号模板消息和智能外呼三种手段督促任务的推进，利用各种维度的图表展示部门和干部职工的工作推进情况，对干部职工实行“画像”精准管理，实现行政工作量化管理。该系统是钦州港片区加快打造数字政府、服务于管委智能分析与决策的重要成果，具有钦州港片区信息化标杆特色。

实践效果：

一是实现任务全流程透明可控。管理者登录系统后可以直观地查看任务的执行情况，并对关注的任务进行督办；对于逾期的任务，能快速地查看相关责任人，及时进行任务的点评与催办。

二是提高绩效考核评价科学性。系统通过智能算法对数据进行计算，得出多维度的统计报表，各级领导可通过报表查看各部门及员工的工作效率、工作积极性、任务繁重度等重要统计数据，并以此类数据作为战略决策和绩效考核评分。

三是有效避免工作遗漏拖延。系统可让干部职工清楚自身岗位任务，并按照轻重缓急科学合理有序推进，避免工作遗漏；同时，提供一套完整的文件管理系统，所有任务相关的文件，均安全长期地关联任务，方便回查资料，有效避免工作遗漏、拖延等情况发生。

四是有效提升工作任务执行效率。系统使用后，实现任务全透明管理，对干部职工起到监督的作用，部门领导可以高效地落实任务，大幅提升整体办公效能。

案例37：基于区块链技术的物电同源电子印章应用改革

钦州市电子印章公共服务平台（以下简称电子印章平台）是区块链技术物电同源电子印章运用的

载体，是钦州市依托广西数字政务一体化平台、壮美广西·钦州市云资源开发建设，以区块链作为核心技术自主创新的重要突破口，采取“物电同源”（电子印章和实体印章的印模来自于同一个数据源）为数据源，由物电同源印章与区块链电子签章技术组成电子印章。基于区块链技术的物电同源电子印章具有防篡改的特性，与实体印章同源、同轨、同模，实现签署身份认证、签署过程追溯、签署结果存证举证全过程的整体式信任链，有效解决社会电子公章身份唯一性问题，实现与全国其他省市的互签互验、跨省通办。

主要做法：

一是采用云服务资源和区块链架构搭建服务平台。依托广西数字政务一体化平台、壮美广西·钦州市云资源建设区块链电子印章公共服务平台，推进公安部门实体印模数据、市场监管部门企业基本信息数据共享，以区块链作为核心技术自主创新的重要突破口，通过电子签名、可信时间戳、哈希值校验、区块链等防篡改技术手段确保电子印章平台的安全稳定，并采取“物电同源”为数据源，由物电同源印章与区块链电子签章技术组成电子印章，保证了两者同源、同轨、同模。

二是统一认证申请并免费领取物电同源电子印章。电子印章平台通过广西数字政务一体化平台实现统一认证登录，与钦州市企业综合服务“一网通办”系统进行对接，新设立企业信息同步推送，实现电子营业执照与实体印章、电子印章同步发放。钦州港片区新开办企业均可通过电子印章平台微信小程序免费领取一套 4 枚区块链物电同源电子印章，并免费提供一年的电子印章公共服务平台维护。

三是打造基于源点印模的物电同源电子印章应用新生态。区块链物电同源电子印章基于源点印模的唯一性，运用国产密码技术保障所签章电子文件的正确性、完整性、不可否认性，可在电子证照、电子合同、电子发票各类电子文件上放心加盖（签章）、随时核验。区块链物电同源电子印章平台通过共享企业登记数据、实物印章刻制，实现电子印章、实体印章同步生成，进一步简化开办企业环节。企业只需登录微信小程序即可签章、验章，实现一个印章多处同时使用，为企业办理各种业务提供便利，构建了电子印章新生态。

特色亮点：

全国首创。打造首个经公安部第三研究所认可的基于区块链技术和物电同源技术融合、以全国电子印章管理与服务平台为唯一信任源的电子印章公共服务平台。

实践效果：

区块链物电同源电子印章公共服务平台与国家电子印章平台对接、电子印章与实体印章实现由同一印章系统制发的模式，得到了公安部第三研究所认可。该所认为平台实现了国家提出的“一网通办”“跨省通办”政务信息化建设要求，为建设全国互通互联、互签互认的使用场景开启新的里程。

一是有效解决电子印章身份唯一性。通过区块链技术的运用，保证了电子印章和实体印章同源、同轨、同模，形成签署身份认证、签署过程追溯、签署结果存证举证全过程的整体式信任链，有效解决社会电子公章身份唯一性问题。

二是有效提高企业和群众办事效率。推广应用电子印章公共平台后，实现与全国其他省市的互签互验、跨省通办，只需线上盖章、线上提交即可办理相关事项。基于电子营业执照、电子印章同步投入使用，企业可以通过网上电子营业执照出示、电子印章签署的在线化方式办理提交各种申请材料，在政府各部门之间实现电子化流转互认，真正实现全程“无纸化、电子化”，企业不用多跑路，保密性能有保障，极大提升办事效率。截至 2021 年 6 月，钦州市区块链物电同源电子印章公共服务平台已为新开办企业发放 25 795 枚电子印章，其中为钦州港片区新开办企业发放 17 514 枚。

案例 38：构建中国—马来西亚燕窝跨境产业链

广西自贸试验区钦州港片区依托中马“两国双

园”积极推动国际产能合作，通过制定进口毛燕地方标准，建立全流程安全监管和质量溯源机制，构建供应链金融服务体系，建设燕窝加工基地和燕窝检测实验室，打造全流程自动化、无人车间、智能制造的燕窝超级工厂，赋能燕窝产业创新发展，加快引领产业形成集聚，形成产学研相结合的集聚区，构建了全国首条中国—东盟燕窝跨境产业链，为中国—东盟特色跨境产业合作提供良好的示范。

主要做法：

创新实施毛燕进口全链条管理模式，破解东盟国家毛燕进口检验检疫标准不统一、质量监管体系不健全、重点产品进口难等问题，充分利用中国与马来西亚等东盟国家两个市场两种资源，构建中国—东盟跨境产能合作示范区。

一是推动两国签订毛燕输华合作协议。中马两国签订了《马来西亚输华毛燕的检验检疫和兽医卫生条件议定书》，确定马来西亚输华毛燕检验检疫和官方兽医卫生证书要求，促进马来西亚毛燕加工企业对华注册登记，实现中国进口马来西亚毛燕检验检疫准入取得实质性突破。

二是建设毛燕初级加工企业。依托马来西亚毛燕丰富资源，根据中马两国签订的《马来西亚输华毛燕的检验检疫和兽医卫生条件议定书》，将毛燕采购及预处理环节布局在马来西亚。推动国内企业参股马来西亚预处理中心，把控毛燕数量、价格及品质，确保燕窝基地的产品加工及下游的稳定供应，有效破解跨境产业链条因原料在国外导致原料供应不稳定等痛点问题。

三是制定技术规范标准。建立广西进口毛燕检验检疫规范、进口毛燕质量等级标准、毛燕加工企业生产管理规范、毛燕加工企业禽流感预防标准等地方标准，为马来西亚输华毛燕的检验检疫、质量分级、生产加工和疫病防控提供依据。同时，积极会同广西自治区有关部门推动进口毛燕地方标准升级为国家标准或行业标准。

四是建立全流程监管机制。建立从产地供货、境外工厂预处理、入境报关、转关运输、现场查验、实验室检测、仓储到后续加工生产的全流程安全监管机制，确保产品质量安全，为东盟国家高风险食药原材料产品输华高效通关提供借鉴。完善全链条质量溯源机制，通过溯源编码体系，建立境外毛燕追溯和境内成品燕窝追溯系统，实现从境外预处理、通关、物流、加工、检测、销售等全链条质量可追溯。

五是构建完善供应链金融服务体系。依托广西自贸区钦州港片区开发投资集团有限责任公司、广西中马钦州产业园区金谷投资有限公司、广西中马钦州产园区金窝数字科技有限公司、北部湾银行钦州分行等核心企业，构建燕窝产业供应链金融服务体系，搭建毛燕采购交易平台，为园区燕窝企业在进口毛燕、产品加工、工厂建设、产品研发、人才培养等环节提供金融支持。

六是建设燕窝加工基地及检测实验室。在钦州港片区建设燕窝加工基地，将燕窝加工、研发、销售环节布局在园区内，燕窝企业落户燕窝加工基地进行毛燕加工、燕窝及相关产品的研发、展览等。建设国家燕窝及营养保健食品检测重点实验室，为燕窝及食品加工产业以及钦州辖区进出口食品检测、监管提供重要的技术支撑。推动片区燕窝企业与实验室合作，投身到燕窝深加工领域的技术创新中，进行燕窝及协同增效产品的深度研发。

七是打造燕窝生产超级工厂。引进燕窝产业龙头公司，以“铂燕”为核心品牌，建设全流程自动化、无人车间、智能制造、能承接全国溯源净燕总进口量1/3产能的世界第一个铂燕燕窝超级工厂，发挥龙头的牵引作用引领产业加快集聚。

八是建立专业人才培养机制。成立中马钦州产业园区燕窝产业发展咨询委员会，聘请马来西亚、泰国等国家13名燕窝行业知名专家。同时，通过与广西人才市场中马钦州产业园区分市场开展人才招聘、专业人才培训等合作，建立燕窝产业工人培训基地，向企业提供合格认证的燕窝产业工人。

九是推动线上线下相结合的方式拓宽市场。以龙头燕窝企业为核心，组织园区燕窝企业参加中国—东盟博览会等大型展销会。通过聘请专业机构，依托网红经济，通过线上、线下的方式拓展燕窝产品销售渠道，积极打造钦州港片区燕窝特色“工业+旅游”精品线路，实现燕窝产业与旅游产业协同发展。

特色亮点：

全国首创。一是在全国率先建立毛燕进口全流程监管机制，实现马来西亚毛燕输华零突破；二是创新制定进口毛燕地方技术标准；三是创新打造全流程自动化的智能超级燕窝工厂；四是构建燕窝产业链金融服务体系，为园区燕窝企业提供金融支持；五是推动国内企业参股马来西亚预处理中心，有效把控原料的品质和数量，破解跨境产业链原料供应的困境。

实践效果：

一是实现马来西亚毛燕输华常态化。首批 150 公斤马来西亚进口毛燕已于 2019 年底落地钦州港片区燕窝加工贸易基地。截至 2021 年 7 月底，进口毛燕累计超过 3 吨，燕窝产品进口额累计约 10 075. 5 万元，燕窝产业工业总产值累计约 8 295 万元。

二是构建全国首条燕窝跨境产业链。截至目前，已获海关总署境外注册登记的马来西亚预处理中心共 3 家，其中 2021 年新增 2 家。钦州港片区燕窝加工贸易基地已入驻燕窝生产加工企业 14 家，其中 10 家已获海关总署批准毛燕加工资质，占全国（14 家）的 71. 4%。全国首条集毛燕进口、检测、标准化加工、供应链金融服务、文化研究、展示展销、特色旅游与燕窝交易于一体的中国—东盟燕窝跨境产业链已经形成。

案例 39：北部湾港保税燃油供应基地建设新模式

广西自贸试验区钦州港片区大力推进北部湾保税燃油供应基地建设，对保税燃料油供应实施“二合一”监管改革、建设国际贸易“单一窗口”保税燃油供应协同无纸化系统，有效提升钦州港片区航运服务能力。

主要做法：

一是建立服务机制。加强组织协调。广西自治区相关领导、广西自贸试验区建设指挥部办公室多次召开专题会议，明确北部湾保税燃油基地建设发展目标和任务分工，协调南宁海关、钦州市人民政府、钦州保税港区管委等单位，形成协调机制，确保各项工作有序推进。组建工作专班。成立保税燃油项目服务专班，对接企业具体需求，列出问题清单，逐项推动落实解决项目推进过程中存在的困难和问题。制定支持政策。制定出台《中国（广西）自由贸易试验区钦州港片区支持保税燃油业务发展优惠政策（试行）》，在企业贸易便利化、燃油供应增量、燃油供应大单、高管个税、办公场所及燃油贮存仓库租金、信息化系统等给予支持。

二是探索实施“二合一”监管等多项改革。在保证监管到位的前提下，将燃料油保税仓库和出口监管仓库进行功能叠加，通过“油库功能整合”业务，使指定仓库同时具备保税仓库和出口监管仓库的功能，不再需要将燃料油进行实质性转仓作业。此外，将保税燃料油存放在有出口监管仓功能的油罐内，实现两种油品可以同时混合存放。实施“一船多供”模式，依托信息化监管平台和科技手段，允许从事国际航行船舶保税燃料油供应企业的单艘承运船舶在一个作业航次内直接向多艘国际航行船舶供应保税燃料油。探索锚地加油，通过在供油船上强化信息化监管设备，允许在锚地开展相关加油服务。实施“先供后报”，从事国际航行船舶保税油供应的企业采用“先供油、后报关”模式开展业务，以实际供油量直接报关。探索“跨关直供”，允许供油企业在南宁海关辖区隶属海关辖区内开展国际航行船舶保税燃料油直供业务，包括防城港、北海等地。

三是建设国际贸易“单一窗口”保税燃油供应协同无纸化系统。该系统建设内容主要有：企业备案协同、船舶备案协同、供油计划协同、供油作业协同、供油核销处置协同等功能模块，实现北部湾保税燃油审批、供油、报关、核销等多个环节审批事项在线一次性办理，实施保税燃油加注业务远程监管。

特色亮点：

全广西首创。在全区首创开展“两仓合一”“一船多供”“锚地加油”“先供后报”“跨关直供”等保税燃油供应新模式。

实践效果：

一是降低了企业经营成本。通过“二合一”监管改革，降低油品企业租用储油罐等经营成本，缓解罐容紧张或储罐资源浪费问题，也省去在出口监管仓库与保税仓之间调拨的成本，企业能在有限储罐资源内根据市场行情灵活转换保税仓储属性应对国内和国际两个市场。

二是提高了燃油加注效率。通过“一船多供”节省加油船往返储油罐的航行时间。“先供后报”有效解决企业因申报量与实际量存在误差而需返回签发地改单的问题，实施效果显著，节省通关时间60%以上。

三是拓展了企业的市场。打破之前保税燃料油供应的区域限制，省去受油地保税仓入库、出库环节，减少因油料二次入库而造成的损耗，提高企业竞争力，推动企业扩大市场规模。2020 年 5 月 29 日，广西中燃船舶燃料有限公司通过“二合一”监管仓库完成首单 3 250 吨出口退税低硫燃料油加注业务，分别供应给中远海运散货运输有限公司和日本川崎汽船株式会社。截至 2021 年 7 月底，广西中燃船舶燃料有限公司保税燃油累计供应保税燃料油 77 102. 5 吨，其中 2021 年 1—7 月供应 36 702. 5 吨。争取 2021 年 12 月底前，保税油供应量达到 30 万吨、货值达到 10 亿元人民币，服务范围覆盖北部湾三港。

案例 40：实施社会投资低风险工程项目“量需审批”改革

广西自贸试验区钦州港片区（以下简称钦州港片区）创新实施社会投资低风险工程建设项目“量需审批”改革，有效推动低风险项目加快落地实施。

主要做法：

一是组建认定工作机构。由行政审批、发改、工信、自然资源、住房城乡建设、应急、社会事务等部门共同成立低风险工程建设项目认定小组，负责审核工程建设项目涉及的产业类型、能源消耗、环境影响、消防应急安全以及项目工程施工等方面是否可控，对项目建设的标准、周边市政管线的布设等情况提出相关要求。

二是建立项目指导清单。依据《建设工程消防设计审查和验收管理暂行规定》《建设项目环境影响评价分类管理名录（2021 年版）》《固定资产投资项目节能评估和审查暂行办法》《危险化学品建设项目安全监督管理办法》相关规定，明确低风险工程建设项目的界定标准，梳理形成在既定标准范围内的技术简单、功能单一的小型建设工程项目指导清单，包括厂房、仓储、行政办公设施工程等 10 种类型项目。

三是实行审批流程再造。在指导清单内的项目或清单以外但经认定小组认定的项目均可适用“量需审批”。明确认定社会投资低风险工程建设项目审批程序：企业提出申请、政审批部门征求认定小组意见、认定小组作出结论并提出建设标准及相关要求、行政审批部门根据认定结论作出批复、将批复抄送有关部门。

四是实施企业量需审批。在钦州港片区范围内新建、改建及扩建的社会投资低风险工程建设项目，企业在取得合法的土地使用手续，提交具有法律效力的承诺后，可以根据实际需求，自主选择钦州港片区权限范围内的审批事项向行政审批部门申办审批手续，也可直接开展勘察、设计、施工及验收等活动。

五是强化事后闭环监管。构建管理规范、运行协调、公开透明、廉洁高效的共管机制，重点抽查工程建设项目的勘察设计质量及市场行为，对项目实施全流程网上联合监管，对不按批复内容建设的相关企业和从业人员进行处罚，并通过广西建筑市场监管云平台、全国信用信息系统平台，深度共享审批信息、监管信息和执法信息，实行联合惩戒。对执行“量需审批”后，有忽视安全生产和城市管理秩序，影响市容市貌等行为又屡教不改的企业，不得再享受片区范围内推行的“量需审批”和“极简审批”等政策。

特色亮点：

全国首创。被认定为低风险的社会投资建设项目，无须办理在钦州港片区权限内的用地规划、工程建设许可、抗震设防、人防易地审批、工程质量监督登记、施工许可、规划验收、消防验收备案、工程竣工验收备案、占道挖掘城市审批、占用城市绿化审批等事项审批，直接开展勘察、设计、施工及验收等活动。企业也可根据实际需要自主向行政审批部门申办审批手续。

实践效果：

一是有效精简审批环节。实施改革后，被认定的社会投资低风险工程建设项目可免于办理在片区权限内的用地规划、施工许可等事项审批，有效压减低风险工程建设项目的审批环节，由原来的 4 个环节减少为 2 个环节，审批环节压缩了 50%。

二是大幅降低审批时限。改革前低风险工程项目建设审批时间需 8 天，改革后减少为 3 天以内，审批时限压缩了 75%。

四、广西壮族自治区政府及相关部门出台的政策措施

（一）《中国（广西）自由贸易试验区建设指挥部关于印发〈推进中国（广西）自由贸易试验区制度创新的指导意见〉的通知》（桂自贸指发〔2021〕1 号，2021 年 1 月 4 日）。

（二）《广西壮族自治区人民政府办公厅印发关于加强中国（广西）自由贸易试验区法治服务保障若干措施的通知》（桂政办电〔2021〕3 号，2021 年 1 月 4 日）。

（三）《中国（广西）自由贸易试验区建设指挥部办公室关于印发〈中国（广西）自由贸易试验区统计监测管理制度〉的通知》（桂自贸指办发〔2021〕2 号，2021 年 1 月 13 日）。

（四）《广西壮族自治区人民政府关于做好中国（广西）自由贸易试验区首批自治区级制度创新成果复制推广工作的通知》（桂发〔2021〕28 号，2021 年 2 月 28 日）。

（五）《广西壮族自治区人民政府关于以中国（广西）自由贸易试验区为引领加快构建面向东盟的跨境产业链供应链价值链的实施意见》（桂政发〔2021〕17 号，2021 年 7 月 18 日）。

（六）《广西壮族自治区人民政府办公厅关于印发开展期现结合服务广西大宗商品交易市场建设实施方案的通知》（桂政办发〔2021〕74 号，2021 年 7 月 26 日）。

（七）《广西壮族自治区外事办关于适度调整广西自贸区钦州港片区崇左片区特定人员因公临时出国管理政策的通知》（桂外〔2021〕77 号，2021 年 7 月 28 日）。

（八）《广西壮族自治区发展和改革委员会广西壮族自治区工业和信息化厅广西壮族自治区商务厅关于印发〈中国（广西）自由贸易试验区构建面向东盟的电子信息跨境产业链行动方案（2021—2025 年）〉的通知》（桂发改外资〔2021〕752 号，2021 年 8 月 25 日）。

（九）《广西壮族自治区人民政府关于向中国（广西）自由贸易试验区下放自治区级行政权力事项的决定》（桂政发〔2021〕23 号，2021 年 9 月 6 日）。

（十）《广西壮族自治区人民政府关于印发广西深化“证照分离”改革全覆盖工作实施方案的通知》（桂政发〔2021〕29 号，2021 年 9 月 27 日）。

（十一）《广西公平竞争审查工作厅际联席会议办公室关于印发〈中国（广西）自由贸易试验区强化竞争政策实施试点方案〉的通知》（桂市监发〔2021〕31 号，2021 年 11 月 15 日）。

（十二）《广西壮族自治区人民政府关于做好中国（广西）自由贸易试验区第二批自治区级制度创新成果复制推广工作的通知》（桂政发〔2021〕144号，2021年11月20日）。

（十三）《中国（广西）自由贸易试验区建设指挥部关于印发推进中国（广西）自由贸易试验区贸易投资便利化改革创新若干措施的通知》（桂自贸指发〔2021〕14号，2021年12月2日）。

（十四）《自治区党委组织部等四部门印发〈关于促进中国（广西）自由贸易试验区人才集聚的若干措施〉的通知》（桂组通字〔2021〕144号，2021年12月6日）。

（十五）《中国（广西）自由贸易试验区建设指挥部关于印发中国（广西）自由贸易试验区建设指挥部关于印发要素市场化配置改革试点方案的通知》（桂自贸指发〔2021〕15号，2021年12月30日）。

五、大事记

2021年1月4日　广西自贸试验区片区联席工作会议在南宁召开，会议研究了2021年广西自贸试验区高质量发展指标、营商环境指标和2021年广西自贸试验区工作计划，为自贸试验区新年工作开好局起好步加油鼓劲。

2021年1月4日　中国（广西）自由贸易试验区建设指挥部印发《推进中国（广西）自由贸易试验区制度创新的指导意见》。

2021年1月4日　广西自治区政府办公厅印发《关于加强中国（广西）自由贸易试验区法治服务保障若干措施的通知》，强化中国（广西）自贸试验区法治服务保障。

2021年1月6日　首列“临沂—河内”中欧班列自山东临沂朱保站始发，在凭祥海关监管下办结海关手续，驶往越南河内安员车站。该班列开行后，中欧班列货物经凭祥（铁路）口岸出口到越南的主要线路增加为7条。

2021年1月13日　《中国（广西）自由贸易试验区统计监测管理制度》经自治区统计局批复同意实施。主要从片区经济运行、跨境物流、产业发展、金融创新等多个维度对广西自贸试验区的运行情况进行统计监测。

2021年1月15日　广西自贸试验区建设指挥部第一次指挥长工作会议在南宁召开，广西自贸试验区建设指挥部指挥长，自治区人大常委会副主任、党组副书记张晓钦出席会议并讲话。

2021年1月25日　广西北部湾银行总行进驻中国—东盟金融城并揭牌，这是首家总行进驻中国（广西）自由贸易试验区的银行。

2021年2月8日　广西自治区主席蓝天立主持召开自治区十三届人民政府第76次常务会议，审议中国（广西）自由贸易试验区首批自治区级制度创新成果。

2021年2月23日　由钦州铁路集装箱中心站定制，具备全路最先进技术的6台远控自动化门吊顺利靠泊钦州保税港区码头。经过卸船陆运至中心站港口作业区安装调试，钦州铁路集装箱中心站将成为全国铁路首家实现远控自动化装卸的铁路智能智慧化示范场站。

2021年2月25日　广西自贸试验区第二次片区联席会议在南宁召开，会议研究了2021年外资招商引资工作安排，审议了《广西自贸试验区2021年外资招商引资专项工作方案》。

2021年3月8日　由中国（广西）自由贸易试验区工作办公室主办，中产集团旗下上海中产科创学院承办的“中国（广西）自由贸易试验区上海外资招商专题培训班”顺利开班。

2021年3月8日　广西自治区人民政府下发《关于做好中国（广西）自由贸易试验区首批自治区级制度创新成果复制推广工作的通知》，在全区复制推广广西自贸试验区首批44项自治区级制度创新成果。

2021年3月12日　广西自贸试验区外资招商引资洽谈会电子信息专场和绿色化工专场在上海成功举行，有利于进一步加强广西自贸试验区外资招商工作力度。

2021年3月19日　广西自贸试验区“广西边民互市贸易集成改革”创新举措获海关总署批复备案。至此，南宁海关已获总署备案通过创新举措5项，获批数量在全国21个自贸试验区中排名第二，在第五批6个自贸试验区中排名第一。

2021年3月24日—26日　中国国际经济贸易仲裁委员会一行到广西自贸试验区开展专项服务活动，并开庭审理了贸仲委（广西）自由贸易试验区办事处设立以来的第一件商事仲裁案件。

2021年3月26日　广西自贸试验区崇左片区举行了中国（广西）自由贸易试验区崇左片区崇左市涉外信访服务（凭祥）工作站挂牌设立仪式。

2021年3月30日　广西壮族自治区人民政府办公厅印发《广西进一步促进民间投资发展若干政策措施》，支持民间资本参与中国（广西）自由贸易试验区建设。

2021年4月14日　北部湾港钦州港大榄坪南7号、8号泊位全自动化集装箱码头项目首台智能导引运输车（IGV）—001号启动车辆耐久性测试以及功能测试工作，标志着北部湾港自动化团队与振华重工联合设计开发的新一代IGV初步实现设计理念与功能并正式面世，IGV设备也由制造阶段进入关键性测试阶段。

2021年4月20日　“共享广西自贸机遇　拓展桂港合作商机”广西—香港投资合作（线上）交流会在南宁和香港两地同时举行，桂港双方共商共享合作机遇，共谱合作新篇章。

2021年4月20日　据中港网数据显示，广西北部湾港口货物吞吐量为8 270万吨，同比增长28.5%，集装箱吞为126万标准箱，同比增长36.8%，跻身全国货物吞吐量和集装箱吞吐量“双前十”行列。

2021年4月21日　满载着柴油机、微耕机、汽车配件等货物的中越跨境集装箱班列（南宁—河内）缓缓驶出南宁国际铁路港，这是今年第100列中越班列开行，提前半年突破百列运输。

2021年4月22日　“恒盛868”号轮满载着584标准箱长江沿线集装箱货物从太仓国际集装箱码头扬帆启航，此行将直达广西钦州港，标志着长三角地区至大西南的内贸集装箱水运通道就此打通。

2021年4月24日　中国—东盟经贸中心在广西自贸试验区南宁片区正式揭牌运营。

2021年4月25日—27日　习近平总书记在广西壮族自治区党委书记鹿心社和自治区政府主席蓝天立陪同下，先后来到桂林、柳州、南宁等地考察。

2021年4月28日　钦州综合保税区通过联合验收组验收，意味着钦州综合保税区已具备封关运作条件，有利于深度融入国际产业链、价值链、供应链，更好地统筹利用国际、国内两个市场、两种资源，培育和提升国际竞争新优势。

2021年4月28日　在中国贸促会（广西）自由贸易试验区综合服务中心开业运营4天后，中国贸促会广西自贸试验区调解中心成功调解了广西自贸试验区第一起商事调解案件，案件标的4 224万元人民币，是2021年截至目前全国贸促系统标的最大的调解案件。

2021年4月29日　由中国（广西）自由贸易试验区工作办公室主办的“广西自贸大讲堂”2021年第一期顺利开讲。

2021年4月29日　广西凭祥农村商业银行股份有限公司与凭祥市国际贸易开发有限责任公司、凭祥友谊发展集团有限公司签订了知识产权质押融资贷款协议，实现了崇左片区首单知识产权质押融资业务落地。

2021年5月22日　广西自治区人民政府在重庆举办“2021西部陆海新通道广西专题推介会”，就西部陆海新通道和中国（广西）自由贸易试验区进行专题推介，进一步深化广西与重庆等西南兄弟省区市的务实合作。

2021年5月22日　广西自贸试验区钦州港片区驻川渝地区企业服务处在成都正式挂牌成立。

2021 年 5 月 27 日　广西自贸试验区钦州港片区颁发实行自主审批核发的首个商务领域许可证件。片区独立开展辖区范围内成品油零售经营许可工作，标志着“片区事片区办”又迈出了重要一步。

2021 年 5 月 30 日　广西自贸试验区钦州港片区驻长三角企业服务处在上海正式揭牌成立。

2021 年 6 月 2 日　广西自贸试验区南宁片区产业项目产投五象振邦产业园首个获取“先建后验”通知书。

2021 年 6 月 3 日　广西自贸试验区钦州港片区行政审批局向广西自贸区信昰互联网医院有限公司颁发广西首张互联网医院《行业综合许可证》，标志着钦州港片区“一业一证”改革正式落地实施。

2021 年 6 月 6 日　随着满载 3.7 余立方胶合板的“太古钦州”轮驶离北部湾港钦州码头有限公司勒沟港区 8 号泊位，标志着钦州至欧洲件杂货班轮航线正式开通。

2021 年 6 月 11 日　中国银行钦州分行为广西蚂蚁洋货供应链管理有限公司成功办理了一笔 300 万元的跨境人民币融资支付业务，标志着中马钦州产业园区金融创新双向流动便利化业务落地实施。

2021 年 6 月 17 日　钦州港口岸大榄坪南作业区进境肉类指定监管场地顺利通过远程视频验核。

2021 年 6 月 30 日　广西自贸试验区南宁片区矛盾纠纷调解中心举行揭牌仪式。

2021 年 7 月 1 日　广西出入境边防检查总站对外公布《服务西部陆海新通道和广西自由贸易试验区建设十二项措施》，日前在全区对外开放口岸、边民通道正式实施。

2021 年 7 月 6 日　商务部召开自贸试验区第四批“最佳实践案例”专题新闻发布会，发布 18 个“最佳实践案例”。广西自贸试验区崇左片区“边境地区跨境人民币使用改革创新”是广西自贸试验区三个片区唯一入选的改革创新实践案例。

2021 年 7 月 9 日　广西海事局发布公告，决定钦州港口岸三墩西作业区液体散货码头 17 号泊位对国际航行船舶开放，标志着广西北部湾港钦州 30 万吨级油码头获准正式对外开放。

2021 年 7 月 20 日　广西信昰互联网医院在广西自贸试验区钦州港片区上线运营，标志着广西自贸试验区第一家创新业态的“互联网+医疗”平台正式投入使用。

2021 年 8 月 2 日　自治区政府新闻办在广西新闻发布厅举行解读《广西壮族自治区人民政府关于以中国（广西）自由贸易试验区为引领加快构建面向东盟的跨境产业链供应链价值链的实施意见》新闻发布会。

2021 年 8 月 13 日　自治区主席蓝天立到广西自贸试验区调研，强调要深入学习贯彻习近平总书记视察广西时的重要讲话和重要指示精神，围绕国家和全区重大开放战略实施，充分发挥自贸试验区先行先试作用。

2021 年 8 月 30 日　广西壮族自治区人民政府新闻办公室在广西新闻发布厅举行中国（广西）自由贸易试验区设立两周年建设情况新闻发布会。

2021 年 9 月 6 日　自治区政府印发《关于向中国（广西）自由贸易试验区下放自治区级行政权力事项的通知》，同时公布不予授权或者委托广西自贸试验区实施的自治区级行政权力事项目录（2021 年版），广西成为继山东省之后全国第二个在自贸试验区实施“负面清单”式放权的省（区）。

2021 年 9 月 10 日　西部陆海新通道沿线省份自由贸易试验区高效联动闭门会在广西南宁成功召开，来自广西、重庆、四川、云南、海南等沿线省份自贸试验区相关负责人，共同探讨和推进西部陆海新通道沿线省份自由贸易试验区联动发展。

2021 年 9 月 10 日　中国（广西）自由贸易试验区与中国（云南）自由贸易试验区在广西南宁签署《沿边自由贸易试验区协同制度创新框架协议》。

2021 年 9 月 23 日　广西自贸试验区南宁片区和钦州港片区顺利完成钦州市六村街（滨江西大道—下埠路）、金一街（滨江西大道—金鼓江疏港（钦海）大道）工程（一期）第三方检测项目远程异地评标。全区首个跨区域远程异地评标，标志着南宁片区和钦州港片区率先在全区实现跨区域远程异地评标。

2021 年 9 月 26 日　中国人民银行日前批复同意广西复制推广中国—马来西亚钦州产业园区金融创新试点政策，允许将境外项目贷款的范围扩大至东盟全域，重点支持广西主导的跨境合作园区企业发展。

2021 年 9 月 29 日　中国（广西）自由贸易试验区工作领导小组举行第二次全体会议，深入学习贯彻习近平总书记关于自贸试验区建设的重要讲话和重要指示精神，听取广西自贸试验区建设重点工作情况汇报，研究有关事项，部署下一阶段工作任务。

2021 年 10 月 14 日　广西自贸区云广创业投资中心（有限合伙）在中国（广西）自由贸易试验区南宁片区完成注册，注册资本 5 000 万美元，是广西首单落地的合格境外有限合伙人（QFLP）基金，标志着广西推进 QFLP 试点工作实现零的突破。

2021 年 10 月 27 日　中国银行广西自贸试验区崇左片区凭祥支行成功落地中马钦州产业园区金融创新试点复制推广跨境人民币双向流动便利化首发业务。

2021 年 11 月 17 日　在钦州海关监管下，装载期货保税交割原油的“狮子座”轮船在中国石油广西石化公司 10 万吨级码头完成综保区出区手续，启运至茂名石化工厂，标志着我国西部地区首单原油期货保税交割业务顺利完成。

2021 年 11 月 20 日　自治区人民政府下发《关于做好中国（广西）自由贸易试验区第二批自治区级制度创新成果复制推广工作的通知》，在全区复制推广广西自贸试验第二批 40 项自治区级制度创新成果。

2021 年 12 月 23 日　中国（广西）自由贸易试验区顾问委员会成立大会暨第一次会议在广西南宁以线上线下相结合方式举行。

2021年中国（河北）自由贸易试验区建设概况

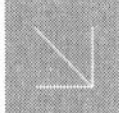

中国（河北）自由贸易试验区推进工作领导小组办公室

一、建设措施及成效

2021年，中国（河北）自由贸易试验区推进工作领导小组办公室会同省有关部门、各有关市和雄安新区，深入贯彻党的十九大和十九届历次全会精神，认真落实党中央、国务院有关重大决策部署和国务院自由贸易试验区工作部际联席会议，以及省委省政府、省领导小组工作安排，立足服务京津冀协同发展重大国家战略，坚持为国家试制度、为地方谋发展，以党史学习教育为动力，以制度创新为核心，以招商引资和开放平台建设为抓手，推动河北自贸试验区改革发展取得扎实成效，为建设现代化经济强省、美丽河北作出积极贡献。

制度创新取得积极成效。2021年全年形成8项国家级制度创新成果。其中，大兴机场片区“四大机制打造京津冀协同发展示范样板”入选国务院自贸试验区工作部际联席会议发布的第四批“最佳实践案例”；雄安片区“基于运营商IMSI信息验证的交易反欺诈系统”和“基于5G切片技术的敏捷银行服务”2项金融科技应用经人民银行总行批准入盒测试，“智慧绿色低碳综合能源服务模式”入选生态环境部发布的2021年绿色低碳典型案例；正定片区“积极探索生物医药知识产权全链条保护服务”和曹妃甸片区“国际航行船舶‘模块化’检查新机制”以国务院自贸试验区工作部际联席会议简报形式向全国推广。同时，面向全省复制推广了2批26项河北自贸试验区制度创新案例（包括正定片区4项、曹妃甸片区12项、雄安片区6项、大兴机场片区3项、省政务服务办1项），充分释放了自贸试验区改革创新红利。对开放发展的拉动作用明显增强。2021年，中国（河北）自由贸易试验区（以下简称河北自贸试验区）实际使用外资、进出口额、新增内资企业注册资本、税收收入分别比上年增长58%、45.7%、34.5%和37.1%。河北自贸试验区以全省万分之六的国土面积，吸引了同期31.9%的新设外资企业，创造了13.3%的实际使用外资和12.5%的进出口额。

（一）加大制度创新力度，推动重点领域改革探索实现新突破

坚持把制度创新作为自贸试验区发展的核心任务，对标国际高标准经贸规则，聚焦重点领域和关键环节，积极开展差别化改革探索，推动形成一批首创性制度创新成果。

一是强化组织领导。省领导亲力亲为。王东峰书记主持召开省领导小组第三次会议，就深化体制机制改革、加快制度创新进程、提高制度创新质量、明确年度制度创新目标任务等作出重要指示，多次主持召开省委常委会、省委深改会，研究自贸试验区创新发展工作，多次赴有关片区调研检查；王正谱省长在省十三届人大五次会议作的政府工作报告中对自贸试验区改革发展提出明确要求，到大兴机场片区廊坊区域等片区实地调研；葛海蛟常务副省长、高云霄副省长专题研究自贸试验区建设发展，提出具体工作要求。各有关市和雄安新区切实履行主体责任。石家庄市、唐山市、廊坊市和雄安新区主要负责同志多次主持召开片区领导小组会议，对自贸试验区改革创新进行安排部署。省领导小组办公室充分发挥统筹协调作用。厅领导多次带队赴各片区进行督导调度，与市场监管、药监、政务服务、法院、海关、证监等部门和省建设银行、省工商银行、省交通银行、省中国银行等金融机构开展专题对接，研究推动自贸试验区重大改革发展事项落实。

二是加强工作顶层设计。高质量编制“十四

五”规划。经省政府审定，以河北自贸试验区工作办公室名义印发《中国（河北）自由贸易试验区发展“十四五”规划》，明确“十四五”时期自贸试验区发展的指导思想、功能定位和主要目标，提出了实施高水平制度型开放、推动现代前沿产业开放发展、促进区域联动创新和转变政府职能等4方面重点任务。出台改革创新政策举措。落实国务院《关于推进自由贸易试验区贸易投资便利化改革创新的若干措施》精神，经省委深改会审议通过，以省政府名义印发《关于推进河北自贸试验区贸易投资便利化改革创新的若干措施》，提出了17项政策举措。落实生态环境部等8部委指导意见，制定出台《关于加强河北自贸试验区生态环境保护推动高质量发展的实施意见》，提出了推进自贸试验区生态环境改革举措系统集成的20项政策措施。制定专项工作方案。经省政府党组会审议通过，以省领导小组办公室名义印发《2021年河北自贸试验区改革发展专项推进方案》，进一步明确了重点任务和责任分工，推动了各项任务落实。

三是落实改革试点任务。加强向国家有关部委沟通汇报。主动与商务部汇报对接，推动河北总体方案涉及中央事权重要改革试点任务落实。会同省药监局、石家庄海关积极争取国家对口部委支持，推动设立药品进口口岸，目前已通过国家现场评估考核并报国务院审批。实施台账管理。对改革试点任务逐项明确时间节点、完成时限、可检验的成果形式和责任人等，实行动态跟进，及时掌握进展情况。截至2021年底，河北自贸试验区总体方案98项改革试点任务已实施92项，实施率达93.8%。

四是推进重点领域制度创新。围绕贸易投资便利化领域，形成了创新优化国际贸易企业增授信流程、“互联网+港口+供应链”智能网络货运平台、开辟蒙古国煤炭“公铁海联运”出海新通道等制度创新成果。围绕金融创新领域，形成了创新数字人民币“数字+金融多领域应用”、探索“光伏发电+碳排放交易”绿色发展新模式、创新绿色能源行业“母公司+子公司”联合租赁新模式、基于智能风控的支付服务新模式、“区块链+仓单质押”供应链金融新模式等制度创新成果。围绕产业开放发展领域，形成了“三链融合”加快木材产业开放发展、创新临空产业发展新型产业用地（M0）模式等制度创新成果。围绕政府职能转变领域，形成了“多测合一”工程建设领域测绘服务管理模式、创新应用区块链技术打造科创服务新模式、商事纠纷“调解+”新模式、创新打造精细化智能化个性化税务服务体系等制度创新成果。

五是做好改革试点经验复制推广。河北自贸试验区推进工作领导小组办公室会同各市、雄安新区和省有关部门建立健全复制推广工作机制，逐批次制定复制推广工作方案，建立工作台账，明确具体责任分工；协调省有关部门加强与国家对口部委的沟通对接，组织系列专题培训，开展业务指导和政策解读，推动复制推广工作落地落实。截至2021年底，国家复制推广的自贸试验区278项制度创新成果，除11项正在推广和8项不适河北省外，其它259项制度创新成果已在全省推广。贸易投资便利化方面，持续推进通关便利化改革，优化口岸营商环境，2021年12月，石家庄海关进口、出口整体通关时间分别为26.36小时和0.99小时，分别较2017年压缩83.53%和93.89%，均优于全国平均水平。政府职能转变方面，推广企业“套餐式”注销服务模式，省市场监管局会同省政务服务办、省人社厅、省商务厅等部门在河北政务服务网开通企业注销网上服务专区，上线运行企业注销“一网”服务平台，实现各有关部门注销业务“信息共享、同步指引、业务联动、限时处理”。金融领域改革方面，推广“绿色债务融资工具创新”的试点经验，截至2021年底，人民银行石家庄中心支行已累计支持河钢集团有限公司、新兴铸管有限公司及承德市国控投资集团有限公司利用银行间债券市场分别发行绿色债务融资工具42亿元、20亿元和8.4亿元，指导新天绿色能源股份有限公司发行河北首单“碳中和”绿色债券，募集资金5亿元。

（二）坚持服务京津冀协同发展，推动区域协

同创新取得新成效

充分发挥三省市自贸试验区在京津冀地区新一轮改革开放中的示范带动作用，加强协同开放、协同创新，推动京津冀地区更高质量一体化发展。

一是推动政务同标协同创新。推进“同事同标”试点。会同京津两市印发了《推动京津冀自贸试验区内政务服务“同事同标”工作方案》，推出3批153项“同事同标”事项，实现“同一事项无差别受理、同标准办理和结果互认”，打破了属地限制，统一了办事标准，提升了办理效率。推进“一窗办、承诺办、自由办”改革试点。在京津冀三地自贸试验区内，对民生保障、涉企经营、资质资格等量大面广且能发挥就近申办优势的政务服务事项，统一规范了办理标准，建立了“异地受理、内部协同、多地联办”的沟通保障机制，在不改变各区域原有办理事权的基础上，促进了区域协同和业务协作。曹妃甸片区实现179项北京政务服务事项异地办理。

二是推动区域共管协同创新。大兴机场综合保税区廊坊片区管委会和大兴片区管委会首创京冀联合管理体制机制，统一制定土地、交通、市政等控制性详细规划，统一建设方案、项目清单、工程进度，统一海关监管系统、公共安全设施、道路交通系统等标准，统一制定招商机制、组建招商平台公司、开展招商推介，统一接受国家和省市有关部门的检查考核，推动基础设施和发展成果共建共享，首创一体规划、一体建设、一体管理的协同发展新模式，为全国建设跨界综合保税区提供了可借鉴推广的经验。

三是推动机制共建协同创新。加大对京津冀自贸试验区协同联动研究，按照中央协同办综合组有关要求，从加强顶层设计、赋予更大改革自主权、推动集成制度创新、推进产业等重点领域协作方面提出政策建议。建立京津冀自贸试验区联席会议制度，在天津召开首届京津冀自贸试验区联席会议，签署了三方战略合作框架协议，成立了由三地自贸试验区管理机构负责同志牵头的合作协调工作小组，组建了京津冀自贸试验区智库联盟，发布了首批京津冀自贸试验区协同创新成果。

（三）加快优势外向型产业集聚，为全省经济高质量发展作出新贡献

坚持以招商引资和开放平台建设为抓手，加快培育特色优势产业，加大政策支持力度，持续优化营商环境，开放发展水平明显提升。

一是加大招商引资力度。省自贸办借助进博会、消博会、服贸会、廊洽会、数博会等重大活动平台，精心举办重点产业国际投资对接洽谈会等系列线下招商活动，创新开展重点产业澳门专场推介会等云端线上招商活动，加强与世界500强和知名跨国公司对接合作。各片区聚焦重点产业，组织举办生物医药产业对接会、航运及港航服务业推介会、国际航空产业链峰会等80余场招商活动，积极开展项目发布、展览展示和对接洽谈，推动一批大项目、好项目相继签约落地。

二是加大产业发展推动力度。正定片区围绕生物医药产业，聚集扬子江药业、国药乐仁堂、常山凯库得等一批国际化医药企业，口岸医药物流中心建成运营，一然生物二期、常山生化肝素原料药生产等项目加快施工建设，百龄生物细胞研究、橡一科技医药包装新材料等项目签约落地。曹妃甸片区围绕大宗商品贸易产业，聚集五矿矿石筛分、新天LNG、河钢云商、金隅供应链等行业龙头企业，唐山坤旺饲料加工、漕亨通食品加工等项目建成运营，均和贸易总部、欧冶链金金属资源再生等项目加快建设，华北生产生活资料分拨中心、临港钢材智能仓储物流等项目签约落地。大兴机场片区廊坊区域围绕航空科技产业，吸引宸信无人机等一批创新型航空企业入驻，华芯·无限航空航材保障中心、熙麦（廊坊）智联网航空供应链等项目加快建设，南航华北产教融合综合培训基地、河北航空大兴机场运行基地等项目完成供地，廊坊空海多式联运中心、大兴机场IABG检验检测中心等项目成功签约。雄安片区围绕高端高新产业，有序承接北京非首都功能疏解，中国卫星网络、中国中化等央企

总部和北京眼神科技等一批高新技术企业注册落户。

三是加大开放平台建设力度。保税功能平台建设取得关键性突破，全国唯一跨省市的大兴国际机场综合保税区（一期）封关运营，石家庄综合保税区与石家庄国际陆港联合申报陆港型国家物流枢纽成功获批。口岸开放平台建设取得阶段性进展，正定片区依托钻石指定口岸累计进出口黄金、珠宝等1 200余万美元，曹妃甸片区整车进口口岸正式实施国六排放标准并成功开展业务，大兴机场片区获批设立进境食用水生动物、植物种苗指定监管场地并完成预验收。产业发展平台建设取得实质性成效，雄安片区跨境电子商务综合试验区朱各庄产业园挂牌运营；正定片区A类低空飞行服务站、国际邮件互换局完成基础设施建设和设备安装调试，跨境电商产业园正式投用；曹妃甸片区建成省内首个跨境电子商务零售进口退货中心仓，二手汽车出口首单业务顺利通关。国际大宗商品交易平台建设取得标志性成果，曹妃甸片区河北自贸区大宗商品交易中心累计现货交易品种增至24个，初步完成在矿产品、农资产品和农产品3大商品主要品类板块的战略布局；中国五矿曹妃甸国际矿石交易中心投产，成功发布中国电煤采购价格（CECI）曹妃甸指数和铁矿石曹妃甸价格指数。

四是加大政策支持力度。在财政支持方面，省商务厅、省财政厅共同设立省级奖补资金，用于支持各片区高水平制度创新、基础设施建设、公共服务能力提升和产业培育发展。在产业发展方面，省发改委出台加快发展数字经济、发展现代物流和现代服务业等6条支持政策。省工信厅从传统产业升级、产业创新发展、新型工业化产业示范基地建设等方面提出10条支持举措。省委军民融合办围绕支持培养壮大军民融合产业、畅通“民参军”渠道等4个方面提出12条支持措施。在贸易投资便利化方面，省商务厅从促进对外贸易创新发展、提升投资自由化便利化水平等6个方面提出33条政策举措。在海关监管方面，石家庄海关出台简化企业备案手续、优化企业认证程序和保税产品检验监管等5条支持政策。在土地保障方面，省自然资源厅从发挥国土空间规划引导作用、精准保障产业发展用地、全面优化土地要素配置等4个方面提出12条具体举措。在海事管理方面，河北海事局就实施申报事项合并办理、推行临时审核即时发证机制、落实模块化检查模式等工作提出具体要求。在司法服务方面，省法院围绕提供有力司法服务和保障、建立完善司法体制机制等4个方面提出25条支持举措。此外，政务服务、外事、民政、科技、公安、文物、水利、住建、林草等省直部门也先后出台了多个支持政策。截至2021年底，省有关部门、各有关市县和片区已累计出台政策文件60个，初步形成了条例和管理办法相衔接，总体方案和专项政策相配套，省级和市县措施相结合的政策制度框架体系，为河北自贸试验区改革创新提供了重要的法律保障和政策支撑。

五是加大营商环境建设力度。积极对标国际国内先进地区，持续提升政务服务水平，组织开展业务培训和宣传报道，加强各类服务保障机构建设，有效激发了市场活力、增强了内生动力、释放了创新潜力。经知名第三方机构评估，企业对河北自贸试验区营商环境的整体满意度达92%。深化“放管服”改革。以省领导小组办公室名义印发深化“放管服”改革的落实意见，就推进商事制度改革、深化投资管理改革、加强知识产权保护、强化法制保障等提出明确要求。省政务服务办持续深化“证照分离”改革，指导推动各片区在全面做好普遍性改革要求的同时，进一步做好新增69项“证照分离”改革事项的落实工作。正定片区实施资金支持政策“一门受理、一门兑现”，全年累计为企业兑现奖补政策资金1.69亿元。加大培训宣传力度。省委组织部与省自贸办在海南联合举办改革发展专题培训班，省自贸办以云端线上方式组织了自贸试验区创新发展专题培训活动，并组织参加了商务部举办的制度创新成果复制推广工作线上培训。全年累计培训30余场，超4 000人次参加。通过拍摄录像片、召开新闻发布会、印发宣传册等方式，进一步扩大了河北自贸试验区的知名度和影响力。加快专业服务机构建设。中国国际经济贸易仲裁委员会雄安分会揭牌运营，曹妃甸片区、正定片区仲裁中心正式设立。四个片区中级法院会签司法协作框架协议，片区间信息互通、司法+行政、执行联动、诉讼服务一体化等机制不断完善。推动各大商业银行和保险公司在各片区布局 29 家分支机构，金融服务支持力度持续加大。中证商品指数公司在雄安片区开业运营，成为全国首家商品指数编制运营服务平台。

二、创新成果及案例

案例 1："互联网+港口+供应链"智能网络货运平台

中国（河北）自由贸易试验区曹妃甸片区着眼促进物流业降本增效，解决流通环节多、信息不对称导致的货物周转次数多、倒运次数多、无效物流作业多的痛点，曹妃甸港口集团采用"互联网+港口+供应链"的模式，将互联网产业与传统港口物流业进行有效渗透与融合，率先在省内自主研发了曹妃甸港智能网络货运平台，打通港口、物流运输、工厂间的信息互联桥梁，有效提升了曹妃甸片区内运输组织效率和服务水平。

主要做法：

一是探索智能网络货运模式，提升物流综合效率。采用云技术架构，基于 Open-stack 和 Ceph 的云管理平台，以及"ESB+HDFS"的大数据服务体系，构建曹妃甸港智能网络货运平台。以"协同"和"透明"为理念，以云服务为形式，以智能传感器为感知，通过信息化集成能力与平台服务，实现资源和效益的再优化，为港口、运输公司、货主、司机搭建了内外部数据交互、业务服务、订单处理、车辆调度、网点中转、在途运输、配送、结算等物流业务协同和信息化管理平台。

二是整合社会闲散运力资源，形成规模运营体系。通过整合和集成社会零散物流运力资源，规范服务流程，制定评级考核标准，提升服务质量。加速市场运力提升、货源信息更新及市场物流资源调配升级，优化分工模式，促进港口物流的规模化运营。

三是实现物流环节互动衔接，优化港口物流生态。采用"SaaS 平台+移动端 H5+短信"的模式连接运输的各个环节，将货主、平台、运输公司、司机无缝互联，通过信息共享和供应链协作，对各运输节点信息进行实时更新，对业务订单的运作异常情况进行全天候动态监测，细化服务分工，规范市场主体经营行为，提升各环节信息化和物流标准化程度，实现高效率协同物流，解决了物流行业管理效率低、信息不对称、物流服务标准缺失、综合成本高的问题，优化了物流市场格局，推动了传统物流行业转型升级。

四是布局物流价值链环节，提升港口综合竞争力。通过信息技术应用，从物流大数据提炼增值服务属性，从物流场景切入金融、保险业务，实现物流设备融资租赁、物流产业投资基金、物流货运保险等金融、保险领域布局，解决服务体系封闭、衔接能力差、协调配套能力弱等问题，为保险、金融、咨询等物流产业链的延长提供载体，实现曹妃甸片区跨产业融合发展，提升曹妃甸片区货运物流产业辐射带动能力。

实践效果：

一是降低集疏港物流成本，构建港口货运生态圈。通过构建港口货运一体化生态圈，缩减中间承运环节，为货主节约最高 24 元/吨的物流运输成本，为承运司机减少上百元的额外支出，整体上降低了集疏港物流成本。

二是集成数字化港口资源，实现港口工厂信息联通。曹妃甸港智能网络货运平台依托曹妃甸港口资源，快速整合人、车、货、码头、货场、内陆港以及预约集疏港系统等资源，打造基础货源池、优质运力池、金融资金池、港口信息池和配套服务池五池联动，实现线下资源为线上平台提供稳定的货源和运力，线上平台为线下物流提供管理手段和数据支撑，为货主、物流公司、车队等提供运力共享、智能调度、业务全程可视化管理、对账结算、税务管理等服务，实现集疏港业务的标准化、透明化和智能化，为货主企业降本增效，为物流企业赋能。

三是实现智能运力系统，推动港口物流一体化升级。整合运力智能拼配，服务货主企业超过 100 家，对接社会零散运力 6 万多台，平均配货等待时间由 1—3 天降至 1—2 个小时，日均发车量 4 000—5 000 辆，日均最大货运力达 10 万吨，整体完成运费交易 14 亿元，承运货物 4 000 多吨。通过运力数据的分析及拼配，打通货主与运输车辆的联系，实现信息互联互通、数据实时共享，推动运力全程监管、业务动态管控、财务结算透明的物流系统一体化升级。

四是形成区域物流联动，提升曹妃甸物流产业影响力。智能网络货运平台打通了曹妃甸港至内蒙古包头和鄂尔多斯、宁夏石嘴山、山西原平和吕梁等地区的物流大通道，实现区域物流联动，其中曹妃甸港至包头的公路运输市场占有率超过 90%，提升了曹妃甸物流产业的全国影响力。

下一步工作思路：

一是打造规范化、数字化港口物流生态圈。通过建立服务标准，设定服务质量评估体系，推动服务流程和收费规范化，提升服务效率，升级服务质量，进一步提升港口综合竞争力。

二是围绕港口集疏业务进行平台 2.0 升级。曹妃甸港智能网络货运平台重点建设上线物流大数据收集分析系统、基于车联网设备智能货运安全管理系统、港口智能调度集疏运系统、智慧工厂大宗物料管理系统等平台服务系统，力争为片区港口发展提供更大的支撑能力。

三是加速落地“司机之家”人员关怀计划。围绕服务民生实事，在高速服务区、物流园区建立“司机之家”，为货车司机提供餐饮、淋浴、洗衣间、爱心药箱、维修、保险等综合服务。

四是探索建设平台信用数据投影管理机制。与金融平台、银行合作共同探索制定数据投影标准，将中小物流公司、司机的运力、订单、效益数据投影成信用数据，形成数据授信机制。利用互联网和大数据的深度介入解决资金问题，为中小企业融资注入“活水”。

案例 2：“区块链+仓单质押”供应链金融新模式

中国（河北）自由贸易试验区曹妃甸片区创新供应链金融模式，提升政府治理能力和服务水平，打造高质量发展样板。唐山曹妃甸矿联网网络科技有限公司基于区块链技术，首创了煤炭交易供应链金融服务平台，形成了“区块链+仓单质押”的新型供应链金融模式，将传统的商品流通现货转化为安全高效且具备良好流动性的数字资产，构建了以数字仓单为载体的可信资产体系和线上质押融资业务新模式，为中小微企业拓宽了融资渠道，解决了融资难、成本高、融资慢的问题，促进了港口业务发展。

主要做法：

一是首创基于区块链技术的可信类标准仓单。依据国际“标准仓单”建立煤炭交易环节中平台、买方、卖方以及金融机构等普遍认可的“类标准仓单”，制定行业标准，形成行业各方认可的定价及交易机制，连通政府、港口、银行、企业等多个节点，形成协同互信机制，在全国范围内率先开展面向煤炭交易行业、以散户为主的中小微企业融资业务以及远期线上交易业务。

二是搭建稳定安全高效的互联网架构平台系统。在明确业务流程的前提下，综合多方市场主体意见，通过与国内外优秀的系统开发团队合作，搭建稳定、可靠、安全的平台系统，开发合理的网页、应用、掌上客户端，确保“区块链+仓单质押”新型供应链金融模式的良好运行，借助网络实现买卖双方客户、物流监管方、银行等主体间的线上信息传递及质押贷款相关操作。

三是构建线上线下结合的双重风险防控体系。平台运行按照“先线下、后线上”的思路，线上运营主要依托区块链“去中心化、多点询证”的特点，降低产品线上运营管理风险，线下注重人为风险管理，对各环节可能存在的风险认真梳理，明确各主要风险控制点，并制定各岗位职责与风险防控措施，建立可靠的内控风险机制。

实践效果：

一是打造安全平台，保障供应链金融安全。利用区块链技术不可篡改、可溯源的优势，电子仓单结合区块链信息记录的形式消除了传统纸质仓单重复质押风险，实现数字仓单与仓储货物的严格对应，保证“一仓一单”“物变单变”的唯一性和灵活性。物联网技术与智能监控的布局实现了对质押物状态的全程实时把控，尤其是将物流变动信息、出入库信息、质押物数量状态等信息记录上链，保证资金端对质押物的监管权，降低仓储物流公司舞弊或监管不力的风险。完善供应链风险管控体系，采用机采人采双重监管体系，设计货物价格平仓线、预警线、警戒线三重风险防控机制，降低供应链质押货物的风险指数。

二是服务中小微企业，实现秒质押、秒融资。通过为链上传统煤炭质押物建立类标准仓单，开展评级、授信和融资，实现了中小微企业最高授信3 000万元、大型企业最高授信1亿元、平台总授信金额3亿元，解决了传统煤炭企业融资难题。降低了企业融资成本，由市场平均年化利率12%—15%降至了平均4.15%，减少了约8个百分点的融资成本，切实减轻了企业负担。减少融资等待时间，融资时间由原来的2天缩短至36秒，基本实现了秒质押、秒融资，提升了供应链服务效率，满足企业时效性需求。

三是整合多元化资源，建设供应链征信生态。在“区块链+仓单质押”新型供应链金融模式下，供应链信息流通盘活，资源开放共享，物流、商流、信息流、资金流四流合一。随着平台规模化发展，可引入保险资源、资金资源、客户资源，吸引更多各个节点的用户。根据平台收集的融资企业业务来往资料和在平台完成交易的历史信息，构建评价体系，为供应链金融服务作出贡献。

四是完善业务模式，助力港口产业融合发展。截至目前，链上企业已有4家，已经完成11笔仓单质押，放款金额达2 580万元。通过“区块链+仓单质押”供应链金融模式解决了中小微企业的融资问题，促进了港口业务量的增长。

下一步工作思路：

一是提升参与主体的协同互信。“区块链+仓单质押”新型供应链金融模式，需要核心企业确认融资企业的业务往来，并与资金端协商约定质押物的退出渠道。因此平台系统在布局区块链供应链金融业务时，需进一步考虑各利益相关方的协同互信程度，确保链上各业务操作环节实现良好运转。

二是扩展供应链金融模式应用。完善供应链金融模式的合作机制和风险机制，扩大服务的行业范围，实现从煤炭交易行业到铁矿石、钢材等行业的扩展，促进链条横向广度发展。

三是加强多元化市场主体参与。积极加强与平台项目潜在客户的接洽，尤其是更多产业链条核心企业，通过核心企业积累的上下游企业贸易往来信息和数据，促进链条纵向深度发展。

四是探索跨区域业务联动发展。进一步打破仓库区位的物理空间限制，开展跨区域业务活动，推动与其他港口或地区联动，复制推广“区块链+仓单质押”新型供应链金融模式。

案例3：“多测合一”工程建设领域测绘服务管理模式

“多测合一”作为落成工程建设项目审批制度改革的重要手段，是深化建设项目行政审批制度改革、打破行业垄断、提升服务效率、激发市场活力和社会创造力的一项重要举措。中国（河北）自由贸易试验区雄安片区从制度化、标准化、信息化全方位推行“多测合一”，通过建立1套体系、建设1个系统、实现4个统一，即建立“多测合一”制度体系。通过建设“多测合一”信息管理系统，实现测绘服务事项统一管理、测绘过程统一规程、测绘数据统一标准、成果共享统一平台等4个统一，构建涵盖全生命周期的“多测合一”工程建设测绘服务领域创新管理模式。

主要做法：

一是标准化、信息化全方位“多测合一”。建立层级分明、健全完备的“多测合一”制度体系，编制工作办法、实施细则等文件。建立“多测合一”标准规范体系，统一技术规程、成果报告和数据标准。建设“多测合一”信息管理系统，实现“多测合一”成果汇交、管理维护、共享应用以及全过程业务管理。

二是推行工程类型、项目阶段、测绘事项“全覆盖”服务。充分发挥雄安新区大部制扁平化管理模式的优势，积极开展先行先试，坚定不移推进工程建设项目各类型、各阶段和测绘服务事项“全覆盖”的“多测合一”模式，既有利于弥补新区当前机构人员不足的缺陷，又能更好地实现整合资源、提高效率的改革创新目标。

三是推行市场化为主、政府公益为辅的双结合管理。工程建设项目涉及的“多测合一”测绘服务事项中，主体部分实施市场化，由建设单位出资自行组织实施，政府通过项目成果抽检等方式加强事中事后监；基础性、公益性和先行性的测绘服务事项由政府出资组织开展，纳入开发成本。

实践效果：

一是保障了工程质量。通过“多测合一”覆盖建设项目审批全流程涉及的测绘事项，为项目提供第三方服务，强化了工程建设项目过程监管（尤其是竣工联合验收），为规划建设BIM管理平台审校提供数据基础，保障了工程建设项目质量安全。

二是提高了测绘成果使用率。统一基础测绘和“多测合一”数据标准，建设信息管理系统，打破信息孤岛，实现各部门测量成果数据共享，实现了依托项目驱动基础地理信息数据底板的动态更新。

三是压缩了测绘时限。通过对同一工程建设项目各个阶段的多项测绘服务事项进行整合优化，缩短了测绘项目办理时间。以房建项目竣工验收阶段为例，预计测绘总时限从60多个工作日压减一半以上，缩减至12—30天，有力加快了工程建设项目推进效率。

四是优化了营商环境。通过清理、取消限制性保护措施，具备相应测绘资质的单位均可进入“多测合一”市场开展业务，构建开放且公平竞争的测绘市场环境。通过加强信用管理，营造更加规范健康有序、服务优质高效的营商环境，让发生过不良行为、信誉不好的测绘单位在市场中受限，为规范经营、注重质量的单位创造更好的经营环境。

下一步工作思路：

一是加快“多测合一”落地实践。通过更广泛、更全面的工程建设实践促进“多测合一”制度体系、标准规范、信息化系统全面落地，并根据实践经验及时总结，同步深化完善全系列制度规范，有效实现4个统一。

二是拓宽“多测合一”成果利用面。“多测合一”成果是工程建设项目审批工作的重要数据依据，在房屋建筑工程竣工验收、产权登记中具有权威性。通过提升成果法定性、强化测绘单位质量责任，推进各类型项目、全过程阶段的“多测合一”成果在部门间共享互认，丰富数据底板。

三是加强对外交流和合作创新。雄安新区“多测合一”在全国范围内具有突破性创新，同时也可能存在思考不全面、举措不完备的问题，需要加强对外沟通交流，促成更大范围的共识，凝聚更多的创新合作。

案例4：商事纠纷“调解+”新模式

随着经贸交流活动日益频繁，商事领域纠纷频发，低成本、高效率地解决商事纠纷争议，营造法治化、国际化、便利化营商环境具有十分重要的现实意义。中国（河北）自由贸易试验区正定片区（以下简称正定片区）着眼于推进国家治理体系和治理能力现代化，健全完善多元化商事纠纷解决机制，主动与法律服务机构以及审判、仲裁等机构协作，打造商事纠纷协调处理综合服务平台，探索商事纠纷“调解+”新模式，创新“六对接”工作机制，运用数字化技术，提高商事纠纷解决效率，降低市场主体商事纠纷解决成本，营造对标国际的一流营商环境。

主要做法：

一是搭建商事纠纷调解综合服务平台，推动商事纠纷多元化解决机制变革。与司法部门、审判机关共同构建市场主体商事纠纷综合服务平台，整合市、县两级法律服务资源，建立定期沟通协调机制，对商事纠纷实行调解先行、诉讼兜底的化解模式，同时加强与北京融商一带一路法律与商事服务中心合作，设立全省首家“一带一路”国际商事调解中心中国（河北）自由贸易试验区正定片区调解室，探索既有中国特色又与国际接轨的商事纠纷调解规则、制度体系与运行方式，推动多元化纠纷解决机制变革。

二是创新运用“六对接”工作机制，提高国际商事纠纷解决效率。正定片区调解室制定《一带一路国际商事调解规则》，针对商事纠纷特点，综合平衡纠纷各方诉求，提出符合实际的解决方案。在此基础上，综合运用调解与诉讼对接、调解与仲裁对接、调解与公证对接，突出调解的基础性功能，避免激化矛盾，减少对抗；同时强化线上与线下对接、国内与国外对接、官方与民间对接，运用互联网技术帮助调解员和当事人高效便捷地解决纠纷。

三是综合运用在线调解系统，对案源信息实行全流程跟踪服务。正定片区调解室借助“一带一路服务机制全球共享平台”开发在线调解系统，制定《调解员行为规范》和《收费管理办法》等，构建纠纷解决在线申请、调解员随机确定、调解过程全程可溯、调解文书在线生成等互联网技术支持模式，将调解规则引导、纠纷案例学习、调解资源整合、远程调解、诉调对接等多项在线解决纠纷功能融于一体，搭建纵向贯通、横向集成、共享共用的在线纠纷调解系统。正定片区调解室与服务平台对接，并引入服务平台案源，对案源信息进行初审并进行全流程跟踪，调解结束后对调解资料进行归档备案，调解结果与仲裁机关、审判机关互认。

实践效果：

一是市场主体商事纠纷调解便捷高效。通过综合服务平台，为市场主体提供调解申请提交、调解确认书提交、授权委托书提交以及司法确认等全流程服务，实现企业之间、企业与个人等纠纷解决一站式办理，让企业“少跑腿”，纠纷调解全程时间大大缩短。同时，调解室全程跟踪服务，尽可能化解矛盾，减少企业因纠纷而产生的诉讼行为。

二是商事纠纷调解国际化程度明显提高。一带一路国际商事调解中心在全球选聘368位调解员，可以在全球60多个国家170个城市开展调解工作。正定片区调解室选聘的23位调解员依托“一带一路”综合性全球专业服务支撑体系，积极与一带一路国际商事调解中心在全球选聘的调解员开展合作，对接不同国别法律法规，为市场主体解决国际商事纠纷提供专业服务，国际商事纠纷调解结案成功率达到58%；为10余家市场主体开展境内外投资贸易提供法律、金融、财务、税务、环境、行业与政策咨询等专业咨询，协助企业积极开拓国际市场。

三是优化营商环境，加速市场主体向区内聚集。通过搭建商事纠纷调解综合服务平台，为市场主体提供保密、灵活和高效的商事纠纷解决机制，持续提升正定片区商事服务水平，不断优化正定片区营商环境，吸引更多区外企业加速向正定片区聚集。正定片区挂牌以来，累计新增境内外贸易、投资市场主体918家。

下一步工作思路：

一是加强各关联机构作业能力。进一步加强与市、县两级有关部门和机构的沟通联系，加强商事调解综合服务平台与人民法院以及公证机关的对接，不断提升商事诉调等纠纷解决能力。积极拓展正定片区调解室的业务功能和业务范围，为更大范围的市场主体提供综合性服务。

二是开发更多线上线下融合业务功能。持续提升正定片区调解室的服务水平，优化业务办理流程，探索建立集诉调纠纷、法律咨询、金融服务等多元化的综合性服务平台，实现线上线下的高度融合，为市场主体提供专业化、立体式的全方位服务。搭建诉讼、调解、仲裁有机衔接的“一站式”商事纠纷多元化解决平台。

三是进一步加大宣传力度。通过召开宣传会议、组织座谈交流以及媒体宣传等方式对商事纠纷综合服务平台和正定片区调解室进行多渠道、多形式的广泛宣传，宣传推广调解理念，让更多市场主体了解服务平台和调解室，为市场主体提供更优质便利的商事纠纷解决方案。

案例 5：“2+2+1”海域使用权审批新模式

中国（河北）自由贸易试验区曹妃甸片区（以下简称曹妃甸片区）加快政府职能转变，积极推进片区内涉及海域使用权的存量土地审批便利化，通过争取省级海域使用权限下放，创新开辟片区申报专用通道，曹妃甸片区海域使用权审批实现“两个缩减、两个优化、一个提升”，即审批全流程环节和审批时间明显缩减，审批流程和营商环境明显优化，片区建设项目落地速度明显提升。

主要做法：

一是减少海域使用权审批环节。省自然资源厅将海域使用权审核委托下放至曹妃甸片区后，由曹妃甸片区办理海域使用权相关业务，免除原有流程中省自然资源厅、唐山市自然资源与规划局等多个行政部门的审批环节，加速审批效率，优化审批流程，加快项目落地建设速度。

二是开辟海域使用权专用通道。唐山市政府召开专项工作会议推进落实曹妃甸片区承接海域使用权审批工作，提供配套审批机制，开辟海域使用权申报专用通道。曹妃甸片区市政府公文申报时，可使用专用文号向省政府直接行文，大大缩短了审核申报的等待时间，确保审核工作连续、衔接顺畅。

三是明确标准化和规范化审批。按照国家推进审批服务标准化的有关要求，科学细化量化审批服务标准。曹妃甸片区编制海域使用权审批标准化工作规程和办事指南，推动海域使用权审批流程规范化运行，提升企业政务服务体验，优化政务服务工作。

实践效果：

一是行政审批流程明显精简。海域使用权审批权限下放后，曹妃甸片区范围内海域使用权审批全流程办事环节得到优化，审批流程由原来的 16 个精简为现在的 5 个，提高了审批效能。

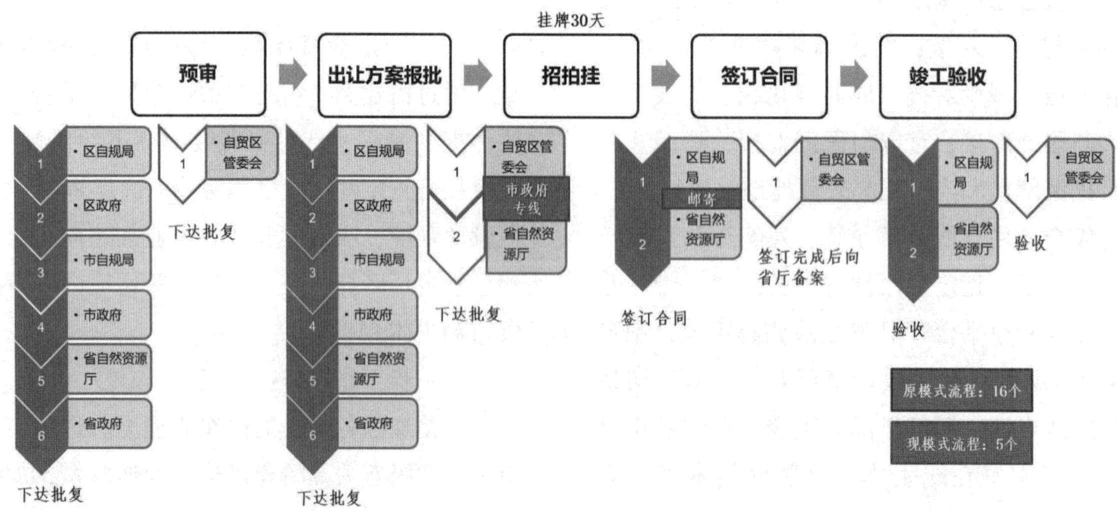

二是行政审批效能明显提升。通过海域使用权下放，招拍挂出让海域时限由原来的179个工作日减少到114个工作日，审批时间缩短了65个工作日；项目用海审批时限由原来的140个工作日减少到73个工作日，审批时间缩短67个工作日，整体海域使用权审批时长明显缩短。

三是项目落地速度明显加快。审批时限的压缩加快了曹妃甸片区新引入项目落地开工建设的步伐，项目落地建设效率得到明显提升。截至2021年8月，片区管委会已完成6宗海域使用权的审核，面积共为91.22公顷，涉及4个工业项目和2个道路项目，项目总投资额达57.18亿元。

下一步工作思路：

一是积极向省政府申请海域使用权向区外延伸。进一步扩大片区管委会海域使用审批权限，扩展应用范围至曹妃甸区涉及海域使用权的土地存量资源，进一步提升曹妃甸区整体海域建设开发审批效率，提升企业活力。

二是确保海域使用权审批制度下放的有效推行。做好督导及上传下达等服务工作。由行政审批局、自然资源规划局等区级承接单位按照省、市有关要求，成立专项小组，明确专职工作人员，做好省市两级管理权限下放的承接、自贸试验区审批业务的受理和初审等工作，全力打造精简高效的政务生态。

三是加大海域使用权审批制度下放的创新力度。以实际用海项目的审批便捷性为核心，紧盯项目的实际需求，探索海域使用权审批制度的区域评估。持续创新审批流程，进一步提高审批效率，提升审批服务水平，优化片区营商环境。

案例6：试行海事政务办理告知承诺制

中国（河北）自由贸易试验区曹妃甸片区持续深化“放管服”改革，进一步“减证便民”，服务曹妃甸港世界一流综合贸易大港建设。曹妃甸海事局创新试行海事政务办理告知承诺制实现适用依据“标准化”申请流程“规范化”、申请环节“高效化”、审批服务“便利化”，减轻了企业和群众负担，优化了海事政务服务环境。

主要做法：

一是清单全覆盖管理，实现适用依据“标准化”。曹妃甸片区主动探索告知承诺制在海事政务的应用，对海事政务事项进行“颗粒化”拆分，明确告知承诺事项使用范围及相关申请材料，编制《曹妃甸海事局告知承诺事项清单》，通过《曹妃甸海事局试行政务办理告知承诺服务的通告》对外公布。结合业务实际对清单进行动态调整，实时更新，使办事群众能直接判断自身业务是否符合条件，提升申请效能。

二是业务系统化办理，实现申请流程“规范化”。《曹妃甸海事局试行政务办理告知承诺服务的通告》明确告知整体流程，规范“填写告知承诺书—提出业务申请—办理结果与告知的办理流程”，并在每一步流程中明确指出单一流程中的不同现实情景下对应的具体操作方式，便于行政相对人采取对应措施。同时，实时更新流程动态，确保办理工作公开化、透明化。

三是材料精简化要求，实现申请环节“高效化”。曹妃甸海事局在办理曹妃甸片区的有关行政许可、行政确认、行政备案等事项时，以书面（含电子文本）形式将法律法规中规定的证明义务和证明内容一次性告知申请人，需要提交的证明原件（包括自然人身份证和公司营业执照、由行政机关或其他机构出具的批准、培训合格、检验合格等有关材料等），申请人书面（含电子文本）承诺已经符合告知的条件、标准、要求，愿意承担不实承诺的法律责任，不再索要有关证明而依据书面（含电子文本）承诺办理相关事项。

四是申请双平台办理，实现审批服务“便利化”。申请人可通过河北海事局门户网站、“翼”手帮办微信群下载，或者通过曹妃甸海事局政务中心窗口领取告知承诺书格式文本；申请人可以通过线上和现场两种方式便捷申请，线上申请通过交通运输部海事局海事一网通办平台或海事综合服务平台递交，现场申请通过办理业务的海事政务窗口递交，从而方便行政相对人，保障服务满意度。

实践效果：

一是简化了提交材料，减轻了办事负担。海事政务办理证明事项告知承诺服务涵盖通航管理、船舶管理、船员管理等领域涉及 25 项政务事项，44 项申请材料，可以通过承诺替代部分申请材料或免除原件核验，行政相对人只需签订《告知承诺书》，承诺提供的材料真实有效，即可不用提交原件，切实为企业和群众减负。

二是精简了办事流程，提高了行政效率。通过规范化实施告知承诺制，企业群众办事往返次数明显减少，申请材料数量缩减 50%以上，船舶办证时间缩短 60%以上。在“最多跑一次”清单的基础上升级推出“一次不用跑”清单，通过线上办理可实现 30 项业务一次办好，精简人力资源近 60%，节省办事成本近 50%。

三是方便了行政相对人，提升了行政满意度。通过告知承诺制，减少行政相对人开证明、交材料的烦琐环节，避免忘带或者漏带材料导致的“折返跑”问题，提交《告知承诺书》即可替代部分申请材料或免于原件核验，用材料的减法换取服务的加法，真正达到减证便民的目标，提高了获得感，优化了营商环境。

下一步工作思路：

一是扩展告知承诺应用领域，进一步提升服务能力。积极开展海事行政审批业务告知承诺制可行性分析，纳入更多政务事项和申请材料，进一步扩大告知承诺制覆盖范围，提高海事行政审批满意度。

二是探索负面清单体制改革，进一步加强监管水平。改变“重审批、轻监管”做法，按照“谁审批、谁负责、谁监管”的原则，加强事中事后监管，建立常态化抽查体系，制定海事行政审批业务告知承诺制负面清单，对告知承诺制失信企业，采取 2 年内不再适用于告知承诺制的惩罚措施，确保海事监管不失位、不缺位，为片区提供良好的市场营商环境，提高行政审批效率。

三是优化告知承诺办理流程，进一步提升办事效能。针对企业和群众办事的真实需求和痛难点，充分利用政务“一网通办”机制，不断优化告知承诺制的申请办理流程，完善操作程序，持续提高行政审批效率，提升政务服务体验。

案例 7：海事船检“协同办证”新模式

中国（河北）自由贸易试验区曹妃甸片区促进船舶登记与检验由“分头办”向“协同办”转变，全力推进港航服务行政审批系统化集成式改革，以更便捷、更高效的服务，促进航运经济健康发展。曹妃甸海事局与中国船级社秦皇岛分社推行了信息共享平台下的容缺预审、同步受理、联合出证，落实了船舶所有权登记证书、船舶检验证书等 5 大类共 7 本证书同时办理，首次实现河北辖区海事、船检协同办证，简化了办证程序，提高了审批效率，更好地服务航运业发展。

主要做法：

一是构建信息共享平台，实施同步受理。曹妃甸海事局与中国船级社秦皇岛分社签订联办协议，通过信息共享平台共享船舶信息，实现海事部门与船检部门跨部门信息互联互通，实施协同办证同步受理。海事在受理船舶办证业务以后，即通知相关船检机构。从而实现海事在受理办证的同时，船检即可开展船舶检验业务，将海事部门和船检部门办理船舶登记证书、检验证书按顺序申请的串联模式改为并联模式，大幅提升船舶办证效率。

二是优化行政审批方式，实施容缺预审。航运企业在办理船舶登记证书、船舶检验证书时，实施容缺预审模式，在提交的相关证书材料不全的情况下，对其能够提供的证书进行预审，待航运企业拿到缺少的证书后，两家单位均可第一时间对船舶进行发证。

三是加强部门互通联动，实施联合出证。海事和船检机构在办理完所有船舶登记所需的证书后，两家单位联合，一次性将全套船舶证书交给航运企业，减少企业取证跑的次数，为企业节约人力和物力成本。

四是创新证书办理机制，实施并联办理。建立船舶证书“N合1”办理模式，实施船舶所有权证书、国籍证书、最低安全配员证书、油污保险证书等相关多个船舶证书并联办理，实现一次申请，一站式办结，缩短船舶办证时间。

实践效果：

一是大幅缩短企业跑办距离，增强了企业获得感。通过协同办证，实现海事与船检跨部门的联动，多个船舶证书一次申请、并联办理后联合出证，减少航运企业办事往返次数，实现多重船舶证书核发及船舶检验“最多跑一次”，释放了海事船检改革红利，提升了企业满意度。

二是持续压缩船舶办证时间，提升了政务服务效能。通过容缺受理、协同办证，实现海事与船检跨部门对企业提供的证书进行预审，以及船舶所有权登记证书、船舶检验证书等5大类共7本证书同时办理、同步审查，最终联合出证，大幅压缩了船舶办证时间，办结时限缩短超50%，提高了办结效率，使航运公司船舶能够尽早运营，为航运企业创造了时间效益。

三是促进企业办证便利化，助推了航运企业聚集。通过实现协同办证，船舶登记、办证更加方便快捷，营商环境得到优化，曹妃甸片区对航运公司、船舶入籍的吸引力得到提升。协同办证实施以来，成功吸引8个港航企业项目签约，实现落籍船舶20艘，增加运力500万吨，预计年营业额达6亿元。

下一步工作思路：

一是持续深化海事与中国船级社的合作。加强海事与中国船级社的交流合作，签订海事与中国船级社全方位合作共建协议，定期组织海事工作人员、验船师等深入开展业务交流活动，开展课题研究、专题讲座、技术培训、实习参观等，进一步提升海事作为主管机关的船舶管理水平，维护CCS级船舶的质量信誉。

二是全面拓展海事与其他船检机构的合作。当前，海事仅与中国船级社签订了协同办证协议，部分船舶办证还不能体验协同办证带来的便捷。下一步海事将与更多船检机构进行沟通协调，并签署协同办证协议，最终实现协同办证模式能够覆盖片区内所有船舶登记和证书办理业务。

三是积极推动航运“企业一件事”改革。实行交通港航业务同办，将船舶从建造到投入运行所需要办理与船舶登记相关的海事政务事项作为“一件事”，减环节、减材料、减时限，实行“一窗受理、协同审批、无缝衔接、全程服务”的办理模式。船舶登记行政相对人可选择曹妃甸片区海事部门任一政务窗口提交船舶登记申请，实现办事人“只进一扇门、办好所有事”，“一站式”完成所有海事政务服务事项。

案例8：“照单点菜”放权新机制

根据《中国（河北）自由贸易试验区总体方案》要求，省政务服务办以河北自贸试验区建设发展的放权需求为导向，聚焦各片区产业发展重点，坚持“因区施策、一区一策”，创新省级“端菜”和片区“点菜”放权机制，加快推进向各片区定向精准下放省级经济管理权限，实现放得准、用得上、办得快，进一步降低市场准入门槛，助力自贸试验区高质量发展。

主要做法：

为解决以往普惠性放权过程中“僵尸”事项居多，下放事项办不了等问题，省政务服务办把握住制度创新的主动权，摒弃以往“大水漫灌”式放权，探索创新“照单点菜”放权机制，推动向自贸试验区定向精准放权，做到放权“有效”、基层“解渴”。

一是因区施策，量身定制放权事项清单。省政务服务办组织省有关部门靠前服务、主动对接，组织放权对接会，向河北自贸试验区亮出所有“省级事项清单”。河北自贸试验区各片区围绕各自功能定位、产业发展重点以及实际承接能力，“照单点菜”，重点锁定一批规划建设亟需且有利于发挥就近管理优势的事项，打造下放事项“定制”清单，做到“应放尽放”。例如：雄安片区重点下放新一代信息技术、高端现代服务业等方面的事项；正定片区重点下放生物医药、国际物流等方面的事项；曹妃甸片区重点下放国际大宗商品贸易、港航服务等方面的事项；大兴片区重点下放航空物流、航空科技等方面的事项。

二是坚持依法放权，加快省级事权落地实施。放权工作中，坚持改革与法治相统一、相配套，对法律法规没有明确规定必须由省级实施的事项，直接下放；对法律法规明确行使层级为省级的行政许可事项，严格要求以委托的方式进行下放，既坚持了改革目标导向，又确保放权工作合法合规。事项下放后，指导自贸试验区各片区严格《河北省政务服务事项清单管理办法》，建立清单管理和动态调整制度；积极对接省有关部门，签订委托协议书，开通审批权限账号，参加业务培训，承接全部下放事项，已开展相关审批工作。截至目前，共向河北自贸试验区下放省级行政许可 195 项，其中，向雄安片区下放 5 项、正定片区 58 项、曹妃甸片区 88 项、大兴机场片区 44 项。

三是坚持权责一致，强化事中事后监管。按照“谁审批、谁负责，谁主管、谁监管”的原则，强化行业主管部门下放行政许可事项后的监管职责，落实监管责任。对每一项下放事项，采取“面对面”“点对点”方式，广泛征求省直部门放权意见，在充分考虑各片区承接能力的基础上，由下放部门严密制定事中事后监管措施，强化监管与放权无缝衔接，提升监管效能，确保放而不乱、管而有序。同时，河北自贸试验区严格落实属地监管责任，健全监管规则和标准，打造宽进严管、公平公正、包容审慎的监管模式。

实践效果：

一是提升了企业办事的便利度。以“照单点菜”方式向各片区管委会下放首批 195 项省级经济管理权限，实现了企业“园区事区内办”，提升了入园企业的满意度，最大限度激发了创新创业活力，持续优化了营商环境。

二是提高了行政审批服务效率。各片区承接省级下放事项后，重塑审批流程，精简审批环节，压缩审批时限，审批效能大幅提升。例如：在曹妃甸片区范围内海域使用权审批全流程环节减少 9 个，招拍挂类项目出让海域使用权全流程时限由原来的 306 日减少到 103 日，缩短了 203 日。

下一步工作思路：

一是持续精准定向放权。持续深化简政放权，定期对接河北自贸试验区放权需求，坚持按需放权原则，不断优化“照单点菜”精准放权机制，提升放权的含金量和精准度，做到片区有所需、省级有所应。

二是规范简政放权程序。贯彻落实行政许可事项委托下放实施办法，明确省级清单管理机构审核、省司法厅合法性审查要求，强化省级下放、片区承接的有效衔接，全流程规范简政放权程序，做到严格放权、依法放权。

三是推动审批流程再造。指导河北自贸试验区做好下放事权的承接工作，精简审批环节，压缩审批时间，提升审批效率，提供更加优质的政务服务，为市场主体带来更好的政务服务体验。

案例 9：探索“光伏发电+碳排放交易”绿色发展新模式

中国（河北）自由贸易试验区雄安片区坚持生态优先、绿色先行的发展理念，以蓝绿为底色创新“光伏发电+碳排放交易”的绿色发展新模式，推动区内国网雄安综合能源服务有限公司主动对接国际可再生能源机构，融入国际绿色发展体系，将雄安站屋顶光伏项目产生的 67.5 万千瓦时绿色清洁电力形成的碳排放价值转化为可进行交易的国际可再生能源证书（International Renewable Energy Certification，I-REC，以下简称“国际绿证”），再利用“国际绿证”与国外公司进行绿色交易，跨出了雄安新区能源交易领域的第一步，为雄安新区打造新能源为主体的新型电力系统提供了典型示范。

主要做法：

一是“自发自用、余电上网”的清洁能源体系。充分利用雄安站屋顶大面积光照区域，在屋顶两侧铺设 1.77 万块、共计 4.2 万平方米的多晶硅光伏组件，总装机容量达 5.97 兆瓦，每年可为雄安高铁站提供580万千瓦时清洁电力供应，可供雄安站日常照明、办公使用。清洁电力结余部分由国网河北电力有限公司雄安新区供电公司统一收购，并将形成的碳排放价值转化为“国际绿证”。

二是深挖“国际绿证”在碳排放交易中的商业价值。“国际绿证”是一种国际认可的、用清洁电子换取的证书，同时也是一种环境权益凭证，用于记录和声明企业使用的是可再生能源。利用这一特殊属性，国网雄安综合能源服务有限公司将产生的“国际绿证”销往国际碳排放企业，用于抵消其电力消费导致的直接碳排放。

三是打通全链条碳资产管理商业模式。深入对接国际可再生能源机构，注册“国际绿证”账户，项目审核通过后获得签发的“国际绿证”，经第三方中介公司销往有需求的碳排放企业，打通了项目申请、注册、审核以及签发等全链条碳资产管理商业模式。

实践效果：

一是推动了绿色低碳发展。自 2020 年 12 月 25 日光伏发电项目正式并网发电，项目已平稳运行 200 多天，在实现经济效益的同时，年节约标准煤 1 800 吨，减少二氧化碳排放 4 500 吨，相当于植树 12 公顷，实现了绿色低碳、高质量发展。

二是实现了清洁能源的“绿色”价值化。将清洁电力所减少的碳排放量具化为看得见、摸的着、可交易、国际认可的“国际绿证”，量化了清洁电力的“绿色价值”。2021 年 1 月至 5 月产生的上网电量 67.5 万千瓦时共获得 675 张“国际绿证”，7 月被澳大利亚 YNIWM 公司收购用于自身碳中和，得到了相应协议外汇金额。

三是积累了可再生能源交易的经验。通过打通全链条碳资产管理商业模式，在绿证强制配额交易积累证书核发、交易组织、资金监管等工作经验，为未来可再生能源强制配额交易打下了坚实基础。

下一步工作思路：

一是高起点推进碳资产管理体系建设。充分发挥电力的基础性和先导性作用，整合业内优势渠道商，构建电—碳市场，为广大企业提供“私人订制”的碳资产全流程服务，实现碳资产供需双方精准匹配和交易。

二是高水平推进碳资产管理团队培训。分期分批组织有关公司派员参加碳资产管理员、能源审计、节能评估、碳环评、碳交易核查员等培训，系统跟进了解碳市场改革的最新政策，掌握碳交易机制，积极参加雄安新区碳排放领域应对气候变化领域的课题研究，为开拓碳交易业务奠定基础。

三是高标准推进绿色低碳综合能源服务项目。把握雄安新区“新基建”重大战略机遇，全面发力园区循环化能源利用、整县光伏启动、建筑节能示范工程、绿色照明示范工程、公共建筑节能改造工程以及蓄能型集中供热供冷项目建设六大业务领域，开发项目增值碳资产，发挥引领和带动作用，助力雄安新区绿色低碳发展。

案例 10：创新绿色能源行业“母公司+子公司”联合租赁新模式

中国（河北）自由贸易试验区雄安片区（以下简称雄安片区）坚守服务北京非首都功能疏解和建设金融创新先行区的初心和使命，全面服务落地在雄安片区的央企，推动中国农业银行河北雄安分行联合农银金融租赁有限公司通过梳理绿色行业白名单、创新“母公司+子公司”联合租赁模式、充分防范事后风险，有效降低子公司融资成本，优化母公司资产结构，降低了第三方金融机构的融资风险。

主要做法：

一是梳理绿色行业准入白名单。雄安片区会同中国农业银行河北雄安分行对片区内企业进行梳理，按照有关文件要求，有针对性地梳理出中石化绿源地热能开发有限公司、中国船舶重工集团环境工程有限公司等一批白名单客户，为“母公司+子公司”联合租赁模式的先行先试创造了条件。

二是创新“母公司+子公司”联合租赁模式。以中石化绿源地热能开发有限公司的优质信用为依托，以其下属多家子公司的存量资产作为售后回租标的物，由子公司实际使用售后回租标的物，母公司实际承贷还贷，有效降低子公司贷款人信用风险。

三是强化以风险防控为重点的事后监管。融资投放后，继续跟踪服务企业，有效防范风险。通过定期和不定期现场检查，核实企业经营情况，并实施有针对性的差异化风险分析与监管，根据检查情况确定下一步资金投放和收回计划。

实践效果：

一是拓宽了企业融资途径。在原有信用条件下，企业仅能利用传统融资方式为银行项目和流动资金贷款，通过“母公司+子公司”联合租赁新模式，为其提供了新的融资渠道，一次性实现了9年期融资，减轻了企业偿债压力，帮助企业在经营淡季改善资产负债结构。

二是降低了企业融资成本。绿色能源行业“母公司+子公司”联合租赁新模式帮助企业节约至少200万的融资成本，低于企业同期贷款。

三是提升了金融机构的服务能力。通过引入融资租赁新模式，提高了金融机构的中间业务收入盈利能力，延长了融资链条，降低了资金成本，提高了服务实体经济的能力。

下一步工作思路：

一是梳理整合业务流程。以“优化业务流程、提高审批效率”为目标，对现有审批流程进行梳理整合，实现企业筛选准入、租赁公司确定、业务运放款并行开展，以点带面提高业务运作效率。

二是业务合作范围。在雄安新区推广此项创新模式，通过线上线下相结合的方式，筛选符合条件的目标企业，同时探索将出租人扩展到雄安新区内融资租赁公司，为更多的企业提供融资服务。

三是做好风险防控。持续加强业务培训，优化客户筛选和准入机制，进一步规范业务运作流程，严格控制业务运作过程中的各种风险。

案例11：创新数字人民币“数字+金融”多领域应用

中国（河北）自由贸易试验区雄安片区聚焦“数字+金融”模式，深入推进数字人民币试点，形成政府统筹、金融机构协同的试点推进机制和多应用场景、多技术融合的试点推进体系，实现央行数字人民币在财政管理、民生保障、公共服务、数字乡村建设等领域的应用，为加快数字城市建设、创新数字经济发展模式奠定了基础。

主要做法：

一是建立健全试点工作机制。自纳入全国首批数字人民币试点地区以来，雄安新区改革发展局会同人民银行石家庄中心支行组织协调各参研银行、第三方协议单位（银联商务、拉卡拉等）等多家金融机构协同推进，在广泛测试数字人民币各项基本功能的基础上，多区域、多场景推进试点工作。

二是积极拓展多领域应用场景。在民生消费领域，推动数字人民币与雄安新区特色相结合，率先在市民服务中心及建设者之家营地实现数字人民币落地应用，探索跨行受理、跨行代发、刷脸支付等功能。在公共服务领域，推动数字人民币与车联网等项目结合，探索智能充电桩自动结算、基于车载设备OBU（车载单元）的智慧停车场自动缴费、基于ETC与车牌智能识别的自动支付，实现“物物支付”。在绿色生活领域，面向公众举办“永远跟党走、绿色雄安行”数字人民币红包兑换活动，参与活动人数超过5万人，有效带动数字人民币支付业务快速增长。

三是不断探索多种支付方式。依托数字人民币双离线支付设计，探索建设支持双离线支付的硬件设施，实现“无网支付”。探索数字人民币与数字身份相结合，将数字身份作为个人信息交互地址和数字资产交易账号，实现“网络数字支付”。

实践效果：

一是试点推进迅速，实现了多场景有效应用。截至2021年6月末，雄安新区已打造11 536个数字人民币受理业务场景，累计开立对公钱包3万余个、个人钱包53万余个，累计实现交易近160万笔，交易金额达48.5亿元。

二是优化资金管理，实现了安全透明支付。借助数字人民币的可编程性，锁定资金的支付方向、内容和金额，实现资金发放的可溯源，保障了资金被支付方的权益，提高了政府在财政补贴、公共缴费、医保养老金等方面资金发放的安全性。

下一步工作思路：

一是强化试点工作制度保障。结合新区智能城市、数字城市顶层设计，制定印发《河北雄安新区深化数字人民币试点工作实施方案》，不断优化完善现有数字人民币应用场景和受理环境基础，并依托区块链、人工智能、大数据、物联网、数字身份等信息技术手段，进一步探索打造具有雄安特色的数字人民币试点。

二是多场景打造数字人民币支付体系。拓展财政资金支付场景，探索使用数字人民币发放公务员和企事业单位员工工资、补贴；拓展民生领域应用场景，推动数字人民币在医疗卫生、公共交通、学校、大型超市、酒店、智慧出行、无人售货以及水电煤气缴费等领域的使用；拓展项目建设领域应用场景，鼓励使用数字人民币支付项目工程款、工人工资、物业费、租金等；探索跨域贸易领域应用场景，着眼跨境贸易重点园区、重点企业和重点环节，积极开展跨境数字人民币应用研究。

三是多技术融合推动数字人民币支付落地。依托“建设项目区块链穿透支付”场景，叠加数字人民币支付功能，扩大工程项目款和工人工资发放规模。依托数字身份应用支撑平台在数字城市可信身份识别与认证、域内数据共享与流通等方面的功能，在国内率先落地“数字身份+数字人民币钱包”支付新模式。

案例12：基于智能风控的支付服务新模式

中国（河北）自由贸易试验区雄安片区围绕建设金融创新先行区，积极推进“监管沙盒”试点，大力开展金融科技创新，努力探索金融服务新模式，推动联通支付有限公司在依法合规前提下，充分利用用户和有关行业部门数据，结合分布式大数据处理引擎、大数据和光学字符识别技术（OCR）等技术构建大数据智能风控平台，为用户提供全流程安全支付服务，有效提升金融行业客户的抗风险能力，为金融行业发展降本增效。

主要做法：

一是聚焦多行业多维度整合数据源。联通支付有限公司依托联通集团的优势，在用户授权后，充分获取用户的个人数据、消费数据和支付数据，并联合公安、银联、运营商等相关部门，获得身份核验类数据，有效整合多维度、跨行业、全方位的数据源。

二是借助信息化数据化搭建智能平台。通过大数据、机器学习等技术对海量数据进行分析处理，提取有用特征并进行模型训练，分析欺诈行为规律，识别洗钱、欺诈等风险。通过分布式大数据处理引擎实时监测数亿笔交易和操作行为，实现用户支付场景下的风险动态甄别与拦截。

三是利用实时差别分类动态监测风险。在获取用户授权后，借助敏感数据标记化、数据建模等方式，在不归集、不共享原始数据前提下，依法合规对用户进行多维度的分析和识别，增强对用户的了解。在用户交易过程中，根据用户各类交易行为进行分值计算，对高风险客户采取拦截措施，对中风险客户采取短信验证、图像识别等验证手段，对低风险客户则直接通过。

实践效果：

一是防范金融风险，促进行业快速发展。通过多维度官方数据源及大数据智能风控平台，赋能金融行业，推动金融行业发展。近6个月来，该项目成交1 955万笔交易，交易金额达34亿元。

二是实现全流程安全支付，有效保障消费者利益。通过以毫秒级交易安全核验进行实时监测，智能风控系统发现疑似欺诈交易10余万笔，有效避免了用户被盗卡或被盗账户，为客户有效止损139.5万元，切实增强了用户使用资金和支付资金的安全性，保护了消费者的合法权益。

三是提高支付风控能力，“一站式”解决风控难题。数据风控系统简版1.0已上线试运行，OCR证件识别技术已用于自有支付业务及外部行业巨头客户的物联网场景，利用智能身份核验、智能开户身份识别、智能票据识别及智能车辆信息识别等四大功能为客户提供一站式、全流程服务。

下一步工作思路：

一是持续优化风险智能识别模型。不断积累误判案例，作为监督数据优化模型，利用人工智能技术分析交易风险、识别欺诈和虚假交易规律，提高模型泛化能力。在紧急情况下进行人工干预，及时协调处置用户投诉，化解误判风险。

二是加强数据生命周期安全管理。遵循“用户授权、最小够用、全程防护”原则，充分评估潜在风险，在数据获取、存储、使用时，通过对称加密、计算杂凑值、标记化等技术将原始信息进行脱敏，并与关联性较高的敏感信息进行安全隔离、分散存储，严控访问权限，严防用户数据的泄露、篡改和滥用。

三是进一步完善风险监控预警与处置。按照《金融科技创新风险监控规范》建立健全风险防控机制，把握创新应用风险态势，及时解决可能面临的网络攻击、业务连续性中断等风险，保障业务安全稳定运行，促进金融行业健康可持续发展。

案例13：创新优化国际贸易企业增授信流程

中国（河北）自由贸易试验区曹妃甸片区积极推进金融领域开放创新，以新发展理念引领金融服务实体经济，赋能国际贸易发展。中信银行曹妃甸支行推动上级分行及总行开展业务创新，通过优化片区企业授信路径、制定差异化授信标准、调整授权占用系数，实现企业授信审批流程简化，为国际贸易企业提供快速、优质的金融服务，切实提升金融服务自贸试验区实体经济的能力。

主要做法：

一是承接总行下放的综合授信审批权限。在风险可控的前提下，中信银行总行授予省级分行审批权限，对不能提供足值抵押物、注册在片区内的优质国际贸易企业的授信业务，可由省级分行进行审批。

二是建立授信业务绿色通道。在总行权限下放至省级分行的基础上，中信银行唐山分行与曹妃甸支行设立了河北自贸试验区企业授信审查绿色通道，再造“支行发起→唐山分行初审→省级分行审批”的审批流程，增设专人专岗，优先审批，即来即办，减少审批时间，提高审批效率。

三是调整授权占用系数。中信银行省级分行在总行赋予的权限范围内，综合评估宏观趋势、产业特点、行业风险等因素，制定差异化授信标准，对片区内优质国际贸易企业调整信用证审批授权占用系数，将即期信用证授信系数由 1 : 1 扩大到 1 : 5、远期信用证授信系数由 1 : 1 扩大到 1 : 2，提升了企业融资额度。

实践效果：

一是提升了片区国际贸易授信审批效率。通过建立审批绿色通道，企业授信审批时限由原来的 70 个工作日减少至 25 个工作日，解决了授信审批链条长、环节多的问题，加快了企业授信获批速度，提高了大宗商品贸易企业对于价格波动的应对能力。

二是增强了片区国际贸易企业融资能力。通过调整授权占用系数，片区内中国五矿集团（唐山曹妃甸）矿石控股有限公司即期信用证授信额度由 3 亿元扩大到 15 亿元，远期信用证授信额度由 3 亿元扩大到 6 亿元，为企业扩大业务范围、开拓国际市场提供了强有力的金融支持，增强了企业的核心竞争力。

下一步工作思路：

一是扩大差异化授权政策适用范围。进一步深入研究片区的战略性新兴产业、新型贸易业态和港口后服务业等领域的融资需求，扩大差异化授权政策的覆盖面，增强金融服务实体经济能力。

二是建立企业金融服务台账。梳理重点外贸企业名单，建立金融服务工作台账，动态跟踪企业融资需求，推动金融政策供给与企业融资需求精准对接。

案例 14：创新应用区块链技术打造科创服务新模式

中国（河北）自由贸易试验区雄安片区积极应用区块链技术提升政务服务水平，针对科创企业奖补政策分散、融资渠道不畅等困难，首创打造了基于区块链技术的科创服务平台，以各类支持政策串联企业数据，以企业数据匹配金融产品，搭建政府、企业和金融机构的可信桥梁，为企业提供从政策兑现到资金融通的“一站式”“保姆式”服务，积极吸引北京创新型、高成长性科技企业疏解转移，推动高端高新产业发展。

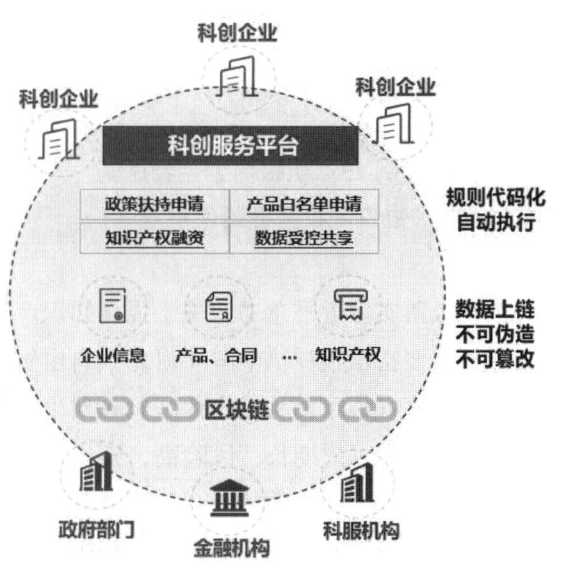

主要做法：

一是三方协同推进，打造共赢平台。科创服务平台建设采用政府统筹、银企共建的新模式，雄安新区管委会统筹建设、上线政策和提升服务，雄安新区智能城市创新联合会和有关金融机构搭建平台、提供技术支撑，科创企业建立账户、填报信息。对于企业合同、财务报表等敏感信息，通过企业密钥加密存储，在未经企业主动授权时，包括平台在内的任何第三方都无法获取，充分保障了数据安全。利用区块链技术，将政府奖补政策、企业数据、金融产品全部上链，搭建了三方可信共赢的平台。

二是再造政务流程，智能兑现政策。科创服务平台将国家级、省级、新区级、区县级有关部门出台的奖补政策统一归集到一个网络端口，逐项列出每一项奖补政策的申报对象、申报条件、申报材料、审批流程和兑现方式等，实现了奖补政策网上一站受理、全程不见面审批。在企业填报相关信息后，平台自动保留数据，并将企业数据、奖补政策参数结构化，利用大数据手段将政策和企业进行智能匹配，向满足政策条件的企业精准推送，变"企业找政策"为"政策找企业"，大幅提升了政务服务的水平和效率。

三是建立企业画像，畅通融资渠道。科创服务平台除为企业提供"一站式"奖补政策服务外，还为企业提供高效便捷的融资通道。在区块链技术的加持下，科创服务平台打通了政府部门之间的数据壁垒，串联了科创企业和科服机构的相关数据，企业可通过平台选择满足自身资金需求的金融产品和服务，金融机构可从平台获取企业的真实经营情况，有效解决了科创企业融资面临的信息不对称难题，推动企业以优质信用为依托，变数据为资源，变资源为资金。

实践效果：

一是奖补政策落地高效便捷。科创服务平台采取的网上一站受理、全程不见面审批的政务服务模式，大幅提高了奖补政策兑现效率，审批时长由原来的 10 天减少为 1 天。同时，企业仅需一次填报即可永久记录信息，后续申报其他扶持政策无须重复填报，有效减轻了企业负担。

二是企业获得感大幅提升。科创服务平台通过奖补政策的精准推送和金融产品的高效匹配，实现了企业该享受的政策一个不少、该得到的服务一个不差。平台自 2021 年 4 月 30 日上线以来，上线政府奖补政策 14 项，注册企业 1 400 多家，累计服务企业 300 多家。其中，完成企业技术中心申报的企业 10 家，完成科技企业孵化器申报的企业 9 家。

三是企业融资能力持续增强。通过区块链技术连接政府、科创企业、金融机构和科服机构，实现多方节点之间数据不可伪造、不可篡改、受控共享，有效降低了银行信用风险，提高了中小企业融资成功率。截至目前，申报贷款贴息企业 282 家，累计发放贷款金额 2 500 余万元。

下一步工作思路：

一是进一步扩充奖补政策。在现有政策大数据库的基础上，将各级政策进行全面结构化，形成系统全面的政策大数据，通过人工智能技术，为科创企业提供更丰富、更便捷的政策服务。

二是进一步完善企业画像。从股权关系、财务状况、金融活动、知识产权、网络舆情、信用历史等多维度构建企业全息画像模型，发掘创新能力强、发展潜力大的科创中小企业，利用创投机构、行业协会、产业客户等社会资源，帮助科创企业快速成长。

三是进一步拓宽服务领域。通过区块链打通全国知名的科创企业服务机构，在财工税法、人力资源、知识产权、营销获客、办公协同、数据智能等领域为科创企业提供全生命周期服务，助力科创中小企业发展壮大。

案例 15：积极探索生物医药知识产权全链条保护服务

为积极落实习近平总书记关于强化知识产权全链条保护重要指示精神，中国（河北）自由贸易试验区正定片区（以下简称正定片区）针对生物医药行业研发投入大、周期长、风险高，知识产权保护涉及部门多、专业性强的特点，与相关部门协同深化知识产权保护工作体制机制改革，积极探索生物医药知识产权创造、运用、保护、管理、服务全链条保护服务。

主要做法：

探索建立涵盖获权、确权、用权、维权全过程的知识产权保护体系，加强与司法、执法、审判机关等部门联动，健全知识产权纠纷多元化解决机制。

一是建立多维度生物医药知识产权保护服务体系。建立覆盖商标标识以及化合物、组合物、制剂、中间体、制备工艺等专利的多流程、多维度保护服务体系，突出“核心专利+外围专利”双重“保护盾”建设，织密生物医药知识产权保护网。

二是搭建多方参与的生物医药知识产权保护服务平台。依托河北省知识产权保护中心、河北省医药行业协会、石家庄市知识产权局和知识产权服务机构，成立河北省（医药）知识产权维权援助中心，石家庄市知识产权局设立正定片区知识产权服务工作站，专门为河北自贸试验区的生物医药企业提供知识产权维权援助。

三是建立生物医药知识产权多部门快速协同保护机制。河北自贸试验区率先贯彻《河北省加强知识产权纠纷多元化调解工作的意见》，正定片区与市司法局等5部门签订《知识产权执法协作机制合作备忘录》，与市法院签订《知识产权（专利）纠纷诉调对接备忘录》，依托正定片区综合执法大队，协同知识产权保护、市场监督管理、药品监督管理、法院、仲裁委、公安等部门，强化知识产权综合执法，联合打造“快速审查、快速确权、快速维权于一体，审查确权、行政执法、维权援助、仲裁调解、司法衔接相联动”的快速协同保护机制。

四是推动生物医药知识产权高效运用。在积极推动知识产权保护的同时，注重对接企业创新需求，加强政策激励、扶持和引导。河北省（医药）知识产权维权援助中心、正定片区知识产权服务工作站专门为正定片区企业提供生物医药知识产权贯标、专利实施产业化、专利预警、专利保险和知识产权质押融资等多元化服务，引导企业不断强化生物医药知识产权运用。

实践效果：

一是生物医药知识产权全链条保护服务成果显著。截至目前，正定片区的生物医药企业共申请专利62项，其中发明专利45项、实用新型专利16项、外观设计专利1项。完成商标注册服务18项，马德里商标注册服务2项。河北一然生物科技股份有限公司完成知识产权贯标，知识产权管理运用效率不断提高；常山生化等企业依托专利预警分析等服务，逐步提升知识产权保护意识和能力。

二是生物医药知识产权保护效能大幅提升。对贯标认证企业、驰名商标企业、马德里商标注册企业、产业龙头企业、“老字号”企业等的专利优先审查请求，可于3个工作日内完成审核。对符合规定的企业可快速完成预审服务，大幅压缩审核时长，发明专利授权时间缩短1/3，大幅提升了企业的获得感和满意度。专利纠纷行政裁决实现了一般案件1个月结案、重大复杂案件限定3个月结案；专利维权周期由原来的90天，变为一般维权援助即时办结，重大和疑难维权纠纷援助20天办结。

下一步工作思路：

河北自贸试验区将积极探索社会共治知识产权保护服务模式，推动高等院校、社会组织等参与自贸试验区生物医药知识产权保护工作。积极主动融入京津冀协同发展战略，大力引进京津优质品牌知识产权服务机构以及生物医药知识产权专业人才，培育多元化、专业化运营服务主体，与生物医药企业共同构建生物医药知识产权协同保护和交流机制，进一步提升生物医药知识产权全链条服务水平。

案例16：创新打造精细化智能化个性化税务服务体系

中国（河北）自由贸易试验区正定片区围绕深入推进税务领域“放管服”改革，片区内石家庄综合保税区税务局在省税务局的统筹指导下，以制度创新为核心，秉承智慧税收管理理念，推进税务服务从无差别服务向精细化、智能化、个性化服务转变，打造税务服务新体系，更好地服务市场主体发展。

主要做法：

一是创新实施精细化服务，采用网格化管理，为企业量身定制“税收服务包”。创新企业“网格化”包联机制，将区域内企业全部纳入“一张网”，由5名局领导、10名科室长牵头组建15个工作专班，分包区域内所有企业，公布包联人姓名、职责、联系方式等，做到“户有人访、话有人听、事有人管”，各个专班“纲”“目”相连，形成“人到格中去、事在网中办、服务零距离”全覆盖、扁平化的税收服务格局。同时根据企业涉税内容，梳理编制包括研发费用加计扣除、个人所得税专项附加扣除等7项税收优惠“政策礼包”，实施“一企一策”精细化服务，“背包”入企，以税费优惠政策的直享快达为企业发展助力。

二是创新智能化服务模式，提升智慧税务建设水平。充分运用大数据、人工智能、互联网等技术手段，采取线上线下相贯通的模式，积极推行“非接触式”办税服务，实行“网上办税”“移动办税”“自助办税”等多元化办税模式。开通“微信预约”服务，依托电子税务局和税收大数据，通过税企通服务平台及时精准推送减税降费政策、纳税情况、提醒办税和预约办税等信息，针对辖区内重点企业和复杂业务事项，提供网上预约、专人专办服务，有效提升涉税服务办理时效。同时，实施涉税风险“税企共控”管理方式，利用信息大数据定期或不定期对企业实施税务智能“体检”，及时甄别、推送涉税风险提醒，形成“风险控制前置”，事前有效降低企业涉税风险。

三是创新个性化服务模式，推出“企业哨响，税务到场”等服务举措。石家庄综合保税区税务局推行“1+5+N”模式，以办税服务厅为依托建立涉税服务快速响应平台，整合税政、征管、法制、纪检组、税务所5个部门，联合市场监管局、经济发展局等相关部门对企业生产经营中的堵点、难点问题开展调研，对辖区企业“一对一”建立政策落实情况和需求台账，创新专员专岗服务机制，企业遇到问题可随时联系服务专员，服务专员1小时内入企进行现场协调、解疑，专人解答、专岗咨询、专区辅导，全程“伴税”，实行精准帮扶、全流程加速。

四是简化优化涉税审批环节，推进涉税审批加速。针对辖区内企业出口业务量大、资金周转压力较大的特点，秉承“小而精、少而优”的原则，将5家较大生产企业纳入出口退税重点，推行企业信用保证、容缺容错后补的“出口退税快审快退”机制，进一步压缩退税时限，缓解企业资金周转压力。

实践效果：

一是涉税事项办理时效大幅提升，缓解企业资金周转困难。仅辖区自营企业出口退税一个事项，通过“出口退税快审快退”机制，将办理正常出口退税业务的时限压缩至5个工作日以内。为区内新合纤维、佰事达商贸、综葆科技、丝路之窗电子商务等几家企业退税合计达4 500多万元，大大减轻企业资金周转的压力，助力区域进出口额连续实现正增长，有力促进外向型经济的稳健发展。在疫情防控期间为1家浙江建筑企业“容缺办理”预缴税款，助力企业顺利开具发票、结算工程款，并及时为农民工发放工资，得到一致赞誉。

二是税收营商环境不断优化，激发企业发展动能。2021年以来，与经济发展、财政、国土等职能部门沟通协调，开展“联合扶企帮企”行动3次，深入辖区7家重点企业开展调研，解决涉税问题22件；举办线上“云培训”7期，累计解答政策560余人次；对重点涉外企业开展风险防范专项辅导12场。2020年以来，石家庄综合保税区税务局助力引进企业58家，其中，包括年进出口额1亿美元以上医药企业1家，注册资本300万元以上的外资、合资企业11家，A类低空飞行服务企业1家。

三是服务纳税人“主人翁”意识进一步增强，企业获得感不断提升。聚焦新冠肺炎疫情和国际经济复苏乏力给企业生产经营带来的问题及挑战，通过创新服务模式和机制，增强了税收征管人员服务企业的“主人翁”意识，有效激发了税收征管人员服务企业的主动性和自觉性。2021 年以来，受理企业各类诉求 60 件，解决 60 件，解决率 100%。

下一步工作思路：

一是提升高效智能税费服务水平。利用大数据、云计算等技术，拓展“冀时办”平台涉税涉费服务功能，促进多部门业务联办。实现法人税费信息“一户式”、自然人税费信息“一人式”智能归集，进一步提升税费政策推送精准度。

二是强化以信用为基础的税收监管体系。进一步精简享受优惠政策办理流程和手续，推广“政策驿站精细服务”“微信预约一次办”办税缴费。以“信用+风险”为基础实施精准执法，防止粗放式、选择性、“一刀切”执法，持续扩大“自行判别、自行申报、事后监管”范围，在税务执法领域推广柔性执法和“首违不罚”清单。

三、河北省政府及相关部门出台的政策措施

（一）省政务服务办印发《推动京津冀自贸试验区内政务服务“同事同标”工作方案》（2021 年 3 月 5 日）。

（二）省工业和信息化厅印发《关于支持河北自由贸易试验区创新发展十条举措》（2021 年 4 月 5 日）。

（三）省政务服务办印发《关于在中国（河北）自由贸易试验区开展“一窗办、承诺办、自由办”改革的指导意见》（2021 年 5 月 13 日）。

（四）省商务厅、省财政厅联合印发《河北自贸试验区创新发展资金奖补实施办法》（2021 年 8 月 17 日）。

（五）省自贸办印发《关于进一步深化“放管服”改革持续推进河北自由贸易试验区创新发展的贯彻落实意见》（2021 年 8 月 20 日）。

（六）省法院印发《关于为中国（河北）自由贸易试验区建设提供司法服务和保障的实施意见》（2021 年 9 月 27 日）。

（七）石家庄海关印发《支持中国（河北）自由贸易试验区创新发展有关措施》（2021 年 11 月 11 日）。

（八）省商务厅印发《支持中国（河北）自由贸易试验区创新发展的若干措施》（2021 年 11 月 19 日）。

（九）省文物局印发《关于支持河北自贸试验区发展专项政策措施的通知》（2021 年 11 月 22 日）。

（十）省民政厅印发《关于在河北省自由贸易试验区优化殡葬领域涉企审批服务的意见》（2021 年 12 月 5 日）。

（十一）河北海事局印发《关于做好服务中国（河北）自由贸易试验区工作的通知》（2021 年 12 月 8 日）。

（十二）省生态环境厅印发《关于加强中国（河北）自由贸易试验区生态环境保护推动高质量发展的实施意见》（2021 年 12 月 8 日）。

（十三）省水利厅印发《关于支持自贸试验区开展水资源论证区域评估工作的通知》（2021 年 12 月 8 日）。

（十四）省委军民融合办印发《关于支持中国（河北）自由贸易试验区建设若干政策措施》（2021 年 12 月 15 日）。

（十五）省人民政府印发《关于推进河北自贸试验区贸易投资便利化改革创新若干措施》（2021 年 12 月 18 日）。

（十六）省自然资源厅印发《关于做好中国（河北）自由贸易试验区用地保障工作的通知》（2021 年 12 月 28 日）。

（十七）省科学技术厅印发《关于加强外国专家管理服务若干措施的通知》（2021 年 12 月 30 日）。

（十八）省公安厅印发《河北省公安厅自贸区“证照分离”改革试点工作实施方案》（2021 年 12 月 31 日）。

四、大事记

2021 年 1 月 4 日　唐山银保监分局印发《关于

简化中国（河北）自由贸易试验区曹妃甸片区银行业金融机构和高管准入方式的实施细则（试行）的通知》，明确了曹妃甸片区银行业金融机构及高管的准入方式，对新设、变更、终止机构类型、报告形式、报告流程等事项由事先审批制改为事后报告制，并对片区金融机构迁址、高管调任等准入方式予以进一步简化。

2021年1月11日　中央电视台《朝闻天下》栏目报道了河北海事局通过自主研发的“大数据+船舶交通智能服务系统”对LNG船舶“绿色星球”进出港过程和安全态势开展全方位监控，并由“海巡0492”轮全程护航安全靠泊曹妃甸港LNG码头。

2021年1月18日　省自贸试验区推进工作领导小组办公室印发《关于积极应对新冠疫情强化对片区企业服务的通知》，指导各片区及时了解掌握企业生产经营情况，积极帮助企业协调解决防疫物资紧张、人员返岗不畅等问题。

2021年1月21日　省政府办公厅印发《河北省推进对外贸易创新发展的若干措施》，就设立雄安综合保税区、建设正定片区药品进口口岸、建立曹妃甸片区大宗商品期货保税交割库、加快大兴机场片区区域产业协同创新等提出多项支持举措。

2021年1月22日　省委常委、雄安新区党工委书记、管委会主任张国华到雄安片区调研互联网产业园等重点项目建设情况，就加快审批进度、完善基础设施等工作提出明确要求。

2021年1月22日　唐山市委副书记、代市长高建民主持召开曹妃甸片区情况汇报会，就整合全市资源，加大投入力度，推动曹妃甸片区高质量发展等提出明确要求。

2021年2月1日　国家知识产权局商标业务正定自贸区受理窗口启动运行，健全了正定片区的知识产权公共服务体系，提升了商标注册便利化水平。

2021年2月5日　曹金控集团下属综保公司在中国农业发展银行曹妃甸支行的大力支持下，获批中长期项目贷款6.4亿元，该笔贷款主要用于建设曹妃甸综合保税区进口商品体验中心项目。

2021年2月6日　河北自贸试验区推出第二批13项面向全省推广的制度创新案例。其中，贸易便利化领域1项、金融创新领域2项、政府职能转变领域9项、产业开放发展领域1项。

2021年2月10日　王东峰书记主持召开省自贸试验区推进工作领导小组第三次会议并作重要讲话，许勤省长、袁桐利常务副省长、夏延军副省长、葛海蛟副省长出席会议，省领导小组部分成员参加会议。会议传达了国务院自由贸易试验区工作部际联席会议第七次全体会议精神及自贸试验区建设2021年工作要点，审议通过了《2020年河北自贸试验区工作总结》和《2021年河北自贸试验区工作要点》，对下一阶段重点工作进行了部署。会议强调，要深入贯彻党中央关于自贸试验区建设的重要决策部署，为构建新发展格局、全面建设社会主义现代化国家作出积极贡献；要进一步深化体制机制改革，加大制度创新力度，尽快形成一批体现自身亮点特色的“杀手锏”成果；要积极引进外商投资企业，提升自贸试验区经济外向度；要紧密结合总体方案确定的功能定位，加快改革发展步伐，努力实现创新发展、绿色发展、高质量发展；要加强组织领导，强化自身建设，推动改革创新各项工作落地见效。

2021年2月22日　大兴机场片区廊坊区域组织召开北京大兴国际机场综合保税区封关验收软硬件建设协调会，与北京海关和项目承包、设计单位就信息化建设、软硬件标准落实等工作进行了协调对接。

2021年2月23日　副省长夏延军主持召开研究商务领域重点工作会议，听取省自贸办关于河北自贸试验区制度创新情况汇报，就钢铁全产业链、生物医药全产业链、数字贸易综合服务平台建设、企业诚信平台建设等重点领域制度创新工作进行了深入研究和安排部署。省商务厅主要和分管负责同志，石家庄海关分管负责同志参加会议。

2021年2月25日　交通运输部副部长刘小明

一行到曹妃甸片区唐山曹妃甸实业港务有限公司调研检查，就加快推进铁路专用线改造项目提出具体要求。

2021 年 2 月 26 日　河北省委常委、副省长，雄安新区党工委书记、管委会主任张国华调研雄安片区规划建设情况，实地考察了综合保税区项目选址及周边配套设施规划设计情况，现场听取了朱各庄特色小镇规划设计工作进展情况汇报。

2021 年 3 月 1 日　中国贸促会（河北）自由贸易试验区服务中心揭牌成立。该中心由省贸促会负责日常运营，旨在借助中国贸促会资源和平台，加快推进河北自贸试验区高质量发展。省政府副秘书长郝杰成、省商务厅副厅长安静、省贸促会有关负责同志出席揭牌仪式。

2021 年 3 月 2 日　唐山市政府出台的《关于支持中国（河北）自由贸易试验区曹妃甸片区人才发展聚集的若干政策》从人才引进、培育、创新创业等方面提出 29 项具体措施。

2021 年 3 月 3 日　省商务厅厅长、省自贸办主任张锋赴曹妃甸片区考察调研，并围绕片区建设情况进行座谈交流。张锋厅长指出，2021 年是“十四五”规划开局之年，曹妃甸片区要切实提高政治站位，围绕重大制度创新研究、重大开放平台建设、重大产业项目招商引资等重点工作，全力推进自贸片区和综合保税区建设，力争取得新进展、新突破，确保在“十四五”期间快速发展。

2021 年 3 月 5 日　大兴机场片区廊坊区域组织召开综合保税区建设专题会议，重点围绕封关预验收、管理体制、入区企业注册、财税收入统计与分配、行政执法与监管等问题进行了研究讨论，明确了具体要求。

2021 年 3 月 8 日　省自贸办组织召开正定片区生物医药产业创新发展座谈会，邀请省医药行业协会、省药品审评中心、省药品医疗器械检验院、华北制药集团和正定片区管委会有关专家和负责同志，就推动正定片区生物医药产业创新发展进行研讨交流。

2021 年 3 月 8 日　曹妃甸片区组织召开推进钢铁产业战略矿产资源供应链安全稳定发展研讨会，围绕谋划铁矿石战略储备、扩大再生钢铁原料进口、建设大宗商品交易中心、延伸钢铁产业链和钢铁深加工等内容进行研讨交流。

2021 年 3 月 18 日　商务部副部长兼国际贸易谈判副代表王受文一行赴正定片区调研指导，王受文一行参观了正定片区政务服务中心，实地走访了盛华集团、常山生化等企业，详细并询问了解企业经营发展现状、遇到的问题以及相关惠企政策的落实情况，与相关企业代表进行座谈交流，听取了自贸试验区建设发展工作情况汇报，并就调研中反映的问题进行了政策解答和指导。受文副部长强调，在新发展格局下，商务部将一如既往地关注支持河北自贸试验区创新发展，希望河北充分发挥自身优势，积极探索制度创新，打造对外开放新高度。副省长夏延军、省商务厅厅长张锋、副厅长安静等陪同调研。

2021 年 3 月 19 日　省商务厅厅长、省自贸办主任张锋与交通银行河北省分行党委书记、行长刘清军一行进行座谈交流。张锋厅长对省交行在金融制度创新、支持片区改革发展、为片区企业提供金融服务等方面做的大量工作表示感谢，并希望双方进一步深化合作，取得更多务实成果。

2021 年 3 月 22 日　河北省银保监局印发《关于积极支持自贸试验区改革创新工作的通知》，在优化金融机构布局、推动区内业务创新、加强金融监管协调和指导服务等 8 个方面对银保监系统内单位提出明确要求，为自贸试验区改革发展提供了有力的金融支持。

2021 年 3 月 26 日　省委常委、副省长，雄安新区党工委书记、管委会主任张国华主持召开雄安新区党工委管委会专题会议，听取雄安片区建设发展情况和河北自贸试验区金融创新工作汇报，并对相关工作进行研究部署。

2021 年 3 月 29 日　石家庄市政府组织召开正定片区生物医药产业协同创新发展和物流枢纽建设

工作座谈会，邀请商务部国际贸易经济合作研究院专家对正定片区生物医药产业和物流枢纽建设领域制度创新工作开展调研并提出指导意见。省自贸试验区推进工作领导小组办公室有关人员、正定片区管委会有关负责同志和相关企业代表参加会议。

2021 年 3 月 31 日　中证商品指数有限责任公司在雄安片区开业，副省长葛海蛟、中国证监会副主席方星海出席开业仪式并致辞。商品指数公司的设立，对提升雄安新区金融服务功能，促进金融要素聚集，推动雄安新区高质量创新发展等具有重要意义。

2021 年 4 月 2 日　廊坊市委副书记、市长杨燕伟主持召开大兴机场片区廊坊区域推进工作领导小组第四次会议，传达学习了省自贸试验区推进工作领导小组第三次会议精神，系统总结了大兴机场片区廊坊区域工作进展情况，研究部署了 2021 年重点工作。会议强调，各级各相关部门要切实担起历史重任，坚持解放思想、高点站位、务实推进，以贯彻落实此次会议为契机，迅速掀起制度创新和开发建设的新高潮，全力推进各项工作任务落地落实。

2021 年 4 月 5 日　省工信厅出台《关于支持河北自由贸易试验区创新发展十条举措》，从传统产业升级、数字经济发展、产业创新发展、新型工业化产业示范基地建设等方面给予政策支持。

2021 年 4 月 13 日　大兴机场片区廊坊区域印发《中国（河北）自贸试验区大兴机场片区廊坊区域进一步推进制度创新的实施方案》，围绕政府职能转变、产业开放发展、京津冀协同发展等领域，提出 32 个重点研究探索的制度创新举措。

2021 年 4 月 14 日　省委常委、省人大常委会副主任、石家庄市委书记邢国辉主持召开正定片区推进工作领导小组第八次会议。会议传达学习了省自贸试验区推进工作领导小组第三次会议精神，就提升制度创新能力、强化招商引资实效和促进产业开放发展等重点工作进行了研究部署。

2021 年 4 月 15 日—17 日　省自贸办会同丝路研究院课题组赴正定片区、曹妃甸片区开展河北自贸试验区“十四五”规划调研。分别与重点企业代表和有关市直部门的负责同志进行座谈，围绕“十四五”时期自贸试验区推进制度创新和发展开放型经济的思路举措、政策诉求等方面开展了深入交流。

2021 年 4 月 19 日　曹妃甸片区组织召开建设工作领导小组第五次会议，唐山市委副书记、市长高建民主持会议并讲话，会议组织学习了近期党中央、国务院和省委省政府决策部署，传达了省自贸试验区推进工作领导小组第三次会议精神，听取了曹妃甸片区工作情况汇报，研究审议了有关文件，部署了下一阶段重点工作。

2021 年 4 月 23 日　夏延军副省长率省商务厅张锋厅长、唐山市高建民市长等一行赴商务部拜访王受文副部长，重点就钢铁全产业链制度创新进行汇报对接，争取政策支持。王受文副部长明确表示支持曹妃甸片区积极探索钢铁全产业链集成制度创新，并从构建国内国际双循环相互促进的新发展格局和落实碳达峰、碳中和的战略高度，对进一步提升完善钢铁全产业链制度创新措施、加强与国家对口部委汇报沟通和下一步工作推动路径等方面提出了具体指导意见。

2021 年 4 月 26 日　以雄安新区党工委管委会名义印发《河北雄安新区外商投资股权投资类企业（QFLP）试点暂行办法》，鼓励优先在雄安片区内开展 QFLP 试点工作。

2021 年 4 月 26 日　省自贸试验区推进工作领导小组办公室组织召开京津冀自贸试验区口岸合作专题座谈会，石家庄海关、正定海关、正定片区管委会和有关企业代表就推动京津冀自贸试验区口岸资质共享、互联互通、功能互补等事项进行政策对接和沟通交流，针对堵点难点问题和关键环节共同研究了对策措施。

2021 年 4 月 27 日　省自贸试验区推进工作领导小组办公室与天津自贸试验区管委会有关负责同志进行座谈交流，就推动京津冀三地自贸试验区协同发展、联动创新等达成共识。

2021年4月28日　京津冀三地政务服务管理部门联合印发实施《推动京津冀自贸试验区内政务服务“同事同标”工作方案》，组织三地相关部门围绕京津冀三地自贸试验区战略定位和特色优势产业，推出涉及市场准入准营、交通、税务等22项首批“同事同标”事项目录，探索建立“同事同标”相互授权机制，全力推进“同事项名称、同受理标准、同申请材料、同办理时限和办理结果互认”。

2021年4月28日　中国卫星网络集团有限公司与雄安新区管委会签署合作协议，组织举行了公司揭牌仪式，成为首家落户雄安并在雄安片区注册成立的央企。

2021年4月28日　曹妃甸片区组织举办中国（河北）自由贸易试验区曹妃甸片区、京冀曹妃甸协同发展示范区招商推介会，会议邀请了80余家企业参加，曹妃甸片区有关负责人对片区的功能定位、产业特色、资源禀赋和营商环境等方面作了全面推介，共签约6个航运与贸易类项目，协议投资额达5亿元。

2021年4月30日　副省长夏延军在《自贸试验区要情简报》(〔2021〕第1期（总16期））上批示：此简报要坚持办好，成为激励全省各片区创新发展的信息交流平台。

2021年5月6日　省自贸办召集省发改委、省工信厅、人行石家庄中心支行、石家庄海关等17个部门及省商务厅相关处室参加座谈会，对《关于支持河北自贸试验区（曹妃甸片区）落实碳达峰战略部署推进钢铁产业链供应链绿色低碳开放发展的若干措施》进行逐条梳理，明确了事权层级、跑办路径等事宜。

2021年5月7日—8日　省商务厅厅长、省自贸办主任张锋一行赴洋浦经济开发区、博鳌乐城国际医药旅游先行区，实地调研了解海南自由贸易港建设情况。省商务厅副厅长、省自贸办副主任张记方陪同调研。

2021年5月10日　廊坊市委书记杨晓和与北京市大兴区委书记周立云举行工作座谈，双方围绕北京大兴国际机场综合保税区建设等工作进行了对接交流，就进一步加强务实合作、建立定期沟通机制等达成共识。

2021年5月12日　雄安片区组织召开制度创新专题研讨会，邀请省自贸办和各片区有关负责同志，就明确目标任务、注重系统集成、强化协同联动、推动先行先试和提升创新能力等进行了学习研讨和分享交流。

2021年5月13日　省自贸办与省政务服务办联合印发《关于在河北自贸试验区开展“一窗办、承诺办、自由办”改革的指导意见》，推进所有进厅政务服务事项“一窗办”和省级以下高频事项“承诺办”，推动“河北自贸试验区+京津自贸试验区”逐步实现政务服务事项“自由办”。

2021年5月14日　省委常委、副省长，雄安新区党工委书记、管委会主任张国华与石家庄海关主要负责同志进行座谈交流，重点就推动综合保税区建设、跨境电商零售进出口商品监管作业场所验收等工作进行了深入研究和安排部署。

2021年5月17日—18日　省委书记王东峰到大兴机场片区廊坊区域调研检查，实地察看了综合保税区和临空服务中心等项目建设进展，就进一步优化产业布局、完善基础配套设施、提升公共服务水平、吸引高端高新产业等作出重要指示。

2021年5月18日　商务部副部长兼国际贸易谈判副代表王受文出席中国·廊坊国际经济贸易洽谈会开幕式并致辞，他指出，成立不到两年时间，中国（河北）自由贸易试验区建设硕果累累。

2021年5月18日　商务部副部长兼国际贸易谈判副代表王受文一行到大兴机场片区廊坊区域考察指导工作，深入综合保税区、航空小镇、临空服务中心等重点项目现场，详细了解了规划设计和工程进度情况，就立足功能定位抓好招商引资和项目建设等提出具体指导意见。

2021年5月18日　省自贸办借力“5·18”经

洽会举办河北自贸试验区重点产业国际投资对接洽谈会，38家来自世界500强、跨国公司、知名央企民企代表参会，涵盖了新一代信息技术、临空产业、航空科技、生物医药等多个行业领域。中银富登村镇银行、河北泰铭财务管理、华北冷链商贸物流港、航空主题示范园等8个项目成功签约，总投资额412.33亿元。

2021年5月19日　省商务厅副厅长、省自贸办副主任张记方一行赴廊坊新奥集团考察调研，重点就立足自贸试验区加快推进数字贸易先行先试、统筹推动数字服务创新、贸易平台搭建和应用场景拓展等与新奥集团有关负责同志进行了深入交流。

2021年5月20日　中共中央政治局委员、北京市委书记蔡奇到大兴机场片区北京区域调研，实地了解了自贸创新服务中心、综合保税区一期项目建设情况，要求努力打造全球临空经济区创新发展新标杆。

2021年5月24日—29日　省委组织部、省商务厅在海南大学举办“推进河北自由贸易试验区改革发展专题培训班”。培训班邀请了商务部国际贸易经济合作研究院、海南大学等知名专家进行专题授课，并前往洋浦经济开发区、生态软件园等地开展了现场教学，省领导小组部分成员单位、各片区管委会、各片区推进工作领导小组成员单位有关负责同志等共60人参加培训。

2021年5月25日　装载有福田牌皮卡车的集装箱于曹妃甸港码头完成拆箱作业，车辆顺利通过收货人验收，该单业务的成功运作，标志着唐山市政府与北汽集团全面合作正式落地，实现了曹妃甸港内贸整车全程物流业务零的突破，加速了曹妃甸港贸易转型升级，降低了北汽集团物流运输成本，提升了企业整车议价空间和综合竞争力。

2021年5月26日　大兴机场片区廊坊区域组织参加2021（第六届）中国民用航空培训产业国际论坛，有关负责同志围绕片区总体定位、产业结构、政策体系等内容做了详细介绍，推介了重点招商项目，与安胜（天津）飞行模拟系统有限公司、北京蓝天航空科技股份有限公司、上海华模科技有限公司等6家企业签订合作备忘录，预计总投资额达26亿元。

2021年5月26日　大兴机场片区廊坊区域组织召开综合保税区封关验收第三次协调会，就综合楼装修、软硬件建设、设备采购等事项进行了部署；大兴国际机场综合保税区（河北）一期项目建设全速推进，保税智能物流中心主体封顶，为按时封关运营打下了坚实基础。

2021年6月7日　河北自贸试验区“四大机制打造京津冀协同发展示范样板”案例入选商务部印发的全国自贸试验区第四批18个“最佳实践案例”，面向全国复制推广。该案例通过建设“载体、体制、规划、工作”四大协同机制，实现了大兴机场片区廊坊区域与大兴机场片区大兴区域共商共建共享，形成了区域协同开放、联动发展的新格局。

2021年6月8日　省商务厅厅长、省自贸办主任张锋主持召开省自贸办主任办公会议，研究部署自贸试验区工作。会议听取了有关处室近期工作进展情况和下一步工作考虑的汇报，就推进制度创新、开放平台建设和招商引资等重点工作提出具体要求。

2021年6月16日　在中国电子口岸数据中心石家庄分中心的支持下，建设银行雄安自贸区支行、曹妃甸自贸区支行顺利实现“关银一KEY通”合作制卡代理点开业，雄安片区、唐山曹妃甸片区企业从今天开始即可在家门口建设银行代理点办理海关电子口岸卡业务。

2021年6月21日—22日　省商务厅副厅长、省自贸办副主任张记方会同丝路研究院（海口）首席专家兼院长张湧博士，赴大兴机场片区廊坊区域和雄安片区就河北自贸试验区发展“十四五”规划进行调研，对制度创新等自贸试验区重点工作进行督导。

2021年6月24日　省外办、省商务厅以云端线上方式成功举办河北自贸试验区重点产业澳门专场推介会，发布了正定片区航空产业园等15个重点招商项目，与澳门中华总商会、澳门厂商联合会、澳门银行公会等各大商协会和机构负责人进行了深入对接交流。

2021年6月29日　省委常委、石家庄市委书记张超超主持召开市委专题会议，重点就自贸试验区与开发区立足各自优势开展区域联动、推动电子信息技术和生物医药等产业实现区内区外协同发展提出具体要求。

2021年6月29日　省商务厅厅长、省自贸办主任张锋召开曹妃甸片区座谈会，听取了各片区的工作汇报，就聚焦重点领域开展制度创新、借助外脑探索碳达峰碳中和实现路径、大力招商引资、推动综合保税区多元发展等重点工作提出具体指导意见。

2021年6月29日　省商务厅副厅长、省自贸办副主任张记方出席交通银行河北省分行战略合作协议签约暨正定自贸区支行揭牌仪式并致辞。交通银行河北省分行、省中小企业发展促进中心、正定片区管委会三方签订战略合作协议，交通银行总行跨境业务专家围绕离岸金融业务进行了政策宣讲。

2021年6月30日　省自贸办与建设银行总行有关专家就数字贸易领域制度创新开展对接交流。省商务厅厅长、省自贸办主任张锋介绍了河北自贸试验区在数字贸易领域先行先试的探索和做法，建设银行总行有关专家重点就数字贸易综合平台建设提出了思路设想和意见建议。省商务厅副厅长、省自贸办副主任张记方和省建行有关负责人参加对接活动。

2021年7月1日　大兴机场片区北京区域出台《关于金融支持临空产业发展的暂行办法》，从外资金融机构开办补助、私募股权投资基金入区投资支持、金融及类金融机构经营支持及跨境金融业务支持等方面制定了4项政策措施。

2021年7月2日　河北思路之窗电子商务有限公司首票跨境电商商品在石家庄海关所属正定海关监管下顺利通关，标志着中国（河北）自由贸易试验区正定片区跨境电商产业园正式启动运行。

2021年7月5日　正定片区组织参加中国·石家庄投资合作推介会暨项目对接活动（北欧专场），重点介绍了产业发展政策、开放平台功能和营商环境优势，集中发布了医药中心、国际光电机电产业园、医药研发共享平台等4个招商合作项目。

2021年7月7日　省商务厅副厅长、省自贸办副主任张记方赴曹妃甸片区调研指导，就建设钢铁行业碳排放交易中心及推动钢铁行业绿色低碳发展等问题，与东北大学、片区管委会有关专家和负责同志进行了专题研讨。

2021年7月9日　省政府党组书记、省长许勤主持召开省政府党组会议，研究加快推动河北自贸试验区高质量发展等工作。会议围绕把握发展定位、坚持目标导向、明确职责使命、积极对标对表、强化责任担当，力争为全国自贸试验区改革创新作出河北贡献等提出明确要求。

2021年7月9日　省委常委、石家庄市委书记张超超赴正定片区调研，实地走访了盛华集团、一然生物、北摩高科、跨境电商产业园等企业，听取了片区整体发展情况汇报，就下一阶段工作任务进行了安排部署。

2021年7月15日　省委书记、省人大党委会主任王东峰主持召开省委常委会扩大会议，对自贸试验区建设发展提出明确要求。会议指出，习近平总书记主持召开中央全面深化改革委员会第二十次会议，审议通过了一系列重要文件，研究了一系列重大问题，为我们做好工作提供了科学指南。要认真学习领会，不折不扣抓好贯彻落实。会议强调，要巩固拓展制度创新成果，全面加强高水平对外开放。深入推进高水平制度型开放，深化重点领域制度创新，加快打造开放创新平台，有效扩大投资和对外贸易，加快建成具有国际影响力和竞争力的自贸试验区，切实当好全省改革开放的“排头兵”。

2021年7月20日　省商务厅副厅长、省自贸办副主任张记方率曹妃甸片区有关负责同志赴中国钢铁工业协会开展对接交流，就在碳达峰、碳中和背景下曹妃甸片区如何参与钢铁行业碳排放交易市场建设进行深入探讨。

2021年7月22日　京津冀政务服务管理部门联合印发《京津冀自贸试验区内第二批“同事同标”政务服务事项目录的通知》，推出涉及公安、人力资源社会保障、医疗保障、税务等35项高频事项，全力推进“同事项名称、同受理标准、同申请材料、同办理时限和办理结果互认”。

2021年7月23日　副省长夏延军主持召开会议专题研究自贸试验区工作。会议听取了省自贸办有关负责同志关于起草自贸试验区改革发展专项推进方案的情况汇报，对下一步工作提出明确要求。延军副省长强调，要坚持问题导向，聚焦提升制度创新质量和水平、吸引一批大项目好项目等重点任务研究提出有针对性的工作举措；要细化实化各项任务举措，压实工作责任，严格考核奖惩，确保各项任务举措按时间节点落地落实。

2021年7月30日　大兴机场片区组织举办北京大兴国际机场临空经济区协同发展第二届高峰论坛，廊坊区域和大兴区域共同介绍了基础建设、产业布局等方面取得的积极进展，重点推介了片区的区位优势、产业规划、支持政策和营商环境优势。

2021年8月4日　河北自贸区大宗商品交易中心在曹妃甸片区开业运营，开展以矿产品、农副产品、中药材以及电子产品等为主的大宗商品现货电子交易，并提供网上销售、现货交易、现货交收、资金结算、供应链金融等服务。

2021年8月10日　省自贸办印发《2021年河北自贸试验区改革发展专项推进方案》，围绕推动重点领域首创性改革创新、推进重点片区产业链集成创新、深入推进区域协同创新、有效促进开放型经济发展等4个方面明确了14项重点任务，从实施工作台账管理、强化完成时限约束、形成制度创新成果和加强统筹协调、压实工作责任、严格考核奖惩等方面提出了落实措施和组织保障举措。

2021年8月14日　王东峰书记、许勤省长在省商务厅《关于河北自贸试验区工作进展情况的报告》上分别作出批示。王东峰书记批示：“要巩固和深化成果，在制度创新和招商引资、扩大开放上下功夫，努力取得新成效。”许勤省长批示：“拟同意，报东峰书记阅示。工作成绩值得肯定，发展成效有拓展。”

2021年8月17日　省商务厅、省财政厅联合印发《河北自贸试验区创新发展资金奖补实施办法》，明确了资金奖补范围、资金安排额度、资金使用与分配、资金兑现与管理等相关内容，引导各片区加大制度创新力度，以综合考评方式给予差别化奖补。

2021年8月20日　省自贸办印发《关于进一步深化“放管服”改革持续推进河北自由贸易试验区创新发展的贯彻落实意见》，从提高思想认识、明确工作任务、强化保障措施等3个方面提出具体要求，围绕推进商事制度改革、深化投资管理改革、加强知识产权保护、强化法制保障、推进区域协同创新、提升政务服务水平等6个领域，细化了22项重点任务，逐项制定落实举措，明确了责任单位和完成时限。

2021年8月24日　副省长夏延军主持召开增设药品进口口岸工作专题调度会，听取了省药监局、石家庄市政府关于增设石家庄药品进口口岸工作进展情况汇报，研究审议了迎接国家考核评估的相关准备材料。省市场监管局、省商务厅、石家庄海关等有关部门分别发表了意见建议，夏延军副省长就做好下步工作进行了部署。

2021年8月31日　省商务厅副厅长、省自贸办副主任张记方应约为省交行理论学习中心组解读自贸试验区相关政策，并重点就交行河北省分行如何有效发挥自身优势，在金融开放与监管、外汇管理改革、跨境人民币业务创新等领域深度参与河北自贸试验区建设提出了意见建议。

2021年8月31日　雄安新区中级人民法院发布《雄安法院服务保障中国（河北）自由贸易试验区雄安片区建设的实施意见》，包括提高思想认识、营造国际一流法治化营商环境、完善司法体制机制、加强人才队伍建设等4方面18项举措。

2021年9月3日　省商务厅厅长、省自贸办主任张锋出席2021年服贸会“石家庄主题日”活动并致辞，就重点外资招商项目与现场有意向的参会企业进行了深入对接交流，正定片区分别就“打造服务贸易大健康基地项目”和“自贸时代开放正定”对片区优惠政策和重点发展产业进行了宣传推介。

2021年9月3日　曹妃甸片区举行“关银一KEY通”海关电子口岸卡启动仪式，曹妃甸片区管委会与建行唐山分行、行政审批局、海关通力合作，率先创新打造“关银一KEY通”海关电子口岸卡延伸柜台，实现了介质和服务两大创新，使企业原本需要到石家庄办理的业务在曹妃甸片区内即可实现“一站式”办理。

2021年9月6日　大兴机场片区廊坊区域组织举办2021中国国际数字经济博览会廊坊临空经济区（自贸试验区）分会场活动，东华智慧城市华北区域总部基地、东方金信华北区域总部基地、北京光启元科技北区交付基地等3个项目签约落地。

2021年9月7日　国务院自由贸易试验区工作部际联席会议简报（第15期）专版刊发正定片区“积极探索生物医药知识产权全链条保护服务”的制度创新案例，正定片区通过建立多维度生物医药知识产权保护服务体系，搭建多方参与的生物医药知识产权保护平台，建立生物医药知识产权多部门快速协同保护机制，推动生物医药知识产权保护效能大幅提升。

2021年9月14日　省委书记王东峰、省长许勤赴大兴机场片区廊坊区域调研检查，听取了综合保税区规划建设和产业发展情况汇报，实地察看了新奥研究总院项目建设现场，详细了解了新奥集团科技创新工作情况。

2021年9月14日　曹妃甸片区联合中国银行曹妃甸自贸区分行举办业务学习培训交流活动，围绕自贸试验区支持政策、金融创新方向、金融创新产品等方面进行了交流对接，并对片区金融领域制度创新提出了对策建议。

2021年9月15日　河北省委书记、省人大常委会主任王东峰在廊坊市主持召开河北省京津冀协同发展工作推进会暨领导小组第七次全体会议，明确指出要抓好自贸试验区建设，科学制定产业发展规划，用好综合保税功能，在贸易、投资、金融、智能化物流、数字经济等领域先行先试，形成对外合作竞争新优势。

2021年9月16日　雄安片区智慧绿色低碳综合能源服务典型示范案例入选生态环境部2021年绿色低碳典型案例，位于雄安片区的国网雄安综合能源服务有限公司，通过创新智慧绿色综合能源服务模式，为雄安新区打造近零碳城市综合体，助力雄安绿色低碳新城建设提供了引领性解决方案。

2021年9月24日　石家庄市委副书记、市长马宇骏在正定片区调研并召开座谈会，实地考察了石家庄国际邮件互换局兼交换站和口岸医药物流中心项目，详细了解项目规划建设、运营准备情况，听取了正定片区工作进展情况汇报，并就推进正定片区加快发展提出明确要求。

2021年9月27日　首届京津冀自贸试验区联席会议在天津滨海新区召开，会议签署了《京津冀自贸试验区三方战略合作框架协议》，明确了制度创新、产业对接、金融创新、政务服务、投资合作、数据互联互通、国际商贸物流合作等多领域合作方向，建立了联席会议制度，成立了由三地自贸试验区管理机构负责同志牵头的合作协调工作小组，组建了京津冀自贸区智库联盟，举办了首届智库联盟主题论坛，通过政府协同、多方参与、资源整合，充分发挥三省市自贸试验区在京津冀地区新一轮改革开放中的示范带动作用，加强三省市政策互通互鉴，推动京津冀地区更高质量一体化发展。

2021年9月27日　省法院制定出台《关于为中国（河北）自由贸易试验区建设提供司法服务和保障的实施意见》，充分发挥民商事、知识产权、刑事、行政、环保等审判职责作用，建立完善与自贸试验区建设相适应的司法体制机制，支持和保障自贸试验区改革创新。

2021年9月27日　唐山仲裁委员会曹妃甸自贸区仲裁中心挂牌设立，将在创新服务方式、拓展服务内容、优化服务流程等方面开展积极探索，有助于进一步完善多元化纠纷解决机制，为片区提供高效便捷的仲裁服务。

2021年9月28日　省自贸办推出河北自贸试验区第三批（13项）面向全省复制推广的制度创新案例，涉及贸易便利化、金融创新、政府职能转变和产业发展等多个重点领域，其中雄安片区5项、曹妃甸片区5项（含与河北海事局共有的1项、与省市场监督管理局共有的1项）、正定片区2项、大兴机场片区廊坊区域1项。

2021年10月9日　河北省委常委、副省长，雄安新区党工委书记、管委会主任张国华到雄安片区中国电信智慧城市产业园项目现场进行调研，并与中国电信总经理李正茂一行举行工作座谈。

2021年10月9日　省商务厅副厅长、省自贸办副主任张记方主持召开自贸试验区工作调度会议，传达学习全国自贸试验区建设工作现场会议精神，听取各片区工作进展情况汇报，调度安排制度创新、招商引资、经济指标、权限下放和统计宣传等重点工作。省自贸办内设处室、各片区管委会有关负责同志参加会议。

2021年10月11日　雄安新区中级人民法院出台《雄安法院服务保障中国（河北）自由贸易试验区雄安片区建设的实施意见》，提出加大知识产权司法保护力度、建立纠纷快速解决机制等18项支持措施。

2021年10月11日—12日　省高级人民法院院长黄明耀到曹妃甸片区调研司法服务和保障工作情况，明确要求曹妃甸自贸法院要结合实际积极探索、先行先试，力争创造出更多可复制可推广的经验。

2021年10月12日　廊坊市委书记杨晓和主持召开中国（河北）自贸试验区大兴机场片区廊坊推进工作领导小组第五次会议，传达学习全国自贸试验区建设工作现场会议精神，审议通过了片区改革发展专项推进方案，部署了制度创新、外向型经济发展和高层次人才引进等重点工作。市委副书记、市长杨燕伟出席会议。

2021年10月13日　大兴机场片区大兴区域发布第二批105项市区级赋权清单，涉及政府出资的投资项目审批、规划综合实施方案编制及审查、建设工程施工许可证核发等一批片区建设发展急需的行政职权事项，将进一步提升审批效率，缩短审批流程，压减审批时间。

2021年10月20日　大兴机场片区大兴区域组织举办2021机场行业建设与发展论坛，邀请百余名临空产业领域的专家学者、知名人士和企业家代表参加，通过主旨演讲、圆桌论坛、交流展示等形式，分享了临空产业发展思路和典型案例。

2021年10月21日—22日　省人大常委会副主任王晓东到大兴机场片区廊坊区域考察调研，实地察看了综合保税区、临空服务中心等项目施工现场，详细了解了规划设计、建设进度等情况。

2021年10月26日—27日　省商务厅副厅长、省自贸办副主任张记方先后主持召开2场制度创新专题对接会，分别邀请省法院等单位有关人员，重点就河北自贸试验区信用融资服务平台建设、司法审判领域制度创新等方面开展沟通对接。省商务厅市场秩序处、自贸制度创新处、自贸协调指导处负责同志参加对接会。

2021年10月26日　曹妃甸片区组织参加2021年第十届中国国际货运代理大会，详细介绍了片区的基本情况、发展优势及产业政策，并对航运产业及港航服务产业进行了重点推介，与中储智运、法国康宁、散杂联盟平台等重点企业进行了现场对接，达成初步合作意向。

2021年10月28日　雄安海关监管放行雄安新区首单跨境电商B2B出口货物（监管代码“9710”），标志着跨境电商B2B出口业务在雄安新区正式落地。

2021年10月29日　雄安片区企业——五八企服（河北雄安）科技发展有限公司以跨境贸易电子

商务方式（跨境电商“9610”出口模式）申报出口石墨烯衬衫，标志着跨境电商“9610”模式出口在雄安新区落地实施。

2021 年 10 月 30 日　副省长夏延军主持召开全省防控疫情推进外贸外资商贸流通文旅业发展工作会议，明确指出自贸试验区要加快独创性制度创新，深入推进区域协同创新，对重点项目实行“一企一策”“一事一议”，着力吸引更多优质外资企业落户。

2021 年 11 月 1 日　省商务厅厅长、省自贸办主任张锋主持召开主任办公会议，就制度创新、开放型经济发展、营商环境建设、支持政策制定、“十四五”规划编制等重点工作进行了部署，提出具体要求。

2021 年 11 月 5 日—8 日　河北自贸试验区借力第四届中国国际进口博览会成功举办重点产业系列招商活动，组织举办了曹妃甸片区国际招商推介会、正定片区产业招商对接会，组织参加了 IASC 国际航空产业链领袖峰会，组织对接了相关行业龙头企业，发布了联东 U 谷科技总部港等 20 余个重点招商合作项目，邀请中国华能、厦门象屿、沙钢集团、亚马逊等一批世界 500 强、跨国公司和知名央企民企高层管理人员参加有关活动，签署象屿智能仓储物流、欧冶链金金属资源再生等 13 个项目合作协议，涵盖了大宗商品贸易、港航服务、能源储配及先进制造等重点产业，总投资额 63 亿元，较上届进博会增长 60%以上。

2021 年 11 月 7 日　省商务厅厅长、省自贸办主任张锋主持召开河北自贸试验区“十四五”规划专家论证会，邀请国务院参事室自贸试验区建设研究中心研究员、复旦大学上海自贸区综合研究院院长助理卢华，国家金融与发展实验室副主任曾刚等专家学者对《中国（河北）自由贸易试验区建设“十四五”规划》进行研讨论证。省商务厅副厅长、省自贸办副主任张记方出席专家论证会。

2021 年 11 月 11 日　石家庄海关制定出台《支持中国（河北）自由贸易试验区创新发展的有关措施》，提出简化企业备案手续、优化企业认证程序和保税产品检验监管等 5 条具体举措。

2021 年 11 月 12 日　正定片区召开产业创新发展专家研讨会，邀请省内院校、科研机构以及有关行业等专家学者，围绕打造创新高地和开放发展先行区及探索产业创新发展实现路径进行研讨，与会专家学者就生物医药、国际物流、临空经济等片区主导产业创新发展和加快片区“两区一枢纽”建设提出切实可行的意见建议，为片区产业发展和制度创新献计献策。

2021 年 11 月 15 日　省委常委、石家庄市委书记张超超主持召开正定片区推进工作领导小组第九次会议，重点就加大改革创新力度、加快项目招引建设、打造一流营商环境等内容进行了部署，审议通过了推动正定片区人才集聚办法。

2021 年 11 月 19 日　省商务厅印发《支持中国（河北）自由贸易试验区创新发展的若干措施》，围绕促进对外贸易创新发展、提升投资自由化便利化水平、更好参与对外投资和经济合作、推进区域协同创新、持续优化政务服务环境等 6 个方面提出 33 条政策举措。

2021 年 11 月 20 日　大兴机场片区廊坊区域“运用城市信息模型技术增强政务服务效能”案例入选中山大学自贸区综合研究院发布的“2020—2021 年度中国自由贸易试验区制度创新十佳案例”，案例创新采用“双平台”的搭建方式，分别在专网和政务外网上搭建两套相同的城市信息模型平台，解决互联网数据与政务外网之间的信息更新问题，打通专网与政务外网之间的信息壁垒。

2021 年 11 月 24 日　经省领导审定，省自贸办印发《中国（河北）自由贸易试验区发展“十四五”规划》，明确了“十四五”时期河北自贸试验区建设发展的指导思想、功能定位、基本原则和主要目标，提出了实施高水平制度型开放、推动现代前沿产业开放发展、促进区域联动创新、加快转变政府职能等 4 方面重点任务和实施保障措施。

2021 年 11 月 24 日　曹妃甸片区“‘2+2+1’

海域使用权审批新模式”入选全国自贸片区创新联盟联合商务部国际贸易经济合作研究院发布的“2020年60大制度创新典型案例”，并作为创新成果列入《自贸片区2020年制度创新典型案例和创新案例研究报告》，为各自贸片区经验交流、要素共享、理念塑造、资源对接提供借鉴参考。

2021年11月26日　曹妃甸片区参加河北省投资合作线上对接交流会，会议邀请美国罗克韦尔、拓高乐集团、英国第一太平洋戴维斯等众多海内外企业客商线上参会，曹妃甸片区就片区的基本情况、主导产业、政策优势及合作方向进行了招商推介，与境内外重点企业进行了交流对接，与部分企业达成初步合作意向。

2021年12月1日　省委书记、省委全面深化改革委员会主任王东峰主持召开省委全面深化改革委员会第十九次会议，审议通过了推进河北自贸试验区贸易投资便利化改革创新的若干措施，强调要深入推进贸易投资便利化改革创新、扩大对外高水平开放、努力营造法治化国际化便利化营商环境、全面提升自贸试验区能级。

2021年12月1日　石家庄市中级人民法院出台《关于为中国（河北）自由贸易试验区正定片区建设提供司法服务和保障的实施意见》，提出了依法保障产业园区建设、保障重点项目建设、保障市场主体发展、畅通法治服务保障渠道等10项支持举措。

2021年12月3日　省政府新闻办召开中国（河北）自由贸易试验区发展“十四五”规划新闻发布会，省商务厅副厅长、省自贸办副主任张记方出席发布会并回答记者提问，各片区有关负责同志参加发布会。

2021年12月6日—8日　省自贸办以云端线上方式组织开展了河北自贸试验区创新发展专题培训，邀请商务部国际贸易经济合作研究院、复旦大学、对外经贸大学、海南大学等机构和高校的6位知名专家学者，重点围绕对标高标准国际经贸规则、学习借鉴先进自贸试验区（港）经验、推进高水平制度创新、培育外贸新业态等内容进行授课。省商务厅副厅长、省自贸办副主任张记方主持开班仪式，省商务厅有关处室、省直有关部门、各市自贸办、各片区管委会有关负责同志及相关工作人员，各片区重点企业代表300余人在线参加此次培训。

2021年12月8日　省生态环境厅、省商务厅、省发改委、省住建厅、人行石家庄中心支行、石家庄海关、省林草局联合印发《关于加强中国（河北）自由贸易试验区生态环境保护推动高质量发展的实施意见》，从打造绿色产业结构、加快绿色低碳转型、加强绿色生态支撑、创新绿色发展机制等6个方面提出23条支持措施。

2021年12月8日　河北海事局印发《关于做好服务中国（河北）自由贸易试验区工作的通知》，就实施申报事项合并办理、推行临时审核即时发证机制、落实模块化检查模式等工作提出具体要求。

2021年12月8日　石家庄市委市政府出台《关于推动中国（河北）自由贸易试验区正定片区人才聚集的若干措施》，提出创新人才评价认定机制、加大创新创业扶持力度、加速引进高层次人才、加强人才住房保障等10方面的政策措施。

2021年12月8日　河北银保监局会同浦发银行石家庄分行赴正定片区进行调研并召开专题座谈会，河北银保监局有关处室负责人和浦发银行石家庄分行负责人分别介绍了有关金融领域支持政策，围绕与会企业提出的具体金融需求和发展中遇到的困难进行了深入的交流和探讨。

2021年12月9日　正定片区参加冀粤港经贸合作交流会（石家庄专场），片区有关负责同志对片区基本情况及重点招商项目进行了推介，涉及新一代电子信息、生物医药、文化旅游康养、现代商贸、装备制造、现代食品等领域的香港、深圳企业代表在线参会。

2021年12月10日　河北自贸试验区四个片区中级法院在正定片区会签了《中国（河北）自由贸易试验区法院司法协作框架协议》，四地法院将共同发挥中级法院承上启下审判职能作用，全面深化司法协作，推动经验交流、优势互补、资源共享、创新协作、合作共赢，共同构建符合河北自贸试验区建设发展规律的司法联动运行体系，提供更加优质的司法服务与保障。省高级人民法院党组成员、副院长杨宝森主持会议，省商务厅副厅长、省自贸办副主任张记方，部分全国、省人大代表和省政协委员，以及正定片区负责同志等参加会签仪式。

2021 年 12 月 10 日　《河北自贸试验区（曹妃甸片区）落实碳达峰战略部署推进钢铁产业链供应链绿色低碳开放发展的研究报告》（以下简称《研究报告》）顺利通过五位国家级专家评审，评审专家一致认为《研究报告》立足曹妃甸片区功能定位，发挥腹地钢铁产业优势，提出了若干切实可行的意见建议，充分体现了自贸试验区先行先试发展理念，对促进钢铁产业转型升级、实现产业链供应链绿色低碳开放发展具有重要意义。

2021 年 12 月 13 日　曹妃甸片区“探索实施国际航行船舶‘模块化’检查新机制”在国务院自由贸易试验区工作部际联席会议简报（2021 年第 24 期）专版刊发，曹妃甸片区在河北海事局支持指导下，积极开拓国际航行船舶检查新思路，再造检查流程，规范检查内容，利用信息技术创新开展“无接触”检查和船体缺陷远程复查，有效提高了航运便利化水平和海事执法服务能力。

2021 年 12 月 15 日　省委军民融合办印发《关于支持中国（河北）自由贸易试验区建设若干政策措施的通知》，从支持培养壮大军民融合产业、畅通“民参军”渠道、推进军民科技协同创新、支持承担重点任务和参与重大活动等 4 个方面提出 12 条支持措施。

2021 年 12 月 18 日　省政府印发《关于推进河北自贸试验区贸易投资便利化改革创新的若干措施》，围绕推动投资、贸易、金融、政府职能转变等重点领域改革创新提出 17 项政策举措。

2021 年 12 月 20 日　经过海关总署等国家八部委组成的联合验收组的严格评审，全国首个也是目前唯一一个跨省级行政区划的综合保税区—北京大兴国际机场综合保税区（一期）正式通过国家验收，这标志着大兴机场综保区（一期）进入封关运营新阶段。

2021 年 12 月 20 日—24 日　省商务厅会同长城新媒体集团推出 5 期“自贸新视线”系列访谈节目，邀请省商务厅副厅长、省自贸办副主任张记方，省政务服务办、省法院有关处室负责同志及各片区负责同志做客演播室，分别介绍了河北自贸试验区改革发展取得的新成效、省政务服务办支持服务自贸试验区有关政策措施、省法院为自贸试验区提供司法服务和保障的有关情况及各片区在制度创新、京津冀协同发展、开放型经济发展、营商环境优化、招商引资、项目建设等方面取得的新进展，节目还连线了知名专家学者，就河北自贸试验区发展的新突破以及面临的新机遇进行了交流探讨。

2021 年 12 月 23 日　京津冀三地政务服务管理部门以视频连线方式举行京津冀政务服务合作工作专班第一次会议，“云”端签署了第三批自贸试验区内政务服务“同事同标”事项，标志着京津冀三地政务服务合作迈出更加实质性的一步。

2021 年 12 月 25 日　《曹妃甸进口高端装备再制造产业示范园区发展规划（2021—2025 年）》通过了专家评审，对曹妃甸片区申建国家进口高端装备再制造产业示范园区和加快高端装备再制造产业开放发展将起到积极的促进作用。省商务厅自贸制度创新处、省工信厅节能与综合利用处负责同志参加评审会。

2021 年 12 月 28 日　省自然资源厅印发《关于做好自贸试验区用地保障工作的通知》，从发挥国土空间规划引导作用、精准保障产业发展用地、全面优化土地要素配置、完善管理服务体系等 4 个方面提出 12 条具体举措。

2021 年 12 月 30 日　省科技厅制定出台《关于加强外国专家管理服务若干措施的通知》，围绕优化创新外国人来冀工作管理服务、健全外国专家医疗健康保障体系等 8 个方面提出 12 条具体措施。

2021 年中国（云南）自由贸易试验区建设概况

中国（云南）自由贸易试验区工作领导小组办公室

李晨阳

中国(云南)自由贸易试验区工作领导小组办公室主任

李晨阳，男，1968 年 3 月生，汉族，湖南湘乡人，中共党员，1987 年 8 月参加工作，史学博士、二级研究员、博士生导师、云南大学特聘教授，云岭学者，享受国务院政府特殊津贴。现任云南省商务厅党组书记、厅长，中国（云南）自由贸易试验区工作领导小组办公室主任。

曾任云南大学东南亚研究所所长、人文学院副院长、社科处副处长，社科处处长兼缅甸研究院院长、校学术委员会办公室主任，校党委常委、副校长，2020 年 4 月至 2021 年 10 月协助校长负责日常行政工作；长期从事缅甸问题、当代东南亚政治与国际关系、中国西南与周边国家区域合作等领域的研究。曾牵头提出修建中缅油气管道建议并被国家采纳和实施。

一、经济运行数据

（一）投资情况

2021 年，中国（云南）自由贸易试验区（以下简称云南自贸试验区）新设注册企业 19 268 家，比上年增长 7.8%，占云南省新设企业总数的 11.69%。其中，内资企业 19 209 家，外资企业 59 家。

昆明片区新设注册企业 16 745 家，比上年增长 10.6%，占昆明市新设企业总数的 23.6%。其中，内资企业 16 695 家，外资企业 50 家。

红河片区新设注册企业 848 家，比上年增长 58.2%，占红河州新设企业总数的 9.2%。其中，内资企业 841 家，外资企业 7 家。

德宏片区新设注册企业 1 675 家，比上年下降 23.9%，占德宏州新设企业总数的 49.7%。其中，内资企业 1 673 家，外资企业 2 家。

（二）贸易情况

2021 年，云南自贸试验区实现外贸进出口额 1 064.22 亿元，比上年增长 50.8%，高于全省同期外贸进出口增速 34 个百分点，占全省外贸进出口总值的 33.9%。其中，进口额 205.83 亿元，增长 35.2%；出口额 858.39 亿元，增长 55.1%。

昆明片区实现进出口额 719.79 亿元，增长 110.1%，占昆明市进出口总额的 41.9%。其中，进口额 44.69 亿元，增长 397.3%；出口额 675.1 亿元，增长 102.4%。

红河片区实现进出口额 127.74 亿元，下降 5.6%，占红河州进出口总额的 33.5%。其中，进口额 14.75 亿元，增长 24.3%；出口额 112.99 亿元，下降 8.5%。

德宏片区实现进出口额 216.69 亿元，下降 4.9%，占德宏州进出口总额的 63.6%。其中，进口额 146.39 亿元，增长 11.4%；出口额 70.3 亿元，下降 27%。

（三）实际使用外资情况

2021 年，云南自贸试验区实际使用外资 12 114 万美元，占全省实际使用外资总额的 13.6%。其中，昆明片区实际使用外资 10 996 万美元，占昆明市实际使用外资额的 15.6%；红河片区实际使用外资 1 114 万美元，占红河州实际使用外资额的

15.5%；德宏片区实际使用外资4万美元，占德宏州实际使用外资额的3.3%。

二、建设措施及成效

（一）制度创新成果丰硕

云南自贸试验区挂牌成立两年以来，共形成221项制度创新成果，其中上报国家77项、省内复制推广46项、属沿边跨境特色47项、属全国首创39项。“边境地区涉外矛盾纠纷多元处理机制”入选全国自由贸易试验区第四批“最佳实践案例”向全国复制推广，“面向南亚东南亚跨境电力交易平台”由国务院自由贸易试验区工作部际联席会议简报通报推广。

（二）突出沿边“沿边”“跨境”特色

高效便捷跨境车险服务模式、以跨境电商转关通道+跨境物流优化支撑大通道建设、互联网+边民互市贸易监管模式等凸显云南沿边、跨境特色；跨境产能合作“一线两园”新模式，推动片区内工业园与周边国家工业园开展跨境产能合作，以区位及成本优势引导“一线两园”跨境产业布局，有效规避国际贸易壁垒，破解企业用工不足、劳动力成本较高等难题。

聚焦云南自贸试验区功能定位，紧扣制度创新，编制完成“八个跨境”创新工作方案（跨境产能、跨境园区、跨境贸易、跨境物流、跨境电商、跨境旅游、跨境金融、跨境人力资源）。

（三）支撑和服务体系建设加快推进

云南自贸试验区综合统计报表制度通过审批并实施，开发统计监测分析系统并按月编制详细统计分析报告。指导片区完成平台公司建设。印发《中国（云南）自由贸易试验区产业发展规划（2021—2025年）》《中国（云南）自由贸易试验区深化营商环境制度创新的若干措施》《中国（云南）自由贸易试验区参与〈区域全面经济伙伴关系协定〉（RCEP）行动方案》《中国（云南）自由贸易试验区产业发展制度创新和招商引资指引（2021年版）》《中国（云南）自由贸易试验区容错纠错实施办法》等五个规划规章。完成项目储备库建设。组织自贸专题研修班培训。编制云南自贸试验区“十四五”规划、自贸试验区贸易投资便利化改革创新实施方案。下放片区第二批省级管理权限。

（四）舆论宣传持续升温

围绕创新模式促进边贸发展、营商环境优化和制度创新等，《人民日报》刊发云南自贸试验区有关报道，《新闻联播》播出有关新闻。人民网聚焦“沿边”“跨境”，采写《云南自贸试验区种好国家试验田》《云南自贸试验区的数字密码》《自贸花开云岭》等文字、图片新闻，搭建微博话题，制作网页专题，并在全国33个地方频道同步推广，浏览量超2亿次。对云南自贸试验区三个片区的报道均在人民网首页特别推荐区刊发，浏览量共计4 380万人次。《自贸花开云岭》微博话题阅读数超过2 200万人次。自贸试验区网站发布信息400余篇，浏览量215万次。

三、创新成果及案例

案例1：打造高效便捷的跨境车险服务模式

云南自贸试验区红河片区、德宏片区创新跨境车辆保险服务模式，通过开展入境车辆超短期交强险试点、建立跨境车辆保险代查勘代定损合作机制、将车险承保流程嵌入通关流程等举措，增强保险服务便利性，降低跨境运输企业和个人负担，有效提升跨境运输保险保障水平。

主要做法：

（一）开展入境车辆超短期交强险试点

针对原交强险最短保险期限（7天）长于部分境外车辆实际入境天数的问题，云南银保监局积极争取政策支持，率先在云南自贸试验区红河片区、德宏片区开展超短期交强险业务试点，允许境外机动车辆临时进入中国境内的，按照年保费的n/365计算收取保费（n为投保人的投保天数），出具小于7日的超短期限保单。协调中国银行保险信息技术管理有限公司予以技术支持，指导相关保险公司完成车险平台改造。2021 年 7 月 10 日，云南自贸试验区红河片区、德宏片区入境车辆交强险超短期限保单项目正式上线，首张超短期限保单在德宏州完成出单，保费负担至多可降低至常规保单的 1/7。

（二）建立跨境车辆保险代查勘代定损合作机制

人保财险云南省分公司与越南保越保险总公司签订《出境保险车辆代查勘、代定损合作协议》，协议中就服务的内容、要求、费用、权利与义务及违约责任进行了约束，约定在中国云南省境内及越南老街省、河内市、海防市、广宁省境内开展 7×24 小时的代查勘、代定损工作。跨境车辆在境外出险后，按照以下流程申请赔付：境外保险公司配合交管部门勘察现场→驾驶员提供驾驶证、行车证、国际道路运输证、保险单及交管部门出具的事故认定书→安排事故车辆维修→出具损失清单交由驾驶人员到承保出境车辆保险的保险公司进行索赔→承保保险公司进行赔付。

（三）将车险承保流程嵌入通关流程

保险公司在自贸试验区红河片区综合服务中心设立保险综合服务点，打造集保险知识宣教、业务咨询、保险服务、风险管理于一体的“一站式”服务平台。在河口、瑞丽口岸设置服务点，与海关、交管等部门同场办公，将车险承保流程嵌入通关办证流程。译制越南语、缅甸语交强险条款，确保外籍驾驶员读得懂、看得明。

实践效果：

（一）网点和流程优化有效提升了保险服务便利性

通过在口岸设置服务点、将车险承保流程嵌入通关办证流程，车主可在通关现场购买保险，既提高了投保效率，也能保证车辆入境后及时得到保险保障。保险公司将交强险条款翻译成越南语、缅语，有助于外籍车主准确理解条款含义，减少误解和纠纷。

（二）开展国际合作解决了跨境车险查勘理赔难问题

保险公司通过与境外保险机构的合作，对双方承保的被保险车辆，给予在他国境内提供快速查勘和定损的双语种服务，查勘、定损流程耗时由原来 15 个工作日压缩至 5 个工作日，既提升了理赔效率，也解决了保险机构工作人员出境查勘签证难、风险大等问题。

（三）保险产品创新提升了跨境车辆保险保障水平

开展入境车辆超短期交强险，提升车辆实际入境天数与交强险保险期限的契合度，将切实减轻入境运输企业和个人保费负担，增强车主购买保险的意愿。创新开办机动车出境综合商业保险（越南方向），形成“入境交强险+出境商业险”的跨境车险产品体系，为车主提供了更为全面的保险保障。2021 年上半年，保险公司为红河片区、德宏片区共计 8 767 辆次跨境车辆提供了保额为 8.76 亿元保险保障，为解决境外车辆在中国境内肇事后无力赔付等问题提供了有效途径。

下一步工作思路：

一是推动保险公司进驻电子口岸系统，形成“一站式”便捷通关模式，进一步增强保险服务便利性。二是引导鼓励辖内保险公司加强与周边国家同业机构的合作，互为对方在本国提供查勘定损等便利服务，继续优化理赔查勘相互委托及结果互认机制。三是扩展边境口岸保险综合服务点业务领域，完善跨境保险产品体系，为跨境运输、跨境物流等提供一揽子全方位风险保障。

案例 2：构建区域银行间非主要货币参考性汇率形成应用机制

为满足企业和个人对人民币与越南盾、缅币的兑换需求，推动与周边国家经贸往来自由化、便利化，云南自贸试验区内商业银行机构依托外汇自律机制，形成银行间人民币兑越南盾、缅币汇率参考报价机制，定期发布区域参考性汇率，推动人民币与越南盾、缅币交易的规范性、公允性，为中越、中缅贸易持续健康发展提供了有力保障。

主要做法：

一是建立外汇业务自律公约。引导商业银行以自律公约形式形成统一的业务审核标准，细化和明确了外汇业务自律机制的日常运行规范。

二是片区金融机构全部参与报价。在外汇业务自律机制指导下，鼓励各商业银行机构共同参与，持续对越南和缅甸央行、商业银行等汇率市场报价进行盯市，参与并发布人民币兑越南盾、缅币汇率报价。

三是充分参考境外同业汇率，按照市场实际科学定价。参与人民币兑越南盾、缅币汇率报价的金融机构按照上一年度区域内跨境人民币结算量市场比重确定其报价权重，对各机构的报价进行加权计算，得出参考汇率，充分保障计算结果的科学性。

四是按时发布汇率统一执行。依托兑换业务服务平台、官方公众号等，于每个工作日（除中国和越南法定节假日）固定时间向云南自贸试验区内金融机构发布当日参考性汇率，各金融机构同时在具备外汇经营资质的营业网点发布，并以该汇率作为人民币兑越南盾、缅币交易参考汇率。

五是制定控制机制确保报价稳定。为确保汇率的稳定性，当市场汇率单边波动幅度触及当次报价现汇单边点差幅度，各机构立即发起报价流程，形成新的参考汇率报价后重新发布。当因突发事件导致市场发生剧烈波动，风险急剧放大时，暂停相关业务，待汇率稳定再报价，保证人民币兑越南盾、缅币市场化汇率的统一性和稳定性。

实践效果：

（一）规范了非主要货币外汇市场

区域银行间人民币与越南盾、缅币兑换汇率参考报价机制的形成，逐渐熨平各金融机构之间人民币兑换汇率差异，引导贸易结算在正规银行办理，人民币兑换汇率定价权在正规金融机构。截至 2020 年底，红河片区商业银行累计办理越南盾各项业务 24 375 万盾。2021 年上半年，某商业机构已根据参考汇率报价开展货币兑换业务 17 笔。

（二）提高了中国人民币兑越南盾汇率定价主动权

抱团定价有利于在对外经济交往中逐步掌握主动权，目前红河片区发布的人民币兑换越南盾市场汇率与越南老街省主要银行的人民币兑换越南盾市场汇率已经非常接近，差距大约为 5 越南盾，河口片区各金融机构之间形成的自律合力产生正向影响逐步凸显。

（三）拓展了中越金融合作交流渠道

中国农业银行河口支行已经与越南 10 家银行建立了互访和交流机制，中越双方银行签署了合作协议。中国农业银行泛亚业务中心河口分中心与越南农业与农村银行老街省分行合作，通过河口口岸从越南调入 10 亿越南盾现钞，成功办理全国首笔越南盾现钞跨境调运业务。

下一步工作思路：

一是深化金融合作机制，畅通跨境清算渠道。继续支持商业银行加强与周边国家金融同业建立合作，鼓励开展金融创新，在探索建立跨境清算渠道等方面发挥积极作用；建立深化对越、缅金融开放合作的联系机制，扩大金融对外交流与合作；继续发挥好中信保的信用风险管理及保险支持作用，加大对加工贸易、直接投资、工程承包等领域的支持。

二是扩大人民币跨境使用，促进双边本币结算。鼓励商业银行扩大跨境人民币结算，并继续推进人民币与越南盾、缅币直接挂牌兑换；继续深化与越、缅金融监管部门的交流合作，加强货币合作，从边境地区向内地辐射，扩大双边本币结算的领域和区域。

三是推进南亚东南亚货币现钞供应中心建设。拓宽外币现钞跨境调运路径，继续支持各商业银行开展现钞进出境调运；发挥云南的区位优势，推动现钞跨境调运业务服务全国对南亚东南亚货币现钞的需求，把云南建设成为全国的南亚东南亚货币现钞供应中心。

案例3：体育彩票游戏销售方式创新

云南自贸试验区通过对体育彩票新销售方式探索和创新，积极创新彩票发行内容，开拓销售渠道，培育彩票市场新增长点，提升购彩者的购彩体验，推动云南体育产业高质量发展。

主要做法：

一是探索在省内部分火车站设立体育彩票销售点。以增强客户购彩便利性和体验性为出发点，探索体育彩票新销售方式，在昆明高铁南站二楼候车大厅设立即开型体育彩票销售点，放置体育彩票终端机。

二是开发便利连锁渠道销售体育彩票。进驻沃尔玛超市、昆明中旺旺家便利连锁店、楚雄千子言便利连锁店等便利连锁店，积极推进便利连锁渠道拓展工作，截至2021年6月已开通行业便利渠道销售网点59个，实现云南省便利连锁渠道零的突破，不断提高购买体育彩票便利性。

三是发行地方主题即开型体育彩票。持续推进体旅融合发展，积极开展“一张彩票话云南”行动，自行设计发行了“七彩云南” “吉象如玉”“茶马古道”和“永子”（围棋品牌）四款地方主题即开票，将体育彩票品牌同更多的云南文化结合，更好的展现体育彩票品牌内涵，推动体育彩票事业和云南体育、文化、旅游融合发展。

实践效果：

（一）提升彩票销售服务能力

行业便利渠道的开发建设，一方面提高了购彩便利性，同时在销量提升上方面也取得了一定成效，截至2021年6月，59个行业便利渠道销售网点已累计销售608.45万元。通过前期云南省对行业便利渠道的开发探索，已基本形成较为完备的建设标准、流程以及运营经验，为下一步持续做好新渠道的开发建设提供实践支持和基础保障。2021年7月，在昆明高铁南站二楼候车大厅试点设立即开型体育彩票销售点，积极拓展新销售渠道，扩大消费者购彩便利性，提升客户体验，扩大客户群体，增加销售量，展现体育彩票良好的公益形象，为更多购彩者及游客提供方便、整洁的购彩环境。

（二）持续深化“体育+旅游+文化”融合发展

通过地方主题即开型彩票的发行，以生动的画面呈现形式为传播载体，与云南民族文化、体育、旅游相结合，挖掘、传播、推广云南体育旅游文化品牌，赋予即开票收藏、保持等更多的附加价值，深化体育彩票品牌内涵，推动体育彩票与体育文化、体育旅游融合发展。

下一步工作思路：

一是继续推进自贸区内体育彩票新游戏建设。依托云南自贸试验区的特殊政策和优惠条件，丰富云南体育彩票的游戏品种，根据国家体育总局彩票中心新游戏研发审批情况，积极争取“体育彩票传统票”游戏玩法首批在云南自贸试验区落地销售，丰富自贸试验区娱乐方式。

二是继续创新自贸区内体育彩票销售方式。在建设负责任、可信赖、健康发展的国家公益彩票发展目标统领下，按照“全产品、全渠道、全价值链”的要求，持续推进有人值守即开型彩票辅助终端的布设，继续在人流量较大的机场、高铁站、客运站（码头）、高速公路服务区、城市商业中心、步行街、旅游景点、体育场馆等区域销售体育彩票，吸引更多的品牌连锁便利店加入到公益体彩队伍中，强化改革创新，持续提质增效。

案例4：“一站式”知产服务平台，助力建设创新型社会

习近平总书记指出创新是引领发展的第一动力，并要求共筑完善的知识产权保护体系。2020年，云南省委、省政府出台的《关于强化知识产权保护的实施意见》中，明确要求云南自贸区要在“建立健全社会共治模式，跨部门跨区域办案协作、知识产权保护机构建设”等三方面率先突破。为

此，云南自贸试验区昆明片区（以下简称昆明片区）率先建立知识产权运营服务中心，融合打造“线上+线下”一站式知识产权服务平台，涵盖知识产权运营、保护、融资、孵化等开发全流程。

主要做法：

（一）知识产权线上平台

昆明片区知识产权运营服务中心线上平台与昆明片区大数据中心建立合作机制，通过设立大数据检索分析、产业分析融合、知识产权培育、知识产权交易、知识产权保护等功能板块，以“互联网+知识产权”服务等多种方式，为片区企业开展知识产权许可、转让、专利导航、收购托管、质押融资、贷款担保、知识产权证券化、维权等运营服务，为区内产业发展决策提供可靠数据支持。

（二）知识产权线下服务

昆明片区知识产权运营服务中心线下服务中心以知识产权服务机构为依托，以重点产业知识产权运营转化为支撑，逐步实现业务流、信息流、资金流的互联互通，全方位覆盖IP代理、IP保护、法律咨询、科技成果转化与技术转移等服务，同时服务覆盖云南其他产业知识产权运营中心及专利导航平台。搭建知识产权信息服务站，设立知识产权维权服务站，建立自贸试验区专业市场知识产权保护工作机制，形成多元化知识产权争端解决与维权援助体系。

（三）线上与线下服务的互联互通

服务中心以“平台、机构、资本、产业”四位一体的知识产权运营服务体系核心载体为基础支撑，探索云南自贸试验区“1+N”的知识产权运营服务体系模式。以知识产权运营机构为节点，以重点产业知识产权运营为支撑，打造知识产权“线上+线下”融合平台。全力搭建一体化平台运营网络，提供全方位综合性知识产权服务。建立线上知识产权维权协作机制，线上线下联动维权，快速处置侵权投诉纠纷。设立知识产权服务促进中心、运营平台、运营联盟，形成国际化的区域特色知识产权运营体系。

实践效果：

（一）线上服务广泛惠及各类市场主体

2020年，线上平台涉及商标咨询、检索服务近12万次；成功办理商标注册、转让等商标业务近8 000次，金额高达400万；成功办理专利申请、转让等专利业务近400次，金额高达200万；服务云南省属企业1 300多家；服务行业涉及20多个。此外，线上平台还提供创新大学堂学习培训、技术直播等相关业务，开设企业高价值专利运营等系列课程，访问量超10万次，在线学习次数超20 000次，技术直播访问量超3 000次。

（二）线下高质量服务推动知产价值转化

截至2020年11月，昆明片区知识产权运营服务中心入驻及合作的服务机构合计56家，为云南多家企业提供包括商标代理、互联网建设、法律咨询、项目申报及专利指导等在内的知识产权相关服务。与中国农业银行、光大银行及第三方知识产权评估机构进行合作，推出“知识产权运营+质押融资”的金融服务模式，服务对象主要为省内中小微科技型企业，融资期限为半年至一年，融资额度在1 000万元以内。

（三）培训交流加强创新和维权意识树立

进行知识产权相关知识拓展学习，包括自主培训学习300多次，云南地州受邀行业交流学习200多次，作为国家技术转移人才培养基地（云南）为企业开展技术经纪人培训近300人次，协办地理标志变现会议交流、承办地理标志保护与运用实务论坛交流等达10余次。

下一步工作思路：

一是进一步拓展线上平台应用功能，加大力度进行复制推广。围绕全国知识产权示范城市建设工作，进一步完善细化知识产权运营平台功能，丰富金融功能手段，引入创投、风投等基金入驻；充实参与主体类型，联络更多的高校、研发机构、孵化器入驻平台参与建设。

二是扩大知识产权运营服务中心辐射范围，加大力度进行复制推广。将知识产权运营服务中心作为云南省知识产权价值开发的典范进行推广应用，力争建设成为西部知识产权创新、开发和保护的高地，梳理并提升知识产权服务的品牌，辐射西部科研、创新、创意市场。

三是积极引入大数据、区块链等信息技术建设高质量、智慧化知识产权服务体系。将大数据技术应用到知识产权价值评估、知产搜索、项目导航等领域。将区块链技术应用到知识产权原创认证、文件存证、侵权取证等保全领域，维护创新者的合法权益，深度挖掘知识产权的潜在价值。

案例5：电子劳动合同“全程网办”

为不断优化劳动关系公共服务功能，方便企业和劳动者“不见面”办理劳动合同有关事项，官渡区在建设自贸试验区主战场中，主动创新、敢于尝试，积极探索“互联网+劳动关系”，打造高效便捷的企业服务平台，在全国率先开启了云南省电子劳动合同管理“全程网办”全新工作模式。

主要做法：

一是首用“数字化”认证。在劳动合同服务“全生命”周期过程中，引入第三方CA数字认证技术，以“实名认证+人脸识别+手动签名+时间戳”的方式，实现电子劳动合同实名认证签署，满足合法性、安全性、便利性要求。

二是搭建“一体化”平台。推出电子劳动合同服务平台，设置实时追踪、检索查阅等功能，提供云南省劳务派遣、农民工劳动合同书等3个模板供企业选择，为企业和劳动者提供范本、签订、管理等一体化便捷服务。

三是开展“无纸化”试点。运用“互联网+”思维，首次提出电子劳动合同构想，将其纳入政府工作报告，经过多方调查、研究、招标，在全省率先开展试点，对接就业失业登记、失业、工伤等业务，使劳动合同信息进入“无纸化”传输轨道。

实践效果：

（一）技术安全“有保障”

在合同的生成、传递、储存等环节中，以合乎相关法律法规为前提，同步校验签约双方的身份、意愿，确保签署环节涉及到的证据链完整、真实有效、不可篡改，消除企业和劳动者对签署是否规范，是否具有法律效力的担忧。官渡区开发的电子劳动合同标准已被省人社厅作为模板在玉溪、曲靖试用，数据的法律效力被省仲裁院认可。

（二）数字平台“显优势”

通过线上签订，数据依法共享、实时查验，提高合同签订效率，具有难伪造、易追溯、求真实的特点，从根本上解决合同遗失、保管、查看等难题，逐步实现从“群众跑腿”到“信息跑路”的转变。截至2021年7月，已有中国电信、中铁装备等18家企业参与使用，共签订电子劳动合同1 233份，实现就业、失业登记，以及养老、工伤、失业保险全程网办。

（三）员工企业“得实惠”

系统研发维护费用政府“买单”，员工、企业“零费用”使用。支持使用PC电脑端和手机模式，可在线完成劳动合同档案查看、检索、调用，便于劳动者异地、线上办理，企业运行及员工管理，提高劳动合同档案使用、管理效率。企业登录云南省劳动用工登记备案系统，劳动者登录“云南人社12333”手机应用程序即可进行线上劳动合同签署，极其方便快捷，降低企业运行及员工管理成本。

下一步工作思路：

一要解锁管理新技术。坚持需求导向、政府指导的原则，从试用开发阶段转向推广完善阶段，探索运用互联网、区块链等新技术，不断创新管理新模式，切实保障签署安全性。

二要完善平台增服务。根据用户使用反馈，适当调整和增加平台相应模块，以最快速度、最快响应、最优服务解决存在问题，全力保障电子劳动合同平台好用、顺畅；丰富“互联网+人社”应用场景，满足不同签约场景的需求。

三要延伸使用覆盖面。扩大试点范围，推进电子劳动合同的普及，对接劳动监察和人民法院，解决执法取证和司法调证难等问题，将住建、医保融入网办范畴，实现信息共享互通，进一步提高电子合同数字化办理、管理水平。

案例 6：开展贸易调整援助试点助力糖业产业发展

云南自贸试验区以制度创新为抓手，积极应对经济全球化和贸易自由化趋势，大力开展糖企贸易调整援助试点工作，有效补偿国际竞争损失，推动糖业产业发展。

主要做法：

（一）突出重点确定援助对象

首先，根据产业当前发展情况、面临的挑战、下一步探索的方向及其对脱贫攻坚的支撑作用，确定将糖业产业作为贸易援助的目标产业。其次，符合援助条件规定的糖业企业可向区管委会提出贸易调整援助申请，由片区核准批复，并将相关材料报云南自贸试验区领导小组办公室备查。最后，根据竞争产品、数量增长、损害情况等核心要素，对提出贸易调整援助申请的企业是否符合规定的条件进行审核，全程做到公平公正、择优选择、重点扶持。

（二）多措并举开展援助工作

直接援助方面，根据申请，对糖业企业贸易调整援助的重点是涉及蔗农、工人和客户利益的物流成本和供应链管理两个方向的支持。资金分类支持方面，对糖企及 1 个糖业互联网企业均给予支持，其中对产量在 60 万吨以上糖企支持 30 万元，其他糖企或糖业互联网企业支持 20 万元。保险辅助方面，在出口信用保险上采取间接支持的方式进行中信保的保险资金包含对糖企外贸进出口的保险，糖企在外贸进出口中如果受损，可申请获赔此项保险资金。

（三）定期评估援助效果

一方面由糖业企业及糖业互联网企业在接受援助后开展自评，并把自评结果上报。另一方面，由片区管委会及时对实施援助后企业竞争力恢复情况开展跟踪报告，定期对试点推进情况及推进效果开展评估，并将试点情况上报审核后，确定任务完成情况，探索在全省适时复制推广。

实践效果：

（一）改善了制糖行业供应链管理

制糖行业分布在边疆、民族和贫困地区，物流及供应链管理成本偏高。通过试点支持，制糖行业进行点对点运输和新运输工具、“海铁联运”等运输工具的尝试，平均销售费用从上榨季的 189.62 元/吨降至本榨季的 180.67 元/吨，降物流成本 1 941.43 万元。

（二）稳定了糖料蔗种植面积

支持企“走出去”与周边合作，建设近 80 万亩糖料周边生产基地，使全省糖料基地稳定在 500 万亩以上。同时边境地区加强管理，形成运距合理的糖料区。2019—2020 榨季，入榨甘蔗 1 679.44 万吨，比上个榨季增产 49.27 万吨。

（三）保障了糖业工人及糖农收益

一是确保糖业工人就业稳定。糖价的稳定回升稳定了 32 000 人左右糖业工人（含季节性工人）就业。二是保障贫困糖农收益。45 个甘蔗种植县中 32 个是国家级贫困县，占全省的 35%，600 万糖农年总收入达 94 亿元。截至 2020 年 12 月，55.63 万人贫困糖农中的 16.29 万户建档立卡户全部脱贫，32 个甘蔗种植国家级贫困县全部实现脱贫攻坚目标。

案例 7：互联网+边民互市贸易监管模式

落实国家关于鼓励发展“互联网+边贸”要求，2020 年 4 月底，“边民互市双边一级市场交易平台”在云南河口上线进行测试；截至 2021 年 12 月，共进行线上结算 186 785 笔，总金额 14.52 亿元；截至 2022 年 2 月 17 日，边民开户签约 5 509 户，进行线上结算 220 362 笔，累计金额 17.11 亿元。优化边民互市贸易海关监管模式，进一步完善云南河口边民互市贸易监管链条，支持边民使用非现金支付结算方式，加强跨部门联合协同监管，有效降低海关执法风险，促进边民互市贸易交易市场健康发展。

主要做法：

一是地方政府开发“边民互市双边一级市场交易平台”，边民（边民合作组织）通过互联网使用该平台线上选择及订购商品，形成采购订单；边民互市进口商品进入边民互市场所后，中方边民到场开展线下交易，交易确认后，交易平台将边民确认的订单信息发送给银行，由银行完成信息验证和交易结算，将相关货款支付到卖方账户，并将结算凭证发送给海关，确认交易完成。完成交易结算后，边民方可在互市场所向海关申报互市进口商品，确保“真边民、真交易、真结算”。海关通过对商品申报信息、场所理货信息、交易订单信息、银行支付信息等数据比对印证，完成单证审核，并开展货物海关监管查验后，互市商品进入国内环节，解决以往海关仅能凭边民申报信息，实施监管的问题。

二是海关可以通过与人民银行（外管局）等监管部门协同配合，实现对边民互市贸易跨部门综合管理。

三是互联网+边民互市贸易监管模式通过“线上推广、线下交易”的方式，并支持采用非现金支付结算方式，解决交易及申报真实性问题，同时加强互市商品价格申报管理，解决审价难问题。

四是通过对互市贸易物流、资金流、信息流的综合分析评估，有效防范互市渠道伪报贸易方式。

特色亮点：

一是该监管模式采用“线上推广、线下交易”的方式，并支持采用非现金支付结算方式，解决长期困扰海关管理的交易及申报真实性问题。

二是依托互市电子结算数据，加强互市商品申报价格审核工作，解决互市贸易审价难问题。

三是通过对互市贸易物流、资金流、信息流的综合分析评估，提升海关对互市渠道伪报贸易方式行为打击的精准性和有效性。

实践效果：

落实国家关于鼓励发展“互联网+边贸”要求，2020 年 4 月底，“边民互市双边一级市场交易平台”在云南河口上线进行测试；截至 2021 年 12 月，共进行线上结算 186 785 笔，总金额 14.52 亿元；截至 2022 年 2 月 17 日，边民开户签约 5 509 户，进行线上结算 220 362 笔，累计金额 17.11 亿元。

优化边民互市贸易海关监管模式，进一步完善云南河口边民互市贸易监管链条，支持边民使用非现金支付结算方式，加强跨部门联合协同监管，有效降低海关执法风险，促进边民互市贸易交易市场健康发展。

海关可以通过与人民银行（外管局）等监管部门协同配合，实现对边民互市贸易跨部门综合管理。

案例 8：外籍人员信息集成管理模式

实行外籍人员“一人一码”动态管理，将“一站式”采集的外籍人员多证信息加上人脸识别、指纹等生物信息固化形成二维码，涵盖身份认证、健康、通行、务工、居留、培训、人脸识别等信息；通过应用程序、小程序等打通行政管理部门、用工企业、商户等快捷获取外籍人员准确信息渠道，实现行政部门动态掌握外籍人员来源、就业、分布等精细信息，外籍人员证件是否有效、齐全一扫便知，有效解决外籍人员信息翻译不统一、物理证件难以核实及甄别真伪等管理难题，具有一定创新性，可有效提高管理精细度、服务提供效率和外籍人员合法停居留期间生活、办事便利度，便利行政管理部门动态监管、快速筛查三非人员，便利商业部门安心雇佣及服务提供。

主要做法：

一是外籍人员入境后“一站式”全面采集个人身份、健康、通行、务工、居留、培训、人脸识别等信息；二是多证信息加上采集的人脸识别、指纹等生物信息固化形成不可修改、复制的外籍人员个人信息二维码；三是有关部门和商户可通过扫码为外籍人员提供服务和进行身份、资格等审查。

特色亮点：

一是实行“一人一码”动态管理，涵盖身份认证、健康、通行、务工、居留、培训、人脸识别等信息；二是通过应用程序、小程序等打通行政管理部门、用工企业、商户等快捷获取外籍人员准确信息渠道；三是扫码即显示双语版个人信息，人员证件是否有效、齐全一扫便知，方便提供服务和动态监管。

实践效果：

一是外籍人员证件办理信息“一站式”采集，压缩证照办理所需提交材料和办理时限。

二是通过手机应用程序、小程序等，行政管理部门可动态掌握外籍人员来源、就业、分布等精细信息，快速核查信息，便利筛查三非人员、甄别停居留就业合法性，商业部门可核查人员身份合法性、有效性，便利雇佣、服务提供。

三是疫情期间，个人信息二维码增加核酸检测结果信息，“一人一码”便利行政部门掌握外籍人员疫情防控情况，商家安心提供服务，用工企业快速复工复产。

案例9：电力交易跨境“淘电”+“绿色用电”模式

昆明电力交易中心打造的跨境电力合作“云南模式”，通过编制覆盖老挝北部、边民互市等场景的创新交易方案，首创“电子商务+电力零售”的新模式，打造“淘电”电力交易电子商务平台。实现了跨境结算全程电子化，提升了交易效率，扩大了交易范围。已吸引来自老挝、越南、缅甸等国家的100余家购售电主体入场交易。2019年8月至2022年1月底，实现跨境电力交易77.26亿千瓦时。

昆明电力交易中心在探索促进电力市场和碳市场衔接方面取得了开创性成效——基于区块链技术，构建了电力市场存证及溯源系统。开出全国首张“绿色用电凭证”（包括风光水在内的广义清洁能源），为企业提供权威、可靠的绿色用电交易证明和碳足迹核查重要依据，有效激励企业优先购买和使用绿色能源电力，服务中国低碳企业进军海外市场、对接国际标准。

主要做法：

一是昆明电力交易中心打造的跨境电力交易模式、平台运营等制度稳定有序，成熟且易于操作，通过不断完善交易规则，跨境交易内容不断丰富；通过改造升级交易系统，进一步规范了跨境交易行为，提升了交易效率。

二是积极打造区块链电力交易存证及溯源系统，成功实现每一度电全生命周期上链溯源，强有力的技术支持是持续优化开展“绿色用电凭证”服务的重要保障。2022年，昆明电力交易中心入选国家区块链创新应用试点，是全国能源领域11个试点之一。

特色亮点：

全国首创。

一是昆明电力交易平台在跨境交易机制、跨境资金结算、境外主体入驻等方面突破创新，首创跨境电力交易“淘电”电子商务平台，首创将跨境购售电主体引入平台开展交易，并形成一系列长效运行机制。

二是昆明电力交易中心基于区块链溯源技术，依据交易平台合同和结算数据打破了传统电力不可分性，溯源出企业使用的水、火、风、光电量，为电力碳排放核算的精确计量提供了强大的技术支持。“绿色用电凭证”是连接碳市场和电力市场的重要桥梁，是电力市场助力实现碳达峰、碳中和的重要举措。

实践效果：

一是跨境电力交易主体持续增加，跨境电力交易量稳步增长，跨境电力交易合作更加紧密。电力交易市场汇集了老挝、越南、缅甸等国家的购售电主体100余家，云南省有13回输电线路与周边国家联网，成功举办大湄公河次区域国家能源论坛和培训10余次。

二是昆明电力交易中心于2021年4月开出全国首张“绿色用电凭证”。截至2021年12月底，云南省共有127家企业开具了“绿色用电凭证”，为用电企业开展国内碳排放核查、出口产品国际碳足迹认证提供了重要依据。隆基绿能科技股份有限公司、云南铝业股份有限公司等企业纷纷申请开具绿色用电凭证，为其实现产品出口，走向国际市场等方面发挥了重要作用，有力地促进了绿色能源与绿色先进制造业深度融合发展。

案例10：中老铁路信息联动物流协同新机制

习近平总书记在中老铁路通车仪式上强调，“要把中老铁路维护好、运营好，把沿线开发好、建设好，打造中老铁路黄金线路，造福两国民众”。云南、山东、四川、广西等自贸试验区有关片区充分发挥自身优势，积极推动中老铁路和中欧班列等跨境物流对接，在集货、通关、物流、监管、分拨等方面联动创新，接力共促对外开放。云南自贸试验区昆明片区（以下简称昆明片区）发挥中老铁路重要枢纽作用，依托昆明中铁联集王家营中心站，携手四川自贸试验区成都青白江铁路港片区（以下简称成都青白江铁路港片区）、山东自贸试验区济南片区（以下简称济南片区）、广西自贸试验区钦州港片区（以下简称钦州港片区）等自贸片区，建立市场相通、创新相促、产业相融、信息共享、协同高效的联动机制，通过跨区域联动创新有效解决了片区间信息不通、产业不融和通道不畅等问题，实现中老铁路扩增量、优存量、提质量，共促国家对外开放战略，为打造贯通东南亚与东北亚黄金线路奠定基础，服务国内国际双循环。

主要做法：

一是物流联动，实现国内国际市场相通。在通道建设上，昆明片区与济南片区、成都青白江铁路港片区、钦州港片区签署跨省自贸联动协同合作协议，发挥各自优势，共同打通铁海联运大通道。比如，济南片区发挥北方集装箱空箱分拨中心作用，实现山东及周边集货，开通定期往返济南—昆明铁路干线。各片区建立铁路物流一体化联动，集拼云南、四川、山东、广西等省（区）货物，链接中欧班列和中老铁路，同步打造区域性集装箱空箱调配中心。在金融保障上，制定全程多式联运解决方案和操作规则，比如，成都青白江铁路港片区首创多式联运“一单制”+全程保险，实现货物“一次委托、一口报价、一单到底、一票结算、全程保险”。在对话机制上，昆明片区牵头成立中老泰国际多式联运物流联盟，服务解决各片区实际需求和问题。

二是信息协同，实现贸易便利创新相促。在信息便利方面，建立信息协同机制，实现登记注册跨区通办、行政许可互认通办、知识产权协力通办、质量资源共享通办，中老铁路沿线城市实现61个事项市场一体化监管。比如，济南片区通过综保区欧亚运贸中心班列服务平台，建立南北方区域集装箱空箱分拨对流中心，构建两地综合保税区联动通关监管模式，实现与昆明片区在企业信用、通关、报税、物流、仓储等信息共享。在通关便利方面，昆明海关出台支持磨憨铁路口岸通关便利化13项措施，使用智能化设备，满足RCEP规则下易腐货物6小时通关要求。各片区属地海关通力合作，利用智慧化通关模式，提高通关时效。在执法便利方面，昆明片区与钦州港片区建立联检合作，对低风险危险货物过境转关实行直接出港便利化监管措施，并与老挝、泰国等建立海关联络员会议机制，边境双边海关建立工作会谈机制。

三是优势互补，实现内外协同产业相融。在跨境产能协同方面，建立联席会议机制，以自贸片区城市优势产业为链条，实现资源禀赋和集结运力多重叠加，打通中老铁路双循环供应链。比如，昆明片区鲜花水果实现专列对发，快速分拨至全国各地；济南片区打造北方市场东南亚资源类产品集散地，将昆明等地的文化系列产品通过中欧班列运往“一带一路”沿线国家。在跨境班列协同方面，推动中老班列与中欧班列对接协同，比如，昆明片区与成都青白江铁路港片区加强国际铁路班列信息和政策协同，推动双向衔接；钦州港片区利用西部陆海新通道，将昆明市作为货物运往内陆腹地和南亚地区重要物流集散节点，实现西部地区和南亚东南亚进出口货物双向平衡。

特色亮点：

一是无实施障碍。该模式不涉及法律法规和部门规章、政策的调整，是对跨区域的国际铁路联运信息和物流、产业合作内容的丰富。

二是可复制推广性强。该模式填补了自贸试验区之间跨境铁路运输资源高效嫁接、产业互补发展的空白，是自贸试验区之间联动创新有益尝试，具有较强复制推广价值。

实践效果：

一是跨区联动扩大黄金线路“增量”。自中老铁路首趟国际货物列车开行以来，四川、重庆、江苏、广东、上海、山东、广西等省区市发往南亚东南亚国家的货物在昆明集结，陆续开行国际冷链、“澜湄快线”、市场采购贸易等国际货物专列。2021年12月3日开通以来至2022年3月4日，中老铁路发送旅客突破170万人次；中铁联集昆明中心站共计开行中老国际货运列车1 444车，发运货物总重量达3.9万吨，货值约11.3亿元人民币；磨憨站出境3 508车83 190吨（昆明局100列、广铁14列、北京局1列、成都局17列、上海局15列、济南局3列、南昌局4列、兰州局1列），磨憨站累计入境3 222车140 555吨，取得客货齐增效果。

二是激活资源做优黄金线路“存量”。中老铁路运输网已覆盖国内9省区市的15个主要城市，辐射带动老挝、泰国、新加坡等10余个“一带一路”沿线国家，有效激发了沿线“存量”企业产能合作潜力，有效解决物流运输成本高企的瓶颈。中老铁路运输成本约0.6元/公里/吨，较公路运输时间缩短三分之二，运费节省30%左右；较相邻铁路运输时间缩短2—3天；较海运时间缩短80%以上，且采用国际通用标准集装箱，全程最快仅需26小时。比如，济南片区山左集团与昆明片区西草集团合作的首批精油沐浴球产品通过中老铁路进入东盟国家；成都青白江铁路港片区推动“四川造”货物通过中老铁路直达万象，并分拨至泰国、缅甸以及柬埔寨等国。

三是精准发力提升黄金线路“质量”。中老铁路有效拓宽了物流服务半径，带动沿线城市的企业融入全球供应链生态圈。昆明片区推进“省会+口岸”产业协同发展，中越、中老、中缅高速公路境内段全线贯通，中缅海公铁联运首运成功，云南班列运营平台累计对接国内外客户超过500家，先后为136家企业提供跨境运输及配套服务，节约物流成本约500万元。济南片区加速实现中欧班列与中老铁路衔接，为泰国、越南、缅甸等东南亚国家开辟了内陆运输通道。成都青白江铁路港片区依托中老班列的常态化开行，加大与昆明、磨憨—磨丁合作区的合作，谋划布局建设多式联运转运中心、仓储物流园区，促进运贸一体化发展。

四、云南省政府及相关部门出台的政策措施

（一）《中国（云南）自由贸易试验区工作领导小组办公室关于印发〈中国（云南）自由贸易试验区产业发展制度创新和招商引资指引（2021年版）〉的通知》（云自贸组办发〔2021〕1号，2021年3月4日）。

（二）《中国（云南）自由贸易试验区工作领导小组办公室关于印发〈中国（云南）自由贸易试验区产业发展规划（2021—2025年）〉的通知》（云自贸组办发〔2021〕11号，2021年5月30日）。

（三）中国（云南）自由贸易试验区工作领导小组办公室关于印发《中国（云南）自由贸易试验区参与〈区域全面经济伙伴关系协定〉（RCEP）行动方案》的通知（云自贸组办发〔2021〕8号，2021年5月30日）。

（四）《中国（云南）自由贸易试验区工作领导小组办公室关于印发〈中国（云南）自由贸易试

验区深化营商环境制度创新的若干措施〉的通知》（云自贸组办发〔2021〕10号，2021年6月4日）。

（五）《中国（云南）自由贸易试验区工作领导小组办公室关于印发〈中国（云南）自由贸易试验区容错纠错实施办法〉的通知》（云自贸组办发〔2021〕14号，2021年12月2日）。

五、大事记

2021年3月4日　中国（云南）自由贸易试验区工作领导小组办公室印发《中国（云南）自由贸易试验区产业发展制度创新和招商引资指引（2021年版）》，主要包括产业发展制度创新指引、产业发展招商引资指引两大板块，进一步明确自贸试验区产业发展主攻方向，引导产业协同布局、错位发展、精准招商，加快形成产业空间优势互补、集群式发展的新格局。

2021年5月30日　中国（云南）自由贸易试验区工作领导小组办公室印发《中国（云南）自由贸易试验区参与〈区域全面经济伙伴关系协定〉（RCEP）行动方案》，围绕压力测试、贸易自由化、海关程序简化、双向投资、贸易规则等方面共拟定了15条具体行动计划，以期在跨境贸易、跨境电商、跨境产能合作、跨境金融、跨境人力资源合作、跨境园区建设、跨境物流、跨境旅游等领域实现更大范围、更宽领域、更深层次的区域合作。

2021年6月4日　中国（云南）自由贸易试验区工作领导小组办公室印发《中国（云南）自由贸易试验区深化营商环境制度创新的若干措施》，围绕市场准入、贸易便利、金融开放、社会治理、实施保障等领域，出台100项具体措施，发挥自贸试验区在打造市场化、法治化、国际化营商环境中的引领、带动、示范作用，培育新形势下参与国际合作和竞争新优势。

2021年6月7日　中国（云南）自由贸易试验区德宏片区制度创新案例“边境地区涉外矛盾纠纷多元处理机制”成功入选全国自由贸易试验区第四批“最佳实践案例”，向全国复制推广。

2021年10月11日　中国（云南）自由贸易试验区昆明片区制度创新案例“面向南亚东南亚跨境电力交易平台”由国务院自由贸易试验区工作部际联席会议简报通报推广。

2021年11月20日　中国（云南）自由贸易试验区红河片区制度创新案例“打造高效便捷的跨境车险服务模式”入选中山大学自贸区综合研究院发布的“2020—2021年度中国自由贸易试验区制度创新十佳案例”。

2021年12月2日　中国（云南）自由贸易试验区工作领导小组办公室印发《中国（云南）自由贸易试验区容错纠错实施办法》，主要包括十五条，重点明确了容错纠错基本原则、容错条件、可容错情形以及不予容错情形等规定，旨在营造“大胆试、大胆闯、自主改”工作风气，鼓励自贸试验区管理机构及其工作人员积极担当作为、探索试验和改革创新，促进自贸试验区建设发展。

2021年中国（黑龙江）自由贸易试验区建设概况

中国（黑龙江）自由贸易试验区工作办公室

康翰卿

中国（黑龙江）
自由贸易试验区
工作办公室主任

康翰卿，男，满族，1963年10月出生，黑龙江绥化人，中共党员，研究生学历。历任佳木斯市对外贸易委员会党委书记、主任，对外贸易经济合作局党委书记、局长；黑龙江省对外贸易经济合作厅党组成员、副厅长；黑龙江省商务厅党组成员、副厅长；黑龙江省政府副秘书长，黑龙江省政府办公厅党组书记、主任；哈尔滨市委常委，哈尔滨市政府副市长、党组副书记。现任黑龙江省商务厅厅长，中国（黑龙江）自由贸易试验区工作办公室主任。

一、经济运行数据

（一）投资情况

2021年，中国（黑龙江）自由贸易试验区（以下简称黑龙江自贸试验区）新设企业6 467家，比上年增长8.8%。

新设外商投资企业24家，与上年持平；合同外资金额4.06亿美元，比上年增长261.5%；实际使用外资金额1.94亿美元，比上年增长1 015.8%。

新设境外投资机构2家，比上年下降50%；新增中方协议投资额230.15万美元，比上年下降96.8%；区内企业中方实际投资额170.85万美元。

实现税收收入95.74亿元，比上年增长19.4%。

（二）贸易情况

2021年，黑龙江自贸试验区货物进出口总额269.32亿元，比上年增长48.7%。其中，货物进口额191.66亿元，比上年增长54.7%；货物出口额77.66亿元，比上年增长35.8%。

黑龙江自贸试验区对俄货物进出口总额188.38亿元，比上年增长50.2%，占黑龙江自贸试验区货物进出口总额的69.9%。其中，对俄进口总额148.50亿元，增长46.4%，占黑龙江自贸试验区进口总额的77.5%；对俄出口总额39.88亿元，增长66.5%，占黑龙江自贸试验区出口总额的51.4%。

（三）金融情况

2021年，黑龙江自贸试验区新增金融机构11家，其中新增持牌金融机构9家、非持牌金融机构2家，跨境人民币结算金额84.78亿元。

（四）创新情况

2021年，黑龙江自贸试验区新增高新技术企业389家，营业收入1 523.23亿元。

二、建设措施及成效

建设自贸试验区是党中央在新时代推进改革开放的一项重要战略举措，在中国改革开放进程中具有里程碑意义。2019年8月，国务院批准设立中国（黑龙江）自由贸易试验区，是首批在沿边省份布局的自贸试验区之一，也是中国最北自贸试验区。

2021年，黑龙江自贸试验区在省委省政府的坚强领导下，在商务部等国家部委的悉心指导下，围绕总体方案改革试点任务落实，以制度创新为核心，体制机制不断健全、创新意识显著增强、营商环境持续优化、项目主体加速落地，各项工作取得积极成效。

（一）高度统筹推进，自贸试验区高质量发展方向已经明确

黑龙江省委省政府高度重视，主要领导召开省委专题会、省自贸试验区领导小组会议等研究部署工作，提出明确指导意见和发展思路，为自贸试验区建设提供坚强组织和领导保障。省自贸领导小组调整完善专项推进工作机制，设立促进投资创新、经贸创新升级、金融开放创新、营商环境建设、农业开放合作、科技创新发展6个专项推进组，夯实自贸试验区建设的“四梁八柱”。

（二）着力抓好制度创新，沿边特色创新成果逐步生成

黑龙江自贸试验区立足自身战略定位和独特优势，制定印发《中国（黑龙江）自由贸易试验区制度创新成果生成机制方案》，建立科学系统的制度化安排和工作运行机制，压实中省直部门、片区所在地政府和管委会责任，按照“实施一批、研究一批、储备一批”的思路，形成无感续证新模式、互市贸易进口商品落地加工、跨境金融区块链服务平台等一批首创特色创新成果。累积形成100项省级制度创新案例，据国际第三方机构评估，2021年发布三批的90项省级创新案例中，全国首创性16项、系统集成35项、对俄特色30项。“创新中俄跨境集群建设”入选全国自贸试验区第四批“最佳实践案例”。制定印发《中国（黑龙江）自由贸易试验区创新发展行动方案（2021—2023年）》，提出8方面89项措施，持续加大政策供给和赋能。创新完善复制推广工作模式，推动全省各市地能复制皆复制，并梳理形成海关分类监管、企业简易注销等10个复制推广典型案例。

（三）对标国际高标准，打造优良营商环境

黑龙江自贸试验区领导小组统筹推进总体方案实施，27个中省直部门出台33项文件、提出420余项政策措施，不断完善制度体系建设、持续加强政策供给。在同批次自贸试验区中，黑龙江自贸试验区率先达到100%的总体方案实施率；持续深化“放管服”改革，推动589项省级事权下放到自贸试验区，“证照分离”改革在三个片区实现全覆盖，一网通办、容缺受理、不见面审批等实现新突破。主动引入国际第三方机构对自贸试验区营商环境开展评估，编制《中国（黑龙江）自由贸易试验区2020年营商环境评估报告》，黑龙江自贸试验区在“开办企业”“办理建筑许可”“获得电力”“执行合同”等领域位于全球前沿。对标世界银行和国家营商环境指标体系，制定印发《中国（黑龙江）自由贸易试验区优化营商环境行动计划（2021—2023年）》，提出12方面34项举措，着力打造市场化法治化国际化营商环境。

（四）精准施策赋能，全力推动产业集聚

黑龙江自贸试验区将招商引资作为高质量发展的“生命线”，从中省直部门到片区管委会，积极搭建吸引产业集聚的政策支撑体系，持续释放自贸试验区制度与政策磁吸效应。省自贸办建立招商引资调度机制，召开外贸外资专题工作会议，指导片区培育发展壮大外向型经济。编制发布《中国（黑龙江）自由贸易试验区投资潜力发展报告》，从资源禀赋、优势产业、投资机会等8方面展示自贸试验区投资潜力和重点项目。制定印发《中国（黑龙江）自由贸易试验区协同发展先导区建设实施方案》，打造“以自贸试验区为一体，三个片区和协同先导区为两翼”的“一体两翼”开放新格局。黑龙江自贸试验区哈尔滨片区正威、万科等一批超百亿项目投资落地，深圳（哈尔滨）产业园加速建设，战略性新兴产业发展潜力巨大；黑龙江自贸试验区黑河片区形成跨境电商及物流、跨境机电制造、跨境农产品加工、进口能源综合利用、康养文旅为代表的产业体系，跨境产业集群发展前景可期；黑龙江自贸试验区绥芬河片区形成跨境木材加工、粮食和中药材进口加工、进口清洁能源利用为代表的产业体系，口岸枢纽重要性进一步上升。

（五）持续助推经济发展，示范引领作用进一步显现

2021年，黑龙江自贸试验区以全省万分之三的面积，贡献了全省约1/3的实际使用外资和1/7的

外贸进出口额。2021 年，黑龙江自贸试验区实现外贸进出口额 269.32 亿元，比上年增长 48.7%，高于全省外贸额增幅 19.1 个百分点，占全省外贸总额的 13.5%，其中对俄贸易额 188.38 亿元、同比增长 50.2%、高于全省对俄贸易额增幅 15.4 个百分点、占自贸试验区外贸总额的 69.9%；新设企业 6 467 家，增长 8.8%，其中外资企业 24 家、占全省新设外资企业总数的 19%；实际使用外资金额 1.94 亿美元，占全省实际使用外资总额的 32.2%。与此同时，自贸试验区平台、项目建设加快推进。万科中俄产业园涵盖金融协作、产能合作、跨境商贸等全方位业态，与莫斯科俄中产业园将形成跨国姊妹园，实现中俄双园互动；中俄首座黑龙江公路大桥即将通车运行，将形成对俄经贸往来快速通道和口岸、贸易、加工融合发展的一体功能区；绥芬河互贸（国际）物流加工园区整合自贸试验区制度创新优势与互市贸易进口政策优势，将实现进口俄粮等原字号产品落地加工增值，构建互市贸易全产业链。

三、创新成果及案例

案例 1：“跨境多式联运+供应链平台”创新模式助推普惠金融落地

为响应国家加快创新驱动发展战略，紧紧抓住省域金融体系服务实体经济渗透率低、地方政府和中小企业融资难三大核心痛点问题，黑龙江省政府积极落实“一带一路”倡议，深入贯彻习近平总书记讲话精神，坚持创新引领发展，着眼于破解制约中小微外贸企业面临日趋严重的订单难、融资难、管理难的问题，营造开放、便捷、高效的跨境贸易环境。黑龙江自贸试验区哈尔滨片区（以下简称哈尔滨片区）管理局积极引导、推动片区内企业哈尔滨俄运通科贸股份有限公司开展“跨境多式联运+供应链平台”助推普惠金融项目试点。在俄运通开展创新模式试点过程中，黑龙江省交通厅在相关业务办理方面，简化了企业运输资质办理流程，提升审批效率，在“互联网+”车货匹配、“互联网+”运力优化、“互联网+”运输协同等新业态、新模式发展上给予了大力支持。中国国际货代协会联合俄运通并赋予了企业 CIFA 国际多式联运提单试点使用，加快实现了多式联运物权属性。中国工商银行股份有限公司哈尔滨平房支行与俄运通共同建设了基于区块链、大数据的外贸综合服务平台，以真实贸易背景和物流为基础，以科技为手段、以数据为依据，加强、加快金融服务对外贸企业的支持力度与速度，切实促进金融服务实体经济，助力实体产业转型升级。通过银企深度合作，外贸综合服务平台实现了线上银企对接，入驻平台的企业最高可获得 3 000 万元的信用授信，在单证齐全的情况下可实现 24 小时快速放款，真正解决了外贸企业融资难题。

主要做法：

（一）搭建跨境物流数据作业平台，优化流程提升效率

打破传统的跨境物流线下询价、线下下单、碎片化订单管理导致的物流效率低、成本高的壁垒，建设跨境物流数据作业服务平台，联通中俄跨境物贸中不同角色，利用云计算、大数据合理整合跨境资源，提供一体化物贸解决方案。通过跨境物流数据作业服务平台实现 5 秒在线核算、在线下单、在线通关、跨行业协同、数据实时查询与状态自动推送、跨境订单管理的“一键下单结算、一单环节对接、一站到门服务”，形成以国际铁路运输、公路运输和多式联运为主的全国性跨境物流服务领先体系，将贸易上下游企业高效链接，推动中欧班列、陆海联运大通道高质量运行。

（二）建立跨境可视化物流监控平台，形成物流全流程管控能力

在中俄数字化体系建设、智能化交通以及数字化运输模式等方面进行各种尝试和探索，整合了物联网、大数据、区块链、卫星定位技术，研发跨境可视化物流监控平台，对在途货物“实时定位、温湿遥控、物理特征”等进行全方位数据监测。开放

提供多维度、多层次的运踪数据，含盖实时位置、操作反馈、定时推送、异常报警、统计分析等数据服务。面向全球物流行业提供跨境物流可视化公共服务，平台实现了国内公路、国际船运国内铁路以及“一带一路”沿线14个国家铁路运踪数据100%覆盖。

（三）赋予跨境多式联运提单物权属性

传统的铁路、公路运单只是运输合同的证明和货物的收据，不能流转，不能质押融资。哈尔滨片区提出并推进跨境多式联运电子提单，整合“一带一路”中欧班列、跨境公路运输、跨境多式联运等运输方式，解决多式联运分段经营、责权无法有效衔接的痛点。依托线上数据化物流服务，赋予跨境多式联运提单物权属性，通过一单流转完成集铁、陆、空、海等运输方式集合的复杂运输场景，突破地域限制，实现基于提单的物权管控。

（四）整合供应链数据，形成供应链融资场景

外贸综合服务平台以核心企业、核心资产和核心数据为出发点，由业务最前端至最终端止，涵盖真实的贸易背景、贸易条款、贸易主体信用数据，以及在途货物状态、位置、轨迹、通关状态、仓储、报关、退税、账期等实时信息，通过多平台数据及物联网设备和区块链等新技术，做到贸易背景真实掌控、物流作业全程可视。金融机构通过平台数据对接模式，获取供应链订单重要结构化数据，有效利用区块链不可篡改、可追溯的特性来提升效率和控制风险，双方通过联盟链共享底层数据，形成供应链数据风控体系和融资场景。

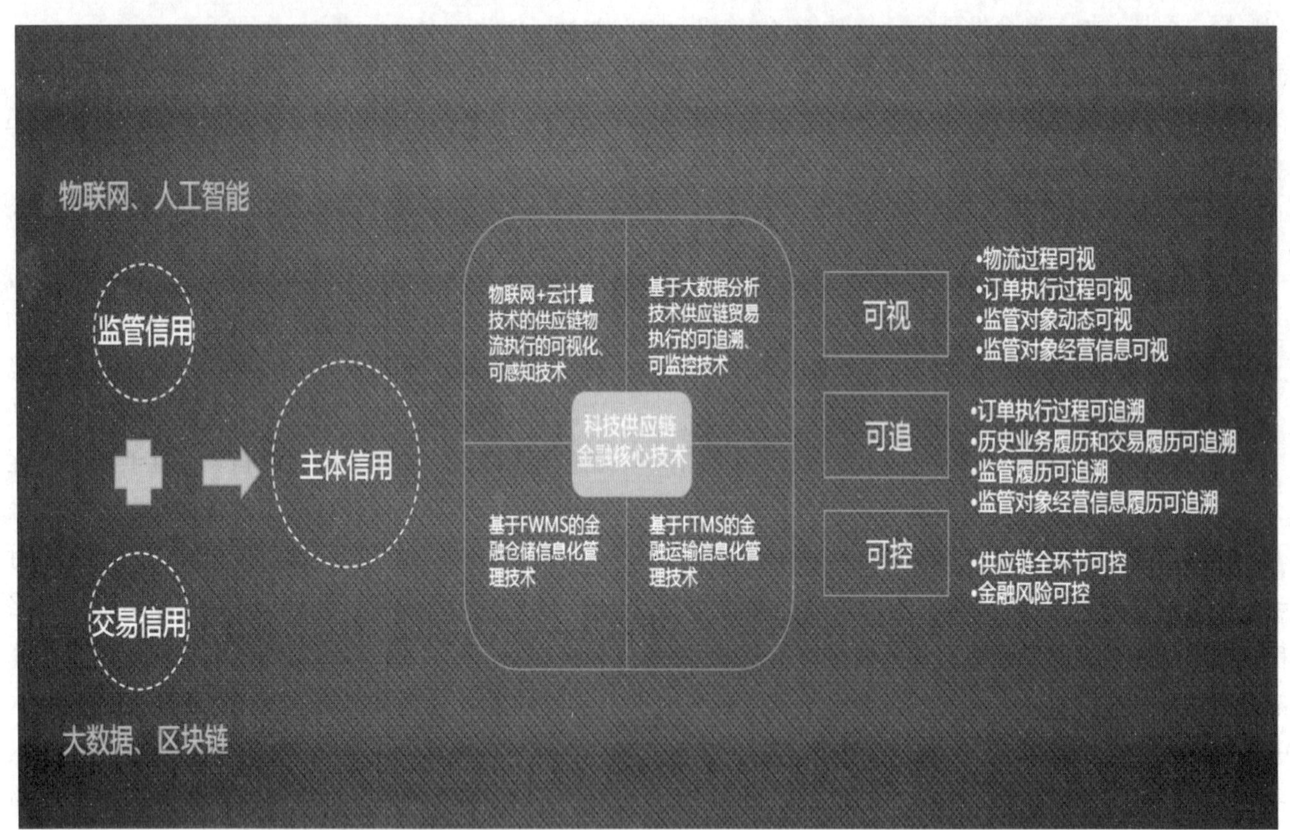

（五）提出“可信数据池+云提单”模式，实现企业融资

外贸综合服务平台深入“区块链+供应链业务”应用场景，提供多式联运提单的电子化云提单的签章和发放，加上基于区块链的平台大数据底层服务，实现基于“可信数据池+云提单”的全链条货物管控和贸易风险控制，同时提供云仓云监管功能，针对仓库提供视频监控、出入库监管、库存统计、预警报警等功能，达到金融机构的监管条件，从而实现企业融资。

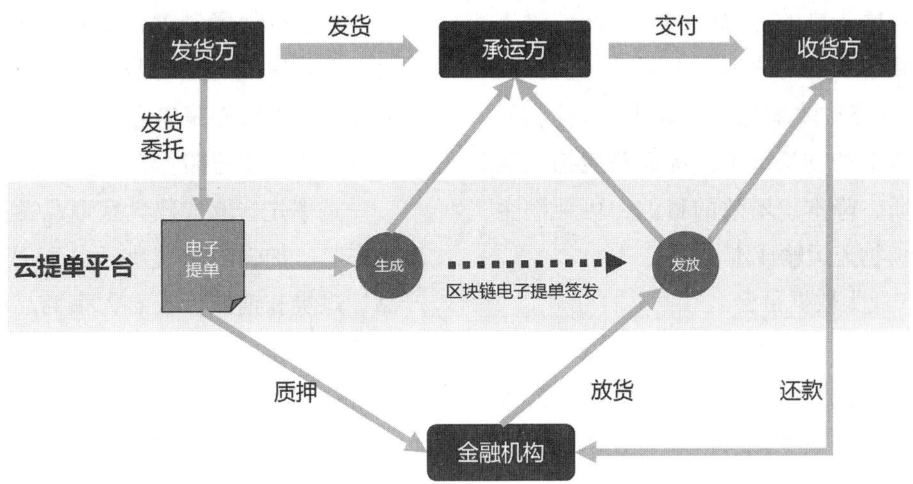

实践效果：

（一）通过平台增信，实现在线订单融资

凭借外贸综合服务平台稳定、精密的数据整合及管控效果，打破了传统金融机构对核心企业信用以及对抵押担保的依赖，实现了基于订单为基础的线上融资，也提高了金融机构的审批效率，各项服务功能也能够做到实时化、精准化。依托平台增信，还能缓解企业在赊账过程中的资金压力，使企业一出货就能“收回货款”。

（二）突破传统的融资渠道，实现 24 小时快速放款

外贸综合服务平台与银行进行数据对接，以提单为质押物，从进件、审核、评估、授信、放款，在单证齐全的情况下可实现 24 小时快速放款。在供应链全生命周期数据的串联下，为贸易主体提供融资增信、物权监管和风控管理，有效降低运营成本，充分发挥平台在整个贸易链条的数据作用，实现贸易融资便利化、交易便利化，成为国内首例突破地域限制的创新服务。

（三）形成区块联盟链，为企业背书，为银行控风险

银行与外贸综合服务平台形成的联盟链，既共享了供应链上下游企业交易中记录的企业商业信誉、银行信誉、海关数据等信息，又通过平台实现物流在途监管，形成有效数据化风控管理体系，突破银行传统的物权质押、信用证等融资方式，平台既为外贸融资企业做背书，又为金融机构进行风控管理，打破企业与金融机构的壁垒，为金融机构搭建全国性、开放式的风控管理中台。

（四）实现等距普惠金融服务

在哈尔滨片区管理局的积极推动下，外贸综合服务平台实现了线上银企对接，入驻平台的企业只需在线上提供物权单据，依照真实贸易背景及贸易单证，可获得 1 000 万—3 000 万元的信用授信，消除小微企业难以获得贷款的痛点，不但将其纳入银行服务，而且无须企业长时间评级授信，真正的解决外贸企业融资难题。在创新模式推广后，作为外贸综合服务平台的典型用户，哈尔滨一马当先经贸有限公司通过平台实现了 2 000 万元授信额度，2020 年全年采购板材业务 81 279 立方米，实现贸易额 12 054 万元，充分体现外贸综合服务平台作为核心金融企业供应链平台的服务能力。自 2019 年供应链平台运行以来，至 2021 年 3 月，平台已服务外贸企业 1 500 余家，贸易订单完 6 831 单，委托进出口贸易额实现 42 735 万美元，代理报关进出口额实现 15 228 万美元。自 2020 年多式联运提单推行后，哈尔滨片区已签发提单 52 张，累计促进贸易额 2 199 万元。

（五）促进跨境物流信息透明化，有效实现跨境物流降本增效

通过可视化管理、智能配货、实时数据展示，实现跨境物流运输全途监管。利用大数据进行预测

性分析，对多种运输工具的运输时间和空间位置进行分析计算，并精准推送与之匹配的货物，消除因信息不对称造成的交易效率低下、成本过高问题，降低生产、流通企业的物流成本，提高跨境物流运作效率，达到提质、降本、增效的目的，可帮助企业节约15%—20%物流运输成本。

（六）建立产业大数据平台

基于多年的产业数字化实践经验，外贸综合服务平台引进国内领先的人工智能、区块链、云计算、大数据、物联网等数字化前沿新兴技术，形成成熟商业模式，并通过产业链供应链沉淀行业、企业间的交易、交付、支付数据，制定数据标准规范、平台运行保障制度，建立产业大数据平台，助推哈尔滨片区成为全省乃至全国发展产融科技、产融服务创新的核心聚集区。

下一步工作思路：

一是率先选取成熟大宗商品落地实施、构建产融生态圈。加强哈尔滨片区自主创新力度，以农副产品、煤炭和钢铁等成熟大宗商品率先落地，在哈尔滨片区内建设集展示中心、交易中心、研发中心、孵化中心为一体的跨境大宗产业交易展示中心，与政府、商务、税务、海关、银行等形成数据通道，集成“产、供、销、运、储”等跨境供应链服务核心功能。

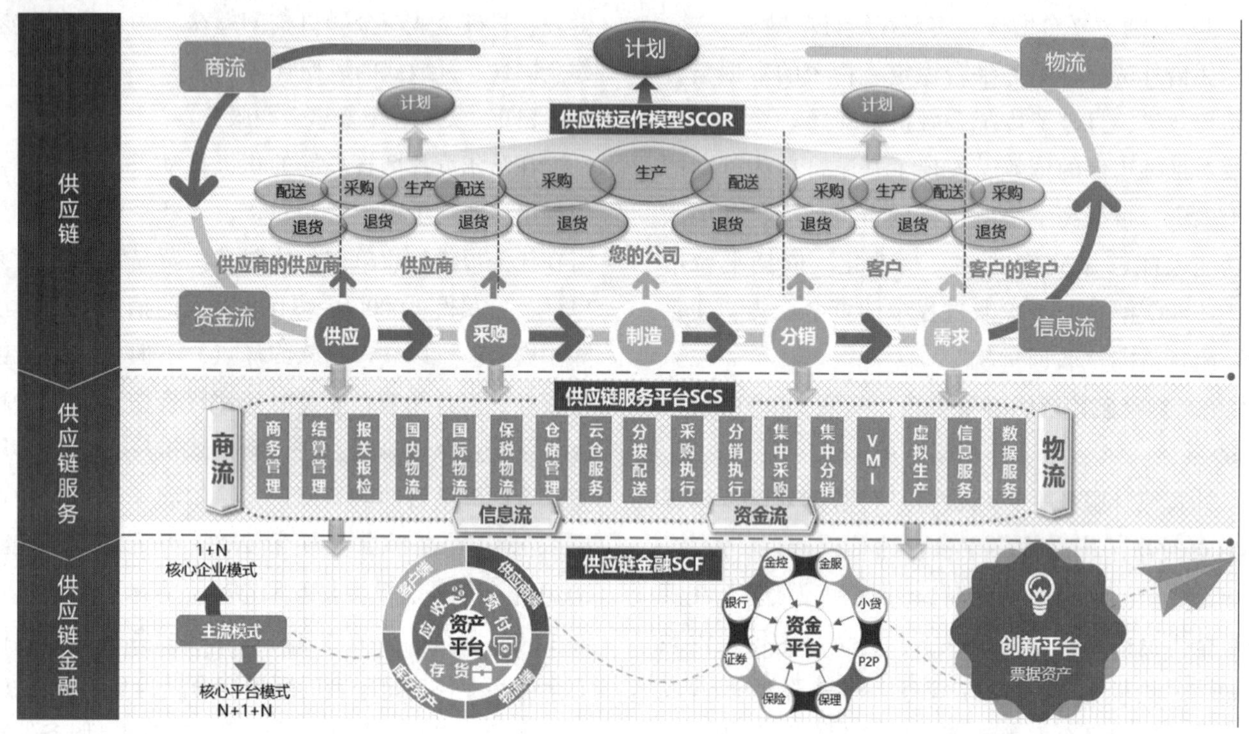

二是打造“科技+数据+创新服务”综合服务平台。秉承“让跨境物贸更简单”的理念，围绕供应链一体化服务搭建“科技+数据+创新服务”综合服务平台让贸易数字化、物流数字化，并且形成贸易数字化资产，物流数字化资产，平台通过大数据建模，让资产变为信用，让信用可以当钱花，让普惠金融的阳光照射到中小微企业。

三是创新服务平台打通跨境贸易的创新金融通道。支持外贸综合服务平台建立专门产融专业部门以及打造专业的产融资产资金对接平台，选取试点金融机构与外综平台的金融服务部分深度对接，共同研发创新产融服务模式，创新金融服务产品，服务于更多更广的中小微企业，推动普惠金融切实有效的落地。

案例2：“以照为主、承诺代证”改革新模式

为进一步深化“放管服”改革，优化营商环

境，转变政府职能，提供优质快捷服务，探索建立监管新方式，黑龙江自贸试验区哈尔滨片区依据《黑龙江省在自由贸易试验区推进“证照分离”改革全覆盖试点实施方案》及《黑龙江省优化营商环境条例》《黑龙江省哈尔滨新区条例》等相关文件精神，针对四类小型公共场所全面推行“以照为主、承诺代证”改革，推动政府职能转向减审批、强监管、优服务转变，着力打造市场化、法治化、国际化的营商环境。

主要做法：

（一）承诺即许可，办照即经营

对于在黑龙江自贸试验区哈尔滨片区注册经营的四类小型公共场所，30张床位及以下的住宿场所、营业面积80平方米及以下的美容场所、营业面积100平方米及以下的美发场所（美容兼美发场所营业面积应在100平方米及以下）、营业面积300平方米及以下的沐浴场所，通过签署《公共场所卫生告知和承诺书》来取代《公共场所卫生许可证》，经营者将签署的《公共场所卫生告知和承诺书》与《营业执照》一同悬挂在经营场所的醒目位置后，即可开展经营，不再需要进行公共场所卫生许可的审批。

（二）事前强联合，事后强监管

在改革推进过程中，审批、监管部门时刻保持协调联动，对改革内容互提意见、互相把关，将“以照为主、承诺代证”改革作为一项重点工作，精心组织安排，认真调查研究，以突出“照后减证”、能减尽减、能优则优的原则，制定了切实可行的实施方案。审批部门对通过“以照为主、承诺代证”方式开展经营的四小场所经营者信息即时通过“审批监管执法一体化综合平台”共享至监管部门，监管部门及时认领信息，并根据监管部门制定的与“以照为主、承诺代证”相适应的监管办法，对四类小型公共场所的经营行为加强监督管理。同时，充分发挥舆论监督、群众监督和社会监督的作用，群众可通过《公共场所卫生告知和承诺书》中的监督举报电话，对违规经营的企业及时举报，做到放开准入与严格监管相结合，确保无缝衔接、不留死角。对存在虚假不实承诺情形的，将依法给予相应处罚，同时加大媒体对典型企业的曝光力度，对违规经营者纳入失信联合惩戒范围。

实践效果：

（一）提高办事效率

通过“以照为主、承诺代证”的方式，将最大幅度减少企业的办事流程，提高行政服务效率。原新办“公共场所卫生许可”的审批要经过受理、现场核查、审批、出证等环节共15个工作日才能拿到许可证，但在“以照为主、承诺代证”的模式下，企业通过签订《公共场所卫生告知和承诺书》即可开展经营，大大缩短了办理时限，使企业切实感受到改革的成果。

（二）激发市场活力

通过“以照为主、承诺代证”的实施，切实解决企业、群众反映强烈的办事难、办事慢、办事繁等问题，使企业、群众与政府之间架起互信互认的桥梁，进一步激发市场活力，推动经济高质量发展。

（三）推进政府职能转变

通过推行“以照为主、承诺代证”改革，进一步推进“宽进严管”的市场准入制，建立便捷高效、责任明确的优服务严监管的新型管理制度，加强信用体系建设，强化部门监管责任，促进政府从“事前审批”向“事中事后监管”“全程服务”转变。

下一步工作思路：

一是加大宣传力度，提高群众知晓率。坚持多措并举，综合利用各种宣传渠道和媒介，加大“以照为主、承诺代证”改革的宣传力度，提高群众知晓率，着力构建“流程最优、时限最短、成本最低、服务最好”的政务服务运行机制。

二是狠抓工作落实，确保改革实效。坚持简化流程和强化事中事后监管相结合，落实责任担当，细化工作举措，进一步打造“宽进严管”的市场准入机制，优化办事流程，提高行政服务效率，确保改革取得实效，最终实现“放得开、管得住”的目标。

案例 3：创意与知识产权收储育成新机制

创意和创新是推动经济发展的重要动力和源泉。黑龙江自贸试验区哈尔滨片区（以下简称哈尔滨片区）积极探索创意和知识产权收储育成新机制，支持鼓励创业者将科研成果在区内迅速转化落地，营造更加活跃高效的创新生态系统。

主要做法：

（一）引才用才留才，激发创意与知识产权发展活力

哈尔滨片区充分挖掘科技和人才资源，促进“高精尖”人才的培养引进与哈尔滨片区产业布局相衔接，成功举办了中国（哈尔滨）海外人才创新创业项目大赛、数字经济创新系列大赛，吸引高层次人才来哈创新创业，加快国际化科技人才向哈尔滨片区集聚。通过举办优质赛事、出台支持政策、加快产业布局等方式，多措并举，吸引和留住更多优秀人才，激发创意与知识产权发展活力，丰富创意与知识产权收储育成成果。

（二）依托龙头企业，打造创意与知识产权育成平台

依托产业龙头企业，打造创意与知识产权育成平台，集聚各类科技研发机构和科技企业，形成科技成果转化的合力。以新光光电科技股份有限公司为核心，打造创意梦工厂光电领域专业化孵化器，以市场需求为导向，以光电领域院士及行业专家为核心，带动创新团队培育形成创意，借助梦工厂加工中心、园区内及周边企业光电上下游产业链资源，发挥新光光电将创意转化为产品的成功经验，快速形成产品，以产品连接市场。

（三）加强源头供给，鼓励新型研发机构开展创意与知识产权收储

充分发挥黑龙江科研优势，支持省内高等院校、科研机构在哈尔滨片区成立新型研发机构，聚集高质量科技成果，加强科技成果源头供给。哈尔滨片区重点支持依托哈尔滨工业大学成立的黑龙江省工业技术研究院，依托哈尔滨工程大学建设的碧海产业园，依托东北农业大学设立的哈尔滨食品产业研究院等机构开展新型研发机构建设。哈尔滨片区以匹配资金支持等方式鼓励建设诺奖实验室、国家重点实验室、国家工程研究中心等国家级创新载体，促进研发成果在区内落地转化。鼓励新型研发机构发挥收储创意与知识产权作用，将其打造成哈尔滨片区培育优势产业的重要摇篮。

（四）培育服务机构，优化知识产权收储运营服务

为加快把龙江科教创新优势转化为高质量发展的内生动力，哈尔滨片区坚持以知识产权资本化为目标，发挥知识产权促进科技与经济融合的作用。加大对片区内科技服务机构支持力度，特别是专业知识产权服务机构培育力度，帮助知识产权代理公司和科技孵化器企业获得省级中小企业服务载体、服务机构奖励资金支持。将哈尔滨市阳光惠远知识产权代理公司打造成省级技术转移示范机构，服务科技成果在区内转化、落地。建立哈尔滨片区知识产权服务工作站，面向区内科技型企业开展公益性知识产权服务，创造良好创新的生态环境。积极探索建立知识产权质押融资、担保等业务，为创意与知识产权在哈尔滨片区落地提供服务支撑。

实践效果：

（一）赛事成果丰硕，实现项目集聚

通过中国（哈尔滨）海外人才创新创业项目大赛共签约项目达到 36 个，其中 16 个项目已签约落地，项目签约成功率达到 88.8%。“融创杯”数字经济创新系列大赛意向签署协议 36 个项目，25 家企业落户哈尔滨片区龙岗产业园。

（二）科创能力增强，实现产业集聚

哈尔滨片区科创能力持续增强，高新技术产业不断壮大，逐渐培育形成了产业集聚。2019 年高新技术企业 170 家，科技型中小企业入库 275 家。

（三）平台效应显著，孵化成果集聚

截至2020年，新型研发机构黑龙江省工业技术研究院现有孵化面积5.16万平方米，累计孵化141家企业，其中毕业企业25家。孵化企业中，高新技术企业32家，科技型中小企业41家。推动支持哈工大成立哈工大机器人集团、哈工大焊接产业集团、哈工大环境产业集团、哈工大大数据集团以及人工智能、小卫星、激光通信、高端精密仪器等一批行业代表性企业。目前，三家企业上市挂牌，五家企业进入上市筹备阶段，其中哈尔滨新光光电科技有限公司已在科创板上市。创意梦工厂孵化企业总数为69家，已入驻哈工大测控、奥米航空、北大荒航空、中航联创、永鑫科技、天悟检测、宇新能源等光电企业近20家。

（四）产业链布局初显，产学研用集聚

哈尔滨片区大力推进第三代半导体创新项目落地，积极引导培育集半导体材料的研发、衬底生产、芯片设计、装备制造于一体的上下游产业链，推动哈尔滨科友第三代半导体产学研用集聚区成为国内著名的第三代半导体研发及应用产业园区。

下一步工作思路：

一是支持区内龙头企业建立专业化孵化器收储运营创意与知识产权。继续探索“行业龙头企业+专业型孵化器”创意与知识产权收储运营模式，围绕装备制造业、新材料等区内重点产业打造一批专业型孵化器。

二是大力培育并支持新型研发机构发展，通过新型研发机构收储高校、科研院所优质创意与知识产权，打通创新链条与产业链条之间的屏障，让更多高校知识产权落地实施，形成“技术+专利+产业”的创意与知识产权收储运营的模式。

三是探索开放式创新模式。依托创意龙头企业新光光电和知识产权服务龙头企业——阳光惠远，采取开放式合作方式，建立创意产业、光电产业技术联盟和知识产权综合服务平台，打造光电领域创意、知识产权运营基地，助力光电产业高质量发展。

四是创新引才用才留才机制。举办高水平的创意创新大赛，吸引高水平人才，激活创意项目，促进科技成果转化落地。制定吸引聚集人才的方案办法，通过领军人才计划、创智人才计划和菁英人才计划，对急需人才分类给予支持。在俄罗斯建立跨境飞地孵化器，通过飞地孵化器吸引俄罗斯人才来哈创业。

案例4：中小学教师“区管校聘”改革

为进一步克服管理体制机制障碍，坚持先行先试、敢闯敢试，黑龙江自贸试验区哈尔滨片区承接哈尔滨市教育局试点任务，开展中小学教师“区管校聘”改革，取得了初步进展。

主要做法：

一是建立“总量控制、动态调整”员额管理制度。区教育局对教师编制和教师员额实行统一管理，按照班额、生源以及师资结构等情况研究提出各中小学校教师员额统筹分配方案，并向编制、民社部门备案。

二是建立“按需设岗、按岗聘用”岗位管理制度。“区管岗位结构，学校按岗定员”，在教师员额总量内，由区教育局核定各中小学校岗位数量。各中小学校根据需要设置具体岗位，按岗位聘用教师。

三是建立“全员竞聘、双向流动”聘用管理制度。推行“3+1”竞聘上岗制度，全体教师竞聘上岗，鼓励农村学校与城区学校、薄弱学校与优质学校之间教师双向流动。

四是建立“能上能下、能进能出”考核退出制度。加强教师考核评价，并将考核结果作为岗位竞聘、评优晋级的依据，对未聘或考核不合格教师采取待岗、转岗、解聘等形式，退出教师岗位。

五是完善“以人为本、依法治教”权益保障机制。改革过程中充分发挥教职工代表大会职能，保障教职工的参与权和监督权。对五年内拟退休、孕期哺乳期、患有重大疾病的教师实行直接聘任。

宜家平台组织线下销售；完成对黑龙江知名家具品牌“郭氏家具”的合作并购，集团下游产品将统一品牌开展市场推广。

实践效果：

新丝路中俄跨境木材综合加工项目是黑河片区依托对俄口岸及原料优势，打造“两国双园”为特色平台的大型跨境加工产业；依托境外原材料提供、成熟先进的技术以及完备产业链条，完善业态形势，逐步形成中俄边境规模最大、配套设施最全的木业加工中心。

下一步工作思路：

一是打造林木加工全产业链集聚地。推进新丝路集团扩大外向合作，打开新市场、提高市场占有率，加快其整合“郭氏家具”品牌，并与红星美凯龙家居集团签订合作协议，在国内销售平台同步推广产品，扩大知名度，提升销售量，逐步吸引下游产业实现协同发展。

二是引进和壮大林木加工产业下游项目。此产业链的建设，避免了大批量需要板材的企业使用原木带来的麻烦。原木到厂再加工，产生超过 1/3 的木材加工剩余物，因批量小运费高，很多企业不愿意购买，只好将其当燃料烧掉，增加了运输成本，浪费了资源。依托“一带一路”包装产业市场空间，基于俄罗斯纸浆造纸基础上，建设纸包装产业园，加工木材剩余物，建设相关配套生产线，将大块碎料制成木屑到木浆，最后生产出各类用纸，整合利用林木资源，形成一体化零损耗的产业园区。

三是支持开展进口林木资源加工及研发项目。在进口木材综合利用方面，下一步将利用中俄两城高校智力资源和学科优势，集中打造中俄木制品创意设计中心和中俄智能家居数字化体验基地。以有关单位为依托，在各大高校及有关单位开办木材资源加工利用专题竞赛，吸引优秀人才积极参赛迸发思维新火花，借鉴采用有效切实的方案开办新项目。

案例 6：创新中俄跨境集群建设

根据《中国（黑龙江）自由贸易试验区总体方案》“建设以对俄罗斯及东北亚为重点的开放合作高地”任务要求，黑龙江自贸试验区黑河片区（以下简称黑河片区）主动作为，创新与俄罗斯布拉戈维申斯克市合作模式，中俄双方打造形成“规划统筹、产业互动、政策衔接、利益共享”的协同发展机制，共同推进中俄跨境集群建设，取得积极进展。

主要做法：

（一）目标协同，建立常态化工作机制

在双方多次交流基础上，俄方主动提出“打造中俄跨境集群”抱团发展诉求。俄罗斯远东发展部、阿穆尔州政府、布拉戈维申斯克市政府、阿穆尔州招商署等部门在工作中打破外交对等原则，多次与黑河片区开展跨级别工作会谈，达成“共建、共治、共享”的协同发展共识。布拉戈维申斯克市市长在 2019 年东方经济论坛上，专题推介建设“黑河—布拉戈维申斯克城市集群”，把黑河片区提出的经贸和产业项目等单领域合作提升到城市间进行全面合作。提出到 2050 年将黑河—布拉戈维申斯克市城市集群打造成 100 万人口城市群的目标。布拉戈维申斯克市政府与黑河片区签订了《开展跨境合作协同工作备忘录》，建立联合工作机制，推动信息交流共享和问题磋商解决机制。

（二）规划协同，统筹编制中俄两岸发展规划

2019 年，获悉黑河设立自贸片区后，布拉戈维申斯克市政府主动提出共同建设“跨境产业集聚区”，双方就开展此项工作进行了多次会商，明确双方共同规划，打造“两国双园”目标。一是俄方制定《远东和外贝加尔地区社会经济发展联邦专项纲要》，提出“利用中俄唯一的一对比邻地级市打造中俄国界上建设规模最大的物流枢纽和经济中心。”二是黑河片区向布拉戈维申斯克市提交《黑河—布拉戈维申斯克市（黑龙江）大桥桥头区整体规划》，提出双方在各自桥头区划定区域，联合开发。三是阿穆尔州招商署提交《中俄跨境物流综合体规划》，提出在俄罗斯桥头区、罗夫诺耶和别洛戈尔斯克，分步建设阿穆尔物流枢纽区与黑河片区

中俄跨境物流枢纽项目对应。同时，俄罗斯提出在桥头区同步建设共享粮仓。

（三）政策协同，营造政策叠加优势

一是黑河片区以自贸试验区、跨境经济合作区、综合保税区、电子商务综合试验区、中俄互市贸易区、沿边重点开发开放试验区等政策叠加先行先试。与俄罗斯同步对接，形成共同支持双方投资、保护企业发展的政策支撑。二是黑河片区借鉴俄罗斯跨越式发展区和自由港政策，制定《黑河自贸片区优惠政策十条》。三是俄罗斯同步根据黑河优惠政策进行调整，提供更大优惠。

（四）招商协同，共同打造跨境合作品牌

布拉戈维申斯克市与黑河片区共同开展招商推介和宣传活动，打造“中俄双子城”品牌，助力双方发展。2019 年 9 月，在黑河片区揭牌仪式和中国最北自贸试验区论坛上，布拉戈维申斯克市市长参会，并作专题发言。共同举办阿穆尔博览会和大黑河岛经贸洽谈会，双方把黑河片区与布拉戈维申斯克市当成一个整体，联合宣传推介。2019 年 11 月黑河片区在上海举办长三角招商推介会，布拉戈维申斯克市市长亲自到会推介，为黑河片区站台。布拉戈维申斯克市官方媒体专门宣传黑河片区。2020 年 5 月 17 日俄远东和北极发展部部长克兹洛夫个人账号发布中俄黑龙江大桥即将开通的消息，为两地做宣传。

实践效果：

（一）高效工作机制基本形成

新冠肺炎疫情暴发期间，黑河片区与布拉戈维申斯克市利用工作机制密切沟通，共克时难。黑河片区跨境电商海外仓通过布拉戈维申斯克市回运防护服、口罩、测温枪等物资 1 279 万余件，既保证了自身抗疫需要，又为孝感市、哈尔滨市等省内外城市提供了 2. 14 万套抗疫物资。在俄罗斯出现疫情后，1. 2 亿余件抗疫物资从海外仓运往俄罗斯。两地政府互帮互助的共同体关系更加紧密。协调中俄农业部为中医药进口加工企业办理相关手续。2020 年，口岸过货达到 60. 1 万吨，为历史第二高年份。2021 年 1—3 月，外贸进出口总额同比增长 68. 8%。

（二）跨境产业已见雏形

跨境清洁能源资源合作持续深化，利用俄电建设的专署供电区，工业硅、结晶电熔镁、硅硼新材料项目正在建设或运营；吴尚集团建设 LPG、LNG 进口仓储物流基地，瑞士 MET 集团开启进口工业用丙烷、丁烷及民用液化石油气业务。

跨境农业加工产业深入推进。国源大豆食品加工项目投产；俄罗斯 AVG 复合饲料加工、交投集团互市贸易保税加工区和综合保税加工区建设等项目启动建设。威科多、九仙草、嘉联等企业正在申报进口中药材加工资质，喀山医疗保险公司、伊尔库兹克贝加尔湖百草集团完成俄方手续。

跨境木材加工产业发展壮大。新丝路木业境外别洛戈尔斯克加工区 2019 年底投入运营，境内胶合板厂、地板厂、家具厂、集成材厂陆续建成。

跨境物流产业加快发展。自贸片区跨境电商综试区海外仓二期开关后即可开工。月星跨境物流枢纽项目正在建设。

跨境旅游健康产业提速发展。以建设中俄友好医院为基础，一批健康项目正在对接。寒地试车经济渐成规模，黑河全季试车基地前期工作顺利启动。

跨境智能机电制造产业积极推进。利源达集团完善和整合“智能加工制造”产业模式，已启动厂房改造升级。

（三）共同宣传招商成果显著

围绕跨境产业链条的一批企业到黑河片区和布拉戈维申斯克市落户。俄罗斯 AVG 饲料加工项目入区、农投等企业入区。

下一步工作思路：

黑河片区将努力承接国家战略，推进深化对俄罗斯及东北亚合作，继续探索中俄合作模式，形成中俄跨境合作的创新体系集成，为全省乃至全国贡献黑河经验、黑河案例，打造中国最北自贸试验区黑河品牌。

一是继续建立和完善中俄合作模式。在现有基础上，不断扩大合作深度和广度，把产业集群的切入点，变成带动全面合作的破题点，以问题为导向，推进制体制协调创新，推动贸易便利化和投资便利化，着力培养新动能，建设对俄开放新高地。

二是集中力量探索创新集成。借助第三方机构和智囊，整合碎片化创新案例，高标准、高站位，研究和挖掘创新点，以互贸区建设、中俄跨境合作、沿边金融创新等为重点，进行创新案例集成。

三是推进跨区联动发展。以发挥黑河片区优势为核心，推进联动发展。推动黑龙江自贸试验区各片区合作，实现哈尔滨片区、黑河片区、绥芬河片区联动发展；加强推进沿边口岸合作，与满洲里等口岸建立联动机制；持续深化与横琴、嘉兴对口合作，实现对口合作区联动发展。

四是全力推进跨境产业集群建设。推进黑河—布拉戈维申斯克跨黑龙江索道旅游观光及配套基础设施、黑河市物流园区铁路专用线、黑河—布拉戈维申斯克（黑龙江阿穆尔河）跨江铁路大桥工程项目；以培育跨境产业平台和跨境产业为重点，打造境内外联动互补的跨境产业链条，激发创新驱动内生动力，构建上下游衔接的跨境产业体系，积极融入新发展新格局。

五是加大保障体系建设。探索建立生产要素交易平台，切实降低生产成本，壮大跨境产业发展。进一步完善服务体系，打造国际合作政策、跨境物流、投融资、涉外法律等七大平台，形成一体化发展格局，为境内外投资提供保障。建立人才培养计划，加大人才引进力度，为自贸试验区产业项目建设提供中俄高端研发人才、高级技术人才、技能工人。

案例 7：数字边民互市贸易管理体系集成创新

黑龙江自贸试验区黑河片区（简称黑河片区）通过数字化手段，推出边民互市贸易创新举措，在边民组织管理、外汇管理、税务办理、市场流通监管、落地加工生产等方面制定出台了全产业的创新体系制度，着力探索智能化、便利化监管服务模式，打造高效、法制化的营商环境，为边民创业提供清晰的事前指导，引导边民创业致富，拉动地方经济发展。

主要做法：

（一）推出边民互市贸易创新发展措施，建立数字边民互市贸易管理体系

包括建设合程数字化流程，升级建设“边民互市贸易交易点”，制发“数字边民证”和“数字银行边民联名卡”，建立互市贸易进口商品追溯认证体系，建立互市贸易商品落地加工数字监管体系等。同时，将“边民互市贸易专业合作社”和“边民互助组”纳入数字化监管，与海关、外管局对接实现“边民互市贸易专业合作社”预付汇业务，与税务对接制定互市贸易纳税制度。

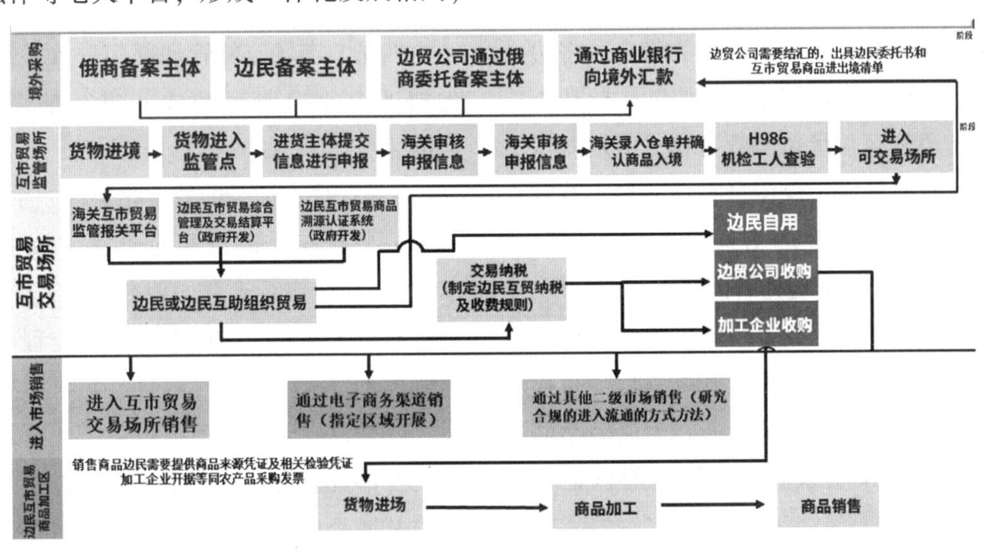

边民互市贸易业务流程图

（二）成立国有平台保障运营互市贸易交易中心

建设符合海关规范的特殊监管场所开展互市贸易交易业务，开发全程电子化服务功能，制定数字化交易流程，建立数字化监管体系，开发数字化的管理系统，打造出政策优惠、监管完备、功能全面、节约高效的数字管理平台。

（三）建立互市贸易商品全流程追溯认证体系

一是建立互市贸易进口商品追溯认证体系。基于区块链技术开发了具有云端存储、加密信息和防串改技术特点的溯源系统，生成的防伪二维码实现了“一品、一次、一批一码”，实现黑河片区管委会与海关、市场监管等部门“共同备案、溯源信息共享”，利用信息化技术实现商品备案，政府、海关、市场监管等部门“数据备案和溯源信息共享”，实现互市贸易进口商品口岸通关正规认证和市场流通后续监管。

二是实现互市贸易进口商品追溯可查。边民互市贸易商品溯源认证系统，实现为消费者、质量管理部门及商家等各方提供手机和网络实时质量溯源查询端口，通过手机扫溯源码识别，快速获取商品“身份标识”溯源信息，实现互市贸易商品从进口到流通的信息可追溯、可查询。

三是实行目录管理信息库制度。建立商品信息、边民信息、经营企业等信息库。边民互市贸易商品按进口商品背贴要求翻译录入相关信息。将边民信息和边民证信息录入系统，实现交易自动生成。录入经营公司信息，优化监管流程，实现诚信分级管理。通过数据集成实现信息数据共享，有效解决跨部门间互市贸易商品的信息的通关、认证、结汇、纳税、入统和市场流通监管问题。

四是提高进口商品认证效率。边民携带由俄罗斯进境的互市贸易商品通过海关监管查验后，直接进入边民互市贸易商品溯源认证中心，为商品粘贴溯源码，作为边民互市贸易商品市场流通认证标识，完成商品认证。

五是实施“风险管理”规范互市贸易区监管运行机制。实现商品质量安全管理，通过技术创新，将先进的溯源认证系统融入边民互市贸易管理体系，实现“检管分离”，构建“全申报、全备案、可追溯”和“监测、调查、抽查、打假”四位一体的边贸商品质量管理新模式。确立了重要产品“源头可溯、责任可究、风险可控”的风险防控机制，利于防止走私，为海关口岸执法提供长效支持和保障。

（四）建立互市贸易商品落地加工数字化监管体系

一是建立监督管理机构。在黑河片区成立边民互市贸易监督执法大队，协同海关、税务、市场监督管理等部门，对边民合作组织、落地加工企业和相关商品进行全程监管，并实行台账管理；建设互市贸易落地加工监管指挥中心，利用信息化手段，将所有落地加工企业的监管仓库和加工车间进行视频监控，要求视频存储时间不少于 3 个月。

二是开发互市贸易加工管理系统。加工企业生产情况实行线上备案管理，定点落地加工企业需及时上传《边民互市贸易落地加工情况日（月、年）报表》，以备监督核查，如出现超过其实际产能 150%等异常情况时，及时发出预警。

三是与税务部门进行系统对接。对收购企业代开发票数量、金额等与边民互市贸易交易点数据进行系统查核；对加工后销售的商品进行定点查核。

四是与市场监督管理部门进入系统对接。对落地加工企业的原料和成品进行抽查并进行产品溯源。

（五）建设配套的数字化管理体系

一是与商业银行共同研发“数字边民证联名卡”。与商业银行合作，将银行借记卡与数字边民证进行技术融合，实现边民交易全程电子化和数据监管体系。

二是建立边民互助组织数字化管理系统。开发边民互市贸易登记管理系统，允许在互市贸易交易点内开展经营，赋予进出口权，试行预付汇等业务；允许成立“边民互助组”。建立管理制度，统一结算；利用管理系统实现自贸区行政审批中心与边民互市贸易交易结算中心数据互联，实现全程电子化管理。

三是制定互市贸易纳税方案。批准互市贸易交易中心为税务局代开发票机构，针对边民互市贸易商品无进项抵扣的特点，参照跨境电商所得税核定征收证策执行，边民交易及纳税数据与边民管理系统和互市贸易交易结算系统互联，实现信息共享。

实践效果：

通过数字边民互市贸易管理体系集成创新，建立政府智能化监管服务模式，破解边民利用互市贸易政策发展致富的相关瓶颈，突显了边境地区边民互市贸易带动其它产业发展的功能优势。

一是带动边民创业就业。自新体系实行以来，边民积极参与互市贸易的业务创新实践中，带动了零售、旅游、电子商务等相关产业的发展，带动边民直接参与互市贸易 2 000 余人，带动就业超过 8 000 人。

二是拉动新型经济产业发展。数字化创新体系的建立，带动了边民利用互市贸易创业的热潮，电商、直播、新媒体等行业迅猛发展，边民互市贸易+电子商务得到边民的积极响应和快速发展，助力黑河跨境电子商务产业园区成为“国家级电子商务产业示范基地”。

三是助力加工产业的崛起。落地加工体系的建立，对利用互市贸易商品进行落地加工的企业得到极大地吸引，黑河片区已为互市贸易落地加工设立专属加工区，已吸引 20 余家企业签定招商引资协议入驻黑河片区，涉及粮食加工、中草药加工、食品加工等产业。

下一步工作思路：

一是持续优化基础设施。利用黑龙江大桥的通道优势，在黑龙江大桥桥头区建设新型数字化“边民互市贸易产业园区”，建设规模更大，功能更全，制度更新的新型产业园区。二是持续优化大数据平台功能。不断完善建设信息数据系统，与新型商务业态相结合，完善政府部门、企业、边民、市场的信息管理和共享体系。三是开展多边体系建设。结合“国际贸易单一窗口”，探索与俄方数据联通共享机制，提供结售汇、通关、纳税和市场监管等相关信息共享和互认，扩大业务辐射范围，增加互贸产业功能，建立相关政府部门对跨境业务的数据共享体系。

案例 8：边民互市贸易进口商品落地加工新模式

黑龙江自贸试验区黑河片区加工企业通过边民互市贸易的方式进口完成 21.7 吨大豆进口落地加工，是黑龙江省首次。标志着黑龙江省边民互市贸易进口商品粮食落地加工压力测试工作圆满结束，使黑河边民互市贸易进口商品落地加工国家试点工作取得了突破性进展，边境贸易创新发展取得了阶段性成果。

主要做法：

（一）落实互市贸易惠民政策

深入贯彻落实创新边贸发展战略部署，充分发挥黑河片区、“兴边富民试点市”建设等政策优势，结合对俄边贸发展实际，制发了《黑河市边民互市贸易创新发展措施》，努力在互市贸易商品由用于边民生活扩展到可生产和发展致富的转变上做文章，进一步简政赋权、支持新业态新模式发展、调动边民参与发展边贸的积极性和主动性。同时成立互市贸易管理办公室对边民互市贸易区进行规范化管理，提高运营效率。

（二）创新互市贸易工作模式

在全国首创“数字边民互市贸易管理体系”，投入 1 500 多万元用于软硬件建设，开发边民互市贸易溯源认证系统，相关部门协同监管，已作为黑龙江自贸试验区创新经验上报国家。在全省首推“边民互市贸易专业合作社”管理制度，目前，已注册边民互市贸易专业合作社 27 家。创制集成身份识别、支付、监管等功能的数字边民证 6 637 张。创新支持边贸发展贷款业务，龙江银行率先为黑河发放全省首批“边民互市贸易创业贷款”。

（三）互市贸易落地加工取得突破

2020年5月，商务部批准黑河纳入国家首批边民互市贸易商品落地加工试点地区。在省边贸创新联席会议办公室指导下，黑河市先行先试、大胆创新实践，汇集黑河片区、商务、海关、税务、外汇管理、市场监督管理等部门的智慧和力量，在畅通边民互市贸易进口商品的付汇、通关、监管、纳税、市场流通等各环节上下功夫，扎实开展了黑龙江省首单边民互市贸易（大豆）进口商品落地加工压力测试工作。压力测试工作的成功通过，意味着黑龙江省边贸互贸商品落地加工试点工作取得了新突破，全面检验了创新措施，实现了边民获利、企业得益、政府增收的效果，再经完善即可形成推广复制的监管操作流程。

实践效果：

（一）创新实现边民互市贸易进口商品（大豆）落地加工流程闭环

自2020年8月10日首次全流程压力测试以来，在商务、海关等部门的全程监管下，边民合作社于8月17日签订进口商品协议进行首次跨境付汇，8月31日首批大豆通过民贸专用通道进境，经过海关检验检疫、互市贸易交易点核销等流程后进入落地加工企业，9月10日商品获得海关检验检疫合格评定，9月12日率先完成边民互市贸易进口商品（大豆）落地加工流程，进口俄罗斯榨油类型大豆21.07吨，通过加工获得豆油产品2.6吨、豆饼16.4吨，后期对加工成品进行销售及商品税缴纳，至此流程完成闭环。

（二）兴边富民新业态

从边民合作社签订商品进口协议付汇、商品进境核销，到落地加工企业购进商品进行加工，不仅节省了落地加工企业的生产成本，更是为边民增加了新的收益方式。边民合作社通过此次商品进口二次销售缴税后计算获得商品增值率为4.1%，落地加工企业通过加工产品销售计算获得商品增值率为15.3%，对比计算，边民互贸进口大豆每吨节约成本优势为188元。

（三）严格执行监管流程，保障进口商品落地加工

边民合作社及落地加工企业需在商务及海关部门进行备案，商品进境全程接受海关监管，在跨境付汇及缴税接受外汇管理局及税务部门的监管，通过几个机构的配合及管理，切实保障进口商品落地加工的合法性，确保商品来源及产品的安全，对商品流入市场起到最根本的保障作用。

（四）落地加工产业快速推进

黑河市区海关备案的进口落地加工企业共8家，主要以进口大豆、油菜籽、小麦和玉米为原料开展落地加工，年加工能力50万吨。黑河市区已建成粮食暂存企业7家，存储能力21.5万吨。截至2021年8月底，凭借“多区叠加”政策优势，黑河片区实际开复工项目24个，其中省市百大项目17个，年度计划完成投资8.82亿元，累计完成投资5.2亿元，初步形成以跨境物流、跨境农产品加工、跨境中草药研发为主的互市贸易产业板块，预计到2021年底，黑河片区将形成跨境物流存储能力50万吨，进口农产品单日加工能力5 000吨，年加工能力达到150万吨以上的互市贸易落地加工产业集群。

下一步工作思路：

（一）着力扩展互贸进口商品落地加工规模

依托俄罗斯资源，发挥黑河对俄合作前沿优势，以粮食和中药材为重点，积极发展互市贸易落地加工产业，以产业带动就业，不断扩大边民就业渠道，促进边民增收、边境富裕。根据首次边民互市贸易进口商品（大豆）落地加工流程，已将中药材、小麦、玉米等产品纳入边民互市贸易进口商品落地加工商品列表，下一步将开展中药材落地加工测试，以防风和白鲜皮为重点品种，鼓励中药材落地加工企业加快基础建设、边民合作社积极运用省药监局出台的中药材进口创新政策，尽快以“合作社+落地加工企业”的模式开展测试工作。争取尽快形成年俄粮加工能力50万吨、年中草药加工能力3万吨，“十四五”期末黑河边民互市贸易进口落地加工规模超30亿元。

（二）持续完善并固化互贸落地加工流程

对经压力测试检验的落地加工流程进一步完善和固化，采取边民合作社代表边民集中申报措施，形成规范统一、简便易操作并为各部门所接受的业务规范。

（三）加快建设全省统一的互贸综合平台。

通过推行数字化管理方式，进一步提高工作效率和管理水平。加快建设黑龙江省边民互市贸易综合服务平台并早日投入运行，实现海关、税务、外汇管理等部门信息共享、一网集成。增设海关互市服务子系统，实现海关业务全程信息化、便利化。

（四）着力完善互市贸易功能区基础设施建设

把黑河边民互市贸易加工产业作为黑河片区重要创新成果，以建设边民互市贸易加工综合园区为重点，进一步完善互贸区基础设施建设，形成跨境产业承载平台，不断提升综合服务能力。新建 9.6 万平方米的边民互市贸易监管中心，形成新的互市贸易交易中心。新建 34 万平方米互贸粮食进口加工区，重点发展进口大豆、小麦、玉米等农产品为主的综合加工产业。新建 8 万平方米的植物源性中药材加工区，重点发展进口低风险中药材研发及精深加工产业。

（五）着力打造边境互贸商品集散中心

构建边境地区“兴边富民”现代流通市场营销体系，建设面向俄罗斯和中国的互市贸易商品双向供应平台。以大黑河岛商圈为重点，打造以 15 国为主的特色进口商品商贸中心和供应俄罗斯的中国特色商品商贸中心。完善跨境供应体系，打造集制造、采购、仓储、配送为一体的综合性优质商品供应链平台。

案例 9：创新临时入境车辆交通违法处罚新模式

为深入贯彻落实省、市关于优化营商环境决策部署，进一步激发市场活力，黑龙江自贸试验区绥芬河片区（以下简称绥芬河片区）以满足人民群众对公安交管服务更新更高需求为导向，聚焦企业和群众关注的重点事项，积极探索创新，不断优化服务，创新实施临时入境车辆交通违法处罚新模式，促进绥芬河进一步扩大对外开放和经贸繁荣。

主要做法：

（一）建立服务体系，创新跨境车辆监管服务模式

为破解跨境车辆交通安全管理上存在的难题，本着先行先试的原则，绥芬河片区公安交管部门结合实际制定出台《自由贸易试验区绥芬河片区外籍机动车辆及驾驶人入境出境服务暂行办法（试行）》《自由贸易试验区绥芬河片区外籍机动车辆及驾驶人入境出境服务实施细则》。由公安交管部门涉外服务中队建立入境车辆驾驶人档案，制作《临时入境机动车和驾驶人管理规定》《中华人民共和国道路交通安全法》等中俄双语道路交通法律法规译本及中华人民共和国交通警察手势、禁令标志、警告标志等中俄双语宣传手册，通过印发宣传单、悬挂条幅、安装宣传图版等宣传方式，使涉外驾驶人初步熟悉和了解中国交通法规。

（二）开展临时入境车辆交通违法处罚试点工作

按照中俄两国运输管理部门在 1992 年 12 月 18 日签订的《中华人民共和国政府与俄罗斯联邦政府汽车运输协定》第八条第二项规定：“从事国际运输的车辆应具有各自国家登记的标志和识别标志”。《临时入境机动车和驾驶人管理规定》（公安部令第 90 号）第二条第三项规定：“与中国签订有双边或者多边过境运输协定的，按照协定办理。国家或者政府之间对机动车牌证和驾驶证有互相认可协议的，按照协议办理。”所以，绥芬河片区公安交管部门无法为临时入境运输车辆及驾驶人办理临时入境牌证。但随着对外经贸发展，临时入境车辆及驾驶人日益增长，临时入境的问题车辆也随之增长，超速、闯红灯、酒驾、醉驾等交通违法行为无法通过简易程序进行处理，缺乏强制性约束措施。绥芬河片区积极探索临时入境车辆交通违法处罚试点工作，由公安交管部门制作中俄双译的《绥芬河市公

安交通警察大队简易程序处罚决定书》，通过试行临时入境外籍车辆交通违法处罚新模式，利用中俄双译的《绥芬河市公安交通警察大队简易程序处罚决定书》，实现对俄籍车辆在口岸境内违章停车、闯红灯等交通违法行为的现场处罚。

（三）提升跨境车辆涉外服务能力

由公安交管部门成立涉外服务中队，延伸临时入境牌证窗口服务，在口岸客检通道和货检通道分别设立交通管理服务站，就近为临时入境车辆及驾驶人提供便捷服务。

（四）探索跨境车辆信息化监管

开发了外籍临时入境机动车及驾驶人登记系统软件，后期还将实现在确保临时入境车辆及驾驶人便捷高效通关的基础上，对临时入境车辆及驾驶人资料进行审核、实时录入与更新，逐步实现管理信息化，提高跨境车辆服务水平。

实践效果：

（一）外籍车辆监管能力显著提升

临时入境车辆交通违法处罚试点工作启动前，临时入境车辆驾驶人在中国境内的交通违法行为，都以口头警告为主，缺乏有效制约。绥芬河片区通过试行临时入境外籍车辆交通违法处罚新模式，利用中俄双译的《绥芬河市公安交通警察大队简易程序处罚决定书》，实现对俄籍车辆在口岸境内违章停车、闯红灯等交通违法行为的现场处罚，试突破了俄籍车辆在境内不能处罚的瓶颈。

（二）外籍车辆监管信息化程度显著提升

按照中俄两国运输管理部门协议，公安交管部门无法对临时入境货车进行牌证换发，对临时入境货车及驾驶人的道路交通违法行为无法通过道路交通违法信息管理系统进行录入，因此，公安交管部门利用绥芬河市现有的道路交通违法电子监控抓拍系统，与开发的外籍临时入境机动车及驾驶人登记系统软件进行关联，可实现对临时入境车辆及驾驶人非现场违法行为的管理。

（三）外籍车辆服务能力显著提升

已建设完成外籍驾驶人安全教育学习培训中心，通过适时组织临时入境车辆驾驶人进行《中华人民共和国道路交通安全法》等法律法规学习，使涉外驾驶人尽快了解并遵守中国道路交通法律法规。完成俄文学习材料印制，并常态化深入俄籍货运代理公司进行政策宣传及讲解，促进俄籍货运代理公司及临时入境驾驶人充分了解绥芬河片区的基本政策。增设临时入境车辆专用停车场，解决因缺少临时入境车辆专用停车场地带来的交通安全隐患。待交通管理服务站交付使用，法律咨询、抢险救助等服务工作将进一步开展。

下一步工作思路：

绥芬河片区将加快推进涉外车辆管理服务站建设和服务窗口建设，充实服务人员，完善涉外车辆服务管理机制，加大科技投入，在提高工作效率和服务水平上下功夫，交警大队涉外管理中队将入驻口岸货运及客运联检大厅，提供交强险投保、车辆查验、凭证审查、学习教育、牌证核发、抢险救援、司法救助等一站式服务，方便入境车辆和驾驶人“就近办、一次办”。

案例 10：对俄现钞陆路跨境调运新渠道

现钞陆路跨境调运是指两国银行间因业务发展需要而开展的人民币、卢布现钞跨境调运业务。绥芬河口岸是全国卢布现钞交易规模最大的口岸之一，此条路线的打通对于促进境内卢布现钞合法回流，降低现钞跨境调运成本，促进现钞跨境调运工作的常态化开展以及推动当地对俄经贸往来均具有重要意义，为黑龙江省深度融入“一带一路”建设及自贸试验区高质量发展注入新动力。

主要做法：

绥芬河口岸作为对俄边境贸易、互市贸易最活跃的区域，以及国务院批复的卢布流通试点区域，长期以来，卢布现钞交易活跃，有大量现钞流入。但也存在如下问题：一是民间兑换市场活跃，价格经常偏离银行间市场正常价格；二是现钞兑换特许机构或银行兑换的卢布现钞多头头寸，因无法及时调运和平盘，卢布汇率波动导致现钞敞口风险较大，影响了各类主体开展卢布现钞兑换的积极性，也增大了卢布现钞兑换的成本；三是卢布现钞在当地缺少合法回流至俄罗斯境内的渠道，主要通过民间渠道调运俄罗斯；四是过去通过哈尔滨、北京等口岸跨境调回俄罗斯欧洲区域城市的模式存在调运流程多、路线长、成本较高的问题。

为解决以上问题，金融服务中心统筹协调各相关部门，采取了以下做法：

（一）加强银行同业合作，建立本币现钞合作多渠道

绥芬河片区金融机构依托广泛的对俄同业合作网络，积极推进与俄罗斯银行的本币现钞合作。哈尔滨银行已经与10家俄罗斯银行签署本币现钞合作协议，覆盖俄罗斯的欧洲、远东等主要区域，为对俄人民币及卢布现钞调运创造了条件。同时，哈尔滨银行积极推进与个人现钞兑换特许机构、口岸地区银行同业合作，为实现卢布现钞跨境调运常态化发展奠定了基础。

（二）组建卢布陆路跨境调运快速协调机制

绥芬河片区组织海关、边检等相关部门多次召开协调会，建立多部门快速协调机制，解决相关车辆出入境及交接问题。在疫情期间，俄方押运车辆无法入境交接的情况下，绥芬河边检特事特办，允许中方押运车辆到达边境线进行现钞交接；疫情结束后，俄籍押运车入境交接时，允许押运车辆除司机以外可以带一名押运人员入境交接。绥芬河海关积极协调哈尔滨海关及外汇管理局，实现现钞调运快速通关。

（三）创新陆路调运路线

过去，境内的卢布或人民币现钞主要由押运公司通过哈尔滨陆运到北京，再从北京空运至莫斯科或者从哈尔滨直接空运至莫斯科，一般需要三天的时间，调运流程多、路线长、成本较高。现在押运公司可将卢布现钞通过绥芬河公路口岸直接调运至符拉迪沃斯托克市的合作银行，用时6—7个小时，极大缩短了卢布现钞资金回流的路径，实现“门到门”式的安全、高效调运。

（四）打通陆路跨境调运通道

2020年9月17日，哈尔滨银行黑龙江自贸区绥芬河片区支行通过绥芬河公路口岸，用时6小时将3 000万卢布现钞调运至俄罗斯符拉迪沃斯托克市的合作银行，标志着黑龙江首条对俄现钞陆路跨境调运通道成功打通，此条线路的打通对于促进境内卢布现钞合法回流，降低现钞跨境调运成本，促进对俄现钞跨境调运工作常态化开展有重要意义。

实践效果：

一是规范了卢布现钞市场秩序，降低了现钞兑换成本。优化口岸地区的卢布现钞报价引导机制，有助于改变过去市场卢布现钞报价和银行间市场报价倒挂的问题，规范了市场报价，降低了口岸各类市场主体的卢布现钞兑换成本，促进边贸、互市贸易和旅游等经贸活动发展。

二是缩短了现钞跨境调运路径，提高了跨境调运效率。绥芬河跨境现钞陆路调运通道的打通，实现与俄罗斯远东地区的卢布现钞跨境调运直通，与过去调运至俄罗斯欧洲地区相比，极大缩短了调运路径，节省了调运时间，从原来的三天到现在的“T+0”当日通关、当日完成运输。同时，调运成本降低50%左右，为卢布现钞以及人民币现钞跨境调运的规模化、常态化发展奠定了良好基础。

三是建立了现钞头寸平盘新模式，规避了卢布汇率风险。一方面，通过银行间市场可实现卢布现钞头寸的实时平盘，规避了卢布汇率波动风险；另一方面，通过绥芬河口岸实现卢布现钞快速调运，快速实现“钞变汇”，缩短资金在途时间，减少资金占用，实现卢布现钞和现汇市场的有效联动。

下一步工作思路：

绥芬河片区将依托绥芬河口岸的现钞调运通道优势，不断创新和推动对俄本币现钞业务发展，全力打造自贸试验区特色金融服务“样板”，助力自贸试验区加快发展。具体来看，重点开展以下几项工作：一是持续强化与对俄口岸地区银行、现钞兑换特许机构合作，做大卢布现钞兑换规模，推动卢

布现钞在绥芬河口岸的集聚，推动对俄卢布现钞跨境调运的规模化、常态化发展；二是继续优化卢布现钞报价、平盘模式，推动卢布现钞自助兑换设备的开发，提高卢布现钞兑换的便利性，降低现钞兑换成本。

案例 11：打造哈尔滨银行对俄结算服务中心——提供一站式综合金融服务平台

黑龙江自贸试验区哈尔滨片区作为对俄及东北亚全面合作的承载高地，高度重视打造以对俄金融为核心内涵的特色金融中心。为进一步扩大对俄开放，加强中俄经贸合作以及更好服务自贸试验区内涉俄企业，哈尔滨新区政府与哈尔滨银行携手共建对俄企业“一站式”综合金融服务平台——哈尔滨银行对俄结算服务中心，全面提升片区对俄金融服务能力，引领黑龙江自贸试验区金融服务创新。

主要做法：

（一）政企合作共建对俄金融服务体系

黑龙江自贸试验区哈尔滨片区依托哈尔滨银行整合其对俄金融服务主要功能，并利用黑龙江自贸试验区专业服务机构在片区搭建了“哈尔滨银行对俄结算服务中心”（以下简称服务中心）。

服务中心设置有专业窗口和专属服务团队，打造黑龙江自贸试验区企业金融服务绿色通道，包括为区内企业提供业务预约、预审核、制裁风险咨询、综合服务方案设计等增值服务和为区内对俄企业结算业务办理及融资需求受理、审查、审批、放款开通绿色通道。区内符合条件的企业进行业务办理时，还可享受结算手续费减免、结售汇让点等优惠服务。服务中心还为区内企业提供免费的特色财资管理服务以及票据池金融产品服务。

（二）结算与融资一体化跨境金融服务

服务中心围绕各类对俄经贸主体投资和贸易需求，提供本外币、内外贸、离在岸、商投行一体化的跨境金融服务。

1. 对俄结算服务

为企业提供多币种、多方式对俄结算服务，帮助企业解决对俄结算通道不畅、中转环节过多、清算效率不高等问题，助力企业对俄安全、快捷收付款。通过流程优化、账户直通等方式，升级推出“俄速汇”对俄特色结算产品，实现资金快速到账。针对哈尔滨片区重点产业跨境电商领域，帮助更多优质企业“线上化”“走出去”，服务中心依托哈尔滨银行自主研发的中俄跨境电子商务在线支付平台，为出口跨境电商企业提供一站式、全流程、7×24 小时线上支付、收款、结算及退款等金融服务。

2. 跨境融资服务

为企业提供包括进口贸易链融资、出口贸易链融资、跨境担保等在内的跨境融资综合解决方案，帮助对俄进出口贸易企业、工程承包企业、大型设备出口企业等具有融资需求的涉俄企业捕捉发展机遇，缓解对俄经贸资金难题。

3. 卢布现钞服务

依托哈尔滨银行对俄人民币及卢布现钞双币种、调入及调出双向、陆路及航空联合的调运渠道，为贸易结算、边境旅游等活动提供金融服务支持。服务中心并设有卢布自助兑换机，满足卢布现钞兑换需求。

（三）对俄特色金融服务产品持续创新

针对中俄经贸合作发展情况，服务中心依托哈尔滨银行发起的中俄金融联盟平台优势以及哈尔滨银行俄罗斯代理行网络覆盖优势建立自贸试验区金融创新平台，不断创新发展对俄金融服务，持续进行对俄特色产品研发，为中俄跨境经营企业提供优质服务。

1. 对俄 NRA 账户

提供 NRA 账户（Non-Resident Account，境外机构境内外汇账户）对俄结算、存款、人民币购汇、自贸区结汇等服务，助力对俄投资贸易企业实现境内外有效联动，有效降低其结算汇兑成本。

2. 卢布 T+1/T+2 特色汇率避险产品

开展对俄贸易或投资的企业，在确定收付款日期的情况下，对即将收付的卢布款项或已有的卢布资产，可提前1—2天锁定服务中心的结售汇汇率，规避汇率波动对贸易利润的侵蚀。

3. CIPS 试点

服务中心依托哈尔滨银行人民币跨境支付系统（Cross-border Interbank Payment System，CIPS）直接参与者资格，可为区内企业进一步提高人民币跨境支付结算效率，满足跨境人民币贸易、投融资业务等结算要求，便利人民币跨境使用。

实践效果：

（一）对俄结算提速降本

通过多样化结算服务、绿色通道、专项优惠等多种举措显著提高对俄跨境结算效率、降低结算成本和改善对俄客户服务体验。“俄速汇”结算通道最快可实现半小时内到账。跨境电商在线支付平台成功打通了业内首条卢布—人民币线上清结算通道，截至2020年末，该平台累计处理交易笔数超4 400万笔，交易结算量突破150亿元人民币。

（二）综合服务助企发展

分别于2021年3月和2021年6月，为黑龙江惠达科技发展有限公司成功落地3 462万人民币外商投资资金和为黑龙江德硕实业有限公司成功落地自贸试验区首笔对俄直接投资业务（截至2021年7月27日，已投资481万卢布），有效支持企业“引进来”以及“走出去”战略。

（三）对俄特色产品研发

2020年1月，黑龙江自贸试验区内首笔NRA账户结汇业务成功落地，用于向境内机构支付服务贸易项下的人民币费用。该业务有效降低“走出去”企业人民币结算汇兑成本，进一步促进贸易投资便利化。截至2021年6月末，黑龙江自贸区开立NRA账户数累计达25户。

服务中心依托哈尔滨银行接入的CIPS系统为区内企业更好地提供安全、高效、便捷和低成本的资金清算服务。2021年6月，CIPS系统上线首日即办理了超过100笔对俄跨境人民币业务，主要为俄罗斯金融机构的跨境人民币转汇及对俄经贸企业的跨境人民币结算业务，助推区内企业“走出去”并推动人民币在周边国家的使用，助推人民币国际化进程。

下一步工作思路：

哈尔滨银行对俄结算服务中心持续整合对俄金融服务与产品，加大中心的服务支撑力度。依托哈尔滨银行CIPS系统直接参与者资质优势，一是进一步加强CIPS系统的推广应用，出台相关优惠政策，主动引导俄罗斯银行和对俄经贸企业使用及推广跨境人民币；二是推动CIPS系统内的直通结算，逐步探索全面实现对俄结算的“去SWIFT化”；三是将跨境本币结算、交易功能统一整合至CIPS平台，探索试点“货币兑换增值平台”，提供货币兑换增值服务，扩大对俄本币结算。

案例12：全面实施评定分离制度改革

主要做法：

一是实施评定分离改革后的投诉量相对于改革前，投诉量有明显的下降；二是好队伍中标机会大大提高，据初步统计，中标的投标人中，诚信及信用等级都是属于偏高的企业；三是中标价有所下降，初步统计，评定分离方式招标项目中标价比之前有所下降；四是招投标效率提高，企业的交易成本进一步降低，效率进一步提高；五是围标串标现象减少，对于大数据分析、标后监管等手段，使不注重承包合同履行，不讲诚信的企业很难生存，通过信用评价联合惩戒及黑名单制度建设，营造招投标公开、公平、公正和诚实信用的市场环境。

实践效果：

按照省委、省政府发布的《关于支持哈尔滨新区改革创新促进高质量发展的意见》的总体要求支持新区在充分吸收借鉴其他国家级新区或地区经验的基础上，先行先试、敢闯敢试的基本原则，新区自2019年以来，开始探索评定分离制度改革。2020年《黑龙江省哈尔滨新区条例》出台，赋予了哈尔滨新区更大的改革权限。2020年2月印发了《关于印发〈哈尔滨新区江北一体发展区政府投资建设工程“评定分离”招标投标改革若干规定〉的通知》，2020年哈尔滨新区政府投资项目招投标全面实行“评定分离”改革。同时，为梳理区政府投资（含国有）项目定标工作流程，编制印发了《关于印发〈哈尔滨新区江北一体发展区政府投资建设工程定标工作指引（试行）〉的通知》《哈尔滨新区江北一体发展区工程建设项目招标投标活动异议和投诉处理办法》等实施“评定分离”制度改革的相关制度文件以及编制了采用评定分离招标的各类型招标文件的范本。

下一步工作思路：

持续推进全程电子化招投标、规范的开标流程、招投标信息公开、投诉渠道的畅通、评定分离的改革，信用体系建设，优化办事流程等改革措施。

案例13：知识产权+非上市公司股权质押信贷

网络安全与信息化是未来发展的“一体之两翼”，在省委、省金融办的支持下，龙江银行对哈尔滨安天科技集团股份有限公司展开专项业务对接，并根据科技型企业特性，制定专项金融产品及融资方案，成为黑龙江省首家支持网络安全科技型企业的金融机构，实现了黑龙江省针对该类客户采用专利权质押模式零的突破。

主要做法：

客户产品创新。安天科技集团作为网络国家安全队成员之一，受到省委、省金融办的高度重视，将其列为重点支持目标，为全面支持企业发展，龙江银行在企业主营业务、担保方式、资金用途等方面积极寻求创新，改善信贷产品的传统做法，针对企业实际开发需求和参与党政机关网络技术产品研发、推广的情况，开发新的业务产品，为企业提供融资服务。

（一）担保方式方面

安天科技集团等网络安全型企业重技术、轻资产的特点，在企业既不能提供可抵押的资产、也不接受担保公司保证的制约因素下，龙江银行开创了非上市公司股权质押+知识产权质押的担保方式。在知识产权方面，以企业210项核心竞争力的知识产权作为质押担保物；在非上市公司股权方面，以借款企业法定代表人及实际控制人股权全部质押的方式。

（二）押品价值认定方面

专利权价值认定：考虑到科技型企业的核心竞争力来源于其研发成果——专利权，是企业能够高质量发展的原始驱动力和根本核心，该行对于企业的核心专利权进行了外部评估及内部价值认定的方式，综合评定企业的专利权价值。

股权价值认定：考虑到专利权与股权的从属关系，龙江银行从风险角度质押了企业的部分核心股权。

资金用途方面：创新贷款用途，将信贷资金用于支付研发产品费用，开创了支持科技型企业的先河。

实践效果：

客户准入方面：首次突破对网络安全科技企业业务授信，在全省金融机构中实现对该行业首笔信贷业务的发放。

担保方式方面：首次将知识产权+非上市公司股权为主要担保方式。鉴于企业非上市，担保方式采取法定代表人自有股权质押+企业核心知识产权质押的方式，有效解决了该业务担保瓶颈。

押品价值方面：首次采用市场法来确定质押股权价值。

资金用途方面：首次将贷款资金用于支研发产品费用。网络安全科技型企业最大成本即研发成本，研发成果系企业发展及生存的“原动效果收集和总结，汇总创新”举措主要成效。

案例14：“寒地试车”产业联动发展新模式

黑龙江自贸试验区黑河片区（以下简称黑河片

实践效果：

“区管校聘”改革，打破传统体制机制，变“学校人”为“系统人”，盘活了中小学校现有人力资源，很大程度上解决了教师结构性缺编的问题。区教育局统筹全区教师管理，克服了校长、教师校际交流的瓶颈问题，促进了校际间的均衡发展。同时，城区学校、优质学校教师到农村学校、薄弱学校交流，给予一定政策倾斜，激发了教师参与交流积极性。2019 年，通过学校、学区和区内三轮竞聘，全区共有 222 名教师参与了交流。其中，超编学校向缺编学校共交流了 195 人，名优学校向薄弱学校交流了 27 名人，区级以上骨干教师交流 65 人。2020 年，又有 97 名教师实现校际交流。城乡之间、校际之间师资配置得到优化。

2020 年 7 月，哈尔滨新区教育系统九个方面几十项事权下放到教育局，增大了教育行政部门自主管理权限，为区域教育健康均衡发展提供了保证。“区管校聘”改革后，吸引了大批优秀的高校毕业生积极投身新区教育。2020 年，全区教师招聘 115 名高层次（硕士）人才，110 名校园招聘人才。近三年，哈尔滨新区教育系统采取高层次人才（面向硕士研究生）、本科毕业生、校园招聘（面向部属师范院校、双一流高校毕业生）等多种形式，招聘教师 438 人，其中公费师范生 26 人（6%）、硕士研究生 266 人（61%）、本科生 172 人（39%）、部属师范院校及双一流高校毕业生 174 人（40%）。近年的人才招聘实现了多个突破：地域覆盖了东西南北中各区域；毕业院校层次大幅提高，所学专业覆盖面更大，六所部属师范院校和哈尔滨工业大学、哈尔滨工程大学、北京体育大学、中央戏剧学院等双一流高校，以及澳大利亚、英国、新加坡等国家知名高校留学生投身新区教育。

下一步工作思路：

一是加强轮岗交流教师的专业培训，提高中小学教师教育教学水平；二是指导中小学校完善教师绩效考核办法，强化年度考核，并依据考核结果动态调整工作岗位；三是深入开展中小学教师职称“评聘分开”工作改革；四是在改革过程中及时发现问题、总结经验并做适当调整。

案例 5：“两国双园”推进中俄跨境木材综合加工模式

黑龙江自贸试验区黑河片区（以下简称黑河片区）依托黑河黑龙江大桥陆路通道及新丝路集团资本、技术和市场优势，立足俄罗斯阿穆尔州丰富的森林资源，通过投资需求拉动，在境外与俄罗斯企业合作打造木材产业原料基地，依托境外原料加工基地，在境内黑河市二公河进出口加工园区建设集精深加工中心、物流集散和交易平台为一体的综合性木材产业园。通过打造“采伐—加工—精深加工”跨境产业链，进一步推进从贸易到加工再到产业的深度发展，最终形成“两国双园”式跨境木材加工产业集群。

主要做法：

（一）积极推进境内加工园区建设

2020 年，黑河片区扶持新丝路推进并完成 5 个建设项目。一是木材综合加工园区，完成 18 公顷建设用地审批和征占程序，项目区场地硬化已完成；二是胶合板生产车间正式投产，建筑面积 6 400 平方米，胶合板设施已进场并调试完毕；三是实木家具车间正式投产，建筑面积 8 200 平方米，已交付使用；四是板材车间，建筑面积 3 800 平方米，已启动试运营；五是完成 10 栋烘干车间。

（二）协调生产原料供应

受俄罗斯新冠肺炎疫情影响，白山市加工基地虽收储 1 200 立方米原木，但无法运输过境。黑河片区帮助协调解决北黑铁路工程征用林木 20 000 立方米。2020 年 7 月，原料陆续运抵厂区，解决胶合板、板材加工全年加工需求，为企业持续发展提供原料保障。

（三）加快构建市场化产业链条

通过开展上海商务对接活动，黑河片区引导企业与宜家集团实现合作，新丝路集团实木产品入驻区）充分发挥作为最北自贸区的区位优势，以寒地试车经济为桥梁，积极推动国内外、省内外的合作，通过推进基础设施建设，优化营商环境，加大宣传力度等形式大力引导试车企业到黑河来集聚发展，带动上下游配套产业发展，打造产业链条，形成产业集聚，实现以黑河为中心向国内外、省内外延伸、共谋试车经济发展的新模式。

主要做法：

（一）加强基础设施建设，扩大试验场规模

道路建设方面，完成道路挖方换填工程，为冬季开展信息化测试示范应用，完成了沥青混凝土铺设工程，同步开启了基层面层工程以及桥梁和隧道建设任务。信息化方面，完成 L 杆立杆、布线、通电、组网工程。实现摄像头、雷达、RSU、OBU 等四个种类的设备安装调测及信息接入工作。完成排水工程建设，满足春季控山水和场地雪水的排放要求。通过不断完善试车产业配套设施建设，为寒地试车产业提供有力保障。

（二）规划先行，打造转型升级“新引擎”

委托中国汽车工业协会制定《黑河汽车寒区试验基地发展规划》，提出“1+X”建设理念，形成以黑河市区为中心、向周边辐射的试车产业链。把发展试车产业写入“十四五”规划，稳固提升发展地位。做大做强试车产业节庆活动，探索以赛兴城、以赛促产，以展惠民的寒区试车产业发展之路，推动单一试车服务向文化旅游现代服务业转变。

（三）创新特色服务，构建亲商安商“好环境”

制定并出台各项优惠政策和服务办法，建立综合性服务体系，为试车场专业管理人才提供各种生活便利，促进黑河试车产业发展，吸引企业落户黑河。成立黑河试车企业接待服务中心，实施“一窗式受理、一站式互动、一条龙服务”运营模式，对试车企业提供业务咨询、24 小时救援、人力资源中介、宾馆预订、餐饮推荐等相关服务。完善服务职能，成立黑河试车经济协会，在供需双方之间发挥桥梁纽带作用。协调边防委、城市执法局等相关部门，扩展了大面积的冬季试车临时停车场。针对新能源汽车测试需求，加快新能源汽车充电桩建设，打造市区内 3 公里充电服务圈。开辟试车企业“绿色通道”，制定《绿色通行证制度》等制度，竭诚为企业排忧解难。

（四）创新形式，多渠道开展宣传

一是以旅游、会议、度假经济活动为载体，广泛宣传黑河。通过申办全国和地区国际间汽车赛事和会议等活动，提高黑河的知名度。有计划、有针对性地组织国内外汽车企业和零部件厂商来黑河参观，积极加强与汽车企业和交通院校的交流与合作，形成产业集聚。二是采用网站、信函、电子邮件、传真等方式进行有针对性的重点宣传。建立黑河寒带试车基地信息网，介绍黑河试验场地、道路情况、寒地试车服务须知、生活提示、外籍人员换领中国临时驾驶证要求、办理试验牌照规定等，利用网络宣传自身优势和设施建设情况，扩大信息覆盖面，为汽车企业了解黑河提供便利。制作一批精品节目，有计划地通过广播、电视、报纸等媒体搞好宣传，提高黑河寒带试车基地的知名度。三是通过参加行业会议、车展、考察、交流等机会，在行业内广泛宣传黑河寒区试车的优良条件、优惠政策和创新措施，吸引更多外来试车人员。

实践效果：

一是黑河市已建成多家大小试车场，其中，黑龙江红河谷汽车测试股份有限公司是黑河市唯一对外开放的试车场，也是亚洲最大的寒地试车场，建有陆地 ABS 试车跑道、冰雪跑道系统、17 种功能跑道，可为前来试车企业提供服务。全国汽车整车及零部件研发寒带测试工作量的 80%集中在黑河完成。

二是举办 2020 黑河首届寒区试车节，新华社、中汽协及 70 多家车企代表和 170 多名嘉宾共聚黑河，开展“穿越黑河·城市巡游赛”“CCPC 雪地越野挑战赛”“宝马、保时捷操控训练营”等一系列赛事和活动，“黑河寒区试车产业”加入新华社民族品牌工程，推广宣传力度史无前例。黑河试车产业有效带动了餐饮、宾馆、娱乐等第三产业在冬季升温，成为聚集人流，促进消费的特色之路，为黑河经济开辟了差异化、福祉性、积累式发展新路径，推动黑河产业能级迈向新台阶。据估算 2020 年季，试车产业为黑河经济带来约 4 亿增收。

三是新冠肺炎疫情最严重时期，创新闭环管理，为试车人员返黑创造条件，保住了寒区试车市场。2020—2021 试车季刷新历史记录，127 家车企、2 144 台测试车辆、2 834 名测试人员进驻黑河，在全国汽车产业不景气的情况下，黑河试车产业保持了良好发展势头。

下一步工作思路：

一是制定区域内试车产业发展的长远规划。规划要有前瞻性，要适应未来市域内试车经济长远发展的需要，不仅要明确试车产业发展定位、而且要确保试车产业的可持续发展。目前试车产业国内国际市场竞争激烈，黑河发展试车经济如果缺乏整体发展规划，容易造成区域内重复建设，引发恶性竞争，导致区域内的资源浪费。黑河要通过制定区域内长期的试车产业发展规划，对区域内试车产业进行统一规划、统一管理，有效整合区域内试车资源，形成合力，抱团竞争，发挥区域内试车产业的整体优势，实现“内联外引”，不断开拓市场，提高区域内试车产业的行业竞争力。

二是延长区域内试车产业的产业链。黑河发展试车产业以来，产业链条短，产业链条主体协同效应差，通过发展试车经济，延长试车产业链条，带动餐饮、宾馆、娱乐、交通、旅游等产业的发展，呈现“一业兴、百业兴”的局面。

三是加大宣传力度，积极跨境交流。黑河发展试车产业，要发挥“四型经济”（即试车、碳汇、俄玉、养老）之间的促进作用，改变等客上门的被动做法，主动出击，积极加强与国内外、省内外的合作，在巩固原有试车企业的基础上，努力发掘新的企业和零部件厂商来黑河试车。

案例 15：创新对俄专用车 OTTC 认证新模式

黑龙江自贸试验区黑河片区（简称黑河片区）自挂牌以来，全面贯彻落实“推动东北全面振兴全方位振兴、建成向北开放重要窗口”的要求，依托区位、资源、政策等优势，调整产业结构，推动汽车制造业转型升级，带动自贸区整体跨境上下游产业集群建设，力争打造对俄输出车辆第一品牌。

主要做法：

（一）迈出对俄出口车辆门槛

OTTC 即俄罗斯车辆认证。此项认证是俄罗斯及中亚五国对于专用车产品在质量、安全及道路交通法规等方面的强制性认证标准，是产品出口至俄罗斯及中亚五国的门槛。俄罗斯对中国车辆只签发 1 年 OTTC 证书，每年对产品进行考核以延期证书。黑河市利源达专用车制造有限公司已取得俄国的 OTTC 认证与欧盟 ECE 认证，与国际行业法规第二阶段（EBS）对接。公司的半挂车产品已占领俄罗斯乌拉尔以东市场超 80%的市场份额。利源达公司于 2017 年开始筹备可获取 OTTC 认证所需前行手续及相关质量认证等事宜。在自贸区与俄罗斯官方协调对接的帮助之下，于 2018 年取得国内“3C”质量认证，“ISO9000”质量认证，“世界制造商企业代码”等第一阶段资质。2019 年，获得由西班牙总中心出具欧盟安全评定认证（CE），白俄罗斯出具部分核心电子控制系统认证。在经过俄罗斯认证中心专家组对黑河利达源企业规模、生产设备、产品工艺等事项的多次实地考察下，于 2019 年 4 月获取 OTTC 认证。获取 OTTC 认证后，俄罗斯认证中心每年需要对利达源公司出口至俄罗斯的产品在召回、设计、售后等多方面进行考核，确保 OTTC 认证下一个阶段的延期。

（二）扩大机电产品在俄覆盖范围

黑河自贸区对利达源公司进行重点支持，合规为公司提供政策、制度、场地、基础设施等一系列便利，积极与国内徐工机械等一线企业对接，提供产品、技术、资金等支持，促进利达源公司锐意进取，大胆开拓。在自贸区中俄畅通沟通渠道背景下，积极对接俄罗斯经销商，构建覆盖俄罗斯远东销售、服务、物流全方位立体网络。以专用车出口为先锋，带动公司机电产品，跨境电子商务业务两架马车齐头并进，打造硬实力中国产品。

（三）以点带面在跨境产业集群上取得“新突破”

基于利源达品牌认证优势，完善和整合“智能加工制造”产业模式。基于出口俄罗斯农用车、工程车维修的巨大市场空间，探索开展保税维修再制造业务。哈尔滨海关已同意黑河片区开展入境维修业务。“海关特殊监管区内注册，监管区内开展保税维修再制造业务”、“监管区内注册，委托自贸区外企业在逊克口岸开展业务”等模式正在进行初步制度架构。对海关特殊监管区外有条件的企业开展的高技术含量、高附加值、符合环保要求的“两头在外”检测。

实践效果：

作为国内唯一获得俄罗斯 OTTC 资质认证的专用车制造企业，打破国内专用车制造企业出口俄罗斯需要缴纳高额环保税的局面，在俄罗斯市场与欧美一线行业品牌竞争。利源达目前在俄罗斯布拉戈维申斯克、克拉斯诺亚尔斯克和车里雅宾斯克设立了 3 家海外仓储基地，在俄罗斯全境与 34 家俄方实体分销商共建了销售服务网络及物流中转业务，所出口的半挂车产品在短时期内已迅速形成在俄罗斯乌拉尔以东市场的垄断局面，占领超过 80% 以上的市场份额。

下一步工作思路：

一是延长对俄机电产业链。作为首家得到对俄 OTTC 认证及黑河片区内机电行业的龙头企业，其产品在俄远东地区已成垄断之势，并将成为中国“一带一路”建设中“走出去”的重要品牌。针对对俄出口车辆产业链条短，产业链条主体协同效应差的问题，将围绕汽车制造业务科学合理地构造上下游产业链布局，带动能源、机械制造业等产业的发展，提高集群效应，增强企业竞争力。

二是推进机电行业产教融合。对俄专用车产业的发展极大兴旺了对俄机械保税维修产业。急需专业从事机电维修人才，利用机电产业链与专业教育机构的相互合作，通过建设机电产业学院打通对俄机械保税维修需求，推动人才培养供给侧与产业应用需求侧有效对接，打造面向中俄的“学以致用”型人才供给平台。

三是扩大中俄机电产业合作力度。在国内，利用多平台媒体宣传利源达公司，将中国第一家取得 OTTC 认证的汽车公司名牌打响，为利达源公司与其它机械制造业、制车业等的一流公司合作减少阻碍，实现国内相关产业的互利共赢。在国外，与俄罗斯官方建立长期合作交流机制，为利达源公司畅通政策、制度通道，加大宣传推广力度。

四是完善和整合“智能加工制造”产业模式。基于利源达品牌认证优势，基于出口俄罗斯农用车、工程车维修的巨大市场空间，探索开展保税维修再制造业务，主要研究“海关特殊监管区内注册，监管区内开展保税维修再制造业务”“监管区内注册，委托自贸区外企业在周边口岸开展业务”等模式。

案例 16：“关银一 KEY 通”服务项目

黑龙江自贸试验区黑河片区（以下简称黑河片区）是“向北开放”的重要窗口，中俄开展全方位交流合作的最前沿，是“一带一路”中蒙俄经济走廊国际区域中心城市的新引擎。通过与金融机构合作，率先把海关总署与中国建设银行总行开展的“关银一 KEY 通”项目合作业务落在黑河，该项目是中国电子口岸数据中心和中国建设银行积极贯彻落实党的十九届五中全会精神，按照党中央国务院“稳外贸”工作部署，推出的一项改革新举措，实现了海关电子口岸端与建行网银端功能的有效结合，大大简化了企业业务办理流程，有效优化进出口企业手续办理流程和口岸营商环境，助力服务开放型经济高质量发展。

主要做法：

（一）完善基础设施建设

中国建设银行黑河分行在通江路分行营业部设

代办点柜台，设立专用机器与办业务所用的专业设备，配备专业人员，针对所有新入网的进出口企业，通过建设银行“合作制卡代理点”申领、维护“共享盾”，黑河新入网外贸企业以后不用再去哈尔滨制卡中心，到中国建设银行黑河分行营业部即可办理电子口岸卡，操作便利性大幅提高。

（二）搭建线上业务办理平台

推动“云验收”“云培训”的模式，进行合作制卡代理点机构验收与业务培训，保障业务办理顺利进行。完善合作制卡代理点的软硬件设备及网络配置，组织操作人员提前熟悉学习相关系统操作。

（三）打通外贸业务便利通道

黑河与布布拉戈维申斯克市是中俄边境线上一对距离最近、级别最高、规模最大、功能最全的对应城市。得天独厚的地理位置决定了黑河无论在历史上还是在现实经济发展中都发挥着国际区域经济合作的重要通道作用。“关银一 KEY 通”项目是集海关电子口岸密钥与建设银行企业网银证书于一体的新型“共享盾”。用户使用“共享盾”，既可以登陆国际贸易“单一窗口”等渠道办理电子口岸业务，也可以通过建设银行企业网上银行、跨境金融综合服务平台（企业网银“跨境 E+”版）、企业手机银行等渠道办理金融服务。

实践效果：

（一）推动创新机制

发挥建设银行网点布局优势，增新金融机构服务体质，设立合作制卡代理点，扩大电子口岸制卡服务覆盖范围，为企业带来口岸业务“就近办、多点办、一站办”的全新体验，有效降低企业的“时间成本”和“脚底成本”。

（二）一站式满足企业需求

若新入网的企业选择在建设银行开立银行账户，“共享盾”可以帮助企业实现一个介质两种功能，利用“共享盾”，既可以办理国际贸易“单一窗口”渠道上的电子口岸业务，也可以通过建设银行企业网上银行、跨境金融综合服务平台（企业网银“跨境 E+”版）、企业手机银行等渠道办理金融服务，一站式满足企业“口岸入网+线上金融”的综合业务需求，在便利企业管理和操作的同时，切实减轻企业负担。

（三）多方位服务企业

新入网的企业使用“共享盾”，可一盾办理进出口申报、查验、税费缴纳等电子口岸业务。也可以线上办理跨境汇款、结售汇和贸易融资等建设银行金融业务。“共享盾”既可以通过 USB 接口支持电脑端应用，也可以通过蓝牙和音频接口支持手机端应用。

（四）开创电子口岸新模式

“关银一 KEY 通”是中国建设银行黑河分行发挥 G 端引领、加强政企合作的又一成功尝试，对于企业，在不增加成本的前提下解决申领海关电子口岸卡不便的难题；对于黑河数据分中心，外延了服务触角，提升了贸易服务便利化。

下一步工作思路：

中国建设银行将努力承接国家战略，进一步推进深化“关银一 KEY 通”项目合作业务，继续探索金融综合服务新模式。

一是多部门联动，让企业“少跑路”。转变传统金融服务理念，与相关职能部门沟通，全力简政放权、减少审批环节、提升服务水平，实现办事“最多跑一次”，让更多的企业认知认可这种方便快捷的服务方式，真正的让企业享受便利化服务。

二是建良好的营商环境，让企业更放心。坚守为民初心，不等不望、主动作为，使金融综合服务流程挖潜增效，积极缓解“痛点”、疏导“堵点”、优化“强点”，全力提升服务质量和效率，努力构建良好营商环境。

三是加强人员素质，让企业更舒心。加强从业人员学习，保证业务顺延有序进行，更好地为企业提高优质高效的服务，为企业发展，为地方经济发展助力。

四是狠抓落实、多措并举，助力项目合作业务落地。为确保“关银一 KEY 通”项目合作业务迅速顺利落地，对接企业找问题、查不足、问需求，为项目合作业务落地“问诊把脉”，切实掌握项目合作业务推进过程中的问题症结。并立足现状提出“三到位、一平台”（优化流程到位、接受监督到位、检查纠错到位及畅通无阻的企业账户业务办理平台）的举措，着力打造优质高效的营商环境。

案例 17：四地跨境审批联动办理

根据《国务院办公厅关于加快推进政务服务“跨省通办”的指导意见》中关于“加强全国一体化政务服务平台‘跨省通办’服务能力”的相关要求，黑龙江自贸试验区黑河片区（以下简称黑河片区）和广东自贸试验区横琴新区片区（以下简称横琴新区片区）两个片区在当地政务服务平台建设“跨省通办”专区，建立个人和企业专属空间，精准推送两地“跨省通办”业务。结合黑河片区与俄罗斯的“跨境审批”创新举措和横琴新区片区与澳门的“跨境通办”创新举措，两个片区积极搭建企业专属网页双向跨境专区，计划专设“黑河—俄罗斯—横琴—澳门”跨境双向专区，通过跨省资源整合，带动跨境资源传递、互交，为跨境企业提供精准服务。

主要做法：

（一）梳理整合双语版双边跨省审批项目表单

黑河片区和横琴新区片区共同规范办理事项的标准化清单、实施部门、中俄双语办事指南、网上办事服务等。横琴新区片区正与黑河片区积极构建两地企业专属空间，计划按照俄罗斯与中国澳门的相关法律法规，设计适用于各方投资企业的双语注册表单和线上受理流程。黑河片区将参考横琴新区片区与澳门地区的跨境办理事项，在政务服务上扩展黑河片区与俄罗斯“跨境审批”新业务，打通黑河、珠海、澳门的企业和个人与俄罗斯企业和个人的垂直业务对接，提高俄罗斯、澳门和珠海投资者在黑河创办企业的便利化水平，满足俄罗斯投资者进一步探索中国市场的需求。

（二）双向跨境办理专区精准化推送服务

为进一步深化“放管服”改革，加快推进政务服务“跨省、跨境通办”。鉴于珠海与黑河对口战略合作的成功经验，结合横琴新区片区企业专属网页主动化精准服务的创新成果，黑河片区与横琴新区片区聚焦俄罗斯、中国澳门企业和群众普遍关切的境外办事事项，依托全国、广东、黑龙江一体化政务服务平台及两地政务服务中心，打造“跨省、跨境业务线上联动办理”政务服务的新模式。依托横琴新区片区企业专属网页平台、黑龙江自贸试验区黑河片区政务服务平台，在开展双边跨境办理业务的同时，双方计划以政务服务的企业特色服务为对口合作试点，结合黑河片区实际，整合横琴新区片区企业专属网页模式至黑河片区，促进两地、双边沟通交流范围更大、层次更广，并为企业提供黑河—横琴、俄罗斯—澳门多地政策和服务获取专区、打造黑河片区“一站式”政务办事的示范环境，构建黑河片区全域政企大数据平台，打造政企合作服务新模式。

实践效果：

一是多地联动，为企业提供全生命周期服务。跨国（境）注册登记协同审批服务向后端延伸至企业合作、画像等智能化业务推送，为港澳地区及俄罗斯投资者解决落地后开展新业务的实际困难，投资方无须主动收集信息或咨询，企业专属网页将主动、定期向投资方推送信息及预警，为企业提供全方位无死角的全生命周期服务。

二是提升投资贸易便利化水平。“双边跨境办理”以企业开办为试点启动，迈出多地区企业交融的第一步，带动黑河片区与横琴新区片区在商事、民生方面更多便利服务的开展，支持和推动更多俄罗斯和中国港澳地区企业、居民投资并融入黑河片区和横琴新区片区，进一步促进生产要素互联互通，为两个片区的生产、生活提供更多的便利。

三是激发市场活力。通过政务服务的互联互通，加强黑河片区和横琴新区片区优势互补，为两片区企业带来新便利，带动两片区多角度深度融合发展，以优化政务服务带动招商引资。

下一步工作思路：

一是建设四地联动平台，打通数据壁垒结合“企业专属网页”实现四地事项联办；二是通过标准化梳理“跨省通办”“跨境通办”四地联动办理事项规范相应申请材料，整合申请人多地办理流程，实现“一次办理、一张表单、一套材料”；三是主动对接司法部门，梳理中国法院如何查明和适用域外法的实践，为中国企业开展涉外交易提供更为可靠的司法保障。

案例 18：跨境运输高风险司乘人员精准检疫拦截

跨境运输工具司乘人员入境通关环节，绥芬河海关通过自行研发的智能卫生检疫系统，整合应用健康申报系统、新风控系统、新旅客通关系统及 PROSAS 系统（口岸公共卫生风险监测预警决策系统）相关功能，实施边境口岸新冠肺炎疫情防控全流程集成电子化管理，实现多口岸信息共享、统一布控，对高风险跨境运输工具司乘人员在口岸检疫第一监管环节精准拦截。应用此创新，实现边境口岸卫生检疫全流程、多口岸的无纸化、远程化、可溯化、精准化作业，全程扫码通关，提升通关效率。同时，改变以往边境口岸海关依赖边检部门查询人员和高风险司乘人员数据信息后，才能进行后续拦截的被动局面，实现在入境第一监管环节对高风险人员的精准识别。

主要做法：

通过创新信息化手段，将健康申报、远程流调、风险研判、检测采样、结果反馈、后续处置和高风险人员精准拦截等疫情防控全流程各环节集成电子化管理，提升口岸高风险人员检疫效率。将高风险人员信息通过预定式布控方式，联动新一代风险防控系统旅检模块及新旅客通关系统健康申报模块，在多口岸实施精准布控，实现在口岸第一监管环节对高风险跨境运输工具司乘人员精准识别预警。

（一）准确收集信息，开展精准布控

海关利用健康申报系统及 PROSAS 系统收集自俄进境司乘人员及车辆基本信息，生成专属通关档案及二维码。现场海关对入境司乘人员实施采样、送检等，对检测结果异常的，按规定开展确认、上报、通报及后续处置等工作。同时将该高风险司乘人员信息传输至直属海关，直属海关风控部门评估后，利用新一代风控系统向新旅客通关系统健康申报环节下达指令实施布控，布控范围可根据需要覆盖多个边境口岸。

（二）口岸预警处置，严密闭环管控

高风险司乘人员再次通过布控口岸进境，在卫生检疫监管环节进行电子化健康申报时，新风控系统通过新旅通健康申报功能模块进行信息比对，即时下达风险预警信息，现场海关关员根据预警信息，第一时间掌握该高风险人员情况，按要求开展现场处置，从而实现在口岸第一监管环节进行精准拦截，防止新冠检测结果异常的高风险司乘人员在多个口岸频繁进出境，产生口岸疫情传播风险。

实践效果：

该创新举措运行以来，绥芬河海关公路口岸日均过货能力明显提升，口岸运行平稳。

下一步工作思路：

将继续规范和优化边境口岸新冠疫情防控全流程集成电子化管理，及时发现和防范风险点，做到货运通关全流程防控，在做好疫情防控的基础上，保障货物正常通关。

案例 19：境内俄籍人员一站式政务服务机制

黑龙江自由贸易试验区绥芬河片区（以下简称绥芬河片区）营商局为更好服务外资企业，提升服务水平，在绥芬河片区政务服务大厅，开设对俄罗斯企业专门服务窗口。同时加强软硬件设施建设，为外资企业商事活动办理提供便捷。

主要做法：

（一）健全工作机制

为加快绥芬河片区建设，促进俄罗斯企业对华投资，绥芬河片区营商局进一步加强对外资企业的服务工作。在绥芬河片区政务服务大厅，开设了对俄罗斯企业服务的专门窗口，委派通晓俄语的专业工作人员为俄籍企业提供翻译、政务事项咨询、代办注册等业务服务。对俄罗斯企业服务窗口与入驻大厅的其他各单位，共同构建开通涉外企业绿色通道，实行全程优先办理，形成做好涉外企业服务工作的合力。

（二）加强软硬件建设

在符合整体窗口改造要求的前提下，采取增加电脑、触摸屏等设备加快外国人服务硬件建设，通过大厅的电子大屏幕发布俄文版的办事流程，优化窗口整体环境、合理规划窗口布局、提供引导服务等措施不断提高外商人员的满意度和获得感。

（三）加大宣传力度

在政务大厅设立了中俄文指示牌，印制了中俄文双语办事流程手册。政务服务中心还与行业协会、外国商会等部门，通过各类媒体多渠道、多维度开展宣传，不断扩大俄籍人员服务窗口的知晓面和受惠面。

实践效果：

（一）服务效率不断提升

自2019年9月起，俄罗斯企业专门服务窗口设立以来，政务服务大厅俄籍服务专窗充分发挥职能作用，代收代办相关业务，在外籍人员因疫情“不到场”的情况下，为7家俄籍企业提供了高效快捷的注册登记服务。

（二）项目引导功能初步发挥

针对外籍人员对片区产业功能区不了解的情况，服务专窗的工作人员耐心细致地向其讲解综合保税区、边境经济合作区、互市贸易区的政策功能，让外籍人员依据企业自身特点选择投资入驻。

（三）服务引导俄籍自然人在绥芬河市创业

积极向有投资意向的俄籍自然人宣传俄罗斯创业大街的相关政策，先后为20个俄籍自然人办理了外籍自然人经营登记证。积极对接城投公司，为俄罗斯籍创业者争取减免房租等相关创业政策的落实，受到俄罗斯创业者的好评。

下一步工作思路：

进一步加大对俄籍企业和自然人的服务力度。一是增加人员力量，未来形成2—3人左右的专业化服务队伍，为俄籍人员提供外商生活、企业联谊、投诉协调及商务代理等多元化服务。二是通过专业窗口加大各方面政策的宣传力度，印制俄文宣传资料，积极宣传招商、跨境电商试点、境外旅客退税试点、俄罗斯创业大街等方面政策。

案例20：濒危物种允许进口证明书不见面办理

黑龙江自贸试验区绥芬河片区（以下简称绥芬河片区）深化“放管服”改革，持续优化营商环境，从企业经营过程中的痛点、堵点出发，针对企业高频办理事项“濒危物种允许进口手续”办理时间长的问题，多次跑上争取，推进濒危物种允许进口证明书实现不见面办理，极大缩短企业办事时间，节省了企业经营成本。

主要做法：

当前，濒危物种允许进出口手续涉及两个许可事项，一是在省林草局审批办理的《出口国家重点保护野生植物或者进出口中国参加的国际公约限制进出口野生植物审批》，二是在国家濒危物种进出口管理办公室黑龙江办事处审批办理的《濒危野生动植物种国际贸易公约允许进出口证明书》。经粗略估计，绥芬河进出口企业每年对《出口国家重点保护野生植物或者进出口中国参加的国际公约限制进出口野生植物审批》《濒危野生动植物种国际贸易公约允许进出口证明书》的需求约24 000余份。

（一）开展网上不见面审批

濒危物种允许进出口的两项许可事项已由国家林业局、国家濒危物种进出口管理办公室分别授权委托到省林草局和国家濒危物种进出口管理办公室黑龙江办事处，绥芬河片区进出口企业需要到哈尔滨办理，进出口业务量和需求量较大的企业纷纷在哈尔滨设立了办事处，安排专人长期在哈尔滨从事濒危物种允许进出口手续工作；业务量和需求量较小的企业则需要经常往返于绥芬河、哈尔滨之间办理濒危物种允许进出口手续，耗费财力人力。经过绥芬河片区林草局多次沟通争取，推动实现国家濒危物种进出口管理办公室黑龙江省办处开展“濒危物种允许进口证明书网上”不见面办结，绥芬河片区进出口企业只需在网上提交材料，省林草局、国家濒危物种进出口管理办公室黑龙江办事处就可在网上受理审批濒危物种允许进出口手续。

（二）推动办理时限进一步压缩

《出口国家重点保护野生植物或者进出口中国参加的国际公约限制进出口野生植物审批》和《濒危野生动植物种国际贸易公约允许进出口证明书》两项审批事项在省林草局和国家濒危物种进出口管理办公室黑龙江办事处各自的审批法定时限均为20个工作日，办理两个审批事项的法定时限多达40个工作日，如办理不及时就会导致进口企业木材到达口岸后由于未办理完成相关手续，无法进行正常报关，造成木材压站，产生仓储费用的同时，也影响了企业的销售。绥芬河片区经过多次对上汇报沟通，两部门主要负责人在联席会议中商定，各自网上办结时限由原来法定20个工作日压缩为5个工作日办结，两项审批事项无缝对接，大大节省了审批时间。

（三）建立“濒危物种进出口证书”政企高效沟通渠道

绥芬河片区林草局对企业在办理上述两项审批遇到困难和问题采取“一事一办、特事特办”的措施，第一时间帮助企业联系沟通省林草局和国家濒危物种进出口管理办公室黑龙江办事处解决困难。协调国家濒危物种进出口管理办公室黑龙江办事处为企业建立了龙江濒危物种业务交流QQ群和龙江《濒危野生动植物种国际贸易公约》（CITES）业务交流微信群，方便企业进行业务咨询。2019年邀请国家濒危物种进出口管理办公室黑龙江办事处专家就履约知识、履约国内外形势，野生动植物进出口企业申报证书联网无纸化通关系统等内容对企业进行了详细讲解。

实践效果：

自开展濒危物种允许进口证明书不见面审批以来，截至2020年10月30日，已累计为绥芬河片区102家企业办理办理《濒危野生动植物种国际贸易公约允许进出口证明书》28 262份。在没有开展网上申报审批之前，进出口企业需要派人到省林草局和国家濒危物种进出口管理办公室黑龙江办事处进行见面申报材料和等候审批证书；在开展不见面审批后，绥芬河市进出口企业纷纷撤销了驻哈办事处，大大节省企业人力、时间、办公、交通等成本，解决审批环节困难。

下一步工作思路：

绥芬河片区林草局将继续认真做好企业涉林审批工作，积极做好相关线上申办服务的完善和提升；继续做好流程改进工作，探索进一步提高服务效能的有效途径，让其便企效应得到最大化发挥，为企业营造良好的营商环境。

案例21：自贸试验区中药材规范化基地建设成果

2019年以来，省农业农村厅将加强中药材基地建设作为支持黑龙江自贸试验区建设工作的主要内容之一，在自贸试验区哈尔滨、黑河、绥芬河三个片区，围绕农业加工企业需求，建设一批中药材规模化规范化示范基地。

主要做法：

制定下发了《黑龙江省中药材生产基地建设规划（2019—2025年）》《中药材生产基地建设方案》《黑龙江省2021年中药材基地建设实施方案》和《关于做好2021年度中药材基地建设示范项目遴选申报工作的通知》，围绕中药材加工企业需求，按照“一县一业、一乡一品、一村一药”优化区域布局，在黑龙江自贸试验区3个片区建设一批种植规模化、设施规范化、生产标准化的示范基地，做优做强中药材产业。

（一）加强中药材基地示范县建设

2019年、2020年连续两年在全省开展中药材基地示范县建设，对黑龙江自贸试验区三个片区覆盖的种植面积较大、带动能力较强、市场销售稳定、特色优势明显的道地药材生产县（区、市），开展中药材生产基地建设示范，两年共评定19个中药材生产基地建设示范县，投资总金额1.624亿元，其中：哈尔滨片区两年投资6 800万元，在覆盖区域共建设8个（次）中药材基地示范县，支持建设种子种苗繁育基地1 594亩、规模化种植基地40 542亩、品种展示园6个、4个企业的初加工设施；黑河片区两年投资3 900万元，在覆盖区域共建设5个（次）中药材基地示范县，支持建设种子种苗繁育基地1 291亩、规模化种植基地12 709亩、品种展示园5个、5个企业的初加工设施；绥芬河片区两年投资5 540万元，在覆盖区域共建设6个（次）中药材基地示范县，支持建设种子种苗繁育基地12 789亩、规模化种植基地57 338亩、品种展示园11个、15个企业的初加工设施。

（二）推进中药材产业初加工建设

抓好国内大型药企实地招商，引导葵花药业、珍宝岛集团等企业联基地、建基地、带基地，开展订单收购，建设定制药园。2020年对黑龙江自贸试验区三个片区的初加工共投资298.6万元，原材料加工共1.47万吨。抓好黑河市爱辉区、绥芬河市进口加工集群建设，围绕中药材加工产业，开展保健康养、休闲旅游和商贸物流的园区项目，以及中药材相关产业的全产业链发展模式，为全省中药加工产业的兴起，起到关键的示范带动作用，推进种加销全产业链发展。

实践效果：

2019年、2020年中药材基地建设项目对黑龙江自贸试验区覆盖区域的中药材产业发展起到推动作用，中药材面积持续扩大，效益稳步增长，品质稳步提升，链条日趋完善。在覆盖区建设高标准种子种苗繁育基地8 500亩，规模化种植基地补助面积11.9万亩，建设道地药材展示园23个，对19家企业新改扩建初加工基础设施进行补助，中药材产业发展水平得到全面提升。

2021年，中药材基地建设示范项目遴选工作正在有序开展。各地正积极准备，通过开展中药材基地建设示范，提升道地、特色中药材种子种苗繁育技术水平和综合生产能力，逐步稳定药源基地。扩大标准化中药材生产基地规模，培育特色知名品牌。促进产地加工升级，提升中药材附加值，扩大生产规模。确保实现中药材产业拉动农民增收幅度、中药材整体品质和道地药材市场影响力“三个提高”。

下一步工作思路：

一是做大基地规模。以“龙九味”为主导，以人参、刺五加等优势品种为重点，加大政策倾斜，扩大种植规模，建设规范种植基地，培育“龙药”大品牌，为建设产业强县、示范强乡、特色强村，催生产地加工龙头企业，奠定坚实基础。

二是做实产业基础。立足优势“大品种”，突出抓招商，全力上项目，建设一批产地初、精加工企业，提高全链条附加值。加强与省内外达成合作意向企业对接，力促种植基地、产地加工和药材集散地等一批省内外签约项目落地。

三是做活市场营销。加快黑龙江自贸试验区中药材交易中心和批发市场建设，加快推进“龙药云”供需直通，构筑中药材交易流通平台。积极参加全国行业博览会、洽谈会，学真经，扩影响，有效提升竞争力。

四是做优科技支撑。广泛吸纳省内外中药材专家，成立中药材产业发展专家委员会和专品种专业委员会，谋划行业规划和政策创设，提高中药材服务指导能力。促进与先行省份加强学习交流，探索适合黑龙江省中药材种植科学化、标准化技术模式和水平。

五是做强龙药精品。充分利用新闻媒体，开展“龙药靓中华”和药材变“药财”系列专访和专题推送，推介中药材专品种生产经验，全方位宣传道地药材基地建设成就。遵循绿色生产规程，加强质量全程追溯，扩大地理标志产品认证，打造道地龙药精品，促进中药材产业高质量发展。

案例 22：哈尔滨片区开启“无感续证”新模式

黑龙江自贸试验区哈尔滨片区（以下简称哈尔滨片区）为持续深化“放管服”改革，优化营商环境，强化事中事后监管，更大力度激发市场活力，增强发展内生动力，依据《黑龙江省哈尔滨新区条例》《黑龙江省关于推行行政审批信用承诺制的实施意见》等规定，简化行政审批流程，进一步提升政务服务水平，结合哈尔滨片区实际，针对风险小、长期申请量固定的行政审批许可事项实行“无感续证”创新改革。

主要做法：

（一）自动研判，主动提示

“无感续证”作为利企的改革创新措施，以企业感受度为出发点，通过建立信息数据库，自动导出企业许可证到期时间，对于在前序许可证有效期内无违法行为、信用良好、许可条件未发生变化，在历次国家和省级质量安全监测中未发生问题的企业，视为符合“无感续证”条件，主动通知企业通过“无感续证”的方式办理许可延续。

（二）系统填单，无感续证

同意办理的企业，向审批部门书面回复意向确认书并作出符合“无感续证”条件的承诺。审批部门通过信息系统获取企业相关信息，自动填充表单并向企业推送，企业对信息材料确认后，“无须主动申请”“无须提交材料”“无须来回跑腿”，审批部门按照流程完成审批。在许可证延续后20个工作日内企业将原过期许可证和信息确认材料返回审批部门，有效降低企业办理行政审批手续的时间成本，减少办理步骤，使企业在“无感”体验中即可完成许可证延续。

（三）严格监管，踏查后置

监管部门将于2个月内对于享受“无感续证”的企业进行抽签现场检查。如发现企业实际生产经营不符合许可条件或存在其他违法行为的，依法采取责令其限期整改，逾期不整改或整改后仍不符合条件的，由审批部门撤销许可或移送执法部门进行处罚。

（四）信用共享，联合惩戒

在企业承诺期限内，实行“逾期撤证”的后期监管模式。企业若未在续证后20工作日内返回原过期许可证和信息确认材料的，将对其进行撤销延续许可。在此基础上，建立“权益黑名单”，后期监管将直接与企业的信用记录挂钩，如申请人连续两个年度均触发逾期撤证处罚措施的，其申请主体将被计入本事项黑名单内，并将该企业失信信息纳入信用记录，在未来5年无法享受“无感续证”和信用承诺制。

实践效果：

哈尔滨片区首批选取“生鲜乳收购许可延续”“种畜禽生产经营许可延续”2个事项纳入“无感续证”试运行范围，辐射10家区内企业，是疫情防控常态化形势下“零接触”的办事新举措，开启“无感”审批新模式。在“生鲜乳收购许可续证”的“无感续证”改革中，哈尔滨完达山奶牛养殖有限公司、哈尔滨市万家宝娟姗奶牛基地有限公司已成功享受该政策。

下一步工作思路：

一是探索将更多低风险事项纳入“无感续证”适用范围，力争达到材料减、环节简、时限短、服务优、效能高的办事目标，逐步将重心迁移至后期监管，依靠监管部门对申请主体进行风险把控。

二是加强联合奖惩机制，进一步加强与信用联合奖惩机制衔接，以保障许可发放的后续监管问题，也为哈尔滨片区推行更大范围的“无人工干预审批”打下基础。

三是通过深化“一枚印章管审批”改革，建设规范化、标准化和精细化的政务服务模式，集中精力把企业与群众的痛点、堵点、难点作为改进政务服务的重点，优化软硬件设施、简化手续、降低办事成本、优化营商环境，建立起符合实际需要的行政审批管理体制和运行机制，推动政务服务品质的提升。

四是从“马上办”到“网上办”，从“就近办”到“一次办”，哈尔滨片区最大限度地简化行政审批环节，不断激发市场主体活力，营造良好的营商亲商环境。

案例23：创新应用“汇总征税”新模式

汇总征税是一种集约化的新型征税模式，符合条件的企业凭借银行出具的保函或保险公司出具的保单，可对进出口货物实现即报即放，货物放行后集中打印税单，所有税款于次月前五个工作日集中缴纳即可。

主要做法：

冰城海关通过现场推介会，以及宣传册、网站、微信等媒体将政策信息传达至企业，还派专人走访关区内重点企业，送“服务”上门，大力宣传“汇总征税”改革，引导企业积极参与“汇总征税”缴税新模式，充分享受改革红利。

一是扩大“汇总征税”适用范围。实现“全覆盖”。适用范围从一般认证、高级认证企业扩大到除“失信企业”外所有海关注册登记企业，基本实现企业“全覆盖”。

二是简化“汇总征税”备案手续。实现“两步变一步”。由于原有“两步”备案（第一步是企业资格备案，第二步是保函备案）已合并为企业提交税款担保时“一步”完成，企业办理手续更加简便。

三是降低担保门槛，融资更方便。中小企业可以更为便利的获取保函，从而有效缓解融资难、融资贵难题。

四是税款逐票核扣，下月集中结算。在改革前的传统通关模式下，进口货物需要经过“申报—审单—缴税—放行”等通关环节。实行“汇总征税”改革后，企业自报自缴完成后，系统计税并自动核扣税款，货物自动放行，企业于下月初集中统一缴纳上月税款。

实践效果：

丰田汽车（中国）投资有限公司以“汇总征税”缴税模式申报货物进口。企业在进口货物通关时，首先凭借商业银行保函或关税保证保险单，在系统中从担保额中自动核扣额度，接着向属地海关关税职能部门提交税款担保备案申请；企业在银行或者保险公司开具的担保备案或关税保险以电子数据传输给海关关税职能部门，无须现场提交纸质担保；在货物通关申报时直接勾选“汇总征税”选项便可以不再“逐票缴税”，在未被查验捕中情况下先提货；下个月第5个工作日结束前完成上月应缴税款的汇总电子支付；税款缴纳并进入国库后，企业担保额度自动恢复。把“一票一结”变成“一月一结”。汇总征税货物可以全天24小时通关，通关时间缩短到数分钟。这项便利措施极大缓解企业缴税压力，大大压缩通关时间，更加“多快好省”。按照以前逐票征税放行模式计算，企业需多次往返海关、银行，在“汇总征税”模式下，企业申报1 000票仅需集中办理6次就可完成全部通关手续。采用“汇总征税”模式，不仅节省企业经营成本，而且大大减轻相关各节点的工作量，节省了宝贵的人力资源。

下一步工作思路：

一是继续加强宣传，帮助企业熟悉“汇总征税”新模式提交税款流程；二是加强应用效果收集和总结，汇总新模式创新举措主要成效。

案例24：建立“三位一体”人才服务新模式

黑龙江自贸试验区哈尔滨片区（以下简称哈尔滨片区）通过政策扶持、载体建设、人岗对接的“三位一体”服务模式，加大境内外人才引入力度，疏解东北地区人才流失的痛点，针对发展对各类人才的实际需求，切实提升新区吸引集聚人才的软环境和硬实力，着力打造新区人才吸引、流动、培养、评价、人力资源服务外包等功能高度集成的现代人力资源服务产业链、企业集群和孵化平台，与深圳（哈尔滨）产业园紧密联动，围绕人力资源服务产业促进和新区人才集聚力提升两个重点目标，以人才动力激发哈尔滨片区的创新活力。

主要做法：

（一）加大政策扶持力度

出台“黄金 30 条”、“新‘驱’25 条”，对高精尖端、领军人才计划、创智人才计划和菁英人才计划等实施补贴支持，并在税务方面给予倾斜。主要包括加大表彰力度、增加人才公寓补贴、建立个人收入倍增计划、提高员工收入补贴、分类吸引和留住人才、给予高级管理人才奖励等措施。

（二）建设国际人才交流载体

一是设立国际人才服务站。在哈尔滨片区人才交流中心集成国际人才服务功能，在深圳（哈尔滨）产业园区内建立国际人才服务工作站，面向深圳（哈尔滨）产业园、人力资源服务产业园开展国际人才服务。二是建设驻外引才工作站。依托哈尔滨片区国际招商公司及其驻外机构建立驻外引才工作站，在哈尔滨中关村基地孵化器等创新创业载体中，选择外资企业或外国驻哈办事机构建立定点引才工作站。未来将在万科中俄园区俄罗斯分园建立驻外引才工作站。

（三）推动国内人才招引

一是建设人力资源服务产业园。针对东北地区人才流失问题，哈尔滨片区在深圳（哈尔滨）产业园区设立人力资源服务产业园，与哈尔滨市人力资源产业园组团申报国家级人力资源服务产业园区，为哈尔滨全面振兴全方位振兴提供人力资源支撑。二是建立“人岗精准对接”服务机制。哈尔滨片区举办“2021 年春风行动云聘会”，并对哈尔滨片区规模以上企业开展专场“云聘会”；同时开展民营企业招聘月等各类招聘活动，促进就业服务与企业需求无缝对接。

实践效果：

哈尔滨片区 2021 年春风行动云聘会共发布就业岗位 4 300 余个，服务求职人员 3 100 余人，开展各类培训 6 580 余人次，拨付培训补贴资金 430 余万元。“云聘会”共组织哈尔滨新区规模以上企业 128 家参加，发布岗位 1 300 多个，吸纳就业 800 多人。

下一步工作思路：

一是哈尔滨片区将持续积极落实人才政策，不断优化人力资源服务，强化哈尔滨新区户籍新政、“聚才惠民”七条措施、哈尔滨新区“黄金 30 条”等一系列优惠政策宣传，在片区“E 企惠”政策兑现平台上线人才政策兑现模块，并为人才及其家属在信息咨询、户籍服务、子女入学、养老、职称评定、人才公寓、资金项目支持等方面提供各类服务，积极打造良好就业创业环境。

二是哈尔滨片区将搭建网上求职平台，依托“就业地图”招聘服务平台、“零工”服务平台、抖音招聘、微信公众号等多种渠道，打造全天候线上服务新模式。深入抓好各类职业技能提升培训，提高劳动者就业技能，为企业与技工院校搭建“政、校、企”对接服务平台，全面提升哈尔滨片区劳动者职业素养和技能水平，并推广“互联网+技能提升培训”工作新模式。

案例 25：提档升级诉讼服务　纵深推进多元解纷

黑龙江自贸试验区哈尔滨片区（以下简称哈尔滨片区）积极落实全面依法治国理念，加强溯源治理，推进一站式多元纠纷和诉讼服务体系建设。自 2019 年起，逐步建立全流程网上办案体系，立案送达服务进一步优化加速，真正实现诉讼降本增效。同时，哈尔滨市松北区人民法院（以下简称松北法院）设立诉讼服务中心与人民调解机制，拓展全方位诉讼服务功能，打造社会治理屏障。

主要做法：

（一）打造全流程智慧法院

依托哈尔滨电子法院，哈尔滨片区松北法院实现了线上立案、自动分案、在线庭审及电子送达等全流程网上办案体系。在立案方面，松北法院正式开通网上立案服务后，积极宣传并引导当事人使用微法院进行网上立案，同时出台《松北区人民法院网上立案工作规范》，安排专人负责网上立案及跨域立案工作，确保所有网上立案申请七日内审核完毕。除线上立案外，松北法院进一步畅通其他立案渠道，能提供网上立案、邮寄立案、窗口立案、跨域立案、现场自助立案等多元化立案方式。送达方面，松北法院通过数据查询功能查找当事人的手机号码及户籍地址，利用电子送达、邮寄送达、公告送达方式开展送达工作。

（二）诉讼服务中心

松北法院成立诉讼服务中心，主要职能涵盖案件受理、案件查询、诉前调解、网上立案、跨域立案、信访登记、案卷流转以及接听“12368”诉讼服务热线等。为方便群众诉讼，诉讼服务中心提供民事起诉状、行政起诉状、申请执行书、授权委托书等诉讼文书模板，制作“打官司不求人指导卡”及各类纠纷一次性告知书，供当事人参考，便利群众与企业快速了解诉讼流程。此外，诉讼服务中心还设置了叫号机、案件信息自助查询机、便民书写台、自助扫描区，并免费提供电脑、打印机、复印机、扫描仪、便民 WIFI、便民充电宝、直饮机等设备供群众使用，努力打造有温度的服务环境。

（三）多元化纠纷调解机制

松北区法院设立人民调解室与律师调解室，协同 3 名特邀调解员及 1 名专职人民调解员参与诉前调解工作，同时有 2 名专职人民调解员加入速裁团队参与诉中调解工作。诉讼服务中心在受理案件时，如认为该案件有调解空间，则会积极引导当事人通过诉前调解的方式化解矛盾纠纷。诉讼服务中心积极引导调解员开展线上视频调解工作，方便当事人异地解决纠纷。调解成功后，当事人可通过电子签名的方式在线签署调解协议书，也可同时在线免费申请法官对调解协议书进行司法确认。

实践效果：

松北法院诉讼服务中心被评为四星级诉讼服务中心。2019 年诉讼服务中心成立以来，累计审核网上立案申请 5 841 件，累计转诉前调解 2 443 件，累计调解成功 653 件，累计申请司法确认 132 件。2021 年通过视频调解方式在线达成调解协议共计 80 件，在线申请司法确认 4 件。

下一步工作思路：

松北法院将根据《松北区人民法院诉讼服务中心便民立案服务规定》，加强立案服务工作，提高立案质量与效率。同时不断拓展诉调对接平台，对纠纷较多的案件类型有针对性地与相应的调解组织、行业协会、行政机关等建立诉调对接合作关系，并依托综治中心参与诉源治理，推广和应用人民法院调解平台。

案例 26：搭建区域合作“数字化电商+物流服务平台”

黑龙江自贸试验区黑河片区（以下简称黑河片区）为突破中俄跨境电商物流一直存在的运输费用高、速度慢等问题，通过加强与浙江自贸试验区宁波片区的对接，深度开展跨境电商领域的合作，建设东北三省首家菜鸟网络中心仓项目，着力打造多品类、高效率的跨境电商新合作生态，推动边境口岸的相关产业的数字建设，打通数字贸易和电子商务的多种通道，成为拉动边境贸易创新发展的新模式。

主要做法：

（一）打造对俄物流小包裹集散中心

黑河片区依托对俄物流枢纽的地缘优势，以中俄黑龙江公路大桥全面开通为契机，形成集仓储、跨境物流周转、跨境结算以及调配信息化为一体的跨境物流产业链，充分融合中国邮政国际邮路和菜鸟黑河中心仓的优势，聚力发展黑河跨境数字产业，以跨境电商为核心，以现代物流汇聚发展为导向，升级打造成高度集聚、功能完善的中俄物流包裹枢纽中心，建设一批智能化、自动化的中俄跨境电商“中心仓”，为数字经济提供线下强有力的服务支撑。

（二）打造黑河“智慧口岸”，把物流智慧化向纵深发展

黑河片区依托大数据集成、5G 通信、人工 AR

等技术，推进黑河口岸24小时全天候智能管理。在口岸货检区，通过货签编码与自动识别功能，辅助人工自动查验放行。在口岸旅检区，将通过证件扫描系统，降低人员聚集排队等待，在通过系统自动识别确认后，经自助通道过关放行。对于违规登船过检人员，第一时间通知值班人员进行有效处置。

（三）建设东北地区首家菜鸟跨境中心仓，扩大进口零售业务覆盖范围

黑河片区在开展跨区域合作过程中，主动与国内口岸数字化建设龙头国有企业，宁波国际物流发展股份有限公司展开合作，共同成立黑河自贸综合服务有限责任公司，再由合资公司整合双方优势资源，与阿里巴巴旗下菜鸟网络科技签订合作协议，引入东北地区首家菜鸟中心仓落户黑河，高效满足淘宝系和非淘宝系，B2C全场景的备货、发货、调拨、分销等物流需求。通过一套系统实现对备案、下单、结费、轨迹跟踪、投诉客服全功能覆盖；通过一本账册完成渠道账目、货品共享、库存共享、物流合单等操作，并完成出口货物集散集运功能。

实践效果：

一是跨区域合作畅通“头部电商”渠道。此前，各个主流电商销售平台都要求在指定的仓库开展业务，受制于黑河没有与平台端合作的仓库，跨境电商业务暂时无法与头部电商平台开展合作。随着黑河菜鸟中心仓落地运营，黑河市跨境电商主体扩大了进口零售“1210”业务的覆盖范围，打通电商主体运营企业在天猫国际、淘宝全球购、拼多多、快手、小红书、网易考拉等国内头部电商平台的销售渠道。

二是深度布局跨境电商进出口物流服务网络，提升跨境电商进出口服务能力。黑河片区依托“数字化电商+物流服务平台”，使境外商品可通过俄罗斯布拉戈维申斯克市跨境电商公共海外仓集中备货、小件拼凑集装箱以跨境电商进口方式集中回运至国内黑河菜鸟中心仓，客户在电商平台下单后，最终通过B2C方式派送给全国各地的用户。同时，引入了中国邮政国际互换局涵盖跨境电商“9610”出口业务的“三关合一”项目进驻黑河保税物流中心（B型），建设哈尔滨—黑河—叶卡捷琳堡的跨境电商国际邮路出口通道，电商运营主体通过黑河菜鸟中心仓集货后，可选择通过“9610”方式或其他国际物流通道发送至俄罗斯全境，为跨境商品打造了高效的进出口双向通道，推进产业融合促进跨境电商新业态的发展，形成中俄跨境物流产业集群。

三是对俄跨境电商不断集聚，日处理订单能力大幅提升。在涵盖菜鸟中心仓、中国邮政“9610”业务的“三关合一”项目正式投入运营后，黑河初步形成对俄跨境电商小包裹物流枢纽中心节点城市地位，届时可分拣5千种货品，日处理能力可达3万至5万单，后续还将启动项目二期建设（仓储面积8 400平方米），预计分拣、处理能力将提升至10万单/天。并积极寻求与俄罗斯合作企业开展国际化合作，与黑河对岸的布拉戈维申斯克市申请设立国际快件清关场所，增加速卖通等电商平台卖家货物仓储和线上发货等功能，并通过菜鸟网络在俄罗斯的提货点网络，优化全球速卖通递送业务，可以实现对俄出口电商快件日30万票的通关能力，提升跨境电商服务水平。

四、黑龙江省政府及相关部门出台的政策措施

（一）《黑龙江省人民政府关于第一批赋予中国（黑龙江）自由贸易试验区省级行政权力事项和调整赋予哈尔滨新区省级行政权力事项的决定》（黑龙江省人民政府令第3号，2021年5月13日）。

（二）《黑龙江省公安厅关于印发〈支持服务保障中国（黑龙江）自由贸易试验区建设38项措施〉的通知》（黑公通〔2021〕31号，2021年5月24日）。

五、大事记

2021年1月15日　黑龙江省商务厅（自贸办）召开黑龙江自贸试验区2020年度总结工作会议。

2021年3月17日　黑龙江省商务厅（自贸办）举办自贸试验区建设专题讲座。

2021年3月22日—25日　黑龙江省商务厅（自贸办）赴四川自贸试验区调研。

2021年4月5日—8日　黑龙江省商务厅（自贸办）赴海南自由贸易港调研。

2021年5月12日　黑龙江省委书记张庆伟主持召开中国（黑龙江）自由贸易试验区专题会议。审议通过《中国（黑龙江）自由贸易试验区制度创新成果生成机制方案》《中国（黑龙江）自由贸易试验区创新发展行动方案（2021—2023年）》《中国（黑龙江）自由贸易试验区优化营商环境行动计划（2021—2023年）》《中国（黑龙江）自由贸易试验区2021年重点工作》《中国（黑龙江）自由贸易试验区专项工作机制方案》以及自贸试验区督察工作有关落实建议等六个文件。发布《中国（黑龙江）自由贸易试验区2020年营商环境评估报告》。

2021年5月13日　黑龙江省人民政府公布关于第一批赋予中国（黑龙江）自由贸易试验区第一批589项省级行政权力事项。

2021年5月24日—28日　黑龙江省商务厅（自贸办）对三个自贸片区2020年度建设情况进行实地考评。

2021年7月6日　黑龙江自贸试验区“创新中俄跨境集群建设”案例入选全国自贸试验区第四批“最佳实践案例”。

2021年7月15日　黑龙江省商务厅和大韩民国驻华大使馆共同举办“在华投资韩资企业龙江行”系列活动。

2021年7月27日　中国（黑龙江）自贸试验区门户网站正式上线。

2021年7月29日　“建设最北自贸试验区，打造龙江振兴新引擎”高端论坛在哈尔滨举行，拉开中国（黑龙江）自由贸易试验区两周年系列活动的序幕。

2021年8月5日　黑龙江省商务厅（自贸办）召开“最北自贸试验区·开放合作新高地”对俄罗斯经贸合作线上推介会。

2021年8月27日　黑龙江省商务厅（自贸办）召开“中国（黑龙江）自由贸易试验区成立两周年”新闻发布会，发布第三批50项省级创新实践案例。

2021年9月3日　黑龙江省商务厅（自贸办）在中国国际服务贸易交易会期间进行哈尔滨、黑河、绥芬河三个自贸片区宣传推介。

2021年9月8日　黑龙江省商务厅（自贸办）赴厦门参加第二十一届中国国际投资贸易洽谈会，期间参加黑龙江省重点产业推介会。

2021年11月2日　黑龙江省委副书记、省长胡昌升主持召开中国（黑龙江）自由贸易试验区领导小组第四次会议。审议通过《中国（黑龙江）自由贸易试验区协同发展先导区建设实施方案》及第一批协同发展先导区试点意见。

2021年11月4日　黑龙江省商务厅（自贸办）在上海中国国际进口博览会期间召开中国（黑龙江）自由贸易试验区招商推介暨投资潜力发展报告发布会。

2021年12月6日—8日　黑龙江省委组织部、省商务厅联合举办“推进中国（黑龙江）自由贸易试验区建设”专题培训。

2021年中国（北京）自由贸易试验区建设概况

中国（北京）自由贸易试验区（国家服务业扩大开放综合示范区）工作领导小组办公室

刘梅英

中国（北京）自由贸易试验区（国家服务业扩大开放综合示范区）工作领导小组办公室专职副主任

刘梅英，女，1978年2月出生，汉族，江西赣县人，2000年4月加入中国共产党，2003年7月参加工作，中国矿业大学企业管理专业研究生毕业，中国矿业大学管理科学与工程专业在职研究生，管理学博士，副研究员。现任北京市商务局党组成员、中国（北京）自由贸易试验区（国家服务业扩大开放综合示范区）工作领导小组办公室专职副主任。

曾任北京市商务委员会综合处（研究室）副处长，北京市人民政府口岸办公室综合业务处处长，北京市服务业扩大开放综合试点工作领导小组办公室规划政策处处长。

一、经济运行数据

（一）投资情况

2021年，中国（北京）自由贸易试验区（以下简称北京自贸试验区）新设企业17 658家。新设外商投资企业514家，合同外资金额83.59亿美元，实际使用外资金额19.1亿美元。入库外资项目517个，主要来源于科技服务（占比25.4%）、商务服务（占比17.6%）和金融领域（占比15.5%）；投资额2 640.7亿元，主要来自于中国香港（占比37.1%）、美国（占比6.0%）和日本（占比3.3%）；其中，重大项目147个，主要来源于商务服务（20.1%）、科技服务（18.8%）和金融服务（14.3%）。

新设境外投资企业100家，新增中方协议投资额163 605.2万美元，区内企业中方实际投资额为354 446.08万美元。北京自贸试验区“走出去”企业对外直接投资3.74亿美元，主要投资目的地是中国香港、开曼群岛，主要行业包括科学研究和技术服务业，信息传输、软件和信息技术服务业。重点项目是亦庄组团的康龙化成（北京）新药技术股份有限公司向康龙化成（香港）国际有限公司出资2.22亿美元并购或增资美国孙公司，用于投资细胞和基因治疗相关药物、疗法及医疗器械产品的开发业务。

实现税收收入1 210.5亿元。

（二）贸易情况

2021年，北京自贸试验区货物进出口总额3 691.25亿元，其中进口额2 458.52亿元、出口额1 232.73亿元。

从贸易方式看，出口额中，一般贸易占比62.05%，加工贸易占比13.57%，其他贸易方式占比24.37%；进口额中，一般贸易占比53.88%，加工贸易占比3.67%，其他占比42.4%。

从企业性质看，出口额中，国有企业占比59.18%，外资企业占比31.38%，民营企业占比9.44%；进口额中，国有企业占比15.92%，外资企业占比49.58%，民营企业占比34.50%。

从产品类别看，主要出口产品为燃料油和液晶显示板，出口额占比分别为15.91%、4.55%；主要进口产品为药品和新型冠状病毒（COVID－19）

疫苗，进口额占比分别为12.36%、8.41%。

从国别市场看，出口额排三位的目的地是中国香港、日本、阿联酋，出口额占比分别为10.42%、7.07%和6.28%；进口额排前三位的进口来源地是日本、德国、美国，进口额占比分别为26.7%、14.17%和10.59%。

2021年，北京市服务贸易总额1 385.1亿美元，比上年增长13.7%，为近六年来最快增速。其中，服务进口额753.2亿美元，比上年增长5.9%；服务出口额631.8亿美元，比上年增长24.7%。主要得益于知识密集型服务贸易稳定增长，知识密集型服务进出口额697.7亿美元，增长12.5%，占服务进出口总额的比重达到50.4%。分行业看，运输、其他商业服务以及电信、计算机和信息服务三个行业服务贸易规模最大；建筑、知识产权使用费以及电信、计算机和信息服务三个行业服务贸易增速最快；保险服务、建筑以及个人、文化和娱乐服务三个行业占全国同类别服务贸易额的比重最高。

（三）金融情况

2021年，北京自贸试验区新增金融机构17家，其中新增持牌金融机构14家、非持牌金融机构3家。跨境双向人民币资金池业务结算量333.1亿元，跨境人民币结算金额5 353.62亿元。

（四）创新情况

2021年，北京自贸试验区新增高新技术企业2 754家，实现营业收入4 638.64亿元。新增专利授权3 293件。

（5）其他

服务业贡献突出。北京自贸试验区服务业重点领域实现增加值3 485.7亿元，占北京市GDP的比重为8.7%，较2020年提高0.4个百分点；按现价计算同比增长16.6%，比全市GDP现价增速高5.1个百分点，对北京市经济增长的贡献率为11.9%。

固定资产投资增势明显。北京自贸试验区完成固定资产投资948.8亿元，较2020年增长21.8%，比北京市固定资产投资增速高16.9个百分点；占全市固定资产投资的11.6%，较2020年提高1.6个百分点。其中占比达1/4（25.4%）的工业高新技术固定资产投资增势迅猛，较2020年增长近3.3倍。

规模以上新兴企业带动发展。北京自贸试验区规模以上“专精特新”、独角兽、“小巨人”和“隐形冠军”企业剔重后合计实现收入775.7亿元，占全市同口径企业收入的23.8%，占自贸试验区企业收入的3.8%。

二、建设措施及成效

2021年，中国（北京）自由贸易试验区（国家服务业扩大开放综合示范区）（以下简称“两区”）建设以习近平总书记在2020年和2021年中国国际服务贸易交易会上的重要致辞精神为指引，按照党中央、国务院关于扩大开放的战略决策和市委市政府工作部署，全市上下以改革担当的精神、只争朝夕的干劲，推动实现“三个更加”“四个突破”，促进“五子联动”，用一年多的时间完成了国务院批复任务的九成以上，10项“最佳实践案例”向全国推广，占过去五年服务业扩大开放综合试点期间推广案例总数的四成，高水平开放的体制机制和制度创新框架正加速形成。

（一）主要工作措施

一是注重市区联动，“两区”推进的“四梁八柱”体系全面搭建。市委市政府主要领导亲自协调国家部委10余家次，三次带队开展“双调研”“大拉练”并主持召开“两区”工作领导小组会议。9位市领导牵头的“一办12组”有效运转，两位主管副市长坚持“周调度”，累计调度调研90余次，各专项工作组累计调度170余次。建立实施“周报告”“周反馈”“月点评”“季评估”“年评价”等工作机制，在全市首创了项目推动的“一库四机制”（“两区”项目库、服务管家机制、调度机制、政企对接机制、第三方督查机制）。各区也均建立主要领导亲自抓的工作架构；同时，加强区级对各片区产业布局的统筹指导，协调解决各片区跨行政区域事项，赋予组团更大改革自主权，形成上下贯通、执行有力的工作局面。

二是以“政策+园区+要素”为切入点，构筑起条上抓政策创新和块上抓落地承载的立体化开放框架。政策层面，配套出台国家、市、区各层级给予支持和促进的90余个政策文件，既包括科技、数字经济及高端产业、金融、医疗健康等九大领域“两区”方案，也涵盖科技创新、数字经济、绿色金融、生物医药等全产业链开放方案，推动扩大开放从点上政策突破到全产业链集成创新转变。园区层面，支持综合保税区、北京中德经济技术合作先行示范区和北京中日国际创新合作示范区打造国家化发展环境，出台促进重点园区（组团）发展专项提升行动方案。要素层面，出台财税、用地、知识产权、货物通关专项工作方案，围绕人才、国际收支、跨境贸易便利化等探索全环节改革，制定实施促进高质量要素资源集聚的具体举措。

三是持续释放“开放北京”信号，“两区”建设在境内外引起同频共振。加大全渠道宣传推广力度，创立“两区”官网和微信公众号，建设并向公众开放“两区”展示会客厅，线下组织召开17场主题新闻发布会，宣传报道累计转发近34万篇次。不断向企业传递“两区”声音，走进园区开展政策解读300余次，举办“两区”大讲堂和系列沙龙活动，打造“两区云上会客厅”品牌，开展线上线下推介100余场，覆盖20余个国家和地区2 500家境外企业和商协会，“两区”的“金字招牌”越擦越亮。

（二）主要建设成效

1. 实现“三个更加”，进一步凝聚开放向心力

一是投资促进更加精准。出台全市首个加强投资促进的顶层设计文件，首次建立全市统一的招商引资项目库系统，上线全方位呈现项目落地空间载体的投资北京地图，搭建“市级搭台、各区发力”的引资渠道，瞄准世界500强、GaWC（全球化与世界城市研究网络）等目标企业精准引资。截至2021年底，累计入库项目3 571个，超额完成全年入库2 900个项目的预期目标；其中，落地出库项目1 695个、带动投资5 422亿元，在推项目1 876个（其中外资项目323个）、涉及投资额10 275亿元。为激发发展内生动力，推出“两区”建设成效评价指标（试行）机制，完善园区管理机制，探索法定机构管理模式，实施市场化运作机制、招商引资激励考核机制、包容审慎的创新试错容错机制等。

二是开放平台建设更加多元。多层次资本市场体系建设取得历史性突破。北京证券交易所开市运行，聚焦支撑“专精特新”企业，仅一个月即上市82家企业，成交额近479亿元，开户超460万户；上线全国首个股权投资和创业投资份额转让试点平台，资本市场服务新发展格局框架不断完善。战略性功能平台加速布局。推动建设全国自愿减排等碳交易中心，将北京绿色交易所升级为面向全球的国家级绿色交易所；推动国家金融标准化研究院、国家金融科技认证中心、全国唯一承载跨境金融信息传输职能的重大金融基础设施——金融网关信息服务公司在京落地；争取国家药品监督管理局在京设立医疗器械技术审评中心创新服务示范站，建成投用国际精准医学加速中心等平台。综合性服务平台相继建成。落成城市副中心“两区”建设一站式服务中心、北京自贸试验区创新服务中心、CBD招商服务中心、中国（怀柔）影视产业示范区国际影视摄制服务中心、京西国际商事与人才综合服务港等系列服务载体，推动“两区”事集成办、便利办。

三是重点园区（组团）发展特色更加鲜明。建立市领导“一对一”联系重点园区机制，促进体制机制创新和政策突破在园区层面落地下沉，加速形成以三片区七组团为引领，重点园区为支撑的全面开放布局。打造以科技创新、国际商务服务、高端产业等为特色的三片区七组团开放主阵地。科技创新片区加快新一代信息技术、数字经济、生物与健康产业布局，小马慧行、拟未科技、赛默飞共享实验室等一批项目落地。国际商务服务片区围绕国际金融、财富管理、航空服务等发力，推动世界三大评级机构、十大会计师事务所拓展在华业务，外商

独资货币经纪公司等项目落地，新开通“第五航权”航线。高端产业片区以生物医药、数字经济为牵引，加快建设北京首个细胞治疗研发中试基地，北京细胞治疗集团一期项目投产，芬兰湃邦光刻胶项目落地，带动制造业加速向高端化、智能化、绿色化转型；打造以中德、中日等国际产业园和综合保税区为代表的开放新窗口，争取中德和中日产业园纳入国家开放战略，已集聚 70 余家德资企业、20 余家涉日企业。谋划综合保税区发展布局，出台全市首个支持综合保税区发展的政策文件，推出 73 项措施，加快天竺综合保税区创新升级，全国首个也是目前唯一一个跨省级行政区划的综合保税区——大兴国际机场综合保税区封关运行。

2. 实现“四个突破”，进一步提升开放引领力

一是政策突破创新。争取 41 项全国及全市引领性政策落地。围绕扩大开放，在全国首批开展专利代理对外开放试点，实现外国人参加专利代理师资格考试和外国专利代理机构设立常驻代表机构零的突破；开展知识产权保险试点，332 家企业的 3 366 件专利成功投保；在全国率先实现境外证券、期货从业人员过往资历认可机制。围绕强化金融保障，全国首批开展本外币合一银行结算账户体系试点，累计开户 1 503 户；率先开展跨国公司本外币一体化资金池试点，5 家试点企业办理金额近 97 亿美元；稳妥推进数字人民币试点，落地 40 余万个数字人民币冬奥场景，实现交通出行、餐饮住宿等七类场景全覆盖；金融科技创新监管试点全国领先，发布 3 批 22 个金融科技创新应用，率先将申报主体由持牌金融机构扩展至科技企业，将保险科技纳入试点范畴，在创新应用数量、技术应用场景及申请主体多元化等方面保持全国引领优势。

二是项目突破创新。推动 59 项突破性、标志性项目在京落成。科技信息领域，SMC 中国区总部、赛诺根亚太总部、施耐德研发中心、苹果广告、华为中国区总部等一批中外机构及项目落成，京东智能产业园开工建设。金融领域，全国首家外商独资保险资管公司、首家持牌外商独资支付公司、首家外资控股证券公司、全国第五家金融性资产管理公司、第二家全国性个人征信机构、第三支柱国民养老保险公司、欧洲最大资产管理公司东方汇理的全资子公司、软银亚洲风险投资公司全资子公司、百亿级中交资本控股有限公司等一批重磅金融机构加速落地。设立人民币国际投贷基金、海外平行基金，QFLP 深入实施，发行全国首单绿色汽车分期资产支持证券、两批基础设施公募 REITs 项目，德意志银行获得证券投资基金托管资格，北京产权交易所成为全国首家实现实物资产跨境交易场内外汇结算和外汇原币划转的交易所，金融开放自主有序，市场主体更加丰富多元。教育医疗领域，在外资企业和外籍人才密集区新布局一批国际学校，实现了 3 个区国际学校零的突破；推进职业教育国际合作，施耐德电气城市能效管理应用工程师学院在北京工业职业技术学院揭牌，德勤（中国）大学落户怀柔。全国首家国际研究型医院高博医院提前完成主体结构封顶，获批医疗机构设置批准书；推动建设北京嘉会国际医院、国际细胞治疗医院；全国首个去中心化临床试验（DCT）试点落地。

三是体制机制突破创新。形成 20 多项体制机制创新，如在全国率先落地证券业、期货业过往资历认可机制，搭建国内首个省级境外职业资格查验服务平台；建立“区域评估+标准地+承诺制+政府配套”全流程工作机制，项目审批流程由“先批后建”转为“先建后验”；建立健全北京“双枢纽”建设发展联席会议机制，协调解决发展中的有关重大事项；全国首个京津冀三地国家级经开区优化营商环境改革创新合作联盟成立；制发我国首个数字贸易统计测度方法。

四是国际化发展环境突破创新。投资贸易更加便利。出台促进总部企业高质量发展政策，启用北京企业上市综合服务平台，建成集信息发布、业务审批、金融服务和专业机构支撑的京企“走出去”综合服务平台，提升双向投资便利。开展优化跨境贸易营商环境“百日攻坚”行动，空港口岸信息化

建设取得重大突破，“单一窗口”串联起海关、综合保税区、口岸运营单位等9类主体65项关键数据，实现空港通关物流全流程全链条数据共享，空港口岸进口提货入出区时间平均24分钟，较过去压缩50%以上。人才保障更加有力。推动外籍人才工作许可和居留许可“一窗受理、同时取证”，压缩六成办理时限；发布首批35项对境外人员开放职业资格考试目录、首批82项“两区”境外职业资格认可目录，搭建国内首个省级境外职业资格查验服务平台，人才流动更加自由有序。国际化法治环境持续优化。推动最高人民法院出台为“两区”建设提供司法服务和保障的意见；成立北京金融法院，审结案件1 040件；成立北京国际商事法庭，成为全国第二个在地方设立的国际商事法庭；组建北京法院国际商事纠纷一站式多元解纷中心，上线金融案件多元解纷一体化平台，拓宽多元解纷渠道；研究制定自贸试验区条例、综合示范区决定，确保“两区”建设重大改革于法有据。

3. “五子联动”互促互进，进一步增强高质量发展驱动力

服务国际科技创新中心建设，突出“两区”建设科技创新特征，推动公司型创投企业所得税优惠、技术转让所得税优惠等一批全国首创性政策落地。实施重点领域高新技术企业“报备即批准”，较常规审批流程压缩80%以上，目前已组织认定企业77家，天新福（北京）医疗器材股份有限公司等12家企业成为全国首批享受此项政策红利的企业。全国首批开展自贸试验区内科研机构访问国际学术前沿网站的安全保障服务，13家高新技术企业和研发机构90个用户纳入试点。与打造全球数字经济标杆城市相互借力，成立北京国际大数据交易所，搭建数据流通生态服务体系，打造全国数据交易探索的新样板；在全国先行先试开展数据跨境流动安全管理，北京市两家企业率先参与；建设国内首个贸易数字化创新服务平台——贸易数字化赋能中心；探索开展数字贸易统计监测，制发我国在数字贸易领域的首个统计测度方法。以政策创新和项目带动助力国际消费中心城市建设。全国首创“免税、保税和跨境电商”政策衔接试点，试点企业销售额超过57亿元；在全国率先开展跨境电商销售医药产品试点，试点药品品种增至66种，累计完成120余万单业务；2021年吸引134家国际品牌在京设立首店，占全市新增首店的15%；新国展项目开工建设，大兴机场国际消费枢纽确定选址。打造京津冀协同开放高地。建立京津冀自贸试验区联席会议机制，推动三地制度创新共建共享；推动京津冀自贸试验区内政务服务“同事同标”，三地联合推出三批153项“同事同标”政务服务事项；建设京津冀“征信链”，打造全国首个基于互联网的涉企信用信息征信链平台。

在全市共同努力下，“两区”建设取得显著成效，跑出改革开放“加速度”。在“两区”建设带动下，2021年，北京市新设外商投资企业1 924家，为2008年以来最高值，比上年增长52.6%，高于全国29.1个百分点；合同外资437.1亿美元，增长1.1倍，规模创历史最高；实际使用外资155.6亿美元，增长10.3%，为历年第三峰值。

三、创新成果及案例

案例1：“五项结合”为知识产权“上保险”

主要做法：

一是坚持政府引导与市场机制相结合。确立知识产权保险“政府引导、市场主导”原则，为保障投保人的利益，政府对知识产权保险工作进行政策上适度的限定，限定知识产权保险最低的累计赔偿限额倍数，经公开招标确定保险公司并在主管部门备案，在此基础上设置知识产权保险产品，企业自愿投保，协商签订保险合同，政府对符合规定条件的投保企业给予保费补贴，形成可持续性的良性模式。

二是坚持高精尖产业发展与精准支持企业相结合。以服务科技创新、发展高精尖产业的政策导向，将保险试点经费支持的投保人范围，限定为容

易成为专利侵权潜在目标的单项冠军企业和维权能力较差的重点领域中小微企业，试点的保险产品组合了专利执行保险条款、专利被侵权损失保险条款及相关附加险，全面保障专利持有企业因维权而发生的调查费用、法律费用以及经法院判决的直接经济损失和因抗辩无效申请而产生的调查费用、法律费用等。

三是坚持退坡式保费补贴与风险补偿相结合。补贴比例实行逐次投保退坡，首次投保按照100%比例给予保费补贴，冠军企业第二次投保按照保费标准给予80%补贴，第三次投保按照保费标准给予50%补贴；重点领域中小微企业第二次投保按照保费标准给予90%补贴，第三次投保按照保费标准给予80%补贴，其余由企业自担，逐步实现市场化发展。同时，为了弥补保险公司可能发生的超保费理赔风险，试点工作还对保险公司建立了风险补偿机制。

四是坚持保险保障与增值服务相结合。将增值服务作为项目的一部分，通过合作的专业律所为企业提供优质法律服务，并指导试点保险公司针对企业投保专利开展全方位、多层次的专利体检服务并形成专利体检报告，并为参保企业提供知识产权保护等方面的教育和培训，帮助参保企业更加深入地了解自身专利潜在的风险和同业竞争状况。

五是坚持知识产权保险试点与知识产权金融相结合。以知识产权保险试点为切入点，结合各地方知识产权金融服务相关案例的成功经验，共同探索在北京市开展知识产权保险试点与知识产权金融创新工作协同推进，优化试点工作的服务方案，协同推进知识产权保险与知识产权金融融合发展。组建知识产权金融服务包，进一步扩大保险试点工作在北京市的覆盖范围，提升金融机构和企业对知识产权保险产品的认知度和认可度。

特色亮点：

一是深入调研摸排问题。坚持问题导向、目标导向、效果导向，补足影响知识产权保险推广的短板。深入园区调研企业，对参保企业逐一回访，了解企业知识产权维权面临的困难、投保知识产权保险的意愿和完善政策措施的建议，并针对性地进行改进，让更多创新企业获得知识产权维权保障。

二是完善试点落地机制。加强市区两级工作联动，推动区级配套政策出台，并逐步推进保险试点补贴退坡机制，以市级财政支持为主向区级财政支持为主转移。积极协调相关委办局，充分调动相关单位积极性，打造试点项目各方参与、全程管理的新模式。动态监测推进情况，对企业投保情况、疑似出险咨询情况、保险公司提供的增值服务进展等日有汇总、周有小结、月有简报，随时掌握进展，及时调整工作策略，对试点企业实现闭环管理。

三是加强重点培训宣介。举办知识产权保险试点项目培训会，邀请知识产权领域自身专家授课讲解。面向重点企业群体开展一对一服务，提供试点政策和相关服务精准投送，推动企业提高投保知识产权保险的认知。遴选专业律师事务所进行合作，无偿为企业提供法律服务，针对企业投保专利开展全方位、多层次的专利体检服务，形成报告，帮助企业盘清知识产权家底，进一步提升政策实施效能。

四是释放政策更大红利。坚持政府引导与市场机制相结合、高精尖产业发展与精准支持企业相结合、退坡式保费补贴与风险补偿相结合、保险保障与增值服务相结合、知识产权保险试点与知识产权金融相结合，探索通过保险方式分散企业知识产权维权和价值转换过程中的风险，为单项冠军企业和重点领域中小微企业提供包括专利执行保险、专利被侵权损失保险在内的综合性知识产权风险保障。引入保险机构竞争机制，鼓励更多保险公司参与，进一步丰富知识产权保险产品，扩大保险覆盖群体。

实践效果：

知识产权保险试点工作一方面降低了企业维权成本、提升企业维权能力，对构建北京市知识产权“大保护”格局形成有力推动；另一方面通过建立知识产权保险试点工作协调机制，形成知识产权保险"北京样板"，为北京市营造国际一流的知识产权营商环境、形成与国际接轨的制度创新体系，服务"两区"建设迈出了坚实的一步。

试点工作实施两年来，取得较好的效果，共支持北京市20家制造业单项冠军企业和312家重点领域中小微企业，为20余个重点产业的3 366件专利上保险，补贴保费3 800万元，保障金额超过33亿元。截至2022年3月，已完成两笔出险理赔，累计提供专利执行险理赔近60万元。

案例2：数字增信文旅产融模式创新

主要做法：

以"交易信用+主体信用"替代依赖"主体信用"的传统信贷模型。传统信贷模式下银行或第三方金融机构只能基于旅游企业自身的历史行为数据或可抵押的资产等对企业进行信用评级。但由于大部分文旅小微企业缺乏资产，自身管理水平较低，主体信用评级低，很难获得融资，融资金额偏低、融资成本也较高。朝阳区文旅金融综合服务平台携手金融科技企业和银行，通过解构真实交易中的数字资产增信企业，形成交易数据链，可以降低银行对文旅企业主体信用的依赖。

一是以交易数据为基础，以数据资产为增信，通过与银行线上风控体系直接关联，为金融机构提供合法合规、真实可信的企业数据；二是运用区块链等科技手段，确定交易内容的唯一性、合法性、公允性，同时对交易账户进行监管和控制，形成智能合约，使文旅产业链中的中小微企业能够基于真实交易快速获得无抵押无担保的在线金融支持，助力文旅产业高质量发展。

平台通过对企业交易进行画像：一方面链接场景端，对接国内高星景区的通关系统、酒店的PMS库存管理系统以及航空公司的BSP账户，通过打通供给侧数据，为文旅产业链中景区包票、酒店包房、机票包舱实现供需两端的交易撮合服务；另一方面与银行总行的风控系统直连，使得银行对交易撮合场景中产生的交易数据可视化，基于场景端产生的交易数据，平台协助银行通过算法建立线上风控审核模型，从而实现由"条线数据"到"块数据"的飞跃，解决这类企业由于缺乏资产、数据割裂等面临的融资难、融资贵的问题。

特色亮点：

一是解决文旅企业基于贸易的实际融资需求。截至2021年底，朝阳区文旅金融综合服务平台注册企业2 419家，接收1 721家旅游企业294.8亿元融资需求，发放无担保线上信贷资金超过53.1亿元人民币，单笔信用放款最高金额3 000万元，平均单笔放款金额超过600万元。

二是降低中小微文旅企业融资成本。通过平台基于交易信用的融资新模式，中小微企业无须再考核资产规模并提供担保物，其实际融资成本从原本平均年化利率18%降低到4.35%。

三是推动核心企业数字供应链的改造。创新模式下，供应链中的小微企业获得银行直接融资、普惠融资，通过融资获得核心企业的核心资源，同时将融资款项根据协议由银行直接支付给核心企业，核心企业得到快速回款。推动文旅核心企业数字化供应链改造并且开放数据的信心和动力。

四是压缩发放信贷资金的审核期限。文旅企业可全程线上操作，平台采用机器人审批，直连银行总行风控系统，完成融资全流程所需时间由以往的1—2个月压缩到1—7个工作日。

五是汇聚政银金融资源。工商银行已有15家省级分行通过该平台的交易数据，向总行申请开通权限并实现业务落地，该模式复制到华夏银行、农业银行、民生银行等其他大中型商业银行总行；与北京市文旅局在内的21个地方省文旅厅建立了政企银合作对接以及业务推广。

六是模式的创新性与跨产业应用。新模式下，金融机构由审核企业的行为数据转变为审核交易模型及交易数字资产，由线下信贷人员审核转变为智能机器人审核；该模式不仅对文旅场景有效，在涉农供应链、政府采购、工业互联网产融平台构建、大数据治理、跨行业平台型数据链应用等领域也都产生了积极的推动。

实践效果：

一是推动文旅产业数字化进程。该举措使得广大文旅企业具备获得基于交易的动产融资能力，为文旅企业长期获得金融支持建立新模式。在2021年中国国际服务贸易交易会上，“数字增信文旅产融模式创新”被商务部评为国家服务业扩大开放综合示范区全国复制推广“创新实践案例”，运用区块链技术实现文旅场景数字资产增信产融解决方案也在2021年被国家文化和旅游部评为“2021年中国文旅科技创新项目奖”。

二是解决文旅企业融资需求。截至2021年底，朝阳区文旅金融综合服务平台接入了国内超过4 200家景区的通关系统实时数据、超过259万家酒店的实时库存数据，为文旅小微企业的单笔最高信用放款金额达3 000万元，帮助200多家景区、酒店在疫情最困难的时期得以存活下来，为超过1 121家文旅小微企业提供了融资服务。这些贷款大部分实现了线上无担保秒贷，并且贷款对象基本上全部是小微企业，目前不良率为0。

三是实现京津冀跨区域产业协同。以跨地域业务协同为例，北京市朝阳区某小微旅行社紧抓消费的窗口期，与张家口崇礼某滑雪场签订了门票承销协议。受新冠肺炎疫情影响，该旅行社2020年度业务量骤然下降，资金周转压力较大，门票采购款项面临缺口。辗转多方后，该旅行社通过朝阳区文旅金融综合服务平台提交了线上融资申请，平台通过与银行线上风控体系直接关联，将合法合规、真实可信的企业数据上链并进行交互验证。通过平台融资成功1 000万元的贷款，融资成本为年化利率3.85%，此项目仅用不到3天时间实现落地放款。

四是协助推动核心企业数字供应链的升级。以秋果酒店为例，作为唯一一家植根于北京的中端酒店品牌，针对其融资需求，平台通过协助酒店将房间库存提前进行销售的方式，撮合包房商与酒店进行合作。针对秋果酒店房型产品，包房商发起采购需求并与秋果酒店签订采购合同，同时向平台发起融资需求，平台方根据银行风控要求对数据进行采集，包括贸易合同信息，历史交易数据以及核心企业的经营数据等，最终由银行审核并确定额度。该举措既解决了酒店包房商这类中小微企业的融资问题，又帮助受疫情影响的酒店实现未来业务的提前销售与资金回笼。平台上线后，已经协助秋果酒店实现多家门店的包房场景融资，同时带动地方旅游投资集团对秋果酒店的股权融资合作，协助秋果酒店建立数据资产平台。

五是平台“一点对全国”，实现跨区域融资服务。平台与银行总行风控系统直连，建立基于交易数据的信用。以大连海昌集团为例，为缓解公司的资金压力，平台协助海昌集团将运营的11个乐园分别开放政策给下游旅行社，将未来的部分门票库存通过B2B提前销售，快速实现资金回笼；由核心企业海昌集团开放历史数据，将景区通关系统与平台进行上链对接，以实现对交易库存的管控；下游旅行社则通过银行杠杆购买想要的资产，通过内容加工销售出去实现收益。通过该模式，核心企业实现供应链升级改造，利用数字化升级更好地优化内容，快速实现从重资产向轻资产的转型。

案例3：构建金融纠纷“一站式、一体化、全链条”多元化解机制

主要做法：

针对金融案件数量持续增长、线上展业不断增多的趋势及电子合同证据审核的难点，北京法院联合北京银保监局等部门按照统一标准建设并上线全国首家金融案件多元解纷一体化平台，将金融管理部门主管的有关行业性专业性调解组织及北京多元调解发展促进会所属的18家会员单位共纳入平台开展诉前调解，引入常驻调解员，在法院设立调解室，供特邀调解组织、特邀调解员开展工作，从源头快速化解纠纷。

北京法院依托该平台从“诉前、诉中、诉后”

三个环节，“一站式、一体化、全链条”推动金融纠纷多元化解，创新“源头预防+诉源治理”“行专调解+司法确认”“示范裁判+要素快审”递进式一体化多元解纷模式，促进金融纠纷高效化解，打造金融纠纷一站式化解新格局。该平台目前在全市6家基层法院及14家银行保险机构试点推行。

特色亮点：

一是创新“示范裁判+要素快审”新型审判模式。针对同质化金融案件，法院提前梳理审理要素，北京银保监局指导金融机构通过平台提交要素式起诉材料和证据材料，审判系统智能获取案件事实要素，自动生成要素式裁判文书，大大提高诉讼效率。同时依托平台在线要素式立案、在线证据展示、在线调解与司法确认、电子送达等信息技术手段有效降低诉讼成本，减轻当事人诉累；针对类型化案件，引入专家咨询制度，选取典型案件及时高效作出示范性判决，进一步指导调解组织开展调解工作，引导当事人通过多元化解机制解决相关纠纷，促进案件调解及履约。

二是增加证券纠纷代表人诉讼在线服务功能。制定并实施《金融法院证券纠纷代表人诉讼实施指引》，研发上线证券纠纷代表人诉讼在线平台模块，其功能涵盖原告资格核验、权利公告、代表人推选、智能化立案、诉讼服务制式引导等功能，助推证券纠纷代表人诉讼高效便民。与中国证券登记结算有限责任公司、中国证券投资者保护基金有限责任公司等中小投资者保护服务机构建立合作机制，开通证券纠纷投资人证券交易数据查询“绿色通道”，准确核查涉案证券投资者人数28万，探索证券交易损失的专业委托核定机制，高效保护群体性投资者合法权益。

三是推出“天平链”等智能化诉讼服务。平台以人工智能、大数据、闪信等技术为辅助，针对海量金融纠纷给违约人批量高效地发送违约提醒、区块链电子律师函、类案在线观摩提醒、类案判决警示提醒，通过智能催收引导违约人及时履约，从源头上预防纠纷。运用“天平链”司法存证、电子证据智能管理、智能举证等技术构建金融诉源存证系统，与金融机构业务系统对接，实现金融业务的各项电子证据实时按照法院的规则进行“天平链”存证，支持一键智能化证据提取、验证、举证，为后续争议解决奠定基础。

四是建立风险监控协同机制。通过调研类案风险点，北京市高级人民法院与中国人民银行营业管理部、北京银保监局、北京证监局等主要监管机构通过联合发文和签订备忘录形式，就多元化解机制等事宜建立合作，通过数据、信息互联实现风险提示同步化、合同交易文本规范化。北京银保监局指导北京市银行业协会督促相关金融机构完善借款协议示范文本，最大限度减少不必要纠纷。人民法院对调解及办理投诉过程中发现的各类高发纠纷和矛盾风险点，以司法建议、审判白皮书等形式，及时反馈至金融管理部门、投资者保护机构，助力加强行业监管，有效防范金融等系统性风险。

实践效果：

一是获得国家（最高法院）赋权支持。在开展北京法院服务保障示范区建设工作过程中，经过前期实践、梳理和材料报送，得到最高人民法院高度重视，印发并实施《最高人民法院关于人民法院为北京市国家服务业扩大开放综合示范区、中国（北京）自由贸易试验区建设提供司法服务和保障的意见》，为北京法院开展服务示范区建设工作提供强力支持和制度保障，高标准为北京示范区建设保驾护航。

二是纠纷处理质效显著提升。平台自2020年上线试运行以来，截至2021年底，金融机构已存证40 680笔，通过智能催告等工作，553件纠纷的违约人主动履行，有效减少诉讼纠纷；14家试点金融机构通过平台申请多元调解金融纠纷29 093件，调解成功7 257件，速裁审结案件16 007件，显著减少法院诉累。6家试点法院使用平台的平均审理时长约为29天，增强了诉讼群众的司法获得感。

三是诉讼服务更加方便快捷。平台实现全流程在线区块链存证、诉前调解、司法确认、批量立案、电子送达、文书自动生成、电子卷宗随案生成、一键归档等诸多功能，金融数据点对点对接，减少大量纸质化诉讼文件和繁杂的人工核算工作，从而高效、便捷、低成本地处理金融纠纷，形成北京独具特色的一站式多元解纷机制经验做法。《人民日报》、新华社、《中国日报》、北京广播电视台等20多家媒体采访报道平台在线全流程区块链存证等功能，取得广泛良好的社会效果。

四是专业化优势初见成效。“要素快审+示范裁判”审判模式一定程度上实现金融纠纷繁简分流、快慢分道，社会效果良好。示范判决的指引作用有效缓和纠纷当事人对抗，自主选择诉前调解或自愿履行等方式解决纠纷，实现“审一案、调一批、防一类”的良好效果。

案例4：创新“区块链+电子证照”的政务服务模式

主要做法：

一是加大统筹协调力度。由于综合窗口减材料涉及到市政务服务局的多个业务处室，以及综合窗口工作人员、进驻部门工作人员、部门业务处室等相关多方人员，业务涉及面广，特殊情况多。在场景落地过程中，市政务服务局先后召开沟通协调会50余次，悉心听取各方意见、建议，研究解决具体问题，先后协调解决各类问题100余个，有力保障场景应用落地。

二是提升技术保障能力。综合窗口减材料场景涉及到的技术环节较多，需要电子证照库、综合窗口受理平台、共享资源平台、手机端展示和授权、区块链上链存储等多个环节协调配合，技术实现难度较大。在场景落地过程中，始终坚持问题导向、需求导向，着力解决业务和技术问题，不断迭代升级软件版本，经过5次系统升级，技术上已基本成熟。

三是不断拓展应用范围。综合窗口减材料场景已先行推广到东城、西城、海淀、顺义、大兴、房山等区级政务服务大厅，已在各区政务服务大厅落地，形成一系列生动实践。各区结合实际情况，不断创新应用手段，如顺义区在手机端授权的基础上实现扫脸授权，房山区通过高拍仪刷身份证或者短信验证实现授权。着力建立市区间权责清晰的工作运行机制，通过引导各区建立证照分发应用平台，调动各区开发、拓展应用场景的积极性。

特色亮点：

一是加速集成基础能力。在推动综合窗口减材料工作过程中，随着与业务工作的不断结合，对电子证照、电子印章、电子档案等信息化基础能力的需求越来越迫切，市政务服务局结合实际，不断促进上述基础能力有效集成，确保其在应用过程中发挥作用。

二是优化服务保障机制。按照“边试边改、逐步完善”的思路，在每一次系统升级后，都安排大规模的压力测试，全面测试系统稳定性，集中暴露问题，并不断调整完善。在日常运维中，建立“即时答、随时办”相关服务保障机制，对于使用过程中出现的问题，第一时间予以解答；无法通过线上解决的问题，第一时间现场处理。截至目前，市政务服务局先后组织5次大规模的压力测试，解决各类问题300余个，汇总形成常见问题20余个，形成了较为完善的运行机制。

实践效果：

一是应用效果初步显现。经过两年的努力，在市级大厅共有80多个电子证照可以用于1 000多项政务服务事项，累计调取电子证照20 000多次。各区级大厅已基本实现身份证、户口本、驾驶证等电子证照的调用，已通过电子证照精简材料10 000多次。

二是线上应用同步推进。实现线下综合窗口减材料的同时，也带动了线上减材料等应用场景落地。在北京市网上政务服务大厅，办事人在“刷脸”验证身份后，即可进入统一用户空间查看“我的证照”并在办理过程中使用。可利用市级部门颁发的身份证、户口簿、居住证、结婚证等8类电子证照，在市网上政务大厅支撑 80 个市级事项的办理。

案例 5：区块链数据资产保管箱助力外贸企业数字化运营

主要做法：

2021 年 3 月，北京“单一窗口”在现有空海国际物流区块链应用基础上，进一步升级拓展上链数据的范围和内容，并结合外贸企业外贸单证类型多、管理难、要求高等痛点，通过北京“单一窗口”推出基于区块链的外贸数据智能化管理系统，帮助企业智能归集和高效管理报关单、发票、箱单、提运单、合同、出口退税申报单、税费支付清单、跨境清单等外贸各环节业务单证。系统可无缝对接北京“单一窗口”区块链联盟链主链，企业授权信息、数据源信息以及业务单证数据全部上链，通过存证确权、链上共享，最终形成外贸企业的数据资产。

特色亮点：

一是满足海关、税务、外汇等监管单位对外贸企业单证保管与存证的相关规定与要求（海关要求保管 3 年，税务、外汇要求保管 5 年）；二是通过动态、即时、智能归集单证形成企业动态征信画像，为企业做大国际市场、发展国外客户、开展外贸综合服务、获取金融服务等提供中立与权威的数据支撑；三是数据存证、确权与链上共享，帮助企业按照海关 AEO 认证相关标准进行信息化管理，满足企业海关 AEO 认证可记录、可查询、可追溯的信息化需求，助力企业享受海关针对 AEO 企业推出的绿色通关政策，包括低查验率、优先查验权、简化单证审核、优先通关等通关便利化措施。

实践效果：

外贸数据智能化管理系统帮助企业数据上链，促进北京“单一窗口”区块链联盟链主链进一步丰富数据，涵盖通关、物流、税费、结算、金融等各种类型，实现外贸主要环节操作的无纸化、交易的动态化、协作的标准化，助力企业实现业务数字化和数据资产化。

一是形成数据资产“银行”，构建精准的企业动态化信用画像。国际贸易企业很多是轻资产公司，提供物流运输、贸易代理等服务，在拓展国际客户时，缺乏有力的信用数据；同时，银行等金融机构也无法对企业提供较好的授信，企业融资难、融资贵。平安保险、建设银行、中信银行等金融机构就保管箱企业的动态数据资产数据进行评估，为后续企业金融服务打造便利化环境。

二是外贸单证管理简单简化，合理合规。北京炎黄振国报关服务公司关务经理表示，传统通关单证纸质化保存，占用公司大量仓库空间，一大摞单证堆叠，查找起来非常不方便，万一损毁还无法恢复。区块链单证智能保管箱，安全、便捷、实用，为企业按照海关、税务、外汇等监管单位要求合规化管理单证提供了革新性解决方案。北京航易国际货运代理有限公司上线两个月以来，已经有 154 171 条业务单证数据上链，泰雷兹航空电子（北京）有限公司上链数据达到 10 468 条，北京空港嘉里大通物流有限公司上链数据也达到 12 082 条。

三是外贸企业获得感增强，区块链技术更加“平易近人”。以往对于做国际贸易业务的外贸人来说，区块链等技术属于“黑科技”，有些高高在上与遥不可及，如今，企业每天都可以看到自己的数据上链，很多企业坦言，没想到区块链就在身边，如此简便。

自 2021 年 3 月 29 日区块链外贸数据智能化管理系统在北京“单一窗口”上线以来，已有 80 多家企业踊跃使用，共计存证管理报关单、退税单、税费单、合同、发票、装箱单、提运单、代理报关委托协议、核注清单、跨境出口清单等 10 大类 22 万多条业务单据信息。

案例 6：京津冀联动的全球化协同创新服务模式

主要做法：

一是构建专业化的创新链。依托全球一流大学设立前沿实验室，遴选世界一流学者作为学术合伙人，将最新基础研究成果发展为前沿技术，抢占未来创新制高点；自建专业技术实验室，组建专职工程技术团队，将前沿技术接续加速研发为原创技术；通过技术入股、技术转让或许可等形式，实施成果产业化，促进经济社会可持续发展。通过内外联动，形成顶天立地的科研模式。

二是组建市场化的产业链。按照重点产业领域组建京津冀全产业链协同创新中心，成员共同出资组建知识产权基金，对大学及科研单位提出的项目进行市场化决策并领投，政府自动配套资助，项目转移转化收益由知识产权基金、团队、大学等分享，形成“专业—产业”耦合的协同创新模式。

三是形成内生化的产业化模式。对完成科研的项目通过“我创新你创业计划”的“项目+团队”模式，面向社会公开招募运营团队，共同出资组建创业企业，培育产业新生力量。通过“中小企业协同创新工程”的“项目+企业”模式，将项目以增资或许可的形式注入已有企业，改造其技术基因，提高其竞争能力和加速成长。通过“龙头企业整合创新工程”的“项目+集群”模式，与大企业联合围绕产业链研发系列关键技术，成果由大企业转化，或许可其他企业使用，大企业向其购买产品或服务，打造新兴产业集群。

四是实行融合化的创新人才培养模式。与大学采取双课堂、双导师、双身份、双考核的“4 双”模式联合培养创新型研究生。“4 双”模式在大学知识教育基础上融入创新创业方法教育和实战，打破国别限制、大学围墙和知识边界，开创创新创业人才专业化培养模式，学生成为创新创业生力军，实现显性及隐性知识高效传承与转移，较好“缝合”科技、经济、教育“三张皮”。

五是形成共生化的发展格局。在广东、浙江等地建立地方研究院，与总部差异化布局科研力量，共建统一的知识产权基金，共同决策、同等支持总部及地方院的项目；地方院选择性与北京联合资助相关课题，完成后在北京设立企业总部、在地方组建全资公司规模化生产，产值、税收共同分享，“北京统筹、全球研发、全国转化”的发展格局初步形成。

特色亮点：

一是京津冀协同创新共同体建设进一步深化。京津冀形成“结构互补”的协同机制，不重复建设，北京按照专业维度建设技术力量，着力研发原始技术和培育新兴产业；天津、河北按照产业维度建设创新平台，以北京及整合的全球创新资源为主要专业支撑，着力围绕全产业链开展多学科协同攻关，研发产业链关键技术、共性技术和促进产业升级；三地建立“资本联动”的项目机制，共建基金决策和领投项目，京津冀按照属地原则资助，加大京津或京冀联合资助及转化力度。

二是市场化创新资源配置机制进一步夯实。协同创新中心成员共同出资设立知识产权基金，形成实体化的创新共同体，把分散、不连贯的研发资金集中起来，显著提高了科研投入能力和研发活动的持续性，实现“集中力量办大事”的效应。知识产权基金以市场化的方式评估及领投项目，承担首要责任、享有投资收益，市财政专项经费自动配套无偿资助，分担或补偿风险，把市场配置资源落的更实、更快，有助于扭转传统的专家评审因责任缺位、利益缺失容易出现的不公正现象和科技经济“两张皮”的问题。

三是人才能力结构性互补机制进一步完善。大学具有发展原始创新的优势、但转化能力不突出，成果先进性强、成熟度低；企业具有产业化优势，但把握科技前沿发展趋势、消化吸收前沿技术的能力有限，成果成熟度高、先进性不足，在科技创新日新月异的今天，“单打独斗”难以形成或保持竞争优势。中心与一批世界一流大学及顶尖科学家建立紧密合作关系，依托其深厚的学术资源和强大的学术能力，在“原位”开展基础及前沿技术研究，迅速建立起国际一流的顶端优势，同时自建高水平的专职工程技术团队将科学家的实验室成果消化吸收转化为先进技术和新兴产业，形成了能力结构性互补，既弥补科学家能力缺陷和精力有限的问题，又保证了创新质量与效率，目前国际专家承担的科研项目已超过 50%，皆处于世界领先或先进水平。

实践效果：

通过体制机制创新，较好地解决了中国科技创新中普遍存在的基础研究有弱点、技术研发有断点、协同机制有难点三大“痛点”，形成了从科学到技术转化的系统能力，为北京国际科技创新中心和创新型国家建设发挥了积极作用。与北大、清华、斯坦福、密歇根、牛津、剑桥、港大、港科大等约 20 所世界一流大学建立了官方合作关系，成为世界上唯一与这些大学形成知识产权共享机制的单位。截至 2021 年，累计实施科研项目 171 项，具有国际领先或先进水平项目约 40%，“微型化双光子显微镜”“超分辨显微镜”“有感知能力的柔性电子皮肤”“金属透明电极”等 11 项为世界首创；121 项技术实现转移转化，组建企业 108 家，8 家企业启动上市计划，并与京东方、海尔等 20 多家龙头企业建立联合研发机制；每年培养创新创业研究生约 200 人。初步成为全球一流大学共同的基础研究成果产业化基地。

案例 7：京津冀区域协同标准化协作模式

主要做法：

一是建立京津冀标准化协同机制，加强统筹协调和顶层设计。北京市设立首都标准化委员会（以下简称首标委），建立首都标准化统筹协调机制和京津冀标准化协同机制。首标委由北京市主管标准化工作的市领导任主任委员，市场监管总局、国家发展改革委、科技部、工业和信息化部、国家卫生健康委 5 个中央有关部委，天津市、河北省市场监管部门以及北京市 34 个委办局共 41 个成员单位组成，央地协力、区域协同、部门协作共同推动标准化工作。首标委印发《推动首都高质量发展的标准体系建设实施方案》，在全国率先形成推动区域协同高质量发展的标准体系顶层设计，推动形成对接国际、引领国内、协同区域的标准化战略格局。

二是推进实施“3+X”协作模式，共同制定京津冀协同标准。推广“3+X”区域协同标准协作模式，明确区域协同标准制定过程、编号等相关内容，三地标准化部门与三地行业主管部门共同组织制定区域协同标准。在安全生产、工程建设、社会信用等领域先后达成了京津冀区域协同标准合作框架协议。

三是搭建京津冀标准化信息服务平台，实现资源共享。依托首都标准网建立京津冀标准化信息服务平台，建立三地地方标准信息公开和通报制度，实现北京、天津、河北三个地区标准立项计划、工作要点、政策文件等信息的共享。同时，以首都标准网为入口，可以免费查询和浏览北京市地方标准、天津市地方标准、河北省地方标准、京津冀区域协同地方标准等四类地方标准的全文信息。

特色亮点：

京津冀区域协同标准化工作以首标委为平台，一是建立京津冀标准化协同机制，协同推进京津冀区域标准化重大改革创新；二是创新建立“3+X”标准化协作机制，按照协同立项、共同编制、分头发布区域协同地方标准制定程序，实质性推动京津冀区域协同地方标准制定，为京津冀区域协同发展提供技术支撑；三是夯实京津冀区域协同标准化技术支撑，搭建京津冀标准化信息服务平台，实现北京、天津、河北三地标准信息共享。

实践效果：

截至 2021 年底，京津冀地方标准数据库已纳入 6 800 项标准，其中北京 1 872 项、天津 988 项、河北 3 969 项，还有三地共同制定的区域协同地方标准 65 项。这 65 项京津冀协同地方标准覆盖了交通、卫生、生态环境、安全生产、市场监督、商务、人力资源、文化旅游、工程建设等多个领域。

一是助力冬奥会、冬残奥会筹办。为贯彻落实“绿色办奥”理念，北京冬奥组委经与国际奥委会相关专家反复探讨，由北京市、河北省、天津市三地联合出台《绿色雪上运动场馆评价标准》，从生态环境、资源节约、人文设施、管理与创新等方面对雪上运动场馆进行综合性评价，推动雪上运动场馆绿色发展，填补了国际雪上露天场地建设标准的空白。该标准为延庆、张家口等地大规模建设冬奥会运动场馆提供了有力的技术支撑。北京冬奥会所有新建雪上场馆均采用高标准的绿色设计和施工工艺，通过制定和实施《绿色雪上运动场馆评价标准》，在场馆可持续发展方面发挥引领和示范作用，保障冬奥会、冬残奥会筹办，也为其他地区的环境标准提供参考和借鉴。

二是促进三地公共卫生服务标准互认。《医学检验危急值获取与应用技术规范》确定京津冀地区的危急值项目 20 项，对京津冀三地上千家医疗机构危急值相关内容进行了规范，有利于加强公共卫生服务体系建设，促进京津冀地区医疗机构检查、检验结果互认，提高医疗质量水平。

三是规范京津冀冷链物流行业发展。《冷链物流冷库技术规范》等 8 项区域协同标准的实施，优化了区域内企业服务和管理水平，实现了区域内冷链物流体系的安全、绿色、优质、高效发展，在行业内起到引领和示范作用，为全国冷链物流标准化发展提供可借鉴、可复制、可推广的经验。

四是促进京津冀交通一体化发展。《停车场电子不停车收费系统应用技术要求》改进了停车场电子收费交易流程，搭建了立足京津冀三地的停车收费管理云端中心系统，并已接入首都国际机场、大兴国际机场、北京西站、北京南站等 600 多个停车场，累计交易流量超 1 亿笔。

五是促进三地城市建设高质量发展。《城市综合管廊工程施工及质量验收规范》《城市综合管廊工程资料管理规程》等标准，按照施工工法将管廊主体结构分部工程划分为多个子分部，规定了不同工法的施工要求及验收标准，解决了不同施工工法结构质量管理及验收标准的问题。以标准协同推动三地城市综合管廊工程施工技术要求、质量验收标准、工程资料管理等一体化，统一了京津冀三地城市综合管廊工程施工的技术要求，对促进京津冀工程建设标准领域协同发展具有重大意义。为北京城市副中心、雄安新区和中新天津生态城等三地综合管廊项目的高质量建设奠定坚实基础。

六是精准服务京津冀三地人才流动。依据三地统一的《人力资源服务规范》系列标准，北京市已通过等级评定的人力资源服务机构 57 家，河北已通过等级评定的人力资源服务机构 24 家，助力形成京津冀人力资源服务优势互补、协同发展的新格局。

案例 8：率先在全市域开展旅行社设立许可告知承诺办理

主要做法：

一是加强业务学习与研究，规范开展审批。为深化“证照分离”改革，2021 年市文化和旅游局推行全市域旅行社设立许可告知承诺办理方式。为扎实开展此项改革举措，审批人员认真开展业务学习，一方面自学新出台的各项政策，另一方面针对工作中发现的问题和企业反馈的意见建议进行集中学习和研究，确保审批人员深刻理解相关政策法规，更好地为企业答疑解惑，依法规范开展审批。

二是持续完善网上审批系统，方便企业办事。升级改造审批系统，根据企业用户反馈改进网页设计，方便企业使用；优化系统性能，提升网页兼容性和浏览速度；加强与局内信用平台、监管平台的对接，推送违诺失信信息，以告知承诺审批为源头，切实加强事中事后监管；完成上链入云、数据清洗、数据共享、电子证照、电子印章、电子档案归集等各项改革任务。

三是加强审批中的行政指导，促进企业守信。针对审批事项“全程网办”申请企业和政府部门间“不见面”的状态，为加强审批过程中的沟通与行政指导，审批人员主动与企业进行电话沟通：一方面了解企业对审批工作的意见建议，解答企业关心的问题；另一方面，针对部分随意填写申请信息，出现违诺甚至违法经营苗头的企业，进行信用惩戒乃至行政处罚的预警提示，引导企业加强诚信建设，依法依规开展经营。

特色亮点：

一是形成北京特色的全链条监管体系。北京市文化和旅游部门出台《北京市旅行社经营境内旅游业务和入境旅游业务告知承诺制度实施办法》《北京市文化和旅游行业信用分级分类监管管理办法（试行）》《北京市文化和旅游行业失信信息信用修复与异议处理办法（暂行）》等规范性文件，从制度设计层面规范审批与监管行为；将规范性文件落实到具体办事场景中，按北京市统一标准和模板制定标准化的审批流程、办事指南、告知承诺书和信用惩戒与申诉流程；建立事前、事中、事后全链条监管有效信息对接机制，促进事中事后监管作用有的放矢。

二是建立健全科学化告知承诺审批系统。北京市文化和旅游部门开发建设了告知承诺审批系统。该系统为企业提供全程网上办理服务，集成了电子印章、电子文书、电子证照、电子档案、许可文书寄递等系列审批服务功能，操作简单方便，支持电子营业执照、口令、证书、手机等多种登录方式；该系统与监管、信用等相关平台对接，自动推送企业未及时备案的线索信息，具备手机短信提示、信息记录、信息公示等多种功能。市文化和旅游部门持续对该系统进行升级，根据用户反馈改进网页设计，提高网页兼容性和浏览速度，提升用户体验，完成上链入云、数据清洗、数据汇聚、等保升级等各项改革任务，建成了智能、便捷、安全的审批服务平台。

实践效果：

一是审批效率显著提升，企业满意度高。经过一年的学习和实践，审批工作人员不仅能熟练掌握告知承诺审批方面的政策法规，还能更全面、准确的回答企业提问，主动帮助企业发现问题、解决问题，引导企业守信履诺、依法经营，提升审批服务质量。旅行社设立许可实现告知承诺审批后，审批时限从 9 个工作日减少到 0.5 个工作日内，审批速度全国领先；申请材料简化，相比于 2019 年简化 70%以上，并减少了因材料不合格被驳回申请的机率；审批服务水平提升，企业办事获得感显著提升。2021 年共有 124 家企业通过此方式申请取得旅行社业务经营许可，“好差评”统计数据中“非常满意”率达到 100%。

二是信用监管初见成效，企业诚信提升。北京市文化和旅游部门通过告知承诺审批方式，企业从准入之初就能参与到信用体系建设之中，使告知承诺审批和推进行业信用体系建设两项工作得到紧密结合。通过告知承诺取得许可的企业明显对信用建设更加积极，更注意维护自身信用管理。2021 年通过告知承诺取得许可的 124 家旅行社中仅有 3 家企业出现严重违诺被撤销许可，17 家出现轻微违诺，5 家出现一般违诺，均接受信用惩戒并及时进行整改，与同期采取非告知承诺审批方式审批量相比，企业违规率显著降低，企业诚信意识显著提升。

四、北京市政府及相关部门出台的政策措施

（一）《北京市发展和改革委员会关于印发北京市“两区”建设专业服务领域工作方案的通知》（北京市发展和改革委员会，京发改〔2021〕72 号，2021 年 1 月 12 日）。

（二）《关于印发北京市“两区”建设航空服务领域工作方案的通知》（北京市发展和改革委员会，京发改〔2021〕73 号，2021 年 1 月 18 日）。

（三）《加快科技创新推动国家服务业扩大开放综合示范区和中国（北京）自由贸易试验区建设的工作方案》（北京市科学技术委员会，2021 年 1 月 20 日）。

（四）《北京市进一步优化营商环境更好服务市场主体实施方案》（北京市人民政府办公厅，2021 年 1 月 28 日）。

（五）《北京市知识产权局关于印发北京市知识产权局“两区”工作推进措施的通知》（北京市知识产权局，京知局〔2021〕35 号，2021 年 2 月 3

日）。

（六）《国家服务业扩大开放综合示范区和中国（北京）自由贸易试验区建设健康医疗领域工作方案（2021年）》（北京市卫生健康委员会，2021年2月18日）。

（七）《文化旅游领域“两区”建设工作方案》（中共北京市委宣传部，2021年2月18日）。

（八）《教育领域“两区”建设工作方案》（北京市教育委员会，2021年2月18日）。

（九）《北京海关关于支持“两区”建设推进工作措施》（北京海关，2021年2月18日）。

（十）《北京市经济和信息化局推进国家服务业扩大开放综合示范区和中国（北京）自由贸易试验区建设工作方案》（北京市经济和信息化局，2021年2月18日）。

（十一）《金融领域推进“两区”建设工作方案》（北京市地方金融监督管理局，2021年2月18日）。

（十二）《专业服务领域“两区”建设工作方案》（北京市发展和改革委员会，2021年2月18日）。

（十三）《航空服务领域“两区”建设工作方案》（北京市发展和改革委员会，2021年2月18日）。

（十四）《北京市财政局关于“两区”建设推进工作方案》（北京市财政局，2021年2月18日）。

（十五）《北京市人才工作局关于“两区”建设推进工作措施》（北京市人才工作局，2021年2月18日）。

（十六）《北京市人力资源和社会保障局关于印发〈国家服务业扩大开放综合示范区和中国（北京）自由贸易试验区对境外人员开放职业资格考试目录（1.0版）〉的通知》（北京市人力资源和社会保障局，京人社事业发〔2021〕10号，2021年4月22日）。

（十七）《“两区”“三平台”建设干部人才支撑三年行动计划（2021—2023年）》（北京市委组织部，2021年5月11日）。

（十八）《中国（北京）自由贸易试验区和国家服务业扩大开放综合示范区建设成效评价指标（试行）》（北京市“两区”办，2021年5月27日）。

（十九）《北京市发展和改革委员会　北京市司法局关于印发改革优化法律服务业发展环境若干措施的通知》（京发改规〔2021〕2号，2021年7月5日）。

（二十）《北京市人民政府办公厅关于印发〈北京市加快医药健康协同创新行动计划（2021—2023年）〉的通知》（北京市人民政府办公厅，京政办发〔2021〕12号，2021年7月8日）。

（二十一）《北京市人力资源和社会保障局　北京市人才工作局关于印发〈国家服务业扩大开放综合示范区和中国（北京）自由贸易试验区境外职业资格认可目录（1.0版）〉的通知》（京人社事业发〔2021〕33号，2021年8月23日）。

（二十二）《关于发布〈国家服务业扩大开放综合示范区和中国（北京）自由贸易试验区建设人力资源开发目录（2021年版）〉的通告》（北京市人力资源和社会保障局，京人社发〔2021〕9号，2021年9月1日）。

（二十三）《北京市人民政府关于由部分重点功能区管理机构和区政府有关部门行使一批市级行政权力等事项的决定》（北京市人民政府，京政发〔2021〕27号，2021年9月20日）。

（二十四）《市领导联系服务“两区”重点园区（组团）工作方案》（北京市“两区”办，2021年9月22日）。

（二十五）《京津冀自贸试验区三方战略合作框架协议》（北京市“两区”办，2021年9月27日）。

（二十六）《北京市商务局　北京市发展和改革委员会　北京市财政局关于印发〈关于北京市专业服务业助力“走出去”发展若干措施〉的通知》

（京商经字〔2021〕10号，2021年10月19日）。

（二十七）《北京市人民政府关于支持综合保税区高质量发展的实施意见》（北京市人民政府，京政发〔2021〕33号，2021年11月6日）。

（二十八）《关于进一步加强投资促进工作推动经济高质量发展的若干意见》（北京市人民政府，京政字〔2021〕32号，2021年11月17日）。

（二十九）《北京市知识产权局关于印发〈关于进一步加强北京市知识产权公共服务的意见〉的通知》（北京市知识产权局，京知局〔2021〕336号，2021年12月9日）。

（三十）《北京市商务局印发〈北京市关于进一步加强稳外资工作的若干措施〉的通知》（北京市商务局，京商资发字〔2021〕14号，2021年12月9日）。

（三十一）《促进“两区”重点园区（组团）发展提升专项行动方案》（北京市“两区”办，2021年12月28日）。

（三十二）《北京市生物医药全产业链开放实施方案》（北京市人民政府，2021年12月29日）。

五、大事记

2021年1月4日　君联资本设立海外平行基金，境内外私募平行基金的设立助力境内创业企业获得更多资本支持。

2021年1月6日　中国（北京）自由贸易试验区Logo正式启用。朴道征信有限公司获批个人征信业务许可，弥补北京市尚无持牌市场化个人征信机构的空白。

2021年1月8日　全国首家另类投资保险资管公司——国寿投资保险资产管理有限公司获银保监会批复同意在京设立。全国首家外资全资控股的持牌支付公司——国付宝信息科技有限公司经人民银行批准落户北京。

2021年1月19日　商务部副部长兼国际贸易谈判副代表王受文到大兴国际机场临空经济区和北京经济技术开发区调研北京自贸试验区建设情况。

2021年1月22日　全国首个开展股权投资和创业投资份额转让试点，首批两单基金份额转让交易实现零的突破。

2021年1月25日　全国首家外商独资保险资管公司——安联保险资产管理有限公司在京落地。

2021年1月29日　最高人民法院副院长陶凯元到朝阳区调研北京市“两区”建设工作情况。

2021年1月29日　跨境电商销售医药品试点深化，国内首个第三方仓储资质企业获批。

2021年2月5日　商务部副部长兼国际贸易谈判副代表王受文到通州区和海淀区调研北京市国家服务业扩大开放综合示范区建设情况。

2021年2月19日　科勒资本新设科勒（北京）私募基金管理有限公司，成为首家在京落地的外资S基金管理人。

2021年2月21日　我国重大金融基础设施项目——金融网关信息服务有限公司获批在京落地。

2021年3月11日　商务部自贸区港司司长唐文弘到朝阳区调研北京自贸试验区建设情况。

2021年3月12日　全国首批开展本外币一体化试点、跨国公司本外币一体化资金池试点。

2021年3月13日　北京市“两区”工作领导小组在朝阳区金盏乡政府召开第二次工作会议。

2021年3月16日　国家权威金融标准研究平台——北京国家金融标准化研究院有限责任公司在京落地。

2021年3月17日　北京率先试点本外币一体化资金池，进一步便利跨国公司企业集团跨境资金统筹使用。

2021年3月18日　北京设立金融法院。

2021年3月26日　最高人民法院出台《关于人民法院为北京市国家服务业扩大开放综合示范区、中国（北京）自由贸易试验区建设提供司法服务和保障的意见》，助力北京营造一流法治化营商环境。北京法院国际商事纠纷一站式多元解纷中心成立。

2021年3月30日　国内首个区块链司法鉴定

中心在京成立。

2021 年 3 月 31 日　北京国际大数据交易所成立。

2021 年 4 月 13 日　市政府批复设立北京市智能网联汽车政策先行区。

2021 年 4 月 15 日　北京产权交易所成为全国首家实现实物资产跨境交易外汇场内结算和境内划转的交易所。

2021 年 4 月 23 日　国家知识产权国际合作基地落户北京。

2021 年 4 月 25 日　全市首家自贸试验区知识产权保护中心分中心在北京经济技术开发区挂牌成立。

2021 年 4 月 27 日　北京计算机软考等 35 项职业资格考试对境外人员开放。

2021 年 4 月 30 日　北京市首家外资法人银行——德意志银行（中国）有限公司获得公开市场一级交易商资格。

2021 年 5 月 14 日　北京自贸试验区首批境外机构办理人民币与外汇衍生产品试点业务落地。

2021 年 5 月 17 日　北京市首家自贸试验区专营证券机构——中泰证券股份有限公司北京自贸试验区证券营业部在朝阳区设立。

2021 年 5 月 20 日　北京首个面向全球的新一代原创新药发现平台百放英库正式投入运营。

2021 年 5 月 28 日　国家发布《关于加强自由贸易试验区生态环境保护推动高质量发展的指导意见》，鼓励北京设立全国自愿减排等碳交易中心。首批境外机构办理人民币与外汇衍生产品试点业务落地。金砖国家疫苗研发中国中心在京正式成立。

2021 年 5 月 30 日　国内首个国际影视摄制服务中心在中国（怀柔）影视产业示范区挂牌成立。

2021 年 6 月 1 日　北京首个专利许可知识产权证券化项目正式启动。

2021 年 6 月 3 日　北京文化企业股权转让平台揭牌，标志着北京区域性股权市场（即北京四板市场）文化创意板正式投入运营。

2021 年 6 月 10 日　北京市首家新设外资控股券商——大和证券（中国）有限责任公司正式获准展业。

2021 年 6 月 11 日　国内首家外商独资的货币经纪公司上田八木货币经纪（中国）有限公司获批在京开业。

2021 年 6 月 17 日　国内细胞药物首个、也是全球最大的产业化基地——永泰生物数字化细胞药物产业化基地在京落地。

2021 年 7 月 15 日　全国首个医疗健康领域基地——北京天竺综合保税区获商务部批复为国家外贸转型升级基地（医疗健康）。

2021 年 7 月 23 日　北京首张“一市一照”营业执照诞生。全国首个金融科技法治研究中心揭牌。

2021 年 8 月 3 日　北京国香商恒私募基金管理有限公司，成为北京市合格境外有限合伙人试点政策优化提升后首家试点机构。

2021 年 8 月 20 日　全国首家第三支柱国民养老保险公司获批筹建。

2021 年 9 月 3 日　中国国际服务贸易交易会“北京日”暨“两区”建设一周年主题活动在首钢园举办。市委书记蔡奇出席并讲话，十一届全国政协副主席、中国国际跨国公司促进会会长郑万通，商务部党组书记、部长王文涛，市委副书记、市长陈吉宁以及工业和信息化部、中国人民银行、中国证监会、中国银保监会有关领导出席活动。

2021 年 9 月 3 日　北京“两区”建设国际合作峰会作为“两区”建设一周年主题活动之一，在服贸会首钢园会场成功举办。第十一届全国政协副主席、中国国际跨国公司促进会会长郑万通，全国政协经济委员会主任、中国国际跨国公司促进会特邀副会长尚福林，北京市政府副市长杨晋柏，北京市政府副秘书长李志杰出席峰会。

2021 年 9 月 5 日　北京证券交易所落地。北京首家外资私募证券基金管理人——北京道泰量合私募基金落地。

2021 年 9 月 6 日　发布北京市首批“两区”境外职业资格认可目录。

2021 年 9 月 6 日　全国首家保险资管公募业务部转制为公募基金公司——泰康基金。

2021 年 9 月 14 日　探索开展跨境绿色信贷资产证券化，发行全国首单绿色汽车分期资产支持证券。

2021 年 9 月 16 日　北京“两区”与 GaWC 及国际高端产业服务企业合作主题沙龙成功举办，北京市政府副市长、市“两区”工作领导小组办公室主任杨晋柏出席沙龙活动的全球视频会议环节并致辞。

2021 年 9 月 18 日　市委书记蔡奇主持召开“两区”工作第三次领导小组会议，总结盘点一年来的工作，部署下一阶段任务。

2021 年 9 月 23 日　全国首单多品种统一注册（DFI）熊猫债成功发行。

2021 年 10 月 17 日　全国首家纯日资基金管理公司落地北京。

2021 年 11 月 4 日　将本市引进毕业生行政确认权下放至中国（北京）自由贸易试验区（119.68 平方公里）。

2021 年 11 月 11 日　全市首单电子印章开户落地北京经济技术开发区。

2021 年 11 月 17 日　全国公开市场发行的首单规模最大的能源保供资产证券化产品（ABS）获准发行。

2021 年 12 月 7 日　北京首次实现一份保函全国通用。

2021年中国（安徽）自由贸易试验区建设概况

中国（安徽）自由贸易试验区建设工作领导小组办公室

刘 光

中国（安徽）自由贸易试验区建设工作领导小组办公室常务副主任

刘光，男，汉族，安徽亳州市人，1968年9月出生，1989年12月参加工作，1998年11月加入中国共产党，安徽大学生物系环境生物专业毕业，安徽省委党校经济管理在职研究生。曾任黄山市人民政府副市长。现任安徽省商务厅党组成员、副厅长。2020年12月兼任中国（安徽）自由贸易试验区建设工作领导小组办公室常务副主任。

一、经济运行数据

（一）投资情况

2021年，中国（安徽）自由贸易试验区（以下简称安徽自贸试验区）新设企业12 842家，占全省3.2%；新增企业注册资本1 175.6亿元，占全省5.2%。

新设外商投资企业51家，占全省6.4%；合同外资金额26.3亿美元，占全省38.2%；实际使用外资（商务部统计口径）8.7亿美元，占全省47.4%。主要到资项目为蔚来控股有限公司。

新设境外投资企业8家，占全省8.2%；新增中方协议投资额5 795.9万美元，占全省3.4%；区内企业中方实际投资额2.8亿美元，占全省18.5%。实现税收收入317.1亿元，占全省6.8%。

（二）贸易情况

2021年，安徽自贸试验区货物进出口总额1 540.7亿元，占安徽省货物进出口总额的22.3%。其中货物出口额996.8亿元，占安徽省出口总额24.3%；货物进口额543.9亿元，占安徽省进口总额19.3%。

从贸易主体看，外资企业占据第一大经营主体地位。外资企业实现进出口额734亿元，占安徽自贸试验区进出口总额的47.6%；民营企业实现进出口额552亿元，占安徽自贸试验区进出口总额的35.8%；国有企业实现进出口额254.7亿元，占安徽自贸试验区进出口总额的16.6%。

从贸易方式看，一般贸易进出口额668.1亿元，占安徽自贸试验区进出口总额的43.3%；加工贸易进出口额632.7亿元，占安徽自贸试验区进出口总额的41%。

从产品结构看，机电产品和高新技术产品领跑。其中，自动数据处理设备及其零部件出口额395.5亿元，占安徽自贸试验区出口总额的40%；电子元件进口额197亿元，占安徽自贸试验区进口总额36%。

从地区来看，欧盟、美国、东盟为安徽自贸试验区前三大出口目的地，合计出口额占安徽自贸试验区出口总额的50%；日本、韩国、东盟为主要进口来源地，合计进口额占安徽自贸试验区进口总额的37%。

（三）金融情况

2021年，安徽自贸试验区新增金融机构88家，其中新增持牌金融机构79家、非持牌金融机构9家。跨境双向人民币资金池业务结算量7 900万元，跨境人民币结算金额355.4亿元。

（四）创新情况

截至2021年底，安徽自贸试验区实有高新技术企业1 478家，占全省13.0%。

（五）其他

2021年，安徽自贸试验区规模以上企业实现营业收入7 847.3亿元，占全省规模以上企业营业收入总额的10.3%；实现营业利润410.6亿元，占全省规模以上企业营业利润总额的11.0%。其中，规模以上制造业企业营业收入5 606.7亿元、占全省规模以上制造业企业营业收入总额的13.9%，规模以上制造业企业营业利润271.8亿元、占全省规模以上制造业企业营业利润总额的11.4%；规模以上服务业企业营业收入657.7亿元、占全省规模以上服务业企业营业收入总额的13.8%，规模以上服务业企业营业利润103.6亿元、占全省规模以上服务业企业营业利润总额的20.3%。截至2021年底，安徽自贸试验区内从业人员47.5万人，占全省从业人员总数的10.9%。

二、建设措施及成效

（一）聚焦贸易便利化构筑外贸新优势

安徽自贸试验区重点推进贸易监管服务提升、外贸新模式新业态培育、国际贸易服务能力提升等22项试点任务，长三角海关特殊货物检查一体化改革等具有全国首创意义，诞生了首个千亿级产值的外向型企业（联宝科技）。2021年，安徽自贸试验区内实现进出口总额1 540.7亿元，占安省进出口总额的22.3%。

（二）聚焦投资便利化提升投资吸引力

安徽自贸试验区围绕投资自由化便利化、投资促进和保护、对外投资等方面推进11项试点任务，建立了全省首个外商投资全流程服务体系，推出“商事主体确认制”、“一业一证”、环评与排污许可“两证合一”等便利化改革。2021年，安徽自贸试验区签约入驻项目795个、协议引资额3 195亿元，大众安徽新能源生产基地、蔚来中国总部、国际航空器“一站式”综合服务中心、奇瑞未来工厂等项目投资规模超百亿元。

（三）聚焦科技创新提升国际化水平

安徽自贸试验区紧扣总体方案赋予的“推动科技创新和实体经济发展深度融合，加快推进科技创新策源地建设”特色定位，围绕科技成果转化、人才引培、国际科技合作等方面推进了23项试点举措，其中产业化经费股权投资改革等案例具有全国首创意义，合肥国际人才城项目入选国家服务贸易最佳案例。

（四）聚焦开放创新打造产业地标

安徽自贸试验区紧扣“先进制造业和战略性新兴产业集聚发展”要求，以良好的营商环境吸引企业入驻，加速产业集聚。2021年安徽自贸试验区签约入驻项目795个、协议引资额3 195亿元，大众安徽新能源生产基地、蔚来中国总部、国际航空器“一站式”综合服务中心、奇瑞未来工厂等项目投资规模超百亿元。

（五）聚焦体制机制创新强化建设保障

安徽自贸试验区成立省委书记任第一组长、省长任组长的工作领导小组，组建9个专项工作组，构建了信息通报、创新评估等机制，定期统计调度片区任务推进、项目进展情况，通报建设进展，总结推广改革经验。

三、创新成果及案例

（一）贸易投资便利化

案例1：“联动接卸”江海联运新模式

主要做法：

进口货物在洋山港办理进口放行手续，经专用驳船转运至芜湖港后直接提离；出口货物在芜湖港办理报关手续，经专用驳船运抵洋山港后，直接搭载远洋货轮离境，实现“一次申报、一次查验、一次放行”。

一是实施沪皖港口“视同一港”整体监管。“联动接卸”模式将芜湖港作为洋山港的延伸，为解决港口之间转关申报和二次运抵的问题，在上海海关、合肥海关的牵头指导下，洋山海关、芜湖海关、洋山港、芜湖港等单位成立专题小组，明确操作细则，打通物流节点；建立两关两港合作协调机制，搭建信息沟通平台，打通海关监管、港口作业、货物物流等信息，实现洋山港和芜湖港“视同一港”整体监管功能。

二是沪皖港口“一次申报、一次查验、一次放行”。“联动接卸”模式下，进口货物在洋山港放行后，经专用驳船转运至芜湖港即可直接提离，出口货物从芜湖港经专用驳船转运至洋山港后，触发报关单放行，即可从洋山港直接装大船离境。如有布控查验，由洋山海关派员在洋山岛上进行。在该模式下，货物经芜湖港、洋山港进出口，均可实现“一次申报、一次查验、一次放行”。

三是叠加“船边直提”“抵港直装”等创新举措。芜湖海关在“联动接卸”模式基础上，叠加“船边直提”“抵港直装”等创新举措。“船边直提”以进口集装箱货物向海关提前申报为基础，企业充分利用货物在途时间办理报关申报、单证审核、税款缴纳等手续，船舶抵港后，无须海关查验的货物即可放行，实现车辆从船边直接接卸、提货；“抵港直装”是在出口船舶抵达前后，载货集装箱运抵码头之前提前办理出口申报放行，使出口货物可以不经过码头和堆场，在海关放行后，在海关的监管下“不落地，直接上船”，进一步提高通关效率，为外贸企业提供更多通关物流选择。

实践效果：

一是长三角区域物流成本明显降低。“联动接卸”模式实施以前，企业通过洋山港进出的外贸货物要用集卡车通过公路在芜湖港和洋山港之间运输，运输费用高，效率低；“联动接卸”模式以全国通关一体化业务逻辑为基础，结合洋山港、芜湖港基础设施条件，以智能化、信息化、便利化为原则，定时、省心、省钱。2021 年 3 月，由“富航之鑫”号货轮装载的两个 40 英尺集装箱的出口太阳能电池组件从安徽芜湖港运抵上海洋山港，芜湖港—洋山港运行“联动接卸”海关监管模式正式运作。经测算，与公路运输相比，FOB（Free On Board）上海出口货物“联动接卸”业务相对公路运输成本降低接近一半，全程运输时间 48 小时，每个集装箱可节省约 2 000 元人民币；与现行水水中转相比，该模式无须在芜湖和上海办理中转手续，可提高物流效率 1 天。

二是江海联运枢纽港地位进一步强化。该模式助力打造全省“一核两翼”航线布局，以“芜湖—洋山”点对点直航一核为主轴，通过“合肥—芜湖”港航巴士，安庆、铜陵等皖江支线两翼，打通江北、皖北地区乃至长江中下游地区的物流运输主通道，有利于芜湖港打造长江中下游大宗散货集散中心、长江下游集装箱空箱调运中心、水铁多式联运枢纽，进一步提升芜湖港国家一类口岸的开放功能，推动区域产业转型升级和国际物流业快速发展，对促进全省开放型经济发展具有重要作用。

三是助力长三角区域一体化高质量发展。通过实施“联动接卸”江海联运新模式，一方面，依托与广袤经济腹地的紧密联系，助力芜湖港进一步建设成为上海国际航运中心的重要组成部分、长三角城市群核心枢纽港，完善服务于长三角一体化发展的交通运输体系，促进长三角与长江经济带有效联通；另一方面，芜湖港与上海洋山港加强港口联动，迈出“联动接卸”向长三角区域港口扩展的坚实一步，有利于进一步抢抓“一带一路”建设、长江经济带建设和长三角区域一体化发展战略机遇，有力推动长三角区域一体化高质量发展。探索“联动接卸、视同一港”整体监管实现长三角区域港口一体化，企业享受“一次申报、一次查验、一次放行”。

案例 2：跨境电商产业链商事法律服务保障体系

主要做法：

建设国际商事法律综合服务中心，聚焦知识产权保护、国际商贸规则、经贸摩擦预警、纠纷争议解决等跨境电商企业关心的议题，建成集认证、调解、仲裁、诉讼为一体的跨境电商产业链商事法律服务保障体系，为跨境电商产业定制化专业服务，助力企业放心走出去。

一是聚焦部门间联动，完善法律保障体系。安徽自贸试验区合肥片区（以下简称合肥片区）联合安徽省贸促会、司法局、法院、地方律师事务所等机构，加快建设国际商事法律综合服务中心，联合培育针对跨境电商企业提供综合商事法律服务，推动原有独立的商事法律服务向模块化、系统化的产业链商事法律服务转变，让跨境电商涉外商事能够得到“一站式”专业商事法律服务。

二是聚焦供与需联动，丰富法律服务内容。针对跨境电商行业产业链较长，供应商、交易平台、贸易主体、服务商等不同企业主体的商事法律服务需求不尽相同的特点，合肥片区牵头梳理跨境电商各类企业的商事法律服务需求，推出定制化服务。首先，关注跨境电商企业商事登记及日常法律咨询。在合肥片区蜀山区块综合服务中心设立国际商事法律综合服务专窗，提供有关出口货物原产地证明书、国际商事证明书、代办使领馆认证等国际商事认证业务的咨询、自助打印、代受理等有关服务工作，同时，安排专业涉外律师接受跨境电商企业业务咨询。其次，关注跨境贸易与国际经贸规则对接的需求。依托合肥市涉台涉外法律服务团，定期举办国际商法交流活动，促进中外企业与法律机构沟通。宣传经贸摩擦预警、反垄断维权，指导协助企业提前研判筹划，更好地利用优惠规则“走出去”。随后，关注跨境电商企业法律风险防范的难点。针对跨境电商企业知识产权法律意识不强的突出问题，积极联动法律服务机构开展进出口及跨境电商企业合规经营排查和知识产权宣传推广工作，开展知识产权保护和法律风险防范系列培训，进一步规范企业合法合规经营行为。

三是聚焦非诉与诉讼联动，探索多元纠纷化解机制。打破程序界限，通过国际商事法律综合服务中心实现多方联动，理清案件对接程序，明确案件分类标准及条件。在尊重当事人意愿的前提下，由中心专人负责案件的对接与日常事务联络，提出解纷初步建议，有效完善解决诉前调解分流机制的问题，实现简繁分流及诉讼、调解、仲裁多元纠纷化解方式的有效衔接。同时，依托司法局、法院等职能部门，设立自贸试验区法庭，实现非诉与诉讼联动，依托商事法律综合服务中心的服务配合，多元化、快速有效解决企业纠纷问题。

实践效果：

一是国际商事认证“一窗通办”，企业办事便利度大幅提升。由省贸促会共建入驻的商事认证业务有关的咨询指导、自助打印、代受理等服务，全面提升便利化服务水平。通过“零跑动、就近办”服务，实现出口货物原产地证明免费自助办理，大幅降低了企业办事成本。以区域内的典型出口外贸企业为例，每月能为单一企业减负近千元的交通成本，节约超 20 小时的办理时间，有效提升企业运营效率，切实为企业做到省时、省钱、省力。

二是“家门口”的立体化法律服务，助力企业放心“走出去”。国际商事法律综合服务中心设立以来，及时发布贸易摩擦预警、开展服务咨询培训、协调处置涉外商事案件，为企业全面开拓全球经贸市场提振自信、保驾护航。中心集窗口咨询、法律问题讲座、国际经贸规则培训多措并举，将法律服务功能延展到产业园区，为跨境电商企业在家门口提供立体化法律服务，提升了企业涉外法律风险防范意识和能力，尤其是没有专门法务部门的跨境电商中小微企业，有效降低跨境电商企业“走出去”的法律风险。目前，已成功吸引了近 500 家跨境电商生态圈企业落地发展，开启跨境电商多业态发展模式，切实亮起了国际化、法制化、体系化商法服务“新名片”。

三是多元化纠纷解决机制更加成熟，提升跨境电商纠纷解决效率。国际商事法律综合服务中心的设立，正式形成“自贸法庭+服务中心”协同配合的多元化商事纠纷解决机制，是合肥片区建立多元化商事案件解纷机制的一个重要补充。以该服务中心为载体，成功将诉讼、调解、仲裁等纠纷化解方式有效衔接，有利于实现商事矛盾纠纷的社会协同化解，为我国建立市场化、法治化、国际化营商环境提供更加坚实的法制保障。

案例 3：内河港口集装箱区块链 DO 模式

主要做法：

通过区块链平台将货主、船公司、码头等提货单的干系人串联起来，建立海运单、提货单、设备交接单等可信的电子化单证流转体系，市场主体可在平台上一键完成所有进口换单操作，实现内河港口的主要进口货物全流程线上办理。

一是放货物流单证上链流转。芜湖港借助区块链平台技术和应用模式，建设集装箱单证无纸化系统，开发区块链平台数据交换接口，实现船公司和港口间物流数据的互联互通，并与海关电子放行信息对接，主要服务于货主、船公司和码头三方之间的放货流程。区块链平台将货主、船公司、码头等每一个提货单的干系人串联起来，建立可信的单证流转体系，海运单、提货单、设备交接单等单证上链，在承运人、港口、海关、货主、货代、船代等放货节点之间电子化流转，保证放货流程中各节点物流信息传递的即时性、船公司和港口间物流信息共享的可靠性。

二是进口提货业务全流程链上办理。通过承运人、港口等系统的互联互通和流程上的互信协作，客户在链上一次完成贯穿承运人和港方的全部操作流程，实现进口电商货物全流程线上办理，整个操作流程可视、时间可控、风险可防、全程可溯。在海运单操作阶段，承运人将集装箱海运单信息发送到区块链平台，货主等相关方可立即在线查看海运单信息准备相关工作；在提货单操作阶段，船代查看集装箱海运单以及其相关授权、确认的信息后，将集装箱提货单信息发送到区块链平台；在报关操作阶段，货代将报关报检申请信息发送到区块链平台，海关在线查看报关报检申请后，根据所提供单证和文件资料，上传放行信息；在提箱操作阶段，货主根据海关放行信息确认提货计划，货代授权相应车队进行提箱，车队凭电子设备交接单到指定地点提取重箱，提进口重箱的交接单信息发送至区块链平台；在车辆提离港区阶段，港口根据由区块链平台服务接口推送的一系列信息，安排进口提箱作业任务，并将重箱出港动态消息发送到区块链平台，承运人等相关方可在线查看重箱出闸动态消息。

三是集装箱无人智能化堆场作业。芜湖港扎实推进智慧港口建设，提高港口作业效率，完善区块链平台与智慧港口的软硬件搭配。芜湖港启用集装箱无人智能堆场，利用物联网、大数据、5G 通信等现代信息技术，提供设备智能远程控制、智能无人闸口等智慧服务功能，同步建设 5G 基站及应用场景。设备智能远程控制功能可实现场桥设备自动行走、智能寻箱、自动取送，最大程度减少人工参与，智能无人闸口可实现集卡扫描进港、快速过闸，5G 通信技术可保障集装箱堆场作业指令传输的及时性、稳定性和安全性，助力港口作业“物流自动化、服务便捷化、管理高效化”，进一步优化进口流程。

实践效果：

一是显著提升物流效率，降低企业成本。该模式简化了审单和换单操作，节约进口企业及其货代的操作时间和成本，优化了港口客户体验，提升了水路运输服务水平。中运海运集团进口货物通过集装箱区块链 DO 模式实现进口电商货物港航单证上链办理，使进口货物提货换单流程由原来的 1—2 天，压缩至 4 小时以内完成，平均每单节约企业物流成本 100 元左右，节省企业排队等候和往返奔波的时间成本与经济成本。截至 2021 年 7 月底，平台线上注册各类船、货代、运输公司客户量 117 家，注册集卡车辆 989 辆；线上办理电子设备交接单累计完成 464 751 单，累计完成电子装箱单 92 482 单。

二是有效防控进口交易风险，降低监管成本。

该模式基于区块链技术，与物联网、云计算结合，可以实时查看进口商品运输交易整个过程的数据信息，进行全流程追溯、监控，大幅减少可疑交易，降低监管成本，促进市场透明化和监管便捷性，有效防控交易过程风险，规范进口电商市场发展。该模式实施以来，芜湖港通过区块链平台接收和办理进口集装箱放行522自然箱，放货提箱过程安全便捷，未发生任何错提、延误等问题。

三是大幅提高港口作业效率，优化智慧服务。集装箱无人智能堆场的智能化操作相比人工操作模式，降低了人工成本，提升了安全可靠程度，提高了操作效率。相比传统的人工场桥，远程控制场桥单机作业效率整体提升50%，同时能够实现人机分离，设备操作模式由“一对一”转变为“一对多”，人力资源投入减少67%，有效降低安全风险和职工劳动强度；智能无人闸口最短可实现5秒过闸，通行效率提高75%以上。运用区块链平台技术率先实现内河港口集装箱区块链DO模式，建设集装箱单证无纸化系统，企业可一键式办理所有进口换单操作，芜湖港成为全国首个区块链无纸化进口放货的内河港口。

案例4：“船边直提”“抵港直装”作业监管模式

主要做法：

企业与港口、船公司预约抵港时间，海关实行嵌入监管，将申报查验、车船运输、港口作业环节精准衔接，压缩码头堆存和船舶等待时间，实现出口“抵港直装”、进口“船边直提”，提高货物进出口装卸船效率。

一是依据船舶抵港时间“提前申报”。一般情况下，进口货物“提前申报”应于装载货物的进境运输工具启运后、运抵海关监管场所前向海关申报；出口货物“提前申报”应于货物运抵海关监管场所前3日内向海关申报。对于一般信用等级以上企业，经合肥海关批准，可以实行“船边直提”“抵港直装”作业监管模式，允许企业进出口货物时在取得提（运）单或载货清单（舱单）数据后，由货运代理企业在船舶靠泊作业前（出口货物在集装箱进港前）提出具体作业需求，将“提前申报”时间再度提前到货物装卸前2小时内，企业利用此段时间办理报关申报、单证审核、税款缴纳等手续，海关受理后快速完成审核。

二是调整海关监管场所实施船边查验。传统作业模式下，码头堆场是海关监管场所，出口货物需先卸至码头堆场，待海关查验并且船舶抵港后，再转至码头前沿装船；进口货物卸船后转运至码头堆场，海关查验后重新装车运至企业。“船边直提”“抵港直装”作业监管模式下，将码头岸边作为海关监管场所，海关按照企业预约的时间安排关员到船边现场监管。承运进口货物船舶抵港后，无须海关查验的货物即可放行并实现进口企业车辆从船边直接接卸、提货，实现“船边直提”；承运货物出口货物船舶抵港时，海关验放完毕的货物即可直接装船，实现“抵港直装”。

实践效果：

一是提高企业通关效率。原先企业通过合肥港进口货物通关装卸一般需要8—11个小时，出口货物通关装卸一般需要5—7个小时。安徽自贸试验区双维伊士曼公司首家试点“船边直提”作业监管模式，庐州海关根据预约时间，安排关员到现场查验，卸货运离港口仅用时12分钟；合力进出口公司首家试点“抵港直装”作业监管模式，货物装船10分钟完成，从工厂到装船仅用时2小时。港口处于国际国内物流链的结合部，“抵港直装”和“船边直提”通过水陆无缝对接，实现企业仓库与港口作业间货物的“零延迟、零等待”，大大提升企业通关效率。

二是提高船舶运输效率。船公司原先需在港口等待企业货物查验，多家企业集拼发货时，停靠时间可长达3—5天，严重拖延下游抵港时间，影响船公司的运行安排和船舶使用效率。“抵港直装”和“船边直提”作业监管模式下，船舶可实现即停即走，大大提高运输效率，提高同时间段内船舶运行频率，增加船公司收益。

三是降低码头库存压力和企业物流成本。对于较小的集装箱堆场，“船边直提”和“抵港直装”作业监管模式无须在堆场卸货，有效减轻港口码头堆存压力。同时，企业减少了多次装卸的物流费用和人力成本，平均每标准箱节省 1 000 元。

案例 5：综保区内企业全流程“外发加工”模式

主要做法：

允许综保区内企业在完成相关审批手续后，将产品全加工流程委托给自贸试验区内、综保区外的企业，实施受托企业原材料异地直发、成品直接销售、余料废品原地销毁等加工贸易监管方式，以及线上申报、限时办结等便利化措施，助力综保区内企业扩产提效。

一是优化加工贸易监管。升级改进以企业信用为基础的加工贸易监管方式。综保区企业需要将模具、原材料、半成品等运往区外进行加工的，应当在开展外发加工前，凭承揽加工合同或者协议、区内企业签章确认的承揽企业生产能力状况等材料，向综保区主管海关办理外发加工手续。企业根据外发业务量提供足额保函。委托区外企业加工的期限不得超过合同或者协议有效期，加工完毕后的货物应当按期运回综保区。在区外开展外发加工产生的边角料、废品、残次品、副产品不运回综保区的，海关应当按照实际状态征税。

二是提升海关管理效率。升级关务系统，实行企业网上备案、主管海关网上核准，综保区企业由金关二期保税监管子系统特殊监管区域模块申请全工序外发加工申报表，经审核后，企业按规定做好内部收发货记录。同时，企业根据料件出区、成品返区等实际情况制作出入库单并关联车辆信息制作卡口核放单。申报成功后，车辆凭核放单信息自动抬杆过卡。

三是提高风险防控能力。企业申请全工序外发加工的产能，不超过合同手册备案数量或电子账册年生产能力的 30%；于外发加工货物，企业根据外发业务量提供足额保函，外发加工的成品需返回区内企业账册，剩余料件及生产过程中产生的废品、边角料、残次品、副产品等加工贸易货物，可不运回区内。海关建立服务制度，关员定期赴综保区企业指导办理全工序“外发加工”业务，降低事后稽核查企业风险。

实践效果：

一是提高企业生产效率，支持企业扩大产能。在区外开展外发加工产生的边角料、废品、残次品、副产品可不运回综保区的，由海关按照实际状态征税。便利企业生产安排，提高企业出口时效，降低企业物流成本。联宝科技公司位于安徽自贸试验区合肥片区综保区内，主要生产 Lenovo 和 ThinkPad 系列笔记本电脑。2020 年，公司国际订单不断增长，产能明显不足，难以满足市场需求。2020 年 11 月，公司申请试点全工序“外发加工”新模式，综保区外第三方承担 20%以上的产能，大大缓解了公司产能不足的问题。在减少货物进出综保区措施的保障下，联宝科技公司保持满产并节省物流费用约 600 万元，并于当年顺利成为合肥首家营收“千亿”企业。

二是优化海关监管，减轻企业处理剩余料件等负担。加工环节势必产生剩余料件和边角料、残次品、副产品，若企业仍需运回这些货物，不仅增加企业生产成本和综保区内环境成本，同时增加了海关监管难度。联宝科技公司全工序“外发加工”承揽企业直接销毁剩余料件，降低海关监管难度，支持联宝科技公司全力投入产能提升和质量监督工作，减少企业处理成本和繁杂申请核销程序。

案例 6：企业集团加工贸易监管模式

主要做法：

将加工贸易监管模式对象从单一合同或企业扩展至企业集团，以集团生产管理软件等信息化系统为监管载体，允许集团内部流转原料及货物的料件串换、加工、库存全程保税监管，为外向型企业“走出去”增效降本。

一是优化集团内部加工贸易监管方式。企业集团加工贸易监管模式将同一集团下的多家分公司、子公司视为一个整体进行监管，成员企业实行一套账册管理。保税货物可在成员企业备案的场所自主存放，相互流转无须办理海关手续。成员企业保税料件之间、保税料件与非保税料件之间可以自行串换、处置。允许企业先行内销保税货物，并按规定集中办理内销征税手续。

二是提升海关智慧监管水平。进一步完善海关关务系统智慧化水平，以物流信息为管理核心，嵌入大数据分析管理方法，精准高效监控集团内部保税货物的进、出、转、用、存、销等货物流数据，确保逻辑链完整，耗料可追溯，加强风险管控能力。

实践效果：

一是降低企业集团制度性交易成本。一般情况下，企业集团内部分公司、子公司为独立监管单元，每家企业自行预备余量保税货物，需要流转的，视为内销，需办理报关手续并缴纳关税。2020年12月，合力叉车试点企业集团加工贸易监管模式，保税货物自由流转实现集团内部生产要素自由流通和资源共享，降低企业运营成本；流转无须缴纳关税，降低企业税负。根据往年费用测算，年节约保税物资占压资金2 000万元、关税50万元。

二是提高企业生产效率，支持企业更快更好“走出去”。企业集团内部分公司、子公司新增订单时，存在保税货物存量不足问题，由于进口等待时间长，无法迅速响应订单，急需向关联公司调配货物。免予办理海关手续，合力叉车订单响应时间从3天缩短为0.5天，促进2021年生产效率同比提高10%，带动出口量同比增长30%，支持企业快速扩大国际市场份额。

三是提升海关风险防控能力和工作效率。运用信息化系统，对保税货物信息数据高效精准监测，海关根据系统预警信息对企业巡库盘库，提升风险研判能力和防控能力。同时，保税货物自由流转、先销后税，精简海关工作流程，提升海关工作效率。

案例7：内陆区港联动监管一体化新模式

主要做法：

打通综保区内企业利用芜湖港水运进出物流通道，允许综保区内企业利用芜湖港将外贸进出口货物水路直接运输至上海、南京、宁波等进出境口岸，建立区港联动风险防控体系，施行综保区和港口一体化监管。

一是芜湖综保区功能延伸，畅通外贸水运物流通道。“区港一体化”实施以前，芜湖综保区区内企业只能将外贸进出口货物通过公路运输来往上海、南京、宁波等直接进出境口岸，运输成本高、效率低。而芜湖港由于直航船较少，并非直接进出境口岸，大多数是多式联运的货物，要通过上海、南京、宁波等主要港口中转，按照现有业务逻辑综保区内企业无法通过芜湖港水路运输中转外贸进出口货物。为畅通综保区物流渠道，减轻企业负担，芜湖海关打通综保区内企业利用芜湖港水运进出物流通道，允许综保区内企业利用芜湖港将外贸进出口货物水路运输至上海、南京、宁波等直接进出境口岸，降低运输成本、提高运输效率。同时，优化海关工作流程，在综合保税区与芜湖港开展统一监管，进出货物涉及查验的，均在芜湖港实施；进口货物同时命中口岸事中和目的地查验的，经企业申请，可以在芜湖港一次性实施。

二是叠加通关便利化政策，优化海关业务流程。按照全国通关一体化的业务逻辑，在确保监管到位的前提下，叠加多项便利化政策，设计正常入区、先入区后报关、正常出区、先出区后报关四种业务流程。在入区环节叠加“两步申报”等创新监管举措，允许企业凭概要申报先行提货入区，14日内完成完整申报；在出区环节叠加“先出区后报关”等创新监管举措，允许企业凭核放单先行将货物运输出区，并自主选择运抵申报或提前申报。

三是建立区港联动风险防控体系，强化正面监管。组织通关、监管、保税等多部门联合开展风险分析，结合全国通关一体化改革以来查发情事，反复推敲，寻找风险点，加强正面监管，做到风险可控。开展进出区车辆抽查。设置随机抽查比例，针对进出区车辆开展抽查，加强正面监管，防控“综保区—港口”区外路段途中运输风险。加大账册中后期管理力度。加大区内企业特别是物流企业账册中后期管理力度，通过盘库、中期核查、定期核销等多种方式，监控企业运行情况，敦促企业守法经营。利用信息化手段开展日常监控。利用信息化辅助管理系统，针对核放单进出卡时间、超期未报关核放单等情况进行监控，对异常情况向海关人员预警，针对异常情况及时处置。

实践效果：

一是提升物流运转效率，降低外贸企业物流成本。该模式在综保区和芜湖港之间开辟了直达的绿色通道，综保区内企业利用芜湖港水路运输外贸进出口货物时可以充分利用综合保税区在税收、海关监管等方面的政策优势与港口在航运、指泊、装卸等交通便利的区位优势，免去转关手续，进一步节省运费、提高时效，极大提升芜湖综保区物流运转效率，降低外贸企业物流成本。经测算，区港一体化模式相比公路运输模式，每个集装箱可节省物流费用约 2 000 元人民币，仅 2020 年一年，该模式为区内企业节省物流费用约 2 000 万元人民币。

二是拓展物流渠道，提升外贸进出口企业服务水平。该模式拓展了芜湖综保区外贸物流渠道，解决了此前外贸货物公路运输进出区的成本高、效率低等问题，更有利于充分发挥芜湖综合保税区各种特殊功能，为芜湖市外贸企业赋能。该模式实施以来，芜湖市主要外贸进出口企业，如奇瑞、美智、三只松鼠等，更好地利用了综合保税区保税物流或保税加工功能，降低了企业经营成本，减轻了企业负担，提升了企业市场竞争力，促进外向型经济发展。

案例 8：企业开办涉税业务“一网集成”模式

主要做法：

联通税务系统与市场监管、公安、金融、社保、公积金等多个政务服务系统，实现各类政务数据的互联互通，并提供免费帮办和线上线下全程服务，实现企业开办时涉税业务信息一次采集、集成通办。

一是数据互通，一次受理。在全国率先完成税务与政务系统的端口对接，打破系统壁垒，实现税务与政务系统的互联互通。市场监管部门在办理企业工商登记时，通过政务系统将采集的涉税企业基础数据第一时间推送至税务系统，税务部门即时共享相关开办信息，并将补充数据反馈至政务系统，实现数据双向交换，省去纳税人往返实体办税厅办理发票申领等重复提交相关材料的环节，实现业务一次受理，提升业务办理速度。

二是单网登陆，一次采集。通过联通政务系统，打通税务系统与工商、公安、银行、社保、公积金等服务系统，数据实时交互，实现从“物理集合”到“平台聚合”的转变。工商注册信息即时传递至税务系统和其他服务系统，这些系统又可同时传递业务信息至政务系统，省去涉税企业在办理公安、银行、社保、公积金等业务时重复提交相关材料，实现数据一次采集。同时涉税企业申领发票时，只需登陆政务系统，税务系统即可通过联通平台接收到申领数据，利用前期采集信息，依规办理发票申领事项。

三是免费帮办，全程服务。推行免费帮办服务，免费发放税务 UKey，并为涉税企业配备专属网格员。企业可通过线上税企互动平台与网格员交流咨询纳税问题，免费享受第三方公司远程操作指导业务，也可预约网格员上门服务，进行“一对一”政策咨询。进一步拓展办税服务空间，市、县（区）两级政务服务大厅设立企业开办综合窗口，开展一照一码信息确认、税种认定、票种核定、一般纳税人登记、税务 UKey 发行、发票发放及发票邮递等工作。为企业提供从开办登记、发票抵扣到税务注销的线上线下全流程服务。

实践效果：

一是涉税企业申请材料明显精简。通过政务外网系统与税务内网系统之间的信息共享，整合精简涉税企业申请材料，最大限度避免材料重复提交，解决申报材料过多问题。目前，涉税企业开办申报材料由原 6 张申报表简化至 1 张申报表。

二是涉税企业业务办理降本增效。时间成本大幅减少。通过线上“一窗”，企业开办申请环节减少，办理时间缩短，申请流程明显加快。市场监管部门与税务部门之间数据推送由 40 分钟缩短至 20 分钟，最快可达 5 分钟。企业从开业登记到印章刻制、发票申领等全流程办理最快仅需 1.5 小时，税务发票线下立等可取，开办资料 24 小时邮递上门，真正做到“让群众少跑腿、让数据多跑路”，赢得企业的广泛支持。办税成本显著降低。自纳税企业开办信息集成确认功能上线以来，免费为企业发放税控设备和税务 UKey，帮助企业节约办税成本达 114.5 万余元。

三是市场主体活力明显激发。在原涉税企业开办业务“三日办结”基础上，以政务平台为依托的创新举措实现了线上新办企业“一日办结”，为 13 607 户纳税人提供了业务便利，间接支持了建筑业、运输业和服务业企业的发展，加速了企业的市场准入，激发了市场活力。

案例 9：外商投资“集成管家式”全链条服务保障机制

主要做法：

围绕外商投资的全生命周期，在有投资意向阶段精准推送信息，服务外商投资企业机会研判；在投资审批阶段开展不见面审批，压缩审批时限；在生产经营阶段打造“项目告知单”任务分配机制，及时解决企业运营问题，并建立培训与绩效督查机制，为外商投资提供管家式服务保障。

一是精准推送信息，服务外商投资企业机会研判。在外商投资企业投资过程中，企业前期往往需要与多个业务或职能部门进行信息咨询，存在耗时长、不便利等问题。一方面，安徽自贸试验区合肥片区（以下简称合肥片区）运用互联网、大数据等信息技术，基于企业画像、政策标签、政策指标等情况，前期为意向外商主动提供招商信息资源发布、企业信息比对、载体空间推介等信息，让政策“精准找企业”。另一方面，合肥片区选取有涉外企业经营能力的招商服务团队作为管家服务专班，通过座谈会、沙龙等方式，帮助有意向投资的企业及时了解相关政策。

二是开展不见面审批，压缩审批时限。合肥片区通过系统实现各部门后台信息共享，实现项目审批和政策申报可视化、透明化、在线办。企业无须多次提交材料或与服务人员重复对接。同时，完善外商投资服务质量标准保障体系，相关审批事项全部明确具体办理时限，办事进度短信告知企业，确保服务事项有清晰记录、有及时反馈、有解决实效。

三是打造“项目告知单”任务分配机制，及时解决企业运营问题。围绕外商投资和服务贸易新机遇、外商展业扩产新需求，主动收集外商投资项目对自贸区服务贸易业务申请等特殊发展需求。在接到外商服务需求后，依据问题类型，由管家服务专班明确各部门具体任务，主动对接企业匹配服务、跟进辅导。

四是建立培训与绩效督查机制，不断提升服务水平。对管家服务专班定期培训与考核，确保管家充分了解外商需求差异，做好专业化沟通联络和协调解决工作，到时限未办结则由系统自动发送督查通知，计入部门年度绩效考核。

实践效果：

一是外商投资规模快速增长。依托服务平台，团队共服务超 200 个项目。覆盖投资前、中、后期各个阶段，其中 121 个项目处于已签约状态，81 个项目处于洽谈阶段，19 个项目处于新开工阶段、4 个项目处于已竣工阶段。外商直接投资金额实现快速增长，2021 年 1—6 月，服务外商直接投资近 8 000 万美元。

二是外资营商环境持续优化。全程留痕、全链管控的服务为外商提供了更加公平便利可预期、更有吸引力的投资环境。外商投资“集成管家式”服务保障机制下，真正做到“有求必应，无事不扰”，获得企业一致好评。外商投资营商环境持续优化，外商投资项目加快落地，从前期对接到后期达产的时间得到有效缩短，其中落地速度最快的企业仅仅用了 16 天时间。

（二）深化金融领域开放创新

案例 10：企业高风险研发的个性化保险服务模式

主要做法：

针对企业研发设备价格高、研发产品应用不确定性大等风险，由政府牵头，发挥政府在智力、渠道、数据等资源方面的优势，引导保险机构之间以构建“共保体”的形式共同承担保险风险，支持保险机构根据企业不同需求开发个性化险种，降低企业研发风险。

一是政府参与推动，找准保障对象。依托政府智力资源、渠道资源、数据资源的优势，与保险机构形成合力，改变以往保险机构在科技保险应用中的单一推动作用，政府主动联系，推动保险机构服务科技企业，降低企业研发风险。政府的主要推动作用如下：首先，发挥政府智力资源优势，组织相关领域专家指导保险机构成立“服务专班”，依托“蚌埠市硅基新材料产业知识服务平台”等政府平台引导保险机构开发专业系统平台，通过系统收集企业产品研发、企业经营财务情况和行业发展趋势等各方面信息，对企业研发风险作出评估，选取客户；其次，发挥政府渠道资源优势，畅通保险机构与企业间的对接通道，组织专场金融服务对接活动，精准对接科技型企业和战略性新兴产业企业融资和保险保障需求；最后，发挥政府数据资源优势，为保险机构提供服务对象，通过大数据向保险公司提供重点支持的高新技术企业 394 户，同时对科技保险业务开展情况定期监测、定期通报。

二是组织构建“共保体”，提高承保积极性。由于企业产品研发周期长、不可控风险大以及科技保险承保利润率低等，保险机构科技承保的积极性一直不高，从而形成市场企业有产品需求、保险机构无产品供给的供不应求现象。为解决保险机构在产品供给端的痛难点，充分发挥不同保险机构各自的优势和特色，积极引导促进保险机构之间以构建“共保体”的形式共担风险，解决由于风险大、保额高的标的一家保险机构难以独立完成承保的问题，有效提高保险机构科技承保的积极性，更好满足企业的产品需求。例如，通过推动中国人寿财产保险有限公司蚌埠中心支公司与太平洋财产保险有限公司蚌埠中心支公司组成“共保体”，两家保险公司各担 50%，为安徽丰原集团首批次“聚乳酸”新材料应用项目提供了 11 亿元风险保障。

三是主动对接需求，险种“量身定制”。深入企业调研，实地了解保险需求，指导保险公司为企业量身定制保险产品，围绕重点产业，大力发展诉讼责任险、雇主责任险、产品责任险、环境污染险等险种，深入推进“三首保险”。协助保险公司设计涵盖承保、防预、理赔各个环节和企业研发各个阶段的个性化保险服务方案。如针对高新技术企业科研人员及高级管理人可能发生的大病、意外及研发失败造成的应由个人承担的责任等率先推出了“高新人才保”，一定程度上解决了研发人员后顾之忧，有利于企业研发人员的引进；针对研发设备、研发产品质量、研发产品责任推出“高新技术保”，给予它们风险保障，并对研发过程中由于研发失败和专利申报失败产生的费用损失给予补贴，降低企业研发投入风险，提高企业研发投入的积极性。

实践效果：

一是保险机构风险保障金额大幅提高。2021 年，15 家保险机构累计向 144 家高新技术企业提供保险产品42种，风险保障金额144.6亿元，各类责任险保险金额同比增长51.72%。其中，中国太平洋财产保险股份有限公司等4家保险机构承保重点新材料首批次应用保险（中央型）33笔，提供风险保障22.14亿元，成功为安徽丰原福泰来聚乳酸有限公司攻克应用于公司年产5万吨聚乳酸产品生产线的可控高分子量聚L-乳酸工业化高效制备核心技术提供了有效风险保障；中国人寿财产保险股份有限公司等4家保险机构为企业提供首台（套）重大技术装备综合保险19笔，风险保障2.38亿元；中国人民财产保险股份有限公司为企业提供软件首版次质量安全责任保险1笔，风险保障4 500万元。

二是高新技术企业研发风险得到全方位保障。通过精准了解高新技术企业需求，提供符合企业急需的险种，为企业高风险研发提供全面风险保障，有效解决企业的后顾之忧。例如，针对蚌埠市兴科玻璃有限公司在研发过程中存在研发设备损失的顾虑，保险机构为企业关键研发设备提供了7 268万元保额的全面风险保障，承担从外部的自然灾害、火灾爆炸等意外事故到内部的设备设计、制造或安装错误、铸造或原材料缺陷，以及工人、技术人员缺乏经验、技术不善、操作错误、过失疏忽等行为产生的风险保障，打消企业在研发中存在的顾虑。

三是高新技术企业科研取得显著成效。通过个性化保险的开放，从源头上保障高新技术企业研发，降低企业研发风险，提升高新技术企业研发积极性，为科技企业注入了新动能，一大批研发成果涌现。例如，安徽银锐智能科技股份有限公司成功研发了玻璃仓储设备，安徽永牧机械集团有限公司成功研发了机器人撒料推送器，安徽航天生物科技股份有限公司成功研发了纤维输尿管肾盂镜FU-280，蚌埠市奥特纸箱机械有限公司成功研发了智能型高速瓦楞纸箱水性印刷粘箱成套设备。

案例11：科创企业信用贷款新模式

主要做法：

推出全省首个自贸试验区专属纯信用类贷款产品——自贸区信用贷，通过多维度对科创企业进行精准画像，辅助银行贷前审查，企业无须抵押和担保，在贷款额度、利率以及准入门槛方面有较大突破。

一是创新优化评价标准，精准摸排企业情况。为解决以往信用贷产品的评分标准只注重企业资产情况、不符合科创企业经营和发展规律等问题，自贸贷专门设计了一套符合科创企业技术优势特征的、满足银行风险评估标准的、更加全面的评分标准，通过对科创企业开展精准的企业画像，使自贸贷服务对象和效能进一步聚焦。为更加贴合科创企业特点，对相关企业进行深入摸排，从而确定出“企业基本情况、企业资产、企业自主研发销售、企业研发投入、企业知识产权、获得政府补贴、与建行合作情况、加分项（国家级高新技术、纳入高新区高成长企业、获得外部投融资机构入股5%以上、取得省级相关荣誉称号）”等八个符合科创企业特点的评估项，客观公正地评判企业在科技创新领域的研发投入与经营成果，其中企业研发、经营、知识产权、企业主学历、获得政府政策资金等技术面总分值约占总评分的60%。凭借此评价标准，自贸贷与其他贷款产品形成错位互补，进一步满足科创企业融资需求。

二是创新信用贷产品，实现服务模式突破。自贸贷在贷款额度、利率、准入门槛等方面，相较于其他针对中小微企业的贷款产品均有很大突破：贷款额度从一般贷款额度最高200万元突破到500万元；贷款利率最高不超过一年期贷款市场报价利率（LPR）40个基点，低于其他信用贷平均利率；门槛降低，企业成立（含产业转移）1年以上即可申请。

三是建立全流程风控体系，做好产品风险管控。自贸贷在贷前、贷后均建立起严格的风险防控体系。贷前阶段主要结合科技型小微企业特色进行考察。首先，考察企业的未来发展潜力，依托企业核心技术先进性、产品有效订单数量等数据，综合评价企业的业务前景；其次，考察企业的研发投入情况，主要考察企业研发投入占比、知识产权数量等，评判企业科技含量；最后，加强与政府互动，依托政府对产业和企业的评判情况，主要考察企业在政府立项以及获得的政府补贴情况。贷后阶段主要依托建行大数据风控系统进行考察。首先，考察企业流水、代发工资情况，对异常企业进行警报；其次，考察企业资金使用情况，严格按照管理规定对企业资金流向进行监测；最后，通过征信、社保等数据，当企业出现征信问题、社保缴纳波动较大等情况时，及时对企业偿贷能力提出警报。

实践效果：

一是解决科创企业融资难问题，融资效率显著提升。信用贷作为纯信用贷款产品，无须企业进行抵押和担保，降低企业贷款门槛，有利于科创企业在初期快速、有效得到金融支持，促进企业做大做强。一方面，企业申请自贸贷的周期较短，一般可在 3 个工作日内审结，相对于其他贷款产品缩短了一倍以上的时间，大大提升了企业申请贷款的速度。另一方面，通过额度提升，企业可增加 300 万贷款额度，有效减少申请贷款的频次，大幅降低融资综合成本。

二是有效支持科创企业做大做强，金融改革促进产业发展效益显现。自贸贷产品的投放效率高、受益面广，为片区内高新技术企业带来新的发展助力。自贸贷自 2021 年 3 月正式运行以来，已为 15 家企业发放贷款 3 000 万元。预计 2021 全年为超 100 家企业投放自贸贷，户均贷款额度 200 万—300 万元，预计贷款总额约 2 亿—3 亿元。例如：安徽宝信信息科技有限公司得到 300 万元资金支持，企业实现了快速增长，半年的营业收入即达到了上年的全年水平。

三是推动构建特色金融服务体系，助力打造区域性科技金融创新示范区。自贸贷已经成为打造产业链、创新链、资金链、人才链“四链合一”的重要举措。通过整合银行内部优质资源，围绕新兴产业、科技创新、人才创业构建特色金融服务体系，把资金链更加精准有效地嵌入产业链、创新链、人才链，更好服务战新产业和科技型企业发展，为自贸试验区金融制度改革增添新动能，助力打造区域性科技金融创新示范区。

案例 12：一站式金融智慧服务模式

主要做法：

整合 10 余种科技金融特色产品，搭建一站式“金融超市”线上平台，打通企业、政府、担保公司数据资源，通过企业担保评价模型自动生成担保额度，同时定向研发金融产品，提高金融产品配备效率，为科创企业提供融资自选服务，满足不同发展阶段企业的融资需求。

一是加强数据联通，为企业担保精准画像。安徽自贸试验区合肥片区整合部门惠企政策，建成集政银企信息沟通、交易撮合、企业个人信用评估、线上放贷、信贷风险补偿等多项功能于一体的 24 小时“全天候”金融超市。为进一步简化担保公司对于企业尽调评估流程，提升金融服务效能，“金融超市”打通了企业、政府、担保公司数据资源，依托区域经济大脑法人基础信息库，建立企业担保评价模型，重点从经营能力、创新能力、发展潜力等方面完整呈现科创企业的信用属性、经营属性，并自动生成担保额度，大幅提高金融产品配备效率。

二是定向研发产品，提高融资适配性。针对科创企业发展初期融资缺口较大、融资较难等问题，不同发展阶段对于金融服务的差异化需求，安徽自贸试验区合肥片区联合安徽省科技融资担保公司、合肥高新融资担保有限公司以及银行、保险等金融机构，设置了 10 余种金融产品。例如：针对初创期企业，设立“青创贷”，给创业者提供免抵押、低利息、简手续的贷款支持；针对渡过初创期进入高成长期的瞪羚企业，设立“瞪羚贷”，解决这类企业高速发展所需的资金问题；针对创立时间不长，但是拥有较强创新能力的雏鹰企业，设置了“雏鹰贷”，促进这类企业做大做强；针对高校校友创业者，设置了全国首个“双一流”高校校友创业担保贷款“科大校友创业贷”，为中科大创业者提供低成本的金融服务。此外，金融超市还囊括了创新贷、科技信用贷、政银贷、兴企租、微业贷、自贸贷等特色金融产品，实现各类特色金融产品汇聚。

三是建立风险分担机制，防范科技金融贷款风险。建立“4321”合作风险分担机制，由合肥高新融资担保有限公司、安徽省融资再担保有限公司、银行机构、地方财政分别按 4：3：2：1 的比例共同分担风险责任，降低银行机构的风险水平，进一步完善了科技金融贷款风险防控机制。

实践效果：

一是金融服务水平全面提升。金融超市的金融产品累计扶持科技型中小企业 1 000 余家，累计提供资金支持近 20 亿元。“瞪羚贷”累计为 79 家企业放贷，累计放贷 51 850 万元；“雏鹰贷”累计为 8 家企业放贷，累计放贷 1 770 万元。同时，围绕园区高成长科技型企业，有针对性地制定融资方案，为园区企业注入更多金融活水。例如，合肥埃科光电科技股份有限公司在初创期即得到金融超市全方位融资服务，先后得到“青创贷”“瞪羚贷”“科大校友创业贷”等金融产品资金支持超过 5 000 万元，企业实现了爆发式增长，营业收入由 2019 年的 3 000 万元增长到近 1.6 亿元，年均增幅超过 100%。

二是企业融资效率大幅提高。以往中小科创企业申请贷款普遍审批周期较长、审核流程较慢，需要等待数月时间。而金融超市通过 24 小时“全天候”开放，为企业持续提供 10 项金融贷款产品，通过精准匹配企业需求，银行为提出融资申请的企业最快可以做到秒出授信额度，科创企业融资效率实现突飞猛进式提高。

三是防范风险能力持续增强。依托银行、担保公司各自的风险防控体系之间的合作，形成更加完善的事前审核、事中监管的复合风控体系，使金融超市防范金融风险能力实现数量级增长。财政资金出资 10%进行托底，从而导入财政资金监管手段，与金融机构风控体系形成高效互补，金融超市各项产品风险指数基本处于高度可控区间。目前，高新担保总体坏账率 1.7%左右，低于全省平均水平超过 2 个百分点。

案例 13：贸易投资领域跨境人民币结算新模式

主要做法：

实行“境外放款+出口贸易回流”和“跨境人民币双向资金池+出口贸易回流”管理模式，实现资本项下输出，贸易项下回流，在保证支付安全和符合相关法规的前提下，指导经办银行凭企业提交的收/付款说明或指令，直接办理货物贸易及服务贸易人民币跨境结算，以及资本项目收入在境内的依法合规使用。

一是设计组合政策路径。以依法合规和促进贸易投资便利化为原则，在不突破跨境人民币管理框架的前提下，运用“政策组合法”，创新“境外放款+出口贸易回流”和“跨境人民币双向资金池+出口贸易回流”两种业务模式，发挥政策叠加效应，帮助境外企业规避汇兑成本和汇率风险，推动企业在贸易投资领域扩大人民币跨境使用，发挥人民币计价货币功能。

二是推进业务流程优化。将市场主体纳入贸易投资人民币结算便利化试点名录，改变过去企业事前逐笔提交真实性材料、银行事先审核业务背景资料的业务模式，在保证支付安全和符合相关法规的前提下，指导经办银行凭其提交的《跨境人民币结算收/付款说明》或收付款指令，直接办理货物贸易及服务贸易人民币跨境结算，以及资本项目收入在境内的依法合规使用，大幅度提高贸易投资中运用人民币结算的效率。

三是完善风险管控机制。坚持底线思维，在现有跨境人民币管理框架下，制定《自贸试验区芜湖片区企业资本项目输出贸易项目回流业务操作流程（试行）》，对资本项目输出和贸易项目回流实施宏观审慎管理，建立宏观审慎调节系数，防止资金大进大出。指导经办银行严格落实“展业三原则”，切实履行事前宣传引导、事中真实性合规性审核和事后监测职责，提高资金在资本输出贸易回流全过程的依法合规使用。

实践效果：

一是降成本，助力企业走出去。一方面，“走出去”企业通过境外放款等形式输出人民币资金能够解决境外子公司在境外银行融资难的问题；另一方面，输出的人民币资金又能作为境外子公司在开展对华贸易时的结算资金，加快境内出口企业的出口货款回笼，为境内企业扩大出口创造了条件。

二是拓渠道，助力发展双循环。形成了跨境人民币资金流动的闭环，促进了国际收支平衡，为境外市场主体在跨境交易过程中提高了人民币流动性，在更高层面推动人民币的国际使用，提升人民币在国际商品计价、结算中的影响力，助力构建国内国际双循环相互促进。2021 年上半年，芜湖市跨境人民币收付合计 174.5 亿元，同比增长 20.7%，人民币占国际收支比例 43.9%，业务总量、占国际收支比重均位居全省非省会城市第一。

三是易复制，提供可推广经验。为片区内同类型企业提供了两种可借鉴、可复制的“资本项下输出贸易项下回流”模式参考。创新的两种业务模式，既能满足不同跨国企业的资本输出需求，又能充分结合跨国企业集团跨境贸易和投资的特点，有助于企业在跨境贸易投资中节约汇兑成本、规避汇率风险、简化结算手续、加快资金周转，在企业“走出去”的同时扩大人民币的跨境使用，对促进“一带一路”资金融通和人民币国际化具有积极意义。

（三）推动创新驱动发展

案例 14：产业化经费股权投资改革

主要做法：

创新采用财政资金参与科技成果转移转化，改变以往以政策补贴方式鼓励科创的做法，自主选择对拟孵化企业进行股权投资，并按市场化程序办理股权退出，放大财政资金的引领和杠杆效应，撬动社会资本参与科创投资。

一是创新使用方式，允许产业化经费开展股权投资。经安徽省政府授权开展国有产权投资管理机制改革试点，允许中科合肥技术创新工程院（以下简称合肥创新院）利用政府拨付的产业化经费参与科技成果转移转化，自主选择对院内拟转化孵化企业进行股权投资。通过改革试点，产业化经费的使用方式由原来仅用于技术研发、运营经费支持，拓展到可以对科技成果转化孵化企业进行股权投资。

二是规范操作流程，建立产业化经费投资管理制度。在投资审批管理上，产业化经费投资行为由合肥创新院董事会审批或授权经营层决策，其中对投资额 500 万元以下的项目，可由合肥创新院公司总经理办公会议审批执行，提高审批效率。在投资项目选择上，要求股权投资的目标公司必须是初创期科技型小微企业或拟转化孵化成立的小微型企业，且具备技术创新能力强、市场前景广阔和技术经营团队稳定等特点。在股权退出机制上，股权投资期限原则上不超过 8 年，经董事会批准的可适当延长投资期，退出资金循环支持科技成果转移转化。待企业发展到一定规模后，按照创新院公司内部决策程序，自行选择包括协议转让、股权回购、并购重组等股权退出方式，实现股权退出。

三是推进高效利用，丰富产业化经费使用方式。根据企业所处的不同发展阶段和对资本的需求，采取不同的投资方式和投资金额，高效率利用产业化经费开展投资引导。在企业成立之初，采用引导性股权直投的方式，为企业提供最高 100 万元的引导性投资；待企业步入初创期并拥有一定估值时，给予最高 300 万元的成果转化定投，以产业化经费撬动来自社会第三方的科技成果转化定投基金；当企业快速发展且估值进一步提高时，持续加大投资力度，给予最高 500 万元的跟投资金，加快促进科技成果转移转化。

四是加强跟踪评估，防范产业化经费股权投资风险。建立投资跟踪评估及风险预警机制，外部监管部门定期对产业化经费开展审计，对被投资企业定期走访调查，每年对投资项目从营业收入、资产负债、净利润、税收贡献、市场开拓、技术创新、研发投入等方面进行经营状况评估。如出现经营不善，即启动风险预警程序，协助企业诊断生产、经营中存在的问题，积极在投融资、技术合作、市场开拓等方面寻求解决途径，实现风险规避。合肥创新院公司参与被投企业的股东会、董事会或监事会等，听取企业重大事项报告，并行使投资人表决权。

实践效果：

一是新型研发机构股权投资效率大幅提升。过去，国有新型研发机构使用注册资本进行股权投资，由国资部门审计，流程相对漫长，设立企业周期一般在半年左右，股权退出周期需要一年左右。改革后，由外部监管部门按照科研专项资金结算方式进行评估，程序上更加简化，设立企业周期可压缩到一个月以内，股权退出仅 3 个月左右。

二是加快促进科技成果转化落地。合肥创新院已对超过 85 家科技型初创企业使用了产业化经费，占成果转化企业总数的 95%。被投企业中，获得已授权各类知识产权超 1 100 项，有 60 余家企业已由小试阶段进入产业化阶段。

三是撬动更多社会资本参与科创投资。通过产业化经费股权投资改革，提高对中小科创企业的投资力度，为社会资本投资中小企业带来信心。截至 2021 年底，由合肥创新院孵化的企业已获得产业化经费投资超过 6 500 万元，带动引进社会资本投资近 16 亿元，资金撬动的杠杆效应明显。

四是对标适应国际高标准经贸规则。通过产业化经费股权投资改革，改变依靠政策资金奖励支持推动科技成果转移转化的传统做法，采用更灵活、更具市场化特征的股权投资模式，建立新型研发机构开展科技成果转化的新机制，更加符合国际高标准经贸规则的要求，为中国对标国际高标准经贸规则积累了宝贵经验。

五是形成自我造血、循环发展的新模式。通过产业化经费股权投资改革，利用对孵化企业股权投资产生的收益开展持续性的投资，实现新型研发机构“自我造血、循环发展”的新模式，进一步发挥新型研发机构对于科技成果转移转化的赋能作用。经测算，合肥创新院利用初期投入的近 3 亿元经费，实现了以往需要投入 8 亿—9 亿元才能取得的效果，资金放大效应显著。

案例 15：长三角 G60 环境科技产业协同创新模式

主要做法：

联合长三角 G60 科创走廊 9 市，组建 G60 首个技术创新联盟，从共建研发平台、共制政策与标准、共享创新资源等方面促进长三角 G60 环境科技产业联动创新，加快长三角一体化背景下的环境产业“产、学、研、用”合作。

一是畅通区域科创资源对接新渠道。首先，牵头组建长三角 G60 科创走廊首个产业技术创新联盟，推动区域资源协同联动。联动长三角九城市在环境领域的科研院所、政府部门、行业组织及重点企业共 170 余家，构建技术资源支撑体系，推动九城市区域环境科技产业与创新资源协同联动。其次，成立长三角 G60 工业碳中和专委会，推动产学研主体横向合作。联盟联合中化环境及中环环境创新院，以助力工业碳达峰、碳中和实现为目标，探索组建长三角 G60 工业碳中和专委会，整合和发布区域技术研发及项目开发资源，促进研发主体与生产主体供需高效对接。最后，搭建科创服务“资源超市”，促进科创服务资源高效对接。联盟牵头组建含项目资金、检验检测、综合治理、知识产权、法治法务在内的专业服务企业库，构建长三角环境科技产业服务生态体系。联盟城市可在“资源超市”中获取一站式、全链条、多元化产业生态服务。联盟已在水治理、固废、环境大数据等细分领域，推进跨省企业实现市场化合作。

二是构建共建共享合作新模式。首先，聚焦开放创新，首创自贸片区产业合作机制。浙江自贸试验区杭州片区与安徽自贸试验区合肥片区签订战略合作协议，发挥合肥综合国家科学中心辐射带动作用，突破长三角节能科技产业与创新资源错位分布的现状，推动产业跨区域协同联动。在合肥举办的污染防治联展中，包括合肥中科环境监测技术国家工程实验室有限公司、聚光科技（杭州）股份有限公司、安徽水韵环保股份有限公司在内的多家长三角企业参与，通过区域环境产业和产品集中对接的新渠道进行交流。其次，聚焦区域共建，打造长三角 G60 科创走廊产业合作示范园区。与中科院合肥物质科学研究院签署战略合作协议，打造“中国环境谷”G60 产业示范园区；与湖南省国家级环境科研平台共建，获批“水环境国家工程研究中心”；与中国科学院合肥物质科学研究院共建，获批国家唯一“大气监测国家工程研究中心”，为产业创新发展提供强有力的科研支撑。最后，聚焦利益共享，首创联盟管理运作模式。突破传统行业组织协会以缴纳会费金额决定利益资源分配的发展模式，创新提出副会长企业在当地所在城市可以行使会长企业的主导权限，激发区域改革创新积极性，促进环境科技产业多点开花。

三是打造产业标准化新体系。一方面，建立首个 G60 走廊环境行业“政策法规与产业发展组”，建立区域政策标准共商共议机制。牵头九城市生态环境部门首发成立“政策法规与产业发展组”，建立生态部门与成员企业常态化政策标准共商共议机制，定期组织举办区域政策规划研讨会，推动区域产业标准及政策法规出台落地。另一方面，创新开展环境产业团体标准试点。以填补空白、国际领先为目标，引导区域龙头企业、专家机构、协会组织等共同参与，探索制定团体标准，促进重点企业技术产品获得资质认证。同时，推动达标企业在市场中获得优势，促进环境产业市场更加规范标准。现已推动安徽省首个区域型餐饮油烟污染治理地方标准完成编制，待专家评审后将正式发布。

四是激活区域人才互通发展新动能。首先，链接科创人才创新生态。链接在皖院校组织“生态环境领域专家委员会”与“G60 高水平应用型高校创新联盟”签约合作，促进师资培训与深造资源共享，建立科创领军人才培养与管理机制。其次，引导专业技术人才参与知识更新工程。联合人社部、安徽省人社厅，成功举办“全国工业源挥发性有机物污染治理与监控技术高级研修班”，积极引导专业技术人才参与知识更新工程。最后，拓展区域产业人才合作渠道。依托长三角主要城市中心城区高质量发展联盟合作平台，探索推动长三角环境科技人才共引共育、领导干部挂职交流，促进人才合理流动和高效聚集。

实践效果：

一是科创资源高能集聚。聚集大气环境污染监测先进技术与装备国家工程实验室等 27 个多领域的环境类国家及省级科研平台。成立“生态环境领域专家委员会”“碳中和专业委员会”等多个国内顶级科研技术组织。合肥综合性国家科学中心环境研究院即将落地，将逐步形成环境领域国家创新技术源头、重大关键产品来源中心。

二是区域合作成果显著。中国节能环保集团有限公司、中化环境控股有限公司、启迪控股股份有限公司等国内领军企业与中国科学技术大学先进技术研究院开展技术团购，技术引入与技术输出渠道实现进一步拓宽。促进大气监测、垃圾固废、水治理等上百个跨区域院企合作项目落地，区域科技成果转化率大幅提高。其中，“大气便携式傅里叶监测设备”作为 G60 科创走廊优秀成果，已推向长三角地区广泛应用。

三是行业品牌价值彰显。成功举办长三角环境产业协同创新发展论坛、长三角生态环境院士峰会暨 G60 科创走廊环境产业技术创新联盟成立大会、2020 臭氧与挥发性有机物管控技术研讨会、安徽省环保产业发展促进会、全国首届环境监（检）测协会标准化工作会议暨蜀山区环境产业招商推介会等 20 余场系列活动，围绕环保产业发展共话合作。

四是环境产业量质齐增。环境科技产业实现高质量“蝶变”，阳光电源、中化集团等全国领军企业竞相入驻“中国环境谷”零碳产业基地，共培育引进了含 7 家上市企业的 175 家节能环保企业。中科环境、宝龙环保、宾肯电器、中科天达等联合承担的合肥市环境监测仪器与应急处理设备项目，获批第四批安徽省重大新兴产业专项。2021 年，中国环境谷入驻企业增速超 300%，产业营收突破 243 亿元，增长达 138%，已初步形成年产值逾百亿元、辐射带动约上千亿元的环境科技产业示范园区，服务长三角区域环境治理能力显著提升。

案例 16：长三角“双创券”通用通兑模式

主要做法：

该政策目前在长三角 5 个区域开展试点，试点区域建立共同运营管理机制，共建虚拟资金池实现长三角“资金通用”，搭建“一券通”平台，实现长三角“政策通兑”。试点范围内企业跨区域采购知识产权、技术研发等科技服务时，由企业、中介机构所在的财政部门分别提供资金支持，突破财政资金使用的地域性限制，有效引导科技创新资源集聚流通。

一是制定“双创券”管理制度，实现长三角“制度通行”。“双创券”试点区域（上海市杨浦区、江苏省常州市武进区、浙江省嘉兴市南湖区、浙江省宁波市鄞州区、安徽省合肥高新区）共同成立长三角双创示范基地联盟“双创券”管理工作组，明确 5 个区的发改、科技等部门参与并负责制定“双创券”政策、编制预算、管理和监督“双创券”的使用。财政部门负责“双创券”资金的预算管理，并对预算编制和执行情况进行监督检查。5 个区共同委托国家技术转移东部中心开展与“双创券”申领、使用和兑付相关的日常服务和管理工作。

二是建设“双创券”资金池，实现长三角“资金通用”。“双创券”通用通兑采用试点区域共建虚拟资金池模式。试点区域约定每年各划拨 500 万财政预算，建立 2 500 万的虚拟资金池。企业采购异地机构服务时，“双创券”资金的 2/3 由企业所在区域财政支持，激发当地企业的创新需求。“双创券”资金的 1/3 由机构所在区域财政支持，鼓励当地机构为外地企业提供服务。此外，非长三角示范基地联盟区域内的服务机构，为示范区域内企业提供科技服务的，同样可以享受“双创券”支持，从而使“双创券”财政资金的服务效应扩大到整个长三角区域。

三是搭建“双创券”管理平台，实现长三角“政策通兑”。为降低跨区域沟通成本，搭建了长三角双创示范基地联盟“一券通”平台（以下简称“一券通”平台），采购交易流程均在线上实现，出台《长三角双创示范基地联盟双创券通用通兑管理办法》。符合条件的试点区域内科技类企业（符合《科技型中小企业评价办法》，并获得“全国科技型中小企业信息库”入库编号；有效期内的国家级高新技术企业；纳入各区域提供的支持企业名单。满足上述任意一项条件即可）入驻“一券通”平台每年可申领 20 万元的支持额度，企业购买科技中介服务的 50%费用可用“双创券”进行兑付，“双创券”的额度当年有效。有意愿提供科技中介服务的企业、高校、科研院所等单位，通过在“一券通”平台自主申请、东部中心初审、专家审核后，即可线上发布科技中介服务。为加强跨区域的监督管理，对于交易科技中介服务的各个环节，要求保留相关凭证，如合同、发票、转账记录、服务结果等，只有通过东部中心和各区域的双重审核，才能对科技中介服务进行政策兑现。

四是构建“双创券”评估机制，实现长三角“监督通管”。试点区域委托第三方机构对有“双创券”兑付记录的服务机构及申领主体开展随机抽查，并将服务诚信、服务质量等抽查结果向社会公示。同时，管理中心聘请第三方机构对“双创券”资金进行绩效评价。“双创券”资金的安排、拨付、使用和管理，依法接受审计机关的审计和监察机关的监察，并接受人大和社会监督。

实践效果：

一是集聚优质科创企业和科技中介服务机构。试点运营一年来，“一券通”平台已入驻548家科技类企业，累计发券超过1亿元，产生交易233个，其中安徽自贸试验区合肥片区企业领券超过4 200万元，占比约40%。累计入驻知识产权、技术研发、检验检测、技术转移、科技金融、人才培训、创新创业等科技中介服务机构369家，发布各类科技中介服务近百项。

二是显著提高企业购买中介服务效率。在“双创券”的支持下，5个区内的科创企业可以快速、精准匹配长三角区域内的各类优秀专业服务机构，打破地域限制，大幅缩短企业寻找服务机构的时间，减少企业购买中介服务成本超过60%，进一步加快了科技成果转化和项目落地，促进企业经营水平显著提高。例如，安徽自贸试验区合肥片区企业中科智云在实施智慧港口项目过程中，对于毫米级实时定位技术有着迫切需求。在“一券通”平台的支持下，公司选择上海的技术服务企业开展合作，成功满足项目需求，降低约50%的合同成本。同时，该公司还通过平台对定位功能模块进行升级，进一步拓宽了业务渠道，实现更多合作可能，将企业AI技术服务辐射到整个长三角。

三是促进长三角区域产业联动发展。长三角“双创券”通用通兑模式有利推动科技创新资源共享，促进试点区域生物医药、集成电路、人工智能、量子信息等战新产业之间形成联动发展态势，推动产业链的强链、补链，推动区域产业的迭代升级。安徽自贸试验区合肥片区以“中国声谷”为代表的人工智能产业已经顺利实现千家企业、千亿营收的“双千”目标。

四是提升科创资源跨区域配置能力。通过“双创券”模式创新，加快推动科创企业与高端中介结构的合作，一方面满足了合肥本地优质科创企业对于高水平科技服务的需求，弥补本地科技服务不足的短板，有效保障科创企业创新能力的发挥；另一方面，为长三角区域内的科技中介服务提供了更加广阔的市场，全面提升科技中介服务水准，进一步促进长三角区域现代服务业发展。同时，实现长三角区域间政府层面的深度交流合作，在跨省市管理、跨部门协同以及互联互通机制等层面进行有益探索，加速提升长三角区域城市间科创资源的配置能力，形成多方合作共赢的良性发展态势。

案例17：国有新型研发机构市场改革

主要做法：

建立企业化运营机制，给予研发机构更多决策权，提升投资管理效率；建立科技成果转移人员（技术经理人）激励机制，充分激发人才创新活力；实施“全程资本化”改革，加快推动科技成果产业化。

1. 建立企业化新型研发机构运营机制，提升决策管理效率

合肥创新院实行“一套人马、两块牌子”（即：中科合肥技术创新工程院，中科院（合肥）技术创新工程院有限公司）的管理模式，在传统科技成果转移转化平台架构的基础上，按照企业化的运作方式推进科技成果转移转化，突破以往研究院和市场化两套机制不能融合的问题，加快推进产学研合作。在此管理模式下，上级主管单位基本不干涉日常管理，使合肥创新院拥有更高的自主决策权，并享有500万元以下的投资权限，改变以往重大事项需经中央驻地机构或上级政府审定的决策流程，解决传统研究院的决策效率不高、科技成果与市场对接难等问题，进一步提高投资管理效率。

2. 建立市场化人才激励机制，释放科研人才活力

一是实施市场化薪酬制度，加大高端人才的激励力度。为改变国有新型研发机构不同身份员工之间的薪金落差，对事业单位、国有企业委派的管理人员与市场化方式引进的人才实行同岗同酬，建立有竞争力的薪酬体系。

二是开展“项目聘用制”试点，促进科研人才自由流动。改变以往签订长期聘用合同的模式，对科研课题设置阶段性任务，通过项目合同委托方式招聘研究人员和管理人员，以完成项目为期限签订短期合同，科研人才可以在自己的专业领域，为不同的主体和课题提供研究服务，促进科研人才的自由流动，同时让科创企业在初创期即具备引进高层次人才的条件。

三是在全国层面率先探索建立科技成果转化人员（技术经理人）的激励机制，通过对技术经理人的定位、评估、引培，将科技经理人的薪酬标准与企业的经营规模、管理水平和盈利情况紧密挂钩。与传统研发机构中科研人才专业知识无法与科技成果商品化、产业化相结合的情况相比，技术经理人激励机制有效促进科研人才参与科技成果转化全流程，全面激活科研人才在研发机构中的主体作用，鼓励企业优秀人才晋升为职业技术经理人，推动更多科技成果从实验室走向产业应用。

3. 建立资本助推技术转化机制，激发更多创新动力

在技术转化前端，建立成果预转化机制，鼓励企业与科研工作者对接，给予科研团队启动经费；在技术成果落地并成立企业时，将不低于70%的股权奖励给研发团队。发挥财政资金在重点技术项目中的引导作用的同时，突破前期市场需求与科技研发之间的信息壁垒。

转化中端，对于外购知识产权通过科研团队二次开发增值的，将增值部分的70%奖励给科研团队。对于科研人员在合肥创新院取得的成果转化业绩，统筹纳入其所属单位的绩效考核，完善考评机制。

转化后端，搭建产业共性技术平台，定期开展项目孵化路演、创业咨询以及融资对接，加快推进科技成果中试、熟化和产业化。

4. 建立“五位一体”投融资机制，推动成果落地转化

针对企业筹建、初入市场、爬坡上升等不同阶段，合肥创新院构建了“引导性股权投资+社会资本+政府基金+定向投资基金+风险投资”的“五位一体”投融资体系。对比其他地区多数处于拓展平台多元融资渠道的阶段，“五位一体”的投融机制金融支撑体系切实解决企业成长不同时期遇到的实际融资难题，助推科技成果产业化发展。

在企业筹建期，运用政府拨付的财政资金对科技成果进行引导性股权投资，提升科研人员的创业积极性，并帮助项目与社会资本对接，共同完成项目公司的股权架构设计，营造出激发企业家精神的创业环境。

在企业成立后，创新院对企业进行“一对一”的培训辅导，梯队式培育体系助力企业持续发展、创新升级。通过组织申报市、区级政府天使基金，缓解企业发展过程中的资金压力。

在企业步入发展正轨后，为企业引入内、外部投资基金。内部投资基金，即合肥创新院设立的中国首支科技成果转移转化定向投资基金，主要用于定向投资集成电路、大健康、新材料等领域的科技成果转化项目。外部投资基金，即合肥创新院引入的包括政府投资基金、风险投资基金等在内的各类外部投资基金，进一步支持企业做大做强。

无缝衔接的资金链支持、分层分类的企业培育和服务体系，构建有利于不同发展阶段企业成长的生态环境。

实践效果：

一是新型科研机构运转效率得到提升。通过市场化运行机制探索，合肥创新院日常管理享受高度自主权，特别是对于投资价值较高的科技成果，经评审后即可进行就地转化，投资决策时间由6个月以上缩短至1个月左右，科技成果转化效率提高了一倍以上。合肥创新院各创新中心签订技术合同突破100项，数量实现翻番；知识产权申请和授权数量实现两位数增长；累计承担科技计划项目37项，总金额近亿元；获得“国家级科技企业孵化器”“国家技术转移示范机构”“国家双创示范基地双创服务平台”等3个“国字号”荣誉。

二是培育了一批创新性较强的企业。合肥创新院引入技术专家团队近百个，在精准医疗关键技术、人工智能等领域重点打造 16 个工程技术研发平台，为安徽省内外百余家企业提供技术咨询、技术开发、技术诊断等服务，技术合同总金额超 3 000 万元。39 家企业通过“国家高新技术企业”认定，33 家被认定为科技型中小企业，6 家入选高成长企业，38 家孵化企业获得各类基金投资超过 5 亿元，促进了生命健康、数字经济、新材料等战新产业的发展壮大。通过知识产权作价入股、现金出资等多种参股方式孵化企业 170 家，注册资本总额 16 亿元，引入外部投资超 15 亿元。

三是集聚了一批高层次国际人才。市场化薪酬体制对海内外高端人才产生了巨大的吸引力，从哈佛大学、杜克大学、新加坡国立大学、日本理化所、中科大等海内外知名院所引进高层次创业团队 100 多个，其中 49 人（团队）入选国家各类双创人才计划。2021 年，合肥创新院与中科大研究生院科学岛分院共建“科学岛研究生双创中心”，建立“产学研”深度融合的研究生培养模式。

案例 18：高等教育双元制改革

主要做法：

发挥合肥学院对德合作优势，建立“政校企”三方分工合作、共同运营的双元制高等教育学院管理体制，制订“校企双师”、“双聘双挂”、企业实操与学校课程“学分互认”、学历学位证书与多个职业技能等级证书并行的“1+X”认证等教学机制，为重点企业定向培养具有国际化视野、较强工程实践能力及创新意识的高层次产业人才。

安徽省和德国下萨克森州共同支持政校企合作，共建共管共享大众学院，赋予其人权、事权、财权，共同打造中德合作、国内领先、面向未来汽车技术和移动商业模式为导向的专业应用技术学院。

一是培养方案设计“双主体”。实行合肥学院和大众汽车“双主体”协同人才培育模式，培养目标协同确定、培养方案协同设计、培养过程协同实施、考核方式协同评定。双方统筹协调专业建设、教学管理、实习实训、创业就业等工作中的重大问题。同时，在学生考入大众学院后，企业与学生签订就业意向，顺利毕业并满足评价条件的学生，可以直接进入大众安徽工作。

二是校企联合授课“双师资”。面向国内外高校开放办学，一方面，实施“双聘双挂”制度，选派教师赴大众集团挂职锻炼，参与生产过程、技术革新和管理等工作；支持大众集团技术人员与校内教师密切合作，完成人才培养过程的理论与实践教学环节。另一方面，与省内外其他高校签署学分互换协议，允许其他高校学生参与大众学院相关课程学习，尽可能培养更多应用型人才。同时，完善产业兼职教师引进、认证与使用机制，开展校企导师联合授课与协同指导模式，推进校企师资融合贯通，加快领军人才的引进和培养，联合打造“双师型”高水平师资队伍。

三是教育成果互认“双证书”。大众学院与德国汉斯·赛德尔基金会、上海的德国商会、大众集团合作，依托德国企业现有的证书认证，推动“学历证书+若干职业技能等级证书”（1+X 证书）高等教育试点工作。建设“学分银行”，通过学习成果互认，探索本科学历证书与“X”技能证书有机衔接机制，将证书培训内容有机融入人才培养方案，优化专业课程设置和教学内容，培养具备良好职业道德和职业素养的复合人才。

实践效果：

一是创造了成熟的双元制高等教育发展模式。合肥学院开设国内首个校企联合建设管理的双元制高等教育专业，进一步成立国内首个“政校企”联合理事会领导下的高校二级学院，政校企共建共管，基于高校教育优势，引入企业管理思维。区别于双元制职业教育中学校教学与企业实践交叉，培养一线操作工的简单模式及单一专业培养，双元制高等教育根据新工科建设的新要求，将相关课程在实践中应用的内容融入进行融合开发，并实现模块化。经过四年探索，合肥学院已从最初单一专业试点推广到12个专业。模块化课程体系已在全校范围推广，受益学生近10 000人次。

二是提升了中德高等教育合作水平。合肥学院充分发挥与德国高校及企业长期合作的深厚基础，借鉴德国“双元制”高等教育理念，围绕区域特色优势产业转型升级等重大战略，与德国埃姆登—里尔应用科学大学以及德国大陆集团、大众集团深入合作，促进学科交叉与跨界整合发展，并以此为牵引，推动地方高校体制机制改革，培养具有国际化视野、较强的工程实践能力及创新意识的国际化高层次工程人才。合肥学院的双元制高等教育模式及建设发展经验已在第七届中德应用型高等教育研究与发展研讨会、第十九届中国国际教育年会等会议上进行推介交流。2021年7月，在安徽省与德国下萨克森州见证下，合肥学院、大众汽车（中国）投资有限公司、合肥经济技术开发区管理委员会、大众汽车（安徽）有限公司（以下简称大众安徽）签署框架协议，借助自贸试验区开放创新平台，共同建设大众学院，进一步探索面向更多产业、更多专业、更具复制推广操作性的双元制高等教育模式，该项目已经列入教育部与大众集团正在洽谈的合作备忘录内容。

三是丰富了汽车产业的人才供给。经过4年试点探索，合肥学院的双元制高等教育模式已成功完成培养并为大陆集团输送了30余名优秀工程师，就业率超90%，平均薪资较校内其他专业毕业生高30%以上，毕业生受到录取单位极高评价。大众安徽已从合肥学院选拔45名优秀学生赴德培训，毕业后将直接录用到试制车间工作。大众安徽预计2023年一期投产，达产后年产能为36万辆，急缺高级产业人才，这为大众安徽精准定制、输送人才，保障项目达产，并将持续为大众安徽及其供应链培养人才，支持合肥新能源汽车产业跨越式发展。

案例19：长三角创新飞地与研发创新平台协同共建模式

主要做法：

与上海市松江区签订战略合作协议，跨省协作搭建安徽省内首个购地自建的“创新飞地”，同时布局一批行业认可的高端研发创新平台，推进“飞出地”与“飞入地”在政策、人才、技术等方面的跨区域深层次合作，实践“研发在上海、产业化在芜湖”产业协同模式，促进优势创新资源向内陆地区集聚。

一是两地共同注册，享受双重政策。通过上海松江创新飞地引进的企业和人才，可实行芜湖和上海“双注册”机制，打破行政区划界限，享受双重政策，即同时在“飞出地、飞入地”两地登记注册，企业和人才可以同时享受上海松江区与芜湖市针对本地企业的招商政策、创新政策、人才政策等专项支持政策，拥有政策叠加的利好，有利于吸引海内外优秀创业团队入驻孵化，促进入驻飞地企业通过“抱团效应”集聚发展，获得更多政策支持。

二是两地双招双引，发挥两地优势。利用上海创新飞地打造产业招商引资、项目孵化及融入长三角承载平台和展示窗口，同时有效发挥芜湖工业基础优势和配套资源优势，引导入驻创新飞地的上海本地企业将生产制造基地设在芜湖，促进上海创新飞地的科研成果和先进技术直接快速地应用到芜湖企业的生产制造中，从而解决城市空间不足导致的企业规模难以扩展的问题。通过发挥不同地区比较优势，优化资源配置，强化资源集约节约利用，引导形成“研发在上海、产业化在芜湖”的产业协同发展模式。

三是两地平台对接，推动两地共建。打造创新要素对接服务平台，推进辖区研发创新平台与创新飞地之间的人才、团队跨区域合作交流。一方面，在辖区地布局一批战略性新兴产业研发创新平台，针对“卡脖子”技术和关键共性技术，通过市校共建、企校共建、企校市共建等多种协同创新模式，开展技术研发创新活动，培育引进高端人才及团队。另一方面，充分发挥上海创新飞地高端人才和科研机构集聚优势，芜湖本地企业可通过“创新飞地”设立研发机构，引进符合自身产业发展需求的人才和团队，并与上海科研机构开展密切合作，联合开展技术攻关，实现“借脑研发、柔性引才”，有效破解因城市量级不足导致的高端人才难引难留困局，解决“飞出地”产业高端人才需求。

实践效果：

一是长三角区域一体化发展进一步深化。该模式实现了芜湖的制造业硬实力与上海的科技和人才软实力充分嫁接，打造了两地协同创新模式，促进产业合作、协同发展。该模式实施以来，G60 科创走廊机器人产业联盟、长三角 G60 科创走廊通用航空产业联盟先后在芜湖成立。已有 8 家芜湖本地企业在上海“创新飞地”设立研发机构，另有 15 家企业意向入驻，涉及车联网、自动驾驶、新能源汽车、航空电子等产业；通过“飞地”招引 34 名海内外高端人才为芜湖企业服务，其中博士 8 人、硕士 17 人，且多数具有海外留学经历。芜湖奇瑞商用车公司率先在“创新飞地”设立造型设计与汽车智能网联研发中心，研发成果应用于新车型开发、功能完善等方面。此外，“创新飞地”也发挥招商引资、项目孵化等职能，上海享奕自动化、上海珀斯特智能等企业在入驻飞地的同时在芜湖注册，除在上海开展研发活动以外，还计划在芜湖设立生产基地，率先实现“研发在上海、产业化在芜湖”的产业创新协同新模式，有效推动长三角区域先进制造业一体化发展。

二是创新资源进一步聚集。一方面，研发创新平台建成国家级研发机构 20 个，省级研发机构 91 个。与长三角工业互联网联合会等产业联盟单位在更高水平上实现融合发展，与上海光机所、上海交大、华东师范大学等高校科研院所签订合作协议 120 余项，承担政府研发项目 114 个，争取项目资金 8.8 亿元，科技成果转化收入 68.2 亿元。另一方面，研发创新平台授权发明专利 232 项，市级以上科技奖励 43 项，中联重机、东旭光电、康爱而电气获省科技进步一等奖，登记技术合同 111 项，合同成交额 3.47 亿元，引进各类人才 953 人。此外，西安电子科技大学芜湖研究院郝跃院士工作站揭牌运行，中科大智慧城市研究院获批省级博士后科研工作站，哈工大机器人研究院获批机器视觉检测安徽省重点实验室，10 余个校友企业、高层次人才团队入驻。

（四）产业优化升级

案例 20：“禁塑”背景下生物降解材料推广应用新模式

主要做法：

采取出台政策引领产品标准、培育“四聚一素”产业发展体系、建立平台进行产品一站式推广、扩大产品推广使用范围等一系列措施，解决生物降解材料标准不明确、替代价格高、耐用性差以及使用范围窄等障碍，促进生物基可降解塑料制品推广应用，打造“无塑蚌埠”绿色发展新样板。

一是政策先行，制定完善生物降解材料制品标准。针对当前降解材料的标准缺失、滞后问题，及“伪降解”材料蔓延导致市场混乱的现象，安徽自贸试验区蚌埠片区建设安徽省生物基新材料产品质量监督检验中心、生物基聚合材料省技术标准创新基地、生物基可降解材料安徽省技术创新中心、安徽省塑料协会生物可降解塑料专业委员会等平台，成功制定了一批生物降解材料的技术标准。先后发布《CEC 环境友好产品认证技术规范湿垃圾专用塑料袋》认证标准、《聚乳酸丝织物》行业标准、《全生物降解塑料制品通用技术要求》地方标准、《聚乳酸天然复合絮片》团体标准等，共计 17 项国家标准、4 项行业标准、3 项地方和团体标准，为生物降解塑料制品标准化规范化发展提供保障。同时，在全省率先以政府规章出台《蚌埠市禁止、限制一次性不可降解塑料制品规定》，制定印发《蚌埠市全生物降解塑料制品推广指导目录（第一批次）》，首批推广 3 大类 16 小类生物降解塑料制品，为禁塑工作和生物基新材料制品推广提供法制支撑和制度保障。

二是科技支撑，大力培育“四聚一素”产业发展体系。为解决生物降解材料性能不稳定、可替代产品种类不多、替代面不广等问题，安徽自贸试验区蚌埠片区依托丰原集团等龙头企业，打造一批重要的国家级和省级技术创新平台，通过科技支撑和技术突破，解决聚乳酸材料的性能和成本问题。蚌埠市已形成以聚乳酸、聚丁二酸丁二醇酯、呋喃聚脂、聚羟基脂肪酸酯、纳米纤维素等生物降解材料为核心，以吹膜、注塑、纺织、医药、板材等下游应用为方向的“四聚一素”产业发展体系。

三是平台推广，建立生物基材料一站式线上交易体验平台。为了进一步降低成本，扩大生物基新材料的推广面，创新“大数据+互联网+新材料”模式，建立生物基材料一站式线上交易体验平台，以生物基绿色产品为信息载体，线上线下同步引流，实现产品直销，减少流通环节的层层加价，降低终端用户的购买价格。同时向产业链上下游企业提供平台入驻体验、市场宣传、产品交易等服务，促进生物降解产品进一步推广。

四是示范带动，扩大生物降解材料推广使用领域。开展生物基可降解塑料制品推广试点示范行动，蚌埠市各级党政机关和事业单位全面采购使用生物基可降解塑料袋、餐盒等制品；在物流领域，启动绿色邮政活动，全部使用生物降解快递包装袋；在卫生健康系统、农业生产等领域，推广使用生物降解制品；在居民生活领域，开展“拎起菜篮子、提起布袋子”活动，减少一次性不可降解塑料制品使用，形成全民关心、全民支持、全民参与的良好氛围。

实践效果：

一是生物降解材料得到广泛推广。生物降解材料使用已在蚌埠市日趋普及，在党政机关和事业单位带头示范下，可降解购物袋月均使用 20 万只，所有连锁超市购物袋全部为生物可降解塑料制品；物流领域全年采购 250 万只环保快递袋；卫生健康领域，医院已全面停止非可降解塑料袋使用；农业生产领域，开展可降解地膜试验 140 多亩，生物降解材料在遍及社会生产、生活、消费等各领域的推广使用已逐渐将蚌埠打造为全省首个“无塑城”。

二是白色污染得到有效防治。通过生物降解材料的示范推广应用，环境保护理念不断深入人心，塑料制品应用显著减少、回收力度显著提高。建成 6 个垃圾分类示范小区，设置 6 座垃圾房，实现塑料制品单独分类、定点投放，分类示范小区居民参与率达 95%以上。建立县、乡、村三级管理网络，年回收地膜 1 822 吨、回收率 74. 4%，回收棚膜 4 211 吨、回收率 100%，农膜总体回收率 90. 6%，回收农药化肥包装物 723 吨。

三是生物降解技术得到重大突破。通过依托龙头企业进行创新研发以及技术创新平台的建立，高光学纯乳酸制备、丙交酯纯化、聚乳酸合成等一批技术难题得到攻克，世界领先的发酵、提取、聚合及下游聚乳酸纤维和聚乳酸塑料制品制造产业链生产技术全面掌握，发泡塑料、薄膜制品、注塑制品、片材制品、日化用品、家纺用品、母婴用品、环保板材等聚乳酸下游应用产品 200 余种成功研发。

四是生物基绿色产业逐步发展壮大。截至 2020 年底，蚌埠市规模以上生物基企业达到 316 家，实现产值 759. 8 亿元，引进了万华集团、恒鑫环保、箐海科技等一批骨干企业。2020 年以来，已签约嘉兴箐谷生物科技聚乳酸改性及注塑产品生产、合肥恒鑫环保科技可生物降解一次性餐饮具、上海威驭新材料聚乳酸膜材料、江苏锦禾生物降解一次性酒店用品生产基地等生物基可降解塑料项目 16 个，总投资 103. 5 亿元。丰原生物已成为 2022 北京冬奥会、冬残奥会生物可降解新材料制品的官方供应商，安徽雪郎生物科技股份有限公司获评国家级绿色工厂，蚌埠天成包装科技股份有限公司的生物基可降解垃圾袋和生物基可降解购物袋、安徽雪郎生物科技股份有限公司的全生物降解塑料袋获评国家绿色设计产品。

案例 21："四个体系"助推薄膜光电与建筑一体化应用

主要做法：

通过构建技术标准体系、光伏产业培育体系、绿色金融体系、新材料示范推广体系，利用硅基新材料薄膜太阳能电池技术产业优势以及绿色金融产品的助力服务，加速薄膜光伏电池技术研发，推进薄膜光电与建筑一体化应用，探索城市零碳发展新路径。

一是弥补制度空白，构建技术标准体系。蚌埠市出台国内首个《薄膜太阳能发电系统与建筑一体化技术规程》地方标准，弥补了行业标准空白，同时配套出台《薄膜太阳能发电系统与建筑一体化构造图集》，明确了蚌埠薄膜太阳能发电产业发展方向和绿色建材产品推广线路图。

二是丰富产品供给，培育薄膜光伏产业体系。强化科技创新支持，出台投资、研发、人才等强企兴企政策，聚焦绿色制造和智能制造产品扶持。大力支持凯盛光伏等龙头企业，以提供全球领先硅基新材料产品为目标，汇聚整合上下游资源，发展终端产品门类，积极引进光伏电站制造等应用企业和光伏装备生产制造企业，增强产业本地配套能力。采用"有为政府+有效市场"有机结合的发展模式，加大"双招双引"力度。积极引进科技研发企业，以安徽省硅基新材料创新中心为基础，指导中建材蚌埠玻璃工业设计研究院联合凯盛科技、惠科股份以及上海光机所等单位，打造玻璃新材料创新中心（安徽）项目；培育和引进浙江龙焱能源科技、中山瑞科新能源等多家薄膜光伏电站"交钥匙"方案服务提供商，有效提升产业链供应链自主可控能力，打通从材料研发到终端应用的"最后一公里"，让建筑由能源消费者转化为能源生产者。

三是服务绿色建筑，建设创新绿色金融体系。政府为媒，为金融机构和相关企业牵线搭桥，针对企业的产业发展需求，结合国家实行"双碳"的重大战略需求，为企业创新定制个性化绿色金融产品。强化资本运作，发行全国首支建材行业碳中和绿色公司债券。发挥绿色债券、绿色信贷、绿色保险等金融产品和服务在超低能耗建筑建设中的作用。探索"集团金融产品"，支持金融机构积极对接以凯盛集团为龙头的薄膜光伏企业，围绕发电玻璃新材料，在创新研发、科技成果转化等方面加大金融服务实体经济作用。充分发挥市场资源配置的决定性作用，营造有利于绿色建筑发展的市场环境，逐渐形成建筑覆盖部品件的生产、设计、施工、集成应用、科技研发及装备制造等全部类型的生产能力，引导市场由被动走向主动。

四是加快推广应用，完善新材料示范推广体系。实施"五大"推广行动，即纳入新建建筑规划设计条件行动、集中连片重点示范推进行动、薄膜太阳能发电系统运维管理行动、薄膜太阳能建筑发电并网便利化（电价优惠）行动、纳入政府目标考核体系行动。以"可复制、宜推广"的形式打造采用新一代薄膜太阳能发电材料实现建筑光伏一体化功能的工程示范，加速实现建筑从"高能耗"向"低能耗、正能耗"转变，切实从"材料先行"转化为"应用领跑"。依托承办的国际新材料产业大会、中国光电材料大会、中国首届光电材料高峰论坛等活动，安徽自贸试验区蚌埠片区以会为"媒"，聚力向"新"，搭建行业前沿技术成果展示和产业合作交流平台，吸引新材料产业技术、人才等要素资源在区内互动耦合。

实践效果：

一是薄膜光伏产业链逐渐完善。安徽自贸试验区蚌埠片区依靠产研结合，建成玻璃节能技术国家地方联合工程研究中心、安徽省薄膜太阳能电池工程技术研究中心等 9 个省部级以上科研平台。培育和引进了凯盛光伏、杭州龙焱、中山瑞科、安徽天柱、安徽得力日用玻璃等 10 余家薄膜太阳能企业在蚌埠投资生产薄膜太阳能发电系统产品，打造覆盖高端装备制造、生产技术输出、原材料供应、光伏电站投资及运营等“五位一体”的技术产业链，实现“材料—装备—产业—应用”的全创新链发展，探索出城市零碳发展新路径。

二是薄膜光伏技术不断取得突破。安徽自贸试验区蚌埠片区不断突破铜铟镓硒（CIGS）薄膜组件的系列技术瓶颈，建成国内第一条具有自主知识产权的300MW铜铟镓硒发电玻璃生产线，作为“首批次、首台套、首应用”新材料，实现国内铜铟镓硒发电玻璃稳定量产。2021年2月，蚌埠凯盛公司的30×30平方厘米铜铟镓硒太阳能电池组件的光电转换效率达到19.64%，再次打破同类组件光电转换效率的世界纪录。

三是薄膜太阳能发电技术示范应用范围进一步扩大。蚌埠国显科技有限公司办公及生产厂房、蚌埠市体育中心、蚌埠市文化馆、曹山工业设计小镇、蚌埠市政府综合楼、皖北国土交易中心办公楼等一批既有建筑项目成功试点应用薄膜太阳能发电系统，装机容量超过35MW，实现并网发电，年发电约3 200万度，年节约标煤12 800吨，减少二氧化碳排放32 000吨。同时，安徽自贸试验区蚌埠片区依托发电玻璃及相关产业强大优势，不断丰富应用场景，相关产品及配套系统已成功应用在西藏阿里1 400公里边防线、冬奥会张家口奥运会场、河北太行山红色旅游基地、九寨沟黄龙超高原机场、海南定安装配式建筑等项目。

案例22：“四链驱动”助力产业集聚发展

主要做法：

芜湖航空产业园以产业链、创新链、项目链、政策链“四链驱动”相促相融，聚焦空港物流、临空经济、综合维修、运营保障全力突破，促进航空临空产业集聚发展；已获批国家首批通用航空产业综合示范区、长三角G60科创走廊科技成果转化转移示范基地。

一是产业链“拓展引领”。促进航空临空产业链条拓展升级，引进从通用整机制造到航空零部件供给、从航空维修服务到航空运营体验等80多个核心及关联项目入驻园区，培育各“链”主打企业平均3家以上，通过健全产业体系、引导产业良性竞争，推进产业功能再细分。发挥中电科芜湖钻石飞机制造有限公司等龙头企业的引领作用，推进国际航空器研发制造和维修保障中心建设，加快形成集通航装备整机研发制造、维修运营、培训旅游及会展、应急救援、通航+地理信息等为一体的临空产业体系。

二是创新链“主攻硬核”。激活创新体制。通过与北航大、南航大、长春光机所等大院大所建立战略合作关系，与央企、国企、上市公司等开展形式多样的交流合作，探索教产学研用金一体化实践，加快科技成果转化应用，实现人才培养储备和校企创新一体化发展。聚焦重点领域。瞄准战略必争领域和前沿方向，布局整机、航空发动机、航电系统、螺旋桨等核心部件领域，解决国内核心技术“卡脖子”问题，填补国内技术空白，加速科技成果向现实生产力转化。集聚创新资源。通过第一届中国（芜湖）通用航空设计制造发展大会、长三角G60科创走廊通航产业联盟大会等系列活动，打造G60“空中走廊”，开展技术交流、人才共享、航线互联等合作，进一步推动本土航空产业集群发展完善。

三是项目链“建强矩阵”。依托芜宣机场，结合湾沚区制造业的产业基础，以通航高端研发制造为主导，聚焦空港物流、临空经济、综合维修、运营保障全力突破，加速京东全球超级港项目建设，加快航天科工三院大型无人机、华夏航空发动机维修、创联航空无人机、京东京造科技园等项目签约、开工及投产，聚力打造年产值千亿元的基地。

四是政策链“精准支撑”。首先，重磅政策提升硬核力。整合芜湖市产业扶持政策体系，修订出台区航空产业发展专项扶持政策《补充规定》，推进“标准地”“承诺制”改革，缩短项目审批时间，加快项目建设进度。其次，精准服务提升亲和力。打造“拎包入住”高端人才公寓示范区，发放租赁补贴，为高层次战新人才申请购房补贴、安家补助；开通员工班线车线，开辟人才就医转诊、子女入学绿色通道，着力营造重商、亲商、安商良好氛围。最后，资金保障提升支撑力。全面推进服务企业“1%工作法”，帮助引导企业降本增效，为企业发展提供更多的资金，突出招大引强、注重强链延链补链。筹备拟申报非标专项债10亿元，用于重点项目建设。创新“资本+产业”招商模式，引进科创投资、担保贷款10亿元，促进企业高质量发展。

实践效果：

一是航空产业集聚发展。航空产业发展实现“从无到有、从有到优、从弱到强”，2016年8月，芜湖航空产业园列入安徽省第二批战略性新兴产业集聚发展试验基地；2017年1月，获批国家首批通用航空产业综合示范区（安徽省唯一入选城市）；2018年11月、2019年3月相继获批安徽省通用航空JMRH发展产业基地、省特色小镇；2020年8月入选特色小镇50强；2020年年11月授牌成为长三角G60科创走廊科技成果转化转移示范基地；目前，芜湖航空产业园已集聚150多家核心及关联企业。

二是产值规模稳步提升。芜湖航空产业园顺利通过省级战略性新兴产业基地考核，2020年实现产值227.4亿元、产值增速23.4%，排名全省27个“战新”基地第7位、9个装备制造基地第2位，实现税收收入3.69亿元，产值和税收完成度均居于全省首位。中电科钻石DA42机型连续多年在国内同类型通用飞机中出货量稳居第一，2020年产值28 548万元，税收收入875.49万元；华明CR9综合航电系统拟应用于“小鹰700”“钻石”“山河”等品牌飞机，签订100余套意向订单；航天三院海鹰无人机项目致力打造无人机产业基地，将分阶段完成过渡产能承接及整体搬迁；5月28日，京东物流正式登陆港股，为打造全球航空货运枢纽港增添信心。

三是产创融合取得新突破。该模式实施以来，芜湖累计形成37个国家级、省级创新平台；累计获得授权专利619项、发明专利603项，主持或参与国家、地方行业标准540项；累计培育申报CNAS实验室、轻型通用飞机整机研发与集成应用国家地方联合工程研究中心等3个国家级创新平台；工程研究中心、新型研发机构等11个省级创新平台；工程技术研究中心、重点研发创新平台等2个市级创新平台，进一步促进了航空临空产业创新发展。

（五）优化营商环境

案例23：跨部门风险排查“一支队伍”全覆盖监管机制

主要做法：

建立以基层市场监管所为主体的综合监管队伍，按照标准统一、协同高效、流程通畅、多元参与的相对集中行政监管制度要求，对20多个部门的300多个监管事项实行统一监管，一次上门代行排查多部门的风险隐患，将巡查信息通过移动终端上传至行政监管平台，执法部门受理处置后将结果反馈至平台，实现安徽自贸试验区内市场主体事中事后监管全覆盖。

一是突出风险管控，规范综合性监管标准。明确监管原则、监管范围、监管等级、监管主体等内容，编入网格员工作手册，嵌入网格员移动终端手机应用程序，形成监管标准。明确监管原则。坚持基础性、安全性、保底性原则，将人民群众健康安全、产品质量安全、公共安全、安全生产、环境保护等群众关注、社会关切、政府关心的事项纳入监管，兜住安全底线。明确监管范围。将安徽自贸试验区涉及卫生健康、文化旅游、生态环境、农业农村、应急、住建、商务、教育、体育、烟草、消防、城管、公安、交通、粮食、自然资源、金融监管、人社、财政、民政等21个重点领域的监管事项，依托政府权责清单，标准化细分成 262 项监管事项。明确监管等级。根据市场主体安全隐患等级，设置“每月、每季度和每半年 1 次”三种巡查频次，结合信用信息动态调整。明确监管主体。合理划分市、区（县）、所三级事权，监管事项逐一编码明确对应的监管执法层级和主体。

二是充实基层力量，组建一支跨部门风险排查队伍。有别于传统的多部门临时联合组队监管，安徽自贸试验区芜湖片区坚持市区机关瘦身与基层市场监管所强身相结合，依托基层市场所组建一支跨部门风险排查队伍，涵盖 13 个市场监管网格小组，实施网格化日常监管。每个网格小组至少配备 2 名市场监管所执法人员和 1 名专职网格员。市场监管所执法人员指导、督促，专职网格员实施劝导、报告、宣传，共同对相应网格内市场主体及相关事项进行监管与服务，实现“进一次门、行众家职、兜安全底”。

三是依托技术赋能，打通体制内智慧化监管闭环。建设智慧化相对集中行政监管平台，网格员持移动终端开展日常巡查，现场采集到的各类信息以及经劝导宣传一时难以解决的问题，通过手持移动终端手机应用程序一键秒达各执法部门，执法处置结果反馈至平台，再自动推送至属地网格员进行现场核查，确认处置合格的予以销号，实现“问题一键上报、任务自动流转、分层分级处置、现场核查销号、全程电子监察”监管全程闭环运行。

四是凝聚监管合力，构建社会共治监管闭环。依托“皖事通”芜湖分厅，建设“多元共治”模块，将群众投诉举报和网格员巡查上报的消防安全、食品安全等首发轻微违规线索，实时同步流转至市场主体、行业组织和相关执法部门，市场主体按期自行整改，并将结果上报平台，市场主体未按期整改的，由行业组织督促其整改到位并上报平台，相关执法部门通过平台对全过程进行监督，并将整改结果反馈到属地网格员，经网格员现场核查属实后“销号”归档，处置过程同步反馈。

实践效果：

一是基层监管力量大幅充实。实施一支队伍跨部门风险排查，相较于给每个部门增编制、增人员，大大节约编制资源，有助于集中有限的基层监管力量抓执法，有效补充基层监管力量。同时，通过创新协同化多元社会共治机制，引入社会公众监督、市场主体自律、行业组织自治等力量，解决了政府单一监管导致政府管理成本无限度上升的问题。

二是监管效能明显提高。通过智慧化相对集中行政监管平台智能预警和网格化巡查，实现监管关口前移，最大限度地将小问题、小隐患解决在“萌芽”状态，减少和避免了大事故、大案件的发生。改革以来，除网格员当场劝导改正外，已及时上报查处消防、应急、卫生健康、市场监管等领域违法违规案件 103 件，及时排查处置 75 件长期存在的风险隐患，上报的问题隐患数下降了 35.9%，其中无照经营 3 件、无证经营 8 件；从发现问题到执法人员上门处置至少节省 3 天以上时间，问题按时受理率由 68.2%提升到 95.8%，问题处置完成率由 80.6%提升到 98.7%；通过及时提醒、宣传教育、督促整改等方式纠正轻微违法行为，无照问题下降七成多，无证问题下降近三成，监管效能大幅提升。

三是市场主体获得感明显改善。网格员一次上门平均用时 5 分钟左右，代行检查 21 个部门的事项，寓监管于服务，建立了良好的政企沟通关系。改革以来，安徽自贸试验区内纳入的 1 975 户巡查对象中，对 9 户涉及瓶装液化气、食品生产等企业每月巡查 1 次，对 49 户涉及餐饮服务、零售药店、商场超市等企业每季巡查 1 次，对其余 97%以上的工矿企业半年巡查 1 次，较改革前的年接受政府职能部门检查次数平均减少 50%左右，明显减轻了市场主体的负担。据国家统计局芜湖调查队调查，近九成市场主体对此项改革较为满意。

案例 24：“五长五联”机制深化林长制改革

主要做法：

聚焦涉林执法工作，建立“林长+法院院长+检察院检察长+公安局局长+林业局局长”和“联席召开会商会议、联动办理涉林案件、联合组织督查巡查、联保林业资源安全、联防职务违法犯罪”的“五长五联”机制，实现涉林执法部门的高效合作和涉林案件的闭环式管理。

一是建立涉林执法“五长”协作机制。延长涉林执法协作链条，构建全过程全链条的闭环式管理，在“林长+检察长”协作机制基础上，纳入林业局局长、法院院长、公安局局长，全国率先建立“五长”协作机制。其中，市级林长承担林长制工作的督导、调度、协调、监察等职责；法院院长依法审理林业资源案件，促进生态环境改善和资源高效利用；检察院检察长强化林业行政执法与检察司法衔接工作，强化林业行政执法与刑事司法衔接工作，积极发挥行政检察和公益诉讼职能，推进行政机关依法履行林业监管和保护职责；公安局局长负责与林长责任体系相衔接，按照属地管理原则，落实“一林一警”制度，建立森林警长制度；林业局局长负责编制林业发展规划，加强涉林资源保护，配合公检法部门办理案件并提供林业技术支撑。明确各长在“五长五联”体系中的职责分工，形成涉林保护案件的资源性质确认、地类划分、管理权属、定量定性、法规适用等方面有效的协调机制。

二是创立部门合作“五联”工作机制。建立“联席召开会商会议、联动办理涉林案件、联合组织督查巡查、联保林业资源、联防职务违法犯罪”五项工作机制。召开联席会议，对突出问题建立调度台账，及时推进案件办理进度；涉林案件发生后实行联动办理，公安、林业协同出警处置，确保涉林案件立案恰当、定案准确、结案高效；联合开展定期督查巡查，督促指导案件快速查处、就地解决；联保林业资源安全，召开培训会、通报会等，宣传林业制改革工作进展；市林长办协同公检法机构设立公益诉讼巡回法庭，强化以案释法、以案宣教。

三是构建完整涉林执法闭环管控模式。发生涉林案件后，由公安部门接警，林业部门协同公安部门出警，并提供技术支撑，及时判定林地性质、林木种类、数量勘定及案件性质后，将案件移交至检察院，检察院受理后向法院提起公益诉讼，法院依法审理案件，出具判决结果，并向林长反馈案件结果，形成涉林执法闭环管控。

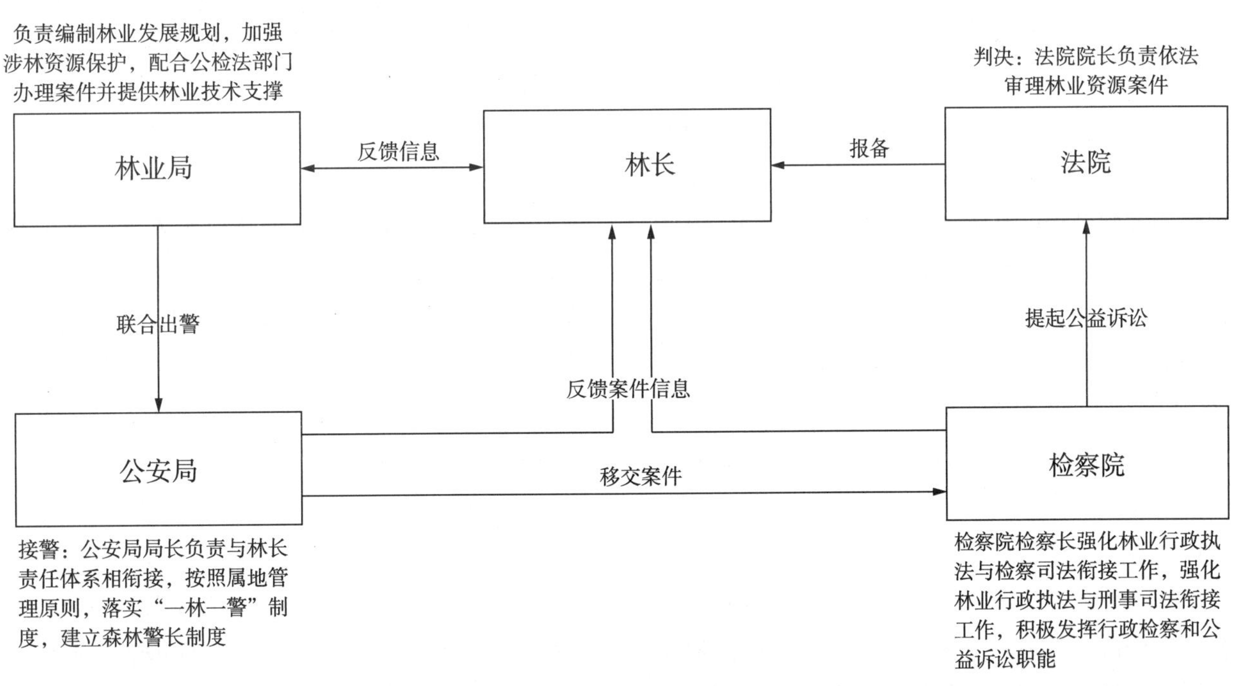

“五长五联”协作机制流程图

四是建立公益诉讼赔偿修复基地，规范赔偿金使用。以往由法院或检察院收取使用涉林公益诉讼案件赔偿金的做法，存在资金流向不统一、使用不规范、闲置时间长等问题。在“五长五联”机制建立之后，由联席会议研究公益诉讼赔偿金开支的用途、地点、标准、方式等，林业部门负责执行。在完善赔偿金管理方式的同时，创新公益诉讼赔偿金的使用途径，在全国率先建立大洪山、大巩山、三汊河、沱湖等四个公益诉讼赔偿修复基地，将公益诉讼案件判决赔偿金定向用于基地修复，实现资金有效利用，发挥资金最大价值。

实践效果：

一是涉林执法实现协作管理。协作机制的建立和运行，解决了以往部门之间联动不够紧密、定量定性不够准确、互相推诿、案件久拖不决等问题，弥补各部门协作松散的缺陷，实现涉林案件办理流程再造、责任体系重塑、公益基地共建、实践活动创新，打通了案件办理过程中的各个堵点，发挥责任共担、齐抓共管的作用，有力促进执法力量整合、技术优势互补、涉案信息共享、全程互相监督，从体制和机制上为生态资源保护探索出了一条新路径，为实现“碳达峰、碳中和”国家战略目标提供具有一定实践意义和借鉴价值的样本。

二是涉林案件办理效率大幅提升。各部门协作联通后，通过部门间的数据、信息共享，涉林案件实现高效准确办理，其中案件调查取证时间由10天大幅缩短至1天。实施以来，共受理行政公益诉讼线索16件，立案16件，发出检察建议16件，提起行政公益诉讼1件；受理民事公益诉讼线索37件，立案21件，提起民事（含刑附民）公益诉讼13件。2020年，五部门联合办理的两起非法狩猎野生动物重大案件，成功入选全省法院环境资源领域典型案例和省人民检察院典型案例。

三是涉林公益诉讼赔偿金实现有效合理利用。公益诉讼赔偿金管理和使用方式的创新，有效避免公益诉讼赔偿资金闲置，赔偿金管理更加科学、监管更加公开、使用更加灵活、流向更加明确，取之于生态环境损害，用之于生态环境保护事业，有效保障公共利益。实施以来，利用公益诉讼赔偿金购买增殖放流鱼苗10万余尾、贝类400公斤，复植补绿5 000余棵，促进了环境效益、经济效益与社会效益的有机统一。

四是淮河流域生态系统得到有效保护。自五位一体的林长制制度实施以后，有效保护约186万亩林业资源、约108万亩湿地资源。三汊河国家湿地公园检察公益保护模式获长三角法学论坛社会治理现代化法治保障创新实例奖。促进林业资源的修复和生物多样性的保护，实现生态环境和自然资源稳定可持续的发展。

案例25：“一网通”国际人才一站式服务体系

主要做法：

依托合肥国际人才城，以合肥国际人才网及微信公众号为载体，整合多部门人才信息资源、提供60余项人才配套服务，智能分析并精准推送人才政策、对接北美高校、梳理中科大全球人脉及校友资源，构建高层次人才全球大数据平台，实现国际英才“一库网罗”、人才落地配套服务“一窗集成”、人才信息共享“一网展示”、人才供需匹配“一网匹配”。

一是链接国际高校，国际人才发现引进“一库网罗”。依托企业建立撷英高层次人才全球大数据平台，该系统能够实现对全球人才数据库进行精准人才场景匹配，高可靠性数据管理、定制化人才评价模型等，通过该平台对接北美高校，深入梳理科大系全球人脉及校友资源，实现人才引进精准发现与服务，激发科大系校友双创活力。

二是整合服务事项，国际人才落地配套服务“一窗集成”。合肥国际人才城综合服务窗口可集中办理人才认定、项目申报、政策咨询、外国人来华工作许可、出入境、户籍管理六项内容，形成人才落地配套服务“一窗集成”。通过与银行、律所、财务等专业机构对接，组织有海外留学经验的职业律师、财务专家为企业家开展培训，为合肥企业拓展海外市场和发展全球业务提供法律风险、金融、财务等方面的专业智力支持。打造安徽省首个“外国专家服务之家”，围绕“医学住行”等领域持续纳入专业服务机构，夯实外国专家服务内容，为来合肥创新创业的外国专家打造“一站式”服务平台。

三是对接政府部门，国际人才信息共享“一网展示”。“合肥国际人才网”与合肥市各县（市）、区人社、税务、科技、组织等部门实现数据对接，采用三级联动多级审核模式，实时更新人才政策、人才活动、人才咨询等信息，实现部门间数据实时共享。各区县按月定期更新辖区内资源信息，同步全市范围的空间服务、融资服务、配套服务、创新平台等资源，绘制创新创业资源地图，并作线上解读。

四是联动供需两端，国际人才供需匹配“一网推送”。利用智能化手段深度挖掘企业及人才的各项需求，根据人才在平台的浏览痕迹，分析用户喜好并进行智能推送，满足不同人才的差异化需求，达到千人千面的效果，缩短信息获取路径。“一网通”系统通过提供“在线店小二服务”，为人才解答各类创新创业难题，并分析沉淀数据形成人才知识库，系统后台通过分类图表对人才需求进行研判，为人才工作者提供服务支撑。

实践效果：

一是集聚了一批国际高端人才。撷英高层次人才全球大数据平台梳理北美高校华裔人才 4 493 人，其中科大 198 人，上市企业高管 10. 6 万余人，实现向有回国创业意向的人员精准推送安徽自贸试验区合肥片区的产业信息。依托合肥国际人才城和“一网通”国际人才服务体系，已吸引加州大学欧文分校博士后张文禄、哥伦比亚大学张少典、美国加州能源与环境研究院罗刚以及英国格拉斯哥大学刘念等一批战新产业高层次人才落户合肥。

二是外籍人才发展环境持续优化。“一网通”人才服务体系以人才需求为导向，整合各类人才服务资源，提供外国人来华工作许可、高层次人才分类认定、人才项目申报、海外人才职称绿色通道、华侨回国定居手续以及个人所得税优惠等 60 余项服务事项。截至 2022 年 9 月，“一网通”线上线下窗口业务办理及咨询量逾万人次，其中服务外籍专家 9 000 人次。“一网通”线上平台面向青年专家、海归留学生等高层次人才，不定期发布各类人才交流活动，全领域链接各类创新资源，已举办创业分享与科技成果转移转化座谈研讨会活动近百场。

三是海外人才成为安徽科技创新的重要力量。海外高层次人才的不断加入，促进了海内外前沿科技交流、对接海外资本、科技成果转化落地，创新科技自主研发。海外人才创立的公司已在全球科技合作、设备开发应用、金融风险系统管理、智慧健康管理服务等领域，形成众多落地成果。

案例 26：“标准化”与“非标准化”相结合的企业服务创新模式

主要做法：

开展涉企服务集成创新，针对企业的一般性行政审批服务需求，结合区块链技术大力推进“标准化”综合业务流程再造；针对企业生产经营的个性化服务需求，多部门协同搭建政策、金融、技术、人才需求等“非标准化”企业服务桥梁，通过政策兑现、企业沙龙、企业服务联席会议等活动定制化解决企业的个性难题；打造“标准化”与“非标准化”的涉企服务模式。

一是需求导向，定制企业差异化服务版块。针对企业在办理行政审批过程中标准化的服务需求和生产经营过程中非标准化的服务需求，分类提供自助办理、区块链+无差别综合受理、帮办代办、企业个性化服务等差异化服务版块，改变以往所有事项均需经历“窗口（系统）申请—提交材料—等待审核”的服务模式。对于简易事项的行政审批服务，提供引导自助办理服务，在全省率先引入中国自主研发的“空气成像”自助政务服务一体机，引导企业办理查询、换证、打印证照、申领发票等简易事项自助、错峰办理；对于综合业务或跨部门事项的行政审批服务，设立综合业务窗口，提供“一站式办结”综合受理；对于不完全熟悉办事流程的行政审批服务，提供帮办代办服务，提供各类政务服务事项的咨询，免费指导办事人员提交材料、填写表格；对于企业生产经营过程中的个性化服务需求，明确牵头负责部门，多措并举提供“一企一策”解决方案。

二是技术赋能，推进“标准化”综合业务流程再造。通过区块链技术与传统信息技术和业务逻辑相结合，实现各类标准化审批事项“前台综合受理、中台专业支撑、后台分类审批、统一窗口出件”服务流程再造。安徽自贸试验区芜湖片区综合服务中心与经开区合署办公，设立综合业务窗口，打破职能部门派驻办事窗口的传统模式，实现全流程无差别受理、去中心化审批。18个综合业务窗口已集成为14个部门首批217项审批事项，通过部门之间、行政层级之间、行政区划之间的业务协作和政务数据开放共享，每个综合业务窗口“无差别”受理所有进驻部门的办事事项，后台各部门分类审批后，再通过发证窗口统一出件。企业仅需向一个窗口、一名工作人员、递交一次材料即可“一次办成”，无须多头申请，即可办理安徽自贸试验区芜湖片区承接的所有政务服务事项。

三是部门协同，搭建“非标准化”企业服务桥梁。安徽自贸试验区芜湖片区综合服务中心收集并梳理企业生产经营中的“非标准化”问题诉求，如培训需求、要素需求、市级政策兑现及其他需要多部门协商解决的疑难问题等，归纳为“我要融资”“我要技改”“我要创新”“我要参加培训”“我要水电气服务”“我要申报政策补助”等服务版块，每个事项明确一个职能部门牵头、一名专职人员负责，通过联席会议、座谈交流、集中培训、企业沙龙等多种形式帮助企业解决难题。例如，针对融资过程中长期存在的银行与企业对接不畅、信息不对称等问题，综合服务中心“我要融资”服务作为资金要素对接桥梁，推出金融服务“外卖速度”“网购速度”：企业发布贷款需求并附申请要件，一份外卖的时间，至少会有1家金融机构“接单”；一次网购的时间，多家金融机构可能都会“上菜”，企业比选后即可“买单”，大大提高金融服务效率。再如，某上市公司急需上新项目，专家评审会召开在即，但项目主体还未注册，预核名称与已有企业存在冲突且短期内提交授权，针对项目主体先行办理登记注册的需求，综合服务中心“我要上项目”服务版块组织多部门联动，组成专班指导企业完成登记注册申报材料，明确专人对接、答疑，指导企业办事人员填报申请材料并引导交至综合窗口受理，审批专员按照企业登记“容缺受理”有关规定进行审核，为项目主体先行办理登记注册。

实践效果：

一是大幅提升行政审批效能。依托“7×24小时政务服务大厅”“帮办代办窗口”“综合受理窗口”三大行政审批服务版块，彻底改变“大事小事扎堆排队”的局面，政务服务实现从“人工+朝九晚五”到“智能+全天候”的新跨越，显著优化了安徽自贸试验区芜湖片区营商环境。政务服务大厅试运行仅8个月时间，仅企业注册一项行政审批事项，累计办理法人业务5 401件，其中线下综合窗口累计办理2 075件，线上累计办理3 326件；“一站式办结”综合受理实现了跨区域行政服务中心综合窗口之间的无差别收件和受理，解决企业、群众反应强烈的办事慢、办事繁、办事难等问题；帮办代办窗口累计提供服务808件次，在整个行政审批流程中发挥了引导和分流作用，工作效能居芜湖市同类大厅前列。

二是精准高效解决的企业个性化诉求。安徽自贸试验区芜湖片区综合服务中心充分发挥企业服务功能，已覆盖片区200余户重点企业，累计服务区内企业超过500户次，企业的各类个性化诉求得到精准有效的解决，进一步提升企业获得感。如金融服务“外卖速度”“网购速度”推出后，某公司发布融资需求后，当地一家商业银行立即上门对接，仅半个工作日就达成合作意向；“我要上项目”针对项目主体先行办理登记注册的需求，从提交资料到发出营业执照仅用时43分钟。

四、安徽省政府及相关部门出台的政策措施

（一）《中国银保监会安徽监管局办公室关于印发安徽银行业保险业支持中国（安徽）自由贸易试验区发展实施意见的通知》（皖银保监办发〔2021〕10号，2021年1月15日）。

（二）《安徽省人民政府关于印发中国（安徽）自由贸易试验区专项推进行动计划方案的通知》（皖政〔2021〕9号，2021年1月23日）。

（三）《安徽省地方金融监督管理局关于进一步发挥地方金融组织作用支持中国（安徽）自由贸易试验区建设的通知》（皖金〔2021〕13号，2021年3月26日）。

（四）《安徽省人民政府关于中国（安徽）自由贸易试验区实施省级经济社会管理事项（第一批）的决定》（皖政〔2021〕25号，2021年4月21日）。

（五）《国家外汇管理局安徽省分局关于印发〈推进中国（安徽）自由贸易试验区外汇管理改革试点实施细则〉的通知》（皖汇发〔2021〕24号，2021年4月25日）。

（六）《安徽省文化和旅游厅关于赋权中国（安徽）自由贸易试验区实施省级经济社会管理事项（第一批）的通知》（皖文旅函〔2021〕140号，2021年6月1日）。

（七）《安徽省林业局办公室关于做好中国（安徽）自由贸易试验区建设项目使用林地审核审批（含临时使用林地审批）行政许可事项委托实施工作的通知》（办资函〔2021〕42号，2021年6月2日）。

（八）《关于印发〈中国（安徽）自由贸易试验区合肥片区商事主体登记确认制实施办法（试行）〉的通知》（皖市监函〔2021〕252号，2021年6月27日）。

（九）《中国银保监会安徽监管局办公室关于明确自贸试验区银行业保险业市场准入事项适用事宜的通知》（皖银保监办发〔2021〕64号，2021年7月6日）。

（十）《中共安徽省委　安徽省人民政府关于以中国（安徽）自由贸易试验区建设为先导打造具有重要影响力改革开放新高地的意见》（皖发〔2021〕13号，2021年7月8日）。

（十一）《安徽省科学技术厅关于做好外国人来华工作许可自贸试验区赋权工作的通知》（2021年7月16日）。

（十二）《安徽省人民政府关于建立中国（安徽）自由贸易试验区特别清单的决定》（皖政〔2021〕36号，2021年7月28日）。

（十三）《安徽省人民政府办公厅关于印发发展多层次资本市场服务“三地一区”建设行动方案的通知》（皖政办〔2021〕10号，2021年8月8日）。

（十四）《安徽省人民政府关于印发安徽省深化“证照分离”改革进一步激发市场主体发展活力实施方案的通知》（皖政〔2021〕39号，2021年8月24日）。

（十五）《安徽省财政厅　安徽省商务厅关于印发〈安徽省自贸试验区建设专项资金管理暂行办法〉的通知》（皖财企〔2021〕827号，2021年8月31日）。

（十六）《关于印发〈安徽省在用电能表状态评价及更换试点实施方案〉的通知》（皖市监函〔2021〕615号，2021年12月6日）。

（十七）《关于印发中国（安徽）自由贸易试验区法治服务保障若干措施的通知》（皖法办发〔2021〕32号，2021年12月31日）。

五、大事记

2021年1月11日　中国（安徽）自由贸易试验区芜湖片区综合服务中心启动试运行。

2021年1月18日　省委常委会审议通过《中

国（安徽）自由贸易试验区专项推进行动计划方案》及合肥、芜湖、蚌埠片区建设《实施方案》。

2021年1月20日　首个外币网络供应链融资产品——区链通落地合肥片区，建设银行经开区支行依据供应商合同为联宝供应商发放首笔154万美元贷款。

2021年1月22日　长鑫存储技术有限公司首家试点国内首创“长三角海关特殊货物检查作业一体化改革”。

2021年1月25日　芜湖片区在全国率先开展“海关特殊监管区域与自贸试验区统筹发展”改革试点。

2021年1月28日　总投资100亿元的奇瑞智能网联未来一工厂在安徽自贸试验区芜湖片区开工建设。

2021年2月8日　首款国产量子计算机操作系统——“本源司南”在安徽自贸试验区合肥片区发布。

2021年3月1日　首家“自贸”学校——合肥经开实验自贸区学校揭牌。

2021年3月4日　全省首个“自贸贷”安徽自贸试验区在合肥片区落地。

2021年3月10日　安徽自贸试验区合肥片区推出全球首个获批临床使用的重组新型冠状病毒疫苗。

2021年3月11日　浙江省副省长带队赴安徽自贸试验区调研考察。

2021年3月14日　中国碳排放权交易市场蚌埠分中心项目正式签约，并设立10亿元绿色产业基金。

2021年3月15日　合肥综合性国家科学中心大健康研究院在安徽自贸试验区合肥片区启动建设。

2021年3月17日　省政协十二届五十三次主席会议，审议通过了“推进安徽自贸试验区建设”月度专题协商会方案。

2021年3月21日　中科大发布《中国科学技术大学赋予科研人员职务科技成果所有权或长期使用权试点工作方案》，标志安徽自贸试验区合肥片区高新区块职务科技成果权属改革正式启动。

2021年4月2日　全省首个量子计算芯片联合实验室共建协议在安徽自贸试验区合肥片区签订。

2021年4月7日　蔚来汽车第10万台量产车下线。

2021年4月16日　中国（安徽）自由贸易试验区举行一季度新闻发布会，发布十大标志性建设成果。

2021年4月16日　大众汽车（安徽）新能源汽车项目签约活动在合肥片区举行。

2021年4月21日　安徽自贸试验区芜湖片区和浙江自贸试验区宁波片区签署战略合作协议；安徽自贸试验区蚌埠片区举办禹会区检察院知识产权检察办公室暨服务自贸区建设检察办公室揭牌仪式；安徽省政协赴安徽自贸试验区合肥片区开展自贸试验区建设有关情况的专题调研活动。

2021年4月22日　首个“见贷即保”担保贷款产品——“园区贷”落地安徽自贸试验区合肥片区。

2021年4月25日　安徽自贸试验区内首笔错币种提款业务在安徽自贸试验区蚌埠片区落地。

2021年4月27日　深圳证券交易所安徽基地落户安徽自贸试验区合肥片区；安徽自贸试验区内首笔外汇NRA账户结汇业务落地安徽自贸试验区芜湖片区。

2021年4月28日　安徽自贸试验区蚌埠片区长安保险总部建设项目一期工程启动仪式举行。

2021年4月29日　全省首张“一业一证一码”营业执照在安徽自贸试验区芜湖片区发出。

2021年4月30日　中国（安徽）自由贸易试验区省级经济社会管理事项（第一批）下放；首家“自贸”医院——合肥经开自贸区医院揭牌。

2021年5月5日　全省首个跨境电商出口包机在安徽自贸试验区合肥片区实现首飞。

2021年5月7日　安徽自贸试验区合肥片区潘

建伟院士团队研制的62比特可编程超导量子计算原型机“祖冲之号”诞生。

2021年5月10日　长三角自由贸易试验区联盟成立，沪苏浙皖自贸试验区代表签署联盟协议，安徽自贸试验区“联动接卸”江海联运新模式、长三角G60环境科技跨区域产业链集成创新机制入选长三角自贸试验区十大制度创新案例。

2021年5月27日　长三角自贸试验区联动发展合作备忘录签订。

2021年6月6日　阳光电源零碳技术（智慧能源）中心项目产学研生产基地正式落户安徽自贸试验区合肥片区蜀山区块。

2021年6月7日　安徽、浙江两省自贸办在第二届中国—中东欧国家博览会上签署自贸试验区联动发展合作框架协议。

2021年6月11日　安徽首个自由贸易试验区仲裁中心在合肥片区成立。

2021年6月16日　省政协召开“推进安徽自贸试验区建设”月度专题协商会；安徽自贸试验区跨境电商监管区在安徽自贸试验区合肥片区蜀山区块内启用。

2021年6月17日　安徽自贸试验区合肥片区蜀山区块获批国家级开发区。

2021年6月18日　芜湖综保区菜鸟跨境电商芜湖中心仓正式启动运营。

2021年6月22日　芜湖市委办公室、芜湖市人民政府办公室印发《中国（安徽）自由贸易试验区芜湖片区管委会体制机制改革试点方案》；康宁公司与中国生物合作项目签约仪式在安徽自贸试验区蚌埠片区举行。

2021年6月23日　全省首个跨境电商出口班列在安徽自贸试验区合肥片区开行；“顺达集99”号从芜湖港出发开往日本，标志着芜湖—日本快运航线成功首航。

2021年6月27日　安徽自贸试验区蚌埠片区与浙江自贸试验区金义片区签订战略合作框架协议。

2021年6月30日　《中国（安徽）自由贸易试验区联动创新区建设实施方案》印发。

2021年7月1日　全省首批跨境电商B2B出口货物在安徽自贸试验区芜湖片区通关。

2021年7月8日　省委省政府印发《关于以中国（安徽）自由贸易试验区建设为先导打造具有重要影响力改革开放新高地的意见》。

2021年7月9日　安徽自贸试验区合肥片区在全省范围内率先完成清单模式下跨境电商B2B出口（9710）业务通关，7月18日在全省范围内率先完成海外仓备案，19日顺利完成全省首单出口海外仓（9810）业务通关。

2021年7月14日　省政府第147次常务会议强调：要高标准高质量建设中国（安徽）自由贸易试验区，用足用好国家赋予的改革自主权，推出更多高水平的制度创新成果。

2021年7月15日　安徽省首届国际新材料产业大会在蚌埠召开。

2021年7月16日　国内首个具有高等教育双元制改革特色的学院——大众学院在安徽自贸试验区合肥片区经开区块签约。

2021年7月21日　长三角资本市场服务基地皖北分中心项目落地安徽自贸试验区蚌埠片区。

2021年7月22日　全国首个开发区层面的国际化指数在安徽自贸试验区合肥片区高新区块发布。

2021年7月23日　省委全面深化改革委员会会议审议通过《中国（安徽）自由贸易试验区特别清单》。

2021年7月27日　安徽自贸试验区合肥片区国内首创的城市生命线安全“闭环管理”集成创新在全省复制推广，并在全国一定范围内推广。

2021年7月30日　首单“抵港直装”作业模式货物在安徽自贸试验区合肥片区经开区块完成出口。

2021年8月2日　安徽自贸试验区蚌埠片区举行“禹会区人民检察院服务自贸区建设检察办公

室”挂牌仪式。

2021年8月4日　省政府召开金融机构支持安徽自贸试验区建设座谈会。

2021年8月9日　启动安徽自贸试验区建设一周年评估。

2021年8月16日　全省首次合伙企业财产份额出质登记业务在安徽自贸试验区合肥片区经开区块成功办理。

2021年8月30日　芜湖伯特利汽车安全系统有限公司获批全省首笔自贸试验区低准入门槛跨国公司跨境资金运营业务。

2021年9月1日　安徽自贸试验区合肥片区蜀山区块综合服务中心挂牌运营；全省首个国际商事法律服务专窗在安徽自贸试验区合肥片区蜀山区块正式投入运营；蚌埠高新（自贸区）迎宾实验学校正式投入使用。

2021年9月4日　安徽自贸试验区合肥片区蜀山区块承办了中国国际服务贸易交易会首届国家文化出口基地论坛，牵头与12个文化出口基地共同设立国家文化出口基地联席机制。

2021年9月8日　省政府第154次常务会议通过《中国（安徽）自由贸易试验区条例（草案）》，按程序提请省人大常委会会议审议；全省首个至欧洲空中货运通道——“合肥—伦敦”定期货运航线开通；安徽自贸试验区合肥片区高新区块党建联盟揭牌成立。

2021年9月10日　全省首个跨境电商保税进口退货中心仓落户安徽自贸试验区合肥片区。

2021年9月15日　全省首单跨境电商特殊区域出口海外仓（1210）业务在安徽自贸试验区合肥片区办理。

2021年9月18日　安徽自贸试验区蚌埠片区首个世界500强外资项目——康宁药用硼硅玻璃管项目顺利投产。

2021年9月24日　安徽自贸试验区芜湖片区相对集中行政监管数字化平台正式上线运行。

2021年9月26日　省十三届人大常委会第二十九次会议第一次审议《中国（安徽）自由贸易试验区条例（草案）》。

2021年9月29日　长三角自由贸易试验区联盟举办长三角自贸试验区制度创新论坛，安徽自贸办参会交流发言。

2021年10月9日　安徽自贸试验区合肥片区蜀山区块内的中国（合肥）工业设计城正式入选国家级服务型制造示范平台。

2021年10月11日—12日　全国机械工业信息研究院调研安徽自贸试验区芜湖片区、合肥片区高端装备制造业发展情况。

2021年10月15日　安徽省政府召开安徽自贸试验区建设一周年新闻发布会；安徽自贸试验区蚌埠片区举办安徽财经大学自贸区研究院揭牌仪式；上海虹桥品汇进口商品展示交易中心蚌埠分中心项目签约落地蚌埠片区。

2021年10月18日　安徽自贸试验区合肥片区、蚌埠片区加入新亚欧国际陆海联运通道自由贸易试验区联盟；安徽自贸试验区科技金融示范区在合肥片区高新区块揭牌。

2021年10月19日　安徽省自贸办召开安徽自贸试验区联动创新区推进会。

2021年10月25日　安徽省商务厅会同安徽大学举行中国（安徽）自由贸易试验区研究院合作协议签约暨揭牌仪式。

2021年10月26日　芜湖市政府与京东集团签署全面战略合作协议，在安徽自贸试验区芜湖片区跨境电商产业园建设京东（芜湖）数字经济创新基地。

2021年10月27日　在第二届中国自由贸易试验区发展论坛上，安徽自贸试验区合肥片区与浙江自贸试验区杭州片区签署战略合作协议；安徽自贸试验区蚌埠片区硅基生物基企业认证“绿色通道”和跨境金融服务“白名单”制度2个制度创新事项列入中国自贸试验区2021年发展报告。

2021年10月28日　安徽自贸试验区合肥片区本源量子申请的阻抗匹配量子参数放大器（简称

IMPA）产品企业标准通过国家审核，并在全国企业标准信息公共服务平台公布，标志着我国首个量子计算领域的企业标准正式建立。

2021 年 10 月 29 日　首个综保区无感通关卡口在安徽自贸试验区合肥片区经开区块上线运行。

2021 年 11 月 3 日　合肥市首单知识产权证券化产品“合肥兴泰—国元证券—科技创新企业知识产权第 1 期资产支持专项计划”正式在深圳证券交易所挂牌。

2021 年 11 月 5 日　第四届中国国际进口博览会期间举办安徽自贸试验区推介会，安徽自贸试验区与上海自贸试验区签订战略合作协议；芜湖自贸试验区建设投资有限公司与奇瑞汽车股份有限公司共同成立安徽首家汽车出口金融服务平台——芜湖瑞融国际贸易有限公司。

2021 年 11 月 8 日　安徽自贸试验区合肥片区蜀山区块荣获首批“长三角 G60 科创走廊产融结合高质量发展示范园区”称号。

2021 年 11 月 9 日　首个数字经济行业创新应用示范基地在安徽自贸试验区合肥片区蜀山区块正式揭牌。

2021 年 11 月 10 日　安徽自贸试验区合肥片区高新区块发出全省首个环评与排污许可“两证合一”许可决定书。

2021 年 11 月 19 日　安徽省政府举办中国（安徽）自由贸易试验区建设发展论坛。

2021 年 11 月 25 日—26 日　福建省商务厅（自贸办）率团赴安徽自贸试验区学习调研。

2021 年 11 月 26 日　首个个体工商户集群注册登记管理办法在安徽自贸试验区合肥片区经开区块出台，为中智集团智灵犀灵活用工平台项目破除制度障碍。

2021 年 12 月 2 日　安徽自贸试验区芜湖片区知识产权纠纷人民调解委员会正式挂牌成立。

2021 年 12 月 3 日　芜湖市入选住建部、工信部联合认定的智慧城市基础设施与智能网联汽车协同发展第二批试点城市；省委、省政府批复同意《中国（安徽）自由贸易试验区芜湖片区相对集中行政许可权改革试点方案》，芜湖市在全省自贸试验区各片区率先开展相对集中行政许可权改革试点工作。

2021 年 12 月 12 日　安徽自贸试验区首家区块欧美同学会——合肥高新区欧美同学会在安徽自贸试验区合肥片区高新区块成立。

2021 年 12 月 14 日　安徽自贸试验区蚌埠片区举行安徽自贸试验区蚌埠片区巡回法庭挂牌仪式。

2021 年 12 月 16 日　安徽自贸试验区合肥片区高新区块发出首张商事主体登记确认制改革营业执照。

2021 年 12 月 17 日　省长王清宪赴安徽自贸试验区合肥片区调研自贸试验区建设工作。

2021 年 12 月 20 日　全国内河首座岸基式 LNG 加注站在安徽自贸试验区芜湖片区建成并投入试运营，首船加注“气化长江”迈出实质性步伐。

2021 年 12 月 21 日　航天宏图卫星全球运营中心签约落户安徽自贸试验区合肥片区高新区块。

2021 年 12 月 22 日　郑栅洁书记主持召开安徽自贸试验区建设工作领导小组第二次会议，认真贯彻落实党的十九届六中全会和中央经济工作会议精神，深入学习贯彻习近平总书记关于自由贸易试验区建设的重要论述，听取省自贸办及安徽自贸试验区合肥片区、芜湖片区、蚌埠片区工作情况汇报，研究部署下一阶段任务。

2021 年 12 月 27 日　银河航天全球遥感卫星产业基地签约落户安徽自贸试验区合肥片区高新区块。

2021 年 12 月 29 日　中国银行合肥自贸试验区高新支行揭牌开业。

2021 年 12 月 31 日　“合肥—仁川”定期货运航线开通，支持合肥集成电路和新型显示产业本地进口。

法　规

LAWS AND REGULATIONS

国务院关于同意在天津、上海、海南、重庆开展服务业扩大开放综合试点的批复

国函〔2021〕37号

天津市、上海市、海南省、重庆市人民政府，商务部：

你们关于开展服务业扩大开放综合试点的请示收悉。现批复如下：

一、同意在天津市、上海市、海南省、重庆市（以下称四省市）开展服务业扩大开放综合试点，试点期为自批复之日起3年。原则同意四省市服务业扩大开放综合试点总体方案，请认真组织实施。

二、试点要以习近平新时代中国特色社会主义思想为指导，全面贯彻党的十九大和十九届二中、三中、四中、五中全会精神，统筹推进“五位一体”总体布局，协调推进“四个全面”战略布局，按照党中央、国务院决策部署，立足新发展阶段、贯彻新发展理念、构建新发展格局，以推动高质量发展为主题，以深化供给侧结构性改革为主线，以改革创新为根本动力，以满足人民日益增长的美好生活需要为根本目的，紧紧围绕本地区发展定位，进一步推进服务业改革开放，加快发展现代服务业，塑造国际合作和竞争新优势，促进建设更高水平开放型经济新体制，为加快构建新发展格局作出贡献。

三、四省市人民政府要加强对服务业扩大开放综合试点工作的组织领导，在风险可控的前提下，精心组织，大胆实践，服务国家重大战略，开展差异化探索，在加快发展现代产业体系、建设更高水平开放型经济新体制等方面取得更多可复制可推广的经验，为全国服务业的开放发展、创新发展发挥示范带动作用。

四、国务院有关部门要按照职责分工，积极支持四省市开展服务业扩大开放综合试点。商务部要会同有关部门加强指导和协调推进，组织开展成效评估，确保各项改革开放措施落实到位。

五、需要暂时调整实施相关行政法规、国务院文件和经国务院批准的部门规章的部分规定的，按规定程序办理。国务院有关部门相应调整本部门制定的规章和规范性文件。试点中的重大问题，四省市人民政府和商务部要及时向国务院请示报告。

国务院

2021年4月9日

（此件公开发布）

天津市服务业扩大开放综合试点总体方案

为全面有效推进天津市服务业扩大开放综合试点工作，制定本方案。

一、总体要求

（一）指导思想。以习近平新时代中国特色社会主义思想为指导，全面贯彻党的十九大和十九届二中、三中、四中、五中全会精神，统筹推进“五位一体”总体布局，协调推进“四个全面”战略布局，按照党中央、国务院决策部署，立足新发展阶段、贯彻新发展理念、构建新发展格局，以推动高质量发展为主题，以深化供给侧结构性改革为主线，以改革创新为根本动力，以满足人民日益增长的美好生活需要为根本目的，紧紧围绕京津冀协同发展重大国家战略，落实全国先进制造研发基地、北方国际航运核心区、金融创新运营示范区、改革开放先行区功能定位，进一步推进服务业改革开放，加快发展现代服务业，塑造国际合作和竞争新优势，促进建设更高水平开放型经济新体制，为加快构建新发展格局作出贡献。

（二）基本原则。

强化顶层设计。立足天津市服务业发展特点，坚持扩大高水平开放与深化市场化改革互促共进，注重与国家全面深化改革各项政策和国际经贸规则相衔接，强化改革的系统性、整体性、协同性。科学规划开放路径，稳步推进天津市服务业开放。

聚焦重点领域。主动适应全球产业链重塑和国际经贸规则重构新趋势，围绕数字、金融、物流、贸易、信息服务、医疗健康、教育等重点领域，分类放宽准入限制、促进消除行政壁垒、完善监管体系、深化重点领域改革，提升服务业的国际竞争力和整体发展水平。

发挥比较优势。服务京津冀协同发展重大国家战略，发挥区位、先进制造和研发转化能力等优势，依托重大产业基地和特色产业园区等平台，率先推动航运物流服务、科学技术服务、互联网和信息服务、金融服务、新业态服务等重点领域扩大开放。

加强防范风险。在扩大开放的同时，统筹发展和安全，强化风险意识和底线思维。进一步完善风险评估和预警机制，建立服务业相关产业发展统计监测和风险评价体系，不断提升保障产业安全的风险防控能力。

（三）发展目标。经过 3 年试点，通过放宽市场准入、改革监管模式、优化市场环境，努力形成市场更加开放、制度更加规范、监管更加有效、环境更加优良的服务业扩大开放新格局，探索积累可复制可推广经验，着力打造生产性服务业发展先行区，为国家全方位开放和服务业创新发展发挥示范带动作用。

二、主要任务和措施

（一）推动服务业重点行业领域深化改革扩大开放

1. 充分竞争性服务业。物流运输服务领域：在依法合规的前提下，原则支持符合条件的发起人设立航运保险机构。参照保税船用燃料油供应管理模式，允许液化天然气（LNG）作为国际航行船舶燃料享受保税政策。发展国际中转集拼业务，丰富进口拆箱、出口拼箱、国际中转等业务。在依法合规、风险可控的前提下，探索解决铁路运单物权凭证问题，为铁路运输国际贸易融资创造更加便利的条件。推进以海运提单为主的多式联运提单一单制。加快推进运输结构调整，推动港口集疏运铁路建设，完善港口集疏运体系，推动海运、铁路运输信息共享，提高多式联运的运行效率。支持北方冷链物流基地建设。结合天津国家综合交通枢纽建设，支持天津滨海国际机场打造区域枢纽机场、国际航空物流中心。吸引中外航空公司增加国际及港澳台航线，充分利用时刻资源使用宽体机型。根据需要争取扩大货运航权，鼓励航空公司在天津滨海国际机场投放运力。建设国际航空货运体系。完善货运基础设施建设，优化天津国际邮件互换局的国际邮件进、出、转功能。推动铁路、公路等地面交通与航空运输无缝对接，打造陆空铁一体化多式联运示范枢纽。支持快递服务业态发展。科技服务领域：支持服务外包创新发展，促进服务型制造等新业态发展。推动新一代超级计算机平台和国家先进计算产业创新中心建设，成立天津市信息技术应用创新工作委员会，加快构建产学研用自主创新联盟、大数据产业联盟和以领军企业为主体的开源联盟。建立部市联动、统筹推进机制，支持天津建设信创产业基地，打造国内信创产业自主创新、原始创新的重要源头和策源地。支持天津经济技术开发区先进制造业和现代服务业融合发展试点工作，形成一批高成长性的创新型企业和平台。支持国家新一代人工智能创新发展试验区建设，促进智慧城市、自主算力、智慧港口、车联网等应用示范。探索和完善知识产权质押融资等知识产权融资机制，探索知识产权质押融资保证保险，促进科技保险、专利保险及相关再保险业务发展。探索建立多方参与的知识产权融资风险共担模式。积极推动知识产权、股权及相关实体资产组合式质押贷款新模式发展。鼓励相关单位与高校、科研院所开展深层次对接，做好科技成果在津落地承接服务工作。深化科技成果使用权、处置权和收益权改革，开展赋予科研人员职务科技成果所有权或长期使用权试点，探索形成市场化赋权、成果评价、收益分配等制度。落实科技创新行动计划，培育发展国际技术转移机构，推动科技信息、技术成果、创新人才、创投资本等创新要素的流动共享。创新国际科技合作机制，加快推进服务标准、市场规则、法律法规等制度规范与国际接轨，在更深层次融入全球创新网络。会展服务领域：加快建设天津国家会展中心，打造世界智能大会等一批具有国际影响力的自主品牌展会，引进若干国际知名品牌展会，培育一批特色展会。依法允许展会展品提前备案，以担保方式放行，展品（ATA 单证册项下除外）展后结转进入保税监管场所或海关特殊监管区域予以核销。支持车辆展品依法留购并给予展示交易便利。批发零售领域：大力发展跨境电商业务。

2. 有限竞争性服务业。金融服务领域：加快建设世界级融资租赁产业集聚区。支持金融租赁公司及其境内专业子公司依法合规募集发行债券、资本补充工具。开展飞机租赁资产证券化业务。支持设立人民币海外投贷基金。支持发展新型国际贸易。支持天津在现有交易场所开展有利于行业和实体经济发展的油气现货交易，并与期货交易所开展期现合作，推动现货市场与期货市场联动发展。支持建设境内特定期货品种期货保税交割库。支持试点开展国际保理业务。支持符合条件的财务公司等金融机构获得结售汇业务及衍生品交易业务资格，支持符合条件的证券公司、基金管理公司等金融机构获得结售汇业务资格，在风险可控的前提下依法合规开展外汇即期及衍生品交易。支持外资银行等外资金融机构依法合规新设机构或增资扩股。支持与境外机构合作开发跨境商业医疗保险产品，按规定开展国际商业医疗保险结算。支持开展合格境外有限合伙人（QFLP）试点。支持在天津注册的取得国务院金融监督管理机构许可的境内金融机构以人民币合格境内机构投资者（RQDII）身份按有关规定对外开展证券投资业务。积极发展碳现货交易和环境权益融资，开发绿色融资工具，支持符合条件的银行和企业在境外发行绿色债券。支持符合条件的非金融企业集团在天津设立金融控股公司。支持依法设立科技成果转移转化基金、科技融资租赁公司等机构，支持银行设立科技支行，在政策允许范围内探索开展适合科技型企业的个性化金融服务。开展金融科技创新监管。支持金融企业开展个人消费贷款不良资产批量转让试点。健康医疗服务领域：积极引进和培育国际先进水平医疗机构，支持港澳服务提供者设立独资医疗机构。在营利性医疗机构先行先试治未病服务和收费。将符合条件的互联网医疗服务费用按程序纳入医保支付范围。探索检查结果、线上处方信息等互认制度，建立健全患者主导的医疗数据共享方式和制度。依托国家超级计算天津中心，建设天津市医疗大数据存储分中心、医疗影像数据第三方托管平台等应用项目。允许药品零售药店获得互联网药品信息服务资质并开展互联网药品销售业务。积极发展中医药领域服务业，推动中医药标准国际化，并加强国家中医药服务出口基地建设。教育服务领域：支持天津高校与世界一流大学和学术机构开展实质性合作，将国外优质教育资源融合到教学科研全过程，开展高水平人才联合培养和科学联合攻关，重点建设一批国内领先、国际一流的优势学科和专业。支持应用型本科高校、高职院校与国外高水平应用技术大学合作办学。促进普通高中中外合作办学规范发展。支持普通中小学校招收外籍人士子女。

3. 自然垄断领域竞争性业务。电信服务领域：支持建设国家数据安全治理试验区，集中开展数据安全治理相关政策试点示范工作。开展重要数据和个人信息出境安全评估，保障数据依法有序自由流动。探索开展数据采集、确权、定价、交易，实现商用数据衍生产品的在线连续聚合流通。电力服务领域：支持民营企业以控股或参股形式开展增量配电、售电业务，稳步推进上网电价市场化改革，探索创新竞价上网模式。进一步完善输配电价监管体系，健全输配电成本监审、定价制度，强化动态监测和全方位监管。

（二）推动服务业扩大开放在重点平台和重点园区示范发展

4. 推动产业链供应链协同发展。京津、津冀依托滨海—中关村科技园和宝坻京津中关村科技城等合作共建产业园区，探索京津冀产业链引资合作模式，建设跨区域协同创新平台。组建京津冀科技成果转化联盟。建设京津冀知识产权保护体系，建立快速维权机制，支持京、津、冀知识产权专业服务机构在三地间相互设点。

5. 加强口岸建设与联动发展。深化港口合作，推进环渤海港口深水锚地资源共享共用。建立京津冀三地机场协作机制，促进区域机场群优势互补、协调发展。推动京津冀海关特殊监管区域多式联运协同发展，构建服务京津冀、辐射全国的陆海空口岸体系。持续深入推进提升京津地区跨境贸易便利化水平专项行动，打造京津冀最便捷出海口。

6. 加强数据要素流通利用。支持国家数字服务出口基地建设，建立数字服务国际合作联盟，聚集国际数字服务行业平台、研究咨询机构、采购商等资源。打造数字服务贸易创新平台，培育数字服务市场主体，扩大数字服务出口。探索建设数字创新实验中心、数字创新研究院等机构。加快公共服务领域数据的共享和开放，推进政务数据平台与社会化数据平台对接。建设区块链技术和产业创新应用示范区，加强区块链技术在知识产权交易、存证、供应链、金融、贸易、公证等多种场景应用。依托人民银行的贸易金融区块链平台，构建贸易金融区块链标准体系，为中小微企业提供金融、物流及相关政务服务。支持国际数据服务创新，支持在天津设立互联网协议第六版（IPv6）根服务器镜像节点或国家顶级域名节点。

（三）优化服务业开放发展的体制机制

7. 加快简政放权。探索建立政务诚信评价机制，加大政府失信专项治理力度。深入推进“放管服”改革。推进“互联网+政务”，完善企业开办“一窗通”网上服务平台，实现企业登记一网通办，全面实行不动产登记、交易和缴税线上线下一窗受理、并行办理。全面实施市场准入负面清单制度，定期评估、排查、清理各类显性和隐性壁垒，推动“非禁即入”普遍落实。探索对新产业新业态新模式实施包容审慎监管，对新技术新产品加强事中事后监管。全面推进政务服务综合窗口“区块链+电子证照”应用。开展服务业企业投资项目“区域评估+标准地+承诺制+政府配套服务”改革。对从业一年以上的生产研发类规模以上企业认定高新技术企业时，实行“报备即批准”。认定为高新技术企业即可按规定享受所得税优惠等相关政策，加强事中事后监管。探索开展数字营商环境建设工作，对标国际高标准高水平规则，开展先行先试，优化提升数字营商环境，打造吸引相关海外投资的优选地。

8. 推进贸易投资便利化。与有关国家和地区开展国际贸易“单一窗口”合作试点，促进服务贸易国际结算便利化。对“国际—国内”和“国际—国际”转机的国际航班旅客及其行李，在满足国际民航组织相关安保措施要求的前提下，积极推进互转航班通程联运。提高出入境人员口岸通关效率。适度放宽对医药研发用小剂量特殊化学制剂和生物材料、样品的管理。放宽外商捐资举办非营利性养老机构的民办非企业单位准入。

（四）加强服务业开放发展的政策和要素保障

9. 优化人才保障。对外籍高层次人才投资创业、讲学交流、经贸活动方面提供出入境和停居留便利。符合条件的服务业企业聘用的“高精尖缺”外国人才，可享受人才签证、工作许可、社会保障等业务办理便利措施和“绿色通道”服务。增强社会保障政策的包容性，加强跨企业、跨平台、多雇主间灵活就业人员的权益保障。探索允许符合条件的境外人员担任特定区域内法定机构、事业单位、国有企业的法定代表人。允许具有经国家认可的境外职业资格的建筑设计、规划等领域的境外专业人才，经备案后按规定在天津行政区域内提供专业服务，其在境外的从业经历可视同境内从业经历。支持天津（滨海）海外人才离岸创新创业基地加快建成科技创新区，探索建设离岸科技创新中心。

10. 强化知识产权及数据保护。发挥保全的制度效能，推进知识产权案件繁简分流，提高知识产权司法救济的及时性和便利性。建设中国（天津）知识产权保护中心，完善知识产权纠纷多元解决机制，加大知识产权侵权违法行为惩治力度，对具有重复侵权、恶意侵权以及其他严重侵权情节的，依法适用惩罚性赔偿，切实维护权利人合法权益。加快数据安全、个人信息保护等领域基础性法规制度建设，完善政策标准、优化相关技术服务。健全完善数据分级分类、数据出境安全评估等数据安全管理制度，加强对敏感数据的管理和风险防控，探索建设数据跨境流动安全管理体系，地方政府在资金、配套政策等方面给予支持。探索构建数据保护能力认证体系，建立企业数据保护能力第三方认证机制。推进合规评估，建设相关公共服务平台，引导企业落实主体责任。

11. 提升资金跨境流动便利化。进一步推动跨境货物贸易、服务贸易和贸易结算便利化。支持个人薪酬等结汇便利化。支持非居民按规定投资于要素交易市场或流转平台，助力金融服务业拓展客户群体。

12. 加强金融风险防控。开展金融领域管理信息共享、监管协作和风险跨境处置合作。加强对金融开放政策措施所涉跨境收支业务数据的采集、监测和运用，排查和防范风险。强化属地监管职责，在有关重大金融风险处置研究、完善金融风险防控机制建设方面开展深入探索，进一步落实中小银行风险化解和资本补充、金融衍生品业务管理、债务管理等方面工作要求，完善相关法规制度，坚决守住不发生系统性区域性金融风险的底线。坚持金融业务持牌经营要求，通过风险提示、风控指标计算、信息报送和信息披露等，加强对金融领域企业风险防控的指导服务。

13. 培育要素流转综合功能性平台。论证依托现有交易场所开展金属交易的可行性。支持天津粮油商品交易所做大做强，成为北方重要的农产品流通定价中心。支持天津排放权交易所打造天津碳普惠创新示范中心，提升定价能力，拓展碳资产变现能力。

三、组织实施

天津市人民政府根据目标任务，进一步完善工作机制，构建精简高效、权责明晰的综合试点管理体制；加强人才培养，打造高素质专业化管理队伍；精心组织实施，扎实推进本方案各项措施落实。牢固树立总体国家安全观，加强安全评估和风险防范，确保相关工作有序推进。商务部加强统筹协调，组织开展成效评估工作，指导落实试点任务，支持天津市总结成熟经验并及时组织推广。国务院有关部门按职责分工，积极给予支持，形成工作合力，确保各项改革开放措施落实到位。试点需要暂时调整实施有关行政法规、国务院文件和经国务院批准的部门规章部分规定的，按规定程序办理。对试点中出现的新情况、新问题，天津市人民政府和商务部及时进行梳理和研究，不断调整优化措施。重大事项及时向国务院请示报告。

（商资发 2021 年第 62 号，2021 年 4 月 21 日）

上海市服务业扩大开放综合试点总体方案

为全面有效推进上海市服务业扩大开放综合试点工作，制定本方案。

一、总体要求

（一）指导思想。以习近平新时代中国特色社会主义思想为指导，全面贯彻党的十九大和十九届二中、三中、四中、五中全会精神，统筹推进“五位一体”总体布局，协调推进“四个全面”战略布局，按照党中央、国务院决策部署，立足新发展阶段、贯彻新发展理念、构建新发展格局，以推动高质量发展为主题，以深化供给侧结构性改革为主线，以改革创新为根本动力，以满足人民日益增长的美好生活需要为根本目的，紧紧围绕上海关于建设国际经济、金融、贸易、航运和科技创新等“五个中心”，强化全球资源配置、科技创新策源、高端产业引领、开放枢纽门户等“四大功能”的城市战略定位，进一步推进服务业改革开放，加快发展现代服务业，塑造国际合作和竞争新优势，促进建设更高水平开放型经济新体制，为加快构建新发展格局作出贡献。

（二）基本原则。

强化顶层设计。聚焦制度创新，统筹对内对外开放，推动由商品和要素流动型开放向规则等制度型开放转变，以高水平开放带动改革全面深化。科学规划开放路径，稳步推进上海服务业扩大开放，增强工作的系统性、整体性、协同性。

聚焦重点领域。主动适应全球产业链重塑和国际经贸规则重构新趋势，围绕电信、互联网、医疗、交通运输、文化、教育等重点领域，分类放宽准入限制、促进消除行政壁垒、下放审批权限、完善监管体系、深化重点领域改革，提升上海服务业的国际竞争力和整体发展水平。

发挥比较优势。服务长江三角洲区域一体化发展、长江经济带发展等国家重大战略，发挥各类开放平台优势，在形成创新发展制度优势、增强开放联动效应等方面开展探索。在上海全市域开放的基础上，探索完善“产业+园区”开放模式，完善区域内部功能布局。

加强风险防范。在扩大开放的同时，统筹发展和安全，强化风险意识和底线思维。进一步完善风险评估和预警机制，建立完善服务业相关产业发展统计监测和风险评价体系，不断提升保障产业安全的风险防控能力。

（三）发展目标。经过 3 年试点，通过放宽市场准入、完善监管模式、优化市场环境，努力形成市场更加开放、制度更加规范、监管更加有效、环境更加优良的服务业扩大开放新格局，积累在全国可复制可推广的试点经验，为国家全方位开放和服务业创新发展发挥示范带动作用。

二、主要任务和措施

（一）推动服务业重点行业领域深化改革扩大开放

1. 充分竞争性服务业。科技服务领域：探索和完善知识产权质押融资等知识产权融资机制。促进科技保险及相关再保险业务发展，开展科创企业专利保险试点。积极推动知识产权、股权及相关实体资产组合式质押贷款新模式发展。深化高等院校和科研机构科技成果使用权、处置权和收益权改革，赋予科研人员职务科技成果所有权或长期使用权，探索形成市场化赋权、成果评价、收益分配等制度。探索开展数字贸易统计监测。探索区块链技术在数字贸易、金融场景中的应用，支持上海市参与全球数字经济交流合作。商务服务领域：进一步放宽执业资格考试对境外专业人才的限制，除涉及国家主权、安全外，允许在上海市合法工作的境外人士，按规定申请参加我国相关专业技术类职业资格考试（不含法律职业资格考试）。允许具有经国家认可的境外职业资格的建筑设计、规划等领域的境外专业人才，经上海市相关行业主管部门备案后按规定为上海市内企业提供专业服务，其在境外的从业经历可视同国内从业经历。培育壮大多层次全球维修检测业务体系，依托综合保税区等海关特殊监管区域，扩大船用发动机跨港维修试点业务范围和规模，推进跨境维修规模化运作。支持开展“两头在外”航空器材包修转包区域流转业务，鼓励飞机维修企业承揽境外航空器材包修转包修理业务。对在上海市内从事商业特许经营活动的特许人，探索取消商业特许经营备案，加强事中事后监管。物流运输服务领域：扩大中资方便旗船沿海捎带政策实施效果，在对等原则下允许外籍国际航行船舶开展以洋山港为国际中转港的外贸集装箱沿海捎带业务；在海南邮轮海上游航线试点的经验制度基础上，在五星红旗邮轮投入运营前，逐步推进中资邮轮运输经营主体开展中资非五星红旗邮轮海上游业务；进一步协调优化上海空域资源结构，增加浦东国际机场进出端口，提升浦东国际机场高峰小时航班容量；依托浦东国际机场推动扩大与相关国家和地区的航权安排；合理释放有利于航空枢纽建设的货运航班时刻，提升浦东综合性枢纽机场货运设施能力和服务品质，建设高效跨境寄递通道平台，加快推动上海邮政快递国际枢纽中心建设。

2. 有限竞争性服务业。教育服务领域：探索引进境外考试机构。除义务教育学校、普通高中外，探索引进国家重大发展战略急需的、反映学科专业和行业发展前沿的境外理工农医类教材。鼓励外商投资举办经营性职业技能培训机构。大力发展线上线下融合教育，允许职业院校、普通高等学校购买并使用经审核符合条件的社会化、市场化优秀境内外在线教育平台、软件和课程资源，并在部分学校先行先试，积极探索教学方式改革，促进育人模式创新。支持普通中小学招收外籍人士子女。金融服务领域：加快落实国家金融对外开放政策，扩大外资金融机构经营范围。支持符合条件的外资机构在上海设立或参股证券公司、基金管理公司、期货公司、人身险公司、养老金管理公司等。允许境外资产管理机构与中资银行或保险公司的子公司合资设立由外方控股的理财公司。支持跨国公司在上海设立外商独资财务公司。支持境外评级机构设立子公司，为企业融资提供高质量评级服务。推动放宽证券投资基金托管资格的准入条件，支持本市符合条件的外资银行（含分行）及其他金融机构申请基金托管人资格。支持外商独资私募证券投资基金管理人落户上海。深入实施合格境外有限合伙人（QFLP）试点。支持社会资本在上海设立并运营人民币国际投贷基金。支持与境外机构合作开发跨境商业医疗保险产品，按规定开展国际商业医疗保险结算。支持符合条件的金融机构和大型科技企业依法设立提供科技服务的子公司，依规探索开展金融科技创新活动。支持开展数字人民币试点，建设国家级金融科技发展研究中心。依托陆家嘴金融城和张江科学城，推动金融科技应用示范和核心技术创新；依托杨浦滨江、北外滩、外滩金融集聚带、徐汇滨江等，推动金融科技应用产业集聚，发挥示范作用。推进天然气期货市场建设，积极发展碳现货交易和环境权益融资，开发绿色融资工具，支持符合条件的地方法人银行和企业在境外发行绿色债券。健康医疗服务领域：积极发展中医药领域服务业，推动中医药标准国际化，并支持符合条件的单位申报国家中医药服务出口基地。在营利性医疗机构先行先试治未病服务。支持互联网医疗发展，探索检查结果等互认制度，探索建立健全患者主导的医疗数据共享方式和制度。将符合条件的互联网医疗服务费用按程序纳入医保支付范围。支持符合条件的企业按照有关规定开展干细胞临床前沿医疗技术研究项目。旅游服务领域：允许在上海市设立的外商独资旅行社试点经营中国公民出境旅游业务（赴台湾地区除外）。

3. 自然垄断领域竞争性业务。电信服务领域：进一步开放增值电信业务。探索建立适应海外客户需求的网站备案制度。

（二）推动服务业扩大开放在重点平台和重点园区示范发展

4. 虹桥商务区。加快建设虹桥国际开放枢纽，着力打造国际化中央商务区和国际贸易中心新平台。将中国国际进口博览会期间的展品通关监管、资金结算、投资便利、人员出入境等创新政策固化为常态化制度安排。鼓励金融机构在依法合规、风险可控、商业可持续的前提下为虹桥商务区内企业和非居民提供跨境发债、跨境投资并购等服务，支持开展人民币跨境贸易融资和再融资业务。建设虹桥数字贸易跨境服务聚集区，申请创建国家数字服务出口基地，探索设立虹桥商务区与国际通信业务出入口局间的国际互联网数据专用通道。

5. 浦东软件园。强化国家数字服务出口基地功能，鼓励其发展集成电路、数字文化、人工智能、信息安全等主导产业，积极布局3D打印、大数据等新兴领域，加快集聚一批有全球影响力的数字服务企业。促进数字贸易，鼓励其提升数字贸易知识产权综合服务等功能，按规定有序开展数据共享服务。

（三）优化服务业开放发展的体制机制

6. 加快简政放权。将中资邮轮运输经营者开展中资非五星红旗邮轮海上游运输业务，以及在上海注册的经营者从事国际客船、散装液体危险品船运输相关业务的许可下放至上海市交通运输主管部门。完善政务服务“一网通办”功能，推动线下和线上政务服务融合，整合公共数据资源，加强业务协同办理，优化政务服务流程，推动市场主体办事线上一个总门户、一次登录、全网通办，全面实行不动产登记、交易和缴税线上线下一窗受理、并行办理。推进“一网通办”平台涉外服务专窗建设，为外商投资企业、外国人提供便利化政务服务。建立与经济发展和企业发展相适应的事中事后监管体系，深入推进“互联网+监管”工作模式，提升信用监管的覆盖范围和应用效能，全面实施“双随机、一公开”监管方式，积极推进和完善包容审慎监管。全面试点以事前信用前置审查、事中分类跟踪监管、事后监管结果纳入信用记录为特征的告知承诺制，探索新兴行业市场准入许可向国际通行规则转变。

7. 不断优化营商环境。全面落实《上海市优化营商环境条例》，对标最高标准、最高水平，打造贸易投资便利、行政效率高效、政务服务规范、法治体系完善的国际一流营商环境，为各类市场主体投资兴业营造稳定、公平、透明、可预期的发展环境。建立法治保障机制，建立调解、仲裁、诉讼等有机衔接、相互协调的多元化国际商事纠纷解决机制，构建纠纷解决“一站式平台”。建立健全外商投资企业投诉工作机制，保护外商投资合法权益。探索开展数字营商环境建设工作，对标国际高标准高水平规则，加强先行先试，优化提升数字营商环境，打造吸引相关海外投资的优选地。

（四）加强服务业开放发展的政策和要素保障

8. 推进贸易投资便利化。试行跨境服务贸易负面清单管理模式，放宽境外消费、自然人移动等模式下的服务贸易市场准入限制。依法允许展会展品提前备案，以担保方式放行，展品（ATA单证册项下除外）展后结转进入保税监管场所或海关特殊监管区域予以核销；支持车辆展品依法留购并给予展示交易便利。进一步深化国际贸易“单一窗口”建设，不断完善服务贸易、出口退税、结算业务办理功能。加强口岸区域化、国际化协同，深化长江经济带等区域的国际贸易“单一窗口”合作，积极推进数据安全共享、信息互联互通，助力企业降本增效；依托亚太示范电子口岸网络（APMEN）机制，积极参与国际合作，围绕通关、结算等环节，推进与共建“一带一路”有关国家和地区信息互通，形成高效率、低成本、便利化的跨境贸易网络通道。对“国际—国内”和“国际—国际”转机的国际航班旅客及其行李，在满足国际民航组织相关安保措施要求的前提下，积极推进互转航班通程联运。改善通关环境，持续巩固提升口岸公共卫生管理服务能力。支持上海市发展以现货贸易、保税交割及相关配套服务为基础的综合性油气交易平台。支持当地油气基础设施纳入全国油气产品期货保税交割设施网络。支持金融机构依法为真实合法的大宗商品现货离岸交易和保税交割以及离岸加工贸易、服务转手买卖等各类离岸经贸业务提供更加便利的跨境金融服务。推动现货市场与期货市场联动发展。

9. 优化人才保障。实施更积极、更开放、更有效的人才政策，深化人才管理服务制度改革，放活人才使用、评估、激励体制机制。对外籍高层次人才投资创业、讲学交流、从事经贸活动等方面提供出入境和停居留便利。符合条件的服务业企业聘用的“高精尖缺”外国人才，可享受人才签证、工作许可、社会保障等业务办理便利措施和“绿色通道”服务。健全外国人才管理服务机制，对上海市引进的外籍高层次人才实施更加便利的出入境和停居留政策措施。非上海市户籍的国内优秀人才，可按规定办理上海市居住证，并申请相应的居住证积分，然后依条件转办上海市常住户口；高端、紧缺急需人才，符合条件的可以直接办理引进落户。探索允许符合条件的境外人员担任法定机构、事业单位、国有企业的法定代表人。

10. 强化知识产权及数据保护。探索建立公允的知识产权评估机制、知识产权质押融资风险分担机制以及质物处置机制。加强知识产权审判领域改革创新，完善知识产权司法保护制度。加大对专利、版权、企业商业秘密等权利及数据的保护力度。加强知识产权信用体系建设，开展知识产权领域以信用为基础的分级分类监管工作试点。依托人民银行的贸易金融区块链平台，构建贸易金融区块链标准体系，为中小微企业提供金融、物流及相关政务服务。在数据流通等方面加快形成开放环境下有创新的监管体系。加快数据安全、个人信息保护等领域基础性法规制度建设，完善政策标准、优化相关技术服务。健全完善数据分级分类、数据出境安全评估等数据安全管理制度，加强对敏感数据的管理和风险防控，探索建设数据跨境流动安全管理体系，地方政府在资金、配套政策等方面给予支持。探索构建数据保护能力认证体系，建立企业数据保护能力第三方认证机制。推进合规评估，建设相关公共服务平台，引导企业落实主体责任。

11. 加强金融风险防控。开展金融领域管理信息共享、监管协作和风险跨境处置合作。加强对金融开放政策措施所涉跨境收支业务数据的采集、监测和运用，排查和防范风险。强化属地监管职责，在有关重大金融风险处置研究、完善金融风险防控机制建设方面开展深入探索，进一步落实中小银行风险化解和资本补充、金融衍生品业务管理、债务管理等方面工作要求，完善相关法规制度，坚决守住不发生系统性区域性金融风险的底线。坚持金融业务持牌经营要求，通过风险提示、风控指标计算、信息报送和信息披露等，加强对金融领域企业风险防控的指导服务。

三、组织实施

上海市人民政府根据目标任务，进一步完善工作机制，构建精简高效、权责明晰的综合试点管理体制；加强人才培养，打造高素质专业化管理队伍；精心组织实施，扎实推进本方案各项措施落实。牢固树立总体国家安全观，加强安全评估和风险防范，确保相关工作有序推进。商务部加强统筹协调，组织开展成效评估工作，指导落实试点任务，支持上海市总结成熟经验并及时组织推广。国务院有关部门按职责分工，积极给予支持，形成工作合力，确保各项改革开放措施落实到位。试点需要暂时调整实施有关行政法规、国务院文件和经国务院批准的部门规章部分规定的，按规定程序办理。对试点中出现的新情况、新问题，上海市人民政府和商务部及时进行梳理和研究，不断调整优化措施。重大事项及时向国务院请示报告。

（商资发 2021 年第 63 号，2021 年 4 月 21 日）

海南省服务业扩大开放综合试点总体方案

为全面有效推进海南省服务业扩大开放综合试点工作，制定本方案。

一、总体要求

（一）指导思想。以习近平新时代中国特色社会主义思想为指导，全面贯彻党的十九大和十九届二中、三中、四中、五中全会精神，统筹推进“五位一体”总体布局，协调推进“四个全面”战略布局，按照党中央、国务院决策部署，立足新发展阶段、贯彻新发展理念、构建新发展格局，以推动高质量发展为主题，以深化供给侧结构性改革为主线，以改革创新为根本动力，以满足人民日益增长的美好生活需要为根本目的，紧紧围绕国家赋予海南建设全面深化改革开放试验区、国家生态文明试验区、国际旅游消费中心和国家重大战略服务保障区的发展定位，进一步推进服务业改革开放，加快发展现代服务业，塑造国际合作和竞争新优势，促进建设更高水平开放型经济新体制，为加快构建新发展格局作出贡献。

（二）基本原则。

强化顶层设计。坚持扩大高水平开放与深化市场化改革互促共进，聚焦制度创新，统筹对内对外开放，推动由商品和要素流动型开放向规则等制度型开放转变。科学规划开放路径，增强工作的系统性、整体性、协同性。

聚焦重点领域。主动适应全球产业链重塑和国际经贸规则重构新趋势，围绕旅游、交通运输、金融、商务服务、技术服务、医疗健康、教育、文化娱乐等重点领域，分类放宽准入限制、促进消除行政壁垒、完善监管体系、深化重点领域改革，提升服务业的国际竞争力和整体发展水平。

发挥比较优势。充分发挥海南生态、资源优势及面向太平洋和印度洋、背靠超大规模国内市场和腹地经济的区位优势，抢抓全球新一轮科技革命和产业变革重要机遇，坚持生态优先、绿色发展，聚集全球创新要素、深化对内对外开放，培育具有海南特色的合作竞争新优势。

加强风险防范。在扩大开放的同时，统筹发展和安全，强化风险意识和底线思维。进一步完善风险评估和预警机制，建立服务业相关产业发展统计监测和风险评价体系，不断提升保障产业安全的风险防控能力。

（三）发展目标。经过 3 年试点，通过放宽市场准入、改革监管模式、优化市场环境，努力形成市场更加开放、制度更加规范、监管更加有效、环境更加优良的服务业扩大开放新格局，积累在全国可复制可推广的试点经验，为国家全方位开放和服务业创新发展发挥示范带动作用。

二、主要任务和措施

（一）推动服务业重点行业领域深化改革扩大开放

1. 充分竞争性服务业。科技服务领域：探索和完善知识产权质押融资等知识产权融资机制，促进科技保险及相关再保险业务发展，开展科创企业专利保险试点。积极推动知识产权、股权及相关实体资产组合式质押贷款新模式。支持外商投资资信调查公司。引入高质量市场调查咨询机构。商业服务领域：进一步放宽执业资格考试对境外专业人才的限制，除涉及国家主权、安全外，允许在试点地区合法工作的境外人士，按规定申请参加我国相关专业技术类职业资格考试（不含法律职业资格考试）。允许具有经国家认可的境外职业资格的建筑设计、规划等领域的境外专业人才，经备案或互认后按规定为试点地区特定区域内企业提供专业服务，其在境外的从业经历可视同国内从业经历。允许境外知名仲裁机构及争议解决机构经海南省司法行政部门登记并报司法部备案后，在海南省特定区域设立业务机构，就国际商事、投资等领域发生的民商事争议提供仲裁服务，鼓励海南国际仲裁机构与境外知名仲裁机构及争议解决机构开展业务合作。依法支持和保障中外当事人在仲裁前和仲裁中的财产保全、证据保全、行为保全等临时措施的申请和执行。

2. 有限竞争性服务业。教育服务领域：大力发展融合化在线教育，允许职业院校、普通高等学校购买并使用符合条件的社会化、市场化优秀在线课程资源，纳入职业院校、普通高等学校的日常教学体系，并在部分学校先行先试。鼓励支持普通中小学校招收外籍人士子女。金融服务领域：授予海南金融服务业开放创新更多自主权，推动金融服务业对内对外全方位开放。支持设立人民币海外投贷基金。支持开展合格境内有限合伙人（QDLP）和合格境外有限合伙人（QFLP）试点。将合格境内机构投资者主体资格范围扩大至境内外机构在试点地区发起设立的投资管理机构，包括境内证券公司、基金管理公司和期货公司。允许外资银行参与进出口通关缴税和关税保函业务。推进企业增信担保、企业集团财务公司担保和关税保证保险改革。支持设立金融科技、绿色金融领域交流合作平台，加强金融科技创新，积极发展碳现货交易和环境权益融资，开发绿色融资工具，支持符合条件的地方法人银行和企业在境外发行绿色债券。支持跨国公司在海南省设立外商独资财务公司。支持符合条件的财务公司等金融机构获得结售汇业务及衍生品交易业务资格，支持符合条件的证券公司、基金管理公司等金融机构获得结售汇业务资格，在风险可控的前提下依法合规开展外汇即期及衍生品交易。支持符合条件的企业在全国中小企业股份转让系统与境外市场挂牌融资。支持与境外机构合作开发跨境商业医疗保险产品，按规定开展国际商业医疗保险结算。鼓励境外金融机构投资设立外商投资证券公司。支持海南油气现货交易场所与期货交易所开展期现合作，支持当地油气基础设施纳入全国油气产品期货保税交割设施网络。支持金融机构依法为真实合法的大宗商品现货离岸交易和保税交割提供基于自由贸易账户的跨境金融服务，推动现货市场与期货市场联动发展。为船舶和飞机融资提供更加优质高效的金融服务，取消船舶和飞机境外融资限制，探索以保险方式取代保证金。允许符合条件的外资银行参与境内黄金和白银期货交易。允许海南省到境外发行离岸人民币地方政府债券。支持开展数字人民币试点。健康医疗服务领域：支持港澳服务提供者设立独资医疗机构，支持台湾服务提供者设立独资医院。支持外资合资举办非营利性医疗机构、提供基本医疗卫生服务。积极发展中医药领域服务业，推动若干中药材的国内标准国际化及国家中医药服务出口基地建设。在营利性医疗机构先行先试治未病服务和收费。支持互联网医疗发展，探索检查结果、线上处方信息等互认制度，建立健全患者主导的医疗数据共享方式和制度。将符合条件的互联网医疗服务费用按程序纳入医保支付范围。推动实施医疗器械注册人制度，助推“注册+生产”跨区域产业链发展。放宽外商捐资举办非营利性养老机构的民办非企业单位准入。

3. 自然垄断领域竞争性业务。电力服务领域：支持民营企业以控股或参股形式开展发电、增量配电和售电业务。稳步推进上网电价市场化改革，探索创新竞价上网模式。建立并完善电力现货交易市场，通过现货交易、中长期交易和辅助服务交易形成市场化交易机制。进一步完善输配电价监管体系，健全输配电成本监审、定价制度，强化动态监测和全方位监管。适应竞争性电力市场建设发展，平稳推进销售电价改革。

4. 特定领域服务业。文化、体育和娱乐业：创新国家体育旅游示范区建设，推动体育与旅游深度融合，支持旅游景区拓展体育旅游项目，鼓励旅行社等旅游企业结合体育休闲项目和体育赛事活动设计开发旅游产品和路线。鼓励外商投资旅游业，参与商业性旅游景区景点开发建设，投资旅游商品和设施。支持海南深化属地网络游戏内容审核试点，加强网络游戏知识产权保护，吸引创作团队聚集，促进游戏产业整体创新能力的提升。支持中外企业在文化领域合资合作。优化营业性演出审批管理，为文艺表演团体或个人来试点地区参加营业性演出提供便利。

（二）优化服务业开放发展的体制机制

5. 加快简政放权。深入推进“放管服”改革，全面实施市场准入负面清单制度，进一步减少服务业领域禁止和限制条款，定期评估、排查、清理各类显性和隐性壁垒。全面实行不动产登记、交易和缴税线上线下一窗受理、并行办理。除直接涉及国家安全、公共安全、金融审慎监管、生态环境保护和人民群众生命健康等以外的服务业领域推行政务服务事项告知承诺制，市场主体承诺符合相关要求并提交相关材料，政府部门进行备案或者当场作出审批决定后，即可开展投资经营活动。

6. 完善规则体系。推进监管标准规范制度建设，加快行政监管、行业自律、社会监督、公众参与的综合监管体系。探索建立政务诚信评价机制，加大政府失信专项治理力度。打破行政性垄断，防止市场垄断，维护公平竞争市场秩序，确保各类所有制市场主体享受平等待遇。探索开展数字营商环境建设工作，对标国际高标准高水平规则，加强先行先试，优化提升数字营商环境，打造吸引相关海外投资的优选地。

（三）加强服务业开放发展的政策和要素保障

7. 推进贸易投资便利化。开展国际贸易“单一窗口”国际合作试点，逐步扩大到共建“一带一路”有关国家和地区，依托“单一窗口”开展服务贸易国际结算便利化。对“国际—国内”和“国际—国际”转机的国际航班旅客及其行李，在满足国际民航组织相关安保措施要求的前提下，积极推进互转航班通程联运。提高出入境人员口岸通关效率，打通出境通关堵点，改善通关环境，持续巩固提升口岸公共卫生管理服务能力。依法允许展会展品提前备案，以担保方式放行，展品（ATA 单证册项下除外）展后结转进入保税监管场所或海关特殊监管区域予以核销。支持车辆展品依法留购并给予展示交易便利。依托人民银行的贸易金融区块链平台，构建贸易金融区块链标准体系，为中小微企业提供金融、物流及相关政务服务。

8. 提供人才保障。对外籍高层次人才投资创业、讲学交流、从事经贸活动方面提供出入境和停居留便利。符合条件的服务业企业聘用的“高精尖缺”外国人才，可享受人才签证、工作许可、社会保障等业务办理便利措施和“绿色通道”服务。增强社会保障政策的包容性，加强跨企业、跨平台、多雇主间灵活就业人员的权益保障。允许符合条件的境外人员担任试点区域内法定机构、事业单位、国有企业的法定代表人。进一步优化外国人工作许可制度，在人员出入境、外籍人才永久居留等方面实施更加开放便利的政策措施。

9. 完善财税支持政策。对在海南省从事软件、人工智能、生物医药、关键材料等领域生产研发类规模以上企业认定高新技术企业时，满足从业一年以上且在中国境内发生的研究开发费用总额占全部研究开发费用总额的比例不低于 50%条件的，实行“报备即批准”。认定为高新技术企业即可按规定享受所得税优惠等相关政策，加强事中事后监管，对发现不符合高新技术企业认定标准的按有关规定进行处理。

10. 加强金融风险防控。开展金融领域管理信息共享、监管协作和风险跨境处置合作。加强对金融开放政策措施所涉跨境收支业务数据的采集、监测和运用，排查和防范风险。强化属地监管职责，在有关重大金融风险处置研究、完善金融风险防控机制建设方面开展深入探索，进一步落实中小银行风险化解和资本补充、金融衍生品业务管理、债务管理等方面工作要求，完善相关法规制度，坚决守住不发生系统性区域性金融风险的底线。坚持金融业务持牌经营要求，通过风险提示、风控指标计算、信息报送和信息披露等，加强对金融领域企业风险防控的指导服务。

11. 强化数据及知识产权保护。加快数据安全、个人信息保护等领域基础性法规制度建设，完善政策标准、优化相关技术服务。健全完善数据分级分类、数据出境安全评估等数据安全管理制度，加强对敏感数据的管理和风险防控，探索建设数据跨境流动安全管理体系，地方政府在资金、配套政策等方面给予支持。探索构建数据保护能力认证体系，建立企业数据保护能力第三方认证机制。推进合规评估，建设相关公共服务平台，引导企业落实主体责任。加大知识产权侵权惩罚力度，严格落实知识产权侵权惩罚性赔偿制度。建立健全知识产权领域市场主体信用分类监管、失信惩戒等机制。推动省内各执法部门共享案件线索和执法资源，建立跨部门知识产权执法机制。

三、组织实施

海南省人民政府根据目标任务，进一步完善工作机制，构建精简高效、权责明晰的综合试点管理体制；加强人才培养，打造高素质专业化管理队伍；精心组织实施，在海南岛全岛或特定区域扎实推进本方案各项措施落实。牢固树立总体国家安全观，加强安全评估和风险防范，确保相关工作有序推进。商务部加强统筹协调，组织开展成效评估工作，指导落实试点任务，支持海南省总结成熟经验并及时组织推广。国务院有关部门按职责分工，积极给予支持，形成工作合力，确保各项改革开放措施落实到位。试点需要暂时调整实施有关行政法规、国务院文件和经国务院批准的部门规章部分规定的，按规定程序办理。对试点中出现的新情况、新问题，海南省人民政府和商务部及时进行梳理和研究，不断调整优化措施。重大事项及时向国务院请示报告。

（商资发 2021 年第 64 号，2021 年 4 月 21 日）

重庆市服务业扩大开放综合试点总体方案

为全面有效推进重庆市服务业扩大开放综合试点工作，制定本方案。

一、总体要求

（一）指导思想。以习近平新时代中国特色社会主义思想为指导，全面贯彻党的十九大和十九届二中、三中、四中、五中全会精神，统筹推进“五位一体”总体布局，协调推进“四个全面”战略布局，按照党中央、国务院决策部署，立足新发展阶段、贯彻新发展理念、构建新发展格局，以推动高质量发展为主题，以深化供给侧结构性改革为主线，以改革创新为根本动力，以满足人民日益增长的美好生活需要为根本目的，紧紧围绕西部大开发的重要支点、“一带一路”和长江经济带的联结点等“两点”定位，以及建设内陆开放高地、成为山清水秀美丽之地、推动高质量发展、创造高品质生活等“两地”“两高”目标，积极发挥在推进新时代西部大开发中的支撑作用、在推进共建“一带一路”中的带动作用、在推进长江经济带绿色发展中的示范作用等“三个作用”，进一步推进服务业改革开放，加快发展现代服务业，塑造国际合作和竞争新优势，促进建设更高水平开放型经济新体制，为加快构建新发展格局作出贡献。

（二）基本原则。

强化顶层设计。坚持扩大高水平开放与深化市场化改革互促共进，聚焦制度创新，统筹对内对外开放，推动由商品和要素流动型开放向规则等制度型开放转变。科学规划开放路径，准确把握时序进度，既注重全市统一开放，又注重在局部区域、重点领域开展改革实践，成熟一项推进一项，强化改革的系统性、整体性、协同性。

聚焦重点领域。主动适应全球产业链重塑和国际经贸规则重构新趋势，围绕科技服务、租赁和商业服务、教育、金融、卫生和社会工作、电力电信等重点领域，分类放宽准入限制、促进消除行政壁垒、完善监管体系、深化重点领域改革，提升服务业国际竞争力和整体发展水平。在全市域开放的基础上，探索完善“产业+平台+园区”开放模式，推动服务业扩大开放在西部（重庆）科学城、重庆两江新区等重点开放平台和重点园区示范发展，完善区域内部功能布局。

发挥比较优势。全面融入和服务新时代西部大开发、共建“一带一路”、长江经济带发展、成渝地区双城经济圈建设和西部陆海新通道建设等国家战略，在推进现代服务业与先进制造业融合发展、科技创新，建设国际性综合交通枢纽、国际消费中心城市、西部金融中心、中西部国际交往中心等方面开展探索。

加强风险防范。在扩大开放的同时，统筹发展和安全，强化风险意识和底线思维。进一步完善风险评估和预警机制，建立服务业相关产业发展统计监测和风险评价体系，不断提升保障产业安全的风险防控能力。

（三）发展目标。经过 3 年试点，通过放宽市场准入、改革监管模式、优化市场环境，努力形成市场更加开放、制度更加规范、监管更加有效、环境更加优良的服务业扩大开放新格局，探索积累可复制可推广经验，着力打造内陆现代服务业发展先行区，为国家全方位开放和服务业创新发展发挥示范带动作用。

二、主要任务和措施

（一）推动服务业重点行业领域深化改革扩大开放

1. 充分竞争性服务业。科技服务领域：支持高等学校、科研院所和中央企业等在重庆布局科研院所、分支机构和重大科技基础设施、重大科学装置。深化科技成果使用权、处置权和收益权改革，开展赋予科研人员职务科技成果所有权或长期使用权试点，探索形成市场化赋权、成果评价、收益分配等制度。探索和完善知识产权质押融资等知识产权融资机制，促进科技保险及相关再保险业务发展，开展科创企业专利保险试点。积极推动知识产权、股权及相关实体资产组合式质押贷款新模式。商业服务领域：允许具有经国家认可的境外职业资格的建筑设计、规划等领域的境外专业人才，经重庆市相关行业主管部门备案后按规定为重庆市内企业提供专业服务，其在境外的从业经历可视同国内从业经历。支持外商投资资信调查公司。允许境外知名仲裁及争议解决机构经重庆市人民政府司法行政部门登记并报国务院司法行政部门备案，在重庆特定区域内设立业务机构，就国际商事、运输、投资等领域发生的民商事争议开展仲裁业务，依法支持和保障中外当事人在仲裁前和仲裁中的财产保全、证据保全、行为保全等临时措施的申请和执行。制定平行进口汽车符合性整改标准和整改企业资质标准，开展标准符合性整改试点。

2. 有限竞争性服务业。教育服务领域：支持应用型本科高校、高职院校与国外高水平应用技术大学合作办学。探索引进国际考试机构及理工类国际教材。大力发展融合化在线教育，允许职业院校、普通高等学校购买并使用符合条件的社会化、市场化优秀在线课程资源，纳入职业院校、普通高等学校的日常教学体系，并在部分学校先行先试。支持普通中小学校招收外籍人士子女。金融服务领域：支持开展合格境内有限合伙人（QDLP）试点。推进企业增信担保、企业集团财务公司担保和关税保证保险改革。支持设立绿色金融领域交流合作平台，积极发展碳现货交易和环境权益融资，开发绿色融资工具，支持符合条件的地方法人银行和企业在境外发行绿色债券。支持符合条件的财务公司等金融机构获得结售汇业务及衍生品交易业务资格，支持符合条件的证券公司、基金管理公司等金融机构获得结售汇业务资格，在风险可控的前提下依法合规开展外汇即期及衍生品交易。在条件成熟时，研究支持符合条件的境外自然人投资重庆市内的区域性股权交易市场挂牌公司。支持与境外机构合作开发跨境商业医疗保险产品，按规定开展国际商业医疗保险结算。鼓励境外金融机构投资设立外商投资证券公司。允许外资银行参与进出口通关缴税和关税保函业务。探索非金融企业外债登记改革试点，优化高新技术企业外债管理试点。探索建立允许相关机构在可控范围内对金融新产品、新业务进行测试的监管机制。支持重庆油气现货交易场所与期货交易所开展期现合作，支持当地油气基础设施纳入全国油气产品期货保税交割设施网络。研究简化汽车金融公司、消费金融公司外资股东发行熊猫债券相关手续。健康医疗服务领域：支持港澳服务提供者设立独资医疗机构。支持外资合资举办非营利性医疗机构、提供基本医疗卫生服务。积极发展中医药领域服务业，推动若干中药材的国内标准国际化，并支持符合条件的单位申报国家中医药服务出口基地，在营利性医疗机构治未病服务项目纳入收费项目、确定收费标准等方面先行先试。支持互联网医疗发展，探索检查结果、线上处方信息等互认制度，建立健全患者主导的医疗数据共享方式和制度。将符合条件的互联网医疗服务费用按程序纳入医保支付范围。允许药品零售药店获得互联网药品信息服务资质并开展互联网药品销售业务。推动实施医疗器械注册人制度，助推“注册+生产”跨区域产业链发展。放宽外商捐资举办非营利性养老机构的民办非企业单位准入。

3. 自然垄断领域竞争性业务。电力服务领域：支持民营企业以控股或参股形式开展发电、增量配电和售电业务。稳步推进上网电价市场化改革，探索创新竞价上网模式。建立并完善电力现货交易市场和中长期市场，通过现货交易、中长期交易和辅助服务交易形成市场化交易机制。进一步完善输配电价监管体系，健全输配电成本监审、定价制度，强化动态监测和全方位监管。适应竞争性电力市场建设发展，深化售电侧改革，完善售电企业准入退出办法。电信服务领域：探索建立适应海外客户需求的网站备案制度。

（二）推动服务业扩大开放在重点平台和重点园区示范发展

4. 以西部（重庆）科学城、重庆两江新区为龙头，打造科技成果转移转化示范区。探索创制数据确权、数据资产、数据服务等交易标准及数据交易流通的定价、结算、质量认证等服务体系，规范交易行为。支持医疗器械创新重庆服务站和人类遗传资源服务站重庆创新中心建设，提高审批效率。支持设立国际研究型医院或研发病床，加速医药研发成果孵化转化进程。适度放宽医药研发用小剂量特殊化学制剂的管理，支持在区内建立备货仓库。简化国内生物医药研发主体开展国际合作研发的审批流程。对符合支持科技创新进口税收政策的区内研发机构进口科研设备，按规定免征有关进口税收。根据科研需要，探索优化对科研机构访问国际学术前沿网站的保障服务。

5. 以国家对外开放口岸和海关特殊监管区域等为载体，打造内陆国际物流枢纽。支持重庆江北国际机场扩大包括第五航权在内的航权安排。立足重庆机场航空物流园、木耳航空物流园和重庆两路寸滩综合保税区空港功能区，支持设立航空快递转运中心和区域性分拨中心，搭建国际工业品集采平台，增加邮件快件进出口新通道，建设空港型国家物流枢纽。支持江津综合保税区建设航空运程货站，协同发展航空物流、高铁物流。依托重庆港口型国家物流枢纽和重庆陆港型国家物流枢纽，探索建立成渝中欧班列定价协商合作联盟或股份合作模式，支持实施量价挂钩、灵活浮动的梯度运价。支持中欧班列（渝新欧）建设邮件进出口运输常态化规模化通道。立足口岸实际业务需求，探索开展中欧班列快件进出境业务试点。结合中欧班列集结中心建设，支持推进中欧班列邮快件国内集散分拨中心建设。建立西部陆海新通道集装箱共享调拨体系，研究制定海运和铁路集装箱的共享和调拨规则。

6. 以重庆江北嘴、解放碑、长嘉汇等为主阵地，打造金融科技创新示范区。进一步支持依法开展金融科技创新活动。支持依法设立科技成果转移转化基金、科技融资租赁公司等机构，支持银行设立科技支行，在政策允许的范围内探索开展适合科技型企业的个性化金融服务。支持鼓励保险公司发展科技保险，拓宽服务领域。

7. 以重庆主城都市区、渝东北三峡库区城镇群和渝东南武陵山区城镇群为基础，支持商贸文旅融合发展。允许外商投资旅行社开展出境游（赴台湾地区除外）业务。立足重庆解放碑步行街开展进口商品展示交易创新试点，进一步优化进口货物分送集报的贸易便利化流程。立足重庆长嘉汇大景区和两江新区国际博览中心，鼓励举办国际性文娱演出、艺术品和体育用品展会（交易会），优化营业性演出许可审批。

（三）优化服务业开放发展的体制机制

8. 加快简政放权。开展服务业企业投资项目“区域评估+标准地+承诺制+政府配套服务”改革，全面实行不动产登记、交易和缴税线上线下一窗受理、并行办理。支持重庆积极创造条件申请开展属地网络游戏内容审核试点。

9. 完善规则体系。全面实施市场准入负面清单制度，定期评估、排查、清理各类显性和隐性壁垒，推动“非禁即入”全面落实。建立健全外商投资企业投诉工作机制，保护外商投资合法权益。推进监管标准规范制度建设，加快形成行政监管、行业自律、社会监督、公众参与的综合监管体系。

10. 建设促进体系。对在重庆市从事电子信息、智能汽车、高端装备制造、关键材料、生物医药等领域生产研发类规模以上企业认定高新技术企业时，满足从业一年以上且在中国境内发生的研究开发费用总额占全部研究开发费用总额的比例不低于50%条件的，实行“报备即批准”。认定为高新技术企业即可按规定享受所得税优惠等相关政策，加强事中事后监管，对发现不符合高新技术企业认定标准的按有关规定进行处理。

（四）加强服务业开放发展的政策和要素保障

11. 推进贸易投资便利化。开展国际贸易“单一窗口”国际合作试点，逐步扩大到共建“一带一路”有关国家和地区，依托“单一窗口”开展服务贸易国际结算便利化。对“国际—国内”和“国际—国际”转机的国际航班旅客及其行李，在满足国际民航组织相关安保措施要求的前提下，积极推进互转航班通程联运。提高出入境人员口岸通关效率，打通出境通关堵点，改善通关环境，持续巩固提升口岸核心能力。依法允许展会展品提前备案，以担保方式放行，展品（ATA 单证册项下除外）展后结转进入保税监管场所或海关特殊监管区域予以核销。支持车辆展品依法留购并给予展示交易便利。依托人民银行的贸易金融区块链平台，构建贸易金融区块链标准体系，为中小微企业提供金融、物流及相关政务服务。探索开展数字营商环境建设工作，对标国际高标准高水平规则，加强先行先试，优化提升数字营商环境，打造吸引相关海外投资的优选地。

12. 提供人才保障。对外籍高层次人才投资创业、讲学交流、经贸活动提供出入境和停居留便利。符合条件的服务业企业聘用的“高精尖缺”外国人才，可享受人才签证、工作许可、社会保障等业务办理便利措施和“绿色通道”服务。对境外高端人才给予入出境便利，便利其境内经常项目项下合法薪酬收入办理购汇汇出，便利其在便利化额度外结汇缴纳随行子女在境内就读国际学校学费。除涉及国家主权、安全外，允许在重庆市合法工作的境外人士，按规定申请参加我国相关专业技术类职业资格考试（不含法律职业资格考试）。试点开展外籍人才配额管理制度，探索推荐制人才引进模式。探索允许符合条件的境外人员担任法定机构、事业单位、国有企业的法定代表人。增强社会保障政策的包容性，加强跨企业、跨平台、多雇主间灵活就业人员的权益保障。

13. 强化数据及知识产权保护。加快数据安全、个人信息保护等领域基础性法规制度建设，完善政策标准、优化相关技术服务，探索数据监管“沙盒机制”。健全完善数据分级分类、数据出境安全评估等数据安全管理制度，加强对敏感数据的管理和风险防控，探索建设数据跨境流动安全管理体系，地方政府在资金、配套政策等方面给予支持。探索构建数据保护能力认证体系，建立企业数据保护能力第三方认证机制。推进合规评估，建设相关公共服务平台，引导企业落实主体责任。加快推进设立重庆知识产权法庭，完善知识产权审判专业化体系。发挥保全的制度效能，推进知识产权案件繁简分流，提高知识产权司法救济的及时性和便利性。加大知识产权侵权违法行为惩治力度，对具有重复侵权、恶意侵权以及其他严重侵权情节的，依法适用惩罚性赔偿，切实维护权利人合法权益。深入开展知识产权保护国际交流合作。

14. 加强金融风险防控。开展金融领域管理信息共享、监管协作和风险跨境处置合作。加强对金融开放政策措施所涉跨境收支业务数据的采集、监测和运用，排查和防范风险。强化属地监管职责，在有关重大金融风险处置研究、完善金融风险防控机制建设方面开展深入探索，进一步落实中小银行风险化解和资本补充、金融衍生品业务管理、债务管理等方面工作要求，完善相关法规制度，坚决守住不发生系统性区域性金融风险的底线。坚持金融业务持牌经营要求，通过风险提示、风控指标计算、信息报送和信息披露等，加强对金融领域企业风险防控的指导服务。

三、组织实施

重庆市人民政府根据目标任务，进一步完善工作机制，构建精简高效、权责明晰的综合试点管理体制；加强人才培养，打造高素质专业化管理队伍；精心组织实施，扎实推进本方案各项措施落实。牢固树立总体国家安全观，加强安全评估和风险防范，确保相关工作有序推进。商务部加强统筹协调，组织开展成效评估工作，指导落实试点任务，支持重庆市总结成熟经验并及时组织推广。国务院有关部门按职责分工，积极给予支持，形成工作合力，确保各项改革开放措施落实到位。试点需要暂时调整实施有关行政法规、国务院文件和经国务院批准的部门规章部分规定的，按规定程序办理。对试点中出现的新情况、新问题，重庆市人民政府和商务部及时进行梳理和研究，不断调整优化措施。重大事项及时向国务院请示报告。

（商资发 2021 年第 65 号，2021 年 4 月 21 日）

关于加强自由贸易试验区生态环境保护推动高质量发展的指导意见

环综合〔2021〕44号

各有关省（区、市）生态环境厅（局）、商务主管部门、发展改革委、住房和城乡建设厅（委、管委）、能源局、林业和草原主管部门；中国人民银行上海总部，各分行、营业管理部，各省会（首府）城市中心支行；海关总署广东分署、各直属海关；中国（上海）自由贸易试验区推进工作领导小组办公室、海南省自由贸易港工作委员会办公室：

为深入贯彻习近平总书记关于自由贸易试验区（以下简称自贸试验区）建设的重要指示批示精神，落实党中央、国务院支持自贸试验区深化改革创新决策部署，加强自贸试验区生态环境保护，推动经济高质量发展，提出以下意见。

一、总体要求

（一）指导思想

以习近平新时代中国特色社会主义思想为指导，全面贯彻党的十九大和十九届二中、三中、四中、五中全会精神，深入贯彻习近平生态文明思想，立足新发展阶段，贯彻新发展理念，构建新发展格局，紧扣推动高质量发展主题和深化供给侧结构性改革主线，落实碳达峰碳中和重大战略决策，深入打好污染防治攻坚战，创新生态环境管理模式和制度，全面提升自贸试验区生态环境保护水平，推动贸易、投资与生态环境和谐发展，促进经济社会发展全面绿色转型，努力将自贸试验区打造为协同推动经济高质量发展和生态环境高水平保护的示范样板。

（二）基本原则

坚持生态优先，推动绿色低碳发展。统筹发展与保护的关系，充分发挥生态环境保护推动自贸试验区高质量发展的重要作用，推动探索各具特色的高质量发展模式，让绿色成为自贸试验区发展的底色。

坚持创新引领，深入推进制度改革。充分发挥自贸试验区“试验田”作用，深入推进生态环境领域“放管服”改革，优化提升生态环境公共服务水平，加强生态环境改革举措系统集成，打造生态文明制度创新高地。

坚持开放合作，主动对接国际规则。积极发挥自贸试验区对外开放前沿优势，对标高标准国际规则，深化生态环境国际合作与交流，在构建国内国际双循环中发挥引领带动和桥梁纽带作用。

（三）主要目标

到2025年，自贸试验区生态环境保护推动高质量发展的架构基本形成，经济结构和开发格局较为合理，生态环境保护和风险防范水平显著提升，能耗强度和二氧化碳排放强度明显降低，生态环境治理体系和治理能力现代化建设处于领先水平，在推动绿色低碳发展、生态环境治理、国际合作等方面形成一批可复制可推广的管理和制度创新成果。

二、加快产业结构优化升级，建设高质量发展引领区

（四）推动形成绿色发展布局。自贸试验区的开发应当严格遵守生态环境保护相关法律法规，符合相关规划要求。健全生态环境分区管控体系，加强“三线一单”（生态保护红线、环境质量底线、资源利用上线和生态环境准入清单）和能耗双控在产业布局、环境准入等方面的应用，引导自贸试验区优化调整产业结构。自贸试验区应当对有关开发利用规划开展环境影响评价。

（五）打造先进绿色制造业。加快提高自贸试验区制造业的绿色化水平，大力发展新能源、新材料、节能环保等战略性新兴产业，建设国际一流的

绿色再制造基地。上海等东部地区自贸试验区加快推进工业产品生态设计和绿色制造研发应用，推广先进、适用的绿色生产技术和装备，推动生产原辅料、能源的绿色替代。湖北等中西部地区、辽宁等东北地区自贸试验区推进传统优势产业的跨区域兼并重组、技术改造和转型升级，加快搬迁退出不符合发展定位的工业企业。建立健全绿色认证和评级体系，鼓励创建绿色企业、绿色工厂，发挥龙头引领和辐射带动作用。支持重点行业开展清洁生产审核和清洁生产评价认证，实施清洁生产改造。培养“互联网+”绿色环保产业模式，支持参与全球生态环境治理。

（六）推动发展现代绿色服务业。推动绿色冷链物流标准化建设，打造绿色低碳货运冷链。鼓励发展网络平台道路货运等新业态、新模式，开展绿色货运配送示范工程。发展绿色仓储，鼓励支持大型仓储设施应用绿色材料、节能技术装备以及合同能源管理等节能管理模式。加强快递物流包装绿色治理，加大绿色循环共用标准化周转箱推广应用力度。

（七）深入推进绿色贸易。支持综合保税区内企业开展高技术、高附加值、符合环保要求的产品维修业务，研究扩大维修产品目录。研究支持自贸试验区内企业按照综合保税区维修产品目录开展保税维修业务。鼓励自贸试验区积极扩大先进生态环境治理与低碳技术进口，以及研发设计、环境服务等生产性服务进口。

（八）推动构建绿色供应链。以长三角、粤港澳大湾区自贸试验区为重点，推广环境标志等绿色产品标准、认证、标识体系，整体推进绿色供应链建设。支持自贸试验区龙头企业实施绿色供应链管理，提供符合国际标准的绿色供应链产品。鼓励自贸试验区行政机关和使用财政资金的机构优先采购和使用节能、节水、节材等环保产品、设备和设施。

（九）支撑服务国家区域发展重大战略。支持北京、天津、河北自贸试验区参与碳排放权、排污权交易市场建设，开展生态环境治理合作，服务京津冀协同发展。推动长江经济带沿线自贸试验区产业转型升级，建设绿色产业体系，探索走出一条生态优先、绿色发展的新路子。支持广东自贸试验区创新粤港澳环境科技合作，建设美丽湾区。推动海南在生态文明体制改革上先行一步，为全国生态文明建设作出表率。加快上海、江苏、浙江、安徽自贸试验区低碳发展。陕西、湖北、河南、山东自贸试验区加快产业低碳转型，发展绿色环保产业，推动黄河流域生态保护和高质量发展。支持成渝地区双城经济圈在绿色产品研发设计、生产销售和物流配送等环节协同配合。鼓励福建、广西等自贸试验区聚焦重点领域开展协同创新，积极参与绿色丝绸之路建设。

三、加快重点领域绿色转型，打造低碳试点先行区

（十）推动能源清洁低碳利用。支持自贸试验区低碳发展，鼓励基础较好的片区建设近零碳/零碳排放示范工程。坚持节能优先，强化重点用能单位节能管理，实施能量系统优化、节能技术改造等重点工程。鼓励自贸试验区新（改、扩）建设项目实施煤炭减量替代，优先使用非化石能源和天然气满足新增用能需求。推动能源梯级利用，鼓励建设电、热、冷、气等多种能源协同互济的综合能源项目。推动新型储能产业化、规模化示范，促进储能技术装备和商业模式创新。支持海南建设清洁能源岛。坚决遏制“两高”项目盲目发展。开展绿色能源供应模式试点，在确保安全的前提下，研究试点建设一批兼具天然气、储能、氢能、快速充换电等功能的综合站点。探索开展规模化、全链条碳捕集利用和封存试验示范工程建设。

（十一）加快发展绿色低碳交通运输。推动沿海沿河自贸试验区大宗货物集疏港运输向铁路和水路转移，有条件的自贸试验区新建或改扩建铁路专用线。实施多式联运示范工程，支持全程冷链运输、电商快递班列等多式联运试点示范创建。鼓励

将老旧车辆和非道路移动机械替换为清洁能源车辆。公共交通、物流配送等领域新增或更新车辆，鼓励使用新能源或清洁能源汽车。积极推广应用电动和天然气动力船舶。

（十二）加快基础设施低碳改造。各自贸试验区加快交通枢纽、物流园区等建设充电基础设施，完善车用天然气加注站、充电桩布局。新建码头（油气化工码头除外）严格按标准同步规划、设计、建设岸电设施，加快推进现有码头岸电设施改造。加快推进液化天然气海运转水运和多式联运，提高岸电使用率。鼓励新（改、扩）建建筑达到绿色建筑标准，加快推动既有建筑节能低碳改造，推进建筑光伏一体化，探索构建低碳、零碳的建筑用能系统，优先使用节能节水设备。积极推广内河航道绿色建设技术。探索建立重大基础设施气候风险评估机制，设施设计、建设、运行、维护过程中应充分考虑气候变化影响和风险。

（十三）积极参与碳市场建设。鼓励自贸试验区企业参与碳排放权交易。支持地方自主开展林业碳汇等具有明显生态修复和保护效益的温室气体自愿减排项目。鼓励北京自贸试验区设立全国自愿减排等碳交易中心。鼓励自贸试验区利用现有产业投资基金，加大对碳减排项目的支持力度，引导社会资本参与气候投融资试点。

四、加强生态环境保护，构建生态环境安全区

（十四）加强生态系统保护与修复。开展生态环境风险评估，严守生态保护红线。沿海沿河自贸试验区积极参与“美丽河湖”“美丽海湾”建设，加强岸线生态保护修复，有序推进疏浚土综合利用，探索海洋绿色发展新模式。支持海南建设热带雨林国家公园，构建以国家公园为主体的自然保护地体系。加强海洋生态系统和海洋生物多样性保护，开展海洋生物多样性调查与观测，保护修复红树林、海草床、珊瑚礁等典型生态系统，加强各类海洋保护地建设和规范管理。加强城市生态修复，推进公园绿地和绿化隔离带建设，完善绿色生态网络。

（十五）推进环境污染治理。全面实施排污许可制。支持开展细颗粒物（PM2.5）和臭氧（O_3）协同控制试点，因地制宜推广建设涉挥发性有机物（VOCs）“绿岛”项目。强化源头替代，鼓励新建项目采用符合国家有关低 VOCs 含量产品规定的涂料、油墨、胶粘剂等，推动现有企业进行源头替代。加强水资源、水生态、水环境系统治理，在周边重要河流合理划定生态缓冲带，实施保护修复。高标准推进污水管网全覆盖，实现污水处理稳定达标排放，提高再生水循环利用水平。有序实施建设用地土壤污染风险管控和修复。加强交通、施工等噪声、扬尘管理。支持自贸试验区建设“无废区”。

（十六）提升生态环境监督执法效能。全面推行“双随机、一公开”监管，实施生态环境监督执法正面清单，强化监督定点帮扶，推进生态环境“互联网+监管”“大数据+监管”，依法推动联合监管、动态监管、信用监管和失信惩戒。注重“柔性”执法，指导地方适时研究制定生态环境轻微违法违规行为免罚清单。

（十七）加快补齐环境基础设施短板。加快建设环境质量和污染源在线监测监控网络，督促排污企业落实自行监测责任。加强污水、生活垃圾、固体废物等集中处理处置设施以及配套管网、收运储体系建设。健全危险废物收运体系，提升小微企业危险废物收集转运能力。强化油气输运、重化工储运等高环境风险片区环境应急能力建设。

五、全面深化改革，形成制度创新示范区

（十八）创新生态环境管理制度。实施环评审批正面清单，支持依法依规开展环境影响评价制度改革试点。对依法合规、满足生态环境保护要求的基础设施、重点产业布局等项目开辟“绿色通道”，支持自贸试验区重大项目建设。推动重大生态环保改革举措优先在自贸试验区试点示范，深入推进环境信息依法披露、排污口监督管理、危险废物监管

和利用处置能力、生态环境损害赔偿、环境污染强制责任保险等制度改革。指导支持自贸试验区开展生态文明建设示范创建。

（十九）健全生态产品价值实现机制。鼓励培育发展排污权交易市场，积极探索建立跨区域排污权交易机制。鼓励开展环境综合治理托管服务。探索绿色债券、绿色股权投融资业务，支持生态环境治理和节能减排。开展生态产品价值核算试点，支持安徽自贸试验区建立生态产品价值实现机制。推动湖南等自贸试验区完善异地开发生态保护补偿机制。

（二十）加强生态环境科技创新应用。加强生态环境信息化与智慧环保建设，推进建立全领域、全要素智慧环保和决策支撑平台。鼓励跨国公司在自贸试验区设立环境技术研发中心。支持自贸试验区开展绿色技术创新转移转化示范。指导安徽自贸试验区做好大气环境立体探测等重大科技研究。支持江苏自贸试验区完善长江“生态眼”多源感知系统。

六、全面对标接轨，树立环境国际合作样板区

（二十一）对标国际环境与贸易规则及实践。积极落实我国与其他国家和地区签署的中国—韩国自由贸易协定、中国—瑞士自由贸易协定等双边或区域自由贸易协定中的有关生态环境条款。支持有条件的自贸试验区主动对标和参考国际高标准自贸协定中的环境条款，积极探索实现环境与贸易投资相互支持的新模式。

（二十二）持续推进生态环境国际合作。有关自贸试验区积极搭建生态环境合作平台，开展环境技术交流与合作，支持共建绿色“一带一路”。加强黑龙江等边境自贸试验区环境管理与合作，防范跨境水生态环境污染风险。加强对引进种质资源的隔离与监管，强化野生动植物进口管理，加强外来入侵物种和生物遗传资源等的调查、监测和编目，构建自贸试验区生物安全防控体系。进一步提升节能环保领域对外开放水平，鼓励外资投资节能环保项目。做好生态环境领域外商投资安全审查工作。

七、实施保障

（二十三）落实主体责任。各自贸试验区要发挥改革开放“前沿阵地”的作用，深化改革、创新发展，积极探索推动高质量发展的生态环境管理模式。要认真履行生态环境保护责任，加强组织领导，细化工作举措，狠抓任务落实，全面提升自贸试验区生态环境保护工作水平。

（二十四）加强指导支持。各级生态环境部门要加强对自贸试验区生态环境保护工作的指导与帮扶，在体制机制创新等方面予以支持。有关省级生态环境部门要认真研究自贸试验区生态环境保护面临的新形势、新需要和新问题，出实招、解难题、强基础，推动自贸试验区打造改革开放新高地。

（二十五）做好宣传推广。鼓励各自贸试验区先行先试，推动好经验、好做法以立法和制度的形式固定下来。各自贸试验区管理机构应会同所在地生态环境部门及时总结经验与成效，做好宣传解读，推广应用自贸试验区制度创新成果。要完善国际合作交流机制，积极向国际社会宣介生态文明思想，讲好生态文明的“中国故事”。

附件：各有关省（区、市）名单

生态环境部　商务部
国家发展和改革委员会　住房和城乡建设部
中国人民银行　海关总署
国家能源局　国家林业和草原局
2021 年 5 月 17 日

附 件

各有关省（区、市）名单

北京、天津、河北、辽宁、黑龙江、上海、江苏、浙江、安徽、福建、山东、河南、湖北、湖南、广东、广西、海南、重庆、四川、云南、陕西21个省（区、市）。

国务院关于深化“证照分离”改革进一步激发市场主体发展活力的通知

国发〔2021〕7号

各省、自治区、直辖市人民政府，国务院各部委、各直属机构：

开展“证照分离”改革，是落实党中央、国务院重大决策部署，深化“放管服”改革、优化营商环境的重要举措，对于正确处理政府和市场关系、加快完善社会主义市场经济体制具有重大意义。为深化“证照分离”改革，进一步激发市场主体发展活力，国务院决定在全国范围内推行“证照分离”改革全覆盖，并在自由贸易试验区加大改革试点力度。现就有关事项通知如下：

一、总体要求

（一）指导思想。以习近平新时代中国特色社会主义思想为指导，全面贯彻党的十九大和十九届二中、三中、四中、五中全会精神，持续深化“放管服”改革，统筹推进行政审批制度改革和商事制度改革，在更大范围和更多行业推动照后减证和简化审批，创新和加强事中事后监管，进一步优化营商环境、激发市场主体发展活力，加快构建以国内大循环为主体、国内国际双循环相互促进的新发展格局。

（二）改革目标。自2021年7月1日起，在全国范围内实施涉企经营许可事项全覆盖清单管理，按照直接取消审批、审批改为备案、实行告知承诺、优化审批服务等四种方式分类推进审批制度改革，同时在自由贸易试验区进一步加大改革试点力度，力争2022年底前建立简约高效、公正透明、宽进严管的行业准营规则，大幅提高市场主体办事的便利度和可预期性。

二、大力推动照后减证和简化审批

法律、行政法规、国务院决定设定（以下统称中央层面设定）的涉企经营许可事项，在全国范围内按照《中央层面设定的涉企经营许可事项改革清单（2021年全国版）》（见附件1）分类实施改革；在自由贸易试验区增加实施《中央层面设定的涉企经营许可事项改革清单（2021年自由贸易试验区版）》（见附件2）规定的改革试点举措，自由贸易试验区所在县、不设区的市、市辖区的其他区域参照执行。省级人民政府可以在权限范围内决定采取更大力度的改革举措。地方性法规、地方政府规章设定（以下统称地方层面设定）的涉企经营许可事项，由省级人民政府统筹确定改革方式。

（一）直接取消审批。为在外资外贸、工程建设、交通物流、中介服务等领域破解“准入不准营”问题，在全国范围内取消68项涉企经营许可事项，在自由贸易试验区试点取消14项涉企经营许可事项。取消审批后，企业（含个体工商户、农民专业合作社，下同）取得营业执照即可开展经营，行政机关、企事业单位、行业组织等不得要求企业提供相关行政许可证件。

（二）审批改为备案。为在贸易流通、教育培训、医疗、食品、金融等领域放开市场准入，在全国范围内将15项涉企经营许可事项改为备案管理，在自由贸易试验区试点将15项涉企经营许可事项改为备案管理。审批改为备案后，原则上实行事后备案，企业取得营业执照即可开展经营；确需事前备案的，企业完成备案手续即可开展经营。企业按规定提交备案材料的，有关主管部门应当当场办理备案手续，不得作出不予备案的决定。

（三）实行告知承诺。为在农业、制造业、生产服务、生活消费、电信、能源等领域大幅简化准入审批，在全国范围内对37项涉企经营许可事项实行告知承诺，在自由贸易试验区试点对40项涉企经营许可事项实行告知承诺。实行告知承诺后，有关主管部门要依法列出可量化可操作、不含兜底条款的经营许可条件，明确监管规则和违反承诺后果，一次性告知企业。对因企业承诺可以减省的审批材料，不再要求企业提供；对可在企业领证后补交的审批材料，实行容缺办理、限期补交。对企业自愿作出承诺并按要求提交材料的，要当场作出审批决定。对通过告知承诺取得许可的企业，有关主管部门要加强事中事后监管，确有必要的可以开展全覆盖核查。发现企业不符合许可条件的，要依法调查处理，并将失信违法行为记入企业信用记录，依法依规实施失信惩戒。有关主管部门要及时将企业履行承诺情况纳入信用记录，并归集至全国信用信息共享平台。

（四）优化审批服务。对“重要工业产品（除食品相关产品、化肥外）生产许可证核发”等 15 项涉企经营许可事项，下放审批权限，便利企业就近办理。对“保安服务许可证核发”等 256 项涉企经营许可事项，精简许可条件和审批材料，减轻企业办事负担。对“会计师事务所设立审批”等 140 项涉企经营许可事项，优化审批流程，压减审批时限，提高审批效率。对“海关监管货物仓储审批”等 18 项设定了许可证件有效期限的涉企经营许可事项，取消或者延长许可证件有效期限，方便企业持续经营。对“互联网上网服务营业场所经营单位设立审批”等 13 项设定了许可数量限制的涉企经营许可事项，取消数量限制，或者合理放宽数量限制并定期公布总量控制条件、企业存量、申请排序等情况，鼓励企业有序竞争。同时，各地区、各部门要积极回应企业关切，探索优化审批服务的创新举措。

三、强化改革系统集成和协同配套

（一）实施涉企经营许可事项清单管理。按照全覆盖要求，将全部涉企经营许可事项纳入清单管理，并逐项确定改革方式、具体改革举措和加强事中事后监管措施。清单实行分级管理，国务院审改办负责组织编制中央层面设定的涉企经营许可事项清单，省级审改工作机构负责组织编制地方层面设定的涉企经营许可事项清单。清单要动态调整更新并向社会公布，接受社会监督。清单之外，一律不得限制企业进入相关行业开展经营。各地区、各部门要对清单之外限制企业进入特定行业开展经营的管理事项进行全面自查清理，对实施变相审批造成市场分割或者加重企业负担的行为，要严肃督查整改并追究责任。

（二）深化商事登记制度改革。持续推进“先照后证”改革，推动将保留的登记注册前置许可改为后置。开展经营范围规范化登记，市场监管部门牵头编制经营范围规范目录，为企业自主选择经营范围提供服务。经营范围规范目录要根据新产业、新业态的发展及时调整更新。市场监管部门应当告知企业需要办理的涉企经营许可事项，并及时将有关企业登记注册信息推送至有关主管部门。企业超经营范围开展非许可类经营活动的，市场监管部门不予处罚。有关主管部门不得以企业登记的经营范围为由，限制其办理涉企经营许可事项或者其他政务服务事项。在自由贸易试验区试点商事主体登记确认制改革，最大程度尊重企业登记注册自主权。

（三）推进电子证照归集运用。国务院有关部门要制定完善电子证照有关标准、规范和样式，2022 年底前全面实现涉企证照电子化。要强化电子证照信息跨层级、跨地域、跨部门共享，有关主管部门应当及时将电子证照归集至全国一体化政务服务平台、全国信用信息共享平台、国家企业信用信息公示系统，有关平台和系统要加快建设全国统一、实时更新、权威可靠的企业电子证照库。要加强电子证照运用，实现跨地域、跨部门互认互信，在政务服务、商业活动等场景普遍推广企业电子亮照亮证。凡是通过电子证照可以获取的信息，一律不再要求企业提供相应材料。

四、创新和加强事中事后监管

（一）适应改革要求明确监管责任。要落实放管结合、并重要求，按照“谁审批、谁监管，谁主管、谁监管”原则，切实履行监管职责，坚决纠正“以批代管”、“不批不管”问题，防止出现监管真空。直接取消审批、审批改为备案的，由原审批部门依法承担监管职责。实行告知承诺、优化审批服务的，由审批部门负责依法监管持证经营企业、查处无证经营行为。实行相对集中行政许可权改革或者综合行政执法改革的地区，按照省级人民政府制定的改革方案确定监管职责、健全审管衔接机制。坚持政府主导、企业自治、行业自律、社会监督，压实企业主体责任，支持行业协会提升自律水平，鼓励新闻媒体、从业人员、消费者、中介机构等发挥监督作用，健全多元共治、互为支撑的协同监管格局。

（二）根据改革方式健全监管规则。国务院有关部门要根据涉企经营许可事项的改革方式，分领域制定全国统一、简明易行的监管规则，建立健全技术、安全、质量、产品、服务等方面的国家标准，为监管提供明确指引。直接取消审批的，有关主管部门要及时掌握新设企业情况，纳入监管范围，依法实施监管。审批改为备案的，要督促有关企业按规定履行备案手续，对未按规定备案或者提交虚假备案材料的要依法调查处理。实行告知承诺的，要重点对企业履行承诺情况进行检查，发现违反承诺的要责令限期整改，逾期不整改或者整改后仍未履行承诺的要依法撤销相关许可，构成违法的要依法予以处罚。下放审批权限的，要同步调整优化监管层级，实现审批监管权责统一。

（三）结合行业特点完善监管方法。对一般行业、领域，全面推行“双随机、一公开”监管，根据企业信用风险分类结果实施差异化监管措施，持续推进常态化跨部门联合抽查。对直接涉及公共安全和人民群众生命健康等特殊行业、重点领域，落实全覆盖重点监管，强化全过程质量管理，守牢安全底线。要充分发挥信用监管基础性作用，建立企业信用与自然人信用挂钩机制，依法依规实施失信惩戒。要建立健全严重违法责任企业及相关人员行业禁入制度，增强监管威慑力。对新技术、新产业、新业态、新模式等实行包容审慎监管，量身定制监管模式，对轻微违法行为依法从轻、减轻或者免予行政处罚。深入推进“互联网+监管”，探索智慧监管，加强监管数据共享，运用大数据、物联网、人工智能等手段精准预警风险隐患。

五、采取有力措施确保改革落地见效

（一）健全改革工作机制。国务院推进政府职能转变和“放管服”改革协调小组负责统筹领导全国“证照分离”改革工作。国务院办公厅、市场监管总局、司法部牵头负责推进改革，做好调查研究、政策解读、协调指导、督促落实、法治保障、总结评估等工作。商务部负责指导各自由贸易试验区做好“证照分离”改革与对外开放政策的衔接。省级人民政府对本地区改革工作负总责，要建立健全审改、市场监管、司法行政、商务（自贸办）等部门牵头，各部门分工负责的工作机制，强化责任落实，扎实推进改革。

（二）加强改革法治保障。要坚持重大改革于法有据，依照法定程序推动改革。配合在全国范围内推行的改革举措，推动修改法律、行政法规有关规定。在自由贸易试验区配合相关改革试点举措，根据全国人民代表大会常务委员会授权决定暂时调整适用《中华人民共和国会计法》等7部法律有关规定，暂时调整适用《互联网上网服务营业场所管理条例》等13部行政法规有关规定（见附件3）。国务院有关部门和地方人民政府要根据法律、行政法规的调整情况，对规章、规范性文件作相应调整，建立与改革要求相适应的管理制度。2022年底前，国务院有关部门要组织对暂时调整适用法律、行政法规有关规定情况开展中期评估。

（三）抓好改革实施工作。国务院有关部门要制定实施方案，对中央层面设定的涉企经营许可事项逐项细化改革举措，并向社会公布。各省、自治区、直辖市人民政府要制定本地区改革实施方案，以省为单位编制地方层面设定的涉企经营许可事项改革清单，并向社会公布。各地区、各部门要做好改革政策工作培训和宣传解读，调整优化业务流程，修订完善工作规则和服务指南，改造升级信息系统，确保改革措施全面落实、企业充分享受改革红利。

本通知实施中的重大问题，省级人民政府、国务院有关部门要及时向国务院请示报告。

附件：

1. 中央层面设定的涉企经营许可事项改革清单（2021 年全国版）

2. 中央层面设定的涉企经营许可事项改革清单（2021 年自由贸易试验区版）

3. 国务院决定在自由贸易试验区暂时调整适用行政法规有关规定目录

国务院

2021 年 5 月 19 日

（此件公开发布）

附件 1

中央层面设定的涉企经营许可事项改革清单（2021 全国版）（共 523 项）（略）

附件 2

中央层面设定的涉企经营许可事项改革清单（2021 年自由贸易试验区版）（共 69 项）

序号	主管部门	改革事项	许可证件名称	设定依据	审批层级和部门	改革方式				具体改革举措	加强事中事后监管措施
						直接取消审批	审批改为备案	实行告知承诺	优化审批服务		
1	教育部	实施中等及中等以下学历教育、学前教育、自学考试助学及其他文化教育的民办学校筹设审批	筹设批准书	《中华人民共和国民办教育促进法》《中华人民共和国民办教育促进法实施条例》	县级以上地方教育部门	√				举办实施中等及中等以下学历教育、学前教育、自学考试助学及其他文化教育的民办学校，不再向教育部门申请办理筹设审批，直接申请办理办学许可。	1. 开展“双随机、一公开”监管，定期进行抽查检查，加强对民办学校的过程性指导，加大对违法违规办学行为的查处力度。2. 推进民办教育信用信息公示制度，将民办学校的法人登记信息、行政许可信息、年度检查信息、监督检查结果、行政处罚信息向社会公示，强化信用约束。3. 依法依规建立违规失信惩戒机制，将违规办学的学校及其举办者和负责人纳入黑名单，依法向社会公开，并对其今后在民办教育领域的许可申请实施重点监管。4. 健全联合执法机制，通过跨部门的实时数据对接和信息共享，及时掌握和研判民办教育领域出现的新问题，积极主动予以应对。
2	公安部	互联网上网服务营业场所信息网络安全审核	批准文件	《互联网上网服务营业场所管理条例》	省、设区的市、县级公安机关	√				取消“互联网上网服务营业场所信息网络安全审核”。	1. 加强部门间信息共享，市场监管部门在企业登记后及时将有关信息推送至有关公安机关，文化和旅游部门在实施互联网上网服务营业场所审批后及时将有关信息推送至同级公安机关，公安机关及时纳入监管范围。2. 开展“双随机、一公开”监管，依法查处违法违规行为。3. 加强信用监管，建立从业人员信用档案，依法依规对失信主体开展失信惩戒。

续表

序号	主管部门	改革事项	许可证件名称	设定依据	审批层级和部门	改革方式				具体改革举措	加强事中事后监管措施
						直接取消审批	审批改为备案	实行告知承诺	优化审批服务		
3	财政部	中介机构从事代理记账业务审批	代理记账许可证书	《中华人民共和国会计法》	县级以上地方财政部门	√				取消“中介机构从事代理记账业务审批”	1. 充分运用市场监管部门共享的代理记账中介机构登记注册信息，加强监管。2. 加强对代理记账行业协会的指导，提升行业自律水平。3. 根据会计信息质量检查等执法工作中发现的线索，对相关代理记账中介机构实施重点监管。
4	人力资源社会保障部	民办普通、高级技工学校筹设审批	无	《中华人民共和国民办教育促进法》《中华人民共和国民办教育促进法实施条例》	省级人力资源社会保障部门	√				举办民办普通、高级技工学校不再向人力资源社会保障部门申请办理筹设审批，直接申请办理办学许可。	1. 开展“双随机、一公开”监管，依法查处违法违规行为。2. 加强日常监管，依法及时处理投诉举报。
5	人力资源社会保障部	民办技师学院筹设审批	无	《中华人民共和国民办教育促进法》《中华人民共和国民办教育促进法实施条例》	省级人民政府	√				开办技师学院不再向省级人民政府申请办理筹设审批，直接申请办理办学许可。	1. 开展“双随机、一公开”监管，依法查处违法违规行为。2. 加强日常监管，依法及时处理投诉举报。
6	住房城乡建设部	从事生活垃圾（含粪便）经营性清扫、收集、运输服务审批	从事生活垃圾（含粪便）经营性清扫、收集、运输服务许可证	《国务院对确需保留的行政审批项目设定行政许可的决定》	县级以上地方住房城乡建设（环境卫生）部门	√				取消“从事生活垃圾（含粪便）经营性清扫、收集、运输服务审批”。	1. 构建生活垃圾经营性服务全过程监管体系，强化日常监管。2. 推动生活垃圾无害化处理设施建设和运营信息公开。

续表

序号	主管部门	改革事项	许可证件名称	设定依据	审批层级和部门	改革方式				具体改革举措	加强事中事后监管措施
						直接取消审批	审批改为备案	实行告知承诺	优化审批服务		
7	商务部	对外贸易经营者备案登记	对外贸易经营者备案登记表	《中华人民共和国对外贸易法》	县级以上地方商务部门	√				取消“对外贸易经营者备案登记”	1. 加强部门间信息共享，商务部会同市场监管总局建立信息共享专线，市场监管总局将对外贸易经营企业的登记注册信息和应商务部需求采集的其他信息及时推送至商务部等有关部门，海关总署将进出口货物收发货人备案信息等及时推送至商务部等有关部门。2. 商务部指导自由贸易试验区开展“双随机、一公开”监管等事中事后监管，发现违法违规行为要依法查处并公开结果，对严重违法违规的企业依法联合实施市场禁入措施。3. 加强信用监管，建立经营主体信用记录，依法依规实施失信惩戒。4. 支持行业协会发挥自律作用。
8	商务部	供港澳活畜禽经营权	批准文件	《中华人民共和国货物进出口管理条例》	商务部	√				取消“供港澳活畜禽经营权审批”。自由贸易试验区企业申请供港澳活畜禽配额，在向商务部门首次提出配额申请时，提供相应证明材料或者声明是在自由贸易试验区内注册企业，地方商务部门核实有关信息后报商务部申请有关配额。	1. 地方商务部门在每年年底前向商务部报备当年新增供港澳活畜禽企业及当年配额使用情况。2. 加强信用监管，将供港澳活畜禽企业经营情况记入信用记录，依法依规实施失信惩戒。

续表

序号	主管部门	改革事项	许可证件名称	设定依据	审批层级和部门	改革方式				具体改革举措	加强事中事后监管措施
						直接取消审批	审批改为备案	实行告知承诺	优化审批服务		
9	中国人民银行	国有大型商业银行及其分支机构进入全国银行间债券市场备案	备案通知书	《国务院对确需保留的行政审批项目设定行政许可的决定》	中国人民银行总行	√				取消“国有大型商业银行及其分支机构进入全国银行间债券市场备案”。	开展“双随机、一公开”监管，根据不同风险程度、信用水平，合理确定抽查比例，对入市机构进行合格性评估。
10	市场监管总局	承担国家法定计量检定机构任务授权审批	计量授权证书	《中华人民共和国计量法》	县级以上市场监管部门	√				取消“承担国家法定计量检定机构任务授权审批”。	1. 开展“双随机、一公开”监管，发现违法违规行为要依法查处并公开结果。2. 对通过投诉举报等渠道反映问题多的机构实施重点监管。3. 加强信用监管，依法向社会公布法定计量检定机构信用状况，依法依规对失信主体开展失信惩戒。
11	广电总局	设立电视剧制作单位审批	电视剧制作许可证	《广播电视管理条例》	广电总局	√				取消“设立电视剧制作单位审批”。	1. 落实意识形态工作责任制，严格电视剧内容审查把关和发行播出管理。2. 通过日常监听监看、受理群众举报等方式对电视剧制作单位的电视剧制作情况进行监管，发现违法违规行为要依法查处并公开结果。
12	国家药监局	医疗机构使用放射性药品（一、二类）许可	放射性药品使用许可证	《放射性药品管理办法》	省级药监部门	√				取消“医疗机构使用放射性药品（一、二类）许可”。	1. 加强对医疗机构使用放射性药品的日常监督检查。2. 加强药监、卫生健康、生态环境等部门间的协调配合，及时共享医疗机构使用放射性药品信息。3. 及时向社会公开医疗机构使用放射性药品有关信息，加强社会监督。

续表

序号	主管部门	改革事项	许可证件名称	设定依据	审批层级和部门	改革方式				具体改革举措	加强事中事后监管措施
						直接取消审批	审批改为备案	实行告知承诺	优化审批服务		
13	国家药监局	药品零售企业筹建审批	无	《中华人民共和国药品管理法实施条例》	设区的市、县级药监部门	√				开办药品零售企业不再向药监部门申请办理筹建审批，直接申请办理药品经营许可。	1. 全面落实新修订的药品管理法有关规定，进一步完善有关部门规章内容，细化监管要求，推动属地监管部门强化监督检查，落实监管责任。2. 落实“四个最严”要求，制定年度监管计划，突出监管重点，强化风险控制。3. 通过日常监管督促企业不断完善、改进质量管理体系，持续合法合规经营。4. 对违法违规行为，依法严厉查处并公开曝光。
14	国家药监局	药品批发企业筹建审批	无	《中华人民共和国药品管理法实施条例》	省级药监部门	√				开办药品批发企业不再向药监部门申请办理筹建审批，直接申请办理药品经营许可。	1. 全面落实新修订的药品管理法有关规定，进一步完善有关部门规章内容，细化监管要求，推动属地监管部门强化监督检查，落实监管责任。2. 落实“四个最严”要求，制定年度监管计划，突出监管重点，强化风险控制。3. 通过日常监管督促企业不断完善、改进质量管理体系，持续合法合规经营。4. 对违法违规行为，依法严厉查处并公开曝光。

续表

序号	主管部门	改革事项	许可证件名称	设定依据	审批层级和部门	改革方式				具体改革举措	加强事中事后监管措施
						直接取消审批	审批改为备案	实行告知承诺	优化审批服务		
15	教育部	实施自学考试助学的民办学校设立、变更和终止审批	中华人民共和国民办学校办学许可证	《中华人民共和国民办教育促进法》《中华人民共和国民办教育促进法实施条例》	县级以上地方教育部门		√			对实施自学考试助学的民办学校，取消办学许可，改为备案管理。	1. 开展“双随机、一公开”监管，定期进行抽查检查，加强对民办学校的过程性指导，加大对违法违规办学行为的查处力度。2. 推进民办教育信用信息公示制度，将民办学校的法人登记信息、行政许可信息、年度检查信息、监督检查结果、行政处罚信息向社会公示，强化信用约束。3. 依法依规建立违规失信惩戒机制，将违规办学的学校及其举办者和负责人纳入黑名单，依法向社会公开，并对其今后在民办教育领域的许可申请实施重点监管。4. 健全联合执法机制，通过跨部门的实时数据对接和信息共享，及时掌握和研判民办教育领域出现的新问题，积极主动予以应对。
16	公安部	公章刻制业特种行业许可证核发	公章刻制业特种行业许可证	《国务院对确需保留的行政审批项目设定行政许可的决定》《印铸刻字业暂行管理规则》	设区的市、县级公安机关		√			取消“公章刻制业特种行业许可证核发”，改为备案管理。	1. 加强对备案内容真实性的核查，发现未依法备案、提供虚假备案材料、不符合法定条件的，依法进行处理。2. 开展“双随机、一公开”监管，发现违法违规行为要依法查处并公开结果。3. 加强跨部门联合监管和信用监管，依法依规对失信主体开展失信惩戒。4. 加强公章刻制备案管理，督促公章刻制企业严格落实公章刻制备案管理要求，及时规范上传、报送公章刻制备案信息。

续表

序号	主管部门	改革事项	许可证件名称	设定依据	审批层级和部门	改革方式				具体改革举措	加强事中事后监管措施
						直接取消审批	审批改为备案	实行告知承诺	优化审批服务		
17	财政部	会计师事务所分支机构设立审批	会计师事务所分所执业证书	《中华人民共和国注册会计师法》	省级财政部门		√			取消“会计师事务所分支机构设立审批”，改为备案管理。	1. 建立健全备案制度，推行网上备案，加强信息共享。2. 开展“双随机、一公开”监管，并根据会计师事务所收到处罚情况、其他部门移交线索、群众举报等实施重点监管。3. 加强信用监管，依法依规完善会计师事务所黑名单制度，并对失信主体开展失信惩戒。
18	商务部	从事拍卖业务许可	拍卖经营批准证书	《中华人民共和国拍卖法》	省级商务部门		√			取消“从事拍卖业务许可”，改为备案管理。	1. 加强备案管理，督促有关企业按规定报送信息。对未按规定备案或者备案信息不实的，会同有关部门依法调查处理并予以纠正。2. 完善监管措施，加强对拍卖师的监督管理。
19	国家卫生健康委	社会办医疗机构乙类大型医用设备配置许可	乙类大型医用设备配置许可证	《医疗器械监督管理条例》	省级卫生健康部门		√			取消“社会办医疗机构乙类大型医用设备配置许可”，改为备案管理，不受大型医用设备配置规划限制。	1. 加强医疗机构执业活动监管，对有不良信用记录的医疗机构，提高监督检查频次，发现违法违规行为要依法查处并公开结果。2. 加强信用监管，依法向社会公布有关医疗机构信用状况，对严重失信主体依法实施行业禁入措施。3. 依法及时处理投诉举报。4. 加强行业自律。
20	国家卫生健康委	音乐厅、展览馆、博物馆、美术馆、图书馆、书店、录像厅(室)的公共场所卫生许可	卫生许可证	《公共场所卫生管理条例》	县级以上地方卫生健康部门		√			对音乐厅、展览馆、博物馆、美术馆、图书馆、书店、录像厅（室），取消“公共场所卫生许可”，改为备案管理。	1. 开展“双随机、一公开”监管，发现违法违规行为要依法查处并公开结果。2. 畅通投诉举报渠道，依法及时处理投诉举报。

续表

序号	主管部门	改革事项	许可证件名称	设定依据	审批层级和部门	改革方式				具体改革举措	加强事中事后监管措施
						直接取消审批	审批改为备案	实行告知承诺	优化审批服务		
21	海关总署	音乐厅、展览馆、博物馆、美术馆、图书馆、书店、录像厅(室)的口岸卫生许可证核发	国境口岸卫生许可证	《中华人民共和国国境卫生检疫法实施细则》	主管海关		√			对音乐厅、展览馆、博物馆、美术馆、图书馆、书店、录像厅（室），取消“口岸卫生许可证核发”，改为备案管理。	1. 开展“双随机、一公开”监管，发现违法违规行为要依法查处并公开结果。2. 加强日常监管，向社会公布卫生状况存在严重问题的公共场所信息。
22	中国银保监会	中资银行业金融机构分行级以下分支机构（不含分行）设立、变更、终止以及业务范围审批	1. 机构设立类：金融许可证 2. 变更名称、住所：金融许可证（换发） 3. 其他：批准文件	《中华人民共和国银行业监督管理法》《中华人民共和国商业银行法》	中国银保监会及其派出机构		√			对中资银行业金融机构分行级以下分支机构（不含分行），取消“中资银行业金融机构及其分支机构设立、变更、终止以及业务范围审批”，改为备案管理。	1. 通过现场检查、非现场监管等方式，密切关注风险，发现违法违规行为要依法查处。2. 加强信用监管，依法依规对失信主体开展失信惩戒。3. 针对重点领域风险，健全有关制度，建立风险防范长效机制。
23	中国银保监会	中资银行业金融机构分行级以下分支机构（不含分行）高级管理人员任职资格核准	批准文件	《中华人民共和国银行业监督管理法》《中华人民共和国商业银行法》	中国银保监会及其派出机构		√			对中资银行业金融机构分行级以下分支机构（不含分行）的高级管理人员，取消任职资格核准，改为备案管理。	1. 通过监管约谈、走访督察等方式，持续对高级管理人员履职情况进行监管，督促高级管理人员依法履职。2. 压实银行机构主体责任，督促把好选人用人关。3. 加大对违法违规行为负有管理责任高级管理人员的处罚力度。

续表

序号	主管部门	改革事项	许可证件名称	设定依据	审批层级和部门	改革方式				具体改革举措	加强事中事后监管措施
						直接取消审批	审批改为备案	实行告知承诺	优化审批服务		
24	中国银保监会	外资银行分行级以下分支机构（不含分行）设立、变更、终止以及业务范围审批	1. 机构设立类：金融许可证 2. 变更名称、住所：金融许可证（换发）3. 其他：批准文件	《中华人民共和国银行业监督管理法》《中华人民共和国外资银行管理条例》	中国银保监会及其派出机构		√			对外资银行分行级以下分支机构（不含分行），取消“外资银行业营业性机构及其分支机构设立、变更、终止以及业务范围审批”，改为备案管理。	1. 通过现场检查、非现场监管等方式，密切关注风险，发现违法违规行为要依法查处。2. 加强信用监管，依法依规对失信主体开展失信惩戒。3. 针对重点领域风险，健全有关制度，建立风险防范长效机制。
25	中国银保监会	外资银行分行级以下分支机构（不含分行）高级管理人员任职资格核准	批准文件	《中华人民共和国银行业监督管理法》《中华人民共和国外资银行管理条例》	中国银保监会及其派出机构		√			对外资银行分行级以下分支机构（不含分行）的高级管理人员，取消任职资格核准，改为备案管理。	1. 通过监管约谈、走访督察等方式，持续对高级管理人员履职情况进行监管，督促高级管理人员依法履职。2. 压实银行机构主体责任，督促把好选人用人关。3. 加大对违法违规行为负有管理责任高级管理人员的处罚力度。
26	中国银保监会	保险公司支公司及以下分支机构设立、重大事项变更、撤销审批	保险公司法人许可证、经营保险业务许可证、批准文件	《中华人民共和国保险法》	中国银保监会及其派出机构		√			对保险公司支公司及以下分支机构，取消“保险公司及其分支机构设立、重大事项变更、撤销审批”，改为备案管理。	1. 通过现场检查、非现场监管等方式，密切关注风险，发现违法违规行为要依法查处。2. 加强信用监管，依法依规对失信主体开展失信惩戒。3. 针对重点领域风险，健全有关制度，建立风险防范长效机制。

续表

序号	主管部门	改革事项	许可证件名称	设定依据	审批层级和部门	改革方式				具体改革举措	加强事中事后监管措施
						直接取消审批	审批改为备案	实行告知承诺	优化审批服务		
27	中国银保监会	保险公司支公司及以下分支机构高级管理人员任职资格核准	批准文件	《中华人民共和国保险法》	中国银保监会及其派出机构		√			对保险公司支公司及以下分支机构的高级管理人员,取消任职资格核准,改为备案管理。	1. 通过监管约谈、走访督察等方式,持续对高级管理人员履职情况进行监管,督促高级管理人员依法履职。2. 压实保险公司主体责任,督促把好选人用人关。3. 加大对违法违规行为负有管理责任高级管理人员的处罚力度。
28	国家药监局	药品互联网信息服务审批	互联网药品信息服务资格证书	《互联网信息服务管理办法》	省级药监部门		√			取消"药品互联网信息服务审批",改为备案管理。	1. 建立完善药品网络销售规章制度,加强药品网络销售监测,提升监管效率。2. 对各类违法违规网络销售药品行为依法查处、严厉打击。3. 违法违规行为涉及通信管理等其他部门的,及时移交有关部门处理;涉嫌犯罪的,及时移送公安机关查处。
29	国家药监局	医疗器械互联网信息服务审批	互联网药品信息服务资格证书	《互联网信息服务管理办法》	省级药监部门		√			取消"医疗器械互联网信息服务审批",改为备案管理。	1. 加强线上线下监管,严厉打击提供不真实医疗器械互联网信息服务、利用网络违规销售医疗器械等行为,对发现的违法违规行为依法查处,及时公开处罚结果。2. 违法违规行为涉及通信管理等其他部门的,及时移交有关部门处理;涉嫌犯罪的,及时移送公安机关查处。

续表

序号	主管部门	改革事项	许可证件名称	设定依据	审批层级和部门	改革方式				具体改革举措	加强事中事后监管措施
						直接取消审批	审批改为备案	实行告知承诺	优化审批服务		
30	工业和信息化部	电信业务(第二类增值电信业务)经营许可	电信业务经营许可证	《中华人民共和国电信条例》	工业和信息化部;省级通信管理局			√		制作并公布告知承诺书格式文本,一次性告知申请人许可条件和所需材料。对申请人自愿承诺符合许可条件并按要求提交材料的,当场作出许可决定。	1. 对以告知承诺方式取得许可(包括变更许可范围)的经营者,加强对其承诺内容真实性的例行核查,发现实际情况与承诺不符的,依法予以处理。2. 加强对经营者行为的监测,督促经营者按照规定报送信息。3. 开展“双随机、一公开”监管,按照不同业务类型、信用水平等,合理确定抽查比例。4. 对社会关注度高、有不良记录的经营者实施重点监管。5. 加强行政执法,对违反电信管理规定的,依法予以查处并公开结果。6. 加强信用监管,公布电信业务经营失信名单,依法依规对失信主体开展失信惩戒。
31	人力资源社会保障部	劳务派遣经营许可	劳务派遣经营许可证	《中华人民共和国劳动合同法》	县级以上地方人力资源社会保障部门			√		制作并公布告知承诺书格式文本,一次性告知申请人许可条件和所需材料。对申请人自愿承诺符合许可条件并按要求提交材料的,当场作出许可决定。	1. 对以告知承诺方式取得经营许可的劳务派遣单位,加强对其承诺真实性的核查,发现虚假承诺或者承诺严重不实的要依法依规处理。2. 加强劳动保障监察执法,开展“双随机、一公开”监管,对取得劳务派遣许可证满一年但未报告年度经营情况或未开展经营活动的劳务派遣单位定期开展检查。3. 对劳务派遣单位进行信用评价、风险评估或者黑名单管理,依法向社会公布劳务派遣单位信用状况,依法依规对失信主体开展失信惩戒。

续表

序号	主管部门	改革事项	许可证件名称	设定依据	审批层级和部门	改革方式				具体改革举措	加强事中事后监管措施
						直接取消审批	审批改为备案	实行告知承诺	优化审批服务		
32	住房城乡建设部	房地产开发企业二级资质核定	房地产开发企业资质证书	《中华人民共和国城市房地产管理法》《城市房地产开发经营管理条例》	县级以上地方住房城乡建设部门			√		制作并公布告知承诺书格式文本，一次性告知申请人许可条件和所需材料。对申请人自愿承诺符合许可条件并按要求提交材料的，当场作出许可决定。	1. 开展“双随机、一公开”监管，对企业履行承诺情况进行监管检查，依法查处违法违规行为并公开结果。2. 加强信用监管，依法依规对失信主体开展失信惩戒。3. 发挥行业协会自律作用。
33	住房城乡建设部	建筑企业资质认定（建筑工程、市政公用工程施工总承包甲级）	建筑业企业资质证书	《中华人民共和国建筑法》	住房城乡建设部；省级住房城乡建设部门			√		制作并公布告知承诺书格式文本，一次性告知申请人许可条件和所需材料。对申请人自愿承诺符合许可条件并按要求提交材料的，当场作出许可决定。	1. 发现企业不符合承诺条件开展经营的责令限期整改，逾期不整改或整改后仍达不到要求的依法撤销许可证件。2. 开展“双随机、一公开”监管，对在建工程项目实施重点监管，依法查处违法违规行为并公开结果。3. 加强信用监管，依法依规对失信主体开展失信惩戒。
34	住房城乡建设部	建筑企业资质认定（部分施工总承包乙级、部分专业承包、燃气燃烧器具安装维修企业）	建筑业企业资质证书	《中华人民共和国建筑法》	设区的市级住房城乡建设部门			√		制作并公布告知承诺书格式文本，一次性告知申请人许可条件和所需材料。对申请人自愿承诺符合许可条件并按要求提交材料的，当场作出许可决定。	1. 发现企业不符合承诺条件开展经营的责令限期整改，逾期不整改或整改后仍达不到要求的依法撤销许可证件。2. 开展“双随机、一公开”监管，对在建工程项目实施重点监管，依法查处违法违规行为并公开结果。3. 加强信用监管，依法依规对失信主体开展失信惩戒。

续表

序号	主管部门	改革事项	许可证件名称	设定依据	审批层级和部门	改革方式				具体改革举措	加强事中事后监管措施
						直接取消审批	审批改为备案	实行告知承诺	优化审批服务		
35	住房城乡建设部	建筑企业资质认定(部分施工总承包甲级、乙级,部分专业承包)	建筑业企业资质证书	《中华人民共和国建筑法》	省级住房城乡建设部门			√		制作并公布告知承诺书格式文本,一次性告知申请人许可条件和所需材料。对申请人自愿承诺符合许可条件并按要求提交材料的,当场作出许可决定。	1. 发现企业不符合承诺条件开展经营的责令限期整改,逾期不整改或整改后仍达不到要求的依法撤销许可证件。2. 开展“双随机、一公开”监管,对在建工程项目实施重点监管,依法查处违法违规行为并公开结果。3. 加强信用监管,依法依规对失信主体开展失信惩戒。
36	住房城乡建设部	建筑工程勘察企业资质认定(乙级)	工程勘察资质证书	《中华人民共和国建筑法》《建设工程勘察设计管理条例》	设区的市级住房城乡建设部门			√		制作并公布告知承诺书格式文本,一次性告知申请人许可条件和所需材料。对申请人自愿承诺符合许可条件并按要求提交材料的,当场作出许可决定。	1. 发现企业不符合承诺条件开展经营的责令限期整改,逾期不整改或整改后仍达不到要求的依法撤销许可证件。2. 开展“双随机、一公开”监管,对在建工程项目实施重点监管,依法查处违法违规行为并公开结果。3. 加强信用监管,依法依规对失信主体开展失信惩戒。
37	住房城乡建设部	建设工程设计企业资质认定(部分乙级)	工程设计资质证书	《中华人民共和国建筑法》《建设工程勘察设计管理条例》	设区的市级住房城乡建设部门			√		制作并公布告知承诺书格式文本,一次性告知申请人许可条件和所需材料。对申请人自愿承诺符合许可条件并按要求提交材料的,当场作出许可决定。	1. 发现企业不符合承诺条件开展经营的责令限期整改,逾期不整改或整改后仍达不到要求的依法撤销许可证件。2. 开展“双随机、一公开”监管,对在建工程项目实施重点监管,依法查处违法违规行为并公开结果。3. 加强信用监管,依法依规对失信主体开展失信惩戒。

续表

序号	主管部门	改革事项	许可证件名称	设定依据	审批层级和部门	改革方式				具体改革举措	加强事中事后监管措施
						直接取消审批	审批改为备案	实行告知承诺	优化审批服务		
38	住房城乡建设部	工程监理企业资质认定（房屋建筑工程、市政公用工程专业甲级）	工程监理资质证书	《中华人民共和国建筑法》	住房城乡建设部；省级住房城乡建设部门			√		制作并公布告知承诺书格式文本，一次性告知申请人许可条件和所需材料。对申请人自愿承诺符合许可条件并按要求提交材料的，当场作出许可决定。	1. 发现企业不符合承诺条件开展经营的责令限期整改，逾期不整改或整改后仍达不到要求的依法撤销许可证件。2. 开展“双随机、一公开”监管，对在建工程项目实施重点监管，依法查处违法违规行为并公开结果。3. 加强信用监管，依法依规对失信主体开展失信惩戒。
39	住房城乡建设部	工程监理企业资质认定（专业乙级）	工程监理资质证书	《中华人民共和国建筑法》	省级、设区的市级住房城乡建设部门			√		制作并公布告知承诺书格式文本，一次性告知申请人许可条件和所需材料。对申请人自愿承诺符合许可条件并按要求提交材料的，当场作出许可决定。	1. 发现企业不符合承诺条件开展经营的责令限期整改，逾期不整改或整改后仍达不到要求的依法撤销许可证件。2. 开展“双随机、一公开”监管，对在建工程项目实施重点监管，依法查处违法违规行为并公开结果。3. 加强信用监管，依法依规对失信主体开展失信惩戒。
40	住房城乡建设部	建筑施工企业安全生产许可证核发	建筑施工企业安全生产许可证	《安全生产许可证条例》	省级住房城乡建设部门			√		制作并公布告知承诺书格式文本，一次性告知申请人许可条件和所需材料。对申请人自愿承诺符合许可条件并按要求提交材料的，当场作出许可决定。	1. 发现企业不符合承诺条件开展经营的责令限期整改，逾期不整改或整改后仍达不到要求的依法撤销许可证件。2. 对企业安全生产管理不到位造成事故的，加大行政处罚力度。

续表

序号	主管部门	改革事项	许可证件名称	设定依据	审批层级和部门	改革方式				具体改革举措	加强事中事后监管措施
						直接取消审批	审批改为备案	实行告知承诺	优化审批服务		
41	交通运输部	经营国内船舶管理业务审批	国内船舶管理业务经营许可证	《国内水路运输管理条例》	省、设区的市级水路运输部门			√		制作并公布告知承诺书格式文本,一次性告知申请人许可条件和所需材料。对申请人自愿承诺符合许可条件并按要求提交材料的,当场作出许可决定。	1. 开展“双随机、一公开”监管,对诚信状况差、投诉举报多、受处罚警告多的经营主体提高抽查比例。2. 加强对国内船舶管理企业的年度书面检查,发现不具备经营许可条件的要依法及时处理。3. 对不符合承诺条件开展经营的要责令限期整改,逾期不整改或整改后仍达不到要求的,要依法撤销许可证件,且在规定期限内不得再通过告知承诺方式办理该项审批。
42	交通运输部	从事海员外派业务审批	海洋船舶船员服务机构资质证书	《对外劳务合作管理条例》《中华人民共和国船员条例》	交通运输部直属海事局			√		制作并公布告知承诺书格式文本,一次性告知申请人许可条件和所需材料。对申请人自愿承诺符合许可条件并按要求提交材料的,当场作出许可决定。	1. 开展“双随机、一公开”监管,发现违法违规行为要依法查处并公开结果。2. 加强信用监管,依法向社会公布有关企业信用记录,依法依规对失信主体开展失信惩戒。3. 依法及时处理投诉举报。
43	交通运输部	建设港口设施使用非深水岸线审批	批准文件	《中华人民共和国港口法》	县级以上地方交通运输(港口)部门			√		制作并公布告知承诺书格式文本,一次性告知申请人许可条件和所需材料。对申请人自愿承诺符合许可条件并按要求提交材料的,当场作出许可决定。	加强信用监管,将港口岸线使用有关信用信息纳入相关信用信息共享平台并向社会公布。

续表

序号	主管部门	改革事项	许可证件名称	设定依据	审批层级和部门	改革方式				具体改革举措	加强事中事后监管措施
						直接取消审批	审批改为备案	实行告知承诺	优化审批服务		
44	交通运输部	路基路面养护作业单位乙级资质审批	公路养护作业资质证书	《公路安全保护条例》	省级交通运输部门			√		制作并公布告知承诺书格式文本，一次性告知申请人许可条件和所需材料。对申请人自愿承诺符合许可条件并按要求提交材料的，当场作出许可决定。	1. 开展“双随机、一公开”监管，发现违法违规行为要依法查处并公开结果。2. 探索运用网络监督、大数据分析等多元化手段，对企业取得公路养护作业资质证书后是否符合资质标准及其市场行为加强监管。3. 加强信用监管，扩展信用评价结果应用范围，依法依规开展失信惩戒。
45	水利部	水利工程建设监理单位乙级资质认定	水利工程建设监理单位资质登记证书（乙级）	《国务院对确需保留的行政审批项目设定行政许可的决定》	水利部			√		制作并公布告知承诺书格式文本，一次性告知申请人许可条件和所需材料。对申请人自愿承诺符合许可条件并按要求提交材料的，当场作出许可决定。	1. 开展“双随机、一公开”监管，对投诉举报多的单位实施重点监管，加强对企业承诺内容真实性的核查，对虚假承诺或者承诺严重不实的依法依规处理。2. 加强信用监管，依法向社会公布水利工程建设监理单位（乙级）信用状况，对失信主体加大抽查比例并开展失信惩戒。
46	农业农村部	食用菌菌种生产经营许可证核发	食用菌菌种生产经营许可证	《中华人民共和国种子法》	县级以上地方农业农村部门			√		制作并公布告知承诺书格式文本，一次性告知申请人许可条件和所需材料。对申请人自愿承诺符合许可条件并按要求提交材料的，当场作出许可决定。	1. 开展“双随机、一公开”监管，严肃查处虚假承诺行为。2. 加强信用监管，依法向社会公布种业企业信用状况，依法依规对失信主体开展失信惩戒。

续表

序号	主管部门	改革事项	许可证件名称	设定依据	审批层级和部门	改革方式				具体改革举措	加强事中事后监管措施
						直接取消审批	审批改为备案	实行告知承诺	优化审批服务		
47	农业农村部	种畜禽生产经营许可	种畜禽生产经营许可证	《中华人民共和国畜牧法》	县级以上地方农业农村部门			√		制作并公布告知承诺书格式文本,一次性告知申请人许可条件和所需材料。对申请人自愿承诺符合许可条件并按要求提交材料的,当场作出许可决定。	1. 开展“双随机、一公开”监管,严肃查处虚假承诺行为。2. 加强信用监管,依法向社会公布种业企业信用状况,依法依规对失信主体开展失信惩戒。
48	农业农村部	蜂种生产经营许可证核发	蜂种生产经营许可证	《中华人民共和国畜牧法》	县级以上地方农业农村部门			√		制作并公布告知承诺书格式文本,一次性告知申请人许可条件和所需材料。对申请人自愿承诺符合许可条件并按要求提交材料的,当场作出许可决定。	1. 开展“双随机、一公开”监管,严肃查处虚假承诺行为。2. 加强信用监管,依法向社会公布种业企业信用状况,依法依规对失信主体开展失信惩戒。
49	农业农村部	蚕种生产经营许可证核发	蚕种生产经营许可证	《中华人民共和国畜牧法》	县级以上地方农业农村部门			√		制作并公布告知承诺书格式文本,一次性告知申请人许可条件和所需材料。对申请人自愿承诺符合许可条件并按要求提交材料的,当场作出许可决定。	1. 开展“双随机、一公开”监管,加强对企业承诺内容真实性的核查,发现虚假承诺或者承诺严重不实的要依法处理。2. 加强信用监管,依法向社会公布种业企业信用状况,依法依规对失信主体开展失信惩戒。

续表

序号	主管部门	改革事项	许可证件名称	设定依据	审批层级和部门	改革方式				具体改革举措	加强事中事后监管措施
						直接取消审批	审批改为备案	实行告知承诺	优化审批服务		
50	农业农村部	生猪定点屠宰厂(场)设置审查	生猪定点屠宰证	《生猪屠宰管理条例》	设区的市级人民政府			√		制作并公布告知承诺书格式文本,一次性告知申请人许可条件和所需材料。对申请人自愿承诺符合许可条件并按要求提交材料的,当场作出许可决定。	1. 开展“双随机、一公开”监管,根据不同的风险程度、信用水平,科学确定抽查比例。2. 强化社会监督,依法及时处理投诉举报。3. 加强行业监测,针对发现的普遍性问题和突出风险开展专项行动,确保不发生系统性、区域性风险。4. 强化政府内部信息共享和核查。
51	农业农村部	渔业捕捞许可证审批	渔业捕捞许可证	《中华人民共和国渔业法》	县级以上农业农村(渔业)部门			√		制作并公布告知承诺书格式文本,一次性告知申请人许可条件和所需材料。对申请人自愿承诺符合许可条件并按要求提交材料的,当场作出许可决定。	1. 加强对企业承诺内容真实性的核查,发现虚假承诺或者承诺严重不实的要依法处理。2. 开展“双随机、一公开”监管,及时处理投诉举报,依法查处违法违规行为。3. 加强信用监管。
52	农业农村部	生鲜乳准运证明核发	生鲜乳准运证明	《乳品质量安全监督管理条例》	县级农业农村(畜牧兽医)部门			√		制作并公布告知承诺书格式文本,一次性告知申请人许可条件和所需材料。对申请人自愿承诺符合许可条件并按要求提交材料的,当场作出许可决定。	1. 开展“双随机、一公开”监管,发现违法违规行为要依法查处并公开结果。2. 加强对生鲜乳运输车辆的监管,将车辆全部纳入监管监测信息系统,实时掌握运营情况。

续表

序号	主管部门	改革事项	许可证件名称	设定依据	审批层级和部门	改革方式				具体改革举措	加强事中事后监管措施
						直接取消审批	审批改为备案	实行告知承诺	优化审批服务		
53	农业农村部	兽药经营许可证核发（非生物制品类）	兽药经营许可证	《兽药管理条例》	设区的市、县级农业农村部门			√		制作并公布告知承诺书格式文本，一次性告知申请人许可条件和所需材料。对申请人自愿承诺符合许可条件并按要求提交材料的，当场作出许可决定。	1. 对以告知承诺方式取得经营许可证的企业，加强对其承诺内容真实性的核查，发现虚假承诺或承诺严重不实的要依法处理。2. 开展“双随机、一公开”监管，对风险等级高、投诉举报多的企业增加抽检数量和频次，实施重点监管。
54	农业农村部	动物诊疗许可证核发	动物诊疗许可证	《中华人民共和国动物防疫法》	县级以上地方农业农村部门			√		制作并公布告知承诺书格式文本，一次性告知申请人许可条件和所需材料。对申请人自愿承诺符合许可条件并按要求提交材料的，当场作出许可决定。	1. 开展“双随机、一公开”监管，发现违法违规行为要依法查处并公开结果。2. 对以告知承诺方式取得经营许可证的企业，加强对其承诺内容真实性的核查，发现虚假承诺或者承诺严重不实的要依法处理。
55	农业农村部	水产苗种场（不含原种场）的水产苗种生产许可证核发	水产苗种生产许可证	《中华人民共和国渔业法》	设区的市、县级农业农村部门			√		制作并公布告知承诺书格式文本，一次性告知申请人许可条件和所需材料。对申请人自愿承诺符合许可条件并按要求提交材料的，当场作出许可决定。	1. 加强对企业承诺内容真实性的核查，发现虚假承诺或者承诺严重不实的要依法处理。2. 开展“双随机、一公开”监管，及时处理投诉举报，依法查处违法违规行为。3. 加强信用监管。

续表

序号	主管部门	改革事项	许可证件名称	设定依据	审批层级和部门	改革方式				具体改革举措	加强事中事后监管措施
						直接取消审批	审批改为备案	实行告知承诺	优化审批服务		
56	商务部	对外劳务合作经营资质核准	对外劳务合作经营资质证书	《中华人民共和国对外贸易法》《对外劳务合作管理条例》	省、设区的市级商务部门			√		制作并公布告知承诺书格式文本，一次性告知申请人许可条件和所需材料。对申请人自愿承诺符合许可条件并按要求提交材料的，当场作出许可决定。	1. 开展“双随机、一公开”监管，发现违法违规行为要依法查处并公开结果。2. 支持行业协会发挥自律作用。
57	文化和旅游部	旅行社设立许可	旅行社业务经营许可证	《中华人民共和国旅游法》《旅行社条例》	省、设区的市级文化和旅游部门			√		制作并公布告知承诺书格式文本，一次性告知申请人许可条件和所需材料。对申请人自愿承诺符合许可条件并按要求提交材料的，当场作出许可决定。	1. 开展“双随机、一公开”监管，发现未经许可经营旅行社业务，出租、出借、转让业务经营许可证等违法违规行为的，要依法查处并公开结果。2. 加强信用监管，依法依规对失信主体开展失信惩戒。
58	国家卫生健康委	生产用于传染病防治的消毒产品的单位审批	消毒产品生产企业卫生许可证	《中华人民共和国传染病防治法》	省级卫生健康部门			√		制作并公布告知承诺书格式文本，一次性告知申请人许可条件和所需材料。对申请人自愿承诺符合许可条件并按要求提交材料的，当场作出许可决定。	1. 开展“双随机、一公开”监管，发现违法违规行为要依法查处并公开结果。2. 开展消毒产品生产企业分类监管、综合评价工作。

续表

序号	主管部门	改革事项	许可证件名称	设定依据	审批层级和部门	改革方式				具体改革举措	加强事中事后监管措施
						直接取消审批	审批改为备案	实行告知承诺	优化审批服务		
59	国家卫生健康委	麻醉药品和第一类精神药品购用许可证	麻醉药品和第一类精神药品购用印鉴卡	《麻醉药品和精神药品管理条例》	设区的市级卫生健康部门			√		制作并公布告知承诺书格式文本,一次性告知申请人许可条件和所需材料。对申请人自愿承诺符合许可条件并按要求提交材料的,当场作出许可决定。	1. 通过医疗机构电子化注册系统,及时掌握医疗机构登记注册信息。2. 继续推行印鉴卡电子化管理,及时掌握麻醉药品和第一类精神药品采购和使用量等信息。3. 通过医疗机构合理用药考核工作,对麻醉药品和第一类精神药品的管理加强监督检查和指导。
60	应急部	危险化学品经营(无储存)许可证核发	危险化学品经营许可证	《危险化学品安全管理条例》	设区的市、县级应急管理部门			√		制作并公布告知承诺书格式文本,一次性告知申请人许可条件和所需材料。对申请人自愿承诺符合许可条件并按要求提交材料的,当场作出许可决定。	1. 开展“双随机、一公开”监管,发现违法违规行为要依法查处并公开结果。2. 加强信用监管,依法向社会公布危险化学品经营企业信用状况,依法依规对失信主体开展失信惩戒。
61	市场监管总局	食品生产许可(低风险食品)	食品生产许可证	《中华人民共和国食品安全法》	县级以上地方市场监管部门			√		制作并公布告知承诺书格式文本,一次性告知申请人许可条件和所需材料。对申请人自愿承诺符合许可条件并按要求提交材料的,当场作出许可决定。	在发放许可证后30个工作日内对食品生产主体实施监督检查,对检查发现不能保证食品安全的企业撤销食品生产许可,对违法违规企业依法查处。

续表

序号	主管部门	改革事项	许可证件名称	设定依据	审批层级和部门	改革方式				具体改革举措	加强事中事后监管措施
						直接取消审批	审批改为备案	实行告知承诺	优化审批服务		
62	广电总局	广播电视视频点播业务（乙种）审批	广播电视视频点播业务许可证（乙种）	《国务院对确需保留的行政审批项目设定行政许可的决定》	省级广电部门			√		制作并公布告知承诺书格式文本，一次性告知申请人许可条件和所需材料。对申请人自愿承诺符合许可条件并按要求提交材料的，当场作出许可决定。	1. 属地广电部门切实履行管理职责，采取有效措施防止违法违规内容播出，开展“双随机、一公开”监管，发现违法违规行为要依法查处并公开结果。2. 通过实地检查、广播电视监测系统监测等方式，对广播电视视频点播单位业务开展情况及播出内容进行监测监看。3. 依法及时处理投诉举报，对投诉举报等渠道反映问题多的单位实施重点监管。
63	广电总局	广播电视节目制作经营单位设立审批	广播电视节目制作经营许可证	《广播电视管理条例》	广电总局；省级广电部门			√		制作并公布告知承诺书格式文本，一次性告知申请人许可条件和所需材料。对申请人自愿承诺符合许可条件并按要求提交材料的，当场作出许可决定。	通过审核股权构成、加强日常监听监看、受理群众举报等途径，对企业经营情况进行监管。发现企业不符合承诺条件开展经营的责令限期整改，逾期不整改或整改后仍达不到要求的依法撤销许可证件。
64	体育总局	经营高危险性体育项目许可	经营高危险性体育项目许可证	《全面健身条例》	县级以上地方体育部门			√		制作并公布告知承诺书格式文本，一次性告知申请人许可条件和所需材料。对申请人自愿承诺符合许可条件并按要求提交材料的，当场作出许可决定。	1. 开展“双随机、一公开”监管，发现违法违规行为要依法查处并公开结果。2. 建立健全跨区域、跨层级、跨部门协同监管制度，推进联合执法。2. 加强信用监管，将有严重违法违规行为的机构列入黑名单，依法依规对相关经营主体和从业人员实施信用约束和失信惩戒。

续表

序号	主管部门	改革事项	许可证件名称	设定依据	审批层级和部门	改革方式				具体改革举措	加强事中事后监管措施
						直接取消审批	审批改为备案	实行告知承诺	优化审批服务		
65	新闻出版署	出版物零售个体工商户设立、变更审批	出版物经营许可证	《出版管理条例》	县级新闻出版部门			√		制作并公布告知承诺书格式文本,一次性告知申请人许可条件和所需材料。对申请人自愿承诺符合许可条件并按要求提交材料的,当场作出许可决定。	1. 开展“双随机、一公开”监管,发现违法违规行为要依法查处并公开结果。2. 发现企业不符合承诺条件开展经营的责令限期整改,逾期不整改或整改后仍达不到要求的依法撤销许可证件。3. 依法及时处理投诉举报。
66	中国气象局	升放无人驾驶自由气球、系留气球单位资质认定	升放气球资质证	《国务院对确需保留的行政审批项目设定行政许可的决定》	省、设区的市级气象主管机构			√		制作并公布告知承诺书格式文本,一次性告知申请人许可条件和所需材料。对申请人自愿承诺符合许可条件并按要求提交材料的,当场作出许可决定。	1. 加强对承诺内容真实性的核查,发现取得资质的单位不符合承诺条件开展经营的责令限期整改,逾期不整改或整改后仍达不到要求的依法撤销许可证件。2. 通过“双随机、一公开”监管、跨部门联合监管等方式,对升放无人驾驶自由气球、系留气球活动实施严格监管,发现违法违规行为要依法查处并公开结果。3. 加强对升放气球行为的法律法规和科普宣传,提高升放单位和社会公众的安全意识。
67	国家烟草局	设立烟叶收购站(点)审批	烟草专卖烟叶收购证	《中华人民共和国烟草专卖法实施条例》	设区的市级烟草部门			√		制作并公布告知承诺书格式文本,一次性告知申请人许可条件和所需材料。对申请人自愿承诺符合许可条件并按要求提交材料的,当场作出许可决定。	1. 严格管理烟叶收购经营秩序,除个别地区另有规定外,严禁烟草公司以外市场主体从事烟叶收购。2. 开展“双随机、一公开”监管,发现违法违规行为要依法查处并公开结果。3. 根据投诉举报开展重点检查。

续表

序号	主管部门	改革事项	许可证件名称	设定依据	审批层级和部门	改革方式				具体改革举措	加强事中事后监管措施
						直接取消审批	审批改为备案	实行告知承诺	优化审批服务		
68	国家文物局	文物商店的设立审批	批准文件	《中华人民共和国文物保护法》	省级文物部门			√		制作并公布告知承诺书格式文本，一次性告知申请人许可条件和所需材料。对申请人自愿承诺符合许可条件并按要求提交材料的，当场作出许可决定。	1. 加强对文物商店经营活动的日常巡查和随机抽查，发现问题依法及时处理。2. 开展文物购销记录信息抽检。3. 公开文物商店名录，接受社会监督，依法及时处理投诉举报。
69	国家药监局	化妆品生产许可（延续）	化妆品生产许可证	《化妆品监督管理条例》	省级药监部门			√		制作并公布告知承诺书格式文本，一次性告知申请人许可条件和所需材料。对申请人自愿承诺符合许可条件并按要求提交材料的，当场作出许可决定。	1. 加强化妆品监督抽检，对检验不合格产品依法查处并通告。2. 加强对化妆品生产企业的飞行检查，发现违法违规行为依法查处并通告。3. 加强化妆品不良反应监测，对发生不严重不良反应的产品及其生产企业依法进行调查，发现违法违规行为要依法查处。

附件 3

国务院决定在自由贸易试验区暂时调整适用行政法规有关规定目录

<table>
<tr><th>序号</th><th>事项名称</th><th>行政法规规定</th><th>调整内容</th></tr>
<tr><td>1</td><td>实施中等及中等以下学历教育、学前教育、自学考试及其他文化教育的民办学校筹设审批</td><td rowspan="3">《中华人民共和国民办教育促进法实施条例》
第十二条　民办学校的举办者在获得筹设批准书之日起 3 年内完成筹设的,可以提出正式设立申请。</td><td>直接取消审批</td></tr>
<tr><td>2</td><td>民办普通、高级技工学校筹设审批</td><td>直接取消审批</td></tr>
<tr><td>3</td><td>民办技师学院筹设审批</td><td>直接取消审批</td></tr>
<tr><td>4</td><td>互联网上网服务营业场所信息网络安全审核</td><td>《互联网上网服务营业场所管理条例》
第十一条第二款　申请人完成筹建后,应当向同级公安机关申请信息网络安全审核。公安机关应当自收到申请之日起 20 个工作日内作出决定;经实地检查并审核合格的,发给批准文件。申请人还应当依照有关消防管理法律法规的规定办理审批手续。
第三款　申请人取得信息网络安全和消防安全批准文件后,向文化行政部门申请最终审核。……</td><td>直接取消审批</td></tr>
<tr><td>5</td><td>从事生活垃圾(含粪便)经营性清扫、收集、运输服务审批</td><td>《国务院对确需保留的行政审批项目设定行政许可的决定》
第 102 项:从事城市生活垃圾经营性清扫、收集、运输、处理服务审批。实施机关:所在城市的市人民政府市容环境卫生行政主管部门。</td><td>直接取消审批</td></tr>
<tr><td>6</td><td>国有大型商业银行及其分支机构进入全国银行间债券市场备案</td><td>《国务院对确需保留的行政审批项目设定行政许可的决定》
第 220 项:商业银行、政策性银行、企业集团财务公司、基金管理公司、证券公司、信托投资公司、城乡信用社联社、金融租赁公司进入全国银行间债券市场备案。实施机关:人民银行。</td><td>直接取消审批</td></tr>
<tr><td>7</td><td>设立电视剧制作单位审批</td><td>《广播电视管理条例》
第三十五条第一款　设立电视剧制作单位,应当经国务院广播电视行政部门批准,取得电视剧制作许可证后,方可制作电视剧。
第四十八条　违反本条例规定,擅自设立广播电视节目制作经营单位或者擅自制作电视剧及其他广播电视节目的,由县级以上人民政府广播电视行政部门予以取缔,没收其从事违法活动的专用工具、设备和节目载体,并处 1 万元以上 5 万元以下的罚款。</td><td>直接取消审批</td></tr>
</table>

续表

序号	事项名称	行政法规规定	调整内容
8	医疗机构使用放射性药品(一、二类)许可	《放射性药品管理办法》 第二十一条第一款 医疗单位使用放射性药品,必须符合国家有关放射性同位素安全和防护的规定。所在地的省、自治区、直辖市药品监督管理部门,应当根据医疗单位核医疗技术人员的水平、设备条件,核发相应等级的《放射性药品使用许可证》,无许可证的医疗单位不得临床使用放射性药品。 第二十三条 持有《放射性药品使用许可证》的医疗单位,必须负责对使用的放射性药品进行临床质量检验,收集药品不良反应等项工作,并定期向所在地药品监督管理、卫生行政部门报告。由省、自治区、直辖市药品监督管理、卫生行政部门汇总后分别报国务院药品监督管理、卫生行政部门。	直接取消审批
9	药品零售企业筹建审批	《中华人民共和国药品管理法实施条例》 第十二条 开办药品零售企业,申办人应当向拟办企业所在地设区的市级药品监督管理机构或者省、自治区、直辖市人民政府药品监督管理部门直接设置的县级药品监督管理机构提出申请。受理申请的药品监督管理机构应当自收到申请之日起 30 个工作日内,依据国务院药品监督管理部门的规定,结合当地常住人口数量、地域、交通状况和实际需要进行审查,作出是否同意筹建的决定。申办人完成拟办企业筹建后,应当向原审批机构申请验收。原审批机构应当自收到申请之日起 15 个工作日内,依据《药品管理法》第十五条规定的开办条件组织验收;符合条件的,发给《药品经营许可证》。	直接取消审批
10	药品批发企业筹建审批	《中华人民共和国药品管理法实施条例》 第十一条 开办药品批发企业,申办人应当向拟办企业所在地省、自治区、直辖市人民政府药品监督管理部门提出申请。省、自治区、直辖市人民政府药品监督管理部门应当自收到申请之日起 30 个工作日内,依据国务院药品监督管理部门规定的设置标准作出是否同意筹建的决定。申办人完成拟办企业筹建后,应当向原审批部门申请验收。原审批部门应当自收到申请之日起 30 个工作日内,依据《药品管理法》第十五条规定的开办条件组织验收;符合条件的,发给《药品经营许可证》。	直接取消审批

续表

序号	事项名称	行政法规规定	调整内容
11	实施自学考试助学的民办学校设立、变更和终止审批	《中华人民共和国民办教育促进法实施条例》 第十八条　民办学校依照有关法律、行政法规的规定申请登记时，应当向登记机关提交下列材料： （一）登记申请书； （二）办学许可证； （三）拟任法定代表人的身份证明； （四）学校章程。 登记机关应当自收到前款规定的申请材料之日起 5 个工作日内完成登记程序。 第三十三条　民办学校终止的，由审批机关收回办学许可证，通知登记机关，并予以公告。	审批改为备案
12	公章刻制业特种行业许可证核发	《国务院对确需保留的行政审批项目设定行政许可的决定》 第 37 项：公章刻制业特种行业许可证核发。实施机关：县级以上地方人民政府公安机关。 《印铸刻字业暂行管理规则》 第三条　凡经营印铸刻字业者，须先向该管市（县）人民政府公安局或分局申请登记，办理以下手续： 一、详细填写特种营业登记表两份，附申请人最近二寸半身免冠像片三张，并觅具可靠非同业铺保两家。 二、造具该业股东、职工名册，建筑设备及四邻平面略图（露天刻字摊免缴平面略图）。 三、将填妥之申请登记表，连同像片、略图、名册等送公安局或分局，经核准发给许可证后，须另向该管工商机关申请，领得营业执照后始准营业。 第五条　凡领有许可证之印铸刻字业者，如有更换字号、经理、股东，或迁移、扩充、转业、歇业等情时，均须先经公安局或分局许可后，始得办理其他手续。 第七条　营业者有下列情形之一时，得缴销其特种营业许可证，停止其营业。 一、假借他人名义者。 二、领取许可证后，无正当理由两月以上未开业者。 三、无故休业超过一个月以上者。 四、营业者行踪不明逾两月者。	审批改为备案

续表

序号	事项名称	行政法规规定	调整内容
13	社会办医疗机构乙类大型医用设备配置许可	《医疗器械监督管理条例》 第三十四条第二款　医疗器械使用单位配置大型医用设备，应当符合国务院卫生计生主管部门制定的大型医用设备配置规划，与其功能定位、临床服务需求相适应，具有相应的技术条件、配套设置和具备相应资质、能力的专业技术人员，并经省级以上人民政府卫生计生主管部门批准，取得大型医用设备配置许可证。 第六十三条第三款　未经许可擅自配置使用大型医用设备的，由县级以上人民政府卫生计生主管部门责令停止使用，给予警告，没收违法所得；违法所得不足 1 万元的，并处 1 万元以上 5 万元以下罚款；违法所得 1 万元以上的，并处违法所得 5 倍以上 10 倍以下罚款；情节严重的，5 年内不受理相关的责任人及单位提出的大型医用设备配置许可申请。	审批改为备案
14	音乐厅、展览馆、博物馆、美术馆、图书馆、书店、录像厅（室）的公共场所卫生许可	《公共场所卫生管理条例》 第二条　本条例适用于下列公共场所： …… （三）影剧院、录像厅（室）、游艺厅（室）、舞厅、音乐厅； …… （五）展览馆、博物馆、美术馆、图书馆； （六）商场（店）、书店； …… 第四条　国家对公共场所实行“卫生许可证”制度。 “卫生许可证”由县以上卫生行政部门签发。 第十四条　凡有下列行为之一的单位或者个人，卫生防疫机构可以根据情节轻重，给予警告、罚款、停业整顿、吊销“卫生许可证”的行政处罚： …… （四）未取得“卫生许可证”，擅自营业的。 罚款一律上交国库。	审批改为备案

续表

序号	事项名称	行政法规规定	调整内容
15	外资银行分行级以下分支机构(不含分行)设立、变更、终止以及部分业务范围审批	《中华人民共和国外资银行管理条例》 第七条　设立外资银行及其分支机构,应当经银行业监督管理机构审查批准。 第二十七条第一款　外资银行有下列情况之一的,应当经国务院银行业监督管理机构批准,并按照规定提交申请资料,依法向市场监督管理部门办理有关登记: (一)变更注册资本或者营运资金; (二)变更机构名称、营业场所或者办公场所; (三)调整业务范围; (四)变更股东或者调整股东持股比例; (五)修改章程; (六)国务院银行业监督管理机构规定的其他情形。 第六十四条　外资银行营业性机构有下列情况之一的,由国务院银行业监督管理机构责令改正,没收违法所得,违法所得 50 万元以上的,并处违法所得 1 倍以上 5 倍以下罚款;没有违法所得或者违法所得不足 50 万元的,处 50 万元以上 200 万元以下罚款;情节特别严重或者逾期不改正的,可以责令停业整顿或者吊销其金融许可证;构成犯罪的,依法追究刑事责任: (一)未经批准设立分支机构的; (二)未经批准变更、终止的; (三)违反规定从事未经批准的业务活动的; (四)违反规定提高或者降低存款利率、贷款利率的。	审批改为备案
16	外资银行分行级以下分支机构(不含分行)高级管理人员任职资格核准	《中华人民共和国外资银行管理条例》 第二十六条　外资银行董事、高级管理人员、首席代表的任职资格应当符合国务院银行业监督管理机构规定的条件,并经国务院银行业监督管理机构核准。 第六十五条　外资银行有下列情形之一的,由国务院银行业监督管理机构责令改正,处 20 万元以上 50 万元以下罚款;情节特别严重或者逾期不改正的,可以责令停业整顿、吊销其金融许可证、撤销代表处;构成犯罪的,依法追究刑事责任: …… (五)未经任职资格核准任命董事、高级管理人员、首席代表的; ……	审批改为备案

续表

序号	事项名称	行政法规规定	调整内容
17	药品互联网信息服务审批	《互联网信息服务管理办法》 第五条　从事新闻、出版、教育、医疗保健、药品和医疗器械等互联网信息服务，依照法律、行政法规以及国家有关规定须经有关主管部门审核同意的，在申请经营许可或者履行备案手续前，应当依法经有关主管部门审核同意。	审批改为备案
18	医疗器械互联网信息服务审批		审批改为备案
19	危险化学品经营（无储存）许可证核发	《危险化学品安全管理条例》 第三十五条第一款　从事剧毒化学品、易制爆危险化学品经营的企业，应当向所在地设区的市级人民政府安全生产监督管理部门提出申请，从事其他危险化学品经营的企业，应当向所在地县级人民政府安全生产监督管理部门提出申请（有储存设施的，应当向所在地设区的市级人民政府安全生产监督管理部门提出申请）。申请人应当提交其符合本条例第三十四条规定条件的证明材料。设区的市级人民政府安全生产监督管理部门或者县级人民政府安全生产监督管理部门应当依法进行审查，并对申请人的经营场所、储存设施进行现场核查，自收到证明材料之日起30日内作出批准或者不予批准的决定。予以批准的，颁发危险化学品经营许可证；不予批准的，书面通知申请人并说明理由。	实行告知承诺
20	经营高危险性体育项目许可	《全民健身条例》 第三十二条第一款　企业、个体工商户经营高危险性体育项目的，应当符合下列条件，并向县级以上地方人民政府体育主管部门提出申请： （一）相关体育设施符合国家标准； （二）具有达到规定数量的取得国家职业资格证书的社会体育指导人员和救助人员； （三）具有相应的安全保障制度和措施。 第二款　县级以上地方人民政府体育主管部门应当自收到申请之日起30日内进行实地核查，做出批准或者不予批准的决定。批准的，应当发给许可证；不予批准的，应当书面通知申请人并说明理由。	实行告知承诺

国务院办公厅关于加快发展外贸新业态新模式的意见

国办发〔2021〕24号

各省、自治区、直辖市人民政府,国务院各部委、各直属机构:

新业态新模式是我国外贸发展的有生力量,也是国际贸易发展的重要趋势。加快发展外贸新业态新模式,有利于推动贸易高质量发展,培育参与国际经济合作和竞争新优势,对于服务构建新发展格局具有重要作用。为深入贯彻党中央、国务院决策部署,促进外贸新业态新模式健康持续创新发展,经国务院同意,现提出以下意见:

一、总体要求

(一)指导思想。以习近平新时代中国特色社会主义思想为指导,全面贯彻落实党的十九大和十九届二中、三中、四中、五中全会精神,坚持稳中求进工作总基调,立足新发展阶段、贯彻新发展理念、构建新发展格局,以供给侧结构性改革为主线,深化外贸领域"放管服"改革,推动外贸领域制度创新、管理创新、服务创新、业态创新、模式创新,拓展外贸发展空间,提升外贸运行效率,保障产业链供应链畅通运转,推动高质量发展。

(二)基本原则。

坚持鼓励创新。充分发挥市场在资源配置中的决定性作用,更好发挥政府作用,进一步释放市场主体活力。开展先行先试,鼓励在外贸领域广泛运用新技术新工具,推动传统业态转型升级,细化贸易分工,提升专业化水平,促进业态融合创新,不断探索新的外贸业态和模式。

坚持包容审慎。统筹发展和安全,坚持在发展中规范、在规范中发展。建立健全适应外贸新业态新模式发展的政策体系。完善信息数据、信用体系、知识产权保护等方面标准、制度。科学合理界定平台责任。加强事中事后监管,持续优化营商环境,促进公平竞争。

坚持开放合作。统筹国内国际两个市场、两种资源,坚持互利共赢开放战略,促进贸易和投资自由化便利化。加强部门、地方、行业、企业间协作联动,提升政府管理和服务效能。积极探索建立适应和引领外贸新业态新模式发展的国际规则,推动高水平开放。

(三)发展目标。到2025年,外贸新业态新模式发展的体制机制和政策体系更为完善,营商环境更为优化,形成一批具有国际竞争力的行业龙头企业和产业集群,产业价值链水平进一步提升,对外贸和国民经济的带动作用进一步增强。到2035年,外贸新业态新模式发展水平位居创新型国家前列,法律法规体系更加健全,贸易自由化便利化程度达到世界先进水平,为贸易高质量发展提供强大动能,为基本实现社会主义现代化提供强劲支撑。

二、积极支持运用新技术新工具赋能外贸发展

(四)推广数字智能技术应用。运用数字技术和数字工具,推动外贸全流程各环节优化提升。发挥"长尾效应",整合碎片化订单,拓宽获取订单渠道。大力发展数字展会、社交电商、产品众筹、大数据营销等,建立线上线下融合、境内境外联动的营销体系。集成外贸供应链各环节数据,加强资源对接和信息共享。到2025年,外贸企业数字化、智能化水平明显提升。(商务部牵头,各有关单位按职责分工负责)

(五)完善跨境电商发展支持政策。在全国适用跨境电商企业对企业(B2B)直接出口、跨境电商出口海外仓监管模式,完善配套政策。便利跨境电商进出口退换货管理。优化跨境电商零售进口商品清

单。稳步开展跨境电商零售进口药品试点工作。引导企业用好跨境电商零售出口增值税、消费税免税政策和所得税核定征收办法。研究制定跨境电商知识产权保护指南，引导跨境电商平台防范知识产权风险。到2025年，跨境电商政策体系进一步完善，发展环境进一步优化，发展水平进一步提升。（商务部牵头，财政部、海关总署、税务总局、国家外汇局、国家药监局、国家知识产权局按职责分工负责）

（六）扎实推进跨境电子商务综合试验区建设。扩大跨境电子商务综合试验区（以下简称综试区）试点范围。积极开展先行先试，进一步完善跨境电商线上综合服务和线下产业园区“两平台”及信息共享、金融服务、智能物流、电商诚信、统计监测、风险防控等监管和服务“六体系”，探索更多的好经验好做法。鼓励跨境电商平台、经营者、配套服务商等各类主体做大做强，加快自主品牌培育。建立综试区考核评估和退出机制，2021年组织开展考核评估。到2025年，综试区建设取得显著成效，建成一批要素集聚、主体多元、服务专业的跨境电商线下产业园区，形成各具特色的发展格局，成为引领跨境电商发展的创新集群。（商务部牵头，中央网信办、国家发展改革委、工业和信息化部、财政部、交通运输部、人民银行、海关总署、税务总局、市场监管总局、银保监会、国家邮政局、国家外汇局按职责分工负责）

（七）培育一批优秀海外仓企业。鼓励传统外贸企业、跨境电商和物流企业等参与海外仓建设，提高海外仓数字化、智能化水平，促进中小微企业借船出海，带动国内品牌、双创产品拓展国际市场空间。支持综合运用建设—运营—移交（BOT）、结构化融资等投融资方式多元化投入海外仓建设。充分发挥驻外使领馆和经商机构作用，为海外仓企业提供前期指导服务，协助解决纠纷。到2025年，力争培育100家左右在信息化建设、智能化发展、多元化服务、本地化经营等方面表现突出的优秀海外仓企业。（商务部牵头，外交部、国家发展改革委、银保监会按职责分工负责）

（八）完善覆盖全球的海外仓网络。支持企业加快重点市场海外仓布局，完善全球服务网络，建立中国品牌的运输销售渠道。鼓励海外仓企业对接综试区线上综合服务平台、国内外电商平台等，匹配供需信息。优化快递运输等政策措施，支持海外仓企业建立完善物流体系，向供应链上下游延伸服务，探索建设海外物流智慧平台。推进海外仓标准建设。到2025年，依托海外仓建立覆盖全球、协同发展的新型外贸物流网络，推出一批具有国际影响力的国家、行业等标准。（商务部牵头，国家发展改革委、交通运输部、市场监管总局、国家邮政局按职责分工负责）

三、持续推动传统外贸转型升级

（九）提升传统外贸数字化水平。支持传统外贸企业运用云计算、人工智能、虚拟现实等先进技术，加强研发设计，开展智能化、个性化、定制化生产。鼓励企业探索建设外贸新业态大数据实验室。引导利用数字化手段提升传统品牌价值。鼓励建设孵化机构和创新中心，支持中小微企业创业创新。到2025年，形成新业态驱动、大数据支撑、网络化共享、智能化协作的外贸产业链供应链体系。（商务部牵头，各有关单位按职责分工负责）

（十）优化市场采购贸易方式政策框架。完善市场采购贸易方式试点动态调整机制，设置综合评价指标，更好发挥试点区域示范引领作用。支持各试点区域因地制宜探索创新，吸纳更多内贸主体开展外贸，引导市场主体提高质量、改进技术、优化服务、培育品牌，提升产品竞争力，放大对周边产业的集聚和带动效应。到2025年，力争培育10家左右出口超千亿元人民币的内外贸一体化市场，打造一批知名品牌。（商务部牵头，国家发展改革委、财政部、海关总署、税务总局、市场监管总局、国家外汇局按职责分工负责）

（十一）提升市场采购贸易方式便利化水平。进一步优化市场采购贸易综合管理系统，实现源头可溯、风险可控、责任可究。继续执行好海关简化申报、市场采购贸易方式出口的货物免征增值税等试点政策，优化通关流程。扩大市场采购贸易预包装食品出口试点范围。对在市场采购贸易综合管理系统备案且可追溯交易真实性的市场采购贸易收入，引导银行提供更为便捷的金融服务。（商务部牵头，国家发展改革委、财政部、人民银行、海关总署、税务总局、市场监管总局、国家外汇局按职责分工负责）

四、深入推进外贸服务向专业细分领域发展

（十二）进一步支持外贸综合服务企业健康发展。落实落细集中代办退税备案工作，提高工作效率。对已经办理代办退税备案但尚未进行过首次申报退（免）税实地核查的生产企业，在收到首次委托代办退税业务申报信息后，进一步提高实地核查工作效率。引导外贸综合服务企业（以下简称综服企业）规范内部风险管理，提升集中代办退税风险管控水平。进一步落实完善海关“双罚”机制，在综服企业严格履行合理审查义务，且无故意或重大过失情况下，由综服企业和其客户区分情节承担相应责任。到2025年，适应综服企业发展的政策环境进一步优化。（商务部牵头，海关总署、税务总局按职责分工负责）

（十三）提升保税维修业务发展水平。进一步支持综合保税区内企业开展维修业务，动态调整维修产品目录，研究将医疗器械等产品纳入目录。支持自贸试验区内企业按照综合保税区维修产品目录开展“两头在外”的保税维修业务，由自贸试验区所在地省级人民政府对维修项目进行综合评估、自主支持开展，对所支持项目的监管等事项承担主体责任。探索研究支持有条件的综合保税区外企业开展高技术含量、高附加值、符合环保要求的自产出口产品保税维修，以试点方式稳妥推进，加强评估，研究制定管理办法和维修产品清单。到2025年，逐步完善保税维修业务政策体系。（商务部牵头，财政部、生态环境部、海关总署、税务总局按职责分工负责）

（十四）稳步推进离岸贸易发展。鼓励银行探索优化业务真实性审核方式，按照展业原则，基于客户信用分类及业务模式提升审核效率，为企业开展真实合规的离岸贸易业务提供优质的金融服务，提升贸易结算便利化水平。在自贸试验区进一步加强离岸贸易业务创新，支持具备条件并有较强竞争力和管理能力的城市和地区发展离岸贸易。（商务部、人民银行、国家外汇局按职责分工负责）

（十五）支持外贸细分服务平台发展壮大。支持在营销、支付、交付、物流、品控等外贸细分领域共享创新。鼓励外贸细分服务平台在各区域、各行业深耕垂直市场，走“专精特新”之路。鼓励外贸企业自建独立站，支持专业建站平台优化提升服务能力。探索区块链技术在贸易细分领域中的应用。到2025年，形成一批国际影响力较强的外贸细分服务平台企业。（商务部牵头，各有关单位按职责分工负责）

五、优化政策保障体系

（十六）创新监管方式。根据外贸业态发展需要，适时研究完善相关法律法规，科学设置“观察期”和“过渡期”。引入“沙盒监管”模式，为业态创新提供安全空间。推动商务、海关、税务、市场监管、邮政等部门间数据对接，在优化服务的同时，加强对逃税、假冒伪劣、虚假交易等方面的监管。完善外贸新业态新模式统计体系。（商务部牵头，海关总署、税务总局、市场监管总局、国家统计局、国家邮政局按职责分工负责）

（十七）落实财税政策。充分发挥外经贸发展专项资金、服务贸易创新发展引导基金作用，引导社会资本以基金方式支持外贸新业态新模式发展。积极探索实施促进外贸新业态新模式发展的税收征管和服务措施，优化相关税收环境。支持外贸新业态新模式企业适用无纸化方式申报退税。对经认定为高新技术企业的外贸新业态新模式企业，可按规定享受高新技术企业所得税优惠政策。（财政部、商务部、税务总局按职责分工负责）

（十八）加大金融支持力度。深化政银企合作，积极推广“信易贷”等模式，鼓励金融机构、非银行支付机构、征信机构、外贸服务平台等加强合作，为具有真实交易背景的外贸新业态新模式企业提供便利化金融服务。

鼓励符合条件的外贸新业态新模式企业通过上市、发行债券等方式进行融资。加快贸易金融区块链平台建设。加大出口信用保险对海外仓等外贸新业态新模式的支持力度,积极发挥风险保障和融资促进作用。(国家发展改革委、财政部、商务部、人民银行、银保监会、证监会、国家外汇局、进出口银行、中国出口信用保险公司按职责分工负责)

(十九)便捷贸易支付结算管理。深化贸易外汇收支便利化试点,支持更多符合条件的银行和支付机构依法合规为外贸新业态新模式企业提供结算服务。鼓励研发安全便捷的跨境支付产品,支持非银行支付机构"走出去"。鼓励外资机构参与中国支付服务市场的发展与竞争。(人民银行、国家外汇局按职责分工负责)

六、营造良好环境

(二十)维护良好外贸秩序。加强反垄断和反不正当竞争规制,着力预防和制止外贸新业态领域垄断和不正当竞争行为,保护公平竞争,防止资本无序扩张。探索建立外贸新业态新模式企业信用评价体系,鼓励建立重要产品追溯体系。支持制定外贸新业态领域的国家、行业和地方标准,鼓励行业协会制定相关团体标准。(商务部、国家发展改革委、海关总署、市场监管总局按职责分工负责)

(二十一)推进新型外贸基础设施建设。支持外贸领域的线上综合服务平台、数字化公共服务平台等建设。鼓励电信企业为外贸企业开展数字化营销提供国际互联网数据专用通道。完善国际邮件互换局(交换站)和国际快件处理中心布局。开行中欧班列专列,满足外贸新业态新模式发展运输需要。(商务部、国家发展改革委、工业和信息化部、国家邮政局、中国国家铁路集团有限公司按职责分工负责)

(二十二)加强行业组织建设和专业人才培育。依法推动设立外贸新业态领域相关行业组织,出台行业服务规范和自律公约。鼓励普通高校、职业院校设置相关专业。引导普通高校、职业院校与企业合作,培养符合外贸新业态新模式发展需要的管理人才和高素质技术技能人才。(商务部、教育部、民政部按职责分工负责)

(二十三)深化国际交流合作。积极参与世贸组织、万国邮联等多双边谈判,推动形成电子签名、电子合同、电子单证等方面的国际标准。加强知识产权保护、跨国物流等领域国际合作,参与外贸新业态新模式的国际规则和标准制定。加强与有关国家在相关领域政府间合作,推动双向开放。大力发展丝路电商,加强"一带一路"经贸合作。推动我国外贸新业态新模式与国外流通业衔接连通。鼓励各地方、各试点单位、各企业开展国际交流合作。(商务部牵头,各地方人民政府、各有关单位按职责分工负责)

七、做好组织实施

(二十四)加强组织领导。充分发挥国务院推进贸易高质量发展部际联席会议制度作用,加强部门联动、央地协同,统筹协调解决重大问题。各地区、各有关部门要按照职责分工抓好贯彻落实,密切协作配合,及时出台相关措施,继续大胆探索实践。商务部要会同有关部门加强工作指导,确保各项措施落地见效。(商务部牵头,各地方人民政府、各有关单位按职责分工负责)

(二十五)做好宣传推广。不断总结推广好经验好做法。加强舆论引导,宣介外贸新业态新模式发展成效。积极营造鼓励创新、充满活力、公平竞争、规范有序的良好氛围,促进外贸新业态新模式健康持续创新发展。(商务部牵头,各地方人民政府、各有关单位按职责分工负责)

国务院办公厅

2021 年 7 月 2 日

(此件公开发布)

海南自由贸易港跨境服务贸易特别管理措施（负面清单）（2021 年版）

中华人民共和国商务部令

二〇二一年第 3 号

《海南自由贸易港跨境服务贸易特别管理措施（负面清单）（2021 年版）》已经党中央、国务院同意，现予公布，自 2021 年 8 月 26 日起施行。

部长　王文涛

2021 年 7 月 23 日

海南自由贸易港跨境服务贸易特别管理措施（负面清单）（2021 年版）

说　明

一、《海南自由贸易港跨境服务贸易特别管理措施（负面清单）（2021 年版）》统一列出国民待遇、市场准入、当地存在、金融服务跨境贸易等方面对于境外服务提供者以跨境方式提供服务（通过跨境交付、境外消费、自然人移动模式）的特别管理措施，适用于海南自由贸易港，地域范围为海南岛全岛。未作特别说明的，仅适用于境外服务提供者向海南自由贸易港内的市场主体及个人提供服务。《海南自由贸易港跨境服务贸易特别管理措施（负面清单）（2021 年版）》之外的领域，在海南自由贸易港内按照境内外服务及服务提供者待遇一致原则实施管理。

二、《市场准入负面清单》所列内容，以及《海南自由贸易港外商投资准入特别管理措施（负面清单）》所列以商业存在模式提供服务的特别管理措施不列入本负面清单。

三、境外服务提供者不得以跨境方式提供《海南自由贸易港跨境服务贸易特别管理措施（负面清单）（2021 年版）》中禁止的服务；以跨境方式提供《海南自由贸易港跨境服务贸易特别管理措施（负面清单）（2021 年版）》之内的非禁止性领域服务，按相应规定管理。

四、《海南自由贸易港跨境服务贸易特别管理措施（负面清单）（2021 年版）》未列出的与国家安全、公共秩序、金融审慎、社会服务、人类遗传资源、人文社科研发、文化新业态、航空业务权、移民和就业措施以及政府行使职能等相关措施，按照现行规定执行。

五、与港澳台就境外服务提供者开展跨境服务贸易有更优惠安排的，我国缔结或者参加的国际条约、协定对境外服务提供者开展跨境服务贸易有更优惠规定的，可以按照相应规定执行。

六、《海南自由贸易港跨境服务贸易特别管理措施（负面清单）（2021 年版）》由商务部会同有关部门负责解释。

海南自由贸易港跨境服务贸易特别管理措施(负面清单)(2021年版)

序号	特别管理措施
一、农、林、牧、渔业	
1	境外个人、境外渔业船舶进入中国管辖水域,从事渔业资源调查活动,必须经中国政府批准。同中国订有条约、协定的,按照条约、协定办理。
二、建筑业	
2	境外服务提供者不得提供建筑及相关工程服务。
三、批发和零售业	
3	境外服务提供者不得直接销售兽药、饲料、饲料添加剂、农药,应当在中国境内设立销售机构或委托符合条件的中国境内代理机构销售。
4	境外服务提供者不得在国内从事经营烟叶、烟草制品的批发、零售、进出口。
四、交通运输、仓储和邮政业	
5	只允许境外服务提供者在对境外船舶开放的港口从事国际运输,除此以外,境外服务提供者不得经营国内水路运输业务,不得以租用中国籍船舶或者舱位等方式变相经营国内水路运输业务。国内水路运输经营者不得使用外籍船舶经营国内水路运输业务。但是,在国内没有能够满足所申请运输要求的中国籍船舶,并且船舶停靠的港口或者水域为对外开放的港口或者水域的情况下,经中国政府许可,国内水路运输经营者可以在中国政府规定的期限或者航次内,临时使用外籍船舶运输。
6	除游艇外的外籍船舶进出海南自由贸易港或者在其内河航行、港口航行、移泊以及靠离港外系泊点、装卸站等,应当向当地的引航机构申请引航。如中国与船籍所属国另有协定,则先遵守相关协定规定。
7	境外个人不得注册成为引航员。
8	境外服务提供者须通过与中方打捞人签订共同打捞合同的方式,参与打捞沿海水域沉船沉物。境外服务提供者为履行共同打捞合同所需船舶、设备及劳务,在同等条件下,应当优先向中方打捞人租用和雇佣。
9	计算机订座系统服务,对于跨境交付方式,只允许:(1)境外计算机订座系统,如与中国航空运输企业和中国计算机订座系统订立协议,则可通过与中国计算机订座系统连接,向中国航空运输企业和中国航空代理人提供服务;(2)境外计算机订座系统可向根据双边航空协定有权从事经营的境外航空运输企业在中国通航城市设立的代表处或营业所提供服务;(3)中国航空运输企业和境外航空运输企业的销售代理直接进入和使用境外计算机订座系统须经中国民航主管部门批准。
10	境外服务提供者不得从事包括空中交通管制、通信导航监视、航行情报等中国民用航空空中交通管理服务,不得从事民用航空空中交通管制、航空情报培训服务。
11	境外个人不得申请民用航空情报员、民用航空空中交通管制员执照。
12	为中国航空运营人进行驾驶员执照和等级训练,且完成训练合格的驾驶员回国按照简化程序换取中国民航相应驾驶员执照的境外驾驶员学校应当符合:(1)所在国为国际民用航空公约缔约国,该校具有其所在国民航主管部门颁发的航空运行合格证或类似批准书;(2)获得中国政府许可。
13	未经中国政府批准,任何外籍船舶不得以任何方式经营中国港口之间的拖航。
14	中国籍船舶的船长应当由中国籍船员担任。
15	境外国际道路运输经营者不得从事起讫地在中国境内的道路旅客运输经营。
16	境外服务提供者不得经营信件的国内快递业务。

续表

序号	特别管理措施
17	境外服务提供者不得提供邮政服务。
五、信息传输、软件和信息技术服务业	
18	中国对电信业务经营实行许可制度。只有在中国境内依法设立的公司,取得电信业务经营许可证后,方可从事电信业务经营活动。
19	从事国际通信业务,必须通过中国信息产业主管部门批准设立的国际通信出入口局进行。国际通信出入口局应当由国有独资的电信业务经营者申请设置、承担运行维护工作,并经工业和信息化主管部门批准设立。
20	境外组织或个人不得进行电波参数测试或电波监测。
21	境外单位向中国境内单位提供通信卫星资源出租服务,应在遵守中国卫星无线电频率管理的规定,并完成与中国申报的卫星无线电频率协调的前提下,将通信卫星资源出租给境内具有相应经营资质的单位,再由境内卫星公司转租给境内使用单位并负责技术支持、市场营销、用户服务和用户监管等。不允许境外卫星公司未经中国政府批准直接向境内用户经营卫星转发器出租业务。
22	境外服务提供者不得从事互联网新闻信息服务、互联网公众发布信息服务。
23	未满足设立商业存在和相关股比要求的,境外服务提供者不得提供互联网信息搜索服务。
六、金融业	
24	仅在中国境内,依照中国法设立的保险公司以及法律、行政法规规定的其他保险组织可经营保险业务。以境外消费方式提供的除保险经纪外的保险服务及以跨境交付方式提供的下列保险服务,不受上述限制:再保险;国际海运、空运和运输保险;大型商业险经纪、国际海运、空运和运输保险经纪及再保险经纪。
25	未经中国银行监督管理机构批准,境外服务提供者不得以跨境交付方式从事银行业金融机构、金融资产管理公司、信托公司、财务公司、金融租赁公司、消费金融公司、汽车金融公司以及经中国银行监督管理机构批准设立的其他金融机构的业务活动。
26	仅经批准在中国境内设立的货币经纪公司可从事货币经纪业务。
27	仅在中国境内设立的有限责任公司或股份有限公司,且为非金融机构法人可申请《支付业务许可证》,从事非金融机构支付服务。
28	仅依中国法在中国设立的证券公司经批准可经营下列证券业务:(1)证券经纪;(2)证券投资咨询;(3)与证券交易、证券投资活动有关的财务顾问;(4)证券承销与保荐;(5)证券融资融券;(6)证券做市交易;(7)证券自营;(8)其他证券业务。
29	以境外消费方式提供服务以及以跨境交付方式提供以下服务,不受第28条的限制:(1)经批准取得境内上市外资股(B股)业务资格的境外证券经营机构可通过与境内证券经营机构签订代理协议,或者证券交易所规定的其他方式从事境内上市外资股经纪业务;(2)经批准取得境内上市外资股业务资格的境外证券经营机构担任境内上市外资股主承销商、副主承销商和国际事务协调人;(3)经批准的合格境内机构投资者开展境外证券投资业务,可以委托境外证券服务机构代理买卖证券;(4)经批准合格境内机构投资者可以委托符合条件的境外投资顾问进行境外证券投资;(5)受托管人委托负责境外资产托管业务的境外资产托管人须符合法定条件。

续表

序号	特别管理措施
30	以下情形不得通过跨境交付方式提供:(1)仅依中国法设立的基金管理公司或者中国证券监督管理机构按照规定核准的其他机构可担任公开募集证券投资基金的管理人;(2)仅符合法定条件的在中国境内设立的公司或者合伙企业可申请登记为私募证券基金管理人;(3)仅依中国法设立并取得证券投资基金托管资格的商业银行或中国证券监督管理机构核准的其他金融机构可担任证券投资基金托管人;(4)经批准的合格境外机构投资者投资境内证券期货,应当委托符合要求的境内机构作为托管人托管资产。经批准的境内机构投资者开展境外证券投资业务,应当由境内商业银行负责资产托管业务;(5)仅依中国法设立并经中国证券监督管理机构及其派出机构注册取得公募基金销售业务资格的机构(含公募基金管理人)可以从事基金销售业务;(6)未经批准或登记,境内机构、个人不得从事境外有价证券发行、交易。
31	依据中国法成立的证券经营机构、其他从事咨询业务的机构经批准可从事证券投资咨询业务。
32	仅依据中国法在中国设立的期货公司可依据中国期货监督管理机构按照其商品期货、金融期货业务种类颁发的许可证,经营下列期货业务:境内期货经纪业务、境外期货经纪、期货投资咨询以及中国期货监督管理机构规定的其他期货业务。仅依据中国法在中国设立的期货公司可根据中国期货监督管理机构的要求,在依法登记备案后,从事资产管理业务。
33	仅在中国境内设立的商业银行可申请期货保证金存管银行资格。
34	除中国证券监督管理机构或其他相关部门另有规定,境内单位或个人不得从事境外期货及其他衍生品业务;境外单位或个人不得从事境内期货及其他衍生品业务。
35	仅依据中国法成立的期货公司、其他期货经营机构可以从事期货投资咨询业务。在海南自由贸易港居住的境外个人可以申请取得期货投资咨询从业资格。
36	企业年金法人受托机构、托管人、投资管理人应当经中国金融监管部门批准,并为中国法人。
37	企业年金账户管理人应当经中国政府批准,并为中国法人。
38	境外企业或个人不得成为证券交易所的普通会员。境外企业或个人不得成为期货交易所会员。除在海南自由贸易港内就业的境外个人或国家另有规定外,境外企业或个人不得申请开立证券账户或期货账户。海南自由贸易港内设立的区域性股权市场运营机构不得超过1家,区域性股权市场不得为海南自由贸易港外的企业私募证券或股权的融资、转让提供服务。
39	境外期货交易所及境外其他机构不得在境内指定或者设立商品期货交割仓库以及从事其他与商品期货交割业务相关的活动。
40	境外人民币业务清算行、境外央行类机构(包括境外央行(货币当局)和其他官方储备管理机构、国际金融组织、主权财富基金)和符合一定条件的人民币购售业务境外参加行经申请可以成为中国银行间外汇市场的境外会员,参与银行间外汇市场交易。
七、租赁和商务服务业	
41	境外律师事务所、境外其他组织或个人不得以境外律师事务所驻华代表机构以外的其他名义在中国境内从事法律服务(海南律师事务所聘请外籍律师担任外国法律顾问和港澳律师担任法律顾问除外)。
42	境外律师事务所驻华代表机构及其代表不得从事中国法律事务(境外律师事务所驻海南代表机构从事部分涉海南商事非诉讼法律事务除外)。境外律师事务所驻华代表机构不得聘用中国执业律师;聘用的辅助人员不得为当事人提供法律服务。代表机构的代表及其辅助人员不得以“中国法律顾问”名义为客户提供中国法律服务。
43	境外律师事务所驻华代表机构及其所属的境外律师事务所不得派员入驻中国律师事务所从事法律服务活动。

续表

序号	特别管理措施
44	只有在中国境内设立的公证机构才可从事公证服务。对设立公证机构实行总量控制。只有通过中国司法考试或统一法律职业资格考试的中国公民才可担任公证员。
45	境外个人不得参加国家统一法律职业资格考试取得法律职业资格证书。
46	只有在中国境内设立的法人或其他组织可以申请从事司法鉴定业务。只有中国公民可以申请从事司法鉴定业务。
47	境外服务提供者只能通过商业存在方式提供法定审计服务;境外服务提供者只能通过商业存在方式提供代理记账服务。
48	境外组织或个人不得直接进行社会调查,不得通过未取得涉外调查许可证的机构进行社会调查。境外服务提供者经资格认定,取得涉外调查许可证的可进行市场调查。
49	境外服务提供者不得提供人力资源服务(包括但不限于人才中介服务、职业中介服务),不得直接招收劳务人员赴国外工作。
50	境外个人不得担任保安员从事保安服务,境外服务提供者只能通过商业存在方式提供保安服务。
51	举办国际性节目交流、交易活动,须经中国广播电视行政部门批准,并由指定的单位承办。举办国际性电影节(展)和设评奖的全国性电影节(展),须由中国电影主管部门批准。经海南电影主管部门批准,可举办单一国家或港澳台地区的电影展映活动。
52	境外个人不得报考全国导游资格考试。
八、科学研究和技术服务业	
53	境外服务提供者可提供除总体规划以外的城市规划服务,但须与中方专业机构合作。法定规划以外的城市设计和法定规划编制的前期方案研究,可不受此限制。
54	境外服务提供者以跨境交付方式提供除方案设计以外的建设工程初步设计(基础设计)、施工图设计(详细设计)、工程和集中工程服务,须与中方专业机构合作。
55	外国人申请参加中国注册建筑师全国统一考试和注册以及外国建筑师申请执行注册建筑师业务,按照对等原则办理。
56	未经批准,境外组织或个人不得在中国领域和中国管辖的其他海域从事测绘、气象、水文、地震及生态环境监测、海洋科研、铺设海底电缆和管道、自然资源勘查开发等活动。
九、教育	
57	境外教育服务提供机构除与中方教育考试机构合作举办面向社会的非学历的教育考试外,不得单独举办教育考试。
58	境外个人教育服务提供者受海南自由贸易港内学校和其他教育机构邀请或雇佣,可入境提供教育服务,须具有学士以上学位,且具有相应的专业职称或证书。
十、卫生和社会工作	
59	在外国取得合法行医权的外籍医师,应邀、应聘或申请来华从事临床诊断、治疗业务等活动,注册有效期不超过一年,注册期满需要延期的,可以按规定重新办理注册。
十一、文化、体育和娱乐业	
60	境外服务提供者不得从事图书、报纸、期刊、音像制品、电子出版物的编辑、出版、制作业务,不得从事网络出版(含网络游戏)服务。中国加入世贸组织承诺内容除外。 中外新闻出版单位进行新闻出版合作项目,须经中国政府批准,并确保中方的经营主导权和内容终审权,并符合中国政府批复的其他条件。网络出版服务单位与境内外商投资企业或境外组织、个人进行网络出版服务业务的项目合作,应当事前报中国政府批准。未经审核许可,境外服务提供者不得复制音像制品、电子出版物。

续表

序号	特别管理措施
61	放映电影片,应当符合中国政府规定的国产电影片与进口电影片放映的时间比例。电影院年放映国产影片的时长不得低于年放映电影片时长总和的三分之二。境外服务提供者不得从事电影引进业务。
62	国产故事片、动画片、科教片、纪录片、特种电影等,其主创人员一般应是中国境内公民。因拍摄特殊需要,经批准可聘用境外主创人员,但主要演员中聘用境外的主角和主要配角均不得超过主要演员总数的三分之一。对外合作摄制的故事片、动画片、纪录片、科教片等,因拍摄特殊需要,经中国电影主管部门批准可聘用境外主创人员。除已有特别协议规定的国家和地区外,境外主要演员数量不得超过主要演员总数的三分之二。 中国对对外合作摄制电影实行许可制度。境内任何单位未取得批准文件,不得与境外单位合作摄制电影。未经批准,境外单位不得独立摄制电影。
63	境外服务提供者不得从事网络视听节目服务。单个网站年度引进专门用于信息网络传播的境外电影、电视剧总量,不得超过该网站上一年度购买播出国产电影、电视剧总量的30%。引进用于信息网络传播的境外电影、电视剧及其他视听节目,必须经省级以上广播电视行政部门审查批准。
64	用于广播电台、电视台播放的境外电影、电视剧,必须经中国广播电视行政部门审查批准。用于广播电台、电视台播放的境外其他广播电视节目,必须经中国广播电视行政部门或者其授权的机构审查批准。广播电台、电视台以卫星等传输方式进口、转播境外广播电视节目,必须经中国广播电视行政部门批准。中国对引进境外影视剧进行调控和规划。引进境外影视剧和以卫星传送方式引进其他境外电视节目,由指定单位申报。播出按规定引进的境外广播电视节目,须符合有关时间比例、时段安排等规定。
65	境外服务提供者不得跨境从事网络文化产品进口业务。中国加入世贸组织承诺内容除外。
66	境外服务提供者不得开办广播电视视频点播服务,但三星级以上或相当于三星级以上宾馆饭店除外。从事广播电视视频点播业务应当依法获得《广播电视视频点播业务许可证》。用于广播电视视频点播的节目,应以国产节目为主。中国政府对境外卫星频道落地实行审批制度。
67	境外服务提供者不得从事广播电视节目制作经营(含引进业务)服务,但经批准,境内广播电视节目制作机构可与境外机构及个人合作制作电视剧(含电视动画片)。中外合作制作的电视剧主创人员(编剧、制片人、导演、主要演员)中中方人员不得少于25%。聘用境外个人参加境内广播电视节目制作,由广播电视行政部门审批。
68	境外的文艺表演团体、个人不得自行举办营业性演出,但可以参加由中国境内的演出经纪机构举办的营业性演出,或受中国境内的文艺表演团体邀请参加该文艺表演团体自行举办的营业性演出,并须经文化和旅游行政部门批准。境外个人不得从事营业性演出的居间、代理活动。
69	境外服务提供者不得从事新闻服务,包括但不限于通过通讯社、报纸、期刊、广播电台、电视台提供的新闻服务,但是(1)经中国政府批准,境外新闻机构可设立常驻新闻机构,仅从事新闻采访工作,向中国派遣常驻记者;(2)经中国政府批准且在确保中方主导的条件下,中外新闻机构可进行特定的业务合作。经中国政府批准,境外通讯社可向中国境内提供经批准的特定新闻业务,例如,向境内通讯社供稿。
70	境外服务提供者不得从事开展社会艺术水平考级活动业务。

关于推进自由贸易试验区贸易投资便利化改革创新的若干措施

建设自由贸易试验区(以下简称自贸试验区)是以习近平同志为核心的党中央在新时代推进改革开放的重要战略举措,在我国改革开放进程中具有里程碑意义。为贯彻落实党中央、国务院决策部署,以制度创新为核心,积极发挥改革的突破和先导作用,加快对外开放高地建设,推动加快构建以国内大循环为主体、国内国际双循环相互促进的新发展格局,现就推进自贸试验区贸易投资便利化改革创新提出如下措施。

一、加大对港澳投资开放力度

在内地与香港、澳门关于建立更紧密经贸关系的安排(CEPA)框架下,将港澳服务提供者在自贸试验区投资设立旅行社的审批权限由省级旅游主管部门下放至自贸试验区。(商务部、文化和旅游部、国务院港澳办、各自贸试验区所在地省级人民政府按职责分工负责;适用范围:所有自贸试验区,以下除标注适用于特定自贸试验区的措施外,适用范围均为所有自贸试验区)

二、放开国际登记船舶法定检验

推进自贸试验区国际登记船舶法定检验放开,制定出台相关管理措施,允许依法获批的境外船舶检验机构对自贸试验区国际登记船舶开展法定检验。(交通运输部负责)

三、开展进口贸易创新

支持自贸试验区所在地培育进口贸易促进创新示范区,综合利用提高便利化水平、创新贸易模式、提升公共服务等多种手段,推动进口领域监管制度、商业模式、配套服务等多方面创新。(商务部牵头,有关部门按职责分工负责)

四、释放新型贸易方式潜力

支持自贸试验区发展离岸贸易,在符合税制改革方向、不导致税基侵蚀和利润转移的前提下,研究论证企业所得税、印花税相关政策。支持银行探索离岸转手买卖的真实性管理创新,依照展业原则,基于客户信用分类及业务模式提升审核效率,为企业开展真实合规离岸贸易业务提供优质金融服务,提高贸易结算便利化水平。(财政部、商务部、税务总局、国家外汇局按职责分工负责)

五、推进"两头在外"保税维修业务

出台保税维修相关管理规定。支持自贸试验区内企业按照综合保税区维修产品目录开展保税维修业务,由自贸试验区所在地省级人民政府对维修项目进行综合评估、自主支持开展,对所支持项目的监管等事项承担主体责任。(商务部牵头,财政部、生态环境部、海关总署、税务总局按职责分工负责)

六、提升医药产品进口便利度

允许具备条件的自贸试验区开展跨境电商零售进口部分药品及医疗器械业务。支持符合条件的自贸试验区增设首次进口药品和生物制品口岸。(财政部、商务部、海关总署、税务总局、国家药监局按职责分工负责)

七、推进开放通道建设

在对外航权谈判中,支持自贸试验区所在城市的国际机场利用第五航权,在平等互利的基础上允许外国航空公司承载该城市至第三国的客货业务,积极向外国航空公司推荐并引导申请进入中国市场的外国航空公司执飞该机场。(中国民航局负责)

八、加快推进多式联运"一单制"

交通运输管理部门支持自贸试验区试点以铁路运输为主的多式联运"一单制"改革,鼓励自贸试验区制定并推行标准化多式联运运单等单证。加快推进全国多式联运公共信息系统建设,率先实现铁路与港口信息互联互通,进一步明确多式联运电子运单的数据标准、交换规则及参与联运各方的职责范围等。率先在国内陆上公铁联运使用标准化单证,逐步推广到内水陆上多式联运,做好与空运、海运运单的衔接,实现陆海空多式联运运单的统一。(交通运输部、商务部、海关总署、国家铁路局、中国民航局、中国国家铁路集团有限公司按职责分工负责)

九、探索赋予多式联运单证物权凭证功能

银行业监督管理机构会同交通运输管理部门、商务主管部门等单位研究出台自贸试验区铁路运输单证融资政策文件,引导和鼓励自贸试验区内市场主体、铁路企业和银行创新陆路贸易融资方式,在风险可控的前提下,开展赋予铁路运输单证物权属性的有益实践探索。通过司法实践积累经验,发布典型案例,条件成熟时形成司法解释,为完善国内相关立法提供支撑,逐步探索铁路运输单证、联运单证实现物权凭证功能。积极研究相关国际规则的修改和制定,推动在国际规则层面解决铁路运单物权凭证问题。(最高人民法院、交通运输部、商务部、人民银行、海关总署、银保监会、国家铁路局、中国国家铁路集团有限公司按职责分工负责)

十、进一步丰富商品期货品种

强化自贸试验区与期货交易所的合作,从国内市场需求强烈、对外依存度高、国际市场发展相对成熟的商品入手,上市航运期货等交易新品种。(证监会负责;适用范围:上海、辽宁、河南自贸试验区)

十一、加快引入境外交易者参与期货交易

加强自贸试验区内现有期货产品国际交易平台建设,发挥自贸试验区在交割仓库、仓储物流、金融服务等方面的功能,提升大宗商品期货市场对外开放水平。以现货国际化程度较高的已上市成熟品种为载体,加快引入境外交易者,建设以人民币计价、结算的国际大宗商品期货市场,形成境内外交易者共同参与、共同认可、具有广泛代表性的期货价格。在风险可控前提下,优化境外交易者从事期货交易外汇管理的开户、交易、结算和资金存管模式。(证监会牵头,人民银行、国家外汇局按职责分工负责;适用范围:上海、辽宁、河南自贸试验区)

十二、完善期货保税交割监管政策

对期货交易所在自贸试验区内的保税监管场所开展期货保税交割业务的货物品种及指定交割仓库实行备案制。对参与保税交割的法检商品,入库时集中检验,进出口报关时采信第三方机构质量、重量检验结果分批放行。(海关总署、证监会按职责分工负责)

十三、创新账户体系管理

在自贸试验区开展本外币合一银行账户体系试点,实现本币账户与外币账户在开立、变更和撤销等方面标准、规则和流程统一。(人民银行、国家外汇局按职责分工负责)

十四、开展融资租赁公司外债便利化试点

在全口径跨境融资宏观审慎框架下,允许注册在自贸试验区符合条件的融资租赁公司与其下设的特殊目的公司(SPV)共享外债额度。(国家外汇局牵头,银保监会配合)

十五、开展知识产权证券化试点

以产业链条或产业集群高价值专利组合为基础,构建底层知识产权资产,在知识产权已确权并能产生稳定现金流的前提下,在符合条件的自贸试验区规范探索知识产权证券化模式。(人民银行、证监会、国家知识产权局按职责分工负责)

十六、开展网络游戏属地管理试点

在符合条件的自贸试验区所在地推进网络游戏审核试点工作。(中央宣传部负责)

十七、提升航运管理服务效率

将自贸试验区所在省份注册的国内水路运输企业经营的沿海省际客船、危险品船《船舶营业运输证》的配发、换发、补发、注销等管理事项,下放至自贸试验区所在地省级水路运输管理部门负责办理。(交通运输部负责)

十八、提高土地资源配置效率

在自贸试验区实行产业链供地,对产业链关键环节、核心项目涉及的多宗土地实行整体供应。支持有关地方在安排土地利用计划时,优先保障自贸试验区建设合理用地需求。(自然资源部负责)

十九、完善仲裁司法审查

明确对境外仲裁机构在自贸试验区设立的仲裁业务机构作出的仲裁裁决进行司法审查所涉及的法律适用问题。在认可企业之间约定在内地特定地点、按照特定仲裁规则、由特定人员对有关争议进行仲裁的仲裁协议效力的基础上,进一步明确该裁决在执行时的法律适用问题。支持国际商事争端预防与解决组织在自贸试验区运营,为区内企业提供“事前预防、事中调解、事后解决”全链条商事法律服务。(最高人民法院、司法部、中国贸促会按职责分工负责)

各地区、各部门要以习近平新时代中国特色社会主义思想为指导,深入贯彻党的十九大和十九届二中、三中、四中、五中全会精神,将推进自贸试验区改革开放创新发展列为本地区、本部门的重点工作,加强组织领导,简化各项改革措施落地程序和要求,对确需制定具体意见、办法、细则、方案的,应自本措施印发之日起一年内完成,确保落地见效。各地区、各部门、各自贸试验区要统筹发展和安全,牢固树立总体国家安全观,维护国家核心利益和政治安全,建立健全风险防控制度安排,主动服务大局;要坚持绿色发展,筑牢生态安全屏障。国务院自由贸易试验区工作部际联席会议办公室要切实发挥统筹协调作用,会同成员单位,加强各项改革举措的系统集成、协同高效,不断提高自贸试验区建设质量。各地区、各自贸试验区要承担主体责任,狠抓工作落实,确保各项改革创新举措接得住、落得准、推得开。需调整有关行政法规、国务院文件和部门规章规定的,按法定程序办理。重大事项及时向党中央、国务院请示报告。

(国发〔2021〕12 号,2021 年 8 月 2 日)

国务院关于开展营商环境创新试点工作的意见

国发〔2021〕24号

各省、自治区、直辖市人民政府，国务院各部委、各直属机构：

党中央、国务院高度重视优化营商环境工作。近年来，我国营商环境持续改善，特别是部分地方主动对标国际先进率先加大营商环境改革力度，取得明显成效，对推动全国营商环境整体优化、培育和激发市场主体活力发挥了较好的示范带动作用。为鼓励有条件的地方进一步瞄准最高标准、最高水平开展先行先试，加快构建与国际通行规则相衔接的营商环境制度体系，持续优化市场化法治化国际化营商环境，现提出以下意见。

一、总体要求

（一）指导思想。以习近平新时代中国特色社会主义思想为指导，全面贯彻党的十九大和十九届二中、三中、四中、五中全会精神，立足新发展阶段，完整、准确、全面贯彻新发展理念，构建新发展格局，以推动高质量发展为主题，统筹发展和安全，以制度创新为核心，赋予有条件的地方更大改革自主权，对标国际一流水平，聚焦市场主体关切，进一步转变政府职能，一体推进简政放权、放管结合、优化服务改革，推进全链条优化审批、全过程公正监管、全周期提升服务，推动有效市场和有为政府更好结合，促进营商环境迈向更高水平，更大激发市场活力和社会创造力，更好稳定市场预期，保持经济平稳运行。

（二）试点范围。综合考虑经济体量、市场主体数量、改革基础条件等，选择部分城市开展营商环境创新试点工作。首批试点城市为北京、上海、重庆、杭州、广州、深圳6个城市。强化创新试点同全国优化营商环境工作的联动，具备条件的创新试点举措经主管部门和单位同意后在全国范围推开。

（三）主要目标。经过三至五年的创新试点，试点城市营商环境国际竞争力跃居全球前列，政府治理效能全面提升，在全球范围内集聚和配置各类资源要素能力明显增强，市场主体活跃度和发展质量显著提高，率先建成市场化法治化国际化的一流营商环境，形成一系列可复制可推广的制度创新成果，为全国营商环境建设作出重要示范。

二、重点任务

（四）进一步破除区域分割和地方保护等不合理限制。加快破除妨碍生产要素市场化配置和商品服务流通的体制机制障碍。在不直接涉及公共安全和人民群众生命健康的领域，推进“一照多址”、“一证多址”等改革，便利企业扩大经营规模。清理对企业跨区域经营、迁移设置的不合理条件，全面取消没有法律法规依据的要求企业在特定区域注册的规定。着力破除招投标、政府采购等领域对外地企业设置的隐性门槛和壁垒。探索企业生产经营高频办理的许可证件、资质资格等跨区域互认通用。

（五）健全更加开放透明、规范高效的市场主体准入和退出机制。进一步提升市场主体名称登记、信息变更、银行开户等便利度。建立健全市场准入评估制度，定期排查和清理在市场准入方面对市场主体资质、资金、股比、人员、场所等设置的不合理条件。推行企业年报“多报合一”改革。完善市场主体退出机制，全面实施简易注销，建立市场主体强制退出制度。推行破产预重整制度，建立健全企业破产重整信用修复机制，允许债权人等推荐选任破产管理人。建立健全司法重整的府院联动机制，提高市场重组、出清的质量和效率。

（六）持续提升投资和建设便利度。深化投资审批制度改革。推进社会投资项目“用地清单制”改革，在土地供应前开展相关评估工作和现状普查，形成评估结果和普查意见清单，在土地供应时一并交付用地单位。推进产业园区规划环评与项目环评联动，避免重复评价。在确保工程质量安全的前提下，持续推进工程建设项目审批制度改革，清理审批中存在的“体外循环”、“隐性审批”等行为。推动分阶段整合规划、土地、房产、交通、绿化、人防等测绘测量事项，优化联合验收实施方式。建立健全市政接入工程信息共享机制。探索在民用建筑工程领域推进和完善建筑师负责制。

（七）更好支持市场主体创新发展。完善创新资源配置方式和管理机制，探索适应新业态新模式发展需要的准入准营标准，提升市场主体创新力。在确保安全的前提下，探索高精度地图面向智能网联汽车开放使用。推进区块链技术在政务服务、民生服务、物流、会计等领域探索应用。探索对食品自动制售设备等新业态发放经营许可。完善知识产权市场化定价和交易机制，开展知识产权证券化试点。深化科技成果使用权、处置权和收益权改革，赋予科研人员职务科技成果所有权或长期使用权，探索完善科研人员职务发明成果权益分享机制。

（八）持续提升跨境贸易便利化水平。高标准建设国际贸易“单一窗口”，加快推动“单一窗口”服务功能由口岸通关向口岸物流、贸易服务等全链条拓展，推进全流程作业无纸化。在确保数据安全的前提下，推动与东亚地区主要贸易伙伴口岸间相关单证联网核查。推进区域通关便利化协作，探索开展粤港澳大湾区“组合港”、“一港通”等改革。推进铁路、公路、水路、航空等运输环节信息对接共享，实现运力信息可查、货物全程实时追踪，提升多式联运便利化水平。在有条件的港口推进进口货物“船边直提”和出口货物“抵港直装”。探索开展科研设备、耗材跨境自由流动，简化研发用途设备和样本样品进出口手续。

（九）优化外商投资和国际人才服务管理。加强涉外商事法律服务，建设涉外商事一站式多元解纷中心，为国际商事纠纷提供多元、高效、便捷解纷渠道。探索制定外籍“高精尖缺”人才地方认定标准。在不直接涉及公共安全和人民群众生命健康、风险可控的领域，探索建立国际职业资格证书认可清单制度，对部分需持证上岗的职业，允许取得境外相应职业资格或公认的国际专业组织认证的国际人才，经能力水平认定或有关部门备案后上岗，并加强执业行为监管。研究建立与国际接轨的人才评价体系。持续提升政府门户网站国际版服务水平，方便外籍人员及时准确了解投资、工作、生活等政策信息，将更多涉外审批服务事项纳入“一网通办”。

（十）维护公平竞争秩序。坚持对各类市场主体一视同仁、同等对待，稳定市场主体预期。强化公平竞争审查刚性约束，建立举报处理和回应机制，定期公布审查结果。着力清理取消企业在资质资格获取、招投标、政府采购、权益保护等方面存在的差别化待遇，防止滥用行政权力通过划分企业等级、增设证明事项、设立项目库、注册、认证、认定等形式排除和限制竞争的行为。建立招标计划提前发布制度，推进招投标全流程电子化改革。加强和改进反垄断与反不正当竞争执法。清理规范涉企收费，健全遏制乱收费、乱摊派的长效机制，着力纠正各类中介垄断经营、强制服务等行为。

（十一）进一步加强和创新监管。坚持放管结合、并重，夯实监管责任，健全事前事中事后全链条全流程的监管机制。完善公开透明、简明易行的监管规则和标准，加强政策解读。在直接涉及公共安全和人民群众生命财产安全的领域，探索实行惩罚性赔偿等制度。深化“互联网+监管”，加快构建全国一体化在线监管平台，积极运用大数据、物联网、人工智能等技术为监管赋能，探索形成市场主体全生命周期监管链。推动“双随机、一公开”监管和信用监管深度融合，完善按风险分级分类管理模式。在医疗、教育、工程建设等领域探索建立完善执业诚信体系。对新产业新业态实行包容审慎监管，建立健全平台经济治理体系。推动行业协会商会等建立健全行业经营自律规范，更好发挥社会监督作用。

（十二）依法保护各类市场主体产权和合法权益。构建亲清政商关系，健全政府守信践诺机制，建立政府承诺合法性审查制度和政府失信补偿、赔偿与追究制度，重点治理债务融资、政府采购、招投标、招商引资等领域的政府失信行为，畅通政府失信投诉举报渠道，健全治理“新官不理旧账”的长效机制。完善产权保护制度，强化知识产权保护，开展商标专利巡回评审和远程评审，完善对商标恶意注册和非正常专利申请的快速处置联动机制，加强海外知识产权维权协作。规范罚款行为，全面清理取消违反法定权限和程序设定的罚款事项，从源头上杜绝乱罚款。严格落实重大行政决策程序，增强公众参与实效。全面建立重大政策事前评估和事后评价制度，推进评估评价标准化、制度化、规范化。

（十三）优化经常性涉企服务。加快建立健全高效便捷、优质普惠的市场主体全生命周期服务体系，健全常态化政企沟通机制和营商环境投诉处理机制。完善动产和权利担保统一登记制度，有针对性地逐步整合各类动产和权利担保登记系统，提升企业动产和权利融资便利度。持续优化企业办税服务，深化“多税合一”申报改革，试行代征税款电子缴税并开具电子完税证明。进一步提升不动产登记涉税、继承等业务办理便利度。推进水电气暖等“一站式”便捷服务，加快实现报装、查询、缴费等业务全程网办。推进电子证照、电子签章在银行开户、贷款、货物报关、项目申报、招投标等领域全面应用和互通互认。推进公安服务“一窗通办”。推行涉企事项“一网通办”、“一照通办”，全面实行惠企政策“免申即享”、快速兑现。

三、组织保障

（十四）加强组织领导和统筹协调。国务院办公厅要统筹推进营商环境创新试点工作，牵头制定改革事项清单，做好协调督促、总结评估、复制推广等工作。司法部要做好改革的法治保障工作。国务院有关部门要结合自身职责，协调指导试点城市推进相关改革，为试点城市先行先试创造良好条件。有关省份人民政府要加大对试点城市的支持力度，加强政策措施衔接配套，依法依规赋予试点城市相关权限。各试点城市人民政府要制定本地区试点实施方案，坚持稳步实施，在风险总体可控前提下，科学把握改革的时序、节奏和步骤，推动创新试点工作走深走实，实施方案应报国务院办公厅备案并向社会公布。试点城市辖区内开发区具备较好改革基础的，可研究进一步加大改革力度，为创新试点工作探索更多有益经验。

（十五）强化法治保障。按照重大改革于法有据的要求，依照法定程序开展营商环境创新试点工作。国务院决定，根据《全国人民代表大会常务委员会关于授权国务院在营商环境创新试点城市暂时调整适用〈中华人民共和国计量法〉有关规定的决定》，3 年内在营商环境创新试点城市暂时调整适用《中华人民共和国计量法》有关规定；同时，在营商环境创新试点城市暂时调整适用《植物检疫条例》等 7 部行政法规有关规定。国务院有关部门和有关地方人民政府要根据法律、行政法规的调整情况，及时对本部门和本地区制定的规章、规范性文件作相应调整，建立与试点要求相适应的管理制度。对试点成效明显的改革举措，要及时推动有关法律、法规、规章的立改废释，固化改革成果。

（十六）加强数据共享和电子证照应用支撑。加快打破信息孤岛，扩大部门和地方间系统互联互通和数据共享范围。优化数据资源授权模式，探索实施政务数据、电子证照地域授权和场景授权，将产生于地方但目前由国家统一管理的相关领域数据和电子证照回流试点城市；对试点城市需使用的中央部门和单位、外地的数据和电子证照，由主管部门和单位通过数据落地或数据核验等方式统一提供给试点城市使用。优化全国一体化政务服务平台功能，推动更多数据资源依托平台实现安全高效优质的互通共享。

（十七）做好滚动试点和评估推广。国务院办公厅会同有关方面根据试点情况，结合改革需要，适时扩大试点城市范围。同时，建立改革事项动态更新机制，分批次研究制定改革事项清单，按照批量授权方式，按程序报批后推进实施，定期对营商环境创新试点工作进行评估，对实践证明行之有效、市场主体欢迎的改革措施要及时在更大范围复制推广，对出现问题和风险的要及时调整或停止实施。试点中的重要情况，有关地方和部门要及时向国务院请示报告。

附件：

1. 首批营商环境创新试点改革事项清单

2. 国务院决定在营商环境创新试点城市暂时调整适用有关行政法规规定目录

国务院

2021 年 10 月 31 日

（本文有删减）

附件 1

首批营商环境创新试点改革事项清单
（共 10 个方面 101 项改革举措）

序号	改革事项	主要内容	主管部门和单位
一、进一步破除区域分割和地方保护等不合理限制			
1	开展“一照多址”、“一证多址”改革	除直接涉及公共安全和人民群众生命健康的领域外，对符合条件的企业，允许在营业执照上加载新设立住所（经营场所）的地址，免于分支机构登记；对部分高频办理的经营许可证，探索允许企业在一定区域内开设经营项目相同的分支机构时，就其符合许可条件作出承诺后，免于再次办理相关许可证，相关部门加强事后核查和监管。	市场监管总局等国务院相关部门
2	便利企业分支机构、连锁门店信息变更	大型企业分支机构办理不涉及新办许可证的信息变更时，在试点城市内可实行集中统一办理。	市场监管总局
3	清除招投标和政府采购领域对外地企业设置的隐性门槛和壁垒	清理取消要求投标单位必须在项目所在地或采购人所在地设立分公司或办事处等排斥外地投标人的行为，同步完善与统一开放的招投标和政府采购市场相适应的监管模式。	国家发展改革委、财政部等国务院相关部门
4	推动招投标领域数字证书兼容互认	企业在任意试点城市公共资源交易平台完成注册后，即可在全部试点城市及其区县参与投标，做到只需注册一次，只用一套 CA 证书。	国家发展改革委
5	推进客货运输电子证照跨区域互认与核验	推进试点城市制作和发放的道路运输从业人员从业资格证（道路客、货运）、道路运输经营许可证（道路客、货运）、道路运输证（道路客、货运）、营运客车二维码（包含道路运输证、道路客运班线经营信息表的信息）、国内水路运输经营许可证、船舶营业运输证、内河船舶证书信息簿等 7 类电子证照在试点城市间互认，执法检查部门通过电子证照二维码在线核验、网站查询等方式核验电子证照真伪。	交通运输部

续表

序号	改革事项	主要内容	主管部门和单位
6	优化常用低风险植物和植物产品跨区域流通检疫申请流程	试点城市明确以本城市为调入地、必须经过检疫的常用低风险植物和植物产品的检疫要求，并在“全国植物检疫信息化管理系统”和“林业植物检疫管理信息系统”中进行公示，调出地植物检疫机构根据公示要求进行检疫，并出具检疫证书，企业在收到检疫合格证书后即可调运。改革后，调入地植物检疫机构按职责做好对检疫证书的查验审核，并完善复检制度，严格把好植物和植物产品跨省调运的检疫关。	农业农村部、国家林草局
二、健全更加开放透明、规范高效的市场主体准入和退出机制			
7	拓展企业开办“一网通办”业务范围	在企业开办过程中，将社保登记后续环节一并纳入“一网通办”平台。推进电子营业执照、电子发票、电子签章同步发放及应用，方便企业网上办事。	市场监管总局、人力资源社会保障部、税务总局
8	进一步便利企业开立银行账户	探索整合企业开办实名验证信息、企业登记信息和银行开户备案信息，自然人、法人等通过线上平台申请营业执照时，经企业授权同意后，线上平台将有关基本信息和银行开户预约信息实时推送给申请人选定的开户银行，开户银行生成企业账户预约账号，并通过线上平台推送给税务、人力资源社会保障、住房公积金管理部门。开户银行根据预约需求，按规定为企业开立账户后，及时将相关信息通过线上平台推送至相关部门。	市场监管总局、人民银行、公安部、人力资源社会保障部、住房城乡建设部、税务总局
9	开展不含行政区划名称的企业名称自主申报	下放不含行政区划名称的企业名称登记权至试点城市，全面实行企业名称自主申报。	市场监管总局
10	优化律师事务所核名管理	允许试点城市司法行政部门律师管理系统同司法部全国律师综合管理信息系统律师事务所名称数据库进行对接，对申请人申请的律师事务所名称，由试点城市司法行政部门作出名称预核准决定并报司法部备案，缩短核名时限。	司法部
11	企业住所（经营场所）标准化登记	通过相关部门数据共享，建立标准化住所（经营场所）数据库，建立健全住所（经营场所）负面清单管理制度，在便利住所登记的同时，防范虚假住所等突出风险。	市场监管总局等国务院相关部门

续表

序号	改革事项	主要内容	主管部门和单位
12	试行企业登记信息变更网上办理	通过企业开办“一网通办”平台完成登记注册的企业，可通过平台实现全程网上办理变更手续。	市场监管总局等国务院相关部门
13	推行企业年度报告“多报合一”改革	相关部门可依法依规共享企业年度报告有关信息，企业只需填报一次年度报告，无须再向多个部门重复报送相关信息，实现涉及市场监管、社保、税务、海关等事项年度报告的“多报合一”。	市场监管总局、人力资源社会保障部、海关总署、税务总局
14	建立市场准入效能评估制度	围绕市场准入负面清单制度落实情况、市场准入审批服务效能、市场准入隐性壁垒破除等方面，对市场准入效能进行综合评估。对违反市场准入负面清单制度情况进行监测、归集、通报。进一步畅通市场主体对隐性壁垒的投诉渠道和处理回应机制。	国家发展改革委
15	探索建立市场主体除名制度	对被列入经营异常名录或者被标记为经营异常状态满两年，且近两年未申报纳税的市场主体，商事登记机关可对其作出除名决定。除名后，市场主体应当依法完成清算、办理注销登记，且不得从事与清算和注销无关的活动。被除名期间市场主体存续，并可对除名决定申请行政复议或提起行政诉讼。	市场监管总局
16	优化破产企业土地、房产处置程序	企业破产案件中因债务人资料缺失或第三方机构（如设计、勘察、监理等单位）不配合竣工验收等情形导致无法办理竣工验收的建设工程，经委托有关专业机构对工程质量进行安全鉴定合格后，可办理不动产登记。	最高人民法院，自然资源部、住房城乡建设部
17	优化破产案件财产解封及处置机制	建立破产案件财产处置协调机制，破产案件经试点城市人民法院裁定受理后，由破产管理人通知债权人及相关单位进行财产解封，破产管理人对已查封的财产进行处置时无须再办理解封手续。债务人在试点城市的不动产或动产等实物资产被相关单位查封后，查封单位未依法解封的，允许破产管理人对被查封的财产进行处置。处置后依据破产受理法院出具的文件办理解封和资产过户、移交手续，资产处置所得价款经与查封单位协调一致后，统一分配处置。	最高人民法院，公安部、自然资源部、人民银行、海关总署、税务总局、市场监管总局等国务院相关部门

续表

序号	改革事项	主要内容	主管部门和单位
18	进一步便利破产管理人查询破产企业财产信息	允许破产管理人通过线上注册登录等方式,经身份核验后,依法查询有关机构(包括土地管理、房产管理、车辆管理、税务、市场监管、社保等部门和单位)掌握的破产企业财产相关信息,提高破产办理效率。	最高人民法院,公安部、人力资源社会保障部、自然资源部、住房城乡建设部、税务总局、市场监管总局等国务院相关部门
19	健全企业重整期间信用修复机制	人民法院裁定批准重整计划的破产企业,可以申请在“信用中国”网站、国家企业信用信息公示系统、金融信用信息基础数据库中添加相关信息,及时反映企业重整情况;有关部门依法依规调整相关信用限制和惩戒措施。探索重整计划执行期间赋予符合条件的破产企业参与招投标、融资、开具保函等资格。	最高人民法院,国家发展改革委、财政部、人民银行、税务总局、市场监管总局、银保监会等国务院相关部门
20	进一步完善破产管理人选任、预重整等制度	允许破产企业的相关权利人推荐破产管理人,并由人民法院指定。探索建立破产预重整制度。	最高人民法院
三、持续提升投资和建设便利度			
21	推进社会投资项目“用地清单制”改革	在土地供应前,可开展地质灾害、地震安全、压覆矿产、气候可行性、水资源论证、水土保持、防洪、考古调查勘探发掘等评估,并对文物、历史建筑保护对象、古树名木、人防工程、地下管线等进行现状普查,形成评估结果和普查意见清单,在土地供应时一并交付用地单位。相关单位在项目后续报建或验收环节,原则上不得增加清单外的要求。改革后,相关单位提升评估的科学性、精准性及论证深度,避免企业拿地后需重复论证。同时,当项目外部条件发生变化,相关单位及时对评估报告等进行调整完善。	国家发展改革委、自然资源部、住房城乡建设部、水利部、中国气象局、国家林草局、国家文物局、中国地震局、国家人防办等
22	试行分阶段整合相关测绘测量事项	探索将勘测定界测绘、宗地测绘合并为一个测绘事项;将房产预测绘、人防面积预测绘、定位测量、建设工程规划验线、正负零检测等事项,在具备条件的情况下进行整合;将竣工规划测量、用地复核测量、房产测量、机动车停车场(库)测量、绿地测量、人防测量、地下管线测量等事项,在具备条件的情况下进行整合。加快统一相关测绘测量技术标准,实现同一阶段“一次委托、成果共享”,避免对同一标的物重复测绘测量。	自然资源部、住房城乡建设部、交通运输部、国家人防办

续表

序号	改革事项	主要内容	主管部门和单位
23	推行水电气暖等市政接入工程涉及的行政审批在线并联办理	对供电、供水、供气、供暖等市政接入工程涉及的建设工程规划许可、绿化许可、涉路施工许可等实行全程在线并联办理,对符合条件的市政接入工程审批实行告知承诺管理。改革后,有关行政审批部门加强抽查核验力度,对虚假承诺、违反承诺等行为实行惩戒。	住房城乡建设部、公安部、自然资源部、交通运输部、国家电网有限公司、中国南方电网有限责任公司
24	开展联合验收"一口受理"	对实行联合验收的工程建设项目,由住房城乡建设主管部门"一口受理"建设单位申请,并牵头协调相关部门限时开展联合验收,避免建设单位反复与多个政府部门沟通协调。	住房城乡建设部、自然资源部、国家人防办
25	进一步优化工程建设项目联合验收方式	对实行联合验收的工程建设项目,根据项目类别科学合理确定纳入联合验收的事项,原则上未经验收不得投入使用的事项(如规划核实、人防备案、消防验收、消防备案、竣工备案、档案验收等)应当纳入联合验收,其他验收事项可根据实际情况纳入,并综合运用承诺制等多种方式灵活办理验收手续,提高验收效率,减少企业等待时间,加快项目投产使用。改革后,相关主管部门和单位对未纳入联合验收的事项也要依申请及时进行验收,并优化验收流程,对验收时发现的问题及时督促建设单位整改。	住房城乡建设部、自然资源部、国家人防办
26	简化实行联合验收的工程建设项目竣工验收备案手续	对实行联合验收的工程建设项目,可在通过联合验收后现场出具竣工联合验收意见书,政府部门直接备案,不动产登记等相关部门通过系统数据共享获得需要的验收结果,企业无须再单独办理竣工验收备案。	住房城乡建设部、自然资源部、国家人防办
27	试行对已满足使用功能的单位工程开展单独竣工验收	对办理了一张建设工程规划许可证但涉及多个单位工程的工程建设项目,在符合项目整体质量安全要求、达到安全使用条件的前提下,对已满足使用功能的单位工程可采用单独竣工验收方式,单位工程验收合格后,可单独投入使用。改革后,试点城市建立完善单位工程竣工验收标准,加强风险管控,确保项目整体符合规划要求和质量安全。	住房城乡建设部、自然资源部、国家人防办

续表

序号	改革事项	主要内容	主管部门和单位
28	推进产业园区规划环评与项目环评联动	在环境质量符合国家相关考核要求、环境管理体系较为健全的产业园区，对环境影响较小的项目环评，探索入园建设项目环评改革，推进规划环评与项目环评联动，避免重复评价。改革后，对相关产业园区加强环境监测，明确园区及园区内企业环境风险防范责任，对破坏生态环境的项目及时依法依规处理。	生态环境部
29	下放部分工程资质行政审批权限	将省级审批的电子与智能化工程二级、消防设施工程二级、防水防腐保温工程二级、建筑装修装饰工程二级、建筑幕墙工程二级和特种工程资质的审批(包括企业发生重组、合并、分立、跨省变更等事项后资质核定)，下放至北京市、上海市、重庆市市辖区(县)和杭州市、广州市、深圳市有关部门。改革后，试点城市明确承接机构、加强专业培训，做好事中事后监管。	住房城乡建设部
30	建立完善建筑师负责制	推动有序发展建筑师个人执业事务所。探索在民用建筑工程领域推进和完善建筑师负责制，充分发挥建筑师的主导作用，鼓励提供全过程工程咨询服务，与国际工程建设模式接轨。	住房城乡建设部
四、更好支持市场主体创新发展			
31	允许对食品自动制售设备等新业态发放食品经营许可	在保障食品安全和符合相关法律法规规定的前提下，经充分研究论证和开展风险评估，对自动制售设备、无人售货商店等自动化、无人化新业态的经营者发放食品经营许可或办理食品经营备案。	市场监管总局
32	在确保安全的前提下试行高精度地图面向智能网联汽车使用	在取得相关资质和确保安全的前提下，试行高精度地图在限定路段面向智能网联汽车使用，允许不涉及国家安全的自动驾驶高精度地图数据在限定路段采集和使用，同步健全细致完备的监管措施，确保监管到位。	自然资源部、公安部
33	进一步探索完善知识产权市场化定价和交易机制	探索建立跨区域知识产权交易服务平台，为知识产权交易提供信息挂牌、交易撮合、资产评估等服务，帮助科技企业快速质押融资。	国家知识产权局、财政部、国家版权局

续表

序号	改革事项	主要内容	主管部门和单位
34	健全知识产权质押融资风险分担机制和质物处置机制	健全政府引导的知识产权质押融资风险分担和补偿机制，综合运用担保、风险补偿等方式降低信贷风险。探索担保机构等通过质权转股权、反向许可、拍卖等方式快速进行质物处置，保障金融机构对质权的实现。	国家知识产权局、人民银行、国家版权局、银保监会
35	开展赋予科研人员职务科技成果所有权或长期使用权试点	赋予试点城市部分高等院校、科研机构的科研人员职务科技成果所有权或长期使用权。试点高等院校和科研机构将本单位利用财政性资金形成或接受企业、其他社会组织委托形成的归单位所有的职务科技成果所有权按一定比例赋予成果完成人（团队），试点单位与成果完成人（团队）成为共同所有权人。试点单位可赋予科研人员不低于10年的职务科技成果长期使用权。	科技部、教育部、财政部
36	优化科技企业孵化器及众创空间信息变更管理模式	在科技部门线上信息服务系统中增设国家备案科技企业孵化器及众创空间信息变更申请、审批和修改功能，增设科技企业孵化器及众创空间所属区域变更修改功能。对于名称、场地面积、经营场所等信息变更，由试点城市科技主管部门审批同意后即可变更，并将变更信息推送至国家科技主管部门。国家科技主管部门对相关信息变更的情况开展抽查检查和事中事后监管。	科技部
37	培育数据要素市场	开展数据确权探索，实现对数据主权的可控可管，推动数据安全有序流动。在数据流通、数据安全等方面加快形成开放环境下的新型监管体系。	国家发展改革委、工业和信息化部、国家网信办等国务院相关部门
38	有序开放公共管理和服务机构产生的部分公共数据	按照分级分类、需求导向、安全可控的原则，探索向社会进一步开放公共管理和服务机构在履行职责或提供服务时产生、处理的公共数据，引导科研院所、社会团体等依法依规开放自有数据，并规范数据处理活动，促进数据流动和开发利用。	国家发展改革委、工业和信息化部、国家网信办等国务院相关部门
五、持续提升跨境贸易便利化水平			
39	探索开展“组合港”、“一港通”等区域通关便利化改革	探索开展粤港澳大湾区“组合港”、“一港通”等改革，优化相关货物的转关手续，鼓励和支持试点城市进一步创新口岸通关监管方式，提升区域通关便利化水平。	海关总署

续表

序号	改革事项	主要内容	主管部门和单位
40	推动与东亚地区主要贸易伙伴口岸间相关单证联网核查	在确保信息安全的前提下，推动试点城市实现与日本、韩国、中国香港等东亚地区主要贸易伙伴和经济体口岸的相关单证联网核查。	海关总署、商务部
41	优化进出口货物查询服务	利用“单一窗口”为企业及相关机构提供进出口货物全流程查询服务。基于企业授权，企业申报信息可为金融机构开展融资、收结汇服务提供信用依据。	海关总署、商务部
42	实行进出口联合登临检查	依托“单一窗口”将查验通知推送给口岸作业场站，开发“单一窗口”预约联合登临检查功能等，实现通关和物流操作快速衔接，提高进出口货物提离速度。	海关总署、交通运输部
43	加强铁路信息系统与海关信息系统的数据交换共享	加强铁路信息系统与海关信息系统的数据交换共享，实现相关单证电子化流转，大力推广铁路口岸“快速通关”业务模式，压缩列车停留时间，提高通关效率。	海关总署、国家铁路局、中国国家铁路集团有限公司
44	推进水铁空公多式联运信息共享	打破制约多式联运发展的信息壁垒，推进铁路、公路、水路、航空等运输环节信息对接共享，实现运力信息可查、货物全程实时追踪等，促进多种运输方式协同联动。	交通运输部、海关总署、国家铁路局、中国民航局、国家邮政局、中国国家铁路集团有限公司
45	进一步深化进出口货物“提前申报”、“两步申报”、“船边直提”、“抵港直装”等改革	推行进出口货物“提前申报”、“两步申报”措施。在有条件的港口推进进口货物“船边直提”和出口货物“抵港直装”。	海关总署
46	在“CCC 免办及特殊用途进口产品检测处理管理系统”中为符合条件的企业开设便捷通道	对符合条件的企业进口免强制性产品认证（CCC 认证）产品目录内的产品，免于 CCC 免办证书申请和审核，实现“白名单企业”自我承诺、自主填报、自动获证。试点城市制定免予办理 CCC 认证便捷通道操作办法等，做好全链条闭环监管。	市场监管总局、海关总署
47	探索开展科研设备、耗材跨境自由流动，简化研发用途设备和样本样品进出口手续	探索制定跨境科研用物资正面清单，对正面清单列明的科研设备、科研样本、实验试剂、耗材等科研物资实行单位事先承诺申报、海关便利化通关的管理模式，简化报关单申报、检疫审批、监管证件管理等环节。对国外已上市但国内未注册的研发用医疗器械，准许企业在强化自主管理、确保安全的前提下进口，海关根据相关部门意见办理通关手续。	科技部、商务部、国家卫生健康委、海关总署、市场监管总局

续表

序号	改革事项	主要内容	主管部门和单位
六、优化外商投资和国际人才服务管理			
48	建立涉外商事一站式多元解纷中心	支持试点城市建立涉外商事一站式多元解纷中心,为国际商事纠纷提供多元、高效、便捷解纷渠道。探索建立健全线上、线下解纷平台,引入国内调解组织、仲裁机构。鼓励调解组织、仲裁机构引入外籍调解员、仲裁员。	最高人民法院,司法部
49	探索将境内仲裁机构的开庭通知作为签证材料	允许将境内仲裁机构出具的开庭通知作为境外市场主体进入试点城市参与仲裁活动的签证材料,无须其他邀请函件。	外交部、司法部、国家移民局
50	探索制定外籍“高精尖缺”人才地方认定标准	结合国家外国高端人才、专业人才标准和本地区实际需求,探索制定外籍“高精尖缺”人才地方认定标准,加大外籍人才引进力度。	科技部、人力资源社会保障部
51	探索建立国际职业资格证书认可清单制度	在不直接涉及公共安全和人民群众生命健康、风险可控的领域,探索建立国际职业资格证书认可清单制度,允许取得境外相应职业资格或公认的国际专业组织认证的国际人才,经能力水平认定或有关部门备案后在试点城市上岗,并加强执业行为监管。	人力资源社会保障部等国务院相关部门
52	允许内资企业和中国公民开办外籍人员子女学校	放宽外籍人员子女学校举办者市场准入,允许内资企业和中国公民等开办外籍人员子女学校,为外籍人才在华工作生活提供便利。	教育部
53	简化港澳投资者商事登记的流程和材料	允许采用简化版公证文书(仅保留公司注册证明书、公司商业登记证以及授权代表人签字字样和公司印章样式的董事会或股东会决议等核心信息的文书)办理港澳地区非自然人投资的市场主体注册登记,简化港澳投资者办理商事登记的流程和材料。	市场监管总局、司法部
54	支持开展国际航行船舶保税加油业务,提升国际航运综合服务能力	赋予上海市、广州市国际航行船舶保税加油许可权。允许广州市、深圳市保税油供应企业在广东省范围内开展保税油直供业务,进一步增强国际航运综合服务能力,吸引国际航行船舶。	商务部、财政部、交通运输部、海关总署
七、维护公平竞争秩序			
55	清理设置非必要条件排斥潜在竞争者行为	清理取消企业在资质资格获取、招投标、政府采购、权益保护等方面存在的差别化待遇,清理通过划分企业等级、增设证明事项、设立项目库、注册、认证、认定等非必要条件排除和限制竞争的行为。	国家发展改革委、财政部等国务院相关部门

续表

序号	改革事项	主要内容	主管部门和单位
56	推进招投标全流程电子化改革	推进招投标全流程电子化,加快实施合同签订和变更网上办理。推动电子招投标交易平台与国库支付系统信息共享,实现工程款支付网上查询。	国家发展改革委、财政部等国务院相关部门
57	探索建立招标计划提前发布制度	对国有资金占控股或主导地位企业依法必须招标的项目,在招标前设置招标计划发布环节,发布时间为招标公告发布之日前至少 30 日,提高招投标活动透明度。	国家发展改革委
58	优化水利工程招投标手续	推行水利工程在发布招标公告时同步发售或者下载资格预审文件(或招标文件)。取消水利工程施工招标条件中“监理单位已确定”的条件。	国家发展改革委、水利部
59	简化对政府采购供应商资格条件的形式审查	简化对供应商资格条件等的形式审查,不再要求供应商提供相关财务状况、缴纳税收和社会保障资金等证明材料,降低政府采购供应商交易成本。	财政部
八、进一步加强和创新监管			
60	在部分领域探索建立完善综合监管机制	理顺单用途商业预付卡等预付式消费、成品油、农产品等领域监管机制,明确监管责任部门,统一行业监管标准。	商务部、农业农村部、市场监管总局等国务院相关部门
61	探索实行惩罚性赔偿和内部举报人制度	探索在食品、药品、疫苗、环保、安全生产等直接涉及公共安全和人民群众生命健康的领域,依法制定惩罚性赔偿和内部举报人制度的具体办法。	最高人民法院,生态环境部、应急部、市场监管总局、国家药监局等国务院相关部门
62	探索形成市场主体全生命周期监管链	在市场主体办理注册登记、资质审核、行政许可及接受日常监管、公共服务过程中,及时全面记录市场主体行为及信用信息,在此基础上实现分级分类“信用+智慧”监管,并做到全程可查询、可追溯。	市场监管总局、国家发展改革委、人民银行等国务院相关部门
63	在部分重点领域建立事前事中事后全流程监管机制	在消防安全、食品药品、环境保护、水土保持、医疗卫生等重点领域,建立完善全链条、全流程监管体系,并探索制定行业信用监管标准化工作规范,提高监管效能。	国家发展改革委、生态环境部、住房城乡建设部、水利部、国家卫生健康委、应急部、市场监管总局、国家药监局等国务院相关部门
64	探索对重点行业从业人员建立个人信用体系	探索将医疗、教育、工程建设等重点领域从业人员的执业行为记入个人信用记录,并共享至全国信用信息共享平台。对存在严重不良行为的依法实行行业禁入等惩戒措施。	国家发展改革委、教育部、住房城乡建设部、国家卫生健康委等国务院相关部门
65	建立完善互联网医院监管平台	建立完善互联网医院监管平台,接入互联网医院系统,加强医师线上执业行为监管。	国家卫生健康委

续表

序号	改革事项	主要内容	主管部门和单位
66	在税务监管领域建立“信用+风险”监管体系	探索推进动态“信用+风险”税务监控，简化无风险和低风险企业的涉税业务办理流程，提醒预警或直接阻断高风险企业的涉税业务办理，依托大数据分析进一步提高风险管理效能。	税务总局
67	优化网络商品抽检机制	向试点城市开放全国网络商品抽检信息，试点城市按照重点抽检属地平台、属地商户的原则，加大对网络商品的抽检力度，定期公示抽检结果，并将属地平台中非本地商户抽检结果推送至商户所在地市场监管部门，商户所在地市场监管部门按有关规定及时予以处理。	市场监管总局
68	实行特种设备作业人员证书电子化管理	探索制定特种设备作业人员电子证书，在纸质证书样式基础上加载聘用、违规行为等从业信息，实现与纸质证书并行使用。通过数据交换等方式将相关信息汇聚到试点城市市场监管部门平台，加强对从业人员的管理。	市场监管总局
69	建立不予实施行政强制措施清单	探索柔性监管新方式，建立不予实施行政强制措施清单，对违法行为情节显著轻微或者没有明显社会危害，采取非强制手段可以达到行政管理目的的，不采取行政强制措施。	税务总局、市场监管总局等国务院相关部门
70	在市场监管、税务领域探索建立行政执法人员尽职免责制度	探索建立市场监管、税务等领域行政执法人员尽职免责制度，在仅需形式审查的部分监管领域，以及因现有科学技术、监管手段限制未能及时发现问题的，或行政相对人、第三方弄虚作假、刻意隐瞒的部分情形，试行不予追究执法过错责任。	税务总局、市场监管总局等国务院相关部门
九、依法保护各类市场主体产权和合法权益			
71	探索建立企业合法权益补偿救济机制	在债务融资、政府采购、招投标、招商引资等领域，针对因政策变化、规划调整而不履行合同约定，造成企业合法利益受损的情形，探索建立补偿救济机制和责任追究制度，维护企业合法权益。	国家发展改革委、司法部、财政部等国务院相关部门
72	建立健全政务诚信诉讼执行协调机制	探索建立政务诚信诉讼执行协调机制，由相关地方人民法院定期将涉及政府部门、事业单位失信被执行人信息定向推送给政务诚信牵头部门。政务诚信牵头部门负责协调推动有关单位执行人民法院判决结果，保障市场主体合法权益。	最高人民法院，国务院办公厅、国家发展改革委、司法部

续表

序号	改革事项	主要内容	主管部门和单位
73	畅通知识产权领域信息交换渠道	建立试点城市知识产权部门与国家知识产权局在商标侵权判断、专利侵权判定及商标专利法律状态等方面的信息交换渠道。建立商标恶意注册和非正常专利申请的快速处置联动机制。开展商标专利巡回评审和远程评审。	国家知识产权局
74	探索建立海外知识产权纠纷应对指导机制	建立对试点城市海外知识产权纠纷应对的指导机制,支持试点城市建立维权协作机构。	国家知识产权局、国家版权局
75	强化对专利代理机构的监管	将省级专利代理机构监管职能委托给市(直辖市市辖区)级执行,优化专利代理监管机制,强化基层监管力量。	国家知识产权局
76	推行人民法院档案电子化管理	对于以电子方式收集或形成的文书材料可直接转为电子档案归档,无须再制作纸质材料形成纸质档案。	最高人民法院,国家档案局
77	开展司法专递面单电子化改革	实行司法专递面单电子化,在受送达人签收、拒收或查无此人退回等送达任务完成后,邮政公司将人民法院专递面单进行电子化,通过系统对接后回传给人民法院,原始纸质面单可由邮政公司集中保管,人民法院将电子面单入卷归档,并降低邮寄送达的相关费用。	最高人民法院,国家邮政局
78	调整小额诉讼程序适用范围及费用	允许标的额较小、当事人除提出给付金额诉讼请求外同时提出停止侵权、消除影响、赔礼道歉等其他诉讼请求的知识产权纠纷案件,适用小额诉讼程序。允许降低适用小额诉讼程序审理的案件受理费标准。	最高人民法院,国家发展改革委、财政部、国家版权局
十、优化经常性涉企服务			
79	便利开展机动车、船舶、知识产权等动产和权利担保融资	推动机动车、船舶、知识产权等担保登记主管部门探索建立以担保人名称为索引的电子数据库,实现对试点城市相关担保品登记状态信息的在线查询、修改和撤销。相关担保信息与人民银行征信中心动产融资统一登记公示系统共享互通,实现各类登记信息的统一查询。	人民银行、公安部、交通运输部、国家版权局、国家知识产权局
80	简化水路运输经营相关信息变更办理程序	探索取消“固定办公场所发生变化”、“主要股东发生变化”备案,市场监管部门在水路运输经营者固定办公场所发生变化、主要股东发生变化后15个工作日内,将系统数据推送给同级交通运输主管部门。	交通运输部、市场监管总局

续表

序号	改革事项	主要内容	主管部门和单位
81	简化检验检测机构人员信息变更办理程序	检验检测机构变更法定代表人、最高管理者、技术负责人，由检验检测机构自行修改资质认定系统人员信息，不需再到资质认定部门申请办理。	市场监管总局
82	简化不动产非公证继承手续	法定继承人或受遗赠人到不动产登记机构进行登记材料查验，有第一顺序继承人的，第二顺序继承人无须到场，无须提交第二顺序继承人材料。登记申请人应承诺提交的申请材料真实有效，因承诺不实给他人造成损失的，承担相应法律责任。	自然资源部
83	对办理不动产登记涉及的部分事项试行告知承诺制	申请人因特殊原因确实难以获取死亡证明、亲属关系证明材料的，可以书面承诺代替死亡证明、亲属关系证明，并承诺若有隐瞒实际情况，给他人造成损失的，承担相应法律责任。	自然资源部、公安部、民政部、国家卫生健康委
84	探索将遗产管理人制度引入不动产非公证继承登记	探索研究将遗产管理人制度引入不动产非公证继承登记的查验、申请程序，简化相关流程，提高办理效率。	最高人民法院，自然资源部
85	探索对个人存量房交易开放电子发票功能	探索对个人存量房交易开放代开增值税电子普通发票功能，允许自然人网上缴税后获取增值税电子普通发票，推动实现全业务流程网上办理。	税务总局、自然资源部
86	实施不动产登记、交易和缴纳税费“一网通办”	推进全业务类型“互联网+不动产登记”，实施不动产登记、交易和缴纳税费“一窗受理、并行办理”。加快实施网上缴纳税费，推行税费、登记费线上一次收缴、后台自动清分入账(库)。	自然资源部、财政部、住房城乡建设部、人民银行、税务总局
87	推行办理不动产登记涉及的政务信息共享和核验	公安部门依托国家人口基础信息库、“互联网+可信身份认证平台”等对外服务系统，向不动产登记机构提供“公安部—人口库—人像比对服务接口”进行全国人口信息核验，并提供户籍人口基本信息；公安、卫生健康、民政等部门提供死亡证明、火化证明、收养登记等信息；公安、民政部门提供涉及人员单位的地名地址等信息；司法行政部门提供委托、继承、亲属关系等涉及不动产登记公证书真伪核验服务。	自然资源部、公安部、民政部、司法部、国家卫生健康委
88	探索开展不动产登记信息及地籍图可视化查询	依托互联网拓展不动产登记信息在线可视化检索和查询服务，任何人经身份验证后可在电子地图上依法查询不动产自然状况、权利限制状况、地籍图等信息，更大便利不动产转移登记，提高土地管理质量水平。	自然资源部

续表

序号	改革事项	主要内容	主管部门和单位
89	试行有关法律文书及律师身份在线核验服务	优化律师查询不动产登记信息流程，司法行政部门向不动产登记机构提供律师身份在线核验，人民法院提供律师调查令、立案文书信息在线核验，便利律师查询不动产登记信息。	最高人民法院，自然资源部、司法部
90	探索非接触式发放税务 UKey	探索向新办纳税人非接触式发放税务 UKey，纳税人可以向税务机关免费申领税务 UKey。	税务总局、市场监管总局
91	深化“多税合一”申报改革	探索整合企业所得税和财产行为税综合申报表，尽可能统一不同税种征期，进一步压减纳税人申报和缴税的次数。	税务总局
92	试行全国车船税缴纳信息联网查询与核验	向试点城市保险机构依法依规开放全国车船税缴纳情况免费查询或核验接口，便于车辆异地办理保险及缴税。	税务总局、银保监会
93	进一步拓展企业涉税数据开放维度	对试点城市先期提供其他地方税务局的欠税公告信息、非正常户信息和骗取退税、虚开发票等高风险纳税人名单信息，以及税务总局的行政处罚类信息等，后续逐渐扩大信息共享共用范围，进一步提高征管效能。	税务总局
94	对代征税款试行实时电子缴税入库的开具电子完税证明	允许试点城市在实现代征税款逐笔电子缴税且实时入库的前提下，向纳税人提供电子完税证明。	税务总局
95	试行公安服务“一窗通办”	试行公安服务“一窗通办”，建设涉及治安、户政、交管等公安服务综合窗口，实行“前台综合收件、后台分类审批、统一窗口出件”，推进更多事项实现在线办理。	公安部
96	推行企业办事“一照通办”	通过政府部门内部数据共享等方式归集或核验企业基本信息，探索实行企业仅凭营业执照即可办理部分高频审批服务事项，无须提交其他材料。	市场监管总局等国务院相关部门
97	进一步扩大电子证照、电子签章等应用范围	在货物报关、银行贷款、项目申报、招投标、政府采购等业务领域推广在线身份认证、电子证照、电子签章应用，逐步实现在政务服务中互通互认，满足企业、个人在网上办事时对于身份认证、电子证照、加盖电子签章文档的业务需求。鼓励认证机构在认证证书等领域推广使用电子签章。	国务院办公厅、国家发展改革委、公安部、财政部、人民银行、海关总署、市场监管总局、银保监会等国务院相关部门
98	简化洗染经营者登记手续	洗染经营者在市场监管部门注册登记后，无须到商务部门办理备案手续，由市场监管部门直接将相关信息推送给同级商务部门。	商务部、市场监管总局

续表

序号	改革事项	主要内容	主管部门和单位
99	取消企业内部使用的最高计量标准器具的考核发证及强制检定	企业内部使用的最高计量标准器具调整为企业自主管理,不需计量行政部门考核发证,也不再实行强制检定,但应满足计量溯源性要求。	市场监管总局
100	优化游艇检验制度和流程	探索建立批量建造的游艇型式检验制度,对通过型式检验的新建游艇,由船籍港所在地船舶检验机构根据工厂出具的合格证换发船舶检验证书。优化进口游艇检验流程,对外国船舶检验机构签发的游艇检验证书,可按照程序换发国内检验证书。改革后,加大对游艇可见构件和强度的检查评估和抽查力度,及时整改、消除安全隐患,督促游艇所有人落实游艇日常安全管理、保养和技术维护,确保游艇安全。	交通运输部
101	优化游艇登记制度	允许游艇所有人在其签约的游艇俱乐部所在地海事管理机构直接办理游艇登记手续。同时,将船舶国籍证书、中华人民共和国船舶电台执照、海上移动通信业务标识码证书等多份登记证书整合为一份游艇登记证书,实现“一份材料、一次申请、发一本证”,提高游艇登记效率,便利游艇证书管理。	交通运输部

附件 2

国务院决定在营商环境创新试点城市暂时调整适用有关行政法规规定目录

序号	改革事项	主要内容	行政法规规定	调整适用情况
1	优化常用低风险植物和植物产品跨区域流通检疫申请流程	试点城市明确以本城市为调入地、必须经过检疫的常用低风险植物和植物产品的检疫要求，并在“全国植物检疫信息化管理系统”和“林业植物检疫管理信息系统”中进行公示，调出地植物检疫机构根据公示要求进行检疫，并出具检疫证书，企业在收到检疫合格证书后即可调运。改革后，调入地植物检疫机构按职责做好对检疫证书的查验审核，并完善复检制度，严格把好植物和植物产品跨省调运的检疫关。	《植物检疫条例》 第十条第一款　省、自治区、直辖市间调运本条例第七条规定必须经过检疫的植物和植物产品的，调入单位必须事先征得所在地的省、自治区、直辖市植物检疫机构同意，并向调出单位提出检疫要求；调出单位必须根据该检疫要求向所在地的省、自治区、直辖市植物检疫机构申请检疫。对调入的植物和植物产品，调入单位所在地的省、自治区、直辖市的植物检疫机构应当查验检疫证书，必要时可以复检。	暂时调整适用相关内容，允许向试点城市调运必须经过检疫的常用低风险植物和植物产品时，取消调入单位必须事先征得所在地的省、自治区、直辖市植物检疫机构同意的环节，由调入地植物检疫机构在相关信息系统公示和更新检疫要求。调出地植物检疫机构根据公示要求进行检疫并出具检疫证书，企业在收到检疫合格证书后即可调运。 调整后，试点城市及时公示和更新常用低风险植物和植物产品的检疫要求，并做好对检疫证书的查验审核，完善复检制度，严格把好植物和植物产品跨省调运的检疫关。
2	优化破产企业土地、房产处置程序	企业破产案件中因债务人资料缺失或第三方机构（如设计、勘察、监理等单位）不配合竣工验收等情形导致无法办理竣工验收的建设工程，经委托有关专业机构对工程质量进行安全鉴定合格后，可办理不动产登记。	《建设工程质量管理条例》 第十六条　建设单位收到建设工程竣工报告后，应当组织设计、施工、工程监理等有关单位进行竣工验收。 建设工程竣工验收应当具备下列条件： （一）完成建设工程设计和合同约定的各项内容； （二）有完整的技术档案和施工管理资料； （三）有工程使用的主要建筑材料、建筑构配件和设备的进场试验报告； （四）有勘察、设计、施工、工程监理等单位分别签署的质量合格文件； （五）有施工单位签署的工程保修书。 建设工程经验收合格的，方可交付使用。	暂时调整适用相关内容，试点城市企业破产案件中因债务人资料缺失或第三方机构（如设计、勘察、监理等单位）不配合竣工验收等情形导致无法办理竣工验收的建设工程，经委托有关专业机构对工程质量进行安全鉴定合格后，可办理不动产登记。 调整后，试点城市明确可直接进行工程质量安全鉴定建设工程的条件。加强对工程质量安全鉴定专业机构的管理，确保相关建设工程满足质量安全要求。

续表

序号	改革事项	主要内容	行政法规规定	调整适用情况
3	健全企业重整期间信用修复机制	人民法院裁定批准重整计划的破产企业,可以申请在“信用中国”网站、国家企业信用信息公示系统、金融信用信息基础数据库中添加相关信息,及时反映企业重整情况;有关部门依法依规调整相关信用限制和惩戒措施。	《企业信息公示暂行条例》 第六条第一款　工商行政管理部门应当通过企业信用信息公示系统,公示其在履行职责过程中产生的下列企业信息: (一)注册登记、备案信息; (二)动产抵押登记信息; (三)股权出质登记信息; (四)行政处罚信息; (五)其他依法应当公示的信息。 第七条第一款　工商行政管理部门以外的其他政府部门(以下简称其他政府部门)应当公示其在履行职责过程中产生的下列企业信息: (一)行政许可准予、变更、延续信息; (二)行政处罚信息; (三)其他依法应当公示的信息。	暂时调整适用相关内容,试点城市人民法院裁定批准重整计划的破产企业,经征得失信信息认定部门同意后,可申请在相关公共信用网站上添加反映其重整情况的信息和中止公示失信信息。 调整后,试点城市强化人民法院与市场监管部门等政府部门的协调联动,确保相关企业公示信息真实、准确。同时,对未能完成重整计划的破产企业,要及时在相关公共信用网站更新相关信息。
4	探索将境内仲裁机构的开庭通知作为签证材料	允许将境内仲裁机构出具的开庭通知作为境外市场主体进入试点城市参与仲裁活动的签证材料,无须其他邀请函件。	《中华人民共和国外国人入境出境管理条例》 第七条第一款　外国人申请办理签证,应当填写申请表,提交本人的护照或者其他国际旅行证件以及符合规定的照片和申请事由的相关材料。 …… (三)申请F字签证,应当提交中国境内的邀请方出具的邀请函件。 ……	暂时调整适用相关内容,允许外国人在申请F字签证进入试点城市参与仲裁活动时,以境内仲裁机构出具的开庭通知作为签证材料,无须提交中国境内邀请方出具的邀请函件。 调整后,试点城市加强仲裁机构向境外市场主体出具开庭通知的管理,禁止违规出具开庭通知。严格审核入境人员提交的开庭通知,确保材料真实有效。
5	简化对政府采购供应商资格条件的形式审查	简化对供应商资格条件等的形式审查,不再要求供应商提供相关财务状况、缴纳税收和社会保障资金等证明材料,降低政府采购供应商交易成本。	《中华人民共和国政府采购法实施条例》 第十七条第一款　参加政府采购活动的供应商应当具备政府采购法第二十二条第一款规定的条件,提供下列材料: (一)法人或者其他组织的营业执照等证明文件,自然人的身份证明; (二)财务状况报告,依法缴纳税收和社会保障资金的相关材料; ……	暂时调整适用相关内容,允许供应商参加试点城市政府采购时,不再提交财务状况报告、依法缴纳税收和社会保障资金等相关材料。 调整后,试点城市加强部门间市场主体信息数据共享,加强对供应商在政府采购平台上提交材料真实性的审核,确保供应商符合政府采购规定的条件。

续表

序号	改革事项	主要内容	行政法规规定	调整适用情况
6	调整小额诉讼程序适用范围及费用	允许降低适用小额诉讼程序审理的案件受理费标准。	《诉讼费用交纳办法》 第十三条第一款　案件受理费分别按照下列标准交纳: (一)财产案件根据诉讼请求的金额或者价额,按照下列比例分段累计交纳: 1. 不超过1万元的,每件交纳50元; 2. 超过1万元至10万元的部分,按照2.5%交纳; …… 第十六条　适用简易程序审理的案件减半交纳案件受理费。	暂时调整适用相关内容,允许试点城市降低适用小额诉讼程序审理的案件受理费标准。 调整后,试点城市明确适用小额诉讼程序审理的案件受理费标准,加强对相关案件和诉讼费用的管理和监督。
7	取消企业内部使用的最高计量标准器具的考核发证及强制检定	企业内部使用的最高计量标准器具调整为企业自主管理,不需计量行政部门考核发证,也不再实行强制检定,但应满足计量溯源性要求。	《中华人民共和国计量法实施细则》 第十条　企业、事业单位建立本单位各项最高计量标准,须向与其主管部门同级的人民政府计量行政部门申请考核。乡镇企业向当地县级人民政府计量行政部门申请考核。经考核符合本细则第七条规定条件并取得考核合格证的,企业、事业单位方可使用,并向其主管部门备案。	暂时调整适用相关内容,允许试点城市企业内部使用的最高计量标准器具由企业自主管理,不需计量行政部门考核发证,不再实行强制检定。 调整后,试点城市加强对企业自主管理最高计量标准器具的指导和事中事后监管,确保满足计量溯源性要求和计量标准准确。

自由贸易试验区外商投资准入特别管理措施（负面清单）（2021年版）

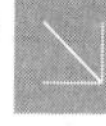

中华人民共和国国家发展和改革委员会
中华人民共和国商务部 **令**

第48号

《自由贸易试验区外商投资准入特别管理措施（负面清单）（2021年版）》已经2021年9月18日国家发展和改革委员会第18次委务会议审议通过和商务部审签，并经党中央、国务院同意，现予以发布，自2022年1月1日起施行。

国家发展和改革委员会主任：何立峰

商务部部长：王文涛

2021年12月27日

自由贸易试验区外商投资准入特别管理措施（负面清单）（2021年版）

说　　明

一、《自由贸易试验区外商投资准入特别管理措施（负面清单）》（以下简称《自贸试验区负面清单》）统一列出股权要求、高管要求等外商投资准入方面的特别管理措施，适用于自由贸易试验区。《自贸试验区负面清单》之外的领域，按照内外资一致原则实施管理。境内外投资者统一适用《市场准入负面清单》的有关规定。

二、境外投资者不得作为个体工商户、个人独资企业投资人、农民专业合作社成员，从事投资经营活动。

三、外商投资企业在自由贸易试验区内投资，应符合《自贸试验区负面清单》的有关规定。

四、有关主管部门在依法履行职责过程中，对境外投资者拟投资《自贸试验区负面清单》内领域，但不符合《自贸试验区负面清单》规定的，不予办理许可、企业登记注册等相关事项；涉及固定资产投资项目核准的，不予办理相关核准事项。投资有股权要求的领域，不得设立外商投资合伙企业。

五、经国务院有关主管部门审核并报国务院批准，特定外商投资可以不适用《自贸试验区负面清单》中相关领域的规定。

六、从事《自贸试验区负面清单》禁止投资领域业务的境内企业到境外发行股份并上市交易的，应当经国家有关主管部门审核同意，境外投资者不得参与企业经营管理，其持股比例参照境外投资者境内证券投资管理有关规定执行。

七、境内公司、企业或自然人以其在境外合法设立或控制的公司并购与其有关联关系的境内公司，按照外商投资、境外投资、外汇管理等有关规定办理。

八、《自贸试验区负面清单》中未列出的文化、金融等领域与行政审批、资质条件、国家安全等相关措施，按照现行规定执行。

九、《内地与香港关于建立更紧密经贸关系的安排》及其后续协议、《内地与澳门关于建立更紧密经贸关系的安排》及其后续协议、《海峡两岸经济合作框架协议》及其后续协议、我国缔结或者参加的国际条约、协定对境外投资者准入待遇有更优惠规定的，可以按照相关规定执行。

十、《自贸试验区负面清单》由国家发展改革委、商务部会同有关部门负责解释。

十一、2020年6月23日国家发展改革委、商务部发布的2020年版《自贸试验区负面清单》自2022年1月1日起废止。

自由贸易试验区外商投资准入特别管理措施(负面清单)(2021 年版)

序号	特别管理措施
一、农、林、牧、渔业	
1	小麦、玉米新品种选育和种子生产的中方股比不低于 34%。
2	禁止投资中国稀有和特有的珍贵优良品种的研发、养殖、种植以及相关繁殖材料的生产(包括种植业、畜牧业、水产业的优良基因)。
3	禁止投资农作物、种畜禽、水产苗种转基因品种选育及其转基因种子(苗)生产。
二、采矿业	
4	禁止投资稀土、放射性矿产、钨勘查、开采及选矿。(未经允许,禁止进入稀土矿区或取得矿山地质资料、矿石样品及生产工艺技术。)
三、电力、热力、燃气及水生产和供应业	
5	核电站的建设、经营须由中方控股。
四、批发和零售业	
6	禁止投资烟叶、卷烟、复烤烟叶及其他烟草制品的批发、零售。
五、交通运输、仓储和邮政业	
7	国内水上运输公司须由中方控股。(且不得经营或租用中国籍船舶或者舱位等方式变相经营国内水路运输业务及其辅助业务;水路运输经营者不得使用外国籍船舶经营国内水路运输业务,但经中国政府批准,在国内没有能够满足所申请运输要求的中国籍船舶,并且船舶停靠的港口或者水域为对外开放的港口或者水域的情况下,水路运输经营者可以在中国政府规定的期限或者航次内,临时使用外国籍船舶经营中国港口之间的海上运输和拖航。)
8	公共航空运输公司须由中方控股,且一家外商及其关联企业投资比例不得超过 25%,法定代表人须由中国籍公民担任。通用航空公司的法定代表人须由中国籍公民担任,其中农、林、渔业通用航空公司限于合资,其他通用航空公司限于中方控股。(只有中国公共航空运输企业才能经营国内航空服务,并作为中国指定承运人提供定期和不定期国际航空服务。)
9	民用机场的建设、经营须由中方相对控股。外方不得参与建设、运营机场塔台。
10	禁止投资邮政公司(和经营邮政服务)、信件的国内快递业务。
六、信息传输、软件和信息技术服务业	
11	电信公司:限于中国入世承诺开放的电信业务,增值电信业务的外资股比不超过 50%(电子商务、国内多方通信、存储转发类、呼叫中心除外),基础电信业务须由中方控股(且经营者须为依法设立的专门从事基础电信业务的公司)。上海自贸试验区原有区域〔28.8 平方公里〕试点政策推广至所有自贸试验区执行。
12	禁止投资互联网新闻信息服务、网络出版服务、网络视听节目服务、互联网文化经营(音乐除外)、互联网公众发布信息服务(上述服务中,中国入世承诺中已开放的内容除外)。
七、租赁和商务服务业	
13	禁止投资中国法律事务(提供有关中国法律环境影响的信息除外),不得成为国内律师事务所合伙人。(外国律师事务所只能以代表机构的方式进入中国,且不得聘用中国执业律师,聘用的辅助人员不得为当事人提供法律服务;如在华设立代表机构、派驻代表,须经中国司法行政部门许可。)

续表

序号	特别管理措施
14	广播电视收听、收视调查须由中方控股。社会调查中方股比不低于67%,法定代表人应当具有中国国籍。
八、科学研究和技术服务业	
15	禁止投资人体干细胞、基因诊断与治疗技术开发和应用。
16	禁止投资人文社会科学研究机构。
17	禁止投资大地测量、海洋测绘、测绘航空摄影、地面移动测量、行政区域界线测绘,地形图、世界政区地图、全国政区地图、省级及以下政区地图、全国性教学地图、地方性教学地图、真三维地图和导航电子地图编制,区域性的地质填图、矿产地质、地球物理、地球化学、水文地质、环境地质、地质灾害、遥感地质等调查(矿业权人在其矿业权范围内开展工作不受此特别管理措施限制)。
九、教育	
18	学前、普通高中和高等教育机构限于中外合作办学,须由中方主导(校长或者主要行政负责人应当具有中国国籍(且在中国境内定居),理事会、董事会或者联合管理委员会的中方组成人员不得少于1/2)。(外国教育机构、其他组织或者个人不得单独设立以中国公民为主要招生对象的学校及其他教育机构(不包括非学制类职业培训机构、学制类职业教育机构),但是外国教育机构可以同中国教育机构合作举办以中国公民为主要招生对象的教育机构。)
19	禁止投资义务教育机构、宗教教育机构。
十、卫生和社会工作	
20	医疗机构限于合资。
十一、文化、体育和娱乐业	
21	禁止投资新闻机构(包括但不限于通讯社)。(外国新闻机构在中国境内设立常驻新闻机构、向中国派遣常驻记者,须经中国政府批准。外国通讯社在中国境内提供新闻的服务业务须由中国政府审批。中外新闻机构业务合作,须中方主导,且须经中国政府批准。)
22	禁止投资图书、报纸、期刊、音像制品和电子出版物的编辑、出版、制作业务。(但经中国政府批准,在确保合作中方的经营主导权和内容终审权并遵守中国政府批复的其他条件下,中外出版单位可进行新闻出版中外合作出版项目。未经中国政府批准,禁止在中国境内提供金融信息服务。)
23	禁止投资各级广播电台(站)、电视台(站)、广播电视频道(率)、广播电视传输覆盖网(发射台、转播台、广播电视卫星、卫星上行站、卫星收转站、微波站、监测台及有线广播电视传输覆盖网等),禁止从事广播电视视频点播业务和卫星电视广播地面接收设施安装服务。(对境外卫星频道落地实行审批制度。)
24	禁止投资广播电视节目制作经营(含引进业务)公司。(引进境外影视剧和以卫星传送方式引进其他境外电视节目由广电总局指定的单位申报。对中外合作制作电视剧(含电视动画片)实行许可制度。)
25	禁止投资电影制作公司、发行公司、院线公司以及电影引进业务。(但经批准,允许中外企业合作摄制电影。)
26	禁止投资文物拍卖的拍卖公司、文物商店和国有文物博物馆。(禁止不可移动文物及国家禁止出境的文物转让、抵押、出租给外国人。禁止设立与经营非物质文化遗产调查机构;境外组织或个人在中国境内进行非物质文化遗产调查和考古调查、勘探、发掘,应采取与中国合作的形式并经专门审批许可。)
27	文艺表演团体须由中方控股。

外商投资准入特别管理措施（负面清单）（2021 年版）

中华人民共和国国家发展和改革委员会
中华人民共和国商务部
令
第 47 号

《外商投资准入特别管理措施（负面清单）（2021 年版）》已经 2021 年 9 月 18 日国家发展和改革委员会第 18 次委务会议审议通过和商务部审签，并经党中央、国务院同意，现予以发布，自 2022 年 1 月 1 日起施行。

国家发展和改革委员会主任：何立峰

商务部部长：王文涛

2021 年 12 月 27 日

外商投资准入特别管理措施（负面清单）（2021 年版）

说　明

一、《外商投资准入特别管理措施（负面清单）》（以下简称《外商投资准入负面清单》）统一列出股权要求、高管要求等外商投资准入方面的特别管理措施。《外商投资准入负面清单》之外的领域，按照内外资一致原则实施管理。境内外投资者统一适用《市场准入负面清单》的有关规定。

二、境外投资者不得作为个体工商户、个人独资企业投资人、农民专业合作社成员，从事投资经营活动。

三、外商投资企业在中国境内投资，应符合《外商投资准入负面清单》的有关规定。

四、有关主管部门在依法履行职责过程中，对境外投资者拟投资《外商投资准入负面清单》内领域，但不符合《外商投资准入负面清单》规定的，不予办理许可、企业登记注册等相关事项；涉及固定资产投资项目核准的，不予办理相关核准事项。投资有股权要求的领域，不得设立外商投资合伙企业。

五、经国务院有关主管部门审核并报国务院批准，特定外商投资可以不适用《外商投资准入负面清单》中相关领域的规定。

六、从事《外商投资准入负面清单》禁止投资领域业务的境内企业到境外发行股份并上市交易的，应当经国家有关主管部门审核同意，境外投资者不得参与企业经营管理，其持股比例参照境外投资者境内证券投资管理有关规定执行。

七、境内公司、企业或自然人以其在境外合法设立或控制的公司并购与其有关联关系的境内公司，按照外商投资、境外投资、外汇管理等有关规定办理。

八、《外商投资准入负面清单》中未列出的文化、金融等领域与行政审批、资质条件、国家安全等相关措施，按照现行规定执行。

九、《内地与香港关于建立更紧密经贸关系的安排》及其后续协议、《内地与澳门关于建立更紧密经贸关系的安排》及其后续协议、《海峡两岸经济合作框架协议》及其后续协议、我国缔结或者参加的国际条约、协定对境外投资者准入待遇有更优惠规定的，可以按照相关规定执行。在自由贸易试验区等特殊经济区域对符合条件的投资者实施更优惠开放措施的，按照相关规定执行。

十、《外商投资准入负面清单》由国家发展改革委、商务部会同有关部门负责解释。

十一、2020 年 6 月 23 日国家发展改革委、商务部发布的 2020 年版《外商投资准入负面清单》自 2022 年 1 月 1 日起废止。

外商投资准入特别管理措施(负面清单)(2021 年版)

序号	特别管理措施
一、农、林、牧、渔业	
1	小麦新品种选育和种子生产的中方股比不低于 34%、玉米新品种选育和种子生产须由中方控股。
2	禁止投资中国稀有和特有的珍贵优良品种的研发、养殖、种植以及相关繁殖材料的生产(包括种植业、畜牧业、水产业的优良基因)。
3	禁止投资农作物、种畜禽、水产苗种转基因品种选育及其转基因种子(苗)生产。
4	禁止投资中国管辖海域及内陆水域水产品捕捞。
二、采矿业	
5	禁止投资稀土、放射性矿产、钨勘查、开采及选矿。
三、制造业	
6	出版物印刷须由中方控股。
7	禁止投资中药饮片的蒸、炒、炙、煅等炮制技术的应用及中成药保密处方产品的生产。
四、电力、热力、燃气及水生产和供应业	
8	核电站的建设、经营须由中方控股。
五、批发和零售业	
9	禁止投资烟叶、卷烟、复烤烟叶及其他烟草制品的批发、零售。
六、交通运输、仓储和邮政业	
10	国内水上运输公司须由中方控股。
11	公共航空运输公司须由中方控股,且一家外商及其关联企业投资比例不得超过 25%,法定代表人须由中国籍公民担任。通用航空公司的法定代表人须由中国籍公民担任,其中农、林、渔业通用航空公司限于合资,其他通用航空公司限于中方控股。
12	民用机场的建设、经营须由中方相对控股。外方不得参与建设、运营机场塔台。
13	禁止投资邮政公司、信件的国内快递业务。
七、信息传输、软件和信息技术服务业	
14	电信公司:限于中国入世承诺开放的电信业务,增值电信业务的外资股比不超过 50%(电子商务、国内多方通信、存储转发类、呼叫中心除外),基础电信业务须由中方控股。
15	禁止投资互联网新闻信息服务、网络出版服务、网络视听节目服务、互联网文化经营(音乐除外)、互联网公众发布信息服务(上述服务中,中国入世承诺中已开放的内容除外)。
八、租赁和商务服务业	
16	禁止投资中国法律事务(提供有关中国法律环境影响的信息除外),不得成为国内律师事务所合伙人。
17	市场调查限于合资,其中广播电视收听、收视调查须由中方控股。
18	禁止投资社会调查。
九、科学研究和技术服务业	
19	禁止投资人体干细胞、基因诊断与治疗技术开发和应用。
20	禁止投资人文社会科学研究机构。

续表

序号	特别管理措施
21	禁止投资大地测量、海洋测绘、测绘航空摄影、地面移动测量、行政区域界线测绘,地形图、世界政区地图、全国政区地图、省级及以下政区地图、全国性教学地图、地方性教学地图、真三维地图和导航电子地图编制,区域性的地质填图、矿产地质、地球物理、地球化学、水文地质、环境地质、地质灾害、遥感地质等调查(矿业权人在其矿业权范围内开展工作不受此特别管理措施限制)。
十、教育	
22	学前、普通高中和高等教育机构限于中外合作办学,须由中方主导(校长或者主要行政负责人应当具有中国国籍,理事会、董事会或者联合管理委员会的中方组成人员不得少于1/2)。
23	禁止投资义务教育机构、宗教教育机构。
十一、卫生和社会工作	
20	医疗机构限于合资。
十二、文化、体育和娱乐业	
25	禁止投资新闻机构(包括但不限于通讯社)。
26	禁止投资图书、报纸、期刊、音像制品和电子出版物的编辑、出版、制作业务。
27	禁止投资各级广播电台(站)、电视台(站)、广播电视频道(率)、广播电视传输覆盖网(发射台、转播台、广播电视卫星、卫星上行站、卫星收转站、微波站、监测台及有线广播电视传输覆盖网等),禁止从事广播电视视频点播业务和卫星电视广播地面接收设施安装服务。
28	禁止投资广播电视节目制作经营(含引进业务)公司。
29	禁止投资电影制作公司、发行公司、院线公司以及电影引进业务。
30	禁止投资文物拍卖的拍卖公司、文物商店和国有文物博物馆。
31	禁止投资文艺表演团体。

国务院办公厅关于促进内外贸一体化发展的意见

国办发〔2021〕59 号

各省、自治区、直辖市人民政府,国务院各部委、各直属机构:

推进内外贸一体化有利于形成强大国内市场,有利于畅通国内国际双循环。近年来,我国内外贸一体化取得了长足发展,但也存在调控体系不够完善,统筹利用两个市场、两种资源的能力不够强,内外贸融合发展不够顺畅等问题,还不能完全适应构建新发展格局的需要。为深入贯彻党中央、国务院决策部署,促进内外贸一体化发展,经国务院同意,现提出以下意见:

一、总体要求

(一)指导思想。以习近平新时代中国特色社会主义思想为指导,全面贯彻党的十九大和十九届历次全会精神,立足新发展阶段,完整、准确、全面贯彻新发展理念,加强改革创新驱动、产品对标驱动、渠道对接驱动、主体引领驱动、数字赋能驱动、服务优化驱动,促进内外贸法律法规、监管体制、经营资质、质量标准、检验检疫、认证认可等高水平衔接,降低企业市场转换的制度成本,提高统筹利用两个市场、两种资源的能力,促进内贸和外贸、进口和出口协调发展,服务构建新发展格局,实现更高水平开放和更高质量发展。

(二)基本原则。

坚持政府引导、市场为主。充分发挥市场在资源配置中的决定性作用,更好发挥政府政策引导和公共服务作用,充分调动企业积极性,提升市场主体内外贸一体化经营能力,激发内生发展动力。

坚持改革开放、规则衔接。加快制度型开放,推动制度和模式创新,循序渐进推进体制机制改革,不断破除内外贸一体化发展面临的制度障碍,促进制度规则衔接,优化内外贸融合发展环境。

坚持系统观念、统筹推进。强化对内外贸一体化发展的顶层设计和统筹谋划,立足当前,着眼长远,突出重点,以点带面,完善内外贸一体化发展的制度体系、工作体系和评价体系,全面协调持续推进内外贸一体化发展。

(三)发展目标。到 2025 年,内外贸法律法规、监管体制、经营资质、质量标准、检验检疫、认证认可等衔接更加有效,市场主体内外贸一体化发展水平进一步提升,内外联通网络更加完善,政府管理服务持续优化,内外贸一体化调控体系更加健全,实现内外贸高效运行、融合发展。

二、完善内外贸一体化制度体系

(四)健全法律法规。推动健全有利于内外贸一体化的法律法规体系,梳理并推动修订妨碍内外贸一体化的法律、法规、规章和规范性文件。(各有关部门及各地区按职责分工负责)健全知识产权侵权惩罚性赔偿制度,加大损害赔偿力度,实行严格的知识产权保护,提高企业创新和产品内销的积极性。(市场监管总局、国家知识产权局及各地区按职责分工负责)

(五)完善监管体制。对标国际先进水平,促进内外贸监管规则衔接,推进内外贸监管部门信息互换、监管互认、执法互助,提高监管的精准性有效性,优化内外贸营商环境。加强反垄断和反不正当竞争执法,强化公平竞争审查,清理纠正地方保护、行业垄断、市场分割等不公平做法和隐性壁垒,推动形成全国统一大市场,促进内外贸资源要素顺畅流动、优化配置。(各有关部门及各地区按职责分工负责)深化海关国际合作,与贸易伙伴加强在技术性贸易措施、口岸监管、产品合规情况等方面的信息交换,推动检验检疫证书国际联网核查,积极稳妥推进商品

检验第三方结果采信，提升通关、资金结算、纳税便利化水平。（海关总署、市场监管总局、国家外汇局及各地区按职责分工负责）

（六）加强规则对接。加强在联合国、世界贸易组织等框架和多边机制中的国际合作，积极参与国际规则制定。推进实施自由贸易区提升战略，与更多贸易伙伴商签自由贸易协定。加强国内市场规则与国际通行贸易规则对接，做好贸易政策合规工作，在贸易自由化便利化、知识产权保护、电子商务、招标投标、政府采购等方面实行更高标准规则，更好联通国内国际市场，促进企业拓展内外贸业务。（商务部牵头，国家发展改革委、工业和信息化部、财政部、海关总署、市场监管总局、国家知识产权局及各地区按职责分工负责）

（七）促进标准认证衔接。积极开展国内国际标准转化，补齐国内标准短板，提高标准技术水平，持续提升国内国际标准一致性。鼓励国内企事业单位积极参与国际标准化活动，加强与全球产业链上下游企业协作，共同制定国际标准。支持检验检测、认证认可等第三方合格评定服务机构为内外贸企业提供一站式服务，鼓励第三方合格评定服务机构国际化发展。在共建“一带一路”倡议、区域全面经济伙伴关系协定等框架下深化国际合作，促进合格评定机构、政府间合格评定结果国际互认水平不断提升。简化出口转内销相关强制性产品认证程序，缩短办理时间。（市场监管总局、工业和信息化部及各地区按职责分工负责）加强绿色食品、有机农产品、地理标志农产品认证和管理，提升内外贸农产品质量安全水平。统一林草可持续经营认证标准，对接国际森林认证标准，增加优质内外贸林草产品供给。（农业农村部、市场监管总局、国家林草局及各地区按职责分工负责）

（八）推进同线同标同质。推进内外贸产品同线同标同质（以下称“三同”），带动国内相关产业加快提质升级，优化供需结构。鼓励企业对其产品作出满足“三同”要求的自我声明，或委托第三方机构依据“三同”要求进行质量评价。建设“三同”公共服务平台，强化服务企业功能。加强“三同”企业和产品信息宣传推广，提高消费者认知度。（市场监管总局、工业和信息化部、商务部及各地区按职责分工负责）

三、增强内外贸一体化发展能力

（九）支持市场主体内外贸一体化经营。鼓励有条件的大型商贸、物流企业“走出去”，加强资源整合配置，优化国际营销体系，完善全球服务网络。支持跨国大型供应链服务企业发展，提高国际竞争力，增强产业链供应链韧性。培育一批国内国际市场协同互促、有较强创新能力和竞争实力的优质贸易企业，引导带动更多企业走一体化经营道路。对标国际先进农产品种植和生产标准，建设一批优质农产品种植和生产基地，培育一批种养加、产供销、内外贸一体化的现代农业企业。加大对企业的指导和服务力度，提升知识产权管理能力。加强区域品牌建设，加快自主品牌培育。（国家发展改革委、农业农村部、商务部、国务院国资委、海关总署、市场监管总局、国家邮政局、国家知识产权局及各地区按职责分工负责）

（十）创新内外贸融合发展模式。推动内外贸数字化发展，充分利用现代信息技术，加快线上线下融合，促进产销衔接、供需匹配，推动传统产业转型升级，培育内外贸新业态新模式。支持反向定制（C2M）、智能工厂等创新发展，增强企业柔性生产和市场需求适配能力，促进内外贸产业链供应链融合。扎实推进跨境电子商务综合试验区建设，鼓励跨境电商平台完善功能，更好对接国内国际市场。促进跨境电商零售进口规范健康发展，丰富产品供给。复制推广服务贸易创新发展试点经验，提升服务贸易自由化便利化水平。（商务部牵头，财政部、工业和信息化部、海关总署、税务总局、国家外汇局、国家邮政局及各地区按职责分工负责）

（十一）加强内外贸一体化专业人才培养培训。增强职业技术教育适应性，加强产教融合、校企合作，创新推广“外语+职业技能”等人才培养模式，探索中国特色学徒制，推进相关专业升级和数字化改造。培养熟悉国内外法律、规则和市场环境的专业人才，进一步健全终身职业技能培训制度，为企业提高内外贸一体化经营能力提供人才和技能支撑。（教育部牵头，各有关部门及各地区按职责分工负责）

四、加快内外贸融合发展

（十二）建设内外贸融合发展制度高地。发挥自由贸易试验区、自由贸易港的示范引领作用，对标高标准国际经贸规则推动高水平制度型开放，促进内外贸融合发展。发挥国家级经济技术开发区、综合保税区、跨境电子商务综合试验区等开放平台和产业集聚区作用，积极探索内外贸融合发展的新模式、新举措，促进内外贸体制机制对接和一体化发展。（国家发展改革委、商务部、海关总署等有关部门及各地区按职责分工负责）

（十三）打造内外贸融合发展平台。提升市场采购贸易方式便利化水平，吸引地方特色产业集聚，带动更多市场主体拓展外贸业务。促进重点商品交易市场与国外营销网络互联互通，培育一批运营模式与国际接轨的国内商品交易市场，打造特色鲜明的区域或国际商品集散中心。充分利用中国国际进口博览会、中国进出口商品交易会、中国国际服务贸易交易会等具有国际影响力的会展平台，增进国内外市场交流。推进国家进口贸易促进创新示范区建设，充分发挥促进进口、服务产业、提升消费、示范引领作用。（商务部牵头，财政部、海关总署及各地区按职责分工负责）搭建出口转内销平台，支持国内商贸企业与外贸企业开展订单直采，引导外贸企业精准对接国内市场消费需求，多渠道拓展内销市场。（商务部及各地区按职责分工负责）

（十四）完善内外联通物流网络。加强国际航空货运能力建设，提升国际海运竞争力，推动中欧班列高质量发展，加快推进国际道路运输便利化。引导外贸企业、跨境电商、物流企业加强业务协同和资源整合，加快布局海外仓、配送中心等物流基础设施网络，提高物流运作和资产利用效率。优化城市物流配送网络，补齐城市配送“最后一公里”短板。持续支持中西部地区、县域商贸物流基础设施建设，强化协同共享，畅通区域间、城乡间流通网络，降低内外贸商品流通成本，促进高效通达国内国际市场。（国家发展改革委、商务部、交通运输部、中国民航局、国家邮政局及各地区按职责分工负责）

五、完善保障措施

（十五）加强财政金融支持。在符合多双边经贸协定规则前提下，加大对内外贸一体化发展的支持力度。统筹用好现有财政支持政策，推动内外贸融合创新发展。鼓励金融机构按照市场化原则加大对内外贸的信贷支持力度，依托内外贸企业的应收账款、存货、仓单、订单、保单等，创新金融产品，加强金融服务。进一步扩大出口信用保险和国内贸易信用保险覆盖面。（国家发展改革委、财政部、商务部、人民银行、银保监会、中国出口信用保险公司及各地区按职责分工负责）

（十六）开展内外贸一体化试点。在部分地区开展内外贸一体化试点，全面梳理内外贸一体化调控体系的问题清单和需求清单，促进内外贸法律法规、监管体制、经营资质、质量标准、检验检疫、认证认可等衔接，探索建立内外贸一体化评价体系，培育一批内外贸一体化经营企业，打造一批内外贸融合发展平台，形成一批可复制推广的经验和模式。（商务部牵头，各有关部门及试点地区按职责分工负责）

（十七）发挥行业组织作用。鼓励行业协会、商会制定发布内外贸一体化产品和服务标准，参与制定国家标准、行业标准及有关政策法规。积极发挥第三方服务机构和市场中介组织作用，提升市场化专业化服务能力。（市场监管总局、工业和信息化部、农业农村部、商务部及各地区按职责分工负责）

（十八）强化组织领导。各地区、各有关部门要充分认识促进内外贸一体化发展的重要性，加强组织领导，完善工作机制，落实工作职责，密切协调配合。商务部牵头建立促进内外贸一体化发展部际工作机制，会同有关部门加强协调指导，确保各项工作有效落实。各地区要结合本地区实际，研究确定促进内外贸一体化发展的具体政策措施，推动取得实效。重大问题要及时请示报告。

国务院办公厅

2021 年 12 月 30 日

（此件公开发布）

中华人民共和国海南自由贸易港法

（2021年6月10日第十三届全国人民代表大会常务委员会第二十九次会议通过）

目 录

第一章 总 则

第一条 为了建设高水平的中国特色海南自由贸易港，推动形成更高层次改革开放新格局，建立开放型经济新体制，促进社会主义市场经济平稳健康可持续发展，制定本法。

第二条 国家在海南岛全岛设立海南自由贸易港，分步骤、分阶段建立自由贸易港政策和制度体系，实现贸易、投资、跨境资金流动、人员进出、运输来往自由便利和数据安全有序流动。

海南自由贸易港建设和管理活动适用本法。本法没有规定的，适用其他有关法律法规的规定。

第三条 海南自由贸易港建设，应当体现中国特色，借鉴国际经验，围绕海南战略定位，发挥海南优势，推进改革创新，加强风险防范，贯彻创新、协调、绿色、开放、共享的新发展理念，坚持高质量发展，坚持总体国家安全观，坚持以人民为中心，实现经济繁荣、社会文明、生态宜居、人民幸福。

第四条 海南自由贸易港建设，以贸易投资自由化便利化为重点，以各类生产要素跨境自由有序安全便捷流动和现代产业体系为支撑，以特殊的税收制度安排、高效的社会治理体系和完备的法治体系为保障，持续优化法治化、国际化、便利化的营商环境和公平统一高效的市场环境。

第五条 海南自由贸易港实行最严格的生态环境保护制度，坚持生态优先、绿色发展，创新生态文明体制机制，建设国家生态文明试验区。

第六条 国家建立海南自由贸易港建设领导机制，统筹协调海南自由贸易港建设重大政策和重大事项。国务院发展改革、财政、商务、金融管理、海关、税务等部门按照职责分工，指导推动海南自由贸易港建设相关工作。

国家建立与海南自由贸易港建设相适应的行政管理体制，创新监管模式。

海南省应当切实履行责任，加强组织领导，全力推进海南自由贸易港建设各项工作。

第七条 国家支持海南自由贸易港建设发展，支持海南省依照中央要求和法律规定行使改革自主权。国务院及其有关部门根据海南自由贸易港建设的实际需要，及时依法授权或者委托海南省人民政府及其有关部门行使相关管理职权。

第八条 海南自由贸易港构建系统完备、科学规范、运行有效的海南自由贸易港治理体系，推动政府机构改革和职能转变，规范政府服务标准，加强预防和化解社会矛盾机制建设，提高社会治理智能化水平，完善共建共治共享的社会治理制度。

国家推进海南自由贸易港行政区划改革创新，优化行政区划设置和行政区划结构体系。

第九条 国家支持海南自由贸易港主动适应国际经济贸易规则发展和全球经济治理体系改革新趋

势,积极开展国际交流合作。

第十条 海南省人民代表大会及其常务委员会可以根据本法,结合海南自由贸易港建设的具体情况和实际需要,遵循宪法规定和法律、行政法规的基本原则,就贸易、投资及相关管理活动制定法规(以下称海南自由贸易港法规),在海南自由贸易港范围内实施。

海南自由贸易港法规应当报送全国人民代表大会常务委员会和国务院备案;对法律或者行政法规的规定作变通规定的,应当说明变通的情况和理由。

海南自由贸易港法规涉及依法应当由全国人民代表大会及其常务委员会制定法律或者由国务院制定行政法规事项的,应当分别报全国人民代表大会常务委员会或者国务院批准后生效。

第二章 贸易自由便利

第十一条 国家建立健全全岛封关运作的海南自由贸易港海关监管特殊区域制度。在依法有效监管基础上,建立自由进出、安全便利的货物贸易管理制度,优化服务贸易管理措施,实现贸易自由化便利化。

第十二条 海南自由贸易港应当高标准建设口岸基础设施,加强口岸公共卫生安全、国门生物安全、食品安全、商品质量安全管控。

第十三条 在境外与海南自由贸易港之间,货物、物品可以自由进出,海关依法进行监管,列入海南自由贸易港禁止、限制进出口货物、物品清单的除外。

前款规定的清单,由国务院商务主管部门会同国务院有关部门和海南省制定。

第十四条 货物由海南自由贸易港进入境内其他地区(以下简称内地),原则上按进口规定办理相关手续。物品由海南自由贸易港进入内地,按规定进行监管。对海南自由贸易港前往内地的运输工具,简化进口管理。

货物、物品以及运输工具由内地进入海南自由贸易港,按国内流通规定管理。

货物、物品以及运输工具在海南自由贸易港和内地之间进出的具体办法由国务院有关部门会同海南省制定。

第十五条 各类市场主体在海南自由贸易港内依法自由开展货物贸易以及相关活动,海关实施低干预、高效能的监管。

在符合环境保护、安全生产等要求的前提下,海南自由贸易港对进出口货物不设存储期限,货物存放地点可以自由选择。

第十六条 海南自由贸易港实行通关便利化政策,简化货物流转流程和手续。除依法需要检验检疫或者实行许可证件管理的货物外,货物进入海南自由贸易港,海关按照有关规定径予放行,为市场主体提供通关便利服务。

第十七条 海南自由贸易港对跨境服务贸易实行负面清单管理制度,并实施相配套的资金支付和转移制度。对清单之外的跨境服务贸易,按照内外一致的原则管理。

海南自由贸易港跨境服务贸易负面清单由国务院商务主管部门会同国务院有关部门和海南省制定。

第三章 投资自由便利

第十八条 海南自由贸易港实行投资自由化便利化政策,全面推行极简审批投资制度,完善投资促进和投资保护制度,强化产权保护,保障公平竞争,营造公开、透明、可预期的投资环境。

海南自由贸易港全面放开投资准入,涉及国家安全、社会稳定、生态保护红线、重大公共利益等国家实行准入管理的领域除外。

第十九条 海南自由贸易港对外商投资实行准入前国民待遇加负面清单管理制度。特别适用于海南自由贸易港的外商投资准入负面清单由国务院有关部门会同海南省制定,报国务院批准后发布。

第二十条 国家放宽海南自由贸易港市场准入。海南自由贸易港放宽市场准入特别清单(特别措施)由国务院有关部门会同海南省制定。

海南自由贸易港实行以过程监管为重点的投资便利措施,逐步实施市场准入承诺即入制。具体办法由海南省会同国务院有关部门制定。

第二十一条 海南自由贸易港按照便利、高效、透明的原则,简化办事程序,提高办事效率,优化政务服务,建立市场主体设立便利、经营便利、注销便利等制度,优化破产程序。具体办法由海南省人民代表大会及其常务委员会制定。

第二十二条 国家依法保护自然人、法人和非法人组织在海南自由贸易港内的投资、收益和其他合法权益,加强对中小投资者的保护。

第二十三条 国家依法保护海南自由贸易港内自然人、法人和非法人组织的知识产权,促进知识产权创造、运用和管理服务能力提升,建立健全知识产权领域信用分类监管、失信惩戒等机制,对知识产权侵权行为,严格依法追究法律责任。

第二十四条 海南自由贸易港建立统一开放、竞争有序的市场体系,强化竞争政策的基础性地位,落实公平竞争审查制度,加强和改进反垄断和反不正当竞争执法,保护市场公平竞争。

海南自由贸易港的各类市场主体,在准入许可、经营运营、要素获取、标准制定、优惠政策等方面依法享受平等待遇。具体办法由海南省人民代表大会及其常务委员会制定。

第四章 财政税收制度

第二十五条 在海南自由贸易港开发建设阶段,中央财政根据实际,结合税制变化情况,对海南自由贸易港给予适当财政支持。鼓励海南省在国务院批准的限额内发行地方政府债券支持海南自由贸易港项目建设。海南省设立政府引导、市场化方式运作的海南自由贸易港建设投资基金。

第二十六条 海南自由贸易港可以根据发展需要,自主减征、免征、缓征除具有生态补偿性质外的政府性基金。

第二十七条 按照税种结构简单科学、税制要素充分优化、税负水平明显降低、收入归属清晰、财政收支基本均衡的原则,结合国家税制改革方向,建立符合需要的海南自由贸易港税制体系。

全岛封关运作时,将增值税、消费税、车辆购置税、城市维护建设税及教育费附加等税费进行简并,在货物和服务零售环节征收销售税;全岛封关运作后,进一步简化税制。

国务院财政部门会同国务院有关部门和海南省及时提出简化税制的具体方案。

第二十八条 全岛封关运作、简并税制后,海南自由贸易港对进口征税商品实行目录管理,目录之外的货物进入海南自由贸易港,免征进口关税。进口征税商品目录由国务院财政部门会同国务院有关部门和海南省制定。

全岛封关运作、简并税制前,对部分进口商品,免征进口关税、进口环节增值税和消费税。

对由海南自由贸易港离境的出口应税商品,征收出口关税。

第二十九条 货物由海南自由贸易港进入内地,原则上按照进口征税;但是,对鼓励类产业企业生产的不含进口料件或者含进口料件在海南自由贸易港加工增值达到一定比例的货物,免征关税。具体办法由国务院有关部门会同海南省制定。

货物由内地进入海南自由贸易港,按照国务院有关规定退还已征收的增值税、消费税。

全岛封关运作、简并税制前,对离岛旅客购买免税物品并提货离岛的,按照有关规定免征进口关税、进口环节增值税和消费税。全岛封关运作、简并税制后,物品在海南自由贸易港和内地之间进出的税收管理办法,由国务院有关部门会同海南省制定。

第三十条 对注册在海南自由贸易港符合条件的企业,实行企业所得税优惠;对海南自由贸易港内符合条件的个人,实行个人所得税优惠。

第三十一条 海南自由贸易港建立优化高效统

一的税收征管服务体系，提高税收征管服务科学化、信息化、国际化、便民化水平，积极参与国际税收征管合作，提高税收征管服务质量和效率，保护纳税人的合法权益。

第五章 生态环境保护

第三十二条 海南自由贸易港健全生态环境评价和监测制度，制定生态环境准入清单，防止污染，保护生态环境；健全自然资源资产产权制度和有偿使用制度，促进资源节约高效利用。

第三十三条 海南自由贸易港推进国土空间规划体系建设，实行差别化的自然生态空间用途管制，严守生态保护红线，构建以国家公园为主体的自然保护地体系，推进绿色城镇化、美丽乡村建设。

海南自由贸易港严格保护海洋生态环境，建立健全陆海统筹的生态系统保护修复和污染防治区域联动机制。

第三十四条 海南自由贸易港实行严格的进出境环境安全准入管理制度，加强检验检疫能力建设，防范外来物种入侵，禁止境外固体废物输入；提高医疗废物等危险废物处理处置能力，提升突发生态环境事件应急准备与响应能力，加强生态风险防控。

第三十五条 海南自由贸易港推进建立政府主导、企业和社会参与、市场化运作、可持续的生态保护补偿机制，建立生态产品价值实现机制，鼓励利用市场机制推进生态环境保护，实现可持续发展。

第三十六条 海南自由贸易港实行环境保护目标责任制和考核评价制度。县级以上地方人民政府对本级人民政府负有环境监督管理职责的部门及其负责人和下级人民政府及其负责人的年度考核，实行环境保护目标完成情况一票否决制。

环境保护目标未完成的地区，一年内暂停审批该地区新增重点污染物排放总量的建设项目环境影响评价文件；对负有责任的地方人民政府及负有环境监督管理职责的部门的主要责任人，一年内不得提拔使用或者转任重要职务，并依法予以处分。

第三十七条 海南自由贸易港实行生态环境损害责任终身追究制。对违背科学发展要求、造成生态环境严重破坏的地方人民政府及有关部门主要负责人、直接负责的主管人员和其他直接责任人员，应当严格追究责任。

第六章 产业发展与人才支撑

第三十八条 国家支持海南自由贸易港建设开放型生态型服务型产业体系，积极发展旅游业、现代服务业、高新技术产业以及热带特色高效农业等重点产业。

第三十九条 海南自由贸易港推进国际旅游消费中心建设，推动旅游与文化体育、健康医疗、养老养生等深度融合，培育旅游新业态新模式。

第四十条 海南自由贸易港深化现代服务业对内对外开放，打造国际航运枢纽，推动港口、产业、城市融合发展，完善海洋服务基础设施，构建具有国际竞争力的海洋服务体系。

境外高水平大学、职业院校可以在海南自由贸易港设立理工农医类学校。

第四十一条 国家支持海南自由贸易港建设重大科研基础设施和条件平台，建立符合科研规律的科技创新管理制度和国际科技合作机制。

第四十二条 海南自由贸易港依法建立安全有序自由便利的数据流动管理制度，依法保护个人、组织与数据有关的权益，有序扩大通信资源和业务开放，扩大数据领域开放，促进以数据为关键要素的数字经济发展。

国家支持海南自由贸易港探索实施区域性国际数据跨境流动制度安排。

第四十三条 海南自由贸易港实施高度自由便利开放的运输政策，建立更加开放的航运制度和船舶管理制度，建设“中国洋浦港”船籍港，实行特殊的船舶登记制度；放宽空域管制和航路限制，优化航权资源配置，提升运输便利化和服务保障水平。

第四十四条 海南自由贸易港深化人才发展体

制机制改革，创新人才培养支持机制，建立科学合理的人才引进、认定、使用和待遇保障机制。

第四十五条 海南自由贸易港建立高效便利的出境入境管理制度，逐步实施更大范围适用免签入境政策，延长免签停留时间，优化出境入境检查管理，提供出境入境通关便利。

第四十六条 海南自由贸易港实行更加开放的人才和停居留政策，实行更加宽松的人员临时出境入境政策、便利的工作签证政策，对外国人工作许可实行负面清单管理，进一步完善居留制度。

第四十七条 海南自由贸易港放宽境外人员参加职业资格考试的限制，对符合条件的境外专业资格认定，实行单向认可清单制度。

第七章 综合措施

第四十八条 国务院可以根据海南自由贸易港建设的需要，授权海南省人民政府审批由国务院审批的农用地转为建设用地和土地征收事项；授权海南省人民政府在不突破海南省国土空间规划明确的生态保护红线、永久基本农田面积、耕地和林地保有量、建设用地总规模等重要指标并确保质量不降低的前提下，按照国家规定的条件，对全省耕地、永久基本农田、林地、建设用地布局调整进行审批。

海南自由贸易港积极推进城乡及垦区一体化协调发展和小城镇建设用地新模式，推进农垦土地资产化。

依法保障海南自由贸易港国家重大项目用海需求。

第四十九条 海南自由贸易港建设应当切实保护耕地，加强土地管理，建立集约节约用地制度、评价标准以及存量建设用地盘活处置制度。充分利用闲置土地，以出让方式取得土地使用权进行开发的土地，超过出让合同约定的竣工日期一年未竣工的，应当在竣工前每年征收出让土地现值一定比例的土地闲置费。具体办法由海南省制定。

第五十条 海南自由贸易港坚持金融服务实体经济，推进金融改革创新，率先落实金融业开放政策。

第五十一条 海南自由贸易港建立适应高水平贸易投资自由化便利化需要的跨境资金流动管理制度，分阶段开放资本项目，逐步推进非金融企业外债项下完全可兑换，推动跨境贸易结算便利化，有序推进海南自由贸易港与境外资金自由便利流动。

第五十二条 海南自由贸易港内经批准的金融机构可以通过指定账户或者在特定区域经营离岸金融业务。

第五十三条 海南自由贸易港加强社会信用体系建设和应用，构建守信激励和失信惩戒机制。

第五十四条 国家支持探索与海南自由贸易港相适应的司法体制改革。海南自由贸易港建立多元化商事纠纷解决机制，完善国际商事纠纷案件集中审判机制，支持通过仲裁、调解等多种非诉讼方式解决纠纷。

第五十五条 海南自由贸易港建立风险预警和防控体系，防范和化解重大风险。

海关负责口岸和其他海关监管区的常规监管，依法查缉走私和实施后续监管。海警机构负责查处海上走私违法行为。海南省人民政府负责全省反走私综合治理工作，加强对非设关地的管控，建立与其他地区的反走私联防联控机制。境外与海南自由贸易港之间、海南自由贸易港与内地之间，人员、货物、物品、运输工具等均需从口岸进出。

在海南自由贸易港依法实施外商投资安全审查制度，对影响或者可能影响国家安全的外商投资进行安全审查。

海南自由贸易港建立健全金融风险防控制度，实施网络安全等级保护制度，建立人员流动风险防控制度，建立传染病和突发公共卫生事件监测预警机制与防控救治机制，保障金融、网络与数据、人员流动和公共卫生等领域的秩序和安全。

第八章 附 则

第五十六条 对本法规定的事项，在本法施行后，海南自由贸易港全岛封关运作前，国务院及其有关部门和海南省可以根据本法规定的原则，按照职责分工，制定过渡性的具体办法，推动海南自由贸易港建设。

第五十七条 本法自公布之日起施行。

附　录

APPENDIX

全国现有海关特殊监管区域分布及名单（截至 2021 年 12 月 31 日）

序号	省、自治区、直辖市	名 称
1	北 京	北京天竺综合保税区
2		北京大兴国际机场综合保税区
3	天 津	天津东疆综合保税区
4		天津滨海新区综合保税区
5		天津港综合保税区
6		天津港保税区
7		天津泰达综合保税区
8	河 北	曹妃甸综合保税区
9		秦皇岛综合保税区
10		廊坊综合保税区
11		石家庄综合保税区
12	山 西	太原武宿综合保税区
13	内蒙古	呼和浩特综合保税区
14		鄂尔多斯综合保税区
15		满洲里综合保税区
16	辽 宁	大连大窑湾综合保税区
17		大连湾里综合保税区
18		大连保税区
19		营口综合保税区
20		沈阳综合保税区
21	吉 林	长春兴隆综合保税区
22		珲春综合保税区
23	黑龙江	绥芬河综合保税区
24		哈尔滨综合保税区
25	上 海	洋山特殊综合保税区
26		上海浦东机场综合保税区
27		上海外高桥港综合保税区
28		上海外高桥保税区
29		松江综合保税区
30		金桥综合保税区
31		青浦综合保税区
32		漕河泾综合保税区
33		奉贤综合保税区
34		嘉定综合保税区

全国现有海关特殊监管区域分布及名单(截至2021年12月31日)(续)

序号	省、自治区、直辖市	名 称
35	江 苏	张家港保税港区
36		苏州工业园综合保税区
37		昆山综合保税区
38		苏州高新技术产业开发区综合保税区
39		无锡高新区综合保税区
40		盐城综合保税区
41		淮安综合保税区
42		南京综合保税区
43		连云港综合保税区
44		镇江综合保税区
45		常州综合保税区
46		吴中综合保税区
47		吴江综合保税区
48		扬州综合保税区
49		常熟综合保税区
50		武进综合保税区
51		泰州综合保税区
52		南通综合保税区
53		太仓港综合保税区
54		江阴综合保税区
55		徐州综合保税区
56	浙 江	宁波梅山综合保税区
57		宁波保税区
58		宁波北仑港综合保税区
59		宁波前湾综合保税区
60		舟山港综合保税区
61		杭州综合保税区
62		嘉兴综合保税区
63		金义综合保税区
64		温州综合保税区
65		义乌综合保税区
66		绍兴综合保税区
67		台州综合保税区

全国现有海关特殊监管区域分布及名单（截至2021年12月31日）（续）

序号	省、自治区、直辖市	名　称
68	安　徽	芜湖综合保税区
69		合肥经济技术开发区综合保税区
70		合肥综合保税区
71		马鞍山综合保税区
72		安庆综合保税区
73	福　建	厦门海沧港综合保税区
74		泉州综合保税区
75		厦门象屿综合保税区
76		厦门象屿保税区
77		福州保税区
78		福州综合保税区
79		福州江阴港综合保税区
80	江　西	九江综合保税区
81		南昌综合保税区
82		赣州综合保税区
83		井冈山综合保税区
84	山　东	潍坊综合保税区
85		济南综合保税区
86		东营综合保税区
87		章锦综合保税区
88		淄博综合保税区
89		青岛前湾综合保税区
90		烟台综合保税区
91		威海综合保税区
92		青岛胶州湾综合保税区
93		青岛西海岸综合保税区
94		临沂综合保税区
95		日照综合保税区
96		青岛即墨综合保税区

全国现有海关特殊监管区域分布及名单（截至2021年12月31日）（续）

序号	省、自治区、直辖市	名　称
97	河　南	郑州新郑综合保税区
98		郑州经开综合保税区
99		南阳卧龙综合保税区
100		洛阳综合保税区
101		开封综合保税区
102	湖　北	武汉东湖综合保税区
103		武汉经开综合保税区
104		武汉新港空港综合保税区
105		宜昌综合保税区
106		襄阳综合保税区
107		黄石棋盘洲综合保税区
108	湖　南	衡阳综合保税区
109		郴州综合保税区
110		湘潭综合保税区
111		岳阳城陵矶综合保税区
112		长沙黄花综合保税区
113	广　东	广州南沙综合保税区
114		广州白云机场综合保税区
115		深圳前海综合保税区
116		深圳盐田综合保税区
117		福田保税区
118		深圳坪山综合保税区
119		广州黄埔综合保税区
120		广州保税区
121		广东广州出口加工区
122		东莞虎门港综合保税区
123		珠海保税区
124		珠澳跨境工业区珠海园区
125		珠海高栏港综合保税区
126		汕头综合保税区
127		梅州综合保税区
128		湛江综合保税区

全国现有海关特殊监管区域分布及名单(截至2021年12月31日)(续)

序号	省、自治区、直辖市	名称
129	广西	钦州综合保税区
130		广西凭祥综合保税区
131		北海综合保税区
132		南宁综合保税区
133		梧州综合保税区
134	海南	海南洋浦保税港区
135		海口综合保税区
136		海口空港综合保税区
137	重庆	重庆西永综合保税区
138		重庆两路寸滩综合保税区
139		重庆江津综合保税区
140		重庆涪陵综合保税区
141		重庆万州综合保税区
142		重庆永川综合保税区
143	四川	成都高新综合保税区
144		成都高新西园综合保税区
145		绵阳综合保税区
146		成都国际铁路港综合保税区
147		泸州综合保税区
148		宜宾综合保税区
149	贵州	贵阳综合保税区
150		贵安综合保税区
151		遵义综合保税区
152	云南	昆明综合保税区
153		红河综合保税区
154	陕西	西安综合保税区
155		西安关中综合保税区
156		西安高新综合保税区
157		西安航空基地综合保税区
158		宝鸡综合保税区
159		陕西西咸空港综合保税区
160		陕西杨凌综合保税区
161	甘肃	兰州新区综合保税区

全国现有海关特殊监管区域分布及名单（截至2021年12月31日）（续）

序号	省、自治区、直辖市	名　　称
162	宁　夏	银川综合保税区
163	新　疆	阿拉山口综合保税区
164		乌鲁木齐综合保税区
165		霍尔果斯综合保税区
166		喀什综合保税区
167	青　海	西宁综合保税区
168	西　藏	拉萨综合保税区

截至2020年12月底，全国31个省、市、自治区现有海关特殊监管区域168个。其中，保税港区2个，综合保税区155个，保税区9个，出口加工区1个，珠澳跨境工业区（珠海园区）1个。

全国保税物流中心（B型）分布及名单（截至2021年12月31日）

序号	省（区、市）	项目名称
1	北京	北京亦庄保税物流中心
2	天津	天津经济技术开发区保税物流中心
3		蓟州保税物流中心
4	河北	河北武安保税物流中心
5		唐山港京唐港区保税物流中心
6		辛集保税物流中心
7	山西	山西方略保税物流中心
8		山西兰花保税物流中心
9		大同国际陆港保税物流中心
10	内蒙古	巴彦淖尔市保税物流中心
11		包头市保税物流中心
12		七苏木保税物流中心
13		赤峰保税物流中心
14	辽宁	营口港保税物流中心
15		盘锦港保税物流中心
16		铁岭保税物流中心
17		锦州港保税物流中心
18	吉林	吉林市保税物流中心
19		延吉国际空港经济开发区保税物流中心
20	黑龙江	黑河保税物流中心
21		牡丹江保税物流中心
22	上海	上海西北物流园保税物流中心
23		虹桥商务区保税物流中心
24	江苏	连云港保税物流中心
25		徐州保税物流中心
26		如皋港保税物流中心
27		大丰港保税物流中心
28		江苏海安保税物流中心
29		新沂保税物流中心
30		靖江保税物流中心
31		南京空港保税物流中心

全国保税物流中心(B型)分布及名单(截至2021年12月31日)(续)

序号	省(区、市)	项目名称
32	浙江	杭州保税物流中心
33		义乌保税物流中心
34		湖州保税物流中心
35		湖州德清保税物流中心
36		宁波栎社保税物流中心
37		宁波镇海保税物流中心
38	安徽	蚌埠(皖北)保税物流中心
39		安庆(皖西南)保税物流中心
40		合肥空港保税物流中心
41		安徽皖东南保税物流中心
42		铜陵(皖中南)保税物流中心
43	福建	厦门火炬(翔安)保税物流中心
44		漳州台商投资区保税物流中心
45		泉州石湖港保税物流中心
46		翔福保税物流中心
47	江西	龙南保税物流中心
48	山东	青岛西海岸新区保税物流中心
49		烟台福山回里保税物流中心
50		菏泽内陆港保税物流中心
51		淄博保税物流中心
52		鲁中运达保税物流中心
53		青岛保税港区诸城功能区保税物流中心
54	河南	河南德众保税物流中心
55		河南商丘保税物流中心
56		河南民权保税物流中心
57		河南许昌保税物流中心
58	湖北	黄石棋盘洲保税物流中心
59		宜昌三峡保税物流中心
60		襄阳保税物流中心
61		仙桃保税物流中心
62		荆门保税物流中心
63	湖南	长沙金霞保税物流中心
64		株洲铜塘湾保税物流中心

全国保税物流中心（B型）分布及名单（截至2021年12月31日）（续）

序号	省（区、市）	项目名称
65	广东	佛山国通保税物流中心
66		东莞保税物流中心
67		东莞清溪保税物流中心
68		深圳机场保税物流中心
69		中山保税物流中心
70		湛江保税物流中心
71		江门大广海湾保税物流中心
72	广西	防城港保税物流中心
73		柳州保税物流中心
74	海南	三亚市保税物流中心
75	重庆	重庆铁路保税物流中心
76		重庆南彭公路保税物流中心
77		重庆果园保税物流中心
78	四川	成都空港保税物流中心
79		天府新区成都片区保税物流中心
80		南充保税物流中心
81	云南	昆明高新保税物流中心
82		腾俊国际陆港保税物流中心
83	甘肃	武威保税物流中心
84	青海	青海曹家堡保税物流中心
85	宁夏	石嘴山保税物流中心
86	新疆	奎屯保税物流中心

中国跨境电子商务综合试验区名单

序号	所属地区	名称	获批时间	批次
1	浙江省	中国(杭州)跨境电子商务综合试验区	2015年3月7日	第一批
2		中国(宁波)跨境电子商务综合试验区	2016年1月6日	第二批
3		中国(义乌)跨境电子商务综合试验区	2018年7月24日	第三批
4		中国(温州)跨境电子商务综合试验区	2019年12月15日	第四批
5		中国(绍兴)跨境电子商务综合试验区		
6		中国(湖州)跨境电子商务综合试验区	2020年4月27日	第五批
7		中国(嘉兴)跨境电子商务综合试验区		
8		中国(衢州)跨境电子商务综合试验区		
9		中国(台州)跨境电子商务综合试验区		
10		中国(丽水)跨境电子商务综合试验区		
11		中国(金华)跨境电子商务综合试验区	2022年1月22日	第六批
12		中国(舟山)跨境电子商务综合试验区		
13	河南省	中国(郑州)跨境电子商务综合试验区	2016年1月6日	第二批
14		中国(洛阳)跨境电子商务综合试验区	2019年12月15日	第四批
15		中国(南阳)跨境电子商务综合试验区	2020年4月27日	第五批
16	天津市	中国(天津)跨境电子商务综合试验区	2016年1月6日	第二批
17	上海市	中国(上海)跨境电子商务综合试验区	2016年1月6日	第二批
18	重庆市	中国(重庆)跨境电子商务综合试验区	2016年1月6日	第二批
19	安徽省	中国(合肥)跨境电子商务综合试验区	2016年1月6日	第二批
20		中国(芜湖)跨境电子商务综合试验区	2019年12月15日	第四批
21		中国(安庆)跨境电子商务综合试验区	2020年4月27日	第五批
22		中国(马鞍山)跨境电子商务综合试验区	2022年1月22日	第六批
23		中国(宣城)跨境电子商务综合试验区		

中国跨境电子商务综合试验区名单(续)

序号	所属地区	名称	获批时间	批次
24	广东省	中国(广州)跨境电子商务综合试验区	2016年1月6日	第二批
25		中国(深圳)跨境电子商务综合试验区		
26		中国(珠海)跨境电子商务综合试验区	2018年7月24日	第三批
27		中国(东莞)跨境电子商务综合试验区		
28		中国(汕头)跨境电子商务综合试验区	2019年12月15日	第四批
29		中国(佛山)跨境电子商务综合试验区		
30		中国(梅州)跨境电子商务综合试验区	2020年4月27日	第五批
31		中国(惠州)跨境电子商务综合试验区		
32		中国(中山)跨境电子商务综合试验区		
33		中国(江门)跨境电子商务综合试验区		
34		中国(湛江)跨境电子商务综合试验区		
35		中国(茂名)跨境电子商务综合试验区		
36		中国(肇庆)跨境电子商务综合试验区		
37		中国(韶关)跨境电子商务综合试验区	2022年1月22日	第六批
38		中国(汕尾)跨境电子商务综合试验区		
39		中国(河源)跨境电子商务综合试验区		
40		中国(阳江)跨境电子商务综合试验区		
41		中国(清远)跨境电子商务综合试验区		
42		中国(潮州)跨境电子商务综合试验区		
43		中国(揭阳)跨境电子商务综合试验区		
44		中国(云浮)跨境电子商务综合试验区		
45	四川省	中国(成都)跨境电子商务综合试验区	2016年1月6日	第二批
46		中国(泸州)跨境电子商务综合试验区	2019年12月15日	第四批
47		中国(德阳)跨境电子商务综合试验区	2020年4月27日	第五批
48		中国(绵阳)跨境电子商务综合试验区		
49		中国(南充)跨境电子商务综合试验区	2022年1月22日	第六批
50		中国(眉山)跨境电子商务综合试验区		
51	辽宁省	中国(大连)跨境电子商务综合试验区	2016年1月6日	第二批
52		中国(沈阳)跨境电子商务综合试验区	2018年7月24日	第三批
53		中国(抚顺)跨境电子商务综合试验区	2019年12月15日	第四批
54		中国(营口)跨境电子商务综合试验区	2020年4月27日	第五批
55		中国(盘锦)跨境电子商务综合试验区		

中国跨境电子商务综合试验区名单(续)

序号	所属地区	名称	获批时间	批次
56	山东省	中国(青岛)跨境电子商务综合试验区	2016 年 1 月 6 日	第二批
57		中国(威海)跨境电子商务综合试验区	2018 年 7 月 24 日	第三批
58		中国(济南)跨境电子商务综合试验区	2019 年 12 月 15 日	第四批
59		中国(烟台)跨境电子商务综合试验区		
60		中国(东营)跨境电子商务综合试验区	2020 年 4 月 27 日	第五批
61		中国(潍坊)跨境电子商务综合试验区		
62		中国(临沂)跨境电子商务综合试验区		
63		中国(淄博)跨境电子商务综合试验区	2022 年 1 月 22 日	第六批
64		中国(日照)跨境电子商务综合试验区		
65	江苏省	中国(苏州)跨境电子商务综合试验区	2016 年 1 月 6 日	第二批
66		中国(南京)跨境电子商务综合试验区	2018 年 7 月 24 日	第三批
67		中国(无锡)跨境电子商务综合试验区		
68		中国(徐州)跨境电子商务综合试验区	2019 年 12 月 15 日	第四批
69		中国(南通)跨境电子商务综合试验区		
70		中国(常州)跨境电子商务综合试验区	2020 年 4 月 27 日	第五批
71		中国(连云港)跨境电子商务综合试验区		
72		中国(淮安)跨境电子商务综合试验区		
73		中国(盐城)跨境电子商务综合试验区		
74		中国(宿迁)跨境电子商务综合试验区		
75		中国(扬州)跨境电子商务综合试验区	2022 年 1 月 22 日	第六批
76		中国(镇江)跨境电子商务综合试验区		
77		中国(泰州)跨境电子商务综合试验区		
78	北京市	中国(北京)跨境电子商务综合试验区	2018 年 7 月 24 日	第三批
79	内蒙古自治区	中国(呼和浩特)跨境电子商务综合试验区	2018 年 7 月 24 日	第三批
80		中国(赤峰)跨境电子商务综合试验区	2019 年 12 月 15 日	第四批
81		中国(满洲里)跨境电子商务综合试验区	2020 年 4 月 27 日	第五批
82		中国(鄂尔多斯)跨境电子商务综合试验区	2022 年 1 月 22 日	第六批
83	吉林省	中国(长春)跨境电子商务综合试验区	2018 年 7 月 24 日	第三批
84		中国(珲春)跨境电子商务综合试验区	2019 年 12 月 15 日	第四批
85		中国(吉林市)跨境电子商务综合试验区	2020 年 4 月 27 日	第五批
86	黑龙江省	中国(哈尔滨)跨境电子商务综合试验区	2018 年 7 月 24 日	第三批
87		中国(绥芬河)跨境电子商务综合试验区	2019 年 12 月 15 日	第四批
88		中国(黑河)跨境电子商务综合试验区	2020 年 4 月 27 日	第五批

中国跨境电子商务综合试验区名单(续)

序号	所属地区	名称	获批时间	批次
89	江西省	中国(南昌)跨境电子商务综合试验区	2018年7月24日	第三批
90		中国(赣州)跨境电子商务综合试验区	2019年12月15日	第四批
91		中国(九江)跨境电子商务综合试验区	2020年4月27日	第五批
92		中国(景德镇)跨境电子商务综合试验区	2022年1月22日	第六批
93		中国(上饶)跨境电子商务综合试验区		
94	湖北省	中国(武汉)跨境电子商务综合试验区	2018年7月24日	第三批
95		中国(黄石)跨境电子商务综合试验区	2019年12月15日	第四批
96		中国(宜昌)跨境电子商务综合试验区	2020年4月27日	第五批
97		中国(襄阳)跨境电子商务综合试验区	2022年1月22日	第六批
98	湖南省	中国(长沙)跨境电子商务综合试验区	2018年7月24日	第三批
99		中国(岳阳)跨境电子商务综合试验区	2019年12月15日	第四批
100		中国(湘潭)跨境电子商务综合试验区	2020年4月27日	第五批
101		中国(郴州)跨境电子商务综合试验区		
102	广西壮族自治区	中国(南宁)跨境电子商务综合试验区	2018年7月24日	第三批
103		中国(崇左)跨境电子商务综合试验区	2020年4月27日	第五批
104	海南省	中国(海口)跨境电子商务综合试验区	2018年7月24日	第三批
105		中国(三亚)跨境电子商务综合试验区	2020年4月27日	第五批
106	贵州省	中国(贵阳)跨境电子商务综合试验区	2018年7月24日	第三批
107		中国(遵义)跨境电子商务综合试验区	2020年4月27日	第五批
108	云南省	中国(昆明)跨境电子商务综合试验区	2018年7月24日	第三批
109		中国(德宏)跨境电子商务综合试验区	2020年4月27日	第五批
110		中国(红河)跨境电子商务综合试验区	2022年1月22日	第六批
111	陕西省	中国(西安)跨境电子商务综合试验区	2018年7月24日	第三批
112		中国(延安)跨境电子商务综合试验区	2020年4月27日	第五批
113		中国(宝鸡)跨境电子商务综合试验区	2022年1月22日	第六批
114	甘肃省	中国(兰州)跨境电子商务综合试验区	2018年7月24日	第三批
115		中国(天水)跨境电子商务综合试验区	2020年4月27日	第五批
116	福建省	中国(厦门)跨境电子商务综合试验区	2018年7月24日	第三批
117		中国(福州)跨境电子商务综合试验区	2019年12月15日	第四批
118		中国(泉州)跨境电子商务综合试验区		
119		中国(漳州)跨境电子商务综合试验区	2020年4月27日	第五批
120		中国(莆田)跨境电子商务综合试验区		
121		中国(龙岩)跨境电子商务综合试验区		

中国跨境电子商务综合试验区名单(续)

序号	所属地区	名称	获批时间	批次
122	河北省	中国(唐山)跨境电子商务综合试验区	2018年7月24日	第三批
123		中国(石家庄)跨境电子商务综合试验区	2019年12月15日	第四批
124		中国(雄安新区)跨境电子商务综合试验区	2020年4月27日	第五批
125	山西省	中国(太原)跨境电子商务综合试验区	2019年12月15日	第四批
126		中国(大同)跨境电子商务综合试验区	2020年4月27日	第五批
127	青海省	中国(海东)跨境电子商务综合试验区	2019年12月15日	第四批
128		中国(西宁)跨境电子商务综合试验区	2020年4月27日	第五批
129	宁夏回族自治区	中国(银川)跨境电子商务综合试验区	2019年12月15日	第四批
130	新疆维吾尔自治区	中国(乌鲁木齐)跨境电子商务综合试验区	2020年4月27日	第五批
131		中国(喀什)跨境电子商务综合试验区	2022年1月22日	第六批
132		中国(阿拉山口)跨境电子商务综合试验区		

中国国民经济与社会发展总量指标(一)

指　　标	单　位	1978年	1990年	2000年	2020年	2021年
人口						
年末总人口	万人	96 259	114 333	126 743	141 212	141 260
城镇人口	万人	17 245	30 195	45 906	90 220	91 425
乡村人口	万人	79 014	84 138	80 837	50 992	49 835
国民经济核算						
国内生产总值	亿元	3 678.7	18 872.9	100 280.1	1 013 567.0	1 143 669.7
第一产业	亿元	1 018.5	5 017.2	14 717.4	78 030.9	83 085.5
第二产业	亿元	1 755.1	7 744.1	45 663.7	383 562.4	450 904.5
第三产业	亿元	905.1	6 111.6	39 899.1	551 973.7	609 679.7
人均国内生产总值	元	385	1 663	7 942	71 828	80 976
就业和失业						
就业人员	万人	40 152	64 749	72 085	75 064	74 652
#城镇就业人员	万人	9 514	17 041	23 151	46 271	46 773
城镇登记失业人员	万人	530	383	595	1 160	1 040
居民收入						
全国居民人均可支配收入	元	171	904	3 721	32 189	35 128
城镇居民人均可支配收入	元	343	1 510	6 256	43 834	47 412
农村居民人均可支配收入	元	134	686	2 282	17 131	18 931
财政						
一般公共预算收入	亿元	1 132.3	2 937.1	13 395.2	182 913.9	202 538.9
一般公共预算支出	亿元	1 122.1	3 083.6	15 886.5	245 679.0	246 321.5
能源						
一次能源生产总量	万吨标准煤	62 770	103 922	138 570	407 295	433 000
能源消费总量	万吨标准煤	57 144	98 703	146 964	498 314	524 000
固定资产投资						
全社会固定资产投资总额	亿元		4 517.0	32 917.7	527 270.3	552 884.2
#房地产开发	亿元		253.3	4 984.1	141 442.9	147 602.1
对外贸易和实际利用外资						
货物进出口总额	亿元	355.0	5 560.1	39 273.3	322 215.2	391 008.5
出口额	亿元	167.7	2 985.8	20 634.4	179 278.8	217 347.6
进口额	亿元	187.4	2 574.3	18 638.8	142 936.4	173 660.9
外商直接投资	亿美元		34.9	407.2	1 443.7	1 734.8
主要农业、工业产品产量						
粮食	万吨	30 477	44 624	46 218	66 949	68 285
棉花	万吨	217	451	442	591	573
油料	万吨	522	1 613	2 955	3 586	3 613
肉类	万吨	943	2 857	6 014	7 748	8 990
原煤	亿吨	6.18	10.80	13.84	39.02	41.26
原油	万吨	10 405	13 831	16 300	19 477	19 888
水泥	万吨	6 524	20 971	59 700	239 471	237 811
粗钢	万吨	3 178	6 635	12 850	106 477	103 524
发电量	亿千瓦时	2 566	6 212	13 556	77 791	85 342

中国国民经济与社会发展总量指标(二)

指 标	单 位	1978 年	1990 年	2000 年	2020 年	2021 年
建筑业						
建筑业总产值	亿元		1 345	12 498	263 947	293 079
消费品零售						
社会消费品零售总额	亿元	1 559	8 300	38 447	391 981	440 823
运输和邮电						
客运量	万人	253 993	772 682	1 478 573	966 540	830 257
货运量	万吨	319 431	970 602	1 358 682	4 725 862	5 298 499
邮政业务总量	亿元	14.9	46.0	232.8	21 053.2	13 698.3
电信业务总量	亿元	19.2	109.6	4 559.9	136 763.3	16 960.2
移动电话用户	万户		1.8	8 453	159 407	164 282
固定电话用户	万户	193	685	14 483	18 191	18 070
金融						
金融机构人民币各项存款余额	亿元	1 155	13 943	123 804	2 125 721	2 322 500
金融机构人民币各项贷款余额	亿元	1 890	17 511	99 371	1 727 452	1 926 903
科技、教育、卫生、文化						
研究与试验发展经费支出	亿元			896	24 393	27 864
技术市场成交额	亿元			651	28 252	37 294
在校学生数						
#普通、职业高等学校	万人	86	206	556	3 285	3 496
普通高中	万人	1 553	717	1 201	2 494	2 605
初中	万人	4 995	3 917	6 256	4 914	5 018
普通小学	万人	14 624	12 241	13 013	10 725	10 780
医院数	万个	0.93	1.44	1.63	3.54	3.70
医院床位数	万张	110	187	217	713	741
执业(助理)医师	万人	98	176	208	409	429
社会保障						
参加基本养老保险人数	万人		6 166	13 617	99 865	102 872
参加基本医疗保险人数	万人			3 787	136 131	136 424
参加失业保险人数	万人			10 408	21 689	22 958
参加工伤保险人数	万人			4 350	26 763	28 284
参加生育保险人数	万人			3 002	23 567	23 851
社会保险基金收入	亿元		187	2 645	75 513	96 347

注:1. 2000 年社会消费品零售总额根据第四次全国经济普查结果及有关制度规定进行了修订。

2. 本表价值量指标中,邮政、电信业务总量 2000 年及以前按 1990 年不变价格计算;2020 年邮政业务总量按 2010 年不变价格计算、电信业务总量按 2015 年不变价格计算;2021 年邮政业务总量按 2020 年不变价格计算、电信业务总量按上年不变价格计算;其余指标按当年价格计算。

3. 2021 年社会保障数据为快报数。2017 年及以后大部分省份参加新型农村合作医疗的人员并入城乡居民基本医疗保险参保人数中;2016 年及以前主要为城镇基本医疗保险参保人数。

京津冀、长江经济带、长江三角洲主要经济指标

（2021年）

指　　标	单位	京津冀	占全国比重（%）	长　江经济带	占全国比重（%）	长　江三角洲	占全国比重（%）
人口							
年末常住人口	万人	11 010.0	7.8	60 742.0	43.0	23 647.0	16.7
国民经济核算							
国内（地区）生产总值	亿元	96 355.9	8.5	530 227.7	46.6	276 054.0	24.3
第一产业	亿元	4 367.1	5.3	35 895.9	43.2	10 392.1	12.5
第二产业	亿元	29 487.1	6.6	209 949.1	47.0	112 026.5	25.1
第三产业	亿元	62 501.7	10.3	284 382.7	46.8	153 635.4	25.3
对外贸易							
货物进出口总额	亿元	44 421.4	11.4	178 745.8	45.7	141 090.2	36.1
出口总额	亿元	13 023.9	6.0	106 991.7	49.2	82 467.0	37.9
进口总额	亿元	31 397.6	18.1	71 754.1	41.3	58 623.2	33.8
农业							
主要农产品产量							
粮食	万吨	4 112.7	6.0	24 279.7	35.6	8 548.5	12.5
棉花	万吨	16.4	2.9	25.2	4.4	4.3	0.7
油料	万吨	119.2	3.3	1 689.0	46.7	297.1	8.2
工业							
规模以上工业企业利润总额	亿元	7 416.1	8.5	38 731.8	44.5	21 848.7	25.1
建筑业							
建筑业总产值	亿元	25 125.4	8.6	162 359.4	55.4	81 075.9	27.7
消费品零售							
社会消费品零售总额	亿元	32 147.4	7.3	221 565.5	50.3	111 463.6	25.3

注：1. 长江经济带包括上海、江苏、浙江、安徽、江西、湖北、湖南、重庆、四川、贵州、云南等11省市。

2. 长江三角洲包括上海、江苏、浙江和安徽4省市。

三大需求对国内生产总值增长的贡献率和拉动

年 份	最终消费支出		资本形成总额		货物和服务净出口	
	贡献率(%)	拉动(百分点)	贡献率(%)	拉动(百分点)	贡献率(%)	拉动(百分点)
1978	38.7	4.5	66.7	7.8	-5.4	-0.6
1979	84.0	6.4	19.2	1.5	-3.2	-0.2
1980	78.1	6.1	20.1	1.6	1.8	0.1
1981	89.4	4.6	-1.7	-0.1	12.3	0.6
1982	56.7	5.1	22.6	2.0	20.7	1.9
1983	75.0	8.1	33.0	3.6	-8.0	-0.9
1984	69.3	10.5	41.3	6.3	-10.6	-1.6
1985	71.9	9.7	79.6	10.7	-51.5	-6.9
1986	50.6	4.5	15.2	1.4	34.2	3.1
1987	41.5	4.8	25.9	3.0	32.6	3.8
1988	43.8	4.9	55.3	6.2	0.9	0.1
1989	79.4	3.3	0.0	0.0	20.6	0.9
1990	89.0	3.5	-69.4	-2.7	80.5	3.2
1991	61.2	5.7	37.2	3.4	1.6	0.2
1992	56.9	8.1	52.3	7.4	-9.2	-1.3
1993	58.5	8.1	54.8	7.6	-13.3	-1.9
1994	35.1	4.6	33.7	4.4	31.2	4.1
1995	46.7	5.1	46.1	5.0	7.2	0.8
1996	62.3	6.2	33.8	3.4	3.8	0.4
1997	42.6	3.9	14.5	1.3	42.9	4.0
1998	65.6	5.1	27.7	2.2	6.7	0.5
1999	88.7	6.8	21.2	1.6	-9.9	-0.8
2000	78.8	6.7	21.7	1.8	-0.5	0.0
2001	50.0	4.2	63.5	5.3	-13.5	-1.1
2002	58.1	5.3	40.0	3.7	1.9	0.2
2003	36.1	3.6	68.8	6.9	-4.9	-0.5
2004	42.9	4.3	62.0	6.3	-4.9	-0.5
2005	56.8	6.5	33.1	3.8	10.1	1.1
2006	43.2	5.5	42.5	5.4	14.3	1.8
2007	47.9	6.8	44.2	6.3	7.8	1.1
2008	44.0	4.2	53.3	5.1	2.7	0.3
2009	57.6	5.4	85.3	8.0	-42.8	-4.0
2010	47.4	5.0	63.4	6.7	-10.8	-1.1
2011	65.7	6.3	41.1	3.9	-6.8	-0.6
2012	55.4	4.4	42.1	3.3	2.5	0.2
2013	50.2	3.9	53.1	4.1	-3.3	-0.3
2014	56.3	4.2	45.0	3.3	-1.3	-0.1
2015	69.0	4.9	22.6	1.6	8.4	0.6
2016	66.0	4.5	45.7	3.1	-11.7	-0.8
2017	55.9	3.9	39.5	2.7	4.7	0.3
2018	64.0	4.3	43.2	2.9	-7.2	-0.5
2019	58.6	3.5	28.9	1.7	12.6	0.7
2020	-6.8	-0.2	81.5	1.8	25.3	0.6
2021	65.4	5.3	13.7	1.1	20.9	1.7

注:1. 本表按不变价格计算。三大需求指支出法国内生产总值的三大构成项目,即最终消费支出、资本形成总额、货物和服务净出口。

2. 贡献率指三大需求增量分别与支出法国内生产总值增量之比。

3. 拉动指国内生产总值增长速度分别与三大需求贡献率的乘积。

中国分地区网上零售额

（2021 年）

地 区	网上零售额（亿元）	比上年增长（%）	其中：实物商品网上零售额（亿元）	比上年增长（%）
全国总计	**130 883.5**	**14.1**	**108 042.4**	**12.0**
北 京	11 881.1	25.1	8 712.4	14.8
天 津	1 732.0	4.8	1 379.4	-2.7
河 北	3 181.8	24.2	2 877.2	22.0
山 西	871.2	24.9	566.4	24.2
内蒙古	525.1	30.7	303.6	18.3
辽 宁	1 654.1	12.4	1 361.1	7.5
吉 林	596.3	23.9	367.4	22.5
黑龙江	714.5	30.0	484.3	20.4
上 海	13 783.6	13.3	11 762.2	10.4
江 苏	10 870.8	6.3	9 527.0	5.2
浙 江	17 634.6	2.3	14 384.9	4.1
安 徽	3 049.8	15.9	2 571.3	11.8
福 建	6 857.2	23.7	6 279.8	25.5
江 西	2 163.9	25.5	1 878.4	26.9
山 东	5 409.1	17.8	4 763.3	16.5
河 南	2 948.2	12.5	2 426.4	10.1
湖 北	3 415.9	27.3	2 896.8	24.3
湖 南	2 164.3	12.5	1 755.2	12.1
广 东	28 467.2	11.4	24 563.0	10.4
广 西	1 023.6	17.7	675.7	16.6
海 南	626.5	44.2	375.3	54.3
重 庆	1 353.2	23.0	963.3	18.2
四 川	3 889.1	14.3	3 094.9	11.6
贵 州	570.5	22.6	338.3	11.8
云 南	1 006.1	15.5	721.7	20.8
西 藏	189.7	61.1	80.1	78.7
陕 西	1 561.9	33.8	1 202.4	30.2
甘 肃	405.1	32.9	191.7	26.4
青 海	183.6	59.4	60.8	62.8
宁 夏	302.8	46.0	83.5	30.4
新 疆	427.2	41.3	283.0	35.3

中国分地区货运量和货物周转量

（2021年）

地 区	货运量（万吨）	#铁路	#公路	#水运	货物周转量（亿吨公里）	#铁路	#公路	#水运
全国总计	**5 298 499**	**477 372**	**3 913 889**	**823 973**	**223 600**	**33 238.0**	**69 087.7**	**115 577.5**
北 京	23 425	350	23 075		1 077	802.9	274.4	
天 津	56 435	11 750	34 527	10 159	2 678	553.6	672.7	1 451.3
河 北	261 208	29 205	227 203	4 800	14 769	5 395.4	8 650.1	724.0
山 西	217 623	102 909	114 698	16	6 445	3 218.9	3 225.7	
内蒙古	215 975	83 128	132 847		4 934	2 715.3	2 218.5	
辽 宁	179 238	23 151	152 596	3 491	4 525	1 246.1	2 719.5	559.1
吉 林	53 587	5 912	47 675		2 069	544.8	1 523.8	
黑龙江	55 116	12 512	42 086	519	1 745	882.8	815.8	46.2
上 海	154 793	513	52 899	101 380	34 075	18.9	1 037.3	33 018.3
江 苏	294 678	9 738	186 708	98 232	11 789	357.5	3 687.8	7 743.3
浙 江	328 041	5 177	213 653	109 210	12 938	271.0	2 637.0	10 029.5
安 徽	401 415	7 791	259 044	134 580	11 068	826.9	3 727.9	6 513.3
福 建	166 113	5 112	110 777	50 224	10 159	201.4	1 233.2	8 724.6
江 西	198 685	4 818	181 024	12 843	4 885	570.4	3 960.1	354.2
山 东	342 728	32 203	291 196	19 329	12 050	1 729.7	7 517.6	2 802.4
河 南	255 551	11 563	226 447	17 541	10 675	2 384.5	7 026.3	1 263.7
湖 北	214 762	5 828	161 310	47 625	6 743	1 100.3	2 196.2	3 446.4
湖 南	224 465	4 771	198 423	21 272	2 898	986.9	1 461.2	449.6
广 东	386 540	11 844	267 489	107 206	28 032	362.5	2 980.5	24 688.5
广 西	216 168	9 119	169 019	38 030	4 882	772.7	1 873.4	2 235.9
海 南	27 991	1 100	7 608	19 282	8 772	16.2	44.7	8 710.9
重 庆	144 593	1 946	121 185	21 462	3 846	254.7	1 155.8	2 435.9
四 川	184 312	7 535	171 377	5 400	3 079	1 024.4	1 789.8	264.7
贵 州	96 989	7 276	89 154	560	1 436	685.9	726.3	23.7
云 南	135 007	5 342	129 090	576	1 868	482.8	1 377.6	7.9
西 藏	4 583	81	4 502		150	31.2	118.9	
陕 西	160 695	37 894	122 716	85	3 945	2 126.1	1 818.7	0.3
甘 肃	76 109	6 444	69 665		2 887	1 689.9	1 197.4	
青 海	17 817	3 735	14 083		592	431.1	160.5	
宁 夏	46 929	9 423	37 506		812	234.5	577.7	
新 疆	73 508	19 199	54 309		2 000	1 318.7	681.3	
不分地区	83 418			152	5 781			83.5

注：不分地区合计中包括民航、管道等完成数。货运量和货物周转量的全国总计等于分省数与不分地区数据之和。

中国港口货物、集装箱吞吐量

（2021年）

港口	货物吞吐量		外贸货物吞吐量		集装箱吞吐量	
	总计（万吨）	比上年增长（%）	总计（万吨）	比上年增长（%）	总计（万标准集装箱）	比上年增长（%）
全国总计	**1 554 534**	**6.8**	**469 736**	**4.5**	**28 272**	**7.0**
沿海合计	**997 259**	**5.2**	**418 806**	**4.6**	**24 933**	**6.4**
辽 宁	78 768	-3.9	27 254	-11.7	1 135	-13.4
河 北	123 427	2.5	32 404	-12.1	481	7.6
天 津	52 954	5.3	29 422	3.4	2 027	10.4
山 东	178 158	5.5	99 506	6.7	3 447	8.0
上 海	69 827	7.3	41 491	6.8	4 703	8.1
江 苏	38 127	17.5	16 948	11.4	541	6.7
浙 江	149 010	5.3	59 170	5.2	3 489	8.4
福 建	69 190	11.4	25 960	10.2	1 746	1.5
广 东	181 604	3.3	66 194	11.2	6 429	6.4
广 西	35 822	21.2	16 694	20.7	601	19.0
海 南	20 373	2.4	3 763	-1.5	334	11.5
内河合计	**557 275**	**9.9**	**50 930**	**3.7**	**3 340**	**11.3**
黑龙江	396	43.1	95	1.5	1	—
山 东	6 585	15.0				
上 海	7 143	19.1				
江 苏	282 709	7.0	42 550	4.8	1 639	18.1
浙 江	43 824	-0.4	263	2.3	122	13.2
安 徽	58 326	7.8	1 522	-5.4	204	5.0
江 西	22 905	22.1	444	17.0	78	3.7
河 南	2 154	—		—	2	—
湖 北	48 831	28.6	1 787	-2.4	284	24.2
湖 南	14 094	3.8	460	-10.7	82	22.6
广 东	27 996	5.9	2 976	-2.7	649	-5.2
广 西	19 837	14.4	116	12.3	119	6.1
重 庆	19 804	20.0	578	9.4	133	16.0
四 川	2 044	50.4	140	28.9	26	-4.2
贵 州	25	8.3				
云 南	602	42.5				

注：“—”表示因口径变化不宜进行同比。

人民币对主要外币年平均汇价(1981—2021年)

(中间价)

单位:人民币元

年 份	100美元	100日元	100港元	100欧元
1981	170. 50	0. 7735	30. 41	
1982	189. 25	0. 7607	31. 15	
1983	197. 57	0. 8318	27. 36	
1984	232. 70	0. 9780	29. 71	
1985	293. 67	1. 2457	37. 57	
1986	345. 28	2. 0694	44. 22	
1987	372. 21	2. 5799	47. 74	
1988	372. 21	2. 9082	47. 70	
1989	376. 51	2. 7360	48. 28	
1990	478. 32	3. 3233	61. 39	
1991	532. 33	3. 9602	68. 45	
1992	551. 46	4. 3608	71. 24	
1993	576. 20	5. 2020	74. 41	
1994	861. 87	8. 4370	111. 53	
1995	835. 10	8. 9225	107. 96	
1996	831. 42	7. 6352	107. 51	
1997	828. 98	6. 8600	107. 09	
1998	827. 91	6. 3488	106. 88	
1999	827. 83	7. 2932	106. 66	
2000	827. 84	7. 6864	106. 18	
2001	827. 70	6. 8075	106. 08	
2002	827. 70	6. 6237	106. 07	800. 58
2003	827. 70	7. 1466	106. 24	936. 13
2004	827. 68	7. 6552	106. 23	1 029. 00
2005	819. 17	7. 4484	105. 30	1 019. 53
2006	797. 18	6. 8570	102. 62	1 001. 90
2007	760. 40	6. 4632	97. 46	1 041. 75
2008	694. 51	6. 7427	89. 19	1 022. 27
2009	683. 10	7. 2986	88. 12	952. 70
2010	676. 95	7. 7279	87. 13	897. 25
2011	645. 88	8. 1050	82. 97	900. 11
2012	631. 25	7. 9037	81. 38	810. 67
2013	619. 32	6. 3323	79. 85	822. 19
2014	614. 28	5. 8196	79. 22	816. 51
2015	622. 84	5. 1543	80. 34	691. 41
2016	664. 23	6. 1243	85. 58	734. 26
2017	675. 18	6. 0244	86. 64	763. 03
2018	661. 74	5. 9890	84. 43	780. 16
2019	689. 85	6. 3347	88. 05	772. 55
2020	689. 76	6. 4626	88. 93	787. 55
2021	645. 15	5. 8735	83. 00	762. 93

中国黄金和外汇储备(1978—2021年)

(中间价)

单位:人民币元

年　　份	黄金储备(万盎司)	外汇储备(亿美元)
1978	1 280	1. 67
1979	1 280	8. 40
1980	1 280	-12. 96
1981	1 267	27. 08
1982	1 267	69. 86
1983	1 267	89. 01
1984	1 267	82. 20
1985	1 267	26. 44
1986	1 267	20. 72
1987	1 267	29. 23
1988	1 267	33. 72
1989	1 267	55. 50
1990	1 267	110. 93
1991	1 267	217. 12
1992	1 267	194. 43
1993	1 267	211. 99
1994	1 267	516. 20
1995	1 267	735. 97
1996	1 267	1 050. 29
1997	1 267	1 398. 90
1998	1 267	1 449. 59
1999	1 267	1 546. 75
2000	1 267	1 655. 74
2001	1 608	2 121. 65
2002	1 929	2 864. 07
2003	1 929	4 032. 51
2004	1 929	6 099. 32
2005	1 929	8 188. 72
2006	1 929	10 663. 44
2007	1 929	15 282. 49
2008	1 929	19 460. 30
2009	3 389	23 991. 52
2010	3 389	28 473. 38
2011	3 389	31 811. 48
2012	3 389	33 115. 89
2013	3 389	38 213. 15
2014	3 389	38 430. 18
2015	5 666	33 303. 62
2016	5 924	30 105. 17
2017	5 924	31 399. 49
2018	5 956	30 727. 12
2019	6 264	31 079. 24
2020	6 264	32 165. 22
2021	6 264	32 501. 66

中国货物进出口总额(人民币值年度表)(1981—2021年)

单位:亿元人民币

年份	进出口	出口	进口	贸易差额	比上年±%		
					进出口	出口	进口
1981	735	368	368	0	—	—	—
1982	771	414	358	56	4.9	12.5	-2.7
1983	860	438	422	17	11.5	5.8	17.9
1984	1 201	581	620	-40	39.7	32.6	46.9
1985	2 067	809	1 258	-449	72.1	39.2	102.9
1986	2 580	1 082	1 498	-416	24.8	33.7	19.1
1987	3 084	1 470	1 614	-144	19.5	35.9	7.7
1988	3 822	1 767	2 055	-288	23.9	20.2	27.3
1989	4 156	1 956	2 200	-244	8.7	10.7	7.1
1990	5 560	2 986	2 574	412	33.8	52.7	17.0
1991	7 226	3 827	3 399	428	30.0	28.2	32.1
1992	9 120	4 676	4 443	233	26.2	22.2	30.7
1993	11 271	5 285	5 986	-701	23.6	13.0	34.7
1994	20 382	10 422	9 960	462	80.8	97.2	66.4
1995	23 500	12 452	11 048	1 404	15.3	19.5	10.9
1996	24 134	12 576	11 557	1 019	2.7	1.0	4.6
1997	26 967	15 161	11 807	3 354	11.7	20.6	2.2
1998	26 850	15 224	11 626	3 597	-0.4	0.4	-1.5
1999	29 896	16 160	13 736	2 423	11.3	6.1	18.1
2000	39 273	20 634	18 639	1 996	31.4	27.7	35.7
2001	42 184	22 024	20 159	1 865	7.4	6.7	8.2
2002	51 378	26 948	24 430	2 518	21.8	22.4	21.2
2003	70 483	36 288	34 196	2 092	37.2	34.7	40.0
2004	95 539	49 103	46 436	2 668	35.5	35.3	35.8
2005	116 922	62 648	54 274	8 374	22.4	27.6	16.9
2006	140 975	77 598	63 377	14 221	20.6	23.9	16.8
2007	166 924	93 627	73 297	20 330	18.4	20.7	15.7
2008	179 921	100 395	79 527	20 868	7.8	7.2	8.5
2009	150 648	82 030	68 618	13 411	-16.3	-18.3	-13.7
2010	201 722	107 023	94 700	12 323	33.9	30.5	38.0
2011	236 402	123 241	113 161	10 079	17.2	15.2	19.5
2012	244 160	129 359	114 801	14 558	3.3	5.0	1.4
2013	258 169	137 131	121 037	16 094	5.7	6.0	5.4
2014	264 242	143 884	120 358	23 526	2.3	4.9	-0.6
2015	245 503	141 167	104 336	36 831	-7.0	-1.9	-13.2
2016	243 386	138 419	104 967	33 452	-0.9	-1.9	0.6
2017	278 099	153 309	124 790	28 520	14.3	10.8	18.9
2018	305 010	164 129	140 881	23 247	9.7	7.1	12.9
2019	315 627	172 374	143 254	29 120	3.5	5.0	1.7
2020	322 215	179 279	142 936	36 342	2.1	4.0	-0.2
2021	390 922	217 287	173 634	43 653	21.3	21.2	21.5

中国货物进出口总额(美元值年度表)(1981—2021年)

单位:百万美元

年份	进出口	出口	进口	贸易差额	比上年±%		
					进出口	出口	进口
1981	44 022	22 007	22 015	-8	—	—	—
1982	41 606	22 321	19 285	3 036	-5.5	1.4	-12.4
1983	43 616	22 226	21 390	836	4.8	-0.4	10.9
1984	53 549	26 139	27 410	-1 271	22.8	17.6	28.1
1985	69 602	27 350	42 252	-14 902	30.0	4.6	54.1
1986	73 846	30 942	42 904	-11 962	6.1	13.1	1.5
1987	82 653	39 437	43 216	-3 779	11.9	27.5	0.7
1988	102 784	47 516	55 268	-7 752	24.4	20.5	27.9
1989	111 678	52 538	59 140	-6 602	8.7	10.6	7.0
1990	115 436	62 091	53 345	8 746	3.4	18.2	-9.8
1991	135 634	71 843	63 791	8 052	17.5	15.7	19.6
1992	165 525	84 940	80 585	4 355	22.0	18.2	26.3
1993	195 703	91 744	103 959	-12 215	18.2	8.0	29.0
1994	236 621	121 006	115 615	5 391	20.9	31.9	11.2
1995	280 864	148 780	132 084	16 696	18.7	23.0	14.2
1996	289 881	151 048	138 833	12 215	3.2	1.5	5.1
1997	325 162	182 792	142 370	40 422	12.2	21.0	2.5
1998	323 949	183 712	140 237	43 475	-0.4	0.5	-1.5
1999	360 630	194 931	165 699	29 232	11.3	6.1	18.2
2000	474 297	249 203	225 094	24 109	31.5	27.8	35.8
2001	509 651	266 098	243 553	22 545	7.5	6.8	8.2
2002	620 766	325 596	295 170	30 426	21.8	22.4	21.2
2003	850 988	438 228	412 760	25 468	37.1	34.6	39.8
2004	1 154 554	593 326	561 229	32 097	35.7	35.4	36.0
2005	1 421 906	761 953	659 953	102 001	23.2	28.4	17.6
2006	1 760 438	968 978	791 461	177 517	23.8	27.2	19.9
2007	2 176 175	1 220 060	956 115	263 944	23.6	25.9	20.8
2008	2 563 255	1 430 693	1 132 562	298 131	17.8	17.3	18.5
2009	2 207 535	1 201 612	1 005 923	195 689	-13.9	-16.0	-11.2
2010	2 974 001	1 577 754	1 396 247	181 507	34.7	31.3	38.8
2011	3 641 864	1 898 381	1 743 484	154 897	22.5	20.3	24.9
2012	3 867 119	2 048 714	1 818 405	230 309	6.2	7.9	4.3
2013	4 158 993	2 209 004	1 949 989	259 015	7.5	7.8	7.2
2014	4 301 527	2 342 293	1 959 235	383 058	3.4	6.0	0.4
2015	3 953 033	2 273 468	1 679 564	593 904	-8.0	-2.9	-14.1
2016	3 685 557	2 097 631	1 587 926	509 705	-6.8	-7.7	-5.5
2017	4 107 138	2 263 345	1 843 793	419 552	11.4	7.9	16.1
2018	4 622 444	2 486 696	2 135 748	350 947	12.5	9.9	15.8
2019	4 577 891	2 499 482	2 078 409	421 073	-1.0	0.5	-2.7
2020	4 655 913	2 589 952	2 065 962	523 990	1.7	3.6	-0.6
2021	6 050 166	3 363 023	2 687 143	675 880	29.9	29.8	30.1

2021 年中国货物进出口国别(地区)总值表

单位:千美元

进口原产国(地) 出口最终目的国(地)	进出口	出口	进口	比上年±%		
				进出口	出口	进口
总 值	**6 050 166 170**	**3 363 023 100**	**2 687 143 070**	**29.9**	**29.8**	**30.1**
亚洲	**3 060 556 872**	**1 576 668 527**	**1 483 888 345**	**28.2**	**28.1**	**28.3**
阿富汗	523 978	474 451	49 527	-5.6	-5.2	-9.1
巴林	1 780 521	1 380 826	399 695	40.6	23.3	173.2
孟加拉国	25 141 348	24 094 415	1 046 934	58.4	59.8	30.9
不丹	108 773	108 762	11	700.2	702.0	-66.3
文莱	2 864 537	639 056	2 225 481	47.5	37.1	50.8
缅甸	18 646 025	10 523 947	8 122 078	-1.3	-16.1	28.0
柬埔寨	13 665 518	11 565 088	2 100 430	43.1	43.6	40.3
塞浦路斯	895 245	866 376	28 869	-2.5	-3.0	14.7
朝鲜	316 116	258 049	58 068	-41.3	-47.4	21.1
中国香港	360 234 638	350 536 405	9 698 232	28.9	28.6	38.9
印度	125 653 020	97 507 510	28 145 511	43.3	46.1	34.2
印度尼西亚	124 570 319	60 647 489	63 922 831	58.8	48.0	70.5
伊朗	14 780 754	8 278 225	6 502 529	-1.0	-2.5	0.9
伊拉克	37 342 976	10 689 868	26 653 108	23.5	-2.1	38.1
以色列	22 828 548	15 294 004	7 534 544	30.2	35.9	19.9
日本	371 317 022	165 814 255	205 502 767	17.0	16.3	17.7
约旦	4 414 797	3 990 085	424 712	22.4	25.4	-0.2
科威特	22 124 007	4 368 468	17 755 539	54.9	23.1	65.4
老挝	4 342 469	1 666 769	2 675 700	21.3	11.8	28.1
黎巴嫩	1 556 620	1 508 687	47 933	59.3	59.5	50.7
中国澳门	3 292 307	3 210 685	81 623	43.7	44.1	29.3
马来西亚	176 959 960	78 654 878	98 305 082	34.6	39.7	30.8
马尔代夫	411 244	406 886	4 358	46.1	47.6	-24.5
蒙古	9 132 014	2 233 058	6 898 956	35.4	38.0	34.6
尼泊尔	1 976 432	1 949 925	26 508	67.0	67.0	63.0
阿曼	32 156 856	3 565 155	28 591 701	71.6	15.9	82.6
巴基斯坦	27 824 877	24 240 400	3 584 477	59.2	57.8	68.7
巴勒斯坦	128 343	128 005	338	27.8	27.4	3 810.5
菲律宾	82 046 650	57 285 337	24 761 313	34.0	36.8	28.1
卡塔尔	17 171 680	3 960 679	13 211 001	57.0	50.5	59.1
沙特阿拉伯	87 289 855	30 321 244	56 968 611	30.0	7.9	45.8
新加坡	93 923 187	55 103 458	38 819 729	5.2	-4.4	22.8
韩国	362 248 736	148 805 479	213 443 257	26.8	32.3	23.3
斯里兰卡	5 904 875	5 254 428	650 447	41.9	36.7	104.7

2021 年中国货物进出口国别(地区)总值表(续)

单位:千美元

进口原产国(地) 出口最终目的国(地)	进出口	出口	进口	比上年±%		
				进出口	出口	进口
叙利亚	483 635	482 352	1 283	-42.1	-42.1	-3.6
泰国	131 187 217	69 354 584	61 832 633	33.0	37.3	28.4
土耳其	34 200 764	29 151 793	5 048 971	42.0	43.3	35.3
阿联酋	72 324 929	43 751 656	28 573 273	46.5	35.4	67.5
也门	3 056 287	2 570 114	486 173	-14.0	-10.8	-27.9
越南	230 214 489	137 895 073	92 319 416	19.7	21.2	17.6
中国	156 911 609	—	156 911 609	25.3	—	25.3
中国台湾	328 173 429	78 359 151	249 814 278	25.9	30.3	24.6
东帝汶	373 585	260 433	113 151	94.1	36.2	9 246.6
哈萨克斯坦	25 249 820	13 959 257	11 290 563	17.4	19.3	15.2
吉尔吉斯斯坦	7 553 741	7 474 001	79 740	160.5	160.8	129.1
塔吉克斯坦	1 858 619	1 683 149	175 469	75.0	65.5	287.4
土库曼斯坦	7 357 429	512 968	6 844 462	12.9	15.7	12.7
乌兹别克斯坦	8 037 052	5 881 646	2 155 406	21.4	14.5	45.3
亚洲其他国家(地区)	22	1	21	-84.1	-99.5	-23.2
非洲	**254 245 641**	**148 340 813**	**105 904 828**	**35.3**	**29.9**	**43.7**
阿尔及利亚	7 430 323	6 349 551	1 080 771	12.7	13.5	8.4
安哥拉	23 518 846	2 491 419	21 027 427	42.5	42.5	42.5
贝宁	1 459 088	1 227 520	231 569	39.4	24.2	297.6
博茨瓦纳	428 208	255 502	172 706	32.6	8.5	97.4
布隆迪	135 508	126 902	8 606	66.1	71.6	12.7
喀麦隆	4 350 685	2 713 994	1 636 691	56.3	34.2	115.0
加那利群岛	1 990	1 974	16	19.3	22.5	-72.0
佛得角	85 685	84 538	1 147	8.4	8.6	-5.2
中非	81 597	45 531	36 066	-4.0	62.8	-36.8
塞卜泰(休达)	201	101	100	-45.7	-71.7	698.6
乍得	562 069	365 271	196 798	-21.9	22.4	-53.3
科摩罗	57 063	56 949	114	12.7	12.7	-2.8
刚果(布)	5 389 719	679 137	4 710 581	35.8	13.9	39.7
吉布提	2 627 618	2 571 812	55 806	11.5	11.3	20.7
埃及	19 968 190	18 264 609	1 703 581	37.2	34.0	84.5
赤道几内亚	1 339 177	123 984	1 215 193	2.6	1.5	2.8
埃塞俄比亚	2 656 780	2 290 786	365 994	3.3	2.6	8.0
加蓬	3 020 944	436 159	2 584 785	-17.5	5.0	-20.3
冈比亚	588 554	543 953	44 601	4.1	1.5	49.2
加纳	9 570 113	8 103 939	1 466 174	12.2	19.9	-17.4

2021 年中国货物进出口国别(地区)总值表(续)

单位:千美元

进口原产国(地) 出口最终目的国(地)	进出口	出口	进口	比上年±%		
				进出口	出口	进口
几内亚	4 952 349	2 158 474	2 793 875	13.8	12.9	14.6
几内亚比绍	88 880	88 879	1	72.8	72.8	-79.4
科特迪瓦	3 762 528	3 120 944	641 585	29.1	33.7	10.5
肯尼亚	6 957 878	6 732 095	225 783	25.1	24.4	49.9
利比里亚	5 711 778	5 688 007	23 771	63.3	67.2	-75.6
利比亚	5 404 409	2 129 030	3 275 378	99.6	13.2	296.0
马达加斯加	1 615 921	1 283 179	332 742	42.2	28.6	140.0
马拉维	290 339	280 527	9 812	25.8	28.4	-20.4
马里	722 438	594 885	127 553	13.4	27.0	-24.4
毛里塔尼亚	2 698 990	909 795	1 789 195	33.8	22.9	40.1
毛里求斯	913 562	877 825	35 737	25.8	25.4	34.9
摩洛哥	6 516 164	5 689 740	826 424	36.6	36.3	38.8
莫桑比克	4 040 179	2 895 605	1 144 574	56.6	44.8	97.5
纳米比亚	1 136 170	401 572	734 598	44.6	80.0	30.5
尼日尔	760 966	391 587	369 379	44.2	29.2	64.4
尼日利亚	25 667 884	22 636 259	3 031 625	33.2	34.8	22.0
留尼汪	251 785	251 769	16	35.2	35.2	-28.4
卢旺达	363 861	335 137	28 723	13.4	18.6	-24.8
圣多美和普林西比	15 077	14 945	133	-25.9	-26.4	184.6
塞内加尔	3 792 575	3 353 063	439 512	31.7	30.8	39.5
塞舌尔	68 668	68 655	13	19.0	19.0	-65.2
塞拉利昂	878 440	489 196	389 244	65.8	31.7	145.6
索马里	1 010 490	999 707	10 783	12.2	12.0	37.0
南非	54 070 859	21 115 252	32 955 607	49.9	38.6	58.3
西撒哈拉	1 100	1 100	0	-24.4	-24.4	—
苏丹	2 596 194	1 816 390	779 804	-20.8	-27.7	1.8
坦桑尼亚	6 740 482	6 136 704	603 778	47.0	47.0	46.9
多哥	3 485 602	2 952 724	532 878	32.9	20.1	224.5
突尼斯	2 148 351	1 865 635	282 716	30.2	30.7	26.9
乌干达	1 066 849	1 022 951	43 897	28.5	29.4	10.6
布基纳法索	634 655	442 543	192 111	57.7	37.2	140.3
刚果(金)	14 435 772	2 756 860	11 678 912	58.7	36.9	64.9
赞比亚	5 172 215	780 854	4 391 361	23.5	14.6	25.3
津巴布韦	1 878 001	919 464	958 537	34.4	75.2	9.8
莱索托	108 106	84 445	23 661	50.9	42.2	93.0
梅利利亚	457	457	0	-33.7	-32.2	-99.3

2021 年中国货物进出口国别(地区)总值表(续)

单位:千美元

进口原产国(地) 出口最终目的国(地)	进出口	出口	进口	比上年±%		
				进出口	出口	进口
斯威士兰	52 781	51 489	1 292	30.7	29.1	167.1
厄立特里亚	461 334	69 957	391 377	21.7	-0.8	26.8
马约特	56 715	56 712	4	6.8	6.8	-79.4
南苏丹	439 231	139 818	299 413	-47.7	-10.4	-56.2
非洲其他国家(地区)	3 251	2 954	297	49.1	37.5	823.9
欧洲	**1 179 015 472**	**700 794 337**	**478 221 136**	**29.8**	**30.8**	**28.4**
比利时	38 953 514	30 381 629	8 571 885	36.3	46.4	9.5
丹麦	17 845 327	10 872 418	6 972 909	32.4	45.7	16.0
英国	112 698 975	87 022 118	25 676 857	21.9	19.9	29.2
德国	235 089 695	115 175 397	119 914 298	22.5	32.7	14.1
法国	85 035 654	45 930 655	39 104 999	27.6	24.3	31.7
爱尔兰	22 947 977	5 321 317	17 626 660	27.2	33.2	25.5
意大利	73 952 938	43 629 210	30 323 727	34.1	32.6	36.3
卢森堡	1 774 275	1 441 898	332 377	44.8	51.9	20.5
荷兰	116 436 652	102 431 709	14 004 943	26.8	29.7	9.5
希腊	12 152 866	11 179 646	973 220	55.6	58.9	25.8
葡萄牙	8 807 796	5 354 237	3 453 559	26.7	28.1	24.6
西班牙	48 414 235	36 125 573	12 288 662	27.7	31.3	18.3
阿尔巴尼亚	756 103	591 656	164 447	15.9	3.6	102.7
安道尔	5 045	4 330	715	31.6	27.3	65.4
奥地利	13 768 422	5 349 565	8 418 857	37.1	57.0	26.8
保加利亚	4 110 760	2 312 205	1 798 554	40.9	49.5	31.2
芬兰	9 134 500	3 802 673	5 331 827	27.8	28.9	27.1
直布罗陀	6 039	6 029	9	102.2	102.0	512.9
匈牙利	15 711 984	10 141 631	5 570 353	34.4	37.0	30.1
冰岛	358 868	207 052	151 816	74.6	105.3	45.1
列支敦士登	261 261	70 700	190 562	59.5	43.4	66.5
马耳他	2 755 800	2 202 295	553 504	57.0	61.0	42.8
摩纳哥	23 972	5 693	18 279	-58.0	-85.8	7.4
挪威	15 204 514	4 403 198	10 801 317	39.5	24.6	46.6
波兰	42 119 698	36 577 870	5 541 828	35.6	36.8	28.3
罗马尼亚	10 215 751	6 708 288	3 507 463	31.6	30.9	32.9
圣马力诺	14 099	8 638	5 461	48.3	29.9	91.1
瑞典	20 909 034	11 034 946	9 874 088	16.9	31.9	3.7
瑞士	44 113 618	6 233 565	37 880 053	96.7	23.6	117.9
爱沙尼亚	1 291 374	1 009 910	281 465	12.8	16.9	0.0

2021年中国货物进出口国别(地区)总值表(续)

单位:千美元

进口原产国(地) 出口最终目的国(地)	进出口	出口	进口	比上年±%		
				进出口	出口	进口
拉脱维亚	1 385 454	1 146 358	239 096	10.6	8.9	19.3
立陶宛	2 629 286	2 195 791	433 495	14.6	21.5	-11.1
格鲁吉亚	1 208 638	1 028 873	179 766	-12.2	-19.3	78.2
亚美尼亚	1 418 601	330 981	1 087 620	39.5	48.6	36.9
阿塞拜疆	1 199 908	994 881	205 027	-8.9	61.0	-70.7
白俄罗斯	3 820 106	2 729 412	1 090 694	27.3	29.2	22.7
摩尔多瓦	283 496	178 810	104 686	37.4	22.6	73.1
俄罗斯	147 160 239	67 551 167	79 609 072	36.0	33.8	38.0
乌克兰	19 178 886	9 404 427	9 774 459	28.9	36.7	22.2
斯洛文尼亚	5 995 207	5 363 135	632 073	51.4	55.4	24.3
克罗地亚	2 316 821	1 976 922	339 899	35.9	26.2	147.0
捷克	21 161 423	15 108 144	6 053 279	12.1	10.0	17.9
斯洛伐克	12 092 542	4 545 308	7 547 234	27.8	49.9	17.4
北马其顿	590 219	224 276	365 943	53.7	43.0	61.1
波黑	274 590	136 950	137 639	42.4	14.0	89.4
梵蒂冈城国	1 840	1 840	0	123.3	153.3	-99.8
法罗群岛	93 148	1 658	91 489	38.1	22.9	38.4
塞尔维亚	3 225 691	2 242 160	983 531	52.0	38.0	97.4
黑山	107 458	96 126	11 332	-37.0	-15.1	-80.3
欧洲其他国家(地区)	1 173	1 063	110	-28.2	-24.5	-51.2
拉丁美洲	**451 406 907**	**228 989 073**	**222 417 834**	**41.0**	**51.9**	**31.3**
安提瓜和巴布达	112 944	110 255	2 689	23.6	20.7	8 119.6
阿根廷	17 812 301	10 687 984	7 124 316	28.2	50.9	4.5
阿鲁巴	70 368	70 361	6	96.2	96.6	-93.1
巴哈马	490 809	473 560	17 249	39.9	70.4	-76.3
巴巴多斯	253 985	238 739	15 246	169.5	201.8	0.6
伯利兹	175 735	175 690	45	68.5	69.2	-89.7
玻利维亚	1 638 514	992 427	646 087	67.4	44.3	121.9
博内尔	19	18	0	261.8	348.0	-75.7
巴西	163 617 931	53 611 230	110 006 701	35.8	53.4	28.6
开曼群岛	37 603	37 496	106	2.8	2.5	718.0
智利	65 870 239	26 292 290	39 577 949	45.5	71.4	32.2
哥伦比亚	19 972 194	14 354 416	5 617 779	46.2	54.0	29.6
多米尼克	36 018	34 587	1 432	66.3	64.2	138.8
哥斯达黎加	3 070 389	2 254 922	815 467	39.3	46.8	22.0
古巴	1 021 446	575 873	445 573	7.1	19.2	-5.2
库腊索岛	40 017	40 013	4	13.3	13.3	-71.9

2021 年中国货物进出口国别(地区)总值表(续)

单位:千美元

进口原产国(地) 出口最终目的国(地)	进出口	出口	进口	比上年±%		
				进出口	出口	进口
多米尼加	4 350 546	4 002 418	348 127	55.8	60.5	16.3
厄瓜多尔	10 942 461	5 483 443	5 459 018	44.5	68.6	26.3
法属圭亚那	39 006	38 988	18	63.5	63.5	42.5
格林纳达	20 471	20 446	24	32.5	32.7	-44.7
瓜德罗普	55 492	55 482	10	26.2	26.2	12.9
危地马拉	4 354 718	3 904 451	450 266	59.0	57.9	68.6
圭亚那	710 163	390 255	319 908	23.7	47.0	3.6
海地	799 883	795 420	4 463	12.3	12.1	47.5
洪都拉斯	1 618 840	1 584 711	34 129	67.1	71.7	-25.7
牙买加	815 993	809 863	6 130	23.2	28.5	-80.8
马提尼克	39 689	39 580	110	44.9	45.2	-10.3
墨西哥	86 579 025	67 439 742	19 139 284	41.8	50.4	18.0
蒙特塞拉特	231	215	17	-43.2	-47.0	580.4
尼加拉瓜	819 249	794 186	25 063	62.1	63.3	32.2
巴拿马	11 358 622	10 179 474	1 179 148	22.6	15.8	151.2
巴拉圭	1 835 018	1 780 724	54 294	49.1	46.3	290.3
秘鲁	37 540 353	13 301 322	24 239 031	59.1	50.0	64.5
波多黎各	2 404 943	1 031 790	1 373 153	29.5	34.5	26.0
萨巴	8	8	0	-4.8	-5.0	—
圣卢西亚	25 642	25 509	133	9.6	9.3	124.3
圣马丁岛	5 622	5 619	3	3.8	5.4	-96.5
圣文森特和格林纳丁斯	32 888	32 886	2	222.5	222.8	-75.8
萨尔瓦多	1 730 023	1 511 170	218 853	55.9	61.1	27.4
苏里南	318 600	276 740	41 860	12.8	25.0	-31.5
特立尼达和多巴哥	1 058 993	424 623	634 370	56.6	24.4	89.5
特克斯和凯科斯群岛	4 996	4 972	25	48.4	50.2	-56.5
乌拉圭	6 482 498	2 858 028	3 624 470	59.3	67.8	53.1
委内瑞拉	3 179 972	2 185 885	994 087	54.9	43.9	86.1
英属维尔京群岛	19 911	19 783	128	117.1	122.1	-52.2
圣基茨和尼维斯	13 909	13 238	671	0.0	-1.8	58.4
圣皮埃尔和密克隆	97	97	0	-75.0	-74.9	-95.0
荷属安的列斯	15 171	15 163	8	1.3	1.3	210.2
拉丁美洲其他国家(地区)	13 362	12 983	379	49.8	51.2	13.3
北美洲	**838 096 872**	**627 668 018**	**210 428 855**	**28.7**	**27.1**	**33.5**
加拿大	82 000 040	51 510 265	30 489 775	27.8	22.4	38.2
美国	755 776 040	576 075 230	179 700 809	28.8	27.5	32.9
格陵兰	238 774	536	238 238	-8.7	-66.4	-8.4

2021年中国货物进出口国别(地区)总值表(续)

单位:千美元

进口原产国(地) 出口最终目的国(地)	进出口	出口	进口	比上年±%		
				进出口	出口	进口
百慕大	79 144	79 124	20	122.4	122.3	450.7
北美洲其他国家(地区)	2 874	2 863	12	167.1	166.7	326.4
大洋洲	**264 783 912**	**80 562 303**	**184 221 609**	**33.5**	**24.5**	**37.9**
澳大利亚	229 909 173	66 380 091	163 529 082	34.3	24.1	38.9
库克群岛	6 068	4 015	2 054	-25.3	-26.8	-22.3
斐济	452 937	397 395	55 542	31.0	23.3	136.0
盖比群岛	15	—	15	144.5	—	5 503.5
马克萨斯群岛	4	4	0	634.3	759.6	7.9
瑙鲁	11 385	11 277	107	463.4	481.5	31.8
新喀里多尼亚	1 272 027	151 795	1 120 232	-1.5	24.5	-4.2
瓦努阿图	99 473	87 643	11 830	23.8	21.0	49.0
新西兰	24 716 610	8 560 627	16 155 984	36.3	41.4	33.8
诺福克岛	956	956	0	-51.6	-51.4	-99.4
巴布亚新几内亚	4 050 608	1 050 159	3 000 450	26.8	13.8	32.1
社会群岛	769	769	0	49.5	49.5	-38.0
所罗门群岛	487 751	167 106	320 645	3.4	43.3	-9.7
汤加	53 693	53 652	41	58.1	59.1	-82.6
土阿莫土群岛	207	200	8	34 806.1	36 738.0	14 669.2
土布艾群岛	150	150	0	21 705.8	23 551.1	-27.8
萨摩亚	102 930	102 287	643	17.1	17.2	11.8
基里巴斯	39 051	39 046	5	58.5	60.0	-97.8
图瓦卢	46 463	46 425	38	187.6	187.6	211.7
密克罗尼西亚联邦	37 557	20 123	17 434	33.5	-3.6	140.1
马绍尔群岛	3 190 604	3 187 855	2 750	-3.1	-2.9	-64.2
帕劳	36 656	36 570	85	52.2	51.8	1 069.4
法属波利尼西亚	136 087	131 772	4 315	31.1	32.2	3.9
瓦利斯和富图纳	2 443	2 428	15	177.0	175.7	1 289.3
大洋洲其他国家(地区)	130 295	129 960	335	155.2	156.5	-15.0
国(地)别不详的	**2 060 487**	**26**	**2 060 462**	**0.2**	**-26.8**	**0.2**
东南亚国家联盟	**878 420 370**	**483 335 679**	**395 084 692**	**28.2**	**26.0**	**31.0**
欧洲联盟	**827 904 231**	**518 185 108**	**309 719 123**	**27.5**	**32.6**	**19.8**
亚太经济合作组织	**3 854 254 120**	**2 081 256 058**	**1 772 998 062**	**28.3**	**28.2**	**28.5**

注:1. 东南亚国家联盟包括:文莱、缅甸、柬埔寨、印度尼西亚、老挝、马来西亚、菲律宾、新加坡、泰国、越南。

2. 欧洲联盟包括:比利时、丹麦、德国、法国、爱尔兰、意大利、卢森堡、荷兰、希腊、葡萄牙、西班牙、奥地利、芬兰、瑞典、塞浦路斯、匈牙利、马耳他、波兰、爱沙尼亚、拉脱维亚、立陶宛、斯洛文尼亚、捷克、斯洛伐克、保加利亚、罗马尼亚、克罗地亚。

3. 亚太经济合作组织包括:文莱、中国香港、印度尼西亚、日本、马来西亚、菲律宾、新加坡、韩国、泰国、越南、中华人民共和国、中国台北、俄罗斯、智利、墨西哥、秘鲁、加拿大、美国、澳大利亚、新西兰、巴布亚新几内亚。

2021年中国货物进出口收发货人所在地总值表

单位:千美元

收发货人所在地	进出口	出口	进口	比上年±%		
				进出口	出口	进口
总　　值	**6 050 166 170**	**3 363 023 100**	**2 687 143 070**	**29.9**	**29.8**	**30.1**
北京市	470 994 827	94 705 183	376 289 644	40.0	41.0	39.7
中关村国家自主创新示范区	19 683 535	11 836 197	7 847 338	149.6	337.5	51.4
北京经济技术开发区	31 538 745	12 775 631	18 763 114	55.5	118.2	30.1
天津市	132 565 956	59 969 163	72 596 793	24.7	35.2	17.1
天津滨海新区	94 018 585	35 344 216	58 674 368	21.9	34.9	15.3
天津经济技术开发区	41 728 720	19 417 943	22 310 777	18.3	24.5	13.3
河北省	83 846 250	46 896 042	36 950 208	30.1	28.7	31.9
石家庄市	22 830 269	13 266 312	9 563 957	16.6	17.3	15.7
石家庄高新技术产业开发区	13 510	9 287	4 223	-3.8	15.5	-29.7
唐山市	22 079 890	6 447 024	15 632 866	46.1	26.9	55.8
曹妃甸经济技术开发区	—	—	—	—	—	—
秦皇岛市	6 208 490	3 644 881	2 563 608	19.8	22.0	16.8
秦皇岛经济技术开发区	4 717 970	2 647 692	2 070 278	16.8	22.2	10.5
保定市	6 361 820	5 733 166	628 654	50.1	55.3	14.5
保定高新技术产业开发区	54 719	53 285	1 434	-16.0	-15.6	-28.6
廊坊市	7 902 930	3 687 454	4 215 476	39.0	49.7	30.9
廊坊经济技术开发区	701 506	654 796	46 710	422.5	1 017.2	-38.2
雄安新区	326 828	239 408	87 419	70.7	53.5	146.7
山西省	34 525 048	21 138 431	13 386 617	58.1	66.7	46.2
太原市	28 681 698	17 842 315	10 839 383	62.8	69.5	52.9
太原经济技术开发区	23 000 383	15 485 073	7 515 311	67.2	74.8	53.5
太原高新技术产业开发区	97 230	77 070	20 160	-32.9	17.3	-74.5
大同市	1 079 971	716 578	363 394	86.8	48.8	277.1
大同经济技术开发区	955 487	623 150	332 337	114.1	53.6	722.4
晋中市	524 636	478 343	46 293	81.0	95.7	1.9
晋中经济技术开发区	37 186	37 002	184	696.7	775.9	-58.5
长治市	214 082	194 868	19 213	64.2	107.0	-47.0
长治高新技术产业开发区	79 937	76 975	2 963	343.4	365.0	100.9
内蒙古自治区	19 137 077	7 400 058	11 737 020	25.7	46.8	15.3
呼和浩特市	2 470 568	1 247 141	1 223 427	16.2	19.1	13.3
包头市	3 740 843	1 737 311	2 003 532	63.5	83.2	49.6

2021 年中国货物进出口收发货人所在地总值表(续)

单位:千美元

收发货人所在地	进出口	出口	进口	比上年±%		
				进出口	出口	进口
包头高新技术产业开发区	25 053	24 905	148	251.1	259.9	-31.1
二连浩特市	1 619 085	323 987	1 295 098	-6.8	29.7	-12.9
满洲里市	1 868 592	417 307	1 451 285	-1.3	49.8	-10.1
辽宁省	119 458 049	51 249 392	68 208 657	26.0	33.7	20.7
沈阳市	21 892 703	7 504 755	14 387 948	47.4	89.6	32.0
沈阳经济技术开发区	2 960 233	1 594 392	1 365 841	25.2	23.9	26.6
沈阳高新技术产业开发区	1 847 203	1 178 801	668 402	60.0	70.3	44.6
大连市	65 740 785	29 876 736	35 864 050	18.3	23.6	14.2
大连经济技术开发区	28 257 214	12 907 990	15 349 224	25.5	26.7	24.6
大连市高新技术产业园区	907 685	711 800	195 885	11.0	22.3	-17.0
鞍山市	6 930 485	2 373 395	4 557 090	59.7	48.1	66.5
鞍山高新技术产业开发区	97 156	59 967	37 189	-38.6	-57.1	103.4
丹东市	1 950 631	1 624 024	326 607	14.9	13.3	23.6
营口市	8 256 066	4 152 816	4 103 250	21.1	54.3	-0.5
营口经济技术开发区	65 273	28 015	37 258	13.6	-30.2	114.8
吉林省	23 256 909	5 472 279	17 784 630	25.5	30.1	24.2
长春市	18 233 723	2 566 124	15 667 599	22.8	31.1	21.6
长春经济技术开发区	1 989 047	592 647	1 396 399	24.5	52.6	15.4
长春高新技术产业开发区	750 547	308 760	441 787	36.8	33.2	39.5
吉林市	1 281 349	801 884	479 465	61.1	48.7	87.0
吉林高新技术产业开发区	81 584	60 512	21 072	13.5	10.1	24.4
珲春市	1 646 146	517 093	1 129 053	37.2	40.9	35.6
黑龙江省	30 854 352	6 925 732	23 928 620	38.8	33.4	40.4
哈尔滨市	5 320 441	2 650 333	2 670 107	44.7	34.2	56.9
哈尔滨经济技术开发区	2 002 106	636 658	1 365 448	77.1	73.9	78.6
哈尔滨高新技术产业开发区	713 873	249 407	464 466	160.4	96.6	215.3
大庆市	16 131 816	783 495	15 348 321	48.5	30.1	49.5
大庆高新技术产业开发区	1 028 922	499 554	529 368	12.5	23.5	3.7
黑河市	1 084 598	143 229	941 369	48.7	4.3	59.0
绥芬河市	2 510 341	537 289	1 973 052	28.8	35.9	27.0
绥化市	667 723	235 595	432 128	32.1	115.3	9.1
绥化经济技术开发区	63 828	63 828	—	—	—	—
上海市	628 515 912	243 230 030	385 285 882	24.7	22.8	26.0

2021 年中国货物进出口收发货人所在地总值表(续)

单位:千美元

收发货人所在地	进出口	出口	进口	比上年±%		
				进出口	出口	进口
上海漕河泾浦江高科技园区	10 379 494	4 225 946	6 153 548	11.0	-1.3	21.3
上海经济技术开发区	9 340	2 332	7 008	45.2	54.9	42.2
上海闵行经济技术开发区	1 768 458	824 667	943 791	1.8	3.7	0.2
上海浦东新区	369 694 033	126 970 266	242 723 767	22.0	23.3	21.4
江苏省	806 469 571	503 456 080	303 013 491	25.5	27.1	22.8
南京市	98 544 674	61 748 778	36 795 896	27.7	25.8	31.0
南京高新技术外向型开发区	1 652 863	1 336 067	316 796	26.1	20.1	59.4
无锡市	105 664 228	65 336 134	40 328 094	20.4	27.6	10.3
无锡高新技术产业开发区	56 866 052	30 581 356	26 284 696	13.3	26.9	0.7
常州市	46 676 402	33 971 488	12 704 914	33.8	31.1	41.6
常州高新技术产业开发区	1 113 125	805 301	307 824	37.3	45.5	19.6
苏州市	391 845 814	230 261 367	161 584 446	21.5	23.3	19.1
苏州工业园	111 970 445	54 094 750	57 875 695	18.9	23.4	15.1
苏州高新技术产业开发区	43 586 558	27 824 524	15 762 034	16.4	15.0	19.1
南通市	52 705 713	35 016 894	17 688 819	39.0	35.4	46.7
南通经济技术开发区	9 408 349	5 837 056	3 571 293	39.4	46.1	29.7
连云港市	14 493 320	6 016 309	8 477 010	55.3	58.6	53.0
连云港经济技术开发区	4 507 396	2 196 091	2 311 305	44.4	91.5	17.0
浙江省	640 934 474	466 101 938	174 832 536	31.2	28.4	39.4
杭州市	113 947 372	71 919 934	42 027 438	32.6	35.1	28.4
杭州经济技术开发区	12 486 620	6 621 770	5 864 850	23.5	27.1	19.8
杭州高新技术产业开发区	1 810 809	1 404 620	406 188	88.5	114.5	32.8
宁波市	184 412 064	117 957 290	66 454 774	30.2	27.6	35.0
宁波经济技术开发区	27 116 449	12 089 078	15 027 370	52.9	41.5	63.5
宁波高新技术产业开发区	3 875 347	2 638 885	1 236 462	26.7	25.8	28.7
宁波杭州湾经济技术开发区	1 187 919	837 382	350 537	151.5	133.3	209.2
温州市	37 310 757	31 505 938	5 804 818	18.1	16.5	28.2
温州经济技术开发区	2 035 902	1 996 078	39 825	42.7	41.7	117.7
湖州市	23 071 734	20 984 589	2 087 145	41.3	41.9	35.8
湖州经济技术开发区	22 201	19 974	2 227	-4.0	1 371.3	-89.8
湖州莫干山高新技术产业开发区	0	0	0	—	—	—
金华市	90 970 633	82 403 315	8 567 318	29.7	24.1	131.2
金华经济技术开发区	853 608	799 402	54 206	0.9	-1.9	75.7

2021 年中国货物进出口收发货人所在地总值表(续)

单位:千美元

收发货人所在地	进出口	出口	进口	比上年±%		
				进出口	出口	进口
安徽省	106 998 368	63 373 015	43 625 354	36.0	39.0	31.7
合肥市	51 455 513	31 409 386	20 046 127	37.2	37.8	36.3
合肥经济技术开发区	18 244 091	10 760 989	7 483 102	30.0	19.1	49.9
合肥高新技术产业开发区	8 311 910	6 264 818	2 047 091	53.3	51.5	59.0
芜湖市	11 518 794	7 576 257	3 942 537	36.5	55.7	10.2
芜湖经济技术开发区	6 330 625	4 543 426	1 787 200	44.5	55.4	22.6
芜湖高新技术产业开发区	209 839	168 504	41 336	22.2	46.4	-27.0
蚌埠市	2 723 596	1 306 324	1 417 272	44.5	47.9	41.4
蚌埠高新技术产业开发区	392 744	215 073	177 670	31.7	30.9	32.7
淮南市	1 009 333	940 800	68 533	32.5	31.5	47.4
淮南经济技术开发区	299 674	295 883	3 791	66.2	65.1	246.0
淮南高新技术产业开发区	9 631	9 631	—	-54.4	-54.4	—
马鞍山市	7 257 800	3 088 661	4 169 139	23.1	24.1	22.3
马鞍山经济技术开发区	220 701	153 426	67 275	86.3	154.1	15.8
马鞍山慈湖高新技术产业开发区	491 852	471 223	20 629	251.7	241.4	1 041.8
铜陵市	10 815 566	1 077 423	9 738 143	32.6	12.9	35.2
铜陵经济技术开发区	494 435	357 038	137 397	145.8	180.4	86.1
安庆市	2 505 454	1 848 193	657 261	33.6	24.7	67.0
安庆经济技术开发区	104 606	80 458	24 149	21.3	28.1	3.1
桐城经济技术开发区	0	0	0	—	—	—
滁州市	6 014 614	4 974 479	1 040 135	55.6	70.4	9.9
滁州经济技术开发区	2 930 315	2 307 579	622 736	75.2	122.0	-1.7
六安市	1 522 072	1 392 021	130 051	46.0	47.3	33.3
六安经济技术开发区	308 342	296 780	11 563	40.3	38.1	133.2
宣城市	2 828 027	2 605 378	222 649	45.8	45.0	55.3
宁国经济技术开发区	523 504	488 108	35 396	49.2	50.8	29.9
宣城经济技术开发区	0	0	0	—	—	—
池州市	1 439 182	343 657	1 095 525	34.8	46.8	31.4
池州经济技术开发区	439 182	104 376	334 806	100.0	99.8	100.1
福建省	285 247 081	167 340 452	117 906 629	40.1	36.7	45.2
福州市	51 365 961	34 048 333	17 317 628	42.1	32.1	67.0
福州经济技术开发区	5 252 582	3 155 605	2 096 976	42.4	35.9	53.4
福州高新技术产业开发区	40 459	39 681	778	18.9	17.6	171.3

2021 年中国货物进出口收发货人所在地总值表(续)

单位:千美元

收发货人所在地	进出口	出口	进口	比上年±%		
				进出口	出口	进口
厦门市	137 240 571	66 608 982	70 631 589	36.8	29.2	44.8
厦门火炬高技术产业开发区	6 085 848	2 461 628	3 624 220	51.6	37.3	63.1
平潭	2 985 045	1 415 231	1 569 814	53.7	64.2	45.4
平潭综合实验区	2 985 045	1 415 231	1 569 814	53.7	64.2	45.4
江西省	77 016 864	56 774 968	20 241 896	32.7	35.0	26.7
南昌市	19 965 442	13 846 785	6 118 657	20.2	34.5	-3.2
南昌经济技术开发区	1 625 734	1 030 196	595 538	-6.9	66.6	-47.2
南昌小蓝经济技术开发区	316 295	315 869	426	4 1762.3	43 635.2	1 178.1
景德镇市	1 294 176	1 280 268	13 908	35.0	35.1	23.2
景德镇高新技术产业开发区	128 719	119 691	9 028	734.2	844.0	228.2
萍乡市	2 849 662	2 809 443	40 219	37.2	36.6	96.1
萍乡经济技术开发区	823 131	819 228	3 903	536.7	539.1	256.1
九江市	10 080 029	7 952 290	2 127 740	54.8	48.1	86.4
九江经济技术开发区	1 916 245	1 551 069	365 177	155.1	153.4	162.8
九江共青城高新技术产业开发区	293 672	291 843	1 829	9 518.8	11 597.0	227.8
新余市	3 306 152	1 422 729	1 883 422	36.6	24.3	47.6
新余高新技术产业开发区	296 060	268 213	27 847	15.9	13.8	40.7
鹰潭市	6 682 094	1 826 195	4 855 899	37.2	16.8	46.9
鹰潭高新技术产业开发区	183 024	112 017	71 007	15.5	-7.8	92.4
赣州市	11 439 765	8 929 886	2 509 878	58.0	47.7	110.4
赣州经济技术开发区	3 491 720	2 333 615	1 158 105	147.2	126.2	204.3
龙南经济技术开发区	11 141	9 338	1 803	—	269.0	—
瑞金经济技术开发区	227 519	220 202	7 316	4 195.3	4 796.8	814.4
赣州高新技术产业开发区	425 835	90 853	334 982	955.6	9 040.7	751.4
宜春市	4 932 069	4 547 479	384 590	39.9	37.8	70.6
宜春经济技术开发区	716 884	694 138	22 746	25.8	26.7	2.1
宜春丰城高新技术产业开发区	185 210	122 344	62 866	4 475.7	7 076.8	2 583.2
上饶市	4 930 852	4 318 613	612 240	33.2	29.0	72.8
上饶经济技术开发区	53 798	53 798	1	-36.4	-36.4	-55.7
吉安市	8 223 566	6 782 273	1 441 293	8.0	20.1	-26.6
井冈山经济技术开发区	1 758 213	1 509 355	248 859	88.8	85.3	113.2
吉安高新技术产业开发区	—	—	—	—	—	—
抚州市	3 313 056	3 059 006	254 050	32.8	31.1	57.9

2021 年中国货物进出口收发货人所在地总值表(续)

单位:千美元

收发货人所在地	进出口	出口	进口	比上年±%		
				进出口	出口	进口
抚州高新技术产业开发区	276 130	265 579	10 551	2 779.2	2 669.3	—
山东省	453 868 864	271 843 745	182 025 119	41.7	43.9	38.6
济南市	30 030 341	18 188 520	11 841 821	50.0	67.1	29.7
济南高新技术产业开发区	15 921 817	7 659 732	8 262 085	64.7	100.4	41.4
青岛市	131 434 166	76 136 298	55 297 869	41.5	35.8	50.3
青岛经济技术开发区	39 404 411	12 937 825	26 466 587	57.8	33.7	73.0
青岛高新技术产业开发区	1 163 861	638 588	525 273	146.1	147.2	144.7
淄博市	18 533 975	11 216 840	7 317 134	43.5	57.9	25.8
淄博高新技术产业开发区	3 637 069	3 282 120	354 949	121.5	142.5	23.3
日照市	17 945 029	6 228 417	11 716 612	18.3	25.5	14.8
日照经济技术开发区	1 875 996	484 896	1 391 100	282.1	448.5	245.6
烟台市	63 671 824	37 886 187	25 785 637	36.6	33.3	41.6
烟台经济技术开发区	15 599 884	7 852 855	7 747 028	32.6	18.2	51.3
潍坊市	41 258 091	28 827 463	12 430 628	49.8	64.1	24.7
潍坊高新技术产业开发区	8 559 985	4 950 190	3 609 795	176.3	225.0	129.1
威海市	31 459 738	23 126 644	8 333 095	34.6	37.2	27.8
威海火炬高技术产业开发区	4 723 915	3 826 078	897 838	71.0	83.9	31.7
河南省	127 009 161	77 775 668	49 233 493	30.6	31.2	29.7
郑州市	91 200 368	54 993 836	36 206 532	26.3	28.0	23.9
郑州航空港经济综合实验区	81 234 293	46 766 215	34 468 078	25.0	25.5	24.3
郑州高新技术产业开发区	1 094 665	1 031 049	63 616	39.5	43.2	-1.8
洛阳市	3 617 156	2 945 387	671 770	28.3	17.0	123.6
洛阳高新技术产业开发区	1 306 663	922 238	384 425	38.0	6.1	394.4
湖北省	83 076 434	54 301 125	28 775 308	33.5	39.0	24.1
武汉市	51 891 563	29 853 238	22 038 325	32.3	45.0	18.4
武汉经济技术开发区	5 885 381	3 510 609	2 374 772	79.1	112.9	45.1
武汉东湖新技术开发区	28 567 959	14 857 668	13 710 291	33.0	55.7	14.9
黄石市	5 077 339	2 584 475	2 492 864	43.2	49.4	37.4
黄石经济技术开发区	757 212	596 018	161 194	169.0	209.9	80.9
襄阳市	4 380 387	3 901 393	478 993	38.9	36.4	62.4
襄阳经济技术开发区	82 896	37 828	45 067	219.3	109.3	471.4
襄阳高新技术产业开发区	828 509	641 244	187 265	36.9	46.1	12.6
枣阳经济技术开发区	201	201	—	—	—	—

2021年中国货物进出口收发货人所在地总值表(续)

单位:千美元

收发货人所在地	进出口	出口	进口	比上年±%		
				进出口	出口	进口
孝感市	2 090 875	1 781 305	309 571	29.9	32.7	15.7
汉川经济技术开发区	28 966	28 966	—	1 393.1	—	—
荆州市	5 334 317	3 658 639	1 675 678	-11.1	-29.0	97.4
荆州经济技术开发区	660 169	544 659	115 511	45.4	47.9	34.6
湖南省	92 403 894	65 198 954	27 204 940	30.7	36.3	19.0
长沙市	40 833 567	29 613 602	11 219 965	24.6	38.0	-0.8
长沙经济技术开发区	6 290 591	5 211 473	1 079 118	58.0	93.6	-16.3
长沙高新技术产业开发区	6 657 067	4 688 110	1 968 957	14.7	49.3	-26.1
株洲市	2 862 488	2 004 683	857 805	21.0	29.9	4.4
株洲高新技术产业开发区	937 285	875 913	61 372	9.0	11.0	-13.1
湘潭市	5 176 212	3 221 147	1 955 066	40.8	35.2	51.0
湘潭经济技术开发区	1 880 949	1 797 030	83 919	57.4	52.4	432.6
湘潭高新技术产业开发区	338 560	332 168	6 392	45.6	46.1	25.8
衡阳市	5 741 161	2 964 561	2 776 600	30.0	15.3	50.5
衡阳高新技术产业开发区	72 834	53 118	19 716	390.2	314.1	871.0
岳阳市	9 488 714	4 914 070	4 574 644	56.9	84.5	35.1
常德市	2 838 245	2 486 141	352 105	30.7	31.0	28.7
常德经济技术开发区	1 037 131	855 699	181 432	140.8	179.6	45.5
常德高新技术产业开发区	419 485	419 475	10	70.1	70.1	—
益阳市	3 406 178	3 316 916	89 263	29.2	35.4	-52.1
益阳高新技术产业开发区	1 314 414	1 294 065	20 349	5.1	4.0	190.7
郴州市	7 051 618	5 508 624	1 542 995	43.9	65.0	-1.3
郴州高新技术产业开发区	3 274 033	2 573 689	700 344	48.9	64.1	11.1
浏阳市	2 211 350	1 007 707	1 203 643	73.3	4.5	285.9
浏阳经济技术开发区	1 307 198	126 913	1 180 286	295.9	278.5	297.8
广东省	1 279 566 913	781 859 507	497 707 406	25.0	24.4	25.8
广州市	167 453 913	97 618 448	69 835 464	21.6	24.8	17.4
广州经济技术开发区	19 284 357	7 480 481	11 803 875	14.7	14.2	15.0
广州高新技术产业开发区	16 493 691	9 221 726	7 271 965	18.2	34.9	2.2
广州南沙新区	40 313 268	23 129 667	17 183 601	24.1	29.0	18.1
深圳市	548 577 344	298 212 299	250 365 046	24.4	21.6	28.0
深圳科技工业园	164 495	151 198	13 297	2 862.0	8 962.5	242.3
珠海市	51 357 727	29 176 144	22 181 583	30.0	25.5	36.4

2021 年中国货物进出口收发货人所在地总值表(续)

单位:千美元

收发货人所在地	进出口	出口	进口	比上年±%		
				进出口	出口	进口
珠海经济技术开发区	—	—	—	—	—	—
珠海高新技术产业开发区	205 597	67 830	137 767	37.6	23.1	46.2
珠海横琴新区	4 752 490	2 035 283	2 717 207	69.1	83.4	59.7
汕头市	11 647 134	9 290 763	2 356 371	18.8	19.1	17.5
佛山市	95 219 553	77 359 354	17 860 199	30.0	29.4	32.7
江门市	27 692 536	22 681 853	5 010 683	34.1	39.5	14.1
湛江市	8 430 292	3 291 870	5 138 421	30.3	17.8	39.7
湛江经济技术开发区	3 977 298	1 244 685	2 732 614	42.7	24.4	52.9
湛江高新技术产业开发区	436	436	—	—	—	—
茂名市	3 547 075	2 640 916	906 158	22.3	7.3	107.1
茂名高新技术产业开发区	6 288	6 098	190	—	—	—
惠州市	47 295 547	33 006 112	14 289 435	31.5	35.3	23.3
惠州高新技术产业开发区	21 113 858	15 139 042	5 974 816	33.5	38.5	22.2
阳江市	4 157 050	2 891 889	1 265 161	50.0	40.4	77.8
东莞市	235 997 214	147 961 358	88 035 856	22.9	23.8	21.3
东莞松山湖高新技术产业开发区	1 800 371	1 412 800	387 572	36.9	39.7	27.5
中山市	41 703 442	34 532 878	7 170 563	30.7	31.8	25.9
中山火炬高技术产业开发区	5 336	1 656	3 680	-8.3	-0.7	-11.3
广西壮族自治区	91 718 847	45 445 045	46 273 802	30.3	16.0	48.1
南宁市	19 031 116	9 012 483	10 018 633	33.5	32.5	34.5
南宁高新技术产业开发区	958 372	535 935	422 437	16.5	24.9	7.3
桂林市	1 417 978	1 271 464	146 513	36.2	36.2	35.9
桂林新技术产业开发区	642 908	580 042	62 866	34.4	31.2	73.5
北海市	4 656 994	1 742 722	2 914 271	20.0	-6.2	44.0
崇左市	32 850 713	21 147 084	11 703 630	22.8	17.6	33.5
防城港市	13 725 074	1 207 416	12 517 658	34.3	-65.3	85.9
海南省	22 746 154	5 068 160	17 677 994	67.4	25.9	84.9
海口市	7 291 165	1 631 549	5 659 617	34.7	0.5	49.4
海南国际科技工业园	153 880	57 103	96 777	245.4	140.8	364.5
洋浦经济开发区	4 421 485	2 014 267	2 407 218	3.4	7.1	0.5
重庆市	123 820 375	79 996 295	43 824 080	31.5	32.2	30.2
重庆高新技术产业开发区	268 531	196 189	72 342	-10.9	-11.5	-9.3
重庆两江新区	44 558 591	25 397 586	19 161 005	37.3	30.2	48.0

2021 年中国货物进出口收发货人所在地总值表(续)

单位:千美元

收发货人所在地	进出口	出口	进口	比上年±%		
				进出口	出口	进口
万州经济技术开发区	558 295	347 606	210 689	19.4	310.8	-45.0
重庆经济技术开发区	916 622	341 502	575 120	20.4	185.4	-10.4
长寿经济技术开发区	37 971	12 321	25 650	-81.4	-93.6	124.6
四川省	147 429 880	88 406 917	59 022 963	26.1	31.5	18.9
成都市	127 286 780	74 829 860	52 456 920	23.2	26.4	18.8
成都经济技术开发区	2 359 057	1 269 099	1 089 958	-9.8	-6.1	-13.8
成都高新技术产业开发区	101 536 817	55 639 962	45 896 854	16.3	15.6	17.3
泸州市	2 009 420	1 085 232	924 188	54.4	64.9	43.7
泸州高新技术产业开发区	704 391	214 915	489 477	509.7	91.5	14 849.0
绵阳市	3 874 800	1 717 409	2 157 390	24.2	52.3	8.3
绵阳经济技术开发区	472 482	425 626	46 856	60.2	58.6	76.0
绵阳高新技术产业开发区	1 320 900	353 732	967 168	23.4	21.2	24.3
广元市	155 726	148 781	6 946	305.5	318.5	143.5
广元经济技术开发区	120 200	119 964	235	813.0	817.2	172.6
乐山市	1 423 805	1 146 659	277 146	99.0	114.9	52.2
乐山高新技术产业开发区	2 019	1 242	778	5.2	46.2	-27.4
宜宾市	3 671 517	2 595 154	1 076 363	38.5	44.5	25.8
宜宾临港经济技术开发区	2 595 296	1 977 097	618 199	98.9	86.4	153.6
贵州省	10 125 863	7 539 771	2 586 092	28.0	21.1	53.6
贵阳市	7 410 381	5 797 673	1 612 707	23.6	17.0	55.1
贵阳高新技术产业开发区	688 931	429 928	259 003	34.6	16.0	83.6
云南省	48 682 922	27 344 833	21 338 090	24.4	23.5	25.6
昆明市	26 562 479	14 475 891	12 086 588	63.6	86.9	42.3
昆明经济技术开发区	8 183 146	7 988 304	194 841	106.3	106.1	116.3
昆明嵩明杨林经济技术开发区	177 593	177 214	379	20 205.0	25 773.9	99.8
昆明高新技术产业开发区	4 878 209	581 284	4 296 924	54.2	41.5	56.1
红河州	5 905 981	3 829 353	2 076 628	0.5	6.5	-8.9
蒙自经济技术开发区	2 303 641	1 343 758	959 883	-4.3	6.0	-15.7
曲靖市	1 215 521	1 120 227	95 295	-13.2	-18.4	243.6
曲靖经济技术开发区	420 716	406 052	14 664	-27.5	-30.0	3 457.6
西藏自治区	622 769	348 964	273 805	100.5	85.5	123.6
拉萨市	560 972	323 039	237 933	141.5	99.3	238.5
拉萨经济技术开发区	360 933	132 638	228 295	234.2	124.0	367.9

2021年中国货物进出口收发货人所在地总值表(续)

单位:千美元

收发货人所在地	进出口	出口	进口	比上年±%		
				进出口	出口	进口
陕西省	73 558 215	39 686 328	33 871 887	34.7	42.3	26.8
西安市	68 032 753	36 542 237	31 490 516	35.4	42.4	28.1
陕西航天经济技术开发区	2 392 816	430 804	1 962 013	49.8	-35.1	110.0
陕西航空经济技术开发区	0	0	0	—	—	—
陕西西安经济技术开发区	26 516	260	26 257	—	—	—
西安新技术产业开发区	26 743 233	13 350 595	13 392 638	28.8	30.1	27.6
宝鸡市	1 352 310	641 370	710 939	18.0	25.6	12.0
宝鸡高新技术产业开发区	135 925	88 806	47 119	424.8	254.2	5 590.2
咸阳市	2 441 480	1 455 011	986 469	48.7	85.3	15.1
杨凌农业高新技术产业示范区	134 681	103 813	30 869	-1.3	13.9	-31.9
汉中市	481 576	323 512	158 064	66.7	56.8	91.4
汉中经济技术开发区	262 570	149 730	112 840	126.6	126.9	126.2
榆林市	344 674	249 275	95 399	97.8	102.4	86.6
榆林经济技术开发区	1 735	1 471	264	—	—	—
甘肃省	7 607 181	1 500 646	6 106 535	37.6	21.2	42.3
兰州市	2 196 620	569 498	1 627 122	47.2	20.9	59.4
兰州新技术产业开发区	37 537	15 185	22 352	135.3	81.5	194.5
青海省	490 708	264 090	226 618	47.4	48.4	46.3
西宁市	353 571	143 417	210 154	43.8	40.0	46.6
西宁经济技术开发区	140 383	27 089	113 294	87.0	-1.4	138.1
青海高新技术产业开发区	—	—	—	—	—	—
海西州	49 996	47 729	2 267	66.8	66.2	81.0
格尔木昆仑经济技术开发区	—	—	—	—	—	—
宁夏回族自治区	3 316 373	2 709 213	607 160	86.1	116.5	14.4
银川市	2 045 960	1 696 368	349 592	124.8	159.6	36.3
银川经济技术开发区	119 322	25 737	93 585	33.5	19.7	37.9
新疆维吾尔自治区	24 300 879	19 701 079	4 599 801	13.7	24.5	-17.0
乌鲁木齐市	5 966 054	4 021 050	1 945 005	-8.9	-3.0	-19.0
乌鲁木齐经济技术开发区	2 879 648	2 166 296	713 352	-4.1	-8.0	10.1
乌鲁木齐高新技术产业开发区	571 344	539 040	32 304	-19.3	-21.1	29.0
博乐市	2 822 108	710 340	2 111 769	-14.1	-17.7	-12.8
伊宁市	6 073 089	5 987 662	85 427	2.4	4.9	-61.0
石河子市	525 215	492 869	32 346	56.3	68.8	-26.5
石河子经济技术开发区	480 939	448 807	32 131	55.1	68.7	-27.0

2021年中国货物进出口关别总值表

单位：千美元

关别	进出口	出口	进口	比上年±%		
				进出口	出口	进口
总　值	**6 050 166 170**	**3 363 023 100**	**2 687 143 070**	**29.9**	**29.8**	**30.1**
北京海关	113 376 989	40 281 923	73 095 066	36.9	75.7	22.1
天津海关	257 468 149	128 749 766	128 718 384	34.3	46.0	24.4
石家庄海关	72 331 514	11 924 592	60 406 922	42.6	59.6	39.7
太原海关	9 153 659	3 045 102	6 108 557	159.8	379.7	111.4
满洲里海关	6 553 890	2 773 656	3 780 234	27.3	52.6	13.5
呼和浩特海关	11 976 176	3 303 996	8 672 180	34.6	54.0	28.5
沈阳海关	21 951 376	3 920 981	18 030 395	35.6	32.1	36.4
大连海关	138 888 845	57 948 857	80 939 988	25.1	26.8	24.0
长春海关	9 859 305	1 784 574	8 074 731	6.8	37.1	1.8
哈尔滨海关	22 139 689	3 003 045	19 136 644	42.7	44.2	42.5
上海海关	1 172 402 353	676 065 864	496 336 490	25.7	24.8	27.0
南京海关	509 090 867	250 520 261	258 570 606	28.5	33.1	24.3
杭州海关	191 945 593	105 399 511	86 546 083	44.5	39.0	51.8
宁波海关	317 590 231	226 388 310	91 201 921	32.5	29.1	41.9
合肥海关	49 558 642	18 455 114	31 103 528	27.6	23.3	30.3
福州海关	55 755 110	22 171 452	33 583 659	45.3	31.0	56.7
厦门海关	175 367 899	117 980 198	57 387 701	36.6	31.7	48.0
南昌海关	28 491 072	12 982 930	15 508 142	20.7	17.9	23.2
青岛海关	432 554 427	218 772 769	213 781 658	41.9	41.2	42.7
济南海关	80 387 935	41 629 368	38 758 567	38.4	49.9	27.9
郑州海关	113 773 390	67 694 441	46 078 948	30.8	32.0	29.1
武汉海关	49 896 128	26 796 266	23 099 862	34.1	45.6	22.8
长沙海关	28 738 864	13 825 745	14 913 119	-1.3	-10.6	9.4
广州海关	249 622 951	169 748 874	79 874 077	29.1	32.9	21.8
黄埔海关	276 245 528	133 155 348	143 090 181	25.4	32.4	19.5
深圳海关	982 096 864	652 427 082	329 669 782	26.0	24.2	29.9
拱北海关	69 146 591	43 213 061	25 933 530	16.1	14.4	19.2
汕头海关	20 266 690	12 171 559	8 095 131	42.9	27.6	74.3
海口海关	19 569 158	4 163 677	15 405 481	27.6	17.9	30.4
湛江海关	38 188 332	4 579 169	33 609 163	66.0	46.2	69.1
江门海关	21 097 581	14 325 812	6 771 769	19.9	19.8	20.2
南宁海关	132 024 041	60 867 714	71 156 328	43.9	29.6	58.8
成都海关	123 039 326	69 043 459	53 995 867	18.0	22.2	13.1
重庆海关	102 723 951	67 433 899	35 290 052	29.4	31.8	25.0
贵阳海关	3 083 048	1 368 411	1 714 637	56.5	68.7	48.0
昆明海关	27 827 202	12 236 727	15 590 475	3.6	-9.9	17.4
拉萨海关	643 925	420 661	223 264	147.3	98.1	364.9
西安海关	68 931 804	38 002 457	30 929 347	33.5	41.2	25.2
乌鲁木齐海关	42 803 106	23 790 613	19 012 492	26.4	40.6	12.3
兰州海关	2 970 917	217 890	2 753 027	66.2	115.6	63.2
银川海关	601 321	430 370	170 952	88.6	202.0	-3.0
西宁海关	31 729	7 598	24 131	-50.7	68.7	-59.7

2021 年中国特定地区货物进出口总值表

单位:千美元

特定经济地区	进出口	出口	进口	比上年±%		
				进出口	出口	进口
经济特区	771 568 931	408 356 348	363 212 583	27.7	23.0	33.5
厦门经济特区	137 240 571	66 608 982	70 631 589	36.8	29.2	44.8
深圳经济特区	548 577 344	298 212 299	250 365 046	24.4	21.6	28.0
珠海经济特区	51 357 727	29 176 144	22 181 583	30.0	25.5	36.4
汕头经济特区	11 647 134	9 290 763	2 356 371	18.8	19.1	17.5
海南经济特区	22 746 154	5 068 160	17 677 994	67.4	25.9	84.9
经济技术开发区	482 775 398	246 378 182	236 397 216	34.9	39.9	30.1
高新技术产业开发区	426 703 399	245 801 712	180 901 687	28.4	35.3	20.1
综合实验区	88 971 829	50 216 730	38 755 099	27.6	28.0	27.0
保税区	280 993 131	90 020 944	190 972 187	26.4	27.4	26.0
天津港保税区	11 406 798	3 076 805	8 329 993	50.6	161.2	30.2
大连保税区	2 113 475	540 828	1 572 647	34.9	17.7	42.0
上海外高桥保税区	160 337 488	40 317 538	120 019 950	20.4	23.8	19.3
宁波保税区	19 171 914	5 409 874	13 762 040	35.7	55.0	29.3
福州保税区	667 481	335 900	331 580	64.1	102.5	37.7
厦门象屿保税区	12 790 375	4 885 703	7 904 672	108.5	15.8	312.8
广州保税区	2 996 133	834 343	2 161 790	6.2	15.0	3.2
深圳福田保税区	68 882 457	33 353 220	35 529 237	27.3	24.3	30.3
珠海保税区	2 627 012	1 266 733	1 360 278	12.1	23.3	3.4
珠澳跨境工业区珠海园区	685 013	457 040	227 973	146.8	314.1	36.4
保税港区	13 008 186	2 419 705	10 588 480	100.8	45.0	120.1
张家港保税港区	7 348 127	2 244 808	5 103 320	19.5	34.7	13.8
海南洋浦保税港区	5 660 058	174 898	5 485 161	1 630.3	9 090.3	1 586.7
综合保税区	913 359 125	502 983 850	410 375 275	32.4	35.6	28.6
洋山特殊综合保税区	20 040 784	9 168 528	10 872 256	37.3	83.7	13.2
北京天竺综合保税区	13 254 466	711 766	12 542 700	47.6	117.1	44.9
北京大兴国际机场综合保税区	0	0	0	—	—	—
天津泰达综合保税区	1 657 441	674 792	982 649	805.8	1 178.0	654.9
天津东疆综合保税区	18 428 273	4 901 755	13 526 518	16.9	14.2	17.9
天津港综合保税区	2 006 478	865 507	1 140 970	20.8	405.2	-23.4
天津滨海新区综合保税区	5 797 326	299 077	5 498 249	59.7	44.5	60.6
石家庄综合保税区	2 157 382	1 969 143	188 239	17.0	21.2	-14.3
曹妃甸综合保税区	5 899 286	942 960	4 956 326	192.6	12.9	319.6

2021 年中国特定地区货物进出口总值表(续)

单位:千美元

特定经济地区	进出口	出口	进口	比上年±%		
				进出口	出口	进口
秦皇岛综合保税区	1 056 891	838 504	218 388	63.5	50.0	149.6
廊坊综合保税区	701 019	654 554	46 465	422.2	1 016.7	-38.6
太原武宿综合保税区	5 440 433	2 896 555	2 543 878	297.3	308.4	285.3
呼和浩特综合保税区	538 876	24 955	513 920	283.2	-66.2	668.4
满洲里综合保税区	185 525	177 700	7 825	11.1	74.4	-88.0
鄂尔多斯综合保税区	394 467	184 012	210 455	530.9	1 317.6	324.8
沈阳综合保税区	1 625 425	1 419 600	205 826	474.5	943.6	40.1
大连湾里综合保税区	7 091 762	5 137 913	1 953 849	45.0	24.2	158.8
大连大窑湾综合保税区	4 139 511	1 422 428	2 717 083	-10.1	19.6	-20.4
营口综合保税区	617 098	362 877	254 221	148.4	99.0	284.6
长春兴隆综合保税区	272 552	82 067	190 486	50.9	71.0	43.7
珲春综合保税区	328 756	218 952	109 804	48.8	33.9	91.4
哈尔滨综合保税区	372 183	309 402	62 781	256.9	306.1	123.5
绥芬河综合保税区	477 294	6 984	470 309	89.9	11.2	91.9
漕河泾综合保税区	5 740 969	2 351 319	3 389 650	11.4	-1.8	22.9
嘉定综合保税区	978 243	273 565	704 677	13.6	41.2	5.5
奉贤综合保税区	1 797 802	1 215 270	582 532	113.6	97.9	155.9
松江综合保税区	35 781 708	24 036 957	11 744 751	20.2	9.9	48.6
青浦综合保税区	1 333 561	518 013	815 548	18.7	42.6	7.3
金桥综合保税区	1 565 361	209 423	1 355 939	11.5	7.8	12.1
上海浦东机场综合保税区	10 844 316	5 293 533	5 550 783	11.2	5.7	17.0
上海外高桥港综合保税区	3 410 703	2 061 680	1 349 023	9.3	26.1	-9.1
南京综合保税区	9 041 353	7 511 237	1 530 116	15.8	25.8	-16.8
无锡高新区综合保税区	23 362 080	13 418 266	9 943 814	2.5	16.0	-11.4
徐州综合保税区	2 401 592	1 894 830	506 762	57.7	90.8	-4.4
常州综合保税区	887 112	509 374	377 739	-9.5	-5.2	-14.8
苏州工业园综合保税区	30 904 557	20 673 998	10 230 559	22.8	39.1	-0.8
苏州高新技术产业开发区综合保税区	19 544 886	11 419 762	8 125 124	13.0	9.2	18.7
吴中综合保税区	302 062	109 592	192 469	24.9	22.9	26.1
南通综合保税区	1 615 883	944 261	671 622	39.1	75.0	8.0
连云港综合保税区	1 141 385	367 312	774 073	140.8	145.2	138.8
淮安综合保税区	651 634	413 352	238 282	9.6	61.1	-29.5
盐城综合保税区	1 081 991	513 151	568 841	37.0	14.5	66.5
扬州综合保税区	727 933	696 824	31 109	49.3	78.5	-67.9

2021 年中国特定地区货物进出口总值表(续)

单位:千美元

特定经济地区	进出口	出口	进口	比上年±%		
				进出口	出口	进口
镇江综合保税区	749 317	182 052	567 265	7.9	160.8	-9.2
泰州综合保税区	1 119 539	684 639	434 899	167.4	212.4	117.9
常熟综合保税区	230 736	153 165	77 572	14.6	133.8	-42.9
江阴综合保税区	521 581	348 871	172 710	84.1	121.2	37.5
昆山综合保税区	61 284 548	43 744 217	17 540 332	18.8	19.1	18.2
吴江综合保税区	6 436 606	6 066 611	369 995	21.0	20.5	29.5
太仓港综合保税区	1 109 840	415 402	694 437	33.1	67.8	18.4
武进综合保税区	1 007 412	451 520	555 892	15.9	10.9	20.3
杭州综合保税区	4 175 587	1 604 408	2 571 179	6.1	17.8	-0.1
宁波北仑港综合保税区	3 045 814	1 088 384	1 957 430	29.5	24.2	32.7
宁波梅山综合保税区	894 680	651 653	243 028	15.4	60.7	-34.3
温州综合保税区	226 757	25 266	201 490	—	—	—
嘉兴综合保税区	2 011 794	1 296 841	714 954	62.1	65.3	56.6
绍兴综合保税区	27 719	814	26 905	—	—	—
金义综合保税区	3 758 794	153 983	3 604 811	195.3	14.1	216.8
舟山港综合保税区	4 841 111	1 079 126	3 761 985	47.5	56.5	45.1
义乌综合保税区	443 859	11 783	432 076	—	—	—
宁波前湾综合保税区	577 212	60 161	517 051	6.8	342.8	-1.8
合肥经济技术开发区综合保税区	10 282 572	6 456 189	3 826 383	17.8	8.3	38.0
合肥综合保税区	3 849 687	952 808	2 896 878	208.0	292.2	187.7
芜湖综合保税区	1 716 803	824 966	891 837	53.0	56.2	50.2
马鞍山综合保税区	1 416 805	672 918	743 887	-22.9	-7.0	-33.2
福州综合保税区	536 229	321 417	214 813	70.6	73.5	66.4
福州江阴港综合保税区	1 221 175	905 958	315 217	142.5	156.8	109.1
厦门海沧港综合保税区	5 474 845	3 701 655	1 773 191	25.7	7.8	92.1
厦门象屿综合保税区	4 876 401	3 964 113	912 288	35.5	11.7	1 744.8
泉州综合保税区	504 232	428 920	75 312	290.4	513.2	27.2
南昌综合保税区	3 243 179	1 866 081	1 377 099	123.6	463.9	23.0
九江综合保税区	1 157 171	842 301	314 870	196.1	202.2	181.1
赣州综合保税区	1 866 252	1 237 813	628 440	308.4	416.4	189.2
井冈山综合保税区	775 053	591 983	183 070	160.0	189.6	95.5
济南章锦综合保税区	1 313 503	1 170 424	143 079	3 646.1	15 099.7	422.9
济南综合保税区	4 840 081	2 145 638	2 694 442	261.4	698.9	151.6
青岛胶州湾综合保税区	4 784 156	4 494 845	2 89 311	367.8	470.9	22.9

2021年中国特定地区货物进出口总值表(续)

单位:千美元

特定经济地区	进出口	出口	进口	比上年±%		
				进出口	出口	进口
青岛西海岸综合保税区	3 078 406	516 926	2 561 479	230.0	179.5	242.5
青岛前湾综合保税区	18 557 175	3 286 347	15 270 828	60.1	21.5	71.9
淄博综合保税区	474 859	286 736	188 123	619.4	—	185.4
东营综合保税区	4 207 441	1 520 244	2 687 197	151.8	102.3	192.4
烟台综合保税区	18 389 601	10 357 682	8 031 919	41.5	41.5	41.5
潍坊综合保税区	7 700 738	4 405 321	3 295 417	179.5	237.4	127.3
威海综合保税区	5 162 586	3 506 487	1 656 099	135.7	155.5	102.4
日照综合保税区	1 875 996	484 896	1 391 100	282.1	448.5	245.6
临沂综合保税区	4 673 289	3 680 024	993 265	207.0	437.0	18.7
青岛即墨综合保税区	391 150	360 482	30 668	—	—	—
郑州经开综合保税区	6 877 254	3 130 547	3 746 707	91.3	38.8	179.9
郑州新郑综合保税区	73 398 864	43 093 468	30 305 396	22.4	25.9	17.8
南阳卧龙综合保税区	556 258	312 723	243 535	109.1	70.4	195.2
武汉经开综合保税区	1 271 988	672 422	599 566	168.6	155.5	185.0
武汉东湖综合保税区	4 480 525	2 523 014	1 957 512	90.6	125.0	59.3
宜昌综合保税区	556 799	445 888	110 911	—	—	—
武汉新港空港综合保税区	2 350 073	1 076 666	1 273 406	94.8	95.4	94.2
长沙黄花综合保税区	7 174 966	4 191 680	2 983 285	-2.8	5.5	-12.5
湘潭综合保税区	1 606 500	1 540 000	66 500	88.2	82.3	677.4
衡阳综合保税区	1 708 372	925 217	783 155	65.0	30.4	140.3
岳阳城陵矶综合保税区	7 731 248	3 826 700	3 904 549	140.5	94.7	212.7
郴州综合保税区	2 349 150	1 691 562	657 587	44.0	57.6	17.8
广州白云机场综合保税区	4 651 061	1 888 946	2 762 116	39.3	104.5	14.4
广州黄埔综合保税区	2 595 599	500 202	2 095 397	66.8	35.2	76.6
深圳坪山综合保税区	10 438 428	4 847 607	5 590 821	-15.4	-13.0	-17.4
深圳前海综合保税区	24 490 102	10 570 499	13 919 603	16.2	102.4	-12.2
珠海高栏港综合保税区	—	—	—	—	—	—
汕头综合保税区	2 635 156	2 520 290	114 866	134.9	146.6	14.8
湛江综合保税区	—	—	—	—	—	—
梅州综合保税区	33 413	33 403	11	—	—	—
东莞虎门港综合保税区	9 917 843	3 692 349	6 225 493	105.1	142.2	88.0
广州南沙综合保税区	12 710 602	5 387 020	7 323 582	56.8	148.4	23.3
深圳盐田综合保税区	13 759 492	10 395 132	3 364 360	18.7	23.4	6.3
南宁综合保税区	7 250 196	3 924 824	3 325 372	20.4	27.8	12.7

2021 年中国特定地区货物进出口总值表(续)

单位:千美元

特定经济地区	进出口	出口	进口	比上年±%		
				进出口	出口	进口
北海综合保税区	1 609 052	840 412	768 641	19.8	18.4	21.4
钦州综合保税区	1 291 309	41 385	1 249 924	11.7	-91.2	81.7
广西凭祥综合保税区	16 572 266	9 155 418	7 416 848	45.6	54.9	35.5
海口综合保税区	4 249 450	417 425	3 832 025	22.8	-45.2	42.0
海口空港综合保税区	0	0	0	—	—	—
重庆涪陵综合保税区	1 904 809	998 589	906 220	154.6	135.0	180.3
重庆万州综合保税区	—	—	—	—	—	—
重庆两路寸滩综合保税区	30 088 344	17 251 346	12 836 998	37.3	30.0	48.6
重庆西永综合保税区	51 110 926	36 344 640	14 766 286	23.8	28.1	14.2
重庆江津综合保税区	1 945 445	747 563	1 197 882	38.0	-2.6	86.5
重庆永川综合保税区	—	—	—	—	—	—
成都国际铁路港综合保税区	3 769 900	3 322 281	447 619	23.8	28.6	-3.0
成都高新西园综合保税区	418 099	664	417 435	—	-16.7	—
成都高新综合保税区	90 093 373	49 364 681	40 728 692	13.5	14.1	12.9
泸州综合保税区	620 405	98 390	522 015	23.0	-5.1	30.3
绵阳综合保税区	361 696	119 023	242 674	102.9	7.7	258.3
宜宾综合保税区	565 358	334 424	230 934	36.8	86.9	-1.4
贵阳综合保税区	881 287	497 292	383 995	96.7	78.6	126.4
遵义综合保税区	410 444	206 647	203 797	45.0	81.6	20.4
贵安综合保税区	487 609	235 243	252 365	35.8	69.9	14.4
昆明综合保税区	1 199 410	647 273	552 137	635.9	443.8	1 155.7
红河综合保税区	2 260 965	1 320 693	940 272	-5.5	5.0	-17.3
拉萨综合保税区	16 997	16 997	—	—	—	—
西安关中综合保税区	25 715 772	14 301 222	11 414 550	32.0	42.9	20.6
西安综合保税区	2 431 024	1 641 141	789 883	75.9	238.9	-12.0
西安高新综合保税区	20 948 641	10 351 260	10 597 381	27.7	34.4	21.7
西安航空基地综合保税区	240 566	88 763	151 804	70.8	12.2	145.8
宝鸡综合保税区	87 080	44 147	42 933	—	—	—
陕西西咸空港综合保税区	746 676	446 511	300 165	107.4	463.4	6.9
陕西杨凌综合保税区	0	0	0	—	—	—
兰州新区综合保税区	1 196 670	146 412	1 050 258	153.4	60.3	175.8
西宁综合保税区	93	—	93	—	—	—
银川综合保税区	700 665	684 202	16 463	736.2	1 254.5	-50.5
乌鲁木齐综合保税区	290 052	269 080	20 971	-50.4	-49.0	-63.5

2021年中国特定地区货物进出口总值表(续)

单位:千美元

特定经济地区	进出口	出口	进口	比上年±%		
				进出口	出口	进口
阿拉山口综合保税区	1 032 561	93 422	939 139	-6.1	-20.1	-4.5
喀什综合保税区	577 186	506 388	70 798	478.2	880.2	47.0
霍尔果斯综合保税区	560 460	556 942	3 518	300.8	877.4	-95.8
国际边境合作中心	70 421	68 911	1 510	77.0	108.9	-77.8
中哈霍尔果斯国际边境合作中心(中方区域)	70 421	68 911	1 510	77.0	108.9	-77.8
保税物流中心	19 107 066	7 189 515	11 917 551	29.0	60.6	15.3
北京亦庄保税物流中心	1 043 337	4 408	1 038 929	230.9	-36.2	236.8
天津经济技术开发区保税物流中心	1 834 530	110 197	1 724 332	-41.3	244.5	-44.3
天津蓟州保税物流中心	8	0	8	-94.8	—	-94.8
辛集保税物流中心	191 504	127 410	64 094	-69.5	-73.6	-56.2
唐山港京唐港区保税物流中心	500 865	499 279	1 586	484.8	1 022.4	-96.1
河北武安保税物流中心	11 314	5 018	6 296	630.3	—	311.5
大同国际陆港保税物流中心	154 191	77 221	76 970	—	—	—
山西兰花保税物流中心	519 695	260 284	259 411	436.4	569.8	347.1
山西方略保税物流中心	1 479	1 479	0	-93.0	4 557.9	-100.0
包头保税物流中心	91 599	91 599	0	7 180.4	7 180.4	—
赤峰保税物流中心	4 941	3 909	1 031	-50.5	—	-89.7
七苏木保税物流中心	19 061	11 627	7 433	-24.2	—	-70.4
巴彦淖尔市保税物流中心	2 981	0	2 981	—	—	—
锦州港保税物流中心	0	0	0	—	—	—
营口港保税物流中心	647 253	552 533	94 720	365.8	—	-31.7
盘锦港保税物流中心	39 332	0	39 332	-8.0	-100.0	-3.2
铁岭保税物流中心	27 043	25 366	1 677	1.8	7.1	-42.1
吉林市保税物流中心	9 110	2 358	6 752	26.7	-67.2	—
延吉国际空港经济开发区保税物流中心	14 044	13 995	49	—	—	—
牡丹江保税物流中心	93 023	2 426	90 597	606.2	—	587.7
黑河保税物流中心	6 430	6 372	58	—	—	—
上海西北物流园区保税物流中心	399 645	53 188	346 457	19.7	69.4	14.6
上海虹桥商务区保税物流中心	117 215	10 082	107 133	95.8	36.0	104.2
南京空港保税物流中心	243 037	82 812	160 225	207.4	199.7	211.5
江苏新沂保税物流中心	443 526	138 748	304 779	-0.8	-39.4	39.7
徐州保税物流中心	114 861	34 964	79 897	81.5	112.7	70.6

2021年中国特定地区货物进出口总值表(续)

单位:千美元

特定经济地区	进出口	出口	进口	比上年±%		
				进出口	出口	进口
如皋港保税物流中心	110 935	51 990	58 945	14.3	6.5	22.1
连云港保税物流中心	355 006	66 055	288 950	44.8	161.7	31.4
大丰港保税物流中心	62 432	6 522	55 910	62.4	3 075.3	46.2
靖江保税物流中心	66	66	0	—	—	—
江苏海安保税物流中心	134 658	14 778	119 880	-20.5	34.9	-24.3
宁波栎社保税物流中心	122 660	34 753	87 907	-24.0	46.0	-36.1
温州保税物流中心	179 384	6 247	173 137	67.7	-7.8	72.8
湖州保税物流中心	28 922	26 695	2 227	19.8	1 021.3	-89.8
湖州德清保税物流中心	0	0	0	—	—	—
杭州保税物流中心	34 948	3 039	31 909	133.7	-36.9	214.7
义乌保税物流中心	1 163 433	312 501	850 932	38.5	-13.6	77.8
宁波镇海保税物流中心	0	0	0	-100.0	—	-100.0
合肥空港保税物流中心	133 875	29 945	103 930	76.4	92.5	72.2
蚌埠(皖北)保税物流中心	236 344	11 744	224 600	60.9	-15.5	68.9
铜陵(皖中南)保税物流中心	264 610	236 215	28 396	—	—	—
安庆(皖西南)保税物流中心	20 626	12	20 615	-88.4	-100.0	-80.3
安徽皖东南保税物流中心	38 578	37 531	1 047	-69.8	-54.1	-97.7
翔福保税物流中心	52 154	10 083	42 071	86.8	-25.7	193.1
厦门火炬(翔安)保税物流中心	654 746	205 744	449 002	238.5	1 208.5	152.7
泉州石湖港保税物流中心	458	344	113	—	—	—
漳州台商投资区保税物流中心	341 420	310 061	31 359	108.6	90.9	2 425.1
龙南保税物流中心	33 557	8 805	24 752	221.4	1 704.3	148.7
青岛西海岸新区保税物流中心	356 839	18 242	338 597	-19.7	-84.2	3.0
烟台福山回里保税物流中心	0	0	0	-100.0	-100.0	-100.0
鲁中运达保税物流中心	43 037	39 092	3 945	2 641.9	—	151.3
菏泽内陆港保税物流中心	67 872	5 546	62 326	—	—	—
青岛保税港区诸城功能区保税物流中心	15 989	9 567	6 422	972.4	2 720.6	457.6
河南德众保税物流中心	2 233	1 060	1 173	-95.3	-97.7	92.4
河南许昌保税物流中心	2 411	426	1 985	—	—	—
河南商丘保税物流中心	527 072	440 698	86 373	62.1	74.1	20.0
河南民权保税物流中心	5 196	5 196	0	—	—	—
黄石棋盘洲保税物流中心	48 876	45 927	2 948	-24.3	4 570.6	-95.4

2021 年中国特定地区货物进出口总值表(续)

单位:千美元

特定经济地区	进出口	出口	进口	比上年±%		
				进出口	出口	进口
宜昌三峡保税物流中心	163 995	86 416	77 579	57.2	59.3	55.0
襄阳保税物流中心	187 326	69 354	117 971	-6.2	-32.5	21.8
荆门保税物流中心	144 761	85 333	59 428	301.9	228.3	492.7
仙桃保税物流中心	33 225	1 400	31 826	-85.8	-96.9	-83.1
长沙金霞保税物流中心	149 712	91 976	57 736	-18.3	-12.7	-25.9
株洲铜塘湾保税物流中心	0	0	0	-100.0	-100.0	-100.0
深圳机场保税物流中心	1 671 947	901 475	770 472	42.5	40.8	44.6
汕头保税物流中心	557	66	491	-99.0	-99.7	-98.4
江门大广海湾保税物流中心	65 517	3 791	61 726	50.7	2 574.3	42.5
湛江保税物流中心	135 343	34 208	101 135	32.8	146.1	14.9
中山保税物流中心	464 541	218 529	246 012	11.8	60.0	-11.8
佛山国通保税物流中心	141 720	91 428	50 292	156.8	509.0	25.2
东莞清溪保税物流中心	1 582 151	641 530	940 620	-19.8	-12.8	-23.9
柳州保税物流中心	43 607	42 323	1 283	—	—	—
防城港保税物流中心	698 984	16 487	682 497	717.2	194.9	753.8
重庆果园保税物流中心	243 168	69 915	173 253	100.8	—	43.1
重庆铁路保税物流中心	606 334	259 070	347 264	45.5	66.4	33.0
重庆南彭公路保税物流中心	627 015	401 275	225 740	158.7	135.8	212.9
成都空港保税物流中心	387 302	1 264	386 038	48.3	99.4	48.1
天府新区成都片区保税物流中心	81 913	28 066	53 847	427.2	—	246.6
南充保税物流中心	38 600	36 648	1 952	—	—	—
昆明高新保税物流中心	765	0	765	430.7	—	430.7
腾俊国际陆港保税物流中心	5 941	5 605	336	-78.5	-61.9	-97.4
武威保税物流中心	32 169	32 169	0	—	—	-100.0
青海曹家堡保税物流中心	13 012	4 174	8 838	91.9	—	30.4
石嘴山保税物流中心	3 475	0	3 475	—	—	—
奎屯保税物流中心	15 627	12 852	2 775	2 234.2	—	314.5

注:1. 本表只列出全国经济技术开发区和特殊开放区、高新技术产业开发区以及综合实验区的进出口合计数据,详细数据参见“中国货物进出口收发货人所在地总值表”。

2. 综合实验区包括平潭综合实验区、横琴新区和郑州航空港经济综合实验区。

3. 自 2021 年起,保税物流中心统计方法按照《海关保税物流中心统计办法》(海关总署公告 2021 年 3 号)执行,同比相应调整。

2021年中国外商投资企业货物进出口总值表

单位：千美元

外商投资企业	进出口	出口	进口	比上年±%		
				进出口	出口	进口
合 计	**2 170 486 011**	**1 152 762 310**	**1 017 723 701**	**20.7**	**23.7**	**17.4**
北京市	104 326 175	34 635 879	69 690 296	33.1	77.7	18.4
天津市	66 711 068	27 217 374	39 493 694	21.1	34.3	13.4
河北省	12 811 423	7 424 199	5 387 224	48.0	57.7	36.5
山西省	16 434 886	12 928 160	3 506 726	30.1	54.6	-17.8
内蒙古自治区	1 282 770	633 146	649 624	38.3	42.7	34.2
辽宁省	45 274 004	20 457 182	24 816 822	23.8	29.6	19.3
吉林省	10 908 665	1 375 448	9 533 217	18.4	30.9	16.8
黑龙江省	1 742 473	703 002	1 039 471	4.2	-8.0	14.4
上海市	387 452 943	141 044 640	246 408 303	19.1	18.4	19.5
江苏省	423 766 194	241 432 834	182 333 360	17.3	19.3	14.8
浙江省	102 516 918	63 079 019	39 437 899	30.7	29.6	32.5
安徽省	27 174 654	15 665 428	11 509 226	21.3	24.7	17.0
福建省	69 081 225	42 064 866	27 016 360	22.1	25.7	16.9
厦门经济特区	39 566 829	23 716 213	15 850 616	20.7	27.6	11.6
江西省	17 681 906	9 942 586	7 739 320	35.2	31.5	40.2
山东省	90 804 183	58 192 527	32 611 656	28.4	32.9	21.1
河南省	58 781 455	45 007 013	13 774 441	-1.9	26.5	-43.3
湖北省	15 461 134	8 039 290	7 421 845	25.2	20.5	30.7
湖南省	8 239 657	4 592 692	3 646 965	5.8	22.5	-9.7
广东省	488 903 547	291 851 106	197 052 441	21.3	19.6	24.0
深圳经济特区	182 064 795	103 383 521	78 681 274	19.6	14.3	27.3
珠海经济特区	23 260 787	11 568 875	11 691 912	20.4	13.9	27.6
汕头经济特区	1 351 049	854 799	496 251	7.9	9.3	5.6
广西壮族自治区	15 950 181	7 553 138	8 397 043	41.5	42.7	40.4
海南省并经济特区	5 021 506	2 646 399	2 375 107	14.6	15.1	14.1
四川省	94 321 218	51 520 150	42 801 068	14.1	15.7	12.2
重庆市	59 201 213	41 016 386	18 184 826	17.3	19.5	12.6
贵州省	524 820	315 083	209 737	46.6	34.2	70.2
云南省	624 486	366 029	258 457	-15.5	10.6	-36.7
西藏自治区	6 699	415	6 284	-68.3	988.5	-70.2
陕西省	44 742 287	22 688 423	22 053 864	29.0	38.5	20.4
甘肃省	90 773	19 413	71 360	30.8	32.1	30.5
青海省	5 253	5 253	—	-18.3	-12.7	—
宁夏回族自治区	530 199	300 810	229 389	75.2	79.9	69.5
新疆维吾尔自治区	112 096	44 420	67 675	-22.3	-15.4	-26.3

注：自2021年起，不再公布“中外合作”“中外合资”和“外商独资”企业数据。

中国外商投资企业货物进出口总额及占全国比重情况表（1986—2021 年）

金额单位：亿美元

年　份	进出口			进　口			出　口		
	全国	外商投资企业	比重（%）	全国	外商投资企业	比重（%）	全国	外商投资企业	比重（%）
1986	738.5	29.9	4.0	429.1	24.0	5.6	309.4	5.8	1.9
1987	826.5	45.8	5.5	432.1	33.7	7.8	394.4	12.1	3.1
1988	1 027.9	83.4	8.1	552.7	58.8	10.6	475.2	24.6	5.2
1989	1 116.8	137.1	12.3	591.4	88.0	14.9	525.4	49.1	9.4
1990	1 154.4	201.2	17.4	533.5	123.0	23.1	620.9	78.1	12.6
1991	1 356.3	289.6	21.3	637.9	169.1	26.5	718.4	120.5	16.8
1992	1 655.3	437.5	26.4	805.9	263.9	32.7	849.4	173.6	20.4
1993	1 957.0	670.7	34.3	1 039.6	418.3	40.2	917.4	252.4	27.5
1994	2 366.2	876.5	37.0	1 156.2	529.3	45.8	1 210.1	347.1	28.7
1995	2 808.6	1 098.2	39.1	1 320.8	629.4	47.7	1 487.8	468.8	31.5
1996	2 898.8	1 371.1	47.3	1 388.3	756.0	54.5	1 510.5	615.1	40.7
1997	3 251.6	1 526.2	46.9	1 423.7	777.2	54.6	1 827.9	749.0	41.0
1998	3 239.5	1 576.8	48.7	1 402.4	767.2	54.7	1 837.1	809.6	44.1
1999	3 606.3	1 745.1	48.4	1 657.0	858.8	51.8	1 949.3	886.3	45.5
2000	4 743.0	2 367.1	49.9	2 250.9	1 172.7	52.1	2 492.0	1 194.4	47.9
2001	5 096.5	2 591.0	50.8	2 435.5	1 258.6	51.7	2 661.0	1 332.4	50.1
2002	6 207.7	3 302.2	53.2	2 951.7	1 602.9	54.3	3 256.0	1 699.4	52.2
2003	8 509.9	4 722.6	55.5	4 127.6	2 319.1	56.2	4 382.3	2 403.4	54.8
2004	11 545.5	6 631.6	57.4	5 612.3	3 245.6	57.8	5 933.3	3 386.1	57.1
2005	14 219.1	8 317.0	58.5	6 599.5	3 875.0	58.7	7 619.5	4 442.0	58.3
2006	17 604.4	10 362.7	58.9	7 914.6	4 724.9	59.7	9 689.8	5 637.8	58.2
2007	21 761.8	12 551.6	57.7	9 561.2	5 597.9	58.5	12 200.6	6 953.7	57.0
2008	25 632.6	14 099.2	55.0	11 325.6	6 194.3	54.7	14 306.9	7 904.9	55.3
2009	22 075.4	12 174.8	55.2	10 059.2	5 454.0	54.2	12 016.1	6 720.7	55.9
2010	29 740.0	16 006.2	53.8	13 962.5	7 383.9	52.9	15 777.5	8 622.3	54.6
2011	36 418.6	18 599.0	51.1	17 434.8	8 646.7	49.6	18 983.8	9 952.3	52.4
2012	38 671.2	18 941.2	49.0	18 184.1	8 715.0	47.9	20 487.1	10 226.2	49.9
2013	41 589.9	19 183.1	46.1	19 499.9	8 745.9	44.9	22 090.0	10 437.2	47.2
2014	43 015.3	19 835.6	46.1	19 592.4	9 089.4	46.4	23 422.9	10 746.2	45.9
2015	39 530.3	18 334.8	46.4	16 795.6	8 288.7	49.4	22 734.7	10 046.1	44.2
2016	36 855.6	16 875.4	45.8	15 879.3	7 707.7	48.5	20 976.3	9 167.7	43.7
2017	41 071.6	18 391.4	44.8	18 437.9	8 615.8	46.7	22 633.7	9 776.0	43.2
2018	46 230.4	19 681.0	42.6	21 356.4	9 321.0	43.6	24 874.0	10 360.0	41.6
2019	45 753.0	18 239.0	39.9	20 769.0	8 578.0	41.3	24 984.1	9 661.0	38.7
2020	46 462.6	17 976.0	38.7	20 556.1	8 653.0	42.1	25 906.5	9 323.0	36.0
2021	60 514.9	21 716.5	35.9	26 875.3	10 186.7	37.9	33 639.6	11 529.8	34.3

数据来源：中国海关统计。

2021 年中国服务进出口额(人民币值)

金额单位:亿元人民币

服务类别	进出口		出 口		进 口		贸易差额	
	金额	增长率(%)	金额	增长率(%)	金额	增长率(%)	当期	上年同期
总 额	**52 982.7**	**16.1**	**25 435.0**	**31.4**	**27 547.8**	**4.8**	**−2 112.8**	**−6 929.3**
运输	16 821.6	61.2	8 205.5	110.2	8 616.0	31.9	−410.5	−2 626.6
旅行	7 897.6	−22.5	733.6	−35.7	7 164.0	−20.9	−6 430.4	−7 910.3
建筑	2 598.2	13.2	1 966.4	13.4	631.8	12.4	1 334.6	1 171.4
保险服务	1 369.9	12.1	335.2	−9.6	1 034.6	21.5	−699.4	−480.5
金融服务	665.7	31.1	320.8	11.1	344.9	57.5	−24.0	69.7
电信、计算机和信息服务	7 714.8	19.3	5 126.9	22.3	2 587.9	13.8	2 539.0	1 917.4
知识产权使用费	3 784.8	18.5	759.7	26.9	3 025.1	16.6	−2 265.4	−1 996.6
个人、文化和娱乐服务	333.6	11.9	122.5	35.0	211.1	1.8	−88.6	−116.7
维护和维修服务	753.7	−0.9	507.5	−4.0	246.3	6.3	261.2	296.9
加工服务	1 343.9	11.1	1 298.0	10.5	45.9	33.1	1 252.1	1 140.3
其他商业服务	9 390.1	8.6	5 958.8	15.5	3 431.3	−1.5	2 527.5	1 678.4
政府服务	308.8	−26.2	100.0	−42.2	208.8	−15.0	−108.7	−72.7

2021 年中国服务进出口额(美元值)

金额单位:亿美元

服务类别	进出口		出 口		进 口		贸易差额	
	金额	增长率(%)	金额	增长率(%)	金额	增长率(%)	当期	上年同期
总 额	**8 212.5**	**24.1**	**3 942.5**	**40.5**	**4 270.0**	**12.0**	**−327.5**	**−1 004.6**
运输	2 607.4	72.4	1 271.9	124.7	1 335.5	41.1	−63.6	−380.8
旅行	1 224.1	−17.2	113.7	−31.3	1 110.4	−15.4	−996.7	−1 146.8
建筑	402.7	21.0	304.8	21.3	97.9	20.2	206.9	169.8
保险服务	212.3	19.8	52.0	−3.4	160.4	29.9	−108.4	−69.7
金融服务	103.2	40.2	49.7	18.8	53.5	68.4	−3.7	10.1
电信、计算机和信息服务	1 195.8	27.6	794.7	30.8	401.1	21.7	393.5	278.0
知识产权使用费	586.7	26.7	117.8	35.6	468.9	24.6	−351.1	−289.5
个人、文化和娱乐服务	51.7	19.6	19.0	44.4	32.7	8.8	−13.7	−16.9
维护和维修服务	116.8	6.0	78.7	2.6	38.2	13.7	40.5	43.0
加工服务	208.3	18.8	201.2	18.1	7.1	42.3	194.1	165.3
其他商业服务	1 455.5	16.2	923.6	23.4	531.9	5.3	391.8	243.3
政府服务	47.9	−21.1	15.5	−38.2	32.4	−9.1	−16.9	−10.5

2021年中国与前十大服务贸易伙伴进出口情况表

金额单位:亿美元

排名	国家(地区)	进出口	增长率(%)	出口	增长率(%)	进口	增长率(%)	贸易差额
1	中国香港	1 954.5	34.7	1 012.1	57.2	942.4	16.8	69.7
2	美　国	1 346.8	22.9	647.9	50.3	698.9	5.2	-50.9
3	新加坡	499.5	35.3	259.2	47.6	240.3	24.1	18.9
4	日　本	439.6	16.4	145.7	15.5	293.9	16.8	-148.2
5	德　国	371.7	22.8	129.0	47.2	242.7	12.8	-113.7
6	英　国	291.9	20.4	104.9	36.2	187.0	13.0	-82.1
7	韩　国	268.1	21.1	111.0	26.2	157.1	17.7	-46.1
8	爱尔兰	197.2	-2.7	49.0	-39.0	148.1	21.2	-99.1
9	加拿大	186.6	-3.4	28.5	19.1	158.1	-6.6	-129.6
10	中国台湾	157.6	30.0	62.3	44.5	95.4	21.9	-33.1

2021年中国与“一带一路”沿线国家服务进出口情况表

金额单位:亿美元

排名	国家(地区)	进出口	增长率(%)	出口	增长率(%)	进口	增长率(%)	贸易差额
1	新加坡	499.5	35.3	259.2	47.6	240.3	24.1	18.9
2	俄罗斯	107.3	41.8	49.1	78.2	58.2	21.0	-9.1
3	阿联酋	75.5	62.2	19.3	27.4	56.2	79.0	-36.9
4	马来西亚	43.0	23.0	15.7	47.2	27.3	12.4	-11.6
5	越　南	38.4	66.4	22.6	126.2	15.8	20.6	6.8
6	印　度	35.2	66.2	23.0	114.1	12.2	16.9	10.8
7	印度尼西亚	26.3	-3.2	19.3	0.4	7.0	-11.7	12.3
8	泰　国	26.0	-16.9	13.7	49.7	12.3	-44.5	1.4
9	孟加拉国	20.7	73.1	12.8	125.9	8.0	25.9	4.8
10	土耳其	20.4	31.8	5.7	39.1	14.7	29.1	-9.1
	其他国家(54)合计	**234.1**	**24.5**	**122.9**	**37.4**	**111.2**	**12.8**	**11.7**
	总　计	**1 126.5**	**33.4**	**563.3**	**49.3**	**563.2**	**20.5**	**0.1**

注:数据来源于国家外汇管理局。

中国历年服务进出口情况表(1982—2021年)

金额单位:亿美元

年份	进出口		出口		进口		贸易差额
	金额	增长率(%)	金额	增长率(%)	金额	增长率(%)	
1982	47	—	27	—	20	—	6
1983	48	1.4	28	3.6	20	-1.5	8
1984	59	24.9	31	11.7	29	43.3	2
1985	56	-5.5	31	0.3	25	-11.7	6
1986	61	9.2	39	24.6	23	-9.8	16
1987	66	7.0	41	5.7	25	9.2	16
1988	87	32.5	51	24.9	36	45.0	15
1989	101	16.2	62	21.6	39	8.5	23
1990	124	22.8	81	30.0	44	11.3	37
1991	137	10.1	95	18.4	41	-5.3	54
1992	220	61.0	126	31.7	94	128.9	31
1993	266	20.9	146	15.9	120	27.6	25
1994	365	37.1	202	38.5	163	35.4	39
1995	496	36.0	244	20.9	252	54.7	-8
1996	506	1.9	280	14.6	226	-10.5	54
1997	622	23.0	342	22.4	280	23.8	63
1998	519	-16.6	251	-26.8	268	-4.0	-18
1999	610	17.6	294	17.2	317	17.9	-23
2000	712	16.7	350	19.3	362	14.3	-11
2001	784	10.2	392	11.8	393	8.6	-1
2002	928	18.2	462	18.0	465	18.5	-3
2003	1 066	15.0	513	11.0	553	18.9	-40
2004	1 452	36.2	725	41.3	727	31.5	-2
2005	1 683	15.9	843	16.3	840	15.5	3
2006	2 038	21.1	1 030	22.1	1 008	20.1	21
2007	2 654	30.2	1 353	31.4	1 301	29.0	52
2008	3 223	21.4	1 633	20.7	1 589	22.1	44
2009	3 025	-6.1	1 436	-12.1	1 589	0.0	-153
2010	3 717	22.9	1 783	24.2	1 934	21.7	-151
2011	4 489	20.8	2 010	12.7	2 478	28.2	-468
2012	4 829	7.6	2 016	0.3	2 813	13.5	-797
2013	5 376	11.3	2 070	2.7	3 306	17.5	-1 236
2014	6 520	21.3	2 191	5.9	4 329	30.9	-2 137
2015	6 542	0.3	2 186	-0.2	4 355	0.6	-2 169
2016	6 616	1.1	2 095	-4.2	4 521	3.8	-2 426
2017	6 957	5.1	2 281	8.9	4 676	3.4	-2 395
2018	7 965	14.5	2 715	19.0	5 250	12.3	-2 536
2019	7 850	-1.4	2 836	4.5	5 014	-4.5	-2 178
2020	6 617	-15.7	2 806	-1.0	3 811	-24.0	-1 005
2021	8 212	24.1	3 942	40.5	4 270	12.0	-327

注:2015年及以后数据遵循《国际收支手册》第六版(BPM6)统计标准,2014年及以前数据遵循BPM5标准。

中国历年吸收外商直接投资情况表

年 份	新设外商投资企业数(个)	实际使用外资金额(亿美元)
总 计	**1 087 860**	**26 207.7**
1979—1982	920	17.7
1983	638	9.2
1984	2 166	14.2
1985	3 073	19.6
1986	1 498	22.4
1987	2 233	23.1
1988	5 945	31.9
1989	5 779	33.9
1990	7 273	34.9
1991	12 978	43.7
1992	48 764	110.1
1993	83 437	275.2
1994	47 549	337.7
1995	37 011	375.2
1996	24 556	417.3
1997	21 001	452.6
1998	19 799	454.6
1999	16 918	403.2
2000	22 347	407.2
2001	26 140	468.8
2002	34 171	527.4
2003	41 081	535.1
2004	43 664	606.3
2005	44 019	724.1
2006	41 496	727.2
2007	37 892	835.2
2008	27 537	1 083.1
2009	23 442	940.7
2010	27 420	1 147.3
2011	27 717	1 239.9
2012	24 934	1 210.7
2013	22 819	1 239.1
2014	23 794	1 285.0
2015	26 584	1 355.8
2016	27 908	1 337.1
2017	35 662	1 363.2
2018	60 560	1 383.1
2019	40 910	1 412.3
2020	38 578	1 493.4
2021	47 647	1 809.6

2021年中国吸收外商直接投资分国家（地区）统计

国家（地区）	新设外商投资企业数（个）	增长率（%）	比重（%）	实际投资金额（亿美元）	增长率（%）	比重（%）
总　计	**47 647**	**23.5**	**100.0**	**1 809.6**	**21.2**	**100.0**
部分亚洲国家（地区）	**34 322**	**23.4**	**72.0**	**1 533.7**	**23.8**	**84.8**
中国香港	19 289	23.6	40.5	1 317.6	24.5	72.8
印度尼西亚	73	0.0	0.2	0.2	82.5	0.0
日本	998	24.9	2.1	39.1	16.0	2.2
中国澳门	2 932	15.8	6.2	21.9	-0.6	1.2
马来西亚	366	-5.7	0.8	0.6	-26.1	0.0
菲律宾	65	18.2	0.1	0.1	-60.2	0.0
新加坡	1 416	23.6	3.0	103.3	34.5	5.7
韩国	2 478	23.0	5.2	40.4	11.9	2.2
泰国	110	1.9	0.2	1.1	-1.1	0.1
中国台湾	6 595	29.2	13.8	9.4	-5.6	0.5
部分欧洲国家	**2 507**	**17.9**	**5.3**	**62.6**	**-5.1**	**3.5**
比利时	71	57.8	0.1	1.2	0.5	0.1
丹麦	52	6.1	0.1	2.2	508.9	0.1
英国	612	11.9	1.3	12.0	22.7	0.7
德国	536	15.0	1.1	16.8	24.0	0.9
法国	364	26.4	0.8	7.1	38.5	0.4
爱尔兰	33	6.5	0.1	1.9	159.5	0.1
意大利	284	15.5	0.6	1.8	-12.8	0.1
卢森堡	24	20.0	0.1	3.1	36.2	0.2
荷兰	176	26.6	0.4	11.1	-56.7	0.6
希腊	11	-15.4	0.0	0.0	160.0	0.0
葡萄牙	23	109.1	0.0	0.1	691.2	0.0
西班牙	130	14.0	0.3	0.9	-15.6	0.0
奥地利	54	1.9	0.1	0.9	-52.4	0.1
芬兰	40	37.9	0.1	0.6	79.3	0.0
瑞典	97	29.3	0.2	3.0	45.6	0.2
北美洲	**2 998**	**26.6**	**6.3**	**26.7**	**6.0**	**1.5**
加拿大	930	28.1	2.0	2.0	-6.5	0.1
美国	2 068	25.9	4.3	24.7	7.1	1.4
部分自由港	**571**	**7.9**	**1.2**	**92.8**	**0.6**	**5.1**
毛里求斯	17	0.0	0.0	9.0	117.7	0.5
巴巴多斯	0	-100.0	0.0	0.1	-55.1	0.0
开曼群岛	191	46.9	0.4	24.6	-11.3	1.4
英属维尔京群岛	291	7.4	0.6	52.8	1.6	2.9
萨摩亚	72	-34.6	0.2	6.2	-22.7	0.3
其他	**7 249**	**—**	**15.2**	**93.7**	**—**	**5.2**

截至 2021 年中国吸收外商直接投资分国家(地区)统计

国家(地区)	设立外商投资企业数(个)	比重(%)	实际使用外资金额(亿美元)	比重(%)
总 计	**1 087 860**	**100.0**	**26 207.7**	**100.0**
部分亚洲国家(地区)	**831 116**	**76.4**	**18 787.7**	**71.7**
中国香港	509 664	46.9	14 330.6	54.7
印度尼西亚	2 246	0.2	26.7	0.1
日本	54 631	5.0	1 229.9	4.7
中国澳门	23 749	2.2	216.5	0.8
马来西亚	8 078	0.7	79.9	0.3
菲律宾	3 212	0.3	34.1	0.1
新加坡	28 673	2.6	1 208.4	4.6
韩国	71 867	6.6	902.3	3.4
泰国	4 854	0.4	45.9	0.2
中国台湾	124 142	11.4	713.4	2.7
部分欧洲国家	**51 619**	**4.7**	**1 490.5**	**5.7**
比利时	1 270	0.1	22.2	0.1
丹麦	1 212	0.1	44.4	0.2
英国	11 199	1.0	275.7	1.1
德国	11 836	1.1	380.9	1.5
法国	6 687	0.6	195.5	0.7
爱尔兰	534	0.0	29.2	0.1
意大利	6 918	0.6	78.9	0.3
卢森堡	578	0.1	67.1	0.3
荷兰	3 983	0.4	249.5	1.0
希腊	218	0.0	1.0	0.0
葡萄牙	308	0.0	2.2	0.0
西班牙	2 897	0.3	41.4	0.2
奥地利	1 476	0.1	27.3	0.1
芬兰	702	0.1	16.2	0.1
瑞典	1 801	0.2	58.9	0.2
北美洲	**92 793**	**8.5**	**1 040.3**	**4.0**
加拿大	17 169	1.6	113.8	0.4
美国	75 624	7.0	926.5	3.5
部分自由港	**41 461**	**3.8**	**2 821.8**	**10.8**
毛里求斯	2 522	0.2	163.6	0.6
巴巴多斯	322	0.0	47.8	0.2
开曼群岛	3 987	0.4	493.6	1.9
英属维尔京群岛	25 344	2.3	1 800.6	6.9
萨摩亚	9 286	0.9	316.1	1.2
其他	**70 871**	**6.5**	**2 067.4**	**7.9**

国际直接投资流量

年 份	发达经济体		发展中经济体		所有国家(地区)	
	流入	流出	流入	流出	流入	流出
金额(单位:百万美元)						
2000—2010(平均)	716 821	943 512	362 707	163 771	1 124 181	1 132 781
2011	866 963	1 191 510	666 507	380 267	1 612 890	1 627 434
2012	758 576	915 628	667 608	358 093	1 491 331	1 306 921
2013	713 912	937 551	655 660	410 069	1 453 506	1 423 425
2014	667 159	849 436	678 094	449 024	1 402 117	1 370 816
2015	1 267 808	1 262 783	730 434	403 323	2 032 298	1 698 209
2016	1 344 533	1 173 389	653 885	417 562	2 065 238	1 616 138
2017	894 321	1 087 409	702 495	478 816	1 647 312	1 604 697
2018	707 649	430 584	692 480	402 530	1 436 732	870 715
2019	748 999	780 489	723 385	416 620	1 530 228	1 220 432
2020	312 170	347 162	662 562	387 069	998 891	739 872
占世界比重(%)						
2000—2010(平均)	63. 76	83. 29	32. 26	14. 46	100	100
2011	53. 75	73. 21	41. 32	23. 37	100	100
2012	50. 87	70. 06	44. 77	27. 40	100	100
2013	49. 12	65. 87	45. 11	28. 81	100	100
2014	47. 58	61. 97	48. 36	32. 76	100	100
2015	62. 38	74. 36	35. 94	23. 75	100	100
2016	65. 10	72. 60	31. 66	25. 84	100	100
2017	54. 29	67. 76	42. 64	29. 84	100	100
2018	49. 25	49. 45	48. 20	46. 23	100	100
2019	48. 95	63. 95	47. 27	34. 14	100	100
2020	31. 25	46. 92	66. 33	52. 32	100	100
增长率(%)						
2011	22. 56	21. 02	7. 06	6. 49	15. 72	16. 90
2012	-12. 50	-23. 15	0. 17	-5. 83	-7. 54	-19. 69
2013	-5. 89	2. 39	-1. 79	14. 51	-2. 54	8. 91
2014	-6. 55	-9. 40	3. 42	9. 50	-3. 54	-3. 70
2015	90. 03	48. 66	7. 72	-10. 18	44. 94	23. 88
2016	6. 05	-7. 08	-10. 48	3. 53	1. 62	-4. 83
2017	-33. 48	-7. 33	7. 43	14. 67	-20. 24	-0. 71
2018	-20. 87	-60. 40	-1. 43	-15. 93	-12. 78	-45. 74
2019	5. 84	81. 26	4. 46	3. 50	6. 51	40. 16
2020	-58. 32	-55. 52	-8. 41	-7. 09	-34. 72	-39. 38

资料来源:联合国贸发会议《世界投资报告》2004—2021 年。

世界主要国家(地区)国内生产总值

（估计数字）

金额单位：百万美元

国家(地区) \ 年份	1970	1980	1990	2000	2010	2012	2013	2014	2015	2016	2017	2018	2019	2020
总 计	**3 420 746**	**12 364 500**	**23 024 073**	**33 727 009**	**66 461 443**	**74 957 857**	**77 228 918**	**79 236 426**	**75 133 208**	**76 173 813**	**81 231 275**	**86 357 998**	**87 718 575**	**85 328 323**
非洲	**116 684**	**611 654**	**556 158**	**656 633**	**1 979 101**	**2 351 997**	**2 434 283**	**2 547 107**	**2 358 404**	**2 163 422**	**2 298 125**	**2 427 012**	**2 521 006**	**2 414 594**
尼日利亚	29 388	243 851	61 539	69 449	363 360	460 952	514 966	568 499	494 583	404 649	375 770	421 821	474 517	429 899
南非	18 656	83 931	116 699	138 436	375 348	396 329	366 645	350 638	317 416	296 341	349 007	368 094	351 431	302 141
埃及	8 143	20 119	35 995	95 684	214 630	273 539	270 782	300 949	317 745	270 254	195 135	249 751	317 359	369 309
阿尔及利亚	5 155	42 252	61 751	54 667	161 207	209 047	209 755	213 810	165 979	160 034	170 097	175 415	171 158	147 689
摩洛哥	4 645	22 097	30 320	38 901	93 217	98 266	106 826	110 081	101 179	103 312	109 683	118 096	119 871	114 724
肯尼亚	2 759	11 522	13 874	15 846	43 820	50 410	55 097	61 448	70 120	69 189	82 065	92 203	100 554	101 014
埃塞俄比亚			11 208	8 030	26 311	42 211	46 542	54 163	63 079	72 158	76 795	80 210	92 502	96 611
安哥拉	3 807	7 151	13 662	12 207	83 799	128 053	136 710	145 712	116 194	101 124	122 124	101 353	89 417	62 307
加纳	4 698	6 924	13 214	10 570	42 587	41 939	63 279	53 602	50 034	55 010	60 403	67 277	68 353	68 532
坦桑尼亚	2 314	8 878	6 522	12 369	31 553	38 809	44 333	49 941	47 379	49 774	53 276	57 004	61 027	64 740
苏丹					54 740	61 879	63 912	78 091	83 933	89 671	122 073	48 363	34 895	62 057
刚果(金)	4 772	15 638	15 033	8 339	21 566	29 306	32 672	35 909	37 918	40 338	37 642	47 146	47 320	45 308
科特迪瓦	1 501	10 176	11 839	10 682	26 264	26 787	31 271	35 316	45 780	47 964	51 588	58 011	58 540	61 143
突尼斯	1 580	9 599	13 520	21 474	44 051	45 044	46 252	47 633	43 173	41 801	39 802	39 771	39 195	39 218
喀麦隆	1 316	10 090	12 814	10 047	26 144	29 104	32 348	34 943	30 905	32 644	35 009	38 694	39 007	39 881
利比亚	3 979	38 186	31 088	38 471	75 418	101 166	65 826	33 818	48 522	15 320	66 122	76 231	59 830	29 153
乌干达	1 424	3 246	4 318	6 779	30 701	24 505	25 713	27 829	29 297	25 423	31 579	34 066	37 718	38 702
赞比亚	1 544	4 315	3 795	3 601	20 265	25 504	28 046	26 693	20 859	21 453	25 868	26 312	23 310	18 111
津巴布韦	2 337	8 257	13 560	8 721	12 042	14 058	15 452	19 469	19 963	20 549	22 041	24 312	21 935	21 787
塞内加尔	1 232	4 210	8 028	6 055	16 725	14 217	19 210	19 771	17 761	19 040	20 997	23 117	23 306	24 412
博茨瓦纳	67	852	3 721	5 788	12 787	14 420	14 902	16 251	14 421	15 646	17 405	18 663	18 362	15 782

世界主要国家(地区)国内生产总值(续)

(估计数字)

金额单位:百万美元

国家(地区) \ 年份	1970	1980	1990	2000	2010	2012	2013	2014	2015	2016	2017	2018	2019	2020
马里	320	1 651	2 732	2 954	10 679	12 443	13 246	14 388	13 095	14 043	15 366	17 071	17 282	17 332
加蓬	410	5 421	6 039	5 677	14 359	15 968	17 591	18 180	14 372	14 930	14 930	16 867	16 874	15 111
布基纳法索	506	2 174	3 524	2 961	10 100	11 166	11 947	13 925	11 823	12 833	14 107	16 060	15 991	17 369
莫桑比克	4 027	6 379	3 924	5 656	11 105	15 265	16 019	17 716	15 951	11 937	13 219	14 845	15 390	14 029
纳米比亚	605	2 422	2 786	3 834	11 282	13 016	12 718	12 786	11 335	10 666	12 888	13 681	12 566	10 710
毛里求斯	206	1 211	2 735	4 869	10 004	11 669	12 130	12 803	11 692	12 232	13 259	14 182	14 046	10 921
刚果	284	1 846	3 073	3 359	13 678	13 656	17 805	18 907	11 751	10 152	11 012	13 360	12 525	10 100
马达加斯加	1 052	3 826	3 609	4 502	9 983	12 147	12 354	12 523	11 323	11 849	13 176	13 760	14 105	13 008
尼日尔	581	3 672	3 591	2 351	7 631	6 942	7 668	10 967	9 677	10 288	11 185	12 809	12 916	13 741
几内亚	765	1 998	3 906	4 269	6 853	7 638	8 377	8 778	8 794	8 604	10 325	11 875	13 514	15 490
贝宁	322	1 484	1 993	2 569	6 970	8 117	9 111	9 575	11 380	11 821	12 702	14 262	14 392	15 205
卢旺达	228	1 326	2 435	2 068	6 120	7 316	7 623	8 016	8 526	8 697	9 253	9 641	10 357	10 322
南苏丹					14 925	9 570	13 428	15 807	6 231	3 224	3 571	8 093	16 442	15 903
马拉维	579	2 236	3 166	3 150	6 960	5 721	5 290	5 965	8 216	5 310	8 944	9 877	11 146	11 762
多哥	308	1 314	2 057	1 488	3 426	3 874	4 320	4 569	5 364	6 032	6 387	6 974	6 894	7 146
斯威士兰	155	806	1 254	1 738	4 439	4 781	4 561	4 422	4 059	3 841	4 402	4 665	4 471	3 835
索马里	341	574	994	2 052	1 093	1 306	1 763	1 651	1 455	1 456	1 620	1 672	1 832	1 873
美洲	**1 348 959**	**3 917 790**	**7 755 663**	**13 309 292**	**22 027 585**	**24 152 081**	**24 974 568**	**25 673 485**	**25 281 355**	**25 553 758**	**26 937 254**	**27 884 040**	**28 631 369**	**27 147 970**
美国	1 073 303	2 857 307	5 963 144	10 250 952	15 048 970	16 155 255	16 784 851	17 527 258	18 206 023	18 745 075	19 479 623	20 527 159	21 372 582	20 893 746
巴西	35 214	175 344	406 897	652 360	2 208 838	2 465 228	2 472 819	2 456 044	1 802 212	1 795 693	2 063 515	1 916 934	1 886 015	1 444 733
加拿大	89 228	276 037	596 088	744 774	1 617 267	1 824 289	1 842 627	1 803 529	1 556 129	1 528 245	1 649 519	1 721 906	1 741 497	1 644 037
墨西哥	45 225	237 095	299 944	707 910	1 057 801	1 201 094	1 274 444	1 314 569	1 171 870	1 077 906	1 158 912	1 222 346	1 268 868	1 073 439
阿根廷	33 985	81 764	153 186	308 148	426 487	581 431	613 316	567 050	644 903	557 532	643 682	517 627	445 445	383 067
哥伦比亚	10 127	46 899	56 557	99 230	286 563	369 660	380 192	381 112	293 482	282 825	311 884	334 198	323 430	271 347

世界主要国家(地区)国内生产总值(续)

(估计数字)

金额单位:百万美元

国家(地区) \ 年份	1970	1980	1990	2000	2010	2012	2013	2014	2015	2016	2017	2018	2019	2020
智利	9 680	30 721	34 918	78 363	218 538	267 122	278 384	260 542	243 919	250 440	277 035	297 572	279 385	252 940
秘鲁	5 840	16 648	29 119	51 743	147 528	192 650	201 218	200 981	189 803	191 898	211 008	222 575	228 473	203 196
委内瑞拉	13 841	69 140	47 036	117 146	393 806	381 286	371 338	363 480	344 343	288 469	247 930	204 044	150 131	106 359
厄瓜多尔	2 861	17 873	15 232	18 319	69 555	87 925	95 130	101 726	99 290	99 938	104 296	107 562	108 108	98 808
波多黎各	5 106	14 639	31 034	62 569	98 381	101 565	102 450	102 446	103 376	104 337	103 446	100 925	104 915	103 138
古巴	5 693	19 913	28 645	30 566	64 328	73 141	77 148	80 656	87 206	91 370	96 851	100 050	103 428	107 352
多米尼加	1 859	8 298	9 522	23 960	53 160	60 614	62 662	66 065	71 155	75 682	79 998	85 555	88 941	78 845
危地马拉	1 670	6 913	6 712	16 923	40 682	50 388	53 851	58 722	62 186	66 053	71 654	73 209	77 020	77 605
巴拿马	1 165	4 119	6 174	11 808	29 440	39 955	45 600	49 921	54 092	57 908	62 203	64 928	66 788	52 938
哥斯达黎加	1 257	6 168	7 288	15 014	37 659	46 473	49 745	50 578	56 442	57 158	60 516	62 336	63 951	61 521
乌拉圭	2 538	10 642	9 239	22 823	40 285	51 264	57 531	57 236	57 081	52 688	64 234	64 515	61 231	53 629
巴拉圭	680	5 088	6 022	9 184	27 261	24 595	28 966	40 277	36 211	36 054	38 997	40 225	37 907	35 304
玻利维亚	1 010	3 519	4 868	8 398	19 650	27 084	30 659	32 996	33 000	33 941	37 509	40 288	40 895	36 573
萨尔瓦多	930	3 225	4 818	11 785	18 448	23 814	21 977	22 593	23 438	24 191	24 979	26 021	26 897	24 639
洪都拉斯	824	3 061	3 637	7 187	15 839	18 529	18 500	19 757	20 980	21 718	23 136	24 068	25 090	23 828
特立尼达和多巴哥	825	6 257	5 085	8 182	22 198	25 694	26 578	27 616	25 192	22 386	23 180	23 821	23 887	21 393
牙买加	1 736	3 323	5 277	9 005	13 221	14 800	14 275	13 898	14 198	14 077	14 809	15 731	15 831	13 812
尼加拉瓜	1 140	2 845	3 555	5 093	8 759	10 532	10 983	11 880	12 757	13 286	13 786	13 025	12 611	12 621
巴哈马	763	2 190	4 768	8 077	10 096	10 721	10 677	10 913	11 891	11 929	12 360	12 838	13 164	9 908
海地	439	1 835	3 517	6 362	11 812	7 820	8 387	8 650	14 228	7 598	15 237	15 822	14 007	15 505
巴巴多斯	218	1 034	2 055	3 152	4 530	4 531	4 451	4 696	4 715	4 830	4 986	5 123	5 298	4 440
荷属安的列斯	224	943	1 980	2 857										

世界主要国家(地区)国内生产总值(续)

(估计数字)

金额单位:百万美元

国家(地区) \ 年份	1970	1980	1990	2000	2010	2012	2013	2014	2015	2016	2017	2018	2019	2020
亚洲	**515 949**	**2 528 211**	**5 576 883**	**9 576 904**	**21 068 942**	**25 666 900**	**26 104 286**	**27 000 498**	**26 810 078**	**27 735 626**	**29 887 295**	**32 281 222**	**33 166 269**	**33 070 906**
中国	92 603	306 167	394 566	1 211 331	6 087 188	8 570 348	9 607 290	10 438 471	11 061 570	11 233 315	12 310 492	13 894 906	14 279 966	14 722 801
日本	212 609	1 105 386	3 132 818	4 968 359	5 759 072	6 203 213	5 155 717	4 850 414	4 444 931	4 922 538	4 930 837	5 036 892	5 148 782	5 057 759
印度	62 422	187 033	329 139	476 148	1 669 620	1 860 877	1 917 054	2 042 939	2 146 759	2 290 591	2 624 329	2 761 338	2 889 949	2 664 749
韩国	9 005	65 398	283 366	576 179	1 144 067	1 222 807	1 305 605	1 484 318	1 465 773	1 500 112	1 623 901	1 724 755	1 651 223	1 637 896
印度尼西亚	10 440	84 791	133 858	175 702	755 094	917 870	912 524	890 815	860 854	931 877	1 015 619	1 042 272	1 119 091	1 058 424
伊朗	10 976	95 617	96 364	111 615	523 804	603 007	539 466	443 976	417 210	425 403	503 710	526 365	653 593	939 316
沙特阿拉伯	5 377	164 540	117 473	189 515	528 207	735 975	746 647	756 350	654 270	644 936	688 586	786 522	792 967	700 118
土耳其	25 070	94 768	207 570	274 295	776 967	873 982	950 595	934 168	864 314	869 683	858 989	778 477	761 002	720 098
泰国	7 387	33 528	88 460	126 392	341 105	397 560	420 334	407 339	401 296	412 353	456 357	506 611	544 264	501 795
阿联酋	1 067	44 169	51 364	105 701	289 787	374 591	390 108	403 137	358 135	357 045	385 606	422 215	417 216	358 869
以色列	6 020	23 964	58 801	132 455	234 655	257 295	292 917	309 588	300 078	318 951	355 277	373 641	397 935	407 101
中国香港	3 812	28 862	76 929	171 669	228 639	262 629	275 697	291 460	309 386	320 840	341 242	361 692	365 708	349 445
新加坡	1 921	12 082	38 892	96 077	239 808	289 168	304 454	313 260	307 999	318 642	343 332	375 970	374 398	339 988
马来西亚	3 864	24 488	44 025	93 790	255 018	314 443	323 276	338 066	301 355	301 255	319 109	358 712	364 684	336 664
菲律宾	7 559	36 848	50 508	83 670	208 369	250 092	271 836	284 585	306 446	304 898	328 481	346 842	376 823	361 489
巴基斯坦	13 139	30 994	51 666	76 866	174 508	214 642	220 269	248 949	267 035	277 521	302 710	284 150	253 088	257 829
孟加拉国	6 196	16 729	28 137	45 470	114 508	128 899	153 505	173 062	194 466	220 316	245 633	269 628	301 051	329 484
越南	2 775	2 396	6 472	31 173	115 932	155 820	171 222	186 205	193 241	205 276	223 780	245 214	261 921	271 158
伊拉克	3 289	17 541	23 877	23 643	138 517	185 919	207 124	228 416	166 774	166 602	187 218	227 367	235 097	166 757
卡塔尔	539	7 838	7 360	17 760	125 122	186 834	198 728	206 225	161 740	151 732	161 099	183 335	175 838	146 401
哈萨克斯坦			29 664	18 292	148 047	207 999	236 635	221 416	184 388	137 278	166 806	179 340	181 667	171 082
科威特	2 873	28 691	18 471	37 718	115 416	174 047	174 168	162 656	114 585	109 407	120 688	138 202	136 192	105 949

世界主要国家(地区)国内生产总值(续)

(估计数字)

金额单位:百万美元

国家(地区) \ 年份	1970	1980	1990	2000	2010	2012	2013	2014	2015	2016	2017	2018	2019	2020
阿曼	268	6 256	11 556	19 507	56 913	76 690	78 784	68 400	68 400	65 481	70 598	79 789	76 332	63 368
斯里兰卡	2 815	4 891	9 390	19 132	56 726	68 434	74 318	79 356	80 604	82 401	87 428	87 963	83 991	80 677
缅甸	2 726	6 232	6 173	8 694	44 847	61 014	62 140	66 300	63 835	66 971	68 209	73 617	74 279	70 284
黎巴嫩	1 990	5 447	2 950	16 679	38 444	43 869	46 867	48 296	50 066	51 205	53 325	55 276	53 556	63 546
中国澳门	169	1 019	3 246	6 774	28 242	43 032	51 552	55 348	45 060	45 388	50 457	55 302	55 154	24 333
乌兹别克斯坦			17 670	16 520	46 909	52 127	57 691	76 659	81 847	81 779	59 160	50 393	57 727	57 707
阿塞拜疆			6 518	5 273	52 906	69 680	74 161	75 240	53 076	37 867	40 867	47 112	48 174	42 607
约旦	612	4 138	4 146	8 725	27 134	30 937	33 617	36 050	38 587	39 893	41 408	42 932	44 503	43 697
土库曼斯坦			3 071	4 932	22 583	35 164	39 198	43 524	36 052	36 169	38 878	38 292	43 461	42 845
巴林	422	3 764	4 909	9 063	25 713	30 749	32 540	33 388	31 051	32 268	35 474	37 654	38 474	33 904
尼泊尔	1 041	2 089	3 780	5 730	18 365	17 927	18 227	19 738	23 667	20 982	29 443	31 732	34 268	33 079
也门			4 029	10 865	30 907	32 075	34 755	33 224	26 660	22 037	20 739	22 903	25 246	27 958
塞浦路斯	616	2 416	6 258	9 963	25 707	25 042	24 086	23 096	19 835	20 876	22 871	25 523	25 759	24 612
柬埔寨	768	715	1 698	3 667	11 242	14 038	15 450	16 703	18 050	20 017	22 177	24 572	27 098	25 291
阿富汗	1 731	3 647	3 560	3 342	14 699	21 331	21 610	21 331	18 713	18 038	18 896	18 419	18 904	19 793
格鲁吉亚			8 878	3 217	12 243	15 847	16 141	17 627	14 954	15 142	16 243	17 600	17 477	15 892
朝鲜	4 927	9 879	14 702	10 608	13 945	15 907	16 565	17 396	16 283	16 786	17 365	17 487	16 331	15 847
叙利亚	1 756	13 146	11 159	19 666	60 465	40 057	27 016	23 114	19 967	12 377	16 884	22 093	26 597	15 572
文莱	225	6 190	3 901	6 650	13 707	19 048	18 094	17 098	12 930	11 400	12 128	13 567	13 469	12 003
亚美尼亚			2 302	2 039	9 875	10 619	11 121	11 610	10 553	10 546	11 527	12 458	13 619	12 641
欧洲	**1 385 202**	**5 101 347**	**8 752 837**	**9 704 986**	**19 903 213**	**20 984 156**	**21 938 474**	**22 301 087**	**19 212 558**	**19 177 842**	**20 436 865**	**22 043 418**	**21 754 850**	**21 010 469**
德国	215 835	950 334	1 771 647	1 943 144	3 396 354	3 543 984	3 752 514	3 883 920	3 356 236	3 467 498	3 690 849	3 977 289	3 888 327	3 846 414
英国	130 682	564 954	1 093 214	1 662 050	2 491 110	2 662 085	2 753 565	3 063 803	2 956 574	2 693 248	2 699 017	2 900 791	2 878 674	2 764 198

世界主要国家(地区)国内生产总值(续)

(估计数字)

金额单位:百万美元

年份 国家(地区)	1970	1980	1990	2000	2010	2012	2013	2014	2015	2016	2017	2018	2019	2020
法国	148 451	701 305	1 269 139	1 362 248	2 642 610	2 681 416	2 811 078	2 852 166	2 438 208	2 471 286	2 595 151	2 790 957	2 728 870	2 630 318
意大利	113 400	477 237	1 181 284	1 143 829	2 134 018	2 072 823	2 130 491	2 159 134	1 835 899	1 875 797	1 961 796	2 091 932	2 009 384	1 888 709
俄罗斯			574 062	261 567	1 539 845	2 170 144	2 297 125	2 063 663	1 363 482	1 279 528	1 574 199	1 657 328	1 687 450	1 483 498
西班牙	40 992	232 747	536 528	596 877	1 420 722	1 336 019	1 361 854	1 369 399	1 195 119	1 232 076	1 312 539	1 420 994	1 393 046	1 281 485
荷兰	38 165	195 159	318 328	416 442	846 555	828 947	876 924	890 981	765 265	783 528	833 870	914 043	910 194	913 865
瑞士	25 019	122 660	265 995	279 834	603 434	668 044	688 504	709 183	702 150	695 601	704 479	735 539	731 718	752 248
波兰	28 277	59 108	66 050	172 220	479 834	500 354	524 232	545 382	477 812	472 632	526 504	587 409	597 284	596 618
瑞典	38 092	142 093	261 847	262 834	495 813	543 881	579 361	580 249	505 104	515 655	541 019	555 455	533 880	541 064
比利时	26 707	126 832	205 330	236 204	480 952	497 884	520 925	534 678	462 150	475 740	502 765	543 274	535 289	521 861
奥地利	15 373	82 055	166 468	196 800	391 893	409 425	430 069	441 996	381 818	395 569	417 261	455 168	445 012	433 258
挪威	12 814	64 439	119 791	171 246	428 757	510 229	523 502	498 410	385 802	368 820	398 394	437 000	405 510	362 522
爱尔兰	4 397	21 751	49 315	99 959	221 660	225 572	238 890	258 472	291 463	299 556	335 431	385 042	399 122	425 889
丹麦	17 075	71 127	138 248	164 158	321 995	327 149	343 584	352 994	302 673	313 116	332 121	356 841	347 561	356 085
芬兰	11 302	53 649	141 446	125 707	249 181	256 706	269 980	274 497	234 440	240 608	255 648	275 715	268 782	268 751
捷克			40 728	61 823	209 070	207 376	209 402	207 818	188 033	196 272	218 629	248 950	252 498	245 349
葡萄牙	8 108	32 895	78 718	118 311	237 881	216 368	226 073	229 596	199 314	206 286	221 358	242 313	239 987	228 539
罗马尼亚	12 642	36 249	40 347	37 254	166 309	171 665	191 548	199 628	177 731	188 495	211 696	241 456	249 880	248 716
希腊	13 134	56 845	97 893	131 719	296 835	245 671	239 862	237 029	195 605	192 732	199 844	212 049	205 144	188 835
匈牙利	6 389	25 843	37 193	47 218	132 231	127 857	135 221	140 559	125 210	128 471	143 136	160 587	163 526	155 808
乌克兰			93 470	32 375	136 012	175 781	183 310	133 504	91 031	93 356	112 190	130 902	153 930	155 582
斯洛伐克			16 847	20 719	90 713	93 414	98 478	101 171	88 601	89 655	95 394	105 613	105 284	105 173
卢森堡	1 458	6 020	12 779	21 177	56 159	56 678	61 739	66 104	60 047	60 691	65 712	71 285	70 196	73 353
保加利亚	9 000	10 832	20 726	13 246	50 682	53 901	55 556	56 884	50 782	53 784	59 201	66 362	68 914	69 888

世界主要国家（地区）国内生产总值（续）

（估计数字）

金额单位：百万美元

国家（地区）＼年份	1970	1980	1990	2000	2010	2012	2013	2014	2015	2016	2017	2018	2019	2020
克罗地亚			16 632	21 840	60 426	56 566	58 158	57 643	50 163	51 597	56 214	62 248	62 246	57 204
白俄罗斯			19 480	10 770	57 232	65 686	75 528	78 813	56 455	47 724	54 725	60 031	64 410	60 259
斯洛文尼亚			18 184	20 291	48 161	46 353	48 116	49 931	43 090	44 736	48 589	54 164	54 179	53 590
立陶宛			10 235	11 525	37 138	42 864	46 408	48 526	41 419	43 018	47 759	53 751	54 697	56 547
拉托维亚			9 563	7 959	23 964	28 126	30 251	31 383	27 252	28 052	30 484	34 429	34 309	33 707
爱沙尼亚			5 659	5 691	19 535	23 044	25 137	26 773	22 882	24 260	26 924	30 490	31 046	30 650
冰岛	527	3 381	6 469	9 026	13 751	14 292	16 034	17 758	17 517	20 618	24 728	26 267	24 858	21 718
波黑			7 755	5 568	17 176	17 227	18 179	18 559	16 212	16 913	18 081	20 184	20 203	19 801
阿尔巴尼亚	2 266	2 142	2 146	3 488	11 927	12 320	12 776	13 228	11 387	11 861	13 020	15 156	15 400	14 910
马耳他	261	1 301	2 651	4 069	9 027	9 204	10 146	11 281	11 087	11 470	13 510	15 328	15 726	14 911
大洋洲	**53 952**	**205 499**	**382 532**	**479 194**	**1 482 602**	**1 802 723**	**1 777 306**	**1 714 249**	**1 470 813**	**1 543 165**	**1 671 736**	**1 722 306**	**1 645 082**	**1 684 384**
澳大利亚	45 152	173 234	323 549	408 775	1 299 463	1 581 619	1 540 558	1 464 256	1 247 634	1 310 105	1 416 784	1 458 953	1 380 208	1 423 473
新西兰	6 624	23 365	45 440	54 444	146 518	176 193	190 784	200 834	178 064	188 224	206 624	211 953	213 435	212 044
巴布亚新几内亚	1 097	4 267	4 966	5 289	14 251	21 268	21 261	23 004	21 723	20 759	22 743	24 216	24 970	23 619
新喀里多尼亚	378	1 182	2 529	3 412	9 355	9 582	10 042	10 621	8 735	9 002	9 174	9 847	9 438	9 709
法属波利尼西亚	263	1 558	3 568	3 757	6 081	5 693	6 030	6 144	5 324	5 493	5 833	6 298	6 166	5 817
斐济	221	1 205	1 339	1 708	3 141	3 972	4 190	4 857	4 682	4 930	5 353	5 581	5 496	4 494

资料来源：联合国《国民核算统计年鉴》。

世界主要国家(地区)人均国内生产总值

（估计数字）

金额单位:美元

国家(地区) \ 年份	1970	1980	1990	2000	2010	2011	2012	2013	2014	2015	2016	2017	2018	2019	2020
总　计	**925**	**2 775**	**4 323**	**5 491**	**9 556**	**10 450**	**10 518**	**10 709**	**10 864**	**10 183**	**10 208**	**10 765**	**11 319**	**11 375**	**10 949**
非洲	**322**	**1 286**	**884**	**811**	**1 907**	**2 024**	**2 131**	**2 149**	**2 213**	**1 997**	**1 786**	**1 850**	**1 905**	**1 930**	**1 804**
塞舌尔	425	2 688	6 311	9 221	10 628	10 856	11 481	14 317	14 255	14 503	14 907	15 850	15 940	16 195	10 767
毛里求斯	249	1 254	2 590	4 109	8 016	8 988	9 310	9 663	10 183	9 284	9 694	10 486	11 192	11 063	8 587
赤道几内亚	69	223	405	2 492	17 272	28 404	21 558	20 247	19 368	11 275	9 250	9 668	10 006	8 420	7 143
博茨瓦纳	106	949	2 892	3 522	6 435	7 426	6 902	7 001	7 781	6 800	7 244	7 893	8 280	7 971	6 711
加蓬	696	7 464	6 361	4 621	8 841	10 765	9 089	9 680	9 651	7 379	6 984	7 230	7 959	7 767	6 789
南非	845	2 938	3 171	3 079	7 329	7 972	7 478	6 819	6 429	5 731	5 272	6 122	6 369	6 001	5 094
纳米比亚	740	2 290	1 944	2 136	5 325	5 540	5 749	5 490	5 624	4 897	4 523	5 364	5 588	5 037	4 215
利比亚	1 865	11 861	7 007	7 180	12 169	6 454	16 322	10 624	5 316	7 560	2 360	10 048	11 414	8 828	4 243
斯威士兰	359	1 372	1 525	1 729	4 168	4 091	3 831	3 587	4 039	3 676	3 448	3 913	4 106	3 894	3 306
阿尔及利亚	356	2 198	2 397	1 761	4 481	5 447	5 565	5 471	5 493	4 178	3 946	4 110	4 154	3 976	3 368
佛得角	272	570	1 037	1 432	3 378	3 766	3 408	3 559	3 585	3 042	3 131	3 293	3 616	3 604	3 064
突尼斯	312	1 506	1 640	2 212	4 142	4 258	4 138	4 199	4 306	3 862	3 698	3 481	3 439	3 352	3 318
安哥拉	646	857	1 153	745	3 588	5 095	5 102	5 258	5 408	4 167	3 506	4 096	3 290	2 810	1 896
摩洛哥	290	1 105	1 222	1 351	2 882	3 116	2 948	3 158	3 219	2 919	2 941	3 083	3 278	3 287	3 108
吉布提	447	839	774	761	1 480	1 372	1 424	1 477	2 466	2 676	2 818	2 931	3 049	3 252	3 465
苏丹					1 585	1 883	1 719	1 734	2 056	2 158	2 250	2 991	1 157	815	1 415
刚果	214	1 038	1 304	1 074	3 200	3 542	2 947	3 747	3 991	2 420	2 038	2 155	2 548	2 328	1 830
加纳	538	626	894	548	1 719	1 587	1 630	2 402	1 969	1 797	1 931	2 074	2 260	2 247	2 206
埃及	236	465	641	1 390	2 593	2 758	3 115	3 015	3 328	3 437	2 861	2 023	2 538	3 161	3 609
尼日利亚	525	3 321	646	568	2 292	2 529	2 755	2 997	3 223	2 730	2 176	1 969	2 154	2 361	2 085
毛里塔尼亚	398	1 206	1 125	677	1 611	1 403	1 366	1 429	1 706	1 524	1 537	1 588	1 670	1 743	1 702

世界主要国家(地区)人均国内生产总值(续)

(估计数字)

金额单位:美元

国家(地区) \ 年份	1970	1980	1990	2000	2010	2011	2012	2013	2014	2015	2016	2017	2018	2019	2020
科特迪瓦	294	1 267	997	649	1 279	1 246	1 251	1 424	1 559	1 971	2 013	2 111	2 314	2 276	2 318
肯尼亚	244	702	585	496	1 043	1 013	1 155	1 229	1 316	1 465	1 411	1 634	1 794	1 913	1 879
津巴布韦	442	1 115	1 300	734	948	769	956	1 026	1 435	1 445	1 465	1 548	1 684	1 498	1 466
赞比亚	370	737	472	346	1 489	1 636	1 735	1 851	1 733	1 314	1 311	1 535	1 516	1 305	985
塞内加尔	289	754	1 067	618	1 319	1 076	1 037	1 360	1 395	1 218	1 270	1 362	1 458	1 430	1 458
喀麦隆	202	1 170	1 088	648	1 285	1 259	1 381	1 494	1 512	1 326	1 364	1 425	1 534	1 507	1 502
莱索托	77	309	345	404	1 120	1 241	1 282	1 193	1 279	1 146	1 044	1 102	1 192	1 155	1 061
几内亚	184	410	615	518	672	615	677	726	787	769	733	856	955	1 058	1 179
贝宁	111	399	400	374	758	799	834	911	931	1 076	1 087	1 137	1 242	1 220	1 254
南苏丹					1 570	1 696	885	1 201	1 498	581	298	327	737	1 486	1 421
冈比亚	345	1 314	1 231	987	861	517	506	735	607	661	683	680	733	769	757
多哥	145	483	545	302	534	562	565	613	640	730	803	830	884	853	863
美洲	**2 610**	**6 377**	**10 748**	**15 975**	**23 599**	**24 532**	**25 189**	**25 790**	**26 445**	**25 804**	**25 853**	**27 020**	**27 738**	**28 251**	**26 575**
百慕大	5 052	15 675	33 017	53 532	101 462	88 401	88 406	89 969	88 552	104 480	108 897	113 282	115 118	119 734	123 945
美国	5 123	12 451	23 652	36 388	48 700	49 675	51 559	53 195	55 001	56 738	58 031	59 922	62 756	64 949	63 123
英属维尔京群岛	1 182	2 764	6 855	42 225	40 085	32 824	30 548	30 885	37 924	43 878	43 818	44 182	46 368	47 914	49 357
加拿大	4 175	11 305	21 643	24 348	47 361	51 845	52 271	52 265	50 570	43 194	42 004	44 907	46 444	46 550	43 560
波多黎各	1 940	4 736	9 119	17 054	27 482	27 107	27 468	27 774	29 663	30 571	31 780	32 698	33 203	35 765	36 052
巴哈马	4 505	10 397	18 607	27 098	28 444	21 515	28 816	28 303	29 445	31 776	31 563	32 376	33 290	33 800	25 194
安圭拉	576	1 664	8 496	13 352	20 056	20 953	19 825	19 708	22 060	23 148	22 199	19 271	21 890	25 337	17 226
巴巴多斯	912	4 095	7 874	11 609	16 056	15 534	16 091	15 755	16 488	16 525	16 900	17 419	17 872	18 458	15 449
乌拉圭	903	3 650	2 971	6 875	11 992	14 167	15 092	16 881	16 832	16 729	15 387	18 691	18 704	17 688	15 438
安提瓜和巴布达	528	2 173	7 348	10 311	13 049	12 953	12 565	12 195	13 502	14 286	15 198	15 383	16 679	17 376	13 993
特立尼达和多巴哥	872	5 768	4 164	6 457	16 714	19 054	19 152	19 713	20 271	18 384	18 251	16 748	17 139	17 123	15 286

世界主要国家(地区)人均国内生产总值(续)

(估计数字)

金额单位:美元

国家(地区) \ 年份	1970	1980	1990	2000	2010	2011	2012	2013	2014	2015	2016	2017	2018	2019	2020
智利	989	2 690	2 630	5 108	12 808	14 582	15 432	15 941	14 671	13 574	13 754	14 999	15 888	14 742	13 232
巴拿马	767	2 082	2 499	3 897	8 082	9 336	10 590	11 880	12 796	13 630	14 344	15 146	15 545	15 728	12 269
哥斯达黎加	681	2 581	2 336	3 789	8 227	9 187	9 985	10 570	10 547	11 643	11 666	12 226	12 469	12 670	12 077
阿根廷	1 423	2 931	4 696	8 358	10 429	12 800	13 812	14 417	13 299	14 971	12 814	14 649	11 668	9 947	8 476
格林纳达	202	990	2 451	5 057	7 258	7 466	7 583	7 956	8 370	9 097	9 628	10 153	10 466	10 834	9 273
墨西哥	878	3 499	3 573	7 158	9 271	9 715	9 941	10 401	10 922	9 617	8 740	9 288	9 686	9 946	8 326
巴西	370	1 453	2 731	3 732	11 286	13 039	12 292	12 217	12 113	8 814	8 710	9 929	9 151	8 936	6 797
古巴	653	2 022	2 703	2 747	5 730	6 139	6 426	6 760	7 133	7 700	8 061	8 541	8 824	9 126	9 478
多米尼克	324	967	2 860	4 788	6 967	7 022	6 746	6 933	7 362	7 596	8 081	7 287	7 745	8 516	7 038
多米尼加	413	1 430	1 335	2 828	5 483	5 787	5 969	6 095	6 499	6 921	7 279	7 609	8 051	8 282	7 268
委内瑞拉	1 214	4 554	2 396	4 842	13 847	10 755	12 755	12 248	12 099	11 447	9 664	8 432	7 063	5 265	3 740
秘鲁	434	949	1 319	1 956	5 082	5 772	6 388	6 583	6 679	6 229	6 205	6 711	6 958	7 028	6 163
哥伦比亚	471	1 743	1 709	2 504	6 337	7 228	7 885	8 031	8 114	6 176	5 871	6 377	6 730	6 425	5 333
厄瓜多尔	471	2 237	1 489	1 445	4 634	5 223	5 702	6 074	6 377	6 124	6 060	6 214	6 296	6 223	5 600
苏里南	969	3 029	1 855	2 456	8 470	8 448	9 272	9 484	9 472	9 168	5 539	5 947	6 548	6 841	7 023
巴拉圭	275	1 599	1 426	1 725	4 363	3 988	3 856	4 480	6 103	5 414	5 319	5 679	5 783	5 381	4 950
牙买加	925	1 536	2 181	3 392	4 704	5 247	5 210	5 006	4 834	4 911	4 844	5 070	5 360	5 369	4 665
圭亚那	606	1 209	850	1 522	4 581	3 409	3 786	3 944	4 031	5 577	5 811	6 125	6 146	6 610	6 956
伯利兹	228	1 496	2 394	3 364	4 304	4 517	4 674	4 685	4 706	4 805	4 818	4 910	4 927	4 983	3 988
危地马拉	297	949	725	1 453	2 781	3 167	3 300	3 453	3 688	3 826	3 983	4 236	4 245	4 381	4 332
萨尔瓦多	253	702	914	2 002	2 983	3 821	3 828	3 516	3 589	3 706	3 806	3 910	4 053	4 168	3 799
玻利维亚	225	631	709	998	1 955	2 378	2 645	2 948	3 082	3 036	3 077	3 351	3 549	3 552	3 133
洪都拉斯	303	832	734	1 093	1 904	2 324	2 178	2 137	2 206	2 302	2 343	2 454	2 510	2 574	2 406
尼加拉瓜	474	871	852	1 005	1 504	1 680	1 792	1 847	1 934	2 050	2 108	2 159	2 015	1 927	1 905

世界主要国家（地区）人均国内生产总值（续）

（估计数字）

金额单位：美元

国家（地区）\年份	1970	1980	1990	2000	2010	2011	2012	2013	2014	2015	2016	2017	2018	2019	2020
海地	94	325	500	752	1 187	737	760	804	820	1 330	701	1 387	1 422	1 244	1 360
亚洲	**246**	**975**	**1 729**	**2 560**	**5 005**	**5 713**	**5 989**	**6 027**	**6 151**	**6 048**	**6 196**	**6 614**	**7 079**	**7 209**	**7 126**
中国澳门	687	4 282	9 443	15 836	52 473	67 150	76 497	89 525	93 777	74 841	74 061	81 044	87 554	86 118	37 474
卡塔尔	4 921	35 048	15 454	29 976	67 403	88 051	88 565	88 305	83 858	63 039	57 163	59 125	65 908	62 088	50 815
新加坡	927	5 010	12 908	23 847	46 736	53 023	54 861	56 792	56 692	55 077	56 361	60 149	65 301	64 503	58 114
中国香港	991	5 928	13 430	25 986	32 821	35 279	36 957	38 567	40 851	43 054	44 293	46 705	49 065	49 180	46 611
以色列	2 140	6 475	13 219	22 276	31 941	34 558	33 419	37 452	39 413	37 611	39 333	43 096	44 579	46 709	47 034
阿联酋	4 551	43 324	28 092	33 727	33 893	39 901	42 087	43 315	43 752	38 663	38 142	40 645	43 839	42 701	36 285
日本	2 026	9 382	25 162	38 960	44 803	48 388	48 302	40 181	37 844	34 730	38 529	38 672	39 598	40 586	39 990
韩国	280	1 719	6 602	12 161	23 091	24 363	24 480	26 024	29 330	28 841	29 423	31 781	33 705	32 235	31 947
科威特	3 859	20 962	8 815	18 443	38 576	47 555	51 257	48 402	44 069	29 874	27 650	29 755	33 404	32 372	24 809
文莱	1 736	31 930	15 077	19 959	35 269	46 377	47 651	44 598	41 725	31 164	27 156	28 572	31 627	31 086	27 437
塞浦路斯	1 004	4 750	10 802	14 364	30 993	32 236	28 985	27 944	27 092	23 398	24 514	26 756	29 618	29 659	28 133
巴林	1 895	10 460	9 899	13 636	20 722	22 034	23 649	24 737	24 989	22 634	22 632	23 743	23 992	23 443	19 925
沙特阿拉伯	921	16 978	7 236	9 171	19 263	23 256	25 303	24 934	24 464	20 628	19 879	20 802	23 337	23 140	20 110
阿曼	371	5 419	6 377	8 601	18 713	21 164	22 135	21 227	16 984	16 029	14 619	15 131	16 521	15 343	12 409
马来西亚	358	1 775	2 442	4 044	9 041	10 428	10 780	10 882	11 319	9 955	9 818	10 259	11 378	11 414	10 402
马尔代夫	366	588	1 258	3 172	7 077	7 234	7 473	8 291	8 499	9 033	9 209	9 577	10 279	10 562	6 924
哈萨克斯坦			1 811	1 226	9 109	11 636	12 292	13 752	12 797	10 493	7 699	9 226	9 790	9 793	9 111
中国	112	306	335	939	4 447	5 579	6 232	6 948	7 459	7 863	7 944	8 663	9 733	9 960	10 229
土耳其	719	2 155	3 849	4 337	10 742	10 539	11 720	12 543	12 096	11 006	10 894	10 590	9 454	9 121	8 538
黎巴嫩	866	2 104	1 052	4 340	7 762	8 728	8 923	8 883	7 714	7 664	7 626	7 820	8 058	7 812	9 310
泰国	200	708	1 564	2 008	5 076	5 539	5 860	6 168	5 952	5 840	5 979	6 594	7 297	7 817	7 189
土库曼斯坦			833	1 092	4 439	5 725	6 675	7 304	7 962	6 478	6 388	6 752	6 545	7 314	7 104

世界主要国家(地区)人均国内生产总值(续)

(估计数字)

金额单位:美元

国家(地区) \ 年份	1970	1980	1990	2000	2010	2011	2012	2013	2014	2015	2016	2017	2018	2019	2020
伊朗	385	2 474	1 710	1 701	7 101	7 874	7 887	6 967	5 731	5 315	5 347	6 244	6 435	7 883	11 183
伊拉克	332	1 285	1 371	1 007	4 657	4 941	5 672	6 113	6 638	4 688	4 551	4 985	5 916	5 981	4 146
阿塞拜疆			900	649	5 857	7 147	7 521	7 902	7 915	5 516	3 889	4 151	4 735	4 795	4 202
格鲁吉亚			1 641	737	2 987	3 440	3 858	3 989	4 368	3 716	3 771	4 052	4 397	4 373	3 984
亚美尼亚			651	664	3 432	3 644	3 685	3 844	3 966	3 607	3 592	3 915	4 221	4 605	4 266
蒙古	158	409	801	550	2 643	3 773	4 368	4 385	4 159	3 919	3 660	3 669	4 135	4 340	4 007
斯里兰卡	225	325	542	1 019	2 800	3 214	3 351	3 620	3 817	3 855	3 920	4 138	4 144	3 939	3 768
印度尼西亚	90	573	735	831	3 122	3 648	3 688	3 621	3 492	3 332	3 563	3 838	3 894	4 135	3 870
菲律宾	211	778	816	1 073	2 217	2 372	2 582	2 760	2 831	3 001	2 941	3 123	3 252	3 485	3 299
越南	64	44	95	390	1 318	1 517	1 723	1 871	2 030	2 085	2 192	2 366	2 566	2 715	2 786
印度	112	268	377	451	1 353	1 501	1 473	1 499	1 577	1 639	1 726	1 960	2 041	2 115	1 931
乌兹别克斯坦			866	667	1 645	1 639	1 765	1 922	2 519	2 646	2 601	1 851	1 552	1 750	1 724
缅甸	100	182	149	186	886	1 111	1 197	1 208	1 268	1 212	1 263	1 278	1 371	1 374	1 292
巴基斯坦	226	397	480	540	973	1 219	1 206	1 212	1 275	1 339	1 363	1 456	1 339	1 169	1 167
叙利亚	276	1 472	897	1 198	2 830	2 691	1 962	1 364	1 235	1 109	709	988	1 304	1 558	890
朝鲜	386	638	735	462	571	638	643	666	698	650	667	686	688	640	618
欧洲	**1 969**	**6 802**	**12 121**	**13 347**	**26 963**	**29 679**	**28 326**	**29 588**	**29 990**	**25 793**	**25 704**	**27 349**	**29 459**	**29 043**	**28 031**
摩纳哥	12 098	50 185	82 511	81 101	150 577	163 509	152 002	172 597	189 126	165 945	169 909	167 516	185 986	189 507	173 696
列支敦士登	5 202	26 463	60 911	82 786	156 167	175 517	165 123	173 527	178 853	167 294	165 630	171 278	180 408	175 811	180 227
卢森堡	4 292	16 537	33 470	48 561	110 574	114 574	106 460	113 341	119 210	105 952	104 773	111 017	117 974	114 004	117 182
瑞士	4 068	19 520	39 982	39 172	77 277	87 850	83 176	84 659	86 422	84 629	83 008	83 313	86 274	85 169	86 919
挪威	3 306	15 770	28 204	38 060	87 754	100 558	101 801	103 110	96 924	74 195	70 239	75 221	81 866	75 390	66 871
冰岛	2 577	14 814	25 363	32 185	42 928	45 711	43 904	49 028	54 043	53 043	62 065	73 950	78 010	73 320	63 644
丹麦	3 463	13 881	26 891	30 734	57 967	61 687	58 308	60 943	62 320	53 206	54 823	57 939	62 036	60 216	61 477

世界主要国家(地区)人均国内生产总值(续)

(估计数字)

金额单位:美元

国家(地区) \ 年份	1970	1980	1990	2000	2010	2011	2012	2013	2014	2015	2016	2017	2018	2019	2020
瑞典	4 729	17 086	30 563	29 593	52 801	59 511	57 005	60 254	59 868	51 726	52 425	54 621	55 704	53 194	53 575
荷兰	2 935	13 794	21 271	26 148	50 744	53 551	49 374	52 075	52 744	45 179	46 141	48 990	53 580	53 237	53 334
奥地利	2 045	10 783	21 552	24 389	46 599	50 933	48 068	50 138	51 304	43 995	45 222	47 309	51 192	49 694	48 106
芬兰	2 450	11 204	28 310	24 230	46 439	50 720	47 424	49 660	50 261	42 772	43 765	46 386	49 925	48 585	48 685
圣马力诺	4 173	15 730	34 491	41 540	68 506	66 388	56 421	57 735	55 993	42 643	43 796	45 399	48 997	47 733	45 832
德国	2 747	12 140	22 411	23 871	42 020	46 723	43 717	46 176	47 684	41 036	42 187	44 652	47 847	46 557	45 909
比利时	2 773	12 852	20 520	22 973	43 968	47 887	44 921	46 713	47 649	40 942	41 899	44 026	47 315	46 388	45 028
英国	2 352	10 051	19 134	28 207	39 255	41 302	41 433	42 598	46 831	44 892	40 623	40 448	43 204	42 628	40 718
安道尔	4 098	15 660	23 886	21 854	40 812	41 813	38 391	40 622	42 299	35 748	37 448	38 963	41 794	40 901	37 072
法国	2 857	12 714	21 793	22 378	40 685	43 762	40 754	42 532	43 005	36 612	36 980	38 721	41 538	40 517	38 959
意大利	2 119	8 469	20 707	20 176	35 972	38 142	34 701	35 706	35 742	30 306	30 922	32 334	34 505	33 185	31 238
马耳他	814	3 925	7 323	10 338	21 791	23 080	21 873	23 972	26 223	25 572	26 303	30 850	34 897	35 711	33 771
西班牙	1 210	6 174	13 686	14 620	30 273	31 858	28 512	29 163	29 274	25 607	26 420	28 137	30 433	29 806	27 409
斯洛文尼亚			9 063	10 208	23 570	24 910	22 497	23 288	24 150	20 804	21 568	23 401	26 067	26 064	25 777
葡萄牙	937	3 374	7 955	11 490	22 450	23 193	20 447	21 474	22 038	19 223	19 978	21 515	23 626	23 468	22 413
爱沙尼亚			3 615	4 067	14 665	17 447	17 392	19 021	20 340	17 396	18 427	20 407	23 047	23 419	23 106
捷克			3 939	6 008	19 842	21 639	19 588	19 765	19 622	17 737	18 483	20 546	23 341	23 622	22 911
希腊	1 516	5 905	9 573	11 886	27 264	25 804	21 591	21 187	22 149	18 350	18 156	18 908	20 152	19 587	18 117
斯洛伐克			3 186	3 837	16 785	18 143	17 244	18 152	18 636	16 300	16 475	17 510	19 368	19 293	19 264
立陶宛			2 769	3 291	11 889	14 174	14 113	15 483	16 330	14 127	14 887	16 784	19 188	19 821	20 772
拉托维亚			3 589	3 338	11 310	13 772	13 611	14 823	15 527	13 642	14 209	15 624	17 853	17 993	17 871
匈牙利	616	2 370	3 584	4 620	13 320	14 025	12 954	13 740	14 335	12 805	13 172	14 711	16 543	16 885	16 129
波兰	866	1 663	1 740	4 467	12 519	13 702	13 058	13 684	14 318	12 563	12 441	13 872	15 490	15 765	15 764
克罗地亚			3 482	4 932	13 961	14 467	13 165	13 595	13 546	11 851	12 260	13 439	14 976	15 071	13 934